中国财政科学研究院年度智库报告

2022 中国政府收入全景图解（上卷）

刘尚希　梁　季　等编著

中国财经出版传媒集团
中国财政经济出版社

图书在版编目（CIP）数据

中国政府收入全景图解. 2022：全二卷 / 刘尚希，梁季编著. -- 北京：中国财政经济出版社，2022.12
ISBN 978-7-5223-1771-7

Ⅰ. ①中… Ⅱ. ①刘… ②梁… Ⅲ. ①国家行政机关—财政收入—中国—图解　Ⅳ. ①F812.41-64

中国版本图书馆CIP数据核字（2022）第224198号

责任编辑：张晓丽　　　　　　　　责任印制：刘春年
封面设计：陶　雷

中国财政经济出版社 出版
URL：http://www.cfeph.cn
E-mail：cfeph@cfemg.cn
（版权所有　翻印必究）
社址：北京市海淀区阜成路甲28号　邮政编码：100142
营销中心电话：010-88191522
天猫网店：中国财政经济出版社旗舰店
网址：https://zgczjjcbs.tmall.com
北京虎彩文化传播有限公司印刷　各地新华书店经销
成品尺寸：185mm×260mm　16开　53印张　1 286 000字
2022年12月第1版　2022年12月北京第1次印刷
定价：196.00元（上下卷）
ISBN 978-7-5223-1771-7
（图书出现印装问题，本社负责调换，电话：010-88190548）
本社质量投诉电话：010-88190744
打击盗版举报热线：010-88191661　QQ：2242791300

《中国政府收入全景图解（2022）》撰写组

总　　编： 刘尚希　梁　季

撰写组成员： 梁　季　刘　昶　孙家希　谢　恺
　　　　　　　侯海波　陈莹莹　凤　欣　龙斯玮
　　　　　　　吕　慧　肖璐璇　沈一凡　张　帆
　　　　　　　陈少波　陈彦廷　郭宝棋　唐福雨

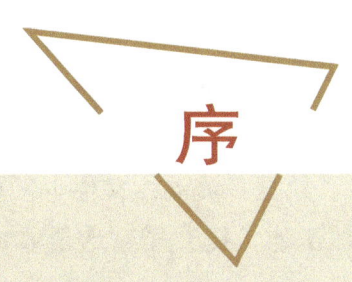

序

　　财政是国家治理的基础和重要支柱，其制度体系承载着国家治理理念，体现着治理体系和治理能力的现代化水平，财政资源的配置效率和使用效果反映着国家治理的效能。财政数据直接反映了政府的钱"从哪里来、到哪里去"、是否真正按照"民本财政"逻辑，取之于民、用之于民。与此相应，财政数据既是财政制度体系运行的直接表现，也是财政资源配置效率和使用效果的最终体现。不言而喻，财政数据是国家发展战略、政府执政理念以及人民期盼的直接载体和最终反映。财政数据的公开和共享程度既是人民监督政府的必要条件，也是人民参政议政的重要渠道，全方位体现着"以人民为中心"的发展和治理理念。

　　当今世界正处于百年未有之大变局。汹涌而至的数字化变革正深刻地改变着人类历史进程。数字经济蓬勃兴起，数字政府方兴未艾，数字社会初见端倪，数据生产力正成为推动人类经济社会发展的新动能，数据成为数字时代最关键、最核心的要素。2017年习近平总书记指出，"在互联网经济时代，数据是新的生产要素，是基础性资源和战略性资源，也是重要生产力"。2019年党的十九届四中全会首次将数据与劳动、资本、土地、知识、技术、管理等生产要素并列，2020年中共中央、国务院在《关于构建更加完善的要素市场化配置体制机制的意见》中进一步提出要"加快培育数据要素市场"。

　　在数字时代背景下，财政数据是国家的重要战略资产，通过财政数据运营可提升国家治理能力，可为国家治理赋能。传统的财政数据管理是财政业务的一部分，以业务为主，围绕业务管理而展开，即将财政业务分解为若干环节和指标体系，通过对各指标量化，形成业务决策，也就是业务数据化的过程。随着互联网与各行业的深入融合，财政数据运营从财政部门内部向外延展，通过数据的高速流动和融合，将数据组合为信息，并加工为知识后转为财政治理的支撑和基础,实现数据业务化。业务数据化是财政数据运营的起点,数据业务化是财政数据运营的目标,是数据价值倍增的持续过程,能够确保"数据多流动、文件少发放、决策更科学、政策更有效",从而为政府治理赋能,提升国家治理体系和治理能力的现代化水平。

有政府即有财政行为,有财政行为即有财政数据,但我国财政数据使用范围、公开和共享程度却随时代不同而差异较大。从新中国成立至1997年,国家相关文件明确规定,财政数据为国家机密,不对外公开。2007年,我国首部《政府信息公开条例》颁布实施,明确要求行政机关要主动公开政府信息,并对信息公开范围、渠道等相关问题进行界定,随后2008年发布的《关于进一步推动财政预算信息公开的指导意见》规定,财政预算信息是财政信息的重要组成内容,是重点公开内容。2014年修订的《中华人民共和国预算法》第十四条明确规定:"经本级人民代表大会或者本级人民代表大会常务委员会批准的预算、预算调整、决算、预算执行情况的报告及报表,应当在批准后二十日内由本级政府财政部门向社会公开,并对本级政府财政转移支付安排、执行的情况以及举借债务的情况等重要事项作出说明。"之后相关部门又发布了诸如《地方预决算公开操作规程》(财预〔2016〕143号)等相关文件,在相关法律法规的要求和指引下,各级财政数据的公开和共享实践也随之展开,不断深入。

经过近几年的实践,我国财政数据公开的规范性、公开和共享程度都有了很大的提升,但仍存在一些问题,主要表现在:财政数据公开的全面性和完整性有待提高,比如2016年以前的预决算数据普遍缺失;各地(各级)财政数据表格格式和相关术语口径不一致,数据翔实程度不一;未能按照《预算法》的要求及时公布;全国尚未建立统一的财政数据公布平台,各地(各级)政府仅在各自政府网站公布数据,数据分散于各个网站。可以说,目前我国财政数字化水平尚处于财政数据管理和数字化治理的初级阶段,初步实现了财政业务的数据化,而与财政数据的业务化、智能化以及社会共享的要求相比还相距甚远。

一般而言,数据越容易访问,其价值越大,数据价值也会随归集量的增大而产生指数倍的递增效应。鉴于我国财政数据开放、共享和归集的现实,以及财政数据规范、统一、归集的重要价值,中国财政科学研究院研究团队深感有责任、有必要花大力气将散落于各个网站的财政数据归集起来,并对数据进行清洗、规范和加工,在此基础上形成基本分析指标,并对这些数据进行挖掘利用,从更多维度反映我国财政运行过程和财政治理的变迁。

为此,2020年中国财政科学研究院成立了近20人的团队,花费近10个月时间对全国网站进行"地毯式"调查,采集了2017—2019年全国31个省(自治区、直辖市)、333个城市以及136个区县的经济社会指标、一般公共预算、政府性基金预算、国有资本经营预算、社会保险基金预算以及债务的收入侧数据,共计近400个数据采集指标、20余万个数据点,并基于上述基本数据,构建了300多个分析指标,对全国、中央、各省(全省和省本级)、各市(全市和市本级)以及区县的财政经济情况进行定量描述和分析。

2022年,研究团队在前两年基础上对数据进行了更新、对指标进行了优化、对图表进行了美化,给读者呈现了更新的数据、更科学的指标,以期为财税研究提供更加全面、系统、客观的财税数据和指标支撑。

现呈现在读者面前的《中国政府收入全景图解(2022)》汇集了本次调查研究的部分成果。全书共分为三篇,分别为总论篇、专题篇以及地区篇,以上下两卷展现,全书沿着从理论到实践、从全局到局部、从历史到现在、从国内到国际的脉络、以图表形式对我国2018—2021年政府收入情况进行全方位、系统性、立体式的展现。该书的具体特色为:

一是系统归集全国(不含港澳台)各层级政府收入数据,解决了当前财政数据零散分布情况下全局视野不足的问题。全国省、市以及区县财政经济数据以规范统一格式汇集到可交叉检验的平台,夯实了数据基础。通过对全国各层级财政数据的汇集整理,对各层级财政数据的公开程度、时效性、准确性和规范性问题有了系统的认知。

二是构建多维度指标,对经济社会、政府收入以及债务情况进行全面展现。目前大部分财政分析更多是基于全国(港澳台除外)、省级层面的分析,限于数据可得性,对于地市级和区县级的比较分析相对较少。事实上地市级和区县级的财政情况更能反映财政运行现实,越到基层,越能避免加总带来的合成谬误。

三是涵盖了全口径四本预算和债务数据,将政府所有收入纳入分析。本书从四本预算、产权性收入和公共权力收入两种性质的收入、分税种等多维度分析收入结构。

四是分章节全面分析31个省市区的经济社会与财政收入、债务情况。在上卷对政府收入理论、各省市区、地市级和区县级整体政府收入、债务情况分析清楚的基础上,下卷分章节对31个省市区具体介绍分析,对省内各地市以及代表县的政府收入情况进行分析。

五是本书侧重图解,以大量的图表直观、形象地展示各地政府收入的变化特征。

数据运营是一个浩大工程,其采集、规范、清洗、加工耗时耗力、深度挖掘利用更是需要时间、理论功底和专业积累,我们目前的工作仅是"万里长征"的第一步,尚处于探索阶段,不足和错谬在所难免,敬请读者批评指正。

刘尚希

2022年11月7日

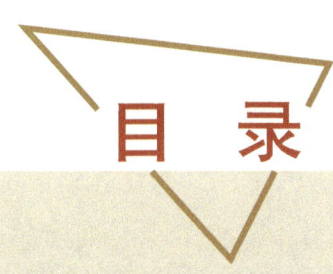

目 录

总论篇

第一章　中国政府收入概述 …………… 3
第一节　关于中国政府收入相关基本问题的考察　3
第二节　中国政府收入预算管理与统计核算实践　14

第二章　2021年中国政府收入总析 …………… 46
第一节　2021年中国政府收入影响因素分析　46
第二节　2021年全国政府收入总析　56
第三节　2021年地方政府收入情况分析　65

第三章　省以下地方政府收入情况分析 …………… 80
第一节　333个城市政府收入总览　80
第二节　136个样本县财政情况及分析　120
第三节　不同维度下的财政运行情况　140

专题篇

经济数字化和金融化中的金融税制转型分析 ………… 163
  一、经济数字化与金融化的发展逻辑和发展趋势 163
  二、经济数字化和金融化对传统税收制度的冲击 166
  三、经济数字化和金融化时代完善金融税制的两大理念 169
  四、面向经济数字化和金融化的税制要素再设计 170

政府财政统计体系（GFS）与国民经济核算体系（SNA）的比较研究 ………… 173
  一、引言与文献综述 173
  二、政府财政统计的发展概述 175
  三、GFSM2014 和 SNA2008 的比较分析 180
  四、基于 GFS 和 SNA 的应用拓展——有效税率指标介绍 181
  五、比较中见差异 188
  六、总结与启示 194

中国政府收入分权测度体系构建初步研究 ………… 198
  一、中国政府收入分权测度体系的内涵和文献综述 198
  二、中国政府收入分权测度体系的理论和制度基础 203
  三、关于中国政府收入分权测度指标体系构建的初步思考 213

目录

地区篇

1 北京市 **223**
    1.1 北京市政府收入主要特征分析　225
    1.2 北京市海淀区政府收入主要特征分析　229

2 天津市 **234**
    2.1 天津市政府收入主要特征分析　236
    2.2 天津市和平区政府收入主要特征分析　240

3 河北省 **244**
    3.1 河北省政府收入主要特征分析　247
    3.2 河北省各市政府收入主要特征分析　251
    3.3 河北省样本县政府收入主要特征分析　258

4 山西省 **264**
    4.1 山西省政府收入主要特征分析　267
    4.2 山西省各市政府收入主要特征分析　271
    4.3 山西省样本县政府收入主要特征分析　278

5 内蒙古自治区 **284**
    5.1 内蒙古自治区政府收入主要特征分析　287
    5.2 内蒙古自治区各市政府收入主要特征分析　291
    5.3 内蒙古自治区样本县政府收入主要特征分析　299

6 辽宁省 **305**
    6.1 辽宁省政府收入主要特征分析　308

6.2　辽宁省各市政府收入主要特征分析　　312

　　6.3　辽宁省样本县政府收入主要特征分析　　319

7 吉林省　　326

　　7.1　吉林省政府收入主要特征分析　　329

　　7.2　吉林省各市政府收入主要特征分析　　333

　　7.3　吉林省样本县政府收入主要特征分析　　341

8 黑龙江省　　346

　　8.1　黑龙江省政府收入主要特征分析　　349

　　8.2　黑龙江省各市政府收入主要特征分析　　354

　　8.3　黑龙江省样本县政府收入主要特征分析　　361

9 上海市　　367

　　9.1　上海市政府收入主要特征分析　　369

　　9.2　上海市浦东新区政府收入主要特征分析　　373

10 江苏省　　377

　　10.1　江苏省政府收入主要特征分析　　380

　　10.2　江苏省各市政府收入主要特征分析　　384

　　10.3　江苏省样本县政府收入主要特征分析　　391

11 浙江省　　397

　　11.1　浙江省政府收入主要特征分析　　400

　　11.2　浙江省各市政府收入主要特征分析　　404

　　11.3　浙江省样本县政府收入主要特征分析　　412

12 安徽省　　418

　　12.1　安徽省政府收入主要特征分析　　421

目 录

  12.2 安徽省各市政府收入主要特征分析 425
  12.3 安徽省样本县政府收入主要特征分析 433

13 福建省 439

  13.1 福建省政府收入主要特征分析 442
  13.2 福建省各市政府收入主要特征分析 446
  13.3 福建省样本县政府收入主要特征分析 453

14 江西省 460

  14.1 江西省政府收入主要特征分析 463
  14.2 江西省各市政府收入主要特征分析 467
  14.3 江西省样本县政府收入主要特征分析 475

15 山东省 481

  15.1 山东省政府收入主要特征分析 484
  15.2 山东省各市政府收入主要特征分析 488
  15.3 山东省样本县政府收入主要特征分析 496

16 河南省 502

  16.1 河南省政府收入主要特征分析 505
  16.2 河南省各市政府收入主要特征分析 509
  16.3 河南省样本县政府收入主要特征分析 517

17 湖北省 523

  17.1 湖北省政府收入主要特征分析 526
  17.2 湖北省各市政府收入主要特征分析 530
  17.3 湖北省样本县政府收入主要特征分析 537

18 湖南省 ········· **543**

 18.1 湖南省政府收入主要特征分析 546
 18.2 湖南省各市政府收入主要特征分析 550
 18.3 湖南省样本县政府收入主要特征分析 558

19 广东省 ········· **564**

 19.1 广东省政府收入主要特征分析 567
 19.2 广东省各市政府收入主要特征分析 571
 19.3 广东省样本县政府收入主要特征分析 579

20 广西壮族自治区 ········· **585**

 20.1 广西壮族自治区政府收入主要特征分析 588
 20.2 广西壮族自治区各市政府收入主要特征分析 592
 20.3 广西壮族自治区样本县政府收入主要特征分析 598

21 海南省 ········· **604**

 21.1 海南省政府收入主要特征分析 607
 21.2 海南省各市政府收入主要特征分析 611
 21.3 海南省样本县政府收入主要特征分析 619

22 重庆市 ········· **625**

 22.1 重庆市政府收入主要特征分析 627
 22.2 重庆市样本县政府收入主要特征分析 631

23 四川省 ········· **635**

 23.1 四川省政府收入主要特征分析 638
 23.2 四川省各市政府收入主要特征分析 643
 23.3 四川省样本县政府收入主要特征分析 650

目 录

24 贵州省 ·· **656**
  24.1 贵州省政府收入主要特征分析 659
  24.2 贵州省各市政府收入主要特征分析 663
  24.3 贵州省样本县政府收入主要特征分析 670

25 云南省 ·· **677**
  25.1 云南省政府收入主要特征分析 680
  25.2 云南省各市政府收入主要特征分析 684
  25.3 云南省样本县政府收入主要特征分析 692

26 西藏自治区 ·· **698**
  26.1 西藏自治区政府收入主要特征分析 701
  26.2 西藏自治区各市政府收入主要特征分析 705
  26.3 西藏自治区样本县政府收入主要特征分析 713

27 陕西省 ·· **717**
  27.1 陕西省政府收入主要特征分析 720
  27.2 陕西省各市政府收入主要特征分析 724
  27.3 陕西省样本县政府收入主要特征分析 731

28 甘肃省 ·· **737**
  28.1 甘肃省政府收入主要特征分析 740
  28.2 甘肃省各市政府收入主要特征分析 744
  28.3 甘肃省样本县政府收入主要特征分析 752

29 青海省 ·· **758**
  29.1 青海省政府收入主要特征分析 761
  29.2 青海省各市政府收入主要特征分析 765

29.3 青海省样本县政府收入主要特征分析　　772

30 宁夏回族自治区 …………………………………… **778**

30.1 宁夏回族自治区政府收入主要特征分析　　780

30.2 宁夏回族自治区各市政府收入主要特征分析　　784

30.3 宁夏回族自治区青铜峡市政府收入主要
特征分析　　791

31 新疆维吾尔自治区 ………………………………… **796**

31.1 新疆维吾尔自治区政府收入主要特征分析　　800

31.2 新疆维吾尔自治区各市政府收入主要特征分析　　804

31.3 新疆维吾尔自治区样本县政府收入主要
特征分析　　812

后记　以工匠精神推进财政经济数据的整合与利用 … 818

总论篇

第一章
中国政府收入概述

第一节　关于中国政府收入相关基本问题的考察

一、政府的内涵与外延决定了政府收入的边界

市场经济条件下政府及其职能的界定是政府收入界定和收入统计核算的前提与基础。政府有狭义和广义之分，政府的内涵和外延决定了政府收入的边界。市场经济条件下政府的职能和活动范围基本上是提供公共服务、调节收入分配、促进经济稳定和增长等方面[①]，而政府收入既是政府履行职能的物质基础和财力保障，同时也是政府的政策工具和监管手段。

（一）政府与政府职能

1. 政府、政府单位（机构）与广义政府部门

政治学上通常将政府理解为在国家层面运行的用来维持秩序和促进集体行动

本章执笔人：刘昶
① 党的十八届三中全会通过的《中共中央关于全面深化改革若干重大问题的决定》对政府的职能作用表述如下：政府的职责和作用主要是保持宏观经济稳定，加强和优化公共服务，保障公平竞争，加强市场监管，维护市场秩序，推动可持续发展，促进共同富裕，弥补市场失灵。

的正式的制度过程①。也就是说政府通常指的是维持有序统制的机制,既包括有形的机构或组织,也包括无形的制度。而在实践中政府更多地被视为一个实体或有形的组织。而且有广义和狭义之分,广义的政府指的是立法、执法和司法等组织的总称,狭义的政府则仅指执法组织②。

本书主要侧重于政府收入的统计核算问题,所以更加重视相关统计手册对政府的定义。国际货币基金组织(IMF)出版的《2014年政府财政统计手册》(以下简称GFSM 2014)认为"政府"通常被用作一个集合名词,指一个国家中参与履行政府职能的各个实体的各种组合,也可指一个国家的各个政府。如国家设立的一个中央政府,若干州、省或地区政府以及许多地方政府。GFSM主要服务于统计核算,相应地GFSM借鉴了国民经济核算体系(SNA)中的相关概念(如,机构单位③和机构部门④),定义了"政府单位"和"广义政府部门",前者指的是由政治过程设立的,在既定区域内对其他机构单位拥有立法、司法和行政权的一类特殊法律实体;而所有政府单位组成广义政府部门(见图1-1)。中国国家统计局参考SNA 2008与GFSM 2014在《中国国民经济核算体系2016》中定义了广义政府机构与广义政府部门。其中,广义政府机构指在设定区域内对其他机构单位拥有立法、司法或行政权的法律实体及其附属单位;而所有广义政府机构组成广义政府部门。

2. 政府职能

政府职能即政府应履行的职责和功能。SNA 2008与GFSM 2014都强调政府在承担政治责任和经济监管职能之外,要重点履行好以下三个方面的经济职能:第一,在非市场的基础上负责向社会和公众提供商品和服务;第二,通过转移支付的方式对社会收入和财富进行再分配;第三,从事非市场性生产。尽管在表述上略有差异,《中国国民经济核算体系2016》同样强调了政府的以上三个主要职能。其实,市场经济条件下对政府职能的界定通常都是遵循Musgrave(1959)⑤的"三

---

① Heywood A. Politics [M]. 4th ed.: Palgrave Macmillan, 2013: 266.
② 吴俊培. 公共经济学 [M]. 武汉: 武汉大学出版社, 2009: 6.
③ 机构单位,指能够以自己的名义拥有资产和承担负债,能够独立地从事经济活动并与其他主体进行交易的经济主体。机构单位按照性质和功能分为住户、公司(企业)、非营利机构以及政府单位(机构)。
④ 机构单位归属于机构部门,机构部门由同类机构单位构成。将常住机构单位划分为五个机构部门,即非金融企业部门、金融机构部门、广义政府部门、为住户服务的非营利机构部门和住户部门。
⑤ Musgrave R.A. The Theory of Public Finance: A Study in Public Economy [M]. London and New York: McGraw-Hill, 1959: 5.

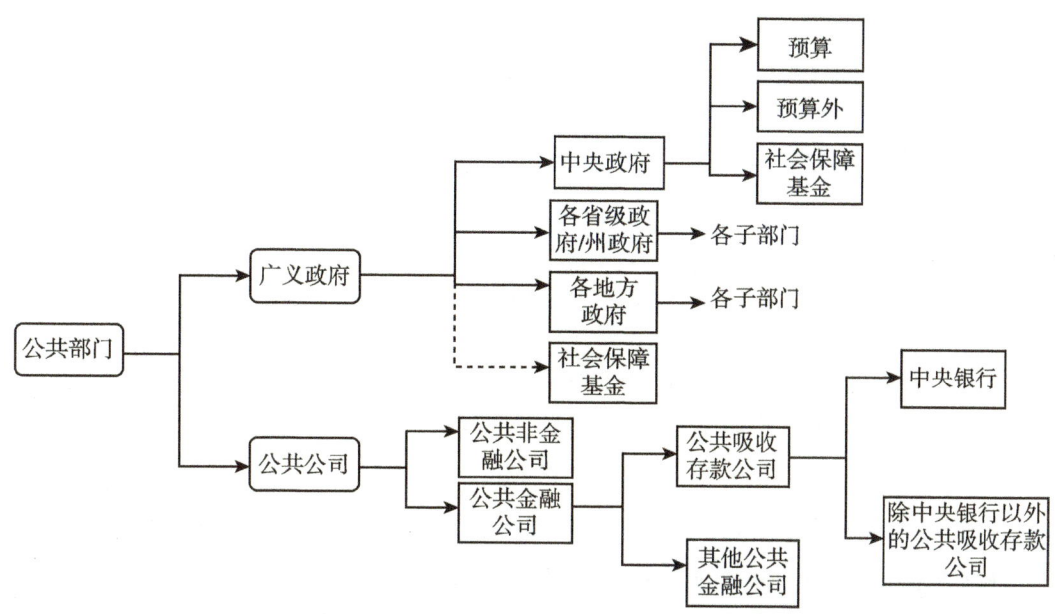

图 1-1 GFSM 2014 定义的公共部门及其主要组成部分

注：①中央政府、各省级政府/州政府、各地方政府包括社会保障基金。②另一种方法是将社会保障基金结合成为独立的子部门，如图中虚线框所示。③图中各子部门表示在省级政府/州政府和地方政府内也可能存在预算单位、预算外单位和社会保障基金。

资料来源：国际货币基金组织GFSM 2014。

分支"（Three Branches）传统，即将其定位为资源配置、收入分配和经济稳定等三大职能，也就是著名的政府"三职能说"。

综上所述，本书把那些将履行各项政府职能作为主要活动的居民机构单位称作政府。政府又可以分为中央政府和与其相对的地方政府。多数国家通常按照纵向层级将其进一步划分为中央政府、省级或州级政府以及地方政府。

（二）政府收入及其分类

1. 政府收入

政府收入指的是在特定预算年度内通过一定的形式和程序，有计划地筹措到的归政府支配的资金，是政府参与国民收入分配的主要形式，是政府实现其职能的财力保障[①]。一定程度上，政府收入资源越丰富，政府就越能在更大的范围内更

---

① 财政部预算司，政府收支分类改革问题解答。

多地提供公共产品，越能更公平更有效地进行再分配，也越能实施财政政策促进经济稳定和增长。

> **专栏 1-1**
>
> ### 中国与国际货币基金组织对政府收入的不同定义
>
> 正文中政府收入的定义是我国财政部采用的定义，该定义基本上将流入政府的收入都视作政府收入。国际货币基金组织对政府收入的定义见于 GFSM 2014，该手册仅将"由交易带来的净值增加部分"定义为政府收入。且 GFSM 2014 的定义有两层含义：其一，只有政府净值的增加才被视为政府收入；其二，净值增加必须是由交易带来的。只有同时满足这两个条件才能够被称为政府的收入。如果严格对照这个两个条件，中国的国有土地使用权出让收入则不能算作政府收入，原因是国有土地出让行为是一种非生产性资产的交易，结果只是政府土地资产的减少和货币资金的增加，并不带来政府净资产的变化，不增加政府的权益，因而不计作政府收入①。同理，政府的债务收入，是通过政府发行债券获得的收入，但同时增加政府的负债，二者相抵，也没有增加政府净值。因此，债务收入也不属于政府收入。另外，政府净值的增加还必须是交易带来的，诸如持有资产价格变动虽然也会导致净值增加，但是它属于其他经济流量而不是交易，因而不能视作政府收入。
>
> 资料来源：GFSM 2014；2018 年全国财政决算；葛守中（2014）。

2. 政府收入分类

政府收入分类即将各类政府收入按其性质进行归类和层次划分，以便全面、准确、明细地反映政府收入的总量、结构及来源情况②。目前关于政府收入存在多种分类办法。按照收入性质或收入形式分类是一种非常普遍的分类方式，GFSM 就是采用这种分类办法，GFSM 2014③将政府收入划分为税收、社会缴款、赠与、其

---

① 2018 年全国财政决算，广义政府运行。
② 财政部预算司，政府收支分类改革问题解答。
③ 国际货币基金组织.2014 年政府财政统计手册［Z］，2014：81.

他收入四类,且通常将后三项收入合并在一起称为非税收入①,具体情况如表1-1所示。GFSM的收入分类是IMF向世界推荐的一种分类法,也是各国普遍采用一种分类法。我国也是在借鉴GFSM分类的基础上建立了自己的政府收入分类体系,后面在讲述中国政府收入分类实践时会详细阐述。

表1-1 GFSM 2014 的政府收入分类

	类	类以下的细分	备注
1	税收收入	对所得、利润和资本收益征收的税收,对工资和劳动力征收的税收,对财产征收的税收,对商品和服务征收的税收,对国际贸易和交易征收的税收,其他税收等	税收收入
2	社会缴款	社会保障缴款和其他社会缴款。其中社会保障缴款又按缴款人细分为雇员缴款、雇主缴款、自营职业者或无业者缴款、不可分配的缴款	非税收入
3	赠与	来自外国政府赠与、来自国际组织赠与和来自其他广义政府单位的赠与	
4	其他收入	财产收入,商品和服务销售额,罚金、罚款和罚没收入,未列入其他类别的转移,非人寿保险和标准化担保计划相关的应收保费、收费和赔款	非税收入

资料来源:国际货币基金组织.2014年政府财政统计手册[Z],2014。

除了以上分类法外还有其他一些收入分类法。高培勇(2010)总结归纳了以下几种政府收入分类方法:(1)按照收入取得依据将其划分为凭借公权力获取的收入和凭借财产所有权获取的收入;(2)从资金使用角度将其划分为可以统筹使用的收入和专款专用的收入;(3)从资金来源可持续性角度将其划分为经常性收入和非经常性收入;(4)按照政府收入预算管理模式将其划分为预算收入和预算外收入。Asquer(2017)按照收入取得的依据是基于强制权还是基于市场交易,将其分为基于强制权的收入和基于市场交易的收入。此外,还有泰勒分类法(Taylor's Classification);道尔顿分类法(Dalton's Classifications)以及塞利格曼分类法(Seligman's Classification),等等。实践中分类是为了便于统计和管理。因此,以GFSM为基础的分类法是本书关注的重点。

除了以上这些视角以外,还可以从流量和存量的视角来分析政府收入。政府收入通常是一个流量概念,但也需要从存量的视角来看待政府收入。因为政府的

---

① 非税收入(Nontax Revenue),即除税收以外的收入(Revenue other than Taxes),这是一个收入集合的概念,《2014年政府财政统计手册》(GFSM 2014)将那些除税收以外性质繁杂、种类繁多、范围广泛的其他收入类别都被归为非税收入。

存量资产也会带来流量收入，比如来自财产权的收入多为存量带来的收入。

二、政府的双重身份决定了中国政府收入结构的特殊性

一般而言，政府收入和私人收入（工资、利息、租金和利润等）一样都属于社会产品分配范畴。而分配总是以一定的权力（权利）为依据的，而这种权力（权利）无非有两种：一种是经济权利，也可以称作财产权利或所有者权利[①]；另一种是政治权力或公共权力。私人的工资、利息、租金和利润等收入的取得以经济权利（财产权利或所有者权利）为分配依据。而政府参与分配取得收入的依据则相对复杂，这跟政府身份的界定有关。在社会主义市场经济条件下，政府具有社会管理者和国有资产所有者的双重身份（谢旭人，2011）[②]。社会管理者的身份赋予了政府政治权力或者公共权力，而国有资产所有者的身份赋予了政府财产权利或所有者权利。因此，政府为实现其职能，可以凭借其政治权力和财产权利，参与社会产品分配进而取得一定的收入。政府凭借政治权力参与社会产品分配取得的收入可以称作公共权力收入，其中最典型的就是税收收入；而政府凭借财产权利参与社会产品分配取得的收入可以称为公共产权收入，产权性收入的形式则比较多，如利润收入、租金收入等。

尽管可以有不同的名字，但是以上"两分法"由来已久，比如亚当·斯密在《国富论》中将公共收入按照其来源分为两种：一种是来自于人民的收入（取之于民），另一种是来自于与人民收入无关的专属于君主或国家的收入（取之于己）；熊彼特亦延续了斯密的这种传统，他在《税收国家的危机》中将税收等收入称为"来源于他人的收入"，将来自于土地财产以及经营企业获得的收入称为"自己的收入"[③]。

大多数国家都既有公共权力收入又有公共产权收入，只是不同性质的国家在这两种收入上的比重有较大的差异而已。我国是以公有制为主体的社会主义国家，公有制的主体地位决定了中国相对其他国家而言会拥有更多的公共产权收入。这种收入不包括对公有制企业以及国有资源所征收的税收收入，因为税收收入是政

[①] 劳动力所有权也可以看作一种广义的所有权或财产权。
[②] 谢旭人.中国财政管理［M］.北京：中国财政经济出版社，2011：187。严格来讲，政府仅仅是国家和人民的代表。如，《民法典》第246条规定"法律规定属于国家所有的财产，属于国家所有即全民所有。国有财产由国务院代表国家行使所有权。法律另有规定的，依照其规定"。
[③] 格罗夫斯.税收哲人［M］.上海：上海财经大学出版社，2018：197.

府凭借其社会管理者的身份以政治权力或公共权力为依据取得的收入。在我国，公共产权性的收入被划入非税收入的范畴，包括的范围比较广泛，如一般公共预算收入中的国有资本经营收入、国有资源（资产）有偿使用收入等，国有资本经营预算中的所有收入以及政府性基金预算中的很多项目，如新增建设用地土地有偿使用费、国有土地使用权出让金、国有土地收益基金、农业土地开发资金、中央特别国债经营基金财务收入等。这些收入都是政府凭借其公共产权取得的收入，只是根据我国预算管理体制的要求分别属于不同的预算。如果将这些分散在不同预算的收入合并统计的话，它们在我国政府收入中将占据较高的比重。

对以上问题认识不足会导致在实践中存在一定误区，这里仅举几例：

误区一：私有制国家没有或者不重视公共产权收入。如前所述，政府从来都是凭借公共权力和公共产权两种权力取得收入，所以私有制国家也会存在一定比例的公共产权收入只是数量多少的问题。比如，新加坡在2019财年来自投资的收益为170.48亿美元，占GDP的比重为3.3%[①]。

误区二：涉及国有资源，如有观点认为中国已经收了土地出让金再收房产税重复征收且无法理依据，如前所述这是两种不同性质的收入，所取得的依据是不同的。

误区三：在财政考核中如果过度强调财政收入质量（税收收入占比）这个指标，不利于全面地看待政府收入，不利于正确对待公共产权性收入，还存在财政收入流失风险。

三、国民收入分配核算视角下的政府收入

国民收入分配核算（以下简称收入分配核算），是资金流量核算的重要组成部分，包括收入初次分配核算（以下简称初次分配）和收入再分配核算（以下简称再分配）。国民收入分配核算视角下的政府收入就是政府部门作为国民经济部门参与国民收入初次分配和再分配所取得的收入。

（一）初次分配

收入初次分配也称要素性分配或交换性分配，是依据各要素对生产所做贡献

[①] 主要是政府从国有资产中提取的净投资回报（Net Investment Income/Returns Contribution，NIRC），https://data.gov.sg/；https://www.singaporebudget.gov.sg/。

而进行的分配。初次分配通常以效率为目标,表现为生产活动所创造的增加值在参与生产活动的生产要素所有者和政府之间的分配。政府在这里具有双重身份,一个身份是部分生产要素的所有者,如前文所述政府这一身份赋予政府财产权力可以据此取得部分财产性收入,同时政府还具有社会管理者的身份,也可以把政府的管理看作一种生产必不可少的管理要素[①],政府因管理活动或要素对生产活动或生产要素征收生产税,同时也因扶持有关生产活动而支付生产补贴。收入初次分配的结果形成居民、企业和政府的初次分配总收入。其中,政府的初次分配总收入公式如下:

$$政府初次分配总收入 = (增加值 - 支付的劳动者报酬) + 生产税净额 + 财产性收入净额 \quad (1)$$

式(1)中,生产税净额=生产税收入-生产补贴;财产性净额=财产性收入-财产性支出。

(二)再分配

收入再分配也称转移性分配,指在初次分配形成的总收入基础上利用经常转移对收入进行的再次分配,并最终形成可支配总收入。再分配通常以公平为目标。经常转移包括两个方向的转移,一个方向是从其他部门流向政府部门,表现为政府的转移性收入,这种转移主要包括所得税、财产税等经常税收入以及社会保险缴款和其他经常转移收入;另一个方向是从政府部门流向其他部门,表现为政府的转移性支出,主要包括所得税、财产税等经常税支出以及社会保险福利、社会保障补助和其他经常转移支出。收入再分配的结果形成居民、企业和政府的可支配总收入。其中,政府的可支配总收入公式如下:

$$政府可支配总收入 = 政府初次分配总收入 + 经常转移收入 - 经常转移支出 \quad (2)$$

式(2)中,经常转移收入=所得税、财产税等经常税收入+社会保险缴款收入+其他经常转移收入;经常转移支出=所得税、财产税等经常税支出+社会保险福利支出+社会保障补助支出+其他经常转移支出。

严格来说,收入分配核算视角下的政府收入为政府可支配总收入,它与现行的财政或预算统计核算视角下的政府收入并不一致。按照许宪春、雷泽坤与张

---

① 政府维护国家安全,维持社会秩序,提供司法公正,保证合同履行等,这些都是生产活动必不可少的要素和前提。

钟文（2019）的测算，近年来中国政府可支配总收入占国际可比口径政府收入的比重平均为64.4%。不过，对这个问题的分析有助于理解政府收入的源泉或来源问题。

四、纵向和横向政府间收入划分问题

政府间收入划分从性质上来看有两种：一种是纵向政府间的收入划分，另一种是横向政府间收入划分。

（一）纵向政府间收入划分

我国实行的是分税制财政体制，该体制由税制、分税以及转移支付等制度要件构成。其中，分税和转移支付直接关系纵向政府间收入划分。分税指的是在税制的基础上各个税种收入在中央和地方政府之间的划分，按照税种收入归属可分为中央税、地方税以及中央和地方共享税（以下简称共享税），最新的税种划分情况见表1-2。分税主要针对一般公共预算而言，其他三本预算的收入划分各有各的规则，如政府性基金预算主要受历史因素影响，国有资本经营预算则按照企业隶属关系划分，而社会保险基金预算则主要按照参保人的征缴关系，这三本预算在收入划分上基本都是地方政府占大头。

表1-2　　　　　　　　中央和地方[①]分税表

	税种	央地分成比例	说明
中央税	国内消费税 车辆购置税 关税 船舶吨税 进口货物增值税和消费税		

---

① 此处将省及省以下合称地方。
② 2016年1月1日起，将此前由中央和地方按97%和3%分享的证券交易印花税全部调整为中央收入。

续表

	税种	央地分成比例	说明
共享税	国内增值税 企业所得税 个人所得税 印花税 资源税 城市维护建设税	①国内增值税 50%∶50% ②企业所得税 60%∶40% ③个人所得税 60%∶40%	①中国铁路总公司、各银行总行及海洋石油企业缴纳的企业所得税全部归中央； ②对储蓄存款利息所得征收的个人所得税全部归中央（2008 年 10 月 9 日起，对储蓄存款利息所得暂免征收个人所得税）； ③证券交易印花税为中央收入[②]，其他印花税收入归地方； ④海洋石油企业缴纳的资源税归中央，其余资源税归地方； ⑤中国铁路总公司、各银行总行、各保险总公司集中缴纳的城建税归中央，其余归地方。
地方税	耕地占用税 土地增值税 城镇土地使用税 烟叶税 环境保护税 房产税 车船税 契税		

资料来源：2020 年政府收支分类科目；税法 2020。

转移支付指的是在分税的基础上纵向政府间的其他收入转移，包括中央对地方的税收返还、一般性转移支付、专项转移支付以及地方对中央的上解支出等。这里的转移支付属于广义转移支付范畴，既包括自上而下的收入转移，同时也包括自下而上的收入转移。分税和转移支付实质是政府收入垂直或纵向分配关系。而且，这种纵向分配关系包括初次分配和再分配[①]两个层次。初次分配即政府收入按照分税的要求分别进入中央和地方各自的账户从而形成各自的自有收入，再分配则是在分税的基础上按照转移支付制度安排在自上而下和自下而上的收入转移之后形成的可支配收入格局。具体分配机制如图 1-2 所示。

---

① 此处的初次分配和再分配不同于前文国民收入初次分配和再分配，这里特指政府收入在纵向政府间的划分。

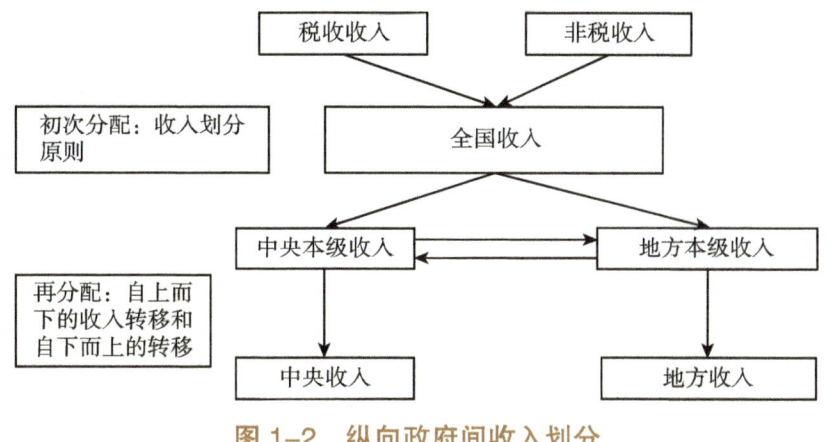

图 1-2 纵向政府间收入划分

（二）横向政府间收入划分

横向政府间收入划分是指在一定的划分原则基础上政府收入在不同政府间的横向划分。横向政府间收入划分的问题相对复杂，它不像纵向政府间收入划分那样已经制度化、规范化，它更多地具有"一事一议"的特点，甚至有点类似于"打补丁"的做法，经常需要临时出台一些补充性文件来规范。

1. 收入与税源背离

如果收入划分不合理则会出现税收收入与税源背离的问题（以下简称背离问题）或者税收负担与收入归属不对称的问题（以下简称不对称问题）。这里以占我国税收收入比重最大的增值税为例来说明背离或不对称的问题。增值税收入划分的原则主要有生产地原则（来源地原则，the Origin Principle）和消费地原则（目的地原则，the Destination Principle）。增值税作为间接税和价外税，其税负最终是由消费者承担的，即最终消费地的居民承担了增值税的税负，如果完全按照消费地原则征税，则收入归属消费者所在地的政府。但是我国的现实是在生产、流通和消费的各环节分别按照增值额来征税并分配收入。增值额大的那个环节获得的税收收入就大，通常生产地的增值额要比消费地的增值额更大，尤其是在电子商务盛行的背景之下，现行的分配办法更有利于生产地的政府。消费者是增值税的负税人，但是税收收入却没有更多地分配给消费者所在地的政府，这不符合受益原则。并且，现行的收入分配办法还会对地方政府产生"重生产轻民生、重企业轻个人"的激励扭曲。

此外，总分机构的汇总纳税以及诸如京津冀一体化过程中企业迁移带来的税源转移都会带来类似的问题。政府都是通过出台补充性的文件来规范这些问题，涉及前者的文件如《跨地区经营汇总纳税企业所得税征收管理办法》（国家税务总局公告2012年第57号），涉及后者的文件如《京津冀协同发展产业转移对接企业税收收入分享办法》（财预〔2015〕92号）。

2. 横向转移支付

我国目前并没有规范化的横向转移支付制度，对于需要解决的特殊问题基本上采取建立"一事一议"办法来处理。为解决生态环境外溢性而设置的流域生态补偿就属于横向转移支付的范畴，如新安江流域上下游横向生态补偿。另外，我国广泛存在的对口支援也被视为广义的或中国式的横向转移支付，如发达地区对新疆、青海、西藏等地区的对口援助，特别是涉及财政援助和捐赠等资金转移的情况。我国目前依然主要是通过纵向政府间收入的转移来实现横向政府间财力的均衡，即寓横向转移于纵向转移之中。

第二节 中国政府收入预算管理与统计核算实践

本书主要致力于中国政府收入相关数据和指标的分析，而这一工作的前提是搞清中国政府收入的预算管理体系以及中国政府收入的统计核算等实践问题。本节将从中国政府收入分类与预算管理的变迁过程、中国政府收入分属四本预算管理的实践、中国政府债务收入的预算管理、中国政府收入的预算核算级次以及中国政府收入统计数据的公开和检索问题等几个方面展开分析。

一、中国政府收入分类及其预算管理变迁

（一）新中国成立以来政府收入分类变迁[①]

1. 2007年以前中国政府收入分类变迁

新中国成立以来，与国家重大制度政策调整相适应，我国政府收入分类在不

---

① 本部分主要参考财政部预算司发布的《政府收支分类改革问题解答》。

同时期有较大的变化和调整。主要演变情况如下：

新中国成立初期，我国预算收支科目表现出较强的统收统支色彩。比如1953年，各级财政统一预算科目包括各项税收类、企业收入类、信贷保险收入类、其他收入类。其中，企业收入类包括企业利润收入、企业提缴折旧基金收入、企业固定资产变价收入、企业缴回流动资金收入；其他收入类包括事业收入、特种资金收入等。

1956年，收入分类适当简化。类级科目按收入性质划分为：税收收入、国营企事业单位收入、借款收入、其他收入、调拨收入。

1979年，由于合并税种，简化税制，收入科目划分更趋简单。类级科目主要包括：企业收入、企业上缴基本折旧基金、各项税收、其他收入、预算调拨收入。

1984—1986年，经过国营企业两步利改税，税收已成为我国预算收入的主要形式。同时，为体现新税制和加强财务管理的需要，国家预算收入分类体系有了较大的调整。主要收入大类包括：工商税收类、关税类、农业税类、国营企业所得税类、国营企业调节税类、国营企业上缴利润类、国营企业计划亏损补贴类、国家能源交通重点建设基金收入类、债务收入类、专款收入类、其他收入类、预算调拨收入类。

1994年及以后年度，由于国家进行分税制和工商税制改革，将政府性基金逐步纳入预算管理，收入分设了一般预算收入科目和基金预算收入科目。其中，一般预算收入科目分类体系也有所调整，主要包括：增值税、消费税、营业税、企业所得税、企业所得税退税、个人所得税、资源税、国有资产经营收益、国有企业计划亏损补贴、行政性收费收入、罚没收入、海域场地矿区使用费收入、专项收入、其他收入、一般预算调拨收入等；基金预算收入科目包括：工业交通部门基金收入、商贸部门基金收入、文教部门基金收入等。

直到2007年政府收支分类改革前，1994年改革的基本格局没有大的变化。由于2007年政府收支分类改革意义重大，现将其单独列出简单介绍。

2. 2007年政府收支分类改革简介

为全面完整、科学准确地反映政府的收支活动，财政部于2006年印发了《政府收支分类改革方案》，并据以制定了《2007年政府收支分类科目》，从2007年1月1日起全面实施政府收支分类改革。此次政府收支分类改革是新中国成立以来我国政府收支分类统计体系的一次重大调整[1]。这次改革对我国的政府收支分类进

---

[1] 谢旭人.中国财政管理［M］.北京：中国财政经济出版社，2011：138.

行了新的改革调整，主要包括收入分类、支出功能分类和支出经济分类等三个方面的内容。此次收入分类改革将政府收入按照来源和性质细分为类、款、项、目四级。其中，类、款两级科目设置情况如表1-3所示。

此次收入分类相对于以往分类的区别主要体现在以下几个方面：第一，新的收入分类对所有政府收入按性质进行统一分类，使政府收入分类形式更趋规范；第二，新的收入分类拓宽了收入涵盖范围，将社会保险基金和预算外收入纳入政府收入分类范围，使收入分类更加完整；第三，新的收入分类对类、款层次进行了调整，增加了一些汇总统计科目，如税收收入、非税收入，更便于财政收支统计和分析；第四，利用新的政府收入分类科目，我们不仅可以分别编制一般收入预算、政府基金收入预算、预算外资金收入预算等，而且可以进行全部政府收入预算的汇总统计。

表1-3　　　　　　2007年政府收入分类的类、款两级科目

序号	类级科目	款级科目
1	税收收入	共20款：增值税、消费税、营业税、企业所得税、企业所得税退税、个人所得税、资源税、固定资产投资方向调节税、城市维护建设税、房产税、印花税、城镇土地使用税、土地增值税、车船使用和牌照税、船舶吨税、车辆购置税、关税、耕地占用税、契税、其他税收收入
2	社会保险基金收入	共6款：基本养老保险基金收入、失业保险基金收入、基本医疗保险基金收入、工伤保险基金收入、生育保险基金收入、其他社会保险基金收入
3	非税收入	共8款：政府性基金收入、专项收入、彩票资金收入、行政事业性收费收入、罚没收入、国有资本经营收入、国有资源（资产）有偿使用收入、其他收入
4	贷款转贷回收本金收入	共4款：国内贷款回收本金收入、国外贷款回收本金收入、国内转贷回收本金收入、国外转贷回收本金收入
5	债务收入	共2款：国内债务收入、国外债务收入
6	转移性收入	共8款：返还性收入、财力性转移支付收入、专项转移支付收入、政府性基金转移收入、彩票公益金转移收入、预算外转移收入、上年结余收入、调入资金

资料来源：2007年政府收支分类科目。

> 专栏 1-2
>
> **政府收支分类科目**
>
> 2007年政府收支分类改革的重要成果之一就是《政府收支分类科目》。政府收支分类科目，是为全面反映政府的收支活动，对预算收入和预算支出的类别和层次进行的划分，因此也称"预算科目"。具体地，《政府收支分类科目》将收入按其性质进行分类并分为类、款、项、目四级；将支出按其功能进行分类并分为类、款、项三级，同时按其经济性质进行分类并分为类、款两级。政府收支分类科目是编制预算、决算，组织预算执行以及相关会计核算的基本工具。各部门、各单位应当按照政府收支分类科目编制本部门、本单位预算草案。财政部根据预算管理需要，可以对政府收支分类科目作出调整并予以公布。财政部每年都会提前制定下一年的《政府收支分类科目》，并由中国财政经济出版社出版发行，自2017年以来财政部还会在其官网上公布《政府收支分类科目》全文电子版。
>
> 资料来源：预算法；预算法实施条例；2007年政府收支分类科目；财政部官网。

（二）中国复式预算管理体系的发展过程

中国的政府收入预算管理经历了由单式预算到复式预算[①]的发展过程。而且，复式预算制度还经历了从双元（双式）复式到多元（多式）复式的形式。从实践形式上来看经历了一个由一本账、两本账、三本账到四本账逐渐落实的过程。

新中国成立至20世纪90年代初，与传统的统收统支的财政管理体制相适应，我国一直实行的是单式预算。1990年"八五"计划建议提出要在"八五"期间（1991—1995年）实行复式预算；1991年在《国家预算管理条例》中以法律的形式确定经常性预算与建设预算两部分构成的双元复式预算体系；1992年财政部按照要求试编了经常预算和建设预算组成的复式预算；1993年十四届三中全会提出要

---

① 所谓单式预算和复式预算是指预算管理方式，其中前者是政府的所有收入和支出都纳入一张收支表，而后者则是按照一定的分类办法将收入和支出纳入不同的收支表。复式预算按照预算类别的数量又可以分为双元（双式）复式预算和多元（多式）复式预算。

"改进和规范复式预算制度,建立政府公共预算和国有资产经营预算,并可以根据需要建立社会保障预算和其他预算",首次明确提出"国有资产经营预算"的概念,并用其取代了"建设性预算"的提法,自此双元复式预算便发展为多元复式预算;1994年通过的《预算法》第二十六条规定,"中央预算和地方各级政府预算按照复式预算编制",并且明确,"复式预算的编制办法和实施步骤,由国务院规定";1995年通过的《预算法实施条例》第二十条进一步明确,各级政府编制的复式预算分为"政府公共预算、国有资产经营预算、社会保障预算和其他预算";1995年《预算法》正式实施,多元复式预算正式取得法律地位。1996年明确单独编列政府性基金预算,并于1997年执行,虽然政府性基金预算的概念并未出现在《预算法实施条例》之中,但是自此我国正式开启了以一般预算和基金预算并列的复式预算管理体系;后续1998年又将"国有资产经营预算"概念发展为"国有资本金预算",2003年正式提出"国有资本经营预算",并于2007年试编国有资本经营预算;"社会保障预算"的概念后来也调整为"社会保险基金预算",并于2010年试编社会保险基金预算。此后,我国便在事实上和实践上形成了由一般预算(公共财政预算)、基金预算(政府性基金预算)、国有资本经营预算以及社会保险基金预算共同组成的四本预算(俗称"四本账")并列的复式预算管理体系,并最终由2014年修订的《预算法》第五条"预算包括一般公共预算、政府性基金预算、国有资本经营预算、社会保险基金预算"以法律条款的形式确定下来(见图1-3)。

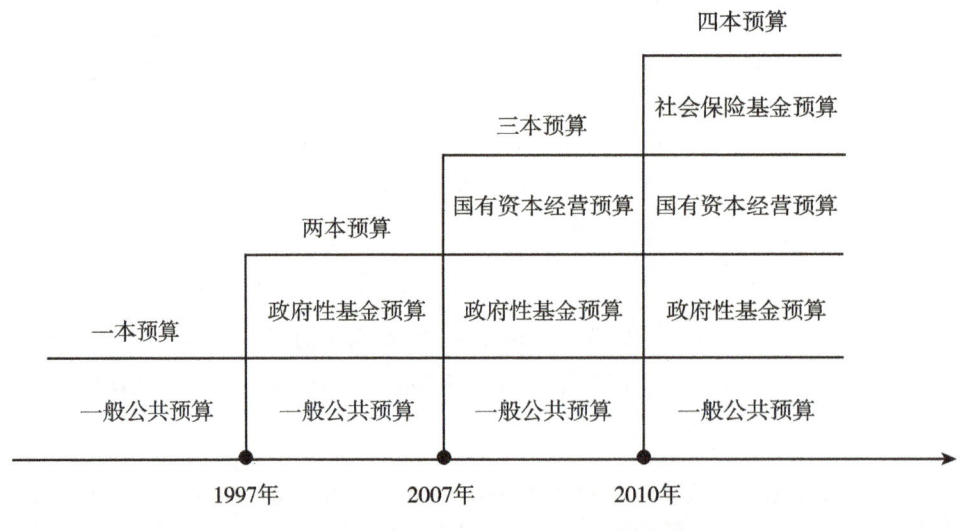

图1-3 我国现行四本预算的发展历程

二、中国政府收入分属四本预算管理的实践

（一）中国政府收入分属四本预算

按照新《预算法》的要求，政府的全部收入和支出都应当纳入预算。目前的政府收入分别划入四本预算之中，即新《预算法》确定的一般公共预算、政府性基金预算、国有资本经营预算以及社会保险基金预算。四本预算的复式预算管理体系就是中国政府收入管理核算的典型事实。

1. 一般公共预算

按照新《预算法》第六条的定义：一般公共预算是对以税收为主体的财政收入，安排用于保障和改善民生、推动经济社会发展、维护国家安全、维持国家机构正常运转等方面的收支预算。

为了便于说明问题，我们这里以一张全省一般公共预算收支决算平衡表为例（见表1-4）。表中颜色较深的一条横线将整张表分为线上和线下两部分，其中线上的部分即我们通常所称的"线上收入（支出）"，而线下的部分即我们通常所称的"线下收入（支出）"，而这条横线即是区分我们所说的"线上""线下"的那条线。另外，表中还有一条颜色较深的竖线，这条竖线将整张表分为左右两部分，其中左侧为收入，右侧为支出。本书重点关注收入相关问题，所以这里详细介绍竖线左侧的收入项目。线上收入包括税收收入和非税收入两类，其中，税收收入又按照税种细分为不同的款级科目，如增值税、企业所得税、个人所得税等；而非税收入下的款级科目按照不同的性质又分为：专项收入、行政事业性收费收入、罚没收入、国有资本经营收入、国有资源（资产）有偿使用收入以及其他收入等。线上的税收收入和非税收入加起来即为本年收入合计，即地方本级一般公共预算收入合计，且与前文讨论的纵向政府间初次分配相对应。线下收入包括上级补助收入（包括返还性收入、一般性转移支付收入、专项转移支付收入）、一般债务收入、上年结余以及调入收入（即从一般公共预算体系之外的其他预算调入的资金，包括从政府性基金预算调入、从国有资本经营预算调入、从其他资金调入以及调入或动用预算稳定调节基金）等收入项目。线上收入加上线下收入项目之和即为一般公共预算收入总计。

表 1-4　　一般公共预算收支决算平衡表

收入			支出		
预算科目	预算数	决算数	预算科目	预算数	决算数
一、税收收入			一、一般公共服务支出		
增值税			二、外交支出		
企业所得税			三、国防支出		
个人所得税			四、公共安全支出		
资源税			五、教育支出		
城市维护建设税			六、科学技术支出		
房产税			七、文化旅游体育与传媒支出		
印花税			八、社会保障和就业支出		
城镇土地使用税			九、卫生健康支出		
土地增值税			十、节能环保支出		
车船税			十一、城乡社区支出		
耕地占用税			十二、农林水支出		
契税			十三、交通运输支出		
烟叶税			十四、资源勘探工业信息等支出		
环境保护税			十五、商业服务业等支出		
其他税收收入			十六、金融支出		
二、非税收入			十七、援助其他地区支出		
专项收入			十八、自然资源海洋气象等支出		
行政事业性收费收入			十九、住房保障支出		
罚没收入			二十、粮油物资储备支出		
国有资本经营收入			二十一、灾害防治及应急管理支出		
国有资源（资产）有偿使用收入			二十二、其他支出		
其他收入			二十三、债务付息支出		
			二十四、债务发行费用支出		
本年收入合计			本年支出合计		
中央补助收入			上解中央支出		
地方政府一般债务收入			地方政府一般债务还本		
国债转贷收入			拨付国债转贷资金数		
国债转贷资金上年结余			国债转贷资金结余		
待偿债置换一般债券上年结余			待偿债置换一般债券结余		

续表

收入			支出		
预算科目	预算数	决算数	预算科目	预算数	决算数
上年结余			调出资金		
调入资金			援助其他地区支出		
接受其他地区援助收入			计划单列市上解省支出		
省补助计划单列市收入			年终结余		
收入总计			支出总计		

资料来源：中国财政年鉴。

2. 政府性基金预算

在分析政府性基金预算前首先必须明确一个问题，即政府性基金预算与政府性基金的关系。前者按照新《预算法》第九条定义，政府性基金预算是对依照法律、行政法规的规定在一定期限内向特定对象征收、收取或者以其他方式筹集的资金，专项用于特定公共事业发展的收支预算；后者按照《政府性基金管理暂行办法》第二条定义，政府性基金是指各级人民政府及其所属部门根据法律、行政法规和中共中央、国务院文件规定，为支持特定公共基础设施建设和公共事业发展，向公民、法人和其他组织无偿征收的具有专项用途的财政资金。政府性基金实行目录清单式管理，财政部于每年3月31日前编制截至上年12月31日的全国政府性基金项目目录，并向社会公布；各省、自治区、直辖市人民政府（以下简称省级政府）财政部门按照财政部规定，于每年4月30日前编制截至上年12月31日在本行政区域范围内实施的政府性基金项目，并向社会公布。以2022年财政部官网公布的最新的[①]全国政府性基金目录为例（见本章附表1），该目录共包括20项政府性基金项目。通过对照《2022年政府收支分类科目》可以发现，政府性基金目录中部分基金项目在政府基金预算中管理，部分基金项目在一般公共预算中管理（见表1-5）。而且我们还可以发现政府性基金预算中还有部分项目不是政府性基金目录中的项目，如国有土地使用权出让收入、彩票公益金收入等。综上所述，我们可以得出如下结论：政府性基金项目并不一定在政府性基金预算中管理，且政府性基金预算中管理的项目也并非全是政府性基金目录中的项目。本书关注的是政府性基金预算中的收入项目，表1-6为典型省份江苏省的政府性基金预算收支决算平衡表。

---

① 查询时间2022年8月。

表 1-5　　全国政府性基金目录中的基金项目所属预算

序号	政府性基金项目	所属预算
1	铁路建设基金	政府性基金预算
2	民航发展基金	政府性基金预算
3	高等级公路车辆通行附加费	政府性基金预算
4	国家重大水利工程建设基金	政府性基金预算
5	水利建设基金	一般公共预算
6	城市基础设施配套费	政府性基金预算
7	农网还贷资金	政府性基金预算
8	教育费附加	一般公共预算
9	地方教育附加	一般公共预算
10	文化事业建设费	一般公共预算
11	国家电影事业发展专项资金	政府性基金预算
12	旅游发展基金	政府性基金预算
13	中央水库移民扶持基金	政府性基金预算
14	地方水库移民扶持基金	政府性基金预算
15	残疾人就业保障金	一般公共预算
16	森林植被恢复费	一般公共预算
17	可再生能源发展基金	政府性基金预算
18	船舶油污损害赔偿基金	政府性基金预算
19	核电站乏燃料处理处置基金	政府性基金预算
20	废弃电器电子产品处理基金	政府性基金预算

资料来源：财政部官网，2022年全国政府性基金目录清单，2022年政府收支分类科目。

表 1-6　　政府性基金预算收支决算平衡表

收入			支出		
预算科目	预算数	决算数	预算科目	预算数	决算数
国家电影事业发展专项资金收入			科学技术支出		
城市公用事业附加收入			文化旅游体育与传媒支出		
国有土地收益基金收入			社会保障和就业支出		
农业土地开发资金收入			城乡社区支出		
国有土地使用权出让收入			农林水支出		
彩票公益金收入			交通运输支出		

续表

收入			支出		
预算科目	预算数	决算数	预算科目	预算数	决算数
城市基础设施配套费收入			资源勘探工业信息等支出		
小型水库移民扶助基金收入			商业服务业等支出		
车辆通行费收入			其他支出		
污水处理费收入			债务付息支出		
彩票发行机构和彩票销售机构的业务费用			债务发行费用支出		
其他各项政府性基金收入					
本年收入合计			本年支出合计		
上级补助收入			调出资金		
上年结转收入			地方政府专项债务还本支出		
地方政府专项债务收入			结转下年支出		
调入资金					
收入总计			支出总计		

资料来源：江苏省财政厅官网。

3. 国有资本经营预算

按照新《预算法》第十条的定义：国有资本经营预算是对国有资本收益作出支出安排的收支预算。国有资本经营预算的收入是指各级人民政府及其部门、机构履行出资人职责的企业（即一级企业，下同）上交的国有资本收益，主要包括：国有独资企业按规定上交国家的利润；国有控股、参股企业国有股权（股份）获得的股利、股息；企业国有产权（含国有股份）转让收入；国有独资企业清算收入（扣除清算费用），以及国有控股、参股企业国有股权（股份）分享的公司清算收入（扣除清算费用）；其他收入等。国有资本经营预算的支出主要包括：(1) 资本性支出。即根据产业发展规划、国有经济布局和结构调整、国有企业发展要求，以及国家战略、安全等需要，安排的资本性支出。(2) 费用性支出。即用于弥补国有企业改革成本等方面的费用性支出。(3) 其他支出。按照《国务院关于试行国有资本经营预算的意见》（国发〔2007〕26号）规定：国有资本经营预算的具体支出范围依据国家宏观经济政策以及不同时期国有企业改革和发展的任务，统筹安排确定；必要时可部分用于社会保障等项支出。从具体预算科目上来看，国有资本经营预算支出包括补充社保基金支出、解决历史遗留问题及改革成本支出、国有企业资本金注入、国有企业政策性补贴、金融国有资本经营预算支出以及其他国有资本经营预算支出等方面的支出。表1-7是典型省份江苏省的国有资本经营预算收支决算平衡表。

表 1-7　　　　　　　国有资本经营预算收支决算平衡表

收入			支出		
预算科目	预算数	决算数	预算科目	预算数	决算数
利润收入			解决历史遗留问题及改革成本支出		
股利、股息收入			国有企业资本金注入		
产权转让收入			国有企业政策性补贴		
清算收入			金融国有资本经营预算支出		
其他国有资本经营收入			其他国有资本经营预算支出		
本年收入合计			本年支出合计		
上年结转收入			调出资金		
			结转下年		
收入总计			支出总计		

资料来源：江苏省财政厅官网。

专栏 1-3

一般公共预算与国有资本经营预算下国有资本经营收入的区别

从政府收支分类科目表中可以发现一般公共预算和国有资本经营预算这两类预算下都有一个款级科目"国有资本经营收入"（科目代码：10306），那么二者有什么区别呢？这两者最主要的区别在于国有金融资本的经营收入主要在一般公共预算中管理，而非金融国有资本经营收入则主要在国有资本经营预算中管理。这跟目前我国的国有资产管理的体制有关系，我国国有金融资本管理与实业资本管理相隔离分开管理，受国务院委托，与前者相关的金融国有资产由财政部管理，与后者相关的实业国有资产由国资委管理。

资料来源：2020年政府收支分类科目；中共中央　国务院关于完善国有金融资本管理的指导意见。

4. 社会保险基金预算

按照新《预算法》第十一条的定义：社会保险基金预算是对社会保险缴款、一般公共预算安排和其他方式筹集的资金，专项用于社会保险的收支预算。社会保险基金预算按照社会保险项目可以分为养老保险、医疗保险、工伤保险、失业保险。具体地，社会保险基金收入反映社会保险基金的各项收入，包括企业职工基本养老保险基金收入、城乡居民基本养老保险基金收入、机关事业单位基本养老保险基金收入、职工基本医疗保险基金收入、城乡居民基本医疗保险基金收入、工伤保险基金收入、失业保险基金收入等；社会保险基金支出反映政府社会保险基金的各项支出，包括企业职工基本养老保险基金支出、城乡居民基本养老保险基金支出、机关事业单位基本养老保险基金支出、职工基本医疗保险基金支出、城乡居民基本医疗保险基金支出、工伤保险基金支出、失业保险基金支出等，如表1-8所示。

表1-8 社会保险基金预算收支决算总表

收入			支出		
预算科目	预算数	决算数	预算科目	预算数	决算数
企业职工基本养老保险基金收入			企业职工基本养老保险基金支出		
城乡居民基本养老保险基金收入			城乡居民基本养老保险基金支出		
机关事业单位基本养老保险基金收入			机关事业单位基本养老保险基金支出		
职工基本医疗保险基金收入			职工基本医疗保险基金支出		
城乡居民基本医疗保险基金收入			城乡居民基本医疗保险基金支出		
工伤保险基金收入			工伤保险基金支出		
失业保险基金收入			失业保险基金支出		
本年收入合计			本年支出合计		
上年结余收入			本年收支结余		
收入总计			支出总计		
			年末滚存结余		

除了按照具体的收支项目划分外，社会保险基金还可以按照收支的性质来划

分。各项社会保险基金预算收入，包括社会保险费收入、利息收入、投资收益、财政补贴收入及其他收入等；各项社会保险基金预算支出，包括社会保险待遇支出及其他支出，如表1-9所示。

表1-9　　　　　　　　　社会保险基金预算收支决算表

收入			支出		
预算科目	预算数	决算数	预算科目	预算数	决算数
社会保险费收入			社会保险待遇支出		
利息收入			其他支出		
投资收益					
财政补贴收入					
其他收入					
转移收入					
本年收入合计			本年支出合计		
上年结余收入			本年收支结余		
收入总计			支出总计		
			年末滚存结余		

（二）四本预算收入之间的衔接

新《预算法》第五条规定，一般公共预算、政府性基金预算、国有资本经营预算、社会保险基金预算应当保持完整、独立。政府性基金预算、国有资本经营预算、社会保险基金预算应当与一般公共预算相衔接。这是从法律上规定了四本预算之间既要保持完整独立，同时还要保持预算之间的衔接。实践中保持预算之间衔接的关键在于衔接科目设置。《预算法》明确规定其他三本预算要与一般公共预算相衔接。下面将分别说明政府性基金预算、国有资本经营预算以及社会保险基金预算与一般公共预算之间的衔接。

1. 政府性基金预算与一般公共预算的衔接

目前的实践中政府性基金预算与一般公共预算的衔接主要体现在三个方面：第一，政府性基金预算资金调入一般公共预算。具体办法是通过在政府性基金预算支出侧设置"调出资金"科目，同时在一般公共预算收入侧设置"调入资金"

科目实现的。这种调入调出的方式是两本预算衔接最主要的，也是常态化方式。第二，政府性基金预算管理项目转列一般公共预算管理，至今已先后将19个政府性基金预算管理项目转列一般公共预算管理。具体办法是在删除政府性基金预算中特定科目的同时在一般公共预算下设立相应的科目，如2015年1月1日起将地方教育附加从政府性基金预算转列至一般公共预算管理，通过删除政府性基金预算中的项目，同时在一般公共预算中设立地方教育附加科目实现的。这种转列方式通常是一次性的，一旦转列完成则不再涉及该项目资金进出的问题。第三，从一般公共预算调入资金到政府性基金预算。如，2020年为了解决港口建设费取消后重大急需水运建设发展项目的资金缺口，于是从一般公共预算调入90亿元资金到政府性基金预算。这种资金调入方式比较少见，通常都是从政府性基金预算调入一般公共预算。

2. 国有资本经营预算与一般公共预算的衔接

目前国有资本经营预算与一般公共预算的衔接主要体现在国有资本经营预算资金调入一般公共预算，实现方式是通过在国有资本经营预算支出侧设置"调出资金"科目，同时在一般公共预算收入侧设置"调入资金"科目。为了将更多的资金用于保障和改善民生，而不是仅在国有资本经营预算中进行"体内循环"，近年来也在不断加大国有资本经营预算调入一般公共预算的力度，从国有资本经营预算调入一般公共预算的比例从2016年的19%逐步提高到2020年的30%以上。

专栏1-4

如何理解"提高国有资本收益上缴公共财政比例，2020年提高到30%"

2013年11月党的十八届三中全会通过的《中共中央关于全面深化改革若干重大问题的决定》明确"完善国有资本经营预算制度，提高国有资本收益上缴公共财政比例，二〇二〇年提到百分之三十，更多用于保障和改善民生。"2015年8月中共中央国务院印发《关于深化国有企业改革的指导意见》再次明确"建立覆盖全部国有企业、分级管理的国有资本经营预算管理制度，提高国有资本收益上缴公共财政比例，2020年提高到30%，更多用于保障和改善民生。"

> 对于30%的上缴比例有两种理解方式：第一种，国家财政对国有资本收益的提取比例要达到30%；第二种，从国有资本经营预算调出部分资金到一般公共预算的比例要达到30%。根据实际运行的情况来看，这里的30%应该对应的是第二种理解。

3. 社会保险基金预算与一般公共预算的衔接

《预算法实施条例》第三条规定，社会保险基金预算应当在精算平衡的基础上实现可持续运行，一般公共预算可以根据需要和财力适当安排资金补充社会保险基金预算。《社会保险法》第六十五条规定，社会保险基金通过预算实现收支平衡，县级以上人民政府在社会保险基金出现支付不足时，给予补贴。实践中社会保险基金预算与一般公共预算的衔接体现为一般公共预算对社会保险基金预算的支持。主要通过以下方式实现的，即在一般公共预算的支出侧建立"财政对基本养老保险基金的补助"以及"财政对其他社会保险基金的补助"，同时在社会保险基金预算收入每个社会保险基金项目下设相应的财政补贴收入科目。实践中如果一般公共预算对社会保险基金预算的补贴太多则意味着社会保险基金预算对一般公共预算的依赖度过大，这既可能会影响社会保险基金自身的可持续性，同时也会累及一般公共预算，进而影响整个财政体系的可持续性。

4. 四本预算加总时的重复计算问题

分析不同预算之间的衔接关系既有利于搞清四本预算之间的勾稽关系，同时也有利于甄别四本预算加总时不同预算之间的重复计算问题。比如在计算广义政府收入时，由于四本预算之间调入调出导致的交叉重复的部分是必须要扣除的，否则会带来重复计算的问题。但是，在现实中由于四本预算之间的勾稽关系复杂、透明度不够，高质量的底层数据难以获得，如很多细项数据是不对外公开或公开范围和程度有限，这对我们分析和认识相关问题有一定的阻碍。

三、中国政府债务收入的预算管理

在我国债务收入是政府的重要收入之一。按照全口径预算管理的要求，政府的债务收入也要纳入预算管理。目前并没有专门的债务预算，实践中将我国政府债务收入按照其性质分别纳入一般公共预算和政府性基金预算管理。按照借债的政府主体层级可以把政府债务分为中央政府债务和地方政府债务。因此，下面将分中央政府债务和地方政府债务分别介绍。

（一）中央政府债务收入预算管理

中央政府债务又称国债。按照性质不同可以将国债划分为特别国债和非特别国债[1]。非特别国债纳入中央一般公共预算管理，特别国债务纳入中央政府性基金预算管理。

非特别国债纳入中央一般公共预算管理。按照《预算法》第三十四条规定，中央一般公共预算中必需的部分资金，可以通过举借国内和国外债务等方式筹措，举借债务应当控制适当的规模，保持合理的结构。对中央一般公共预算中举借的债务实行余额管理，余额的规模不得超过全国人民代表大会批准的限额。国务院财政部门具体负责对中央政府债务的统一管理。

特别国债纳入中央政府性基金预算管理。预算法对特别国债并没有具体的规定，但是2005年12月16日全国人大常委会同意的《国务院关于实行国债余额管理的报告》（国函〔2005〕93号）规定，特别国债不列入预算赤字。特别国债仍然属于政府债务，按照国债余额管理办法，应列入年末国债余额限额。以2007年特别国债为例[2]，为反映用特别国债购买外汇的使用情况，在"中央政府性基金预算收入表"中增设"中央财政外汇经营基金收入"科目，反映用特别国债购买的外汇；在"中央政府性基金预算支出表"中增设"中央财政外汇经营基金支出"科目，反映外汇资金的使用。特别国债利息及有关费用通过外汇资金使用中所取得的收入解决，为此，在"中央政府性基金预算收入表"中同时增设"中央财政外汇经营基金财务收入"科目，反映使用外汇资金所取得的收入；在"中央政府性

---

[1] 这里是为了论述的方便才引入这种划分办法，之所以称为非特别国债而未使用普通国债或一般国债，主要是考虑了形式逻辑和实践管理的需要。一是，从形式逻辑上来说，科学或理想的分类办法是相互独立且完全穷尽的，这种分类办法与数学中"正交补"概念类似，即某一大类所划分的子类之间相互独立，且各个子类又集体构成该大类的全部内容。二是，从管理实践上来说，普通国债仅是非特别国债的一种。我国的国债品种结构分为内债和外债，而内债又分为储蓄国债和记账式国债，其中记账式国债又可细分为普通国债和特别国债。

[2] 中国人大网. 关于提请审议财政部发行特别国债购买外汇及调整2007年末国债余额限额议案的说明.

基金预算支出表"中同时增设"中央财政外汇经营基金财务支出"科目，反映特别国债利息及有关费用支出。

> **专栏 1-5**

我国历次特别国债发行

发行特别国债是在特定时期补充财政收入的独特机制安排。我国历史上共发行过四次特别国债，其中三次属于新发行，一次属于续发。

第一次特别国债发行是在1998年6月，发行2 700亿元用来补充国有四大商业银行资本金，此次发行的背景是亚洲金融危机。第二次特别国债发行是2007年6月底，发行2 000亿美元合计人民币1.5万亿元，用于注资中投公司。第三次特别国债的发行是2017年10月，这次属于续发，因为2007年部分特别国债到期。第四次也是最近的一次，是2020年3月底，为了应对新型冠状病毒疫情的冲击而发行了1万亿元抗疫特别国债。

资料来源：中国政府收入全景图解2021。

（二）地方政府债务收入预算管理

地方政府债务简称地方债。地方债分为一般债务和专项债务，其中一般债务是指列入一般公共预算用于公益性事业发展的一般债券、地方政府负有偿还责任的外国政府和国际经济组织贷款转贷债务；专项债务是指列入政府性基金预算用于有收益的公益性事业发展的专项债券。一般债务纳入地方一般公共预算管理，专项债务纳入地方政府性基金预算管理。

按照《预算法》第三十五条规定，地方各级预算按照量入为出、收支平衡的原则编制，除《预算法》另有规定外，不列赤字。经国务院批准的省、自治区、直辖市的预算中必需的建设投资的部分资金，可以在国务院确定的限额内，通过发行地方政府债券举借债务的方式筹措。举借债务的规模，由国务院报全国人民代表大会或者全国人民代表大会常务委员会批准。省、自治区、直辖市依照国务院下达的限额举借的债务，列入本级预算调整方案，报本级人民代表大会常务委员会批准。举借的债务应当有偿还计划和稳定的偿还资金来源，只能用于公益性资本支出，不得用于经常性支出。

《预算法实施条例》第四十三条规定，地方政府债务余额实行限额管理。各省、自治区、直辖市的政府债务限额，由财政部在全国人民代表大会或者其常务委员会批准的总限额内，根据各地区债务风险、财力状况等因素，并考虑国家宏观调控政策等需要，提出方案报国务院批准。各省、自治区、直辖市的政府债务余额不得突破国务院批准的限额。

专栏1-6

"地方政府债务"和"地方政府性债务"有何不同？

在查阅地方政府债务管理的相关文件时，我们经常会同时看到"地方政府债务"和"地方政府性债务"两种表述。那么，这两个概念是否相同？不同表述出于何种考虑？

如在《国务院关于加强地方政府性债务管理的意见》（国发〔2014〕43号）这个文件中，第一部分总则中明确提出："对地方政府债务实行规模控制，严格限定政府举债程序和资金用途，把地方政府债务分门别类纳入全口径预算管理，实现'借、用、还'相统一。"第三部分"对地方政府债务实行规模控制和预算管理"中也多次出现"地方政府债务"这一表述。但是，无论此文件的名称还是总则，以及强调"控制和化解地方政府性债务风险"的第四部分等多个地方，还出现了10余次"地方政府性债务"的表述。

其实，这是两个不同的概念，涉及的债务范畴并不相同。虽只有一字之差，含义却大为不同。地方政府性债务的范畴，除包括政府举借的债务外，还包括事业单位、融资平台公司等举借的政府性质的债务。在规范管理之后，地方政府只能由政府及其部门通过发行政府债券的方式举借，只会保留"政府债务"，不再有通过企事业单位举借的政府性债务。但是，在规范管理之前，要兼顾存量债务的过渡处置，因而在不同的地方采用了不同的表述。

资料来源：中国政府网。

四、中国政府收入的预算核算级次

新《预算法》第三条规定：国家实行一级政府一级预算，设立中央，省、自治区、直辖市，设区的市、自治州、县、自治县、不设区的市、市辖区，乡、民族乡、镇五级预算。《预算法》规定的五级预算即预算级次问题。预算级次问题涉及本级预算及其与上下级政府之间的预算关系。其中，上下级政府预算关系的关键在于政府间的收入转移。预算实践中的上下级政府之间的预算关系主要通过两大类科目来反映，即自上而下的上级补助收入（包括返还和转移支付）、自下而上的地方上解。由于四本预算的核算级次基本相同，这里以一般公共预算为例来说明。

（一）全国与地方总预算

按照《预算法》规定，全国预算由中央预算和地方预算组成。地方预算由各省、自治区、直辖市的总预算组成。地方各级总预算由本级预算和汇总的下一级总预算组成；如果下一级只有本级没有下一级预算的，下一级总预算即指下一级的本级预算。

（二）中央与中央本级预算

《预算法》第六条规定，中央一般公共预算包括中央各部门（含直属单位）的预算和中央对地方的税收返还、转移支付预算。其中，各部门预算由本部门及其所属各单位预算组成。中央一般公共预算收入包括中央本级收入、地方向中央的上解收入、从政府性基金预算和国有资本经营预算调入资金、从预算稳定调节基金调入资金等。中央一般公共预算支出包括中央本级支出、中央对地方的税收返还和转移支付、偿还政府债务本金支出、补充预算稳定调节基金等。

（三）地方与地方本级预算

《预算法》第七条规定，地方各级一般公共预算包括本级各部门（含直属单位）的预算和税收返还、转移支付预算。地方各级一般公共预算收入包括地方本级收入、上级政府对本级政府的税收返还和转移支付、下级政府的上解收入、从政府性基金预算和国有资本经营预算调入资金、从预算稳定调节基金调入资金、其他调入资金等。地方各级一般公共预算支出包括地方本级支出、对上级政府的上解支出、对下级政府的税收返还和转移支付、偿还政府债务本金支出、补充预算稳定调节基金等。

（四）全省（市）、省（市）级与省（市）本级预算

在实践中需要区分全省（市）、省（市）级与省（市）本级预算。全省（市）预算属于前文所说的地方总预算范畴，即各省（自治区、直辖市）的总预算和市（地级行政区划）的总预算，既包括省（市）本级预算同时也包括汇总的下一级总预算。由于全省（市）预算是一个整体，只与其上级政府发生收入转移关系，其内部的收入转移则相互抵消。所以，全省预算会涉及中央对各省的补助（返还和转移支付）以及各省对中央的上解；相应地，全市预算则涉及省对市的补助和市对省的上解。而省（市）级预算则既包括省（市）本级预算还包括其对下级的补助和下级对其的上解。综上，从预算范围和口径上来看，全省（市）预算要大于省（市）级预算，省（市）级预算要大于省（市）本级预算。

专栏1-7

工业/产业园区、开发区、高新区等功能区的预算问题

为促进经济社会发展，我国在改革开放的过程中设立了各式各样的功能区，如工业/产业园区、开发区、高新区、自贸区等等。那么，这些功能区的预算是怎么处理的呢？是否算一级预算呢？

《中华人民共和国预算法》第三条规定国家实行一级政府一级预算。《中华人民共和国宪法》第三十条也在事实上确认了五级行政区域的划分，相应设置了中央、省、市、县、乡（镇）五级预算。因此，功能区预算是否作为一级预算的关键在于确认这些功能区是否为一级政府，在于明确功能区的性质。

判断一个区域是否属于一级政府，不是看其是否有行政职能或行政级别，按照《中华人民共和国地方各级人民代表大会和地方各级人民政府组织法》第六十八条规定，那些有行政职能或者行政级别的区域可能仅仅是地方政府的派出机关，因此判断该区域是否属于一级政府，最简单的办法是看该区域是否在国务院民政部门公布的行政区划代码名单里。依据目前民政部公布的最新行政区划名单，仅有上海的浦东新区和天津的滨海新区属于一级政府，所以其他的各种功能区顶多算是各级地方政府的派出机关。而按照1995年的《预算法实施条例》第二条规定县级以上地方政府的派出机关，根据本级政府授权进行预算管理活动，但是不作为一级预算，也就是说其收支要纳入本级预算。

综上，除了滨海新区和浦东新区外，其他功能区都不是一级政府，其预算也都不作为一级预算，其收支要纳入所属那一级政府的本级预算，并由相应的人代会审查批准，但这并不意味着它不能独立核算和报告它的预算。实践中部分功能区也设有金库（即国库），可以进行独立的财政核算。

参考资料：预算法；预算法实施条例；宪法；地方各级人民代表大会和地方各级人民政府组织法；民政部官网；中国行政区划改革研究；珠海市非建制区预算管理办法（试行）；等等。

五、中国政府收入统计数据的公开和检索问题

《预算法》以及政府信息公开条例等法律法规对财政预算、决算信息公开提出了明确的要求。本书以公开检索的政府收入统计核算数据为依据，目前可以通过多种公开的途径获得中国政府收入方面的统计数据。这些数据按照公开的途径和形式可以大致分为两大类，即年鉴数据和门户网站数据。

第一类数据为年鉴数据，如统计年鉴、财政年鉴以及税务年鉴等年鉴上的数据。不同年鉴上的数据统计口径有所差异。比如，《中国财政年鉴》和《中国税务年鉴》，这两本统计年鉴上的数据至少有以下几个方面的区别：其一，财政年鉴和税务年鉴上统计的税收数据口径不同，税务年鉴数据不包括海关征收的关税和船舶吨税（但是包括海关代征的进口环节增值税和消费税），早期数据还不包括财

政部门征收的耕地占用税和契税，且税务年鉴统计的数据未扣减出口退税[①]，相反财政年鉴统计的税收数据则是全口径的且扣减了出口退税的净收入数据；其二，税务年鉴的省级数据中不包含计划单列市的数据，而财政年鉴则包含相应省份计划单列市的数据，所以如果要使用税务年鉴中的省级数据则需要加上相应的计划单列市的数据。综上，使用数据的前提是要搞清楚其统计范围和口径，否则会错误使用数据。

第二类数据为门户网站数据，如各级政府门户网站或政府财政部门官网上的公布的数据。门户网站上公开的数据相对于各种年鉴上的数据要更复杂，因为这些数据类型比较多，包括财政部门公布的财政收支的快报数据（简称快报数据）、每年年初各级人大审查批准的上一年度预算执行数据和当年预算数据（简称执行数据和预算数据），每年年中各级人大常委会审查批准的上一年年度决算数据（简称决算数据）等。快报数据为满足统计及时性的需要，属于统计的初步数据，而执行数据相对于快报数据要更精确，决算数据可能会对执行数据进行一定的修正，所以相对而言决算数据是最准确的数据，但时效性相对较差。另外，关于执行报告和决算报告二者的范围和口径也有区别，按照《预算法》第四十七条[②]和第七十七条[③]规定，地方各级政府预算执行报告中会列示总预算情况，如全省（市）的预算收支情况，而决算报告则须报告本级预算的决算，至于是否报告总预算的决算情况并不作要求。所以我们会看到一些地方政府的决算报告会包含总预算的部分内容，而一些地方政府则仅报告本级决算的内容。考虑到以上种种因素，本书以决算数据为准，兼顾使用少数执行数据。

---

① 《中国税务年鉴》中退税数据与税收收入数据并列展示，并未计算净税收收入数据。

② 第四十七条规定："国务院在全国人民代表大会举行会议时，向大会作关于中央和地方预算草案以及中央和地方预算执行情况的报告。地方各级政府在本级人民代表大会举行会议时，向大会作关于总预算草案和总预算执行情况的报告。"

③ 第七十七条规定："国务院财政部门编制中央决算草案，经国务院审计部门审计后，报国务院审定，由国务院提请全国人民代表大会常务委员会审查和批准。县级以上地方各级政府财政部门编制本级决算草案，经本级政府审计部门审计后，报本级政府审定，由本级政府提请本级人民代表大会常务委员会审查和批准。乡、民族乡、镇政府编制本级决算草案，提请本级人民代表大会审查和批准。"

全国政府性基金目录清单

附表1

序号	项目名称	资金管理方式	政策依据	征收地区	征收方式	征收标准
1	铁路建设基金	缴入中央国库	国发[1992]37号，财工字[1996]371号，财工[1997]543号，财综[2007]3号	全国	按铁路运输货物的种类、重量，运输距离等征收，与铁路货运运费一并征收	1. 整车货物：区分货物种类 0.019—0.033元/吨·公里 2. 零担货物：区分货物种类 0.00019—0.00033元/10千克·公里 3. 自轮运装货物：0.099元/轴·公里 4. 集装箱：区分集装箱尺寸 0.264—1.122元/箱·公里
2	民航发展基金	缴入中央国库	国发[2012]24号，财综[2012]17号，财税[2015]135号，财税[2019]46号，财税[2020]72号，财政部公告2021年第8号	全国	对航空旅客按人次征收，在航空旅客购买机票时一并征收；对航空公司按飞行航线、飞机最大起飞全重、飞行里程征收	1. 向航空旅客征收部分：国内航班旅客50元/人次，国际和地区航班出境旅客70元/人次 2. 向航空公司征收部分：区分飞行航线、飞机起飞全重、飞行里程 0.3—1.84元/公里
3	高等级公路车辆通行附加费	缴入地方国库	财综[2008]84号，《海南经济特区机动车辆通行附加费征收管理条例》（海南省人民代表大会常务委员会公告第54号），琼价费管[2013]153号，琼交财[2021]267号	海南	对汽油零售企业按购买汽油数量价外征收；对柴油机动车辆按核定的征费标准计量定额征收	1. 使用汽油的机动车通行附加费征收标准：1.05元/升 2. 使用柴油的机动车通行附加费征收标准：按月征收标准为220元/吨，按日征收标准为11元/吨，0.5元/吨·小时（2021年9月1日起实施）

续表

序号	项目名称	资金管理方式	政策依据	征收地区	征收方式	征收标准
4	国家重大水利工程建设基金	缴入中央和地方国库	财综〔2009〕90号，财综〔2010〕97号，财综〔2010〕44号，财综〔2013〕103号，财税〔2015〕80号，财办税〔2015〕4号，财税〔2017〕51号，财办税〔2017〕60号，财税〔2018〕39号，财税〔2018〕147号，财税〔2019〕46号，财税〔2020〕9号	除西藏以外	按省、自治区、直辖市扣除国家扶贫开发工作重点县农业排灌用电后的全部销售电量征收	区分不同省（自治区、直辖市）0—4.1934375厘/千瓦时
5	水利建设基金	缴入中央和地方国库	《中华人民共和国防洪法》，财综字〔1998〕125号，财综〔2011〕2号，财综函〔2011〕33号，财办综〔2011〕111号，财综函〔2016〕291号，财税〔2016〕12号，财税〔2017〕18号，财税〔2020〕9号，财税〔2020〕72号	内蒙古、吉林、江苏、安徽、江西、山东、湖北、湖南、广西、福建、云南、陕西、宁夏（向社会征收）	中央水利建设基金从车辆购置税、铁路建设基金等收入中提取；地方水利建设基金从地方收入中提取的部分税费收入中提取，经财政部批准省、自治区、直辖市可向企事业单位等征收	征收标准按省、自治区、直辖市有关规定执行
6	城市基础设施配套费	缴入地方国库	国发〔1998〕34号，财综函〔2002〕3号，财综〔2007〕53号，财税〔2019〕53号，财政部 税务总局 发展改革委 民政部 商务部 卫生健康委公告2019年第76号	除天津以外	具体征收方式和征收标准按省、自治区、直辖市有关规定执行	

续表

序号	项目名称	资金管理方式	政策依据	征收地区	征收方式	征收标准
7	农网还贷资金	缴入中央和地方国库	财企[2001]820号，财企[2002]446号，财企[2006]347号，财综[2007]3号，财综[2012]7号，财综[2013]103号，财税[2015]59号，财税[2018]147号，财税[2020]67号	山西、吉林、湖南、湖北、广西、四川、重庆、云南、陕西	按农网改造贷款"一省一贷"的省、自治区、直辖市电力用户用电量征收	0.02元/千瓦时
8	教育费附加	缴入中央和地方国库	《中华人民共和国教育法》，国发[1986]50号（国务院令第60号修改发布），国发明电[1994]2号、23号，财综[2007]53号，国发[2010]35号，财综[2010]103号，财税[2016]12号，财税[2019]13号，财税[2019]21号，财税[2019]22号，财税[2019]46号	全国	按单位和个人实际缴纳增值税、消费税税额计征	3%
9	地方教育附加	缴入地方国库	《中华人民共和国教育法》，财综[2001]58号，财综[2003]2号、9号、10号、12号、13号、14号、15号、16号、18号，财综[2004]73号，财综函[2005]33号，财综[2006]9号，财综函[2006]2号、61号，财综[2007]45号，财综函[2007]53号，财综[2008]7号、8号，财综函[2010]2号、3号、7号、8号、11号、71号、72号、73号、75号、76号	全国	按单位和个人实际缴纳增值税、消费税税额计征	2%

总论篇·第一章 中国政府收入概述

续表

序号	项目名称	资金管理方式	政策依据	征收地区	征收方式	征收标准
9	地方教育附加	缴入地方国库	财综函〔2011〕1号、2号、3号、4号、5号、6号、7号、8号、9号、10号、11号、12号、13号、15号、16号、17号、57号、78号、79号、80号、财综〔2010〕98号，财税〔2016〕12号，财税〔2018〕70号，财税〔2019〕13号，财税〔2019〕21号，财税〔2019〕22号，财税〔2019〕46号	全国	按单位和个人实际缴纳增值税、消费税税额计征	2%
10	文化事业建设费	缴入中央和地方国库	国发〔1996〕37号，国办发〔2006〕43号，财综〔2007〕3号，财综〔2013〕号，财文字〔1997〕243号，财预字〔1996〕469号，财税〔2016〕25号，财税〔2016〕60号，财税〔2019〕46号，财政部2020年公告第25号、财政部税务总局公告2021年第7号	全国	按提供娱乐服务、广告服务的相关单位和个人的计费销售额征收	3%
11	国家电影事业发展专项资金	缴入中央和地方国库	《电影管理条例》，国办发〔2006〕43号，财税〔2015〕91号，财综〔2018〕67号	全国	按经营性电影放映单位票房收入征收	5%
12	旅游发展基金	缴入中央国库	旅办发〔1991〕124号，财综〔2007〕3号，财综〔2010〕123号，财税〔2012〕17号，财综〔2015〕135号	全国	按乘坐国际和地区航班出境的旅客人次在票价上征收	20元/人次

39

续表

序号	项目名称	资金管理方式	政策依据	征收地区	征收方式	征收标准
13	中央水库移民扶持基金	缴入中央国库	《大中型水利水电工程建设征地补偿和移民安置条例》，《长江三峡工程建设移民条例》，国发〔2006〕17号，财监〔2006〕29号，财监〔2006〕95号，监察部、人事部、财政部令第13号，财综〔2007〕26号，财综函〔2007〕69号，财综〔2008〕17号，财综〔2008〕34号，财综〔2008〕29号、30号、31号、32号、33号、64号、65号、66号、67号、68号、85号、86号、87号、88号、89号、90号，财综〔2009〕51号、59号，财综〔2010〕15号、16号、43号、113号，财综函〔2010〕10号、39号，财综〔2013〕103号，财税〔2015〕80号，财税〔2016〕11号，财税〔2016〕13号，财税〔2017〕51号，财办税〔2017〕60号，财税〔2018〕128号，财农〔2017〕147号			
	大中型水库移民后期扶持基金			除西藏以外	按电力用户用电量征收（扣除农业生产用电）	区分不同省（自治区、直辖市）1.425—6.225厘/千瓦时
	跨省大中型水库库区基金			全国	按有发电收入的跨省、自治区、直辖市大中型水库实际上网销售电量征收	不高于8厘/千瓦时
	三峡水库库区基金			湖北	按三峡电站机组实际上网销售电量征收	8厘/千瓦时

续表

序号	项目名称		资金管理方式	政策依据	征收地区	征收方式	征收标准
14	地方水库移民扶持基金	省级大中型水库库区基金	缴入地方国库	《大中型水利水电工程建设征地补偿和移民安置条例》，国发〔2006〕17号，财综〔2007〕26号，财综〔2008〕17号，财综〔2008〕29号、30号、31号、32号、33号、34号、35号、64号、65号、66号、67号、68号、85号、86号、87号、88号、89号、90号，财综〔2009〕51号、59号，财综〔2010〕15号、16号、43号、113号，财综函〔2016〕11号、13号，财税〔2017〕18号，财政部发展改革委公告2022年第5号	广西、辽宁、浙江、湖北、吉林、福建、黑龙江、四川、甘肃、广东、河南、江西、贵州、海南、云南、山西、青海、重庆、陕西	按有发电收入的省级辖区内大中型水库实际上网销售电量征收	不高于8厘/千瓦时
		小型水库移民扶助基金			广西、辽宁、黑龙江、福建、甘肃、河北、广东、河南、贵州、海南、山东、重庆、云南、陕西	具体征收方式和征收标准按省、自治区、直辖市有关规定执行	
15	残疾人就业保障金		缴入地方国库	《残疾人就业条例》，财综〔2001〕16号，财税〔2015〕72号，财税〔2017〕18号，财税〔2018〕39号，2019年公告第98号	全国	按上年用人单位安排残疾人就业未达到规定比例的差额人数征收	用人单位在职职工平均工资未超过当地社会平均工资2倍（含）的，征收标准为用人单位在职工平均工资；超过当地社会平均工资2倍的，征收标准为当地社会平均工资2倍

续表

序号	项目名称	资金管理方式	政策依据	征收地区	征收方式	征收标准
16	森林植被恢复费	缴入中央和地方国库	《中华人民共和国森林法》，《中华人民共和国森林法实施条例》，财综〔2002〕73号，财税〔2015〕122号	全国	按用地单位占用林地面积征收	区分不同林地类型、占用林地建设项目性质、所在区域，征收标准不低于3—40元/平方米，具体征收标准按省、自治区、直辖市规定执行
17	可再生能源发展基金	缴入中央国库	《中华人民共和国可再生能源法》，财综〔2011〕115号，财综〔2012〕102号，财综〔2013〕89号，财综〔2013〕103号，财税〔2016〕4号，财办税〔2015〕4号，财税〔2018〕147号，财建〔2020〕4号，财建〔2020〕5号	除西藏以外	按省、自治区、直辖市销售电量（扣除农业生产用电）征收	居民生活用电8厘/千瓦时，其他用电新疆1.5分/千瓦时，其他省份1.9分/千瓦时
18	船舶油污损害赔偿基金	缴入中央国库	《中华人民共和国海洋环境保护法》，《防治船舶污染海洋环境管理条例》，财综〔2012〕33号，交财审发〔2014〕96号，财政部公告2020年第14号，财政部公告2020年第30号	全国	按海上运输持久性油类物质重量征收	0.3元/吨
19	核电站乏燃料处理处置基金	缴入中央国库	《中华人民共和国核安全法》，财综〔2010〕58号，财税〔2018〕147号	全国	按核电厂已投入商业运行五年以上压水堆核电机组的实际上网销售电量征收	0.026元/千瓦时

续表

序号	项目名称	资金管理方式	政策依据	征收地区	征收方式	征收标准
20	废弃电器电子产品处理基金	缴入中央国库	《废弃电器电子产品回收处理管理条例》，财综〔2012〕34号，财综〔2012〕48号，财综〔2012〕80号，财综〔2013〕32号，财综〔2013〕109号，财综〔2013〕110号，财综〔2014〕45号，财税〔2015〕81号，财政部公告2015年第29号，国家税务总局公告2014年第91号，财政部公告2012年第41号，海关总署公告2012年第33号，财税〔2021〕10号	全国	按电器电子产品生产者销售、进口电器电子产品的收货人或其代理人进口的电器电子产品数量征收	电视机征收标准13元/台，电冰箱征收标准12元/台，房间空调器征收标准7元/台，洗衣机征收标准7元/台，微型计算机征收标准10元/台

资料来源：财政部官网。

参考文献

［1］Asquer A. Public Sector Revenue: Principles, Policies and Management ［M］. Routledge, 2017.

［2］Heywood A. Politics（4th）［M］. Palgrave Macmillan, 2013.

［3］IMF. Government Finance Statistics Manual 2014 ［Z］. 2014.

［4］Musgrave R A. The Theory of Public Finance: A Study in Public Economy ［M］. McGraw-Hill, 1959.

［5］Musgrave R A, Musgrave P B. Public Finance in Theory and Practice（5th）［M］. McGraw-Hill, 1989.

［6］财政部预算司. 政府收支分类改革问题解答［M］. 北京：中国财政经济出版社，2006.

［7］高培勇. "十二五"时期的中国财税改革［M］. 北京：中国财政经济出版社，2010.

［8］格罗夫斯. 税收哲人［M］. 上海：上海财经大学出版社，2018.

［9］葛守中. 重新定义财政收入和财政支出（上）［N］. 中国会计报，2014-08-22.

［10］国际货币基金组织. 2014年政府财政统计手册［Z］，2014.

［11］国家统计局. 中国国民经济核算体系2016［Z］，2017.

［12］黄夏岚，刘怡. 增值税收入地区间转移的衡量——生产地原则与消费地原则的比较［J］. 财贸经济，2012（01）：25-33.

［13］靳万军. 关于区域税收与税源背离问题的初步思考［J］. 税务研究，2007（01）：26-32.

［14］李永友，沈玉平. 财政收入垂直分配关系及其均衡增长效应［J］. 中国社会科学，2010（06）：108-124.

［15］联合国，欧盟委员会，经济合作与发展组织，等. 国民经济核算体系2008［Z］，2008.

［16］梁季. 我国国民收入分配格局的评价与优化研究［M］. 北京：中国海关出版社，2013.

［17］刘尚希. 收入分配循环论［M］. 北京：中国人民大学出版社，1992.

［18］刘尚希. 论非税收入的几个基本理论问题［J］. 湖南财政经济学院学报，2013（03）：125-131.

［19］刘尚希，樊轶侠. 公共资源收益形成与分配机制研究［J］. 财政经济评论，2014（02）：1-22.

［20］刘尚希，杨良初，李成威. 优化公共收入结构：财政增收的重要途径之一［J］. 杭州师范学院学报（社会科学版），2005（05）：5-12.

［21］刘怡，耿纯，张宁川. 电子商务下的销售新格局与增值税地区间分享［J］. 税务研究，2019（09）：25-34.

［22］浦善新. 中国行政区划改革研究［M］. 北京：商务印书馆，2006.

［23］税收与税源问题研究课题组.区域税收转移调查［M］.北京：中国税务出版社，2007.

［24］宋旭光.中国政府收入经济属性的核算解析［J］.财政研究，2013（09）：56-59.

［25］王法忠.预算知识手册［M］.北京：中国财政经济出版社，2020.

［26］吴俊培.公共经济学［M］.武汉：武汉大学出版社，2009.

［27］谢旭人.中国财政管理［M］.北京：中国财政经济出版社，2011.

［28］许宪春.中国政府统计重点领域解读［M］.北京：清华大学出版社，2019.

［29］许宪春，雷泽坤，张钟文.财政收支与国民经济核算中相应指标的比较研究［J］.财政研究，2019（11）：27-36.

［30］亚当·斯密.国富论（下）［M］.南京：译林出版社，2011.

［31］姚彤.新《预算法》解读［M］.南京：东南大学出版社，2015.

［32］中国注册会计师协会.税法［M］.北京：中国财政经济出版社，2020.

［33］中华人民共和国财政部.2007年政府收支分类科目［M］.北京：中国财政经济出版社，2006.

［34］中华人民共和国财政部.2021年政府收支分类科目［M］.北京：中国财政经济出版社，2020.

第二章
2021年中国政府收入总析

第一节　2021年中国政府收入影响因素分析

一、2021年中国经济良好表现亮眼，为政府收入增长奠定经济基础

影响一国政府收入规模和增幅的因素主要包括经济总量及其结构、政府收入基本制度以及短期财税政策等。2021年，我国经济恢复性增长态势明显，为各类政府收入快速增长奠定基础。同时，物价、固定资产投资等因素也对我国政府收入产生重要影响。2021年减税降费政策成为政府收入增长的"减项"因素。

（一）GDP现价增速为12.8%，为政府收入快速增长奠定经济基础

"十三五"以来，我国经济规模稳步扩大，但经济增速持续放缓，2020年受新冠肺炎疫情影响，GDP增速转负。2021年，GDP规模达到1 143 670亿元，GDP可比价增速为8.1%，两年平均为5.1%，现价增速高达12.8%（见图2-1），这为政府收入增长奠定了基础。

本章执笔人：梁季　郭宝棋　龙斯玮

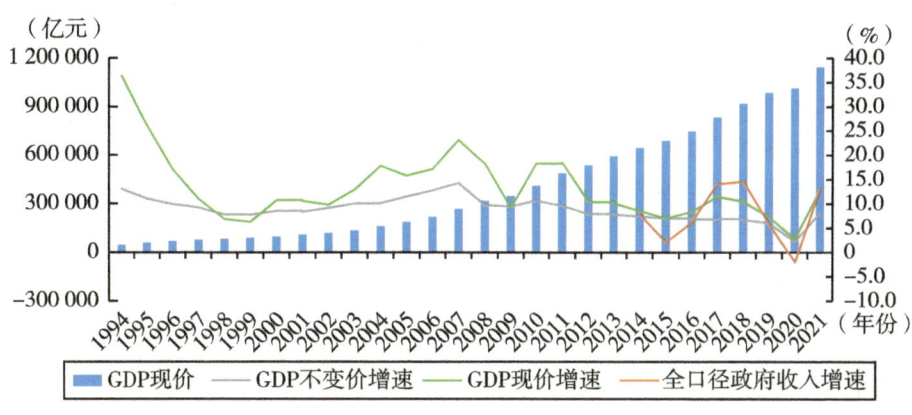

图 2-1　1994—2021 年全国 GDP 总量及增速

（二）四类价格增速均为正，CPI 和 PPI 分别增长 0.9%、8.1%，抬高税收收入

居民消费价格指数（CPI）和商品零售价格指数（RPI）分别从买方与卖方角度反映最终消费品价格变动情况，二者的消费品范围和权数有所不同。工业生产者出厂价格指数（PPI）和工业生产者购进价格指数（PPIRM）分别反映中间消耗——工业产品离厂和采购时价格的相对变动。因我国税制呈现出明显的流转税特征，相应受价格影响较大，本部分对与政府收入相关的四类物价指数进行简要分析。

2021 年，四类价格指数均呈现正增长，其中 CPI 和 RPI 分别从 686.5 和 478 上涨到 692.7 和 485.6，增速分别为 0.9% 和 1.6%，PPI 和 PPIRM 分别从 381.2 和 358.8 上涨到 412.1 和 398.3，增速分别为 8.1% 和 11.0%。价格定基指数的快速增长拉高了税收收入总量（见图 2-2）。

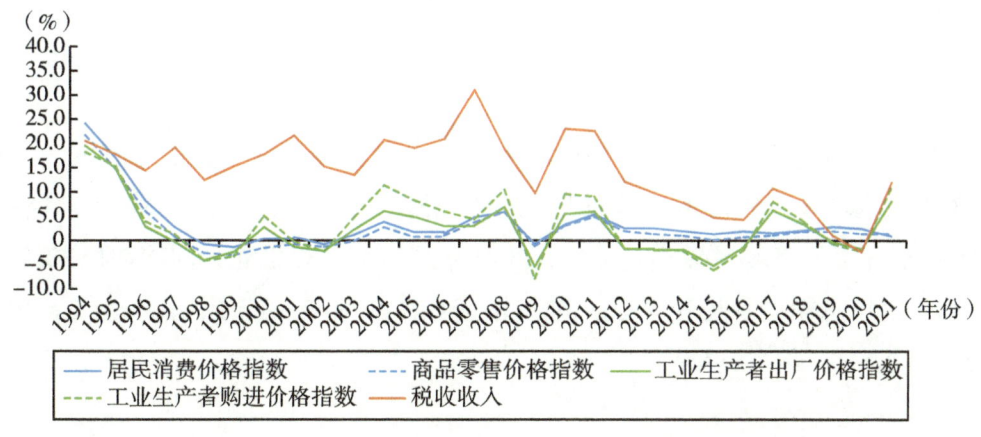

图 2-2　1994—2021 年全国四类价格定基指数增速

（三）全社会固定资产投资增速为4.9%，税收增长拉动效果有限

固定资产投资激发市场活力，投资过程直接创造税收，同时借助经济的传导作用又间接对税收收入产生影响。如，房地产投资影响土地相关税种收入和国有土地使用权出让收入。近年来，全社会固定资产投资增速波动下降，2015年开始降至10%以下。2021年，全社会固定资产投资552 884亿元，同比增长4.9%，增速较2015年下降3.7个百分点。其中，房地产开发投资147 602亿元，增速仅为4.4%，比上年下降2.6个百分点（见图2-3）。

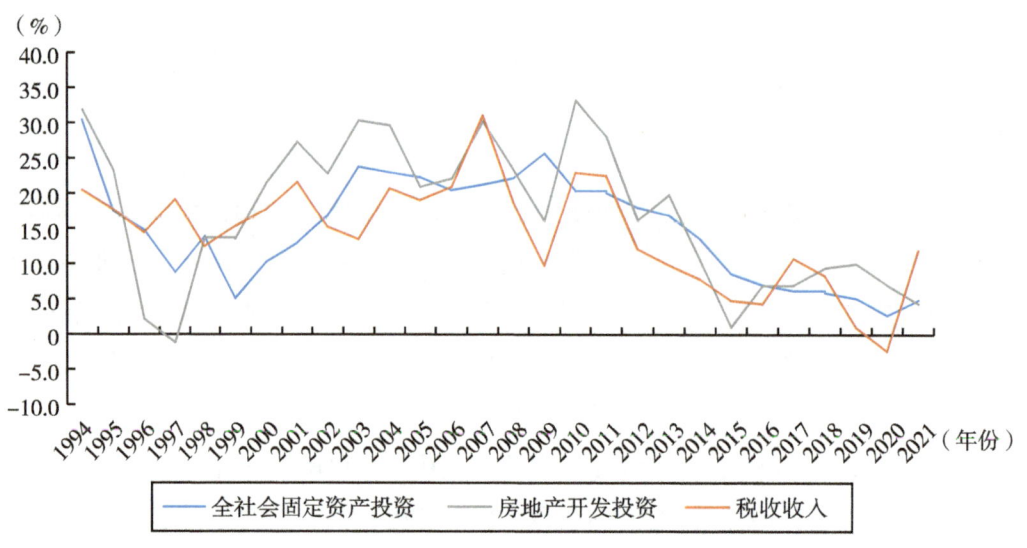

图2-3　1994—2021年全社会固定资产投资增速

（四）国际贸易顺差4.4万亿元，社会消费品零售总额两年平均增速为3.9%，高出口低消费对税收收入形成不利影响

进口、出口对税收收入产生综合影响，进口增长带动进口货物增值税、消费税和关税收入增长，出口增长提高出口退税规模。2018年以来，我国进出口差额开始新一轮增长，贸易顺差逐年提高，2021年高达43 687亿元，同比增长20.2%，同时进、出口总额均保持正增长，进口增速（21.5%）略高于出口增速（21.2%）（见图2-4）。

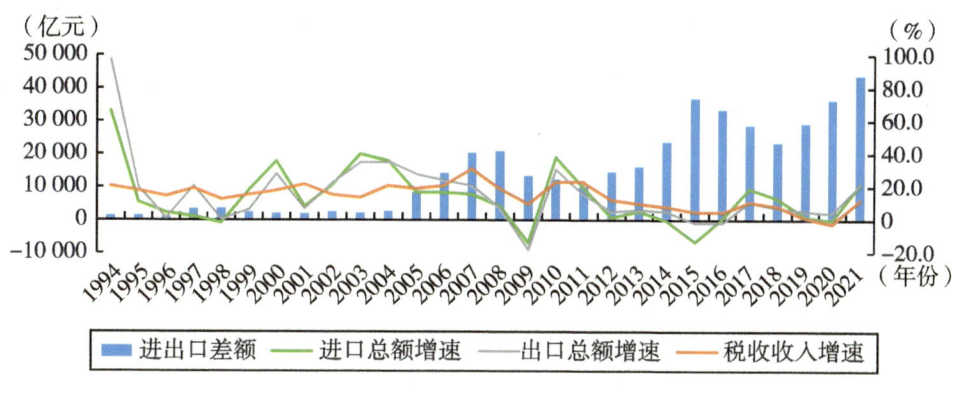

图 2-4　1994—2021 年全国进出口差额及进、出口总额增速

社会消费品零售总额反映国内消费需求，对流转税收入形成一定影响。"十三五"以来，社会消费品零售总额增速波动下降，2017 年开始降至 10% 以下。2021 年全国社会消费品零售总额 440 823 亿元，受去年低基数影响，增速为 12.5%，但两年平均增速仅 3.9%（见图 2-5）。

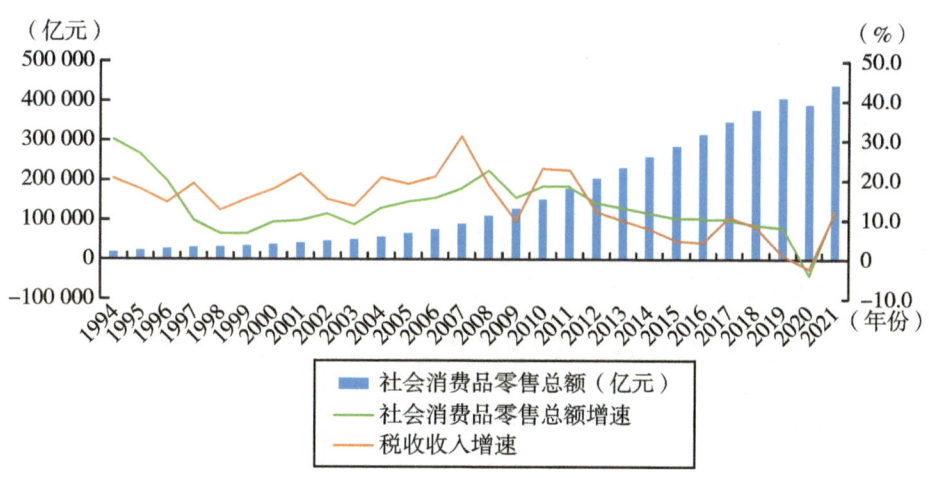

图 2-5　1994—2021 年全国社会消费品零售总额及增速

（五）工业和第三产业增加值现价增速分别为 19.1% 和 10.5%，有效拉动税收收入增长

2021 年，第二产业增加值 450 905 亿元，现价增速为 17.6%，占现价 GDP 比重为 39.4%（见图 2-6）。其中工业增加值为 372 575 亿元，按当年价格计算，增长 19.1%，占现价 GDP 比重 32.6%（见图 2-7）。工业发展有力支撑税收收入增长。

2021年，第三产业增加值609 680亿元，现价增速为10.5%，占现价GDP比重为53.3%（见图2-6）。其中批发零售业、金融业、房地产业增加值占比分别为9.7%、8.0%、6.8%（见图2-7）。第三产业提高经济发展质量，为税收收入的重要税基。

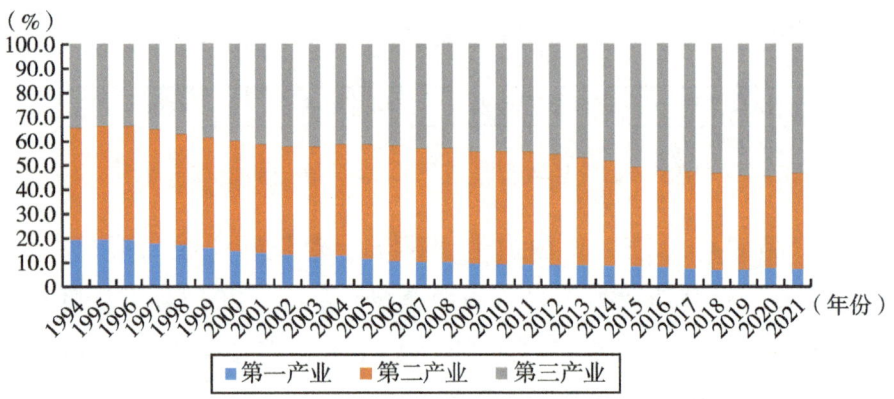

图2-6　1994—2021年全国三次产业增加值占比

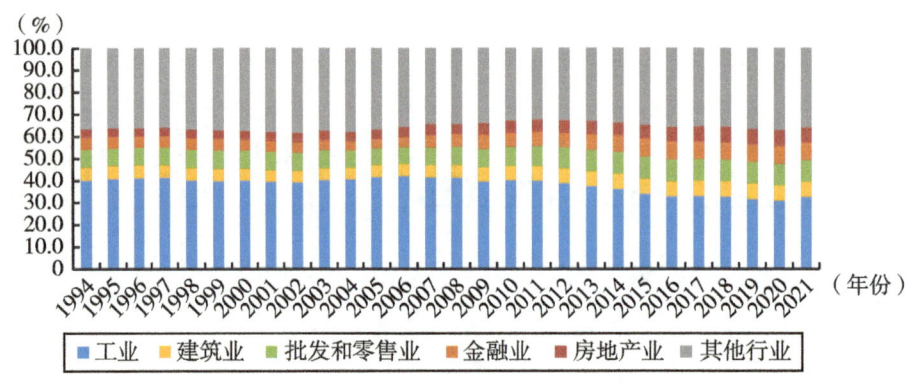

图2-7　1994—2021年全国二三产业主要行业增加值占比

二、减税降费拉低政府收入增长速度

（一）2021年减税降费政策概览

1. 2021年发布的税收优惠政策文件

2021年我国共发布了43份减税相关文件，包括新出台减税政策文件34份、延续实施2020年出台的应对新冠肺炎疫情的部分税费优惠政策文件2份和以往年度出台、延长执行期限的税收优惠政策文件7份。具体政策方面，既包括继续支持疫情防控与复工复产的相关举措，又新增了一系列"十四五"、2021—2030年的产业支持政策，主要可分为三类：

一是支持疫情防控的税收政策，包括继续免征相关防疫药品注册费、继续免征相关医疗器械注册费、对疫情防控重点保障物资生产企业全额退还增值税增量留抵税额、对取得政府规定标准的疫情防治临时性工作补助和奖金免征个人所得税等。这些政策大多于疫情初期制定，于2021年内到期，通过支持防护救治、支持物资供应、鼓励公益捐赠的方式，为疫情防控工作提供了及时、有力的支撑。

二是支持企业复工复产的税收减免政策，主要集中于扶持小微企业和个体工商户。包括提高增值税小规模纳税人起征点、降低小规模纳税人增值税征收率、对小微企业和个体工商户实施所得税优惠、对煤电和供热企业实行"减、退、缓"税措施、对制造业中小微企业实施阶段性税收缓缴等。同时，对电影等行业企业采取亏损最长结转年限延长，延续对电影放映服务免征增值税，延续免征文化事业建设费。取消港口建设费，调整民航发展基金等。

三是支持重点领域的税收政策，包括制造业、科技创新、对外开放、环境保护和民生需求领域。制造业方面，扩大先进制造业全额留抵退税范围，并实施按月全额退还增值税留抵税额；科技创新方面，提高制造业企业研发费用加计扣除比例，同时允许企业提前享受研发费用加计扣除政策；对外开放方面，在往年实行外资企业利润再投资递延纳税、提高出口产品退税率的基础上，2021年新出台对出口货物保险免征增值税政策，并陆续发布多份产业税收优惠政策文件，在集成电路产业、新型显示产业、科普事业发展等重要行业和关键领域实施免征进口关税，保障外贸产业链供应链稳定畅通；环境保护方面，对从事污染防治的第三方企业减征企业所得税，对再生资源回收行业减征增值税；民生方面，延续个人所得税优惠政策，延长扶贫捐赠和重点群体创业就业税收优惠政策的执行期限，新增对生产和装配伤残人员专门用品企业免征企业所得税。

2. 2021年减税降费政策特点分析

2021年减税降费政策特点可概括为以下几点：

——政策目标是促进市场主体恢复元气、增强活力。相比2020年以对冲疫情冲击和风险为主线的政策取向，2021年减税降费政策在稳住经济基本盘的同时，锚定高质量发展目标，综合考虑财政承受能力、助企纾困政策需要和经济发展要求，围绕产业转型和经济结构调整发力，激发市场活力，改善营商环境，相应转变了政策支持方式和侧重点。

——更突出结构性特点。2021年初政府工作报告未提出减税降费的规模目标，减税降费规模性政策转为结构性调整，淡化总量特征，注重提高政策精准性、有效性。政策方式上，从"减税降费"到"减税降费+缓税缓费"，在制度性、阶段性、临时性减税降费政策组合发力；政策内容上，涉及税种费种集中于增值税、企业所得税、个人所得税、地方"六税两费"和社保费，且作用领域更加聚焦；在受惠主体方面，重点支持制造业和科技创新，通过调整起征点、征收率、优惠政策目录范围等方式，加大对小规模纳税人、中小微企业和个体工商户的税收支持力度，精准减税，提质增效。

——总体保持政策稳定延续，制度性减税被强化。2021年包括减税降费在内的各项经济政策逐步回归常态，在保证政策稳定性、连续性的前提下，对已有的减税降费政策进行优化落实。一方面，此前颁布的部分优惠政策于2021年到期，通过延续实施、追溯执行、新增部署的方式，确保阶段性政策有序进入和退出。以增值税小规模纳税人起征点为例，2019年开始实施的小规模纳税人起征点提高到10万元政策于2021年4月1日到期。2021年3月31日财政部、税务总局发布公告，再次将增值税小规模纳税人起征点提高至15万元，执行期限到2022年12月31日，在保证政策结合经济社会发展情况进行调整的同时，又体现了政策的稳定性与递进性。另一方面，继续执行制度性减税政策，政策力度和覆盖范围进一步扩大，制度性、持续性政策占比提高，持续释放政策叠加效应。

（二）2021年减税降费规模分析

"十三五"时期我国累计减税降费规模达7.6万亿元的基础上，2021年新增减税降费规模为1.1万亿元，较2020年有所下降，但依然保持较大力度，体现出2021年宏观调控不转急弯的政策特点。（见图2-8）

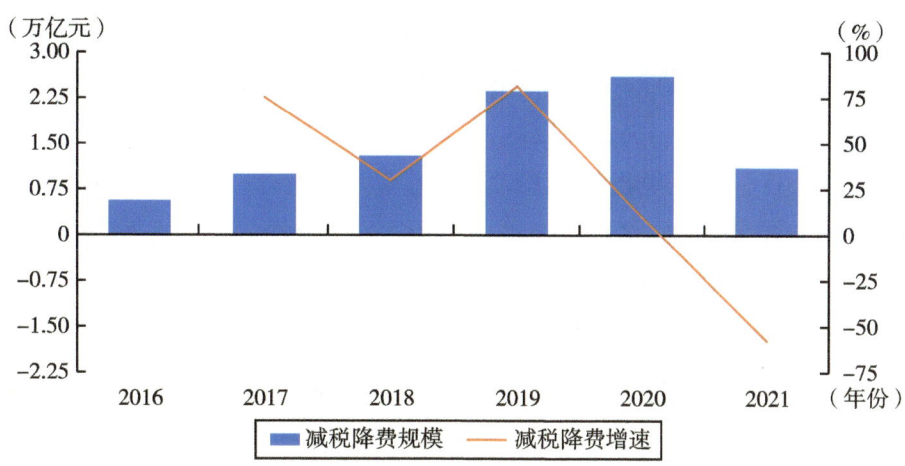

图 2-8 2016—2021 年全国减税降费规模与增速

从减税降费结构来看，2021年减税降费重点向制造业企业、高新技术企业和中小微企业倾斜。根据国家税务总局发布的相关数据，在2020年大规模"社保降费"之后，2021年新增降费1 504亿元，在全年减负规模中占比不到15%。减税规模与2020年基本持平，为0.95万亿元左右，其中包括支持小微企业发展新增减税2 951亿元，企业提前享受研发费用加计扣除政策减免税额3 333亿元，落实增值税增量留抵退税和企业购买设备器具一次性税前扣除政策共新增减税2 103亿元。此外，全年为煤电和供热企业办理"减、退、缓"税共271亿元，为制造业中小微企业办理缓缴税费2 162亿元，具体如表2-1所示。

表 2-1   2016—2020 减税及降费规模

年份	减税降费总规模	减税规模	降费规模
2016	0.57 亿元	● "营改增"减税 5 700 多亿元	
2017	超 1 万亿元	● "营改增"减税 9 186 亿元 ● 小型微利企业所得税减半征收减税 454 亿元 ● 研发费用加计扣除政策减税 200 多亿元	
2018	约 1.3 万亿元		● 社保降费 1 840 亿元
2019	约 2.36 万亿元	● 新增减税 1.93 万亿元	● 社保降费 4 252 亿元
2020	超 2.6 万亿元		● 社保费减免 1.7 万亿元
2021	约 1.1 万亿元		● 新增降费 1 504 亿元

"十三五"期间，行政事业费收入持续减少，税收收入保持上升态势但增速

逐年下降（见图2-9、图2-10）。2021年，减税降费规模收缩，全国新增减税降费规模1.1万亿元，与此同时，在国民经济企稳回升的背景下，全国一般公共预算收入较2020年同比增长10.7%，规模达20.25万亿元，两年平均增长3.1%，比2019年增速低0.7个百分点。税收收入17.27万亿元，同比增长12.0%，两年平均增长4.6%，比2019年增速高3.6个百分点。其中，国内增值税收入6.35万亿元，较上年增收6 628亿元，两年平均增速为0.9%；企业所得税4.3万亿元，较上年增收5 615亿元，两年平均增速为6.2%。非税收入2.98万亿元，同比增长4.22%，两年平均增速为4.07%，其中行政事业性收费较2019年增长6.9%，两年平均增速为3.4%。

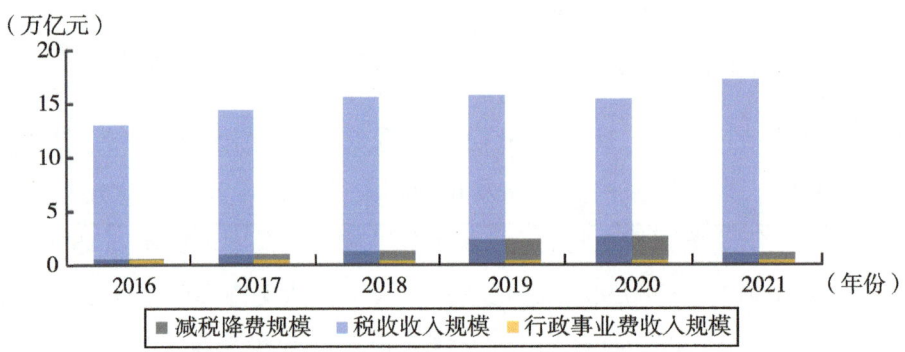

图2-9　2016—2021年全国减税降费结构—规模对比

在降费中，除2020年减降社会保险费外，减降甚至取消涉企行政事业性收费是2016-2018年减税降费重要内容，从而带来行政事业费收入增速在此期间的下降，具体如图2-10所示。

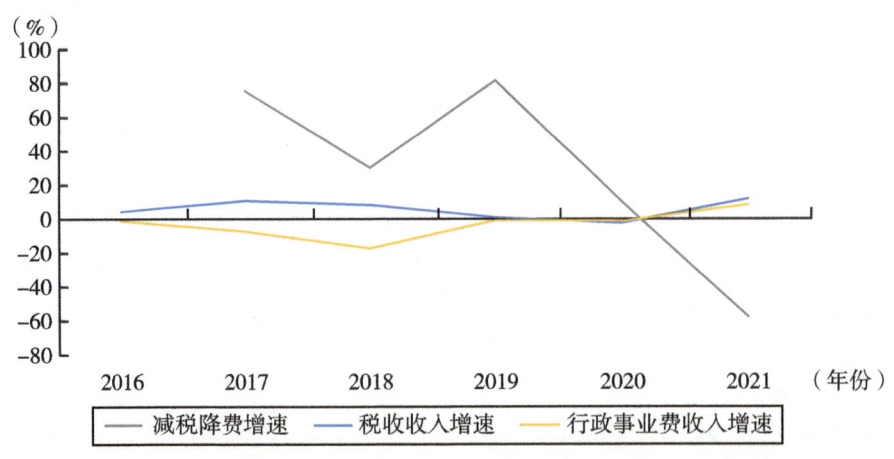

图2-10　2016—2021年全国减税降费结构—增速对比

从地域分布来看，我国各省市的减税降费规模差异较大。就减税降费的绝对规模而言，浙江、广东、江苏、山东、北京等发达地区依旧位于全国前列，河北省则由2020年的全国中下游水平提升至第四位；西藏、青海、宁夏、黑龙江等地区则规模相对较小，这主要是由财政收入影响的减税降费空间、叠加市场主体数量等因素共同决定。就减税降费的相对规模而言，浙江、河北、西藏等地远高于全国平均水平，黑龙江、河南、湖南等地则相对排名靠后（见图2-11）。

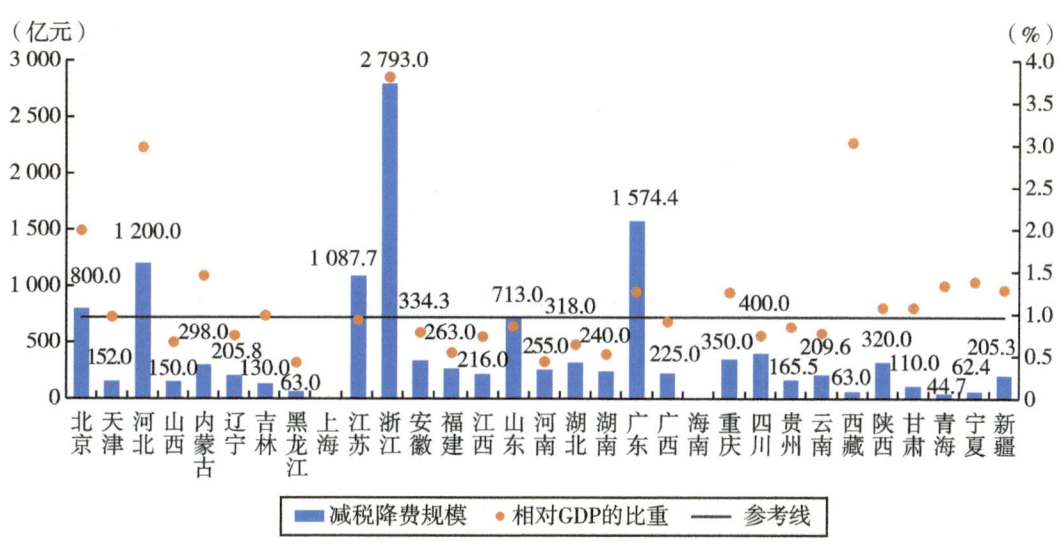

图2-11 2021年全国各省减税降费规模对比

（三）2021年减税降费规模与政府收入增长速度对比

2016年以来，我国减税降费累计规模超过8.6万亿元，"十三五"期间减税降费规模持续扩大，相应税收收入和一般公共预算收入增速放缓。2021年，减税降费由规模性政策转为结构性调整，减税降费规模收缩，但依旧处于高位水平。经济复苏叠加基数效应，共同支撑2021年税收收入和一般公共预算收入显著增长。其中，税收收入增速为11.9%，两年平均增长4.6%，比2019年增速增长3.6个百分点；一般公共预算增速为10.7%，两年平均增长3.1%，比2019年增速减少0.7个百分点（见表2-2）。总的来说，减税降费规模与税收收入增速、一般公共预算收入增速呈现此消彼长的关系，减税降费规模越大，收入增长放缓趋势越明显；减税降费规模缩小，收入增速则同步回弹。

表 2-2　2016—2021 年减税降费与税收收入、一般公共预算收入增速对比

年份	减税降费规模（万亿元）	增速（%）	税收收入规模（万亿元）	增速（%）	一般公共预算收入（万亿元）	增速（%）
2016	0.57	—	13.04	4.4	15.96	4.5
2017	1.00	75.4	14.44	10.7	17.26	7.4
2018	1.30	30.0	15.64	8.3	18.34	6.2
2019	2.36	81.5	15.80	1.0	19.04	3.8
2020	2.60	10.2	15.43	-2.3	18.29	-3.9
2021	1.10	-57.7	17.27	11.9	20.25	10.7

第二节　2021 年全国政府收入总析

本节分析了2021年全国政府收入和四本预算收入规模及增速情况。

一、2021 年，全口径政府收入 38 万亿元，增速 13%；大口径宏观税负为 33.2%，与上年基本持平

2021年，政府四本预算之和（剔除重复计算部分），即全口径政府收入规模为380 020亿元（见图2-12），比上年增长13.0%（见本章附表1）。

一般公共预算收入202 555亿元，增长10.7%，占政府收入比重为53.3%，其中税收收入172 736亿元，增长11.9%。

全国政府性基金收入98 024亿元，增长4.8%，占政府收入比重为25.8%，其中国有土地使用权出让收入84 978亿元，增长3.4%。

国有资本经营收入和社会保险基金收入（剔除财政补贴）分别为5 170亿元、74 271亿元，增速分别为8.3%和35.4%，在政府收入中占比分别为1.4%和19.5%。

2018—2020年全国政府收入占GDP的比重（即大口径宏观税负）持续下降，2021年税负基本稳定，为33.2%，和上年基本持平（见图2-13）。

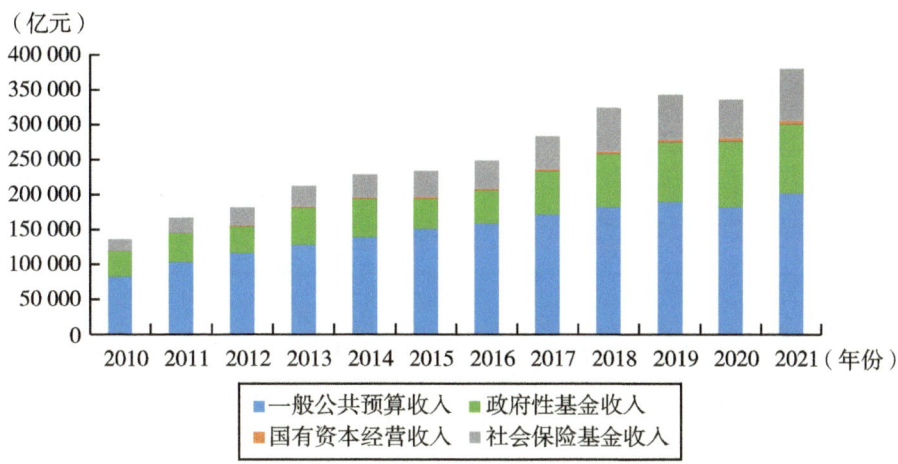

图 2-12　2010—2021 年政府收入构成

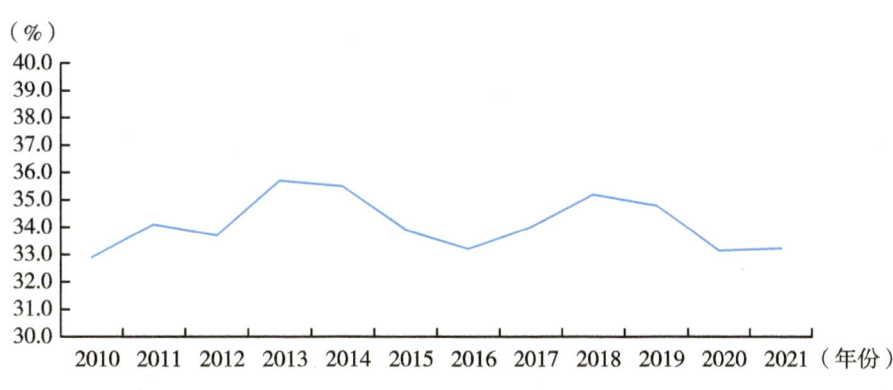

图 2-13　2010—2021 年大口径宏观税负水平

二、2021 年，一般公共预算收入 20.3 万亿元，增长 10.7%，中央占比仍低于 50%，非税收入占比降至 14.7%

2021 年一般公共预算收入 202 555 亿元，增速为 10.7%，超额完成全年预算任务 197 650 亿元。

分税制改革的前二十年（1994—2013 年），多数年份全国一般公共预算收入增速高于 GDP 现价增速，且增速超过 10%。自 2014 年，一般公共预算收入增速一改之前超 GDP（现价）之势，收入增速降至 10% 以下，2019 年仅 3.8%，2021 年增速为 10.7%，两年平均增速为 3.2%（见图 2-14）。

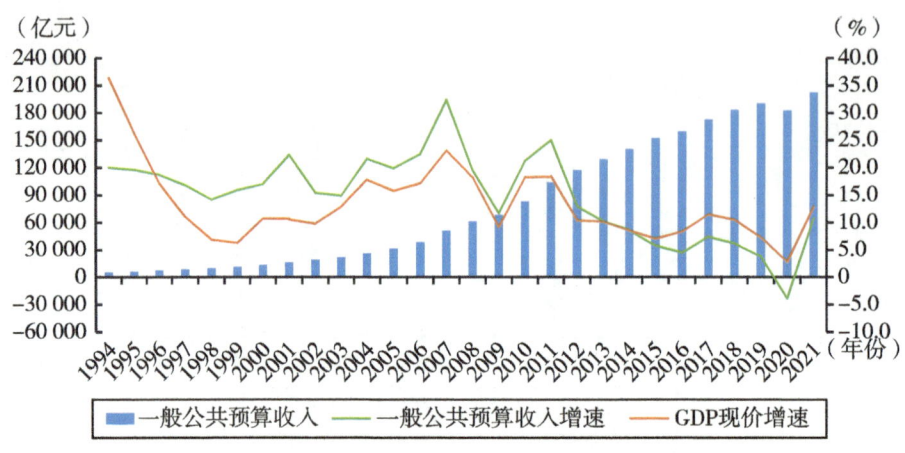

图 2-14　1994—2021 年一般公共预算收入规模及增速

2021年，中央和地方一般公共预算收入分别为 91 470 亿元、111 084 亿元，增速分别为 10.5% 和 10.9%，占全国一般预算收入比重分别为 45.2% 和 54.8%。

2011年以来，中央收入占比均低于 50%，且呈现波动下降趋势，从 2011 年 49.4% 降至 2021 年 45.2%，2021 年央地收入占比差距扩大至 9.7 个百分点（见图 2-15）。

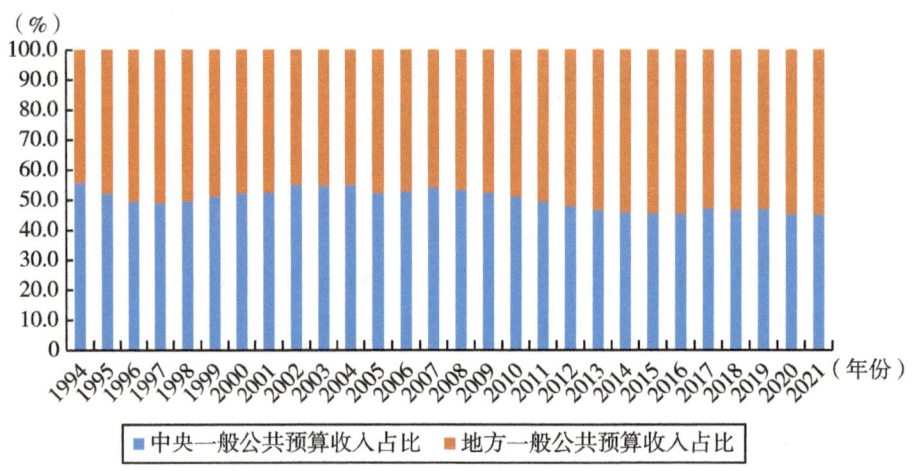

图 2-15　1994—2021 年中央、地方一般公共预算收入结构

2021年全国税收收入和非税收入分别为 172 736 亿元和 29 819 亿元，增速分别为 11.9% 和 4.3%，占比分别为 85.3% 和 14.7%。1994 年分税制改革以来，全国税收收入占比整体呈现波动下降态势，2011 年以来保持在 85% 左右（见图 2-16）。

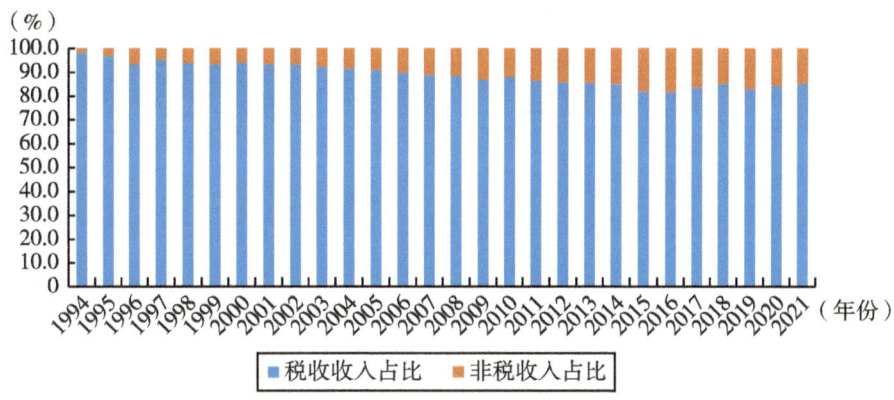

图 2-16　1994—2021 年税收、非税收入结构

三、2021 年，中小口径宏观税负继续下降，分别为 17.7% 和 15.1%，税收收入两年平均增速 4.6%

2013 年以来，多数年份税收收入增速低于 10%，呈现波动下降趋势。2017—2020 年间，税收收入增速持续下降，2019 年降至 1.0%，2020 年叠加疫情因素，增速转负，仅 -2.3%。2021 年，全国税收收入规模 172 736 亿元，增速回正，为 11.9%，较 2020 年陡增 15.8 个百分点，超过一般公共预算收入增速 1.2 个百分点（见图 2-17）。

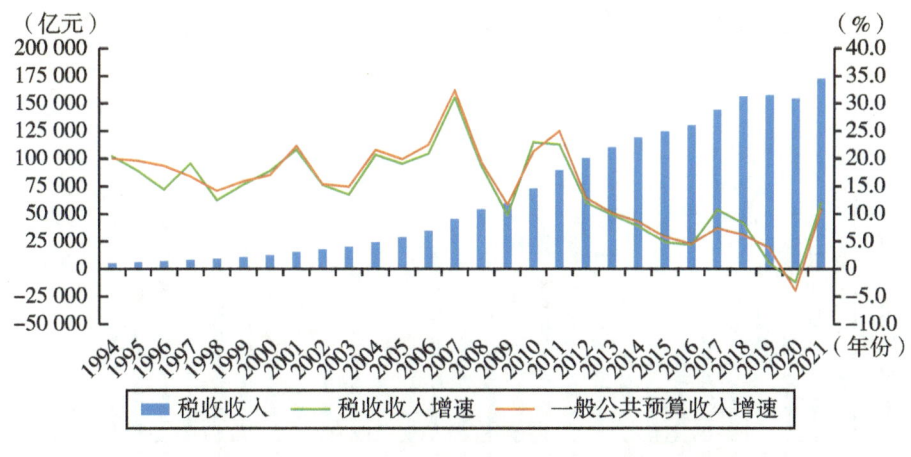

图 2-17　1994—2021 年税收收入规模及增速

2021 年，全国一般公共预算收入占 GDP 比重（即中口径宏观税负）为 17.7%，税收收入占 GDP 比重（即小口径宏观税负）仅 15.1%。1994—2015 年中口径宏观税

负波动上涨，2015年达到阶段性峰值（22.1%）后持续下降，2021年比2015年下降4.4个百分点，相当于2006年税负水平。小口径宏观税负也在2012年达到顶峰（18.7%）后持续走低，2016年开始降至18%以下，2021年仅15.1%，与2015年水平相当（见图2-18）。

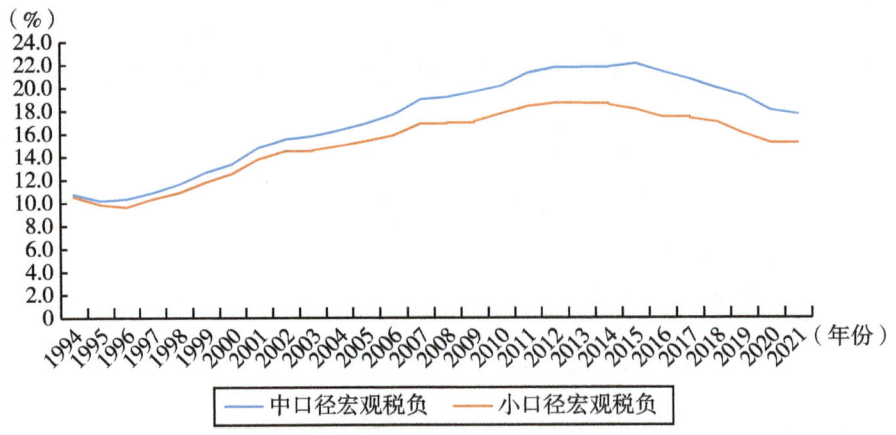

图2-18　1994—2021年中小口径宏观税负水平

分税种看，增值税、企业所得税、个人所得税是我国共享税的三大税种。2016年以来，共享三主税占税收收入的比重回升至60%以上，2021年共享三主税收入占比为69.2%，比2016年上升了8.1个百分点。其中，增值税收入63 520亿元，增速为11.8%，税收占比为36.8%。企业所得税收入42 042亿元，增速为15.4%，税收占比为24.3%。个人所得税收入13 993亿元，增速为21.0%，税收占比为8.1%（见图2-19）。

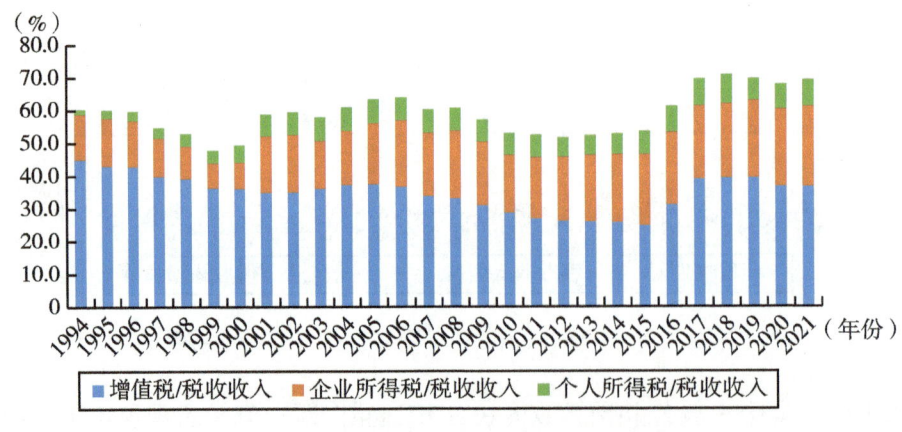

图2-19　1994—2021年共享三主税占税收收入的比重

四、2021年，政府性基金收入增速为4.8%，国有土地使用权出让收入占比为86.7%

2021年全国政府性基金收入98 024亿元，增速为4.8%，比上年下降5.8个百分点。其中，中央政府性基金收入4 088亿元，增速为14.8%，占全国政府性基金收入比重为4.2%；地方政府性基金收入93 936亿元，同比增长4.5%，占全国政府性基金收入比重为95.8%。2010年以来，政府性基金收入在全口径政府收入中占比呈现先降后升趋势，仅2015年、2016年低于20%，2021年提高至25.8%，较2015年最低占比上升了7.6个百分点（见图2-20）。

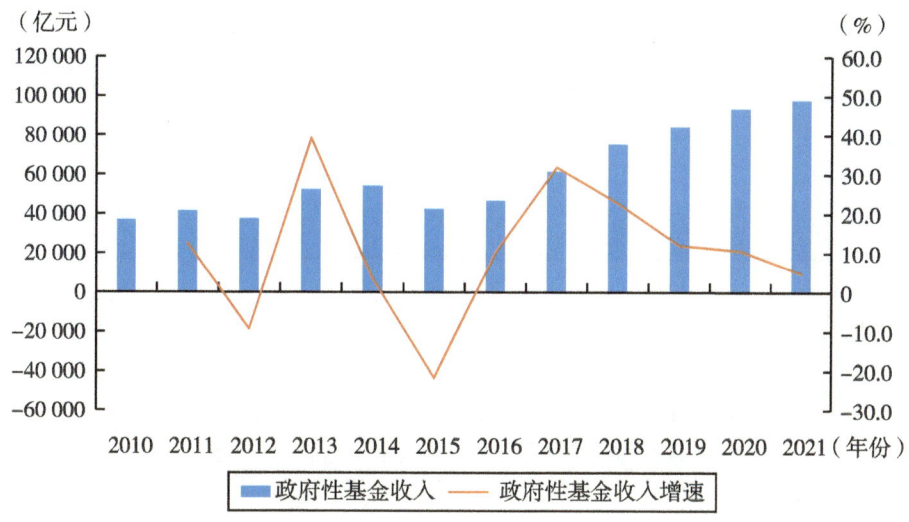

图2-20　2010—2021年政府性基金收入规模及增速

作为政府性基金收入的重要组成部分，2017年以来国有土地使用权出让收入占政府性基金收入的比重保持在80%以上，2021年国有土地使用权出让收入占比为86.7%，较2017年提高5.4个百分点（见图2-21）。2021年全国国有土地使用权出让收入84 978亿元，增速为3.4%。从近10年的趋势上看，全国国有土地使用权出让收入先降后升，2021年收入规模是2015年阶段性谷值（30 784亿元）的1.8倍。2017年以来，国有土地使用权出让收入增速波动下降，2021年降至阶段性最低点（见图2-22）。

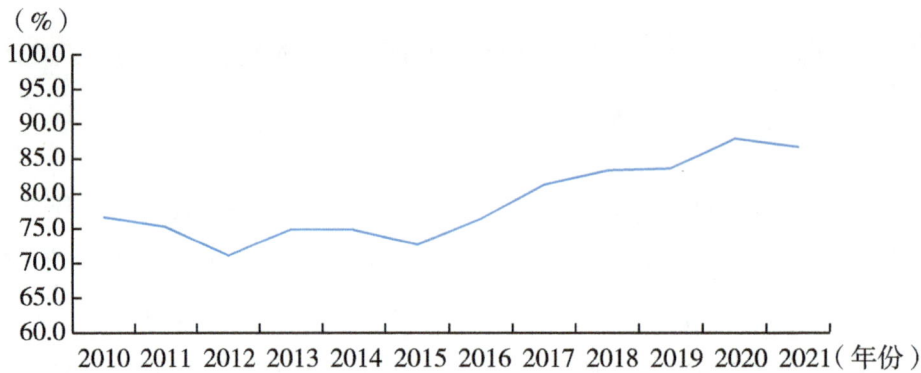

图 2-21　2010—2021 年国有土地使用权出让收入占政府性基金收入的比重

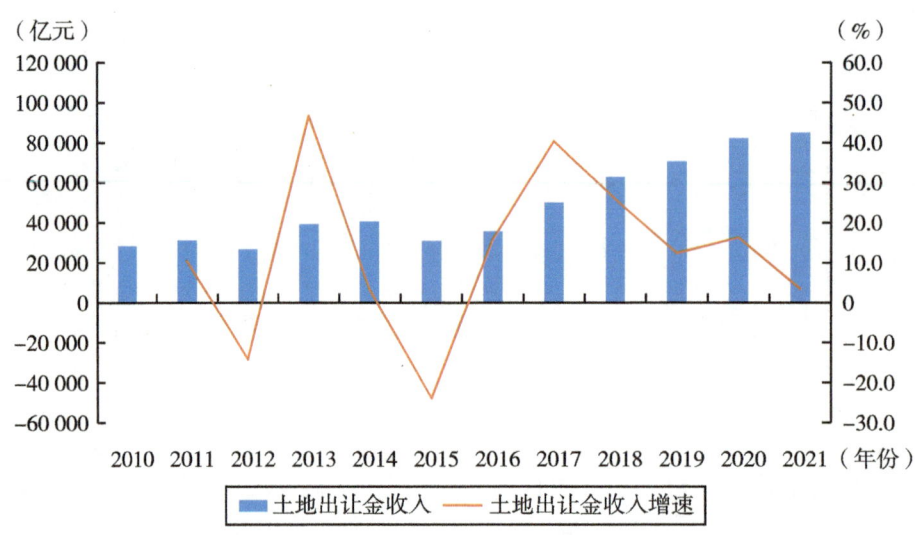

图 2-22　2010—2021 年国有土地使用权出让收入规模及增速

五、2021 年，国有资本经营收入规模为 0.5 万亿元，在政府收入中占比波动上升，2021 年为 1.4%

2020年，全国国有资本经营收入5 170亿元，同比增长8.3%（见图2-23）。分中央和地方看，中央国有资本经营收入2 007亿元，增长12.4%，占全国国有资本经营收入比重为38.8%；地方国有资本经营收入3 163亿元，增长5.8%，占比为61.2%。近10年来国有资本经营收入在政府收入中占比波动上升，2015年突破1.0%，2021年达到1.4%，比2015年提高0.3个百分点。

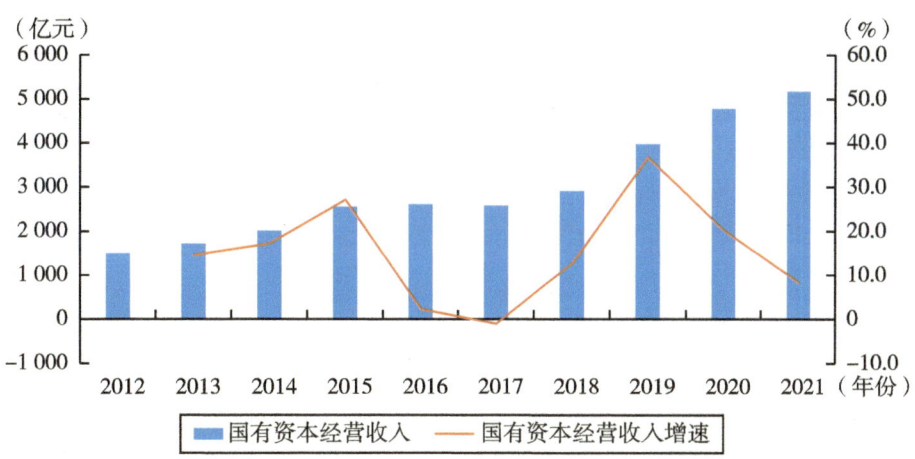

图 2-23 2012—2021 年国有资本经营收入规模及增速

六、2021 年，社会保险基金收入（剔除财政补贴）为 7.4 万亿元，同比增长 35.4%；社会保险基金支出对财政补贴的依赖度为 26.1%

2021年，全国社会保险基金收入96 877亿元，同比增长27.7%。其中财政补贴收入22 606亿元，占社会保险基金收入的比重为23.3%，增速为7.6%，2017年以来首次降至10%以下。剔除财政补贴后，全国社会保险基金收入74 270亿元，增速为35.4%，在政府收入中占比为19.5%，为2010年以来的阶段性峰值（见图2-24）。

图 2-24 2010—2021 年社会保险基金收入规模及增速

2021年，全国社会保险基金支出对财政补贴的依赖度为26.1%，比上年下降0.7个百分点。2011年以来，社会保险基金对财政补贴的依赖度保持在24%—28%之间，2011年最高达27.6%，2018年最低仅24.9%（见图2-25）。

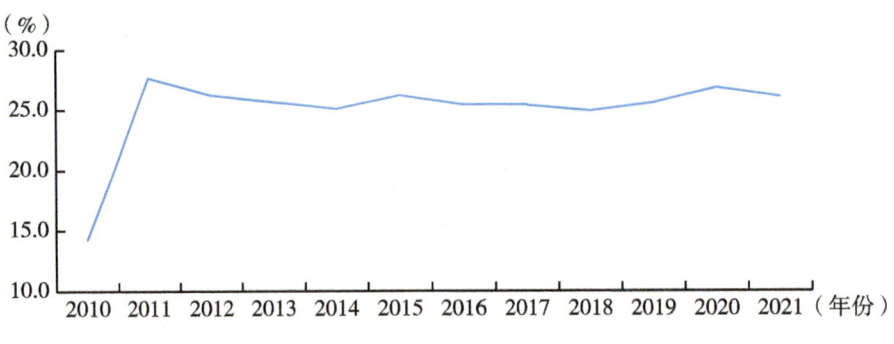

图2-25　2010—2021年社会保险基金对财政补贴的依赖度

七、2021年，全国政府债务余额增速降至15.4%，政府负债率为47%

2021年，我国政府债务余额为537 398亿元，同比增长15.4%，增速比上年下降6.7个百分点。中央财政国债余额232 697亿元，同比增长11.4%；地方政府债务余额304 700亿元，同比增长18.7%（见图2-26）。其中，地方政府一般债务137 707亿元，专项债务166 994亿元。2017年以来全国政府负债率逐年上升，2021年达到47%，比2017年增长10.9个百分点，比2020年增长1.1个百分点（见图2-27）。

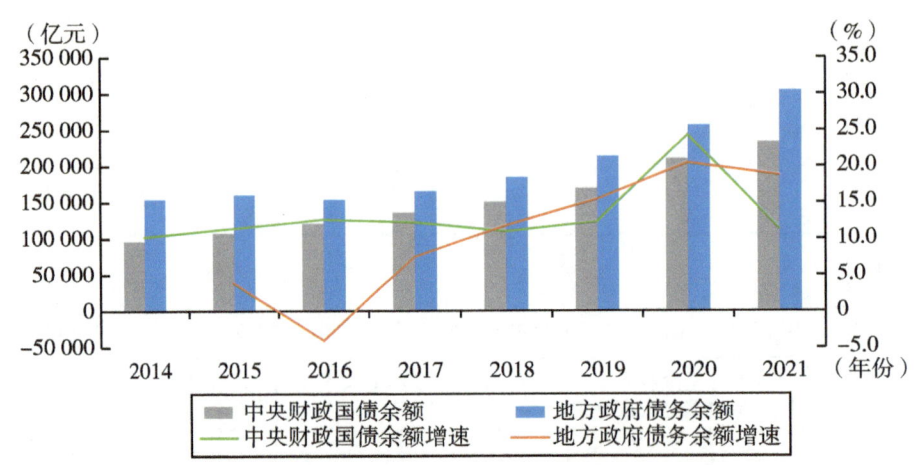

图2-26　2014—2021年中央、地方政府债务规模

图 2-27　2014—2021 年全国负债率水平

第三节　2021 年地方政府收入情况分析

2021 年，31 个省份四本预算收入之和①为 30.7 万亿元，比上年增长 13.2%。一般公共预算收入 11.1 万亿元，增长 10.9%，在四本预算收入中占比 36.2%，其中税收收入 8.4 万亿元，增长 12.2%。政府性基金收入 9.4 万亿元，增长 4.5%，在四本预算收入中占比 30.6%，其中有土地使用权出让收入 8.6 万亿元，增长 5.2%。国有资本经营收入和社会保险基金收入分别为 3 156 亿元、9.8 万亿元，增速分别为 5.6% 和 26.6%，占四本预算收入比重分别为 1.0% 和 32.1%。

一、2021 年，地区间政府收入规模差距拉大，29 个省市恢复正增长

2021 年，东部、中部、西部、东北地区政府收入规模分别为 17.0 万亿元、5.8 万亿元、6.2 万亿元、1.7 万亿元。其中，东部地区政府收入规模约为中部地区的 2.9 倍，约为西部地区的 2.7 倍，约为东北地区的 10 倍，地区之间政府收入规模差距较大。

2021 年，地方政府收入超过 2 万亿元省份增加至 4 个，分别为广东（3.2 万亿元）、江苏（3.1 万亿元）、浙江（2.6 万亿元）和山东（2.2 万亿元）；收入规模在 1 万亿—2 万亿之间省份的增加至 8 个，其余省份地方政府收入未超过 1 万亿元，其

---

① 未剔除四本预算收入重复计算部分。

中青海、西藏仍不足千亿元（见图2-27）。

15省份①中，广东（3.1万亿元）、浙江（2.5万亿元）和山东（2.1万亿元）地方政府收入（剔除重复计算部分）仍高于2万亿元，10省份规模不足万亿元。2021年，31省份中仅云南、西藏政府收入仍为负增长，29省份恢复正增长（见图2-28）。

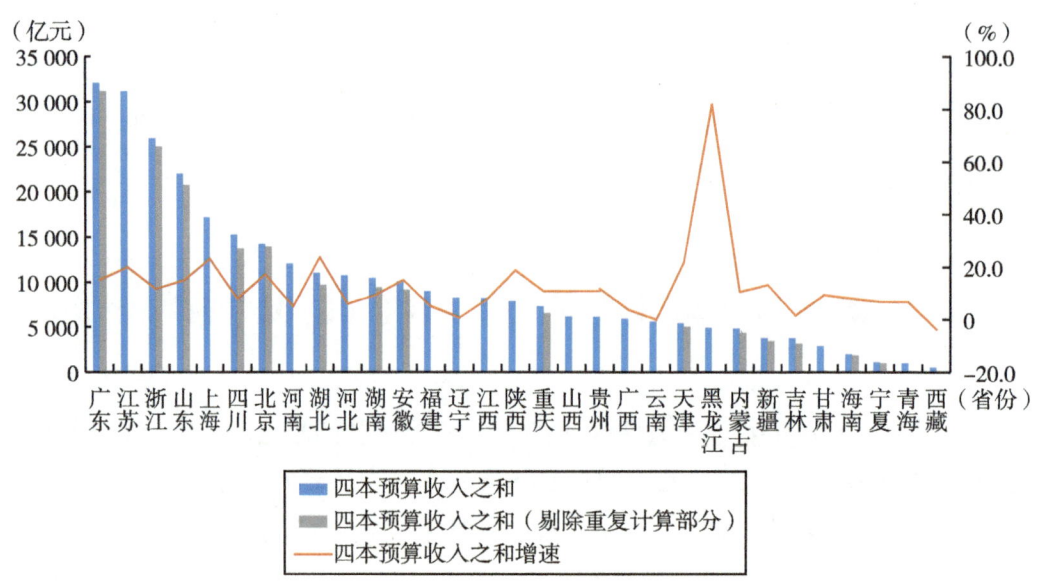

图2-28　2021年各省份四本预算收入规模及增速

二、2021年，地区间一般公共预算收入规模差异大，9省份财政自给率超过50%，22省省本级政府收入占比低于30%

2021年，东部、中部、西部和东北地区一般公共预算收入分别为6.4万亿元、2.0万元、2.2万亿元和0.5万亿元。其中，东部地区一般公共预算收入规模约为中部地区的3.2倍，约为西部地区的2.9倍，约为东北地区的12.3倍，地区之间收入规模差距明显。

2021年，全国31省份中，一般公共预算收入超过1万亿元的省份增加至2个，分别为广东（1.4万亿元）和江苏（1.0万亿元），收入规模在0.5万亿—1万亿之间的有4个省份，4个省份不足千亿元，分别为海南、宁夏、青海、西藏。

---

① 注：31个省份中共获取15个省份的2021年财政补贴数据，未获取福建、甘肃、广西、贵州、河北、河南、黑龙江、江苏、江西、辽宁、青海、山西、陕西、上海、西藏、云南的数据。

2021年，30个省份一般公共预算收入实现正增长，仅西藏增速（-3.6%）仍为负值。31个省份中，湖北、陕西、黑龙江、四川、甘肃、贵州、浙江一般公共预算收入增速超过GDP现价增速，其中湖北一般公共预算收入增速高达30.7%，超过GDP现价增速15.6个百分点（见图2-29）。

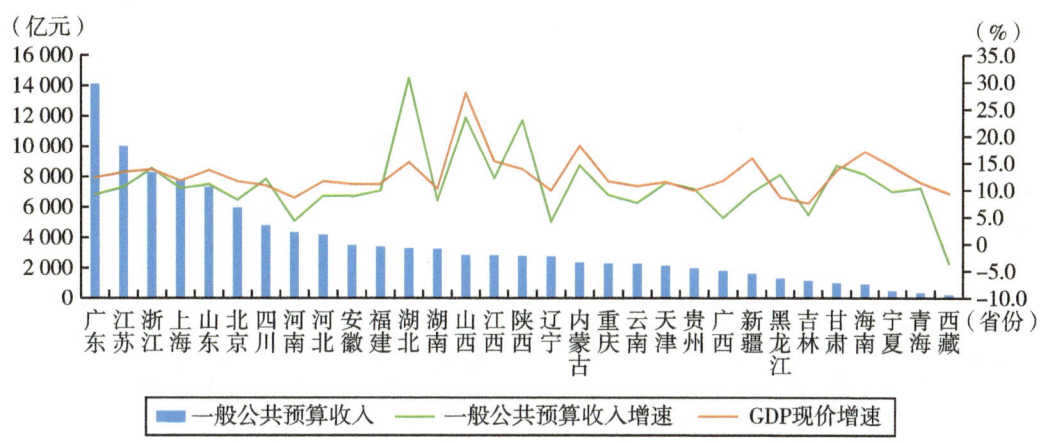

图2-29　2021年各省份一般公共预算收入规模及增速

2021年，9个省份财政自给率超过50%，分别为上海、北京、广东、浙江、江苏、天津、福建、山东、山西，其中上海财政自给率高达92.2%。22个省份财政自给率低于50%，其中低于30%的省份数量降至5个，西藏自治区最低，仅10.3%（见图2-30）。

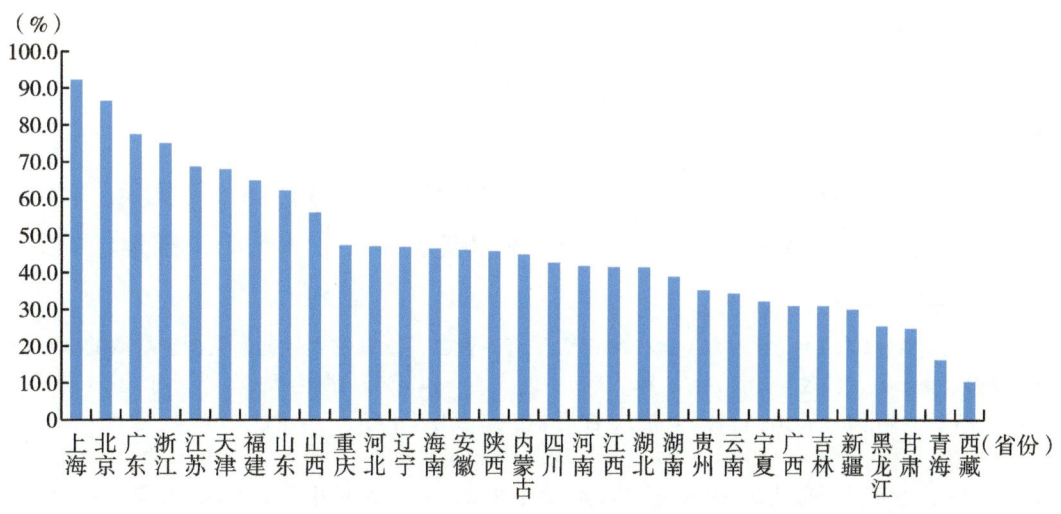

图2-30　2021年各省份财政自给率

2021年，省市县三级政府一般公共预算收入占比情况如图2-31所示[①]。其中，北京、上海、天津、重庆四个直辖市[②]省本级一般公共预算收入占比分别为55.7%、45.4%、41.6%、34.9%。27个省份中省本级收入占比仅宁夏和海南超过35%，分别为40.8%和36.1%，8个省份低于10%，其中江苏最低，仅2.6%。吉林、西藏、广东3个省份市本级政府一般公共预算收入占比超过40%。山东、江苏、浙江区县级一般公共预算收入占比超过80%。

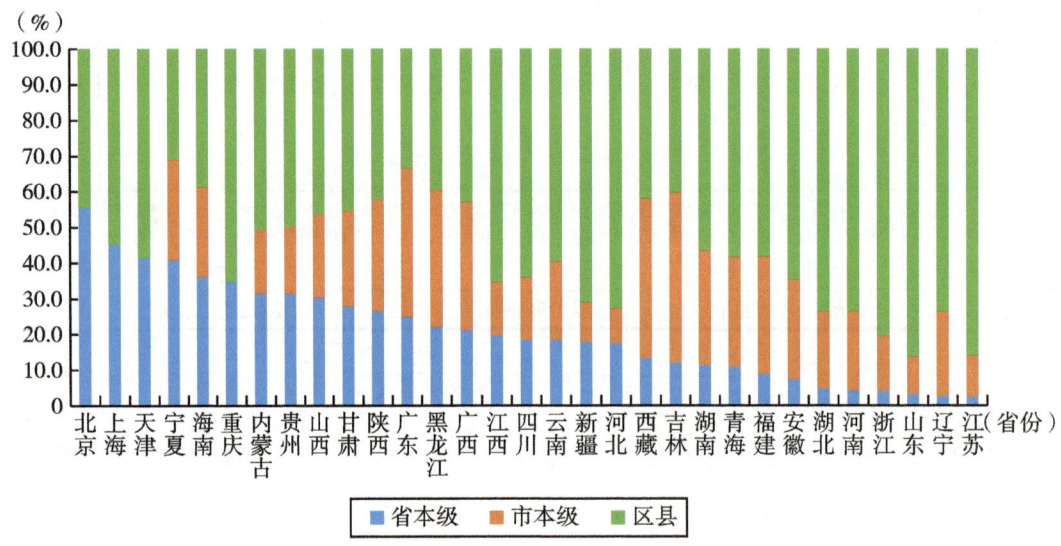

图2-31　2021年各省份三级政府一般公共预算收入分布

三、2021年，地区间税收收入规模分化明显，超九成省市税收收入占一般公共预算收入比重集中在60%—90%

2021年，东部、中部、西部、东北地区税收收入分别为5.1万亿元、1.4万亿元、1.5万亿元和0.4万亿元。其中，东部地区税收收入约为中部地区的3.6

[①] 本书共获取241个城市的2021年市级政府一般公共预算收入数据，数据未获取的城市分布在安徽（4市）、甘肃（7市）、广东（3市）、广西（14市）、海南（2市）、河北（3市）、河南（12市）、湖南（1市）、吉林（4市）、江西（市）、辽宁（4市）、内蒙古（1市）、青海（7市）、山东（5市）、陕西（6市）、四川（4市）、西藏（4市）、新疆（5市）、云南（4市）、浙江（3市），其中三沙市、阿里地区缺失数据，其他90个城市对应图2-31中所示市本级政府一般公共预算收入为2020年数据。

[②] 直辖市只有市本级和区县级一般公共预算收入占比情况。

倍，约为西部地区的3.4倍，约为东北地区的14.0倍，地区间税收收入规模分化明显。

2021年，税收收入规模超过5 000亿元的省份数量增加至6个，分别为广东（10 784亿元）、江苏（8 171亿元）、浙江（7 172亿元）、上海（6 607亿元）、山东（5 476亿元）和北京（5 165亿元），18个省份税收收入规模在1 000亿—5 000亿元之间。宁夏、青海、西藏税收收入不足500亿元。

2021年，30个省份税收收入实现正增长，其中湖北增速最高，为33.1%，仅西藏仍为负增长，增速为-0.7%。2021年，19个省份税收收入增速高于一般公共预算收入增速，其中海南税收收入增速32.7%，超过一般公共预算收入增速19.8个百分点（见图2-32）。

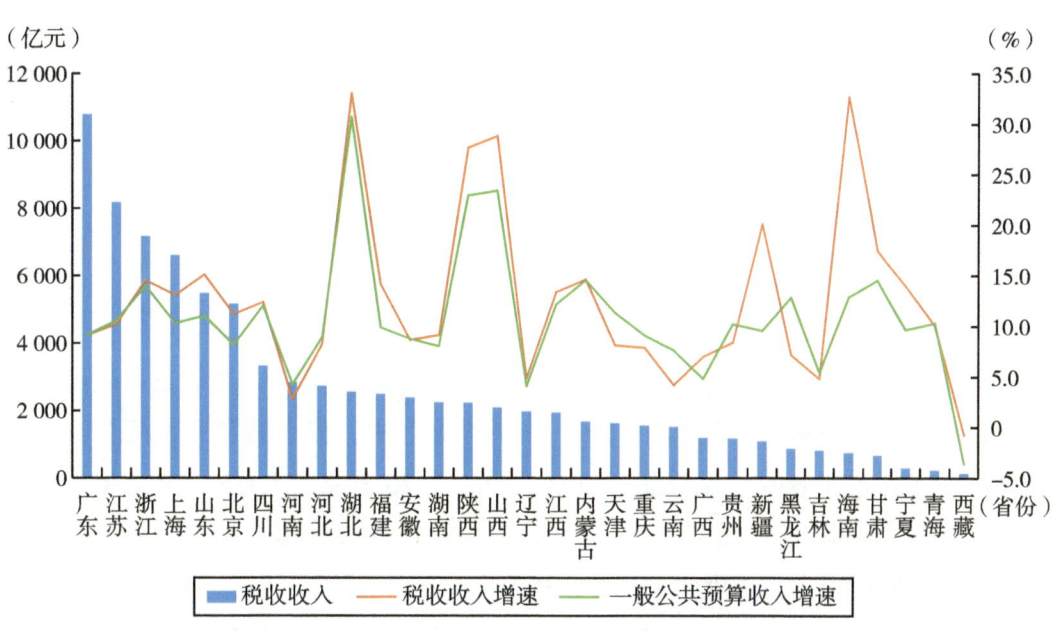

图2-32　2021年各省份税收收入规模及增速

2021年，超过九成省份税收收入占一般公共预算收入比重保持在60%—90%之间，其中6个省份税收收入占比超过80%，分别为北京（87.1%）、浙江（86.8%）、上海（85.0%）、江苏（81.6%）、海南（80.7%）以及陕西（80.6%）。15个省份低于70%，多数省份集中在65%—70%区间，仅贵州税收收入占比低于60%，为59.8%（见图2-33）。

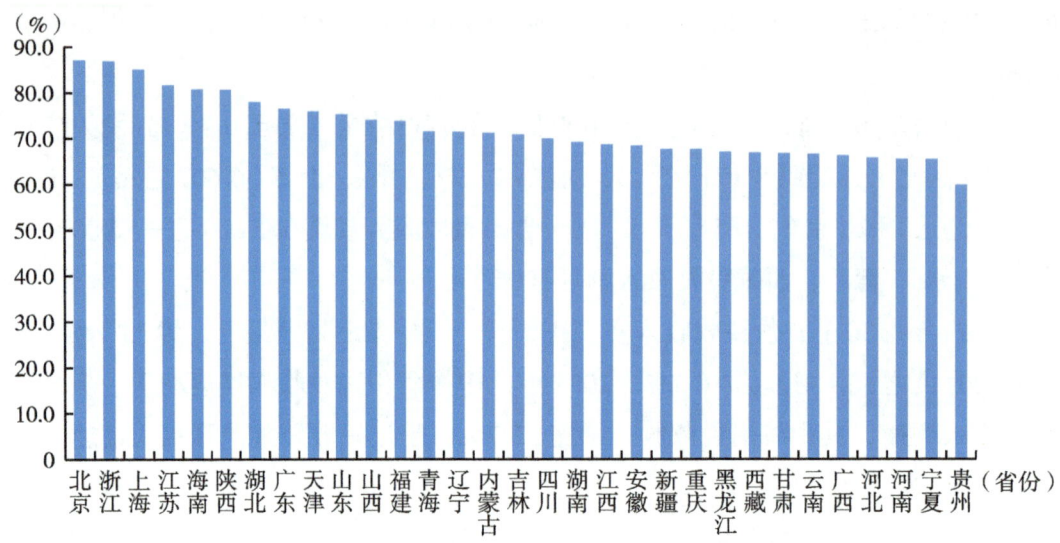

图 2-33　2021 年各省份税收收入占一般公共预算收入比重

四、2021 年，各省份共享三主税收入占地方税收收入的比重在 50%—80% 之间，29 个省市土地类税收收入占地方税收收入的比重超 10%

共享三主税是多数省份税收收入的主要来源，近九成省份共享三主税占税收收入比重在 50%—80% 之间。2021 年，21 个省份[①]中，仅上海和北京两个直辖市的共享三主税占税收收入比重超过 70%，分别为 76.3%、75.1%。2020 年，西藏共享三主税占税收收入比重高达 81.7%，其中增值税收入占比为 58.4%，企业所得税和个人所得税占比分别为 12.3%、10.9%。

三共享主税收入中又以增值税收入占比最高，29 个省份均超过了 30%。其中，2021 年有 6 个省份增值税收入占税收收入比重超过 40%，分别为江西、青海、安徽、广西、江苏和宁夏。2021 年所得税收入中，仅北京和上海的企业所得税收入占比超过 10%，4 个省份个人所得税收入占比超过 20%，分别为北京、上海、贵州和浙江（见图 2-34）。

---

①　注：31 个省份中共获取 21 个省份的 2021 年共享三主税收入占税收收入的比重数据，未获取福建、甘肃、海南、河南、辽宁、内蒙古、山西、天津、西藏、云南数据，图 2-34 中所示 10 省份对应共享三主税收入占税收收入比重为 2020 年数据。

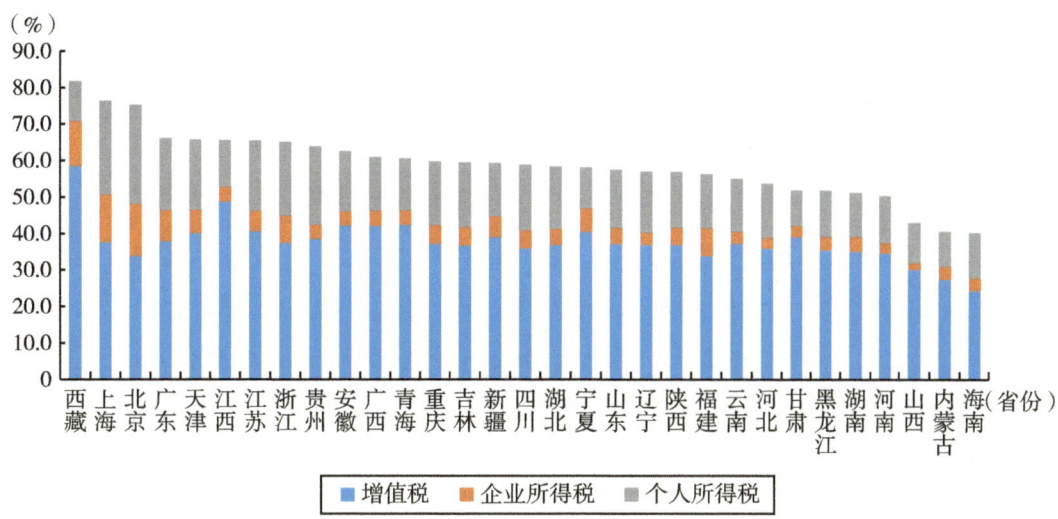

图 2-34　2021 年各省份共享三主税占税收收入比重

土地相关税种收入也是各省份税收收入的重要组成部分。29 个省份①土地相关税种收入合计占税收收入的比重均超过 10%，其中 4 个省份超过 30%，分别为湖南（37.5%）、河南（35.2%）、河北（33.0%）、黑龙江（30.2%）。西藏土地相关税种收入占比仅 5.2%（见图 2-35）。

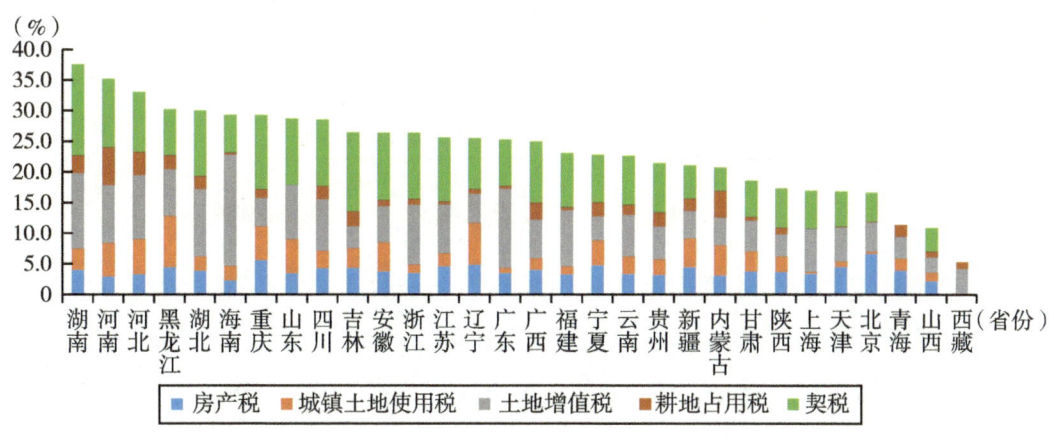

图 2-35　2021 年各省份土地类税收占税收收入比重

---

① 本书共获取 18 个省份的 2021 年土地相关税种收入占税收收入总量的比重数据，未获取福建、甘肃、贵州、海南、河南、黑龙江、辽宁、内蒙古、山西、天津、西藏、云南、江西数据，图 2-35 中所示前 12 个省份对应土地相关税收占税收收入的比重为 2020 年数据，江西因缺失房产税、城镇土地使用税数据无法计算土地相关税种占税收收入比重。

五、2021 年，省际间政府性基金收入规模差异显著，多数省份地出让金收入占比超过 80%

2021年，各省份之间政府性基金收入规模差异仍然显著。其中，江苏和浙江收入规模超过万亿元，分别为 13 633 亿元和 11 647 亿元。广东和山东收入规模在 0.5 万亿—1 万亿之间，分别为 8 491 亿元和 7 977 亿元。收入规模低于千亿元的省份数量增加至 10 个，其中青海、宁夏、西藏均不足 200 亿元，西藏仅 46 亿元。14 个省份政府性基金收入正增长，天津增速最高（23.5%），17 个省份负增长，西藏增速最低（-47.8%）（见图 2-36）。

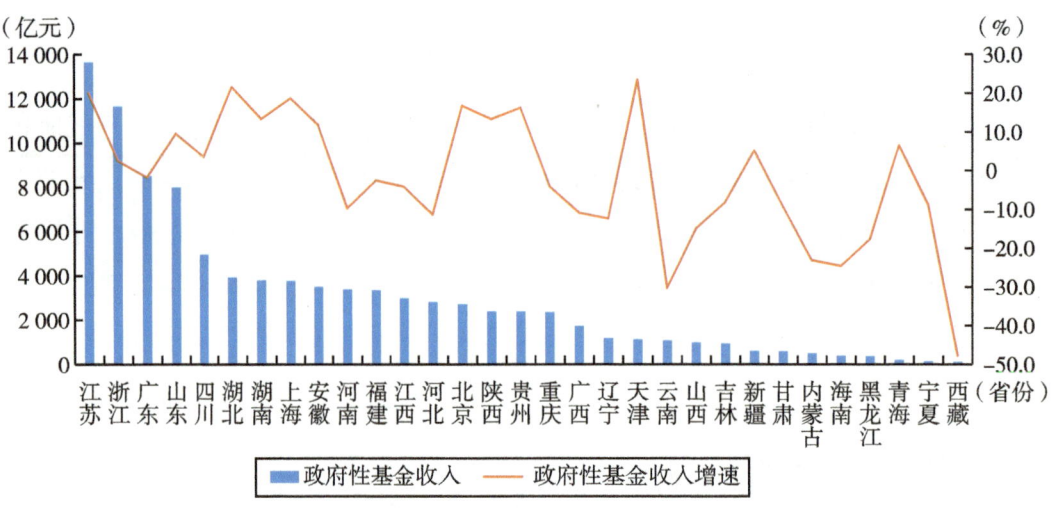

图 2-36　2021 年各省份政府性基金收入规模及增速

国有土地使用权出让收入是各省份政府性基金收入的重要组成部分，多数省份国有土地使用权出让收入占政府性基金收入的比重超过 80%。2021 年，23 个省份[①]中，占比超过 90% 的省份有 11 个，其中天津最高，为 96.5%，仅海南占比低于 80%（见图 2-37）。

---

① 注：31 个省份中共获取 23 个省份的 2021 年国有土地使用权出让收入占政府性基金收入比重数据，未获取山西、辽宁、黑龙江、福建、河南、云南、西藏、甘肃，图 2-37 中所示 8 个省份对应国有土地使用权出让收入占政府性基金收入比重为 2020 年数据。

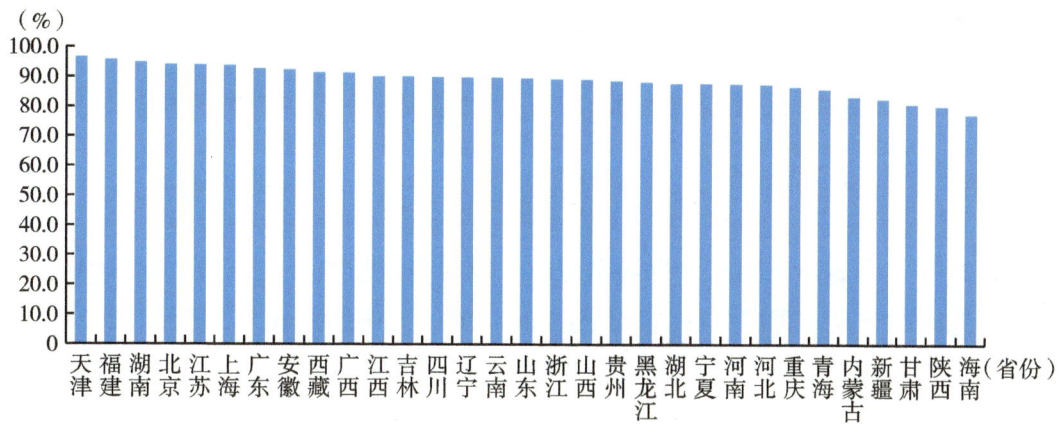

图 2-37　2021 年各省份国有土地使用权出让收入占政府性基金收入比重

2021年，省际间国有土地使用权出让收入差距显著。23个省份①中仅江苏和浙江收入规模超过万亿元，分别为12 789亿元、10 372亿元。广东和山东收入规模在0.5万亿—1万亿元之间，分别为7 861亿元和7 137亿元。收入规模低于千亿元的省份数量由2021年的10个降至2021年9个，其中西藏低于百亿元（81亿元）。14个省份国有土地使用权出让收入正增长，天津增速最高（26.2%），9个省份负增长，最低为海南（-31.1%）（见图2-38）。

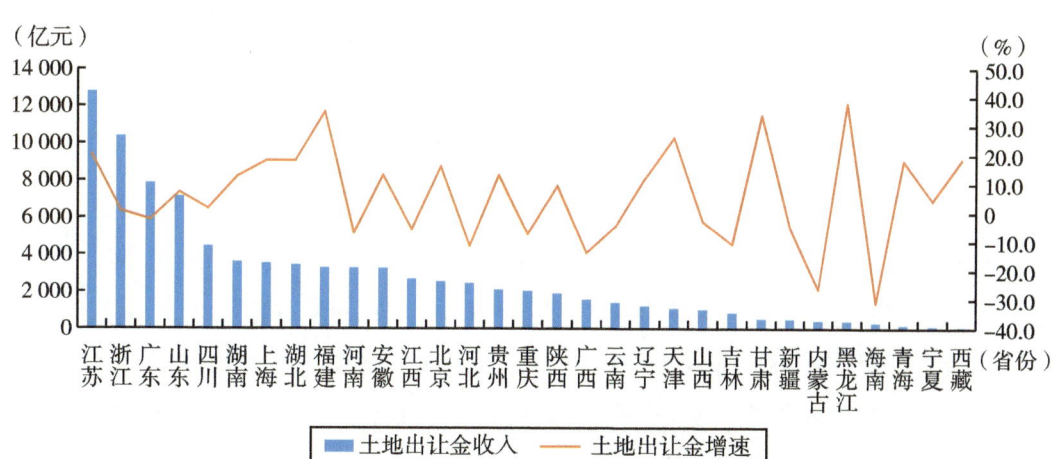

图 2-38　2021 年各省份国有土地使用权出让收入规模及增速

---

① 注：31个省份中共获取23个省份的2021年国有土地使用权出让收入数据，未获取黑龙江、福建、甘肃、西藏、辽宁、山西、云南、河南数据，图2-38中所示8个省份对应国有土地使用权出让收入及增速为2020年数据。

六、2021年，各省份社会保险基金收入均实现正增长，八成省份社会保险基金对财政补贴的依赖度集中处于20%—40%之间，仅两省份存在盈余

2021年，各省份之间社会保险基金收入规模差异较大。广东高达9 116亿元，而西部地区的宁夏、青海、西藏均低于500亿元，其中西藏仅255亿元。2021年，31个省份社会保险基金收入均实现正增长，上海增速最高达53.0%，辽宁最低，为1.9%（见图2-39）。

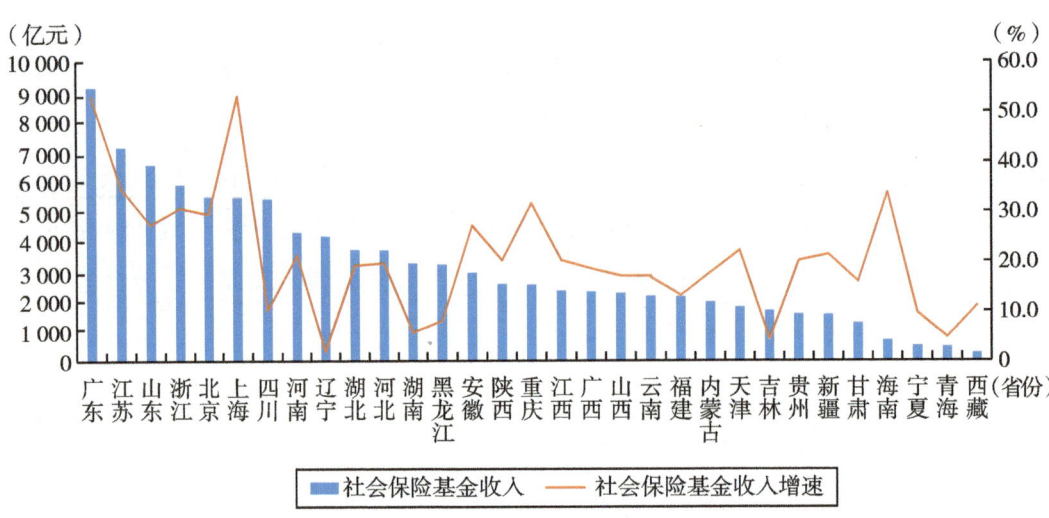

图2-39 2021年各省份社会保险基金收入规模及增速

超八成省份社会保险基金对财政补贴的依赖度处于20%—40%区间。2021年，15个省份[①]中有7个省份依赖度高于30%，分别为重庆（39.1%）、湖北（38.8%）、安徽（37.4%）、海南（33.5%）、湖南（32.5%）、四川（32.0%）、吉林（31.3%），其中重庆最高。仅4个省份依赖度低于20%，分别为山东（19.2%）、浙江（16.6%）、广东（13.2%）、北京（6.5%）（见图2-40）。

---

① 注：31个省份中共获取15个省份的2021年社会保险基金预算中财政补贴收入数据，未获取山西、黑龙江、河南、广西、云南、西藏、甘肃、河北、辽宁、上海、江苏、福建、江西、贵州、陕西、青海数据，图2-40中所示前7个省份对应财政补贴收入为2020年数据，缺失后9个省市数据。

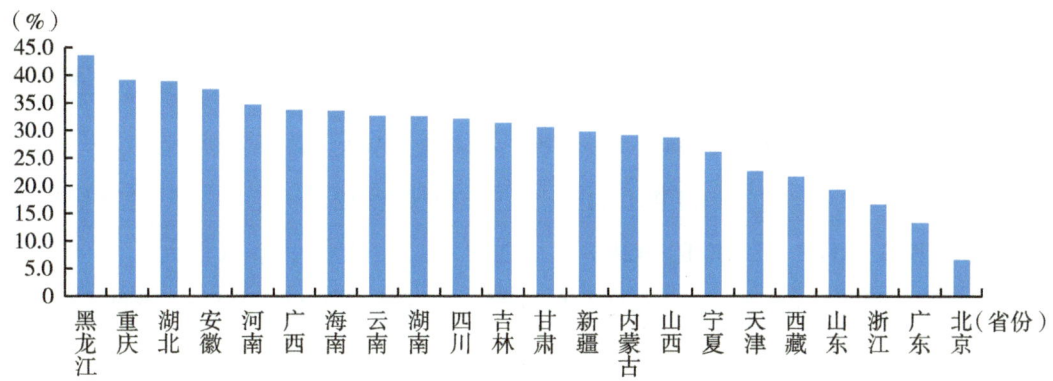

图 2-40　2021 年各省份社会保险基金对财政补贴的依赖度

2021年，15个省份①中仅2个省份社会保险基金收入（剔除财政补贴）高于社会保险基金支出，其中，收支余额最高的省市为广东，盈余918亿元，盈余超过500亿元的省市还有上海（503亿元）。13个省份收不抵支，占全部省份比重高达86.7%，其中仅海南（76亿元）收支缺口低于百亿元，收支缺口超过千亿元的省份有4个，分别为湖南（1 036亿元）、四川（1 062亿元）、湖北（1 189亿元）、山东（1 236亿元）（见图2-41）。

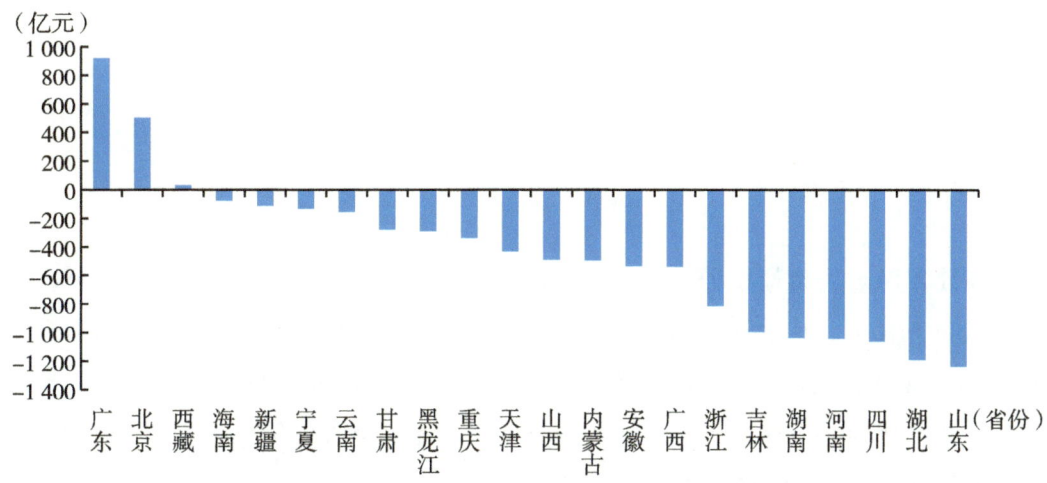

图 2-41　2021 年各省份社会保险基金收支差规模

---

① 注：31个省份中共获取15个省份的2021年社会保险基金预算中财政补贴收入数据，未获取山西、黑龙江、河南、广西、云南、西藏、甘肃、河北、辽宁、上海、江苏、福建、江西、贵州、陕西、青海数据，图2-40中所示前7个省份对应财政补贴收入为2020年数据，缺失后9个省份数据。

七、2021年，超半数省份国有资本经营收入不足百亿元

2021年，31个省份间国有资本经营收入规模差异显著。收入规模超过300亿元的仅三个省份，分别为：江苏（348亿元）、天津（342亿元）、广东（328亿元）。11个省份收入规模处于100亿—200亿元之间，17个省份低于百亿元，其中吉林（8.7亿元）、西藏（8.5亿元）、海南（4.6亿元）、黑龙江（4.0亿元）、青海（2.0亿元）、宁夏（1.8亿元）均不足10亿元（见图2-42）。

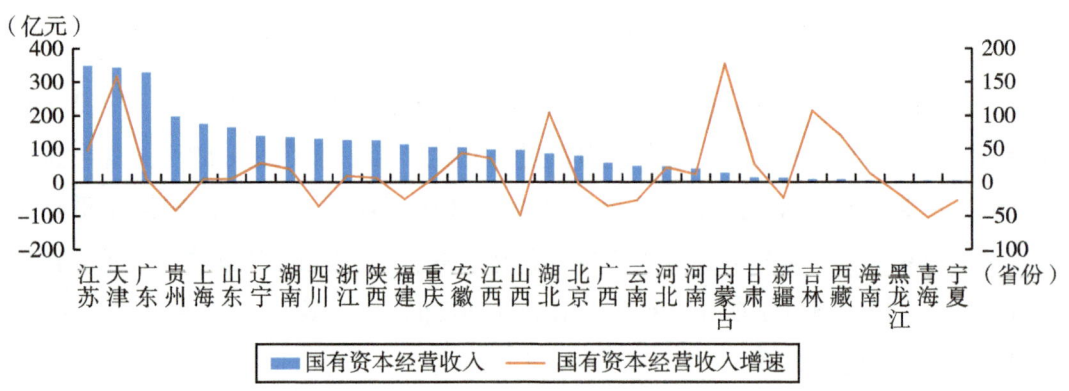

图2-42 2021年各省份国有资本经营收入规模及增速

八、2021年，七成省份政府负债率低于10%，八成省份债务依存度超过20%

多数省份政府负债率处于0—10%区间。2021年，21个省份[①]中有15个省份负债率低于10%，其中江苏最低，仅0.6%，6个省份负债率高于10%，其中青海最高，达51.0%。2021年，19个省份[②]中有15个省份债务依存度超过20%，其中重庆最高，达到32.4%，浙江、江苏、上海、西藏4个省份债务依存度低于20%，其中西藏仅7.6%（见图2-43）。

---

① 注：31个省份中共获取21个省份的2021年地方政府债务余额数据，未获取河北、山西、辽宁、吉林、黑龙江、安徽、福建、云南、西藏、陕西数据，图2-42中所示10个省份对应政府负债率为2020年数据。

② 注：31个省份中共获取19个省份的2021年地方政府一般债务收入和专项债务收入数据，未获取河北、山西、辽宁、黑龙江、福建、河南、云南、陕西、甘肃、宁夏、江西、湖北数据，图2-42中所示前10个省份对应债务依存度为2020年数据，缺失后2个省份数据。

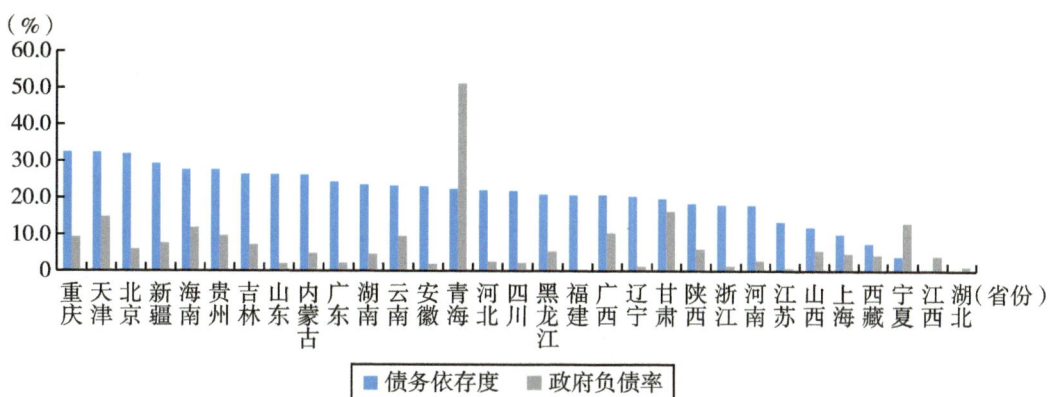

图 2-43 2021 年各省份政府负债率和债务依存度

附表 1   2005—2021 年政府收入构成   单位：亿元，%

年份	一般公共预算收入（1）	其中：税收收入	政府性基金收入（2）	其中：国有土地使用权出让收入	国有资本经营收入（3）	社会保险基金收入（4）	其中：财政补贴（5）	政府收入合计=（1）+（2）+（3）+（4）-（5）	增速	GDP现价	政府收入合计/GDP
2005	31 649	28 779	—	—	—	6 297	—	—	—	187 319	—
2006	38 760	34 804	—	—	—	7 914	—	—	—	219 438	—
2007	51 322	45 622	—	—	—	9 840	—	—	—	270 092	—
2008	61 330	54 224	—	—	—	12 436	—	—	—	319 245	—
2009	68 518	59 522	—	—	—	14 583	—	—	—	348 518	—
2010	83 102	73 211	36 785	28 198	559	17 071	1 900	135 616	—	412 119	32.9
2011	103 874	89 738	41 363	31 140	765	25 758	5 216	166 544	22.8	487 940	34.1
2012	117 254	100 614	37 535	26 692	1 496	31 411	6 272	181 423	8.9	538 580	33.7
2013	129 210	110 531	52 269	39 142	1 713	35 994	7 372	211 814	16.8	592 963	35.7
2014	140 370	119 175	54 114	40 480	2 008	40 439	8 447	228 483	7.9	643 563	35.5
2015	152 269	124 922	42 338	30 784	2 551	46 354	10 244	233 268	2.1	688 858	33.9
2016	159 605	130 361	46 643	35 640	2 609	50 112	11 089	247 881	6.3	746 395	33.2
2017	172 593	144 370	61 480	49 997	2 581	58 438	12 352	282 739	14.1	832 036	34.0
2018	183 360	156 403	75 479	62 911	2 906	79 003	16 777	323 970	14.6	919 281	35.2
2019	190 390	158 000	84 518	70 679	3 972	83 152	19 103	342 929	5.9	986 515	34.8
2020	182 914	154 312	93 491	82 159	4 775	75 864	21 016	336 028	-2.0	1 013 567	33.2
2021	202 555	172 736	98 024	84 978	5 170	96 877	22 606	380 020	13.0	1 143 670	33.0

附表 2 2021年各省（自治区、直辖市）经济财政主要指标

省（区、市）	常住人口（万人）	人均GDP（元）	四本预算收入之和（亿元）	人均一般公共预算收入（元）	人均一般公共预算支出（元）	财政自给率（%）	税收收入（亿元）	社会保险基金对财政补贴依赖度（%）	债务依存度（%）	政府负债率（%）
安徽	6 113	70 321	10 059	5 723	12 420	46.1	2 390	37.4	23.0	1.8
北京	2 189	184 000	14 200	27 105	31 357	86.4	5 165	6.5	31.9	5.9
福建	4 187	116 939	8 978	8 081	12 445	64.9	2 493	—	20.7	0.4
甘肃	2 490	41 137	2 874	4 023	16 168	24.9	667	30.5	19.7	16.2
广东	12 684	98 285	32 038	11 119	14 367	77.4	10 784	13.2	24.3	2.0
广西	5 037	49 206	5 902	3 574	11 535	31.0	1 191	33.7	20.7	10.2
贵州	3 852	50 808	6 116	5 113	14 512	35.2	1 177	—	27.6	9.5
海南	1 020	63 454	1 991	9 027	19 431	46.5	743	33.5	27.6	11.7
河北	7 448	54 172	10 725	5 596	11 888	47.1	2 736	—	22.0	2.3
河南	9 883	41 137	12 047	4 399	10 543	41.7	2 843	34.6	18.0	2.7
黑龙江	3 125	47 613	4 891	4 162	16 334	25.5	870	43.6	20.8	5.1
湖北	5 830	86 416	11 006	5 632	13 615	41.4	2 560	38.8	—	1.0
湖南	6 622	69 440	10 450	4 909	12 632	38.9	2 246	32.5	23.5	4.4
吉林	2 375	41 137	3 776	4 816	15 563	30.9	809	31.3	26.4	7.1
江苏	8 505	137 039	31 128	11 775	17 149	68.7	8 171	—	13.4	0.6
江西	4 517	65 568	8 227	6 225	15 005	41.5	1 929	—	—	3.9
辽宁	4 229	65 026	8 247	6 537	13 953	46.8	1 971	—	20.3	1.1
内蒙古	2 400	85 476	4 853	9 791	21 834	44.8	1 671	29.0	26.2	4.6

续表

省（区，市）	常住人口（万人）	人均GDP（元）	四本预算收入之和（亿元）	人均一般公共预算收入（元）	人均一般公共预算支出（元）	财政自给率（%）	税收收入（亿元）	社会保险基金对财政补贴依赖度（%）	债务依存度（%）	政府负债率（%）
宁夏	725	41 137	1 099	6 345	19 701	32.2	301	26.1	4.0	13.0
青海	594	56 341	991	5 535	33 929	16.3	235	—	22.3	51.0
山东	10 170	81 706	21 983	7 163	11 513	62.2	5 476	19.2	26.3	1.8
山西	3 480	64 821	6 164	8 144	14 504	56.2	2 095	28.7	12.0	5.3
陕西	3 954	75 369	7 856	7 019	15 350	45.7	2 237	—	18.4	5.9
上海	2 489	173 593	17 159	31 219	33 867	92.2	6 607	—	10.1	4.5
四川	8 372	64 323	15 257	5 701	13 397	42.6	3 335	32.0	21.9	2.0
天津	1 373	114 312	5 406	15 594	22 944	68.0	1 622	22.6	32.4	14.7
西藏	366	41 137	523	5 820	56 295	10.3	142	21.6	7.6	4.2
新疆	2 589	61 725	3 785	6 252	20 865	30.0	1 093	29.7	29.3	7.5
云南	4 690	57 686	5 570	4 858	14 146	34.3	1 514	32.5	23.2	9.4
浙江	6 540	112 410	25 923	12 634	16 845	75.0	7 172	16.6	18.1	1.3
重庆	3 212	41 137	7 294	7 114	15 051	47.3	1 543	39.1	32.4	9.2

资料来源：各省市区2021年国民经济和社会发展统计公报、预决算报告。

第三章
省以下地方政府收入情况分析

第一节 333个城市政府收入总览

一、地级行政区划简介

地级行政区，是我国行政地位与地区相同的行政区的总称，是我国的二级行政区，包括地级市、地区[①]、自治州[②]、盟[③]，介于省级行政区与县级行政区之间，由省级行政区（仅限于省、自治区）管辖。截至2020年底，我国地级区划数共333个，其中地级市293个，自治州30个，盟3个，地区7个（见表3-1）。

地级行政区中，有293个以地级市的形式存在，而自治州、盟、地区等在行政级别上等同于地级市，为方便描述，下文以"城市"统一指代"地级行政区"。此外，后文相关指标分析覆盖了大多数城市的数据，但因不同城市的财政数据可

本章执笔人：侯海波　陈少波　唐福雨

① 地区，属地级行政区，由省、自治区管辖。地区的管理机构为地区行政公署，是省、自治区人民政府的派出机关。2019年底，现存地区只存在于黑龙江省、西藏自治区以及新疆维吾尔自治区。

② 自治州，属地级行政区，由省、自治区管辖，是我国在少数民族聚居地设立的地级民族自治地方。按我国宪法规定，民族自治地方享受较高的自我管理权力，设人民代表大会和人民政府。

③ 盟，属地级行政区，是内蒙古自治区特有的行政区划。盟的管理机构为盟行政公署，是内蒙古自治区人民政府的派出机关。

获得性有所不同，仍有部分缺失。

表 3-1　　　　　我国地级行政区划（2020 年底）

省级区划名称	地级区划数	地级市	自治州	盟	地区
全国	333	293	30	3	7
北京市	—	—	—	—	—
天津市	—	—	—	—	—
河北省	11	11	0	0	0
山西省	11	11	0	0	0
内蒙古自治区	12	9	0	3	0
辽宁省	14	14	0	0	0
吉林省	9	8	1	0	0
黑龙江省	13	12	0	0	1
上海市	—	—	—	—	—
江苏省	13	13	0	0	0
浙江省	11	11	0	0	0
安徽省	16	16	0	0	0
福建省	9	9	0	0	0
江西省	11	11	0	0	0
山东省	16	16	0	0	0
河南省	17	17	0	0	0
湖北省	13	12	1	0	0
湖南省	14	13	1	0	0
广东省	21	21	0	0	0
广西壮族自治区	14	14	0	0	0
海南省	4	4	0	0	0
重庆市	—	—	—	—	—
四川省	21	18	3	0	0
贵州省	9	6	3	0	0
云南省	16	8	8	0	0
西藏自治区	7	6	0	0	1
陕西省	10	10	0	0	0
甘肃省	14	12	2	0	0
青海省	8	2	6	0	0

续表

省级区划名称	地级区划数	地级市	自治州	盟	地区
宁夏回族自治区	5	5	0	0	0
新疆维吾尔自治区	14	4	5	0	5
香港特别行政区	—	—	—	—	—
澳门特别行政区	—	—	—	—	—
台湾省	—	—	—	—	—

注：本书下册附有各省地级、县级具体行政区划情况。

资料来源：《中国统计年鉴2021》。

二、政府收入分析（2020年）

（一）政府收入：超80%的城市在1 000亿元以内，约60%的城市正增长

2020年我国84.7%（238个）的城市在1 000亿元以内，92.9%（261个）的城市在2 000亿元以内（见图3-1）。77个城市政府收入不足200亿元，8个城市政府收入超3 000亿元，分别为杭州、深圳、苏州、广州、南京、宁波、成都、武汉，除苏州外均为副省级城市。青海省海北、黄南、玉树和果洛四个自治州政府收入不足10亿元（见表3-2）。①

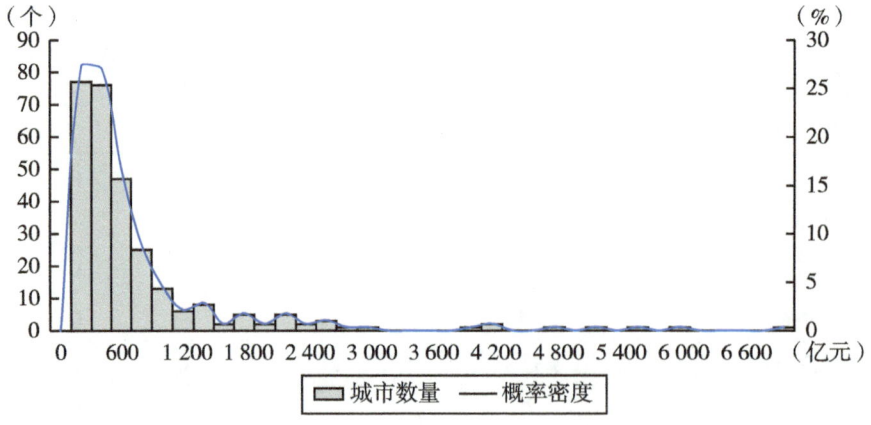

图3-1　2020年我国城市政府收入分布直方图及概率密度曲线

---

① 共获取281个城市的2020年政府收入数据。

表 3-2   2020 年我国政府收入排名前 10 位和后 10 位的城市

排名	城市	政府收入（亿元）	排名	城市	政府收入（亿元）
1	浙江·杭州市	6 938.7	272	甘肃·甘南州	41.9
2	广东·深圳市	5 872.3	273	云南·迪庆州	39.7
3	江苏·苏州市	5 420.3	274	西藏·山南市	37.0
4	广东·广州市	5 116.5	275	西藏·林芝市	30.4
5	江苏·南京市	4 721.7	276	黑龙江·大兴安岭地区	22.7
6	浙江·宁波市	4 102.4	277	青海·海南州	20.7
7	四川·成都市	4 027.6	278	青海·海北州	9.7
8	湖北·武汉市	3 818.3	279	青海·黄南州	9.2
9	山东·青岛市	2 830.3	280	青海·玉树州	7.0
10	江苏·无锡市	2 659.8	281	青海·果洛州	6.8

从增速看，2020年59.3%（156个）的城市政府收入正增长，40.7%（107个）城市负增长（见图3-2）。近半数（46.4%）的城市增速处于0—20%之间，20.5%（54个）的城市处于-10%—0之间，个别城市的政府收入增幅高于50%或低于-50%。①

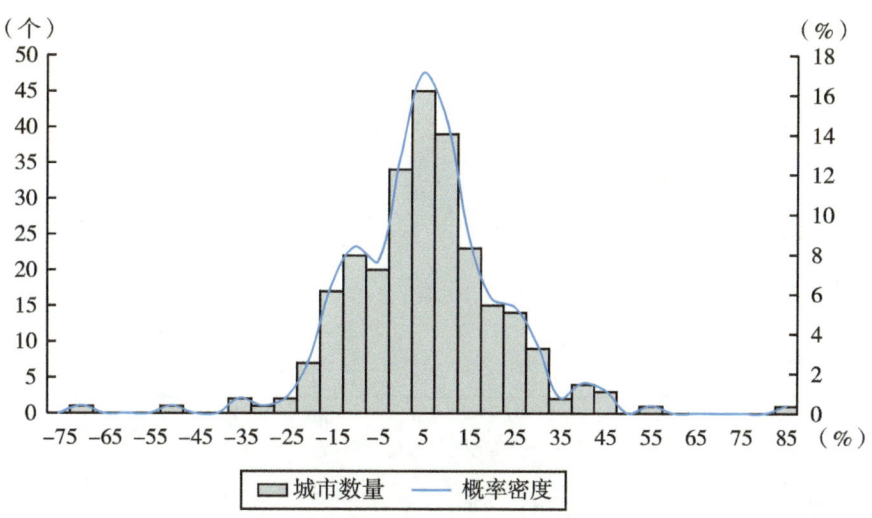

图 3-2　2020 年我国城市政府收入增速分布直方图及概率密度曲线

---

① 共获取 263 个城市的 2020 年政府收入增速数据。

从政府收入占GDP的比重来看，95.7%（269个）的城市处于10%—40%之间，42.7%（120个）的城市处于20%—30%之间（见图3-3）。从散点分布可看出，我国城市的政府收入和GDP存在正相关关系，GDP越高，政府收入越高（见图3-4）。①

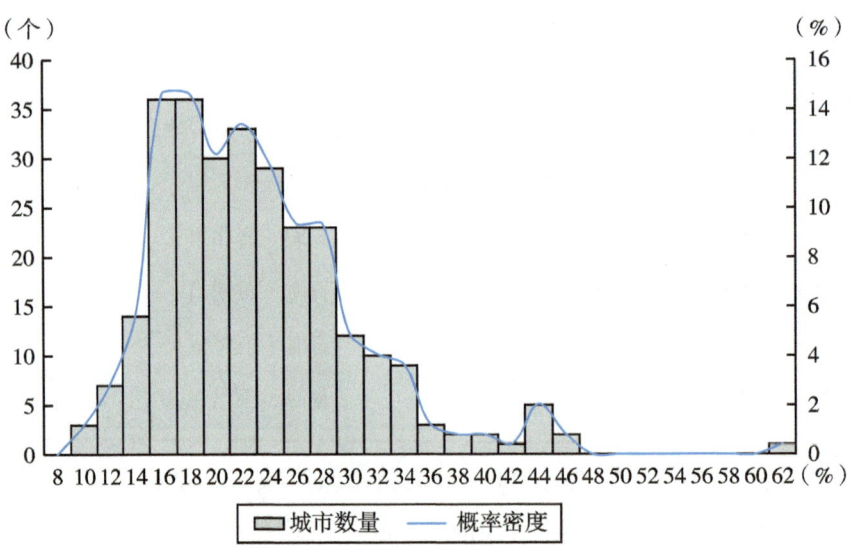

图3-3　2020年我国城市政府收入/GDP分布直方图及概率密度曲线

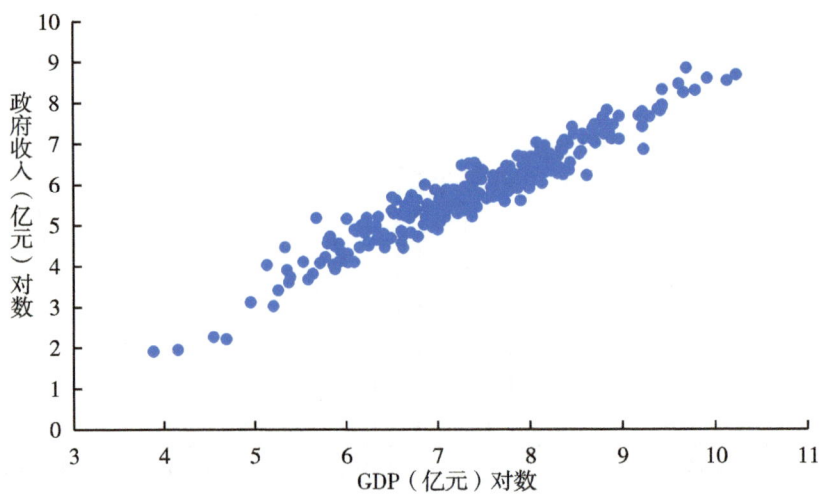

图3-4　2020年我国281个城市政府收入与GDP的散点分布图

---

① 共获取281个城市的2020年政府收入与GDP数据。

（二）人均政府收入：大多数城市在 20 000 元左右，杭州和南京超 50 000 元

从人均政府收入看，83.7%（231个）的城市人均政府收入在 20 000 元以内。其中，41.7%（115个）的城市人均政府收入处于 10 000—20 000 元之间（见图3-5）。另外，从分布的两端来看，西北省份多个城市人均政府收入不足 5 000 元，而排名前 10 的城市中，人均政府收入均不低于 30 000 元，其中杭州和南京在 50 000 元以上，珠海、苏州和常州均超过 40 000 元。另外，政府收入排名前 10 的城市全部分布在东部发达省份，包括江苏4市、浙江3市、广东2市、福建1市（见表3-3）。①

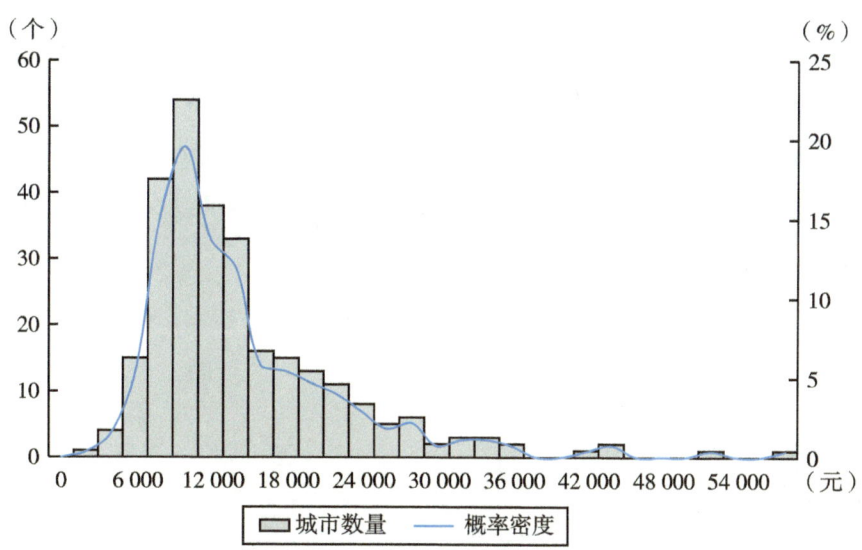

图 3-5　2020 年我国城市人均政府收入分布直方图及概率密度曲线

表 3-3　2020 年我国人均政府收入排名前 10 位和后 10 位的城市

排名	城市	人均政府收入（元）	排名	城市	人均政府收入（元）
1	浙江·杭州市	57 992	267	黑龙江·齐齐哈尔市	5 116
2	江苏·南京市	50 663	268	宁夏·固原市	4 967
3	广东·珠海市	42 843	269	陕西·商洛市	4 693
4	江苏·苏州市	42 513	270	青海·海南州	4 627

---

① 共获取 276 个城市的 2020 年人均政府收入数据。

续表

排名	城市	人均政府收入（元）	排名	城市	人均政府收入（元）
5	江苏·常州市	40 614	271	甘肃·临夏州	4 523
6	江苏·无锡市	35 635	272	甘肃·庆阳市	3 923
7	福建·厦门市	35 127	273	青海·海北州	3 645
8	广东·深圳市	33 441	274	青海·黄南州	3 320
9	浙江·湖州市	33 323	275	青海·果洛州	3 138
10	浙江·绍兴市	33 260	276	青海·玉树州	1 658

（三）政府收入分化水平：青海、广东政府收入和人均政府收入分化水平均高，浙江、江苏政府收入和人均政府收入中位数均高

2020年从省域内城市政府收入分化水平[①]和中位数看，多数省份城市政府收入的分化水平在0.5以内，中位数在600亿元以内（见图3-6）。青海、四川和云南三省城市政府收入分化水平较高，但中位数较低；广东省分化水平和中位数均较高；河北和山东的分化水平较低且中位数较高；江苏和浙江分化水平相对适中，但城市政府收入中位数远高于其他省份。

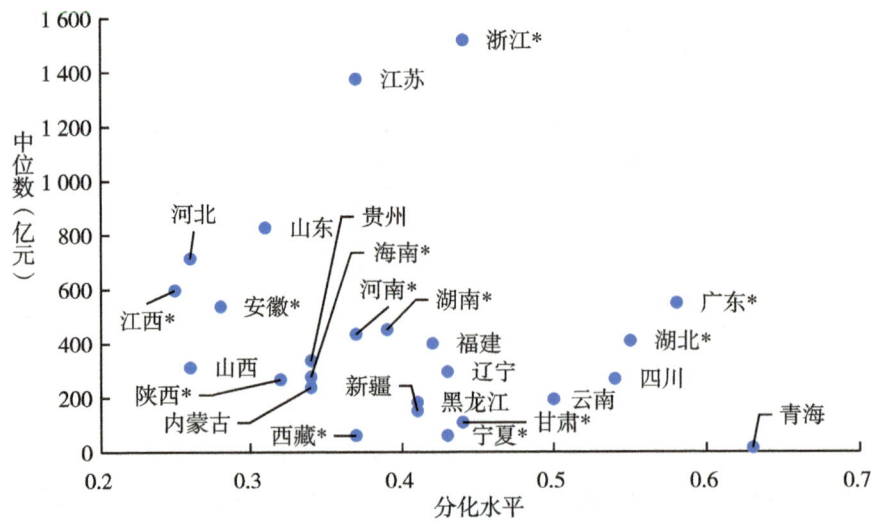

图3-6　2020年我国各省城市政府收入分化水平对比

注：带"*"省份未获取全部城市政府收入数据，吉林、广西未获取城市政府收入数据。

---

① 本章使用基尼系数刻画内部的分化水平，系数越高，内部分化程度越高，差异越悬殊。

2020年从省域内人均城市政府收入分化水平和中位数看，多数省份城市政府收入的分化水平在0.3以内，中位数在20 000元以内，人均政府收入分化水平明显低于政府收入分化水平（见图3-7）。青海的城市政府收入分化水平较高，但中位数较低；广东省分化水平和中位数均较高；山东、内蒙古和辽宁的分化水平较低且中位数较高；江苏和浙江分化水平相对适中，但城市人均政府收入中位数同样远高于其他省份。

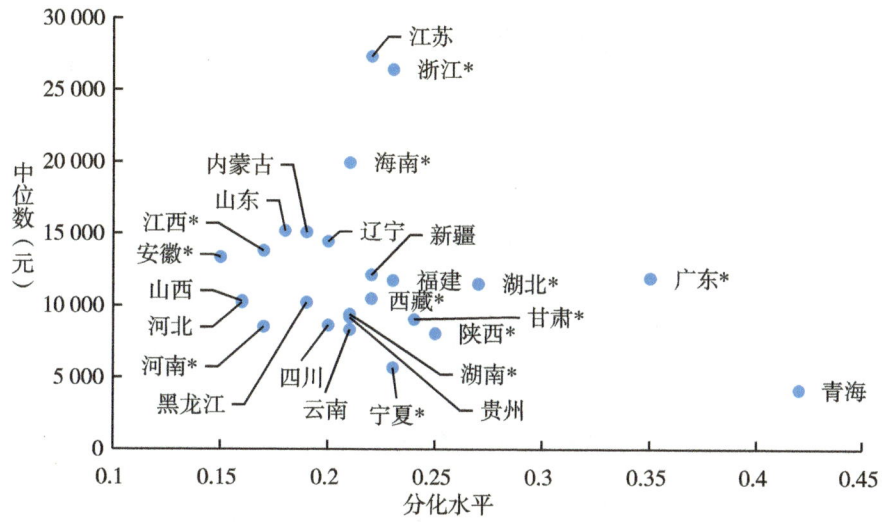

图3-7　2020年我国各省城市人均政府收入分化水平对比

注：带"*"省份未获取全部城市人均政府收入数据，吉林、广西未获取城市人均政府收入数据。

（四）政府收入结构：超九成城市一般公共预算收入占比在20%—50%，绝大部分城市政府性基金收入占比在50%以内均匀分布

从一般公共预算收入占政府收入的比重来看，有90.4%（254个）的城市在20%—50%之间，有37.4%（105个）的城市在30%—40%之间（见图3-8）。排名前10的城市中，既有经济欠发达城市（如海西州、海南州），也有各种资源型城市，如克拉玛依、东营、庆阳为石油资源型城市，鄂尔多斯、榆林、吕梁为煤炭资源型城市，也有深圳这样的国内发达城市。甘肃、黑龙江的多个城市一般公共预算收入占比较低（见表3-4）。[①]

[①] 共获取281个城市的2020年一般公共预算收入/政府收入数据。

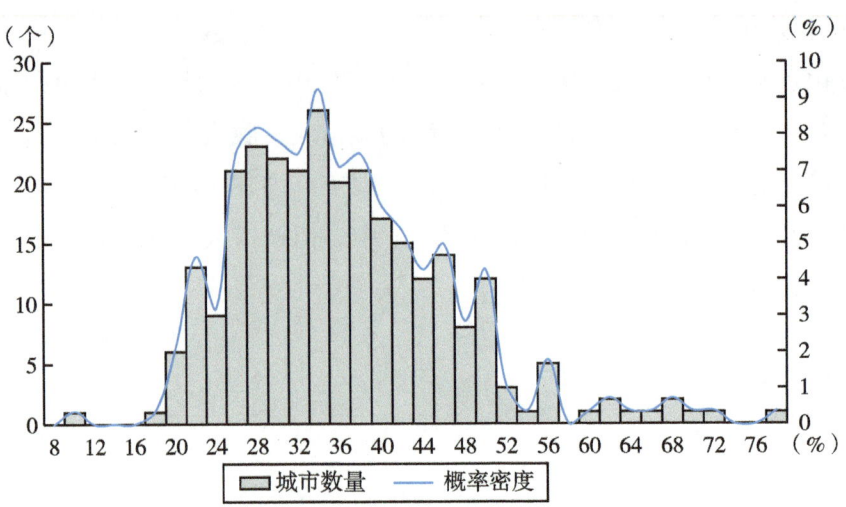

图 3-8 2020 年我国城市一般公共预算收入/政府收入的
分布直方图及概率密度曲线

表 3-4 2020 年我国一般公共预算收入/政府收入排名
前 10 位和后 10 位的城市

排名	城市	一般公共预算收入占比（%）	排名	城市	一般公共预算收入占比（%）
1	青海·海西州	76.7	272	黑龙江·鹤岗市	20.4
2	新疆·克拉玛依市	70.5	273	甘肃·临夏州	20.1
3	内蒙古·鄂尔多斯市	68.8	274	甘肃·定西市	19.2
4	青海·海南州	66.2	275	四川·眉山市	18.8
5	陕西·榆林市	66	276	黑龙江·鸡西市	18.4
6	广东·深圳市	65.7	277	新疆·和田地区	18.3
7	甘肃·庆阳市	63.8	278	甘肃·天水市	18.2
8	山西·吕梁市	60.1	279	甘肃·陇南市	18.1
9	河南·三门峡市	60.1	280	陕西·安康市	17.2
10	山东·东营市	59.6	281	黑龙江·伊春市	8.6

绝大部分城市政府性基金收入占政府收入的比重在 50% 以内均匀分布（见图 3-9）。有 14.2%（40 个）的城市该占比在 10% 以内，有 16.4%（46 个）的城市在 10%—20% 之间，有 11.8%（33 个）的城市在 20%—30% 之间，有 23.5%（66 个）的城市在 30%—40% 之间，有 24.9%（70 个）的城市在 40%—50% 之间。政府性基金收入占比排名前 10 的城市均超过 50%，眉州市（72.8%）是所有城市中政府性

基金收入占比最高的城市，福州（59%）是政府性基金收入占比最高的省会城市。黑龙江和辽宁多个城市政府性基金收入占比较低（见表3-5）。①

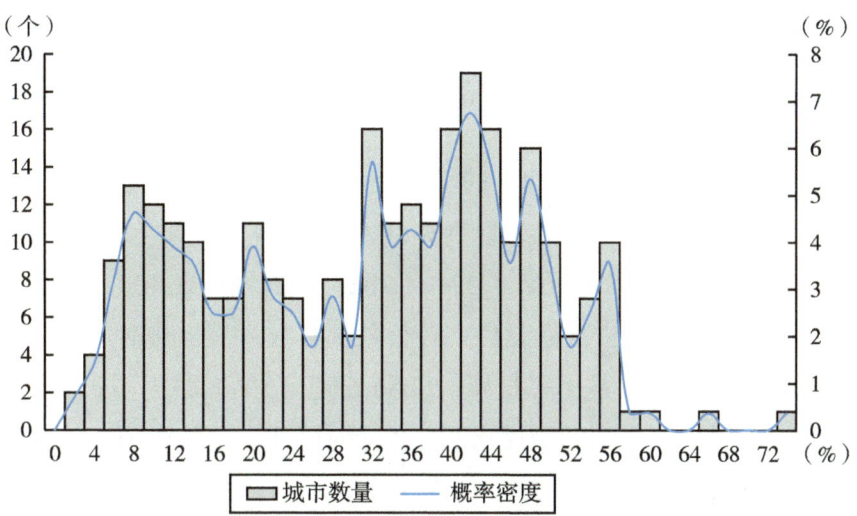

图3-9　2020年我国城市政府性基金收入/政府收入的分布直方图及概率密度曲线

表3-5　2020年我国政府性基金收入/政府收入排名前10位和后10位的城市

排名	城市	政府性基金收入占比（%）	排名	城市	政府性基金收入占比（%）
1	四川·眉山市	72.8	272	新疆·克孜勒苏州	4.9
2	江西·景德镇市	64.8	273	辽宁·抚顺市	4.9
3	福建·福州市	59.0	274	辽宁·铁岭市	4.8
4	江西·抚州市	56.4	275	甘肃·金昌市	4.6
5	江苏·南通市	55.7	276	黑龙江·大兴安岭地区	2.4
6	山东·临沂市	55.3	277	黑龙江·双鸭山市	2.2
7	山东·威海市	55.1	278	青海·玉树州	2.0
8	四川·绵阳市	55.1	279	黑龙江·鸡西市	2.0
9	贵州·黔南州	54.8	280	黑龙江·鹤岗市	1.9
10	浙江·衢州市	54.8	281	黑龙江·伊春市	1.5

---

① 共获取281个城市的2020年政府性基金收入/政府收入数据。

三、一般公共预算收支分析（2021年、2020年）

（一）一般公共预算收支：2021年多数城市一般公共预算收入增速提高，支出增速下降

2021年我国69.4%（184个）的城市一般公共预算收入在不足200亿元，84.9%（225个）的城市在400亿元以内；2020年我国74.8%（246个）的城市一般公共预算收入在不足200亿元，87.5%（288个）的城市在400亿元以内（见图3-10）。2021年深圳以4 257.8亿元的一般公共预算收入规模排名第一，是第二苏州（2 510亿元）的1.7倍，是第三杭州（2 386.6亿元）的1.8倍。排名前10的城市中，有6个省会城市，8个副省级城市和2个计划单列市。甘南州、那曲市和果洛州的一般公共预算收入不足10亿元（见表3-6）。①

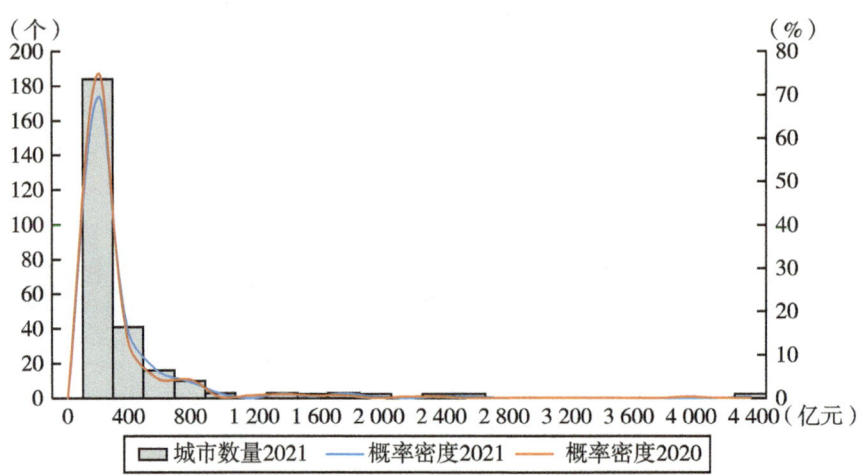

图3-10　2020年、2021年我国城市一般公共预算收入的分布直方图及概率密度曲线

表3-6　2021年我国一般公共预算收入排名前10位和后10位的城市

排名	城市	一般公共预算收入（亿元）	排名	城市	一般公共预算收入（亿元）
1	广东·深圳市	4 257.8	257	黑龙江·伊春市	17.8
2	江苏·苏州市	2 510.0	258	宁夏·固原市	16.5

---

① 共获取329个城市的2020年及265个城市的2021年一般公共预算收入数据。

续表

排名	城市	一般公共预算收入（亿元）	排名	城市	一般公共预算收入（亿元）
3	浙江·杭州市	2 386.6	259	云南·迪庆州	16.1
4	广东·广州市	1 842.0	260	云南·怒江州	15.8
5	江苏·南京市	1 729.5	261	西藏·林芝市	14.6
6	浙江·宁波市	1 723.1	262	西藏·日喀则市	13.8
7	四川·成都市	1 697.9	263	黑龙江·大兴安岭地区	11.1
8	湖北·武汉市	1 578.6	264	甘肃·甘南州	9.6
9	河南·郑州市	1 223.6	265	西藏·那曲市	7.0
10	江苏·无锡市	1 200.5	266	青海·果洛州	3.1

2021年我国52.9%（136个）的城市一般公共预算支出在400亿元以内，92.6%（238个）的城市在1 000亿元以内；2020年我国52.9%（174个）的城市一般公共预算支出在400亿元以内，93%（306个）的城市在1 000亿元以内（见图3-11）。2021年深圳以4 570.2亿元的一般公共预算支出规模排名第一，是第二名广州（2 989.1亿元）的1.5倍，是第三名武汉（2 583.7亿元）的1.8倍。排名前10的城市中，有7个省会城市，8个副省级城市和2个计划单列市。多个城市一般公共预算支出不足百亿元（见表3-7）。①

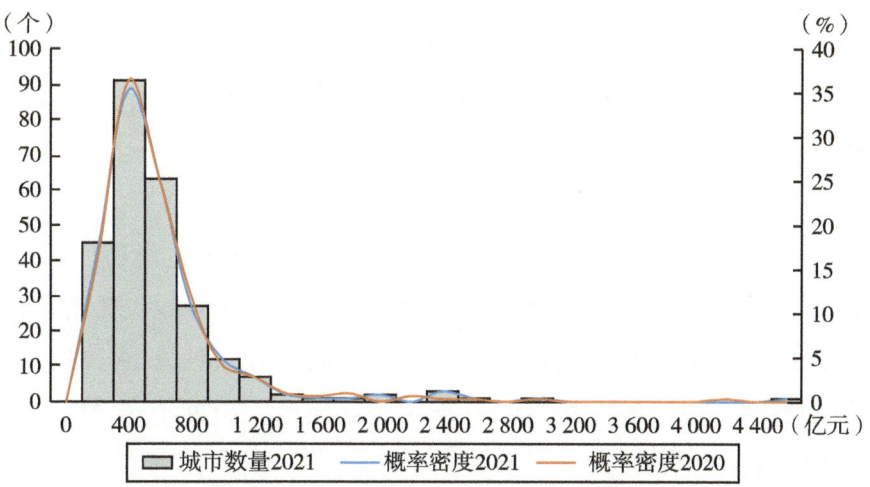

图3-11　2020年、2021年我国城市一般公共预算支出的分布直方图及概率密度曲线

---

① 共获取329个城市的2020年及257个城市的2021年一般公共预算支出数据。

表 3-7　　2021 年我国一般公共预算支出排名前 10 位和后 10 位的城市

排名	城市	一般公共预算支出（亿元）	排名	城市	一般公共预算支出（亿元）
1	广东·深圳市	4 570.2	248	新疆·吐鲁番市	112.0
2	广东·广州市	2 989.1	249	青海·果洛州	102.1
3	江苏·苏州市	2 583.7	250	西藏·林芝市	101.2
4	浙江·杭州市	2 300.4	251	宁夏·石嘴山市	92.5
5	四川·成都市	2 237.6	252	黑龙江·大兴安岭地区	86.5
6	湖北·武汉市	2 219.3	253	内蒙古·阿拉善盟	85.4
7	浙江·宁波市	1 944.4	254	黑龙江·七台河市	84.9
8	江苏·南京市	1 817.7	255	甘肃·金昌市	56.5
9	河南·郑州市	1 626.4	256	黑龙江·绥化市	39.3
10	湖南·长沙市	1 563.3	257	甘肃·嘉峪关市	26.0

2021 年我国 92.8%（244 个）的城市一般公共预算收入正增长，50.6%（133 个）的城市增速超过 10%，7.2%（22 个）的城市一般公共预算收入负增长；2020 年 83.6%（254 个）的城市正增长，10.2%（31 个）的城市增速超过 10%，16.5%（50 个）的城市负增长（见图 3-12）。可以看出与 2020 年相比，2021 年疫情常态化背景下经济反弹增长也使得多数城市的一般公共预算收入增速加快。①

2021 年我国 39.7%（100 个）的城市一般公共预算支出正增长，3.2%（8 个）的城市增速超过 10%，60.3%（152 个）的城市一般公共预算收入负增长；2020 年 81.6%（262 个）的城市正增长，16.2%（52 个）的城市增速超过 10%，18.4%（59 个）的城市负增长（见图 3-13）。可以看出与 2020 年相比，2021 年多数城市的一般公共预算支出增速有所下降。②

---

① 共获取 304 个城市的 2020 年及 263 个城市的 2021 年一般公共预算收入增速数据。
② 共获取 321 个城市的 2020 年及 252 个城市的 2021 年一般公共预算支出增速数据。

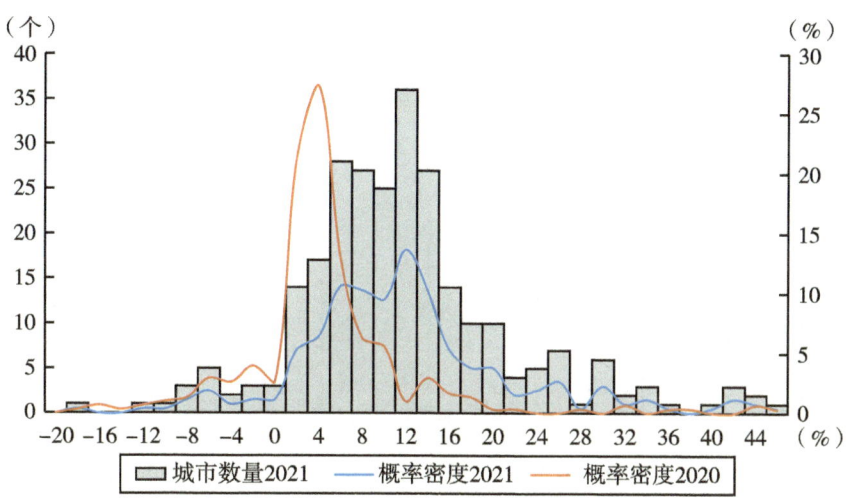

图 3-12　2020 年、2021 年我国城市一般公共预算收入增速的
分布直方图及概率密度曲线

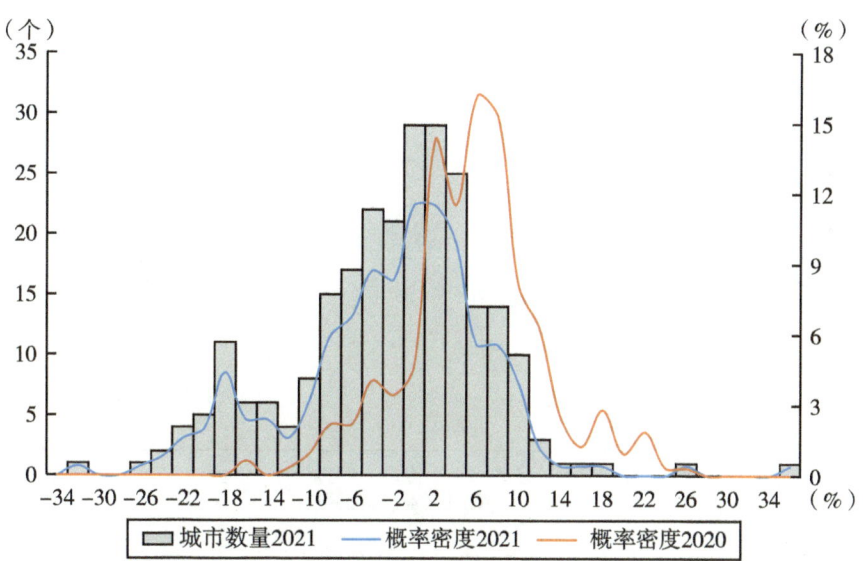

图 3-13　2020 年、2021 年我国城市一般公共预算支出增速的
分布直方图及概率密度曲线

2021 年我国 76.5%（163 个）的城市一般公共预算收入占 GDP 的比重在 5%—10% 之间；2020 年有 73.1%（239 个）的城市在 5%—10% 之间。所有城市的占比均在 15% 以内（见图 3-14）。从散点分布可看出，我国城市的一般公共预算收入和 GDP 存在正相关关系，GDP 越高，一般公共预算收入越高（见图 3-15）。[①]

---

① 共获取 327 个城市的 2020 年及 213 个城市的 2021 年一般公共预算收入 /GDP 数据。

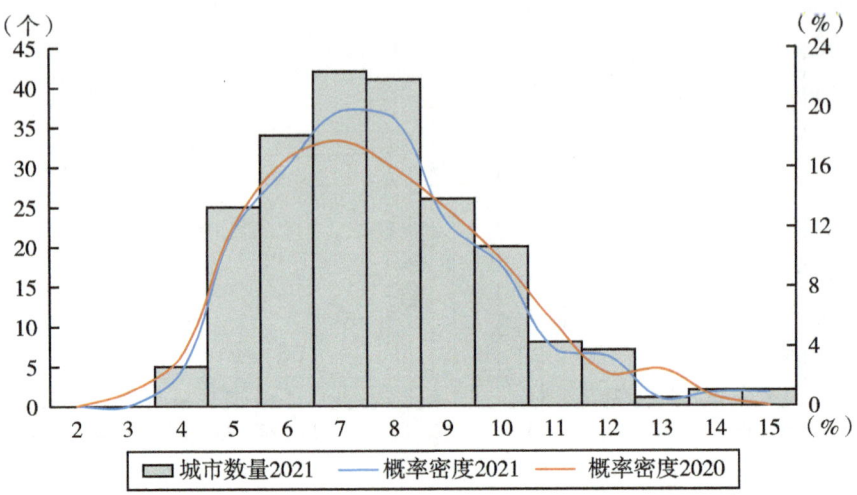

图 3-14　2020 年、2021 年我国城市一般公共预算收入 /GDP 的
分布直方图及概率密度曲线

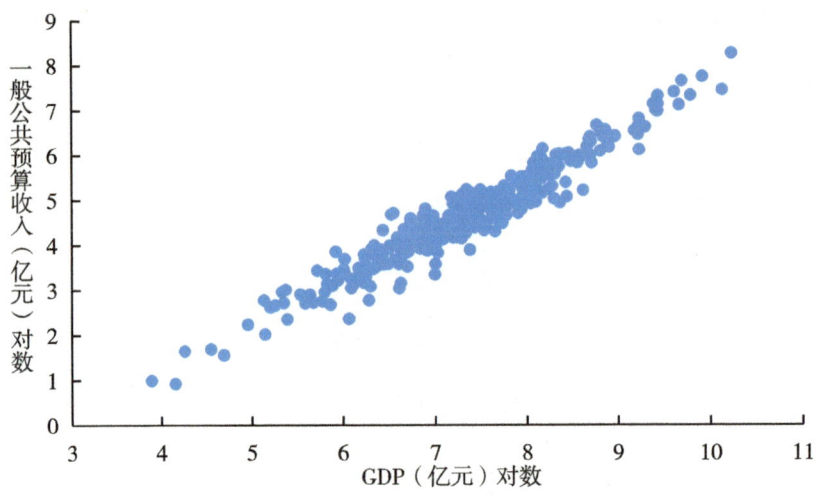

图 3-15　2020 年我国 327 个城市一般公共预算收入与 GDP 的散点分布图

2021年我国79.5%（163个）的城市一般公共预算支出与GDP的比值在10%—30%之间；2020年71.5%（223个）的城市该比值在10%—30%之间，个别城市一般公共预算支出与GDP的比值较高（见图3-16）。从散点分布可看出，我国城市的一般公共预算支出和GDP存在正相关关系，GDP越高，一般公共预算支出水平越高，且GDP与一般公共预算支出的相关性随着GDP的提高而提高（见图3-17）。[①]

---

① 共获取 312 个城市的 2020 年及 205 个城市的 2021 年一般公共预算支出 /GDP 数据。

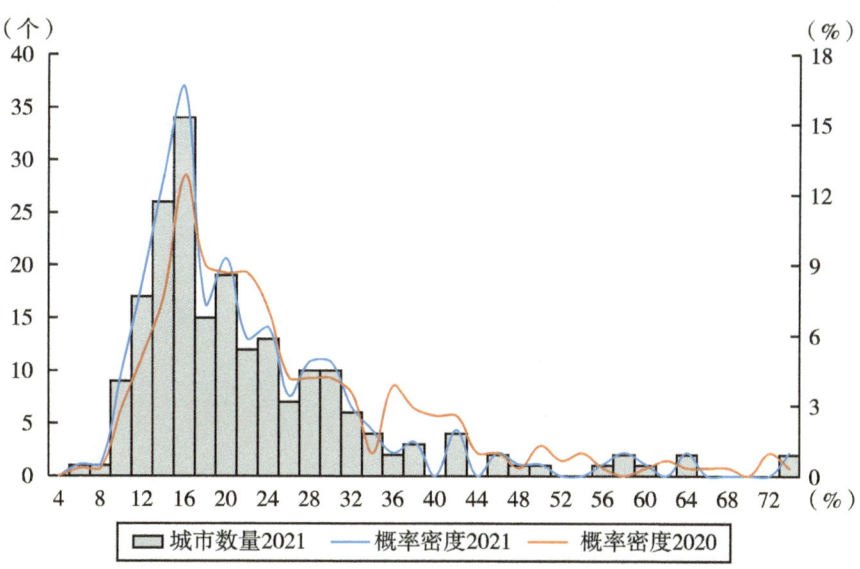

图 3-16　2020 年、2021 年我国城市一般公共预算支出/GDP 的分布直方图及概率密度曲线

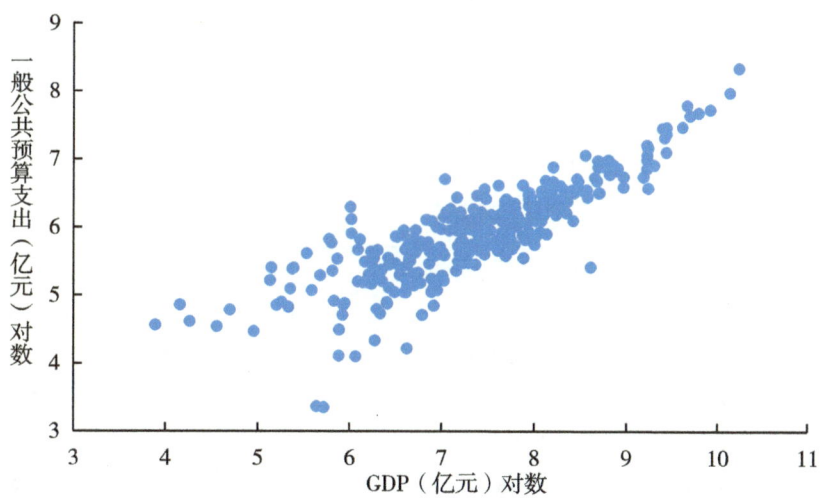

图 3-17　2020 年我国 312 个城市一般公共预算支出与 GDP 的散点分布图

（二）人均一般公共预算收支：近半数城市人均一般公共预算收入在 2 000—5 000 元之间，超半数城市人均一般公共预算支出在 10 000—15 000 元之间

2021 年我国 45.8%（65 个）的城市人均一般公共预算收入在 2 000—5 000 元之间，12%（17 个）的城市超过 10 000 元；2020 年我国 51.7%（167 个）的城市人

95

均一般公共预算收入在 2 000—5 000 元之间，6.5%（21 个）的城市超过 10 000 元，2 个城市不足 1 000 元（见图 3-18）。2021 年鄂尔多斯人均一般公共预算收入达到 23 995 元，杭州和苏州也接近 20 000 万元，排名前 10 的城市多为分布在江浙等经济发达地区的城市，多个城市人均一般公共预算收入不足 2 000 元（见表 3-8）。①

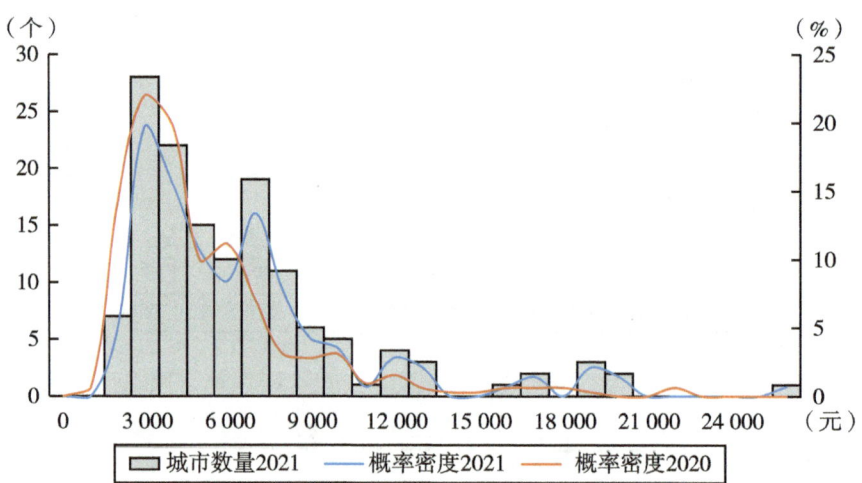

图 3-18　2020 年、2021 年我国城市人均一般公共预算收入的分布直方图及概率密度曲线

表 3-8　2021 年我国人均一般公共预算收入排名前 10 位和后 10 位的城市

排名	城市	人均一般公共预算收入（元）	排名	城市	人均一般公共预算收入（元）
1	内蒙古·鄂尔多斯市	25 457	133	甘肃·平凉市	2 060
2	浙江·杭州市	19 556	134	陕西·渭南市	2 059
3	江苏·苏州市	19 536	135	广东·潮州市	2 011
4	江苏·南京市	18 353	136	云南·文山州	1 981
5	广东·珠海市	18 171	137	广东·汕尾市	1 964
6	浙江·宁波市	18 055	138	湖南·邵阳市	1 824
7	福建·厦门市	16 686	139	云南·昭通市	1 809
8	江苏·无锡市	16 051	140	黑龙江·绥化市	1 725
9	浙江·舟山市	15 497	141	甘肃·甘南州	1 383
10	江苏·常州市	12 863	142	甘肃·定西市	1 127

注：由于 2021 年数据观测范围较为有限，此排名仅代表课题组已采集的数据情况。

---

① 共获取 323 个城市的 2020 年及 142 个城市的 2021 年人均一般公共预算收入数据。

2021年我国56.8%（79个）的城市人均一般公共预算支出在10 000—15 000元之间，8.6%（12个）的城市超过20 000元，甘南州、鄂尔多斯市、阿拉善盟、珠海市均超过30 000元，甘肃定西市人均一般公共预算支出仅6 243元；2020年我国54.4%（168个）的城市人均一般公共预算支出在10 000—15 000元之间，7.4%（23个）的城市超过20 000元，个别城市人均一般公共预算支出不足5 000元（见图3-19、表3-9）。①

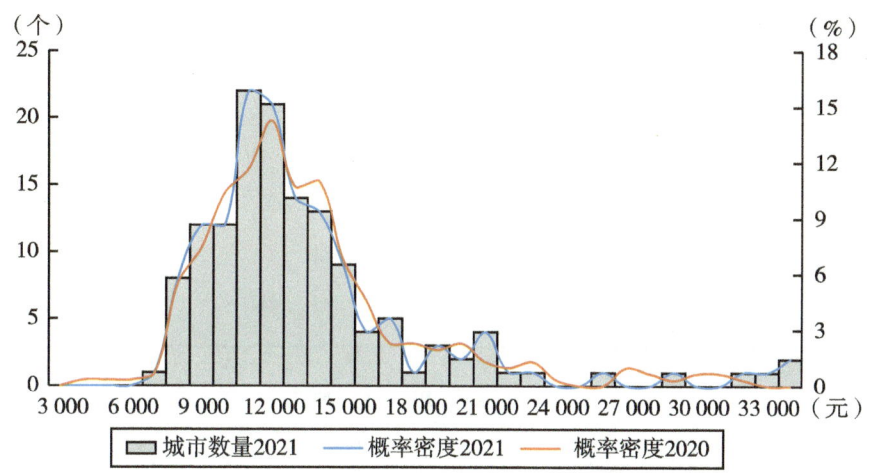

图3-19　2020年、2021年我国城市人均一般公共预算收入支出的分布直方图及概率密度曲线

表3-9　　　　　2021年我国人均一般公共预算支出排名前10位和后10位的城市

排名	城市	人均一般公共预算支出（元）	排名	城市	人均一般公共预算支出（元）
1	甘肃·甘南州	33 744	130	广东·潮州市	8 156
2	内蒙古·鄂尔多斯市	33 647	131	广东·茂名市	7 881
3	内蒙古·阿拉善盟	32 163	132	广东·湛江市	7 684
4	广东·珠海市	31 928	133	福建·莆田市	7 679
5	浙江·舟山市	28 826	134	福建·泉州市	7 573
6	内蒙古·锡林郭勒盟	25 153	135	湖北·随州市	7 412
7	内蒙古·乌兰察布市	22 760	136	广东·汕头市	7 301
8	浙江·丽水市	21 706	137	山东·菏泽市	7 247
9	浙江·宁波市	20 373	138	山东·枣庄市	7 108
10	内蒙古·乌海市	20 253	139	甘肃·定西市	6 243

注：由于2021年数据观测范围较为有限，此排名仅代表课题组已采集的数据情况。

---

① 共获取309个城市的2020年及139个城市的2021年人均一般公共预算支出数据。

从散点图可看出,人均一般公共预算收入与人均GDP也存在正相关关系,人均GDP越高的城市,人均一般公共预算收入越高(见图3-20)。①但人均一般公共预算支出与人均GDP并不具有明显的相关关系(见图3-21)。②

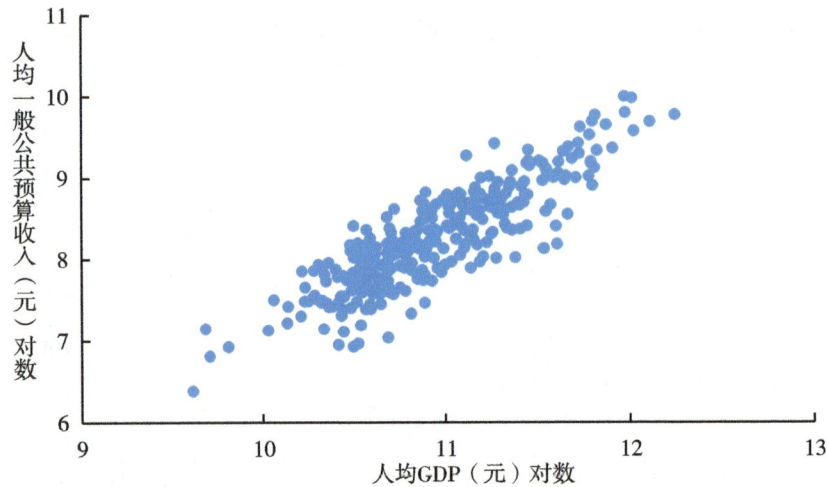

图3-20　2020年我国323个城市人均一般公共预算收入与人均GDP的散点分布图

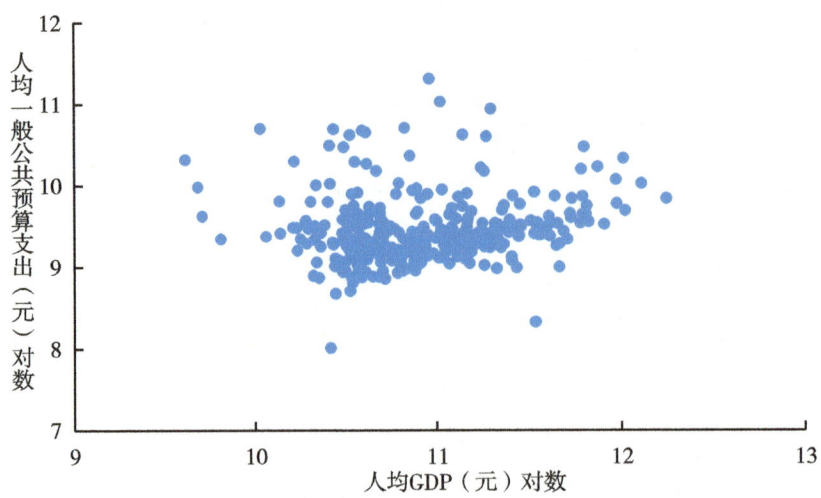

图3-21　2020年我国309个城市人均一般公共预算支出与人均GDP的散点分布图

---

① 共获取323个城市的2020年人均一般公共预算收入与人均GDP数据。
② 共获取309个城市的2020年人均一般公共预算支出与人均GDP数据。

（三）一般公共预算收支分化水平：各省支出分化水平均低于收入，且人均支出分化水平均在 0.3 以内

2020年从省域内城市一般公共预算收入分化水平和中位数看，大多数省份城市一般公共预算收入的分化水平超过0.3，中位数在300亿元以内（见图3-22）。黑龙江、吉林、西藏和青海一般公共预算收入分化水平较高，但中位数较低；广东的分化水平和中位数均较高；河北和山东的分化水平较低且中位数较高；江苏和浙江一般公共预算收入中位数远高于其他省份。

2020年从省域内城市一般公共预算支出分化水平和中位数看，大多数省份城市一般公共预算收入的分化水平在0.4以内，中位数在600亿元以内（见图3-23）。吉林一般公共预算收入分化水平较高，但中位数较低；广东、湖北的分化水平和中位数均较高；河北和江苏的分化水平较低且中位数较高；宁夏和西藏的分化水平和中位数均较低。

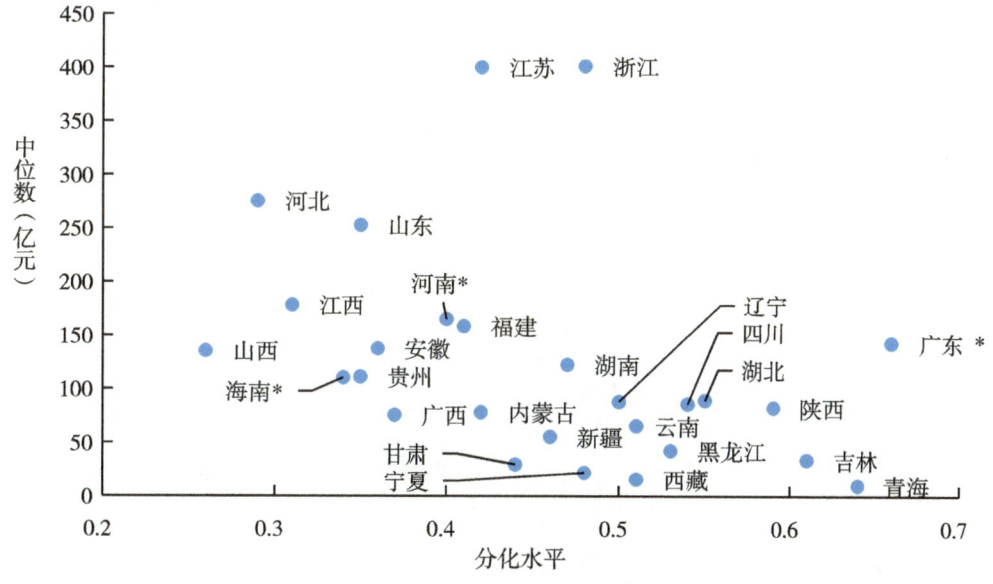

图 3-22 2020 年我国各省城市一般公共预算收入分化水平对比

注：带"*"省份未获取全部城市一般公共预算收入数据。

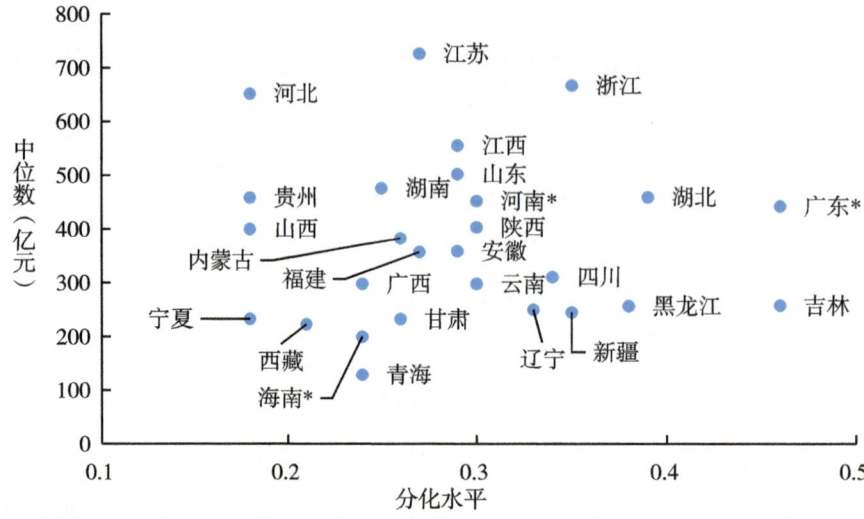

图 3-23 2020 年我国各省城市一般公共预算支出分化水平对比

注：带"*"省份未获取全部城市一般公共预算支出数据。

2020年从省域内城市人均一般公共预算收入分化水平和中位数看，大多数省份城市的分化水平在0.4以内，中位数在6 000元以内（见图3-24）。青海、陕西和广东的分化水平较高，但中位数较低；江苏、浙江、山东和海南的分化水平较低且中位数较高。

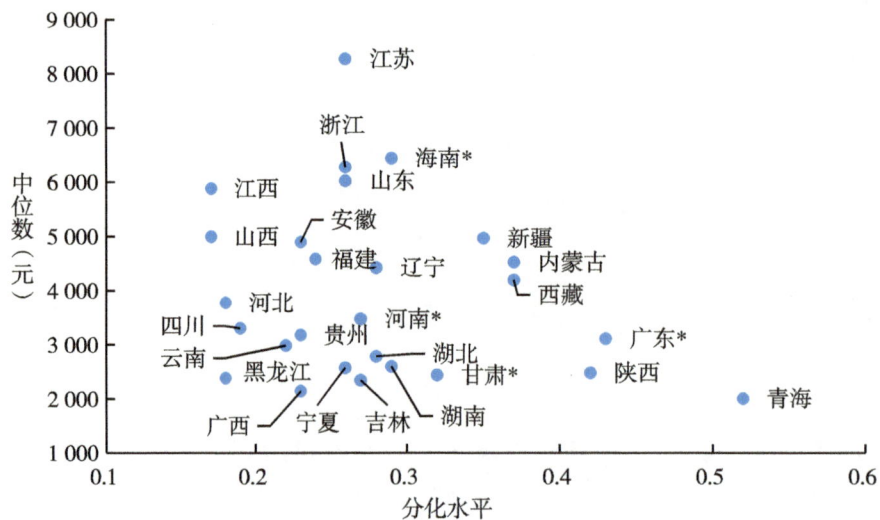

图 3-24 2020 年我国各省城市人均一般公共预算收入分化水平对比

注：带"*"省份未获取全部城市人均一般公共预算收入数据。

2020年从省域内城市人均一般公共预算支出分化水平和中位数看，所有省份城市的分化水平均在0.3以内，中位数在20 000元以内（见图3-25）。浙江、四川和吉林的分化水平较高，但中位数较低；西藏和青海的分化水平较低且中位数较高；山西、江西、贵州和辽宁的分化水平和中位数均较低。

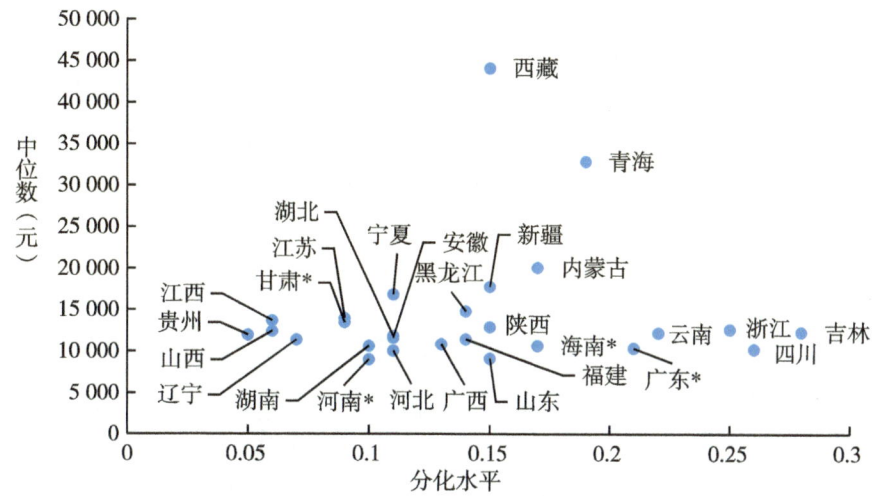

图3-25　2020年我国各省城市人均一般公共预算支出分化水平对比

注：带"*"省份未获取全部城市人均一般公共预算支出数据。

（四）税收占比：约70%的城市税收占比在60%—80%，江浙城市税收占比较高

2021年我国68.3%（127个）的城市税收收入占一般公共预算收入的比重在60%—80%之间，14%（26个）的城市税收占比超过80%；2020年70.3%（220个）的城市税收收入占一般公共预算收入的比重在60%—80%之间，9.3%（29个）的城市税收占比超过80%（见图3-26）。2021年浙江省杭州市税收占比最高，为93.6%，税收占比最高的10个城市有浙江4市、江苏2市；贵州省黔西南州非税占比高达57.9%，那曲市、张掖市、巴中市均超过50%（见表3-10）。[1]同时，税收占比也与人均GDP存在一定的正相关关系，且人均GDP越高，相关性越高（见图3-27）。[2]

---

[1]　共获取313个城市的2020年及186个城市的2021年税收收入/一般公共预算收入数据。
[2]　共获取313个城市的2020年税收收入/一般公共预算收入与人均GDP数据。

101

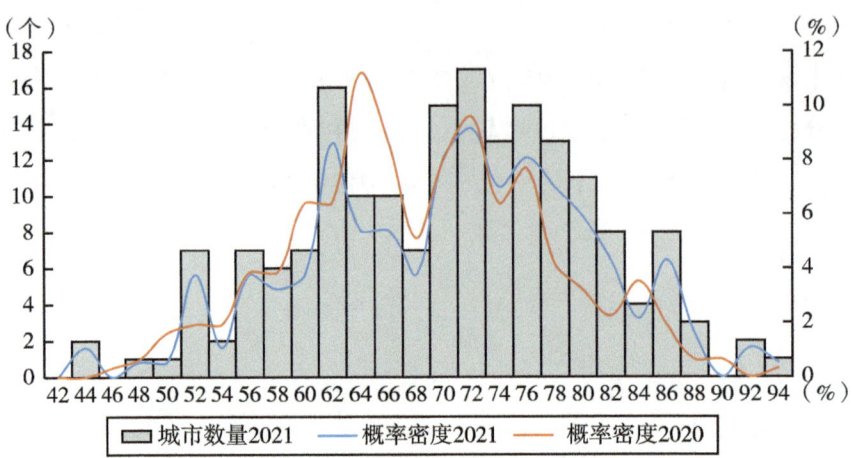

图 3-26　2020 年、2021 年我国城市税收收入/一般公共预算收入的分布直方图及概率密度曲线

表 3-10　2021 年我国税收收入及非税收入占比排名前 10 位的城市

排名	城市	税收收入占比（%）	排名	城市	非税收入占比（%）
1	浙江·杭州市	93.6	1	贵州·黔西南州	57.9
2	浙江·湖州市	91.8	2	西藏·那曲市	57.4
3	浙江·金华市	90.7	3	甘肃·张掖市	53.9
4	江苏·宿迁市	86.8	4	四川·巴中市	51.1
5	江苏·苏州市	86.3	5	安徽·黄山市	50
6	辽宁·本溪市	86.3	6	河北·张家口市	49.9
7	湖北·武汉市	85.6	7	广东·云浮市	49.5
8	陕西·榆林市	85.4	8	甘肃·甘南州	49.3
9	山西·朔州市	85.4	9	四川·广安市	48.9
10	浙江·宁波市	85.2	10	黑龙江·黑河市	48.8

注：由于 2021 年数据观测范围较为有限，此排名仅表现课题组已采集的数据情况。

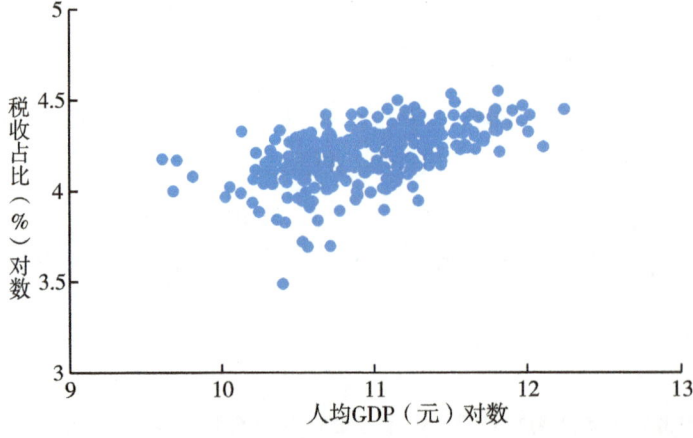

图 3-27　2020 年我国 313 个城市税收占比与人均 GDP 的散点分布图

（五）财政自给率：超半数城市在20%—50%之间，2021年较2020年有所提高

2021年我国52.5%（135个）的城市财政自给率在20%—50%之间，26.8%（69个）的城市在50%—80%之间；2020年50.8%（167个）的城市财政自给率在20%—50%之间，18.2%（60个）的城市在50%—80%之间（见图3-28）。总体来看，2021年我国城市财政自给率相较于2020年稍有提高。2021年我国财政自给率排名前10的城市广东2市、江苏4市、浙江2市，杭州财政自给率均超过100%，苏州、南京、深圳、嘉峪关和乌鲁木齐均超过90%，多个城市财政自给率不足10%（见表3-11）。①

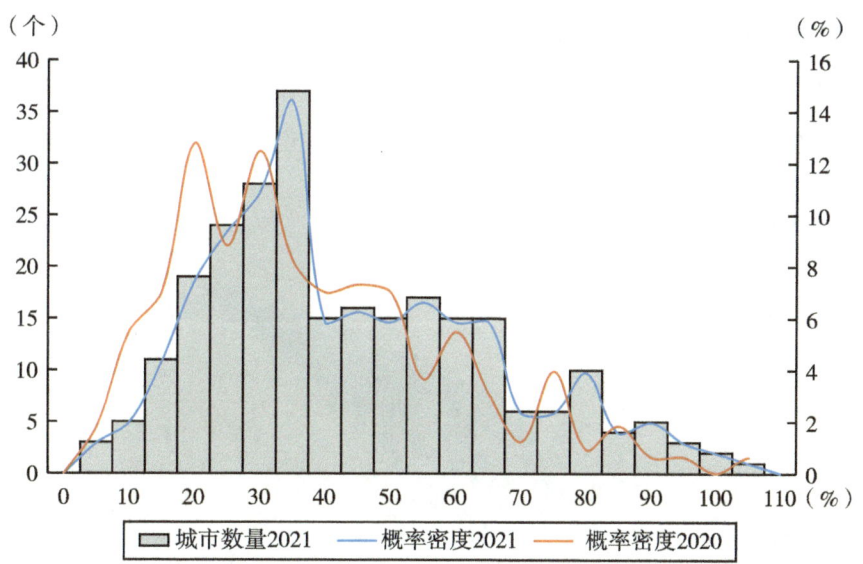

图3-28　2020年、2021年我国城市财政自给率的分布直方图及概率密度曲线

表3-11　2021年我国财政自给率排名前10位和后10位的城市

排名	城市	财政自给率（%）	排名	城市	财政自给率（%）
1	浙江·杭州市	103.7	248	西藏·山南市	10.9
2	江苏·苏州市	97.1	249	四川·阿坝州	10.2

---

① 共获取329个城市的2020年及257个城市的2021年财政自给率数据。

续表

排名	城市	财政自给率（%）	排名	城市	财政自给率（%）
3	江苏·南京市	95.1	250	甘肃·陇南市	9.8
4	广东·深圳市	93.2	251	黑龙江·伊春市	9.4
5	甘肃·嘉峪关市	90.6	252	新疆·喀什地区	9.1
6	新疆·乌鲁木齐市	90.1	253	宁夏·固原市	6.9
7	江苏·常州市	89.1	254	西藏·日喀则市	5.1
8	浙江·宁波市	88.6	255	甘肃·甘南州	4.1
9	江苏·无锡市	88.4	256	西藏·那曲市	4.0
10	广东·东莞市	88.0	257	青海·果洛州	3.0

从气泡图可以看出，一般公共预算收入与支出水平较高的城市财政自给率一般较高，但一般公共预算收入与支出水平较低的城市财政自给率有高有低（见图3-29）。① 同时，人均GDP越高的城市，财政自给率也较高（见图3-30）。②

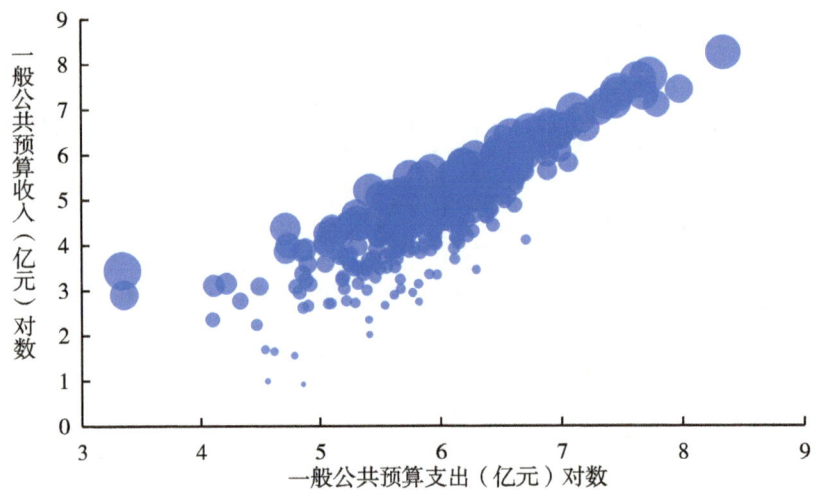

图3-29　2020年我国329个城市一般公共预算收入与一般公共预算支出的气泡分布图

注：气泡大小代表财政自给率的大小，气泡越大，财政自给率越高。

---

① 共获取329个城市的2020年一般公共预算收入与一般公共预算支出数据。
② 共获取324个城市的2020年财政自给率与人均GDP数据。

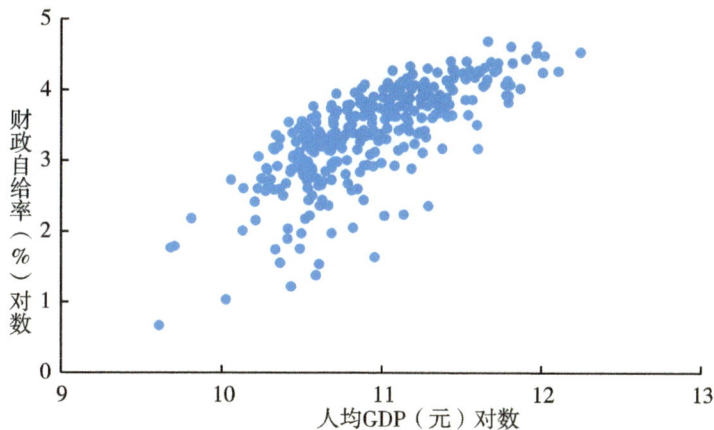

图 3-30　2020 年我国 324 个城市财政自给率与人均 GDP 的散点分布图

四、政府性基金收入分析（2020 年）

（一）政府性基金收入：近半数城市在 100 亿元以内，杭州、广州、南京最高

2020 年我国 48.4%（149 个）的城市政府性基金收入规模在 100 亿元以内，86.7% 的城市在 500 亿元以内，94.5% 的城市在 1 000 亿元以内（见图 3-31）。杭州以 3 690.5 亿元的政府性基金收入规模排名第 1，远高于第 2 的广州（2 507.3 亿元）和第 3 的南京（2 208.4 亿元）。排名前 10 的城市中有 6 个省会和 6 个副省级城市（见表 3-12）。[①]

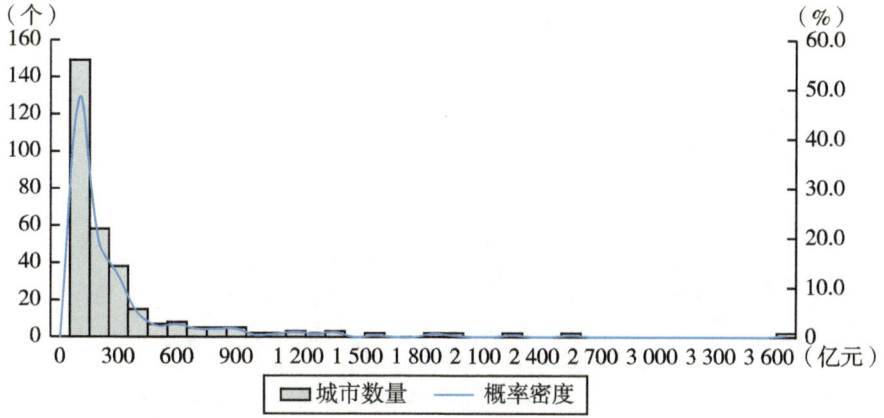

图 3-31　2020 年我国城市政府性基金收入的分布直方图及概率密度曲线

---

① 共获取 308 个城市的 2020 年政府性基金收入数据。

表 3-12　　2020 年我国政府性基金收入排名前 10 位和后 10 位的城市

排名	城市	政府性基金收入（亿元）	排名	城市	政府性基金收入（亿元）
1	浙江·杭州市	3 690.5	186	黑龙江·伊春市	2.7
2	广东·广州市	2 507.3	187	西藏·阿里地区	2.6
3	江苏·南京市	2 208.4	188	甘肃·金昌市	2.3
4	江苏·苏州市	1 971.2	189	黑龙江·鹤岗市	2.1
5	四川·成都市	1 891.4	190	青海·海南州	1.5
6	浙江·宁波市	1 836.8	191	青海·海北州	0.7
7	湖北·武汉市	1 529.0	192	黑龙江·大兴安岭地区	0.5
8	浙江·温州市	1 350.6	193	青海·果洛州	0.5
9	江苏·南通市	1 333.3	194	青海·黄南州	0.5
10	福建·福州市	1 312.0	195	青海·玉树州	0.1

（二）政府性基金收入分化水平：所有省份城市的分化水平均超过 0.3，中位数在 300 亿元以内

2020 年从省域内城市政府性基金收入分化水平和中位数看，所有省份城市的分化水平均超过 0.3，中位数在 300 亿元以内（见图 3-32）。黑龙江、吉林和青海的分化水平较高，但中位数极低；山东的分化水平较低且中位数较高；江苏和浙江的中位数远高于其他省份。

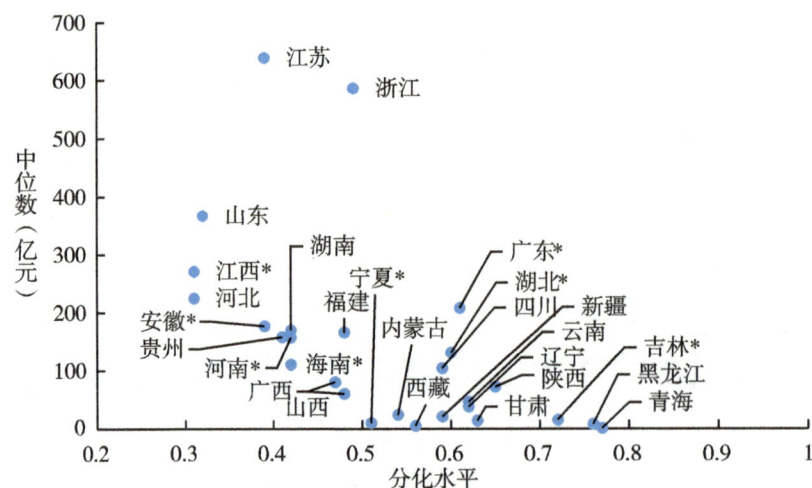

图 3-32　2020 年我国各省城市政府性基金收入分化水平对比

注：带"*"省份未获取全部城市政府性基金收入数据。

（三）土地出让金：超 90% 的城市土地出让金占比在 80% 以上，超 40% 的城市土地出让金高于一般公共预算收入

2020年我国72.3%（206个）的城市土地出让金占政府性基金收入的比重超过90%，93.3%（266个）的城市这一占比在80%以上（见图3-33），土地出让金是政府性基金收入的主要来源。① 同时，有40.6%（116个）的城市土地出让金与一般公共预算收入的比值超过1.0，71%（203个）的城市超过0.5（见图3-34）。②

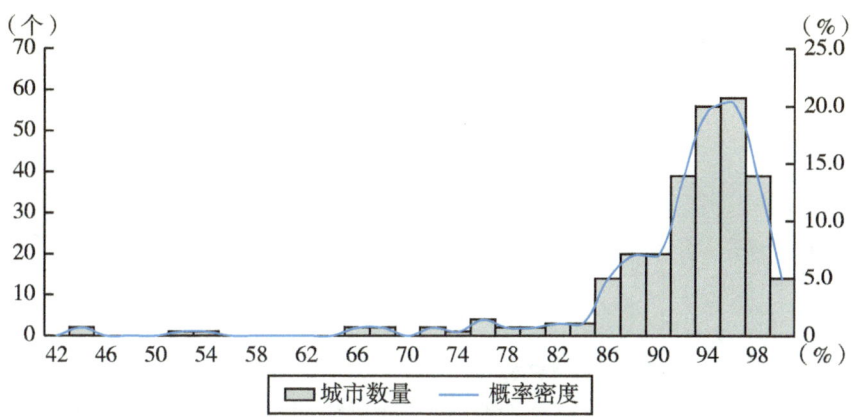

图 3-33　2020 年我国城市土地出让金 / 政府性基金收入的分布直方图及概率密度曲线

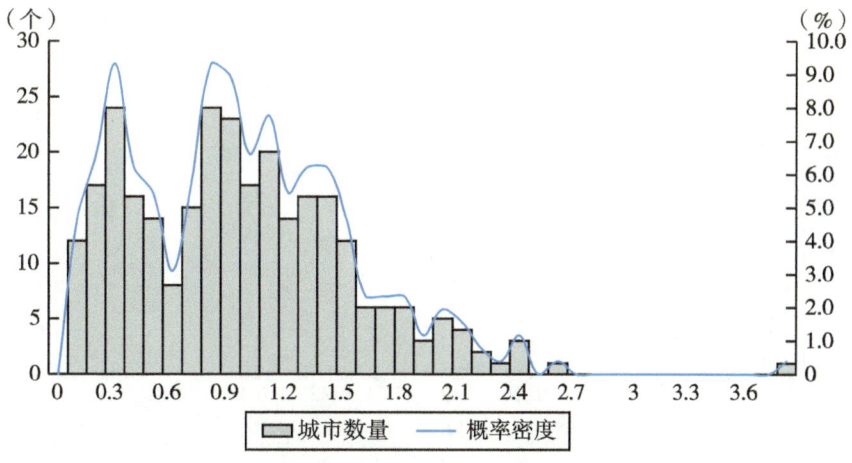

图 3-34　2020 年我国城市土地出让金 / 一般公共预算收入的分布直方图及概率密度曲线

---

① 共获取 285 个城市的 2020 年土地出让金 / 政府性基金收入数据。
② 共获取 286 个城市的 2020 年土地出让金 / 一般公共预算收入数据。

（四）调出资金：17个城市调出比例超过50%，多数城市一般公共预算支出对政府性基金调出资金的依赖度较低

2020年我国42.6%（110个）的城市政府性基金预算中调出资金占政府性基金收入的比重超过20%，17个城市调出比例超过50%（见图3-35）。[①]政府性基金预算收入主要调入一般公共预算，从政府性基金预算中调出资金与一般公共预算支出的比例可看出城市一般公共预算支出对政府性基金预算调出资金的依赖度，仅22.8%（59个）的城市政府性基金预算中调出资金与一般公共预算支出的比值超过0.1，多数城市一般公共预算支出对政府性基金调出资金的依赖度较低（见图3-36）。[②]

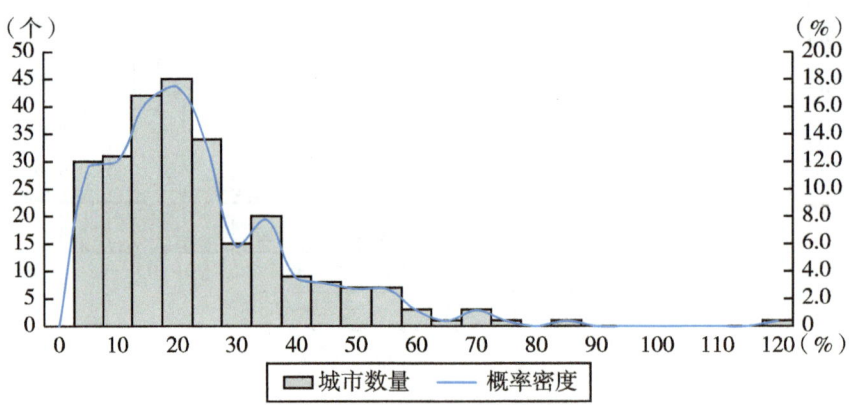

图3-35　2020年我国城市调出资金/政府性基金收入的分布直方图及概率密度曲线

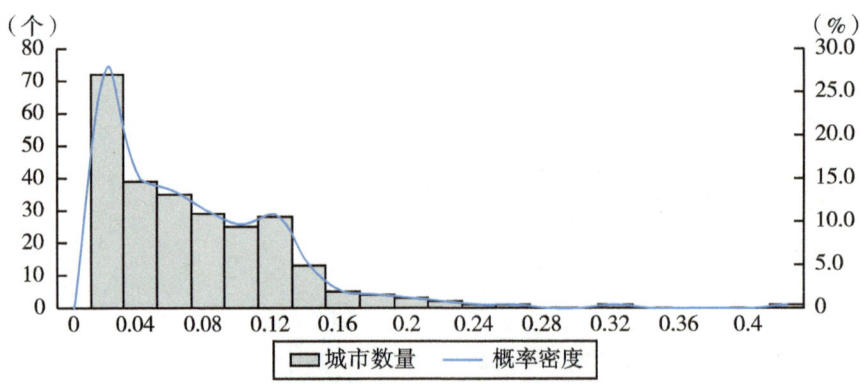

图3-36　2020年我国城市调出资金/一般公共预算支出的分布直方图及概率密度曲线

---

① 共获取258个城市的2020年调出资金/政府性基金收入数据。
② 共获取259个城市的2020年调出资金/一般公共预算支出数据。

五、国有资本经营收入分析（2020 年）

（一）国有资本经营收入：超 70% 的城市不足 5 亿元，宜宾、深圳、杭州最高

2020 年我国 72.2%（220 个）的城市无国有资本经营收入或低于 5 亿元，93%（265 个）的城市不足 20 亿元（见图 3-37）。四川宜宾市以 96.6 亿元的国有资本经营收入规模排名第 1，深圳（96.1 亿元）、广州（80.9 亿元）分列二三位。排名前 10 的城市中有 4 个省会，5 个副省级城市和 1 个计划单列市（见表 3-13）。[①]

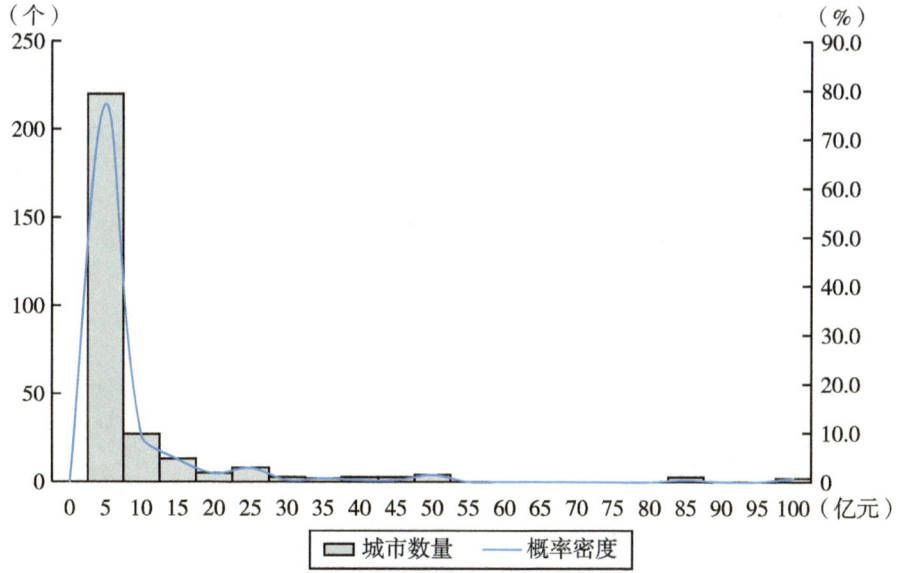

图 3-37　2020 年我国城市国有资本经营收入的分布直方图及概率密度曲线

表 3-13　　　　2020 年我国国有资本经营收入排名
前 10 位和后 10 位的城市

排名	城市	国有资本经营收入（亿元）	排名	城市	国有资本经营收入（亿元）
1	四川·宜宾市	96.6	276	甘肃·临夏州	0
2	广东·深圳市	96.1	277	甘肃·白银市	0

① 共获取 285 个城市的 2020 年国有资本经营收入数据。

续表

排名	城市	国有资本经营收入（亿元）	排名	城市	国有资本经营收入（亿元）
3	广东·广州市	80.9	278	青海·玉树州	0
4	四川·成都市	49.9	279	云南·怒江州	0
5	江苏·镇江市	48.5	280	海南·儋州市	0
6	陕西·榆林市	46.7	281	广西·南宁市	0
7	陕西·西安市	45.3	282	黑龙江·绥化市	0
8	福建·厦门市	44.9	283	新疆·塔城地区	0
9	贵州·贵阳市	38.3	284	新疆·和田地区	0
10	湖南·株洲市	31.6	285	黑龙江·黑河市	0

（二）调出资金：近半数的城市调出比例超过50%

国有资本经营预算收入主要调入一般公共预算和社会保险基金预算。2020年有46.1%（105个）的城市国有资本经营预算中调出资金与国有资本经营收入的比值超过50%，30.7%（70个）的城市在30%以内（见图3-38）。①

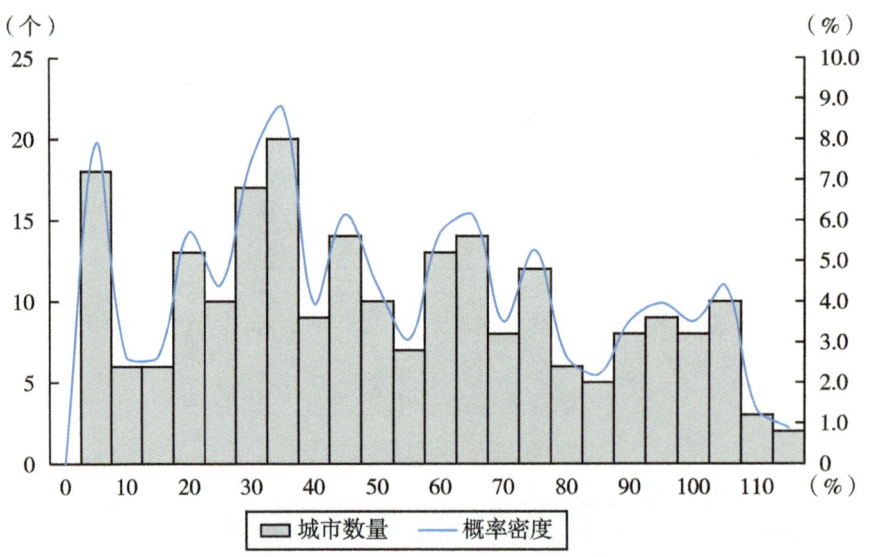

图3-38　2020年我国城市调出资金/国有资本经营收入的
分布直方图及概率密度曲线

---

① 共获取228个城市的2020年调出资金/国有资本经营收入数据。

六、社会保险基金收支分析（2020年）

（一）社会保险基金收支差额：九成城市收支差额集中在 –30 亿至 30 亿元内，收支差额较为集中

2020年在数据可得的289个城市中，80个城市（约27.68%）收不抵支，收不抵支的城市数量较上年有所增加，其中收支缺口超过100亿元的城市也明显增多。209个（72.32%）城市收大于支，其中云南昆明市收支盈余超过100亿元（为142.86亿元）。

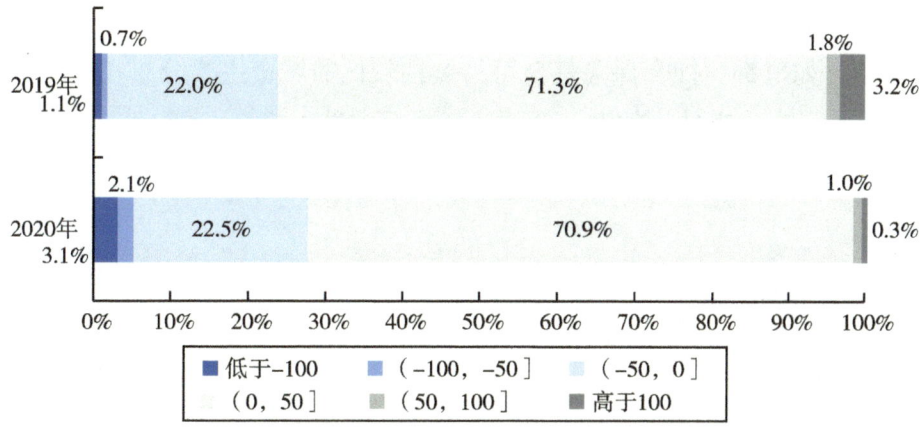

图 3-39　2019 年与 2020 年各城市社会保险基金收支差额分布情况

表 3-14　2020 年社会保险基金收支差额排名前 10 和最后 10 位的城市情况

排名	城市	收支差额（亿元）	排名	城市	收支差额（亿元）
1	云南·昆明市	142.86	280	海南·海口市	-86.98
2	广东·广州市	81.25	281	浙江·台州市	-102.85
3	四川·成都市	76.64	282	江苏·南通市	-109.60
4	广东·汕尾市	60.43	283	内蒙古·鄂尔多斯市	-117.20
5	黑龙江·哈尔滨市	44.36	284	浙江·杭州市	-122.01
6	四川·宜宾市	36.81	285	江苏·南京市	-177.59
7	河北·石家庄市	34.03	286	江苏·无锡市	-200.76
8	山东·聊城市	32.33	287	江苏·苏州市	-240.99
9	河南·南阳市	31.99	288	辽宁·大连市	-277.86
10	广东·深圳市	30.48	289	浙江·宁波市	-1 180.06

（二）滚存结余规模：超六成城市滚存结余不足百亿元，沿海发达地区和省会城市滚存结余情况良好

社会保险基金年末滚存结余越大，意味着社会保险基金预算支出可持续性相对较好。2020年，各城市年末滚存结余的规模分布[①]（见图3-40）上，滚存结余为负数的有4个城市，均隶属辽宁省；滚存结余位于0—100亿元的有140个（约占62.78%）城市；位于100亿—500亿元区间的有71个城市；滚存结余超过500亿元的城市有8个，分别是东莞、广州、深圳、杭州、成都、南京、无锡、济南（见表3-15）。

观察滚存结余数据可以发现，社会保险基金运行可持续性较高的城市主要为两类，一类是沿海发达省份的城市，如广东、江苏、浙江和山东等省份，另一类是省会城市，如成都。社会保险基金可持续性较低的城市主要分布在东北部、西部等地区，如辽宁、吉林、甘肃、西藏、新疆等省份。

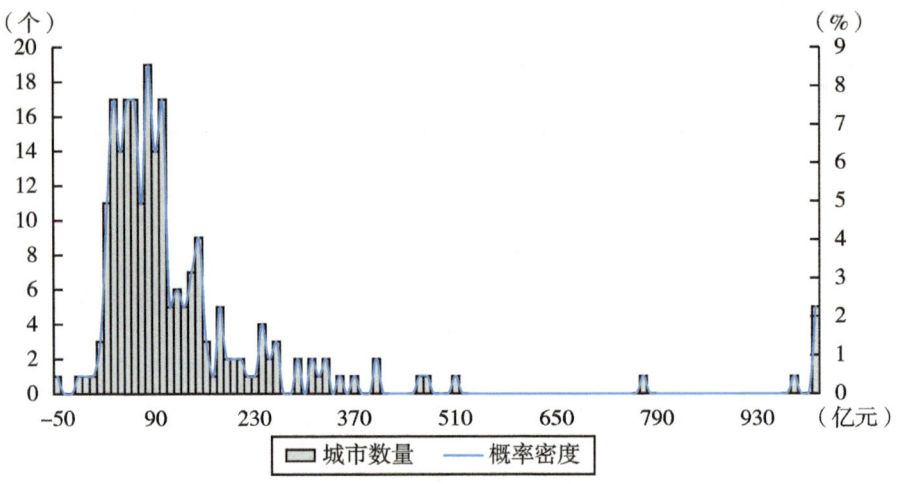

图3-40　2020年我国城市的社会保险基金年末滚存结余分布直方图及概率密度曲线

表3-15　2020年社会保险基金年末滚存结余排名前10和最后10位的城市情况

排名	城市	滚存结余（亿元）	排名	城市	滚存结余（亿元）
1	广东·东莞市	2 319.7	214	吉林·通化市	13.7
2	广东·广州市	1 669.5	215	西藏·林芝市	12.1

---

① 共获取223个城市年末滚存结余数据。

续表

排名	城市	滚存结余（亿元）	排名	城市	滚存结余（亿元）
3	广东·深圳市	1 636.5	216	海南·儋州市	10.2
4	浙江·杭州市	1 212.7	217	甘肃·嘉峪关市	8.4
5	四川·成都市	1 148.1	218	青海·海北州	7.8
6	江苏·南京市	977.0	219	甘肃·金昌市	6.6
7	江苏·无锡市	769.1	220	辽宁·辽阳市	-8.2
8	山东·济南市	500.1	221	辽宁·锦州市	-16.2
9	陕西·西安市	460.4	222	辽宁·阜新市	-29.5
10	浙江·金华市	458.6	223	辽宁·本溪市	-50.1

（三）滚存结余可持续时间：广州东莞领跑全国，辽宁4市可持续时间为负数

滚存结余可持续时间用于衡量社会保险基金的可持续时间，其计算公式为：

$$滚存结余可持续时间 = \frac{社会保险基金滚存结余规模}{当年社会保险支出规模} \times 12$$

2020年，在数据可查的223个城市中，有148个城市（约66.37%）可持续时间不超过1年，其中有45个城市可持续时间为0—6个月，有4个城市可持续时间为负数（见图3-41）；有64个城市可持续时间为1—2年；8个城市为2—3年；另有3个城市可持续时间超过3年，分别为东莞市、拉萨市、海北州（见表3-16）。

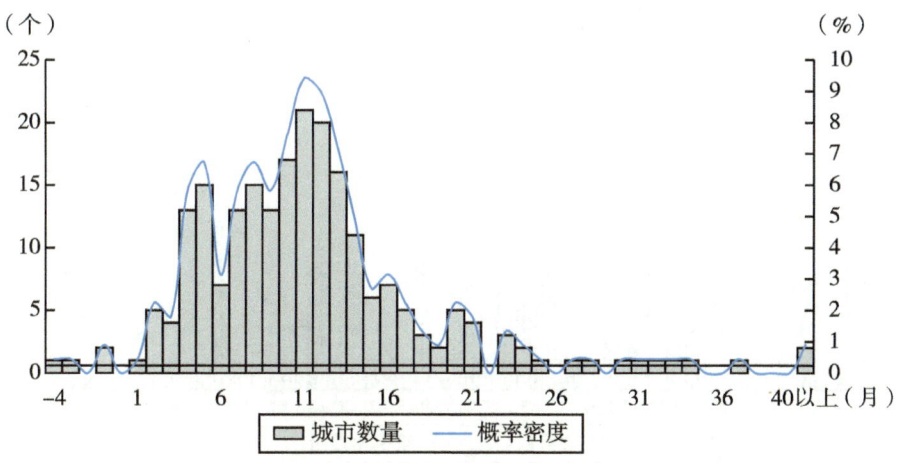

图3-41 2020年我国城市滚存结余可持续时间分布直方图及概率密度曲线

表 3-16　　2020 年滚存结余可持续时间排名前 10 和最后 10 位的城市情况

排名	城市	滚存结余时间（月）	排名	城市	滚存结余时间（月）
1	广东·东莞市	43	214	浙江·衢州市	2
2	西藏·拉萨市	41	215	黑龙江·鸡西市	2
3	青海·海北州	37	216	海南·海口市	2
4	四川·甘孜州	34	217	黑龙江·鹤岗市	2
5	广东·深圳市	33	218	海南·儋州市	2
6	四川·阿坝州	32	219	辽宁·营口市	1
7	青海·西宁市	31	220	辽宁·锦州市	-1
8	四川·宜宾市	30	221	辽宁·辽阳市	-1
9	四川·成都市	28	222	辽宁·阜新市	-3
10	广东·广州市	27	223	辽宁·本溪市	-4

（四）财政补贴依赖度：2020 年大部分城市财政补贴依赖度有所提高，人口净流出程度与财政依赖度呈正相关关系

财政补贴依赖度是指社会保险基金预算对于财政补贴的依赖程度，其计算公式为：

$$滚存结余可持续时间 = \frac{财政补贴收入}{社会保险基金支出} \times 100\%$$

2020年，在数据可查的193个城市中，13个城市财政补贴依赖度低于10%；123个城市的依赖度集中在10%—40%之间；57个城市的依赖度超过了40%，其中有15个城市的依赖度超过了50%，主要分布于四川、河南、贵州、陕西、湖南。与2019年相比，2020年大部分城市财政补贴依赖度有所提高。

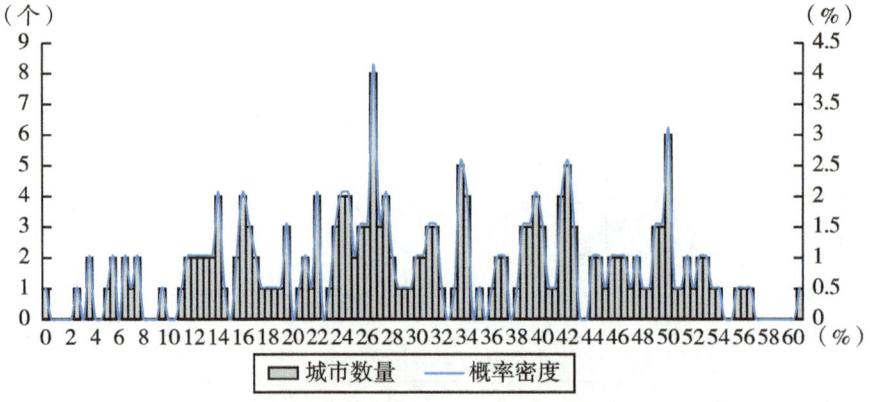

图 3-42　2020 年我国城市的财政补贴依赖度的分布情况

表 3-17　　　　2020 年财政补贴依赖度排名前 10 和
最后 10 位的城市情况

排名	城市	财政补贴依赖度（%）	排名	城市	财政补贴依赖度（%）
1	四川·广安市	60.43	184	黑龙江·鹤岗市	6.91
2	四川·达州市	56.44	185	新疆·乌鲁木齐市	6.37
3	山东·菏泽市	55.69	186	新疆·克拉玛依市	6.30
4	河南·南阳市	55.43	187	浙江·嘉兴市	5.32
5	陕西·安康市	53.99	188	黑龙江·伊春市	5.26
6	贵州·安顺市	53.22	189	海南·三亚市	4.97
7	河南·驻马店市	52.84	190	甘肃·嘉峪关市	3.40
8	河南·商丘市	52.56	191	广东·深圳市	3.07
9	四川·遂宁市	52.30	192	广东·东莞市	2.36
10	山西·运城市	52.28	193	四川·凉山州	0.00

将人口因素纳入考虑中，各城市财政依赖度与人口差之间存在紧密联系。人口差计算公式为：

$$人口差 = 当地常住人口 - 当地户籍人口$$

人口差为负值，代表当地人口净流出；人口差为正值，代表当地人口净流入。在数据可得的 188 个城市中，财政依赖度低于 20% 的城市有 47 个，其中仅 14 个城市人口净流出；财政依赖度位于 20%—30% 的城市有 46 个，其中有 24 个城市人口净流出，财政依赖度位于 30%—40% 的城市有 38 个，其中有 29 个城市人口净流出；财政依赖度位于 40%—50% 的城市有 42 个，其中有 36 个城市人口净流出。可见财政补贴依赖度越高的城市，人口流出情况越突出（见图 3-43）。

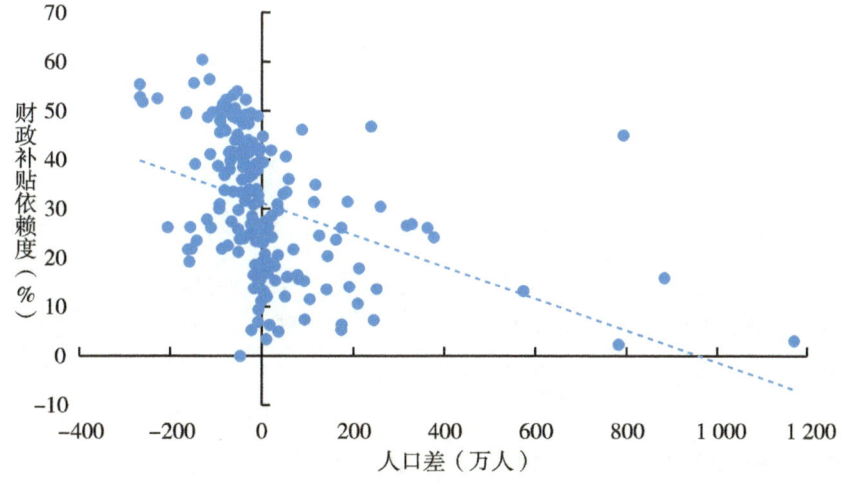

图 3-43　2020 年我国城市的财政补贴依赖度与人口差的散点分布图

七、债务情况分析（2020年）

（一）债务使用情况：超九成城市债务余额占债务限额的比重高于80%

债务使用情况可以用债务余额与债务限额的比重来衡量。2020年，在数据可查的317个城市中，约95.9%的城市债务余额与债务限额的比重达到80%以上，约4.1%的城市该比重位于68%—80%区间（见图3-44、见表3-18）。

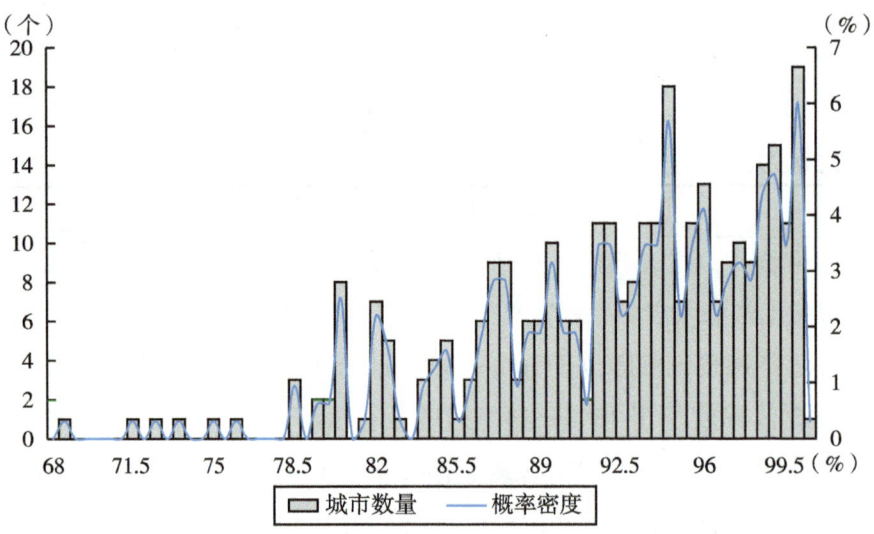

图3-44　2020年我国城市的债务使用情况分布直方图及概率密度曲线

表3-18　　　　2020年债务使用情况排名前10和最后10位的城市情况

排名	城市名	债务使用情况（%）	排名	城市名	债务使用情况（%）
1	湖南·常德市	103.40	308	河南·洛阳市	79.25
2	湖南·长沙市	99.98	309	四川·阿坝州	78.39
3	山西·晋城市	99.97	310	陕西·商洛市	78.18
4	山西·太原市	99.97	311	青海·海西州	78.03
5	湖南·岳阳市	99.91	312	江西·新余市	75.62
6	内蒙古·呼和浩特市	99.88	313	广东·深圳市	74.71

续表

排名	城市名	债务使用情况（%）	排名	城市名	债务使用情况（%）
7	浙江·衢州市	99.85	314	河南·商丘市	73.35
8	浙江·丽水市	99.84	315	青海·海东市	72.27
9	内蒙古·乌海市	99.81	316	河南·平顶山市	71.42
10	山西·阳泉市	99.81	317	青海·海南州	68.50

（二）债务依存度：约九成城市债务依存度位于10%–50%区间

债务依存度可用于衡量财政支出对于债务收入的依赖程度，当债务依存度过高时，表明财政支出过分依赖债务收入，财政状态较为脆弱时，过高的债务水平会对财政可持续性构成潜在威胁。其计算公式为：

$$债务依存度 = \frac{当年地方政府一般债务收入 + 专项债务收入}{当年一般公共预算支出 + 政府性基金预算支出} \times 100\%$$

2020年，在数据可查的318个城市中，仅6个城市债务依存度低于10%，大部分城市（约90.88%）债务依存度位于10%—50%区间，分布相对集中；另有23个城市（约占7.23%，2019年仅为4.3%）债务依存度超过50%，可见部分城市对债务的依赖程度有所提高（见图3-45）。

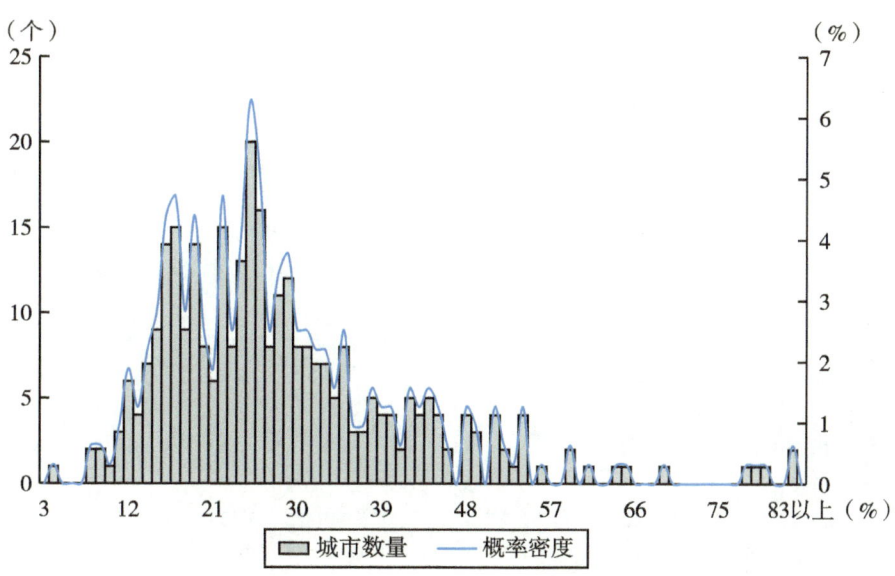

图3-45　2020年我国城市的债务依存度分布直方图及概率密度曲线

分省域来看，债务依存度超过50%的城市分布在贵州、内蒙古、新疆、辽宁等省份内，内蒙古、辽宁、海南、贵州、宁夏、新疆共6省（自治区）中所有城市债务依存度均高于20%，其中海南和贵州两省的所有城市债务依存度皆高于30%（见表3-19）。

表3-19　2020年我国各省（直辖市、自治区）的城市债务依存度情况

债务依存度	≤10%	(10%—20%]	(20%—30%]	(30%—40%]	(40%—50%]	>50%
河北*	0	2	6	1	1	0
山西	0	5	4	2	0	0
内蒙古	0	0	1	2	5	4
辽宁	0	0	3	4	4	3
吉林*	0	2	3	0	0	1
黑龙江	0	2	4	2	3	2
江苏*	2	8	2	0	0	0
浙江	0	3	5	2	1	0
安徽*	0	3	8	3	1	0
福建	0	4	5	0	0	0
江西	0	1	9	1	0	0
山东	0	4	11	1	0	0
河南	0	16	1	0	0	0
湖北	0	8	4	1	0	0
湖南	0	3	7	2	1	1
广东*	2	12	4	2	0	0
广西	0	3	7	4	0	0
海南*	0	0	0	1	1	1
四川	0	3	12	4	1	1
贵州	0	0	0	0	4	5
云南*	0	2	3	6	4	0
西藏*	2	2	1	0	0	0
陕西	0	3	3	4	0	0
甘肃*	0	2	4	5	1	1
青海	0	1	4	3	0	0
宁夏*	0	0	1	0	1	0
新疆	0	0	5	4	1	4

注：带"*"号的省（自治区）未获取全部城市数据。

（三）负债率：八成城市负债率位于10%—30%区间，债务风险总体可控

负债率用于衡量地方经济增长对债务的依赖程度或地方政府债务的总体风险，其计算公式为：

$$负债率 = \frac{地方政府债务余额}{地方GDP} \times 100\%$$

2020年，在可数据可查的256个城市中，15个城市负债率低于10%，216个城市（约84.38%）的负债率位于10%—30%区间，23个城市负债率位于30%—50%区间（见图3-46），此外内蒙古阿拉善盟和辽宁营口的负债率分别为101.7%和52.7%。总的来看，大部分城市债务风险可控。

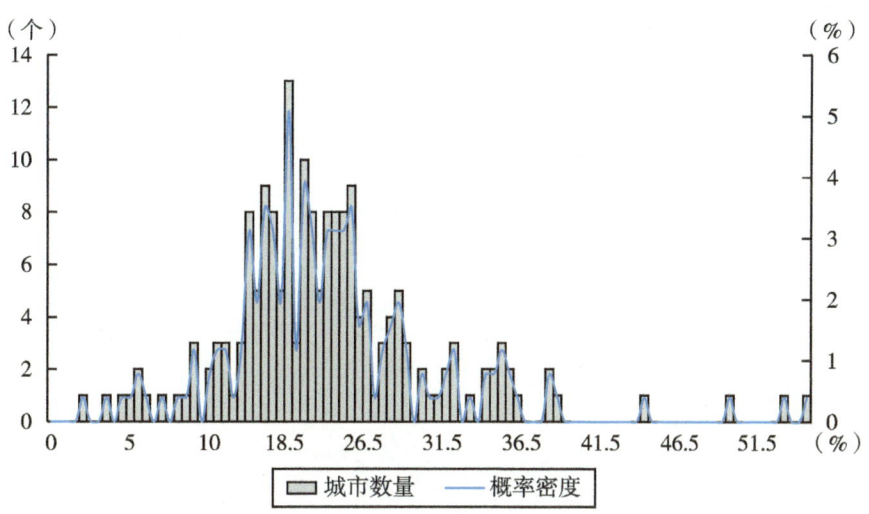

图3-46 2020年我国城市的负债率分布直方图及概率密度曲线

从省域来看，仅江西、西藏、宁夏三省的所有城市负债率均低于20%（见表3-20）。

表3-20　2020年我国各省（直辖市、自治区）的城市负债率分布

负债率	≤10%	(10%—20%]	(20%—30%]	(30%—40%]	(40%—50%]	>50%
河北*	0	4	1	0	0	0
山西*	0	6	1	0	0	0

续表

负债率	≤10%	(10%—20%]	(20%—30%]	(30%—40%]	(40%—50%]	>50%
内蒙古	0	2	5	4	0	1
辽宁	0	6	4	3	0	1
吉林*	0	0	2	2	0	0
黑龙江	1	7	3	2	0	0
江苏*	0	9	0	0	1	0
浙江*	0	1	1	0	0	0
安徽*	0	4	3	0	0	0
福建*	0	2	5	1	0	0
江西*	0	1	0	0	0	0
山东	0	6	9	1	0	0
河南*	0	11	5	0	0	0
湖北*	0	3	2	0	0	0
湖南*	1	8	3	0	0	0
广东*	1	10	2	0	0	0
广西	0	12	2	0	0	0
海南*	0	1	2	0	0	0
四川*	3	1	15	1	0	0
贵州*	0	0	5	3	0	0
云南	0	6	8	1	1	0
西藏*	4	0	0	0	0	0
陕西	0	8	2	0	0	0
甘肃*	1	9	3	0	0	0
青海	3	4	1	0	0	0
宁夏*	1	0	0	0	0	0
新疆	0	4	7	3	0	0

注：带"*"号的省（自治区）未获取全部城市数据。

第二节 136个样本县财政情况及分析

县级行政区，是行政地位与县相同的行政区的总称，为三级行政区，包括市辖区、县级市、县、自治县、旗、自治旗、特区、林区，由直辖市、地级行政区管辖或由省级行政区（仅限于省、自治区）直接管辖。截至2020年底，我国县级区划数共2 844个，其中市辖区973个（较2019年增加8个），县级市388个（较2019年增加1个），县1 312个（较2019年减少11个），自治县117个（与去年持平）[①]。本书分别从全国各省（直辖市、自治区）选取5%的县级区划作为样本[②]，共计136个。

本节将从一般公共预算收入与支出、政府性基金预算收入、债务情况三个方面对136个样本县的财政情况进行比较分析。因各样本县的数据可获得性不同，所以各指标所覆盖的城市范围也略有差异。

一、一般公共预算收支分析（2020年）

（一）一般公共预算收入：长三角样市县继续领跑，样市县人均一般公共预算收入规模有所提升，约七成样市县收入实现正增长

2020年，在数据可得的136个样本县中，超九成（94.85%）样本县一般公共预算收入规模不足百亿元，且大部分不足40亿元，其中10亿元以下的样本县多位于西部和东北地区，如西藏、青海、辽宁、内蒙古等；共7个样本县突破百亿元大关，除北京海淀区以外，其余6县均为长三角样本县；上海浦东新区以1 077亿元居于榜首，与收入规模最小的西藏萨迦县（0.6亿元）相差千倍。总的来说，大部分样本县一般公共预算收入规模偏低，沿海地区样本县成绩较好，样本县的区域分化特征较为明显。

考虑人口因素影响，人均一般公共预算收入指标[③]上，74.19%的样本县人均一般公共预算收入低于5 000元；16.94%的样本县收入规模在5 000—10 000元区间内，这一比重较去年有所在增加（去年为12.62%）；人均一般公共预算收入在10 000元以上的样本县有20个，较去年有所增加，其中除了位于长三角、京津冀等地区外，还包含了辽宁、西藏、内蒙古三地，浙江滨江区以36 117元位居第一，内蒙古准格尔旗超越江苏昆山市位居第二，江苏昆山市紧随其后，两地人均一般

---

① 数据来源于《中国统计年鉴2020》《中国统计年鉴2021》。
② 为简化描述，下文将其统称为"样本县"。
③ 共获取124个样本县人均一般公共预算收入规模的数据。

公共预算收入均高于20 000元。(见图3-47、图3-48)

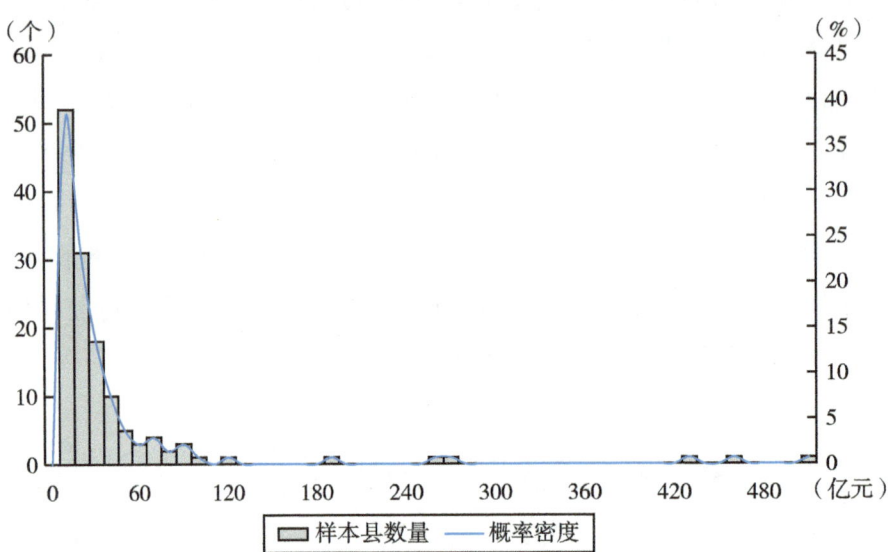

图3-47 2020年样本县一般公共预算收入规模分布直方图及概率密度曲线

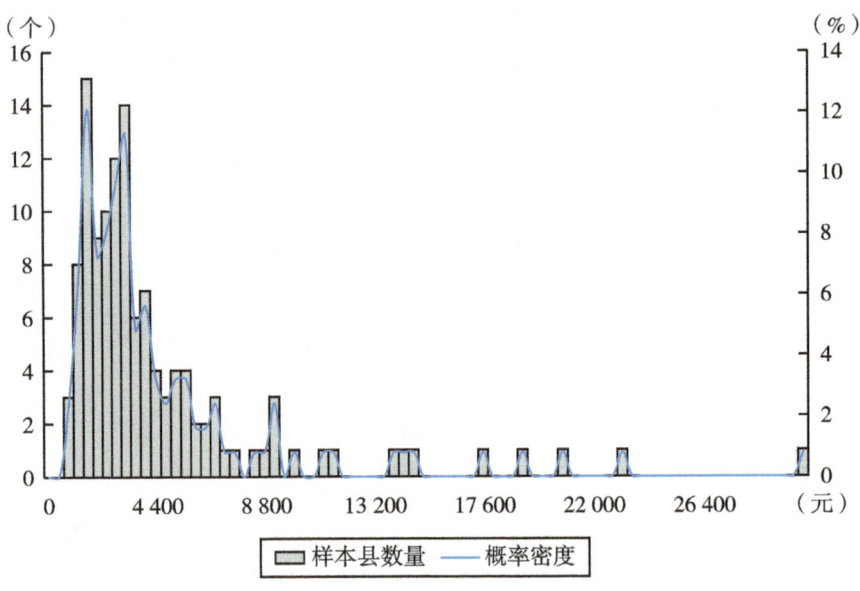

图3-48 2020年样本县人均一般公共预算收入规模分布直方图及概率密度曲线

增速方面[①]，2020年约七成(69.17%)样本县一般公共预算收入实现正增长，该比重较去年有所降低(2019年为80.74%)，其中西藏察隅县增速最高，约为

---

① 共获取133个样本县一般公共预算收入增速的数据。

97.6%，这主要是因为2019年察隅县一般公共预算收入规模垫底，因此2020年增长明显；另有41个样本县在2020年内负增长，其中增速最低的三个样本县分别为湖北保康县（-45.5%），山西平遥县（-40.9%），西藏萨迦县（-37.7%）。（见图3-49、表3-21）

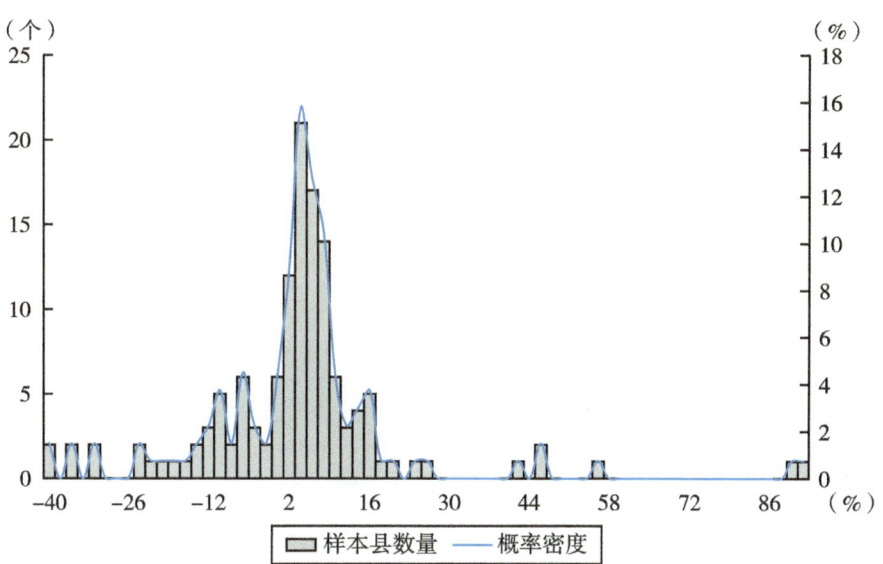

图 3-49　2020 年样本县一般公共预算收入增速分布直方图及概率密度曲线

表 3-21　2020 年各样本县一般公共预算收入规模、增速及人均情况表

样本县	收入规模（亿元）	收入增速（%）	人均收入规模（元）	样本县	收入规模（亿元）	收入增速（%）	人均收入规模（元）
西藏·萨迦县	0.6	-37.7	1 306	福建·丰泽区	16.1	-19.8	2 294
西藏·定日县	0.8	—	1 319	河南·固始县	16.3	5.0	1 574
山西·平顺县	1.2	7.3	1 059	山东·沾化区	16.8	11.5	5 027
陕西·洛川县	1.3	-11.9	623	广西·靖西市	17.0	8.0	3 485
西藏·察隅县	1.4	97.6	4 878	安徽·寿县	17.4	6.7	2 071
甘肃·临夏县	2.2	54.8	685	江西·西湖区	17.4	-6.6	3 592
内蒙古·武川县	2.5	0.0	2 635	湖南·邵东市	17.8	—	—
福建·松溪县	2.7	0.2	2 100	湖北·夷陵区	18.0	-25.3	3 215
黑龙江·克山县	2.8	25.1	1 081	贵州·清镇市	18.6	4.3	2 953
甘肃·崇信县	2.8	-2.3	3 403	云南·红塔区	18.7	3.4	3 176

续表

样本县	收入规模（亿元）	收入增速（%）	人均收入规模（元）	样本县	收入规模（亿元）	收入增速（%）	人均收入规模（元）
广西·隆安县	3.0	2.4	909	河南·邓州市	18.8	4.3	1 505
辽宁·西丰县	3.2	7.0	1 426	重庆·忠县	19.2	3.0	2 668
吉林·抚松县	3.4	-4.3	—	云南·弥勒市	19.4	2.2	3 615
广西·凭祥市	3.4	-24.0	2 633	河南·西工区	19.5	7.6	5 282
内蒙古·阿巴嘎旗	3.5	88.3	9 195	黑龙江·南岗区	19.9	-9.0	1 428
甘肃·庆城县	3.7	-13.1	1 594	四川·宣汉县	20.5	2.5	2 152
四川·盐亭县	4.0	3.1	1 083	山东·德城区	20.6	1.5	2 961
内蒙古·林西县	4.1	6.0	2 173	湖北·潜江市	21.3	-22.5	2 405
贵州·万山区	4.2	12.9	2 602	新疆·阿克苏市	22.1	6.0	—
山西·右玉县	4.2	-4.2	4 789	云南·文山市	23.2	3.5	3 716
河北·任泽区	4.3	8.6	1 260	陕西·韩城市	23.4	-33.8	6 110
山西·平遥县	4.6	-40.9	1 031	山西·小店区	23.7	-2.7	1 748
甘肃·永登县	4.7	5.0	1 650	山西·高平市	23.7	7.7	5 239
黑龙江·海林市	4.7	-4.0	1 602	山东·莒县	23.9	2.0	2 451
陕西·岐山县	4.8	8.0	1 308	四川·东坡区	24.2	8.7	2 674
辽宁·振安区	4.9	-11.2	2 553	贵州·南明区	25.6	-10.0	2 443
广西·荔浦市	5.0	—	1 503	河北·定州市	25.8	5.6	2 352
吉林·柳河县	5.1	1.4	—	新疆·伊宁市	26.0	10.8	—
湖北·保康县	5.3	-45.5	2 350	云南·楚雄市	26.2	3.0	4 154
安徽·祁门县	5.6	6.3	3 816	福建·同安区	26.3	2.3	3 057
四川·康定市	5.6	23.0	4 434	河南·渑池县	27.0	-6.6	8 707
湖南·华容县	5.8	-6.8	—	湖北·大冶市	27.0	-37.2	3 103
湖北·房县	5.9	-20.7	1 587	广东·惠东县	29.3	-7.7	2 878
广东·武江区	5.9	-13.3	1 589	新疆·伊州区	30.7	2.0	—
四川·苍溪县	6.4	5.4	1 253	河北·新华区	31.3	7.9	3 903
辽宁·北镇市	6.5	10.7	1 546	江西·高安市	31.6	3.9	4 244
河北·卢龙县	6.6	12.2	1 963	天津·和平区	32.0	-14.6	9 025
青海·大通县	6.7	45.2	—	贵州·云岩区	33.1	-1.9	3 128
安徽·太湖县	7.0	15.1	1 631	辽宁·海城市	34.2	5.1	3 203
吉林·长岭县	7.1	45.9	—	山东·滨城区	36.0	3.1	5 721

续表

样本县	收入规模（亿元）	收入增速（%）	人均收入规模（元）	样本县	收入规模（亿元）	收入增速（%）	人均收入规模（元）
辽宁·朝阳县	7.1	15.5	1 764	云南·大理市	37.5	0.0	4 867
宁夏·青铜峡市	7.4	2.1	3 025	陕西·雁塔区	37.9	-17.6	3 149
四川·大英县	8.2	16.0	2 118	江西·贵溪市	39.2	4.8	7 248
广东·饶平县	8.4	1.2	1 027	新疆·天山区	43.3	-15.0	6 480
山西·昔阳县	8.5	13.3	4 455	江苏·邳州市	43.9	2.4	3 002
内蒙古·海拉尔区	8.8	0.8	2 409	江苏·仪征市	48.0	8.7	9 013
云南·宜良县	8.8	2.6	2 289	山东·青州市	48.1	-1.7	5 003
河南·鲁山县	9.1	12.1	1 156	安徽·肥东县	48.7	6.3	5 508
浙江·龙泉市	9.2	-6.3	3 684	福建·平潭县	54.6	20.0	14 001
青海·城中区	9.2	7.6	—	湖南·岳麓区	55.0	40.1	3 602
河北·枣强县	9.3	10.0	2 541	河南·济源市	58.4	2.3	8 009
四川·会理县	9.4	5.9	2 402	陕西·榆阳区	60.3	15.7	6 231
湖南·衡阳县	10.1	0.7	1 132	山东·临淄区	64.0	-11.1	9 866
西藏·堆龙德庆区	10.5	-13.0	11 491	广东·白云区	64.8	3.9	1 730
广东·佛冈县	10.6	6.3	3 355	重庆·渝北区	67.1	-11.4	3 060
新疆·和田市	10.7	5.0	—	浙江·越城区	72.7	-7.7	7 126
安徽·东至县	11.3	8.2	2 839	四川·龙泉驿区	75.0	5.2	5 572
河南·民权县	11.3	4.0	1 519	河南·新郑市	82.6	2.7	5 637
广西·西乡塘区	11.7	-0.4	714	内蒙古·准格尔旗	82.7	0.1	23 024
江西·湘东区	12.8	3.7	4 211	辽宁·浑南区	89.3	7.9	11 184
河北·玉田县	13.2	8.4	1 992	湖南·浏阳市	93.4	16.5	6 539
湖南·攸县	14.2	3.3	—	浙江·慈溪市	118.6	5.0	6 482
江西·瑞金市	14.5	3.8	2 368	浙江·滨江区	182.8	4.1	36 117
广西·柳江区	14.6	15.7	2 907	江苏·张家港市	250.3	1.3	17 476
山东·博山区	14.8	-33.7	3 605	江苏·江宁区	264.4	-0.5	13 725
广东·江海区	15.3	5.3	4 193	江苏·昆山市	428.0	5.1	20 452
四川·叙州区	15.7	-8.8	1 675	北京·海淀区	453.9	1.7	14 491
海南·琼海市	16.1	7.2	3 030	上海·浦东新区	1 077.0	0.5	18 941

一般公共预算收入占GDP的比重可在一定程度上反映地方政府提供公共产品和服务可动用的自有财力水平。2020年样本县一般公共预算收入占GDP的比重[①]分布较为集中，90.91%的样本县该比重低于10%，11个样本县的比重在10%—20%区间，仅广东白云区的比重超过20%（为27.3%）。（见图3-50）

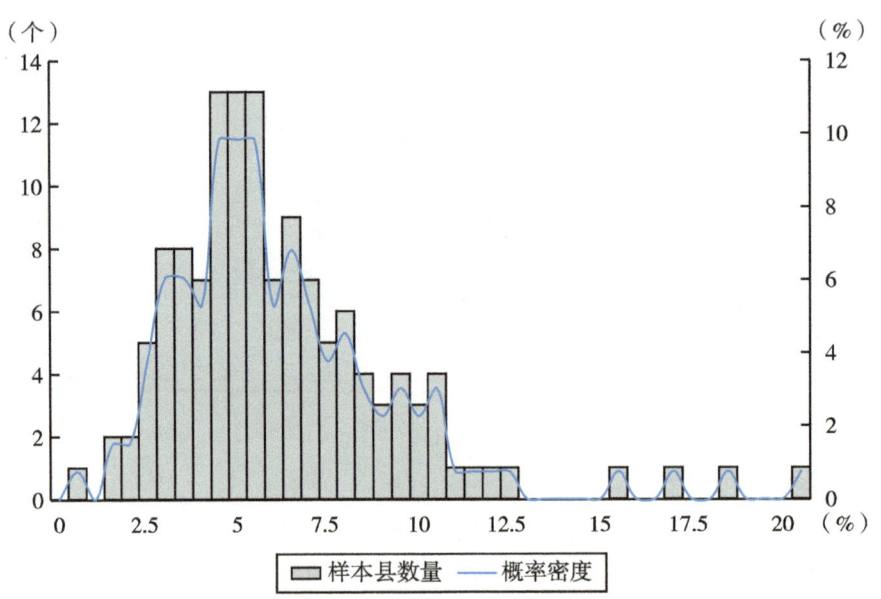

图3-50　2020年样本县一般公共预算收入与GDP比重的分布直方图及概率密度曲线

从数值关系来看，通常GDP越高的样本县，其一般公共预算收入规模也越高。在数据可得的132个样本县中，上海、北京、江苏和杭州的样本县表现突出，上海浦东新区、北京海淀区、江苏昆山市、江苏张家港市、江苏江宁区、浙江慈溪市、浙江滨江区共7县在一般公共预算收入和GDP上都远超其他样本县。人均方面，浙江滨江区以345 000元的人均GDP和36 117元的人均一般公共预算收入领跑其他样本县，紧跟其后的是北京海淀区、上海浦东新区、内蒙古准格尔旗、江苏昆山市、江苏张家港市，该5县无论是人均GDP还是人均一般公共预算收入均排名靠前。（见图3-51、图3-52）

---

① 共获取132个样本县一般公共预算收入占GDP的比重。

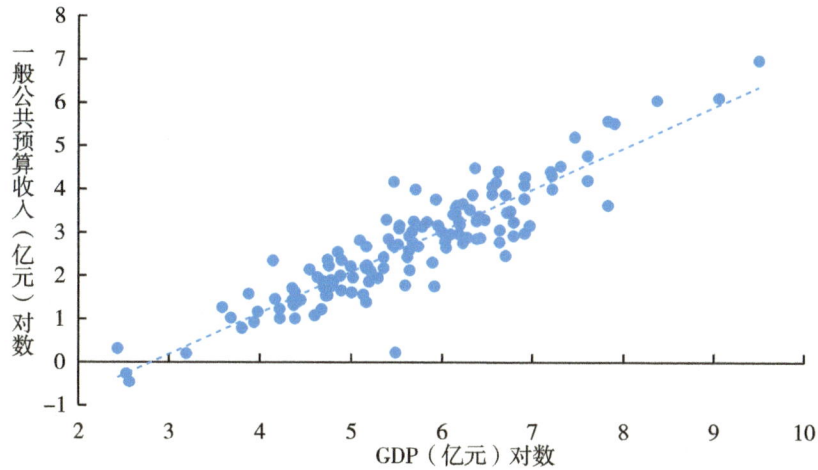

图 3-51　2020 年样本县一般公共预算收入与 GDP 的散点分布图

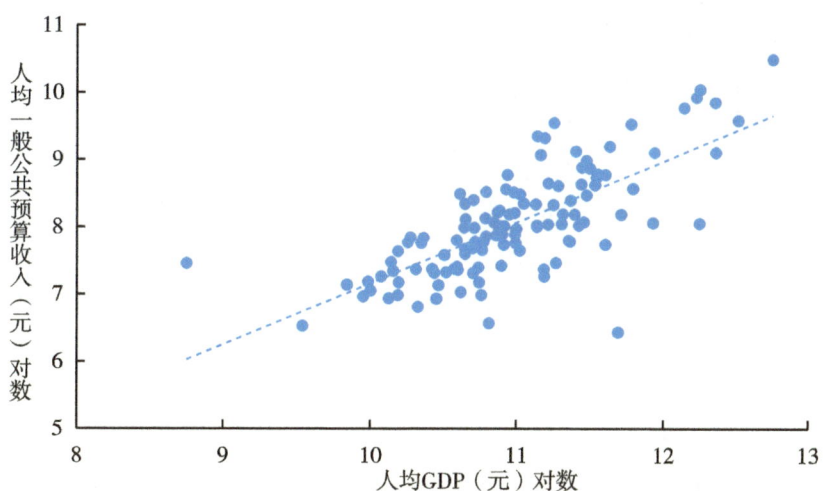

图 3-52　2020 年样本县人均一般公共预算收入与人均 GDP 的散点分布图

（二）一般公共预算支出：九成样市县支出规模未过百亿元，超七成样市县支出正增长，一般公共预算支出规模与样市县 GDP 水平显著正相关

2020年，在数据可得的136个样本县中，约九成（90.44%）样本县支出规模未过百亿；超过百亿元的13个样本县之间存在明显分化，上海浦东新区、北京海淀区与江苏昆山市分别以1 258.7亿元、590.1亿元、365.7亿元的支出规模位居前三，江苏江宁区、江苏张家港市、浙江滨江区支出规模突破两百亿元大关，其余7县支出规模位于100亿—200亿元区间，主要分布于长三角城市群、成渝双城经济圈以及河南、湖南、广东三省。人均方面，约六成（60.48%）样本县人均一般公共预算支出[①]未超1万元，约三成（34.68%）位于1万至3万元区间，剩余6县人均支出规模均大于3万元，分别是西藏察隅县（47 820元）、内蒙古阿巴嘎旗（43 056元）、浙江滨江区（40 319元）、西藏定日县（38 423元）、西藏堆龙德庆区（32 676元）、西藏萨迦县（30 714元）。（见图3-53、图3-54）

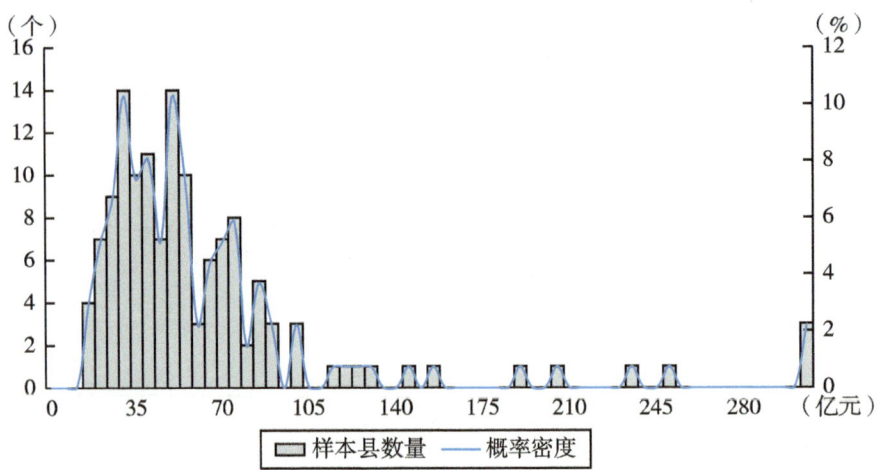

图3-53　2020年样本县一般公共预算支出规模分布直方图及概率密度曲线

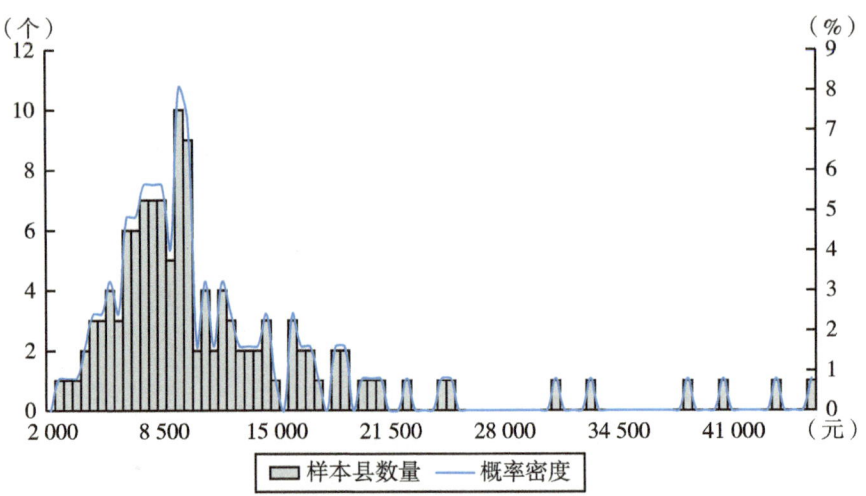

图3-54　2020年样本县人均一般公共预算支出规模分布直方图及概率密度曲线

增速方面，2020年超七成（72.18%）样本县的一般公共预算支出增速[②]为正，

---

① 共获取124个样本县的人均一般公共预算支出规模的数据。
② 共获取133个样本县一般公共预算支出增速的数据。

其中浙江滨江区和山东德城区的支出增速最高，分别为64.9%和41.9%；另有27.82%的样本县支出规模呈负增长态势。（见图3-55）

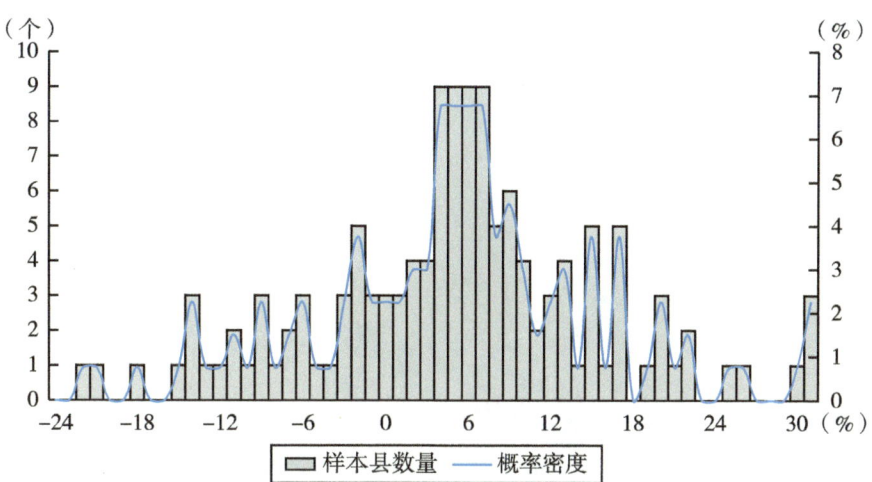

图3-55　2020年样本县一般公共预算支出增速分布直方图及概率密度曲线

政府一般公共预算支出与GDP的比重反映了一般公共预算支出对GDP的贡献度，体现了地方经济对地方政府支出的依赖程度。2020年，92.42%的样本县一般公共预算支出与GDP的比重[①]低于50%，共4县该比重超过100%，分布在欠发达地区西藏（3县）和甘肃（1县）。（见图3-56）

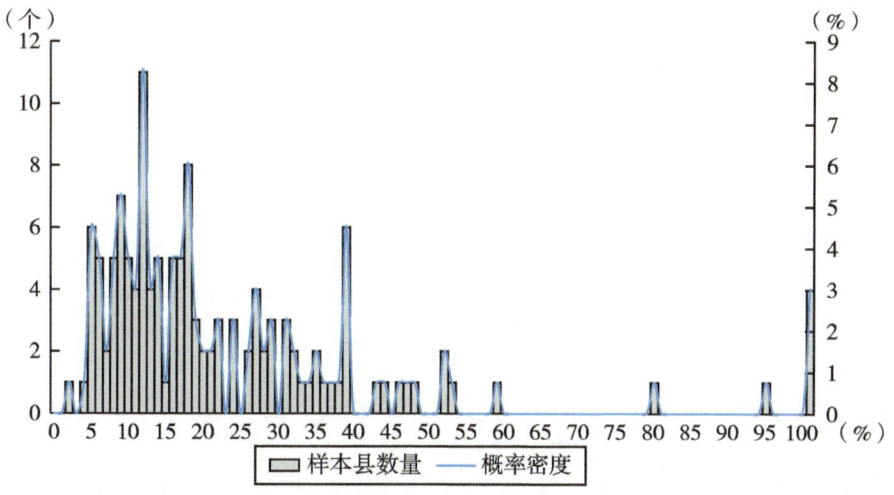

图3-56　2020年样本县一般公共预算支出与GDP比重的
分布直方图及概率密度曲线

---

① 共获取132个样本县的一般公共预算支出与GDP的比重数据。

2020年，在数据可得的132个样本县中，一般公共预算支出与GDP之间显著正相关。2020年GDP水平较高的上海浦东新区、北京海淀区、江苏昆山市、江苏张家港市等县，其一般公共预算支出规模也较高。（见图3-57、图3-58）

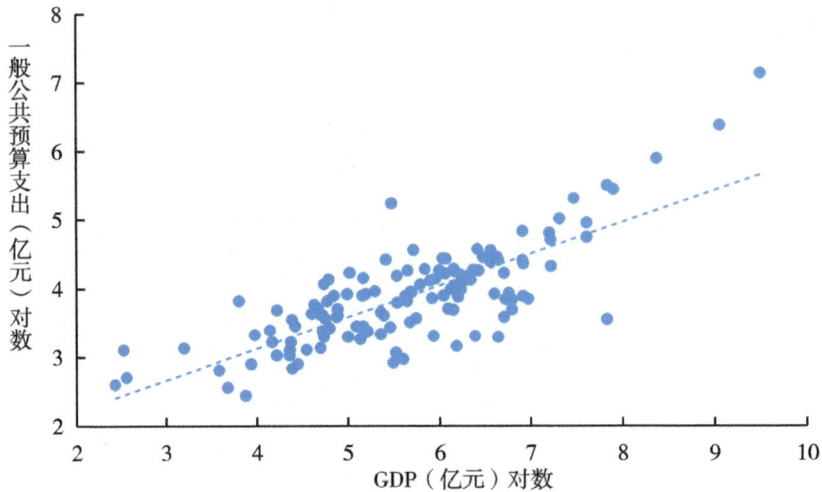

图3-57　2020年样本县一般公共预算支出与GDP的散点分布图

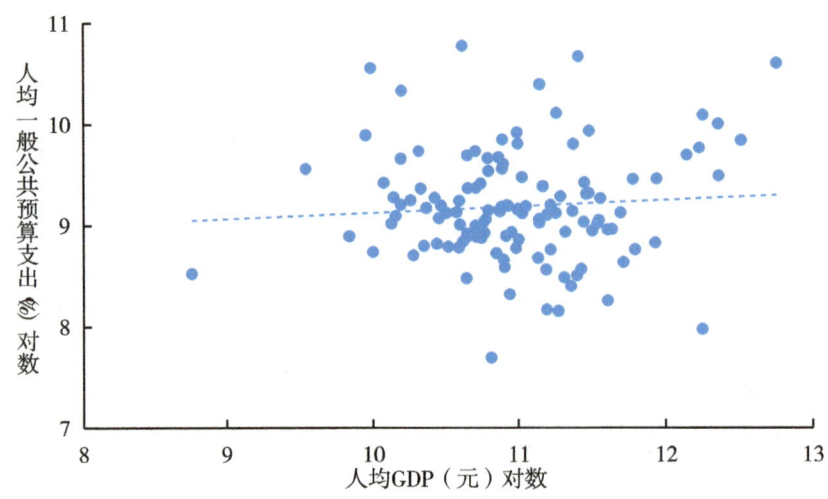

图3-58　2020年样本县人均一般公共预算支出与人均GDP的散点分布图

（三）税收占比与非税收占比：样本县税收收入占比普遍下降

2020年，数据可得的134个样本县税收收入占一般公共预算收入的比重集中于25%—95%区间内，税收占比普遍下降；22个样本县（10.45%）税收收入占比不足50%，占比不足50%的样本县数量明显比去年增加；仅有8个样本县税收收入占比超过90%，占比超过90%的样本县数量较去年减少，新疆天山区、上海浦东新区以94.7%的税收占比并列第一。（见图3-59、图3-60）

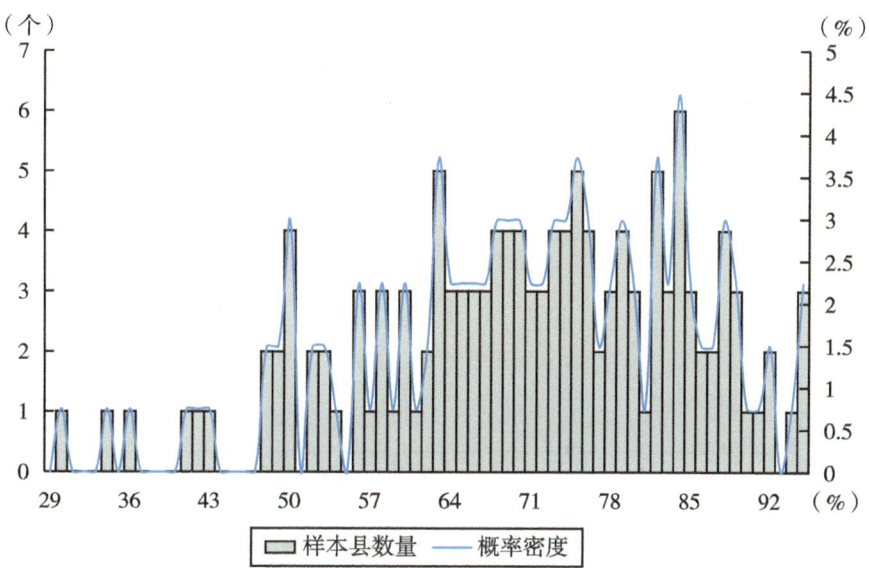

图3-59　2020年样本县税收占比分布直方图及概率密度曲线

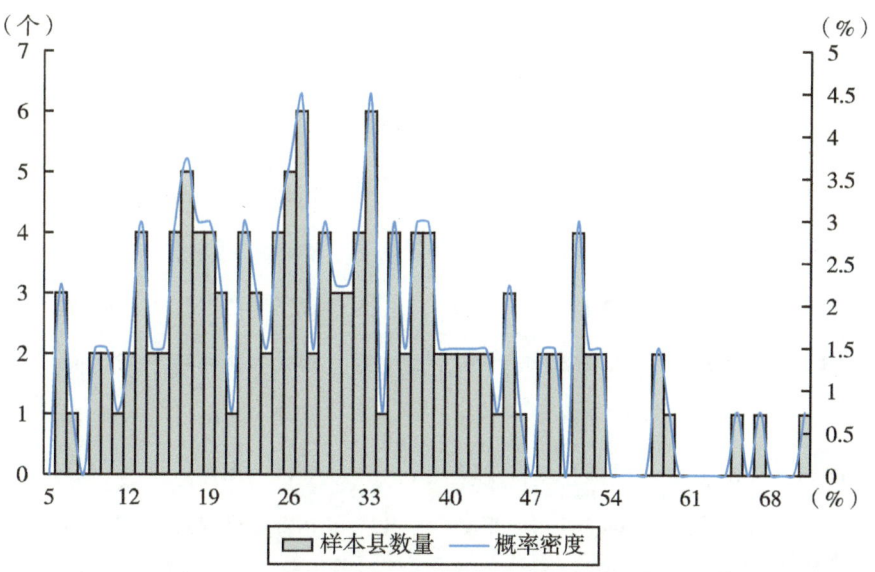

图3-60　2020年样本县非税占比分布直方图及概率密度曲线

2020年，在数据可得的122个样本县中，各样本县间税收占比和人均GDP差距较大。人均GDP排名靠前的样本县，税收占比普遍高于80%，浙江滨江区、上海浦东新区、陕西雁塔区的税收占比甚至超过90%；但在人均GDP排名靠后的样本县中，税收比重差异较大，例如排名靠后的吉林长岭县人均GDP达到24 036元，但是税收占比仅为33.9%，人均GDP排名更低的广东白云区的税收占比却达到了67.2%。（见图3-61、表3-22）

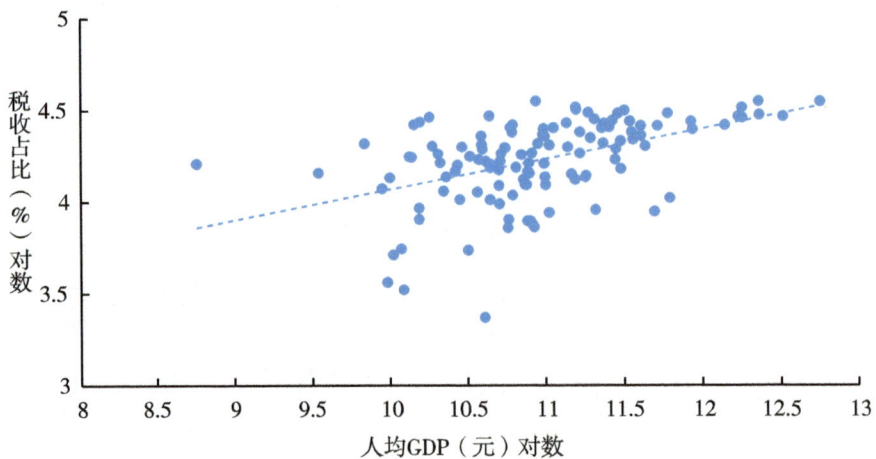

图3-61　2020年样本县税收占比与人均GDP的散点分布图

表3-22　　　　2020年人均GDP排名前10和最后10位的样本县税收占比情况

排名	样本县	人均GDP（元）	税收占比（%）	排名	样本县	人均GDP（元）	税收占比（%）
1	浙江·滨江区	345 000	94.4	113	山西·平遥县	24 939	69.9
2	北京·海淀区	271 538	87.2	114	吉林·长岭县	24 036	33.9
3	天津·和平区	233 428	87.9	115	辽宁·西丰县	23 680	42.3
4	上海·浦东新区	232 272	94.7	116	吉林·柳河县	22 485	41.0
5	内蒙古·准格尔旗	209 338	86.6	117	河南·鲁山县	22 018	62.3
6	陕西·雁塔区	208 879	91.5	118	西藏·定日县	21 660	35.3
7	江苏·昆山市	204 365	87.2	119	山西·平顺县	20 961	58.7
8	江苏·张家港市	187 572	83.1	120	河北·任泽区	18 772	75.1
9	江苏·仪征市	152 660	81.2	121	甘肃·临夏县	13 908	63.9
10	云南·红塔区	151 208	84.8	122	广东·白云区	6 326	67.2

（四）财政自给率：财政自给率排名靠前的样市县主要分布于沿海地区

财政自给率[①]是一般公共预算收入与一般公共预算支出的比重，2020年94个样本县（69.12%）的财政自给率不足50%；35县财政自给率介于50%—100%之间；7县财政自给率超过100%，财政自给率较高的样本县主要分布于长三角地区和山东省。（见图3-62）

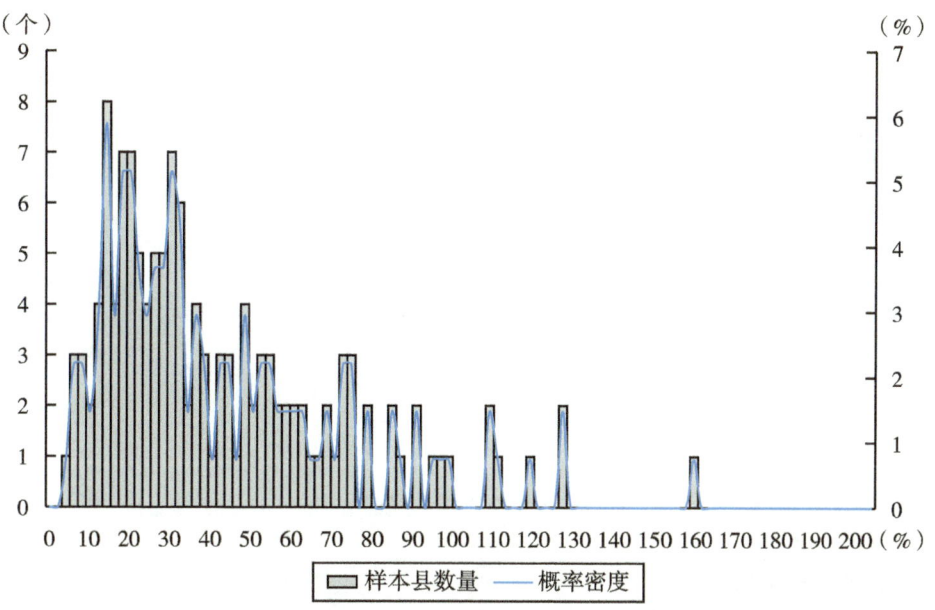

图3-62　2020年样本县财政自给率分布直方图及概率密度曲线

财政自给率与人均GDP之间存在一定关联，通常情况下，人均GDP越高，财政自给率水平就越高，但由于人均GDP受GDP规模和人口因素的影响，因此人口因素可能会削弱财政自给率与人均GDP的正相关性，导致样本县之间的分化加大，如在数据可得的124个样本县中，人均GDP排名前10的样本县中，长三角地区、京津冀等发达地区财政自给率均高于70%，甚至超过100%，而云南红塔区，虽然人均GDP较高，但是财政自给率却低于50%。（见图3-63、表3-23）

---

① 共获取136个样本县的财政自给率数据。

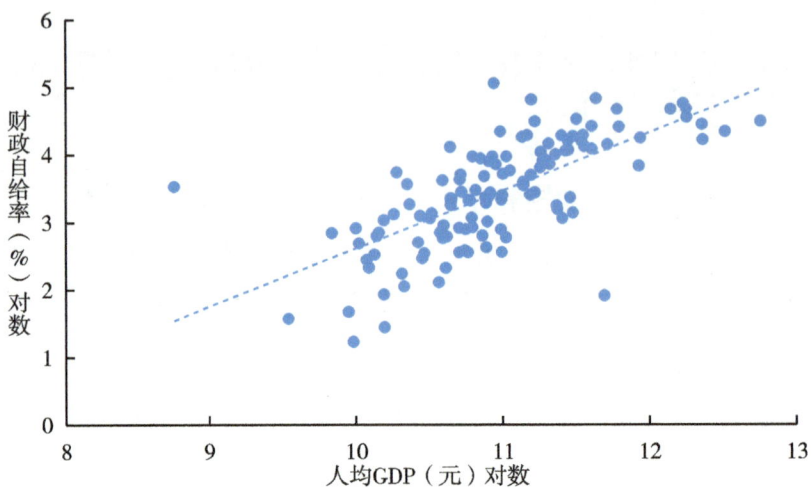

图 3-63 2020 年样本县财政自给率与人均 GDP 的散点分布图

表 3-23　　2020 年人均 GDP 排名前 10 的样本县及其财政自给率情况

地区名	人均 GDP（元）	财政自给率（%）
浙江·滨江区	345 000	89.58
北京·海淀区	271 538	76.91
天津·和平区	233 428	68.24
上海·浦东新区	232 272	85.56
内蒙古·准格尔旗	209 338	95.29
陕西·雁塔区	208 879	108.13
江苏·昆山市	204 365	117.05
江苏·张家港市	187 572	107.29
江苏·仪征市	152 660	70.02
云南·红塔区	151 208	46.31

二、政府性基金收入分析（2020 年）

（一）政府性基金收入：超半数样市县收入低于 10 亿元，排名靠前的样市县收入规模有所提升

2020 年，在数据可得的 134 个样本县中，超半数（52.24%）样本县政府性基

金收入低于10亿元；约35.82%收入规模位于10亿—50亿元；约6.72%位于50亿—100亿元区间；整体来看，政府性基金收入位于10亿—100亿元区间的样本县明显增多。2020年共7县政府性基金收入规模突破百亿元大关，分别是上海浦东新区（618.7亿元）、江苏江宁区（309.7亿元）、北京海淀区（269.2亿元）、江苏昆山市（196.8亿元）、江苏张家港市（168.4亿元）、广东白云区（156.2亿元）以及浙江滨江区（131亿元）。（见图3-64）

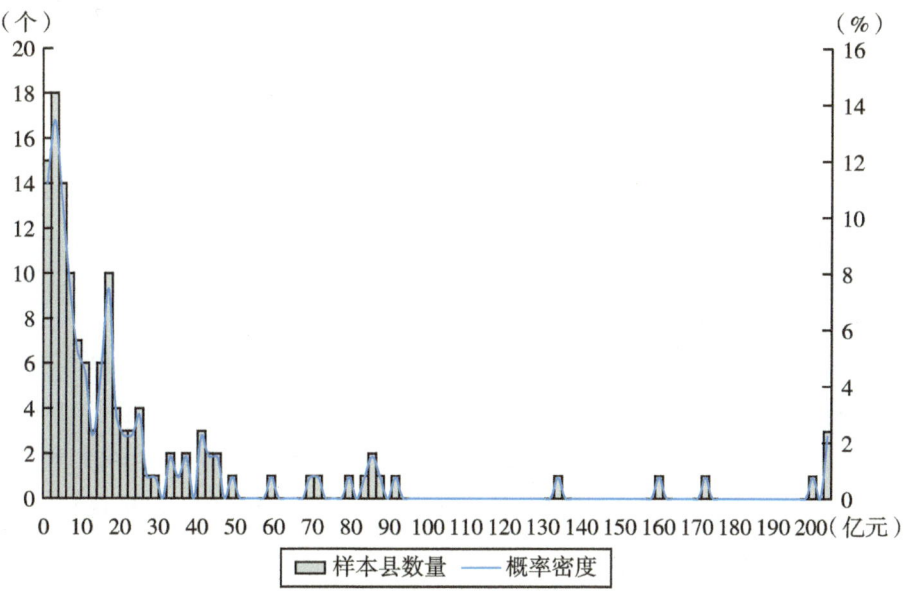

图3-64　2020年样本县政府性基金收入规模分布直方图及概率密度曲线

（二）土地出让金：样市县土地出让金收入占政府性基金收入比重普遍偏高，部分样市县土地出让收入规模远超一般公共预算收入规模

土地出让金收入占政府性基金预算收入的比重，反映了地方政府的基金收入对土地出让金收入的依赖程度。2020年在数据可得的115个样本县中，仅3.48%的样本县土地出让金收入占政府性基金收入的比重低于50%，其中有3县该比重为0，分别是山西小店区、山东滨城区和德城区；有8.7%的样本县土地出让金收入占政府性基金收入比重位于50%—80%区间；有101个（87.83%）样本县土地出让金收入占政府性基金收入比重超过80%，其中有7个样本县该比重为100%，分别是欠发达地区西藏（2县）、青海（1县）、云南（1县），以及北京、陕西、河北各1县。（见图3-65）

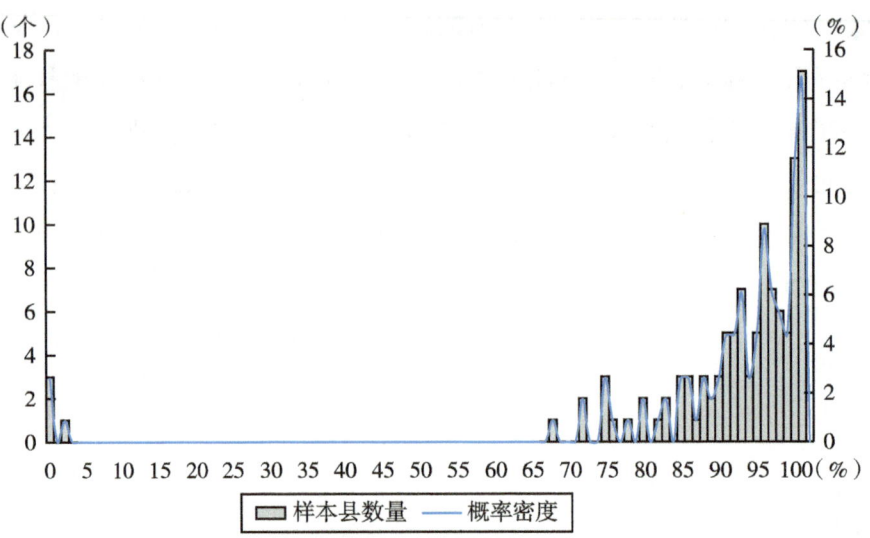

图 3-65　2020 年样本县土地出让金占政府性基金收入比重的
分布直方图及概率密度曲线

土地出让金收入与一般公共预算收入方面，约 66.67% 的样本县土地出让金收入与一般公共预算收入的比值不超过 1；24.6% 的样本县该比值介于 1—2 之间；7.94% 的样本县该比值超过 2，比值超过 2 的样本县数量较去年有所提高；仅 1 县该比值超过 3，为陕西洛川县。可见部分地方政府土地出让收入规模远超一般公共预算收入规模。（见图 3-66）

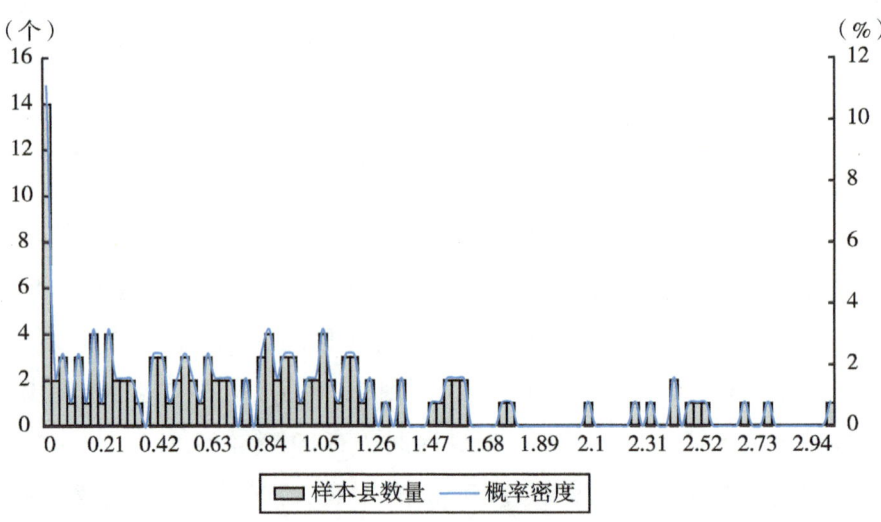

图 3-66　2020 年样本县土地出让金与一般公共预算收入比值的
分布直方图及概率密度曲线

（三）调出资金：约八成样市县调出资金占政府性基金收入的比重低于50%，超七成样市县调出资金与一般公共预算支出的比值低于0.1

政府性基金预算中调出资金[①]是政府性基金预算与一般公共预算相衔接的桥梁，因此调出资金与后两者之间有紧密关系。2020年84.62%的样本县调出资金占政府性基金收入的比重[②]小于50%，11.97%的样本县该比重位于50%—100%区间；有3县该比重介于100%—500%之间；仅山东滨城区该比重高达643.54%。该比重高于100%是因为，本指标中所涉及的政府性基金收入为线上合计数，不包含专项债务转贷收入等线下收入，因此部分样本县调出资金大于政府性基金收入为正常情况，符合预算收支相抵原则。（见图3-67）

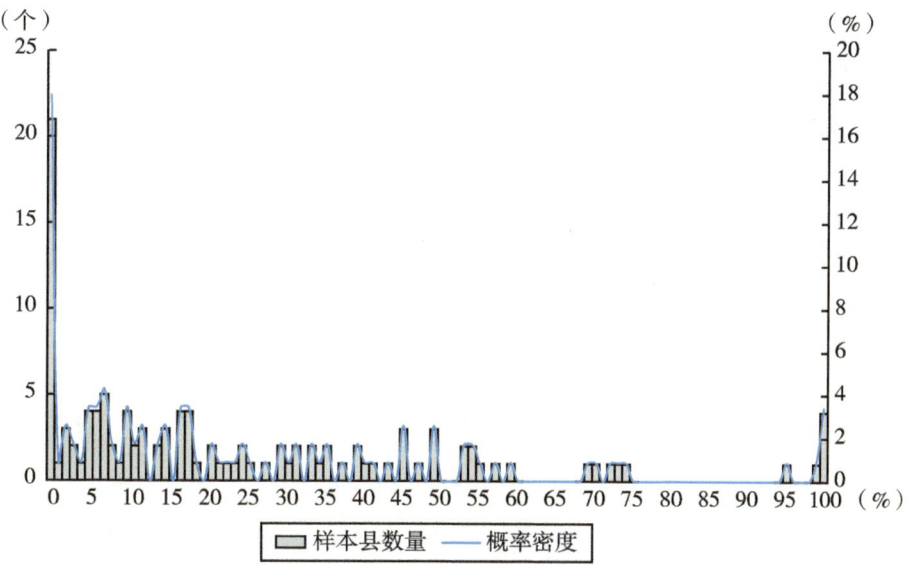

图3-67　2020年样本县调出资金占政府性基金收入比重的分布直方图及概率密度曲线

从政府性基金预算中的调出资金与一般公共预算支出的比值[③]来看，一般情况下，调出资金都是调入一般公共预算，因此调出资金与一般公共预算支出的比值，可以反映一般公共预算支出对调出资金的依赖程度。2020年超七成（75%）样本县该比值低于0.1，约18.75%样本县该比值介于0.1—0.2之间，仅5.47%的样

---

① 为简化描述，本节中将"政府性基金预算中的调出资金"统称为"调出资金"。
② 共获取117个样本县政府性基金调出资金占政府性基金收入的比重数据。
③ 共获取128个样本县政府性基金调出资金与一般公共预算支出的比值数据。

本县该比值介于0.2—0.3之间，另外，广东白云区调出资金与一般公共预算支出比值最高，为0.47。可见在各样本中，调出资金与一般公共预算支出的比值整体偏低。（见图3-68）

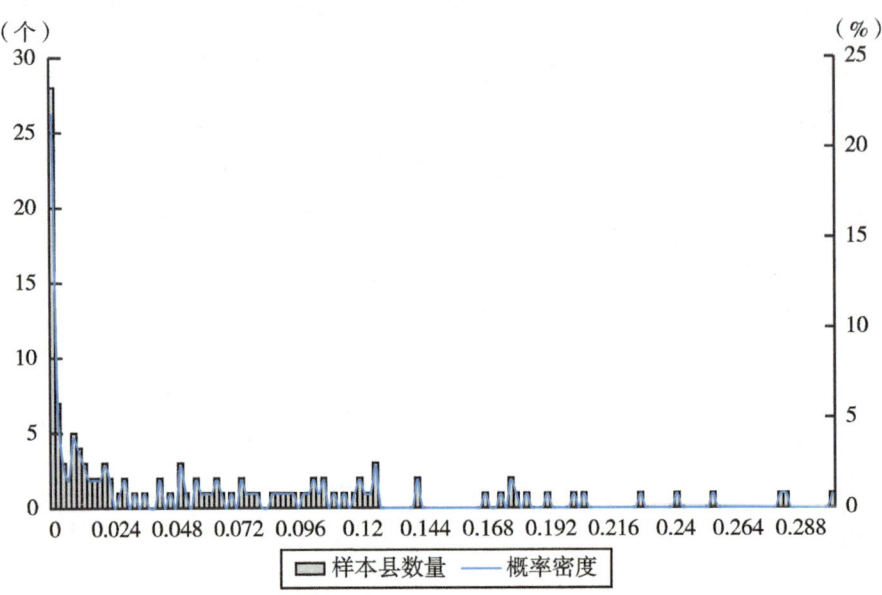

图3-68　2020年样本县调出资金与一般公共预算支出的比值分布直方图及概率密度曲线

三、债务情况分析：债务限额与债务相关指标（2020年）

（一）债务使用情况：约九成样市县债务余额与债务限额的比重高于80%

本书采用债务余额占债务限额的比重来衡量债务限额使用情况。2020年，在数据可查的134个样本县中，2县债务余额占债务限额的比重低于50%，分别为陕西雁塔区（41.67%）、江西湘东区（46.14%）；12县（约占8.96%）的债务余额占债务限额的比重位于50%—80%区间；约九成样本县（120个，89.55%）该比重高于80%，样本县数量较去年有所增加，其中有6县债务余额占债务限额比重达到100%，主要分布于西藏、四川、湖南、天津。（见图3-69）

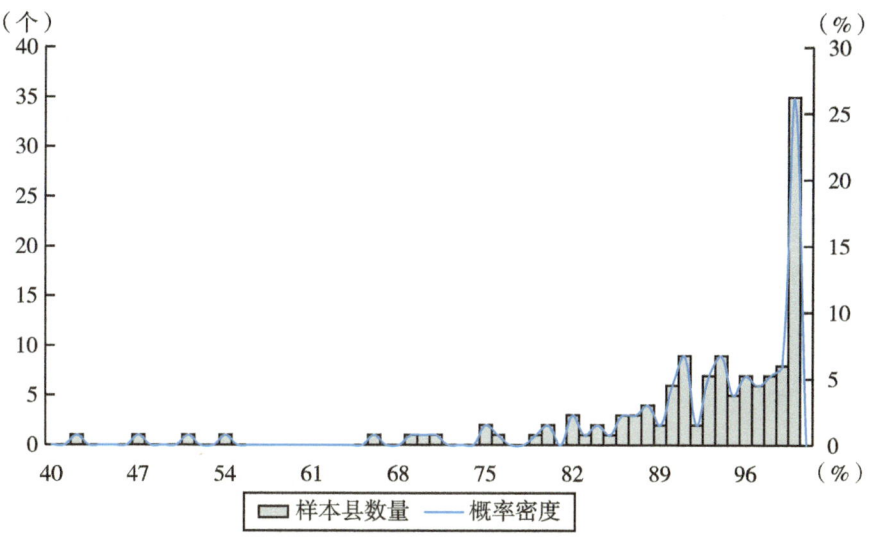

图3-69 2020年样本县债务使用情况的分布直方图及概率密度曲线

（二）债务依存度：所有样市县的债务依存度均低于50%

2020年各样本县债务依存度[①]分布较为集中，多数（97.58%）样本县低于40%，仅3县债务依存度超过40%，分别为山东沾化区（40.9%）、辽宁浑南区（41.4%）、内蒙古海拉尔区（43.4%）。（见图3-70）

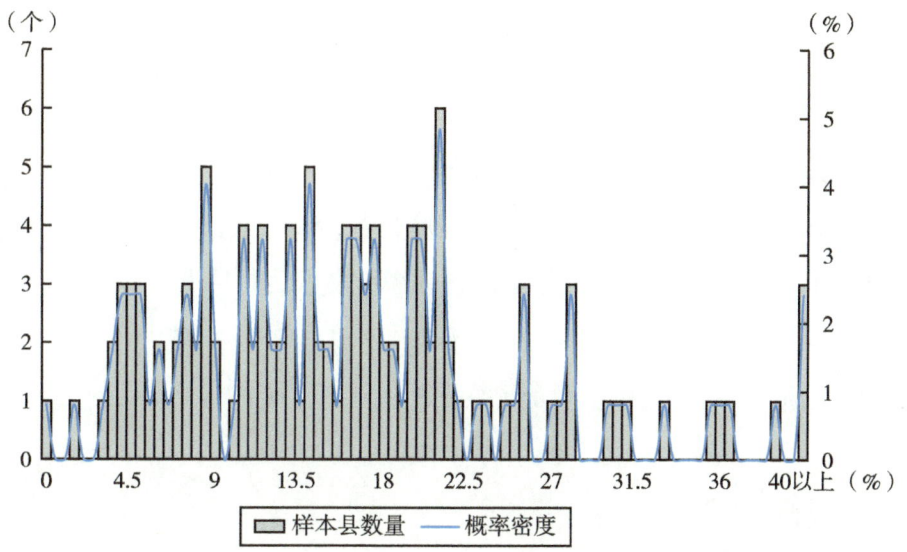

图3-70 2020年样本县债务依存度的分布直方图及概率密度曲线

---

① 共获取124个样本县的债务依存度数据。

（三）负债率：少数县负债率较高

2020年约62.12%样本县负债率[①]低于20%，约34.85%样本县负债率位于20%—50%区间；浙江龙泉市负债率达到53.6%，贵州万山区（66.7%）、辽宁浑南区（62.9%）和福建平潭县（124.2%）三县的负债率依然处于高位，尤其是福建平潭县负债率连续两年突破100%，表明该县债务总体风险较高。（见图3-71）

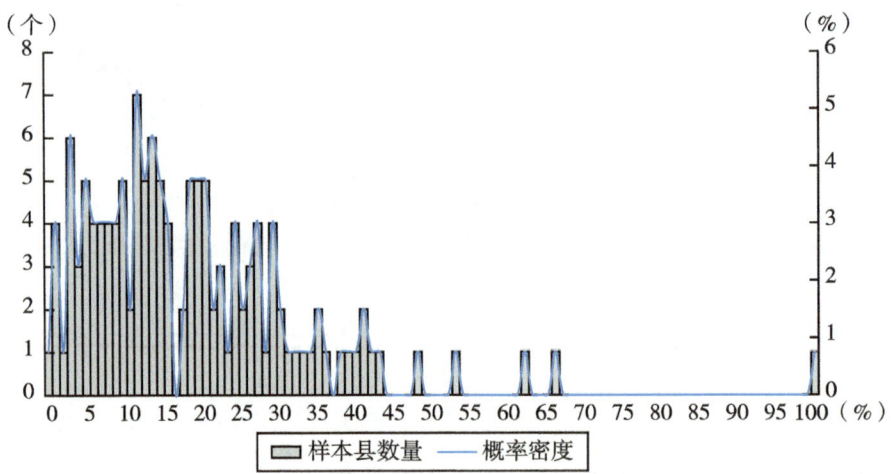

图3-71　2020年样本县负债率分布直方图及概率密度曲线

第三节　不同维度下的财政运行情况

从不同维度横向考察地方财政运行情况，对于评估地区经济发展水平、财政经济质量以及区域间协调发展具有重要参考意义。本节从地区、经济增长水平以及城市群三个角度综合考察2021年全国各地级市财政运行情况。

一、分地区考察财政运行情况

（一）地区划分

根据国家统计局的地区划分标准，东部地区包括北京、天津、河北、上海、

---

① 共获取132个样本县的债务负债率数据。

江苏、浙江、福建、山东、广东和海南10省（市）；中部地区包括山西、安徽、江西、河南、湖北和湖南6省；西部地区包括内蒙古、广西、重庆、四川、贵州、云南、西藏、陕西、甘肃、青海、宁夏和新疆12省（区、市）；东北地区包括辽宁、吉林和黑龙江。

（二）运行情况分析

1. 东部地区财政运行状况较好，中部地区人均财力与税收占比不协调

从人均财力来看，东部地区人均一般公共预算收入水平最高，为18 524.6元，中部地区人均一般公共预算收入水平最低，为12 186.33元，西部和东北地区人均一般公共预算收入分别为16 363.07元和16 139.53元，均高于中部地区，中部地区的人均财力形成了明显的"洼地"。从税收占比来看，东部地区税收收入占一般公共预算收入（总计）的比例最高，为49.92%，其次是中部地区（23.58%），再者为东北地区（18.79%），西部地区最低（17.66%）。（见图7-72）

数据显示，东部地区人均财力最高，财政富裕程度最高，税收占比最高，财政收入质量相对最好；西部地区虽然财政收入质量相对偏低，但经过转移支付的均衡，财政富裕程度并不是最低的；中部地区虽然财政收入质量相对较高，由于自有财力比东部低，获得的转移支付比西部和东北地区少，因此，人均财力在所有地区中最低，人均财力与税收占比不协调。

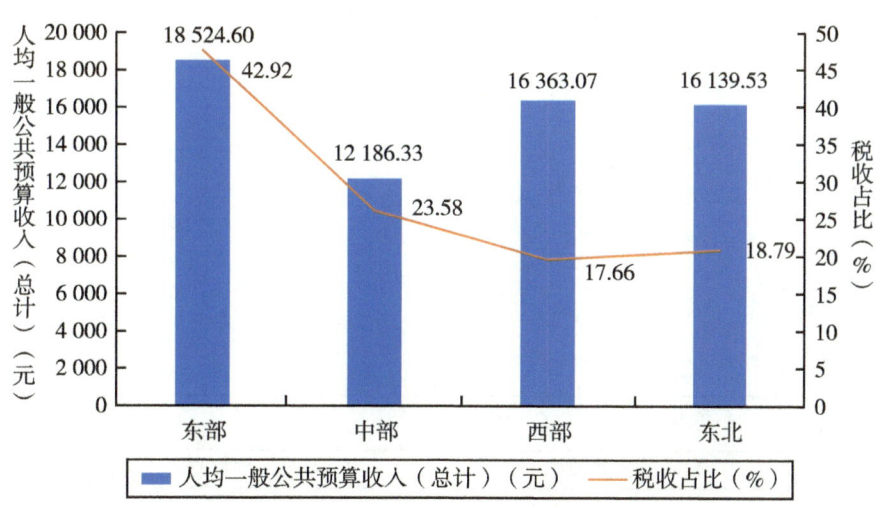

图3-72 分地区人均一般公共预算收入与税收占比

2. 西部和东部人均财力分化程度相对明显，转移性财力缩小人均财力分化的作用比较突出

一般公共预算收入（合计）与一般公共预算收入（总计）又分别称为一般公共预算"线上收入"和"线下收入"。"线上收入"包括税收收入和非税收入，主要是相应层级政府的自有财力。"线下收入"在包含"线上收入"基础上，还包括了转移性收入，如上级补助收入（返还性收入+一般转移支付+专项转移支付）、地方政府一般债务收入、国债转贷收入、上年结余、调入资金，在上述转移性收入中，上级补助收入的占比通常最高。

从两类一般公共预算收入的差异系数来看，东部、中部、西部和东北的一般公共预算（合计）的差异系数分别为0.36、0.27、0.38和0.32，一般公共预算（总计）的差异系数分别为0.23、0.13、0.26和0.15，转移性收入使得四个地区的差异系数分别下降了0.13、0.14、0.12和0.17。因此，从转移性收入的均衡效应来看，东北地区最大，中部其次。（见图3-73）

从差异系数的横向比较来看，由于四个地区的转移性收入虽然存在显著的均衡效应，但并没有改变四个地区之间的横向比较关系，西部地区各城市之间人均一般公共预算收入（合计）、人均一般公共预算收入（总计）的差异系数最高，其次是东部地区，随后是东北地区，中部地区各城市之间的差异系数最小。

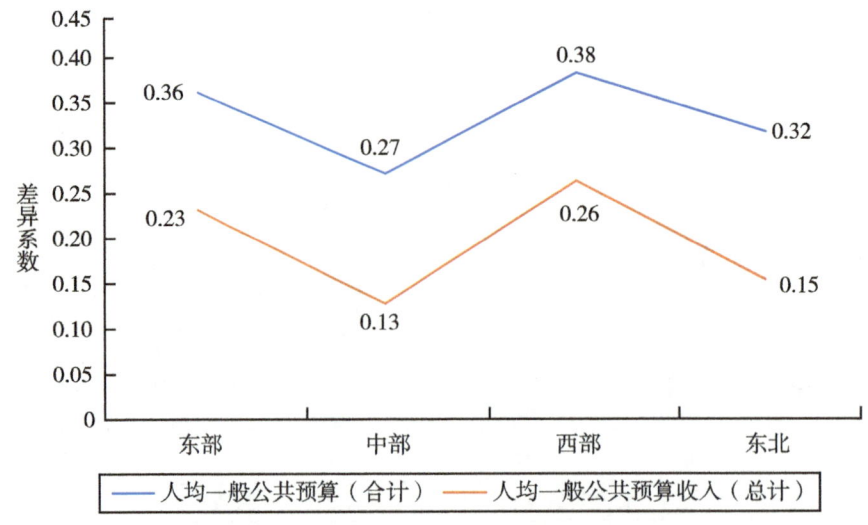

图3-73　分地区一般公共预算差异系数

3. 东部地区财政收支规模大且财政自给率高，东北地区财政收支规模最小而西部地区财政自给率最低

财政收支取对数后显示，东部地区人均收支规模最大，且财政自给率最高（66.57%），财政自给率最高，西部地区一般公共预算收入规模虽小于中部地区，但一般公共预算支出规模却大于中部地区，这也导致西部地区财政自给率（29.57%）低于中部地区的财政自给率（38.96%）。另外，受限于地区规模相对较小、地级市数量相对较少，东北地区一般公共预算收支规模最小，但财政自给率（34.13%）仅略低于中部地区，高于西部地区财政自给率。（见图3-74）

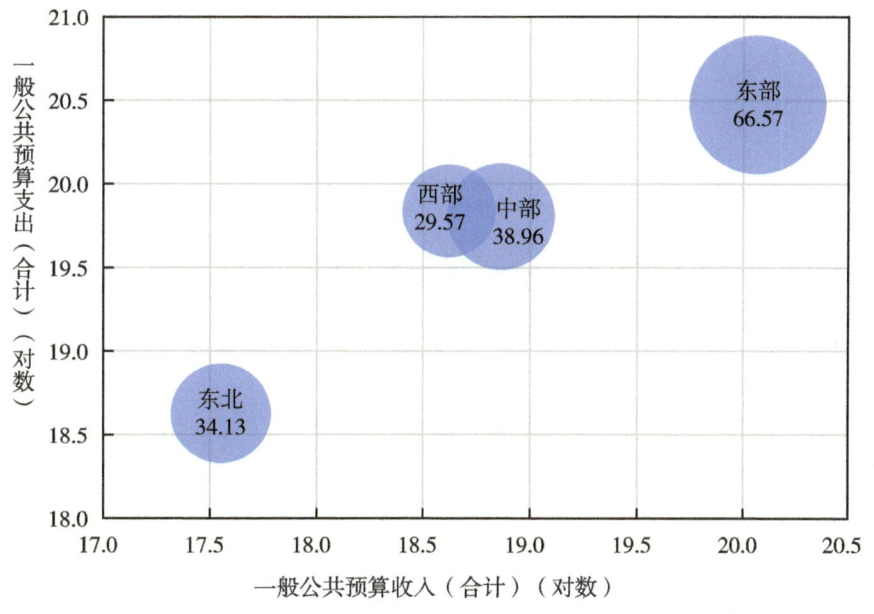

图3-74 分地区财政自给率（%）

4. 东部地区政府性基金收入和土地出让收入规模大且后者占比高，西部和东北地区土地出让收入占比相当

从土地出让收入和政府性基金收入规模来看，东部地区最大，西部地区次之，且略高于中部地区，东北地区规模最小。从土地出让收入占政府性基金收入的比重来看，东部地区最高（61.01%），中部地区次之（55.34%），西部地区与东北地区相等（47.86%）且低于中部地区。（见图3-75）

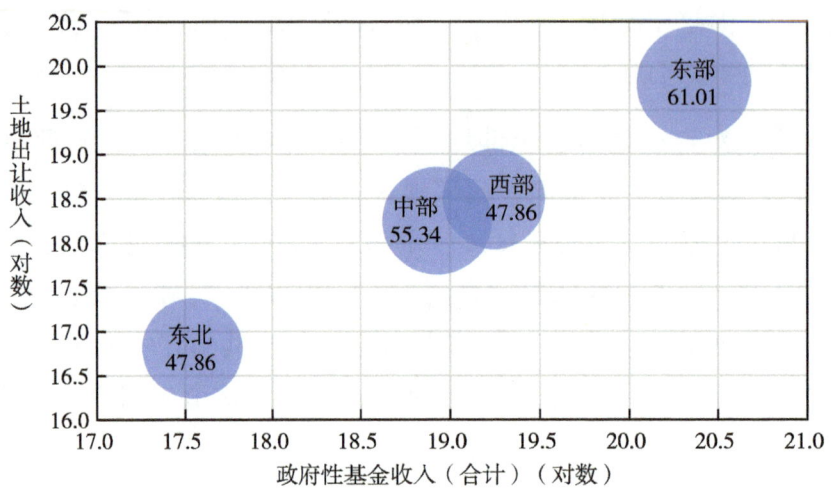

图 3-75 分地区土地出让收入占比(%)

5. 东部、西部和东北地区的社保基金收支均存在当年缺口，中部地区存在收支盈余，东部地区当年收支缺口虽大，但滚存结余资金支撑能力最强

从2021年当年的社保基金收支缺口来看，东部地区收支缺口为9.66%，其次是东北地区(2.79%)，西部地区收支缺口最小(0.79%)，中部地区收支尚有盈余(3.25%)。但是从社会保险基金年末滚存结余可持续时间来看，东部地区年末滚存结余尚可维持1.21年的支出需求，中部地区维持年份为0.92年，西部地区为0.81年，东北地区最少，仅为0.36年。(见图3-76)

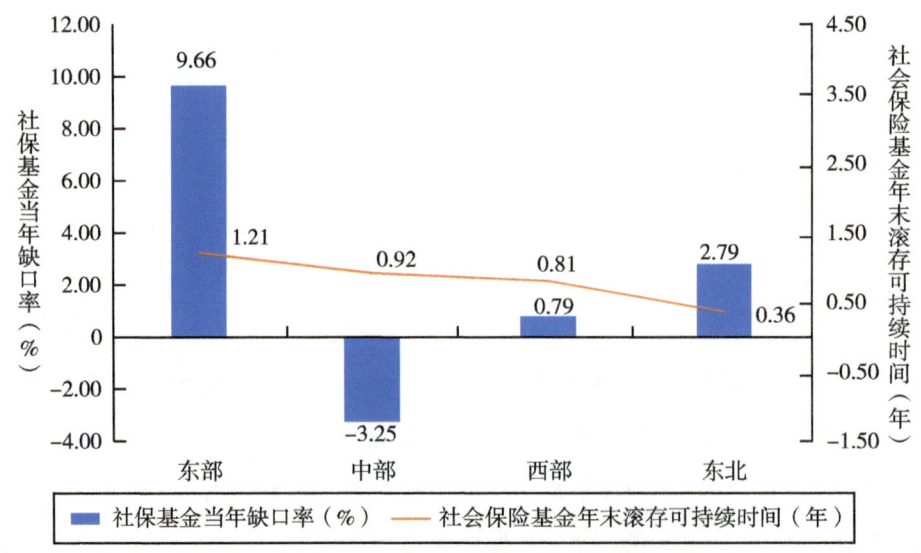

图 3-76 分地区社保基金运行可持续性状况

6. 东部地区债务负担相对较轻，西部尤其是东北地区债务负担较重

负债率反映了债务余额与GDP的比值，结果显示，东部地区城市的政府法定债务余额占GDP的比重为18.12%，中部地区为20.78%，西部地区为31.46%，东北地区为33.26%。西部地区和东北地区债务负担不仅重，而且显著高于东部和中部地区。（见图3-77）

债务依存度反映了一般债务收入和专项债务收入之和占一般公共预算支出和政府性基金支出之和的比重，结果显示，不同地区之间的债务依存度与债务率在高低比较上一致，只是西部地区和东北地区的债务依存度与东部和中部地区的级差有显著缩小。东部地区的债务依存度为16.42%，中部地区为18.02%，西部地区为20.78%，东北地区为23.17%。总体来看，从政府法定债务实际发行和使用规模来看，既做到了支持西部和东北等欠发达地区，同时，也将债务负担程度控制在一定范围。

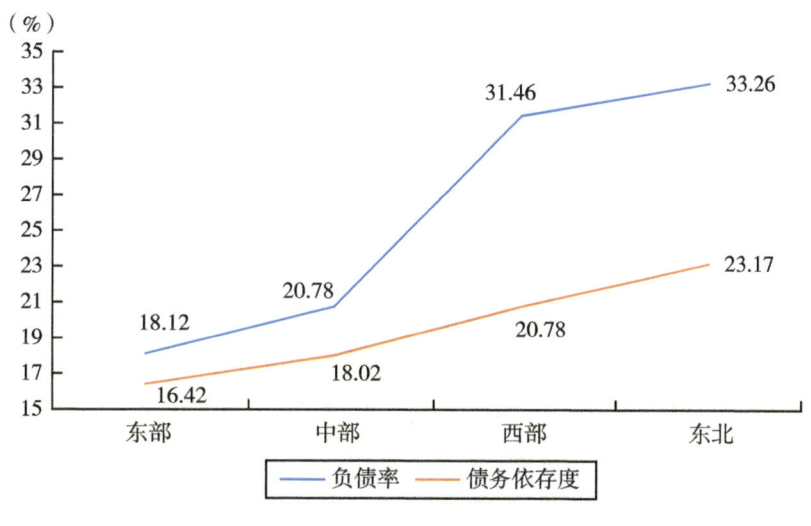

图3-77 分地区负债情况

二、分经济发展水平考察财政运行情况

（一）经济发展水平划分

按照2021年全国各城市的GDP规模，从低到高进行排序，按照城市数量等分为四组，分别为GDP规模低（简称"低"）、GDP规模中低（简称"中低"）、GDP规模中高（简称"中高"）、GDP规模高（简称"高"）。GDP规模代表了地方经济

增长水平，与地方财力高度相关，从GDP规模可以进一步考察不同经济增长水平城市的财政运行状况。（见表3-24）

表 3-24　　　　　　　　按 GDP 规模的城市分组情况

GDP 规模等级	城市名称
低	青海省果洛州、青海省玉树州、西藏自治区阿里地区、青海省海北州、青海省黄南州、黑龙江省大兴安岭地区、新疆维吾尔自治区克孜勒苏州、西藏自治区那曲市、青海省海南州、西藏自治区林芝市、黑龙江省七台河市、云南省怒江州、西藏自治区山南市、甘肃省甘南州、西藏自治区昌都市、云南省迪庆州、甘肃省嘉峪关市、黑龙江省伊春市、内蒙古自治区阿拉善盟、西藏自治区日喀则市、甘肃省临夏州、新疆维吾尔自治区阿勒泰地区、黑龙江省鹤岗市、宁夏回族自治区固原市、甘肃省金昌市、海南省儋州市、新疆维吾尔自治区吐鲁番市、新疆维吾尔自治区博尔塔拉州、陕西省铜川市、新疆维吾尔自治区和田地区、四川省甘孜州、四川省阿坝州、吉林省辽源市、宁夏回族自治区中卫市、甘肃省定西市、甘肃省陇南市、甘肃省张掖市、甘肃省平凉市、黑龙江省双鸭山市、甘肃省白银市、辽宁省阜新市、吉林省白山市、吉林省白城市、云南省丽江市、青海省海东市、甘肃省武威市、吉林省四平市、吉林省通化市、宁夏回族自治区石嘴山市、内蒙古自治区兴安盟、湖南省张家界市、内蒙古自治区乌海市、黑龙江省鸡西市、云南省德宏州、云南省西双版纳州、新疆维吾尔自治区哈密市、黑龙江省黑河市、青海省海西州、宁夏回族自治区吴忠市、甘肃省酒泉市、辽宁省铁岭市、甘肃省天水市、西藏自治区拉萨市、海南省三亚市、广西壮族自治区来宾市、湖南省湘西州、吉林省延边州、广西壮族自治区防城港市、新疆维吾尔自治区塔城地区、陕西省商洛市、山西省阳泉市、吉林省松原市、广西壮族自治区贺州市、四川省雅安市、甘肃省庆阳市、四川省巴中市、辽宁省葫芦岛市、辽宁省丹东市、四川省资阳市、广西壮族自治区崇左市、辽宁省本溪市、黑龙江省佳木斯市、云南省临沧市、内蒙古自治区乌兰察布市、辽宁省抚顺市
中低	黑龙江省牡丹江市、辽宁省辽阳市、内蒙古自治区锡林郭勒盟、安徽省黄山市、安徽省池州市、内蒙古自治区巴彦淖尔市、辽宁省朝阳市、新疆维吾尔自治区克拉玛依市、广西壮族自治区河池市、云南省普洱市、江西省景德镇市、江西省萍乡市、贵州省安顺市、河南省鹤壁市、江西省鹰潭市、新疆维吾尔自治区阿克苏地区、江西省新余市、广东省云浮市、安徽省铜陵市、湖北省鄂州市、四川省广元市、山西省忻州市、四川省攀枝花市、云南省保山市、辽宁省锦州市、广西壮族自治区梧州市、陕西省安康市、湖北省随州市、广东省潮州市、山西省朔州市、广东省河源市、新疆维吾尔自治区巴音郭楞州、湖北省恩施州、安徽省淮北市、广东省汕尾市、新疆维吾尔自治区喀什地区、黑龙江省绥化市、内蒙古自治区呼伦贝尔市、云南省文山州、贵州省黔东南州、黑龙江省齐齐哈尔市、广东省梅州市、新疆维吾尔自治区伊犁州、内蒙古自治区通辽市、广西

续表

GDP 规模等级	城市名称
中低	壮族自治区北海市、云南省昭通市、四川省广安市、辽宁省盘锦市、辽宁省营口市、贵州省铜仁市、广西壮族自治区百色市、安徽省淮南市、贵州省六盘水市、广西壮族自治区贵港市、贵州省黔西南州、广东省韶关市、广东省阳江市、山西省大同市、云南省楚雄州、青海省西宁市、新疆维吾尔自治区昌吉州、广西壮族自治区钦州市、四川省遂宁市、四川省眉山市、山西省晋城市、河南省三门峡市、吉林省吉林市、四川省自贡市、四川省内江市、山西省晋中市、云南省大理州、山西省临汾市、浙江省舟山市、湖北省咸宁市、山西省吕梁市、浙江省丽水市、河北省承德市、河北省衡水市、江西省抚州市、河南省漯河市、陕西省汉中市、贵州省黔南州、河北省张家口市、陕西省延安市
中高	安徽省宣城市、浙江省衢州市、湖北省黄石市、山西省运城市、河南省濮阳市、安徽省六安市、湖南省怀化市、湖南省娄底市、河北省秦皇岛市、山西省长治市、四川省凉山州、山东省枣庄市、辽宁省鞍山市、广西壮族自治区玉林市、内蒙古自治区赤峰市、广东省清远市、海南省海口市、安徽省亳州市、湖南省益阳市、陕西省渭南市、湖北省荆门市、湖北省十堰市、宁夏回族自治区银川市、四川省乐山市、山东省日照市、福建省南平市、贵州省毕节市、安徽省宿州市、云南省玉溪市、安徽省蚌埠市、广东省揭阳市、湖南省永州市、四川省达州市、河南省焦作市、广西壮族自治区桂林市、四川省泸州市、江西省吉安市、湖北省黄冈市、安徽省马鞍山市、湖北省孝感市、河北省邢台市、陕西省咸阳市、湖南省邵阳市、陕西省宝鸡市、河南省安阳市、黑龙江省大庆市、广东省肇庆市、山东省聊城市、湖南省湘潭市、湖北省荆州市、河南省开封市、四川省南充市、四川省德阳市、云南省红河州、河南省平顶山市、安徽省安庆市、湖南省郴州市、山东省滨州市、福建省宁德市、江西省上饶市、福建省莆田市、福建省三明市、广东省汕头市、山东省泰安市、内蒙古自治区包头市、江西省宜春市、内蒙古自治区呼和浩特市、四川省宜宾市、安徽省阜阳市、河南省信阳市、河南省驻马店市、福建省龙岩市、甘肃省兰州市、河南省商丘市、云南省曲靖市、山东省东营市、四川省绵阳市、河南省新乡市、山东省威海市、安徽省滁州市、山东省德州市、广东省湛江市、湖南省株洲市、广东省中山市
高	广西壮族自治区柳州市、广东省江门市、浙江省湖州市、河南省周口市、江西省九江市、江苏省宿迁市、江苏省连云港市、广东省茂名市、河北省廊坊市、新疆维吾尔自治区乌鲁木齐市、河北省保定市、河南省许昌市、广东省珠海市、山东省菏泽市、湖南省衡阳市、内蒙古自治区鄂尔多斯市、河北省邯郸市、江西省赣州市、山东省淄博市、河北省沧州市、贵州省遵义市、湖南省常德市、安徽省芜湖市、河南省南阳市、湖南省岳阳市、江苏省淮安市、陕西省榆林市、山西省太原市、江苏省镇江市、广东省惠州市、湖北省宜昌市、贵州省贵阳市、山东省济宁市、福建省漳州市、湖北省襄阳市、浙江省金华市、广西壮族自治

续表

GDP 规模等级	城市名称
高	区南宁市、山东省临沂市、河南省洛阳市、黑龙江省哈尔滨市、浙江省台州市、江苏省泰州市、浙江省嘉兴市、江西省南昌市、山东省潍坊市、河北省石家庄市、江苏省盐城市、浙江省绍兴市、江苏省扬州市、福建省厦门市、辽宁省沈阳市、吉林省长春市、云南省昆明市、浙江省温州市、辽宁省大连市、河北省唐山市、江苏省徐州市、江苏省常州市、山东省烟台市、广东省东莞市、福建省福州市、陕西省西安市、江苏省南通市、安徽省合肥市、山东省济南市、福建省泉州市、广东省佛山市、河南省郑州市、湖南省长沙市、江苏省无锡市、山东省青岛市、浙江省宁波市、天津、江苏省南京市、湖北省武汉市、浙江省杭州市、四川省成都市、江苏省苏州市、重庆、广东省广州市、广东省深圳市、北京、上海

注：城市排序按GDP规模从小到大。

（二）运行情况分析

1. 人均财力出现"两极高，中间低"的分布，而税收占比与经济增长水平呈正相关关系

从人均财力分布来看，GDP规模低组为19 969.07元，与其他分组相比最高，其次是GDP规模高组（18 046.73元），GDP规模中低组（14 843.91元）排在第三位，GDP规模中高组最低，为11 891.78元。总体来看，人均财力在GDP规模分组中呈现出"两极高，中间低"的分布态势。（见图3-78）

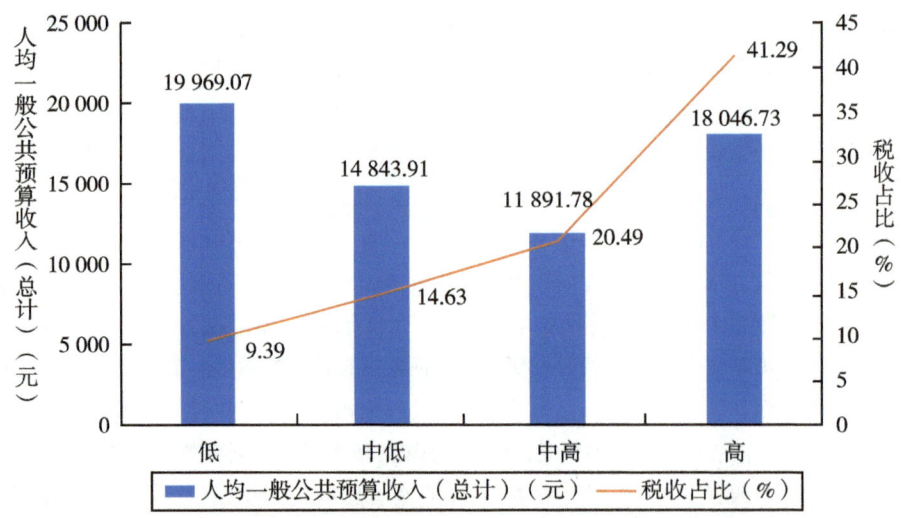

图3-78 分地区发展水平人均一般公共预算收入与税收占比

2. 转移性收入一定程度上缩小了各组内部的财力差距，但财力差异也呈现出"两极高，中间低"的分布特征

转移性收入显著降低了各组内部的一般公共预算收入的差距，从GDP规模的低组到高组，人均一般公共预算收入（合计）差异系数分别为0.35、0.31、0.25和0.33，人均一般公共预算收入（总计）差异系数分别为0.28、0.16、0.12和0.23，转移性收入使上述地区的差异系数分别下降了0.07、0.15、0.13和0.1，转移性收入对中低组的均衡效应最为明显，其次是中高组，因此，大致可以认为，转移性收入对经济增长中等水平的地区均衡效应更加显著。（见图3-79）

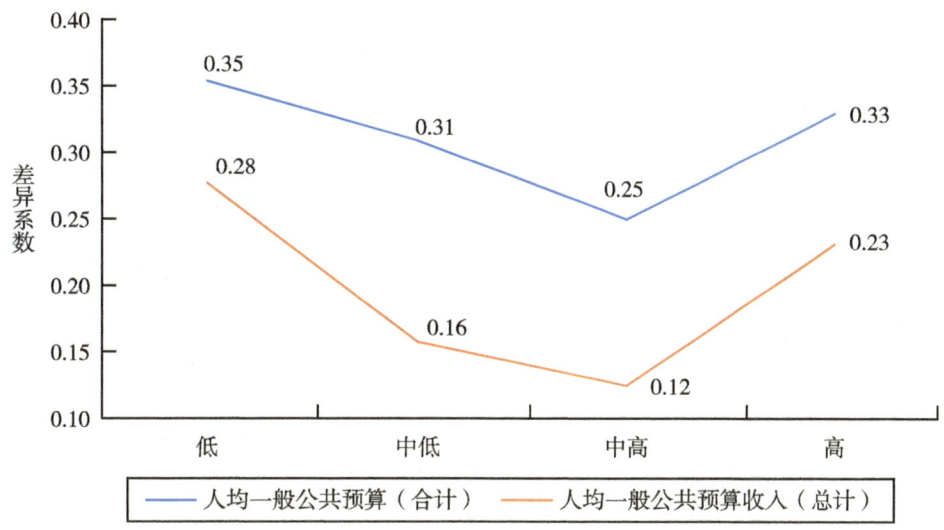

图3-79　分地区发展水平地区一般公共预算差异系数

3. 财政收支规模、财政自给率与经济增长水平显著正相关

从财政收支规模来看，GDP规模高、中高、中低以及低分组的财政收支规模不断递减，财政收支规模与经济增长水平呈现显著的正相关关系。从财政自给率来看，上述分组分别为65.02%、34.15%、27.45%和16.21%，财政自给率随经济增长水平降低而逐步降低，并且GDP规模高组与中高组的级差最大，相差30.88个百分点，中低与中高组相差6.7个百分点，低组与中低组相差10.73个百分点。（见图3-80）

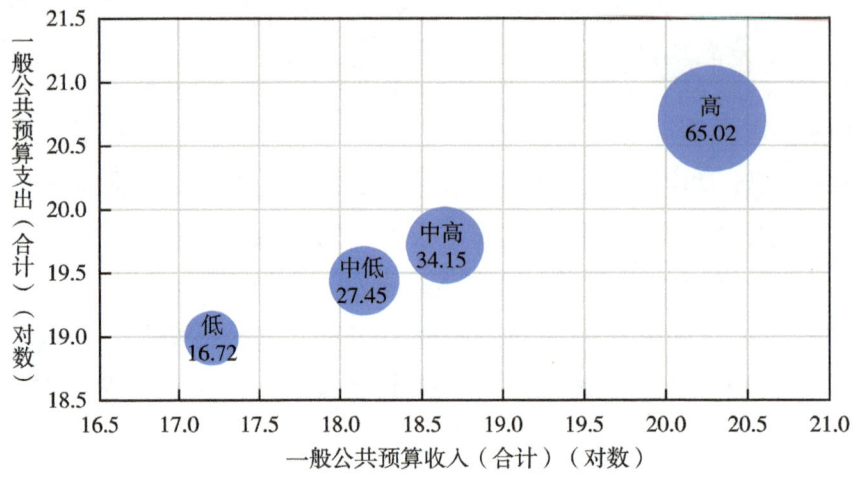

图 3-80　分地区发展水平财政自给率（%）

4. 政府性基金收入、土地收入规模以及土地出让收入占比均与经济增长水平显著正相关

从土地出让收入和政府性基金收入的规模来看，GDP规模高、中高、中低以及低分组两项收入的规模不断递减，土地出让收入、政府性基金收入与经济增长水平呈显著正相关关系。从土地出让收入占政府性基金收入的比重来看，这一比重也在上述组别中依次递减，GDP规模中高组与高组之间相差7.37个百分点，GDP规模中低组与中高组之间相差7.03个百分点，GDP规模低组与中低组之间级差最大，前者比后者相差13.26个百分点。（见图3-81）

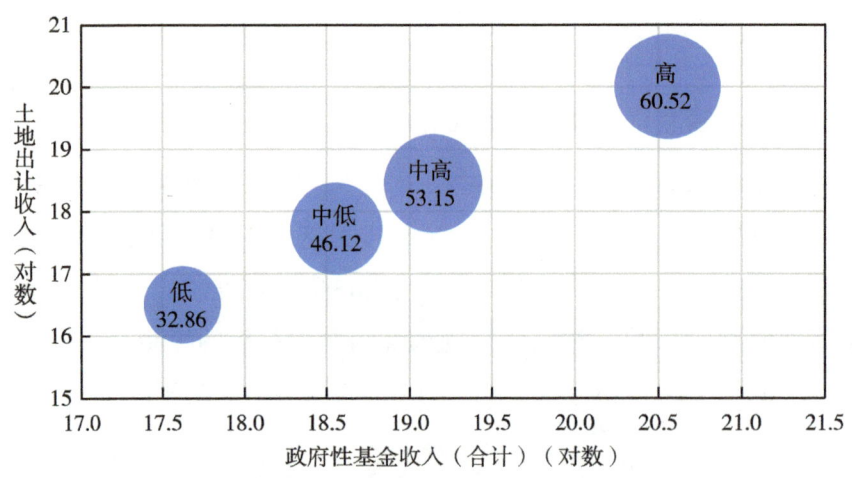

图 3-81　分地区发展水平土地出让收入占比（%）

5. 经济发展水平最高组社保基金收支存在较大缺口但滚存结余可持续能力更强，经济发展水平较低组社保基金收支虽年度有结余但滚存结余可持续能力偏弱

GDP规模最高组的社保基金当年缺口率为9.36%，中高组社保基金盈余率为4.22%，中低组社保基金盈余率为5.27%，最低组的社保基金盈余率为0.82%，从数据来看，经济增长水平较高城市的社保支出远大于社保基金收入。另外，社保基金年末滚存结余的可持续性与经济增长水平呈正相关，GDP规模最高组的年末滚存结余可持续年份为1.2年，中高组为0.83年，中低组为0.73年，GDP规模最低组为0.5年。因此，经济增长水平较高的城市虽然积累了规模大且持续时间更长的滚存结余，但随着年度收支缺口规模扩大，存量结余资金也面临不断消耗的情况。（见图3-82）

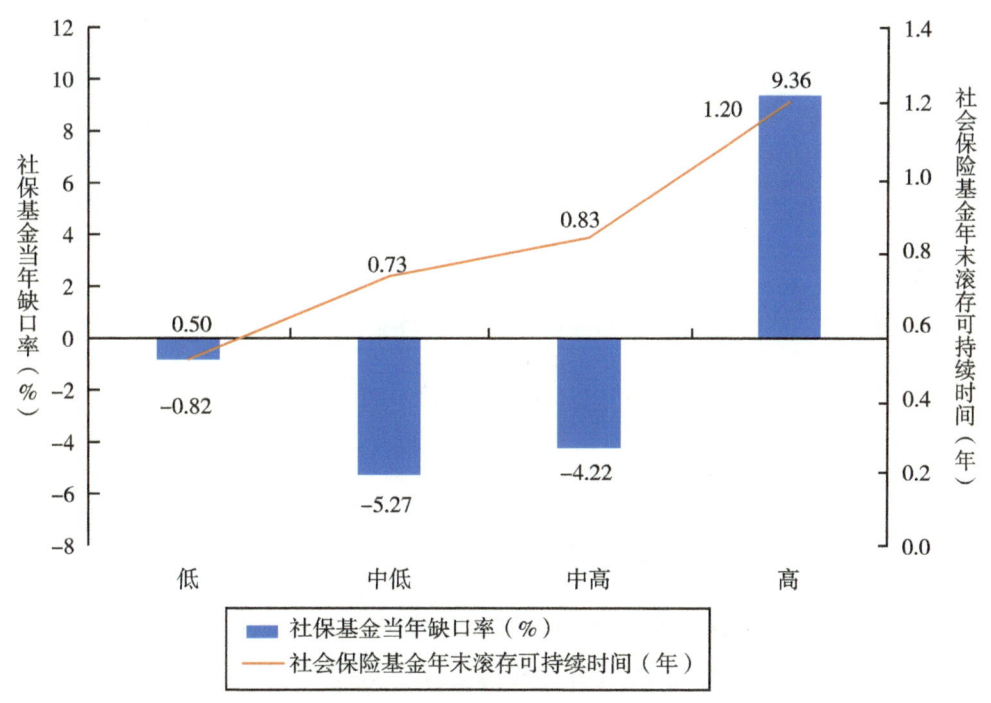

图3-82 分地区发展水平社保基金运行可持续性状况

6. 经济增长水平最高组的债务负担较低，但经济增长水平最低组的债务率较高但债务依存度较低

从负债率来看，随着经济增长水平的提高，负债率呈递减趋势，GDP规模最

低组为38%，中低组为31.05%、中高组为23.58%、最高组为19.13%。这说明，从存量债务累积余额角度，经济增长水平越高，累积的债务负担就越轻。从债务依存度来看，GDP规模最低组为19.15%，中低组为21.46%，中高组为20.2%，最高组为17.25%，其中，GDP规模最低组的债务依存度比中低组低2.13个百分点，与负债率的分布不一致，这说明由于经济增长水平最低组城市的累积债务负担较重，因此，年度一般公共预算和政府性基金预算中当年债务收入规模存在"压低"的现象，以此缓解存量债务负担累积的增速。（见图3-83）

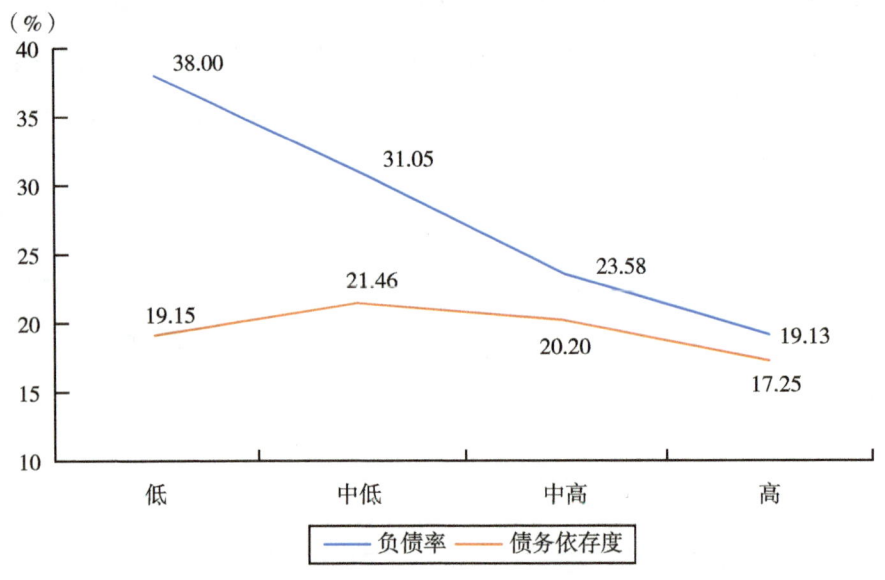

图 3-83　分地区发展水平负债情况

三、分城市群考察财政运行情况

"我国经济发展的空间结构正在发生深刻变化，中心城市和城市群正在成为承载发展的重要空间形式"。根据有关政策文件（见表3-25），将全国部分城市划分为以下城市集群，进而考察各城市群之间的财政经济运行情况。

国家级城市群架构

表3-25

城市群名称	国务院批复时间	国务院批复或相关文件	战略定位	城市名单
长江中游城市群	2015年3月26日	《国务院关于长江中游城市群发展规划的批复》《国家发展改革委关于印发长江中游城市群发展规划的通知》	中国经济新增长极，中西部新型城镇化先行区，内陆开放合作示范区，"两型"社会建设引领区。	武汉、黄石、鄂州、黄冈、孝感、咸宁、仙桃*、潜江*、天门*、襄阳、宜昌、荆州、荆门、长沙、株洲、湘潭、岳阳、益阳、常德、衡阳、娄底、南昌、九江、景德镇、鹰潭、新余、宜春、萍乡、上饶及抚州、吉安部分地区
哈长城市群	2016年2月23日	《国务院关于哈长城市群发展规划的批复》《国家发展改革委关于印发哈长城市群发展规划的通知》	东北老工业基地振兴发展重要增长极，北方开放重要门户，老工业基地体制机制创新先行区，绿色生态城市群。	哈尔滨、大庆、齐齐哈尔、绥化、牡丹江、长春、吉林、四平、辽源、松原、延边
成渝城市群	2016年4月12日	《国务院关于成渝城市群发展规划的批复》《国家发展改革委关于印发成渝城市群发展规划的通知》	全国重要的现代产业基地，西部创新驱动先导区，内陆开放型经济战略高地，统筹城乡发展示范区，美丽中国的先行区。	成都、重庆大部、自贡、泸州、德阳、遂宁、内江、乐山、南充、眉山、宜宾、广安、资阳及绵阳、达州、雅安部分地区
长江三角洲城市群	2016年5月22日	《国务院关于长江三角洲城市群发展规划的批复》《国家发展改革委关于印发长江三角洲城市群发展规划的通知》	最具经济活力的资源配置中心，全球有影响力的科技创新高地，全球重要的现代服务业和先进制造业中心，亚太地区重要国际门户，国新一轮改革开放排头兵，美丽中国建设示范区。	上海、南京、无锡、常州、苏州、南通、盐城、扬州、镇江、泰州、杭州、宁波、嘉兴、湖州、绍兴、金华、舟山、台州、合肥、芜湖、马鞍山、铜陵、安庆、滁州、池州、宣城

续表

城市群名称	国务院批复时间	国务院批复或相关文件	战略定位	城市名单
中原城市群	2016年12月28日	《国务院关于中原城市群发展规划的批复》《国家发展改革委关于印发中原城市群发展规划的通知》	中国经济发展新增长极、全国重要的先进制造业和现代服务业基地、中西部地区创新创业先行区、内陆地区双向开放新高地、绿色生态发展示范区。	郑州、洛阳、开封、南阳、安阳、商丘、新乡、平顶山、许昌、焦作、周口、信阳、驻马店、鹤壁、濮阳、漯河、三门峡、济源*、长治、晋城、邢台、邯郸、聊城、菏泽、运城、宿州、淮北、蚌埠、阜阳、亳州
北部湾城市群	2017年1月20日	《国务院关于北部湾城市群发展规划的批复》《国家发展改革委关于印发北部湾城市群发展规划的通知》	面向东盟国际大通道的重要枢纽，"三南"开放发展新的战略支点，21世纪海上丝绸之路与丝绸之路经济带有机衔接的重要门户，全国重要绿色产业基地，陆海统筹发展示范区。	南宁、北海、钦州、防城港、玉林、崇左、湛江、茂名、阳江、海口、儋州、东方*、澄迈*、临高*、昌江*
关中平原城市群	2018年1月9日	《国务院关于关中平原城市群发展规划的批复》《国家发展改革委关于印发关中平原城市群发展规划的通知》	向西开放的战略支点，引领西北地区发展的重要增长极，以军民融合为特色的国家创新高地，传承中华文化的世界级旅游目的地，内陆生态文明建设先行区。	西安、宝鸡、咸阳、铜川、渭南及商洛、运城、临汾、天水、平凉、庆阳部分地区
呼包鄂榆城市群	2018年2月5日	《国务院关于呼包鄂榆城市群发展规划的批复》《国家发展改革委关于印发呼包鄂榆城市群发展规划的通知》	全国高端能源化工基地，向北向西开放战略支点，西北地区生态文明合作共建区，民族地区城乡融合发展先行区。	呼和浩特、包头、鄂尔多斯、榆林

续表

城市群名称	国务院批复时间	国务院批复或相关文件	战略定位	城市名单
兰西城市群	2018年2月22日	《国务院关于兰州—西宁城市群发展规划的批复》《国家发展改革委关于印发兰州—西宁城市群发展规划的通知》	维护国家生态安全的战略支撑，优化国土开发格局的重要平台，促进我国向西开放的重要支点，支撑西北地区发展的重要增长极，沟通西北西南、连接欧亚大陆的重要枢纽。	兰州、西宁、海东及白银、定西、临夏回族自治州、海北藏族自治州、海南藏族自治州、黄南藏族自治州部分地区
珠三角城市群（国务院未批复）	2019年2月18日	《粤港澳大湾区发展规划纲要》	将建设成为更具活力的经济区，宜居宜业宜游的优质生活圈和内地与港澳深度合作的示范区，打造国际一流湾区和世界级城市群。	广州、深圳、佛山、中山、珠海、江门、肇庆、东莞、惠州
京津冀城市群（国务院未批复）	2015年2月10日	《京津冀协同发展规划纲要》	以首都为核心的世界级城市群、区域整体协同发展改革引领区，全国创新驱动经济增长新引擎，生态修复环境改善示范区	北京、天津、石家庄、唐山、保定、秦皇岛、廊坊、沧州、承德、张家口

注：中原城市群和关中平原城市群中均包含山西运城，本文以最新政策为准，将山西运城归为关中平原城市群；*表示省直辖县或县级市，由于本文只对地级市进行分析，因此下文分析不含各省直辖县或县级市。

（二）运行情况分析

1. 长三角、京津冀和珠三角城市群财政收入和税收占比均较高，中西部城市群则相应偏低

从人均一般公共预算收入来看，长三角城市群人均一般公共预算收入24 452.59元，京津冀城市群为23 748.37元，珠三角城市群为18 260.9元，上述三个城市群的税收占比也最高，分别为48.45%、46.94%和47.49%。人均一般公共预算收入的最低的三个城市群分别是关中平原城市群（12 799.92元）、北部湾城市群（10 569.73元）、中原城市群（10 540.62元），税收占比最低的城市群分别为兰西城市群（16.93%）、哈长城市群（16.95%）、北部湾城市群（18.31%）。总体来看，财政收入和税收占比较低的城市群均集中于中西部地区。（见图3-84）

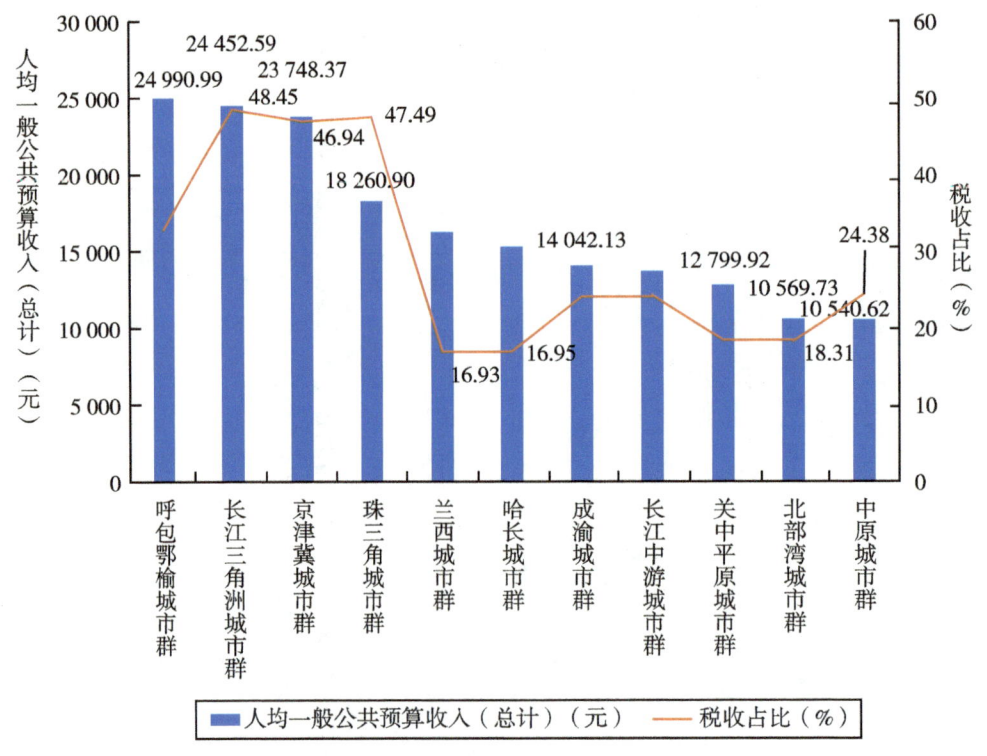

图3-84　分城市群人均一般公共预算收入与税收占比

2. 转移性收入缩小了城市群内部财政收入差距，中西部城市群的均衡效应相对较大

关于人均一般公共预算（合计）的差异系数，京津冀城市群为0.38，兰西城市群为0.37，呼包鄂榆城市群为0.3，珠三角城市群为0.3，长三角城市群为0.3，哈长城市群为0.28，长江中游城市群为0.28，北部湾城市群为0.26，关中平原城市群为0.24，中原城市群为0.24，成渝城市群为0.21。（见图3-85）

关于人均一般公共预算（总计）的差异系数，京津冀城市群为0.26，兰西城市群为0.1，呼包鄂榆城市群为0.23，珠三角城市群为0.28，长三角城市群为0.2，哈长城市群为0.1，长江中游城市群为0.12，北部湾城市群为0.14，关中平原城市群为0.11，中原城市群为0.11，成渝城市群为0.08。（见图3-85）

关于转移性收入对差异系数的均衡效应，京津冀城市群下降了0.12，兰西城市群下降了0.27，呼包鄂榆城市群下降了0.07，珠三角城市群下降了0.02，长三角城市群下降了0.1，哈长城市群下降了0.18，长江中游城市群下降了0.16，北部湾城市群下降了0.12，关中平原城市群下降了0.13，中原城市群下降了0.13，成渝城市群下降了0.13。显然，兰西城市群的差异系数下降幅度比较明显，而珠三角城市群的差异系数下降幅度最小。

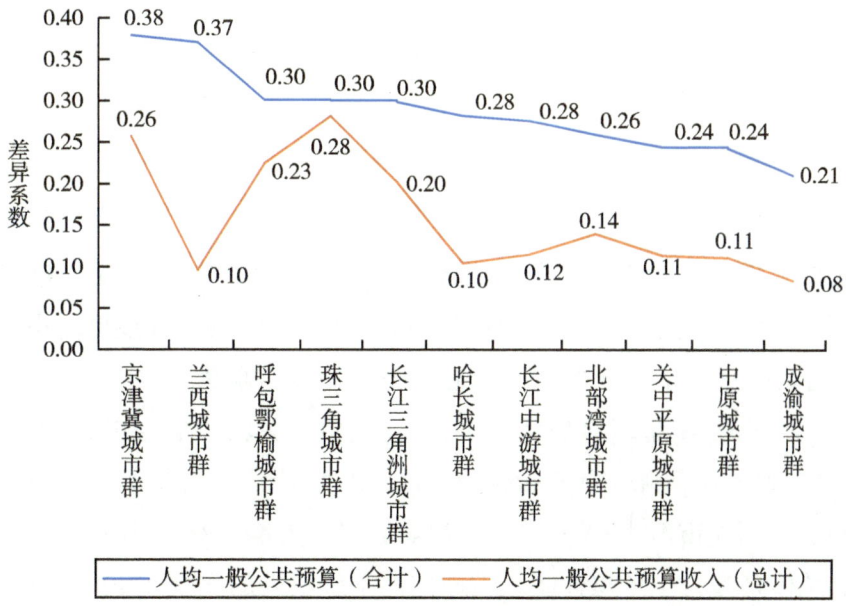

图3-85 分城市群一般公共预算差异系数

3. 经济发展水平越高，人均一般公共预算收入越高，财政自给率也越高

从财政自给率来看，有四个城市群财政自给率水平高于50%，分别为长三角城市群（78.06%）、珠三角城市群（73.84%）、京津冀城市群（62.21%）以及呼包鄂榆城市群（56.47%）。有四个城市群财政自给率水平低于40%，分别为北部湾城市群（33.2%）、长江中游城市群（38.94%）、哈长城市群（26.19%）、关中平原城市群（29.09%）以及兰西城市群（26.11%），且上述城市群主要集中在中西部地区。（见图3-86）

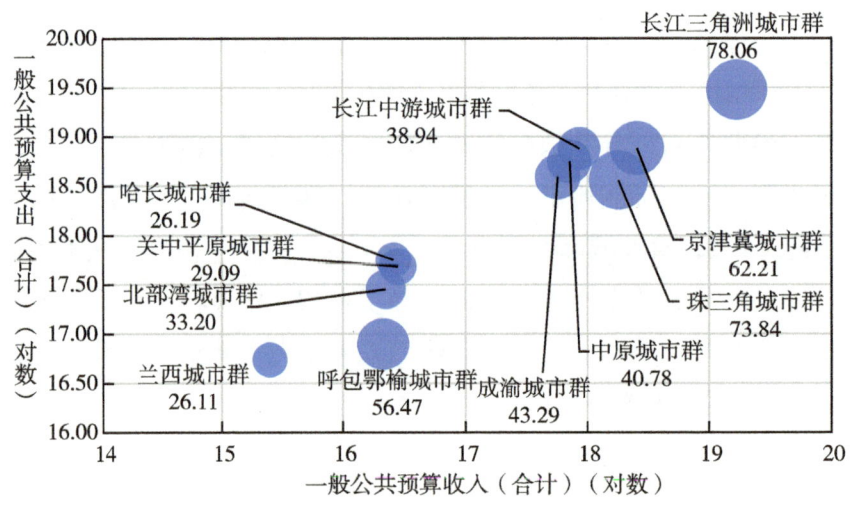

图3-86 分城市群财政自给率（%）

4. 经济越发达城市群的政府性基金收入和土地出让收入规模更高，土地出让收入占到政府性基金收入的一半左右

从政府性基金收入和土地出让收入的规模来看，长三角、珠三角、京津冀以及成渝城市群规模比较大，而兰西城市群、呼包鄂榆城市群规模较小。从土地出让收入占政府性基金收入的比重来看，珠三角城市群为67.64%，长三角城市群为66.57%，长江中游城市群为60.22%，关中平原城市群为58.94%，北部湾城市群为56.89%，成渝城市群为54.17%，中原城市群为52.84%，哈长城市群为47.72%，兰西城市群为45.85%，京津冀城市群为44.72%，呼包鄂榆城市群为41.29%。总体来看，土地出让收入占政府性基金收入的比重在40%至70%之间，主要集中在50%附近。（见图3-87）

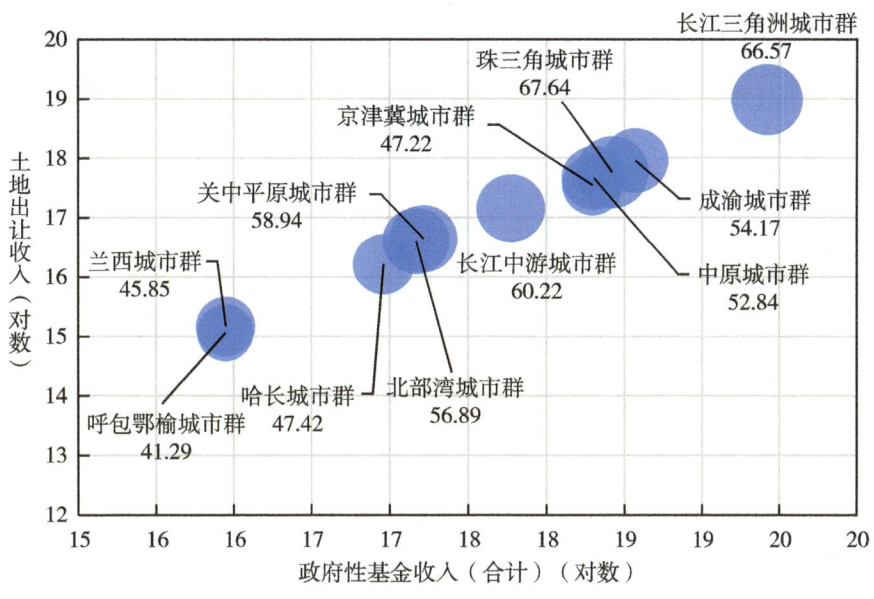

图 3-87　分城市群土地出让收入占比（％）

5. 有四个城市群的当年社保基金收支存在缺口，社保基金年末滚存结余可持续时间与经济增长水平相关

从社保基金当年收支缺口来看，关中平原城市群收支缺口为36.5%，长三角城市群为26.62%，呼包鄂榆城市群为15.16%，北部湾城市群为4.21%，其他城市群的社保基金当年收支尚存盈余，盈余率在4%至8%之间。从社保基金年末滚存结余可持续时间来看，有三个城市群的可持续时间在1年以上，分别为珠三角城市群（2.43年）、京津冀城市群（1.46年）、成渝城市群（1.26年），总体来看，社保基金年末滚存结余可持续时间较长城市群的经济增长水平也更高。（见图3-88）

6. 呼包鄂榆城市群和哈长城市群的债务负担较重，珠三角城市群和长三角城市群债务负担相对较轻

关于负债率，呼包鄂榆城市群（30.42%）、哈长城市群（30.4%）以及兰西城市群（28.39%）最高，珠三角城市群的负债率最低，仅为10.28%。关于债务依存度，其中呼包鄂榆城市群和哈长城市群较高，分别为26.93%和24.46%，珠三角城市群最低，仅为10.96%。另外，珠三角城市群的债务率（17.19%）和债务依存度（16.67%）接近且较低。（见图3-89）

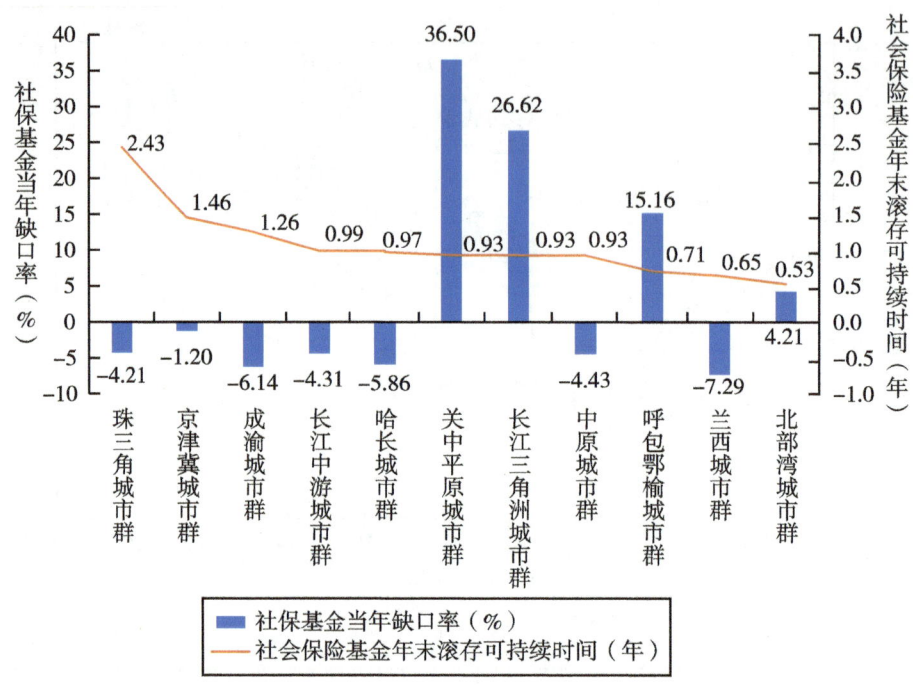

图 3-88　分城市群社保基金运行可持续性状况

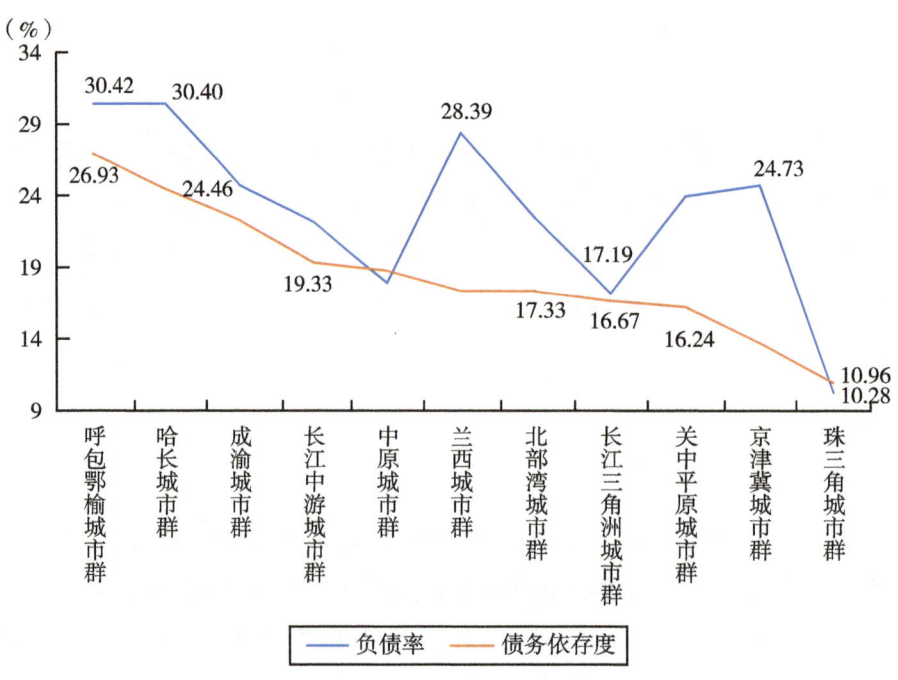

图 3-89　分城市群负债情况

专题篇

经济数字化和金融化中的金融税制转型分析

税收是影响经济社会运行的基础制度变量、环境变量和政策调控引导变量。金融税收被誉为"金融之鞭",对金融机构行为、金融资本的流向与配置、金融市场运行效率、金融稳定均会产生重要影响。在当前"新发展阶段、新发展理念、新发展格局"的背景下,迫切需要深化金融供给侧结构性改革,重塑金融体系。与此相应,税制与金融之间的适配性成为新的重大课题。经济数字化和经济金融化时代的到来,给税制与金融之间的适配性提供了新的参照系,也带来了更大的挑战。我国必须更新观念,跳出传统理论,立足于新阶段的国情变化、着眼于国际竞争趋势,以改革方式提升我国税制与金融之间的耦合性,明确改革理念和方向。[①]

一、经济数字化与金融化的发展逻辑和发展趋势

与工业经济时代相比,当前经济运行的基础发生了很大变化,一个是经济数字化,另一个是经济金融化。两者叠加在一起,相互影响、相互融合、相互推动,从根本上颠覆了传统经济的基本特征,使经济运行从原有实体状态逐步转向虚拟

本文执笔人:刘尚希 梁季 施文泼

状态，风险与不确定性大大增加，进而对包含财税金融体制在内的传统经济制度及其背后的理论提出了挑战。

现代通信技术发展带来的数字革命，深刻重塑了人类社会，经济数字化已是大势所趋，新技术、新产业、新业态、新模式不断出现。经济数字化颠覆了传统的工业经济的基本特征，也颠覆了工业时代所构建的规则和秩序以及组织形式，使得经济社会发展的不确定性大大增加。

与此同时，金融交易与实体经济也在不断融合，相互渗透，金融和实体经济已经越来越难以分开，并日益呈现出明显的经济金融化趋势。一方面，金融在经济运行中发生了量的变化。金融资产规模迅速膨胀，金融交易方式被广泛使用，金融交易额与利润额迅速增长。另一方面，金融在经济运行中也发生了质的变化。金融机构突破了金融服务提供者的角色，转而成为资本市场中的直接参与者；大量金融创新不断涌现，金融活动在经济活动中的比重日益提高，各市场主体之间的经济联系从以投入产出的技术联系为主转变为以债权、债务和资产、负债的金融联系为主，市场主体生存发展受到的金融约束位置前移，而传统的市场约束和技术约束位置后移。更为重要的是，随着金融工具的普及，市场行为、市场定价规则、一般商品与社会财富日渐金融化，产品消费与金融交易不断融合，实体产品与金融资产不断融合，金融像空气一样成为所有市场主体的第一要素，整体经济运行逐渐呈现金融化的特征，具体表现在以下四个方面。

（一）市场主体行为金融化

在微观层面，经济金融化的深刻变动首先反映为市场主体行为的金融化趋势。随着资本积累由贸易生产转向金融，金融活动逐渐支配贸易生产，经济各部门都更加深入地卷入金融交易与活动，市场交易、经营、消费等行为都呈现出明显的金融化特征。首先，在市场交易行为中，大量金融工具得到使用，实体交易与金融交易糅杂在一起，使交易行为发生了变化，购买行为演变为融资行为。其次，市场主体在经营活动中，广泛使用金融杠杆工具，杠杆化经营成为金融市场盈利的主流模式，而且杠杆率越来越高。最后，消费者负债消费行为越来越普遍，消费金融化程度随着财富金融化程度不断升高，金融财富的资产效应往往会提高居民的边际消费倾向，而高度发达的金融体系则使负债消费成为金融化背景下居民消费的主要形态。更进一步地，消费金融化的结果导致收入金融化，表现在金融从业人员收入的普遍提高与居民收入结构中源自金融领域的比重不断升高，说明金融体系凭借其优势地位对其他产业利润的分配程度不断加强，同时社会财富金融化程度与居民参与金融市场活动积极性普遍升高。

（二）一般商品金融化

经济金融化下，指数交易的兴起、投资基金介入以及流动性过剩的经济大环境改变了商品市场传统的价格形成机制，商品市场愈发呈现出金融投资属性。价格形成除了受实物市场的供需关系影响外，还受到来自金融衍生产品市场的冲击，并且由于基金、银行和各类投资者的资金大量进入使得金融市场的交易量远超过了实物市场交易量，金融市场对商品定价体系和价格走势的影响不断增强。

（三）社会财富金融化

随着经济形态逐渐向金融经济演进，资产升值和贬值波动的随机性不断加大，金融资产凭借其防范化解风险的能力逐渐获得青睐，社会资本逐渐向金融资产领域集中，社会财富结构中金融资产比重不断上升，金融化进程不断加强。当经济发展到满足消费之外而变得富裕起来之后，社会财富的金融化是不可逆转的趋势。当社会财富越来越多以金融资产存在时，经济的金融化也就相伴而生了。

（四）经济运行金融化

从宏观层面看，债务逐渐成为经济运行的基础，经济关系主要表现为债权债务关系随着金融交易规模的扩张而扩张，金融活动逐渐成为一国经济增长的主导，负债逐渐成为现代经济运行的常态。经济金融化使整个社会经济结构产生了深刻的变化，在向经济运行注入新动力的同时也使经济体系对金融体系的依存度不断提高。随着经济金融化进程不断深入，以金融自我循环为主导的新积累方式逐渐形成，社会财富金融化程度和经济关系债权债务化程度不断升高，经济循环与波动的机制逻辑已经逐渐被金融循环与波动所主导，并且这一趋势已逐渐蔓延至社会生产全过程与国家治理的各个环节。在此背景下，金融危机已逐步成为经济危机的主要表现形式，并借助全球化的传导机制，使全球性金融危机成为切实威胁。

二、经济数字化和金融化对传统税收制度的冲击

在经济数字化、经济金融化的发展趋势下，需要摆脱传统的理论框架来审视经济运行规律，基于新经济的运行特征，思考、构建与之相适应的财税制度。传统税收制度体系诞生于工业化背景下，并围绕现代化工业生产的发展而逐步建立完善，工业化的经济模式是现行税制有效运行的前提条件和逻辑起点。而经济数字化和经济金融化颠覆了传统的工业经济的基本特征和运行逻辑，传统税制理论和税制模式已经越来越难以适应经济数字化和经济金融化的现实与发展趋势。经济数字化和金融化使得价值创造模式发生了质的变化，基于传统经济形态和行为性质而界定的税制要素越来越难以适应新经济业态和新模式，纳税主体、计税依据、征收环节越来越难以准确界定。经济数字化和金融化也对传统的基于实物商品、主要针对固定业户的税收征管制度造成了冲击，互联网技术的普及使得越来越多的交易双方处于不同地域的税收管辖范围，交易的无形化使得交易双方很容易隐瞒真实身份及地点和行为，同时还减少了中介环节，税基侵蚀和税收收入流失现象日益严重。这种冲击具体表现在以下几个方面：

（一）纳税主体模糊化

税制的有效运行首先要以纳税人的清晰界定为前提。传统工业经济下，市场交易活动发生频数相对有限，纳税人往往有迹可循，易于追踪和确认。而在金融经济下，金融市场的活跃和信息技术的普及使得市场交易活动大大突破时空条件的限制，交易次数以几何数量倍增，产品销售和服务提供的网络化和金融化使得纳税人更加"虚拟"，交易活动更加复杂，使纳税人的确定变得复杂且操作困难。

以所得税为例，所得税的纳税人是所得的所有人或拥有人，通常所得（不论是投资所得还是普通所得）只有在所有权转移时才算实现。法律上一般认为享有所有权意义上的经济负担和利益的人是一项资产的所有人，从经济学角度分析，所有人是指获取利益并承担风险的人，二者的定义基本上是一致的。在传统金融商品交易中，所有人也是有权处分金融资产并承担损益的人。然而，日益复杂的金融创新却对传统税法上的所有人概念构成了严重的挑战。金融创新形成的创新性金融产品，使得持有人可以将特定资产的部分或全部收益与风险转移给他人，

而不论是否向对方转移了法律上该资产的所有权。换言之，创新性金融产品可将经济上的风险收益因素与法律上的所有权分离开来，从而给所得税纳税人的认定造成了障碍。比如，融券交易和附回购协议的交易，尽管在表面上具有买卖的形式，但相关资产的所有权仍在原所有人手中，也就是说，融券交易和附回购协议的交易并未转移法律意义上的所有权，然而，这些交易也确实转移走了所有权项下的经济风险和收益，由此给税收制度提出了应恪守传统税法上的所有权概念还是根据经济要素来确定所有权的难题。

（二）计税依据不确定

计税依据的确认是税制的核心问题，它关系到所得的征税或免税，以及损失的扣除等诸多税收事宜。金融交易与实体交易的不同在于，它不是简单的钱货两清，而是存在复杂的合约交易，不一定有现货交割。另外，还有存在准确计量的困难，浮盈浮亏只在金融交易中存在。总的来看，金融交易充满了不确定性与风险，金融活动比传统经济形态下由产业资本主导的金融活动更为复杂。金融交易的产品或资产价值具有虚拟性和不确定性，资金流动复杂难辩，资产金融化、不确定性提高使得无论直接税还是间接税都面临着计税依据难以确定的问题。数字化催生的新经济中，数字平台企业新的盈利模式也产生了类似的不确定性问题。

以增值税为例，对金融交易课征增值税的最大难题在于其增值额难以确定，这主要是因为金融服务的产品价格的特殊性。以贷款服务为例，贷款利息不仅包括了金融服务的增值部分，而且包括了资本价值、通货膨胀率、风险补偿金和金融机构作为中间媒介的成本费用等因素。要从理论上区分金融服务收入的性质，以及在实际操作中准确计算出增值额异常困难，因此大多数实行增值税的国家都对存贷款等核心金融业务实行免税。传统金融服务已是如此，对创新性金融产品交易来说，由于交易者参与交易的目的复杂、多样，其收入是否属于或者有多少部分是属于提供服务所带来的增值额在理论上更加难以说清。而且在实践中，很多创新性金融产品交易的结果要在未来时刻才能确定盈亏，交易者的收益具有极大的不确定性，相关成本也难以确定，这导致创新性金融产品交易的增值额计算异常困难。在所得税上，由于金融产品价值的虚拟性、不确定性和交易的跨期性，在对金融产品课征所得税同样面临着如何确定其所得额的难题。

（三）纳税时点和环节难以确认

工业经济下税制的纳税时点的确认标准不再适用于经济金融化时代，这主要是因为经济金融化的背景下，交易直接、快捷、少环节、多渠道，交易对象不易认定，因而使原有的纳税时点和环节的确定规则难以适用。

就一般的市场交易行为而言，所得数额和时点是以权责发生制和收付实现制来区分的。而对日益复杂的金融产品和交易来说，在特定的情况下应适用哪种方法却成了难题。首先，不同的金融产品交易发生时点差异很大，就算是同一产品交易发生的时点也有很大的随意性。比如，期货交易，既可以在到期日前平仓，也可以选择到期用实物交割。期权交易，可以选择执行也可以选择不执行，因此不同的金融产品的交易时点具有不确定性。其次，很多金融产品交易具有跨期性，从合约开始到最后清算交割可能相隔很长时期，而在这期间，交易双方的账面上可能有损益发生，但却不会产生实际的资金流动，且损益的数额是不断波动变化的，因此难以合理地界定其损益的确认时间。最后，某些金融产品本身的性质模糊难辨，在时点规则的适用上容易出现漏洞，存在税收套利的可能性。

（四）税收征管难度加大

经济金融化给税收征管带来的挑战主要体现在以下三个方面：首先，税收的征收管理难以覆盖所有的交易行为。随着现代通讯和信息处理技术的进步，金融交易信息的处理、传播更加便捷，使得场外交易、远程交易和无纸化交易盛行，大量交易行为相互渗透，交易信息模糊化，加剧了金融交易的虚拟性和隐蔽性，导致税收征管难以涵盖所有的交易。其次，避税和税收套利行为难以识别。由于金融产品的复合性和运用方式的灵活性，纳税人很容易就可以通过改变产品类型、调整收入性质或记账时间、构建复杂的资产组合等手段，来获得税收减免或者延期纳税乃至税收套利。最后，交融交易的国际化还带来了税收的国际协调问题。不断创新的金融产品，可将法律上的所有权与经济上的风险和收益分离，从而出现同一资产多个持有人的事实，同时在所得性质上混淆了股权和债权的界限，可能会出现国际间双重征税或者双重不征税的后果。在国际税收协定中，税收优惠政策和优惠范围，也是按照所得来源的不同和所得性质的不同而定的，包括股息所得、利息所得和其他所得。金融交易的创新和金融产品性质的模糊化，也为纳税人的国际避税提供了新的手段。

总之，经济数字化和经济金融化相互叠加，呈现出新经济模式最大的特征就是不确定性。原有构建的税收规则越来越难以适应新的经济运行模式，加大了经济运行的风险和不确定性，由此迫切需要构建新的税收制度体系，为经济运行注入新的确定性。

三、经济数字化和金融化时代完善金融税制的两大理念

基于当前经济发展呈现的新特征和未来发展趋势，以及金融供给侧结构性改革的需要，在对传统税收理论进行扬弃的基础上，有必要以新的理念指导未来金融税收改革，以提高我国税制的灵活性和弹性，提升其与金融发展之间的适配性。

（一）以降低不确定性为着眼点来完善金融税制

基于金融业以及未来经济发展的客观现实，以及我国金融供给侧结构性改革的需要，金融税制完善应着眼于降低不确定性、稳定预期。这就要求：一是将税收制度作为金融监管工具之一，作为防范化解金融风险的前置性制度安排，并提升金融市场法治化程度，促进金融稳定；二是以系统观理念，改造现行金融税收体系，将目前碎片化、临时性金融税收政策制度化、长期化，提升金融税收制度确定性，降低税收政策变动风险，稳定市场预期；三是以简税制稳定社会预期。

（二）构建弹性的金融税收，将更多选择权交给纳税人

工业经济时代形成的税制理论首先要对应税商品（服务）进行性质界定，以反映该商品（服务）的经济实质和法律所有权，并据以确定征何种税、怎么征税等问题。因此商品（服务）的性质界定和分类是确立税制要素的关键，而金融产品本质上属于交易避险工具，其有别于一般商品和服务，且经济金融化也使得未来经济更远离现货交易，从而限制了传统税收理论对金融业以及经济金融化的适用性。更进一步来看，金融波动也与税制的刚性不无关系。金融交易中的投机性总是存在的，难点是如何使其保持在合理的程度。金融交易的过度活跃往往形成泡沫，危害金融稳定。但若金融活跃性不足，也不利于发挥金融对经济发展的促进作用。因此，遏制金融泡沫才是关键。从税制的角度来看，过于刚性化的金融税制下，

纳税人没有选择余地，往往导致金融交易沿着一个方向被放大而引起波动。为此，金融税收应跳出传统确定性、以征税人为主导的课税理念，以更加柔性、灵活的制度安排提升金融税收的适配性。

未来要打破工业时代税制的刚性制度安排，而是根据金融业模式、收益确认时间和方式，灵活、柔性安排税制要素，形成更多元的税制要素组合模式，将更多选择权交个纳税人，以增强金融税收的适配性。比如，上市公司股权激励个人所得税纳税义务发生时间，无论是确定在"行权日"还是在"股票出售日"均各有利弊，影响股权激励效果，因此应将纳税义务发生时间的确认交给纳税人，以最大化股权激励效果。

四、面向经济数字化和金融化的税制要素再设计

从本质上看，经济金融化是金融交易与实体交易的高度融合，其基本功能是促进所有权的结构化和社会化，为所有社会财富和资源的流动、交换和使用提供金融手段，使不可交易变得可交易、不可使用变得可以共享，提高社会财富的使用效率。经济金融化促使资源资产化、资产证券化，以及财富、资源、知识产权和创造性金劳动的金融化使得劳动所得和资本所得的边界不再清晰，从而更新了征税对象、纳税人以及税基等税制要素的原有定义，需要重新设计税制。

（一）构建以自然人为纳税人主体的税制体系

在经济金融化背景下，经济活动日益国际化、平台化、个性化，生产者和消费者的边界日益模糊。工业时代形成以生产的流水线和管理的科层制为主要特征的层级式、链条式经济转化为分布式经济，对企业的管理、生产、交易的过程式管理日趋复杂，将纳税人主体聚焦为自然人，对其收入和消费进行征税，在数字化背景下更可行，也更合理。

（二）征税环节逐步转向价值实现环节

与纳税人主体向自然人转换相呼应，征税环节应从价值创造的生产环节逐步转向价值实现的分配和消费两个环节，从而可以有效规避生产流通快速变化以及产业融合而带来的行业边界模糊、适用税率难以界定以及交易繁复的问题。从经

济视角来看，自然人的活动分为两类：生产和消费。通过生产获得收入，即分配，自然人在分配环节取得的收入相对确定且易于把控；通过消费满足其物质和精神需求，消费支出较为显性、确定，易管控。

（三）完善金融资产公允价值计量机制，明确计税依据

金融资产金融交易的本质在于实现货币的时间价值。对金融收益课税，实际上是对金融资产的增值征税，因此税法在确定金融收益的计税依据时，要集中处理金融资产的所得与扣除，以及衍生品交易的资本利得和资本损失的相互关联。同时，需要明确金融合同的收益在交易人行权即基础资产转移、合同出售、终止且确定的交易结果出现时才能追溯计算。

（四）结合交易发生与收入实现，区别确认纳税义务时间

金融经济下，收益的确认不应采用单一的发生主义原则或时间主义原则，而应当区分类型，区别对待。首先，对于征收印花税等非所得类型的税收，纳税人的实际所得并非纳税的必要条件，应以发生主义为原则；其次，对于所得课税时，应按照不同类型区别对待：对于纳税人所得不易在短期内确定的，因其所得确定实现可能需要较长时间，可遵循发生主义原则；对于非积累所得收益，因其收益较易确定，可遵循时间主义原则。

（五）利用大数据提升税收征管的确定性

信息技术和网络化为降低某些方面的信息不对称和不确定性提供了可能。税收治理中信息不对称源自于涉税信息的不完整、不及时和不真实，导致了税收治理的风险。当前税务部门取得纳税人信息来源渠道较为单一，主要源自纳税人的自主申报。金融经济下，活跃的金融活动产生大量数据，同时借助信息与网络技术的进步，能够使税务机关数据实现与企业、金融机构、其他政府部门的信息共享，拓展涉税数据的即时性与可得性。相应的，涉税信息的采集分析能力也往将逐渐取代涉税信息的获取能力，成为税收治理的核心。税收征管工作更聚焦于纳税人行为、税源信息等个性化特征，因地制宜，从而降低税收治理中的不确定性。

参考文献

[1] Burman, Leonard E., William G. Gale, Sarah Gault, Bryan Kim, Jim Nunns and Steve Rosenthal. Financial Transaction Taxes in Theory and Practice. National Tax Journal, 2016, 69 (1): 171-216.

[2] Zee, Howell H., ed., Taxing the Financial Sector: Concepts, Issues, and practices. International Monetary Fund, Washington, D.C., 2004.

[3] 廖岷.全球金融体系何处寻求再平衡[M].北京：中信出版社，2010.

[4] 廖岷，孙涛，丛阳.宏观审慎监管研究与实践[M].北京：中国经济出版社，2014.

[5] 廖岷，许臻.危机后我国金融衍生产品发展路径选择[M].浙江：浙江出版集团数字传媒有限公司，2017.

[6] 刘尚希.公共风险论[M].北京：人民出版社，2018.

[7] 刘尚希."十四五"时期提高税收制度适配性的几点思考[J].税务研究，2021（05）：13-16.

[8] 刘尚希.摸索建立基于数字化的新税制[EB/OL].（2021-03-09）[2021-07-01].https://baijiahao.baidu.com/s?id=1693757730045590539&wfr=spider&for=pc.

[9] 王毅，宋光磊.中国金融业税收制度及国际比较研究[M].北京：中国金融出版社，2020.

[10] 尹音频，王晓慧.金融产品税收制度优化探析[J].税务研究，2020（01）：20-24.

[11] 赵全厚.论促进金融业发展的税收政策完善[J].税务研究，2020（01）：14-19.

[12] 杜爽，岳树民.金融服务增值税的理论、实践与中国选择[J].国际税收，2019（12）：49-56.

[13] 汤洁茵.原则还是例外：经济实质主义作为金融交易一般课税原则的反思[J].法学家，2013（03）：24-39，176.

[14] 汪彤，李万峰.金融创新的税收政策取向[J].中国金融，2018（20）：92-93.

[15] [美]本·伯南克.金融的本质：伯南克四讲美联储[M].巴曙松，等，译.北京：中信出版社，2014.

政府财政统计体系（GFS）与国民经济核算体系（SNA）的比较研究

一、引言与文献综述

党的十九届四中、五中全会相继提出要优化建设宏观经济治理数据库，2021年《"十四五"推进国家政务信息化规划》进一步提出要构建统一的经济治理基础数据指标体系，为优化经济治理提供微观基础，强化经济运行监测、预测和决策方面的数据支撑能力，提升经济调节水平。财政是国家治理的基础和重要支柱，政府财政统计是一国经济统计核算的重要组成部分，其质量对我国政府宏观调控能力以及资源配置能力有重要影响。

政府财政统计与国民经济核算关系密切，但又有其相对独立性，这一点从IMF编制的政府财政统计手册（Government Finance Statistics Manual，以下简称GFSM）与联合国等国际组织编制的国民经济核算体系（The System of National Accounts，以下简称SNA）的比较中便可看出二者的差异与联系。

GFSM旨在科学反映财政资金筹集、使用和变动情况。目前，GFSM被世界各国普遍认可，成为编制本国政府财政统计的蓝本。该手册首编于1986年，之后分别于2001年和2014年进行了修订。修订后的版本与SNA 2008的适配性增强，为SNA援引GFS的数据构建自己的广义政府部门数据库奠定了基础。同时两个统计

本文执笔人：梁季　吕慧

核算体系的协调也实现了创建更宏观统计指标的可能性，有效税率指标就是GFS和SNA协调的良好拓展。

目前对政府财政统计的研究主要集中于以下几个方面：

一是对IMF发布的不同版本GFSM的述评。目前GFSM包括1986、2001、2014三个版本。葛守中（2011）[1]、张芸霞（2014）[2]认为GFSM2001在核算范围、核算原则、政府收支定义、核心指标构建等方面作出革命性的变革。陈梦根（2016）[3]认为GFSM2014的更新可归结为基本概念、核算方法原则、基本分析框架、核心统计指标、存量流量等五个方面。对比政府财政统计的两次更新，GFSM2001重在理论变革，重塑政府财政统计的基本分析框架（杨远根，2004）[4]；GFSM2014更多是在2001版分析框架基础进行的广泛而细致的修订（陈梦根，2014）[5]，重在分类方法的突破，对基本框架的影响有限（陈梦根，2016）[6]，因此GFSM2014的此次修订更多是改良而非变革。

二是就IMF发布的GFSM与联合国发布的SNA协调和补充工作进行研究。GFSM1986在编制时就已经密切关注SNA的修订工作，但是GFSM1986和SNA1968的协调性较差。葛守中（2000）[7]就GFSM1986版和SNA1993版进行对比分析，认为两个核算体系在核算目的、理论基础、核算对象、指标体系、核算内容等方面存在诸多不同。从2001版开始，GFSM与SNA的协调性增强，统计核算的范围定义为SNA的五个机构部门之一，并引入权责发生制替代收付实现制等，实现基本原则和基本框架的统一协调，但GFS绝不等同于SNA，政府财政统计核算只是在专门领域的拓展和细化（范立夫等，2010）[8]。GFSM2014修订以SNA2008为指导，许多提法遵循SNA2008，比如经济所有权、存量头寸等概念（陈梦根，2015）[9]。

三是对具体的财政收支指标进行分析比较。刘小兵（2013）[10]和门淑莲（2008）[11]认为我国2007年的财政收支分类改革引入新的分类方法——收入分类、支出功能分类和支出经济分类，更具透明性，我国的财政管理模式也由建设型财政向公共型财政转变。郑春荣和朱海平（2008）[12]对比政府收入在财政统计意义和经济意义上的不同。许宪春等（2019）[13]从定义、统计分类和统计数据等几个方面将我国财政收支和GFSM2014进行了对比，在此基础上认为将我国大口径宏观税负进行国际比较是不科学的。宋旭光（2013）[14]和宋旭光等（2017）[15]认为政府收支的核算问题、经济属性划分与国际标准有诸多不同，存在错位、缺位和越位。

现有研究广泛而深入，但是应该指出，目前缺少系统阐述政府财政统计体系的发展变迁，新版本GFSM2014与SNA2008的对比分析，以及在此基础上的应用拓展等方面的研究。本文考察了GFSM的编制背景和发展历程，并将最新版本GFSM2014和SNA2008进行对比分析，同时以有效税率指标构建为例，尝试拓展丰富两套统计体系相结合的应用场景。基于上述分析，并立足于我国的财政统计实践，对我国的政府财政统计制度进行反思、分析和定位，以期为进一步完善我国财政统计体系提供有益借鉴。

二、政府财政统计的发展概述

第二次世界大战之后，在经济统计发展现实需要和宏观经济理论不断创新的推动下，财政统计应运而生。IMF在总结各国实践以及吸收专家论证的基础上，完成了首版政府财政统计手册GFSM1986的编制工作。此后又进行了两次修订，分别是GFSM2001和GFSM2014。GFSM2001进行了重大变革，奠定了现行政府财政统计分析框架的基础，相比之下，GFSM2014更像是在原有框架下的小修小补，但是GFSM2014大大强化了对财政风险的解释和对财政危机根源的揭示。

（一）GFSM的编制背景

一是基于第二次世界大战后国际比较的需要，经济统计逐渐建立，并延伸至财政统计领域。第二次世界大战后基于新的世界格局组建了大量国际组织。各个国际组织需要依据国家经济实力分摊会费、分派国际任务（杨仲山和王岩，2014）[16]，因此需要一套能够真实测量反映国家经济实力的框架和标准。当时经济学界对一国经济产出的研究主要是基于实物量，例如Rostas、Maddison、Heath和Maizels采用直接法——实物量比较法，分别测算比较了英国/美国/德国，加拿大/美国，英国/加拿大以及加拿大/澳洲的产出水平。但是随着经济全球化的发展，这种方法显然无法满足全方位国际比较的需要，于是联合国在1953年开发出了国民经济核算统计体系（SNA），实现了国民经济活动的统计标准化。

与此同时，IMF在1948年的《国际金融统计》中将外汇储备和货币总额的标准化统计作为国际比较和分析的指南，后来经过不断发展，其标准化工作延伸至政府财政统计领域（Levin，1975）[17]。由于世界各国的政府结构和经济体制不同，各国报送的财政统计资料并不可比。IMF为数据报送的规范化和标准化工作做了很大努力，先于1974年制定出台了《政府财政统计手册（草稿）》（MGFS1974）

加以指导，后在1977年汇总成员国报送的财政实践和成果，编制发布了《政府财政统计年鉴》，而MGFS1974便是现在的政府财政统计手册的前身。

二是大萧条催生了凯恩斯革命，凯恩斯理论焕发生机是财政统计工作发展的重要理论动因。第一次世界大战前学界并没有过多关注财政统计的研究，第一次世界大战后随着宏观财政理论的兴起和发展以及财政活动的逐渐复杂化，对财政理论和财政统计的研究逐渐深入（刘立佳和王靖杨，2020）[18]。加之1929—1933年资本主义世界经济大萧条，西方国家逐渐认识到自由主义、小政府不能使经济复苏，还需要依赖凯恩斯提出的需求管理策略，实施积极财政政策，扩大政府职能进行有效干预。大危机期间凯恩斯主义形成的一整套政府干预理论，为政府财政统计核算奠定了理论基础。

三是西方国家掀起新公共管理运动浪潮，要求财政预算公开与透明，强化了政府财政统计工作的重要性。20世纪70年代之后，西方发达国家陷入不同程度的滞胀，但政府依旧奉行扩张性财政政策和建设福利国家的民粹主义主张，这导致政府的福利支出占GDP比重上升，但税收占GDP比重下降，使得财政赤字越来越严重。在1970—1979年的10年间，美国的财政赤字达到5 128亿美元。在此背景下，各国为了缓解赤字危机、降低债务风险，兴起了新公共管理运动。新公共管理运动旨在促使政府通过市场竞争提高公共品供给的质量和效率，进而提升政府履职绩效，同时强化监督，促进财政收支信息的公开与透明。新公共管理运动要求政府科学规范财政统计工作，以揭示财政运行风险。

（二）GFSM基本内容概述

1. GFSM1986基本内容

GFSM1986重在对各国财政数据汇集发布、财政管理以及财政政策制定提供指导。其主要内容包括：一是核算范围是以职能为基础进行界定，包含履行政府职能的单位的交易；二是遵循收付实现制对交易进行记录，个别非货币交易记录为备忘项目；三是只记录部分债务存量信息；四是通过单一指标——总赤字/盈余——反映政府整体运行情况。此后因实践需要，又进行了两次修订，分别是GFSM2001和GFSM2014。

2. GFSM2001所做修订

GFSM2001是政府财政统计手册颁布之后的首次修订。在SNA1993发布，以及东南亚金融危机爆发后，政府财政统计手册暴露出诸多缺陷和不足，因此需要进行适应性调整。主要修订内容如下：

第一，扩大政府财政统计核算的范围。为了更好的与SNA1993衔接，IMF引入SNA机构单位[①]概念，基于此核算统计范围也发生了较大变化。与GFSM1986依据政府履行职能界定统计范围的处理方法不同，GFSM2001更多是依据SNA对机构单位分类界定的广义政府部门作为核算基础。

第二，改变了会计核算基础。GFSM1986是以收付实现制为基础进行交易的记录。虽然当时企业账簿记录早已开始实行权责发生制，但政府活动有其特殊性，主要以现金交易为主，且与政府有关的权益变动政府往往难以及时掌握，使得权责发生制在政府部门推行有一定的难度。但是，收付实现制不能约束政府的虚假报账行为，也不能真正减少赤字（Hemming和Petrie，2006）[19]，同时不能适应发达国家的财政理论发展和财政实践要求以及经济全球化进程（朱海平，2009）[20]，为此GFSM2001将政府财政统计核算的会计基础从收付实现制转变为权责发生制。权责发生制的引入，可以很清楚地记录政府部门的权益变动情况，同时使得政府资产负债表的编制更为科学合理。

第三，核算内容从流量扩大至存量。与GFSM1986只记录货币交易不同，GFSM2001统计的经济事项更全面。不仅包括交易，还包括其他经济流量的变化，当然也包括金融资产、非金融资产、负债等存量信息。交易和其他经济流量的区别在于，交易大多为两个实体协商进行的互动，以所有权转移为主要特征；其他经济流量主要是由非交易引起的数量和价值变化，比如价格的变动。同时在现金盈余/赤字这一平衡项基础上又引入净运行余额、净贷款/借款、总余额、净值、金融净值、净值的变化和金融净值的变化、其他经济流量带来的净值变化、基本余额和储蓄等，平衡项的增加使得GFSM统计的信息不仅涵盖流动性，还体现持续性和透明度。

第四，初步形成了政府财政统计的基本分析框架。为了更全面地反映政府的财政状况、财务绩效和流动性，GFSM2001借鉴SNA1993流量和存量闭合统一的理念，形成一套包含四张财务报表在内的较为完整的财政统计框架。即政府运营表、其他经济流量表、资产负债表、现金来源与使用表。前三张财务报表通过平衡项联系起来。资产负债表的期初存量信息，加上政府运营表、其他经济流量表

---

① 所谓机构单位即可以独立拥有资产负债并和其他实体发生交易。

反映的流量变化情况，即为期末的资产负债表披露的存量信息，从而形成一套流量存量闭合的财政统计分析框架。

（三）GFSM2014最新修订

GFSM2014是政府财政统计核算体系的第二次修订，此次修订立足于新的时代背景，在诸多方面进行调整。

1. GFSM2014修订的背景

一是其他宏观经济统计核算体系版本不断更新，GFSM要做适应性修订。目前除了政府财政统计体系（GFS）之外，国际上还有其他统计标准，其中最主要的是国民经济核算体系（SNA）、国际收支统计体系（BPM）、货币金融统计体系（MFS）。这四套核算体系之间既分工又协作、既有联系又有区别。其中SNA居于核心地位，最新版本为SNA2008，《国际收支和国际投资头寸手册（第6版）》（BPM6）与SNA2008更新并行，《货币与金融统计手册》（MFSM）目前仍为2000年制定发布的第一版，此外IMF于2008年发布《货币与金融统计编制指南》（CGMFS）。为了保持与其他宏观经济统计体系尤其是SNA2008等在基本概念、分类方法和核算原则的协调性和一致性，IMF重新修订了GFSM。

二是2008年全球金融危机暴发后，旧版本于揭示危机作用较弱，暴露出诸多不足。早在20世纪90年代墨西哥比索金融危机和东南亚金融危机之后，财政透明度和财政统计工作便备受关注，财政统计信息能否准确反映财政风险性，财政统计信息质量是否值得信赖成为关键性问题。2008年暴发的国际金融危机以及由此引发的欧洲国家主权债务危机，又一次对财政管理和财政统计工作带来深刻警示。危机暴发的本质是资产负债表失衡，最终通过紧缩财政、央行放水才得以缓解。危机暴发后，IMF认为当时版本（2001版）的政府财政统计未能充分反映政府的债务信息以及就政府资产负债表失衡的现状及时进行反馈，不能进行有效的财政风险管理。

三是提高政府财政统计质量，满足信息使用者的决策支撑需求。财政统计数据是一项公共品，最终服务于普罗大众，而提高财政统计数据质量的最终目的在于满足不同群体的财政数据需求。政府财政统计的国际准则除了数据生产准则《政府财政统计手册》之外，还包括《数据公布特殊标准》（SDDS）、《数据公布通用系统》（GDDS）、《数据质量评估框架》（DQAF），此三条分别为IMF于1996年、

1997年、2003年推出。因此政府财政统计数据既要满足数据生产准则的一般要求，也要满足数据公布、质量评估要求。SDDS和GDDS提出数据公布不涉及主权及机密，在此基础上要体现出时效性和完整性（许涤龙和欧阳胜银，2012）[21]。DOAF就财政统计质量提出诚信、方法健全、准确可靠、适用性、可获得性等五条基本原则。GFSM2014的修订正是基于SDDS、GDDS以及DQAF对数据质量的要求，以向使用者（政府、国际组织、评级机构、公众）提供更为准确的信息为目标，提高财政数据应用于经济分析和决策的能力。

2. GFSM2014更新的主要内容

GFSM2014保持了GFSM2001的基本概念框架和叙述逻辑，也分为十章，各章的更新幅度不大，主要的变化可以概括为三个方面：一是在使用术语上与SNA2008等国际体系的协调一致或者相区分，比如将政府财政统计体系修改为政府财政统计框架，从而与SNA2008进行区别；二是考虑国际重大经济事件影响后对评估指标进行扩展，建立多维指标体系以揭示财政风险程度；三是GFSM2014对生产数据的标准化提出了更高要求，更加注重经济学和统计学的相互平衡。具体来看，总结如下：

一是对一些基本概念做进一步阐释。比如，为进一步区分广义政府和公共公司，GFSM2014特别引入市场和非市场生产者的概念，即是否以具有经济意义的价格向他人提供产品或服务。非营利机构是否由政府单位控制也给出了具体的标准，比如高级职员的任命、授权文书的其他规定、合同安排、政府资助的程度、风险暴露等。扩展收入和费用的解释性说明。收入（费用）为交易带来的净值的增加（减少），GFSM2014具体解释了什么是净值的增加（减少），即交易引起资产或负债的增加（减少）或减少（增加）视为净值增加（减少）。另外，对权责发生制和收付实现制的应用给出了具体情境，比如对税收等强制性转移，股息，商品和服务、非金融资产交易，金融资产和负债交易，其他经济流量发生的记录时间主要依据权责发生制。

二是扩展了政府财政统计的分析框架。GFSM2001统计分析框架要求所生产的数据具备适应其他统计标准和便利分析人员的统计分析两个特征，GFSM2014在此基础上提出了更高需求，比如统计翔实有效，便于管理和决策；满足可持续性和流动性要求。GFSM2014政府财政统计分析框架的变化主要体现在，在原有2001版基础上修改政府运营表为经营情况表，以将统计范围由政府单位扩展到公共部门。同时增加净值变化总额表、显性或有负债和未来社保福利净隐性负债汇总表两张财务报表，使得政府财政统计形成六张表的分析体系。其中，净值变化总额表用以解释收入、开支、其他经济流量带来的净值总额变化情况，能够将经营情况表与其他经济流量表结合起来。而或有负债、未来社会保障福利净隐性负债虽然不在资产负债表主表中列出，但如果忽视其风险性而不加以管控，也有可能成为财政危机和经济危机发生的条件，因此作为独立表中的一部分披露。另外，在GFSM2014政府财政统计分析框架基础上形成的统计分析指标也愈加丰富，功能性和实用性进一步增强。

三、GFSM2014和SNA2008的比较分析

政府财政统计核算体系和国民经济核算体系是两套各具重点、相互配合的宏观经济核算体系。政府财政统计核算以政府部门为主体，记录政府的财政收支情况和管理经济活动。国民经济核算体系的主体为所有参与经济活动的单位和个人，记录宏观经济运行中各种流量和存量信息。由于SNA反映宏观经济运行的整体信息，覆盖范围更广、更具综合性，GFS只反映宏观经济的一个组成部分——广义政府部门，而且在一定程度上SNA广义政府部门需要GFS形成的统计数据作为源数据（IMF，2014）[22]，因此GFS倾向于在基本概念、基本分类、统计原则等方面与SNA保持一致。随着GFS的不断更新，与SNA的适配性不断增强，比如同样将机构单位作为基本核算单位、采用机构部门的划分原则、将权责发生制作为会计记录基础、形成流量与存量闭合的分析框架、采用账户的方式进行记录。但是相比而言，GFS与SNA还是具有很大的不同，具体如下：

一是理论基础不同。SNA的理论基础主要是社会再生产理论，从生产、分配、交换和使用的整体核算国民经济运行情况。GFS以公共部门经济学为理论基础，比如凯恩斯主义强调的积极干预经济，扩大政府职能，预算平衡理论。

二是核算视角不同。GFS统计的重点是经济活动对政府财政——收入、支出、资产、债务的影响，不核算政府部门的生产、流通、消费和积累，而SNA侧重于经济过程对经济各部门的影响。

三是部分基本定义的覆盖范围不同。比如，在GFSM2014中，雇员薪酬、商品和服务的使用以及自有账户资本形成中发生的固定资本消耗不列入费用，而被记录为非金融资产取得成本中的一个组成部分。而SNA2008不但记录雇员

薪酬、商品和服务的使用以及固定资本消耗的全部成本，还记录非金融资产的取得。

四是部分核算原则不同。比如合并的使用，合并是将一组机构单位（或实体）视为一个单位而对其统计数据进行列报的方法，同一部门和子部门内各单位之间的相互交易可以抵消。SNA是按照未合并的总额进行表述，但是GFS采用全面合并原则。

四、基于 GFS 和 SNA 的应用拓展——有效税率指标介绍

统计指标是统计工作的归宿（陈梦根和章敏）[23]，创建财政统计指标是政府财政统计工作的重要内容。基于GFSM2014框架创建的财政统计指标及其数据集中反映在IMF出版的《政府财政统计年鉴》中，这些指标部分直接取自GFSM2014，部分需要与其他统计框架相结合，比如SNA2008。政府财政统计手册不断修订的一个重要原因就是与SNA相协调，基于此政府财政统计产生的指标和数据不仅可以作为原始数据为国民经济核算提供支持，也可以与SNA产生的数据相结合，生成众多衍生指标，用以评估政府部门对经济发展的影响。劳动、资本和消费有效税率即为二者相结合创造的产物。有效税率指标，是通过对税收按照经济功能进行分类，分为劳动、资本和消费类税收，以测算三者的税负水平。相比于法定税率，有效税率更能反映一个国家或地区实际税负情况，是企业跨国投资选址的良好指标。

（一）有效税率指标计算方法

劳动、资本和消费有效税率的计算为税收收入与对应的税基之比。税收收入数据源于政府财政统计体系生产的财政收入数据，税基的数据源于国民经济统计核算体系生产的国民账户数据。早在1994年门多萨等基于OECD国民账户数据分税种核算出劳动、资本和消费的有效税率水平。后来，Carey和Rabesona（2002）[24]等人在此基础上对这一核算指标进行改良，基本精神依旧延续门多萨方法的思想。世界其他国家的劳动、资本和消费有效税率核算主要沿用门多萨方法。欧盟在每年发布的《Taxation Trends in the European Union》中公布劳动、资本和消费有效税率这一指标，不过称其为隐性税率（Implicit Tax Rate）。隐性税率指标测算使用的

是依照ESA2010编制的国民统计数据。以上二者测算指标使用的数据来源不同，其测算结果也不同。本文拟对两个版本的指标进行简单对比，借此反映宏观经济统计体系的有效性和重要性。

1. OECD采用国民账户数据测算有效税率的思路

OECD有效税率测算是基于Carey和Rabesona（2002）的测算方法进行。由于OECD公布的收入统计资料中没有对个人所得税来源于劳动要素和资本要素的所得进行分类，需要先计算家庭总收入的平均有效税率，以此计算个人所得税在劳动和资本之间的分配。

首先，计算家庭总收入税率。家庭总收入税率等于对个人或家庭所得、利润和资本利得征收的税收（1 100）除以家庭总收入。家庭总收入包括私人非公司组织的经营盈余（OSPUE）、财产性和投资性收入（PEI）、工资性收入（W），同时要将社保缴费从税基中扣除（2 100雇员支付；2 200雇主支付；2 300自雇和非雇群体的支付；2 400其他）。具体公式如下：

$$\tau_h = \frac{1\,100}{OSPUE+PEI+W-2\,100-2\,300-2\,400} \quad (1)$$

其次，计算劳动有效税率。劳动类税收为个人所得税中的劳动要素部分、工资和劳动税、社保缴款。个人所得税中的劳动份额与家庭总收入中的劳动份额相一致。雇员（2 100）和雇主（2 200）的社保缴款需涵盖在内，个体经营者（2 300）的社保缴款归入资本而不是劳动，未分配的社保缴款（2 400）按照份额 α 归入劳动要素。劳动要素的税基在国民账户中体现为劳动者报酬（WSSS）、工资和劳动税（3 000）。相应的计算公式为：

$$\tau_l = \frac{\tau_h \times (W-2\,100-\alpha \times 2\,400)+2\,100+2\,200+\alpha \times 2\,400+3\,000}{WSSS+3\,000} \quad (2)$$

$$\alpha = \frac{W-2\,100}{OSPUE+PEI+W-2\,100-2\,300} \quad (3)$$

再次，计算资本有效税率。资本类税收涉及个人所得税中与资本收入相关的份额、企业所得税（1 200）、所有的财产税（4 000）、投资商品税（5 125）、由他人支付的机动车辆税（5 212）以及企业支付的其他税（6 100）。资本税基对应的是国民账户中的净经营盈余（OS）并扣除工资和劳动税（3 000）。

$$\tau_k=\frac{\tau_h\times(OSPUE+PEI-2\,300-\beta\times2\,400)+2\,300+\beta\times2\,400+1\,200+4\,000+5\,125+5\,212+6\,100}{OS-3\,000} \quad(4)$$

$$\beta=1-\alpha \quad(5)$$

最后，计算消费有效税率。消费类税收包括一般商品和服务税（5 110）、消费税（5 121）、财政专营利润（5 122）、关税（5 123）、特定服务税（5 126）、其他特定商品和服务税（5 128）、商品使用性能税（5 200），但是由他人支付的机动车辆税（5 212）除外。消费税基为私人最终消费支出（CP）和政府非工资性消费支出（CG-CGW）之和。

$$\tau_c=\frac{5\,110+5\,121+5\,122+5\,123+5\,126+5\,128+5\,200-5\,212}{CP+CG-CGW} \quad(6)$$

2. 欧盟采用 ESA 账户数据测算有效税率的思路

欧盟采用ESA账户数据测算有效税率的思路与OECD类似。其税收收入的分类和含义如表1所示。具体计算过程如下：

首先，劳动有效税率的计算。税基包括劳动者报酬（D.1），工资和劳动税（D.29c）。

$$\tau_l=\frac{D.51a+D.51c1+D.29c+D.611c+D.613ce}{D.1+D.29c} \quad(7)$$

其次，资本有效税率的计算。税基包括非金融公司和金融公司的净营业盈余（B.2n_S.11-12），家庭租金和非营利机构的净营业盈余（B.2n_S.14-15），自雇群体的净混合收入（B.3n_S.14），非金融公司和金融公司的利息收入（D.41_S.11-12rec）扣除非金融公司和金融公司的利息支出（D.41_S.11-12pay），非金融公司和金融公司取得的保险收入（D.44_S.11-12rec）扣除非金融公司和金融公司的保险支出（D.44_S.11-12pay），非金融公司和金融公司的地租收入（D.45_S.11-12rec）扣除非金融公司和金融公司的地租支出（D.45_S.11-12pay），非金融公司和金融公司的股息收入（D.42_S.11-12rec）扣除非金融公司和金融公司的股息支出（D.42_S.11-12pay），广义政府的股息收入（D.42_S.13rec），来自其他国家的股息收入（D.42_S.2rec），家庭、自雇群体和非营利组织的利息收入（D.41_S.14-S15rec）扣除家庭、自雇群体和非营利组织的利息支出（D.41_S.14-S15pay），家庭、自雇群体和非营利组织的地租收入（D.45_S.14-S15rec）扣除家庭、自雇群体和非营利组织的地租支出（D.45_S.14-S15pay），家庭、自雇群体和非营利组织的股息收入（D.42_S.14-15rec），家庭、自雇群体和非营利组织取得的保险收入（D.44_S.14-15rec）。

$$\tau_k=\frac{\begin{array}{c}D.51a+D.51c1+D.51b+D.51c2+D.51c3+D.51d+D.51e+\\ D.613cs+D.214b+D.214c+D.214k+D.29a+D.29b+D.29e+\\ D.29h+D.59a+D.59f+D.91\end{array}}{\begin{array}{c}B.2n\_S.11\_12+B.2n\_S.14\_15+B.3n\_S.14+(D.41\_S.11\_12rec-\\ D.41\_S.11\_12pay)+(D.44\_S.11\_12rec-D.44\_S.11\_12pay)+\\ (D.45\_S.11\_12rec-D.45\_S.11-12pay)+(D.42\_S.11\_12rec-\\ D.42\_S.11\_12pay)+D.42\_S.13rec+D.42\_S.2rec+(D.41\_S.14\_\\ S15rec-D.41\_S.14\_S15pay)+(D.45\_S.14\_S15rec-D.45\_\\ S.14\_S15pay)+D.42\_S.14\_15rec+D.44\_S.14\_15rec\end{array}} \quad (8)$$

最后，消费有效税率的计算。消费税基为家庭最终消费支出（P31_S.14dom），广义政府的中间消费（P2_S13），为住户部门服务的非营利机构的中间消费（P2_S15），广义政府的社会转移支付（D632_S13），为住户部门服务的非营利机构的社会转移支付（D632_S15）。

$$\tau_c=\frac{\begin{array}{c}D.211+D.212+D.214-D.214b-D.214c-D.214k+D.29d+D.29f+\\ D.29g+D.59b+D.59c+D.59d\end{array}}{P31\_S.14dom+P2\_S13+P2\_S15+D632\_S13+D632\_S15} \quad (9)$$

（二）有效税率指标核算口径对比分析

1. 税收收入口径对比分析

SNA2008对税收分类的依据可以概括为如下三点：一是税收的性质；二是纳税机构单位的类型；三是纳税时所处的环境。GFSM2014和OECD对税收的分类也依据税收的性质进行。具体而言，SNA2008统计账户将税收分为生产和进口税、所得税和财产税等经常税、资本税。GFSM2014将税收分为，对所得、利润和资本收益征收的税收、对工资和劳动征收的税收、对财产征收的税收、对商品和服务征收的税收、对国际贸易和交易征收的税收、其他税收。OECD税收分类可以分为，所得、利润和资本收益税，社保缴款，工资和劳动税，财产税，商品和服务税，其他税。

三者的主要差异是，SNA的税收范围包括了因央行实施的利率高于市场利率所带来的隐性税收，除此之外，该范围与GFSM2014中定义的税收收入基本一致。OECD是SNA2008修订的参与者之一，OECD的税收分类体系和基本理念与SNA2008也非常接近，但有少许不同。主要也是SNA的税收中包括了官方实施多重汇率所导致的虚拟税收或虚拟补贴，以及央行实施的利率高于或低于市场利率所导致的虚拟税收或虚拟补贴，且SNA税目中不包括社保缴款。GFSM2014和OECD税收分类相比较，二者均为净税收收入，收入为交易引起的净值的增加，因此税收在计算时要将退税和纠正误征的税收从总额中扣除，但是GFSM2014的税收收入中也不包括社保缴款。表1主要描述了OECD税收分类和SNA2008、ESA2010、GFSM2014的比较。

表1　　劳动类、资本类和消费类税收口径对比分析

类型	ESA2010		OECD	SNA2008	GFSM 2014
	税种名称	经济编码	经济编码	经济编码	经济编码
劳动类税收	工资和劳动税	D.29c	3000	D29-7.97a	112
	个人或家庭所得税（劳动收入部分）	D.51a+D.51c1	1100	D51-8.61a; D51-8.61c	1111
	个人或家庭所得税（社会转移支付和养老金部分）	D.51a+D.51c1	1100	D51-8.61a; D51-8.61c	1111
	雇主实际社保缴款	D.611c	2200	D611-8.83	1212
	雇员实际社保缴款	D.613ce	2100	D613-8.85	1211
	自雇或非雇佣群体实际社保缴款（社会转移支付部分）	D.613cs+D.613cn	2300	D613-8.85	1213
资本类税收	印花税	D.214b	4400	D59-7.96d;	114114;
	金融和资本交易税	D.214c		D29-7.97e	1161
	资本税	D.91	4300	D91-10.207b	1133
	经常性资本税	D.59a	4200	D59-8.63b	1132
	土地、房屋或其他建筑物定期税	D.29a	4120	D29-7.97b	1131
	营业和专业执照	D.29e			
	固定资产使用税	D.29b	5210		
	其他生产税	D.29h	6100		
	出口关税和出口货币补偿金额	D.214k		D213-7.95a	1152-4

续表

类型	ESA2010		OECD	SNA2008	GFSM 2014
	税种名称	经济编码	经济编码	经济编码	经济编码
资本类税收	个人或家庭所得税（资本收入部分和自雇所得部分）	D.51a+D.51c1	1100	D51-8.61a; D51-8.61c	1111
	公司所得税	D.51b+D.51c2	1200	D51-8.61b; D51-8.61c	1112
	其他持有收益税	D.51c3			
	彩票和赌博收益税	D.51d			
	其他所得税	D.51e			
	其他经常性资本税	D.59f			
	自雇群体的实际社保缴款	D.613cs	2400		1214
			2300	D613-8.85	1213
消费类税收	增值类税收	D.211	5111	D211-7.89	11411
	进口税和进口关税，不包括VAT	D.212	5123	D2121-7.93	1151
	产品税，不包括VAT、进口和出口税。同时去掉印花税、金融和资本交易税、出口关税和出口货币补偿金额	D.214（不包括D.214b、D.214c、D.214k）	5121	D2122-7.94b; D214-7.96b	1142
	污染税	D.29f	5122	D214-7.96e	1143
	跨国交易税	D.29d	5126	D2122-7.94c; D214-7.96c	1144; 1156
	增值税补偿金额	D.29g	5128		
	人头税	D.59b	6200	D59-8.64a, b	1162
	支出税	D.59c			
	家庭许可证	D.59d	5200（不包括5212）	D59-8.64c	11451

资料来源：OECD税收解释性指南；SNA2008；GFSM2014；ESA2010

2. 采用两种统计账户的统计结果对比分析

基于上述有效税率的计算思路，本文以欧盟部分国家（19个）为样本，[①]分别采用OECD和欧盟核算方法计算2020年劳动、资本和消费有效税率，数据来源于

---

① 部分欧盟国家在OECD数据库中的数据不全，因此不予采用。

OECD数据库和欧盟统计局,两个数据库计算的有效税率结果如表2所示。可以看到,欧盟19个国家采用欧盟统计体系计算的劳动有效税率平均值为36.3%,采用OECD统计体系计算的劳动有效税率平均值为36%,两者相差0.3个百分点。其中,卢森堡计算得出的劳动有效税率结果差距较大为19个百分点。欧盟19个国家采用欧盟统计体系计算的资本有效税率平均值为25.9%,采用OECD统计体系计算的资本有效税率平均值为27.6%,两者相差1.7个百分点。其中,卢森堡计算得出的资本有效税率结果差距较大为47个百分点。欧盟19个国家采用欧盟统计体系计算的消费有效税率平均值为19.5%,采用OECD统计体系计算的消费有效税率平均值为21.5%,两者相差2个百分点。其中,立陶宛计算得出的消费有效税率结果差距较大为6.1个百分点。

表2 不同数据库计算欧盟部分国家2020年劳动、资本和消费有效税率结果汇总

国别	欧盟统计数据库计算			OECD 数据库计算		
	劳动有效税率(%)	资本有效税率(%)	消费有效税率(%)	劳动有效税率(%)	资本有效税率(%)	消费有效税率(%)
奥地利	40.84	27.07	17.93	42.44	25.14	16.09
比利时	40.90	38.02	17.41	39.13	36.45	14.36
捷克	40.41	17.24	20.32	27.45	17.70	2.30
德国	37.84	30.48	14.90	36.50	24.19	13.45
西班牙	36.98	28.08	14.07	36.33	26.73	12.58
芬兰	38.34	28.96	21.61	39.27	28.15	18.78
法国	40.01	59.98	17.96	42.37	37.66	15.82
匈牙利	38.16	19.33	23.49	34.57	14.31	22.68
爱尔兰	32.00	14.39	18.20	26.56	24.12	14.88
意大利	44.09	31.53	15.80	43.96	32.76	13.63
卢森堡	29.46	11.56	17.53	48.77	58.94	—
立陶宛	33.10	6.16	21.05	26.09	19.12	15.00
拉脱维亚	29.62	16.07	20.79	26.41	13.26	18.25
挪威	36.61	26.96	22.87	36.01	26.46	17.64
葡萄牙	29.77	31.74	16.53	31.92	23.87	15.83
瑞典	38.40	28.04	21.92	44.81	32.05	17.13
斯洛文尼亚	35.15	26.53	20.61	34.08	21.06	17.82
爱沙尼亚	32.05	12.20	22.84	32.21	16.70	19.11
丹麦	35.74	37.72	24.70	34.53	45.88	19.93

资料来源:《Taxation Trends in the European Union》;OECD数据库。

五、比较中见差异

（一）我国政府财政统计的主要内容

改革开放之后，我国经济体制转轨联动财政体制从统收统支转向分税制，作为财政管理基础的财政统计制度也发生较大变化，逐步与GFS接轨，并于1995年开始向IMF报送中国政府财政统计资料和数据。

目前我国的政府财政统计工作以财政预算管理体制为基础，实行分级统计。即按照"一级政府、一级财政、一级预算"的原则，各级政府分别负责编制本级预算草案，再报人大审议批准。我国政府财政统计的主要内容是财政预决算报告中披露的财政收支统计。具体包括一般公共预算的收支、政府性基金预算的收支、国有资本经营预算的收支和社会保险基金的收支，即俗称的"四本账"，分别体现财政的公平、调控、效率和保障功能（于树一，2014）[25]。

一般公共预算，是政府凭借国家政治权力取得税收收入和非税收入，主要投向公共产品和服务领域。2021年全国一般公共预算收入为202 539亿元，其中来源于税收收入的有172 730万亿，占比85%。2021年全国一般公共预算支出达到246 321亿元。

政府性基金预算，源于向特定对象提供服务并以此取得的收入，并投向特定基础设施和公共事业领域，其负担者和受益程度具有潜在的对价性[26]。2021年全国政府性基金收入达到98 024亿元，相当于一般公共预算收入的48.3%，其中国有土地使用权出让收入占比最大，达到88.8%。2021年全国政府性基金支出达到113 661亿元，相当于一般公共预算支出的46%。

国有资本经营预算，是政府凭借国有资产所有者身份取得的国有资本收益，主要用以弥补国企改革的成本性支出，并与一般公共预算统筹使用，以及充实社保基金。2021年，我国国有资本经营预算收入达到5 180亿元，支出达到2 625亿元。

社会保险基金预算，其主要收入来源为社保缴费、财政补贴和其他形式收入，比如国有资本划拨，其专项用于社会保险。2021年全国社保基金收入达到94 734.74亿元，其中社保缴费收入达到69 100.85亿元，占比71.3%，财政补贴收入22 606.32亿元，占比23.3%。2021年我国社保基金支出达到87 876.29亿元。①

---

① 数据来源于《关于2021年中央和地方预算执行情况与2022年中央和地方预算草案的报告》。

（二）我国政府财政统计和GFSM2014的主要区别

通过对比观察发现，我国的政府财政统计制度的总体水平较低，与国际准则和其他发达国家的适应性较差。总的来说，与最新的国际标准——GFSM2014之间存在以下区别。

1. 服务主体不同

IMF提供的GFSM2014的重点在于反映政府的整体财务信息，其用户不仅是政府部门，还有其他机构单位，用以满足不同群体的财政数据使用需求。与之不同，我国政府财政统计的重点在于反映和监测财政资金的使用和执行情况，起初财政信息公开也仅限于财政部门，后来提请人大审议，再后来逐渐向公众公开，但是主要价值仍然是为政府部门提供决策参考。

2. 核算主体的范围不同

我国的财政统计核算本质上仍然是预决算统计，因此我国政府财政统计所界定的核算范围为财政预决算单位。主要包括机关单位（党委、政府、人大、政协、民主党派等）、事业单位、国家发起的代行政府职能的社会团体等。前三类虽然实行统一的预算编制程序和预算管理模式，但是也有差异（白景明，2016）[27]。比如在财政拨款方面，机关单位获得财政经费的全额拨款支持，因此全部纳入预算管理。事业单位依据公益类型不同，其拨款方式也不同，具体可分为全额拨款、差额拨款、自收自支。不同拨款方式的事业单位，其预算管理方式不同。其中自收自支事业单位取得的经常性收入，目前仍将其放在财政专户存储，不在政府预算管理范围内，不需各级人大审查监督，这就导致最终部门预算加总收支和财政预算安排的收支有很大不同（楼继伟，2019）[28]。除此之外，部分政府性收费项目和部分国有企业也未纳入预算管理范围（徐全红，2018）[29]。

GFSM2014认为，原则上政府财政统计应涵盖对财政政策具有重大影响的所有实体，具体包括三类：一是执行政府职能的政府机构，可以视为狭义政府；二是政府控制的非市场非营利机构，加上狭义政府共同组成广义政府部门；三是政府拥有或控制的公共公司，与广义政府部门组成公共部门。分析IMF出版的《政府财政统计年鉴》可以发现，绝大多数国家主要依据广义政府、中央政府的口径向IMF报送财政资料和数据，少数国家依据公共部门的口径报送数据，即便如此，IMF并没有将公共部门纳入《政府财政统计年鉴》中（郑春荣，2018）[30]。

3. 核心统计指标不同

财政收入和支出是政府财政统计的两个核心指标。目前我国的财政收支统计指标在基本内涵、口径等方面与GFSM2014有很大不同。

首先，收支定义。我国的财政收支可以简单解释为流入或流出政府的资金。GFSM2014将政府财政收支定义为，"由交易带来的净值的变化"，着重强调交易和净值的概念。与之相比，我国的财政收支概念更多是从政府可支配资金的角度阐释，强调流量意义而忽略了存量意义。正是对财政收支界定的不同，导致IMF与我国政府对国有土地使用权出让收入是否计为财政收入存在较大分歧，具体见后文分析。

其次，财政收支口径。我国的财政收入在进行有关国际比较时，其口径需要将"四本账"调入调出等重复计算部分和国有土地使用权出让收入进行扣除。"四本账"调入调出重复部分，比如2021年中央一般公共预算收入中，有来自政府性基金的1亿元调入资金，和来自于国有资本经营收入的984亿元调入资金，社保基金中有来自一般公共预算的财政补贴，另有国有资本充实社保基金。此外，国有土地使用权出让收入虽然占政府性基金大头，但也需要扣除，因为这部分不属于GFSM2014中的财政收入，根据GFSM2014中的财政收入定义，这部分收入只是资产形式的转换而没有带来权益的改变，也不会引起最终的财富净值发生变化。需要额外说明的是，部分改变用途的土地，其增值部分需要计入财政收入（楼继伟，2019）[31]。我国的财政支出与国际口径进行对比时，也需要将"四本账"重复部分和国有土地使用权出让收入安排的支出进行扣除（许宪春，2019）[32]。

最后，关于平衡项。我国政府财政统计分析的重要指标是赤字/盈余，由财政收入和支出衍生而来。每年的政府工作报告中会通过设置赤字率水平进行宏观调控，如果经济低迷，可以适度提高赤字以扩大支出规模促使经济升温，比如2020年新冠疫情爆发后，我国的赤字率首次破3，达到3.6%。然而GFSM2014并不认可这一指标对财政风险揭示的有效性，尤其是多轮经济危机爆发之后，这一指标暴露出诸多的局限性，因此IMF早在2001版时就已经放弃使用，转而使用一组净值平衡项（见前文分析），从多层次、多角度解释财政运行状况、现金流、债务水平和偿债能力。

4. 分析框架的体系不同

GFSM2001初步建立了政府财政统计的分析框架，通过四张表将交易、其他经济流量、资产、负债联系起来，实现了流量和存量的闭合和统一。考虑到国家主权债务危机的恶劣影响，GFSM2014在此基础上增加了两张表用以披露政府债务汇总情况，形成六张表的分析框架，更加注重解释财政的风险性和揭示财政危机的根源。

我国目前的财政统计以流量统计为主，相当于GFSM的现金来源与使用表，和GFSM2014相比，一是缺少详细的存量信息的披露，比如缺少关于债务结构和偿债能力的披露、各级政府的存量资产情况；二是缺少政府资产负债表，流量信息和存量信息是两座孤岛，二者没有形成关联性。因此目前还不能说我国建立起了完整的财政统计框架，这大大削弱了财政统计的风险示警能力。

5. 会计核算基础不同

早在GFSM2001时已经借鉴了SNA1993的成果，将会计核算基础修改为权责发生制，同时鉴于现金流的重要性，"现金来源和使用表"依旧采用收付实现制进行记录，形成以权责发生制为主、收付实现制为辅、二者相互协调的会计核算基础。

在我国，政府财政统计的主要内容是财政决算报表，其主要根据《财政总预算会计》编制，《财政总预算会计》第一章第九条规定，"总会计的会计核算一般采用收付实现制，部分经济业务或者事项应当按照规定采用权责发生制核算"，因此我国当前的政府财政统计主要以收付实现制为基础，权责发生制在预决算报表编制中鲜为使用。

虽然我国现已采用权责发生制编制政府财务报告，但政府财务报告与政府财政统计在报告属性、报表体系、报表格式以及应用范围等方面有较大不同。首先，前者为会计属性，后者为统计属性。其次，政府财务报告的资产负债表与GFSM2014的资产负债表结构不一致，我国资产负债依据流动性分类，适合微观决策，而GFSM2014依据金融性分类，适用于宏观财政风险分析。再次，政府财务报告的收入费用表与GFSM2014的经营情况表相比，GFSM2014经营情况表分为三个部分：收入和费用交易，非金融资产交易，以及金融资产和负债交易，和政府财务报告的收入费用结构还是有很大不同。最后，我国的政府财务报告不包含现金流量表，而GFSM2014的现金来源与使用表依据收付实现制编制。当然，政府财务报告是政府财政统计的基础和重要数据来源。

但是采用收付实现制的弊端逐渐显现。首先，收付实现制主要用以披露预算执行情况，对反映政府资产负债、成本费用等作用有限，尤其是无法揭示价格变动带来的影响。其次，我国2015年《政府会计准则》中规定：政府会计由预算会计和财务会计构成，预算会计实行收付实现制，财务会计实行权责发生制。这就意味着我国政府部门会计采用两套会计核算准则。不仅会影响政府部门内部财务信息的衔接和可比性，比如，决算报告形成的流量信息与财务报告形成的资产负债存量信息无法合并，同时也会影响政府和企业相关会计信息的衔接。

（三）我国政府财政统计存在的主要问题

尽管我国政府财政统计在财政统计信息质量、信息公开和财政透明度等方面取得长足进展，但与IMF的政府财政统计制度以及发达国家的改革实践相比，仍然存在一些问题，比如，我国财政统计制度改革远远滞后于预算制度改革，财政统计体系无法与当前的GFSM2014有效衔接，与SNA2008的衔接更是无从谈起。

1. 政府财政统计制度改革滞后于预算制度改革

改革开放之后，经济体制转轨推动预算制度朝社会主义市场经济体制的方向变革，党的十八届三中全会提出全面深化改革，建立现代财政制度，实施"全面规范、公开透明的预算制度"。当前我国的预算制度呈现出法制化和体系化不断增强的特点，2007年完成了政府收支分类改革，扩大了收支分类范围并对分类科目进行细化；2011年取消预算外科目，增加政府性基金和国有资本经营预算科目；2014年基本形成目前的"四本账"体系；2014年新《中华人民共和国预算法》经过十年修订后审议通过并于2015年正式颁布实施，《中华人民共和国预算法实施条例》经过五年时间也于2020年修订完成，但我国的政府财政统计制度改革却较为滞后，多年来政府财政统计以粗放的预决算收支流量统计内容为主，并未形成完整、多层次的政府财政统计体系。究其原因，政府并未深刻意识到建设科学规范的政府财政统计体系对于经济分析、宏观政策制定以及财政风险揭示的重要性，并未就政府财政统计体系建设做出适应经济社会体制变迁的规划和部署。

2. 尚未形成完善的政府财政统计体系，与国际标准接洽水平低，且不能完整反映政府财政状况

GFS在我国的实施程度较低，我国的财政统计体系尚处于GFSM1986和GFSM2001之间的水平（陈梦根，2016）[33]。无论是GFSM1986还是GFSM2001均有明显不足，均难以适应经济社会发展需求，无法有效监测和披露财政风险，尤其是在当前财政风险不断加大的情况下，我国政府财政统计制度的短板进一步凸显。

首先，我国的财政统计覆盖范围不全面，仅涵盖纳入预算管理的单位。我国

的政府财政统计的核算主体与GFSM2014所界定的广义政府部门有很大区别。二者核算主体的范围不同的主要原因在于，我国的政府财政统计由预算制度演变而来，仅反映预算收支情况，服务于政府的经济管理职能。

其次，财政预算管理未能全面反映政府各项收支活动，部分收入游离在预算管理之外。我国《预算法》明确规定，"政府的全部收入和支出都应当纳入预算"。但是从审计署对2021年度中央财政资金的审计结果看，并非完全按照《预算法》规定实施。比如，"四本账"中有包括但不限于事业收入、结转资金在内的46.65亿资金未纳入预算管理。①

最后，重视收支核算的流量统计，忽视政府资产负债的配比问题。我国当前收付实现制的政府预算会计核算，无法全面记录各项债权债务关系，导致资产存量和资产净值的核算不实，其记录的债务口径为最窄的债务口径，包含的信息量有限（郑春荣，2019）[34]，且主要是债务总额的统计，而GFSM2014不仅包含债务总额，还包含净债务、或有债务。债务统计信息的不全面很容易加大隐性债务集聚风险。

3. 财政统计指标建设和数据不能有效监测和反映财政运行状况，也不能有效揭示财政风险

首先，目前我国财政收支的概念仍然是会计意义上的，不是政府财政统计意义上"净值"的概念（葛守中，2012）[35]。这就会产生一种误解，财政统计范围仅为财政部门管理的收支，实际工作中进一步将财政部门管理的收支与财政预决算收支画等号，但其实与GFSM2014统计的收支范围有很大出入。

其次，"四本账"中的部分财政收支科目重叠。比如2021年政府性基金预算中的彩票公益金，通过27个中央本级项目和8项转移支付安排191.63亿元，与一般公共预算相关支出项目重叠。②

再次，现有的财政统计指标并不科学，统计口径并不一致。比如税收收入的统计口径问题，一些省份要求地市实行税前上划省级财政，而一些省份无需地市财政上划至省里（肖潇和何明洋，2021）[36]。

最后，目前可用的衍生指标较少。我国政府财政统计指标主要是赤字率，提供的信息有限，无法为中长期财政规划管理提供参考。而且财政数据也并不全面，对财政政策制定和评价形成一定的干扰。

---

①② http://www.npc.gov.cn/npc/c30834/202206/17a7dc825750458ba00b85e5d7b6b18e.shtml。

总之，由于统计指标不完善、数据信息缺口，使得财政风险预警能力较低，造成财政统计在财政风险管理中的缺位。

4. 政府财政统计体系的应用滞后，未建立起依托财政统计指标的衍生统计指标和衍生数据产品

基于GFSM2014分析框架，生成一揽子数据统计指标，包括财政余额指标、其他财政指标、融资指标、财富和债务指标。财政余额指标中包含现金余额、净运营余额、净贷出/净借入；其他财政指标中包含财政负担（税收和社保缴款收入）、税收负担、直接税、间接税等；融资指标包含总融资规模、国内融资规模、国外融资规模等；财富和债务指标包含总债务、净债务、财富净值、财富净值总变动等。同时依托于其他宏观经济统计体系，又生成大量衍生指标，比如有效税率，在分析判断一国或地区劳动税负或者资本税负方面有突出表现，成为观察财政税收运行的基础指标，欧盟通常定期公布这一指标的数据信息。反观国内，由于我国目前尚未建立起完整的政府财政统计核算体系，仅依托于预决算数据建立起流量统计框架，因此生成的财政指标较少，无法创建起丰富的指标体系，以及依托指标生成庞大的数据库，利用数据库进行流畅的统计分析更是无从谈起。

六、总结与启示

目前我国的财政统计是以预决算管理为主的流量统计，尚未形成覆盖流量和存量的完整政府财政统计框架。在当前我国不断推进治理体系和治理能力现代化、加强数据治理、建设现代财政体制的背景下，需要以GFSM2014为蓝本推进我国的政府财政统计改革实践。

第一，不断推进完善权责发生制的政府财务报告制度，夯实政府财政统计的微观基础。国际上政府财政统计体系改革基本上先从"现金来源与使用表""政府运营表"的分类开始，对收付实现制产生的数据加以调整，之后便是进行政府会计核算基础改革，统计相应的资产负债信息。这其中会计核算基础变革为政府财政统计体系的关键一步。截至2018年，已经有25%的国家的政府财务报告实现了收付实现制向权责发生制的过渡，预计到2023年这个数字将达到65%，[①]目前我

---

① 数据来源于《国际公共部门财务责任指数》。

国的此项改革工作已在陆续推进。随着权责发生制的财务报告改革，推动优化了我国政府财政统计的信息来源和数据环境，编制政府财政统计体系的基础条件逐渐完善。

第二，继续拓宽预算管理范围，深化政府收支分类改革。受经济社会发展背景的影响，我国的政府收支分类科目经过多次调整，但目前仍与国际标准之间有一定的差异性，同时存在一些划分属性不明确、无法进行国际比较和交流的事项，这显然不符合国际上统计数据标准化改革的趋势。因此以国际统计标准GFSM2014和SNA2008为指导继续深化财政收支分类改革十分必要。具体包括：

一是继续扩大财政预算覆盖的范围，所有的政府活动都应纳入政府财政统计。早在1999年我国就有全口径预算管理的设想，2003年十六届三中全会上正式提出，2014年《预算法》修改之后从立法层面予以确认，要求不允许进行预算外资金管理。但是目前我国的政府收入中仍有一部分游离在预算管理之外，比如一部分应纳入部门预算的事业收入，因此需要加强对这部分资金的收束。

二是逐步完善财政统计意义上的政府收支的概念，调整收支口径，并且依据GFSM2014进一步优化财政收支分类科目设置，提高国际可比性。

第三，增加披露财政统计报表项目，形成流量和存量信息并存的闭合财政统计框架。目前GFSM2014公布了6张表的财政统计核算披露体系，涉及流量存量的全部信息，形成了丰富的财政统计分析指标，对于数据信息解读和风险预测有强大的支撑能力。与之相比，我国的财政预决算报表披露信息的能力较弱，财政透明度水平也多为学界诟病。依据政府财务报告制度，已经开始核算和统计存量资产负债信息，但并未向外界公开披露。下一步，可以积极试点资产负债信息公开，从而为编制完整统一的政府财政统计核算体系做铺垫。

第四，建立官方衍生财政数据指标和数据产品，增强财政数据服务经济社会发展能力。数据是新的生产要素和重要的生产力，财政数据是国家的重要战略资产。目前我国的财政年鉴和税收年鉴等官方平台披露的财政指标数据主要是基础性、未加工数据，比如税收收入、非税收入等。这些原始数据仅仅是对事实或过程的记录（田大治，2022）[37]，如若挖掘经济现象背后折射的深层逻辑，需要学者基于基础指标自行加工整理，而目前缺少诸如有效税率这样的衍生指标和衍生数据产品，服务宏观经济分析的能力也大打折扣。目前欧盟每年会披露劳动类税收、资本类税收、消费类税收以及相应的有效税率等衍生数据供用户浏览使用，而这种兼具智力成果和产品价值的衍生数据更为统计分析所青睐。因此有必要加强我国的财政数据应用分析,建立多层次的财政统计指标体系,筑牢经济治理数据库的基础,增进财政大数据服务经济社会发展的能力。

参考文献

[1] 葛守中.国际货币基金组织2001版政府财政统计再研究[J].统计研究,2011,28(04):67-75.

[2] 张芸霞.浅析《政府财政统计手册(2001)》[J].中国统计,2014(05):32-34.

[3][6] 陈梦根.财政统计准则更新的潜在影响及中国应对[J].中国高校社会科学,2016(05):116-125,159-160.

[4] 杨远根.国际货币基金组织新的政府财政统计体系借鉴[J].财政研究,2004(04):32-34.

[5] 陈梦根.建立科学高效的政府财政统计体系——IMF对政府财政统计体系的最新修订解析[J].行政管理改革,2014(10):58-62.

[7] 葛守中,卞祖武.GFS与SNA的比较研究[J].财经研究,2000(11):23-27.

[8] 范立夫,杨仲山,刘昊.政府财政统计体系(GFS)的比较分析[J].财政研究,2010(07):61-64.

[9] 陈梦根.政府财政统计国际标准的发展、修订及影响[J].云南民族大学学报(哲学社会科学版),2015,32(01):119-127.

[10] 刘小兵.政府收支分类改革的财政监督效应分析[J].财政监督,2013(07):30-33.

[11] 门淑莲,颜永刚.政府收支分类改革及其对我国财政管理的长远影响[J].经济理论与经济管理,2008(10):50-54.

[12] 郑春荣,朱海平.GFS收支核算理论的中国财政收支统计制度研究[J].求索,2008(11):20-22,36.

[13] 许宪春,雷泽坤,张钟文.财政收支与国民经济核算中相应指标的比较研究[J].财政研究,2019(11):27-36,76.

[14] 宋旭光.中国政府收入经济属性的核算解析[J].财政研究,2013(09):56-59.

[15] 宋旭光,牛华,石涵琨.中国政府支出经济属性的核算解析[J].财政研究,2017(02):15-24,14.

[16] 杨仲山,王岩.基于购买力平价的国际比较:理论基础与方法演进[J].经济统计学(季刊),2014(01):1-13.

[17] Levin J.New tools for measuring government[J].Finance and Development,1975,12(2):14.

[18] 刘立佳,王靖杨.财政统计制度的发展脉络研究:一个文献综述[J].财会通讯,2020(22):11-14.

[19] Petrie M, Hemming R.A Framework for Assessing Fiscal Vulnerability [J].IMF Working Papers, 2006, 00 (52).

[20] 朱海平.政府财政统计体系采用权责发生制的现实基础与理论背景 [J].经济体制改革, 2009 (01): 128-132.

[21] 许涤龙, 欧阳胜银.货币与金融统计国际准则体系的发展与启示 [J].财经理论与实践, 2012, 33 (01): 109-113.

[22] International Monetary Fund..Government Finance Statistics Manual, 2014 [J].Manuals and Guides, 2014.

[23] 陈梦根, 章敏.政府债务统计国际准则比较与借鉴 [J].经济社会体制比较, 2016 (04): 166-180.

[24] D Carey, J Rabesona.OECD Economic Studies No.35, 2002/2 TAX RATIOS ON LABOUR AND CAPITAL INCOME AND ON CONSUMPTION.2014.

[25] 于树一."小金库"专项治理收官之后：经济学分析与财政治理建议 [J].当代经济管理, 2014, 36 (04): 75-80.

[26] 岳红举, 单飞跃.政府性基金预算与一般公共预算统筹衔接的法治化路径 [J].财政研究, 2018 (01): 101-111+123.

[27] 白景明.深化事业单位预算管理改革亟须破解三大难题 [J].中国党政干部论坛, 2016 (12): 17-20.

[28][31] 楼继伟.基于国情背景认识财政预算有关问题 [J].财政研究, 2019 (05): 3-6.

[29] 徐全红.我国全口径预算管理的问题与改革路径选择 [J].经济研究参考, 2018 (28): 19-30.

[30] 郑春荣.世界四大国际组织的政府债务统计方法刍议 [J].公共治理评论, 2018 (01): 76-99.

[32] 许宪春.中国政府统计重点领域解读.清华大学出版社, 2019.

[33] 陈梦根.财政统计准则更新的潜在影响及中国应对 [J].中国高校社会科学, 2016 (05): 116-125+159-160.

[34] 郑春荣.世界四大国际组织的政府债务统计方法刍议 [J].公共治理评论, 2018 (01): 76-99.

[35] 葛守中.中国政府财政统计指标体系改革研究 [J].兰州商学院学报, 2012, 28 (05): 1-5.

[36] 肖潇, 何明洋."十四五"财政收支形势与政策建议 [J].宏观经济管理, 2021 (07): 7-13.

[37] 田大治.数字社会衍生数据确权的法理证成 [J].学习与实践, 2022 (08): 44-50.

中国政府收入分权测度体系构建初步研究

一、中国政府收入分权测度体系的内涵和文献综述

(一)政府收入分权的内涵

1. 政府收入

政府收入指的是在特定预算年度内通过一定形式和程度,有计划地筹措到的归政府支配的资金,是政府参与国民收入分配的主要形式,是政府实现其职能的财力保障,[①]是制约财政运行、衡量政府资源配置和宏观调控能力的重要标志,也是保证政府公共经济活动的物质基础(刘尚希,傅志华等,2018)。

从收入性质看,政府收入主要包括税收收入、非税收入、债务收入。其中税收收入是指国家依据其政治权力向纳税人强制征收的收入,目前我国开征的税种主要包括增值税、企业所得税、消费税、关税等18个税种;非税收入是指由各级国家机关、事业单位、代行政府职能的社会团体及其他组织依法利用国家权力、政府信誉、国有资源(资产)所有者权益等取得的各项收入,包括行政事业性收费

本文执笔人:梁季 孙维 吕慧
① 财政部预算司,政府收支分类改革问题解答。

收入、政府基金收入、罚没收入、国有资源（资产）有偿使用收入、国有资本收益等；债务收入是指政府或者其设立的公共机构，以政府信用和公共财政收入为担保通过借贷方式从国内外取得的收入。

2. 权束（款）

政府收入分权是多维概念，税收收入、非税收入、债务收入等各类收入从权束的角度来看包括立法权、征管权、收益权，等等。政府收入权束可以按横向和纵向配置，横向的政府收入权束主要包括立法权、征管权、司法权和违宪审查权，分别在各级立法机关、行政机关、司法机关的配置；纵向的政府收入权束主要涉及中央与地方各级政府间的权束配置，包括立法权、征管权和收益权在政府间的分配。纵向政府收入权束是本测度体系关注的重点。

（1）立法权

政府收入立法权解决的关键问题是政府取得各类收入的权力归属，包括制定权、审议权、表决权和公布权等。其中税收立法权是指由谁来立法征税并确立税制，非税收入立法权是指由谁决定各项非税收入的设立和相关管理制度和政策的制定，债务收入立法权是指由谁批准发行政府债券以及制定相关管理制度和政策。

（2）征管权

政府收入征管权配置是确定由谁来负责征收和管理各类政府收入。其中税收征管权包括税法的执行权和相关政策的解释权；非税收入征管权包括各项非税收入减征、免征或者缓征的审批和解释权；债务收入征管权包括政府债券发行额度、用途、增减的审批审查权。

（3）收益权

政府收入收益权解决最终由谁享有和使用政府收入。其中税收收益权是指税收入入哪一级国库，由哪一级政府使用；非税收益权是指非税收入入哪一级国库，由哪一级政府使用；债务收入是指政府发行债券收入补充哪一级政府预算收支缺口。

（二）国内外研究进展

构建中国政府收入分权测度体系主要包括分权指标构建和指标赋值两部分内容。测量分权、建构分权指标，对于理论和政策研究者而言，是一件富有挑战性的工作（Schroeder 和 Aoki，2009）。之所以难，原因之一是很难找到能够覆盖财政分权概念的方方面面的操作性定义，原因之二是只能在现有的有限数据基础上进行操作（张光，2011）。目前学术界对于政府收入分权的测度较为单一，从权束角度来看主要是收益权，但其弊端也很明显，即两个地区的收入份额占比相同并不能说明二者的收入权力等同，因此仅测算收益权分权指标难以全景反映政府收入分权程度，这也是我们构建中国政府收入分权测度体系的初衷与价值所在。

1. 关于政府收入权束的相关文献

（1）税收权束

关于税权可以从不同层面进行阐释。陈刚（1995）认为，税权是国家主权的一种体现形式，具体表现为取得权（课税权）、使用权（支出权）。刘丽（2011）认为税权是国家行使的税收管辖权，涵盖国家和居民的税权关系，即国家取得居民的财产所有权之权；和国家机关内部的权利关系，即立法、执法和司法权的分配，具体可包括税收立法权、税收征管权和税收收益权（税收入库权或是税收分配权）（张守文，2000；吕冰洋，2009；白彦锋，2004；冯杰，2018）。税收立法权即"税法的初创权、税法的修改权和解释权、税法的废止权、税种的开征与停征权、税目的确定权、税率的调整权、税收优惠的确定权"（马国强，2019）。税收征管权保障筹集的资金从私人部门向公共部门转移。税收收益权因征管权实现而产生，即谁有权获取税收利益（张守文，2000）。部分文献从三权分立的角度提出，税权可以分为税收立法权、执法权和司法权（杨晓萌，2018）。或将其分为税收立法权、政策制定权和税收征管权，以及将其分为税收立法权、政策解释权、调整权和征收管理权（姜孟亚，2009）。在我国人民民主专政的国家体制下，税权分为人民享有的税权形式主权和代议制机关享有的税权实质主权，后者指的就是征税权和用税权（刘丽，2011）。施正文（2002）认为，对税权的解释涵盖三个层面，即国家及其拥有的权力、宪法层面、国际法层面，据此可以将税权扩充至税收管辖权和纳税人权利。

（2）非税收入权束

非税收入开征的依据是国家行政权力、财产所有权和政府信誉。对规费、罚没收入等，政府依据行政权强制征收，对国有资本（资源）有偿使用收入、国有资本经营收益、利息收入凭借国家所有权依法取得，彩票公益金是凭借政府信誉取得（苑广睿，2007）。非税收入其具有"所有权归国家、使用权归政府、管理权归财政"的属性，因此，对非税收入权束的确定，具体包括立项权、管理权和收益支配权（聂少林，2011）。非税收入立项权或是设立权，包括固有设立权和剩余设立权（谭立，2015）。部分学者认为，非税收入权束可以分为取得权和使用权（谭立，2012），以及地方动议权（唐桂娥，2006）。张学博（2021）认为非税收入的纵向分配权限可包括立项权、收费标准制定权、征收权、收益处置权，横向分配权限可包括立项权、征收权、收入管理权和资金使用权。唐贺强（2021）认为罚没收入作为政府取得的一项公共财产，权利配置依据财政权[①]概念下的收入、管理和支出分为收入权、管理权和支出权。

（3）债务收入权束相关文献

发债权是财权和税权的一种附加权（邓晓兰等，2005）。中央和地方政府均有发债权。中央政府只需要凭借中央政府信用、征税权和货币发行权，便可获得发债权（曹艳杰，2006）。中央公债发行权包括专属公债发行权和普通公债发行权（冉富强，2011）。债务收入作为地方政府获得资金的重要来源形式，地方发债权要置于一国财政体制框架之下，以弥补收支缺口为目的。贾康和白景明（2002）认为，一级政权，对应有一级财政，理应有一级举债权。在中央可协调控制的基础上，地方理应拥有发债权，但是如果中央对地方的协调控制不强，地方政府拥有发债权会削弱中央的控制力（常向东和王晓慧，2010）。陈都（2016）将发债权进一步分为公债立法权、举债提议权、举债议决权、公债融资与投资权、公债监督权等，并分别由立法机关、行政机关、以及审议机关行使。

2. 关于分权指标设计的相关文献

（1）政府间收入收益权分权测度

以下级政府的财政收支份额占比来刻画财政分权程度是度量财政分权程度的重要方法（Oates，1985；Davoodi 和 Zou，1998；Xie 等，1999；Zhang 和 Zou，1998）。世界银行运用 IMF 的《政府财政统计》（Government Finance Statistics）年度数据计算了一系列财政分权指标[②]，其中从收入侧观察的重要指标是地方政府收入占该国财政总收入比重（Sub-national revenues of total revenues），即一国所有地方财政收入除以该国总的财政收入，这一指标比重越大，分权程度越高，同样的方法也适用于省以下政府收入分权程度的测量，即下级政府收入占上级政府收入的比重，占比越高，分权程度越高。

---

① 财政权脱胎于行政权，其概念更多关注"行政"的形式特点，即财政行为以及该行为本身的正当性。

② 关于世界银行所计算的财政分权指标与说明详见 http://www.worldbank.org/publicsector/decentralization/fiscalindicators.html.

虽然上述指标只能刻画收入分权的某些侧面，但是因其简单、易于大样本操作的优点而广为学者们使用，并在原有的基础上出现了预算内与预算外、总额与人均、全国与中央（作为比较的分母）等变形形式（张光，2011），具体包括各省预算内收入/全国预算内收入、各省预算外收入/全国预算外收入（Jin 和 Zou，2005；沈坤荣和付文林，2005），各省预算内和预算外收入/全国预算内和预算外收入（沈坤荣和付文林，2005；梁若冰，2009），各省预算内收入/中央预算内收入（张晏和龚六堂，2005；周业安和章泉，2008），各省预算内和预算外收入/中央预算内和预算外收入（张晏和龚六堂，2005），人均各省预算内收入/人均中央预算内收入（张晏和龚六堂，2005；吴一平，2008；傅勇，2010），人均各省预算内和预算外收入/人均中央预算内和预算外收入（张晏和龚六堂，2005；吴一平，2008），等等。

然而，使用收入份额占比衡量收入分权程度也存在不小缺陷，以全国或中央财政收入作为衡量地方财政分权的基数存在分母相同的问题（林毅夫和刘志强，2000；樊勇，2006），导致所度量的财政分权更多的是各地区的财力差距，而不一定是财政分权差异（吕冰洋等，2021），无法体现财政体制的变化，因为即使在统收统支时期有一些省份一直对中央政府的预算有所贡献，而且影响省和省以下各级政府行为的是边际分成率，而非平均分成率（林毅夫和刘志强，2000）。

（2）政府间税权分权测度指标

从政府收入类型看，税收收入是政府收入分权测度中研究较为全面的收入类型。税权划分原则主要包括效率原则，即征税率高的作为中央税；适应原则，即税基宽的作为中央税；恰当原则，即为使全国居民公平负担税收而设立的税种应划为中央税（Seligman，1895）。Mursgrave（1983）从理论上提出税种划分的七个标准：第一，收入再分配作用较大的累进税归中央；第二，具备稳定经济功能的税种归中央，相对平稳、收入波动不大的税种归地方；第三，税源区域分布不均的税种归中央；第四，以流动性要素为征税对象的税收归中央；第五，依赖于居住地的税收归地方更加合理；第六，以非流动性生产要素为征税对象的税收归入地方；第七，收益性税收还有收费可以满足各级政府的需要。

衡量税收收益权分权程度的指标有各省税收收入/全国税收收入（单新萍和卢洪友，2011）、各省人均税收收入/全国人均税收收入（沈伟，2008；单新萍和卢洪友，2011）等。还有不少学者通过计算某些税种在政府间的分成率来描述税收分权程度，如用各省的市县级政府获得的企业所得税或增值税税收收入总和除以该省份税务部门组织的该项税收收入来代表市县政府税收分成率（吕冰洋等，

2016），用县级自有的增值税、企业所得税收入分别占该地区实际缴纳增值税、企业所得税总额的比重来度量县级增值税和企业所得税分成比例（毛捷等，2018）等。

3. 关于分权指标权重设置的相关文献

目前对政府收入分权的测算多为单指标，单指标有其明显的缺陷，学者们试图构建多指标体系测算财政分权程度。李齐云等（2017）通过对税收立法权、征管权和收益权设置相同的权重合成税收分权度这一指标。龚锋和雷欣（2010）选择了财政收入自治率（地方本级预算收入占地方预算总收入的比例）、财政收入占比、财政支出自治率（地方本级预算支出扣除中央转移支付后的余额占地方预算总支出的比例）、财政支出占比、税收管理分权度、行政管理分权度等六个指标，分配相同权重，通过4种指标加总方法，生成4组财政分权综合指标。徐国祥等（2016）构建了一组中国财政分权度指数，具体包括税权分成、收支分成和央地分离三个一级指标，其中税权分成进一步包括税收立法权和税收分配权，收支分成进一步分为收入分成和支出分成，三个一级指标赋相同的权重。孙开和温馨（2014）从经济性分权和行政性分权构造了多维指标测度体系，经济性分权系数进一步包括体制性分权系数、自主性分权系数、协议性分权系数、公共性分权系数，行政性分权包括增长性分权系数和征管效率系数，是对经济性分权系数的有益补充。

二、中国政府收入分权测度体系的理论和制度基础

（一）理论基础

财政联邦主义是研究中央与地方财政关系的重要理论基础，但是中国财政分权的理论逻辑、实践逻辑与财政联邦主义有根本性的区别，单纯使用财政联邦主义的分析框架对中国当前的财政体制缺乏足够的理论解释力。本部分在概述西方财政分权理论基础上，重点分析我国财政分权理论。

1. 西方财政分权理论

第一代财政联邦主义主要是由Hayek（1945）、Tiebout（1956）、Stigler（1957b）、Buchanan（1965）和Oates（1972）等人提出并发展起来的。其主要是从经济效率、公共物品的双重性和各级政府的差异性入手，探讨不同级次政府之间职能划分，论证财政分权的必要性。第一代财政联邦主义通过"用脚投票"的选择机制

（Tiebout，1956）和俱乐部理论（Buchanan，1965；McGuire，1972）论证了地方政府提供公共物品的原则和必要性。20世纪90年代中期，Qian（1994）、Weingast（1995）等人基于英美等国家市场经济的发展经验，在传统的财政分权理论的基础上，创新性地引入了激励相容机制（Qian，1994）和机制设计学说（Weingast，1995；Qian和Roland，1998），将财政联邦主义的研究视角转变为经济增长和市场保护方面，并逐渐发展为第二代财政联邦主义（Weingast，1995；1999；Montinola等，1995）。改革开放以来，中国经济增长创造世界奇迹，很多学者基于第二代财政联邦理论研究"市场保护型联邦主义"和中国经济增长相关性的研究，并利用中国的经验数据论证了二者之间的因果关系（Montinola等，1995；Qian和Weingast，1996）。同时，财政分权和经济增长之间的关系也存在着诸多争议（Thiessen，2003；杨其静和聂辉华，2008）。

2. 中国特色财政分权理论

中国在从高度集中的计划体制转向市场化改革的进程中，政府间财政关系经历了集权、放权、分权、治权几个阶段。财政体制对国家治理具有举足轻重的作用和整体性的影响，虽然不同历史时期，财政体制的定位和作用不同，但总的来说主要包括以下四个方面：一是通过事权、财权、财力等要素的安排，为政府间公共资源配置奠定基础，让公共资源配置和市场资源配置形成合力，促进经济效率提升；二是通过政府与市场关系的耦合，明确政府行为规则，促进了全国统一市场的形成和公平竞争市场环境的营造；三是促进基本公共服务均等化，为区域协调发展和社会公平提供基础条件；四是保障国家长治久安。

改革开放以前，中国实行计划配置方式，财权高度集中在中央，地方财政作为中央财政计划的执行单位加以考虑和设置，财力分配上实行平均主义（楼继伟，2013）。1956年，毛泽东在社会主义建设和改造的十大关系中提出，处理"中央和地方的关系"要在巩固中央统一领导的前提下，扩大一点地方的权力，让地方办更多的事情。中央要注意发挥省市的积极性，省市也要注意发挥地、县、区、乡的积极性（毛泽东，1976）[1]。此后，中国的财政体制步入"放权""收权"循环

---

[1] 1956年4月25日，毛泽东在中央政治局扩大会议上作了《论十大关系》的讲话。之后，中央政治局连续讨论了3天。根据讨论中提出的意见，毛泽东进行修改补充，于5月2日向最高国务会议作了报告。《论十大关系》在很长时间内没有公开发表，只在党内高中级干部中作过传达。1976年12月26日，经毛泽东生前亲自审定的《论十大关系》在《人民日报》公开发表，随后收入《毛泽东选集》第五卷。1999年6月，收入中央文献研究室编辑的《毛泽东文集》第七卷。

的探索之中。

改革开放初期，财政放权逐步增加了地方财力，扩大了地方自主权，调动了地方当家理财、增收节支的积极性，促进了地区经济发展，但也存在"诸侯经济"等负面作用（戴园晨和徐亚平，1992），地方相互之间、地方与中央各部门之间出现互相封锁的现象（许毅，1980）；同时，由于在具体实施过程中过分强调了地方的利益，致使地方财力增加过猛、中央财力相对匮乏，影响了中央财政调控能力（邓子基，1992）。

市场经济条件下，政府间职责的划分、税收权力与收入的分配等都要遵循市场经济的内在逻辑、促进资源合理配置。中央集中的基本上是宏观经济管理责任和调控权，地方在最适合于地方政府行使社会经济管理能力的领域应有更为明确的自主管理权（楼继伟，2013）。与放权中的单一主体不同，分权有助于多元主体的形成。或者说，分权的过程实质也是多元主体渐渐形成的过程，而多元主体的形成又为进一步的分权创造了条件。

分税制改革后，央地财政关系形成了更清晰的中央与地方两级主体，中央决策、地方执行。中央在事权、财权、财力划分上具有决定权，维护中央权威，确保法制统一、政令统一、市场统一。同时，对经中央决定属于地方的事权、财权和财力，地方依法依规履行和享有，地方有了明确的利益预期，其主动性和积极性得到极大释放。分税制既要分税，也要分产。构建公共产权制度，是实现公有制与市场经济相结合的唯一途径，是处理好中央与地方关系不可或缺的基础。西方社会私有产权为主导，其财政收入主要是税收，而我国目前的社会产权结构是以公共产权为主导，但我国的财政收入忽视了以公共产权为基础的其他收入形式，由此导致公共产权未能在财政上得到充分实现。1994年的财税改革更多是"分税"，而没有"分产"，公共资源特别是土地自发无序地成为地方政府的"第二财政"（刘尚希和吉富星，2014）。

2013年中共十八届三中全会所做出的"科学的财税体制是优化资源配置、维护市场统一、促进社会公平、实现国家长治久安的制度保障"（中共中央，2013）这一理论判断，赋予了财政体制新的历史作用，财政体制由经济体制的组成部分提升为国家治理体系中具有基础性和支撑性意义的组成部分。其所牵动的纵深影响，已经不限于初次分配与再分配，而是跨越包括政府与市场关系、中央与地方关系、国家与社会关系在内的所有国家治理环节。由财税体制改革破题，从构筑基础和重要支柱做起，为国家治理体系和治理能力现代化提供强大的制度保障，成为全面深化改革的战略选择（高培勇，2018）。

（二）制度基础

1. 法律基础

我国关于政府收入分权的法律法规分散在宪法、相关法律和行政法规以及政府文件中。

（1）《中华人民共和国宪法》

《中华人民共和国宪法》（以下简称《宪法》）是国家的根本大法。《宪法》明确规定土地以及各类自然资源属于国家和全民所有。政府间收入权力的划分原则是在中央的统一领导下，充分发挥地方的主动性、积极性，同时地方各级人民代表大会的立法权力受到全国人民代表大会的制约，尤其是关于财政权力方面的规定，而由于没有明确地方政府的财政权力主体地位及其与中央政府的财政权力划分关系，导致中央政府尤其是中央国家行政机关所掌控的财政权力过大，中央行政机关通过行政层级对地方政府进行政策的贯彻和财政权力上的控制、管理。（详见专栏1）

专栏1

《中华人民共和国宪法》与政府收入分权相关的法条

第三条　中央和地方的国家机构职权的划分，遵循在中央的统一领导下，充分发挥地方的主动性、积极性的原则。

第九条　矿藏、水流、森林、山岭、草原、荒地、滩涂等自然资源，都属于国家所有，即全民所有。

第十条　城市的土地属于国家所有。

第五十七条　中华人民共和国全国人民代表大会是最高国家权力机关。

第五十八条　全国人民代表大会和全国人民代表大会常务委员会行使国家立法权。

第六十七条　全国人民代表大会常务委员会行使下列职权：撤销省、自治区、直辖市国家权力机关制定的同宪法、法律和行政法规相抵触的地方性法规和决议。

（2）《中华人民共和国预算法》

《中华人民共和国预算法》（以下简称《预算法》）是财政领域的"宪法"，对于政府收入分权有着明确的规定。

一是各级政府收入范围。《预算法》明确政府预算收入包括一般公共预算收入、政府性基金预算收入、国有资本经营预算收入、社会保险基金预算收入，其中一般公共预算收入包括各项税收收入、行政事业性收费收入、国有资源（资产）有偿使用收入、转移性收入和其他收入。中央一般公共预算收入包括中央本级收入和地方向中央的上解收入，地方各级一般公共预算收入包括地方本级收入、上级政府对本级政府的税收返还和转移支付、下级政府的上解收入。

二是政府间收入的体制。我国实行中央和地方分税制，一级政府一级预算，财政转移支付包括中央对地方的转移支付和地方上级政府对下级政府的转移支付，以均衡地区间基本财力、由下级政府统筹安排使用的一般性转移支付为主体。

三是政府收入相关行为主体履行的权束。总的来看，编制预算草案的具体事项由国务院财政部门部署，各级政府、各部门、各单位按照国务院规定的时间编制预算草案；中央预算由全国人民代表大会审查和批准，地方各级预算由本级人民代表大会审查和批准；中央和省两级政府有举债权。①

（3）《中华人民共和国地方各级人民代表大会和地方各级人民政府组织法》

《中华人民共和国地方各级人民代表大会和地方各级人民政府组织法》保障和规范了各级人大和政府行使政府收入编制、审查、监督等相关职权。县级以上的地方各级人民代表大会负责审查和批准本行政区域内预算及其执行情况的报告，审查监督政府债务，监督本级人民政府对国有资产的管理；县级以上的地方各级人民政府负责编制和执行预算，管理本行政区域内的经济、教育、科学、文化、

---

① 《中华人民共和国预算法》第三十五条规定，经国务院批准的省、自治区、直辖市的预算中必需的建设投资的部分资金，可以在国务院确定的限额内，通过发行地方政府债券举借债务的方式筹措。举借债务的规模，由国务院报全国人民代表大会或者全国人民代表大会常务委员会批准。省、自治区、直辖市依照国务院下达的限额举借的债务，列入本级预算调整方案，报本级人民代表大会常务委员会批准。

卫生、体育、城乡建设等事业和生态环境保护、自然资源、财政、民政、社会保障、公安、民族事务、司法行政、人口与计划生育等行政工作，履行国有资产管理职责。①

（4）其他相关法律法规

《中华人民共和国土地管理法》《中华人民共和国森林法》《中华人民共和国矿产资源法》《中华人民共和国水法》《中华人民共和国行政事业性国有资产管理条例》等法律法规明确界定了土地、自然资源、国有资产等有可能产生政府收入的资源资产的所有权、使用权、收益权等权束的内涵和外延（详见附件1）。如《中华人民共和国森林法》规定了所有森林资源均归国家所有，所有权由国务院代表行使，林业经营者可以依法享有使用权，经批准可以出租、转让、作价出资等，国有企业事业单位、机关、团体、部队营造的林木，由营造单位管护并按照国家规定支配林木收益。

2. 体制基础

（1）税收收入的体制基础

自1994年实施分税制财政体制改革以来，我国主要按照税种属性划分各级政府收入，将体现国家主权的税种划为中央收入，如关税、进口环节税收等；将税基较为稳定和地域化属性明显的税种划为地方收入，如房产税；将税基流动性较强、地区间分布不均衡的税种划为中央收入或中央按照较高的比例分享，如增值税、企业所得税等。党的十八届三中全以来，体制进一步调整，主要包括税收返还增量分配定额化，增值税五五分成常态化，推进后移消费税征收环节并稳步下划地方改革等，目前我国央地税收收入划分如表1所示。

表 1　　　　　　　　　现行央地税收收入划分

中央税	进口环节增值税和消费税、关税、国内消费税②、车辆购置税、船舶吨税、海洋石油资源税、证券交易印花税、中国人民银行、工商银行、农业银行、建设银行、中国银行等各银行总行和中国人保控股公司总公司、中国人寿保险（集团）公司总公司、中国再保险（集团）公司总公司缴纳的城市维护建设税等。

---

① 详见《中华人民共和国地方各级人民代表大会和地方各级人民政府组织法》。
② 《国务院关于印发实施更大规模减税降费后调整中央与地方收入划分改革推进方案的通知》（国发〔2019〕21号）要求先对高档手表、贵重首饰和珠宝玉石等条件成熟的品目实施改革，再结合消费税立法对其他具备条件的品目实施改革试点，2021年国内消费税收入仍全部归属中央。

续表

地方税	环境保护税、房产税、城镇土地使用税、城市维护建设税（地方分享的中国铁路总公司集中缴纳的铁路运输企业城市维护建设税，除中国人民银行、工商银行、农业银行、建设银行、中国银行等各银行总行和中国人保控股公司总公司、中国人寿保险（集团）公司总公司、中国再保险（集团）公司总公司外的其他国有企业缴纳的城市维护建设税，国有企业外的其他企业和个人缴纳的城市维护建设税）、土地增值税、资源税（水资源税中央10%、地方90%）①、印花税、车船税、耕地占用税、契税、烟叶税、教育费附加等。
中央与地方共享税	国内增值税，共享比例：中央50%，地方50%。
	企业所得税，除铁道部、各银行总行和海洋石油企业交纳的部分归中央外，其余中央地方按60%与40%比例分享。
	个人所得税，除个人存款利息个人所得税归中央外，其余中央地方按60%与40%比例分享。

分税制改革后，中央与地方财政收入有了稳定的渠道，两个比重上升，增强了中央政府的宏观调控能力。相比于央地关系，省级政府拥有相当程度的自主权来决定本地区政府间税收收入划分。2022年，中央要求进一步推进省以下政府间收入划分，收益权划分更加科学、规范，省级调控能力增强。（见专栏2）

专栏2

2022年进一步推进省以下财政体制改革措施

2022年，为贯彻分税制原则，完善省以下收入划分，合理调动各级政府积极性，保证基层财政有稳定收入来源，《国务院办公厅关于进一步推进省以下财政体制改革工作的指导意见》（国办发〔2022〕20号）就理顺省以下政府间收入划分提出三方面措施。

一是将税基流动性强、区域间分布不均、年度间收入波动较大的税收收入作为省级收入或由省级分享较高比例；将税基较为稳定、地域属性明显的税收收入作为市县级收入或由市县级分享较高比例。

---

① 《财政部 国家税务总局关于全面推进资源税改革的通知》（财税〔2016〕53号）规定"水资源税仍按水资源费中央与地方1∶9的分成比例不变"，为调动试点省份参与水资源税改革的积极性，《财政部 税务总局 水利部关于印发〈扩大水资源税改革试点实施办法〉的通知》（财税〔2017〕80号）第二十七条规定，水资源税改革试点期间，水资源税收入全部归属试点省份。

二是规范收入分享方式。税收收入应在省以下各级政府间进行明确划分,对主体税种实行按比例分享,结合各税种税基分布、收入规模、区域间均衡度等因素,合理确定各税种分享比例。

三是适度增强省级调控能力。结合省级财政支出责任、区域间均衡度、中央对地方转移支付等因素,合理确定省级收入分享比例。基层"三保"压力较大的地区以及区域间人均支出差距较大的地区,应逐步提高省级收入分享比例,增强省级统筹调控能力。区域间资源分布不均的地区,省级可参与资源税收入分享,结合资源集中度、资源税收入规模、区域间均衡度等因素确定省级分享比例。省级财政应完善省以下增值税留抵退税分担机制,缓解退税相对集中市县的退税压力,确保退税政策及时准确落实到位。省级因规范财政体制集中的收入增量,原则上主要用于对下级特别是县级的一般性转移支付。

(2)非税收入的体制基础

"非税收入"第一次在国家正式文件里出现是2001年,后经过多次规范调整。目前非税收入实行分级管理体制,设立和征管权限主要集中在中央和省两级政府,收益则按照管理权限确定的收入归属和缴库要求,缴入相应级次国库。其中,涉及中央与地方分成的非税收入,其分成比例由国务院或者财政部规定;涉及省级与市、县级分成的非税收入,其分成比例由省级人民政府或者其财政部门规定;涉及部门、单位之间分成的非税收入,其分成比例按照隶属关系由财政部或者省级财政部门规定。2022年进一步推进省以下财政体制改革要求对非税收入可采取总额分成、分类分成、增量分成等分享方式,逐步加以规范。省内同一税费收入在省与市、省与省直管县、市与所辖区、市与所辖县之间的归属和分享比例原则上应逐步统一。

具体来看,行政事业性收费按照国务院和省级人民政府及其财政、价格主管部门的规定设立和征收,除表2所列中央行政事业性收入和地方行政事业性收入外,其余均为中央与地方收入,按管理权限确定收入归属或是按比例分成。

政府性基金按照国务院和财政部的规定设立和征收,收入划分如表3所示。

国有资源有偿使用收入、特许经营收入按照国务院和省级人民政府及其财政部门的规定设立和征收,国有资产有偿使用收入、国有资本收益由拥有国有资产

（资本）产权的人民政府及其财政部门按照国有资产（资本）收益管理规定征收，国有资本收益中除中国人民银行上缴收入、烟草企业上缴专项收入为中央收入，其他均为中央与地方收入，按管理权限确定收入归属或是按比例分成，国有资源（资产）有偿使用收入划分如表4所示。

彩票公益金按照国务院和财政部的规定筹集，彩票公益金由各省、自治区、直辖市彩票销售机构根据国务院批准的彩票公益金分配政策和财政部批准的提取比例，按照每月彩票销售额据实结算后分别上缴中央财政和省级财政，逾期未兑奖的奖金由彩票销售机构上缴省级财政，全部留归地方使用。

主管部门集中收入、以政府名义接受的捐赠收入、政府收入的利息收入及其他非税收入按照同级人民政府及其财政部门的管理规定征收或者收取，收入按照按管理权限确定归属或是按比例在中央和地方各级政府之间分配。

表2　　　　　　　现行中央和地方行政事业性收费收入

中央行政事业性收费收入	海关、国管局、港澳办、中直管理局、铁路、证监会、银保监会等部门收取的行政事业性收费收入，市场监管部门收取的滞纳金收入、建设部门收取的人力资源开发中心收费收入、专利收费、集成电路布图设计保护收费、商标注册收费、航空业务权补偿费、适航审查费、长江口航道维护费、长江干线船舶引航收费、电信网码号资源占用费、造血干细胞配型费、民政部管理干部学院收取的住宿费收入。
地方行政事业性收费收入	临时入境机动车号牌和行驶证（驾驶证）工本费、保安员资格考试费、客运索道运营审查检验和定期检验费、压力管道元件制造审查检验费、特种（一般）劳动防护用品检验费、土地复垦费、土地闲置费、草原植被恢复费收入、预防接种异常反应鉴定费、非免疫规划疫苗储存运输费。

表3　　　　　　　现行中央和地方政府性基金收入

中央政府性基金收入	中央农网还贷资金收入、铁路建设基金收入、民航发展基金收入、旅游发展基金收入、大中型水库移民后期扶持基金收入、中央大中型水库库区基金收入、三峡水库库区基金收入、中央特别国债经营基金收入、中央特别国债经营基金财务收入、中央重大水利工程建设资金、核电站乏燃料处理处置基金收入、可再生能源电价附加收入、船舶油污损害赔偿基金收入、废弃电器电子产品处理基金收入。
地方政府性基金收入	地方农网还贷资金收入、海南省高等级公路车辆通行附加费收入、地方大中型水库库区基金收入、小型水库移民扶助基金收入、地方重大水利工程建设资金、车辆通行费、政府性基金专项债对应项目专项收入。
中央和地方政府性基金收入	港口建设费收入、国家电影事业发展专项资金收入、国有土地收益基金收入、农业土地开发资金收入、国有土地使用权出让收入、城市基础设施配套费收入、污水处理费收入。

表 4　　现行中央和地方国有资源（资产）有偿使用收入

中央国有资源（资产）有偿使用收入	中央海域使用金收入、海上石油矿区使用费、中央合资合作企业场地使用费收入、特种矿产品出售收入、中央无居民海岛使用金收入、石油特别收益金专项收入、动用国家储备物资上缴财政收入、铁路资产变现收入、电力改革预留资产变现收入、航班时刻拍卖和使用费收入、国家留成油上缴收入。
地方国有资源（资产）有偿使用收入	地方海域使用金收入、陆上石油矿区使用费、地方合资合作企业场地使用费收入、港澳台和外商独资企业场地使用费收入、出租车经营权有偿出让和转让收入、地方无居民海岛使用金收入、转让政府还贷道路收费权收入、排污权出让收入、农村集体经营性建设用地土地增值收益调节金收入、市政公共资源有偿使用收入。
中央和地方地方国有资源（资产）有偿使用收入	中央和地方合资合作企业场地使用费收入、专项储备物资销售收入、国库存款和有价证券利息、非经营性国有资产收入、矿产资源专项收入、新增建设用地土地有偿使用费收入、水资源费收入。

（3）债务收入的体制基础

新《预算法》实施后，我国政府举借债务管理体制有较大变化。目前，举借债务的立法审批、制度政策制定权属于中央，《预算法》《地方政府一般债券发行管理暂行办法》《地方政府债券发行管理办法》等政府举借债务相关的法律法规均由国务院、财政部制定，全国人大审议通过。

发行权属于中央和省两级政府，其中中央一般公共预算中必需的部分资金，可以通过中央政府举借国内和国外债务等方式筹措，但是省级政府的发行权受到约束，发行规模受限额管理，需由国务院报全国人民代表大会或者全国人民代表大会常务委员会批准。收益权，以及审查、调整权属于各级人大、政府相关部门。全国和地方各级人大部门负责审查预算安排举借的债务是否合法、合理，是否有偿还计划和稳定的偿还资金来源；各级政府财政部门对于增加举借债务数额进行预算调整。

当前举借债务的管理体制使中央和省级政府成为各级政府举借债务权利的核心，省级政府兼具地方政府债券发行、市县债务限额分配以及债务统借统还等职权。当市县政府依赖于省级代为举债时，后者便具有了前者债务限额分配和规模控制能力，省级政府既是债务受益者，又是省以下各级政府债券额度分配竞争者，还是地方政府信用评价者和违约行为制裁者，具有多重身份，在省以下债务收入分权中更有主动权。

三、关于中国政府收入分权测度指标体系构建的初步思考

（一）原则

1. 全面性原则

全面性原则，即拟构建的中国政府收入分权测度指标体系应覆盖全部政府收入类型，力求完整反映收入分权程度。

2. 完整性原则

在传统收入收益权研究的基础上，可以在立法权、征管权等权束的测度方面有所进展。

3. 多层次原则

在数据可得且真实的前提下，本指标体系尽可能覆盖中央、省、市、县多层级政府的政府收入分权测度，不仅聚焦中央和地方两级分权测度，还扩展到省以下政府收入分权逻辑。

4. 真实性原则

为保证本指标体系真实、准确和可追溯，计算指标所用的数据均为公开数据，来源为中央、省、市、县预决算报告，《中国财政年鉴》《中国税务年鉴》《中国统计年鉴》《中国区域经济统计年鉴》《新中国六十年统计资料汇编》《全国地市县财政统计资料》等。

（二）政府收入分权测度指标体系

基于上述原则，构建中国政府收入分权测度指标体系，包括一级指标3个，即税收分权指标、非税分权指标、债务分权指标，二级指标9个，三级（详见表5）。

表 5　　　　　　　　中国政府收入分权权束分解

一级权束	二级权束	三级权束
税收分权	税收立法分权	税种开征、废除权
		税制制定权
		税收政策制定权
		税制要素调整权
	税收征管分权	税制（政策）执行权
		税制（政策）解释权
		税种管理权
		税收收入征收权
	税收收益分权	税收收入归属权
		税收收入使用权
非税分权	非税立法分权	非税项目设立、废除权
		非税制度制定权
		非税政策调整权
	非税征管分权	非税制度（政策）执行权
		非税制度（政策）解释权
		非税管理权
		非税收入征收权
	非税收益分权	非税收入归属权
		非税收入使用权
债务分权	借债立法分权	
	借债征管分权	
	借债收益分权	

附件1：政府收入分权相关法律法规（节选）

一、《中华人民共和国土地管理法》

第二条　中华人民共和国实行土地的社会主义公有制，即全民所有制和劳动群众集体所有制。全民所有，即国家所有土地的所有权由国务院代表国家行使。任何单位和个人不得侵占、买卖或者以其他形式非法转让土地。土地使用权可以依法转让。国家为了公共利益的需要，可以依法对土地实行征收或者征用并给予补偿。国家依法实行国有土地有偿使用制度。但是，国家在法律规定的范围内划拨国有土地使用权的除外。

第九条　城市市区的土地属于国家所有。农村和城市郊区的土地，除由法律规定属于国家所有的以外，属于农民集体所有；宅基地和自留地、自留山，属于农民集体所有。

第十条　国有土地和农民集体所有的土地，可以依法确定给单位或者个人使用。使用土地的单位和个人，有保护、管理和合理利用土地的义务。

二、《中华人民共和国森林法》

第六条　国家以培育稳定、健康、优质、高效的森林生态系统为目标，对公益林和商品林实行分类经营管理，突出主导功能，发挥多种功能，实现森林资源永续利用。

第十四条　森林资源属于国家所有，由法律规定属于集体所有的除外。国家所有的森林资源的所有权由国务院代表国家行使。国务院可以授权国务院自然资源主管部门统一履行国有森林资源所有者职责。

第十六条　国家所有的林地和林地上的森林、林木可以依法确定给林业经营者使用。林业经营者依法取得的国有林地和林地上的森林、林木的使用权，经批准可以转让、出租、作价出资等。具体办法由国务院制定。林业经营者应当履行保护、培育森林资源的义务，保证国有森林资源稳定增长，提高森林生态功能。

第十七条　集体所有和国家所有依法由农民集体使用的林地（以下简称集体林地）实行承包经营的，承包方享有林地承包经营权和承包林地上的林木所有权，合同另有约定的从其约定。承包方可以依法采取出租（转包）、入股、转让等方式流转林地经营权、林木所有权和使用权。

第二十条　国有企业事业单位、机关、团体、部队营造的林木，由营造单位管护并按照国家规定支配林木收益。

三、《中华人民共和国矿产资源法》

第三条　矿产资源属于国家所有，由国务院行使国家对矿产资源的所有权。地表或者地下的矿产资源的国家所有权，不因其所依附的土地的所有权或者使用权的不同而改变。国家保障矿产资源的合理开发利用。禁止任何组织或者个人用任何手段侵占或者破坏矿产资源。

第五条　国家实行探矿权、采矿权有偿取得的制度；但是，国家对探矿权、采矿权有偿取得的费用，可以根据不同情况规定予以减缴、免缴。具体办法和实施步骤由国务院规定。开采矿产资源，必须按照国家有关规定缴纳资源税和资源补偿费。

四、《中华人民共和国水法》

第三条　水资源属于国家所有。水资源的所有权由国务院代表国家行使。农村集体经济组织的水塘和由农村集体经济组织修建管理的水库中的水，归各该农村集体经济组织使用。

第六条　国家鼓励单位和个人依法开发、利用水资源，并保护其合法权益。开发、利用水资源的单位和个人有依法保护水资源的义务。

第七条　国家对水资源依法实行取水许可制度和有偿使用制度。但是，农村集体经济组织及其成员使用本集体经济组织的水塘、水库中的水的除外。国务院水行政主管部门负责全国取水许可制度和水资源有偿使用制度的组织实施。

五、《行政事业性国有资产管理条例》

第二条　行政事业性国有资产，是指行政单位、事业单位通过以下方式取得或者形成的资产：（一）使用财政资金形成的资产；（二）接受调拨或者划转、置换形成的资产；（三）接受捐赠并确认为国有的资产；（四）其他国有资产。

第三条　行政事业性国有资产属于国家所有，实行政府分级监管、各部门及其所属单位直接支配的管理体制。

第二十条　各部门及其所属单位应当将依法罚没的资产按照国家规定公开拍卖或者按照国家有关规定处理，所得款项全部上缴国库。

第二十五条　行政单位国有资产出租和处置等收入，应当按照政府非税收入和国库集中收缴制度的有关规定管理。除国家另有规定外，事业单位国有资产的处置收入应当按照政府非税收入和国库集中收缴制度的有关规定管理。事业单位国有资产使用形成的收入，由本级人民政府财政部门规定具体管理办法。

第二十六条　各部门及其所属单位应当及时收取各类资产收入，不得违反国家规定，多收、少收、不收、侵占、私分、截留、占用、挪用、隐匿、坐支。

参考文献

［1］陈刚.税的法律思考与纳税者基本权的保障［J］.现代法学，1995（05）：14-16.

［2］刘丽.税权的宪政解读：概念重构抑或正本清源［J］.湖南大学学报（社会科学版），2011，25（06）：137-142.

[3]张守文.税权的定位与分配[J].法商研究(中南政法学院学报),2000(01):43-49.

[4]吕冰洋.政府间税收分权的配置选择和财政影响[J].经济研究,2009,44(06):16-27.

[5]白彦锋.中国税权划分悖论及其制度解析[J].财经理论与实践,2004(05):87-91.

[6]冯杰.分税制下中国税权配置的进路选择[J].税务研究,2018(06):117-121.

[7]马国强.税收立法权纵向配置模式研究[J].税务研究,2019(05):3-11.

[8]杨晓萌.提升税收治理能力视角下的税权划分优化[J].税务研究,2018(04):96-100.

[9]姜孟亚.地方税税权的基本构成及其运行机制[J].南京社会科学,2009(03):125-129.

[10]刘丽.税权的宪政解读:概念重构抑或正本清源[J].湖南大学学报(社会科学版),2011,25(06):137-142.

[11]施正文.论征纳权利——兼论税权问题[J].中国法学,2002(06):145-155..

[12]苑广睿.政府非税收入的理论分析与政策取向[J].财政研究,2007(04):8-12.

[13]聂少林.地方政府非税收入管理创新研究[D].东北财经大学,2011.

[14]谭立.政府非税收入设立权及其配置[J].社会科学战线,2015(11):221-229.

[15]谭立.非税管理权配置的理论依据与基本原则[J].江西社会科学,2012,32(08):241-245.

[16]唐桂娥,罗平,雷建辉.中央政府非税收入管理有待规范[J].中国财政,2006(11):41-42.

[17]张学博.非税收入的法理基础及法律规制[J].长春市委党校学报,2021(03):33-43.

[18]唐贺强.优化营商环境视角下非税收入的法律规制——以地方政府罚没收入为例[J].中国行政管理,2021(09):19-25.

[19]邓晓兰,曾小春,廖凯.论财政分权体制中的地方政府公债融资权[J].财贸经济,2005(05):39-42.

[20]曹艳杰.赋予发债权与地方政府行政运行现状的关系[J].中共福建省委党校学报,2006(03):33-35.

[21]冉富强.公债发行的宪法实体控制[J].河南社会科学,2011,19(02):78-82.

[22]贾康,白景明.县乡财政解困与财政体制创新[J].经济研究,2002(02):3-9.

[23]常向东,王晓慧.试论发行地方公债的体制条件[J].兰州商学院学报,2010,26(03):101-105.

[24]陈都.试论我国政府债权的科学分解及合理配置[J].当代经济,2016(28):36-38.

[25]李齐云,周雪,孙靖然,申越.税权分权度、经济增长及成因探析[J].地方财政研究,2017(06):8-16.

[26]龚锋,雷欣.中国式财政分权的数量测度[J].统计研究,2010,27(10):47-55.

[27]徐国祥,龙硕,李波.中国财政分权度指数的编制及其与增长、均等的关系研究[J].统

计研究，2016，33（09）：36-46.

[28] 孙开，温馨.中国财政分权的多维测度与空间分异［J］.财经问题研究，2014（10）：72-78.

[29] Richard A.Musgrave, 1983, 'Who Should Tax, Where, and What?', in Charles E.McLure, Jr. (ed.), Tax Assignment in Federal Countries, Chapter 1, Canberra: Centre for Research on Federal Financial Relations, Australian National University, 2-19.

[30] 张光.测量中国的财政分权［J］.经济社会体制比较，2011（06）：48-61.

[31] 沈坤荣，付文林.中国的财政分权制度与地区经济增长［J］.管理世界，2005（01）：31-39+171-172.

[32] 梁若冰.财政分权下的晋升激励、部门利益与土地违法［J］.经济学（季刊），2010，9（01）：283-306.

[33] 张晏，龚六堂.分税制改革、财政分权与中国经济增长［J］.经济学（季刊），2005（04）：75-108.

[34] 周业安，章泉.财政分权、经济增长和波动［J］.管理世界，2008（03）：6-15+186.

[35] 傅勇.财政分权、政府治理与非经济性公共物品供给［J］.经济研究，2010，45（08）：4-15+65.

[36] 吴一平.财政分权、腐败与治理［J］.经济学（季刊），2008（03）：1045-1060.

[37] 林毅夫，刘志强.中国的财政分权与经济增长［J］.北京大学学报（哲学社会科学版），2000（04）：5-17.

[38] 樊勇.财政分权度的衡量方法研究——兼议中国财政分权水平［J］.当代财经，2006（10）：33-36.

[39] 吕冰洋，马光荣，胡深.蛋糕怎么分：度量中国财政分权的核心指标［J］.财贸经济，2021，42（08）：20-36.

[40] 单新萍，卢洪友.税收分权与经济增长——基于省际面板数据的实证分析［J］.当代财经，2011（05）：41-47.

[41] 沈伟.试析中国税权划分对经济增长的影响［J］.税务研究，2008（10）：49-51.

[42] 吕冰洋，马光荣，毛捷.分税与税率：从政府到企业［J］.经济研究，2016，51（07）：13-28.

[43] 毛捷，吕冰洋，陈佩霞.分税的事实：度量中国县级财政分权的数据基础［J］.经济学（季刊），2018，17（02）：499-526.

[44] 刘尚希，傅志华等.中国改革开放的财政逻辑（1978—2018）［M］.北京：人民出版社，2018.

[45] 刘尚希，吉富星.公共产权制度：公共资源收益全民共享的基本条件［J］.中共中央党校

学报，2014，18（05）：68-74.

［46］楼继伟.中国政府间财政关系再思考［M］.北京：中国财政经济出版社，2013.

［47］毛泽东.论十大关系［N］.人民日报，1976-12-26（01）.

［48］许毅.论财政分配结构与国民经济结构的关系［J］.江西财经学院学报，1980（01）：2-11.

［49］杨其静，聂辉华.保护市场的联邦主义及其批判［J］.经济研究，2008（03）：99-114.

［50］戴园晨，徐亚平.财政体制改革与中央地方财政关系变化［J］.经济学家，1992（04）：5-14+126.

［51］邓子基.深化财政改革 理顺分配关系［J］.经济研究，1992（11）：38-43.

［52］高培勇.新时代中国财税体制改革的理论逻辑［J］.财政研究，2018（11）：11-16.

［53］Buchanan, J.M., 1965, "An Economic Theory of Clubs", Economics, 32（125）, 1-14.

［54］Elazar, D., 1967, "American Federalism: A view from the states", Journal of Politics.

［55］Hayek, F.A., 1945, "The Use of Knowledge in Society", The American economic review, 35（4），519-530.

［56］Hehui Jin, Yingyi Qian, Barry Weingast, "Regional Decentralization and Fiscal Incentives: Federalism, Chinese Style", Working Papers 99013, Stanford University, Department of Economics, 1999.

［57］Jin, H., Y. Qian, and B.R. Weingast, 2005, "Regional Decentralization and Fiscal Incentives: Federalism, Chinese Style", Journal of Public Economics, 89（9-10），1719-1742.

［58］Lin, J.Y., and Liu, Z., 2000, "Fiscal decentralization and economic growth in China", Economic Development and Cultural Change, 49（1），1-21.

［59］Maskin, E., Y.Qian, and C. Xu, 1997, "Incentives, Scale Economies and Organizational Form", Social Science Electronic Publishing, 41（3-4），122-128.

［60］McGuire., 1972, "Private good clubs and public good clubs: Economic models of group formation", The Swedish journal of economics, 84-99.

［61］Montinola, Gabriella, Ying yi Qian, and Barry R. Weingast., 1995, "Federalism, Chinese style: the political basis for economic success in China." World politics 48（1）50-81.

［62］Qian and Roland., 1998, "Federalism and the soft budget constraint", American economic review, 1143-1162.

［63］Qian and Weingast., 1996, "China's transition to markets: market-preserving federalism, Chinese style", The Journal of Policy Reform, 1（2），149-185.

［64］Qian, Y., 1994, "Incentives and loss of control in an optimal hierarchy", The Review of Economic Studies, 61（3），527-544.

［65］Richard A.Musgrave, 1983, 'Who Should Tax, Where, and What?', in Charles E.McLure, Jr. (ed.), Tax Assignment in Federal Countries, Chapter 1, Canberra: Centre for Research on Federal Financial Relations, Australian National University, 2-19.

［66］Stigler, G., 1957a, "Federal Expenditure Policy for Economic Growth and Stability", Subcommittee on Fiscal Policy, 213-219.

［67］Stigler, G., 1957b, "Perfect competition, historically contemplated", Journal of Political Economy, 65 (1), 1-17.

［68］Thiessen, U., 2003, "Fiscal decentralization and economic growth in high-income OECD Countries", Fiscal Studies, 24 (3), 237-274.

［69］Tiebout, C.M., 1956, "A pure theory of local expenditures", Journal of Political Economy, 64 (5), 416-424.

［70］Wallace E. Oates., 1972," Fiscal Federalism," Books, Edward Elgar Publishing, number 14708.

［71］Weingast, B.R., 2008, "Second generation fiscal federalism: The implications of fiscal incentives", Journal of Urban Economics, 65 (3), 279-293.

［72］Weingast, B.R., 1995, "The economic role of political institutions: Market-preserving federalism and economic development", JL Econ. & Org., 11, 1.

［73］Weingast., 1999, "From federalism, Chinese style to privatization, Chinese style", Economics of Transition, 7 (11), 03-131.

中国财政科学研究院年度智库报告

2022
中国
政府收入全景图解（下卷）

刘尚希　梁　季　等编著

中国财经出版传媒集团
中国财政经济出版社

目 录

总论篇

第一章　中国政府收入概述 ⋯⋯⋯⋯⋯⋯ 3

　　第一节　关于中国政府收入相关基本问题的考察　　3
　　第二节　中国政府收入预算管理与统计核算实践　　14

第二章　2021年中国政府收入总析 ⋯⋯⋯⋯⋯⋯ **46**

　　第一节　2021年中国政府收入影响因素分析　　46
　　第二节　2021年全国政府收入总析　　56
　　第三节　2021年地方政府收入情况分析　　65

第三章　省以下地方政府收入情况分析 ⋯⋯⋯⋯⋯⋯ **80**

　　第一节　333个城市政府收入总览　　80
　　第二节　136个样本县财政情况及分析　　120
　　第三节　不同维度下的财政运行情况　　140

专题篇

经济数字化和金融化中的金融税制转型分析 163
  一、经济数字化与金融化的发展逻辑和发展趋势 163
  二、经济数字化和金融化对传统税收制度的冲击 166
  三、经济数字化和金融化时代完善金融税制的两大理念 169
  四、面向经济数字化和金融化的税制要素再设计 170

政府财政统计体系（GFS）与国民经济核算体系（SNA）的比较研究 173
  一、引言与文献综述 173
  二、政府财政统计的发展概述 175
  三、GFSM2014 和 SNA2008 的比较分析 180
  四、基于 GFS 和 SNA 的应用拓展——有效税率指标介绍 181
  五、比较中见差异 188
  六、总结与启示 194

中国政府收入分权测度体系构建初步研究 198
  一、中国政府收入分权测度体系的内涵和文献综述 198
  二、中国政府收入分权测度体系的理论和制度基础 203
  三、关于中国政府收入分权测度指标体系构建的初步思考 213

地区篇

1 北京市 **223**
  1.1 北京市政府收入主要特征分析   225
  1.2 北京市海淀区政府收入主要特征分析   229

2 天津市 **234**
  2.1 天津市政府收入主要特征分析   236
  2.2 天津市和平区政府收入主要特征分析   240

3 河北省 **244**
  3.1 河北省政府收入主要特征分析   247
  3.2 河北省各市政府收入主要特征分析   251
  3.3 河北省样本县政府收入主要特征分析   258

4 山西省 **264**
  4.1 山西省政府收入主要特征分析   267
  4.2 山西省各市政府收入主要特征分析   271
  4.3 山西省样本县政府收入主要特征分析   278

5 内蒙古自治区 **284**
  5.1 内蒙古自治区政府收入主要特征分析   287
  5.2 内蒙古自治区各市政府收入主要特征分析 291
  5.3 内蒙古自治区样本县政府收入主要特征分析 299

6 辽宁省 **305**
  6.1 辽宁省政府收入主要特征分析   308

6.2　辽宁省各市政府收入主要特征分析　　312
　　6.3　辽宁省样本县政府收入主要特征分析　　319

7 吉林省　　326

　　7.1　吉林省政府收入主要特征分析　　329
　　7.2　吉林省各市政府收入主要特征分析　　333
　　7.3　吉林省样本县政府收入主要特征分析　　341

8 黑龙江省　　346

　　8.1　黑龙江省政府收入主要特征分析　　349
　　8.2　黑龙江省各市政府收入主要特征分析　　354
　　8.3　黑龙江省样本县政府收入主要特征分析　　361

9 上海市　　367

　　9.1　上海市政府收入主要特征分析　　369
　　9.2　上海市浦东新区政府收入主要特征分析　　373

10 江苏省　　377

　　10.1　江苏省政府收入主要特征分析　　380
　　10.2　江苏省各市政府收入主要特征分析　　384
　　10.3　江苏省样本县政府收入主要特征分析　　391

11 浙江省　　397

　　11.1　浙江省政府收入主要特征分析　　400
　　11.2　浙江省各市政府收入主要特征分析　　404
　　11.3　浙江省样本县政府收入主要特征分析　　412

12 安徽省　　418

　　12.1　安徽省政府收入主要特征分析　　421

目 录

  12.2 安徽省各市政府收入主要特征分析 425
  12.3 安徽省样本县政府收入主要特征分析 433

13 福建省 439

  13.1 福建省政府收入主要特征分析 442
  13.2 福建省各市政府收入主要特征分析 446
  13.3 福建省样本县政府收入主要特征分析 453

14 江西省 460

  14.1 江西省政府收入主要特征分析 463
  14.2 江西省各市政府收入主要特征分析 467
  14.3 江西省样本县政府收入主要特征分析 475

15 山东省 481

  15.1 山东省政府收入主要特征分析 484
  15.2 山东省各市政府收入主要特征分析 488
  15.3 山东省样本县政府收入主要特征分析 496

16 河南省 502

  16.1 河南省政府收入主要特征分析 505
  16.2 河南省各市政府收入主要特征分析 509
  16.3 河南省样本县政府收入主要特征分析 517

17 湖北省 523

  17.1 湖北省政府收入主要特征分析 526
  17.2 湖北省各市政府收入主要特征分析 530
  17.3 湖北省样本县政府收入主要特征分析 537

18 湖南省 ··· **543**

  18.1 湖南省政府收入主要特征分析 546
  18.2 湖南省各市政府收入主要特征分析 550
  18.3 湖南省样本县政府收入主要特征分析 558

19 广东省 ··· **564**

  19.1 广东省政府收入主要特征分析 567
  19.2 广东省各市政府收入主要特征分析 571
  19.3 广东省样本县政府收入主要特征分析 579

20 广西壮族自治区 ··· **585**

  20.1 广西壮族自治区政府收入主要特征分析 588
  20.2 广西壮族自治区各市政府收入主要特征分析 592
  20.3 广西壮族自治区样本县政府收入主要特征分析 598

21 海南省 ··· **604**

  21.1 海南省政府收入主要特征分析 607
  21.2 海南省各市政府收入主要特征分析 611
  21.3 海南省样本县政府收入主要特征分析 619

22 重庆市 ··· **625**

  22.1 重庆市政府收入主要特征分析 627
  22.2 重庆市样本县政府收入主要特征分析 631

23 四川省 ··· **635**

  23.1 四川省政府收入主要特征分析 638
  23.2 四川省各市政府收入主要特征分析 643
  23.3 四川省样本县政府收入主要特征分析 650

24 贵州省 ··· 656

24.1 贵州省政府收入主要特征分析　　659
24.2 贵州省各市政府收入主要特征分析　　663
24.3 贵州省样本县政府收入主要特征分析　　670

25 云南省 ··· 677

25.1 云南省政府收入主要特征分析　　680
25.2 云南省各市政府收入主要特征分析　　684
25.3 云南省样本县政府收入主要特征分析　　692

26 西藏自治区 ··· 698

26.1 西藏自治区政府收入主要特征分析　　701
26.2 西藏自治区各市政府收入主要特征分析　　705
26.3 西藏自治区样本县政府收入主要特征分析　　713

27 陕西省 ··· 717

27.1 陕西省政府收入主要特征分析　　720
27.2 陕西省各市政府收入主要特征分析　　724
27.3 陕西省样本县政府收入主要特征分析　　731

28 甘肃省 ··· 737

28.1 甘肃省政府收入主要特征分析　　740
28.2 甘肃省各市政府收入主要特征分析　　744
28.3 甘肃省样本县政府收入主要特征分析　　752

29 青海省 ··· 758

29.1 青海省政府收入主要特征分析　　761
29.2 青海省各市政府收入主要特征分析　　765

29.3　青海省样本县政府收入主要特征分析　　772

30 宁夏回族自治区 ……………………………………… 778

30.1　宁夏回族自治区政府收入主要特征分析　　780

30.2　宁夏回族自治区各市政府收入主要特征分析　　784

30.3　宁夏回族自治区青铜峡市政府收入主要
　　　特征分析　　791

31 新疆维吾尔自治区 …………………………………… 796

31.1　新疆维吾尔自治区政府收入主要特征分析　　800

31.2　新疆维吾尔自治区各市政府收入主要特征分析　　804

31.3　新疆维吾尔自治区样本县政府收入主要
　　　特征分析　　812

后记　以工匠精神推进财政经济数据的整合与利用 …818

地区篇

关于本卷指标和数据的说明

1. 各省人均GDP（美元）数据源自2021年该省国民经济和社会发展统计公报。若公报未公布人均GDP（美元），则使用2021年人民币对美元的年度平均汇率（1美元=6.4512元）进行换算。

2. 2021年全国第一二三产业占比7.3：39.4：53.3；全国城镇与农村居民人均可支配收入分别为47412元、18931元。

3. 各地区2021年数据为预算执行数或快报数，其他年度为决算数据。

4. 财政总收入是指本地区财源贡献的所有收入，具体是指本地区一般公共预算收入与上缴各级政府税收收入之和。

5. 政府收入是指四本预算收入之和。受数据获取所限，未剔除四本预算收入中重复计算部分。

6. 财政自给率是指一般公共预算收入合计数与一般公共预算支出合计数之比。

7. 财政收入依赖度中的分母为一般公共预算支出合计数。

8. 共享三主税是指国内增值税、企业所得税和个人所得税。

9. 土地房产类税收包括房产税、城镇土地使用税、土地增值税、耕地占用税和契税。

10. 本卷一般公共预算收入的城市首位度指数使用一般公共预算收入的两城市首位度指数，即首位城市与第二位城市一般公共预算收入之比。首位度指数，代表了一般公共预算收入在最大城市的集中程度。

11. 各省份行政区划均来源于各省份政府网站公布内容。

12. 因数据获取所限，未对我国香港特区、澳门特区及台湾省情况进行分析。

1 北京市

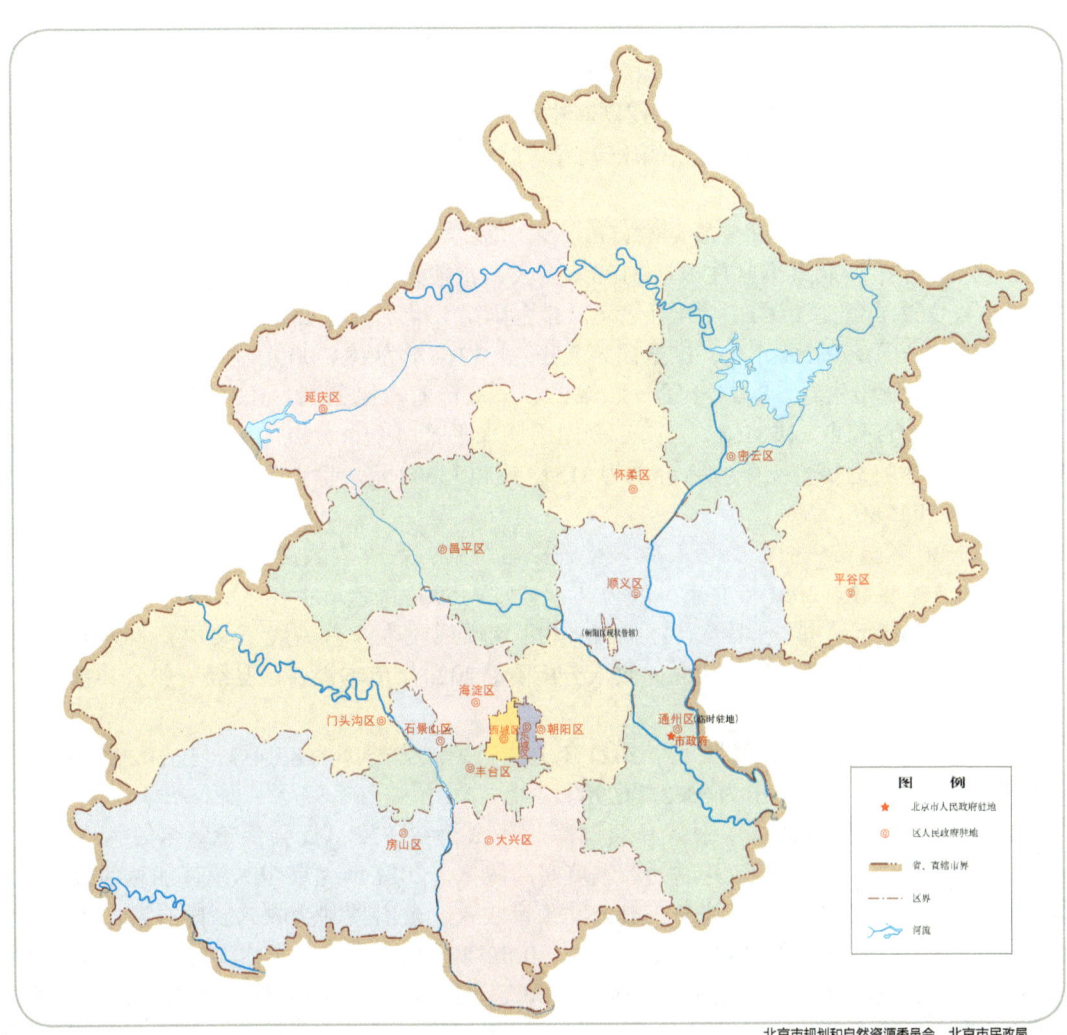

图　2021年北京市地图

资料来源：自然资源部的标准地图服务系统网站。
注：审图号为京S（2021）023号。

本章执笔人：陈莹莹　审校：孙家希

> **专栏1-1　　　　2021年北京市行政区划**
>
> 东城区、西城区、朝阳区、丰台区、石景山区、**海淀区**、门头沟区、房山区、通州区、顺义区、昌平区、大兴区、怀柔区、平谷区、密云区、延庆区
>
> **本书选取海淀区为样本县。**

北京市是中华人民共和国的首都、直辖市、国家中心城市，国务院批复确定的中国政治中心、文化中心、国际交往中心、科技创新中心。北京市下辖16个区（详见专栏1-1），总面积1.64万平方公里。总体来看，北京市财政经济状况居于全国前列，但区域发展不均衡，差异较大。

2021年北京市人均GDP位居全国首位，人口整体净流入，第三产业占比、城镇化率远高于全国。 2021年末，北京市常住人口2188.6万人，常住人口城镇化率为87.5%（高于全国23个百分点）。2021年北京市GDP为4万亿元，排全国第13名，增速8.5%，较2020年上升7.3个百分点，高于全国0.4个百分点，排全国第7名；人均GDP为184000元（折28522美元），排全国第1名。从产业结构看，2021年第一、第二、第三产业占比分别为0.3%、18%（低于全国平均水平21.4个百分点）和81.7%（高于全国平均水平28.4个百分点）。从居民可支配收入看，2021年城镇与农村居民可支配收入分别为81518元和33303元。呈上升态势，分别为全国平均水平的172%和176%。

2021年北京全市一般公共预算收入全国排名靠前，税收收入占比较高，2020年市本级收入占比高于区县级。 2021年北京一般公共预算收入5932.3亿元、增速8.2%。人均一般公共预算收入为27105元，排全国第2名。2021年北京市税收收入占一般公共预算收入的比重为87.1%，略高于全国平均水平。从纵向收入分配看，2020年市本级、区县级一般公共预算收入占比分别为55.2%和44.8%。

2021年北京市财政自给率较高。 2021年北京市财政自给率为86.4%，较2020年上升9.3个百分点。一般公共预算支出为6862.7亿元。

2021年北京市四本预算中一般公共预算收入占比在下降，社会保险基金收入占比在上升，与2020年相比社保对财政补贴的依赖度有所降低。 2021年北京四本预算加总的政府收入14199.7亿元，增速为17.2%，其中一般公共预算收入、政府性基金收入、国有资本经营收入和社会保险基金收入分别占比41.8%、19.1%、0.5%和38.6%。2021年北京市社保基金预算收入5483.6亿元，其中社会保险缴费收入为4730.6亿元；财政补贴收入规模为305.2亿元，社保支出对财政依赖度达到6.5%。

1.1 北京市政府收入主要特征分析

1.1.1 北京市经济社会基本情况

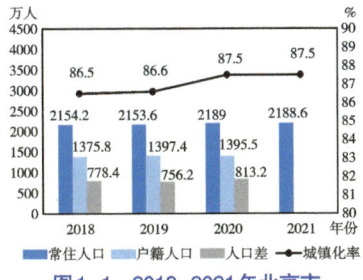

图1-1 2018-2021年北京市人口状况

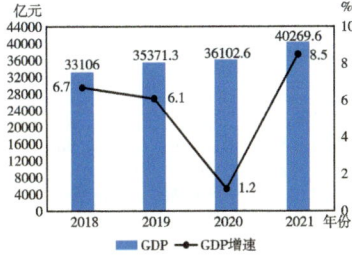

图1-2 2018-2021年北京市GDP及增速

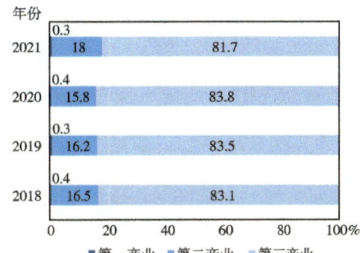

图1-3 2018-2021年北京市三次产业结构

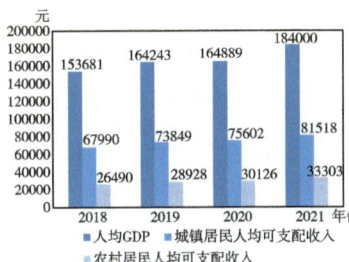

图1-4 2018-2021年北京市人均GDP和人均可支配收入

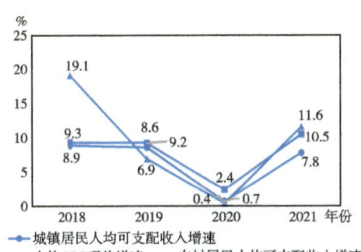

图1-5 2018-2021年北京市人均GDP现价增速和人均可支配收入增速

1.1.2 北京市政府收入总体情况

图1-6 2018-2021年北京市财政总收入及增速

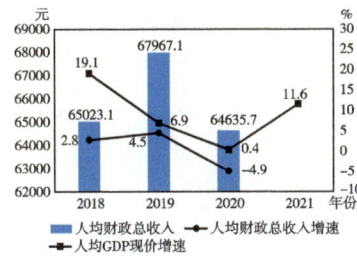

图1-7 2018-2021年北京市人均财政总收入及增速

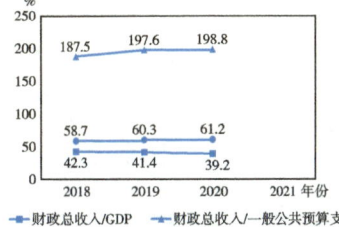

图1-8 2018-2021年北京市财政总收入相关指标

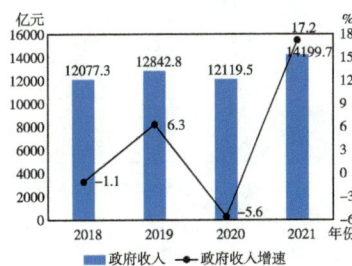

图1-9 2018-2021年北京市政府收入及增速

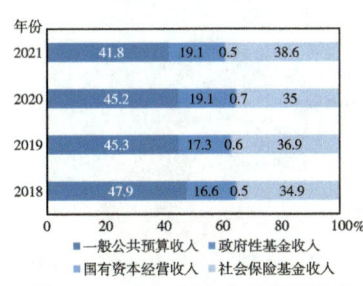

图1-10 2018-2021年北京市政府收入结构

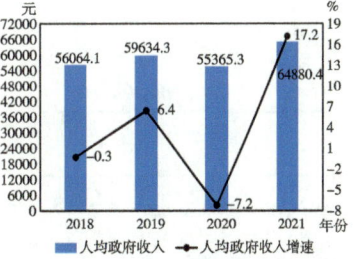

图1-11 2018-2021年北京市人均政府收入及增速

1.1.3 北京市一般公共预算收入情况

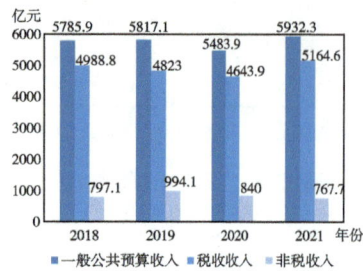

图1-12 2018-2021年北京市一般公共预算收入

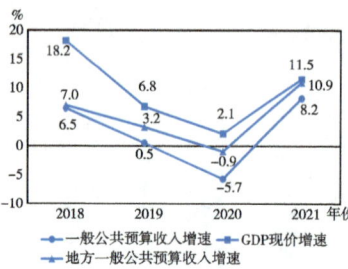

图1-13 2018-2021年北京市一般公共预算收入增速

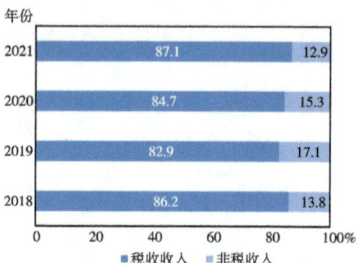

图1-14 2018-2021年北京市一般公共预算收入结构

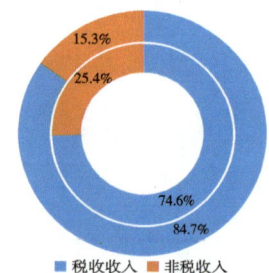

图1-15 2020年一般公共预算收入结构对比（内环为地方，外环为北京市）

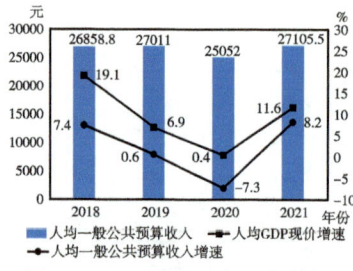

图1-16 2018-2021年北京市人均一般公共预算收入及增速

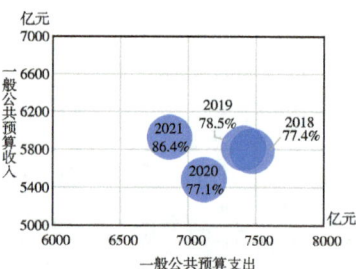

图1-17 2018-2021年北京市财政自给率

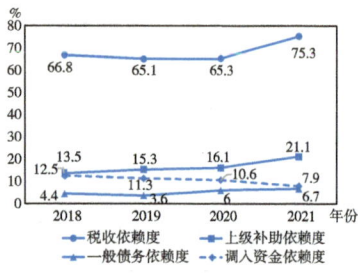

图1-18 2018-2021年北京市一般公共预算支出对各类收入的依赖度

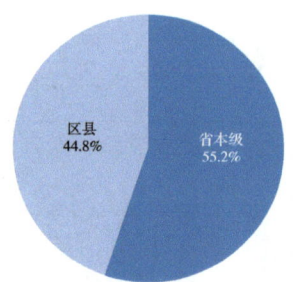

图1-19 2020年北京市市县二级政府一般公共预算收入分布

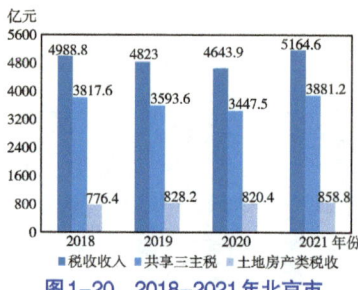

图1-20 2018-2021年北京市税收收入

图1-21 2018-2021年北京市税收收入增速

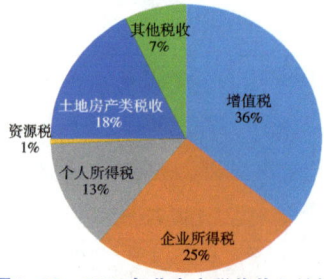

图1-22 2020年北京市税收收入结构

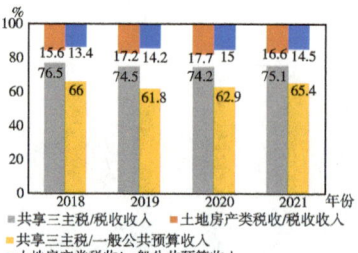

图1-23 2018-2021年北京市共享三主税、土地房产类税收占税收收入及一般公共预算收入的比重

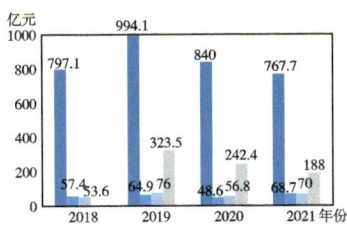

图1-24　2018-2021年北京市非税收入

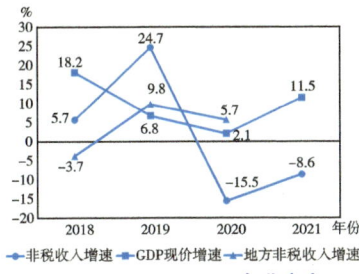

图1-25　2018-2021年北京市非税收入增速

图1-26　2018-2021年北京市非税收入中各主要收入占比

1.1.4　北京市政府性基金和国有资本经营收入情况

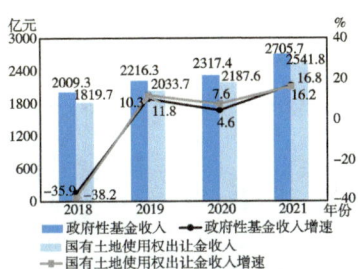

图1-27　2018-2021年北京市政府性基金收入及增速

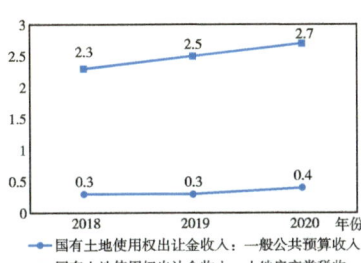

图1-28　2018-2021年北京市国有土地使用权出让金收入与一般公共预算收入对比关系

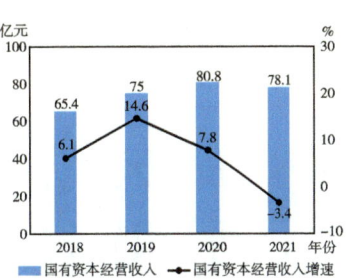

图1-29　2018-2021年北京市国有资本经营收入及增速

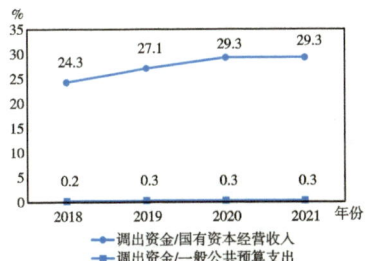

图1-30　2018-2021年北京市国有资本经营预算中调出资金相关指标

1.1.5　北京市社会保险基金收入情况

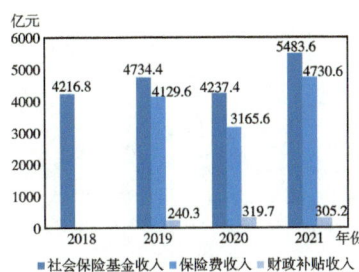

图1-31　2018-2021年北京市社会保险基金收入

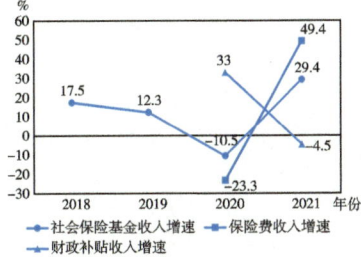

图1-32　2018-2021年北京市社会保险基金收入增速

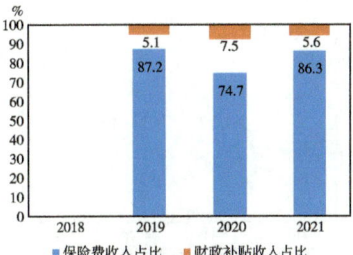

图1-33　2018-2021年北京市保险费收入、财政补贴收入占社会保险基金收入的比重

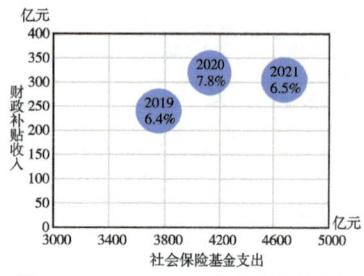

图1-34 2018—2021年北京市社会保险基金支出对财政补贴的依赖度

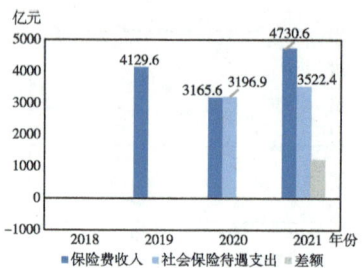

图1-35 2018—2021年北京市保险费收入、社会保险待遇支出及差额

1.1.6 北京市债务情况

图1-36 2018—2021年北京市债务限额

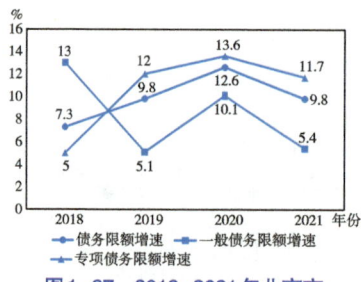

图1-37 2018—2021年北京市债务限额增速

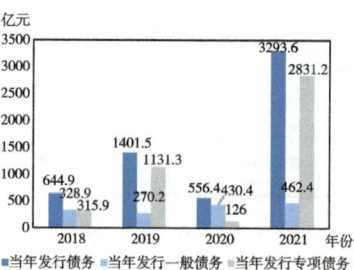

图1-38 2018—2021年北京市当年发行债务

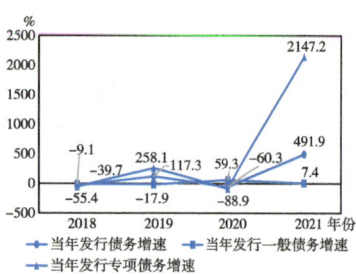

图1-39 2018—2021年北京市当年发行债务增速

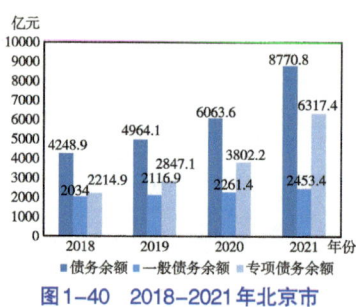

图1-40 2018—2021年北京市债务余额

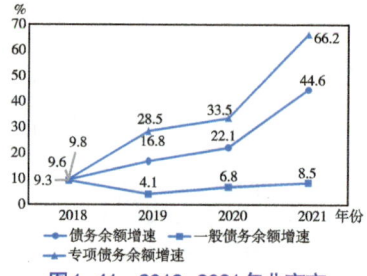

图1-41 2018—2021年北京市债务余额增速

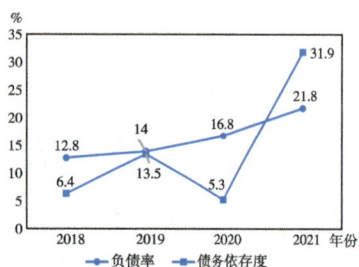

图1-42 2018—2021年北京市负债率和债务依存度

1.1.7 北京市市本级一般公共预算收入情况

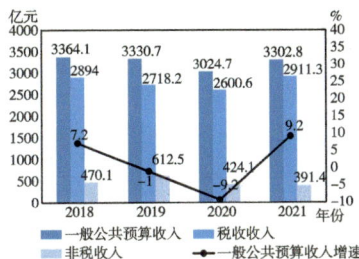

图1-43 2018-2021年北京市市本级一般公共预算收入及增速

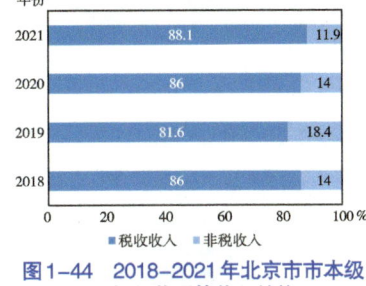

图1-44 2018-2021年北京市市本级一般公共预算收入结构

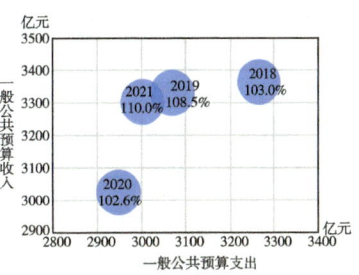

图1-45 2018-2021年北京市市本级财政自给率

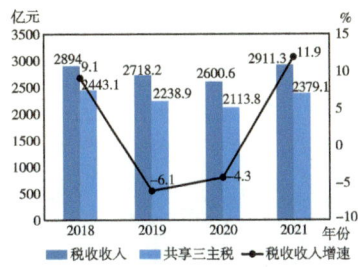

图1-46 2018-2021年北京市市本级税收收入及增速

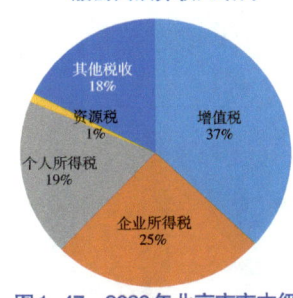

图1-47 2020年北京市市本级税收收入结构

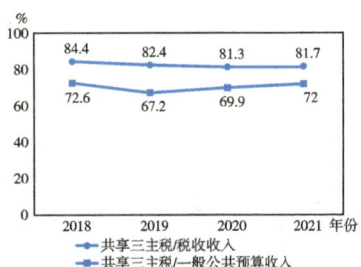

图1-48 2018-2021年北京市市本级共享三主税占税收收入及一般公共预算收入的比重

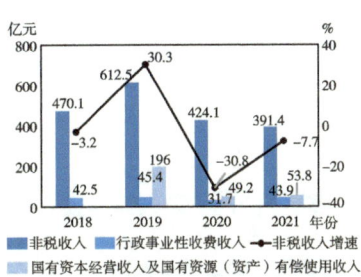

图1-49 2018-2021年北京市市本级非税收入及增速

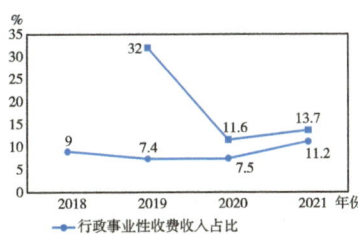

图1-50 2018-2021年北京市市本级非税收入中各主要收入占比

1.2 北京市海淀区政府收入主要特征分析

1.2.1 北京市海淀区经济社会发展情况

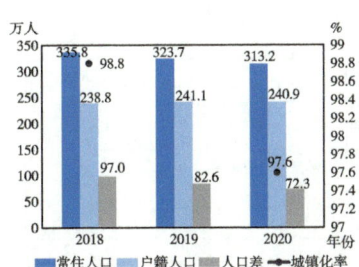

图1-51 2018-2020年北京市海淀区人口状况

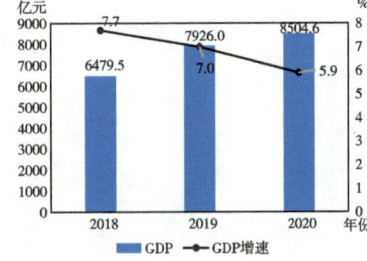

图1-52 2018-2020年北京市海淀区GDP及增速

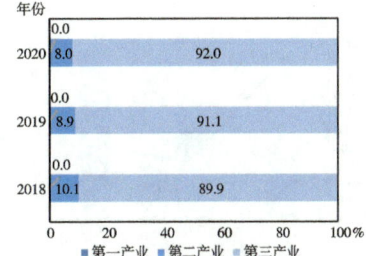

图1-53 2018-2020年北京市海淀区三次产业结构

注：北京市海淀区2018-2020年第一产业为0。

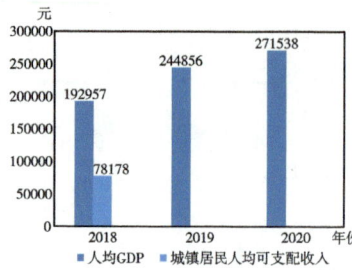

图1-54 2018-2020年北京市海淀区
人均GDP和人均可支配收入

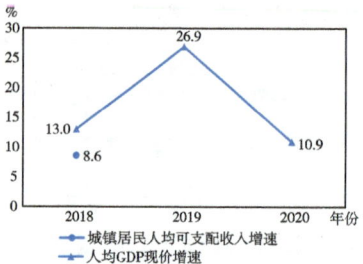

图1-55 2018-2020年北京市海淀区
人均GDP现价增速和人均可支配
收入增速

1.2.2 北京市海淀区政府收入总体情况

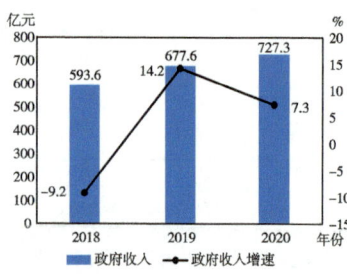

图1-56 2018-2020年北京市海淀区
政府收入及增速

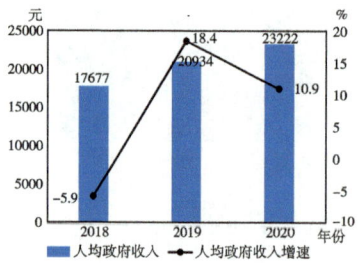

图1-57 2018-2020年北京市海淀区
人均政府收入及增速

1.2.3 北京市海淀区一般公共预算收入情况

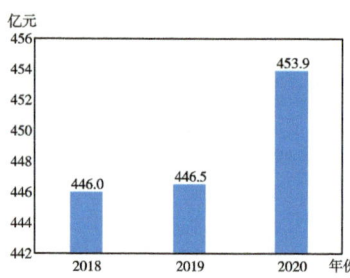

图1-58 2018-2020年北京市海淀区
一般公共预算收入

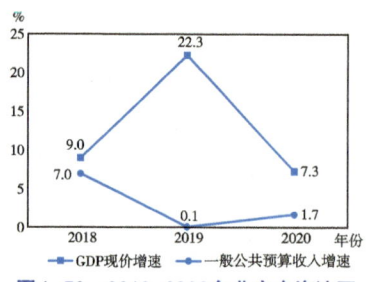

图1-59 2018-2020年北京市海淀区
一般公共预算收入增速

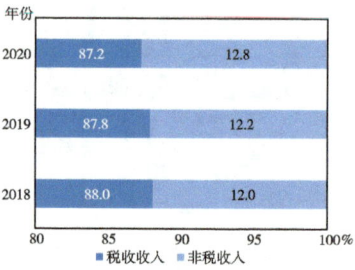

图1-60 2018-2020年北京市海淀区
一般公共预算收入结构

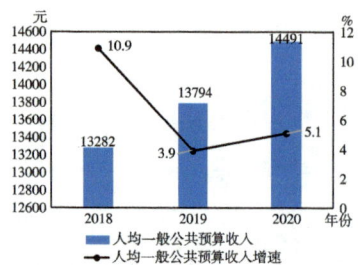

图1-61 2018-2020年北京市海淀区
人均一般公共预算收入及增速

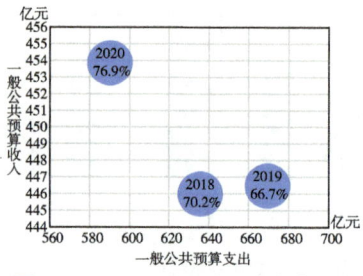

图1-62 2018-2020年北京市海淀区
财政自给率

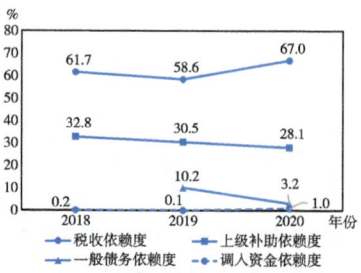

图1-63 2018-2020年北京市海淀区
一般公共预算支出对各类收入的依赖度

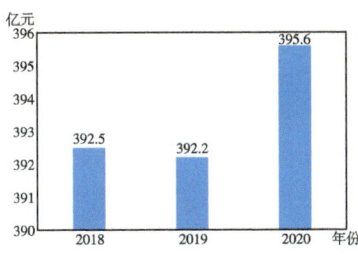

图1-64 2018-2020年北京市海淀区税收收入

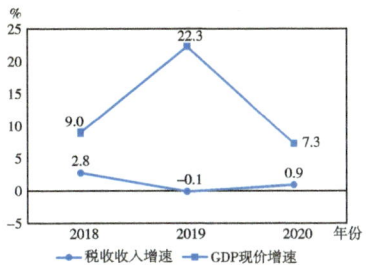

图1-65 2018-2020年北京市海淀区税收收入增速

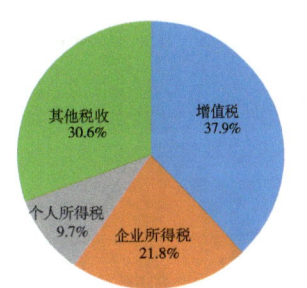

图1-66 2020年北京市海淀区税收收入结构

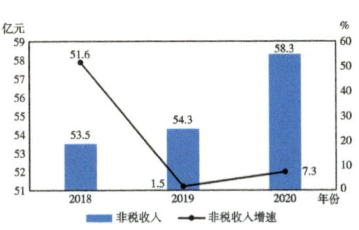

图1-67 2018-2020年北京市海淀区非税收入及增速

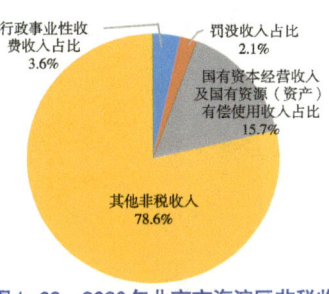

图1-68 2020年北京市海淀区非税收入结构

1.2.4 北京市海淀区政府性基金收入与国有资本经营收入情况

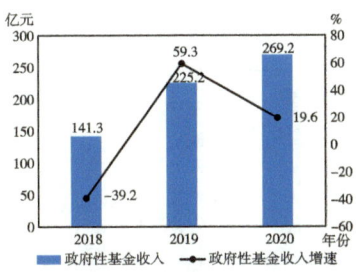

图1-69 2018-2020年北京市海淀区政府性基金收入及增速

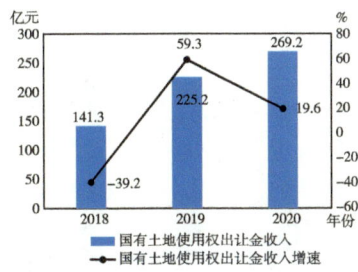

图1-70 2018-2020年北京市海淀区国有土地使用权出让金收入及增速

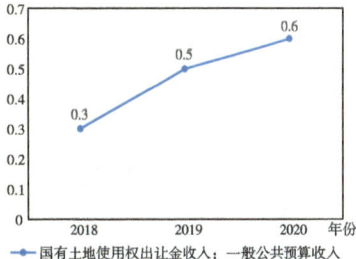

图1-71 2018-2020年北京市海淀区国有土地使用权出让金收入与一般公共预算收入对比关系

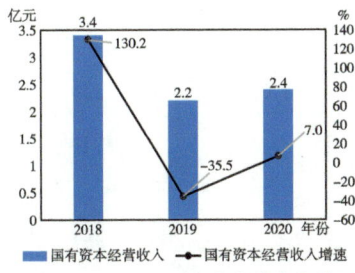

图1-72 2018-2020年北京市海淀区国有资本经营收入及增速

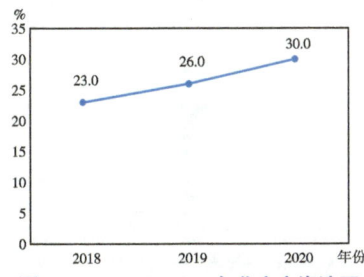

图1-73 2018-2020年北京市海淀区调出资金与国有资本经营收入对比关系

1.2.5 北京市海淀区社会保险基金收入情况

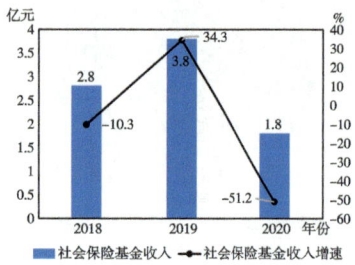

图1-74 2018—2020年北京市海淀区社会保险基金收入及增速

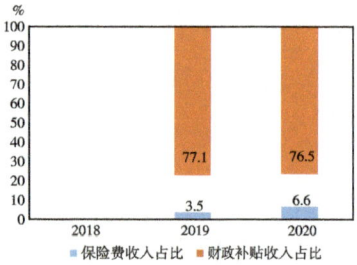

图1-75 2018—2020年北京市海淀区保险费收入及增速

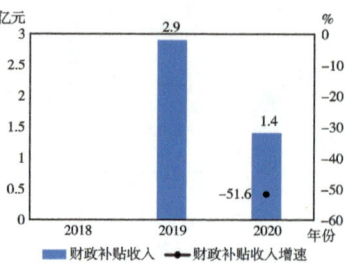

图1-76 2018—2020年北京市海淀区财政补贴收入及增速

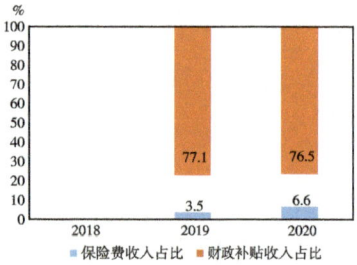

图1-77 2018—2020年北京市海淀区保险费收入、财政补贴收入占社会保险基金收入的比重

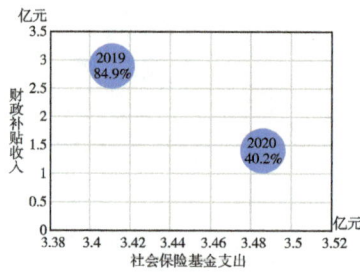

图1-78 2018—2020年北京市海淀区社会保险基金支出对财政补贴的依赖度

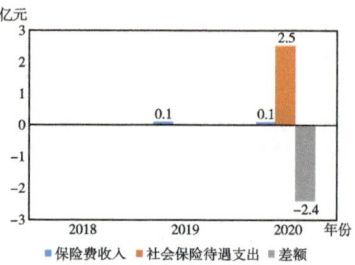

图1-79 2018—2020年北京市海淀区保险费收入、社会保险待遇支出及差额

1.2.6 北京市海淀区债务情况

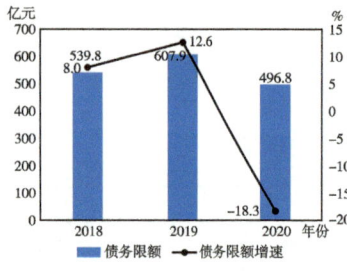

图1-80 2018—2020年北京市海淀区债务限额及增速

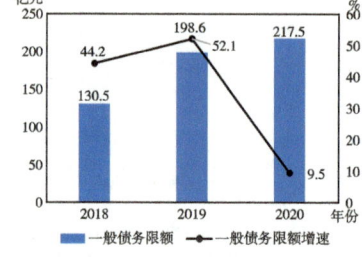

图1-81 2018—2020年北京市海淀区一般债务限额及增速

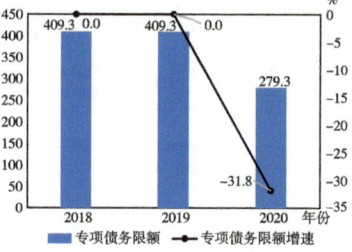

图1-82 2018—2020年北京市海淀区专项债务限额及增速

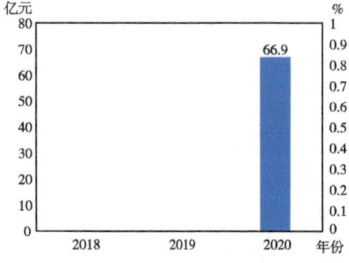

图1-83 2018—2020年北京市海淀区当年发行债务

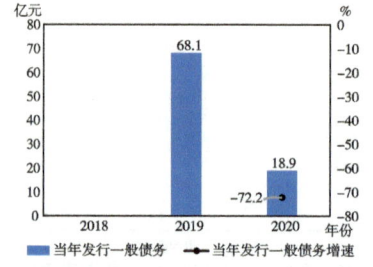

图1-84 2018—2020年北京市海淀区当年发行一般债务及增速

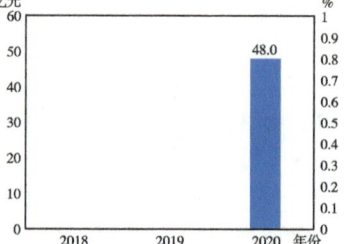

图1-85 2018—2020年北京市海淀区当年发行专项债务

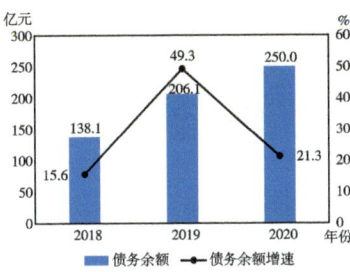

图1-86 2018–2020年北京市海淀区
债务余额及增速

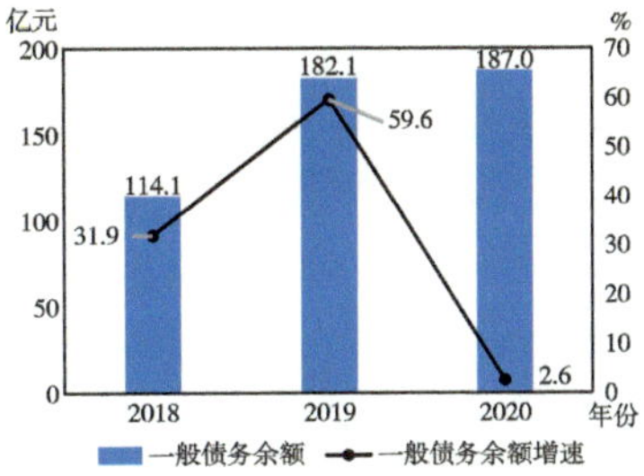

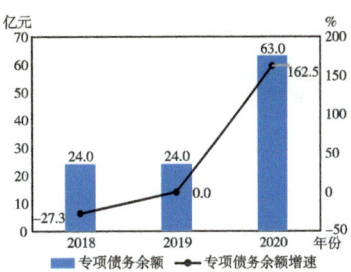

图1-87 2018–2020年北京市海淀区
一般债务余额及增速

图1-88 2018–2020年北京市海淀区
专项债务余额及增速

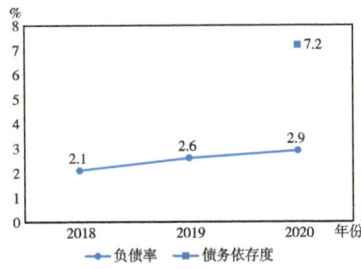

图1-89 2018–2020年北京市海淀区
负债率和债务依存度

2 天津市

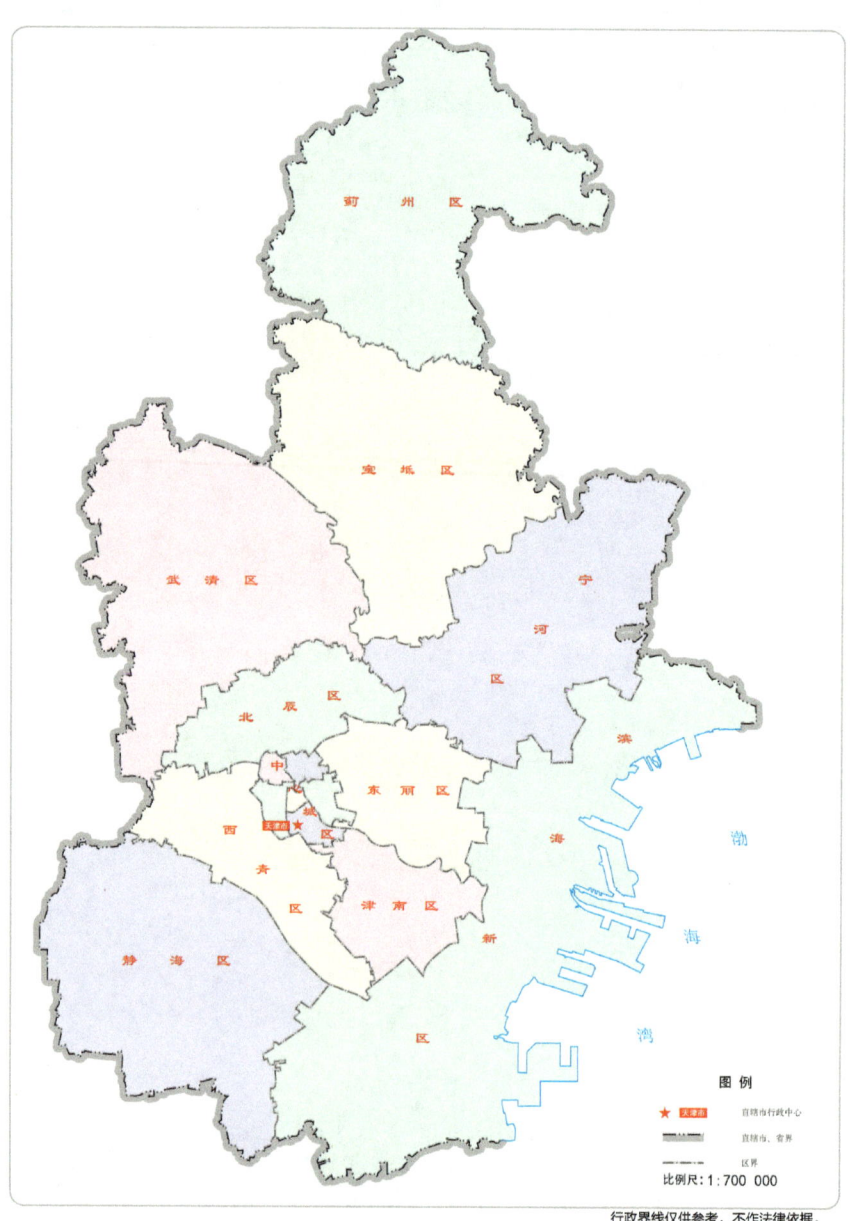

图 2017年天津市地图

资料来源：自然资源部的标准地图服务系统网站。
注：审图号为津S（2017）007号。

本章执笔人：孙家希　审校：陈莹莹

专栏2-1 2021年天津市行政区划

和平区、河东区、河西区、南开区、河北区、红桥区、东丽区、西青区、津南区、北辰区、武清区、宝坻区、滨海新区、宁河区、静海区、蓟州区

本书选取和平区为样本县。

截至2021年末，天津全市下辖16个区（详见专栏2-1），总面积1.20万平方公里。天津是中国北方最大的港口城市，国家物流枢纽，北方国际航运核心区。

2021年天津市人均GDP全国排名第5，与上年持平；第三产业占比高于全国平均水平。2021年人口整体净流入，城镇化率高于全国平均水平20.2个百分点。2021年末，天津市常住人口1373万人，较上年有所减少；常住人口城镇化率为84.9%（高于全国20.2个百分点）。2021年天津市GDP达到1.57万亿元，排全国第24名；次于新疆，略高于黑龙江、甘肃；GDP增速6.6%，比2020年（1.5%）增加了5.1个百分点，低于全国1.5个百分点；人均GDP为114312元（折17720美元），排全国第5名。从产业结构看，2021年第一、第二、第三产业占比分别为1.4%、37.3%（低于全国平均水平2.1个百分点）和61.3%（高于全国平均水平8个百分点）。从居民可支配收入看，2021年城镇与农村居民人均可支配收入分别为51486元和27955元，呈上升态势，分别为全国平均水平的108.6%和147.7%。

2021年天津市一般公共预算收入全国排名第21，税收收入占比75.8%；2020年区县级一般公共预算收入占比高于市本级。2021年天津市一般公共预算收入2141亿元，排名全国第21，增速为11.3%，人均一般公共预算收入为15594元。2021年天津市税收收入占一般公共预算收入的比重为75.8%，低于全国平均水平9.5个百分点。从纵向收入分配看，2020年市本级、区县一般公共预算收入占比分别为41%和59%。

2021年天津市财政自给率较高，但是较2020年相比有所上升。2021年天津市一般公共预算支出为3150.2亿元，财政自给率为68.0%，较2020年上升7个百分点。

2021年天津市四本预算中一般公共预算收入占比最高，社保基金收入占比持平。2021年天津市四本预算加总的政府收入5406.3亿元，增速为21.8%，其中一般公共预算收入、政府性基金收入、国有资本经营收入和社会保险基金收入分别占比39.6%、20.8%、6.3%和33.2%。2021年天津市社保基金预算收入1796.9亿元，其中社会保险缴费收入为1180.6亿元；财政补贴收入规模为410.8亿元，社保支出对财政依赖度达到22.6%。

2.1 天津市政府收入主要特征分析

2.1.1 天津市经济社会基本情况

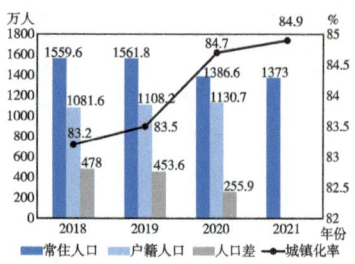

图2-1 2018-2021年天津市人口状况

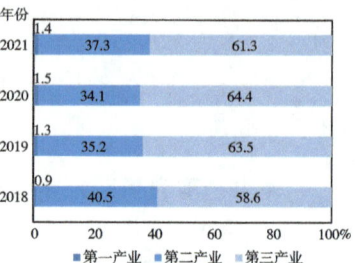

图2-2 2018-2021年天津市GDP及增速

图2-3 2018-2021年天津市三次产业结构

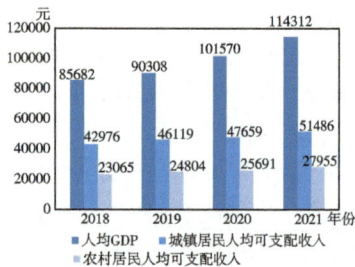

图2-4 2018-2021年天津市人均GDP和人均可支配收入

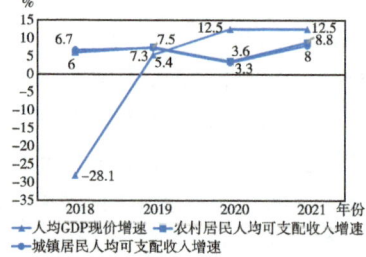

图2-5 2018-2021年天津市人均GDP现价增速和人均可支配收入增速

注：2018-2021年天津市城镇居民人均可支配收入增速6.7%、7.3%、3.3%、8%，农村居民人均可支配收入增速6%、7.5%、3.6%、8.8%。

2.1.2 天津市政府收入总体情况

图2-6 2018-2021年天津市财政总收入及增速

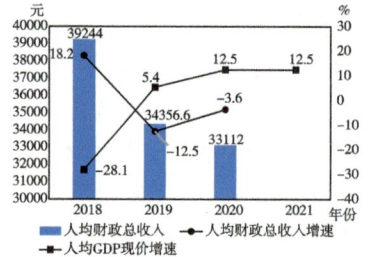

图2-7 2018-2021年天津市人均财政总收入及增速

图2-8 2018-2021年财政总收入相关指标

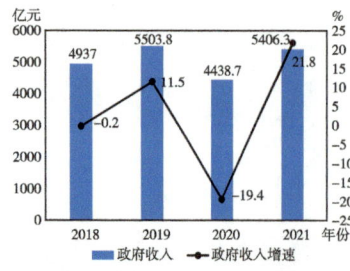

图2-9 2018-2021年天津市政府收入及增速

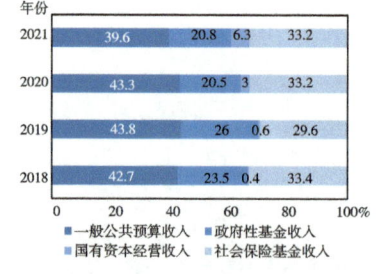

图2-10 2018-2021年天津市政府收入结构

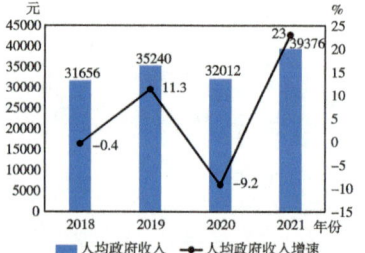

图2-11 2018-2021年天津市人均政府收入及增速

2.1.3 天津市一般公共预算收入情况

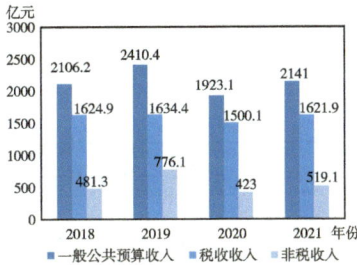

图2-12 2018—2021年天津市一般公共预算收入

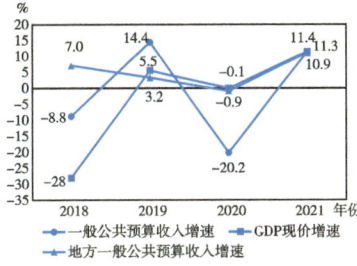

图2-13 2018—2021年天津市一般公共预算收入增速

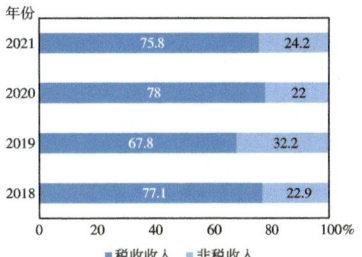

图2-14 2018—2021年天津市一般公共预算收入结构

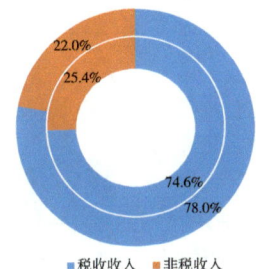

图2-15 2020年一般公共预算收入结构对比（内环为地方，外环为天津市）

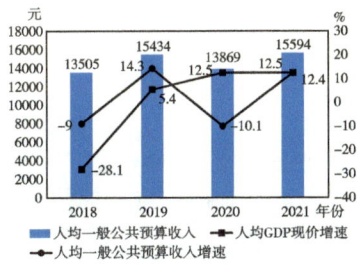

图2-16 2018—2021年天津市人均一般公共预算收入及增速

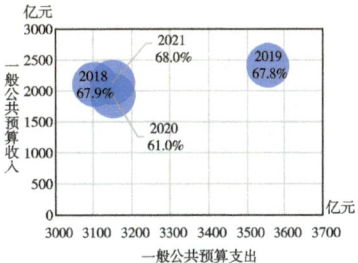

图2-17 2018—2021年天津市财政自给率

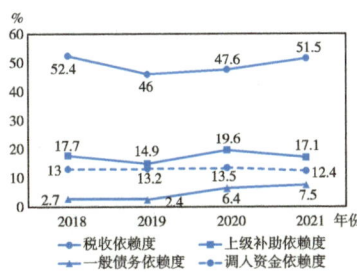

图2-18 2018—2021年天津市一般公共预算支出对各类收入的依赖度

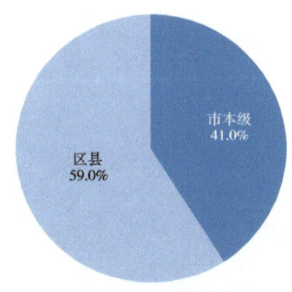

图2-19 2020年天津市市县两级政府一般公共预算收入分布

图2-20 2018—2021年天津市税收收入

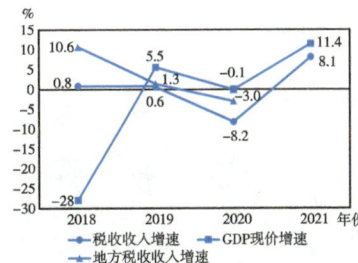

图2-21 2018—2021年天津市税收收入增速

注：2019年税收收入增速0.6%、地方税收收入增速1.3%。

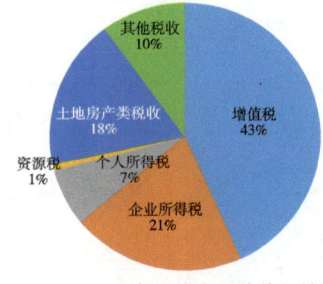

图2-22 2020年天津市税收收入结构

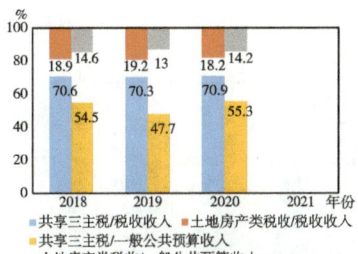

图2-23 2018—2021年天津市共享三主税、土地房产类税收占税收收入及一般公共预算收入的比重

图2-24 2018—2021年天津市非税收入

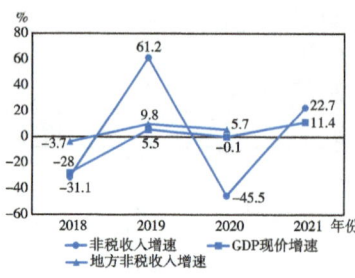

图2-25 2018—2021年天津市非税收入增速

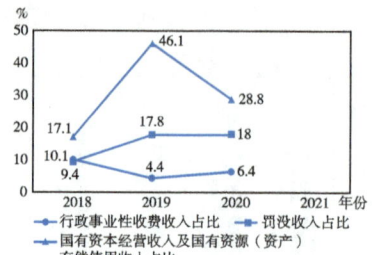

图2-26 2018—2021年天津市非税收入中各主要收入占比

注：2018年行政事业性收费收入占比10.1%、罚没收入占比9.4%。

2.1.4 天津市政府性基金和国有资本经营收入情况

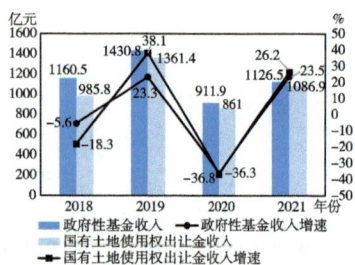

图2-27 2018—2021年天津市政府性基金收入及增速

注：2020年和2021年政府性基金收入增速分别为-36.3%、23.5%；国有土地使用权出让金收入增速分别为-36.8%、26.2%。

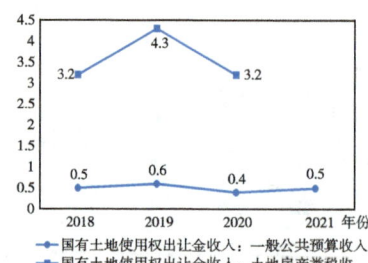

图2-28 2018—2021年天津市国有土地使用权出让金收入与一般公共预算收入对比关系

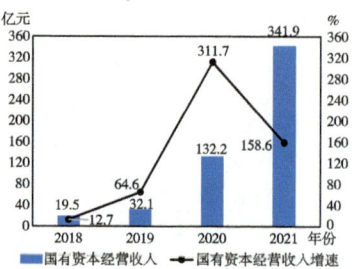

图2-29 2018—2021年天津市国有资本经营收入及增速

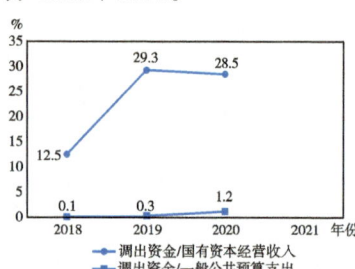

图2-30 2018—2021年天津市国有资本经营预算中调出资金相关指标

2.1.5 天津市社会保险基金收入情况

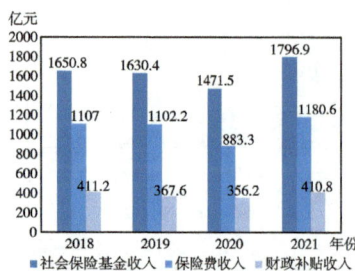

图2-31 2018—2021年天津市社会保险基金收入

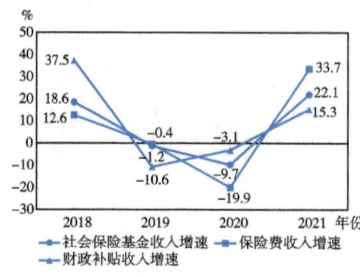

图2-32 2018—2021年天津市社会保险基金收入增速

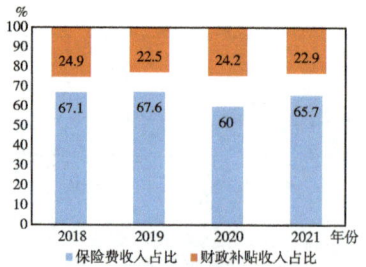

图2-33 2018—2021年天津市保险费收入、财政补贴收入占社会保险基金收入的比重

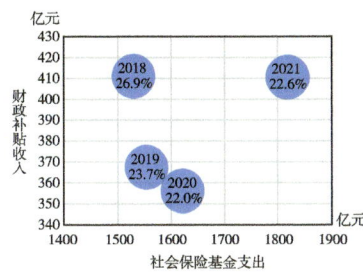

图2-34 2018-2021年天津市社会保险基金支出对财政补贴的依赖度

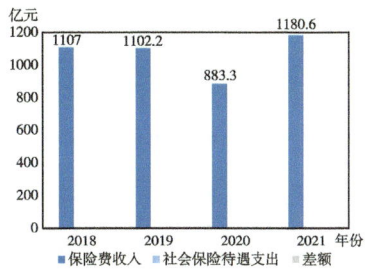

图2-35 2018-2021年天津市保险费收入、社会保险待遇支出及差额

2.1.6 天津市债务情况

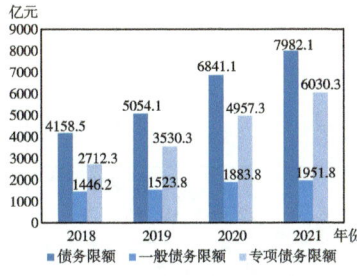

图2-36 2018-2021年天津市债务限额

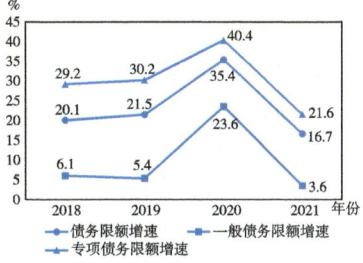

图2-37 2018-2021年天津市债务限额增速

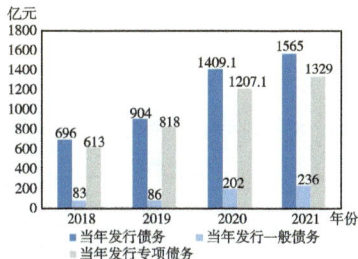

图2-38 2018-2021年天津市当年发行债务

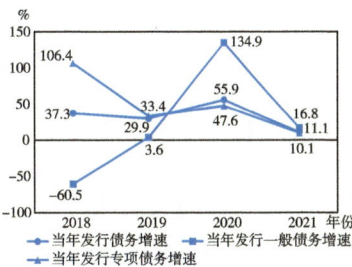

图2-39 2018-2021年天津市当年发行债务增速

图2-40 2018-2021年天津市债务余额

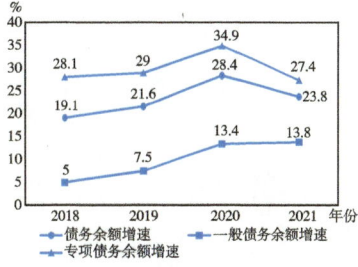

图2-41 2018-2021年天津市债务余额增速

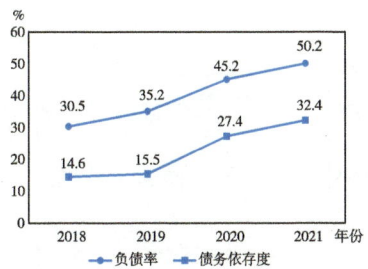

图2-42 2018-2021年天津市负债率和债务依存度

2.1.7 天津市市本级一般公共预算收入情况

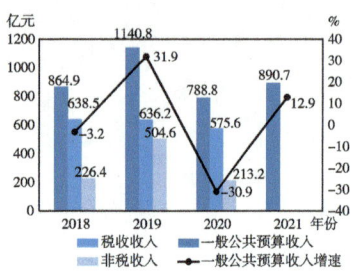

图2-43 2018-2021年天津市市本级一般公共预算收入及增速

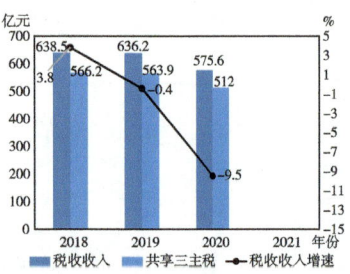

图2-44 2018-2021年天津市市本级一般公共预算收入结构

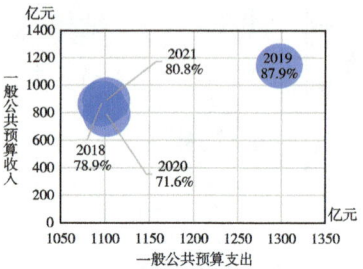

图2-45 2018-2021年天津市市本级财政自给率

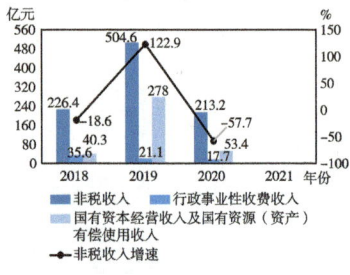

图2-46 2018-2021年天津市市本级税收收入及增速

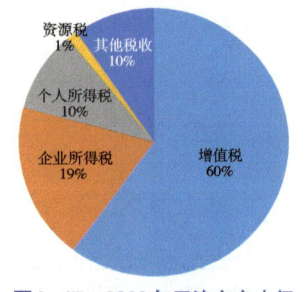

图2-47 2020年天津市市本级税收收入结构

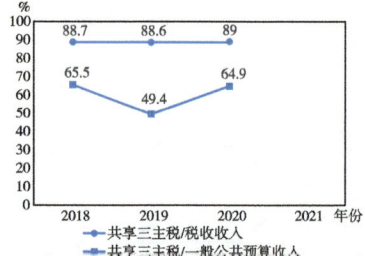

图2-48 2018-2021年天津市市本级共享三主税占税收收入及一般公共预算收入的比重

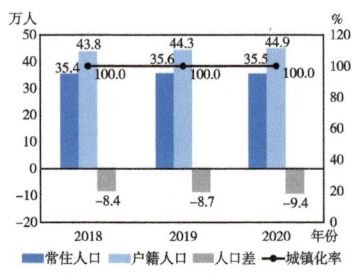

图2-49 2018-2021年天津市市本级非税收入及增速

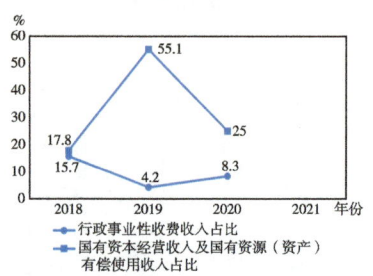

图2-50 2018-2021年天津市市本级非税收入中各主要收入占比

2.2 天津市和平区政府收入主要特征分析

2.2.1 天津市和平区经济社会发展情况

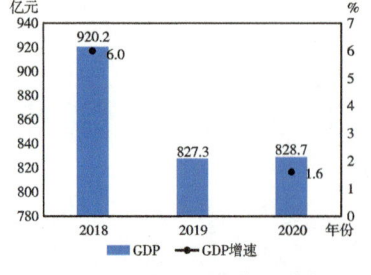

图2-51 2018-2020年天津市和平区人口状况

图2-52 2018-2020年天津市和平区GDP及增速

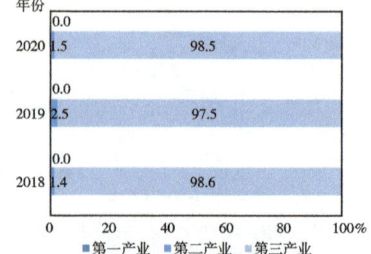

图2-53 2018-2020年天津市和平区三次产业结构

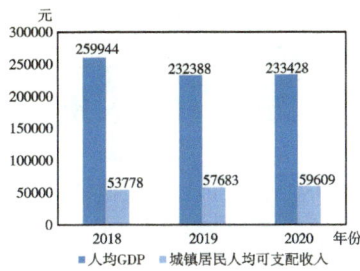

图2-54 2018-2020年天津市和平区人均GDP和人均可支配收入

图2-55 2018-2020年天津市和平区人均GDP现价增速和人均可支配收入增速

2.2.2 天津市和平区政府收入总体情况

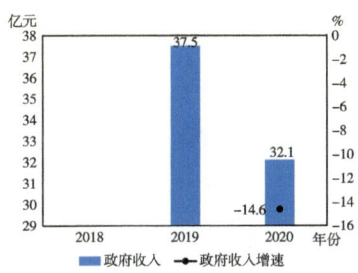

图2-56 2018-2020年天津市和平区政府收入及增速

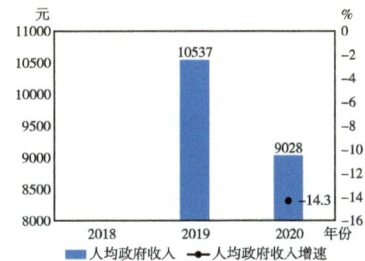

图2-57 2018-2020年天津市和平区人均政府收入及增速

2.2.3 天津市和平区一般公共预算收入情况

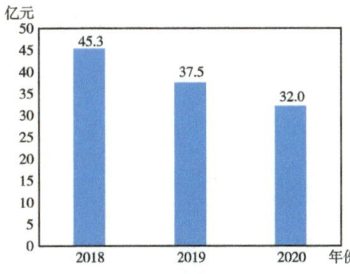

图2-58 2018-2020年天津市和平区一般公共预算收入

图2-59 2018-2020年天津市和平区一般公共预算收入增速

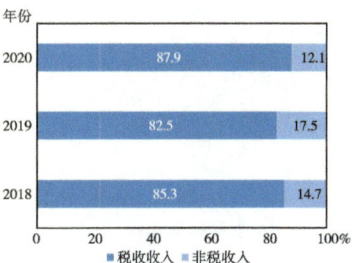

图2-60 2018-2020年天津市和平区一般公共预算收入结构

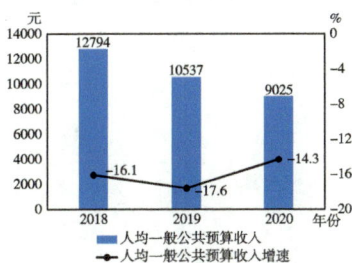

图2-61 2018-2020年天津市和平区人均一般公共预算收入及增速

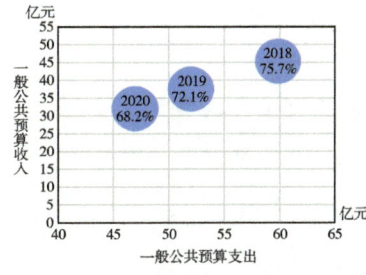

图2-62 2018-2020年天津市和平区财政自给率

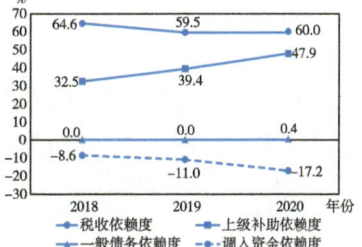

图2-63 2018-2020年天津市和平区一般公共预算支出对各类收入的依赖度

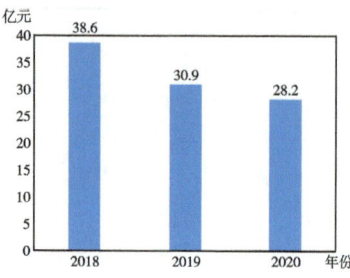

图2-64 2018-2020年天津市和平区税收收入

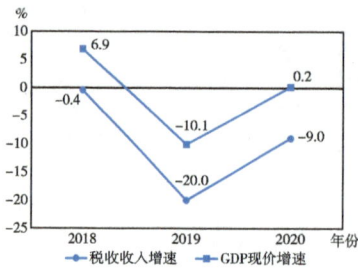

图2-65 2018-2020年天津市和平区税收收入增速

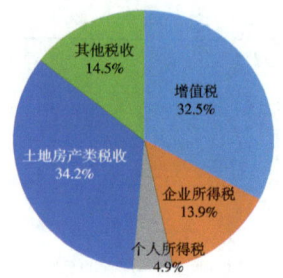

图2-66 2020年天津市和平区税收收入结构

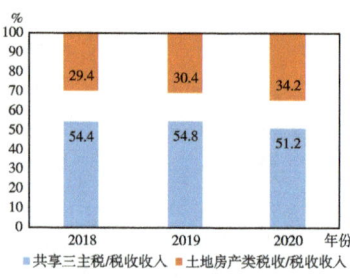

图2-67 2018-2020年天津市和平区共享三主税、土地房产类税收占税收收入的比重

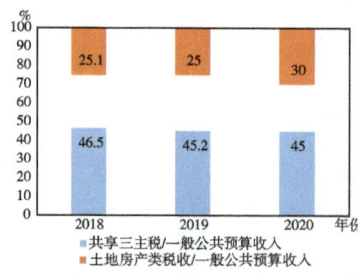

图2-68 2018-2020年天津市和平区共享三主税、土地房产类税收占一般公共预算收入的比重

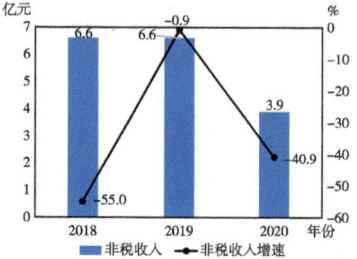

图2-69 2018-2020年天津市和平区非税收入及增速

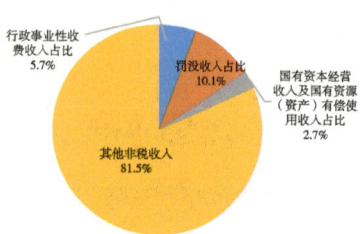

图2-70 2020年天津市和平区非税收入结构

2.2.4 天津市和平区政府性基金收入与国有资本经营收入情况

注：天津市和平区2018-2020年政府性基金收入为0万元。2019年国有资本经营收入为0万元，2020年为118万元，调出68万元（占比57.6%）。

2.2.5 天津市和平区社会保险基金收入情况

注：天津市和平区2018-2020年社会保险基金收入为0万元。

2.2.6 天津市和平区债务情况

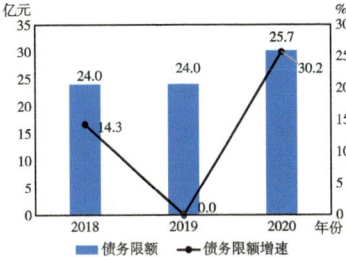

图2-71　2018—2020年天津市和平区债务限额及增速

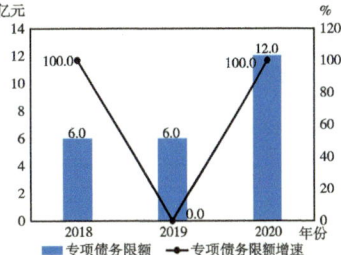

图2-72　2018—2020年天津市和平区一般债务限额及增速

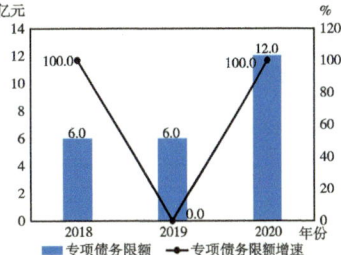

图2-73　2018—2020年天津市和平区专项债务限额及增速

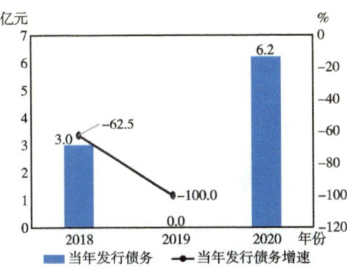

图2-74　2018—2020年天津市和平区当年发行债务及增速

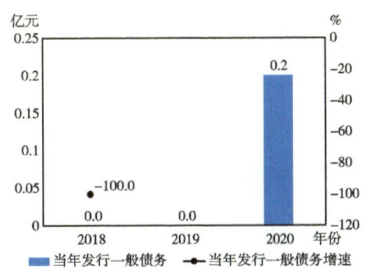

图2-75　2018—2020年天津市和平区当年发行一般债务及增速

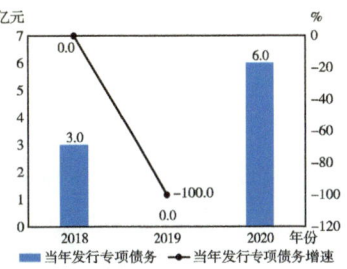

图2-76　2018—2020年天津市和平区当年发行专项债务及增速

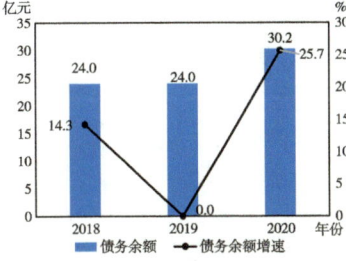

图2-77　2018—2020年天津市和平区债务余额及增速

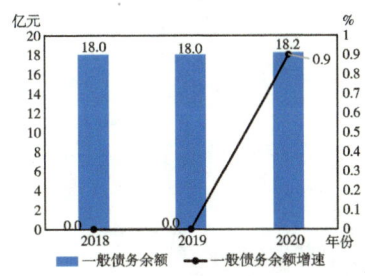

图2-78　2018—2020年天津市和平区一般债务余额及增速

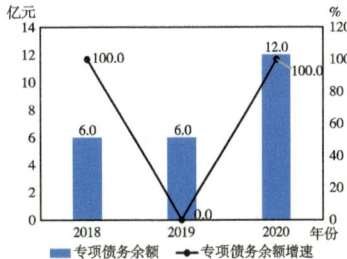

图2-79　2018—2020年天津市和平区专项债务余额及增速

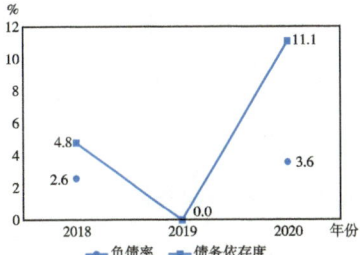

图2-80　2018—2020年天津市和平区负债率和债务依存度

3 河北省

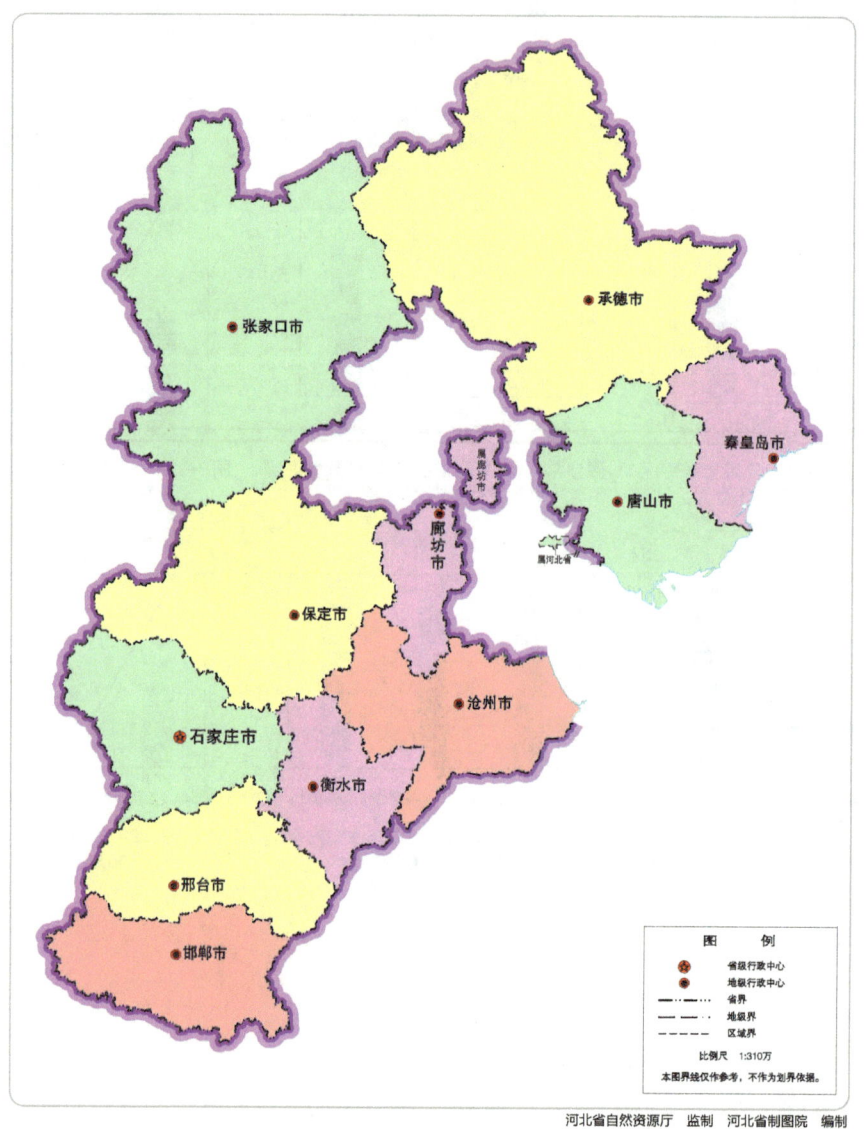

图 2020年河北省地图

资料来源：自然资源部的标准地图服务系统网站。
注：审图号为冀S（2020）030号。

本章执笔人：沈一凡　审校：陈莹莹

专栏3-1　2021年河北省行政区划

石家庄市：长安区、桥西区、**新华区**、裕华区、栾城区、藁城区、鹿泉区、井陉矿区、晋州市、新乐市、辛集市、赵县、平山县、正定县、灵寿县、高邑县、赞皇县、深泽县、无极县、行唐县、元氏县、井陉县

唐山市：曹妃甸区、路南区、路北区、开平区、古冶区、丰润区、丰南区、迁安市、遵化市、滦州市、迁西县、**玉田县**、滦南县、乐亭县

秦皇岛市：海港区、北戴河区、山海关区、抚宁区、昌黎县、**卢龙县**、青龙满族自治县

邯郸市：丛台区、复兴区、邯山区、峰峰矿区、肥乡区、永年区、武安市、鸡泽县、邱县、曲周县、馆陶县、涉县、广平县、成安县、魏县、磁县、临漳县、大名县

邢台市：信都区、襄都区、**任泽区**、南和区、沙河市、南宫市、内丘县、临城县、隆尧县、柏乡县、宁晋县、巨鹿县、平乡县、新河县、广宗县、威县、临西县、清河县

保定市：莲池区、竞秀区、满城区、清苑区、徐水区、涿州市、**定州市**、安国市、高碑店市、涞水县、阜平县、定兴县、唐县、高阳县、容城县、涞源县、望都县、安新县、易县、曲阳县、蠡县、顺平县、博野县、雄县、

张家口市：桥东区、桥西区、宣化区、下花园区、崇礼区、万全区、张北县、康保县、沽源县、尚义县、蔚县、阳原县、怀安县、怀来县、涿鹿县、赤城县

承德市：双桥区、双滦区、鹰手营子矿区、平泉市、围场满族蒙古族自治县、丰宁满族自治县、隆化县、滦平县、承德县、宽城满族自治县、兴隆县

沧州市：新华区、运河区、泊头市、任丘市、黄骅市、河间市、沧县、青县、东光县、海兴县、盐山县、肃宁县、南皮县、吴桥县、献县、孟村回族自治县

廊坊市：安次区、广阳区、三河市、霸州市、香河县、永清县、固安县、文安县、大城县、大厂回族自治县

衡水市：桃城区、冀州区、深州市、**枣强县**、武邑县、武强县、饶阳县、安平县、故城县、景县、阜城县

本书选取新华区、玉田县、卢龙县、任泽区、定州市以及枣强县为样本县。

河北省共辖11个地级市，市辖区49个、县级市21个、县91个、自治县6个（详见专栏3-1）；地处华北，北依燕山，南望黄河，西靠太行，东坦沃野，内守京津，外环渤海，周边分别与内蒙古、辽宁、山西、河南、山东等省毗邻。河北总面积达18.88万平方千米，全省地势由西北向东南倾斜，西北部为山区、丘陵和高原，其间分布有盆地和谷地，中部和东南部为广阔的平原。其中坝上高原占全省总面积的8.5%，燕山和太行山地，其中包括丘陵和盆地，占全省总面积的48.1%，河北平原是华北大平原的一部分，占全省总面积的43.4%。河北省是全国唯一兼有高原、山地、丘陵、平原、湖泊和海滨的省份，也是旅游资源大省。

2021年河北省经济总量处于全国中等，第三产业占比低于全国。 2021年末，河北省常住人口7448万人，常住人口城镇化率为61.1%（低于全国水平3.6个百分点）。2021年河北GDP

达到4万亿元，排全国第12名，次于上海、安徽，略高于北京、陕西；增速6.5%，比2020年上升2.6个百分点，低于全国1.6个百分点，排全国第24名；人均GDP为54172元（折8397.2美元），排全国第24名。从产业结构看，第一、第二、第三产业占比分别为10%、40.5%（高于全国1.1个百分点）和49.5%（低于全国3.8个百分点）。从居民可支配收入看，2021年城镇与农村居民人均可支配收入分别为39791元和18179元，分别为全国平均水平的83.9%和96%。

2021年河北省一般公共预算收入在全国前列，税收收入占比中等，省市县中县级政府收入占比最高。 2021年河北省一般公共预算收入4167.6亿元，排全国第9名，增速8.9%。人均一般公共预算收入为5596元，排全国第20名。其中，近四年河北省税收收入占一般公共预算收入的总体略有下降，2021年为65.6%。非税收入占比偏高，其中2021年政府产权性收入规模占非税收入比高达43.8%。从纵向收入分配看，2020年省本级、市本级、县一般公共预算收入占比分别为17.3%、11.1%和71.6%。

2021年河北省财政自给率偏低，今年较去年有所提高。 2021年河北财政自给率为47.1%，较2019年上升4.7个百分点。一般公共预算支出为8854.5亿元。

2021年河北省四本预算合计中一般公共预算收入占比最高。 2021年河北省四本预算加总的政府收入10725元，其中一般公共预算收入、政府性基金预算收入、国有资本经营预算收入和社会保险基金预算收入分别占比38.9%、26.2%、0.4%和34.5%。2021年河北省社保基金预算收入3703.8亿元。

河北省内各地市经济社会发展和财政发展不均衡。 2020年，石家庄和唐山的政府收入规模超千亿元，分别是1455.7亿元和1240.4亿元。2020年石家庄市一般公共预算收入605亿元，唐山市排名第二，实现507.1亿元的一般公共预算收入，其他各市一般分布在100亿—400亿元区间。一般公共预算收入的城市首位度指数为1.2，2020年，石家庄、唐山和廊坊的财政自给率超过50%，承德、邢台和张家口的财政自给率均低于30%，其他各市的财政自给率在30%—50%区间。财政自给率最高的城市为石家庄市，达到56.3%；最低的为承德市，为25.9%。前者是后者的2.2倍。政府性基金收入主要构成是国有土地使用权出让收入，各地差距较大，收入规模最大的石家庄市（518.4亿元）为规模最小的衡水市（89.8亿元）的5.8倍。

3.1 河北省政府收入主要特征分析

3.1.1 河北省经济社会基本情况

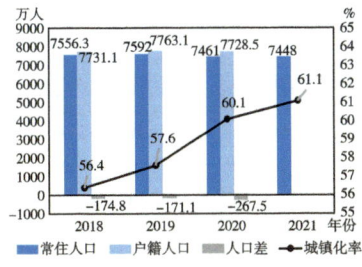

图3-1 2018—2021年河北省人口状况

图3-2 2018—2021年河北省GDP及增速

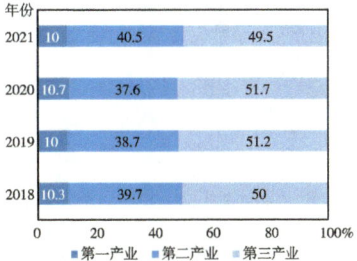

图3-3 2018—2021年河北省三次产业结构

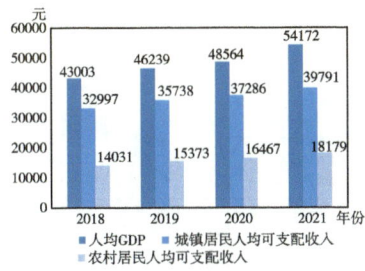

图3-4 2018—2021年河北省人均GDP和人均可支配收入

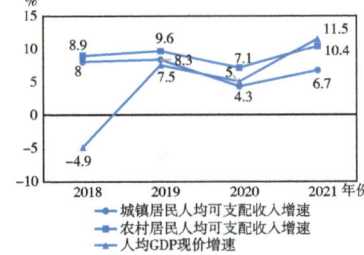

图3-5 2018—2021年河北省人均GDP现价增速和人均可支配收入增速

3.1.2 河北省政府收入总体情况

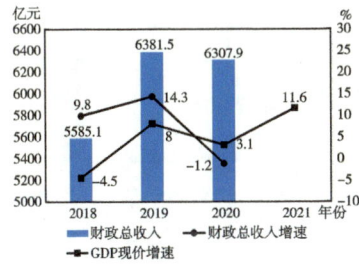

图3-6 2018—2021年河北省财政总收入及增速

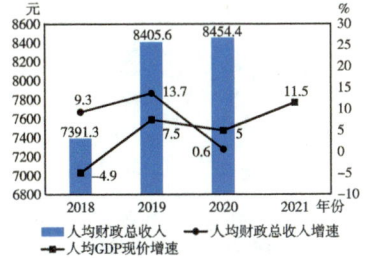

图3-7 2018—2021年河北省人均财政总收入及增速

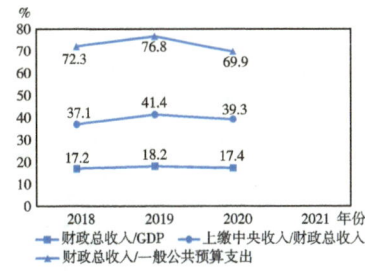

图3-8 2018—2021年河北省财政总收入相关指标

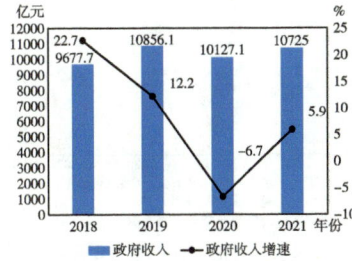

图3-9 2018—2021年河北省政府收入及增速

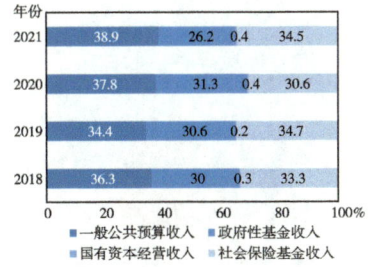

图3-10 2018—2021年河北省政府收入结构

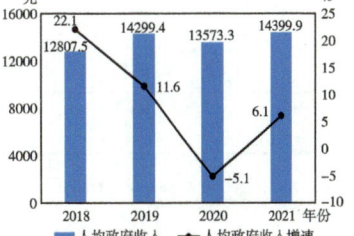

图3-11 2018—2021年河北省人均政府收入及增速

3.1.3 河北省一般公共预算收入情况

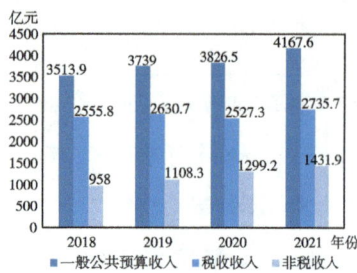

图3-12 2018-2021年河北省一般公共预算收入

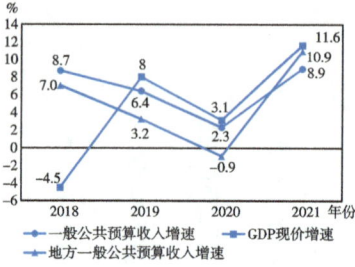

图3-13 2018-2021年河北省一般公共预算收入增速

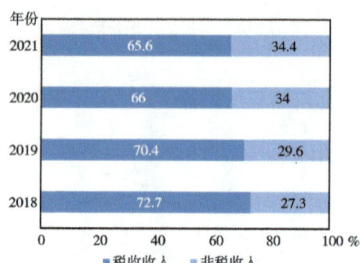

图3-14 2018-2021年河北省一般公共预算收入结构

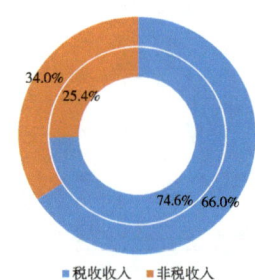

图3-15 2020年一般公共预算收入结构对比（内环为地方，外环为河北省）

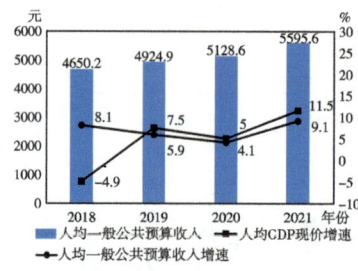

图3-16 2018-2021年河北省人均一般公共预算收入及增速

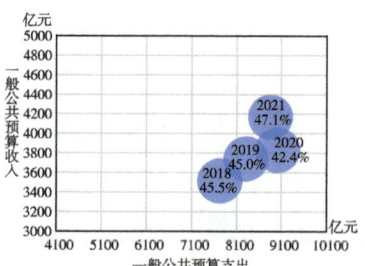

图3-17 2018-2021年河北省财政自给率

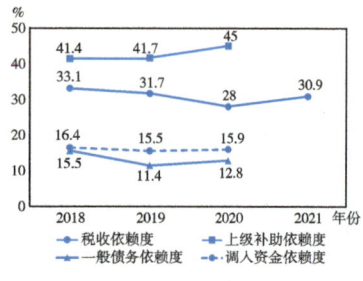

图3-18 2018-2021年河北省一般公共预算支出对各类收入的依赖度

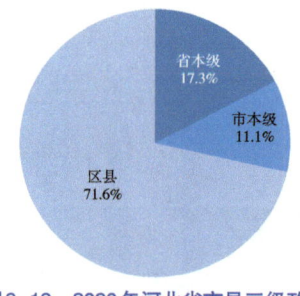

图3-19 2020年河北省市县三级政府一般公共预算收入分布

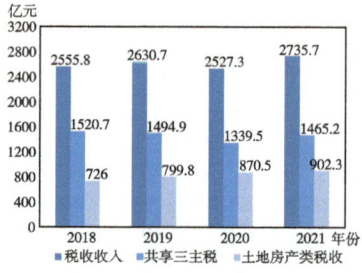

图3-20 2018-2021年河北省税收收入

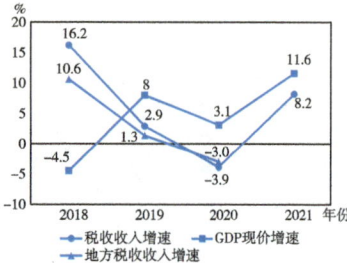

图3-21 2018-2021年河北省税收收入增速

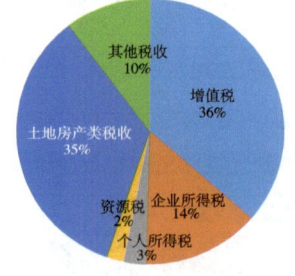

图3-22 2020年河北省税收收入结构

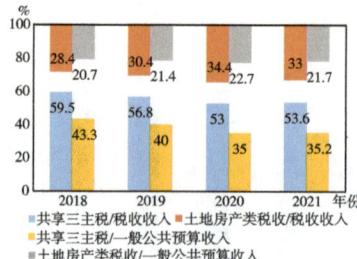

图3-23 2018-2021年河北省共享三主税、土地房产类税收占税收收入及一般公共预算收入的比重

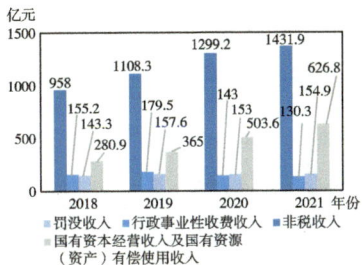

图3-24 2018–2021年河北省非税收入

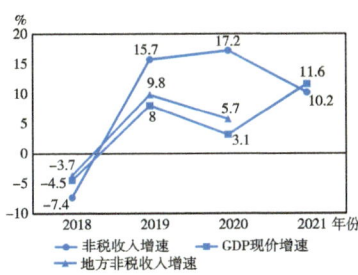

图3-25 2018–2021年河北省非税收入增速

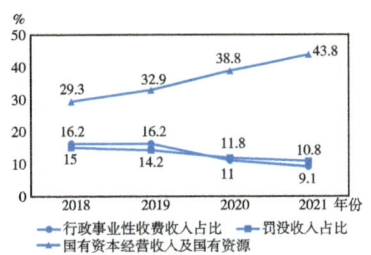

图3-26 2018–2021年河北省非税收入中各主要收入占比

3.1.4 河北省政府性基金和国有资本经营收入情况

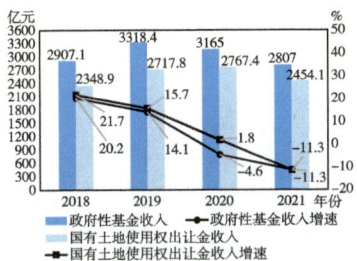

图3-27 2018–2021年河北省政府性基金收入及增速

图3-28 2018–2021年河北省国有土地使用权出让金收入与一般公共预算收入对比关系

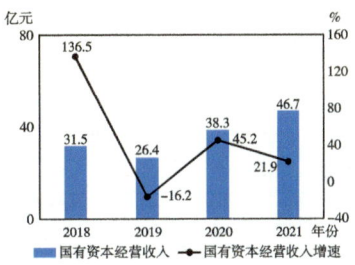

图3-29 2018–2021年河北省国有资本经营收入及增速

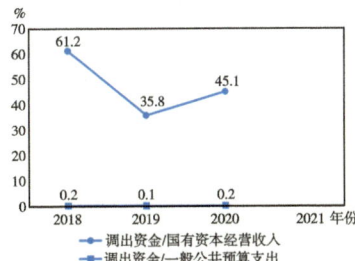

图3-30 2018–2021年河北省国有资本经营预算中调出资金相关指标

3.1.5 河北省社会保险基金收入情况

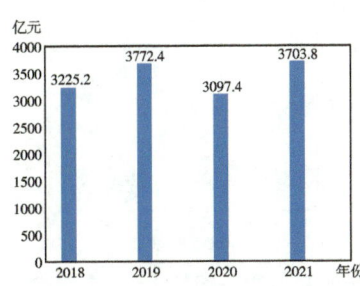

图3-31 2018–2021年河北省社会保险基金收入

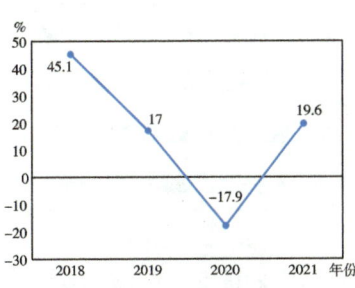

图3-32 2018–2021年河北省社会保险基金收入增速

3.1.6 河北省债务情况

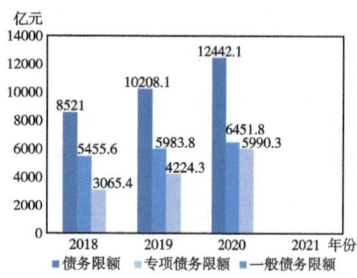

图3-33　2018—2021年河北省债务限额

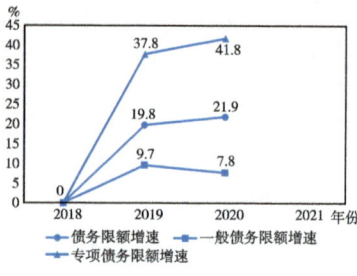

图3-34　2018—2021年河北省债务限额增速

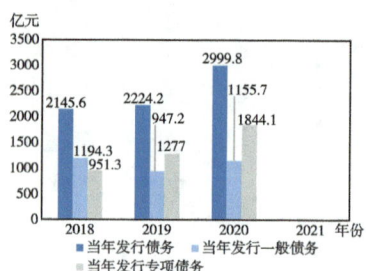

图3-35　2018—2021年河北省当年发行债务

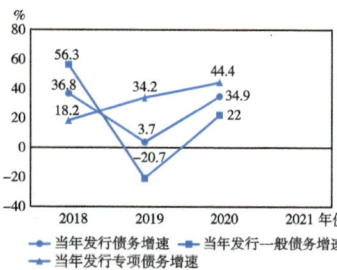

图3-36　2018—2021年河北省当年发行债务增速

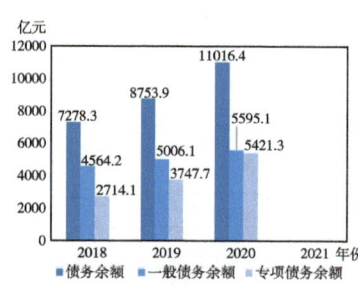

图3-37　2018—2021年河北省债务余额

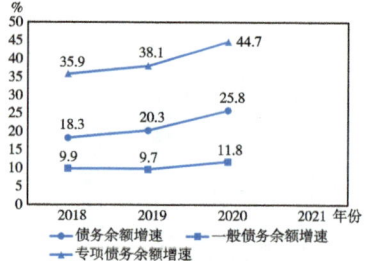

图3-38　2018—2021年河北省债务余额增速

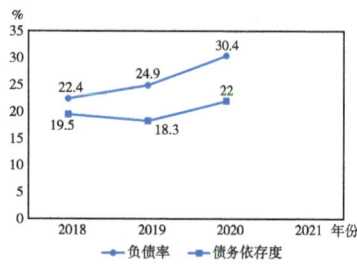

图3-39　2018—2021年河北省负债率和债务依存度

3.1.7 河北省省本级一般公共预算收入情况

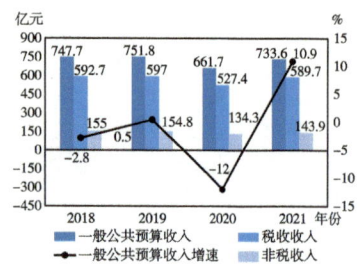

图3-40　2018—2021年河北省省本级一般公共预算收入及增速

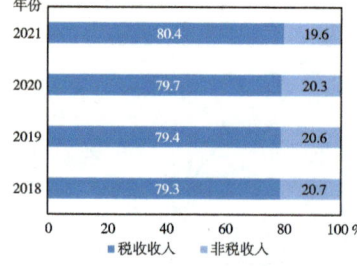

图3-41　2018—2021年河北省省本级一般公共预算收入结构

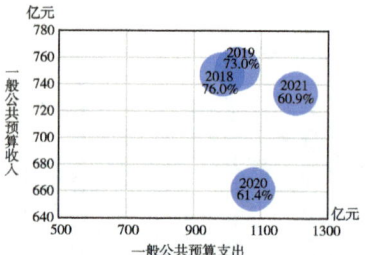

图3-42　2018—2021年河北省省本级财政自给率

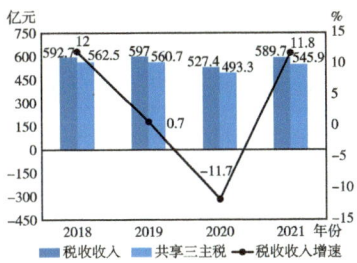

图3-43 2018—2021年河北省省本级税收收入及增速

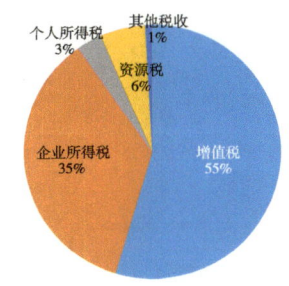

图3-44 2020年河北省省本级税收收入结构

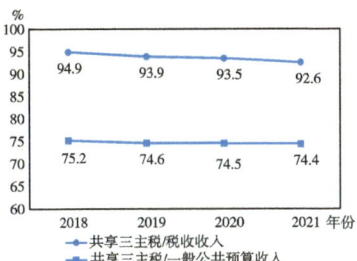

图3-45 2018—2021年河北省省本级共享三主税占税收收入及一般公共预算收入的比重

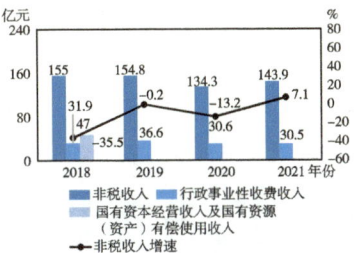

图3-46 2018—2021年河北省省本级非税收入及增速

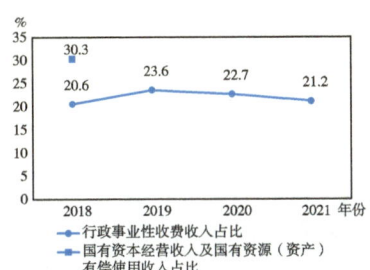

图3-47 2018—2021年河北省省本级非税收入中各主要收入占比

3.2 河北省各市政府收入主要特征分析

3.2.1 河北省各市经济社会发展情况

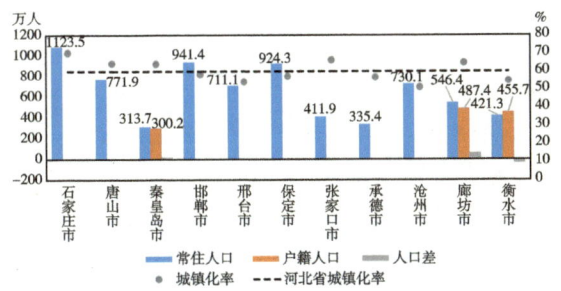

图3-48 2020年河北省各市人口状况

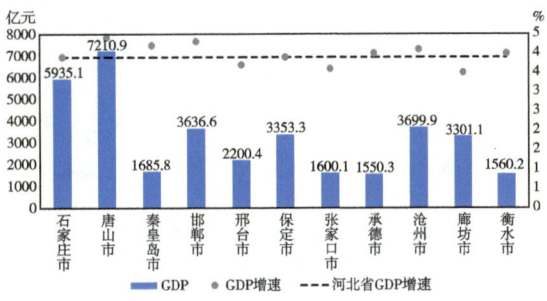

图3-49 2020年河北省各市GDP及增速

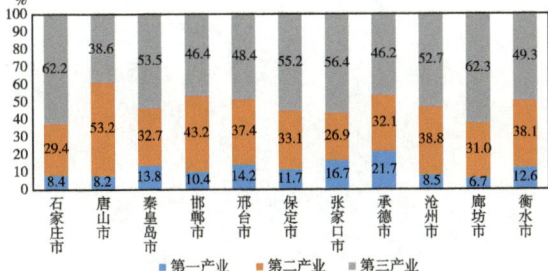

图3-50 2020年河北省各市三次产业结构

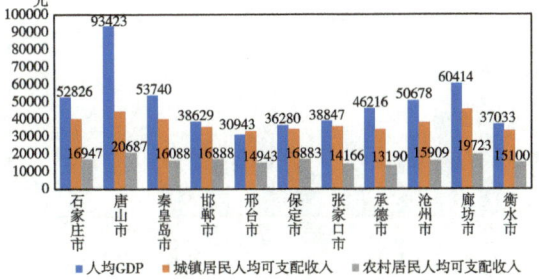

图3-51 2020年河北省各市人均GDP和人均可支配收入

251

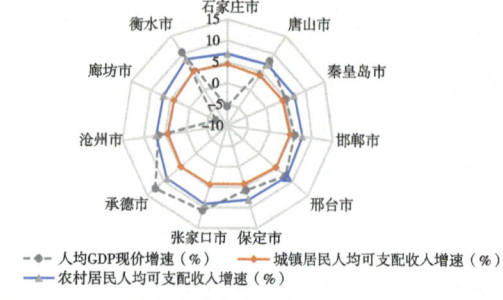

图3-52 2020年河北省各市人均GDP现价增速和人均可支配收入增速

3.2.2 河北省各市政府收入总体情况

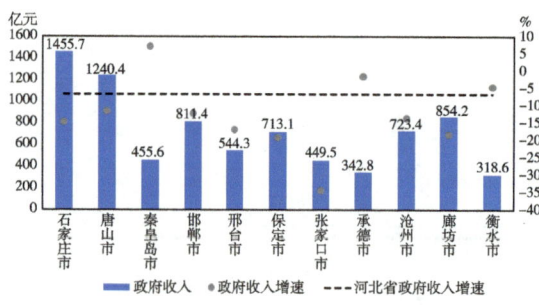

图3-53 2020年河北省各市政府收入及增速

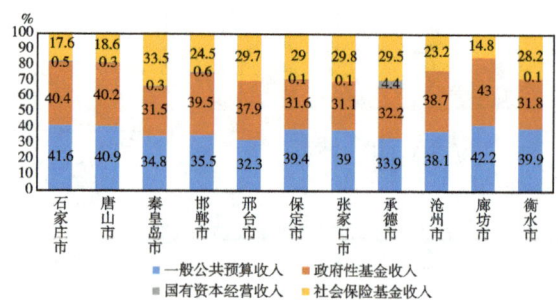

图3-54 2020年河北省各市政府收入结构

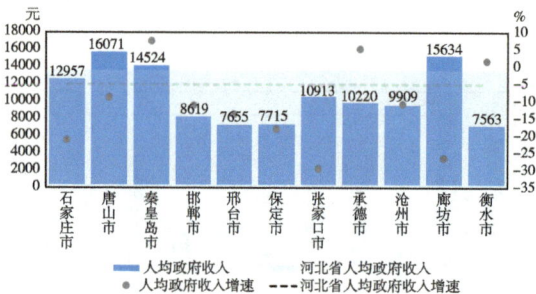

图3-55 2020年河北省各市人均政府收入及增速

3.2.3 河北省各市一般公共预算收入情况

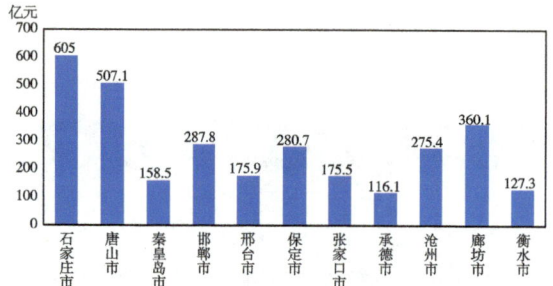

图3-56 2020年河北省各市一般公共预算收入

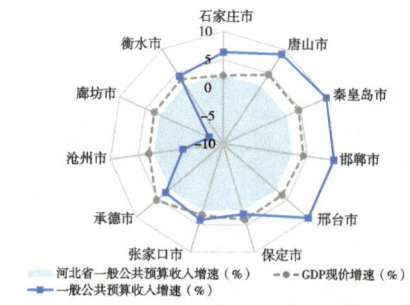

图3-57 2020年河北省各市一般公共预算收入增速

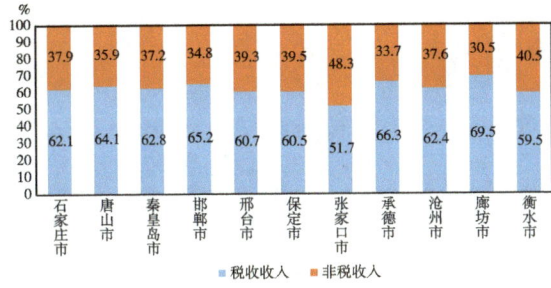

图3-58 2020年河北省各市一般公共预算收入结构

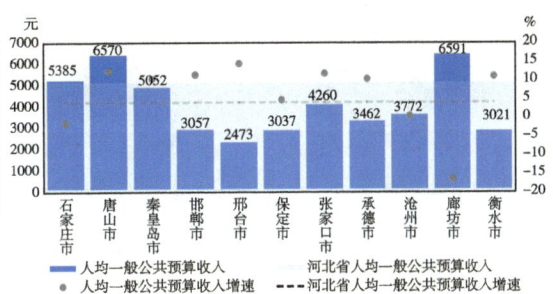

图3-59 2020年河北省各市人均一般公共预算收入及增速

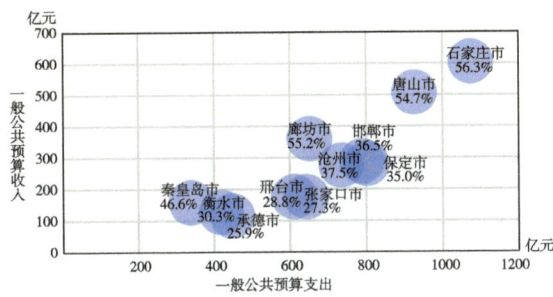

图3-60 2020年河北省各市财政自给率

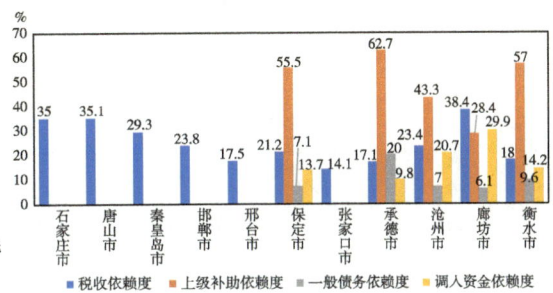

图3-61 2020年河北省各市一般公共预算支出对各类收入的依赖度

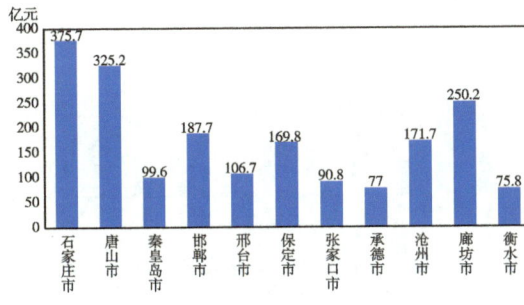

图3-62 2020年河北省各市税收收入

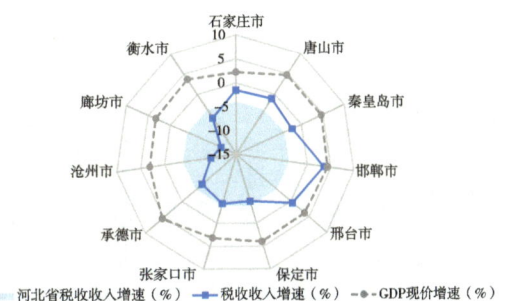

图3-63 2020年河北省各市税收收入增速

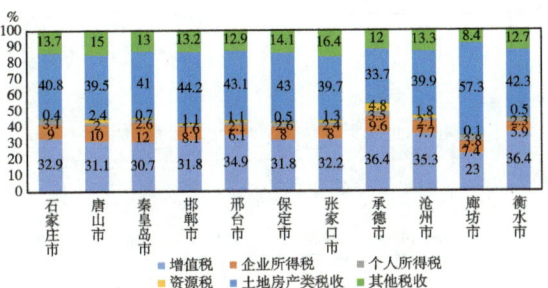

图3-64 2020年河北省各市税收收入结构

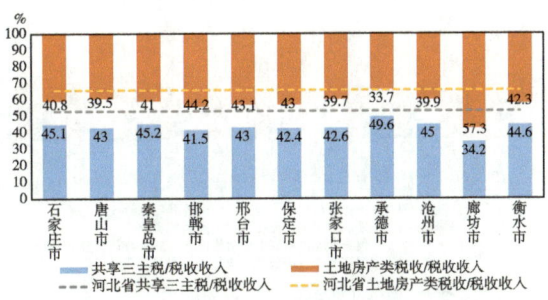

图3-65 2020年河北省各市共享三主税、土地房产类税收占税收收入的比重

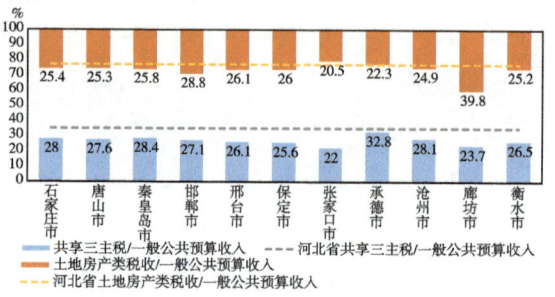

图3-66 2020年河北省各市共享三主税、土地房产类税收占一般公共预算收入的比重

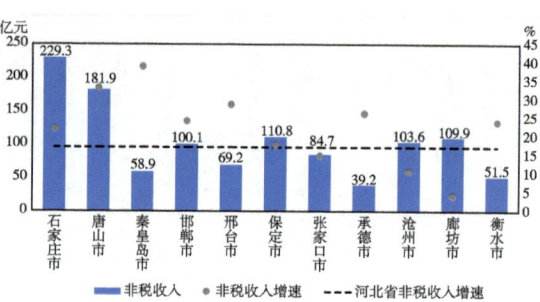

图3-67 2020年河北省各市非税收入及增速

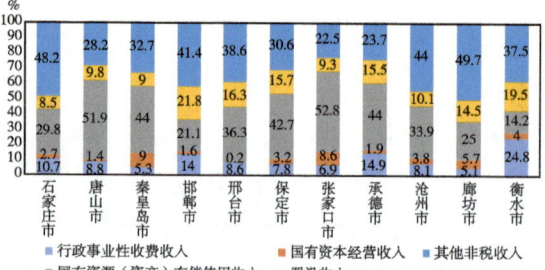

图3-68 2020年河北省各市非税收入结构

3.2.4 河北省各市政府性基金收入与国有资本经营收入情况

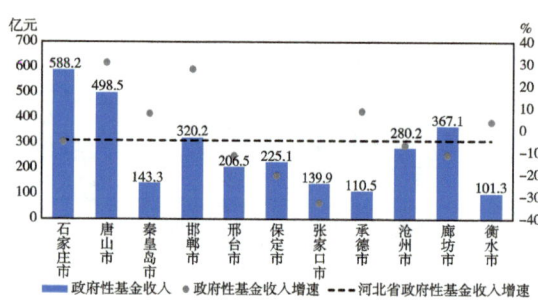

图3-69 2020年河北省各市政府性基金收入及增速

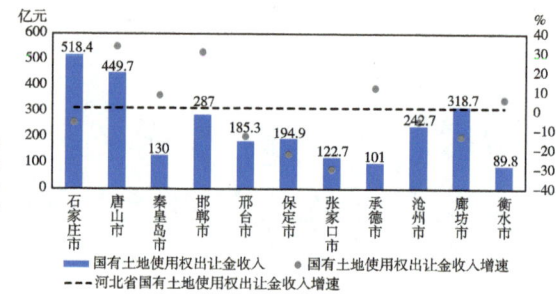

图3-70 2020年河北省各市国有土地使用权出让金收入及增速

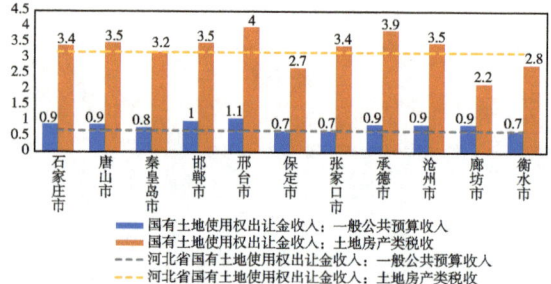

图3-71 2020年河北省各市国有土地使用权出让金收入与一般公共预算收入对比关系

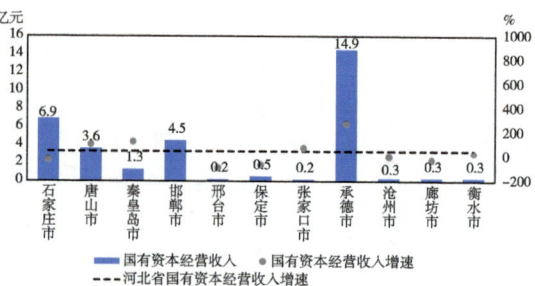

图3-72 2020年河北省各市国有资本经营收入及增速

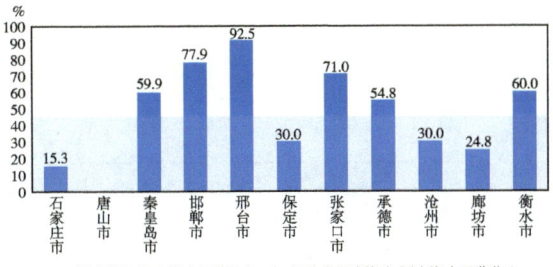

图3-73 2020年河北省各市调出资金与国有资本经营收入对比关系

3.2.5 河北省各市社会保险基金收入情况

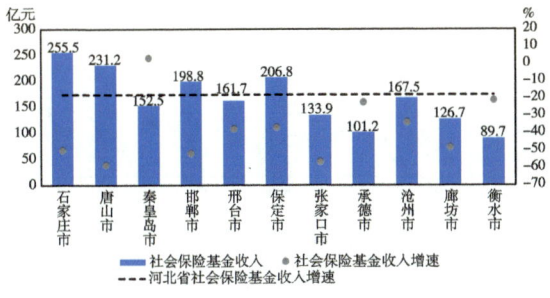

图3-74 2020年河北省各市社会保险基金收入及增速

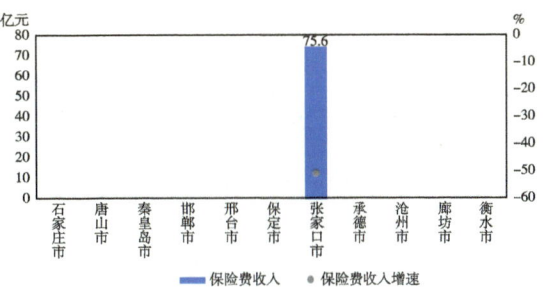

图3-75 2020年河北省各市保险费收入及增速

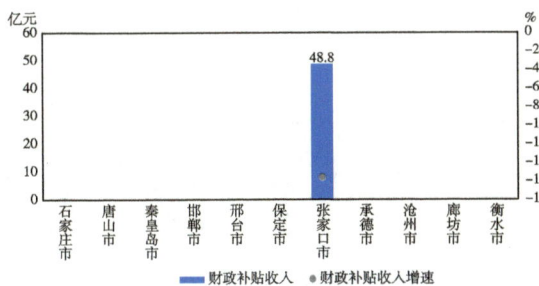

图3-76 2020年河北省各市财政补贴收入及增速

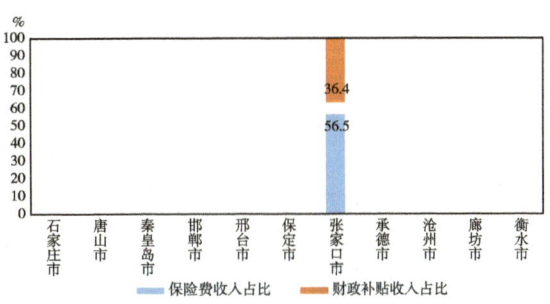

图3-77 2020年河北省各市保险费收入、财政补贴收入占社会保险基金收入的比重

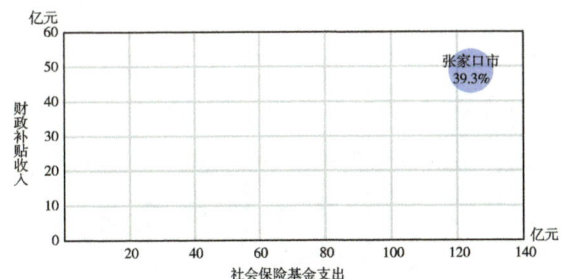

图3-78 2020年河北省各市社会保险基金支出对财政补贴的依赖度

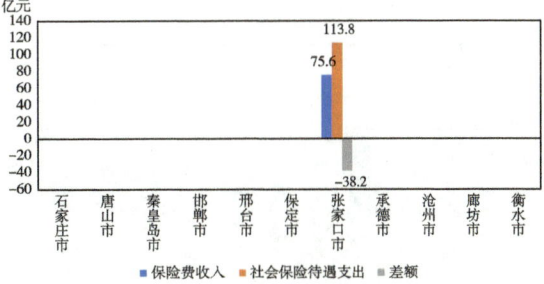

图3-79 2020年河北省各市保险费收入、社会保险待遇支出及差额

3.2.6 河北省各市债务情况

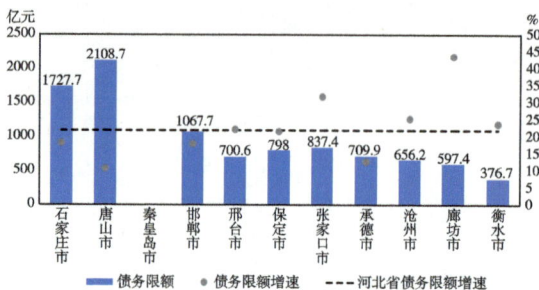

图3-80 2020年河北省各市债务限额及增速

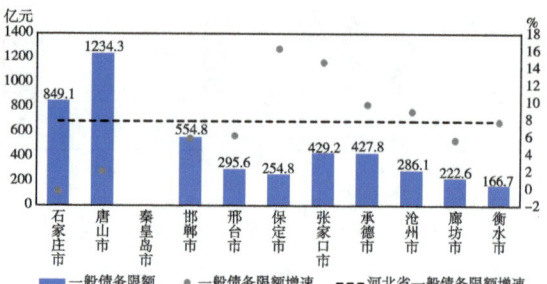

图3-81 2020年河北省各市一般债务限额及增速

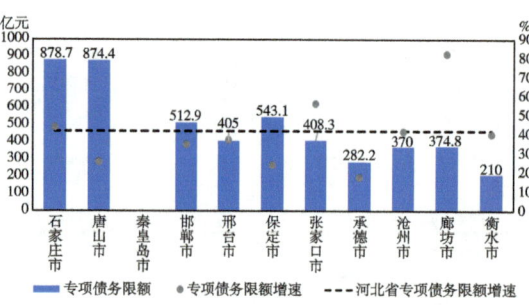

图3-82 2020年河北省各市专项债务限额及增速

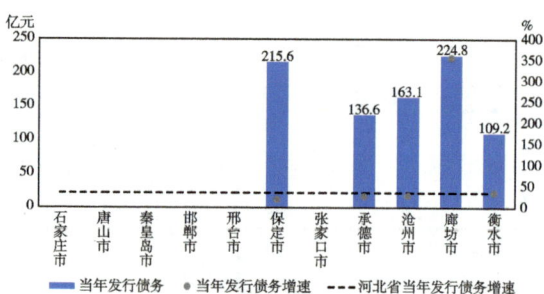

图3-83 2020年河北省各市当年发行债务及增速

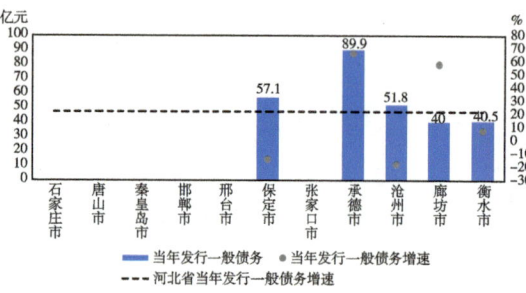

图3-84 2020年河北省各市当年发行一般债务及增速

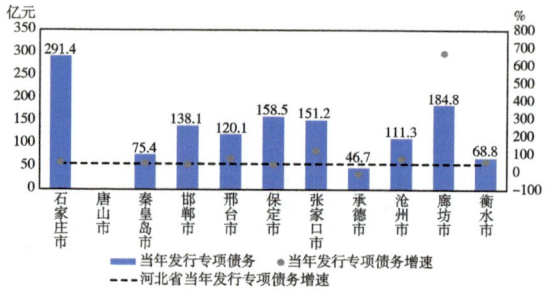

图3-85 2020年河北省各市当年发行专项债务及增速

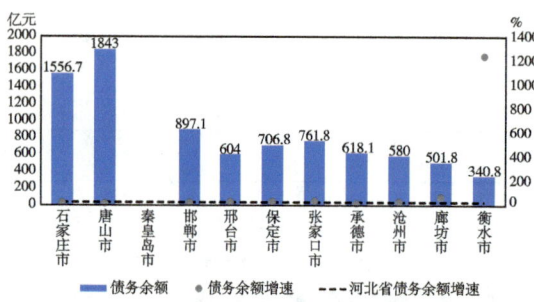

图3-86 2020年河北省各市债务余额及增速

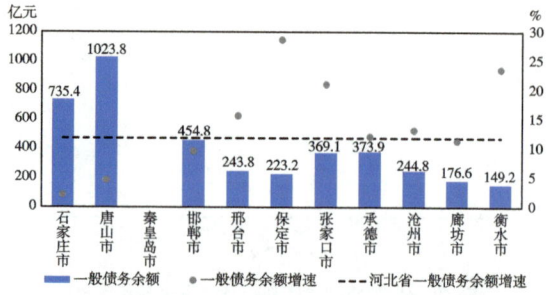

图3-87 2020年河北省各市一般债务余额及增速

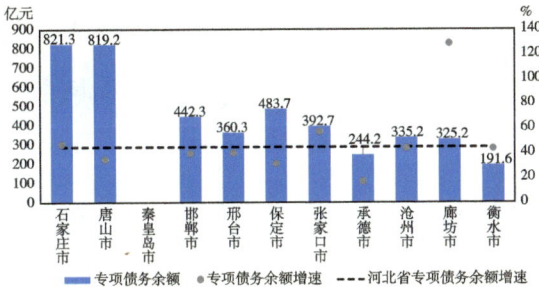

图3-88　2020年河北省各市专项债务余额及增速

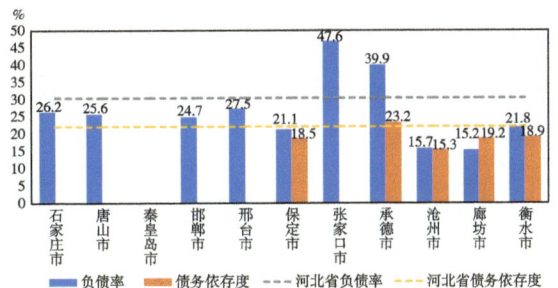

图3-89　2020年河北省各市负债率和债务依存度

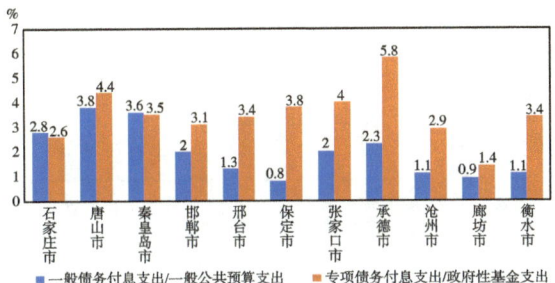

图3-90　2020年河北省各市债务付息支出相关指标

3.2.7　河北省各市市本级一般公共预算收入情况

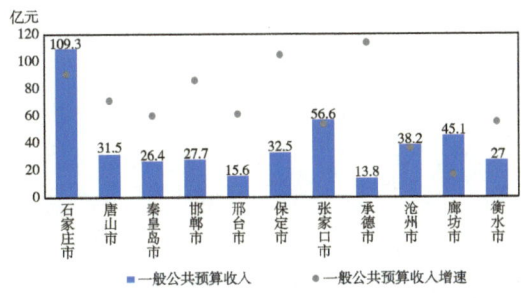

图3-91　2020年河北省各市市本级一般公共预算收入及增速

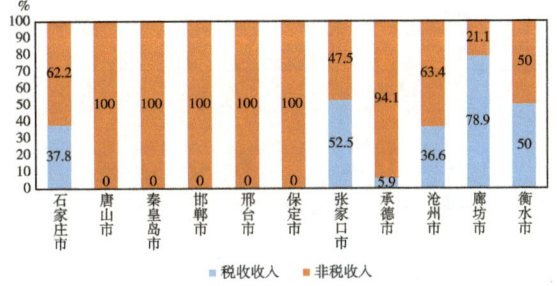

图3-92　2020年河北省各市市本级一般公共预算收入结构

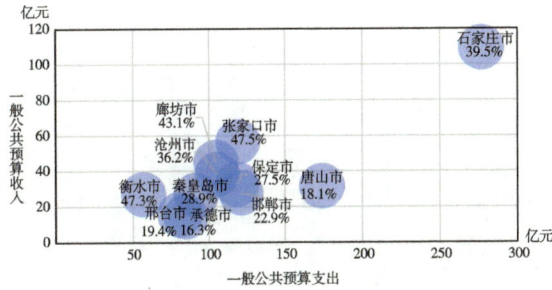

图3-93　2020年河北省各市市本级财政自给率

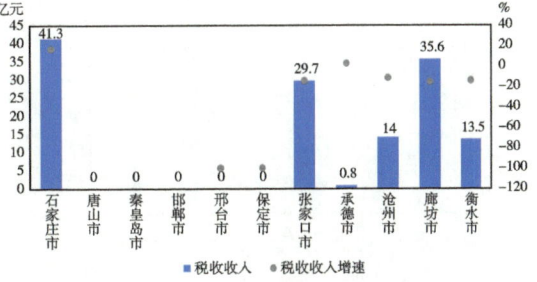

图3-94　2020年河北省各市市本级税收收入及增速

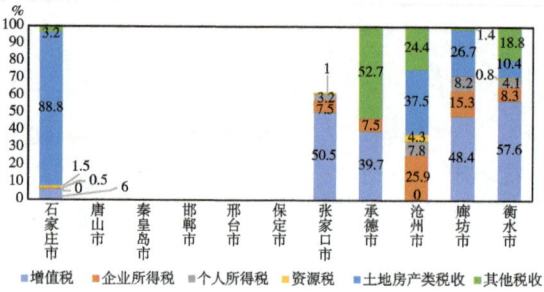

图3-95　2020年河北省各市市本级税收收入结构

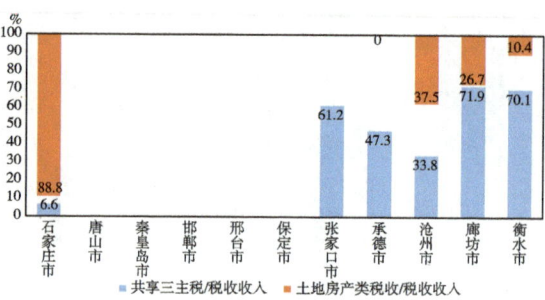

图3-96　2020年河北省各市市本级共享三主税、土地房产类税收占税收收入的比重

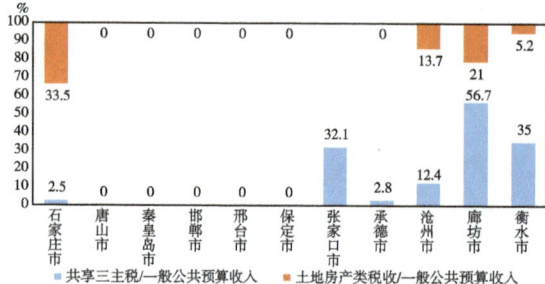

图3-97　2020年河北省各市市本级共享三主税、土地房产类税收占一般公共预算收入的比重

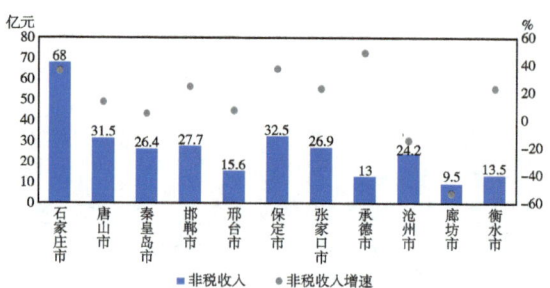

图3-98　2020年河北省各市市本级非税收入及增速

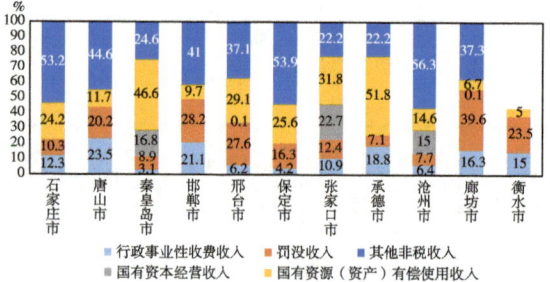

图3-99　2020年河北省各市市本级非税收入结构

3.3　河北省样本县政府收入主要特征分析

3.3.1　河北省样本县经济社会发展情况

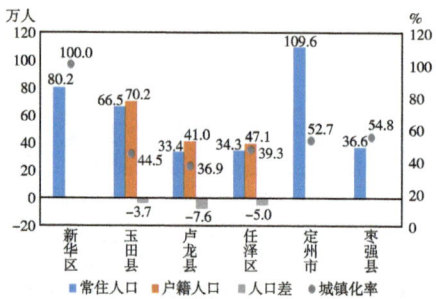

图3-100　2020年河北省样本县人口状况

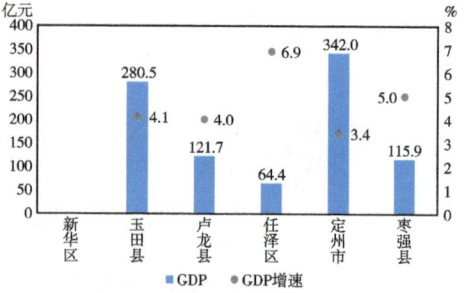

图3-101　2020年河北省样本县GDP及增速

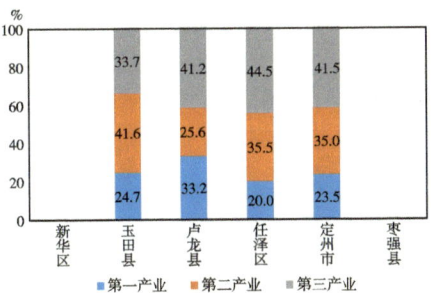

图3-102 2020年河北省样本县三次产业结构

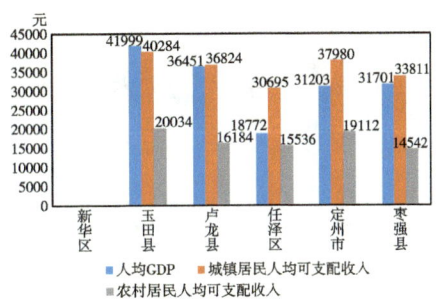

图3-103 2020年河北省样本县人均GDP和人均可支配收入

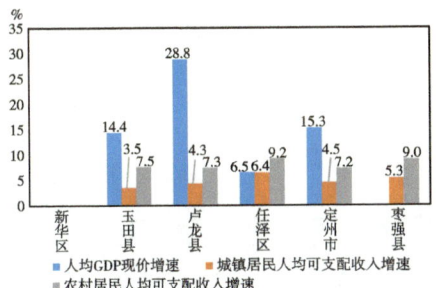

图3-104 2020年河北省样本县人均GDP现价增速和人均可支配收入增速

3.3.2 河北省样本县政府收入总体情况

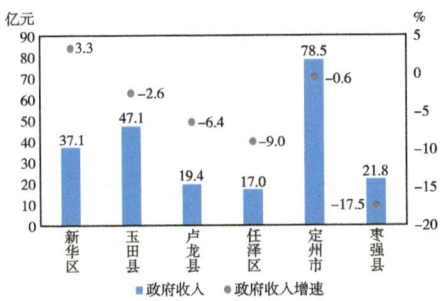

图3-105 2020年河北省样本县政府收入及增速

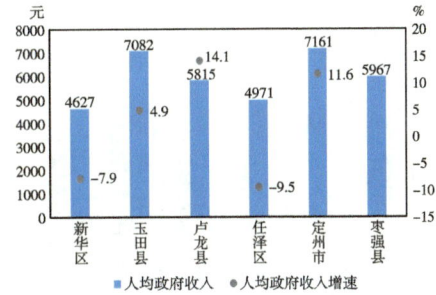

图3-106 2020年河北省样本县人均政府收入及增速

3.3.3 河北省样本县一般公共预算收入情况

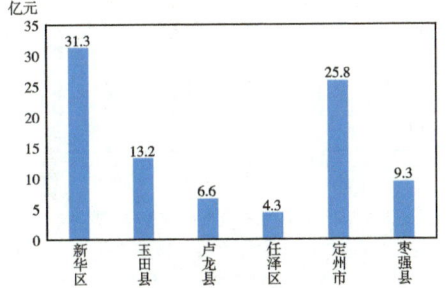

图3-107 2020年河北省样本县一般公共预算收入

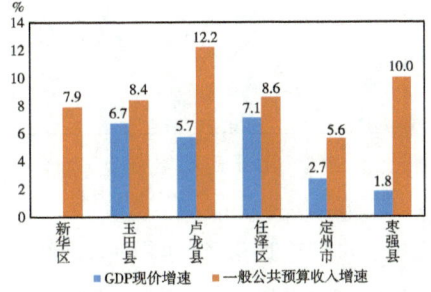

图3-108 2020年河北省样本县一般公共预算收入增速

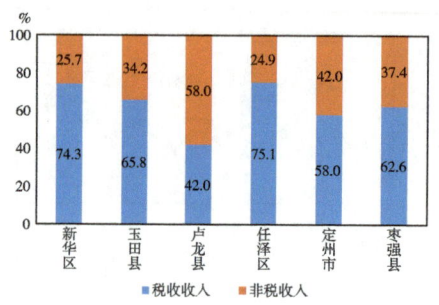

图3-109　2020年河北省样本县一般公共预算收入结构

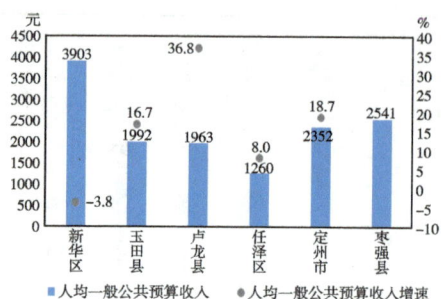

图3-110　2020年河北省样本县人均一般公共预算收入及增速

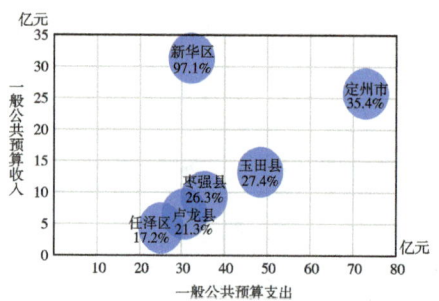

图3-111　2020年河北省样本县财政自给率

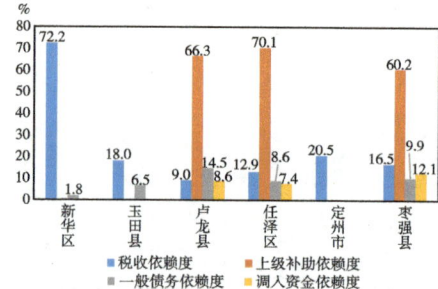

图3-112　2020年河北省样本县一般公共预算支出对各类收入的依赖度

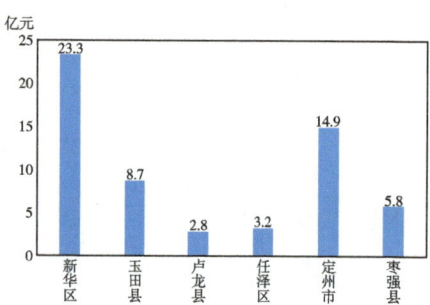

图3-113　2020年河北省样本县税收收入

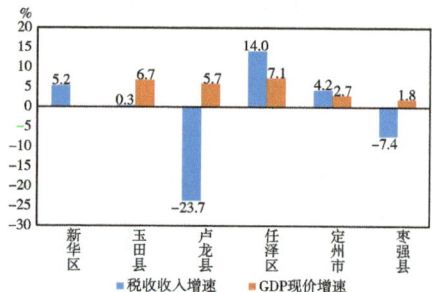

图3-114　2020年河北省样本县税收收入增速

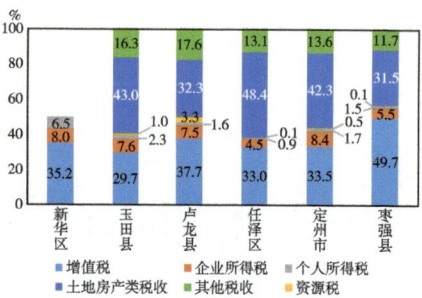

图3-115　2020年河北省样本县税收收入结构

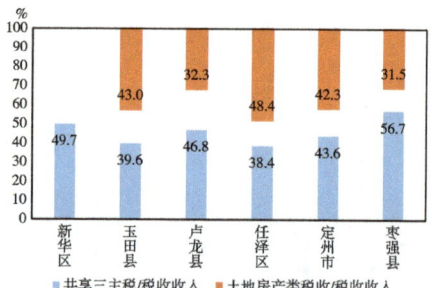

图3-116　2020年河北省样本县共享三主税、土地房产类税收占税收收入的比重

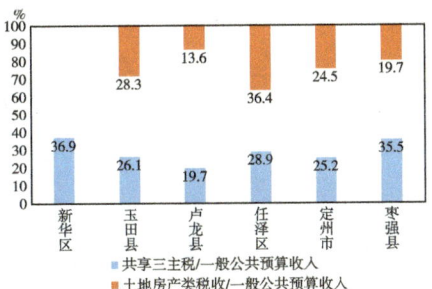

图3-117 2020年河北省样本县共享三主税、土地房产类税收占一般公共预算收入的比重

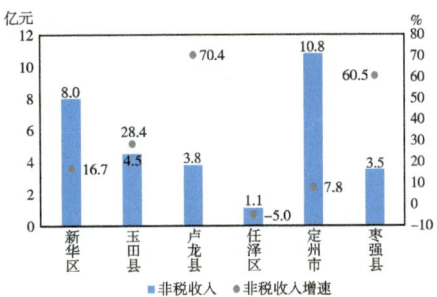

图3-118 2020年河北省样本县非税收入及增速

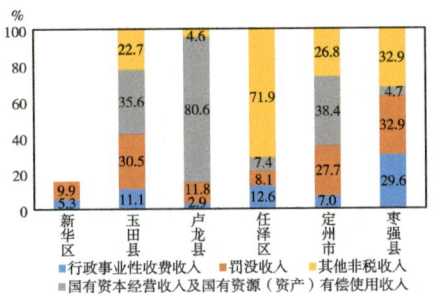

图3-119 2020年河北省样本县非税收入结构

3.3.4 河北省样本县政府性基金收入与国有资本经营收入情况

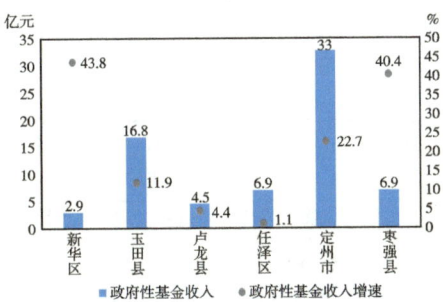

图3-120 2020年河北省样本县政府性基金收入及增速

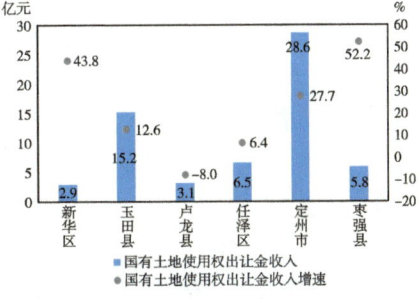

图3-121 2020年河北省样本县国有土地使用权出让金收入及增速

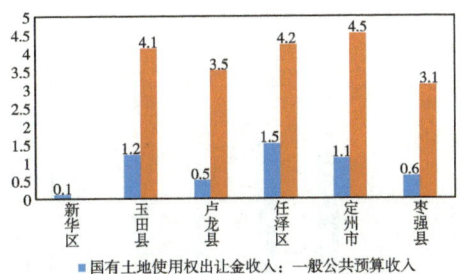

图3-122 2020年河北省样本县国有土地使用权出让金收入与一般公共预算收入对比关系

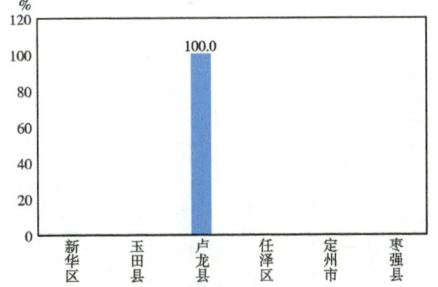

图3-123 2020年河北省样本县调出资金与国有资本经营收入对比关系

261

3.3.5 河北省样本县社会保险基金收入情况

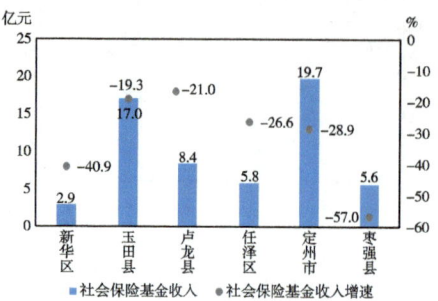

图3-124 2020年河北省样本县社会保险基金收入及增速

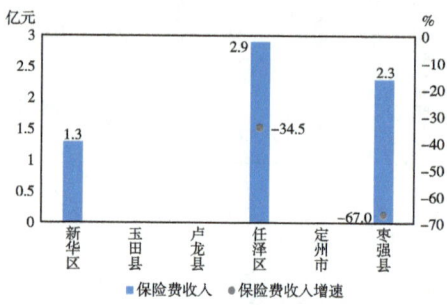

图3-125 2020年河北省样本县保险费收入及增速

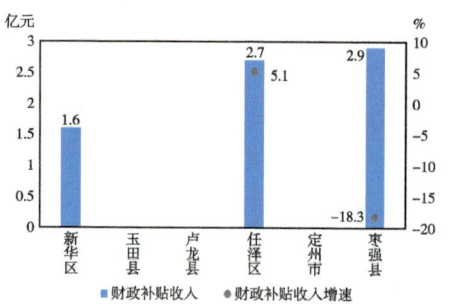

图3-126 2020年河北省样本县财政补贴收入及增速

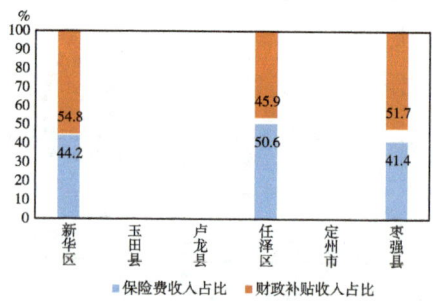

图3-127 2020年河北省样本县保险费收入、财政补贴收入占社会保险基金收入的比重

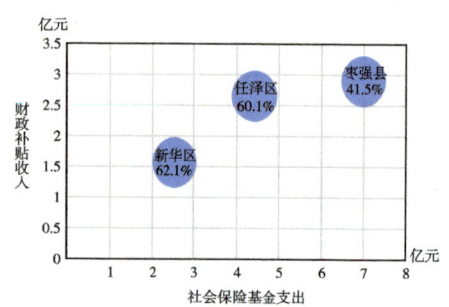

图3-128 2020年河北省样本县社会保险基金支出对财政补贴的依赖度

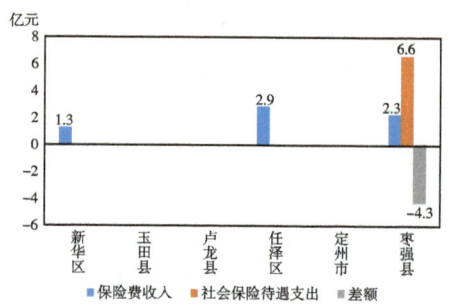

图3-129 2020年河北省样本县保险费收入、社会保险待遇支出及差额

3.3.6 河北省样本县债务情况

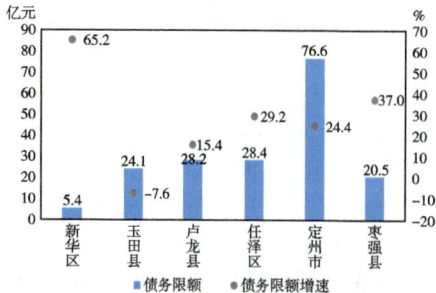

图3-130 2020年河北省样本县债务限额及增速

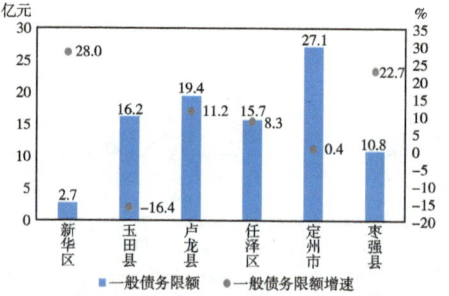

图3-131 2020年河北省样本县一般债务限额及增速

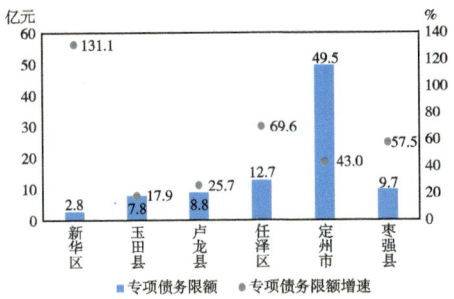

图3-132 2020年河北省样本县专项债务限额及增速

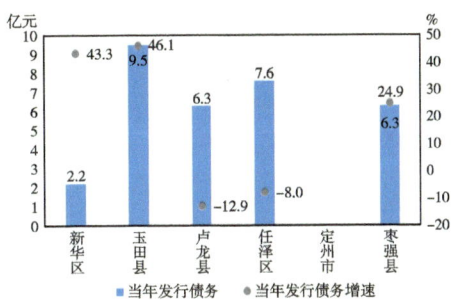

图3-133 2020年河北省样本县当年发行债务及增速

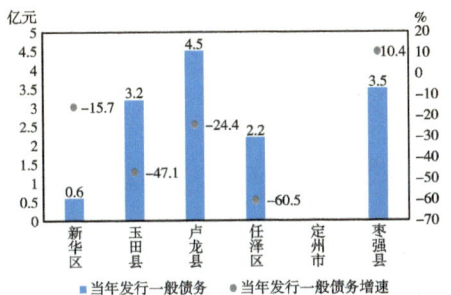

图3-134 2020年河北省样本县当年发行一般债务及增速

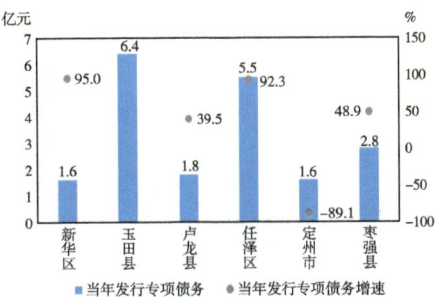

图3-135 2020年河北省样本县当年发行专项债务及增速

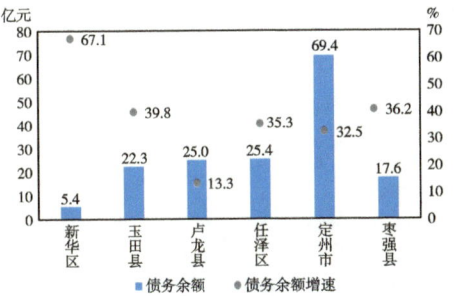

图3-136 2020年河北省样本县债务余额及增速

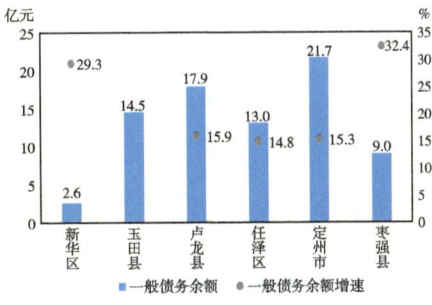

图3-137 2020年河北省样本县一般债务余额及增速

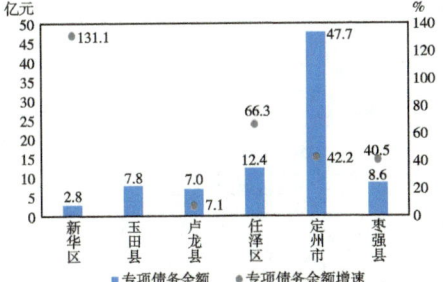

图3-138 2020年河北省样本县专项债务余额及增速

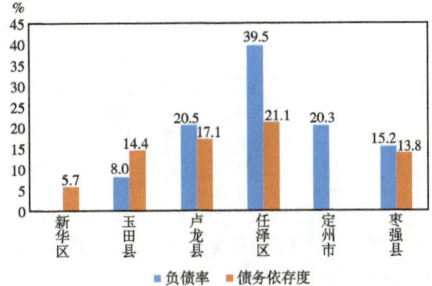

图3-139 2020年河北省样本县负债率和债务依存度

4 山西省

图 2021年山西省地图

资料来源：自然资源部的标准地图服务系统网站。
注：审图号为晋S（2021）005号。

本章执笔人：陈少波　审校：谢恺

专栏4-1　2021年山西省行政区划

太原市：**小店区**、迎泽区、杏花岭区、尖草坪区、万柏林区、晋源区、清徐县、阳曲县、娄烦县、古交市

大同市：新荣区、平城区、云冈区、云州区、阳高县、天镇县、广灵县、灵丘县、浑源县、左云县

朔州市：朔城区、平鲁区、山阴县、应县、**右玉县**、怀仁市

忻州市：忻府区、定襄县、五台县、代县、繁峙县、宁武县、静乐县、神池县、五寨县、岢岚县、河曲县、保德县、偏关县、原平市

阳泉市：城区、矿区、郊区、平定县、盂县

吕梁市：离石区、文水县、交城县、兴县、临县、柳林县、石楼县、岚县、方山县、中阳县、交口县、孝义市、汾阳市

晋中市：榆次区、太谷区、榆社县、左权县、和顺县、**昔阳县**、寿阳县、祁县、**平遥县**、灵石县、介休市

长治市：潞州区、上党区、屯留区、潞城区、襄垣县、**平顺县**、黎城县、壶关县、长子县、武乡县、沁县、沁源县

晋城市：城区、沁水县、阳城县、陵川县、泽州县、**高平市**

临汾市：尧都区、曲沃县、翼城县、襄汾县、洪洞县、古县、安泽县、浮山县、吉县、乡宁县、大宁县、隰县、永和县、蒲县、汾西县、侯马市、霍州市

运城市：盐湖区、临猗县、万荣县、闻喜县、稷山县、新绛县、绛县、垣曲县、夏县、平陆县、芮城县、永济市、河津市

本书选取小店区、右玉县、昔阳县、平遥县、平顺县以及高平市为样本县。

山西省共辖11个地级市，市辖区26个、县级市11个、县80个（详见专栏4-1）；地处华北西部的黄土高原东翼，地貌从总体来看是一个被黄土广泛覆盖的山地高原，整个轮廓略呈由东北斜向西南的平行四边形。全省总面积15.67万平方公里，地貌类型复杂多样，山多川少，山地、丘陵面积占全省总面积的80.1%，平川、河谷面积占总面积的19.9%。山西分布有丰富的矿产资源，是资源开发利用大省，在全国矿业经济中占有重要的地位。

2021年山西省经济总量处于全国中等，第三产业占比低于全国，2020年人口整体净流出。 2021年末，山西省常住人口3480.5万人，2021年常住人口城镇化率为63.4%（低于全国水平1.3个百分点）。2021年山西GDP约2.3万亿元，排全国第20名，次于广西、云南，略高于内蒙古、贵州；增速9.1%，比2020年上升5.5个百分点，高于全国1个百分点，排全国第3名；人均GDP为64821元（折10047美元），排全国第17名。从产业结构看，第一、第二、第三产业占比分别为5.7%、49.6%（高于全国10.2个百分点）和44.7%（低于全国8.6个百分点）。从居民可支配收入看，2021年城镇与农村居民人均可支配收入分别为37433元和15308元，呈上升态势，分别为全国平均水平的79%和80.9%。

2021年山西省一般公共预算收入全国排中等，非税收入占比相对较高，省市县中县级政府收入占比最高。2021年山西省一般公共预算收入2834.6亿元，排全国第14名，增速23.4%，人均一般公共预算收入为8144元，排全国第9名。其中，近四年山西省税收收入占一般公共预算收入的比重波动变化，2021年为73.9%，低于全国平均水平11.4个百分点。非税收入占比偏高，2021年为26.1%。从纵向收入分配看，2020年省本级、市本级、县一般公共预算收入占比分别为28.3%、26.6%和45.1%。

2021年山西省财政自给率高于2018年、2019年、2020年。2021年山西财政自给率为56.2%，较2020年提高11.3个百分点。

2021年山西省四本预算合计中一般公共预算收入占比最高。2021年山西省四本预算加总的政府收入6164.4亿元，其中一般公共预算收入、政府性基金预算收入、国有资本经营预算收入和社会保险基金预算收入分别占比46%、15.9%、1.6%和36.6%。2021年山西省社会保险基金收入为2253.3亿元。

山西省内各地市经济社会发展和财政状况相对不均衡，优势主要集中于省会太原。太原市是2020年山西省政府收入规模唯一超900亿元的城市，而其他城市政府收入规模都在400亿元以下。2020年太原市一般公共预算收入378.4亿元，其他各市均低于200亿元，收入较为集中且城市间差异较大，一般公共预算收入的城市首位度指数为2.0，且太原市是收入最低的阳泉市的6.7倍。山西省内各市财政自给率差异明显。2020年，太原、晋城、朔州三市财政自给率分别为58.5%、51.1%和45.2%，自给率较高；而忻州和运城财政自给率最低，分别为23.3%和21.6%。政府性基金收入主要构成是国有土地使用权出让收入，各地差距较大，2020年政府性基金收入最高的太原市（455.6亿元）是最低的阳泉市（9.8亿元）的46.5倍。

4.1 山西省政府收入主要特征分析

4.1.1 山西省经济社会基本情况

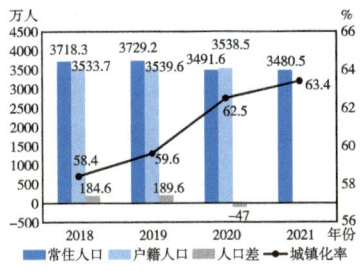

图4-1 2018—2021年山西省人口状况

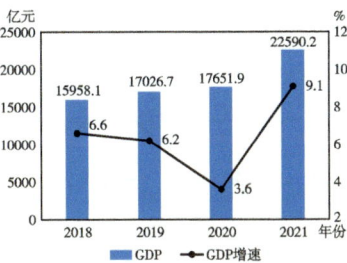

图4-2 2018—2021年山西省GDP及增速

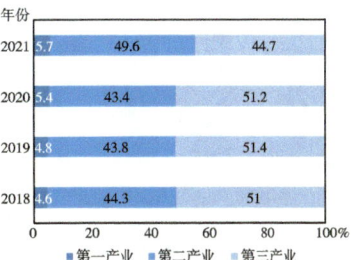

图4-3 2018—2021年山西省三次产业结构

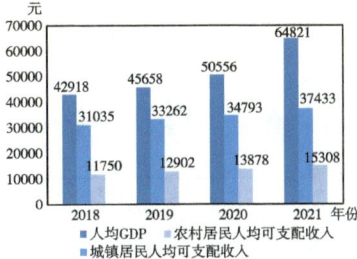

图4-4 2018—2021年山西省人均GDP和人均可支配收入

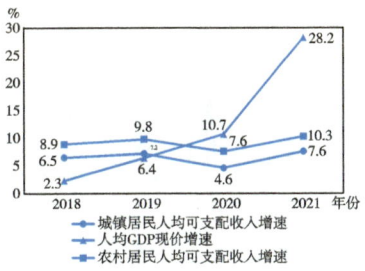

图4-5 2018—2021年山西省人均GDP现价增速和人均可支配收入增速

4.1.2 山西省政府收入总体情况

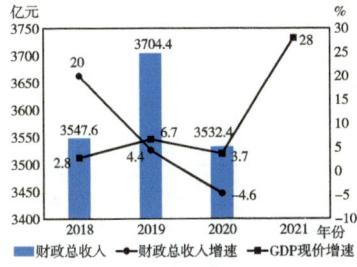

图4-6 2018—2021年山西省财政总收入及增速

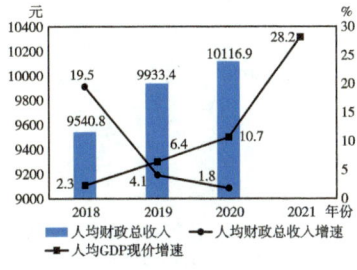

图4-7 2018—2021年山西省人均财政总收入及增速

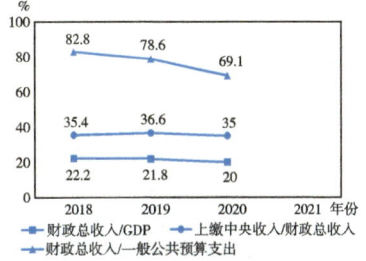

图4-8 2018—2021年山西省财政总收入相关指标

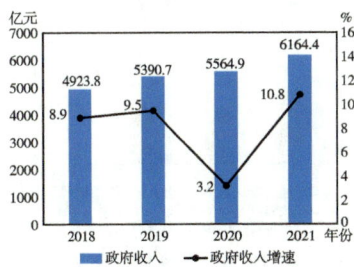

图4-9 2018—2021年山西省政府收入及增速

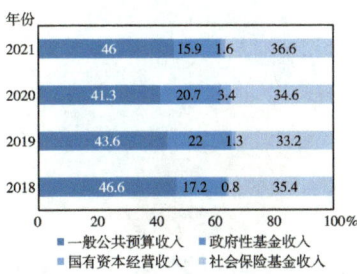

图4-10 2018—2021年山西省政府收入结构

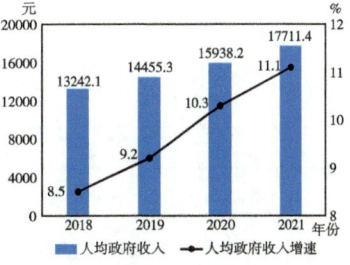

图4-11 2018—2021年山西省人均政府收入及增速

4.1.3 山西省一般公共预算收入情况

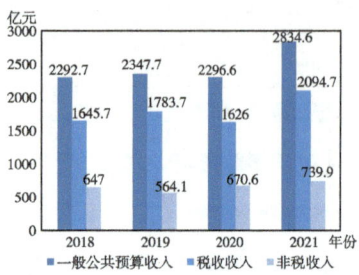

图4-12 2018—2021年山西省一般公共预算收入

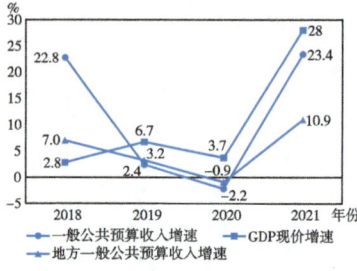

图4-13 2018—2021年山西省一般公共预算收入增速

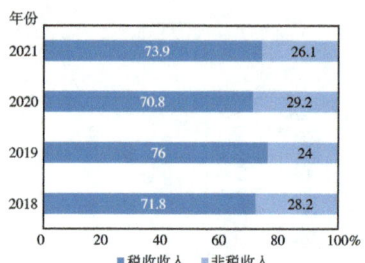

图4-14 2018—2021年山西省一般公共预算收入结构

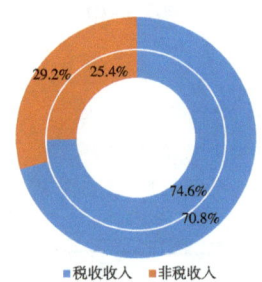

图4-15 2020年一般公共预算收入结构对比(内环为地方,外环为山西省)

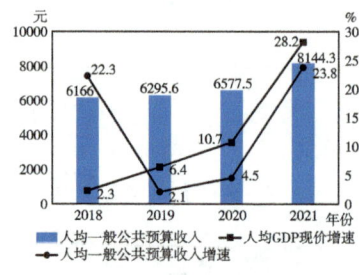

图4-16 2018—2021年山西省人均一般公共预算收入及增速

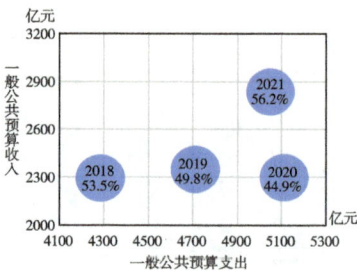

图4-17 2018—2021年山西省财政自给率

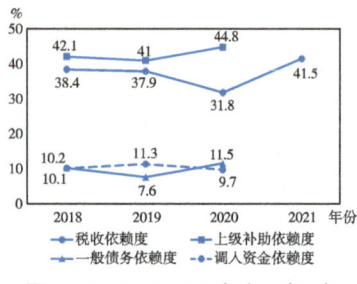

图4-18 2018—2021年山西省一般公共预算支出对各类收入的依赖度

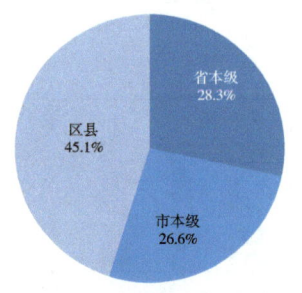

图4-19 2020年山西省市县三级政府一般公共预算收入分布

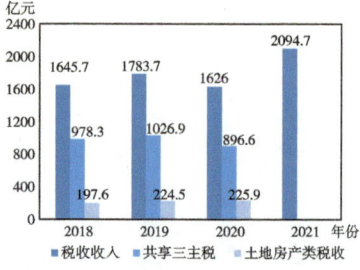

图4-20 2018—2021年山西省税收收入

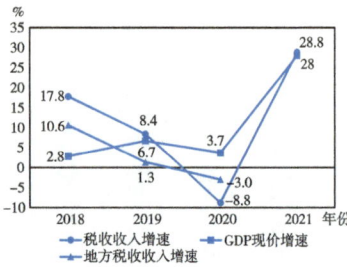

图4-21 2018—2021年山西省税收收入增速

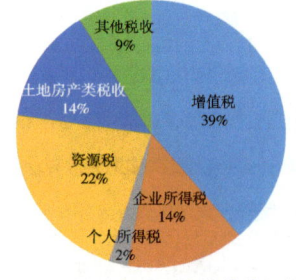

图4-22 2020年山西省税收收入结构

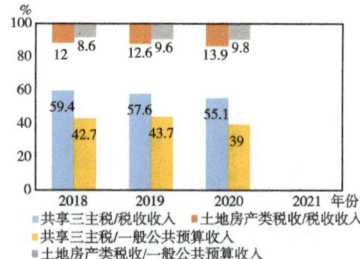

图4-23 2018—2021年山西省共享三主税、土地房产类税收占税收收入及一般公共预算收入的比重

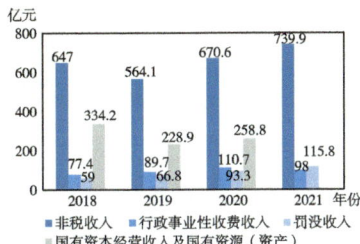

图 4-24　2018-2021 年山西省
非税收入

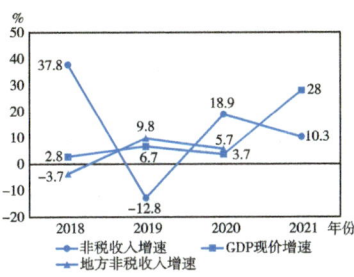

图 4-25　2018-2021 年山西省
非税收入增速

图 4-26　2018-2021 年山西省非税
收入中各主要收入占比

4.1.4　山西省政府性基金和国有资本经营收入情况

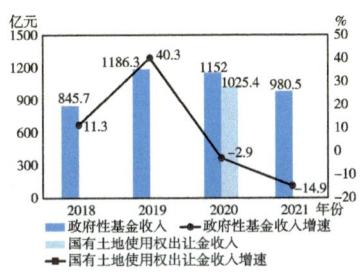

图 4-27　2018-2021 年山西省政府性
基金收入及增速

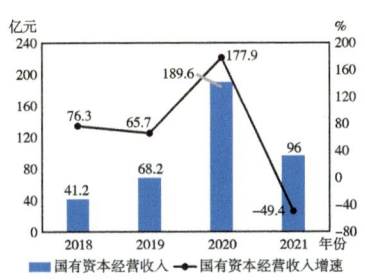

图 4-28　2018-2021 年山西省国有
资本经营收入及增速

4.1.5　山西省社会保险基金收入情况

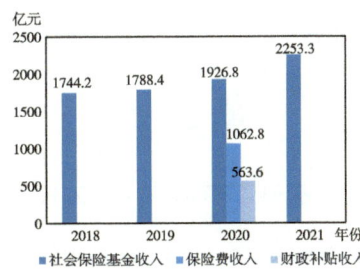

图 4-29　2018-2021 年山西省社会
保险基金收入

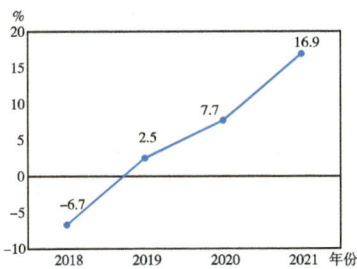

图 4-30　2018-2021 年山西省社会
保险基金收入增速

4.1.6　山西省债务情况

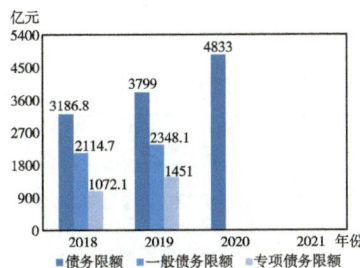

图 4-31　2018-2021 年山西省
债务限额

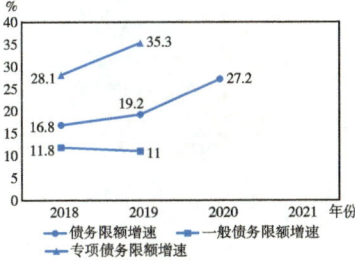

图 4-32　2018-2021 年山西省
债务限额增速

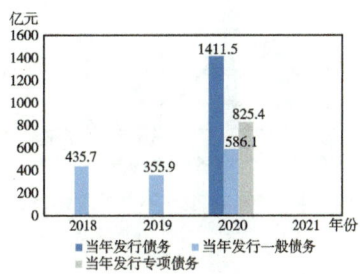

图 4-33　2018-2021 年山西省
当年发行债务

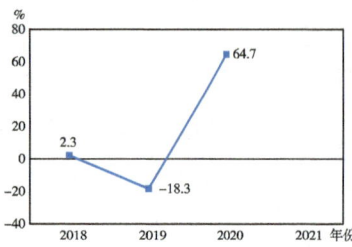

图4-34 2018—2021年山西省当年发行一般债务增速

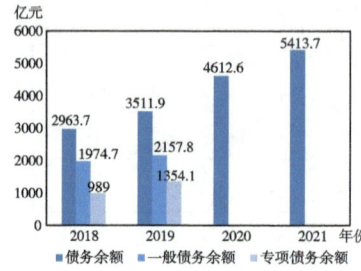

图4-35 2018—2021年山西省债务余额

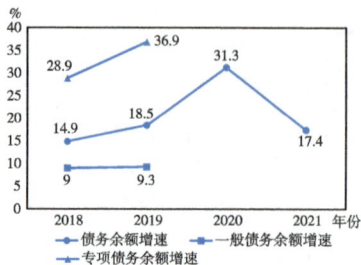

图4-36 2018—2021年山西省债务余额增速

图4-37 2018—2021年山西省负债率和债务依存度

4.1.7 山西省省本级一般公共预算收入情况

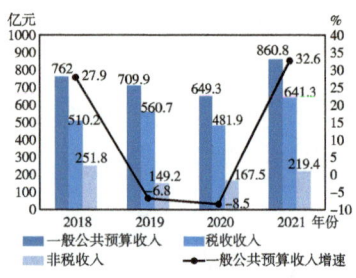

图4-38 2018—2021年山西省省本级一般公共预算收入及增速

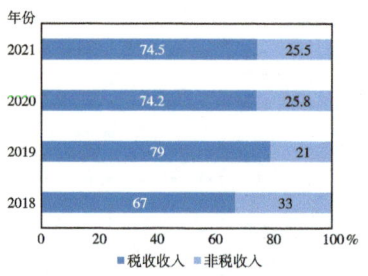

图4-39 2018—2021年山西省省本级一般公共预算收入结构

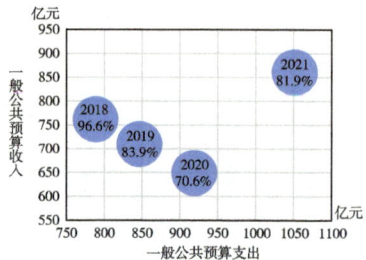

图4-40 2018—2021年山西省省本级财政自给率

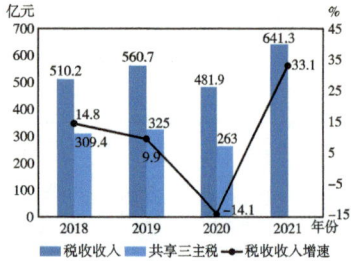

图4-41 2018—2021年山西省省本级税收收入及增速

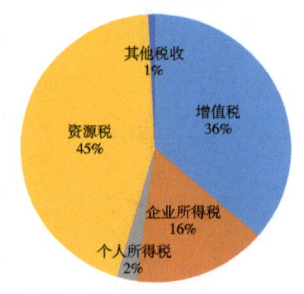

图4-42 2020年山西省省本级税收收入结构

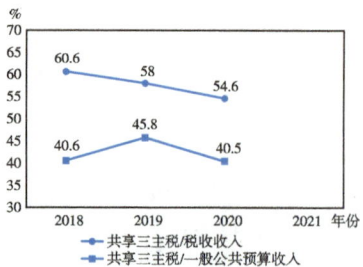

图4-43 2018—2021年山西省省本级共享三主税占税收收入及一般公共预算收入的比重

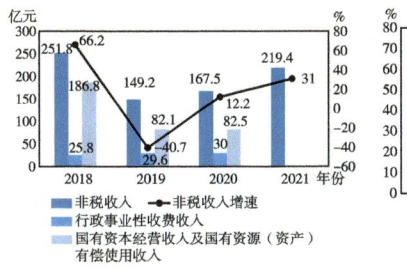

图4-44 2018-2021年山西省省本级非税收入及增速

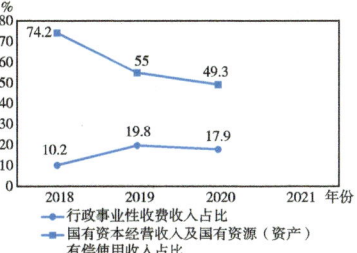

图4-45 2018-2021年山西省省本级非税收入中各主要收入占比

4.2 山西省各市政府收入主要特征分析

4.2.1 山西省各市经济社会发展情况

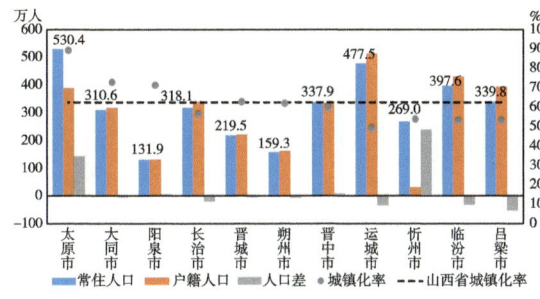

图4-46 2020年山西省各市人口状况

图4-47 2020年山西省各市GDP及增速

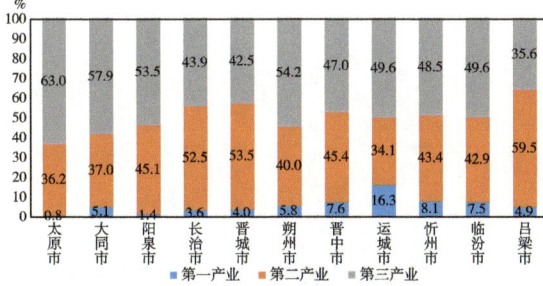

图4-48 2020年山西省各市三次产业结构

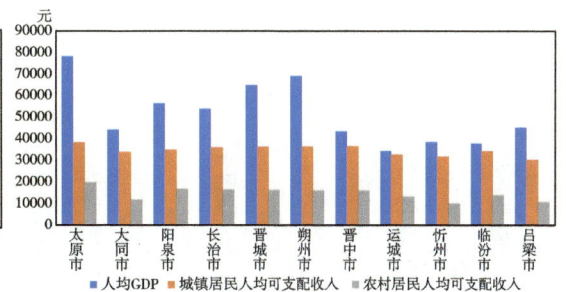

图4-49 2020年山西省各市人均GDP和人均可支配收入

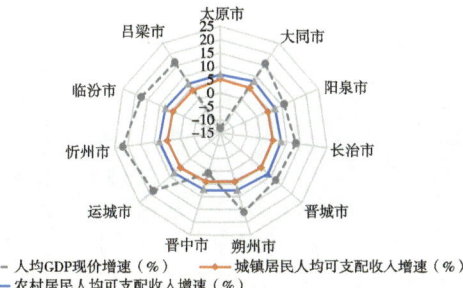

图4-50 2020年山西省各市人均GDP现价增速和人均可支配收入增速

4.2.2 山西省各市政府收入总体情况

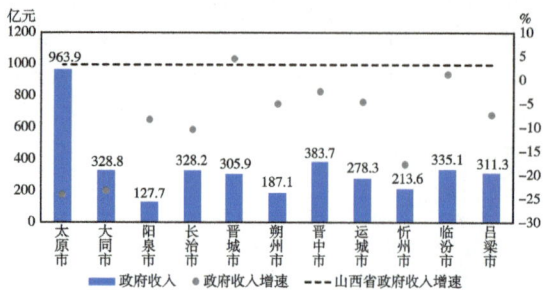

图4-51 2020年山西省各市政府收入及增速

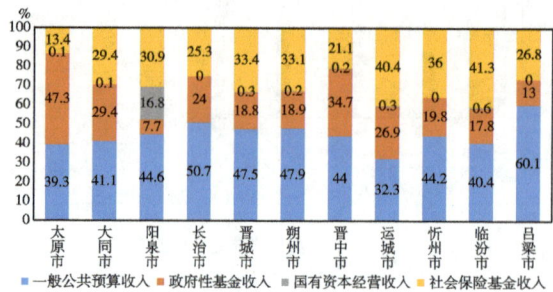

图4-52 2020年山西省各市政府收入结构

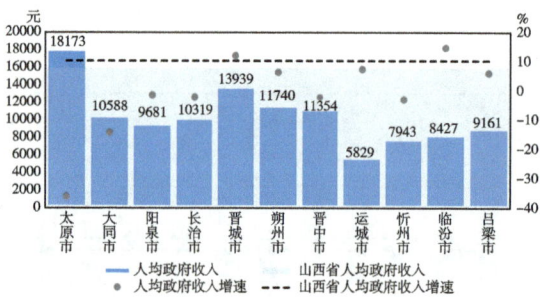

图4-53 2020年山西省各市人均政府收入及增速

4.2.3 山西省各市一般公共预算收入情况

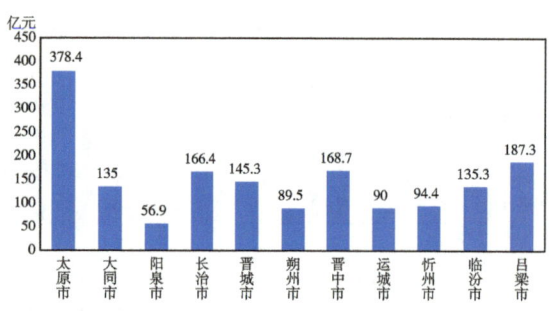

图4-54 2020年山西省各市一般公共预算收入

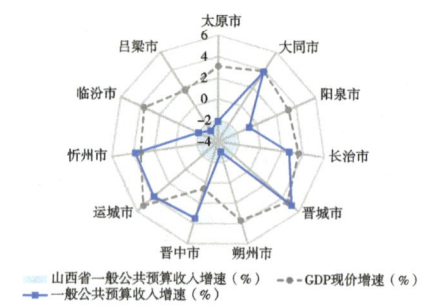

图4-55 2020年山西省各市一般公共预算收入增速

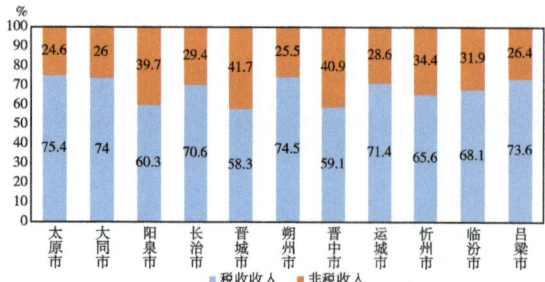

图4-56 2020年山西省各市一般公共预算收入结构

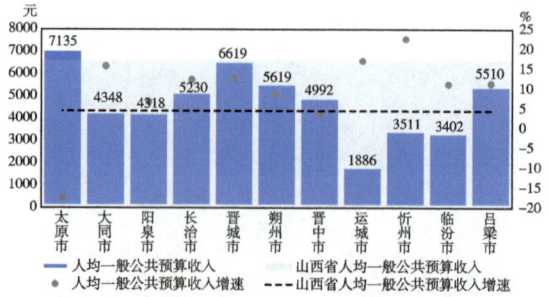

图4-57 2020年山西省各市人均一般公共预算收入及增速

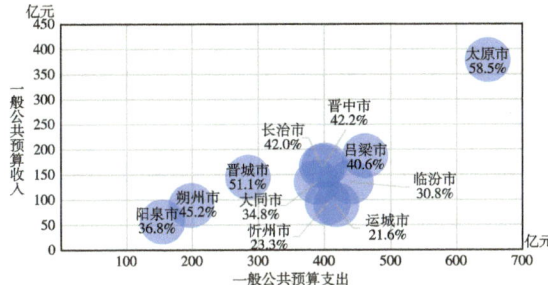

图4-58 2020年山西省各市财政自给率

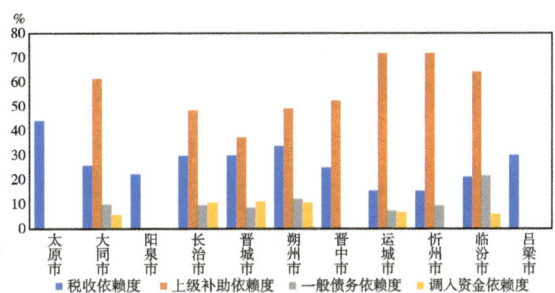

图4-59 2020年山西省各市一般公共预算支出对各类收入的依赖度

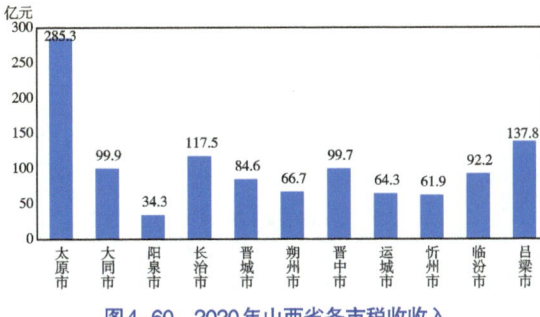

图4-60 2020年山西省各市税收收入

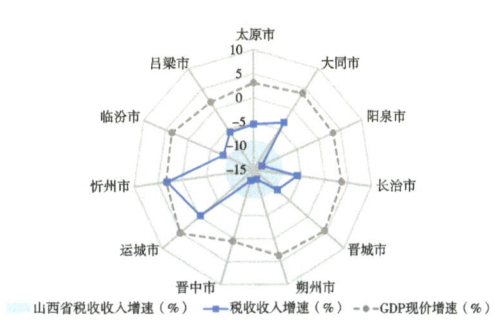

图4-61 2020年山西省各市税收收入增速

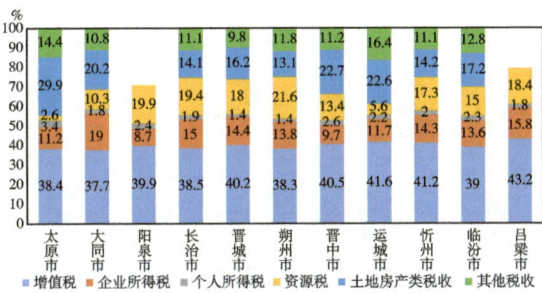

图4-62 2020年山西省各市税收收入结构

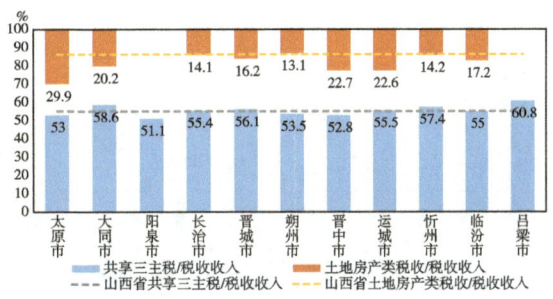

图4-63 2020年山西省各市共享三主税、土地房产类税收占税收收入的比重

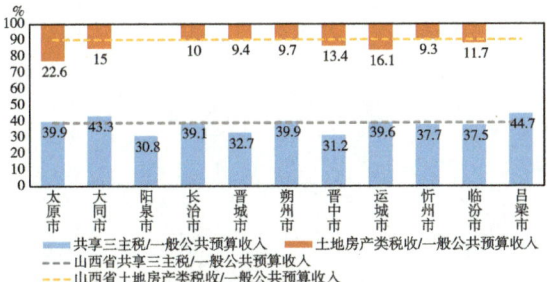

图4-64 2020年山西省各市共享三主税、土地房产类税收占一般公共预算收入的比重

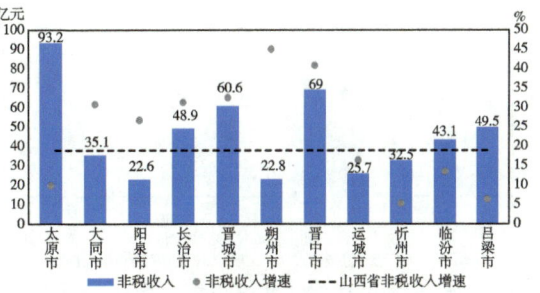

图4-65 2020年山西省各市非税收入及增速

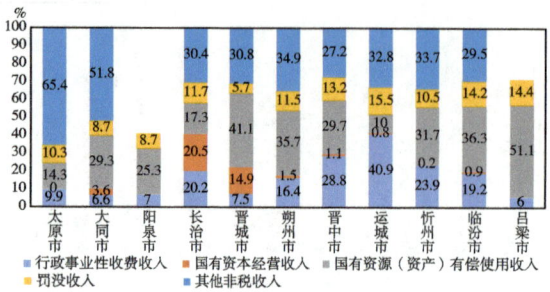

图 4-66　2020 年山西省各市非税收入结构

4.2.4　山西省各市政府性基金收入与国有资本经营收入情况

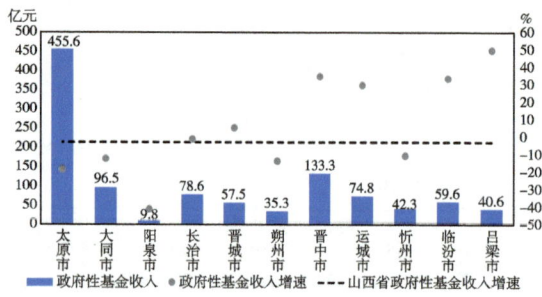

图 4-67　2020 年山西省各市政府性基金收入及增速

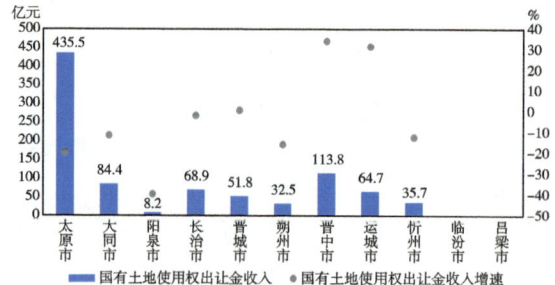

图 4-68　2020 年山西省各市国有土地使用权出让金收入及增速

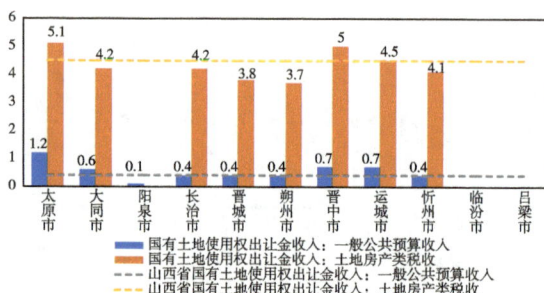

图 4-69　2020 年山西省各市国有土地使用权出让金收入与一般公共预算收入对比关系

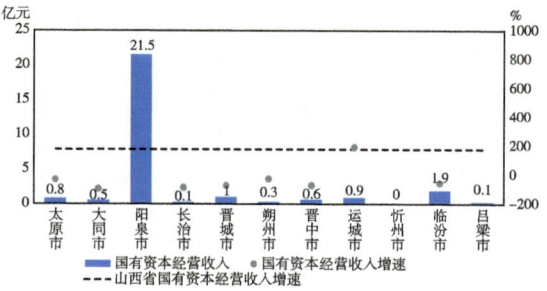

图 4-70　2020 年山西省各市国有资本经营收入及增速

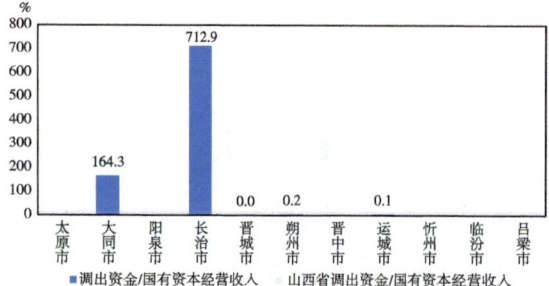

图 4-71　2020 年山西省各市调出资金与国有资本经营收入对比关系

4.2.5 山西省各市社会保险基金收入情况

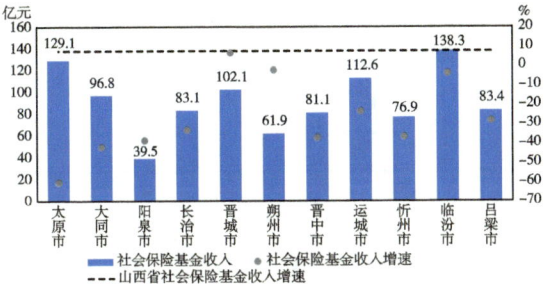

图4-72 2020年山西省各市社会保险基金收入及增速

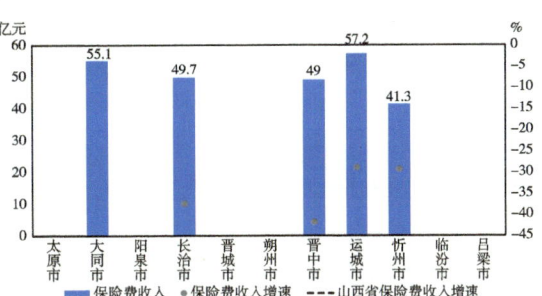

图4-73 2020年山西省各市保险费收入及增速

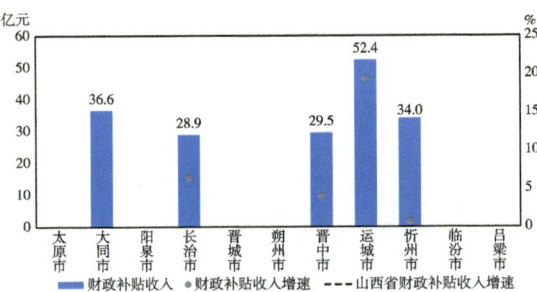

图4-74 2020年山西省各市财政补贴收入及增速

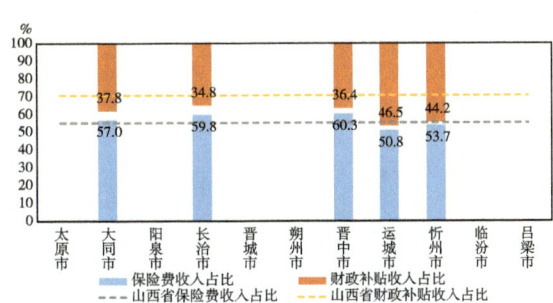

图4-75 2020年山西省各市保险费收入、财政补贴收入占社会保险基金收入的比重

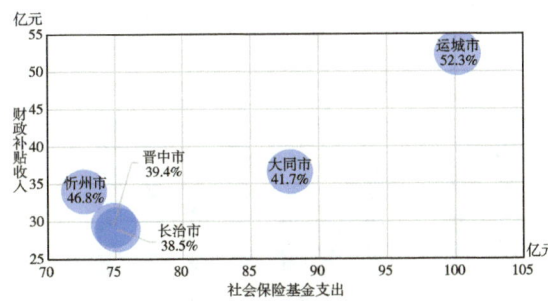

图4-76 2020年山西省各市社会保险基金支出对财政补贴的依赖度

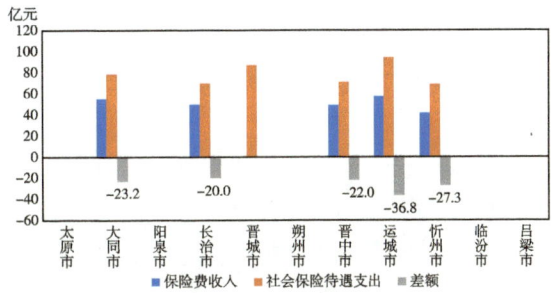

图4-77 2020年山西省各市保险费收入、社会保险待遇支出及差额

4.2.6 山西省各市债务情况

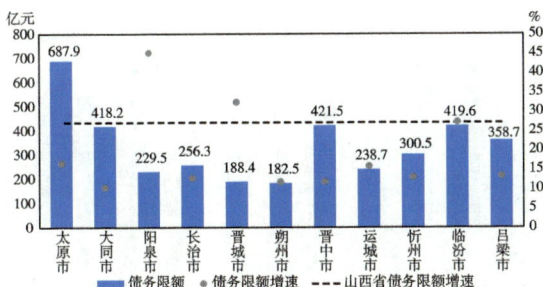

图4-78 2020年山西省各市债务限额及增速

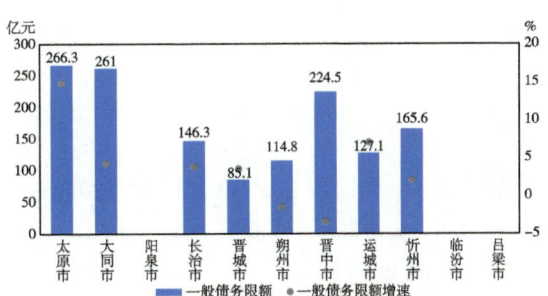

图4-79 2020年山西省各市一般债务限额及增速

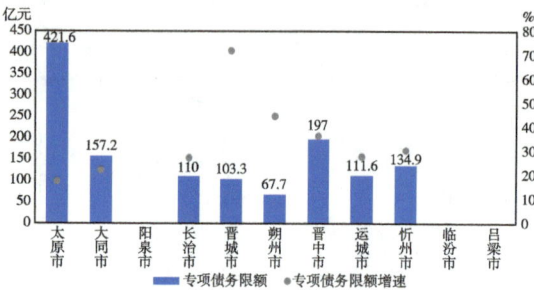

图4-80 2020年山西省各市专项债务限额及增速

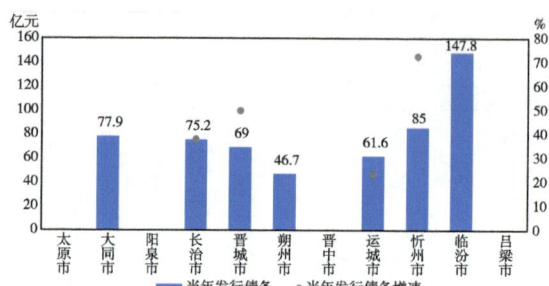

图4-81 2020年山西省各市当年发行债务及增速

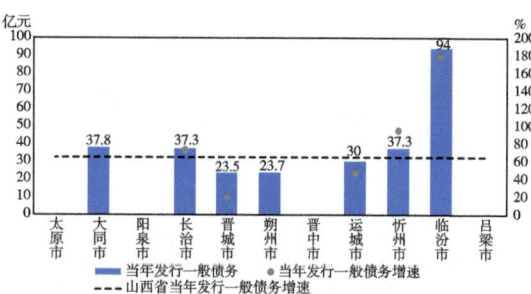

图4-82 2020年山西省各市当年发行一般债务及增速

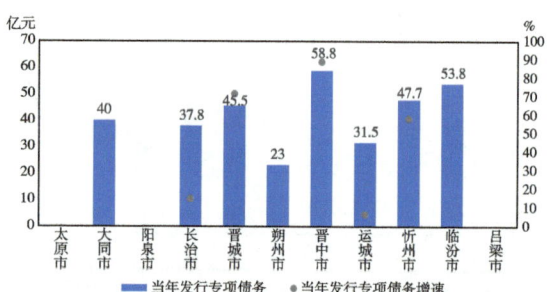

图4-83 2020年山西省各市当年发行专项债务及增速

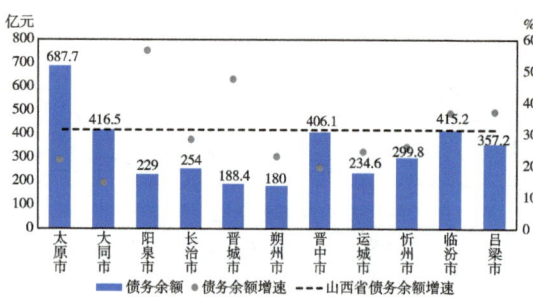

图4-84 2020年山西省各市债务余额及增速

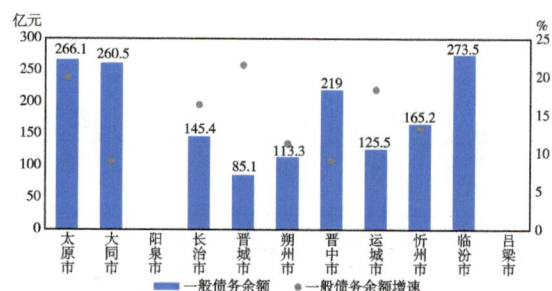

图4-85 2020年山西省各市一般债务余额及增速

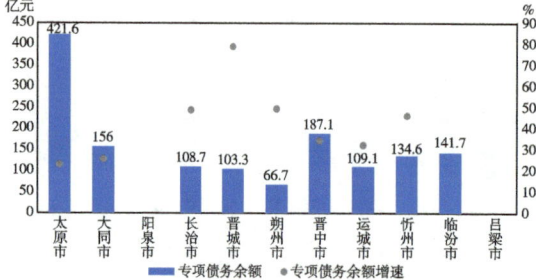

图4-86 2020年山西省各市专项债务余额及增速

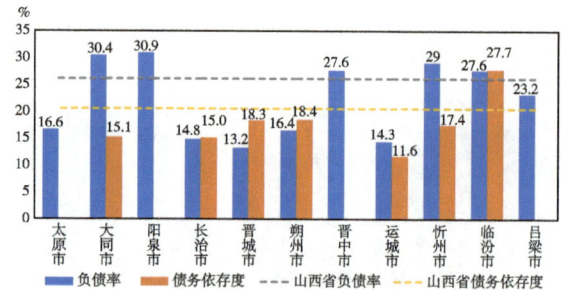

图4-87 2020年山西省各市负债率和债务依存度

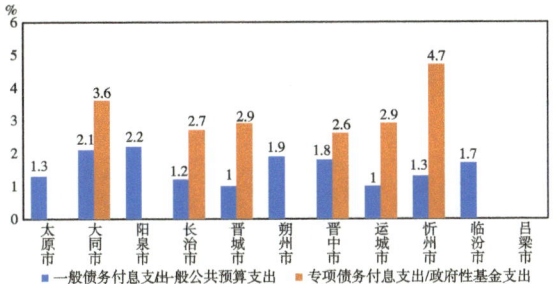

图4-88　2020年山西省各市债务付息支出相关指标

4.2.7　山西省各市市本级一般公共预算收入情况

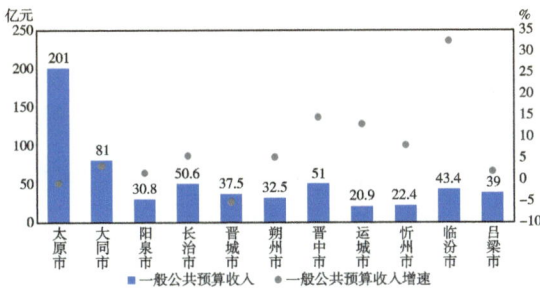

图4-89　2020年山西省各市市本级一般公共预算收入及增速

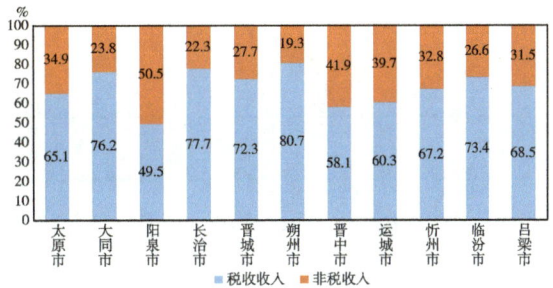

图4-90　2020年山西省各市市本级一般公共预算收入结构

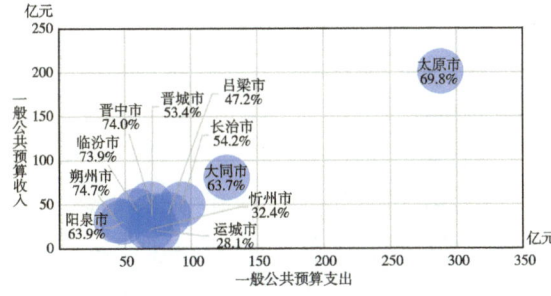

图4-91　2020年山西省各市市本级财政自给率

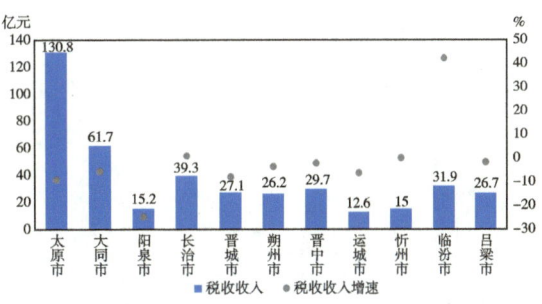

图4-92　2020年山西省各市市本级税收收入及增速

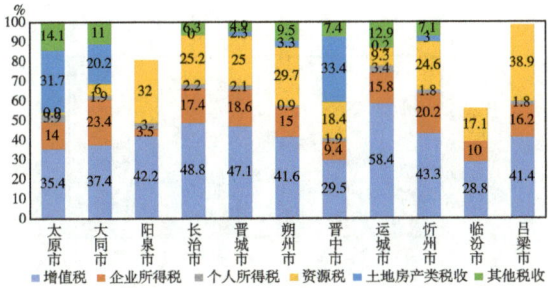

图4-93　2020年山西省各市市本级税收收入结构

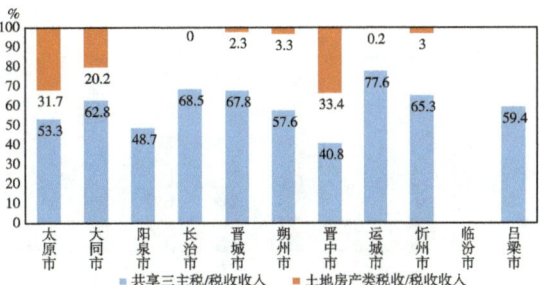

图4-94　2020年山西省各市市本级共享三主税、土地房产类税收占税收收入的比重

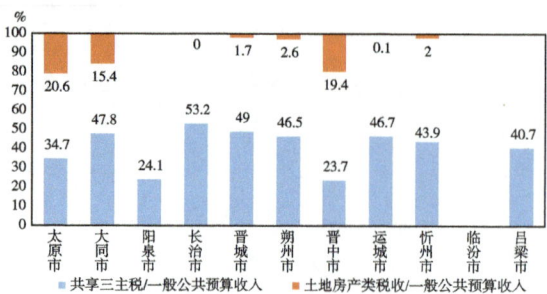

图4-95 2020年山西省各市市本级共享三主税、土地房产类税收占一般公共预算收入的比重

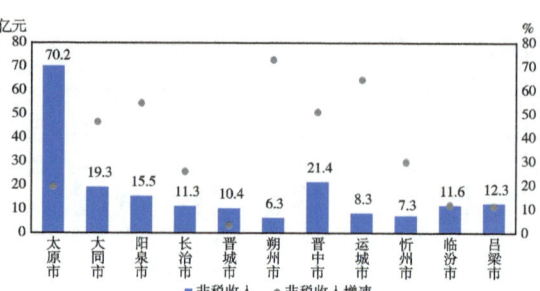

图4-96 2020年山西省各市市本级非税收入及增速

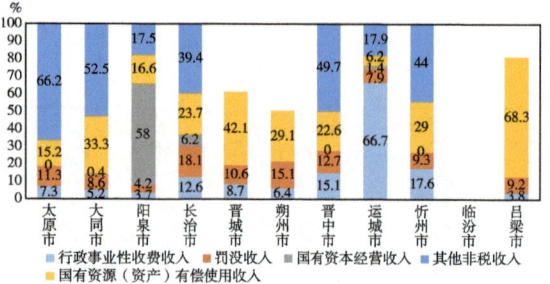

图4-97 2020年山西省各市市本级非税收入结构

4.3 山西省样本县政府收入主要特征分析

4.3.1 山西省样本县经济社会发展情况

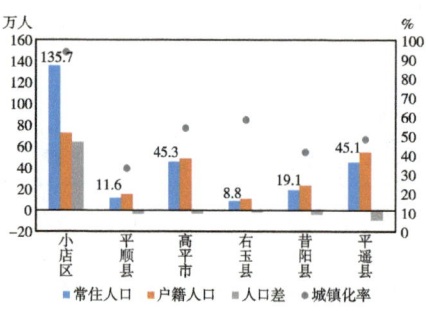

图4-98 2020年山西省样本县人口状况

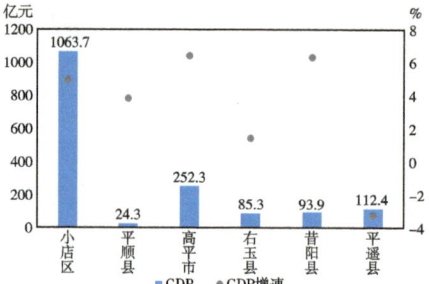

图4-99 2020年山西省样本县GDP及增速

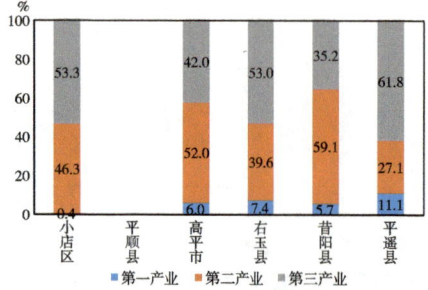

图4-100 2020年山西省样本县三次产业结构

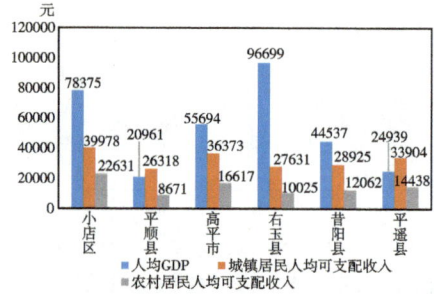

图4-101 2020年山西省样本县人均GDP和人均可支配收入

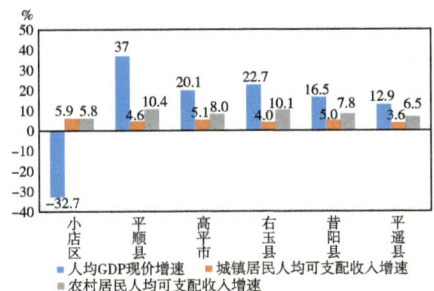

图4-102　2020年山西省样本县人均GDP现价增速和人均可支配收入增速

4.3.2　山西省样本县政府收入总体情况

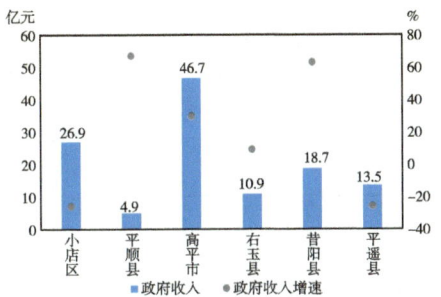

图4-103　2020年山西省样本县政府收入及增速

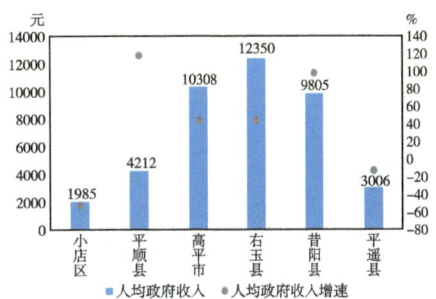

图4-104　2020年山西省样本县人均政府收入及增速

4.3.3　山西省样本县一般公共预算收入情况

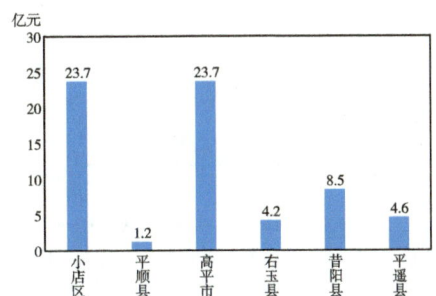

图4-105　2020年山西省样本县一般公共预算收入

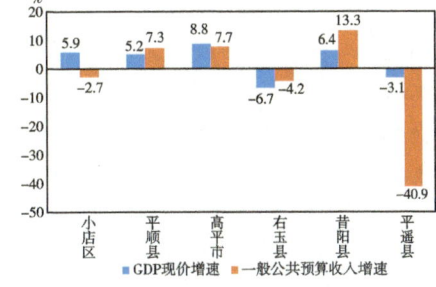

图4-106　2020年山西省样本县一般公共预算收入增速

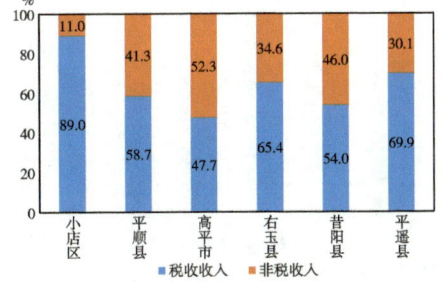

图4-107　2020年山西省样本县一般公共预算收入结构

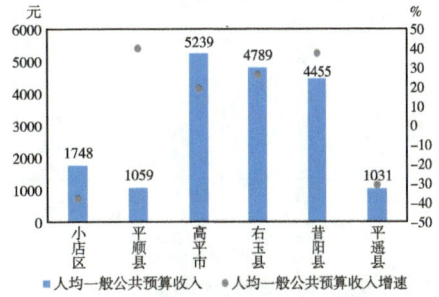

图4-108　2020年山西省样本县人均一般公共预算收入及增速

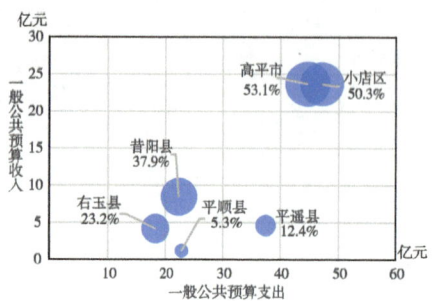

图4-109　2020年山西省样本县财政自给率

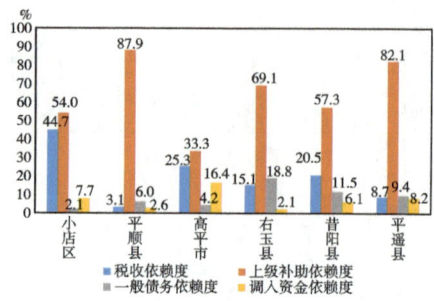

图4-110　2020年山西省样本县一般公共预算支出对各类收入的依赖度

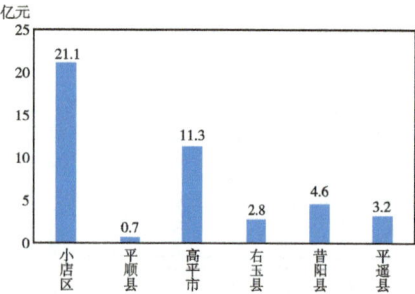

图4-111　2020年山西省样本县税收收入

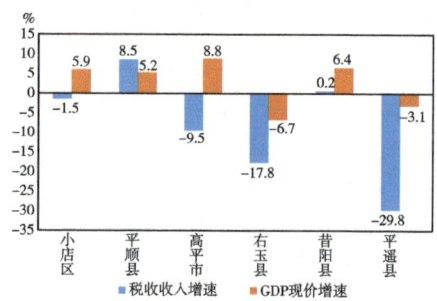

图4-112　2020年山西省样本县税收收入增速

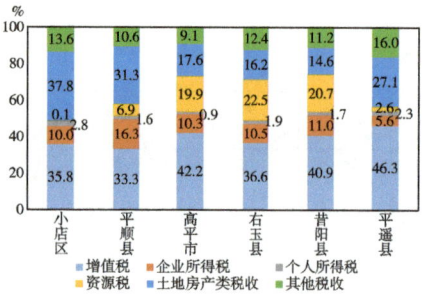

图4-113　2020年山西省样本县税收收入结构

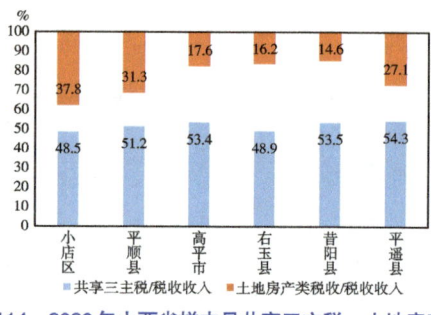

图4-114　2020年山西省样本县共享三主税、土地房产类税收占税收收入的比重

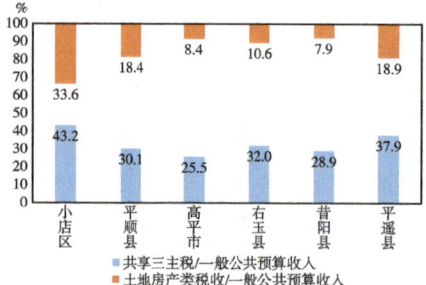

图4-115　2020年山西省样本县共享三主税、土地房产类税收占一般公共预算收入的比重

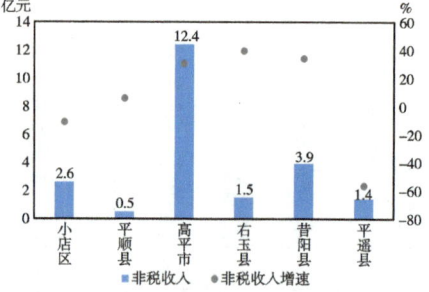

图4-116　2020年山西省样本县非税收入及增速

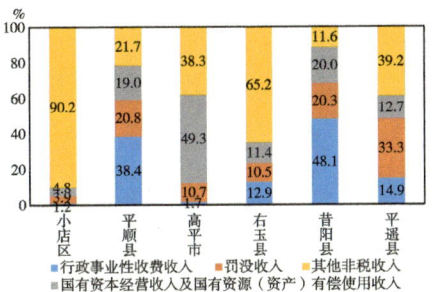

图4-117 2020年山西省样本县非税收入结构

4.3.4 山西省样本县政府性基金收入与国有资本经营收入情况

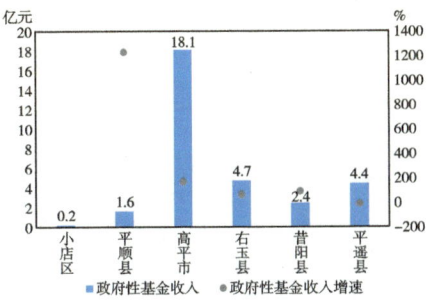

图4-118 2020年山西省样本县政府性基金收入及增速

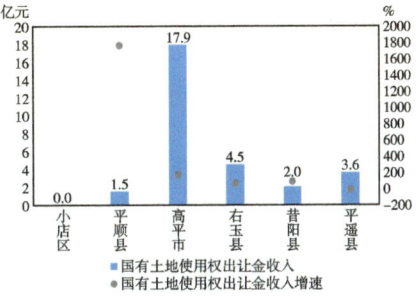

图4-119 2020年山西省样本县国有土地使用权出让金收入及增速

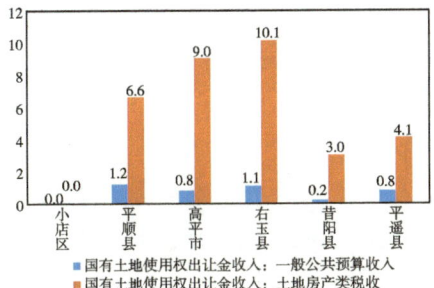

图4-120 2020年山西省样本县国有土地使用权出让金收入与一般公共预算收入对比关系

注：山西省各样本县国有资本经营收入均为0。

4.3.5 山西省样本县社会保险基金收入情况

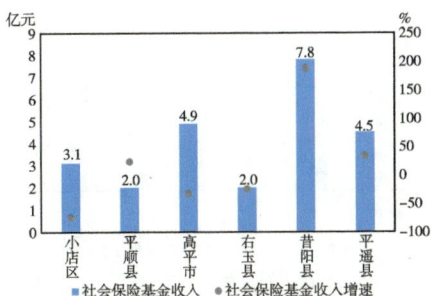

图4-121 2020年山西省样本县社会保险基金收入及增速

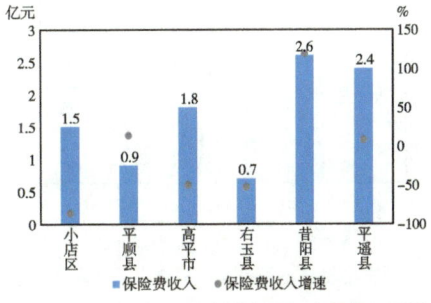

图4-122 2020年山西省样本县保险费收入及增速

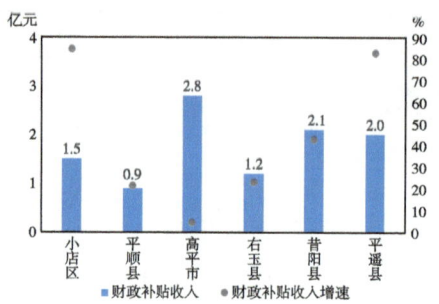

图4-123 2020年山西省样本县财政补贴收入及增速

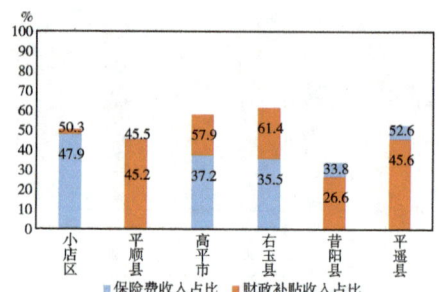

图4-124 2020年山西省样本县保险费收入、财政补贴收入占社会保险基金收入的比重

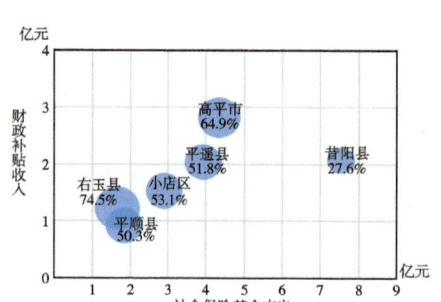

图4-125 2020年山西省样本县社会保险基金支出对财政补贴的依赖度

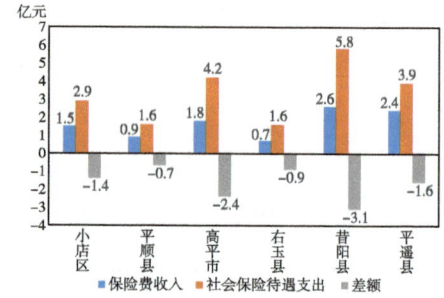

图4-126 2020年山西省样本县保险费收入、社会保险待遇支出及差额

4.3.6 山西省样本县债务情况

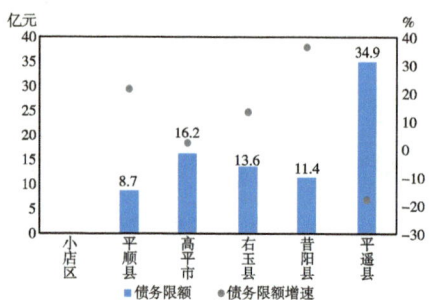

图4-127 2020年山西省样本县债务限额及增速

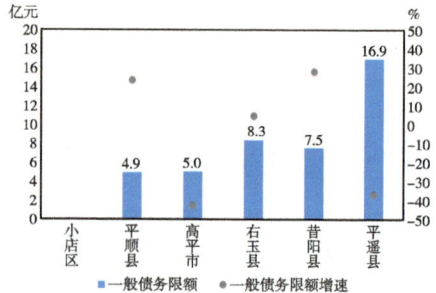

图4-128 2020年山西省样本县一般债务限额及增速

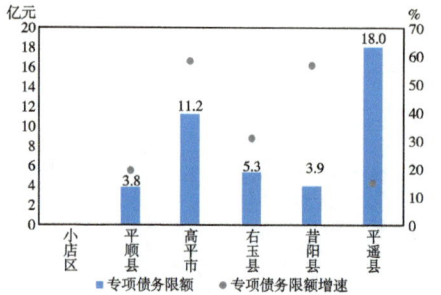

图4-129 2020年山西省样本县专项债务限额及增速

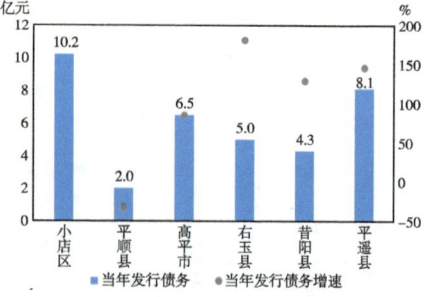

图4-130 2020年山西省样本县当年发行债务及增速

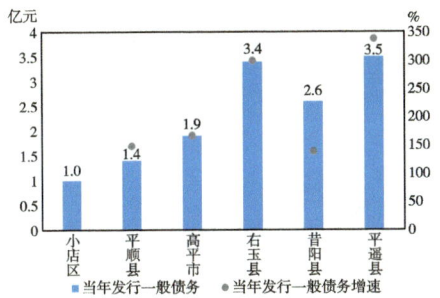

图4-131　2020年山西省样本县当年发行一般债务及增速

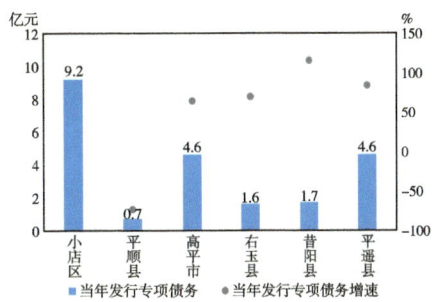

图4-132　2020年山西省样本县当年发行专项债务及增速

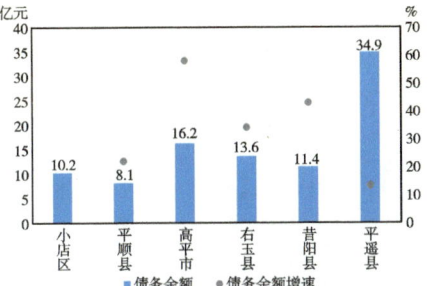

图4-133　2020年山西省样本县债务余额及增速

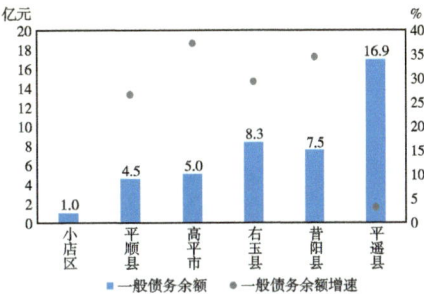

图4-134　2020年山西省样本县一般债务余额及增速

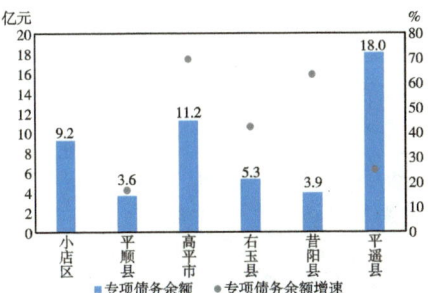

图4-135　2020年山西省样本县专项债务余额及增速

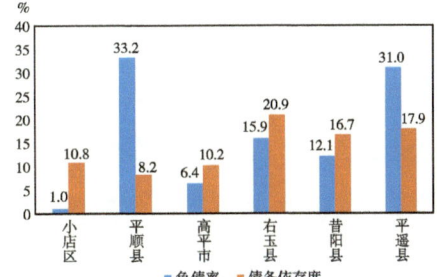

图4-136　2020年山西省样本县负债率和债务依存度

5 内蒙古自治区

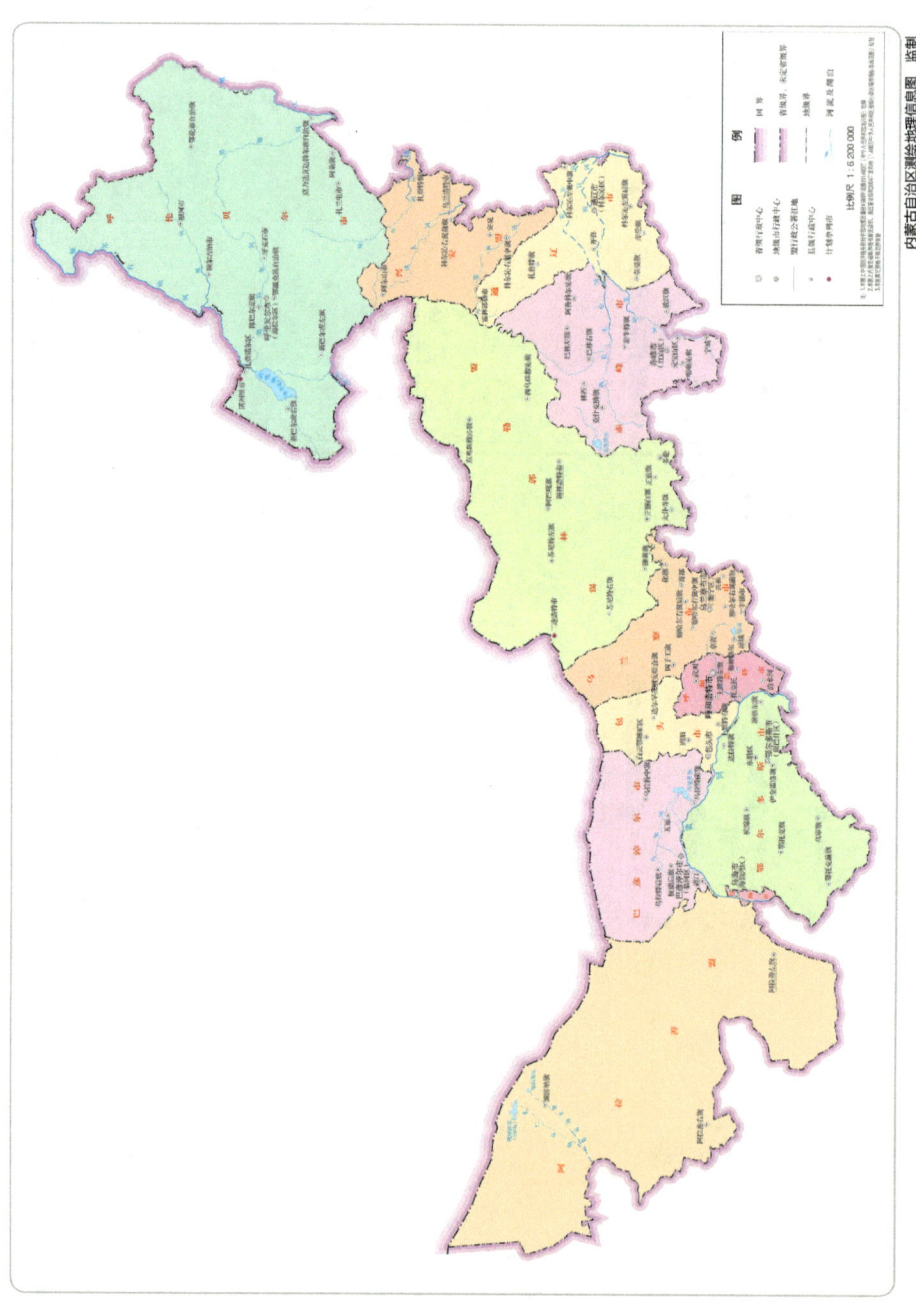

图 2017年内蒙古自治区地图

资料来源：内蒙古自然资源厅网站。
注：审图号为蒙S（2017）028号。

本章执笔人：张帆　审校：孙家希

专栏5-1 2021年内蒙古行政区划

呼和浩特市：新城区、回民区、玉泉区、赛罕区、土默特左旗、托克托县、和林格尔县、清水河县、**武川县**

包头市：东河区、昆都仑区、青山区、石拐区、白云鄂博矿区、九原区、土默特右旗、固阳县、达尔罕茂明安联合旗

乌海市：海勃湾区、海南区、乌达区

赤峰市：红山区、元宝山区、松山区、阿鲁科尔沁旗、巴林左旗、巴林右旗、**林西县**、克什克腾旗、翁牛特旗、喀喇沁旗、宁城县、敖汉旗

通辽市：科尔沁区、科尔沁左翼中旗、科尔沁左翼后旗、开鲁县、库伦旗、奈曼旗、扎鲁特旗、霍林郭勒市

鄂尔多斯市：东胜区、康巴什区、达拉特旗、**准格尔旗**、鄂托克前旗、鄂托克旗、杭锦旗、乌审旗、伊金霍洛旗

呼伦贝尔市：**海拉尔区**、扎赉诺尔区、阿荣旗、莫力达瓦达斡尔族自治旗、鄂伦春自治旗、鄂温克族自治旗、陈巴尔虎旗、新巴尔虎左旗、新巴尔虎右旗、满洲里市、牙克石市、扎兰屯市、额尔古纳市、根河市

巴彦淖尔市：临河区、五原县、磴口县、乌拉特前旗、乌拉特中旗、乌拉特后旗、杭锦后旗

乌兰察布市：集宁区、卓资县、化德县、商都县、兴和县、凉城县、察哈尔右翼前旗、察哈尔右翼中旗、察哈尔右翼后旗、四子王旗、丰镇市

兴安盟：乌兰浩特市、阿尔山市、科尔沁右翼前旗、科尔沁右翼中旗、扎赉特旗、突泉县

锡林郭勒盟：二连浩特市、锡林浩特市、**阿巴嘎旗**、苏尼特左旗、苏尼特右旗、东乌珠穆沁旗、西乌珠穆沁旗、太仆寺旗、镶黄旗、正镶白旗、正蓝旗、多伦县

阿拉善盟：阿拉善左旗、阿拉善右旗、额济纳旗

本书选取武川县、林西县、准格尔旗、海拉尔区、阿巴嘎旗为样本县。

内蒙古自治区共辖9个地级市、3个盟（合计12个地级行政区划单位），23个市辖区、11个县级市、17个县、49个旗、3个自治旗（合计103个县级行政区划单位）（详见专栏5-1）；地域面积为118.3万平方公里，地貌以高原为主，大部分地区海拔在1000米以上。内蒙古自治区是我国发现新矿物最多的省区。截至2020年底，全区具有查明资源储量的矿产有125种（含亚种），列入《内蒙古自治区矿产资源储量表》的矿产有119种。全区共有103种矿产的保有资源量居全国前十位，其中有48种矿产的保有资源量居全国前三位，特别是煤炭、铅、锌、银、稀土等21种矿产的保有资源量居全国第一位。

2021年内蒙古自治区经济总量处于全国中后，经济增速平稳，第三产业占比低于全国。2021年末内蒙古自治区常住人口2400万人，2021年末城镇化率为68.2%（高于全国3.5个百分点）；GDP为2.1万亿元，排全国第21名，次于广西、山西，略高于贵州、新疆，增速6.3%，

比2020年增长6.1个百分点，低于全国1.8个百分点，排全国第27名；人均GDP为85476元（折13249.63美元），排全国第10名。从产业结构看，第一、第二、第三产业占比分别为10.8%（高于全国3.5个百分点）、45.7%（高于全国6.3个百分点）和43.5%（低于全国9.8个百分点）。从居民可支配收入看，2021年城镇与农村居民人均可支配收入分别为44377元和18337元，呈上升态势，分别为全国平均水平的93.6%和96.9%。

2021年内蒙古自治区一般公共预算收入全国排中等，省市县中县级政府收入占比最高。 2021年内蒙古自治区一般公共预算收入2349.9亿元，排全国第18名；增速上升14.6个百分点。人均一般公共预算收入为9791元，排全国第7名。其中，近3年内蒙古自治区税收收入占一般公共预算收入的比重稳中有降，2021年为71.1%，与去年持平，低于前年3.7个百分点。从纵向收入分配看，2020年省本级、市本级、县本级一般公共预算收入占比分别为29.7%、16.3%和54%。

2021年内蒙古自治区财政自给率偏低，总体呈上升趋势。2021年内蒙古财政自给率为44.8%，较2020年上升了5.9个百分点，较2019年上升了4.4个百分点。2021年内蒙古自治区一般公共预算支出为5240.1亿元，低于2020年的5270.2亿元，高于2019年的5100.91亿元。

2021年内蒙古自治区四本预算合计中一般公共预算收入占比最高，国有资本经营收入占比低，社保对财政补贴的依赖度较高。 2021年内蒙古自治区四本预算线上收入共计4852.8亿元，其中一般公共预算收入、政府性基金预算收入、国有资本经营预算收入和社会保险基金预算收入分别为2349.9亿元、504.8亿元、27.8亿元、1970.3亿元，占比48.4%、10.4%、0.6%和40.6%。2021年内蒙古自治区社保基金预算收入1970.3亿元，其中社会保险缴费收入为1138.6亿元；财政补贴收入规模为555亿元，社保支出对财政依赖度为29%。

内蒙古自治区内各地市经济社会发展和财政发展不均衡，鄂尔多斯GDP最高。 鄂尔多斯2020年GDP为3533.7亿元，其他GDP超过千亿元的城市还有呼和浩特市、包头市、赤峰市、通辽市、呼伦贝尔市。鄂尔多斯市政府收入最高，2020年为675.9亿元，而其他城市政府收入规模分布在59.1亿—557.8亿元之间。2020年鄂尔多斯市一般公共预算收入为464.9亿元，呼和浩特市217.1亿元，其他各市一般公共预算收入超过百亿元的有包头市、赤峰市，城市间差异较大。除少数城市（鄂尔多斯市、呼和浩特市、乌海市、阿拉善盟）外，2020年内蒙古自治区各市财政自给率均低于40%。财政自给率最高的城市为阿拉善盟，达到109%，最低的为呼伦贝尔市和乌兰察布市，仅为17.1%和14.5%，相差超过90%。各市一般公共预算收入结构以税收收入占大头，除兴安盟外，税收收入占一般公共预算收入比重均超过60%。政府性基金收入主要构成是国有土地使用权出让收入，与地理位置关系较大，收入规模最大的为呼和浩特市（174.5亿元）。

5.1 内蒙古自治区政府收入主要特征分析

5.1.1 内蒙古自治区经济社会基本情况

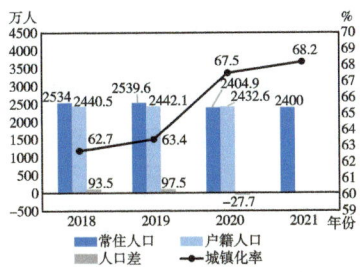

图5-1 2018-2021年内蒙古自治区人口状况

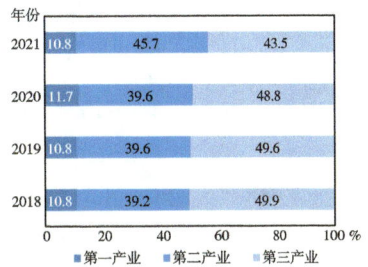

图5-2 2018-2021年内蒙古自治区GDP及增速

图5-3 2018-2021年内蒙古自治区三次产业结构

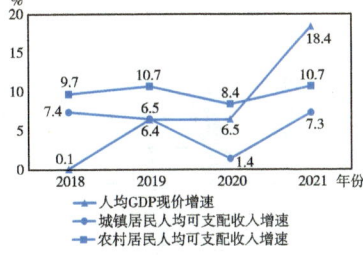

图5-4 2018-2021年内蒙古自治区人均GDP和人均可支配收入

图5-5 2018-2021年内蒙古自治区人均GDP现价增速和人均可支配收入增速
注：2019年人均GDP现价增速为6.4%、城镇居民人均可支配收入增速为6.5%。

5.1.2 内蒙古自治区政府收入总体情况

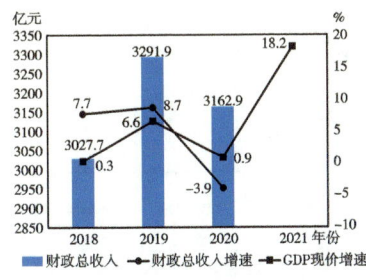
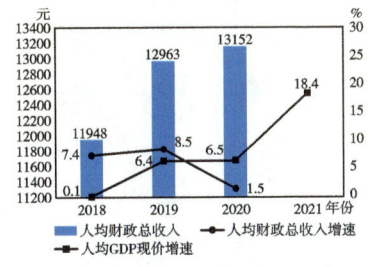
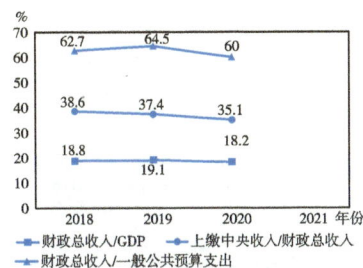

图5-6 2018-2021年内蒙古自治区财政总收入及增速

图5-7 2018-2021年内蒙古自治区人均财政总收入及增速

图5-8 2018-2021年内蒙古自治区财政总收入相关指标

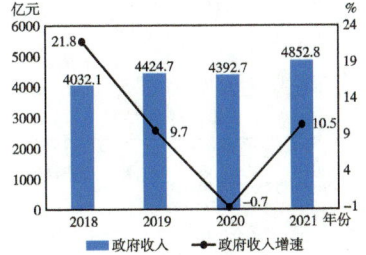
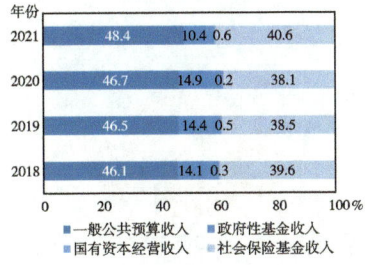
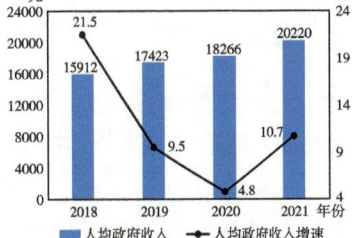

图5-9 2018-2021年内蒙古自治区政府收入及增速

图5-10 2018-2021年内蒙古自治区政府收入结构

图5-11 2018-2021年内蒙古自治区人均政府收入及增速

5.1.3 内蒙古自治区一般公共预算收入情况

图5-12 2018—2021年内蒙古自治区一般公共预算收入

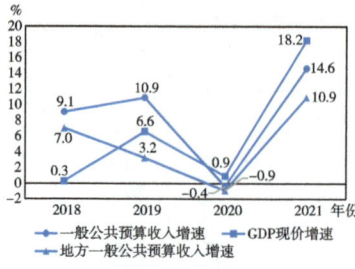

图5-13 2018—2021年内蒙古自治区一般公共预算收入增速

注：2020年一般公共预算收入增速为-0.4%、地方一般公共预算收入增速为-0.9%。

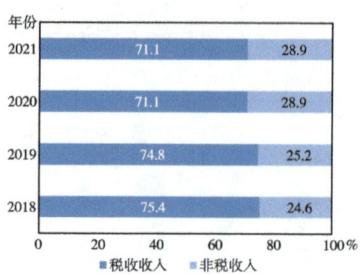

图5-14 2018—2021年内蒙古自治区一般公共预算收入结构

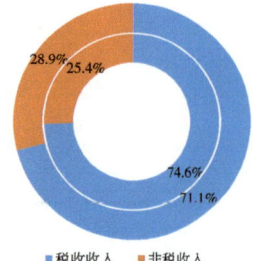

图5-15 2020年一般公共预算收入结构对比（内环为地方，外环为内蒙古自治区）

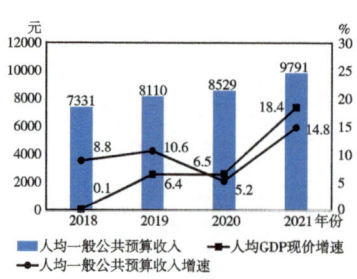

图5-16 2018—2021年内蒙古自治区人均一般公共预算收入及增速

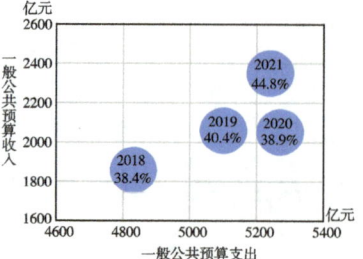

图5-17 2018—2021年内蒙古自治区财政自给率

图5-18 2018—2021年内蒙古自治区一般公共预算支出对各类收入的依赖度

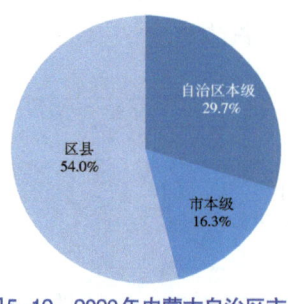

图5-19 2020年内蒙古自治区市县三级政府一般公共预算收入分布

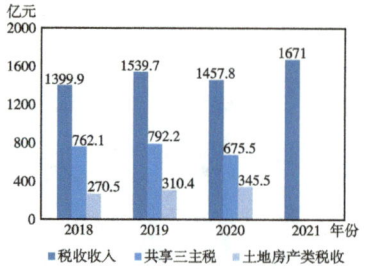

图5-20 2018—2021年内蒙古自治区税收收入

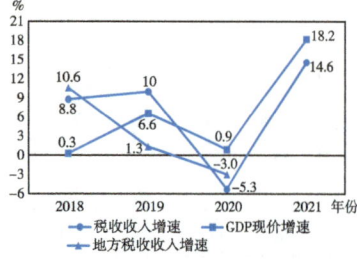

图5-21 2018—2021年内蒙古自治区税收收入增速

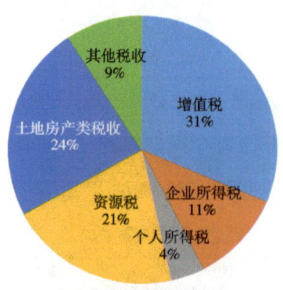

图5-22 2020年内蒙古自治区税收收入结构

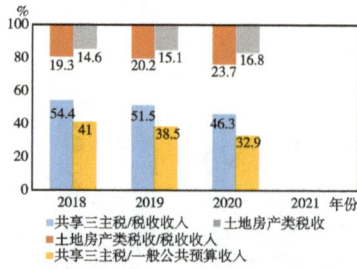

图5-23 2018—2021年内蒙古自治区共享三主税、土地房产类税收占税收收入及一般公共预算收入的比重

图5-24 2018—2021年内蒙古自治区
非税收入

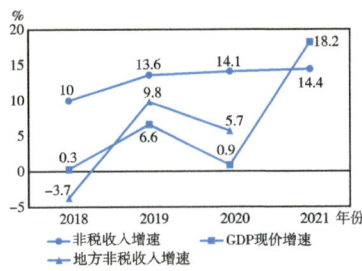

图5-25 2018—2021年内蒙古自治区
非税收入增速

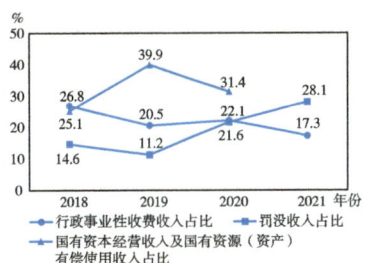

图5-26 2018—2021年内蒙古自治区
非税收入中各主要收入占比
注：2020年行政事业性收费收入占
比为22.1%、罚没收入占比为21.6%。

5.1.4 内蒙古自治区政府性基金和国有资本经营收入情况

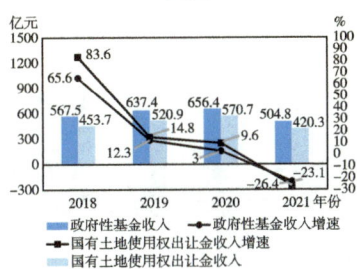

图5-27 2018—2021年内蒙古自治区
政府性基金收入及增速
注：2019年政府性基金收入增速为
12.3%、国有土地使用权出让金收入增速
为14.8%；2021年政府性基金收入增速为-23.1%、国有土地使用权出让金收入增速为-26.4%。

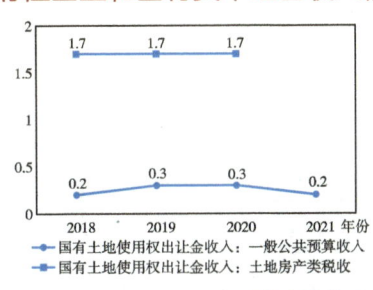

图5-28 2018—2021年内蒙古自治区
国有土地使用权出让金收入与一般公共
预算收入对比关系

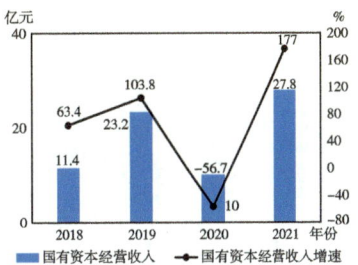

图5-29 2018—2021年内蒙古自治区
国有资本经营收入及增速

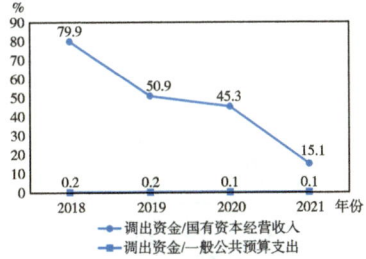

图5-30 2018—2021年内蒙古自治区
国有资本经营预算中调出资金相关指标

5.1.5 内蒙古自治区社会保险基金收入情况

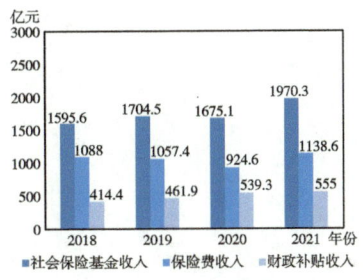

图5-31 2018—2021年内蒙古自治区
社会保险基金收入

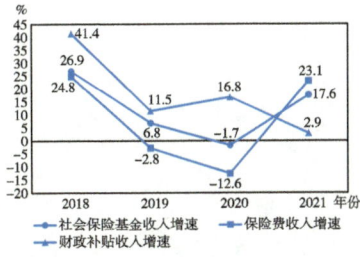

图5-32 2018—2021年内蒙古自治区
社会保险基金收入增速

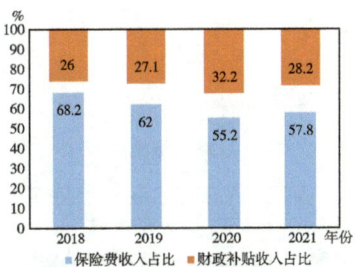

图5-33 2018—2021年内蒙古自治区
保险费收入、财政补贴收入占社会保险
基金收入的比重

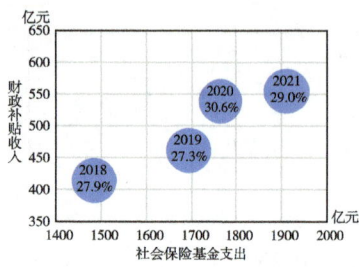

图5-34　2018-2021年内蒙古自治区社会保险基金支出对财政补贴的依赖度

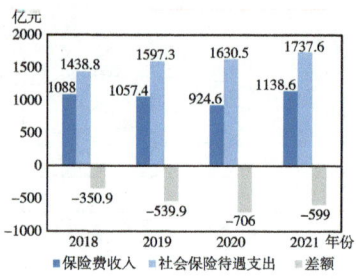

图5-35　2018-2021年内蒙古自治区保险费收入、社会保险待遇支出及差额

5.1.6　内蒙古自治区债务情况

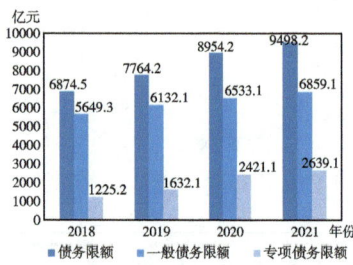

图5-36　2018-2021年内蒙古自治区债务限额

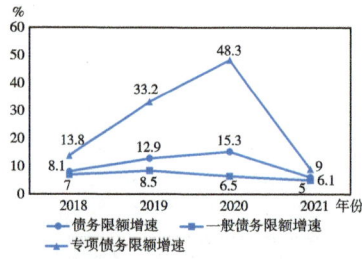

图5-37　2018-2021年内蒙古自治区债务限额增速

注：2018年债务限额增速为8.1%、一般债务限额增速为7%；2021年债务限额增速为6.1%、一般债务限额增速为5%、专项债务限额增速为9%。

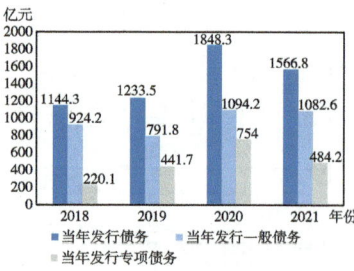

图5-38　2018-2021年内蒙古自治区当年发行债务

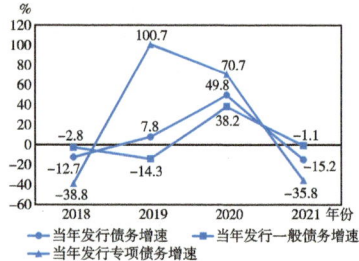

图5-39　2018-2021年内蒙古自治区当年发行债务增速

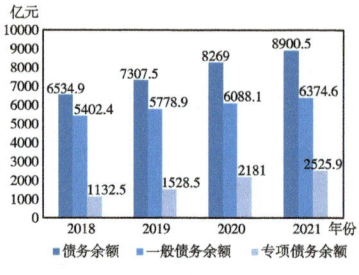

图5-40　2018-2021年内蒙古自治区债务余额

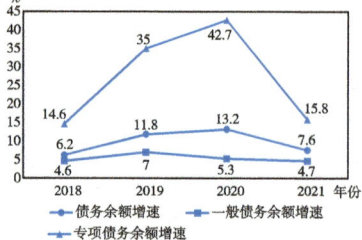

图5-41　2018-2021年内蒙古自治区债务余额增速

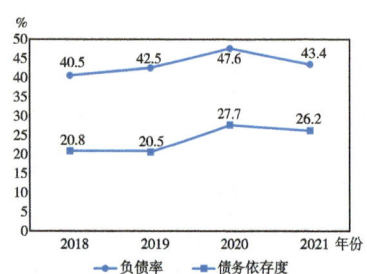

图5-42　2018-2021年内蒙古自治区负债率和债务依存度

5.1.7 内蒙古自治区区本级一般公共预算收入情况

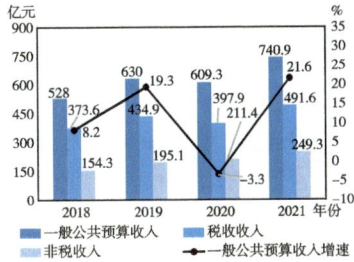

图5-43 2018-2021年内蒙古自治区区本级一般公共预算收入及增速

图5-44 2018-2021年内蒙古自治区区本级一般公共预算收入结构

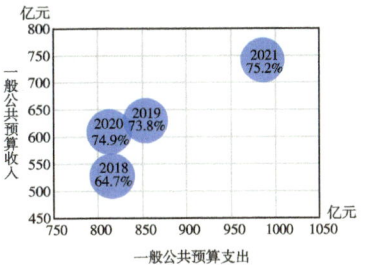

图5-45 2018-2021年内蒙古自治区区本级财政自给率

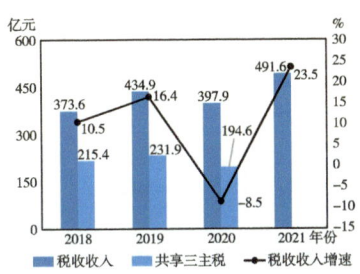

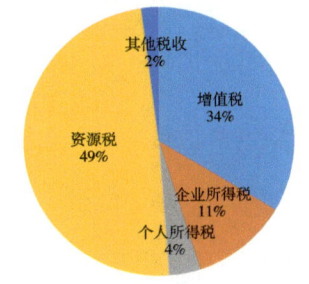

图5-46 2018-2021年内蒙古自治区区本级税收收入及增速

图5-47 2020年内蒙古自治区区本级税收收入结构

图5-48 2018-2021年内蒙古自治区区本级共享三主税占税收收入及一般公共预算收入的比重

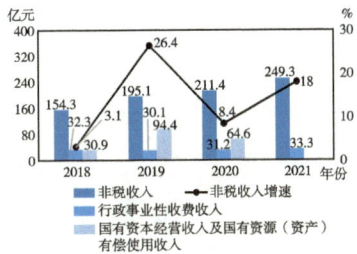

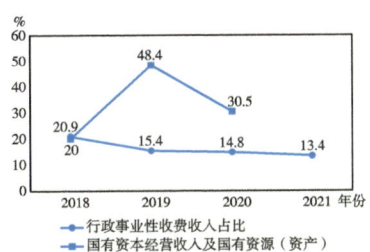

图5-49 2018-2021年内蒙古自治区区本级非税收入及增速

图5-50 2018-2021年内蒙古自治区区本级非税收入中各主要收入占比
注：2018年行政事业性收费收入占比为20.9%、国有资本经营收入及国有资源（资产）有偿使用收入占比为20%。

5.2 内蒙古自治区各市政府收入主要特征分析

5.2.1 内蒙古自治区各市经济社会发展情况

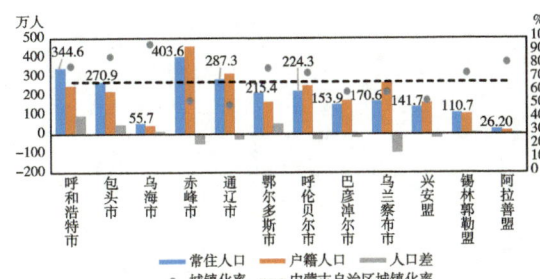

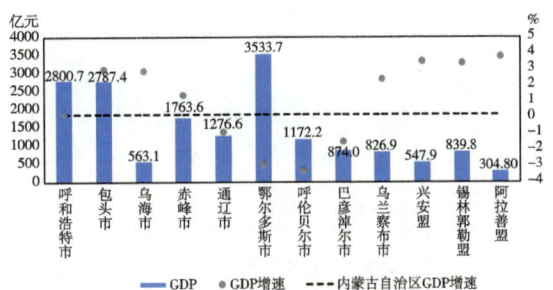

图5-51 2020年内蒙古自治区各市人口状况

图5-52 2020年内蒙古自治区各市GDP及增速

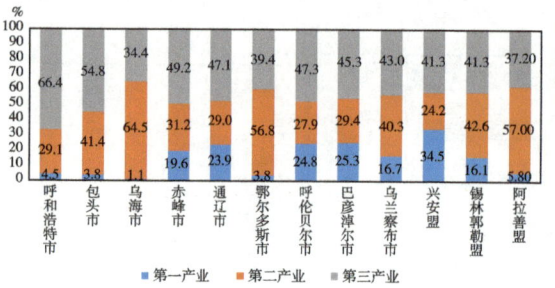

图5-53 2020年内蒙古自治区各市三次产业结构

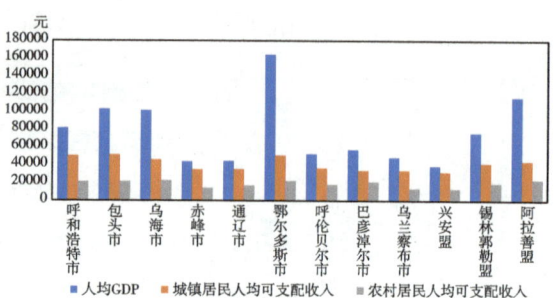

图5-54 2020年内蒙古自治区各市人均GDP和人均可支配收入

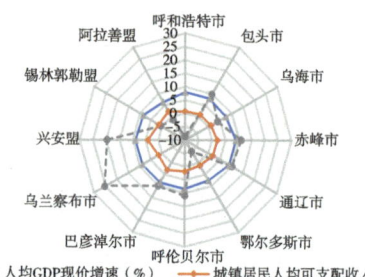

图5-55 2020年内蒙古自治区各市人均GDP现价增速和人均可支配收入增速

5.2.2 内蒙古自治区各市政府收入总体情况

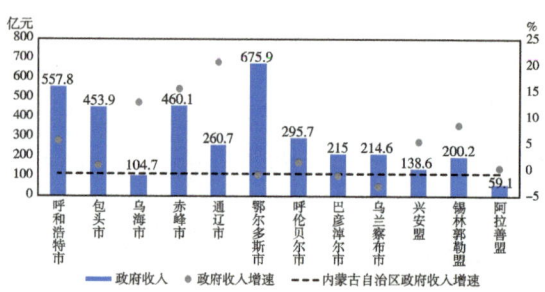

图5-56 2020年内蒙古自治区各市政府收入及增速

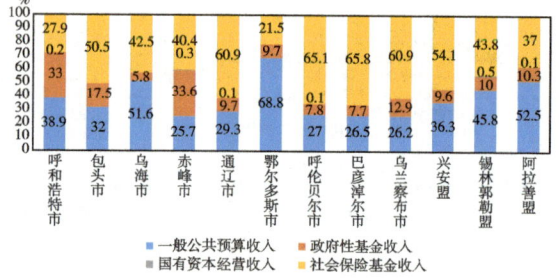

图5-57 2020年内蒙古自治区各市政府收入结构

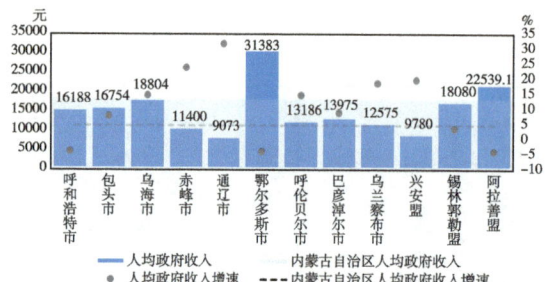

图5-58 2020年内蒙古自治区各市人均政府收入及增速

5.2.3 内蒙古自治区各市一般公共预算收入情况

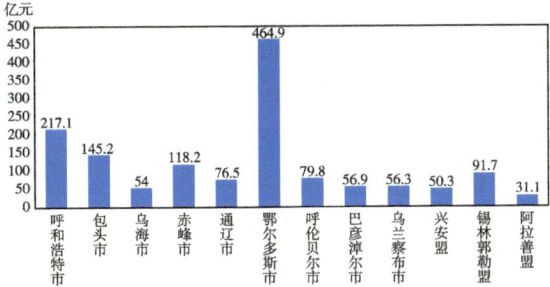

图5-59　2020年内蒙古自治区各市一般公共预算收入

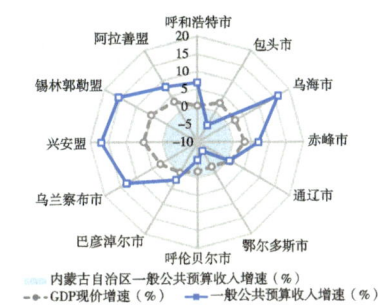

图5-60　2020年内蒙古自治区各市一般公共预算收入增速

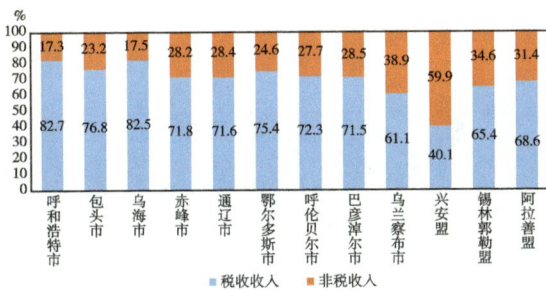

图5-61　2020年内蒙古自治区各市一般公共预算收入结构

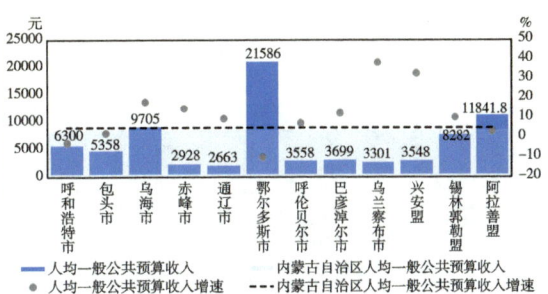

图5-62　2020年内蒙古自治区各市人均一般公共预算收入及增速

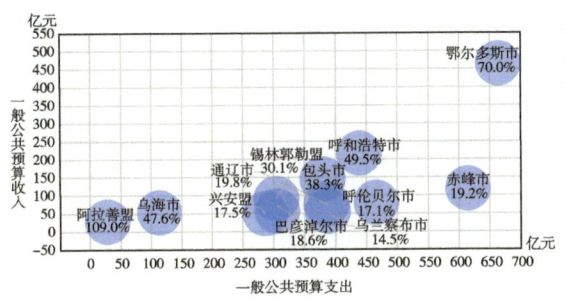

图5-63　2020年内蒙古自治区各市财政自给率

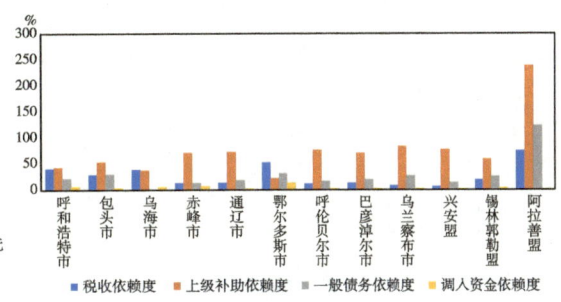

图5-64　2020年内蒙古自治区各市一般公共预算支出对各类收入的依赖度

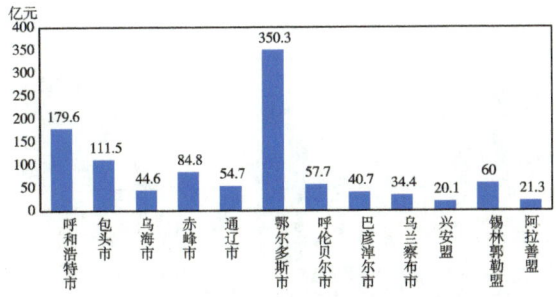

图5-65　2020年内蒙古自治区各市税收收入

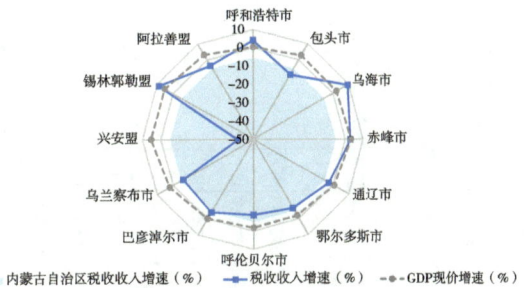

图5-66　2020年内蒙古自治区各市税收收入增速

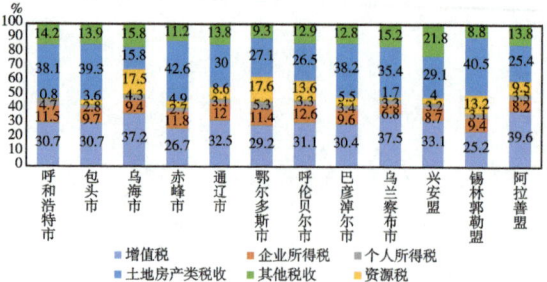

图5-67 2020年内蒙古自治区各市税收收入结构

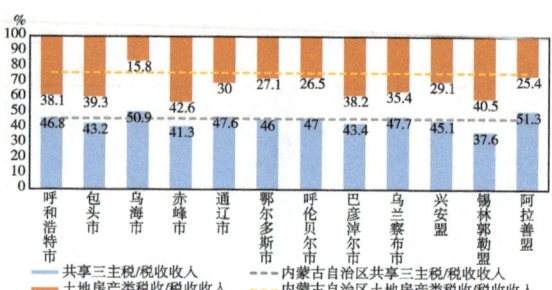

图5-68 2020年内蒙古自治区各市共享三主税、土地房产类税收占税收收入的比重

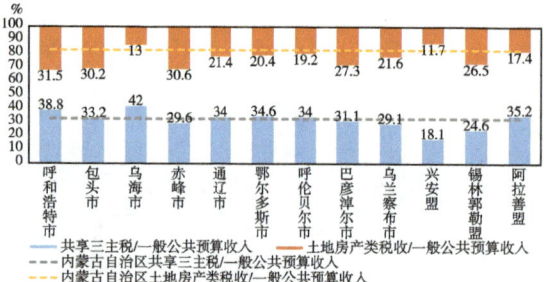

图5-69 2020年内蒙古自治区各市共享三主税、土地房产类税收占一般公共预算收入的比重

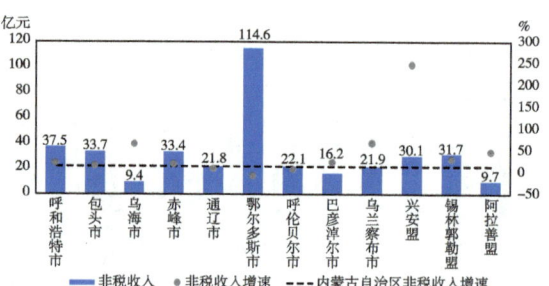

图5-70 2020年内蒙古自治区各市非税收入及增速

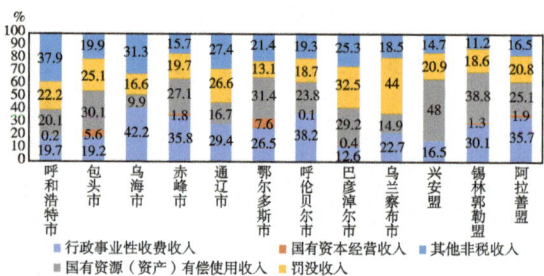

图5-71 2020年内蒙古自治区各市非税收入结构

5.2.4 内蒙古自治区各市政府性基金收入与国有资本经营收入情况

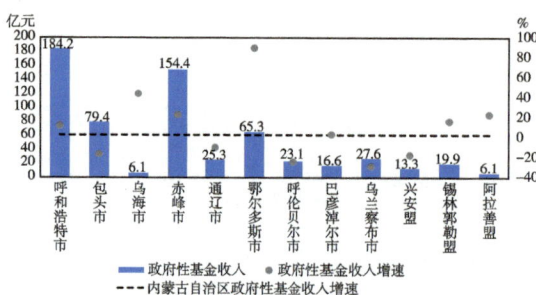

图5-72 2020年内蒙古自治区各市政府性基金收入及增速

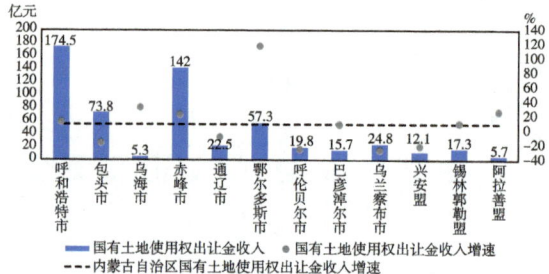

图5-73 2020年内蒙古自治区各市国有土地使用权出让金收入及增速

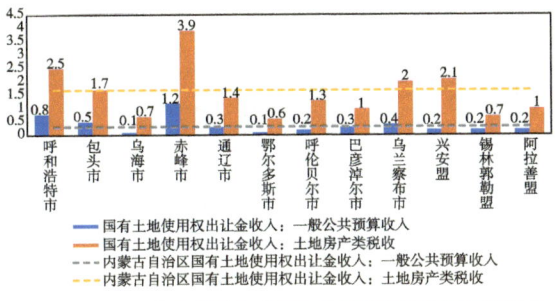

图5-74 2020年内蒙古自治区各市国有土地使用权出让金收入与一般公共预算收入对比关系

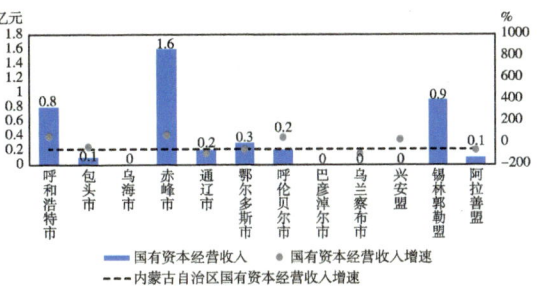

图5-75 2020年内蒙古自治区各市国有资本经营收入及增速

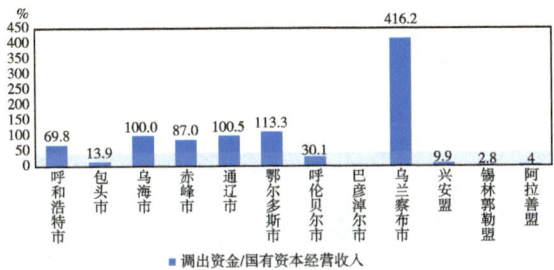

图5-76 2020年内蒙古自治区各市调出资金与国有资本经营收入对比关系

5.2.5 内蒙古自治区各市社会保险基金收入情况

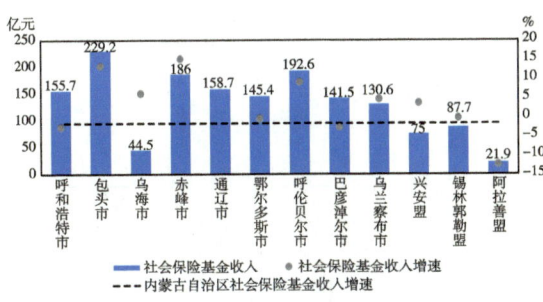

图5-77 2020年内蒙古自治区各市社会保险基金收入及增速

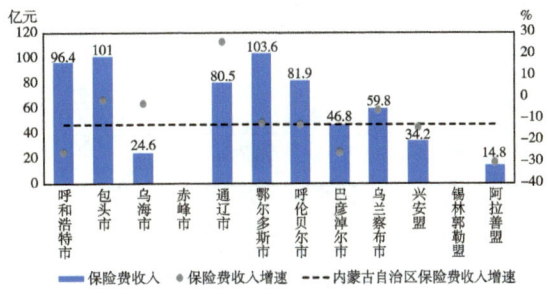

图5-78 2020年内蒙古自治区各市保险费收入及增速

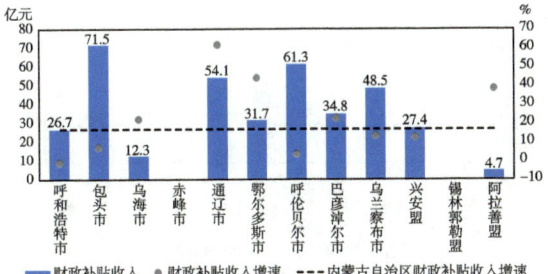

图5-79 2020年内蒙古自治区各市财政补贴收入及增速

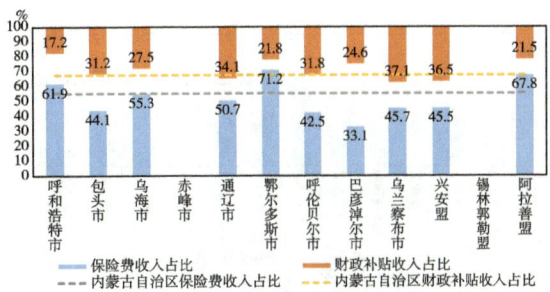

图5-80 2020年内蒙古自治区各市保险费收入、财政补贴收入占社会保险基金收入的比重

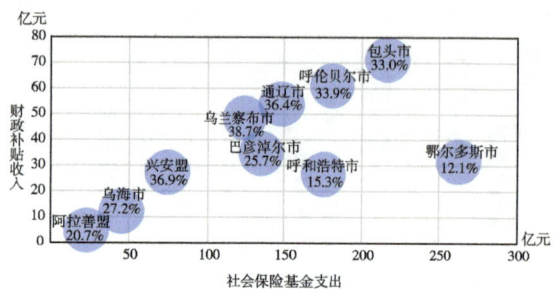

图5-81 2020年内蒙古自治区各市社会保险基金支出对财政补贴的依赖度

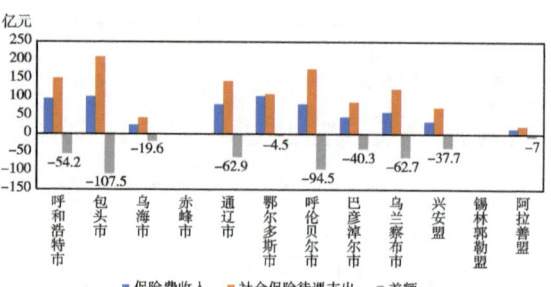

图5-82 2020年内蒙古自治区各市保险费收入、社会保险待遇支出及差额

5.2.6 内蒙古自治区各市债务情况

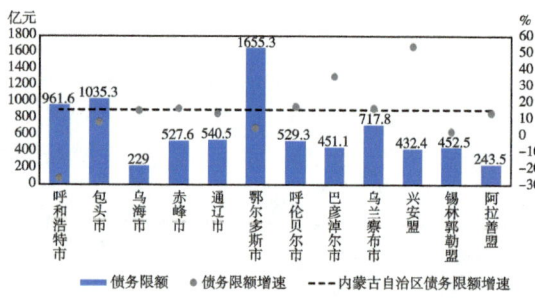

图5-83 2020年内蒙古自治区各市债务限额及增速

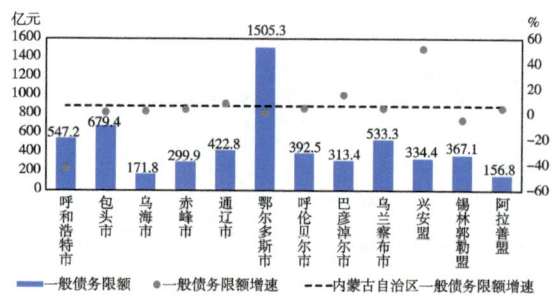

图5-84 2020年内蒙古自治区各市一般债务限额及增速

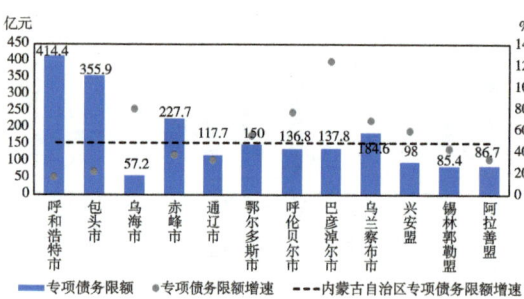

图5-85 2020年内蒙古自治区各市专项债务限额及增速

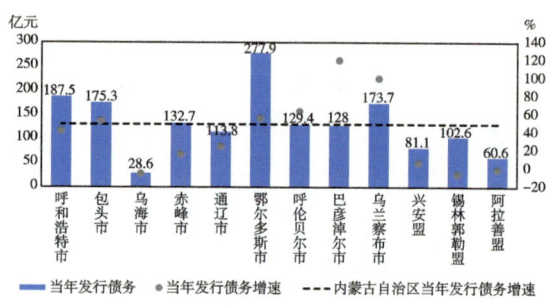

图5-86 2020年内蒙古自治区各市当年发行债务及增速

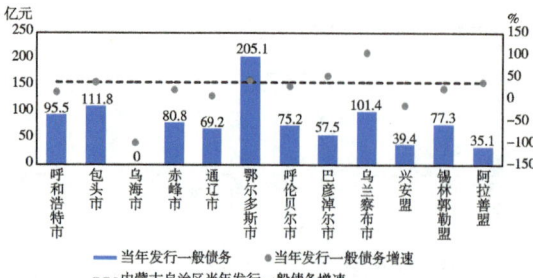

图5-87 2020年内蒙古自治区各市当年发行一般债务及增速

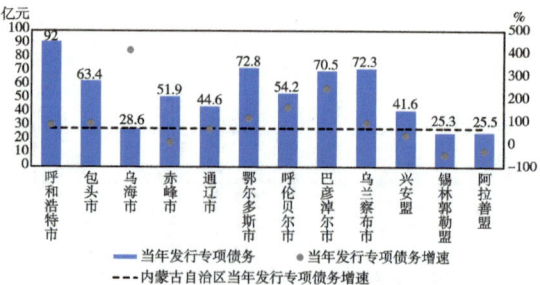

图5-88 2020年内蒙古自治区各市当年发行专项债务及增速

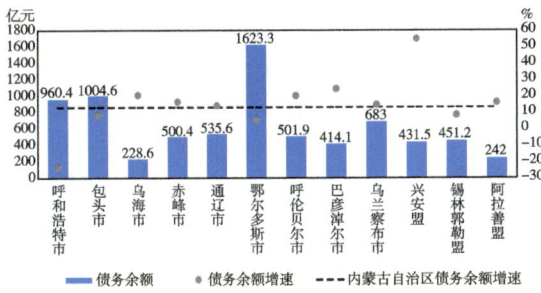

图5-89 2020年内蒙古自治区各市债务余额及增速

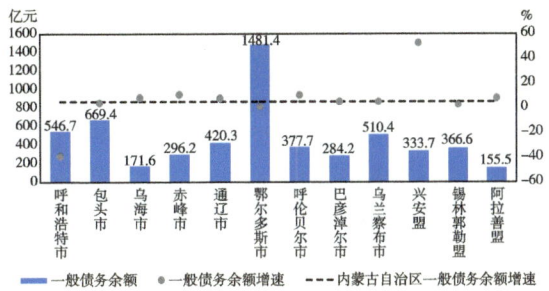

图5-90 2020年内蒙古自治区各市一般债务余额及增速

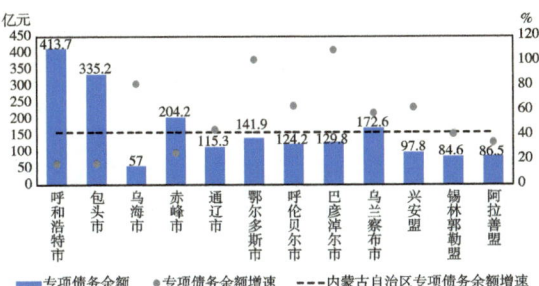

图5-91 2020年内蒙古自治区各市专项债务余额及增速

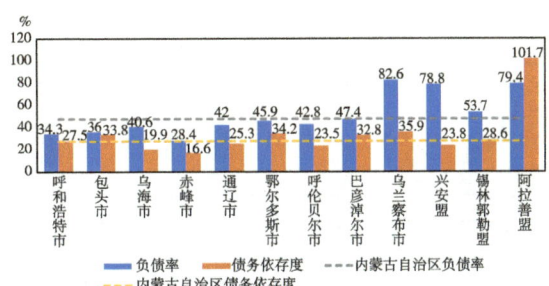

图5-92 2020年内蒙古自治区各市负债率和债务依存度

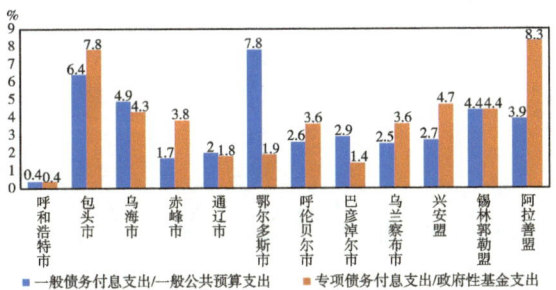

图5-93 2020年内蒙古自治区各市债务付息支出相关指标

5.2.7 内蒙古自治区各市市本级一般公共预算收入情况

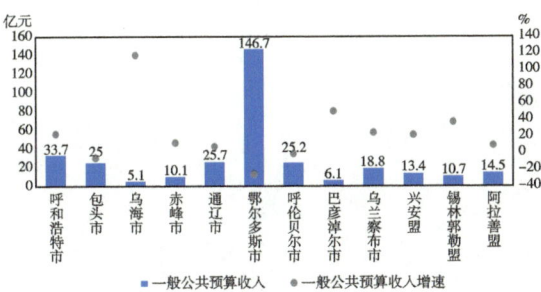

图5-94 2020年内蒙古自治区各市市本级一般公共预算收入及增速

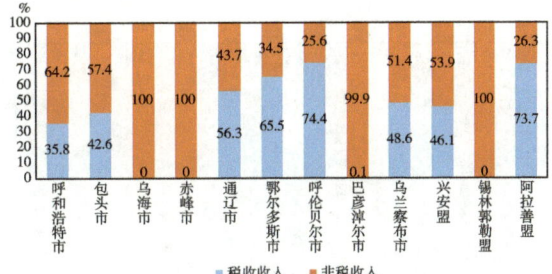

图5-95 2020年内蒙古自治区各市市本级一般公共预算收入结构

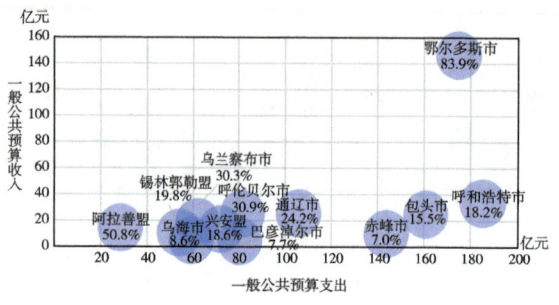

图5-96 2020年内蒙古自治区各市市本级财政自给率

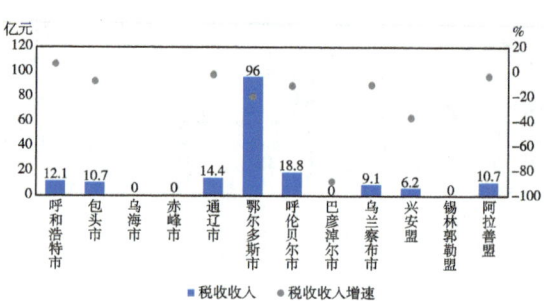

图5-97 2020年内蒙古自治区各市市本级税收收入及增速

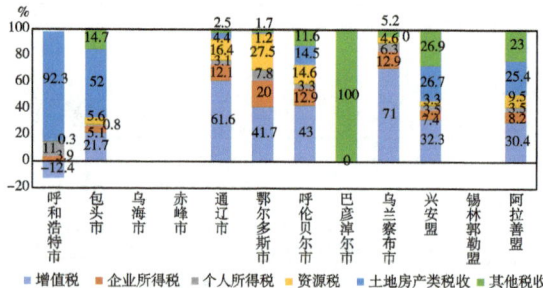

图5-98 2020年内蒙古自治区各市市本级税收收入结构

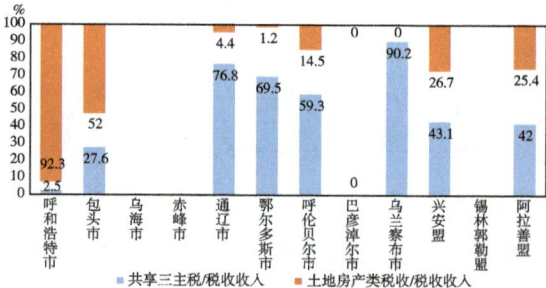

图5-99 2020年内蒙古自治区各市市本级共享三主税、土地房产类税收占税收收入的比重

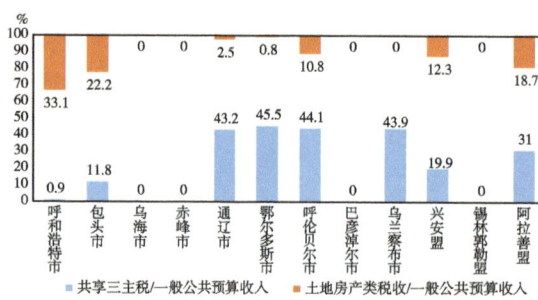

图5-100 2020年内蒙古自治区各市市本级共享三主税、土地房产类税收占一般公共预算收入的比重

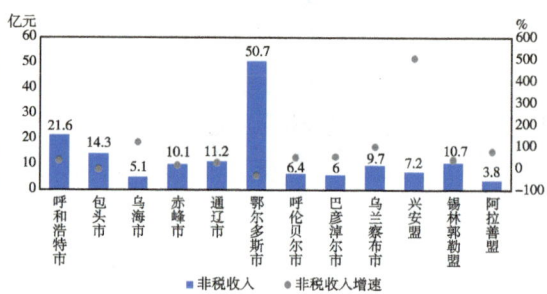

图5-101 2020年内蒙古自治区各市市本级非税收入及增速

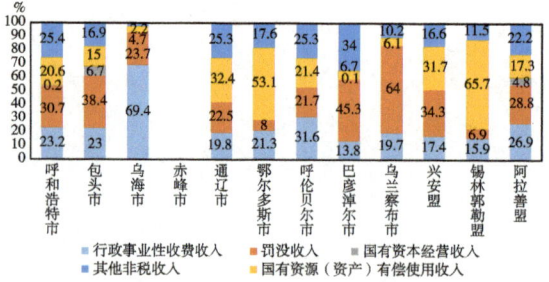

图5-102 2020年内蒙古自治区各市市本级非税收入结构

5.3 内蒙古自治区样本县政府收入主要特征分析

5.3.1 内蒙古自治区样本县经济社会发展情况

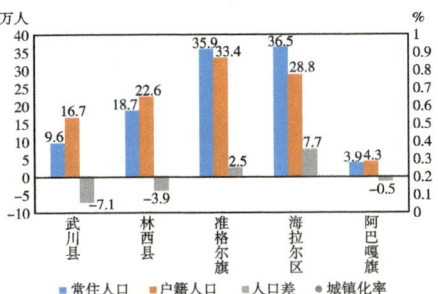

图5-103 2020年内蒙古自治区样本县人口状况

图5-104 2020年内蒙古自治区样本县GDP及增速

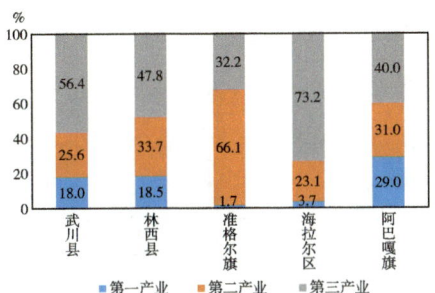

图5-105 2020年内蒙古自治区样本县三次产业结构

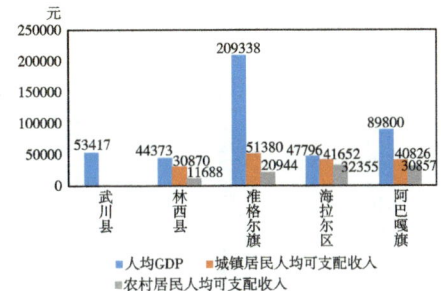

图5-106 2020年内蒙古自治区样本县人均GDP和人均可支配收入

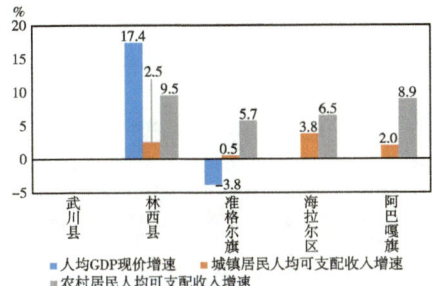

图5-107 2020年内蒙古自治区样本县人均GDP现价增速和人均可支配收入增速

5.3.2 内蒙古自治区样本县政府收入总体情况

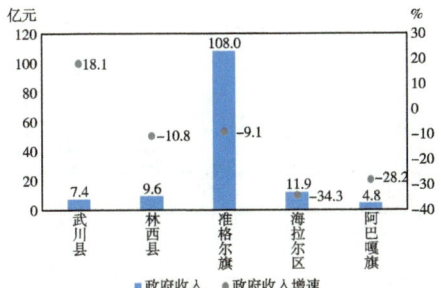

图5-108 2020年内蒙古自治区样本县政府收入及增速

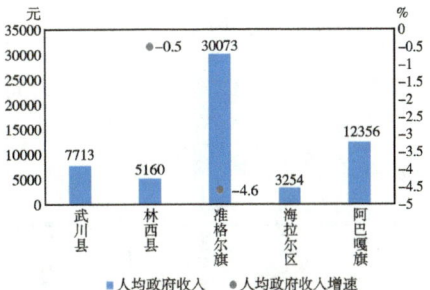

图5-109 2020年内蒙古自治区样本县人均政府收入及增速

5.3.3 内蒙古自治区样本县一般公共预算收入情况

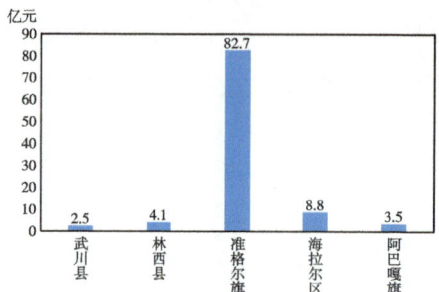

图5-110 2020年内蒙古自治区样本县一般公共预算收入

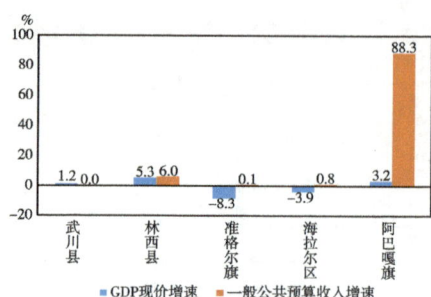

图5-111 2020年内蒙古自治区样本县一般公共预算收入增速

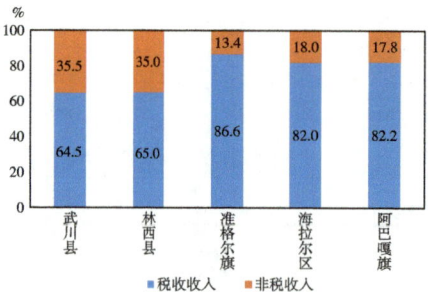

图5-112 2020年内蒙古自治区样本县一般公共预算收入结构

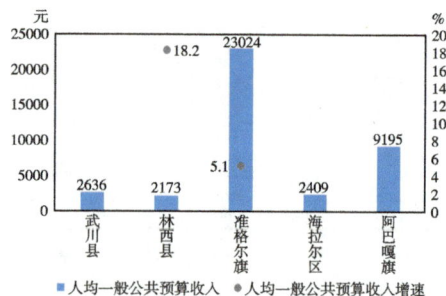

图5-113 2020年内蒙古自治区样本县人均一般公共预算收入及增速

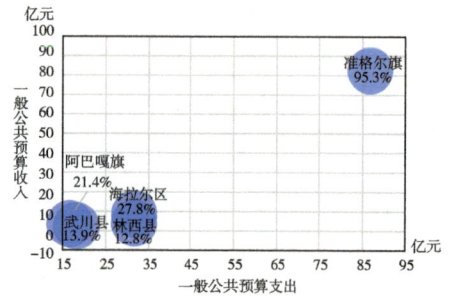

图5-114 2020年内蒙古自治区样本县财政自给率

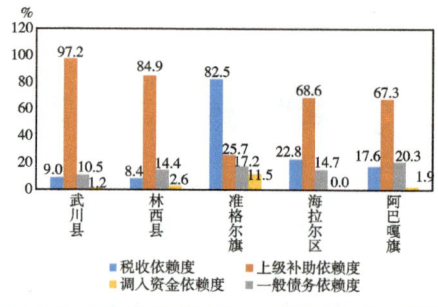

图5-115 2020年内蒙古自治区样本县一般公共预算支出对各类收入的依赖度

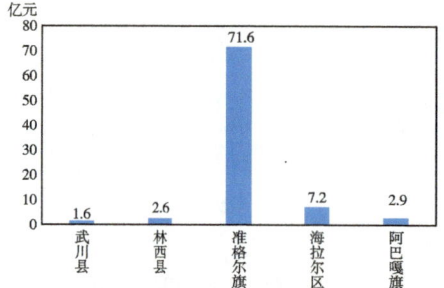

图5-116 2020年内蒙古自治区样本县税收收入

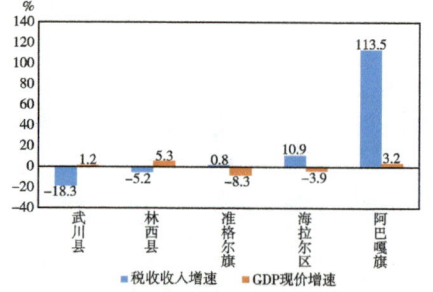

图5-117 2020年内蒙古自治区样本县税收收入增速

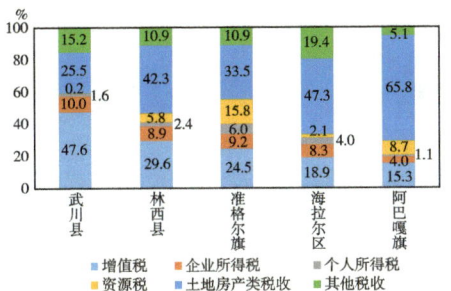

图5-118 2020年内蒙古自治区样本县税收收入结构

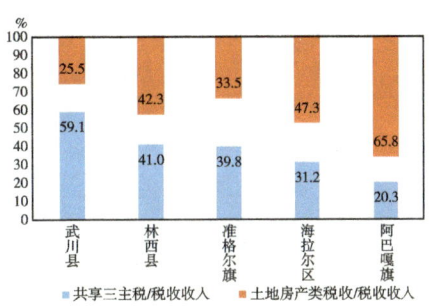

图5-119 2020年内蒙古自治区样本县共享三主税、土地房产类税收占税收收入的比重

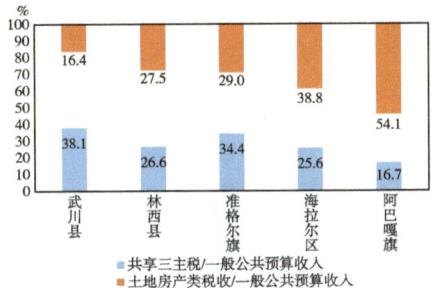

图5-120 2020年内蒙古自治区样本县共享三主税、土地房产类税收占一般公共预算收入的比重

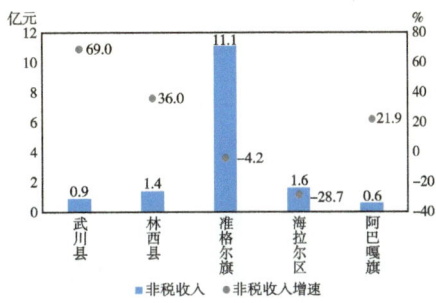

图5-121 2020年内蒙古自治区样本县非税收入及增速

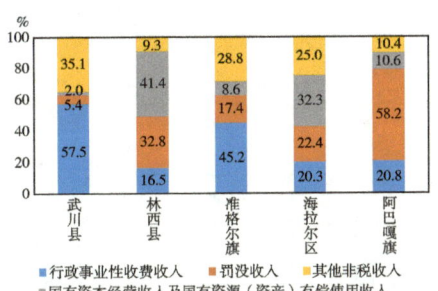

图5-122 2020年内蒙古自治区样本县非税收入结构

5.3.4 内蒙古自治区样本县政府性基金收入与国有资本经营收入情况

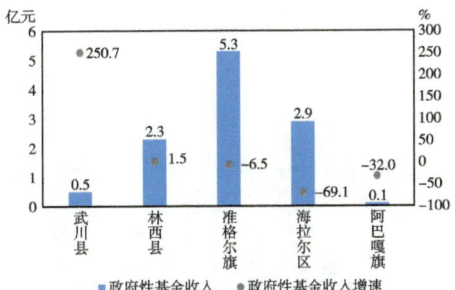

图5-123 2020年内蒙古自治区样本县政府性基金收入及增速

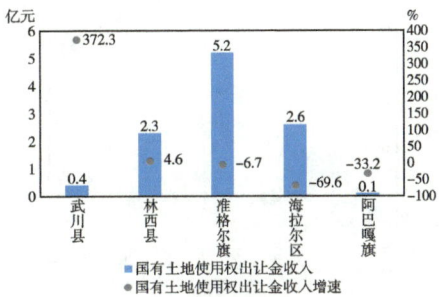

图5-124 2020年内蒙古自治区样本县国有土地使用权出让金收入及增速

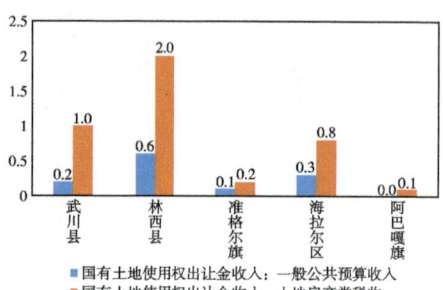

图5-125 2020年内蒙古自治区样本县国有土地使用权出让金收入与一般公共预算收入对比关系

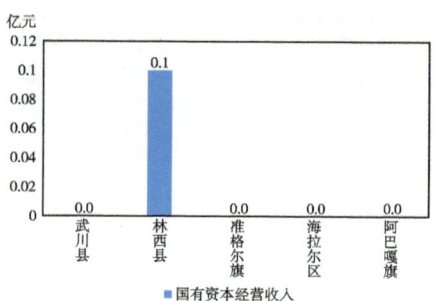

图5-126 2020年内蒙古自治区样本县国有资本经营收入

5.3.5 内蒙古自治区样本县社会保险基金收入情况

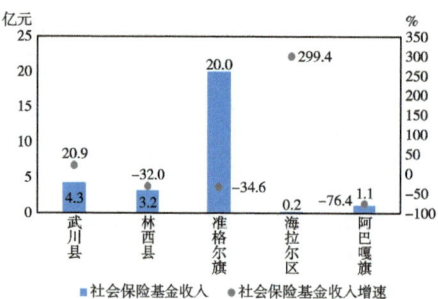

图5-127 2020年内蒙古自治区样本县社会保险基金收入及增速

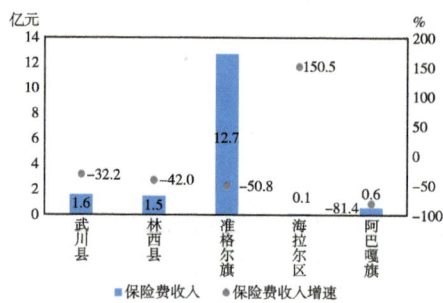

图5-128 2020年内蒙古自治区样本县保险费收入及增速

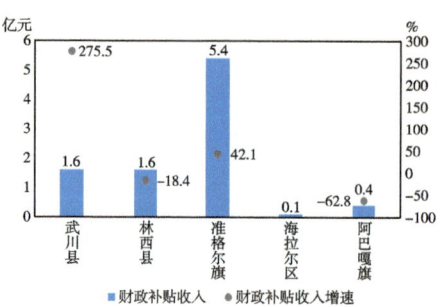

图5-129 2020年内蒙古自治区样本县财政补贴收入及增速

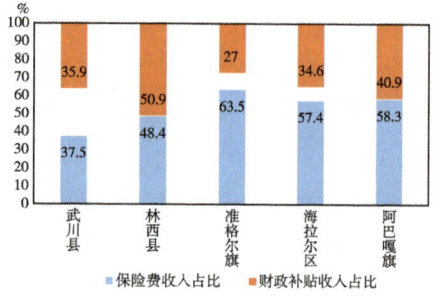

图5-130 2020年内蒙古自治区样本县保险费收入、财政补贴收入占社会保险基金收入的比重

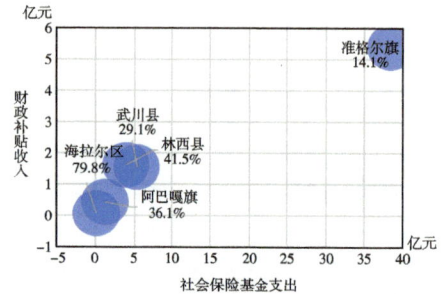

图5-131 2020年内蒙古自治区样本县社会保险基金支出对财政补贴的依赖度

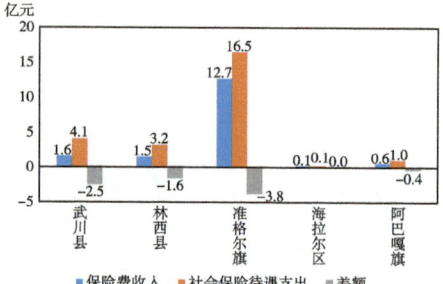

图5-132 2020年内蒙古自治区样本县保险费收入、社会保险待遇支出及差额

5.3.6 内蒙古自治区样本县债务情况

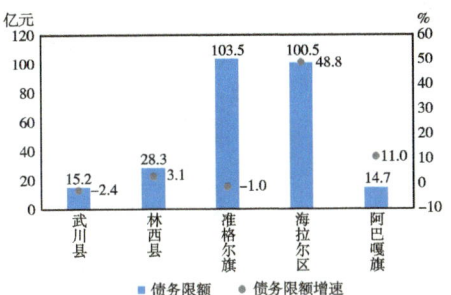

图5-133 2020年内蒙古自治区样本县债务限额及增速

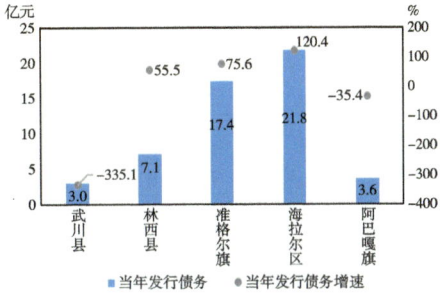

图5-134 2020年内蒙古自治区样本县一般债务限额及增速

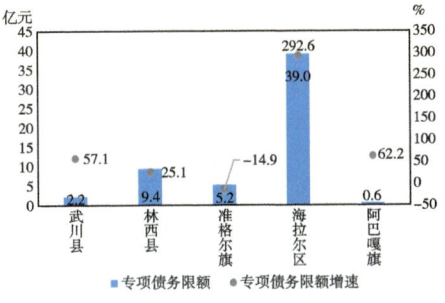

图5-135 2020年内蒙古自治区样本县专项债务限额及增速

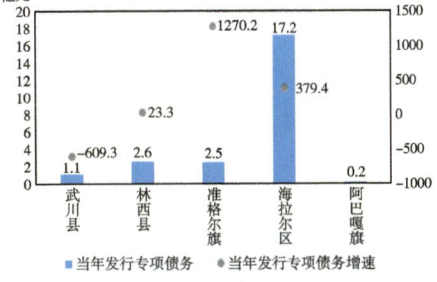

图5-136 2020年内蒙古自治区样本县当年发行债务及增速

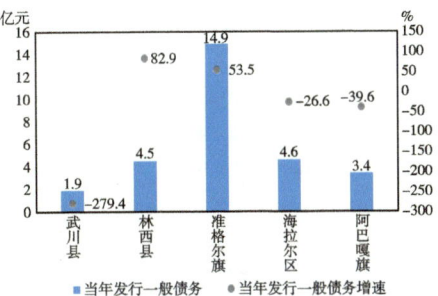

图5-137 2020年内蒙古自治区样本县当年发行一般债务及增速

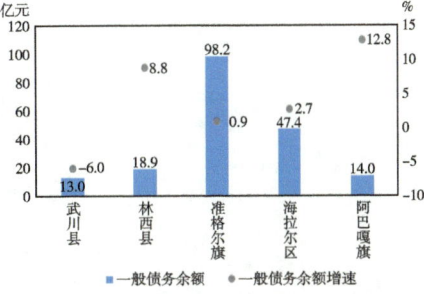

图5-138 2020年内蒙古自治区样本县当年发行专项债务及增速

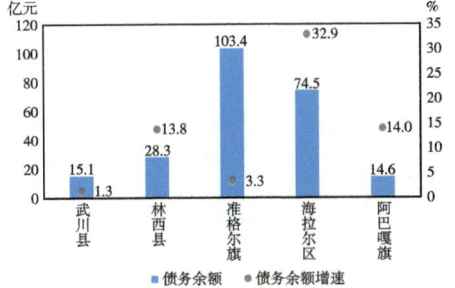

图5-139 2020年内蒙古自治区样本县债务余额及增速

图5-140 2020年内蒙古自治区样本县一般债务余额及增速

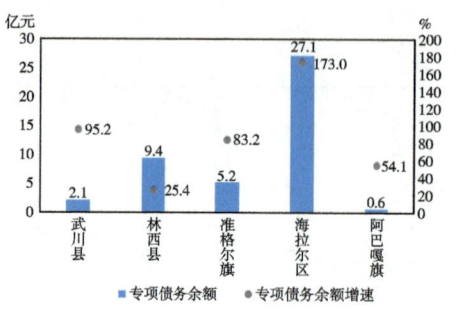 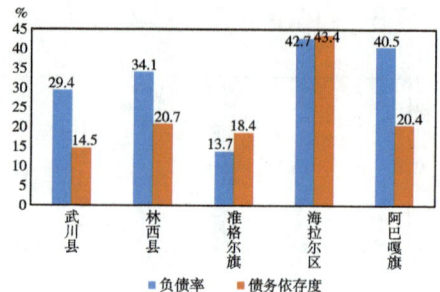

图5-141　2020年内蒙古自治区样本县专项债务余额及增速　图5-142　2020年内蒙古自治区样本县负债率和债务依存度

6 辽宁省

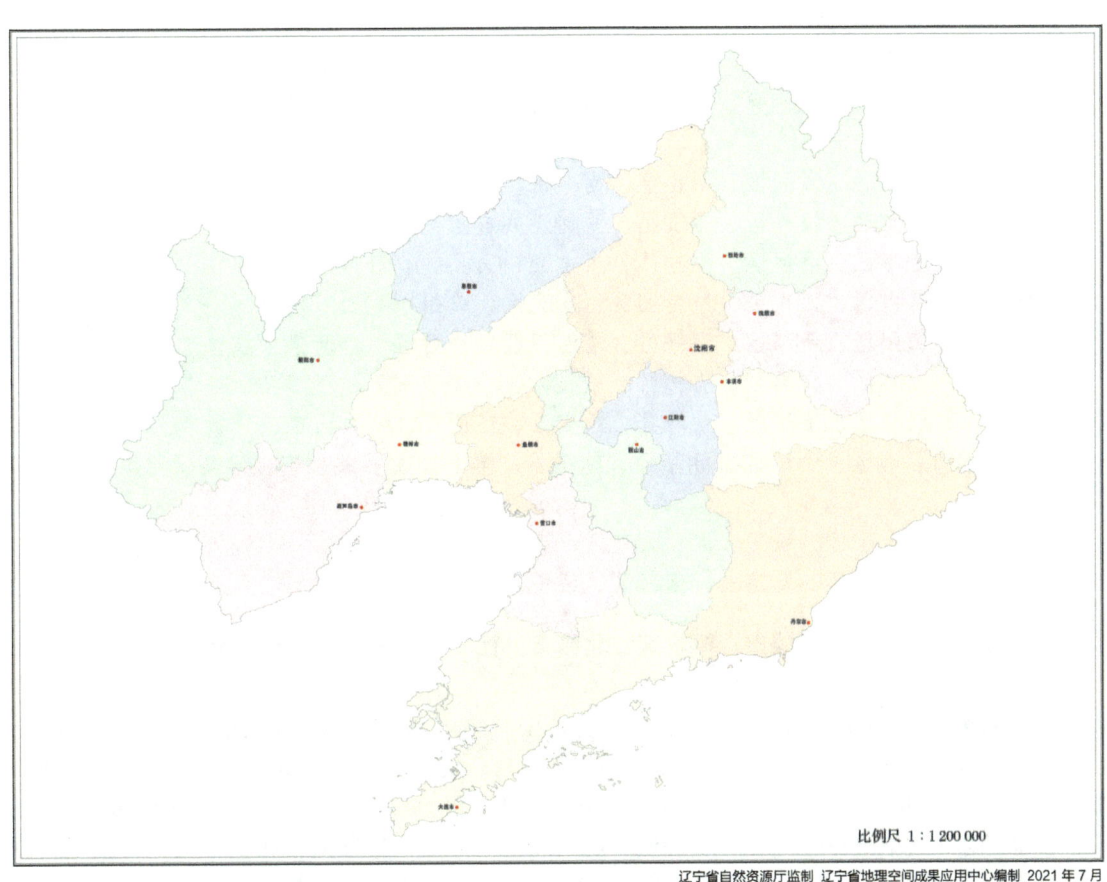

图　2021年辽宁省地图

资料来源：辽宁省自然资源厅网站。
注：审图号为辽S（2021）256号。

本章执笔人：张帆　审校：孙家希

专栏6-1 2021年辽宁省行政区划

沈阳市：和平区、沈河区、大东区、皇姑区、铁西区、苏家屯区、浑南区、新民市、沈北新区、于洪区、辽中区、康平县、法库县

大连市：中山区、西岗区、沙河口区、甘井子区、旅顺口区、金州区、普兰店区、长海县、瓦房店市、庄河市

鞍山市：铁东区、铁西区、立山区、千山区、台安县、岫岩满族自治县、海城市

抚顺市：新抚区、东洲区、望花区、顺城区、抚顺县、新宾满族自治县、清原满族自治县

本溪市：平山区、溪湖区、明山区、南芬区、本溪满族自治县、桓仁满族自治县

丹东市：元宝区、振兴区、振安区、宽甸满族自治县、东港市、凤城市

锦州市：古塔区、凌河区、太和区、黑山县、义县、凌海市、北镇市

营口市：站前区、西市区、鲅鱼圈区、老边区、盖州市、大石桥市

阜新市：海州区、新邱区、太平区、清河门区、细河区、阜新蒙古族自治县、彰武县

辽阳市：白塔区、文圣区、宏伟区、弓长岭区、太子河区、辽阳县、灯塔市

铁岭市：银州区、清河区、铁岭县、西丰县、昌图县、调兵山市、开原市

朝阳市：双塔区、龙城区、朝阳县、建平县、喀喇沁左翼蒙古族自治县、北票市、凌源市

盘锦市：双台子区、兴隆台区、大洼区、盘山县

葫芦岛市：连山区、龙港区、南票区、绥中县、建昌县、兴城市

本书选取浑南区、海城市、振安区、北镇市、西丰县、朝阳县为样本县。

辽宁省辖14个地级市（其中沈阳、大连为副省级城市）、16个县级市、25个县（其中8个少数民族自治县）、59个市辖区（详见专栏6-1）；辽宁位于我国东北地区南部，南临黄海、渤海，东与朝鲜一江之隔，与日本、韩国隔海相望，是东北地区唯一的既沿海又沿边的省份，也是东北及内蒙古自治区东部地区对外开放的门户。全省国土面积14.8万平方公里，大陆海岸线长2292公里，近海水域面积6.8万平方公里。已发现各类矿产110种，保有储量列全国前10位的有24种，其中硼、铁、菱镁等矿产储量居全国首位。全省地形概貌大致是"六山一水三分田"，地势北高南低，山地丘陵分列东西。辽宁属温带大陆性季风气候区，四季分明，适合多种农作物生长，是国家粮食主产区和畜牧业、渔业、优质水果及多种特产品的重点产区。

2021年辽宁省经济总量处于全国中等。2021年末，辽宁省常住人口4229.4万人。2021年辽宁GDP达到2.8万亿元，排全国第17名，次于江西、重庆，略高于云南、广西；增速5.8%，低于全国2.3个百分点，排全国第29名；人均GDP为65026元（折合10079.68美元），排全国第16名。从产业结构看，第一、第二、第三产业占比分别为8.9%（高于全国1.6个百分点）、39.4%（与全国持平）和51.6%（低于全国1.7个百分点）。从居民可支配收入看，2021年城镇与农村居民人均可支配收入分别为43051元和19217元，呈上升态势，基本与全国平均水平持平。

2021年辽宁省一般公共预算收入全国排中等，省市县中县级政府收入占比最高。 2021年辽宁省一般公共预算收入2764.7亿元，增速4.1%，排全国第17名；人均一般公共预算收入6537元，增速4.8%，排全国第14名。2021年辽宁省一般公共预算结构数据尚未公布，从2019年和2020年数据来看，税收收入占比略有下降，2020年税收收入占比为70.8%。从纵向收入分配看，2020年省本级、市本级、县一般公共预算收入占比分别为3.1%、24%和72.9%。

2021年辽宁省财政自给率偏低但有所回升。 2021年辽宁财政自给率46.8%。较2019年上升0.8个百分点。

2021年辽宁省四本预算合计中社会保险基金预算收入占比最高，一般公共预算占比紧随其后。 2021年辽宁省四本预算加总的政府收入8246.7亿元，其中一般公共预算收入、政府性基金预算收入、国有资本经营预算收入和社会保险基金预算收入分别占比33.5%、14.4%、1.7%和50.4%。

辽宁省内各地市经济社会发展和财政发展不均衡，优势主要集中于沈阳、大连。 从2020年GDP规模来看，大连和沈阳在全省分列前两位，二者GDP分别为7030.4亿元、6571.6亿元。沈阳市是2020年辽宁省政府收入规模唯一超2000亿元的城市，而除大连（1428亿元）外其他城市政府收入规模都在1000亿元以下，收入最少的是阜新市（178.2亿元）。2020年沈阳市一般公共预算收入736.1亿元，除排名第二的大连市实现702.7亿元的一般公共预算收入外，其他各市均低于200亿元，收入较为集中且城市间差异较大。辽宁省内各市财政自给率差异明显。2020年，沈阳、大连、盘锦市财政自给率分别为68.5%、70.1%、64.9%，自给率较高；而阜新、铁岭、朝阳、葫芦岛自给率均在30%以下；其他市自给率则分布在30%—50%之间。

6.1 辽宁省政府收入主要特征分析

6.1.1 辽宁省经济社会基本情况

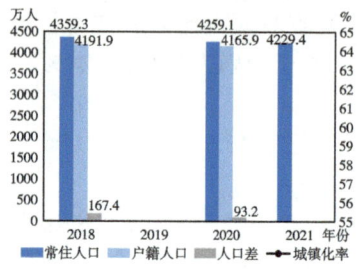

图6-1 2018—2021年辽宁省人口状况

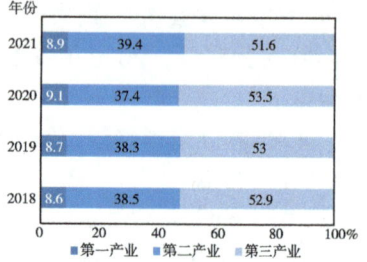

图6-2 2018—2021年辽宁省GDP及增速

图6-3 2018—2021年辽宁省三次产业结构

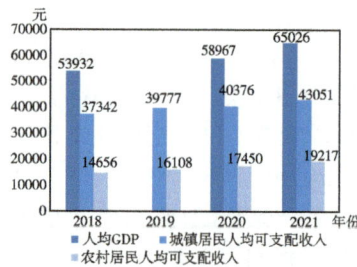

图6-4 2018—2021年辽宁省人均GDP和人均可支配收入

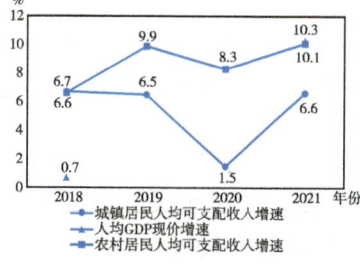

图6-5 2018—2021年辽宁省人均GDP现价增速和人均可支配收入增速

注：2018年城镇居民人均可支配收入增速6.7%、农村居民人均可支配收入增速6.6%；2021年人均GDP现价增速10.3%、农村居民人均可支配收入增速10.1%。

6.1.2 辽宁省政府收入总体情况

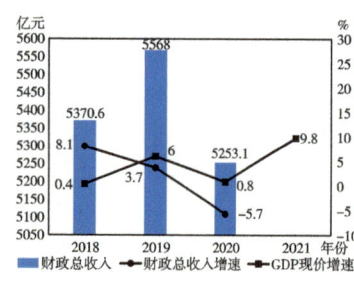

图6-6 2018—2021年辽宁省财政总收入及增速

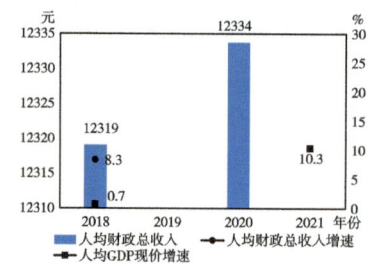

图6-7 2018—2021年辽宁省人均财政总收入及增速

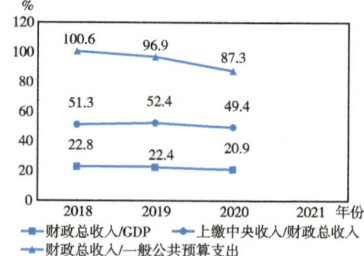

图6-8 2018—2021年辽宁省财政总收入相关指标

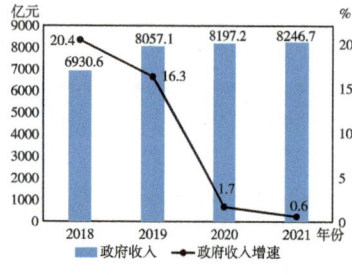

图6-9 2018—2021年辽宁省政府收入及增速

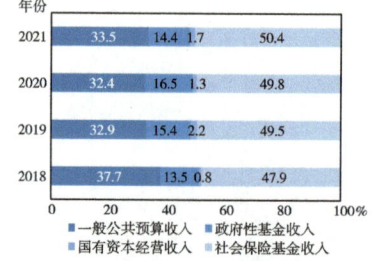

图6-10 2018—2021年辽宁省政府收入结构

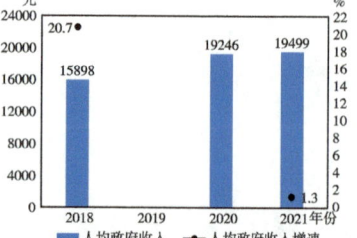

图6-11 2018—2021年辽宁省人均政府收入及增速

6.1.3 辽宁省一般公共预算收入情况

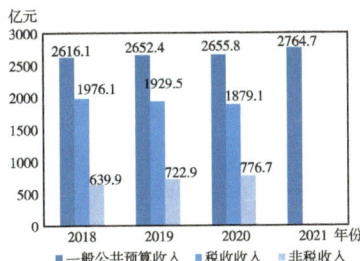

图6-12 2018—2021年辽宁省一般公共预算收入

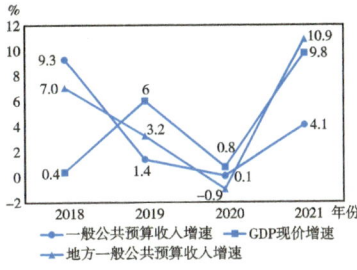

图6-13 2018—2021年辽宁省一般公共预算收入增速

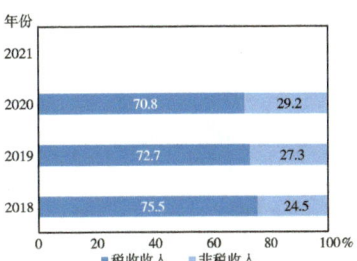

图6-14 2018—2021年辽宁省一般公共预算收入结构

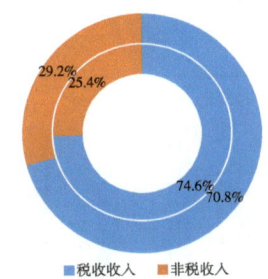

图6-15 2020年一般公共预算收入结构对比（内环为地方，外环为辽宁省）

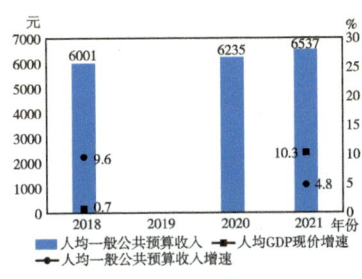

图6-16 2018—2021年辽宁省人均一般公共预算收入及增速

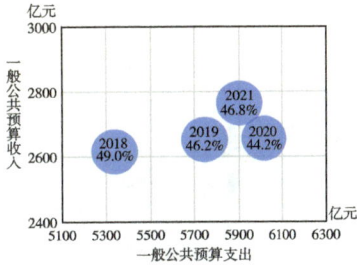

图6-17 2018—2021年辽宁省财政自给率

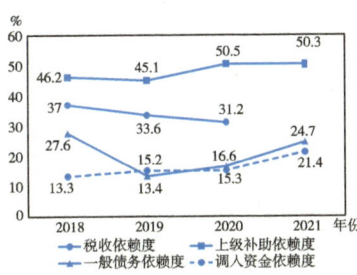

图6-18 2018—2021年辽宁省一般公共预算支出对各类收入的依赖度

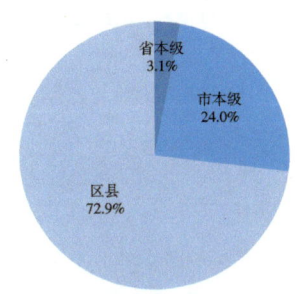

图6-19 2020年辽宁省市县三级政府一般公共预算收入分布

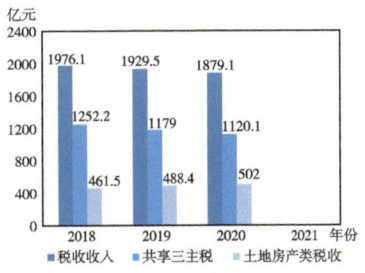

图6-20 2018—2021年辽宁省税收收入

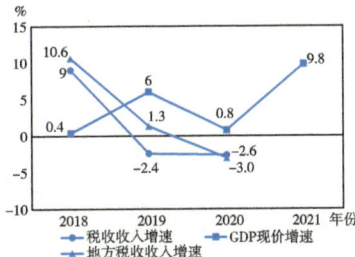

图6-21 2018—2021年辽宁省税收收入增速

注：2020年税收收入增速为−2.6%、地方税收收入增速−3.0%。

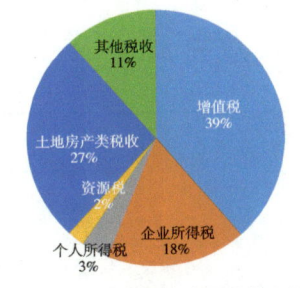

图6-22 2020年辽宁省税收收入结构

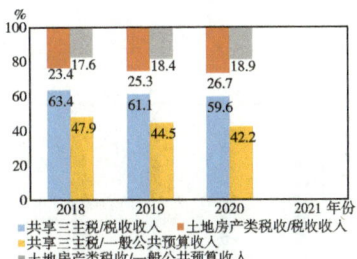

图6-23 2018—2021年辽宁省共享三主税、土地房产类税收占税收收入及一般公共预算收入的比重

图6-24 2018-2021年辽宁省非税收入

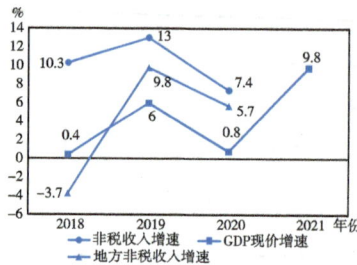

图6-25 2018-2021年辽宁省非税收入增速

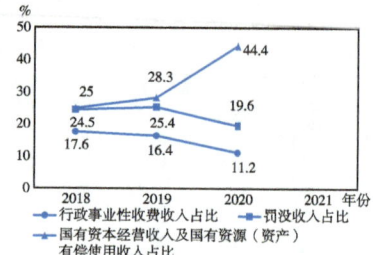

图6-26 2018-2021年辽宁省非税收入中各主要收入占比

注：2018年罚没收入占比为24.5%、国有资本经营收入及国有资源（资产）有偿使用收入占比为25%。

6.1.4 辽宁省政府性基金和国有资本经营收入情况

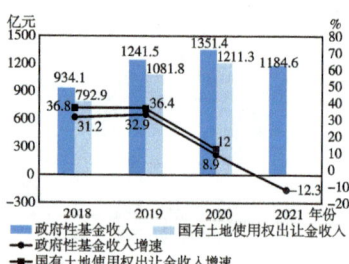

图6-27 2018-2021年辽宁省政府性基金收入及增速

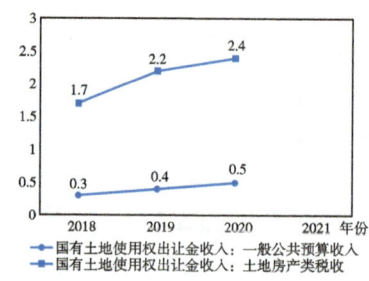

图6-28 2018-2021年辽宁省国有土地使用权出让金收入与一般公共预算收入对比关系

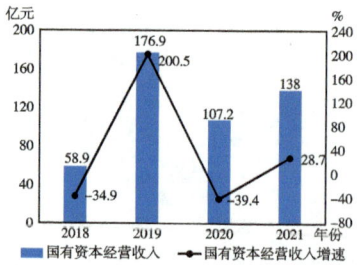

图6-29 2018-2021年辽宁省国有资本经营收入及增速

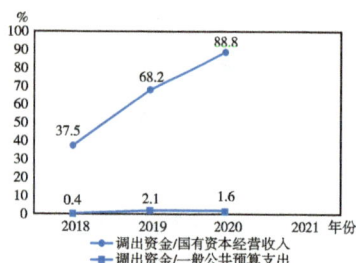

图6-30 2018-2021年辽宁省国有资本经营预算中调出资金相关指标

6.1.5 辽宁省社会保险基金收入情况

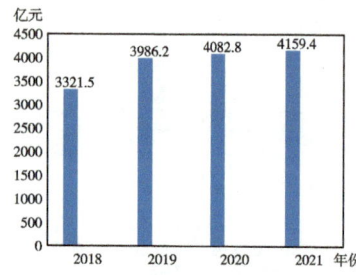

图6-31 2018-2021年辽宁省社会保险基金收入

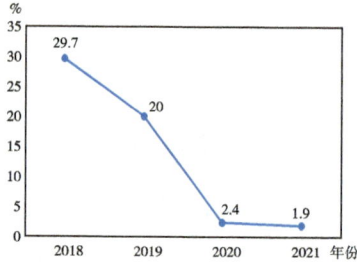

图6-32 2018-2021年辽宁省社会保险基金收入增速

6.1.6 辽宁省债务情况

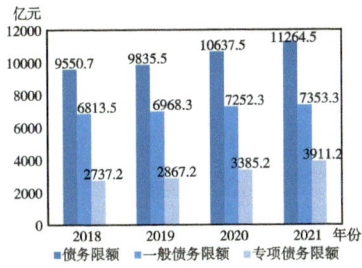

图6-33　2018-2021年辽宁省债务限额

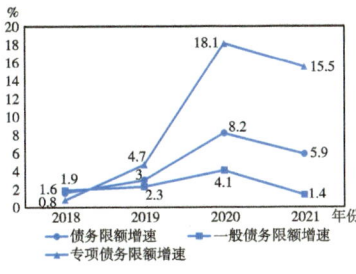

图6-34　2018-2021年辽宁省债务限额增速

注：2018年债务限额增速1.6%、一般债务限额增速1.9%。

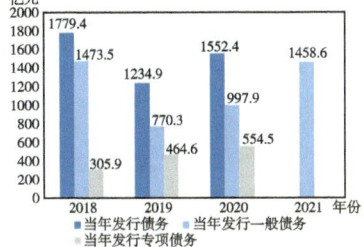

图6-35　2018-2021年辽宁省当年发行债务

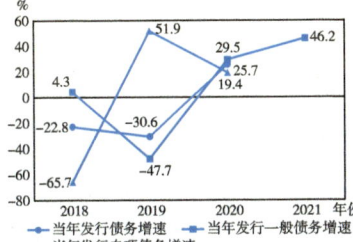

图6-36　2018-2021年辽宁省当年发行债务增速

注：2020年当年发行债务增速25.7%、当年发行一般债务增速29.5%。

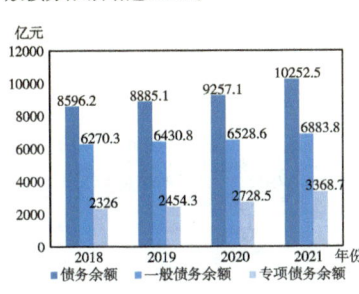

图6-37　2018-2021年辽宁省债务余额

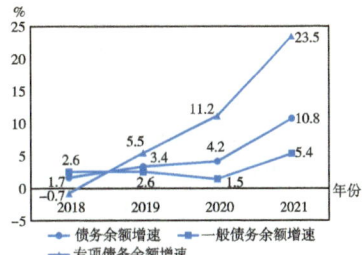

图6-38　2018-2021年辽宁省债务余额增速

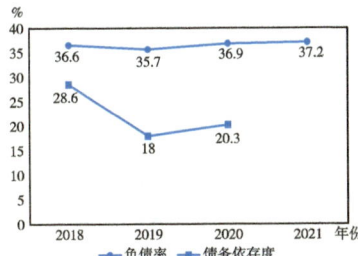

图6-39　2018-2021年辽宁省负债率和债务依存度

6.1.7 辽宁省省本级一般公共预算收入情况

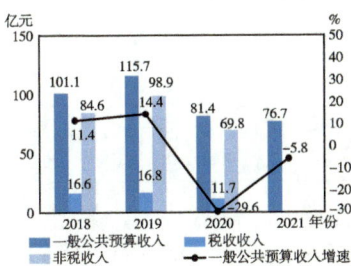

图6-40　2018-2021年辽宁省省本级一般公共预算收入及增速

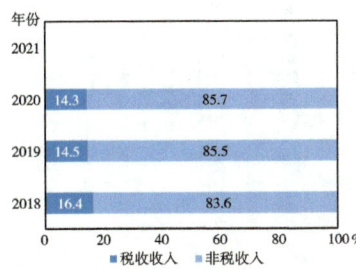

图6-41　2018-2021年辽宁省省本级一般公共预算收入结构

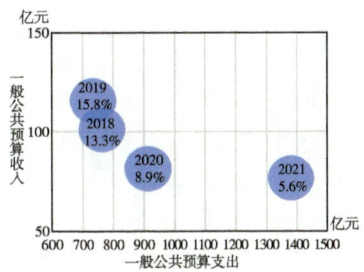

图6-42　2018-2021年辽宁省省本级财政自给率

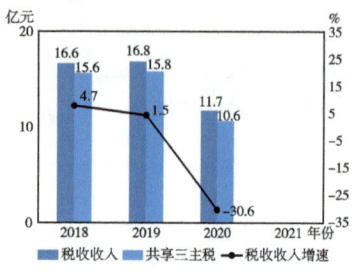

图6-43 2018—2021年辽宁省省本级税收收入及增速

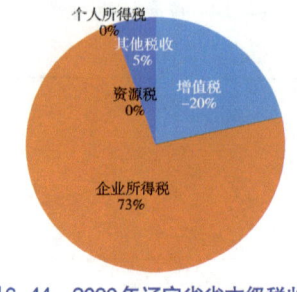

图6-44 2020年辽宁省省本级税收收入结构

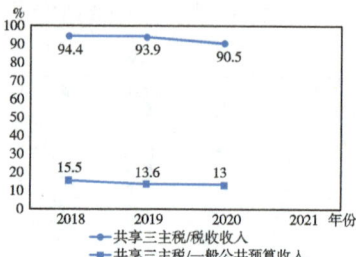

图6-45 2018—2021年辽宁省省本级共享三主税占税收收入及一般公共预算收入的比重

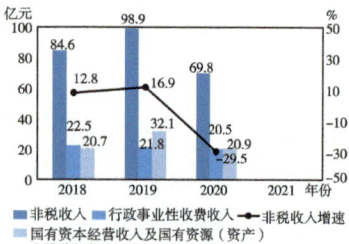

图6-46 2018—2021年辽宁省省本级非税收入及增速

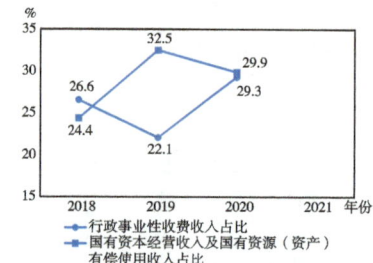

图6-47 2018—2021年辽宁省省本级非税收入中各主要收入占比

6.2 辽宁省各市政府收入主要特征分析

6.2.1 辽宁省各市经济社会发展情况

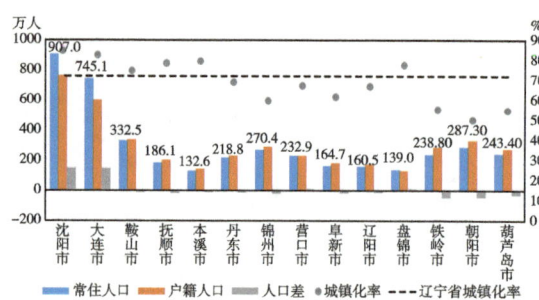

图6-48 2020年辽宁省各市人口状况

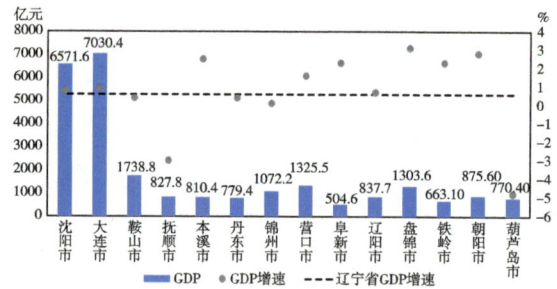

图6-49 2020年辽宁省各市GDP及增速

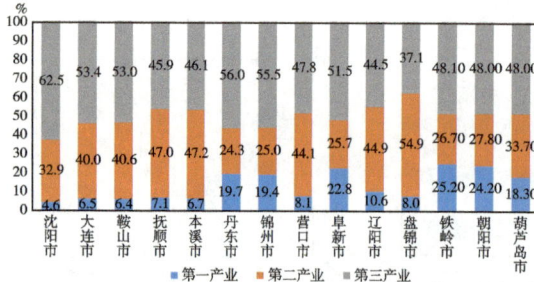

图6-50 2020年辽宁省各市三次产业结构

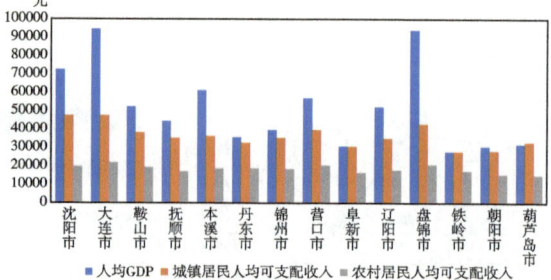

图6-51 2020年辽宁省各市人均GDP和人均可支配收入

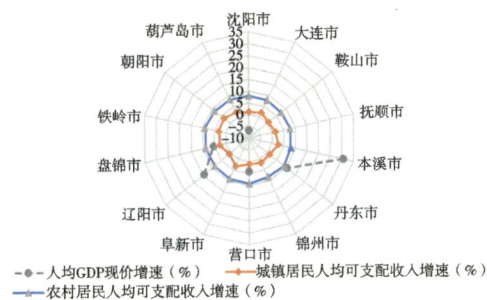

图6-52　2020年辽宁省各市人均GDP现价增速和人均可支配收入增速

6.2.2　辽宁省各市政府收入总体情况

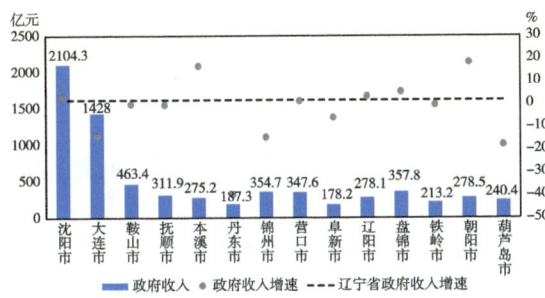

图6-53　2020年辽宁省各市政府收入及增速

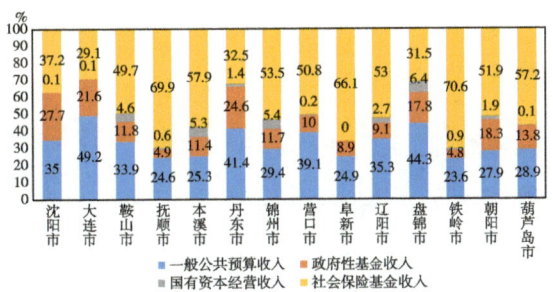

图6-54　2020年辽宁省各市政府收入结构

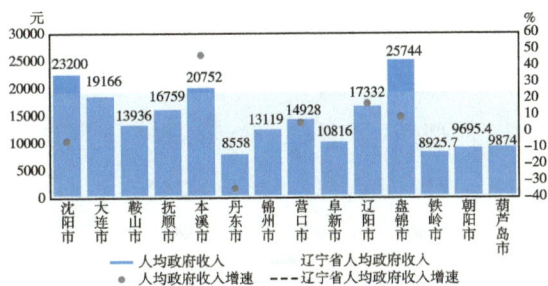

图6-55　2020年辽宁省各市人均政府收入及增速

6.2.3　辽宁省各市一般公共预算收入情况

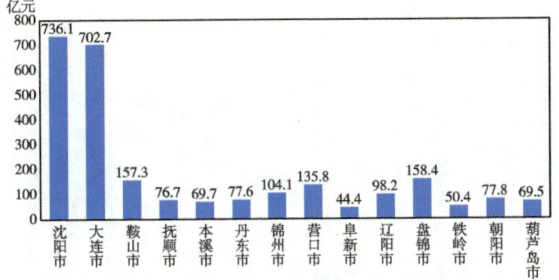

图6-56　2020年辽宁省各市一般公共预算收入

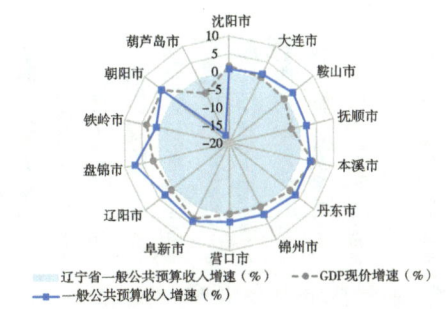

图6-57　2020年辽宁省各市一般公共预算收入增速

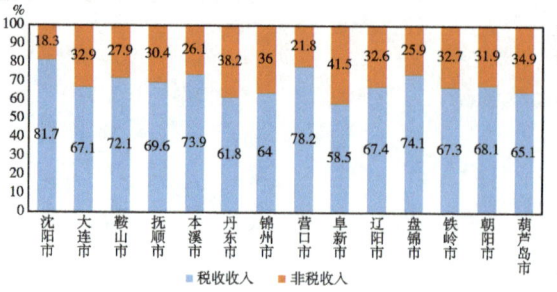

图6-58 2020年辽宁省各市一般公共预算收入结构

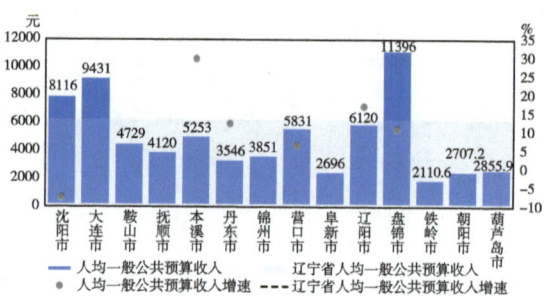

图6-59 2020年辽宁省各市人均一般公共预算收入及增速

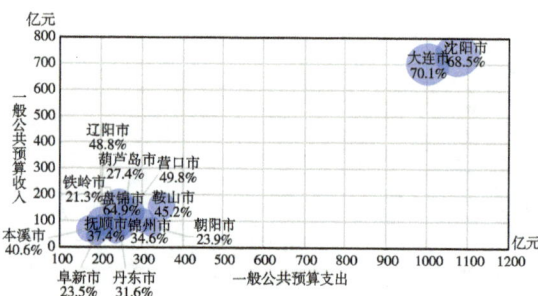

图6-60 2020年辽宁省各市财政自给率

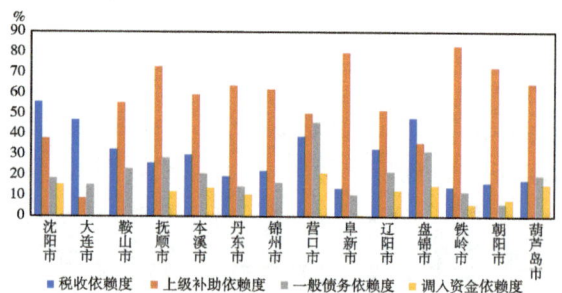

图6-61 2020年辽宁省各市一般公共预算支出对各类收入的依赖度

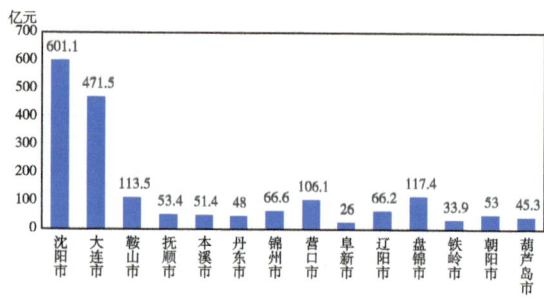

图6-62 2020年辽宁省各市税收收入

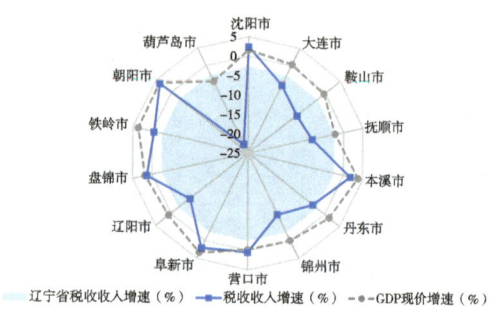

图6-63 2020年辽宁省各市税收收入增速

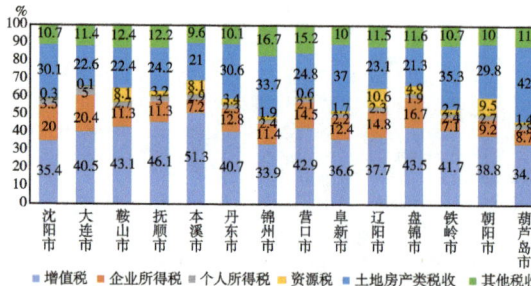

图6-64 2020年辽宁省各市税收收入结构

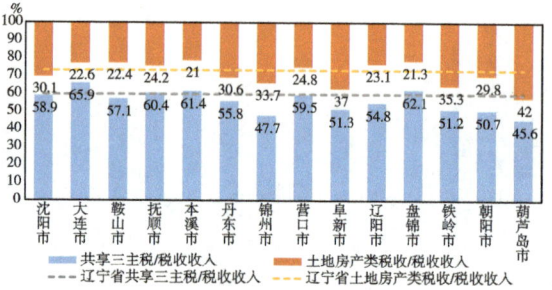

图6-65 2020年辽宁省各市共享三主税、土地房产类税收占税收收入的比重

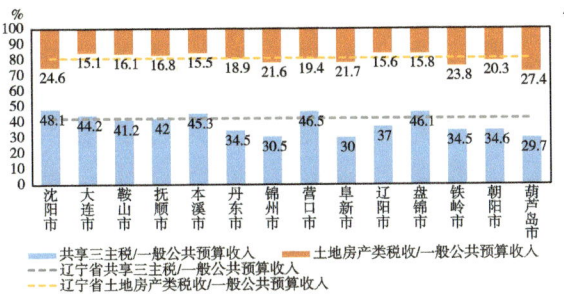

图6-66　2020年辽宁省各市共享三主税、土地房产类税收占一般公共预算收入的比重

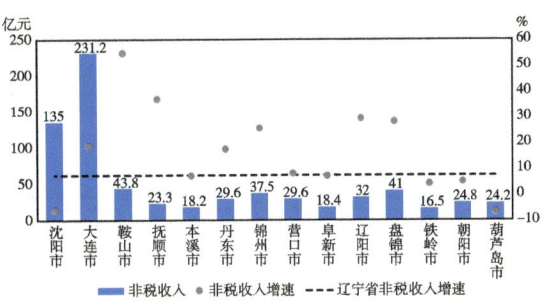

图6-67　2020年辽宁省各市非税收入及增速

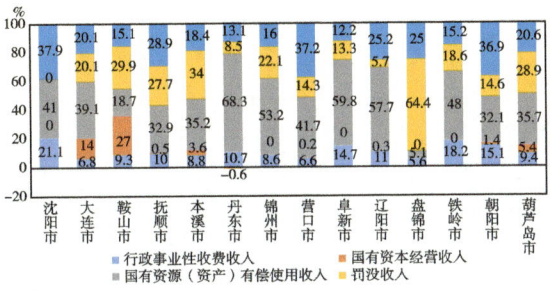

图6-68　2020年辽宁省各市非税收入结构

6.2.4　辽宁省各市政府性基金收入与国有资本经营收入情况

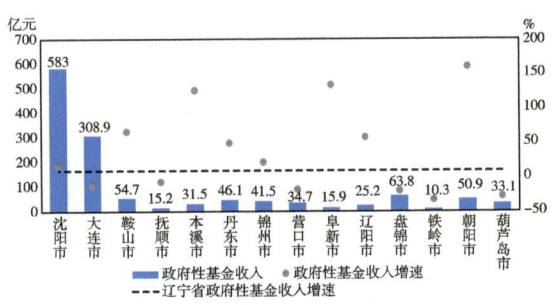

图6-69　2020年辽宁省各市政府性基金收入及增速

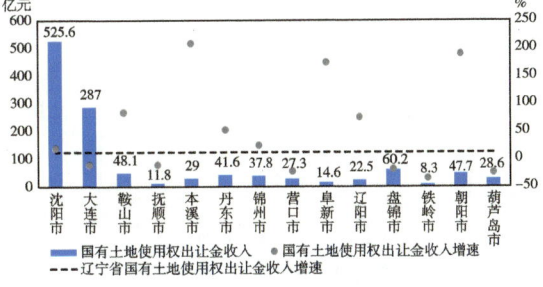

图6-70　2020年辽宁省各市国有土地使用权出让金收入及增速

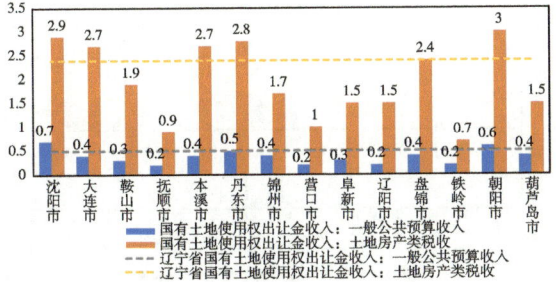

图6-71　2020年辽宁省各市国有土地使用权出让金收入与一般公共预算收入对比关系

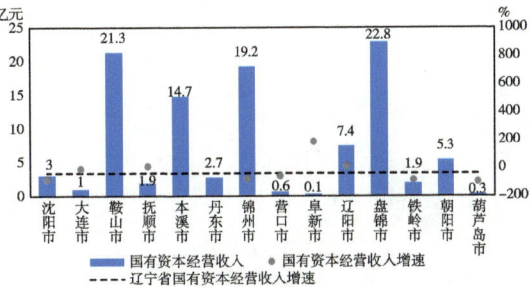

图6-72　2020年辽宁省各市国有资本经营收入及增速

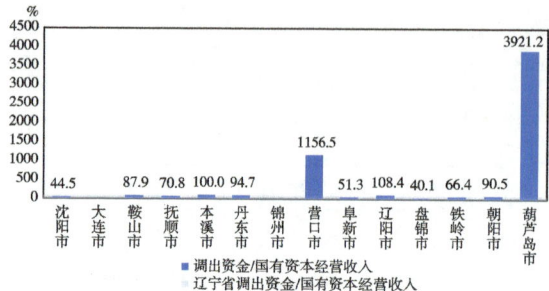

图6-73　2020年辽宁省各市调出资金与国有资本经营收入对比关系

6.2.5　辽宁省各市社会保险基金收入情况

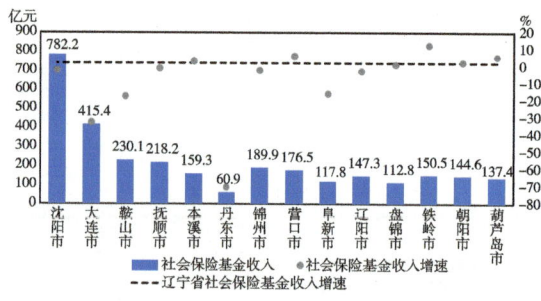

图6-74　2020年辽宁省各市社会保险基金收入及增速

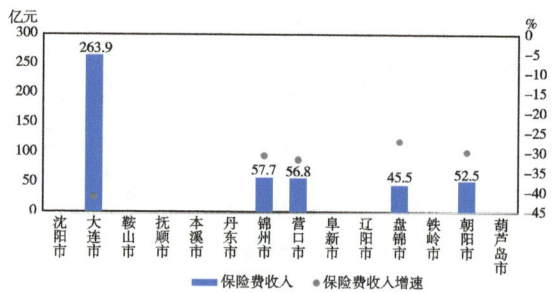

图6-75　2020年辽宁省各市保险费收入及增速

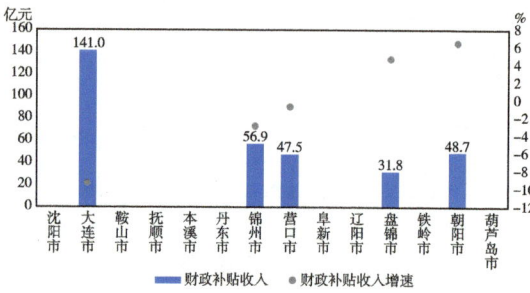

图6-76　2020年辽宁省各市财政补贴收入及增速

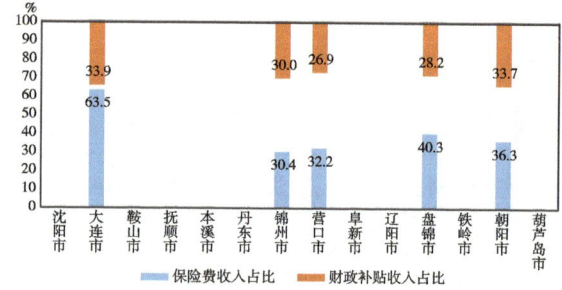

图6-77　2020年辽宁省各市保险费收入、财政补贴收入占社会保险基金收入的比重

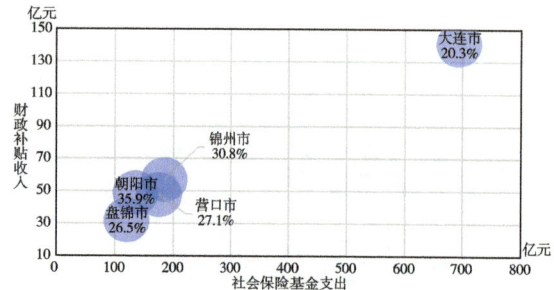

图6-78　2020年辽宁省各市社会保险基金支出对财政补贴的依赖度

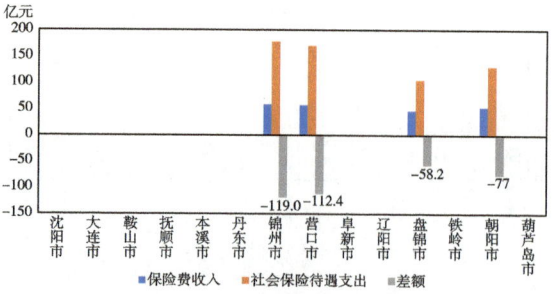

图6-79　2020年辽宁省各市保险费收入、社会保险待遇支出及差额

6.2.6 辽宁省各市债务情况

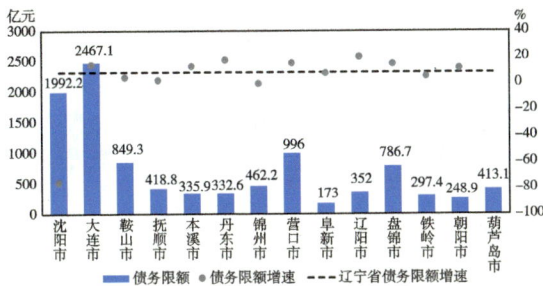

图6-80　2020年辽宁省各市债务限额及增速

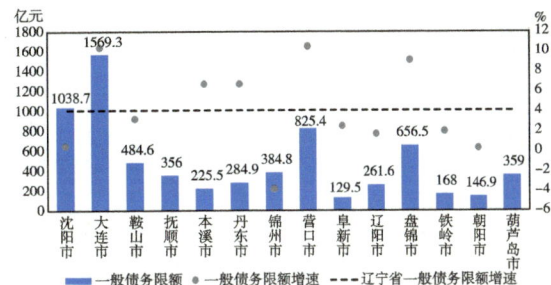

图6-81　2020年辽宁省各市一般债务限额及增速

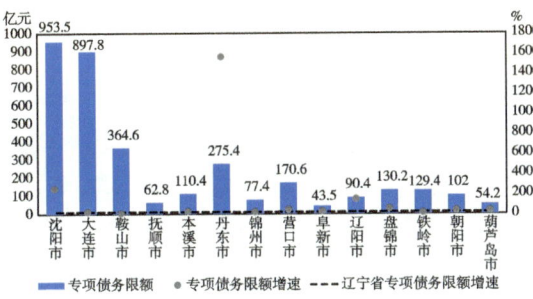

图6-82　2020年辽宁省各市专项债务限额及增速

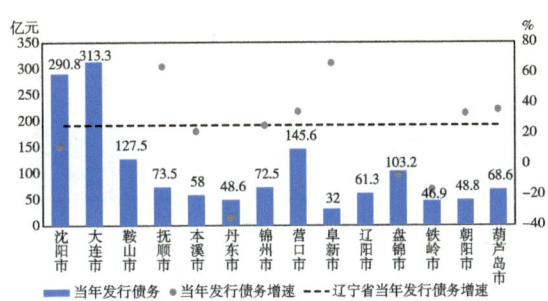

图6-83　2020年辽宁省各市当年发行债务及增速

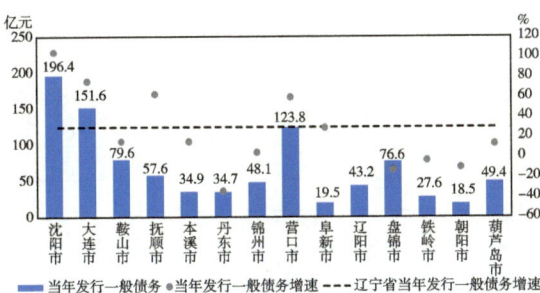

图6-84　2020年辽宁省各市当年发行一般债务及增速

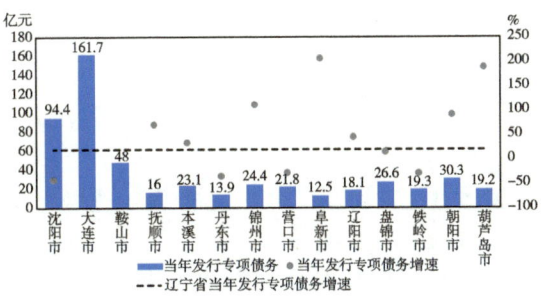

图6-85　2020年辽宁省各市当年发行专项债务及增速

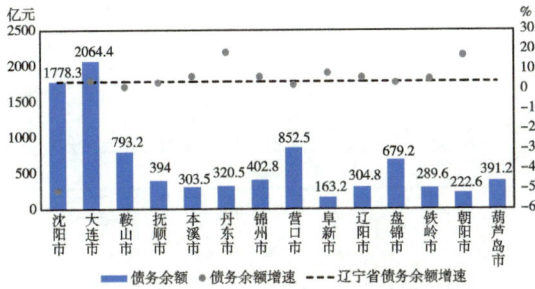

图6-86　2020年辽宁省各市债务余额及增速

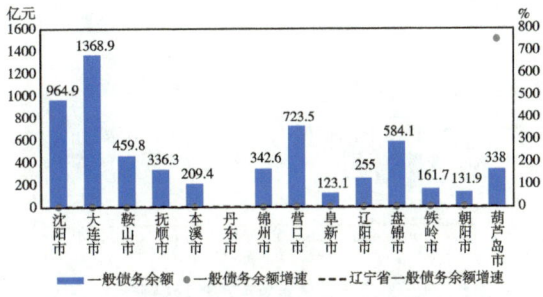

图6-87　2020年辽宁省各市一般债务余额及增速

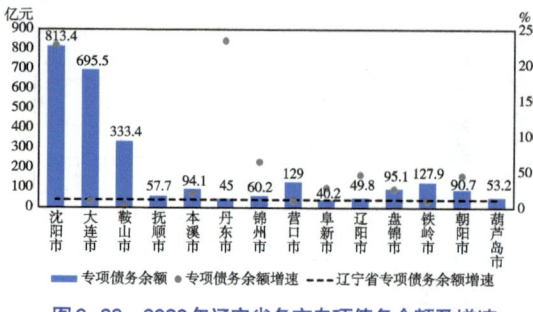

图6-88　2020年辽宁省各市专项债务余额及增速

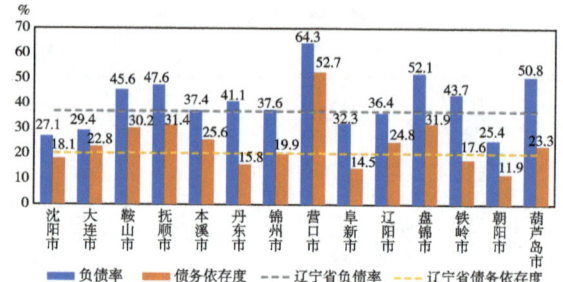

图6-89　2020年辽宁省各市负债率和债务依存度

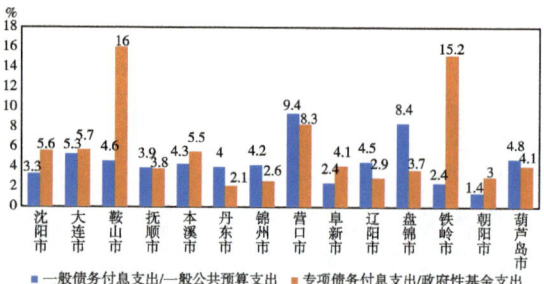

图6-90　2020年辽宁省各市债务付息支出相关指标

6.2.7　辽宁省各市市本级一般公共预算收入情况

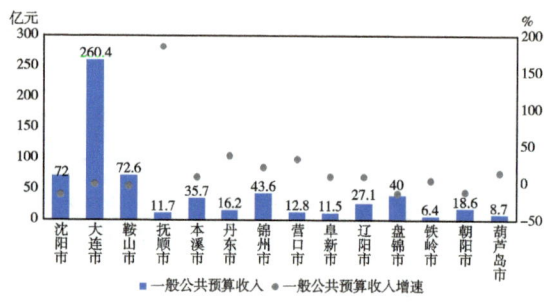

图6-91　2020年辽宁省各市市本级一般公共预算收入及增速

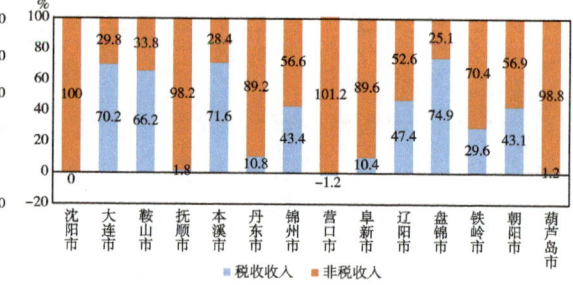

图6-92　2020年辽宁省各市市本级一般公共预算收入结构

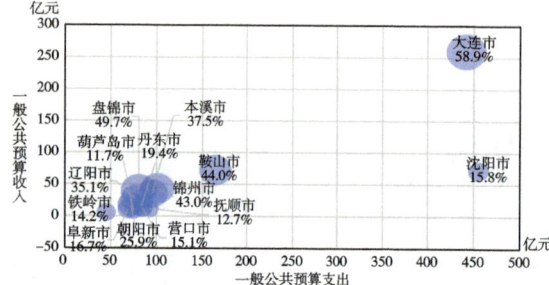

图6-93　2020年辽宁省各市市本级财政自给率

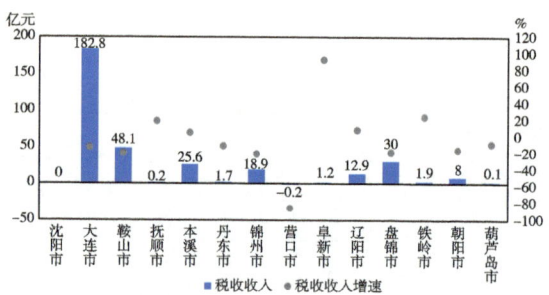

图6-94　2020年辽宁省各市市本级税收收入及增速

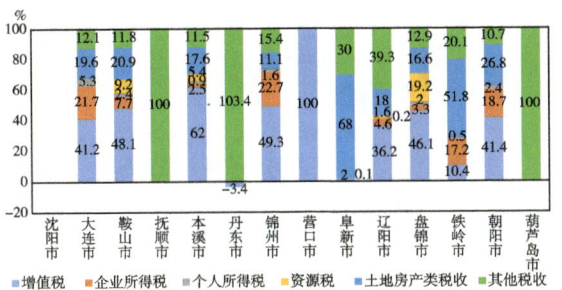

图6-95　2020年辽宁省各市市本级税收收入结构

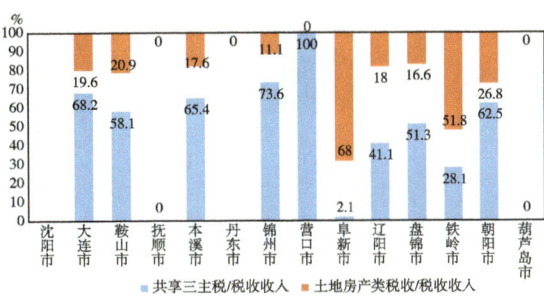

图6-96　2020年辽宁省各市市本级共享三主税、土地房产类税收占税收收入的比重

注：丹东市共享三主税占税收收入的比重为-3.4%。

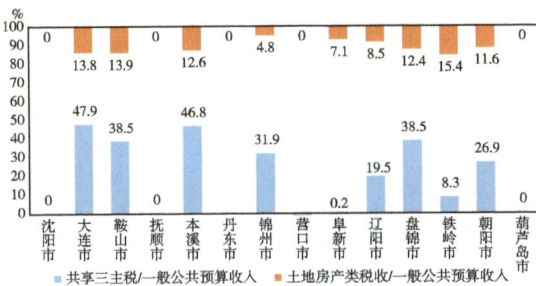

图6-97　2020年辽宁省各市市本级共享三主税、土地房产类税收占一般公共预算收入的比重

注：丹东市和营口市共享三主税占一般公共预算收入的比重分别为-0.4%和-1.2%。

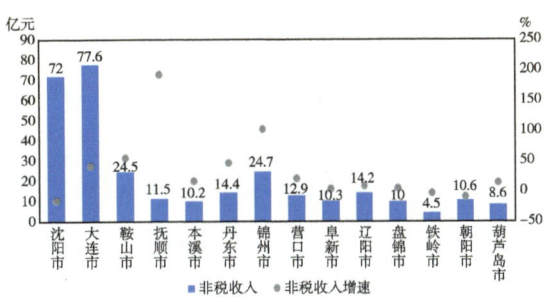

图6-98　2020年辽宁省各市市本级非税收入及增速

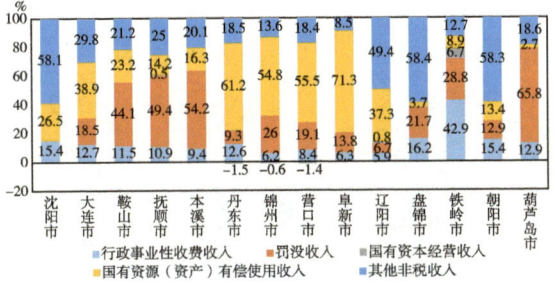

图6-99　2020年辽宁省各市市本级非税收入结构

6.3　辽宁省样本县政府收入主要特征分析

6.3.1　辽宁省样本县经济社会发展情况

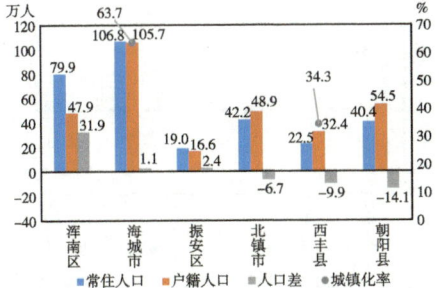

图6-100　2020年辽宁省样本县人口状况

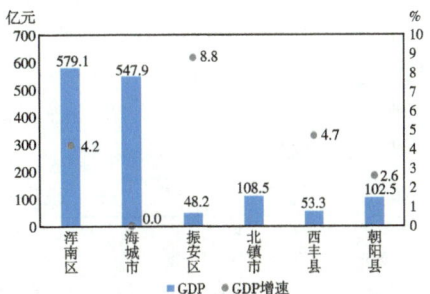

图6-101　2020年辽宁省样本县GDP及增速

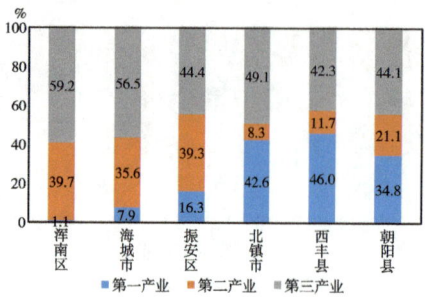

图6-102 2020年辽宁省样本县三次产业结构

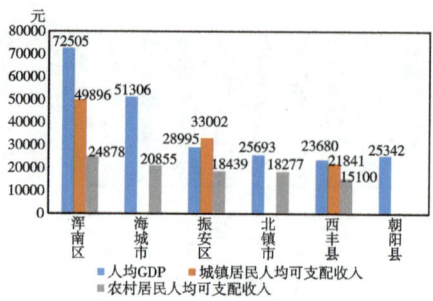

图6-103 2020年辽宁省样本县人均GDP和人均可支配收入

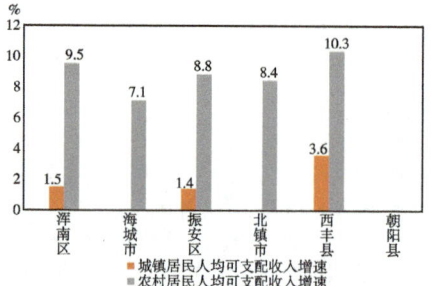

图6-104 2020年辽宁省样本县人均可支配收入增速

6.3.2 辽宁省样本县政府收入总体情况

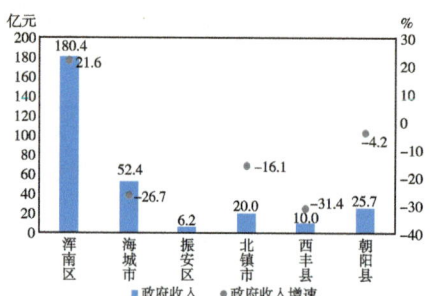

图6-105 2020年辽宁省样本县政府收入及增速

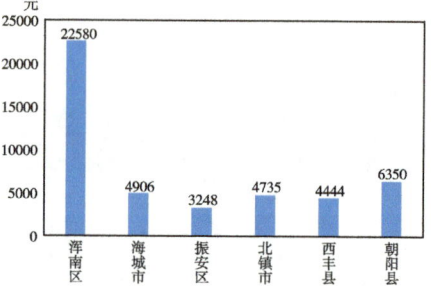

图6-106 2020年辽宁省样本县人均政府收入

6.3.3 辽宁省样本县一般公共预算收入情况

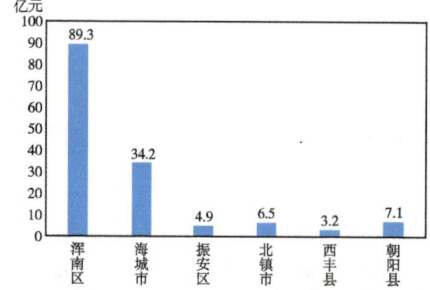

图6-107 2020年辽宁省样本县一般公共预算收入

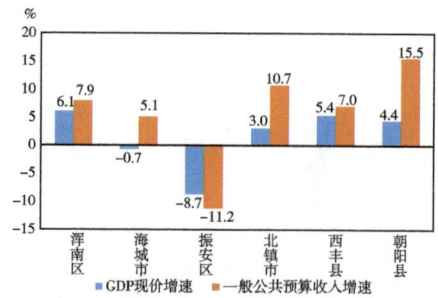

图6-108 2020年辽宁省样本县一般公共预算收入增速

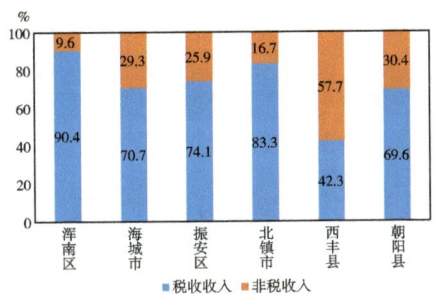

图6-109　2020年辽宁省样本县一般公共预算收入结构

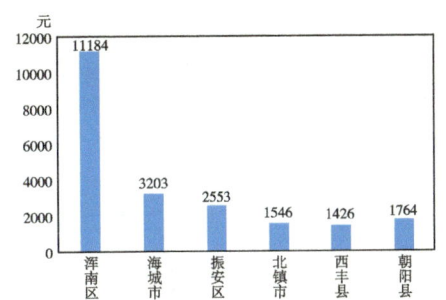

图6-110　2020年辽宁省样本县人均一般公共预算收入

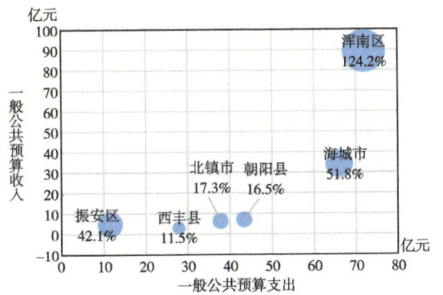

图6-111　2020年辽宁省样本县财政自给率

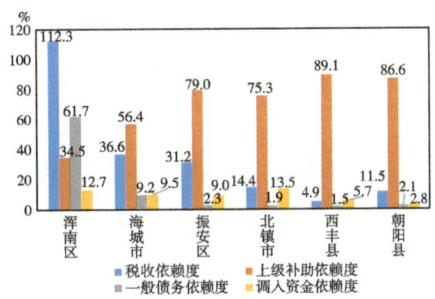

图6-112　2020年辽宁省样本县一般公共预算支出对各类收入的依赖度

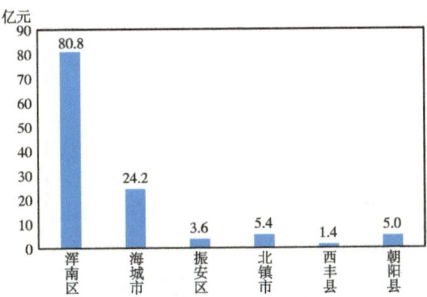

图6-113　2020年辽宁省样本县税收收入

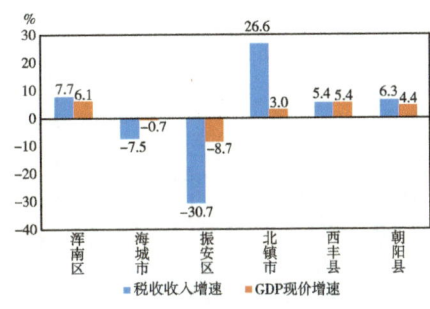

图6-114　2020年辽宁省样本县税收收入增速

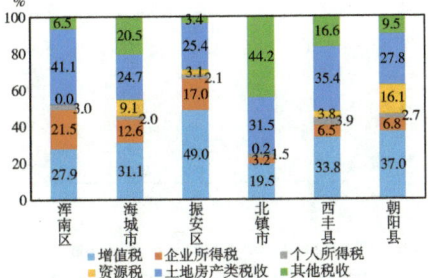

图6-115　2020年辽宁省样本县税收收入结构

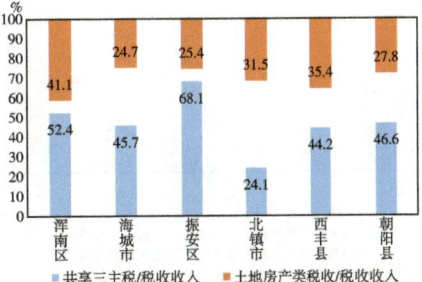

图6-116　2020年辽宁省样本县共享三主税、土地房产类税收占税收收入的比重

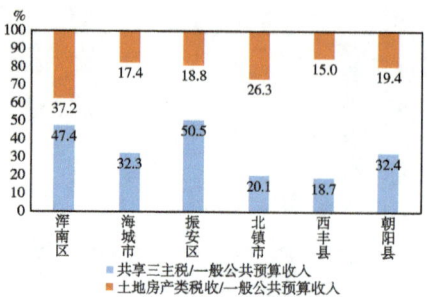

图6-117 2020年辽宁省样本县共享三主税、土地房产类税收占一般公共预算收入的比重

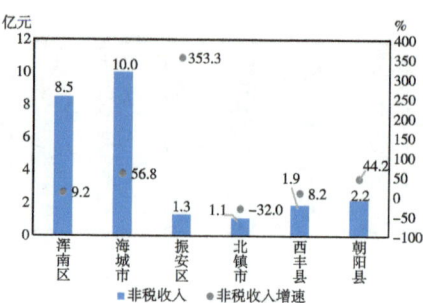

图6-118 2020年辽宁省样本县非税收入及增速

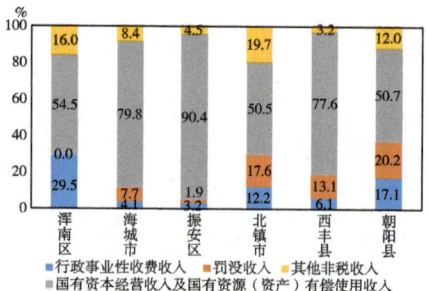

图6-119 2020年辽宁省样本县非税收入结构

6.3.4 辽宁省样本县政府性基金收入与国有资本经营收入情况

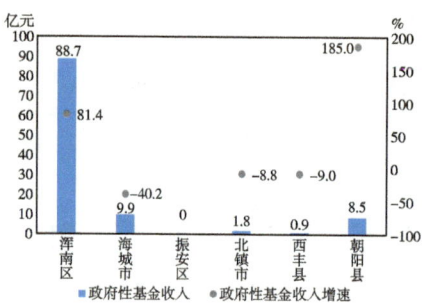

图6-120 2020年辽宁省样本县政府性基金收入及增速

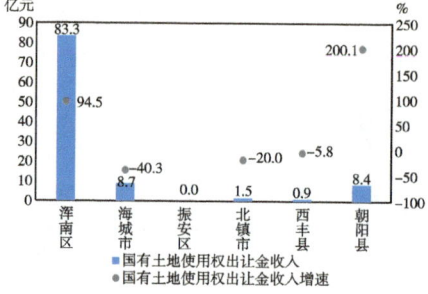

图6-121 2020年辽宁省样本县国有土地使用权出让金收入及增速

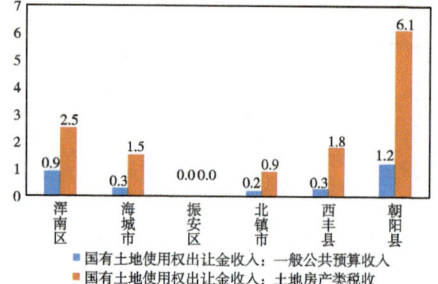

图6-122 2020年辽宁省样本县国有土地使用权出让金收入与一般公共预算收入对比关系

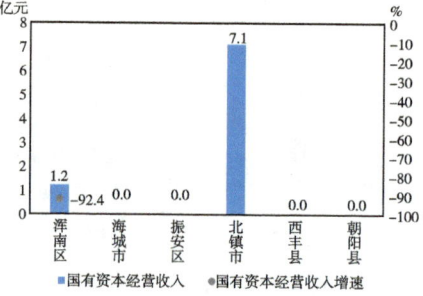

图6-123 2020年辽宁省样本县国有资本经营收入及增速

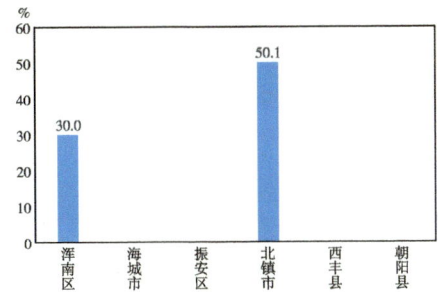

图6-124 2020年辽宁省样本县调出资金与国有资本经营收入对比关系

6.3.5 辽宁省样本县社会保险基金收入情况

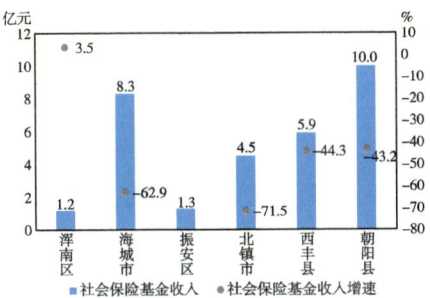

图6-125 2020年辽宁省样本县社会保险基金收入及增速

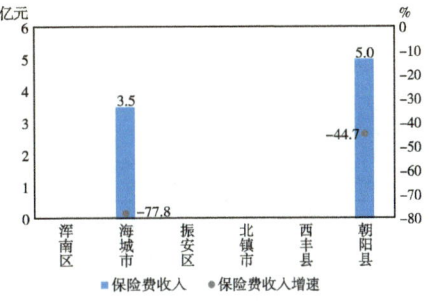

图6-126 2020年辽宁省样本县保险费收入及增速

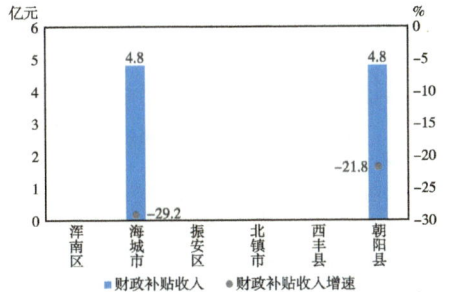

图6-127 2020年辽宁省样本县财政补贴收入及增速

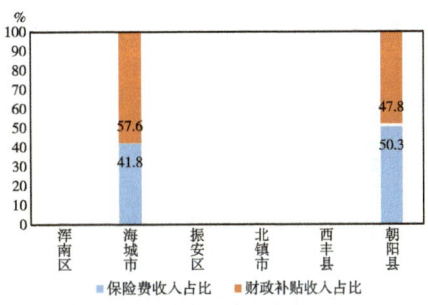

图6-128 2020年辽宁省样本县保险费收入、财政补贴收入占社会保险基金收入的比重

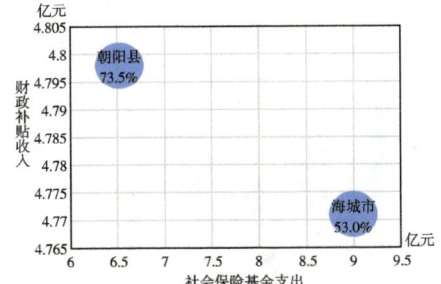

图6-129 2020年辽宁省样本县社会保险基金支出对财政补贴的依赖度

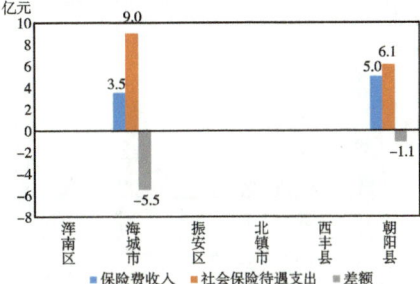

图6-130 2020年辽宁省样本县保险费收入、社会保险待遇支出及差额

6.3.6 辽宁省样本县债务情况

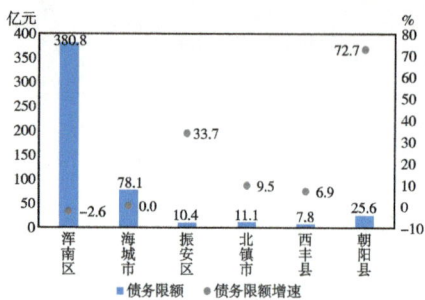

图6-131　2020年辽宁省样本县债务限额及增速

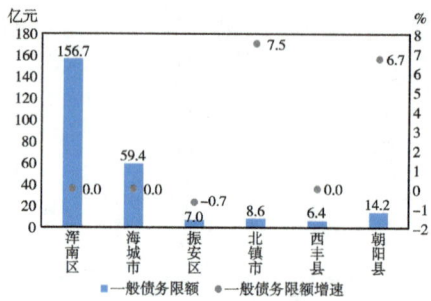

图6-132　2020年辽宁省样本县一般债务限额及增速

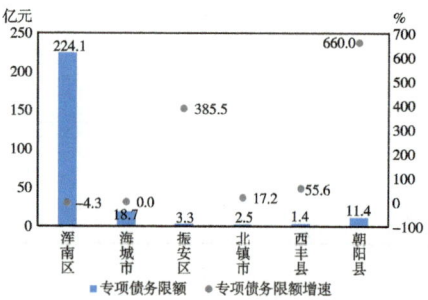

图6-133　2020年辽宁省样本县专项债务限额及增速

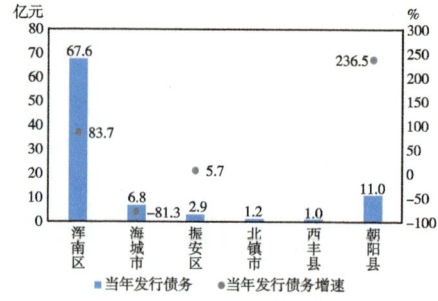

图6-134　2020年辽宁省样本县当年发行债务及增速

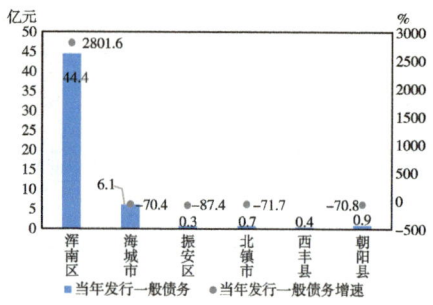

图6-135　2020年辽宁省样本县当年发行一般债务及增速

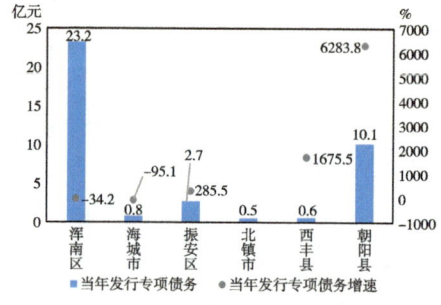

图6-136　2020年辽宁省样本县当年发行专项债务及增速

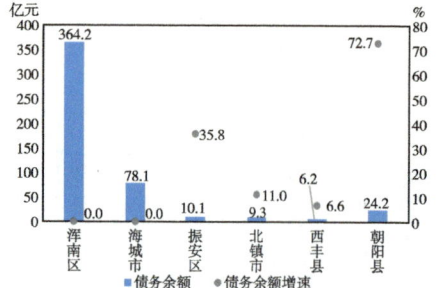

图6-137　2020年辽宁省样本县债务余额及增速

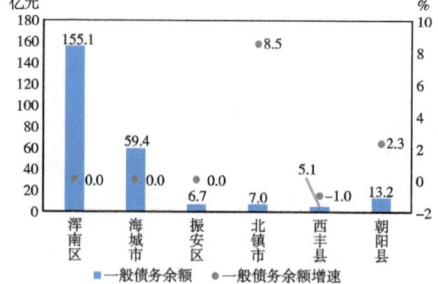

图6-138　2020年辽宁省样本县一般债务余额及增速

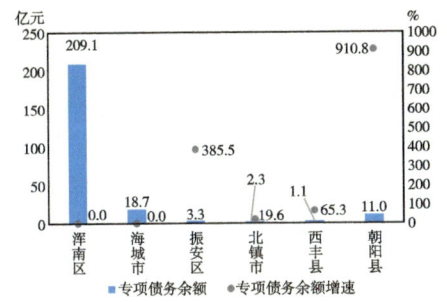

图6-139　2020年辽宁省样本县专项债务余额及增速

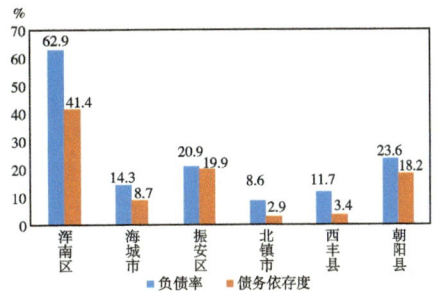

图6-140　2020年辽宁省样本县负债率和债务依存度

7 吉林省

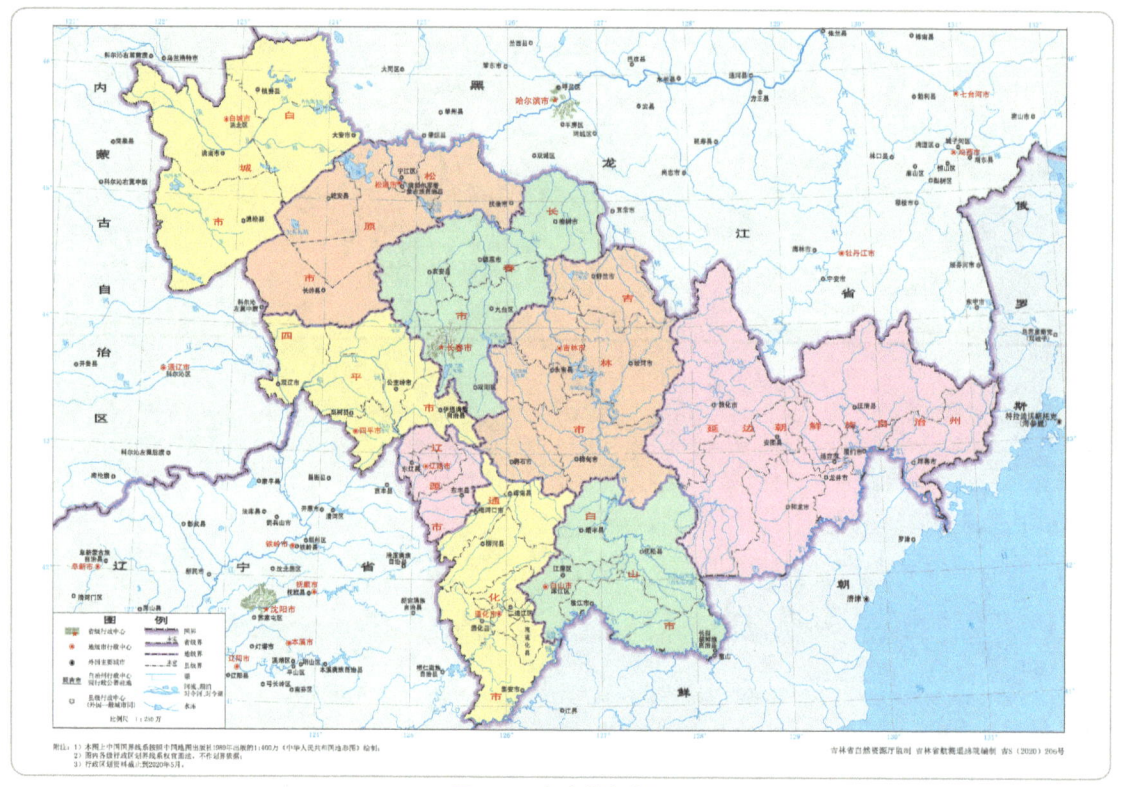

图 2020年吉林省地图

资料来源：自然资源部的标准地图服务系统网站。
注：审图号为吉S（2020）206号。

本章执笔人：郭宝棋　审校：陈莹莹

专栏7-1　2021年吉林省行政区划

　　长春市：朝阳区、南关区、宽城区、二道区、绿园区、双阳区、九台区、公主岭市、榆树市、农安县、德惠市

　　吉林市：昌邑区、龙潭区、船营区、丰满区、蛟河市、桦甸市、舒兰市、磐石市、永吉县

　　四平市：铁西区、铁东区、双辽市、梨树县、伊通满族自治县

　　辽源市：龙山区、西安区、东丰县、东辽县

　　通化市：东昌区、二道江区、梅河口市、集安市、通化县、辉南县、**柳河县**

　　白山市：浑江区、江源区、临江市、**抚松县**、靖宇县、长白朝鲜族自治县

　　松原市：宁江区、扶余市、前郭尔罗斯蒙古族自治县、**长岭县**、乾安县

　　白城市：洮北区、洮南市、大安市、镇赉县、通榆县

　　延边朝鲜族自治州：延吉市、图们市、敦化市、珲春市、龙井市、和龙市、汪清县、安图县

　　长白山保护开发区管理委员会

　　本书选取柳河县、抚松县、长岭县为样本县。

　　吉林省现辖1个副省级城市、7个地级市、1个自治州、60个县（市、区）和长白山保护开发区管理委员会（详见专栏7-1）；地处中国东北地区中部，幅员面积18.74万平方公里。省会长春市，是全省政治、经济、科教、文化、金融和交通中心，是著名的"汽车城""电影城""科教文化城""森林城"和"雕塑城"。吉林省具有老工业基地振兴优势，加工制造业比较发达，汽车、石化、食品、装备制造、医药健康为五大重点产业，尤其是汽车、高铁制造在国内处于领先水平；吉林省是国家重要的商品粮生产基地，地处享誉世界的"黄金玉米带"和"黄金水稻带"，人均粮食占有量、粮食商品率、粮食调出量及玉米出口量连续多年居全国首位。

　　2021年吉林省经济总量处于全国靠后位置，城镇化率低于全国。 2021年末，吉林省常住人口2375.4万人，常住人口城镇化率为63.4%（低于全国水平1.3个百分点）。2021年吉林GDP达到1.3万亿元，低于黑龙江、天津，高于甘肃、海南；增速6.6%，比2020年提高4.2个百分点，低于全国1.5个百分点；人均GDP为55719.7元（折8637.1美元）。从产业结构看，第一、第二、第三产业占比分别为11.7%（高于全国4.4个百分点）、36.0%（低于全国3.4个百分点）和52.3%（低于全国1.0个百分点）。从居民可支配收入看，2021年城镇与农村居民人均可支配收入分别为35646元和17642元，呈上升态势，分别为全国平均水平的75.2%和93.2%。

　　2021年吉林省一般公共预算收入在全国排名靠后，省市县中市本级与区县政府收入占比大致相当，省本级收入最少。 2021年吉林省一般公共预算收入1143.9亿元，排全国第26名，增速5.4%；人均一般公共预算收入为4815.7元。其中，近四年吉林省税收收入占一般公共预算收入的总体略有下降，2021年为70.7%，低于全国平均水平14.6个百分点。从纵向收入分配看，2020年省本级、市本级、县一般公共预算收入占比分别为26%、36%和38%。

2021年吉林省四本预算合计中社会保险基金预算收入占比最高，社保对财政补贴的依赖度较高。2021年吉林省四本预算加总的政府收入3776.1亿元，其中一般公共预算收入、政府性基金预算收入、国有资本经营预算收入和社会保险基金预算收入分别占比30.3%、24.9%、0.2%和44.6%。2021年吉林省社保基金预算收入1685.1亿元，其中社会保险缴费收入为995.4亿元；财政补贴收入规模为639.0亿元，社保支出对财政依赖度达到37.9%。

吉林省内各地市经济社会发展和财政发展不均衡，优势主要集中于省会长春。长春市2020年GDP规模为6638.0亿元，是省内GDP平均值的4.9倍。2020年长春市一般公共预算收入为440.4亿元，是辽源市的41.5倍，因此从吉林省内部来讲，预算收入较为集中且城市间差异较大。吉林省内各市财政自给率差异明显，长春市自给率达到40.6%，领跑全省财政自给状况，松原市、通化市财政自给率分别为34.6%、20.9%，其余城市的自给率均处于10%—20%之间。财政自给率最低的白山市仅为11.5%，自给率最高的长春市是白山市的3.5倍。政府性基金收入主要构成是国有土地使用权出让收入，各地差距较大，收入规模最大的长春市（714.8亿元）为规模最小的通化市（5.6亿元）的135.1倍。

7.1 吉林省政府收入主要特征分析

7.1.1 吉林省经济社会基本情况

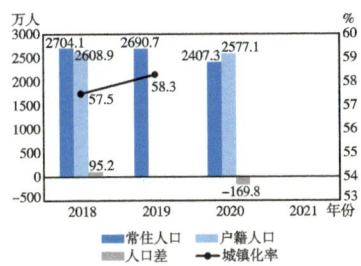

图7-1 2018—2021年吉林省人口状况

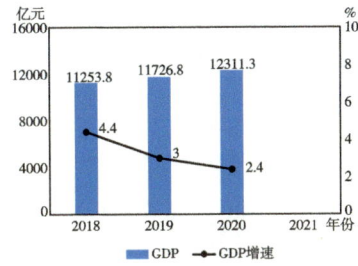

图7-2 2018—2021年吉林省GDP及增速

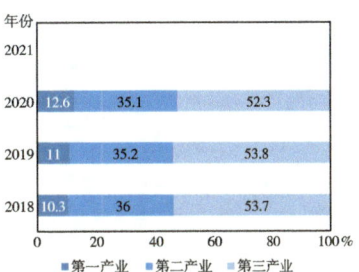

图7-3 2018—2021年吉林省三次产业结构

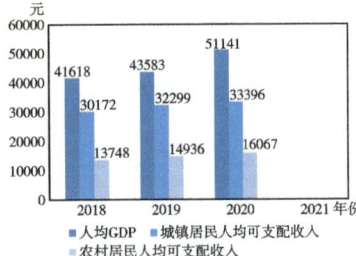

图7-4 2018—2021年吉林省人均GDP和人均可支配收入

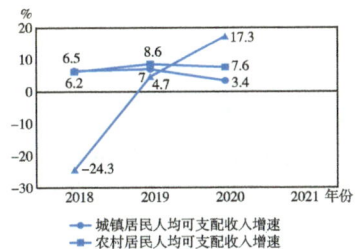

图7-5 2018—2021年吉林省人均GDP现价增速和人均可支配收入增速

7.1.2 吉林省政府收入总体情况

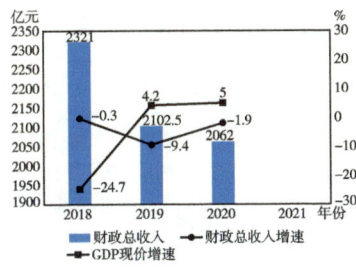

图7-6 2018—2021年吉林省财政总收入及增速

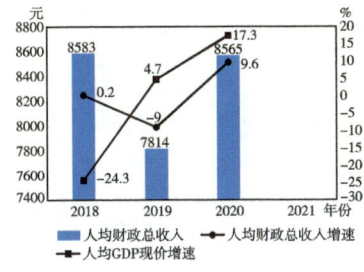

图7-7 2018—2021年吉林省人均财政总收入及增速

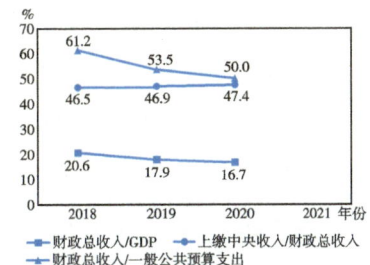

图7-8 2018—2021年吉林省财政总收入相关指标

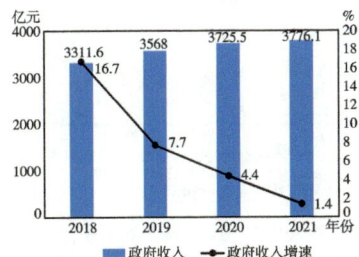

图7-9 2018—2021年吉林省政府收入及增速

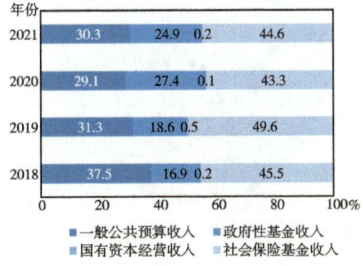

图7-10 2018—2021年吉林省政府收入结构

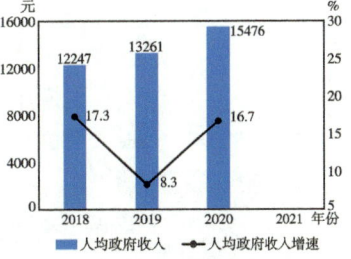

图7-11 2018—2021年吉林省人均政府收入及增速

7.1.3 吉林省一般公共预算收入情况

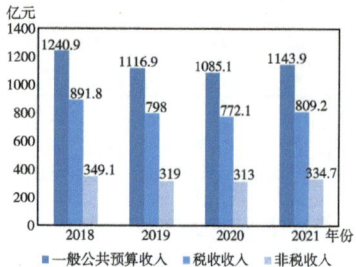

图7-12 2018—2021年吉林省一般公共预算收入

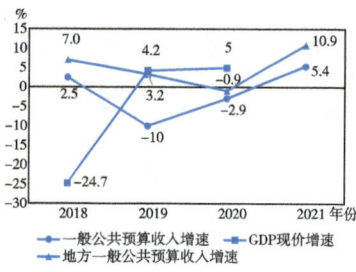

图7-13 2018—2021年吉林省一般公共预算收入增速

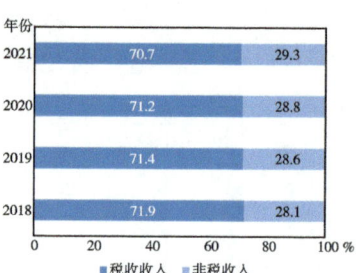

图7-14 2018—2021年吉林省一般公共预算收入结构

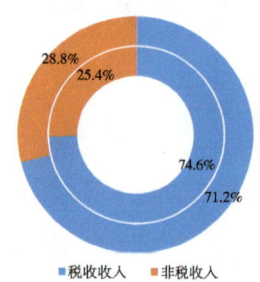

图7-15 2020年一般公共预算收入结构对比（内环为地方，外环为吉林省）

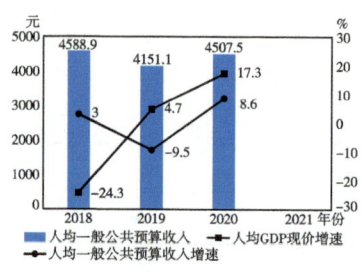

图7-16 2018—2021年吉林省人均一般公共预算收入及增速

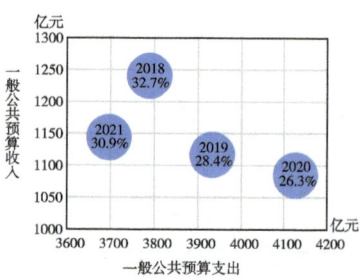

图7-17 2018—2021年吉林省财政自给率

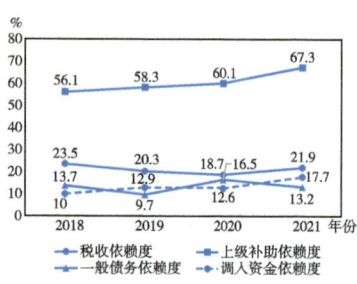

图7-18 2018—2021年吉林省一般公共预算支出对各类收入的依赖度

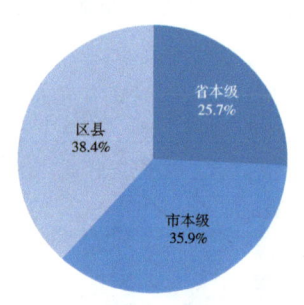

图7-19 2020年吉林省市县三级政府一般公共预算收入分布

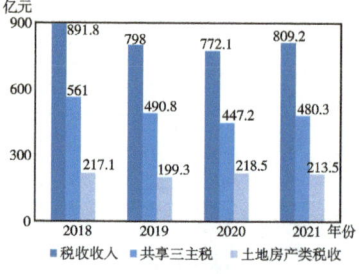

图7-20 2018—2021年吉林省税收收入

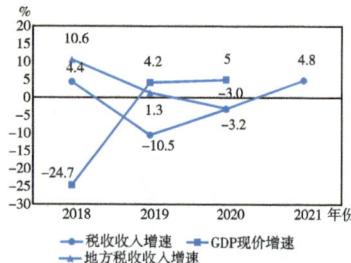

图7-21 2018—2021年吉林省税收收入增速

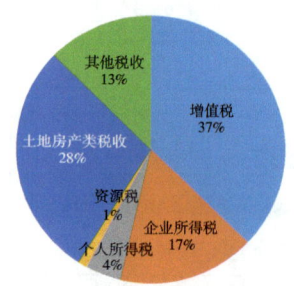

图7-22 2020年吉林省税收收入结构

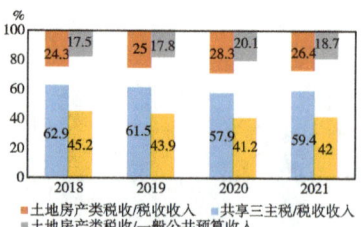

图7-23 2018—2021年吉林省共享三主税、土地房产类税收占税收收入及一般公共预算收入的比重

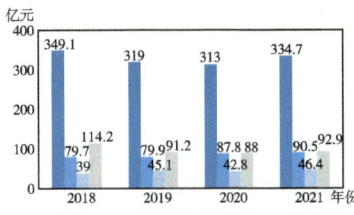

图 7-24　2018-2021 年吉林省非税收入

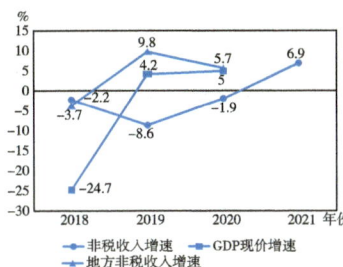

图 7-25　2018-2021 年吉林省非税收入增速

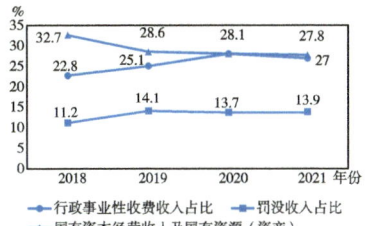

图 7-26　2018-2021 年吉林省非税收入中各主要收入占比

7.1.4　吉林省政府性基金和国有资本经营收入情况

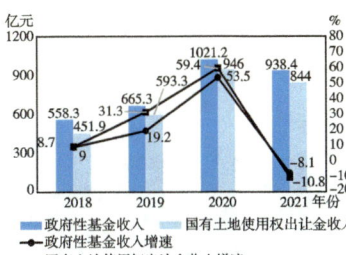

图 7-27　2018-2021 年吉林省政府性基金收入及增速

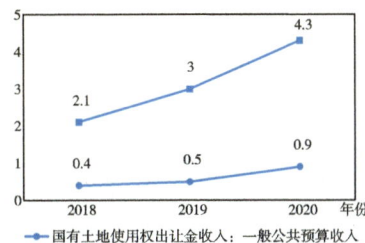

图 7-28　2018-2021 年吉林省国有土地使用权出让金收入与一般公共预算收入对比关系

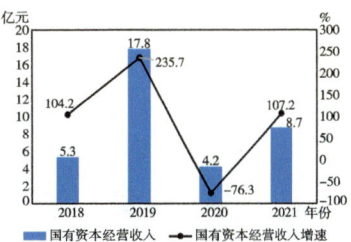

图 7-29　2018-2021 年吉林省国有资本经营收入及增速

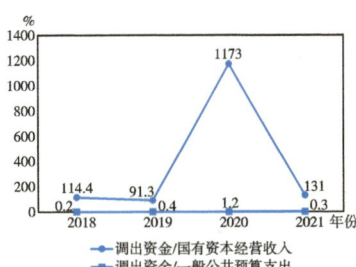

图 7-30　2018-2021 年吉林省国有资本经营预算中调出资金相关指标

7.1.5　吉林省社会保险基金收入情况

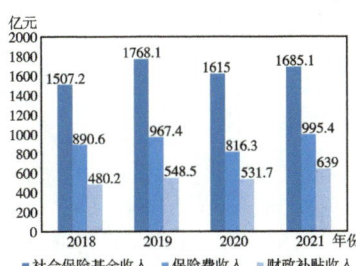

图 7-31　2018-2021 年吉林省社会保险基金收入

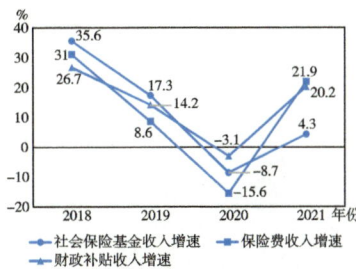

图 7-32　2018-2021 年吉林省社会保险基金收入增速

图 7-33　2018-2021 年吉林省保险费收入、财政补贴收入占社会保险基金收入的比重

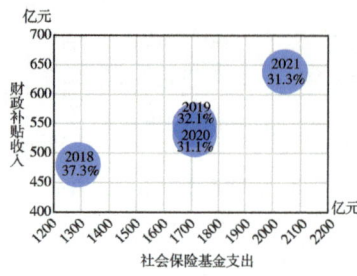

图7-34　2018—2021年吉林省社会保险基金支出对财政补贴的依赖度

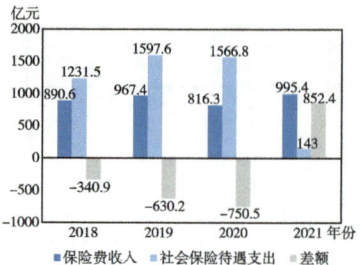

图7-35　2018—2021年吉林省保险费收入、社会保险待遇支出及差额

7.1.6　吉林省债务情况

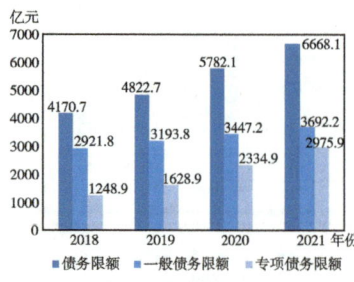

图7-36　2018—2021年吉林省债务限额

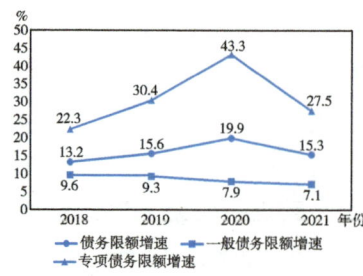

图7-37　2018—2021年吉林省债务限额增速

图7-38　2018—2021年吉林省当年发行债务

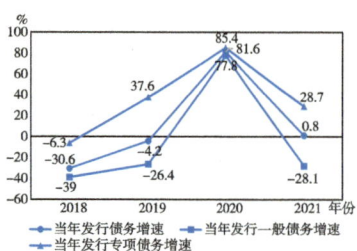

图7-39　2018—2021年吉林省当年发行债务增速

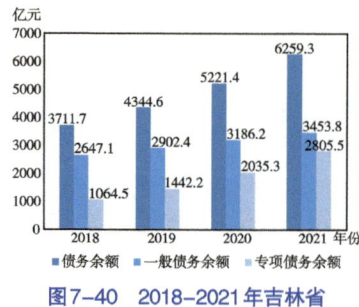

图7-40　2018—2021年吉林省债务余额

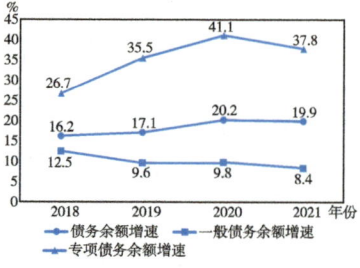

图7-41　2018—2021年吉林省债务余额增速

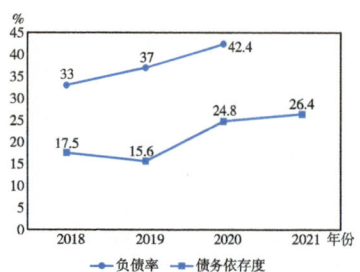

图7-42　2018—2021年吉林省负债率和债务依存度

7.1.7 吉林省省本级一般公共预算收入情况

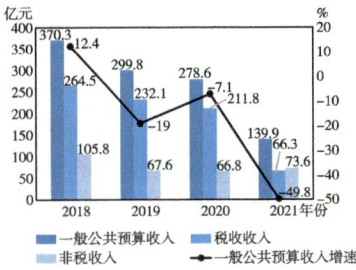

图7-43 2018—2021年吉林省省本级一般公共预算收入及增速

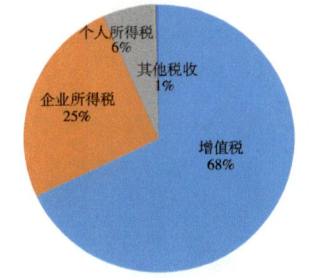

图7-44 2018—2021年吉林省省本级一般公共预算收入结构

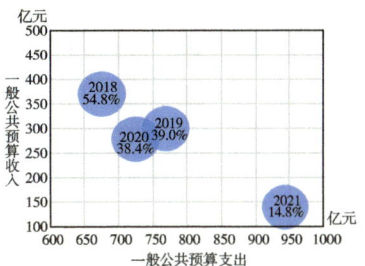

图7-45 2018—2021年吉林省本级财政自给率

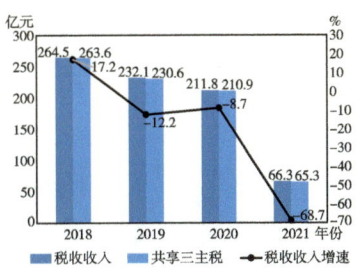

图7-46 2018—2021年吉林省省本级税收收入及增速

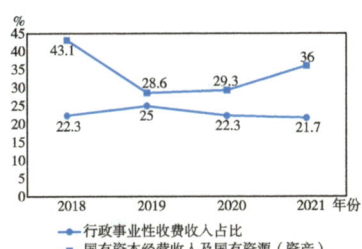

图7-47 2020年吉林省省本级税收收入结构

图7-48 2018—2021年吉林省本级共享三主税占税收收入及一般公共预算收入的比重

图7-49 2018—2021年吉林省省本级非税收入及增速

图7-50 2018—2021年吉林省省本级非税收入中各主要收入占比

7.2 吉林省各市政府收入主要特征分析

7.2.1 吉林省各市经济社会发展情况

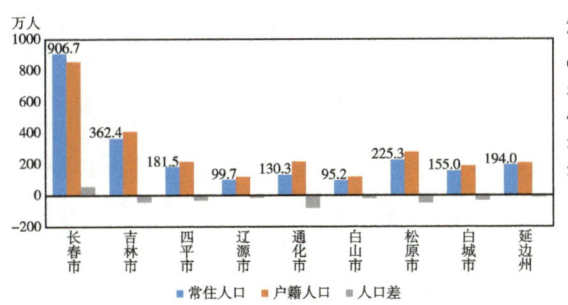

图7-51 2020年吉林省各市人口状况

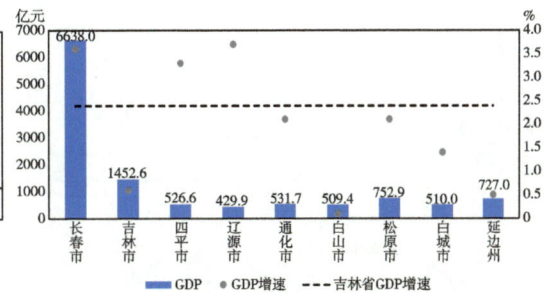

图7-52 2020年吉林省各市GDP及增速

333

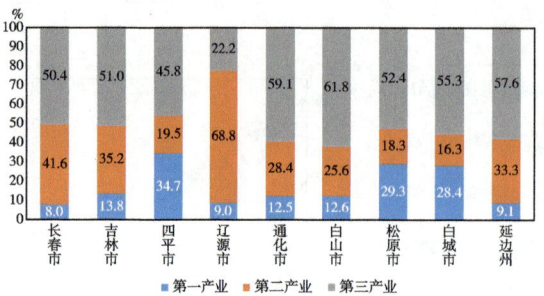

图7-53　2020年吉林省各市三次产业结构

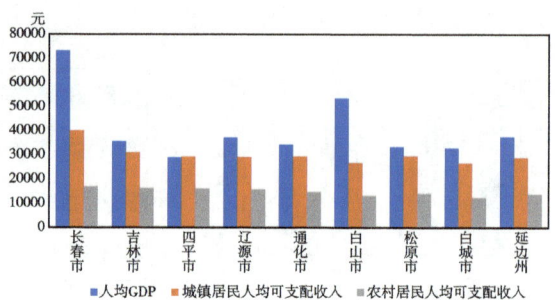

图7-54　2020年吉林省各市人均GDP和人均可支配收入

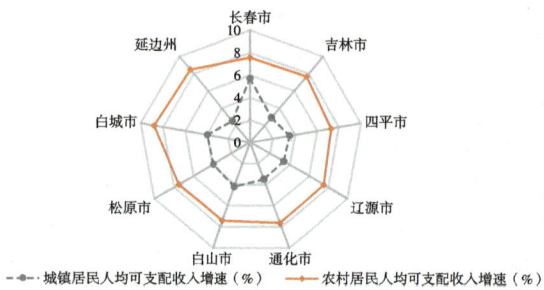

图7-55　2020年吉林省各市人均GDP现价增速和人均可支配收入增速

7.2.2　吉林省各市政府收入总体情况

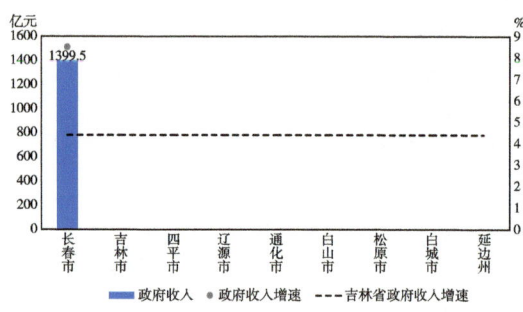

图7-56　2020年吉林省各市政府收入及增速

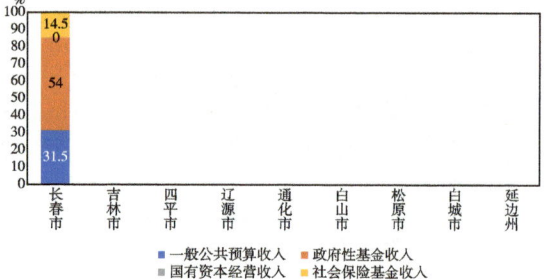

图7-57　2020年吉林省各市政府收入结构

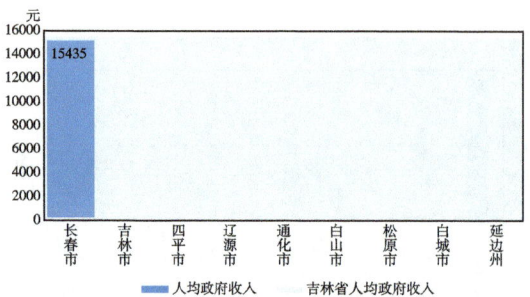

图7-58　2020年吉林省各市人均政府收入

7.2.3 吉林省各市一般公共预算收入情况

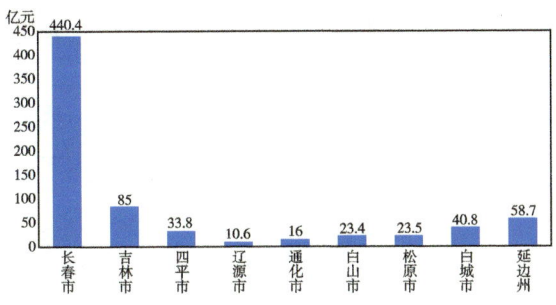

图7-59 2020年吉林省各市一般公共预算收入

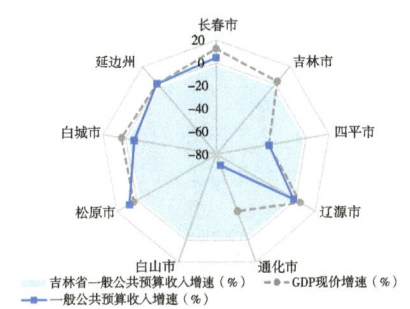

图7-60 2020年吉林省各市一般公共预算收入增速

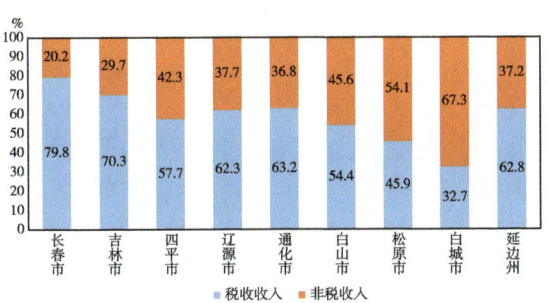

图7-61 2020年吉林省各市一般公共预算收入结构

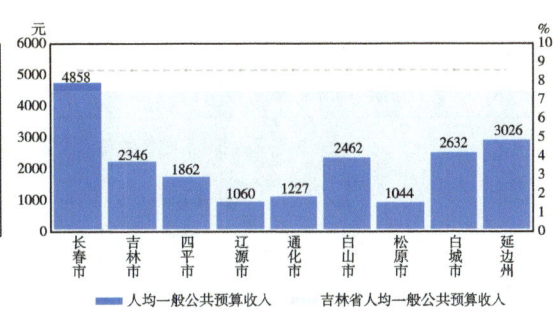

图7-62 2020年吉林省各市人均一般公共预算收入

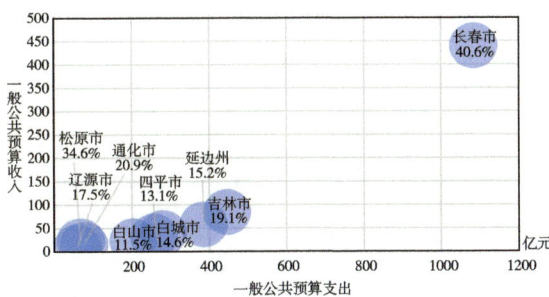

图7-63 2020年吉林省各市财政自给率

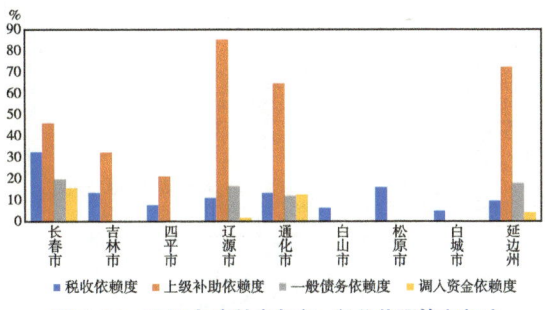

图7-64 2020年吉林省各市一般公共预算支出对各类收入的依赖度

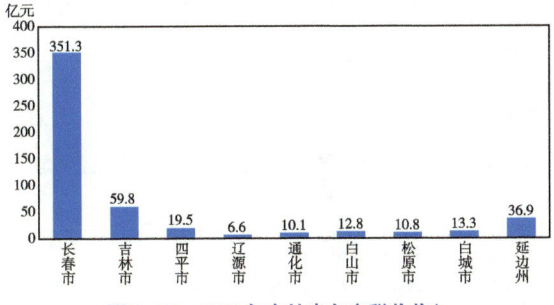

图7-65 2020年吉林省各市税收收入

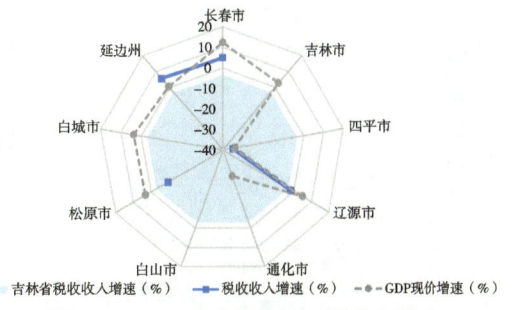

图7-66 2020年吉林省各市税收收入增速

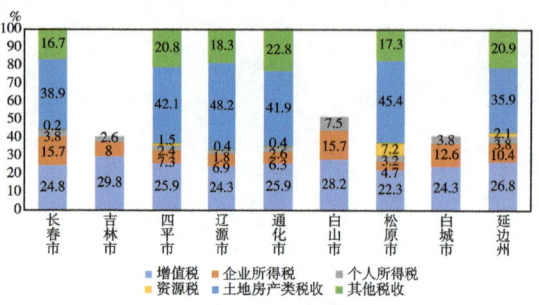

图7-67 2020年吉林省各市税收收入结构

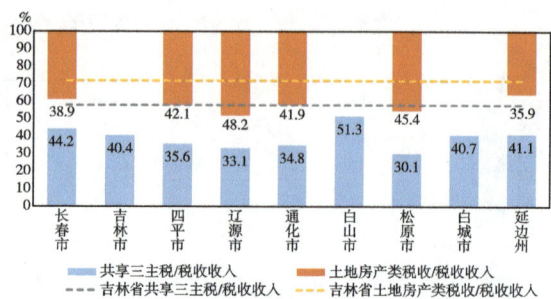

图7-68 2020年吉林省各市共享三主税、土地房产类税收占税收收入的比重

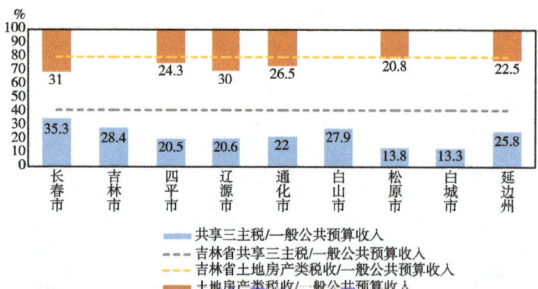

图7-69 2020年吉林省各市共享三主税、土地房产类税收占一般公共预算收入的比重

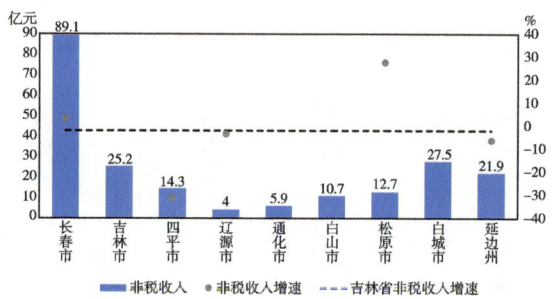

图7-70 2020年吉林省各市非税收入及增速

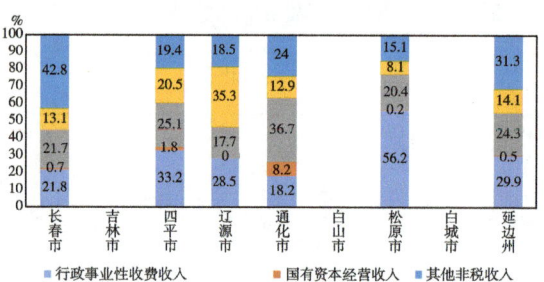

图7-71 2020年吉林省各市非税收入结构

7.2.4 吉林省各市政府性基金收入与国有资本经营收入情况

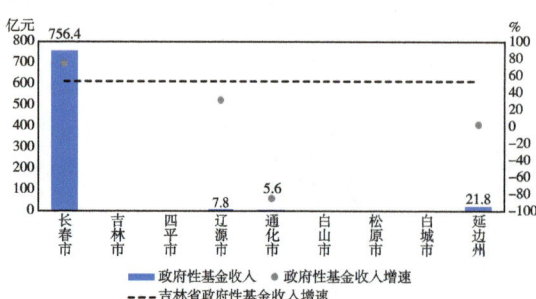

图7-72 2020年吉林省各市政府性基金收入及增速

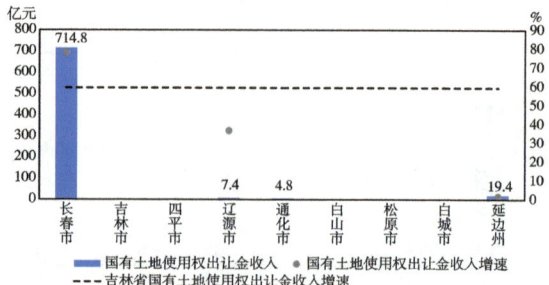

图7-73 2020年吉林省各市国有土地使用权出让金收入及增速

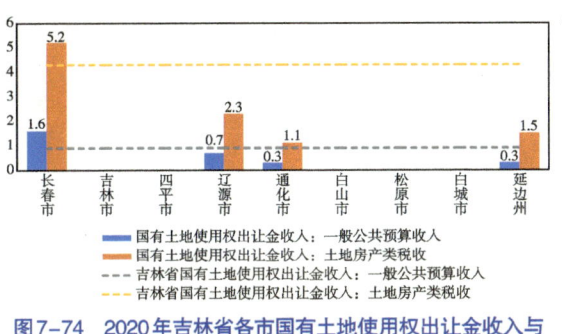

图 7-74 2020 年吉林省各市国有土地使用权出让金收入与
一般公共预算收入对比关系

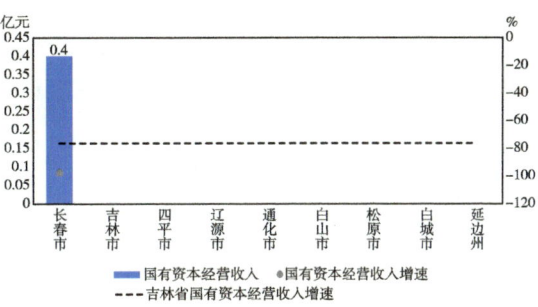

图 7-75 2020 年吉林省各市国有资本经营收入及增速

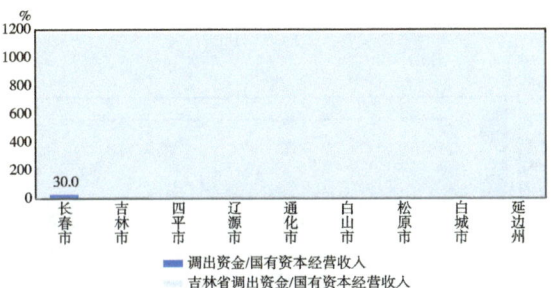

图 7-76 2020 年吉林省各市调出资金与国有资本经营收入
对比关系

7.2.5 吉林省各市社会保险基金收入情况

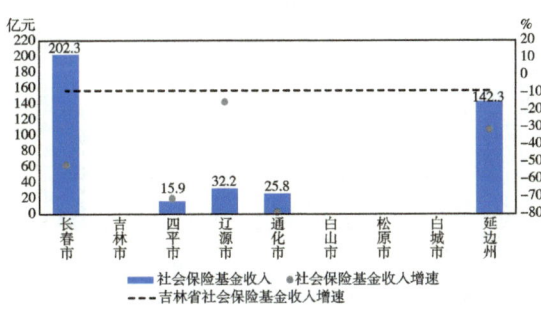

图 7-77 2020 年吉林省各市社会保险基金收入及增速

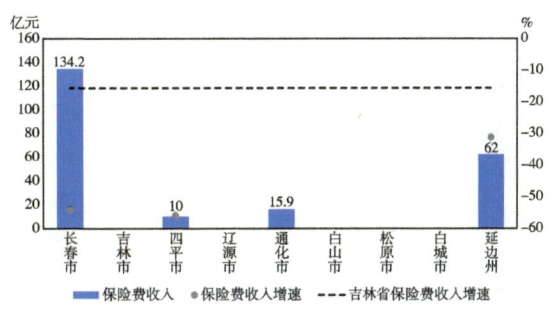

图 7-78 2020 年吉林省各市保险费收入及增速

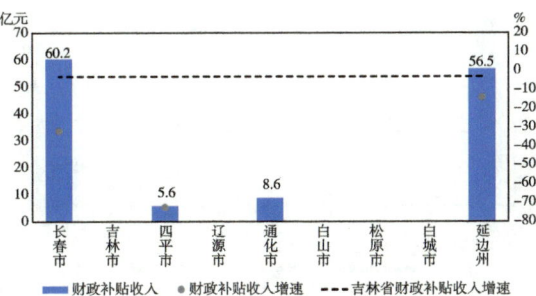

图 7-79 2020 年吉林省各市财政补贴收入及增速

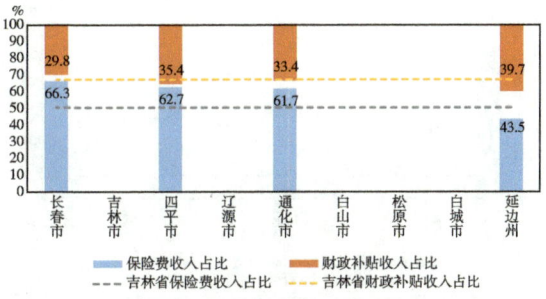

图 7-80 2020 年吉林省各市保险费收入、财政补贴收入
占社会保险基金收入的比重

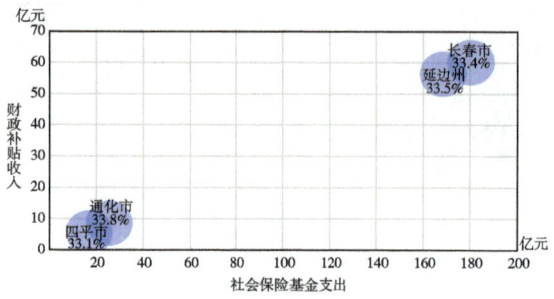

图7-81 2020年吉林省各市社会保险基金支出对财政补贴的依赖度

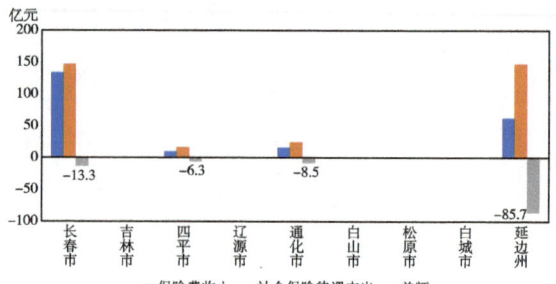

图7-82 2020年吉林省各市保险费收入、社会保险待遇支出及差额

7.2.6 吉林省各市债务情况

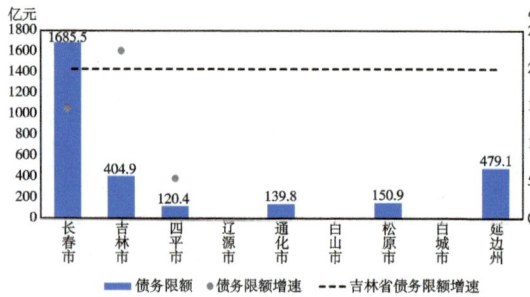

图7-83 2020年吉林省各市债务限额及增速

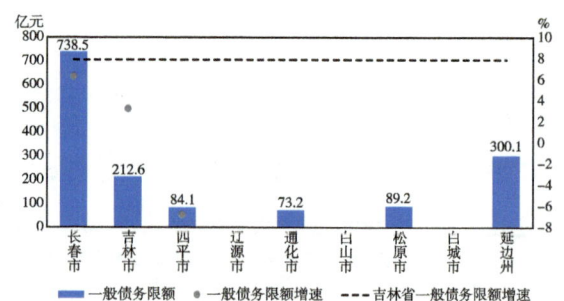

图7-84 2020年吉林省各市一般债务限额及增速

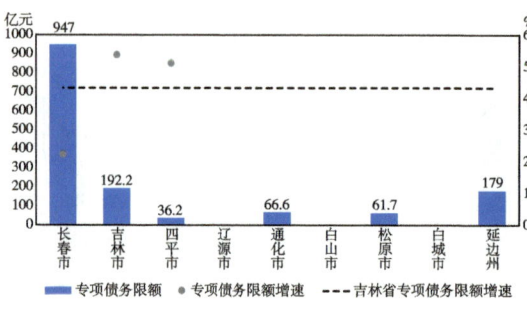

图7-85 2020年吉林省各市专项债务限额及增速

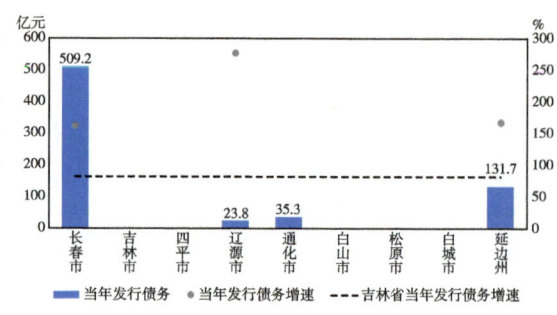

图7-86 2020年吉林省各市当年发行债务及增速

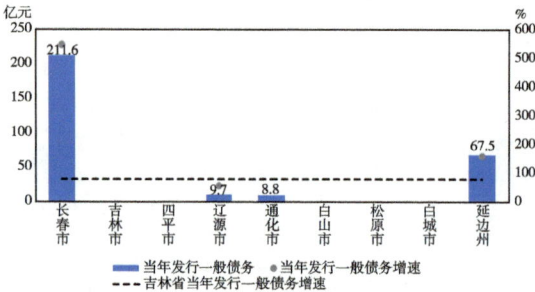

图7-87 2020年吉林省各市当年发行一般债务及增速

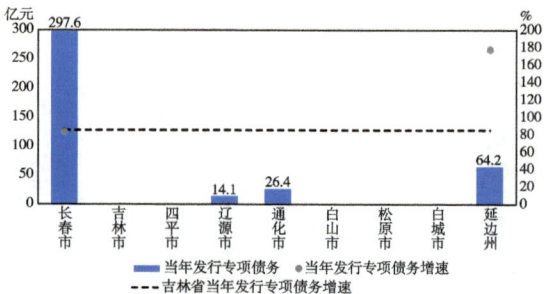

图7-88 2020年吉林省各市当年发行专项债务及增速

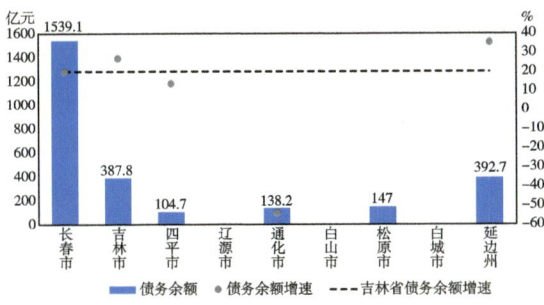

图7-89　2020年吉林省各市债务余额及增速

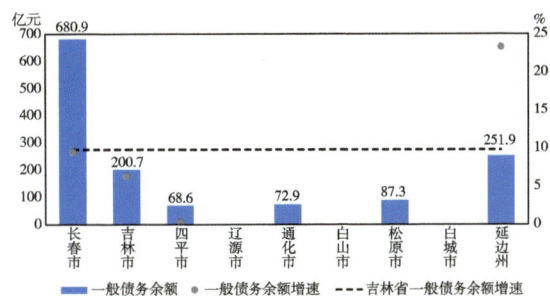

图7-90　2020年吉林省各市一般债务余额及增速

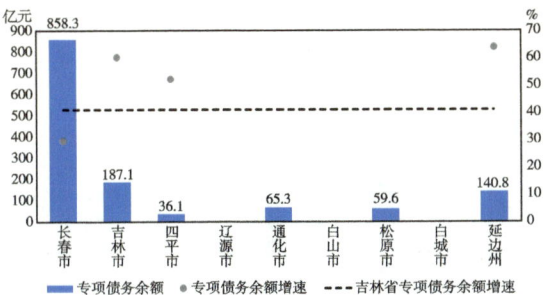

图7-91　2020年吉林省各市专项债务余额及增速

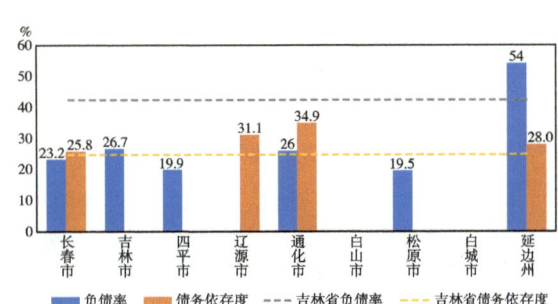

图7-92　2020年吉林省各市负债率和债务依存度

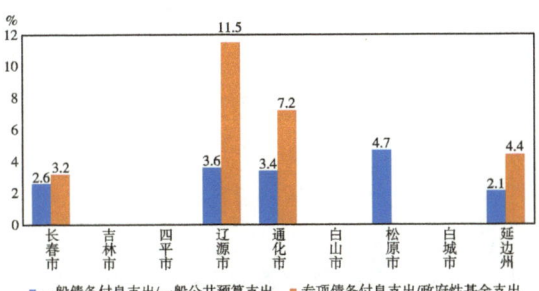

图7-93　2020年吉林省各市债务付息支出相关指标

7.2.7　吉林省各市市本级一般公共预算收入情况

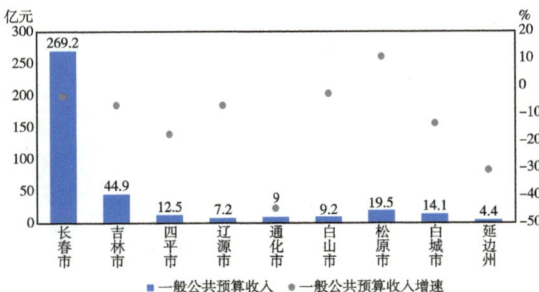

图7-94　2020年吉林省各市市本级一般公共预算收入及增速

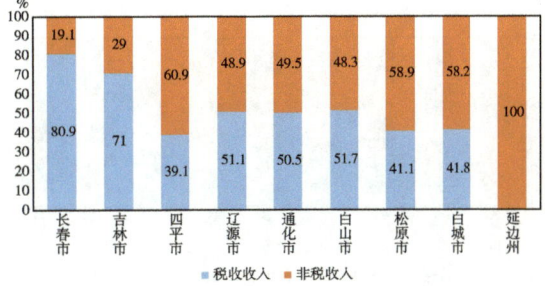

图7-95　2020年吉林省各市市本级一般公共预算收入结构

339

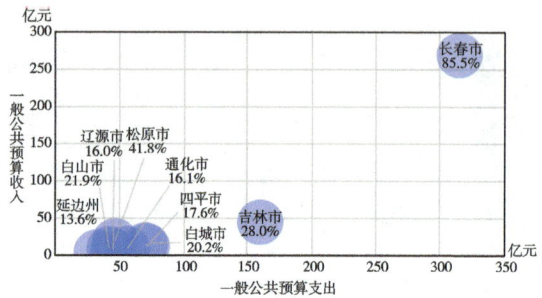

图7-96 2020年吉林省各市市本级财政自给率

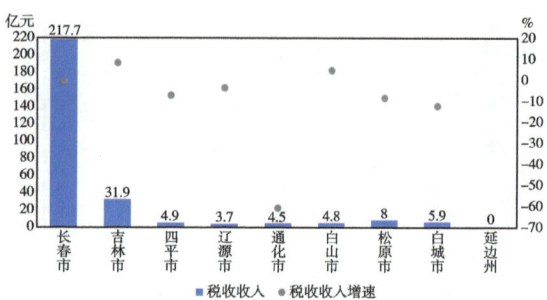

图7-97 2020年吉林省各市市本级税收收入及增速

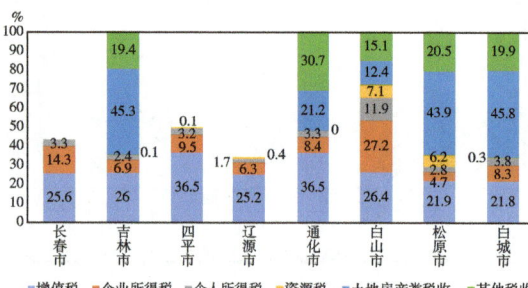

图7-98 2020年吉林省各市市本级税收收入结构

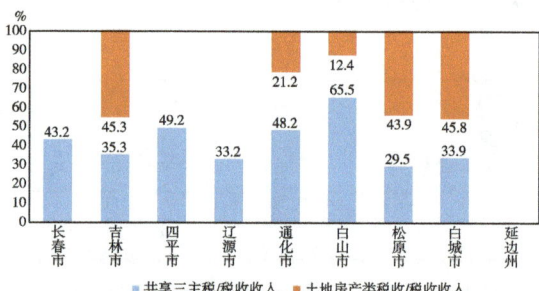

图7-99 2020年吉林省各市市本级共享三主税、土地房产类税收占税收收入的比重

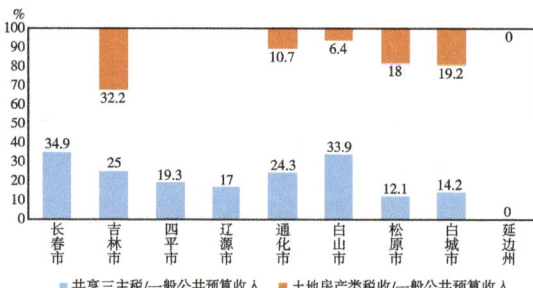

图7-100 2020年吉林省各市市本级共享三主税、土地房产类税收占一般公共预算收入的比重

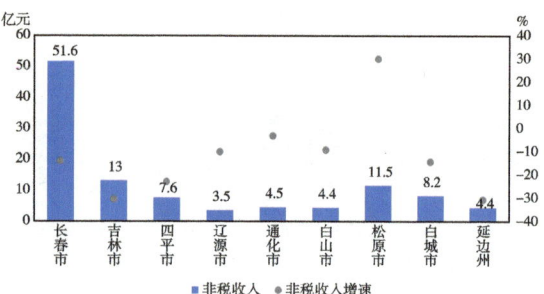

图7-101 2020年吉林省各市市本级非税收入及增速

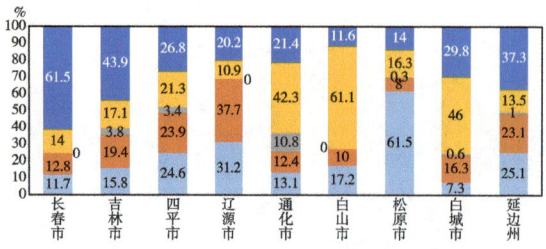

图7-102 2020年吉林省各市市本级非税收入结构

7.3 吉林省样本县政府收入主要特征分析

7.3.1 吉林省样本县经济社会发展情况

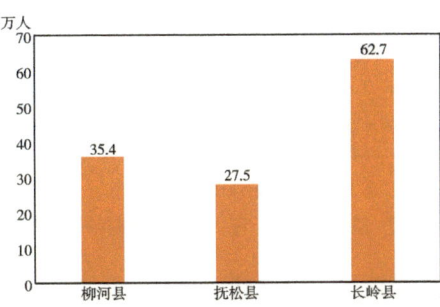

图7-103　2020年吉林省样本县人口状况

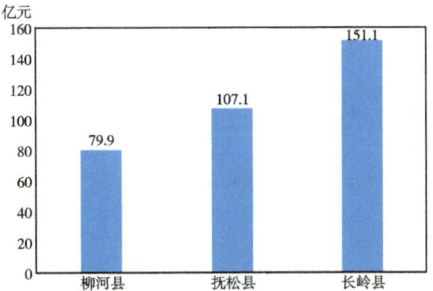

图7-104　2020年吉林省样本县GDP

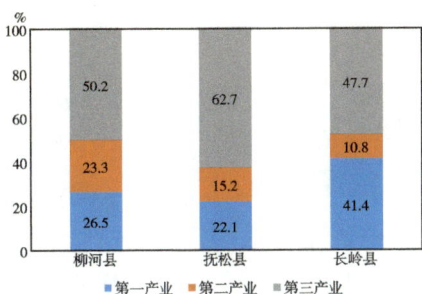

图7-105　2020年吉林省样本县三次产业结构

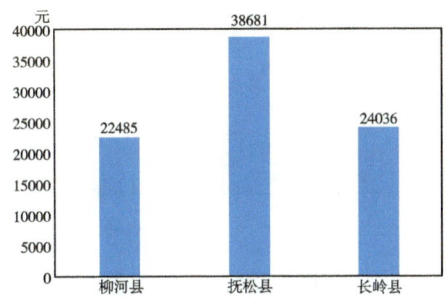

图7-106　2020年吉林省样本县人均GDP

7.3.2 吉林省样本县政府收入总体情况

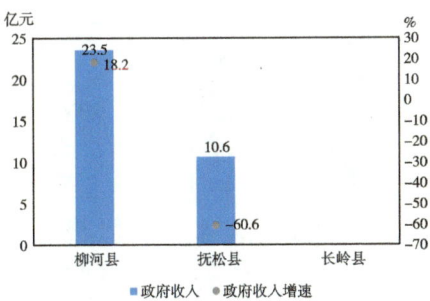

图7-107　2020年吉林省样本县政府收入及增速

7.3.3 吉林省样本县一般公共预算收入情况

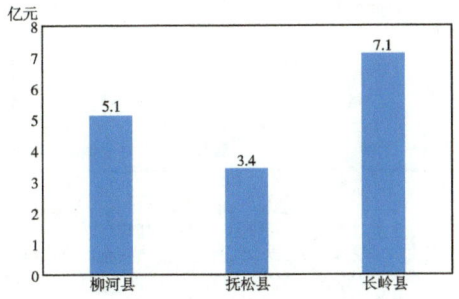

图7-108　2020年吉林省样本县一般公共预算收入

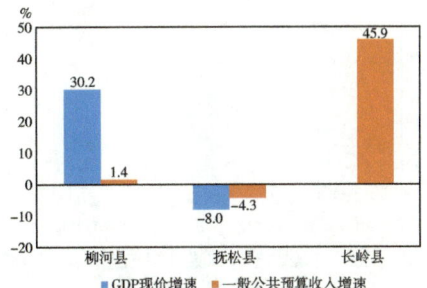

图7-109　2020年吉林省样本县一般公共预算收入增速

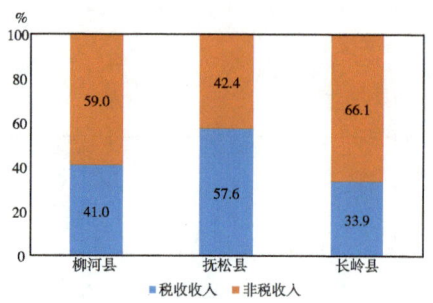

图7-110 2020年吉林省样本县一般公共预算收入结构

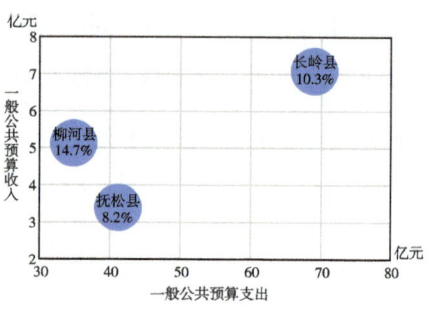

图7-111 2020年吉林省样本县财政自给率

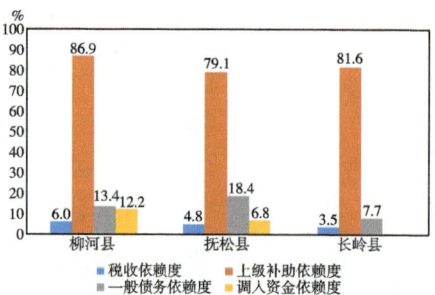

图7-112 2020年吉林省样本县一般公共预算支出对各类收入的依赖度

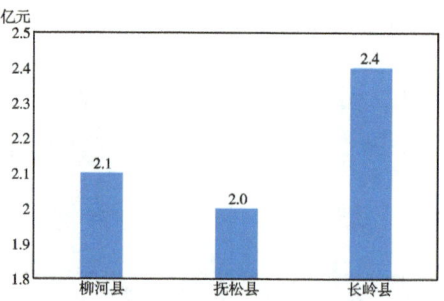

图7-113 2020年吉林省样本县税收收入

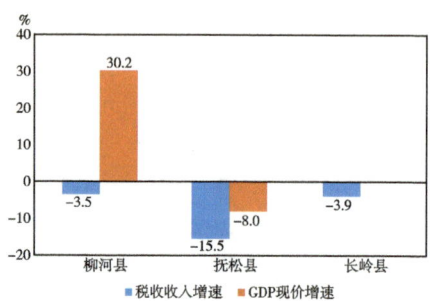

图7-114 2020年吉林省样本县税收收入增速

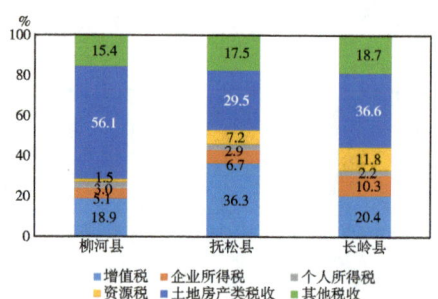

图7-115 2020年吉林省样本县税收收入结构

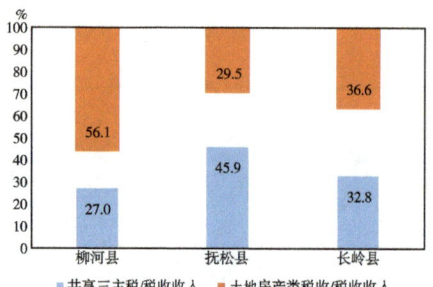

图7-116 2020年吉林省样本县共享三主税、土地房产类税收占税收收入的比重

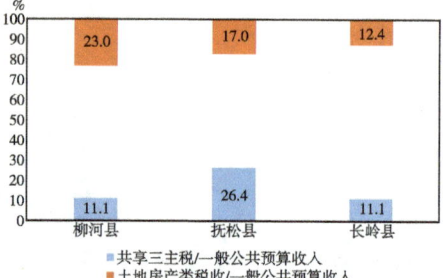

图7-117 2020年吉林省样本县共享三主税、土地房产类税收占一般公共预算收入的比重

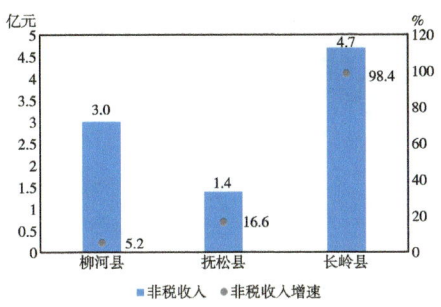

图7-118 2020年吉林省样本县非税收入及增速

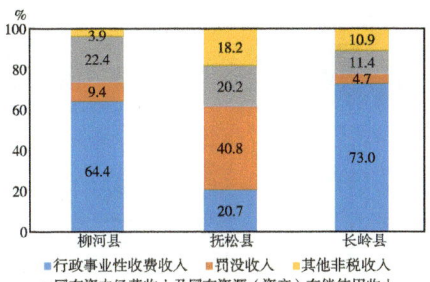

图7-119 2020年吉林省样本县非税收入结构

7.3.4 吉林省样本县政府性基金收入与国有资本经营收入情况

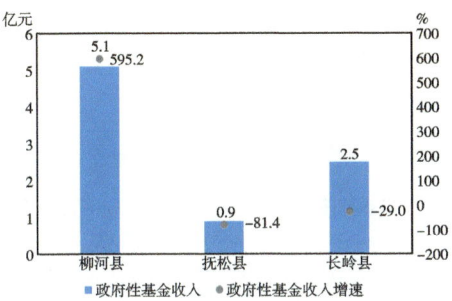

图7-120 2020年吉林省样本县政府性基金收入及增速

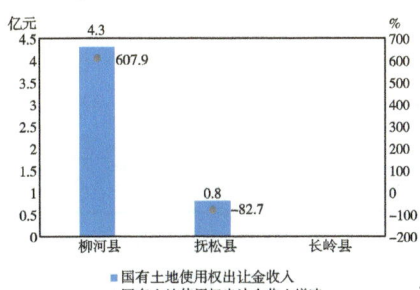

图7-121 2020年吉林省样本县国有土地使用权出让金收入及增速

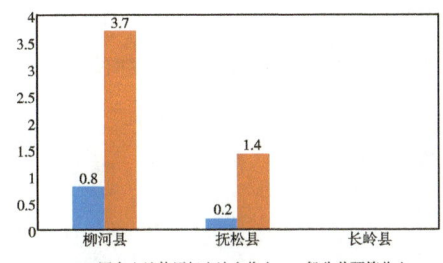

图7-122 2020年吉林省样本县国有土地使用权出让金收入与一般公共预算收入对比关系

7.3.5 吉林省样本县社会保险基金收入情况

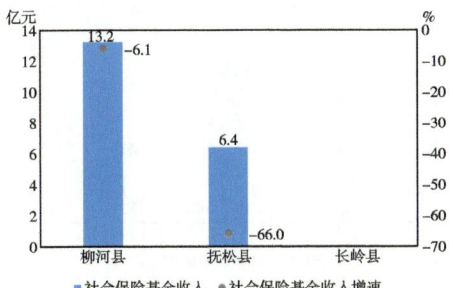

图7-123 2020年吉林省样本县社会保险基金收入及增速

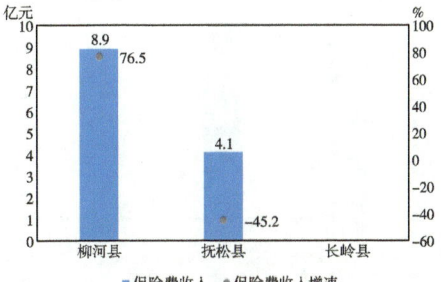

图7-124 2020年吉林省样本县保险费收入及增速

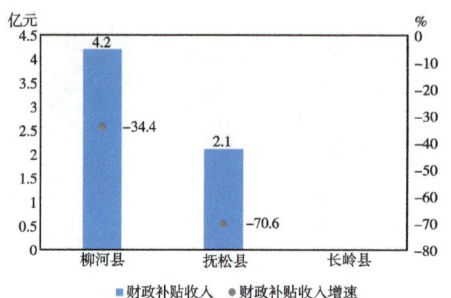

图7-125　2020年吉林省样本县财政补贴收入及增速

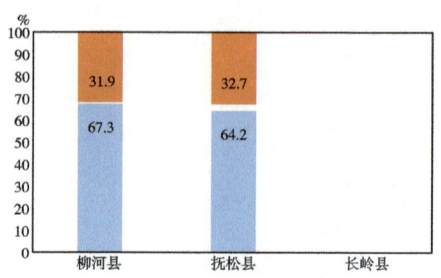

图7-126　2020年吉林省样本县保险费收入、财政补贴收入占社会保险基金收入的比重

图7-127　2020年吉林省样本县社会保险基金支出对财政补贴的依赖度

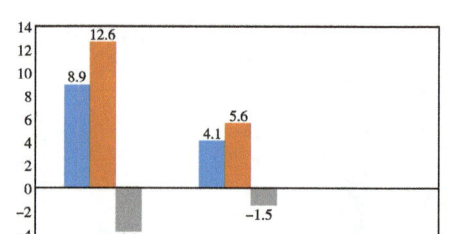

图7-128　2020年吉林省样本县保险费收入、社会保险待遇支出及差额

7.3.6　吉林省样本县债务情况

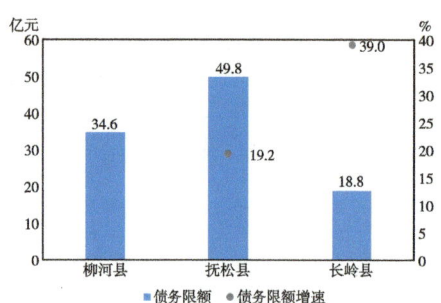

图7-129　2020年吉林省样本县债务限额及增速

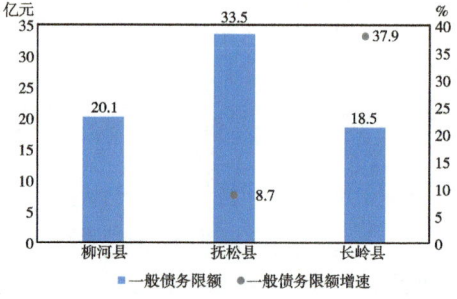

图7-130　2020年吉林省样本县一般债务限额及增速

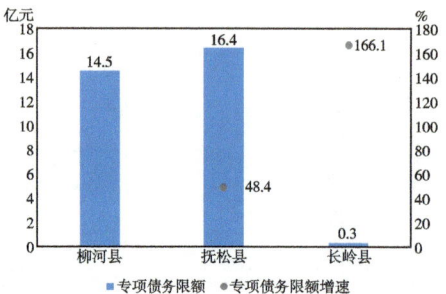

图7-131　2020年吉林省样本县专项债务限额及增速

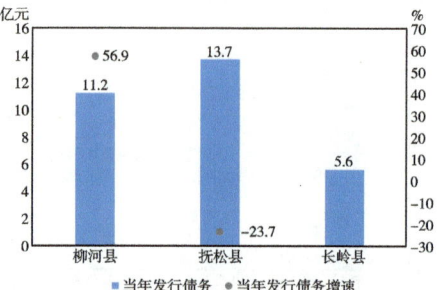

图7-132　2020年吉林省样本县当年发行债务及增速

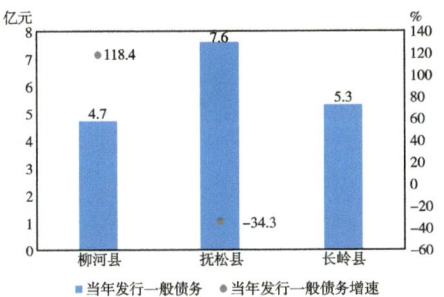

图 7-133 2020年吉林省样本县当年发行一般债务及增速

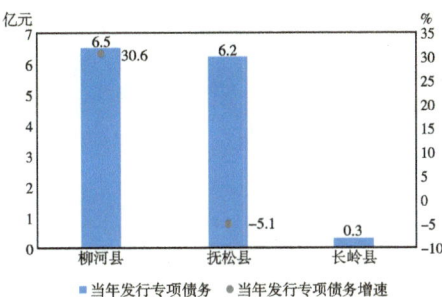

图 7-134 2020年吉林省样本县当年发行专项债务及增速

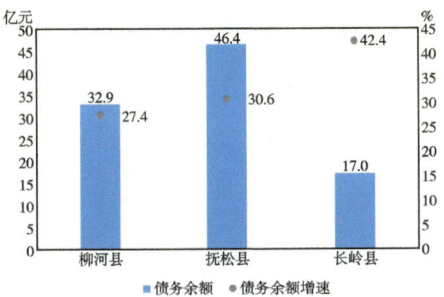

图 7-135 2020年吉林省样本县债务余额及增速

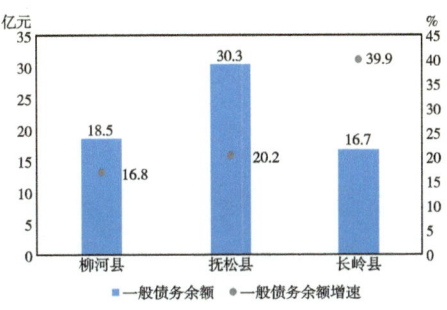

图 7-136 2020年吉林省样本县一般债务余额及增速

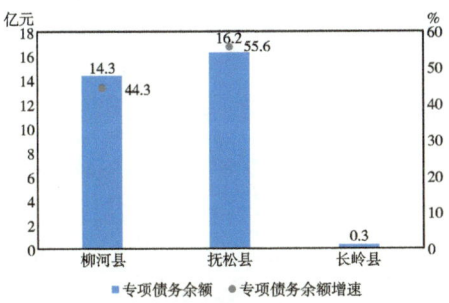

图 7-137 2020年吉林省样本县专项债务余额及增速

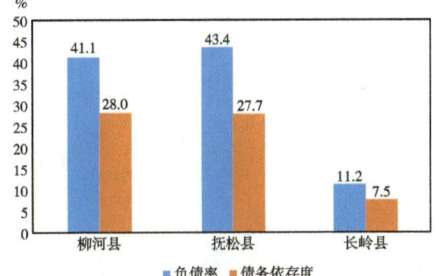

图 7-138 2020年吉林省样本县负债率和债务依存度

8 黑龙江省

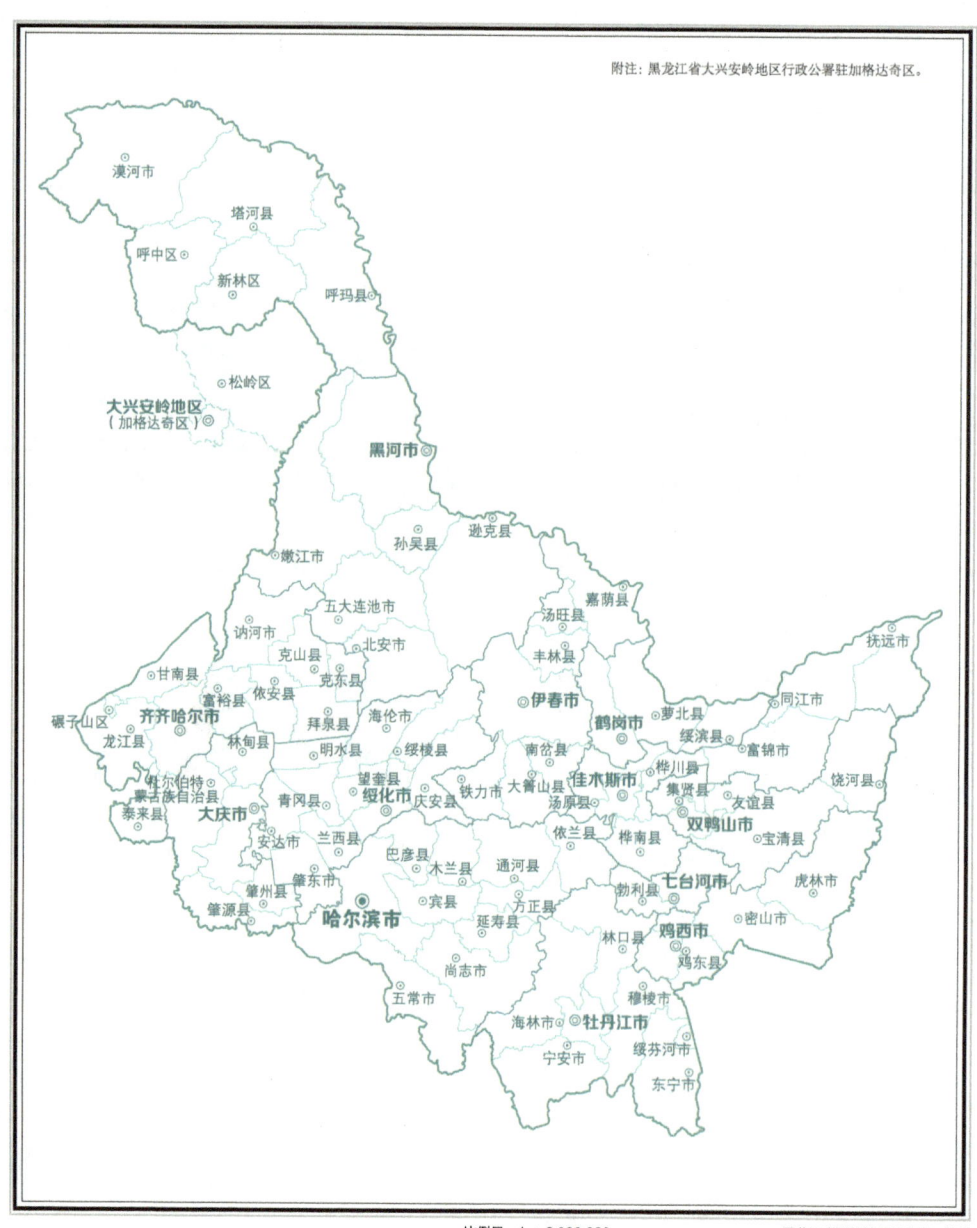

比例尺 1∶8 000 000　　黑龙江省测绘地理信息局　编制

图　2021年黑龙江省地图

资料来源：黑龙江省测绘地理信息局。
注：审图号为黑S（2021）32号。

本章执笔人：孙家希　审校：陈莹莹

专栏8-1　2021年黑龙江省行政区划

哈尔滨市：道里区、南岗区、道外区、平房区、松北区、香坊区、呼兰区、阿城区、双城区、依兰县、方正县、宾县、巴彦县、木兰县、通河县、延寿县、尚志市、五常市

齐齐哈尔市：龙沙区、建华区、铁锋区、昂昂溪区、富拉尔基区、碾子山区、梅里斯达斡尔族区、龙江县、依安县、泰来县、甘南县、富裕县、克山县、克东县、拜泉县、讷河市

牡丹江市：东安区、阳明区、爱民区、西安区、林口县、绥芬河市、海林市、宁安市、穆棱市、东宁市

佳木斯市：向阳区、前进区、东风区、郊区、桦南县、桦川县、汤原县、抚远市、同江市、富锦市

大庆市：萨尔图区、龙凤区、让胡路区、红岗区、大同区、肇州县、肇源县、林甸县、杜尔伯特蒙古族自治县

鸡西市：鸡冠区、恒山区、滴道区、梨树区、城子河区、麻山区、鸡东县、虎林市、密山市

双鸭山市：尖山区、岭东区、四方台区、宝山区、集贤县、友谊县、宝清县、饶河县

伊春市：伊美区、乌翠区、友好区、金林区、汤旺县、丰林县、大箐山县、南岔县、嘉荫县、铁力市

七台河市：新兴区、桃山区、茄子河区、勃利县

鹤岗市：向阳区、工农区、南山区、兴安区、东山区、兴山区、萝北县、绥滨县

黑河市：爱辉区、嫩江市、逊克县、孙吴县、北安市、五大连池市

绥化市：北林区、望奎县、兰西县、青冈县、庆安县、明水县、绥棱县、安达市、肇东市、海伦市

大兴安岭地区：加格达奇区、松岭区、新林区、呼中区、呼玛县、塔河县、漠河市

本书选取南岗区、克山县、海林市为样本县。

黑龙江省共辖12个地级市、1个地区；54个市辖区、4个地辖区；67个县（市）（详见专栏8-1），其中县级市21个；地域面积为47.3万平方公里，居全国第6位。边境线长2981.26千米，是亚洲与太平洋地区陆路通往俄罗斯和欧洲大陆的重要通道。黑龙江省地貌特征为"五山一水一草三分田"。地势大致是西北、北部和东南部高，东北、西南部低，主要由山地、台地、平原和水面构成。黑龙江省是农业大省，是亚洲与太平洋地区陆路通往俄罗斯和欧洲大陆的重要通道。

2021年黑龙江省经济总量全国排序相对靠后，第三产业占比低于全国，城镇人口比重略高于全国。 2021年末黑龙江省常住人口3125万人，常住人口城镇化率为65.7%（高于全国水平1个百分点）。2021年黑龙江GDP为1.49万亿元，排全国第25名，次于新疆、天津，略高于甘肃、海南；增速6.1%，比2020年上升5.1个百分点，低于全国2个百分点，排全国第28名；人均GDP为47613元（折7380.5美元），排全国第27名。从产业结构看，第一、第二、第三产

业占比分别为23.3%、26.7%（低于全国12.7个百分点）和50%（低于全国3.3个百分点）。从居民可支配收入看，2021年城镇与农村居民人均可支配收入分别为33646元和17889元，呈上升态势，分别为全国平均水平的71.0%和94.5%。

2021年黑龙江省一般公共预算收入全国排名25位，人均一般公共预算收入排名26位。 2021年黑龙江省一般公共预算收入1300.5亿元，排全国第25名；增速为12.8%。人均一般公共预算收入为4162元，排全国第26名。2021年税收收入占一般公共预算收入为66.9%，低于地方平均水平18.4个百分点。从纵向收入分配看，2020年省本级、市本级、区县一般公共预算收入占比分别为21.2%、37%和41.7%。

2021年黑龙江省财政自给率偏低但较上年有所上升，支出对上级补助依赖度高。 2021年黑龙江财政自给率为25.5%，较2020年（21.1%）上升4.4个百分点，较2019年（25.2%）上升0.3个百分点。一般公共预算支出对上级补助依赖度高，2020年一般公共预算支出中对上级补助依赖度为71.6%，对税收依赖度为14.9%，对一般债务依赖度为15%。

2021年黑龙江省政府性基金收入占比上升，政府性基金预算收入下降，国有资本经营预算收入占比低，社保对财政补贴的依赖度较高。 2021年黑龙江省四本预算加总的政府收入为4891.4亿元，增速为81.7%，2021年黑龙江省四本预算中一般公共预算收入、政府性基金预算收入、国有资本经营预算收入、社保基金预算收入占比分别为26.6%、7.6%、0.1%、65.8%；其中政府性基金预算收入下降17.6%，其原因为市县土地出让收入减收，此外2021年黑龙江省社保基金预算收入3216.6亿元，实现了较大幅度的增加。2020年社会保险基金收入1084.6亿元，其中社会保险缴费收入为627.8亿元，财政补贴收入规模为407.2亿元，社保支出对财政依赖度进一步增加，达到43.6%。

黑龙江省内各地市经济社会发展和财政发展不均衡，优势主要集中于省会哈尔滨。 哈尔滨市2020年GDP达到5183.8亿元，是大庆市的2.3倍，绥化市的4.5倍，是大兴安岭地区的36.5倍。哈尔滨市政府收入规模910.2亿元，同样远高于其他地市。2020年黑龙江省各市除大庆市（45.4%）外，财政自给率均低于30%，伊春市财政自给率仅为7.7%，除哈尔滨市（29.2%）外，其他城市财政自给率均在10%—20%之间，各市一般公共预算支出对上级补助收入依赖加深。政府性基金收入主要构成是国有土地使用权出让收入，与地理位置关系较大，2020年全省国有土地使用权出让收入规模最大的哈尔滨市（281.9亿元）比规模最小的鹤岗市（0.4亿元）多281.5亿元，8个城市国有土地使用权出让金收入不足10亿元，其中5个城市收入不足3亿元。

8.1 黑龙江省政府收入主要特征分析

8.1.1 黑龙江省经济社会基本情况

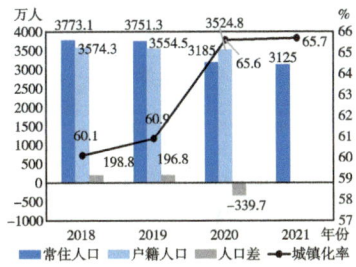

图8-1 2018—2021年黑龙江省人口状况

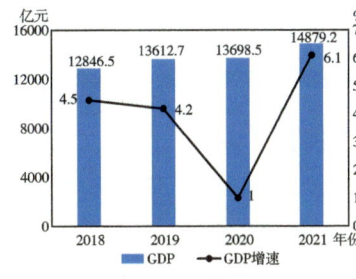

图8-2 2018—2021年黑龙江省GDP及增速

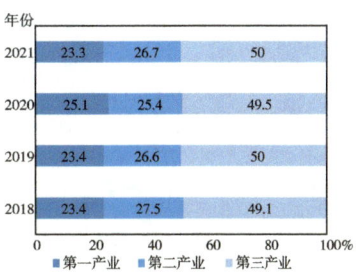

图8-3 2018—2021年黑龙江省三次产业结构

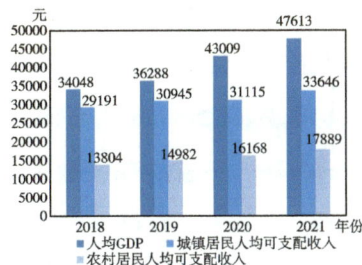

图8-4 2018—2021年黑龙江省人均GDP和人均可支配收入

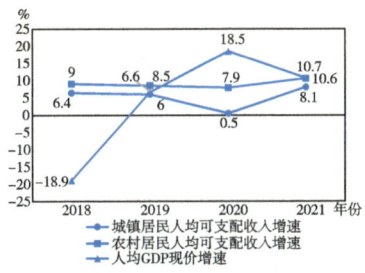

图8-5 2018—2021年黑龙江省人均GDP现价增速和人均可支配收入增速

注：2019年人均GDP现价增速6.6%、城镇居民人均可支配收入增速6%、农村居民人均可支配收入增速8.5%；2021年人均GDP现价增速10.7%、城镇居民人均可支配收入增速8.1%、农村居民人均可支配收入增速10.6%。

8.1.2 黑龙江省政府收入总体情况

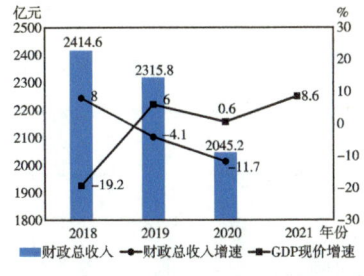

图8-6 2018—2021年黑龙江省财政总收入及增速

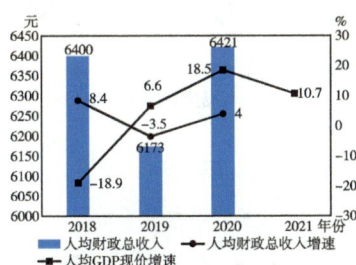

图8-7 2018—2021年黑龙江省人均财政总收入及增速

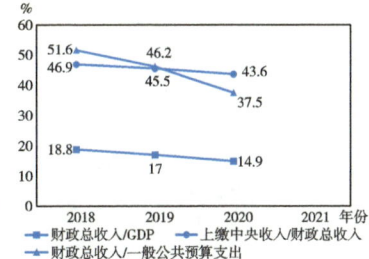

图8-8 2018—2021年财政总收入相关指标

注：2019年财政总收入/一般公共预算支出46.2%，上缴中央收入/财政总收入45.5%。

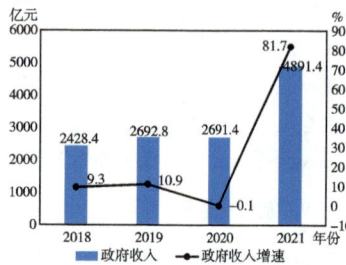

图 8-9　2018—2021年黑龙江省政府收入及增速

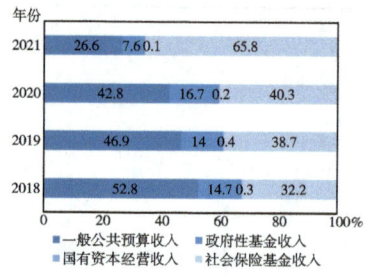

图 8-10　2018—2021年黑龙江省政府收入结构

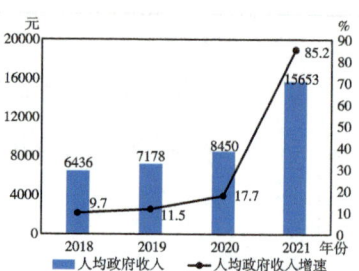

图 8-11　2018—2021年黑龙江省人均政府收入及增速

8.1.3　黑龙江省一般公共预算收入情况

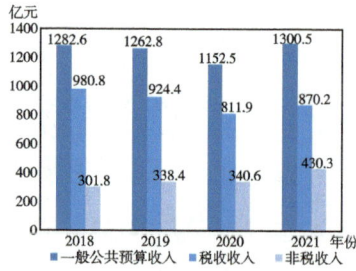

图 8-12　2018—2021年黑龙江省一般公共预算收入

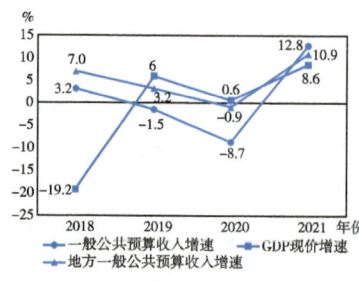

图 8-13　2018—2021年黑龙江省一般公共预算收入增速

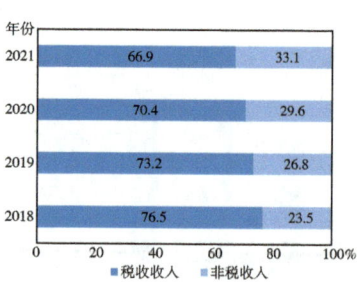

图 8-14　2018—2021年黑龙江省一般公共预算收入结构

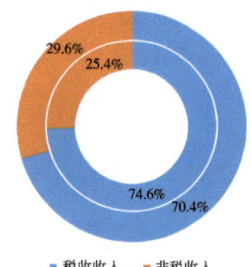

图 8-15　2020年一般公共预算收入结构对比（内环为地方，外环为黑龙江省）

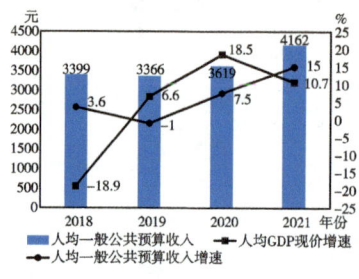

图 8-16　2018—2021年黑龙江省人均一般公共预算收入及增速

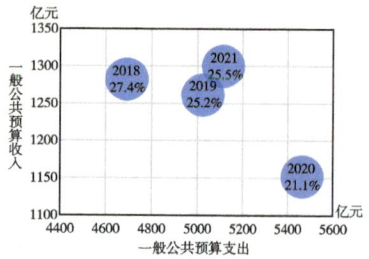

图 8-17　2018—2021年黑龙江省财政自给率

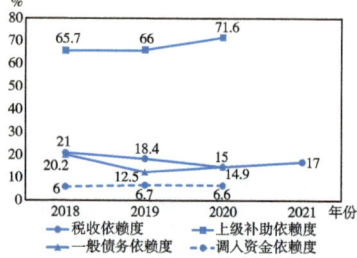

图 8-18　2018—2021年黑龙江省一般公共预算支出对各类收入的依赖度

注：2018年税收依赖度21%，一般债务依赖度20.2%；2020年税收依赖度14.9%，一般债务依赖度15%。

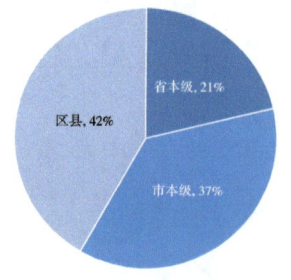

图 8-19　2020年黑龙江省市县三级政府一般公共预算收入分布

图 8-20　2018—2021年黑龙江省税收收入

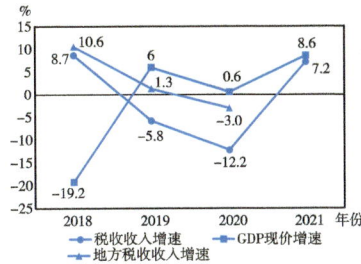

图 8-21　2018-2021 年黑龙江省税收收入增速

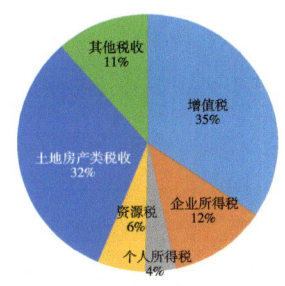

图 8-22　2020 年黑龙江省税收收入结构

图 8-23　2018-2021 年黑龙江省共享三主税、土地房产类税收占税收收入及一般公共预算收入的比重

图 8-24　2018-2021 年黑龙江省非税收入

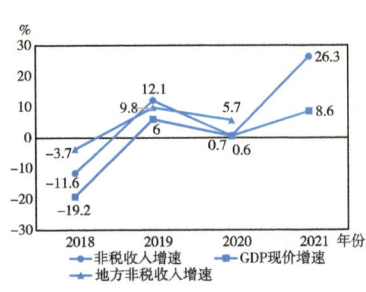

图 8-25　2018-2021 年黑龙江省非税收入增速

注：2020 年非税收入增速 0.7%，GDP 现价增速 0.6%。

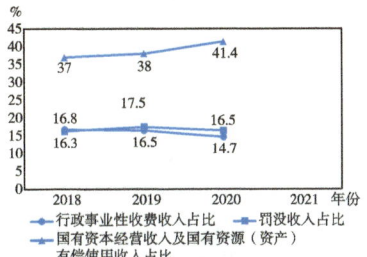

图 8-26　2018-2021 年黑龙江省非税收入中各主要收入占比

注：2018 年、2019 年行政事业性收费收入占比 16.8%、16.5%，罚没收入占比 16.3%、17.5%。

8.1.4　黑龙江省政府性基金和国有资本经营收入情况

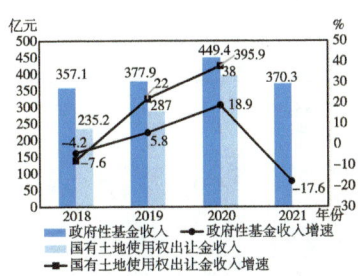

图 8-27　2018-2021 年黑龙江省政府性基金收入及增速

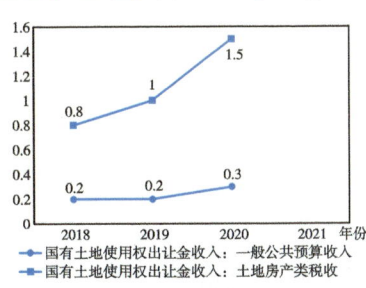

图 8-28　2018-2021 年黑龙江省国有土地使用权出让金收入与一般公共预算收入对比关系

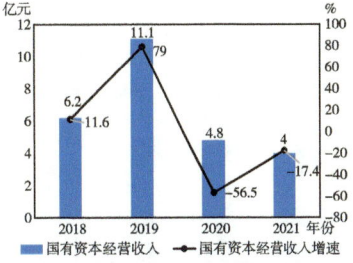

图 8-29　2018-2021 年黑龙江省国有资本经营收入及增速

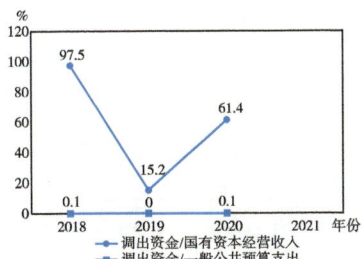

图 8-30　2018-2021 年黑龙江省国有资本经营预算中调出资金相关指标

8.1.5 黑龙江省社会保险基金收入情况

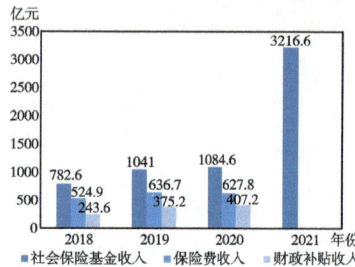

图8-31 2018-2021年黑龙江省社会保险基金收入

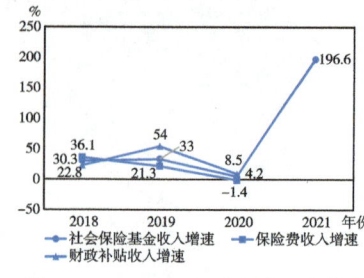

图8-32 2018-2021年黑龙江省社会保险基金收入增速

注：2018年社会保险基金收入增速30.3%，保险费收入增速36.1%；2020年社会保险基金收入增速4.2%，保险费收入增速-1.4%。

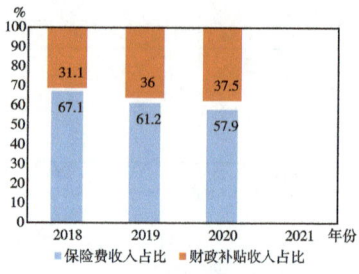

图8-33 2018-2021年黑龙江省保险费收入、财政补贴收入占社会保险基金收入的比重

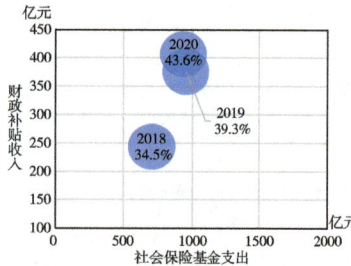

图8-34 2018-2021年黑龙江省社会保险基金支出对财政补贴的依赖度

注：2021年社会保险基金支出3099.4亿元。

图8-35 2018-2021年黑龙江省保险费收入、社会保险待遇支出及差额

8.1.6 黑龙江省债务情况

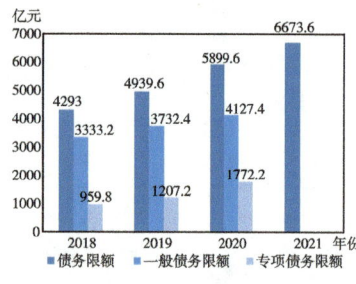

图8-36 2018-2021年黑龙江省债务限额

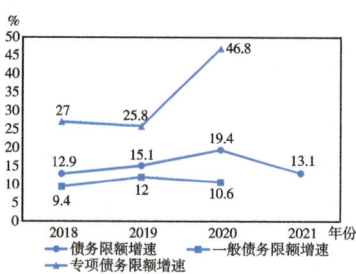

图8-37 2018-2021年黑龙江省债务限额增速

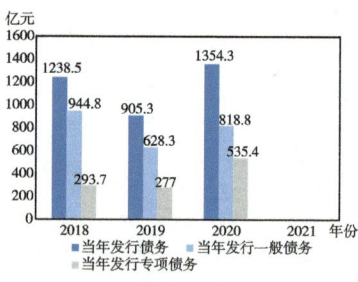

图8-38 2018-2021年黑龙江省当年发行债务

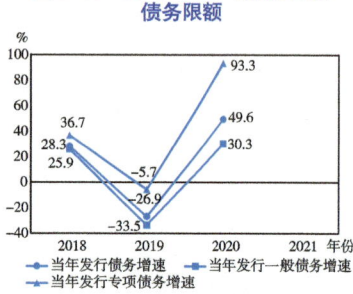

图8-39 2018-2021年黑龙江省当年发行债务增速

注：2018年当年发行债务增速28.3%，当年发行一般债务增速25.9%。

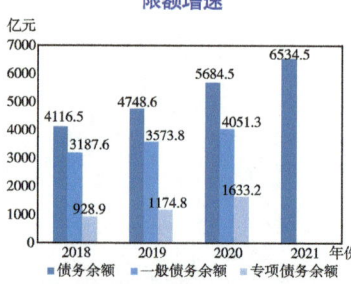

图8-40 2018-2021年黑龙江省债务余额

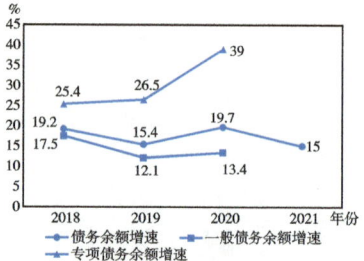

图8-41 2018-2021年黑龙江省债务余额增速

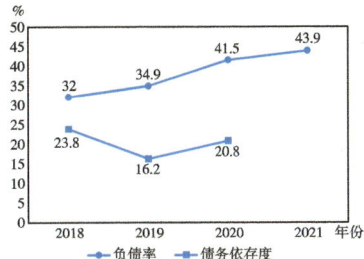

图8-42 2018–2021年黑龙江省负债率和债务依存度

8.1.7 黑龙江省省本级一般公共预算收入情况

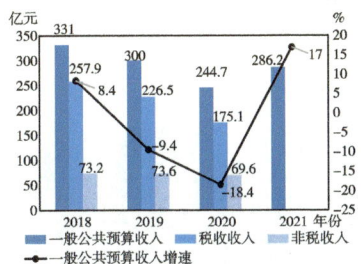

图8-43 2018–2021年黑龙江省省级一般公共预算收入及增速

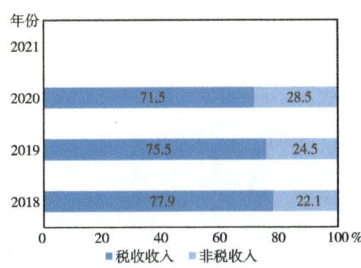

图8-44 2018–2021年黑龙江省省本级一般公共预算收入结构

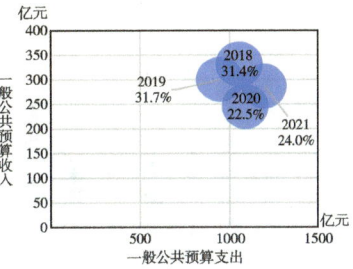

图8-45 2018–2021年黑龙江省省本级财政自给率

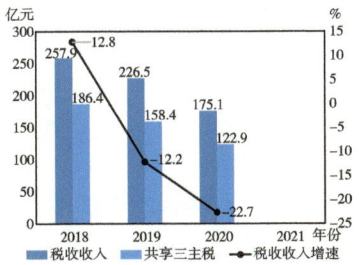

图8-46 2018–2021年黑龙江省省本级税收收入及增速

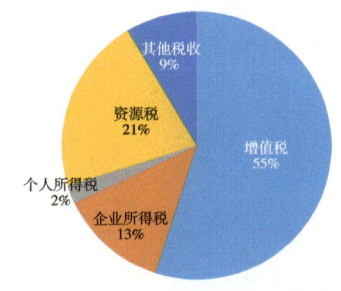

图8-47 2020年黑龙江省省本级税收收入结构

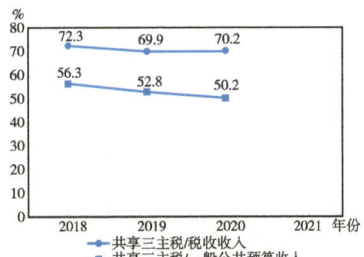

图8-48 2018–2021年黑龙江省省本级共享三主税占税收收入及一般公共预算收入的比重

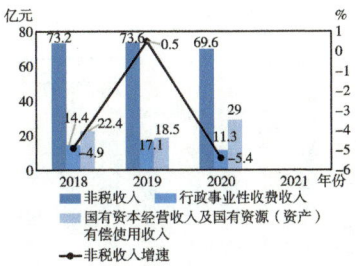

图8-49 2018–2021年黑龙江省省本级非税收入及增速

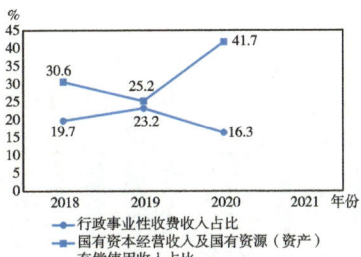

图8-50 2018–2021年黑龙江省省本级非税收入中各主要收入占比

8.2 黑龙江省各市政府收入主要特征分析

8.2.1 黑龙江省各市经济社会发展情况

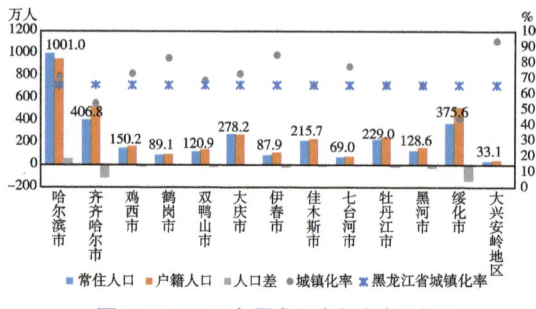

图8-51 2020年黑龙江省各市人口状况

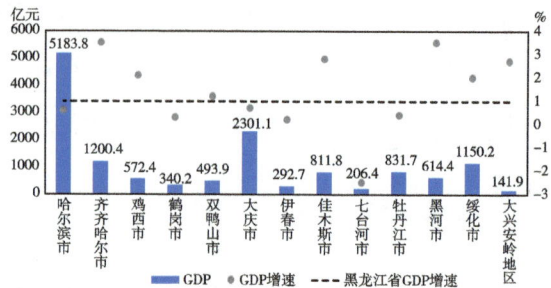

图8-52 2020年黑龙江省各市GDP及增速

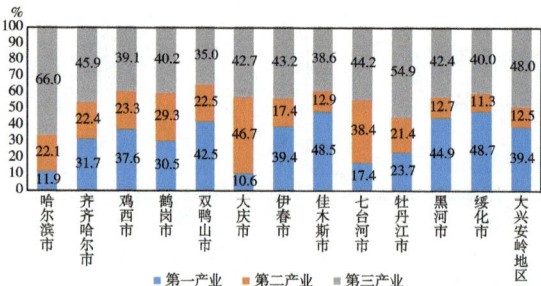

图8-53 2020年黑龙江省各市三次产业结构

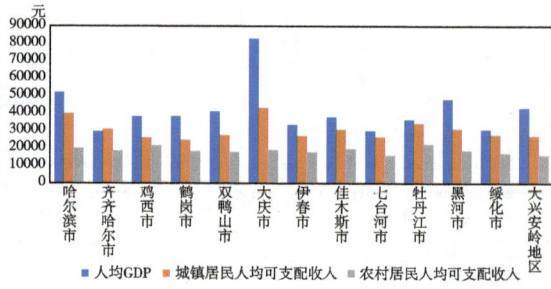

图8-54 2020年黑龙江省各市人均GDP和人均可支配收入

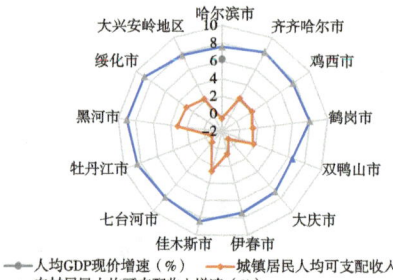

图8-55 2020年黑龙江省各市人均GDP现价增速和人均可支配收入增速

8.2.2 黑龙江省各市政府收入总体情况

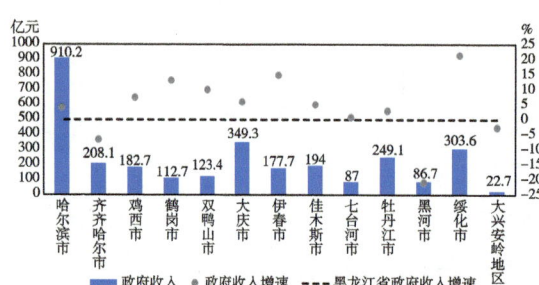

图8-56 2020年黑龙江省各市政府收入及增速

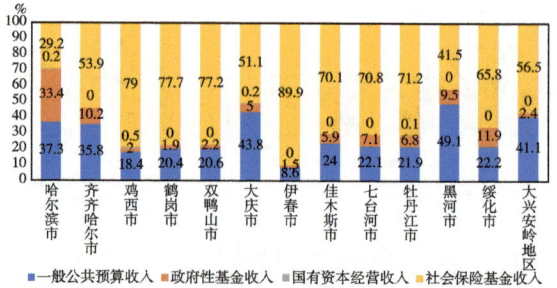

图8-57 2020年黑龙江省各市政府收入结构

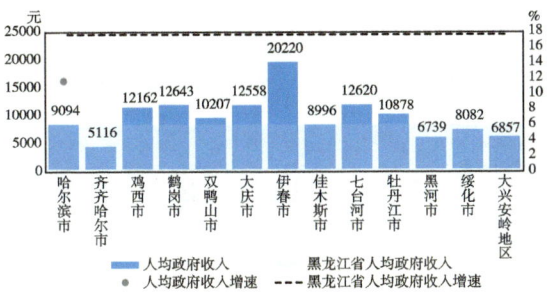

图 8-58　2020 年黑龙江省各市人均政府收入及增速

8.2.3　黑龙江省各市一般公共预算收入情况

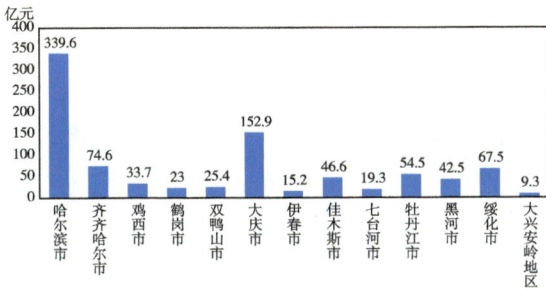

图 8-59　2020 年黑龙江省各市一般公共预算收入

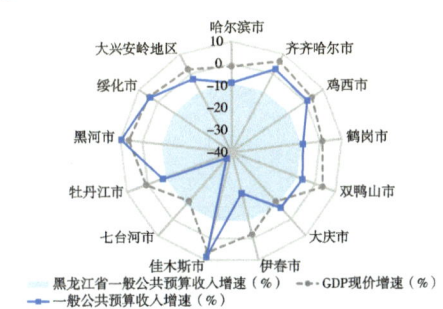

图 8-60　2020 年黑龙江省各市一般公共预算收入增速

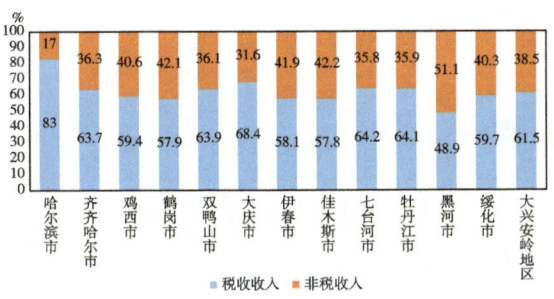

图 8-61　2020 年黑龙江省各市一般公共预算收入结构

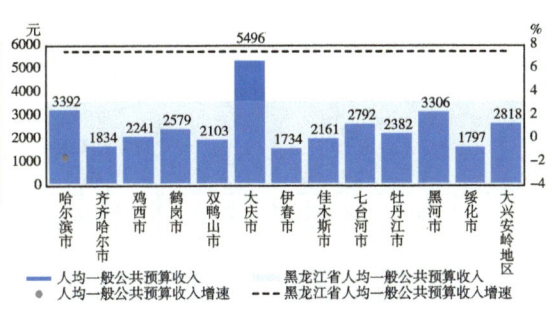

图 8-62　2020 年黑龙江省各市人均一般公共预算收入及增速

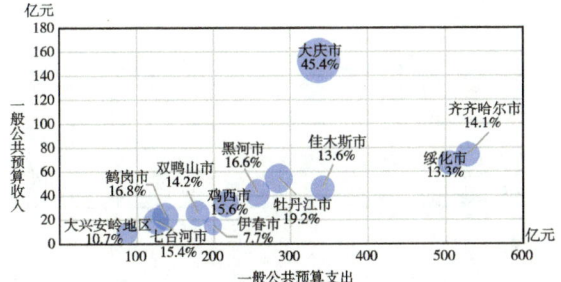

图 8-63　2020 年黑龙江省各市财政自给率

注：哈尔滨市一般公共预算收入339.6亿元，一般公共预算支出1162.2亿元，财政自给率29.2%。

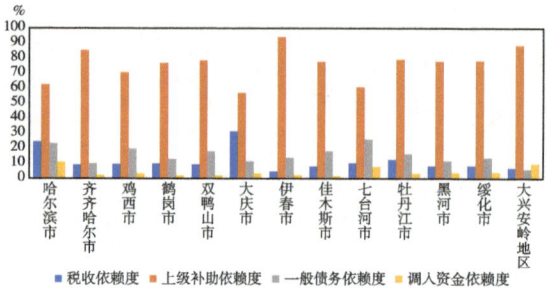

图8-64 2020年黑龙江省各市一般公共预算支出对各类收入的依赖度

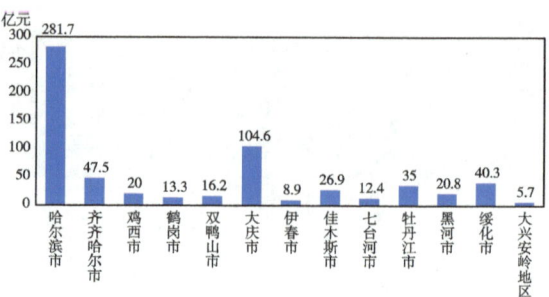

图8-65 2020年黑龙江省各市税收收入

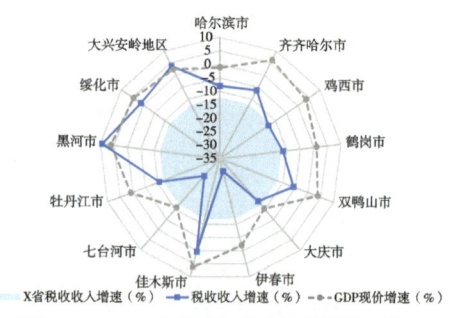

图8-66 2020年黑龙江省各市税收收入增速

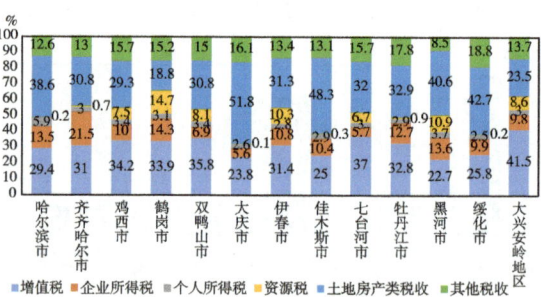

图8-67 2020年黑龙江省各市税收收入结构

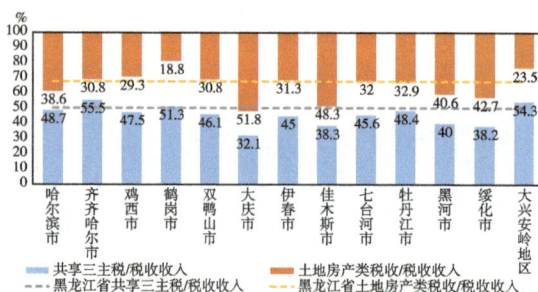

图8-68 2020年黑龙江省各市共享三主税、土地房产类税收占税收收入的比重

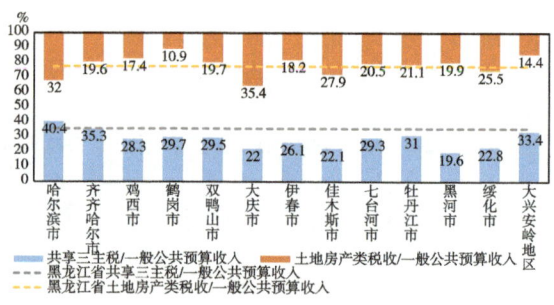

图8-69 2020年黑龙江省各市共享三主税、土地房产类税收占一般公共预算收入的比重

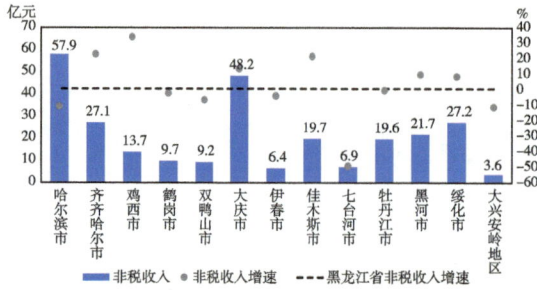

图8-70 2020年黑龙江省各市非税收入及增速

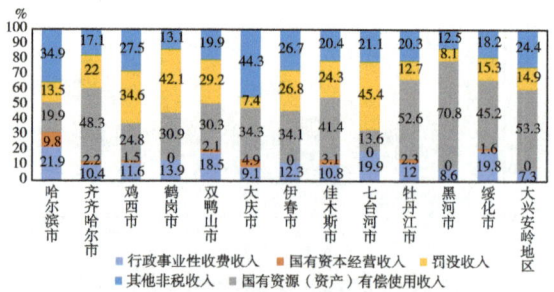

图8-71 2020年黑龙江省各市非税收入结构

8.2.4 黑龙江省各市政府性基金收入与国有资本经营收入情况

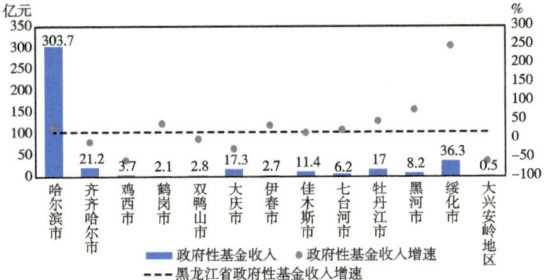

图8-72 2020年黑龙江省各市政府性基金收入及增速

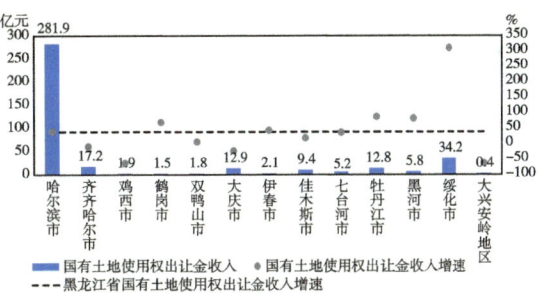

图8-73 2020年黑龙江省各市国有土地使用权出让金收入及增速

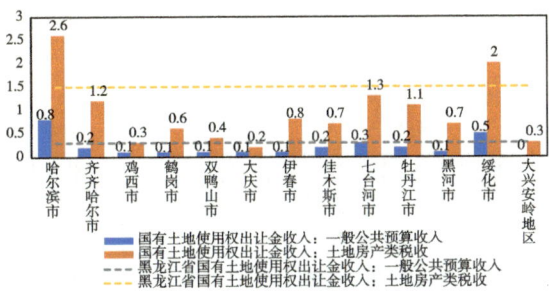

图8-74 2020年黑龙江省各市国有土地使用权出让金收入与一般公共预算收入对比关系

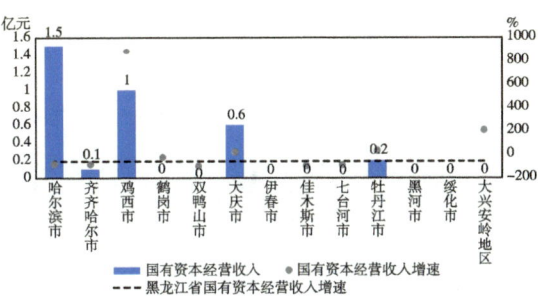

图8-75 2020年黑龙江省各市国有资本经营收入及增速

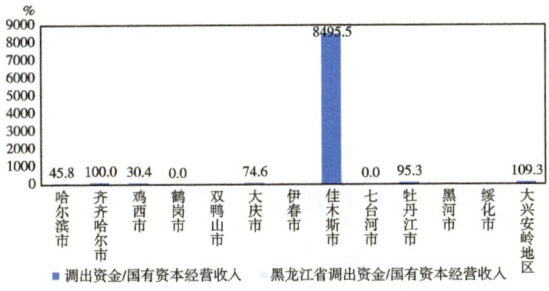

图8-76 2020年黑龙江省各市调出资金与国有资本经营收入对比关系

8.2.5 黑龙江省各市社会保险基金收入情况

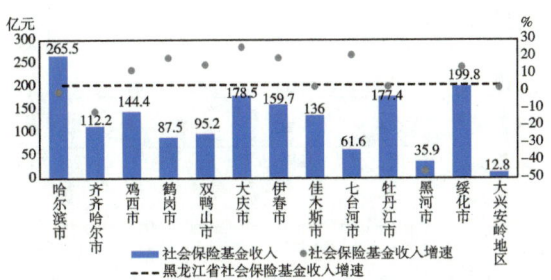

图8-77 2020年黑龙江省各市社会保险基金收入及增速

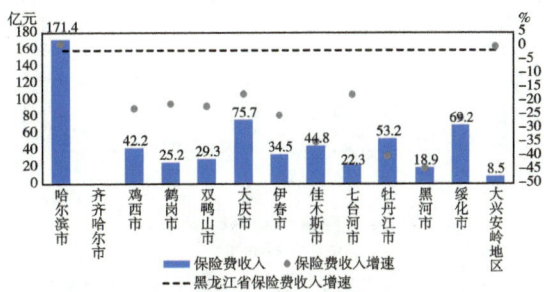

图8-78 2020年黑龙江省各市保险费收入及增速

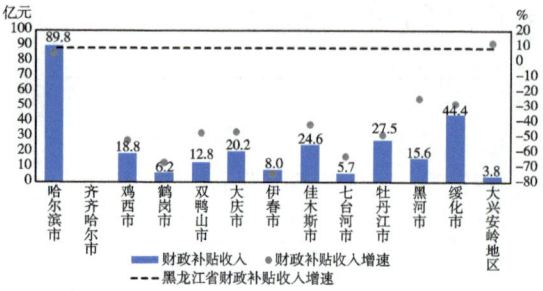

图8-79 2020年黑龙江省各市财政补贴收入及增速

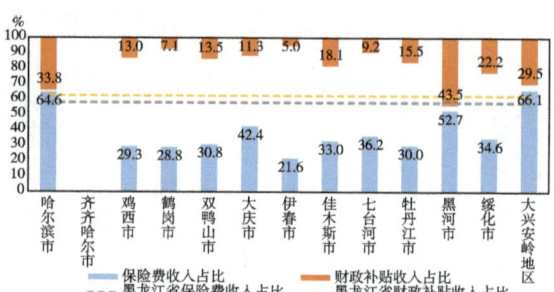

图8-80 2020年黑龙江省各市保险费收入、财政补贴收入占社会保险基金收入的比重

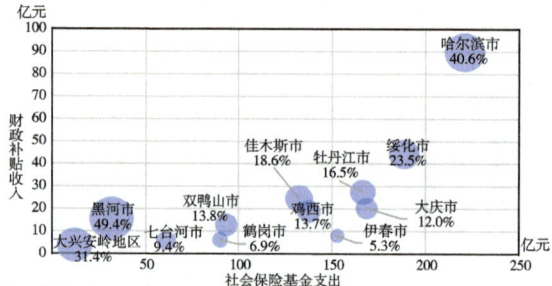

图8-81 2020年黑龙江省各市社会保险基金支出对财政补贴的依赖度

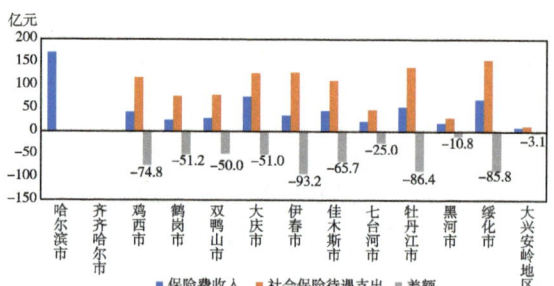

图8-82 2020年黑龙江省各市保险费收入、社会保险待遇支出及差额

8.2.6 黑龙江省各市债务情况

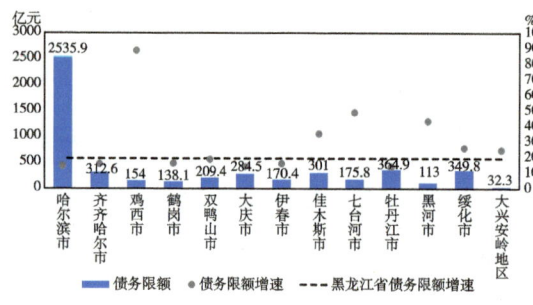

图8-83 2020年黑龙江省各市债务限额及增速

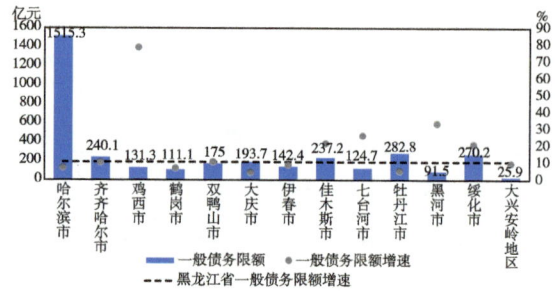

图8-84 2020年黑龙江省各市一般债务限额及增速

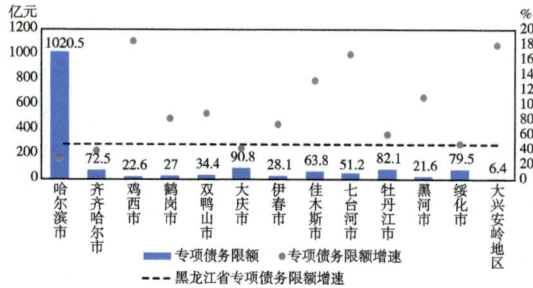

图8-85 2020年黑龙江省各市专项债务限额及增速

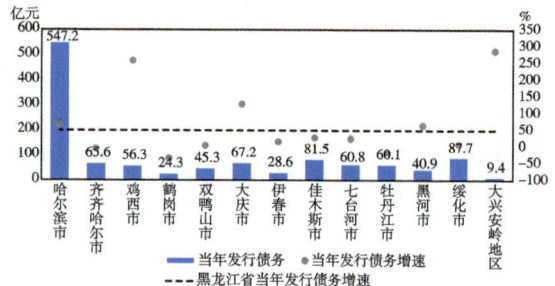

图8-86 2020年黑龙江省各市当年发行债务及增速

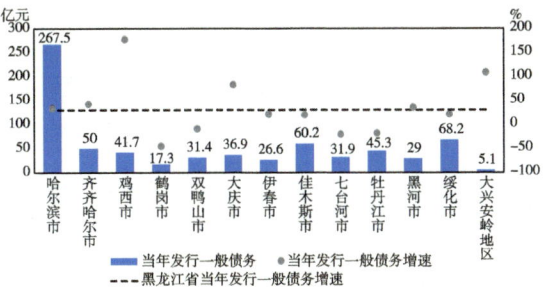

图8-87 2020年黑龙江省各市当年发行一般债务及增速

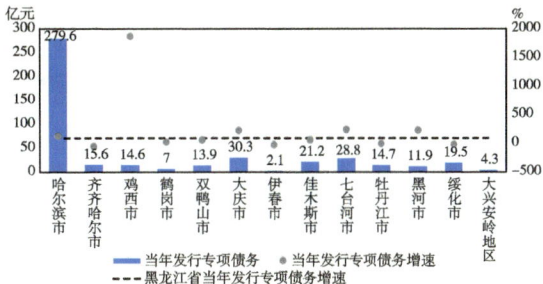

图8-88 2020年黑龙江省各市当年发行专项债务及增速

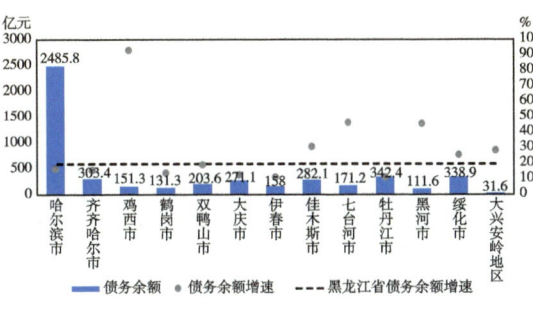

图8-89 2020年黑龙江省各市债务余额及增速

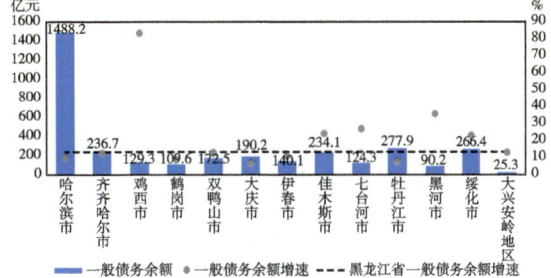

图8-90 2020年黑龙江省各市一般债务余额及增速

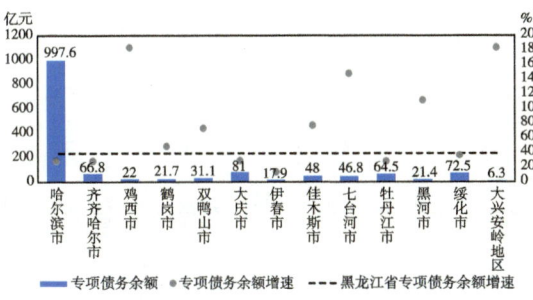

图8-91 2020年黑龙江省各市专项债务余额及增速

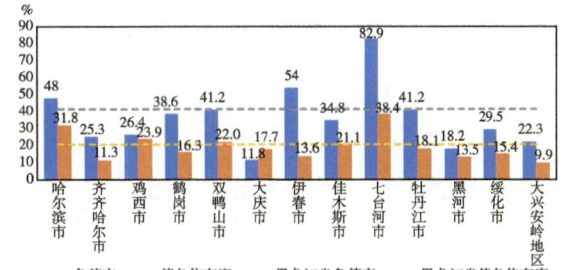

图8-92 2020年黑龙江省各市负债率和债务依存度

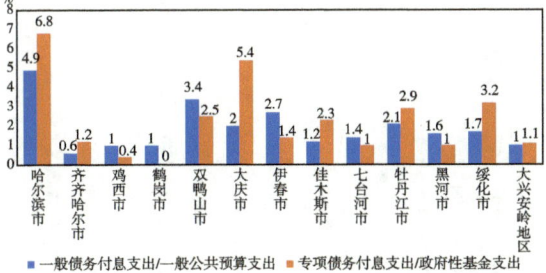

图8-93 2020年黑龙江省各市债务付息支出相关指标

8.2.7 黑龙江省各市市本级一般公共预算收入情况

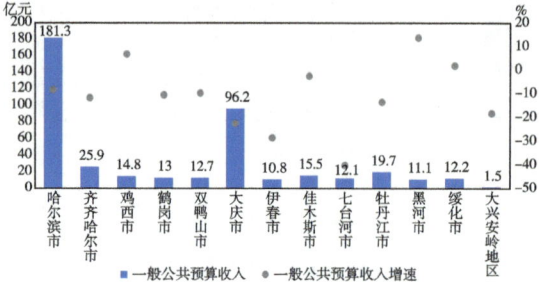

图 8-94 2020年黑龙江省各市市本级一般公共预算收入及增速

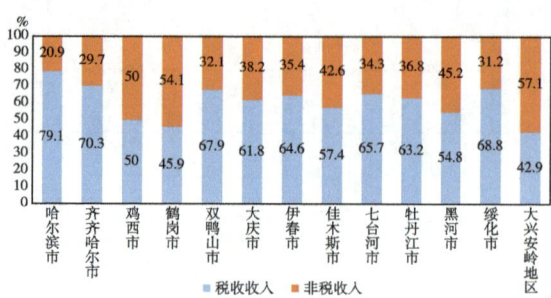

图 8-95 2020年黑龙江省各市市本级一般公共预算收入结构

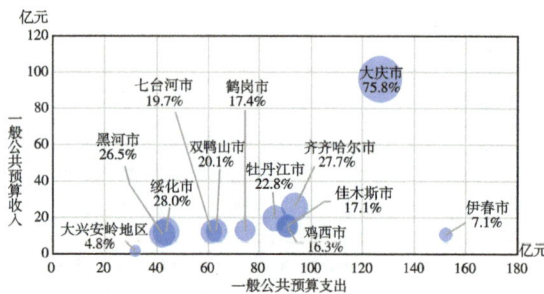

图 8-96 2020年黑龙江省各市市本级财政自给率
注：哈尔滨市一般公共预算收入181.3亿元，一般公共预算支出359.5亿元，财政自给率50.4%。

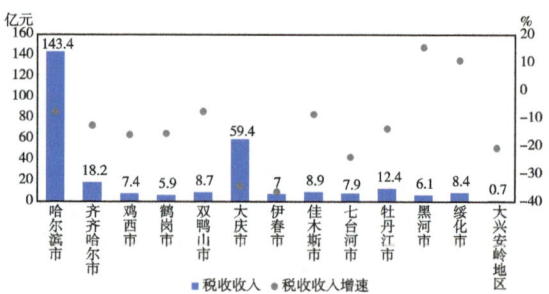

图 8-97 2020年黑龙江省各市市本级税收收入及增速

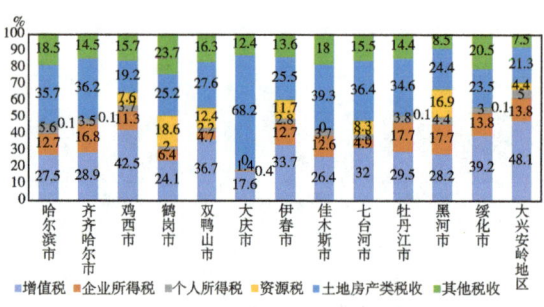

图 8-98 2020年黑龙江省各市市本级税收收入结构
注：大庆市企业所得税占比0.4%、个人所得税占比1.4%、资源税占比0%。

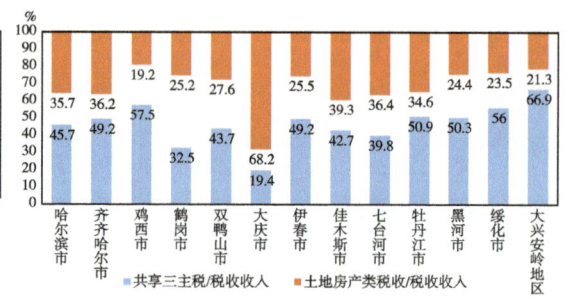

图 8-99 2020年黑龙江省各市市本级共享三主税、土地房产类税收占税收收入的比重

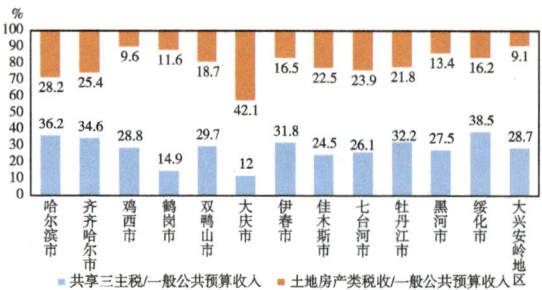

图 8-100 2020年黑龙江省各市市本级共享三主税、土地房产类税收占一般公共预算收入的比重

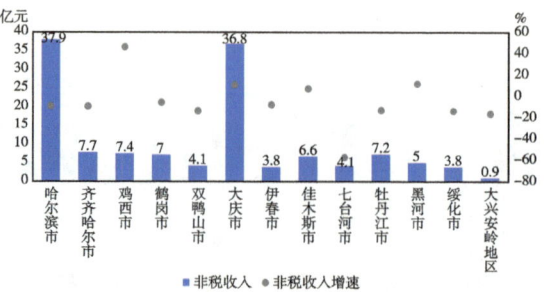

图 8-101 2020年黑龙江省各市市本级非税收入及增速

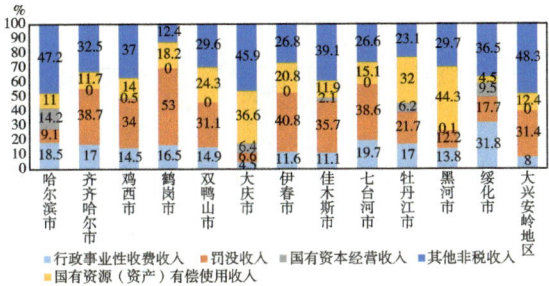

图8-102 2020年黑龙江省各市市本级非税收入结构

8.3 黑龙江省样本县政府收入主要特征分析

8.3.1 黑龙江省样本县经济社会发展情况

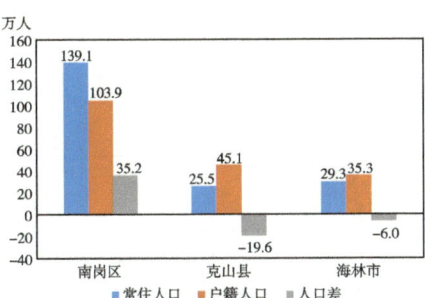

图8-103 2020年黑龙江省样本县人口状况

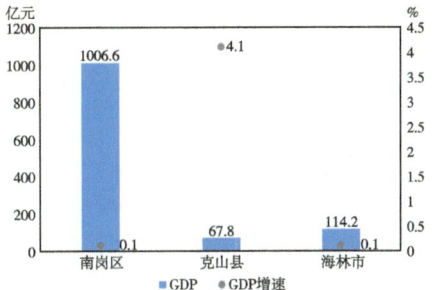

图8-104 2020年黑龙江省样本县GDP及增速

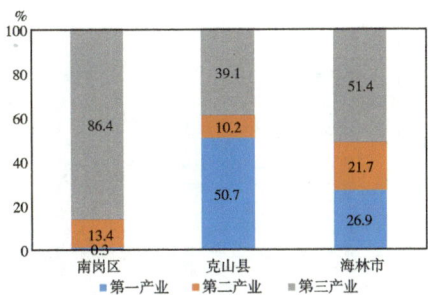

图8-105 2020年黑龙江省样本县三次产业结构

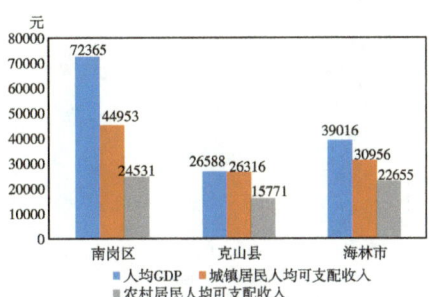

图8-106 2020年黑龙江省样本县人均GDP和人均可支配收入

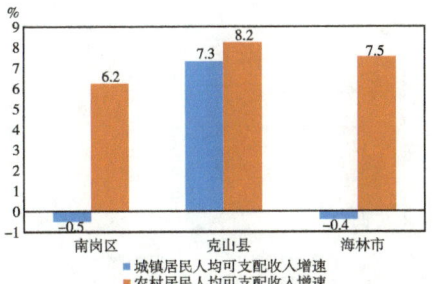

图8-107 2020年黑龙江省样本县人均GDP现价增速和人均可支配收入增速

361

8.3.2 黑龙江省样本县政府收入总体情况

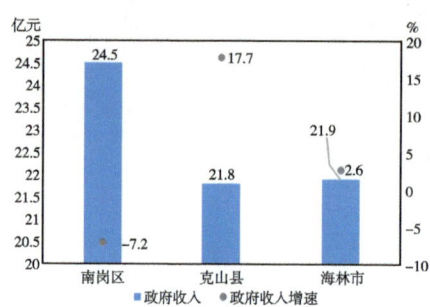

图8-108 2020年黑龙江省样本县政府收入及增速

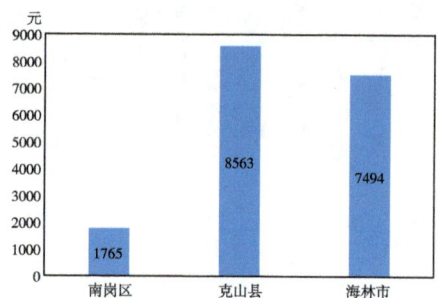

图8-109 2020年黑龙江省样本县人均政府收入

8.3.3 黑龙江省样本县一般公共预算收入情况

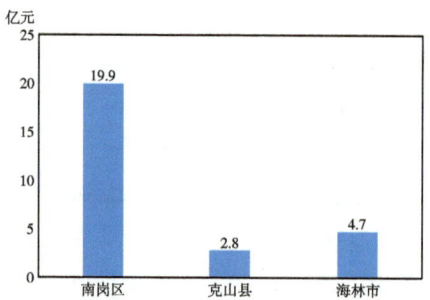

图8-110 2020年黑龙江省样本县一般公共预算收入

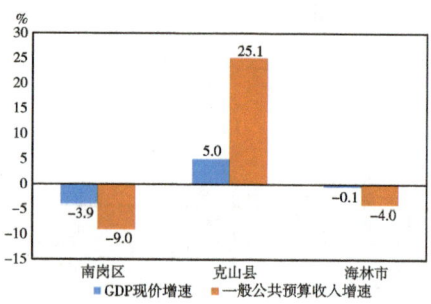

图8-111 2020年黑龙江省样本县一般公共预算收入增速

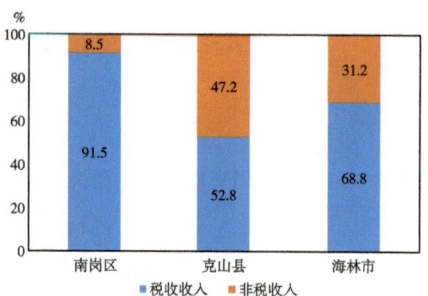

图8-112 2020年黑龙江省样本县一般公共预算收入结构

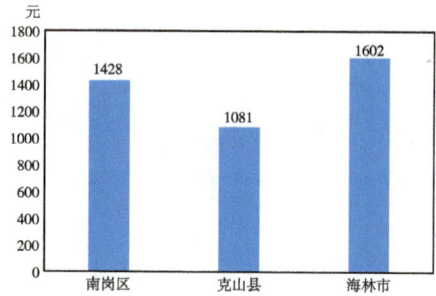

图8-113 2020年黑龙江省样本县人均一般公共预算收入

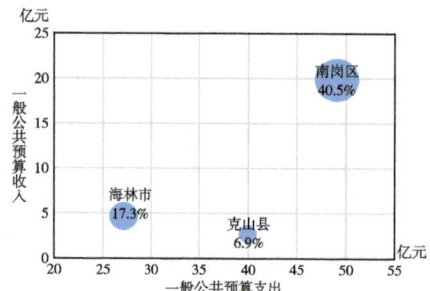

图8-114 2020年黑龙江省样本县财政自给率

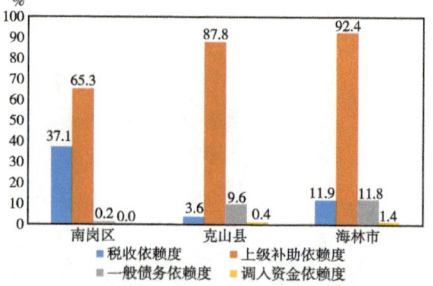

图8-115 2020年黑龙江省样本县一般公共预算支出对各类收入的依赖度

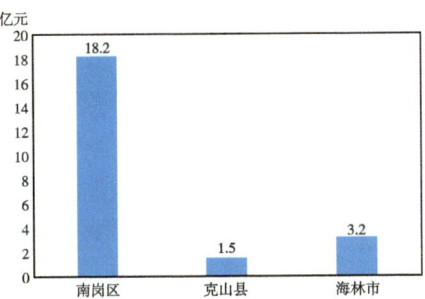

图8-116　2020年黑龙江省样本县税收收入

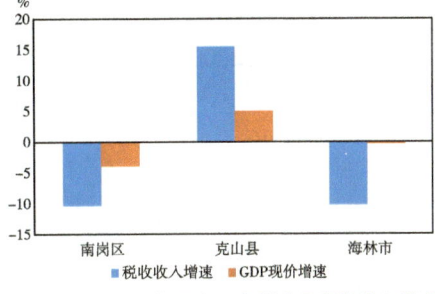

图8-117　2020年黑龙江省样本县税收收入增速

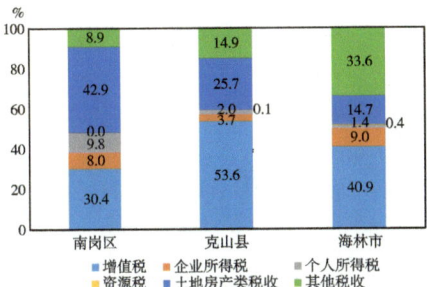

图8-118　2020年黑龙江省样本县税收收入结构

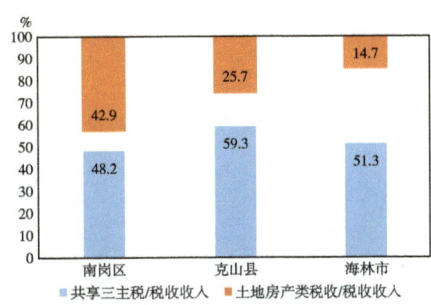

图8-119　2020年黑龙江省样本县共享三主税、土地房产类税收占税收收入的比重

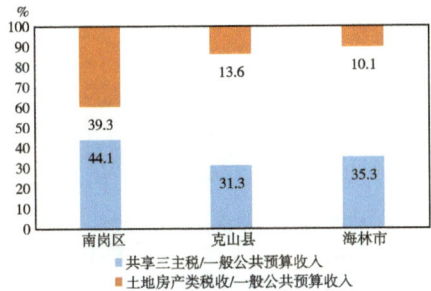

图8-120　2020年黑龙江省样本县共享三主税、土地房产类税收占一般公共预算收入的比重

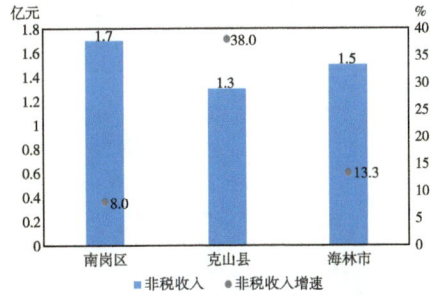

图8-121　2020年黑龙江省样本县非税收入及增速

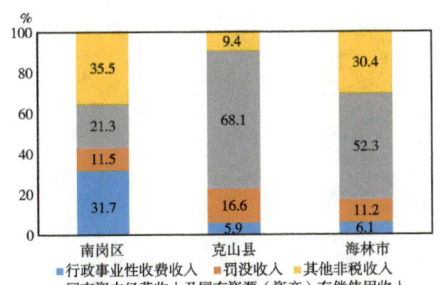

图8-122　2020年黑龙江省样本县非税收入结构

8.3.4 黑龙江省样本县政府性基金收入与国有资本经营收入情况

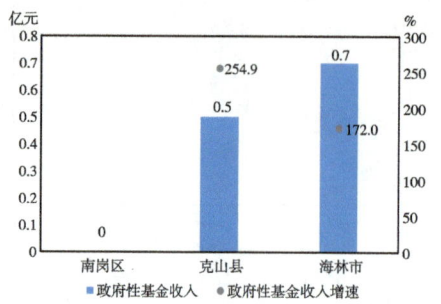

图8-123 2020年黑龙江省样本县政府性基金收入及增速

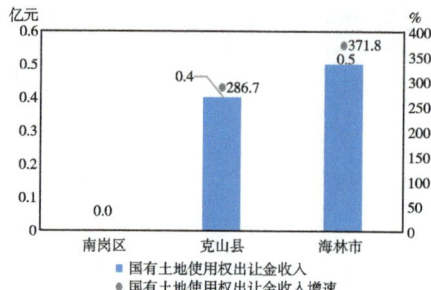

图8-124 2020年黑龙江省样本县国有土地使用权出让金收入及增速

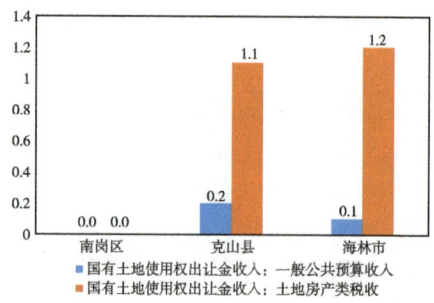

图8-125 2020年黑龙江省样本县国有土地使用权出让金收入与一般公共预算收入对比关系

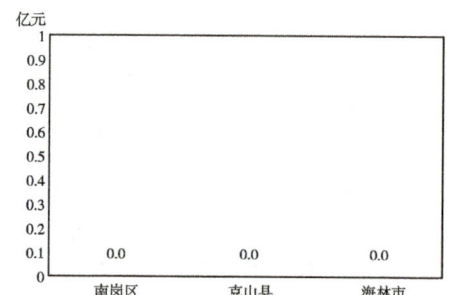

图8-126 2020年黑龙江省样本县国有资本经营收入

8.3.5 黑龙江省样本县社会保险基金收入情况

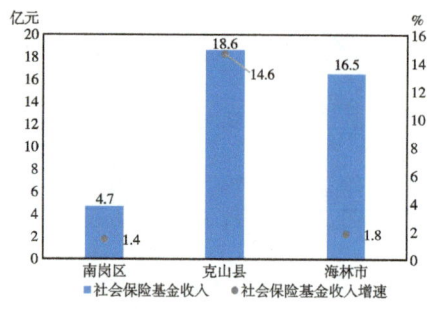

图8-127 2020年黑龙江省样本县社会保险基金收入及增速

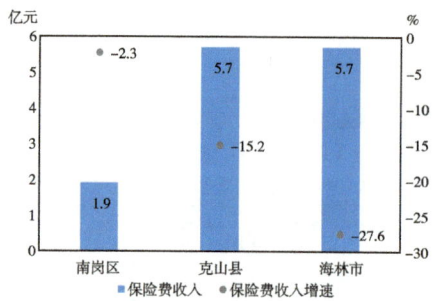

图8-128 2020年黑龙江省样本县保险费收入及增速

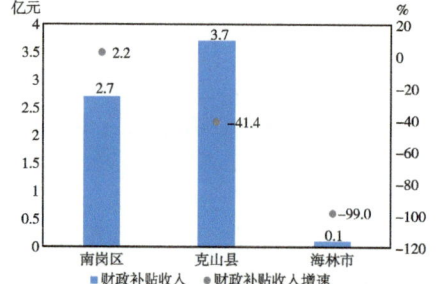

图8-129 2020年黑龙江省样本县财政补贴收入及增速

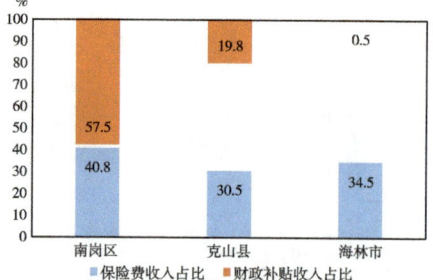

图8-130 2020年黑龙江省样本县保险费收入、财政补贴收入占社会保险基金收入的比重

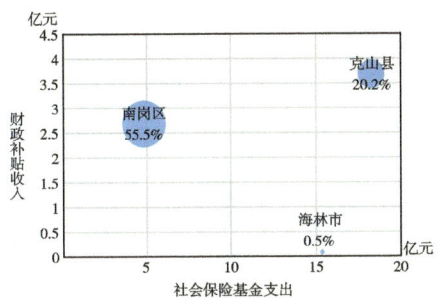

图8-131 2020年黑龙江省样本县社会保险基金支出对财政补贴的依赖度

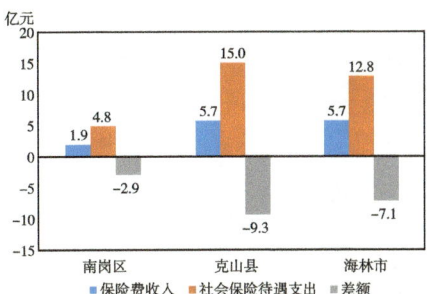

图8-132 2020年黑龙江省样本县保险费收入、社会保险待遇支出及差额

8.3.6 黑龙江省样本县债务情况

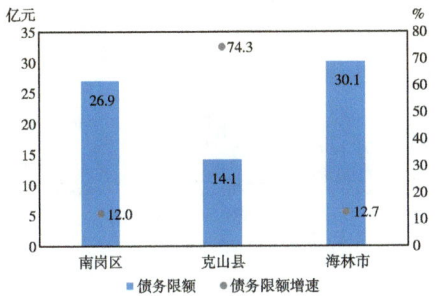

图8-133 2020年黑龙江省样本县债务限额及增速

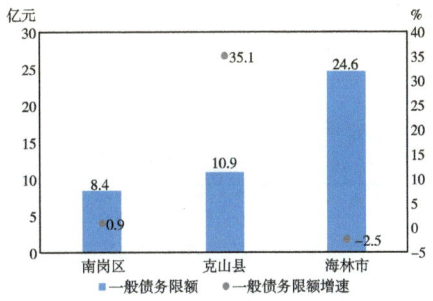

图8-134 2020年黑龙江省样本县一般债务限额及增速

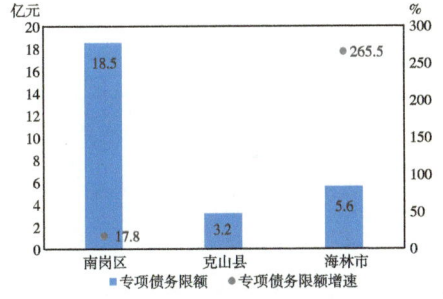

图8-135 2020年黑龙江省样本县专项债务限额及增速

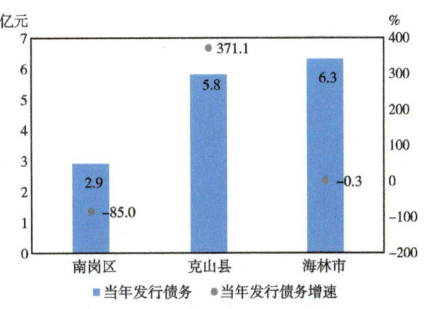

图8-136 2020年黑龙江省样本县当年发行债务及增速

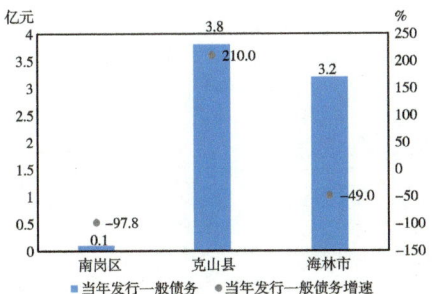

图8-137 2020年黑龙江省样本县当年发行一般债务及增速

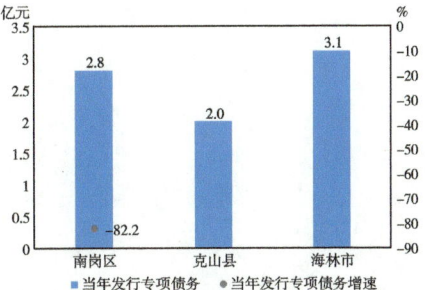

图8-138 2020年黑龙江省样本县当年发行专项债务及增速

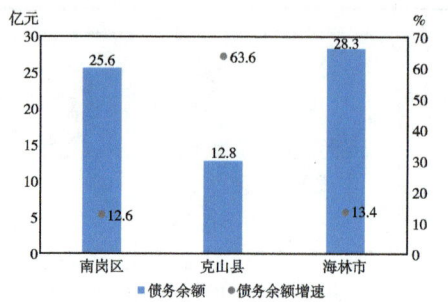

图8-139 2020年黑龙江省样本县债务余额及增速

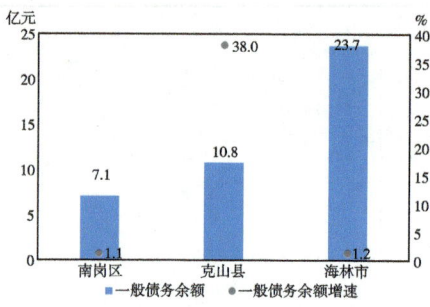

图8-140 2020年黑龙江省样本县一般债务余额及增速

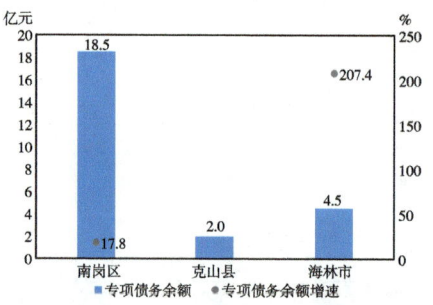

图8-141 2020年黑龙江省样本县专项债务余额及增速

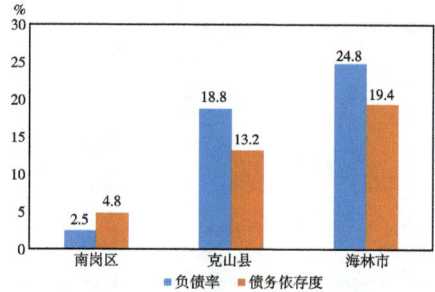

图8-142 2020年黑龙江省样本县负债率和债务依存度

9 上海市

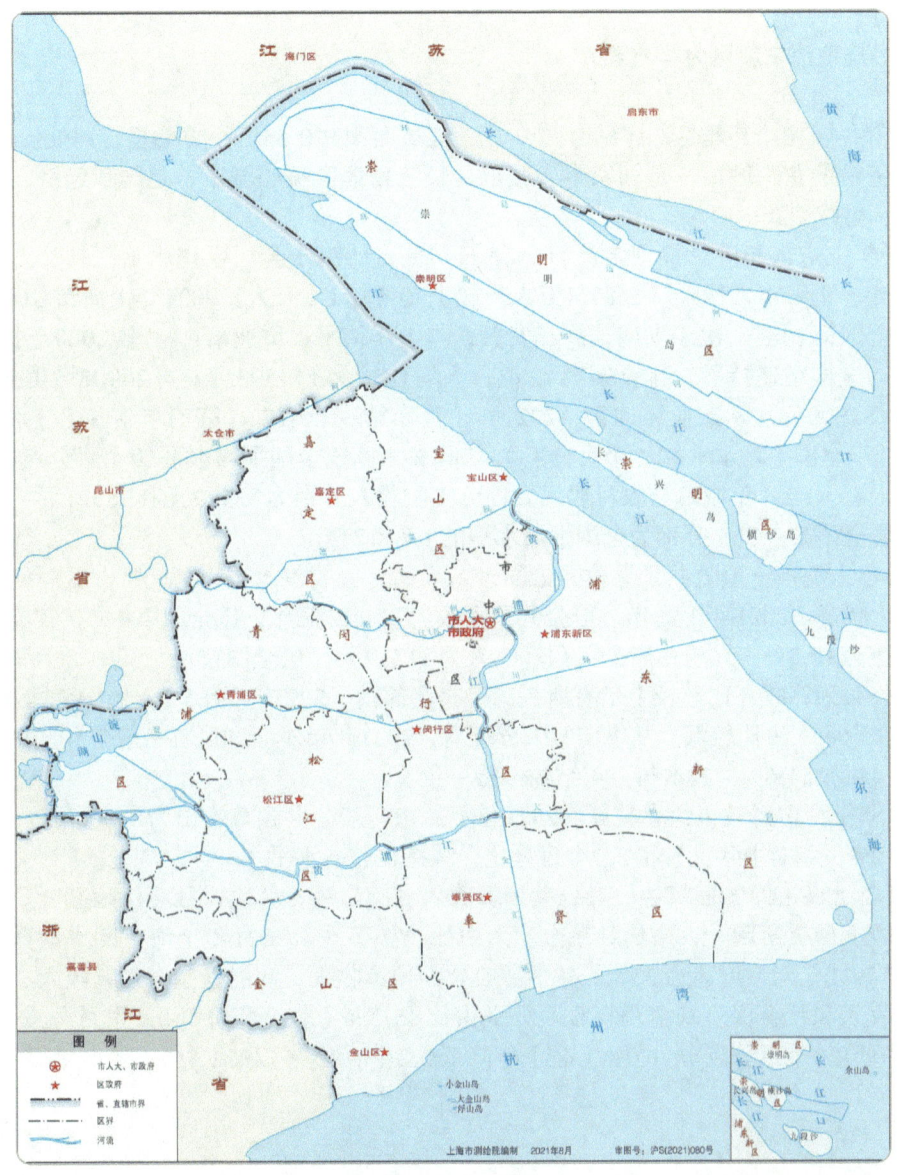

图　2021年上海市地图

资料来源：上海市地理信息公共服务平台。
注：审图号：沪S（2021）080号。

本章执笔人：刘昶　审校：梁季

> **专栏9-1 2021年上海市行政区划**
>
> 黄浦区、徐汇区、长宁区、静安区、普陀区、虹口区、杨浦区、闵行区、宝山区、嘉定区、**浦东新区**、金山区、松江区、青浦区、奉贤区、崇明区
>
> **本书选取浦东新区为样本县。**

上海市共辖16个市辖区（详见专栏9-1），地域面积共0.63万平方公里，地处长江入海口，是长江经济带的龙头城市，是国家中心城市，长三角地区核心城市，是国际经济、金融、贸易、航运、科技创新中心。

2021年上海市经济总量排名第10，第三产业占比高于全国平均水平，常住人口稳定增加。 2021年，上海市常住人口2489.4万人，较上年增加1.2万人。2021年上海市GDP为4.3万亿元，排全国第10名，次于湖南，高于安徽，与上年持平；增速8.1%，较2020年提高6.4个百分点，与全国增速持平，排全国第12位；人均GDP为173593元（折26908.6美元），仅次于北京的184000元。从产业结构看，2021年上海市第一、第二、第三产业占比分别为0.2%、26.5%（低于全国平均水平12.9个百分点）、73.3%（高于全国平均水平20个百分点）。从居民可支配收入看，2021年城镇与农村居民人均可支配收入分别为82429元和38521元，延续上升态势，均居全国第一位，分别为全国平均水平的1.7和2倍。

2021年上海市一般公共预算收入全国排名靠前，税收收入占比高，市、区两级中区级政府收入占比较高。 2021年上海市一般公共预算收入7771.8亿元，排全国第4位，较前一年下滑一位，增速为10.3%，人均一般公共预算收入为31219元，居全国首位。其中，上海市税收收入占一般公共预算收入比重较上年有所提高，排名靠前，2021年为85%，低于全国水平0.3个百分点。非税收入占比较低。从纵向收入分配看，2021年市本级和区县一般公共预算收入占比分别为45.4%和54.6%，基本与上年结构保持一致。

2021年上海市财政自给率较高。 2021年上海市一般公共预算支出为8430.9亿元，财政自给率为92.2%，相对上年上升了5.2个百分比，维持在较高水平。

2021年上海市四本预算中一般公共预算收入占比最高，其次为社会保险基金收入，社保收入占比较上年有所回升，政府性基金收入占比小幅下滑。 2021年上海市四本预算加总的政府收入17159.1亿元，增速为23%，其中一般公共预算收入、政府性基金预算收入、国有资本经营预算收入和社会保险基金预算收入分别占比45.3%（较上年降低5.2个百分点）、22.0%（较上年降低0.8个百分点）、1.0%（较上年降低0.2个百分点）和31.7%（较上年提升6.2个百分点）。

9.1 上海市政府收入主要特征分析

9.1.1 上海市经济社会基本情况

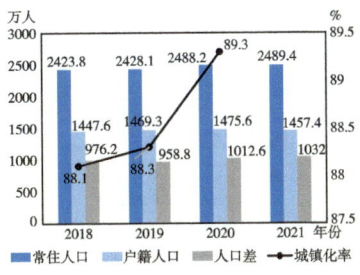

图9-1 2018-2021年上海市人口状况

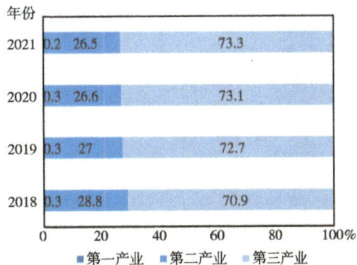

图9-2 2018-2021年上海市GDP及增速

图9-3 2018-2021年上海市三次产业结构

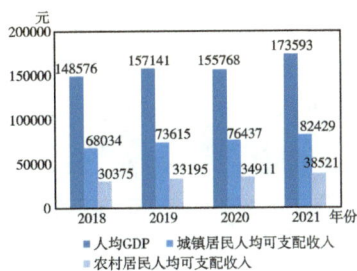

图9-4 2018-2021年上海市人均GDP和人均可支配收入

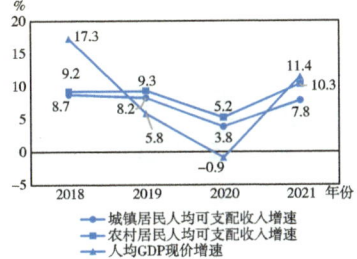

图9-5 2018-2021年上海市人均GDP现价增速和人均可支配收入增速

9.1.2 上海市政府收入总体情况

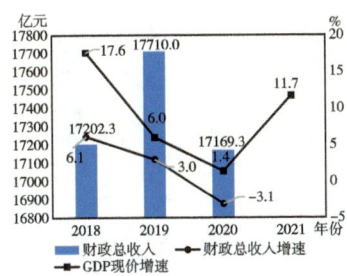

图9-6 2018-2021年上海市财政总收入及增速

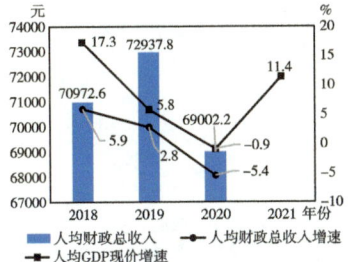

图9-7 2018-2021年上海市人均财政总收入及增速

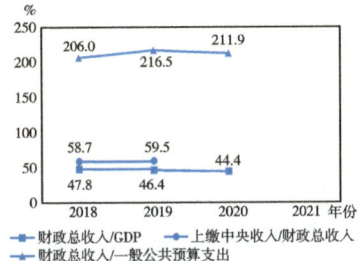

图9-8 2018-2021年上海市财政总收入相关指标

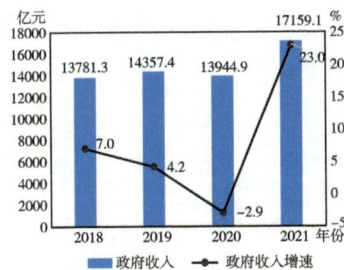

图9-9 2018-2021年上海市政府收入及增速

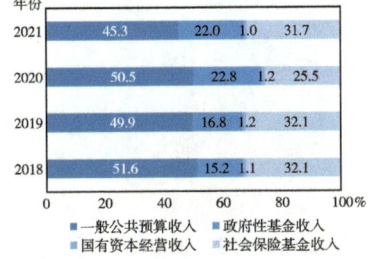

图9-10 2018-2021年上海市政府收入结构

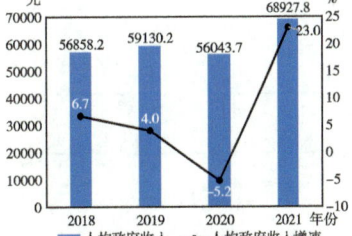

图9-11 2018-2021年上海市人均政府收入及增速

9.1.3 上海市一般公共预算收入情况

图9-12 2018-2021年上海市一般公共预算收入

图9-13 2018-2021年上海市一般公共预算收入增速

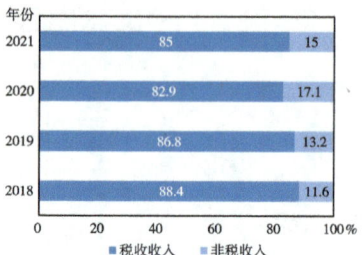

图9-14 2018-2021年上海市一般公共预算收入结构

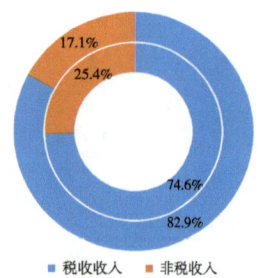

图9-15 2020年一般公共预算收入结构对比(内环为地方,外环为上海市)

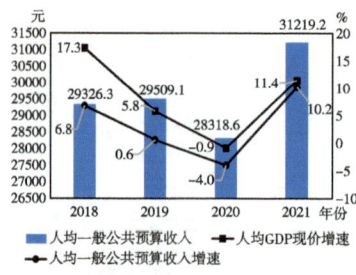

图9-16 2018-2021年上海市人均一般公共预算收入及增速

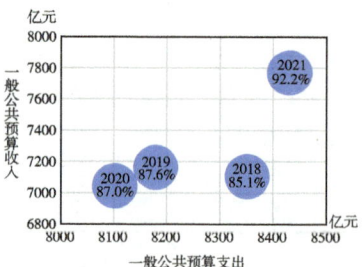

图9-17 2018-2021年上海市财政自给率

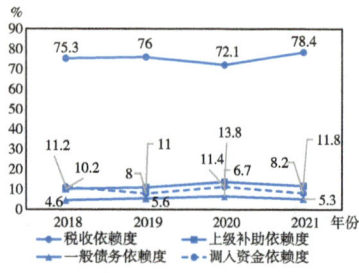

图9-18 2018-2021年上海市一般公共预算支出对各类收入的依赖度

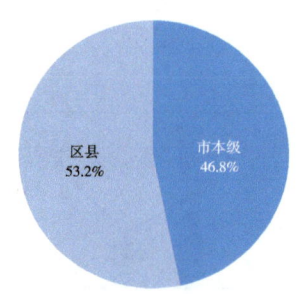

图9-19 2021年上海市市县两级政府一般公共预算收入分布

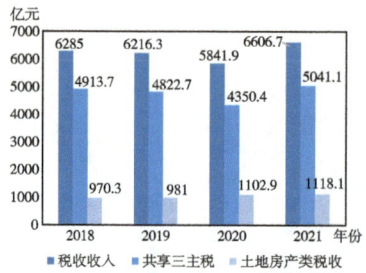

图9-20 2018-2021年上海市税收收入

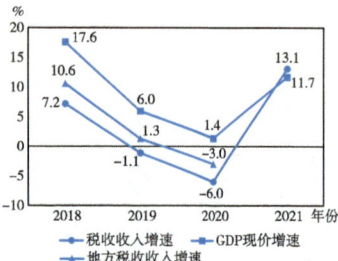

图9-21 2018-2021年上海市税收收入增速

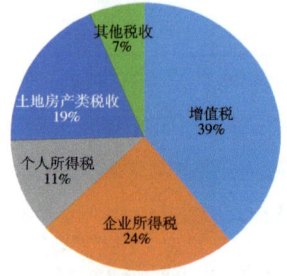

图9-22 2020年上海市税收收入结构

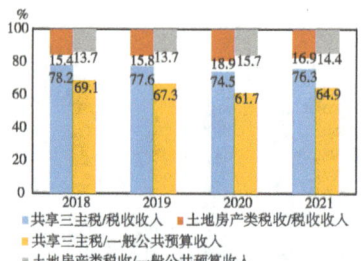

图9-23 2018-2021年上海市共享三主税、土地房产类税占税收收入及一般公共预算收入的比重

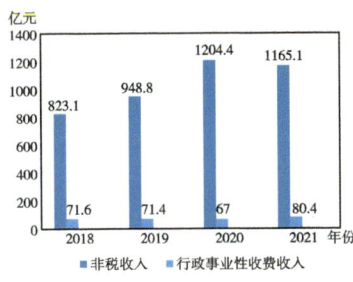

图 9-24 2018-2021年上海市非税收入

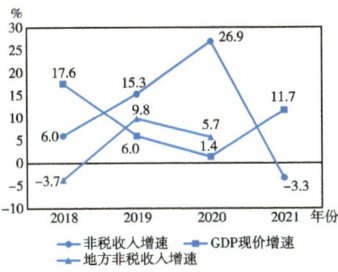

图 9-25 2018-2021年上海市非税收入增速

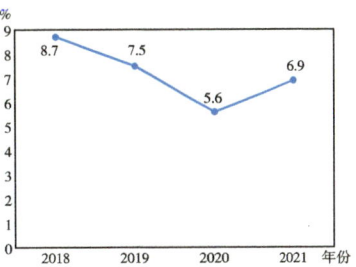

图 9-26 2018-2021年上海市行政事业性收费收入占比

9.1.4 上海市政府性基金和国有资本经营收入情况

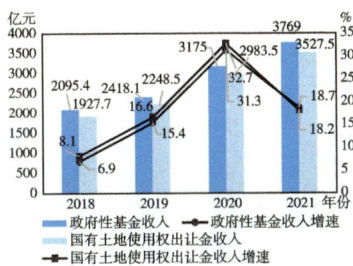

图 9-27 2018-2021年上海市政府性基金收入及增速

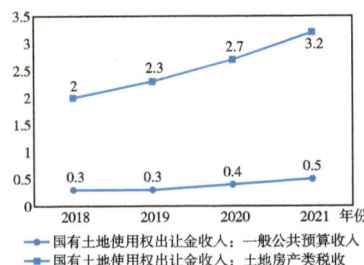

图 9-28 2018-2021年上海市国有土地使用权出让金收入与一般公共预算收入对比关系

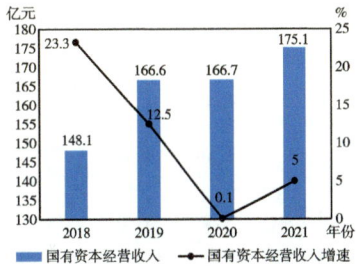

图 9-29 2018-2021年上海市国有资本经营收入及增速

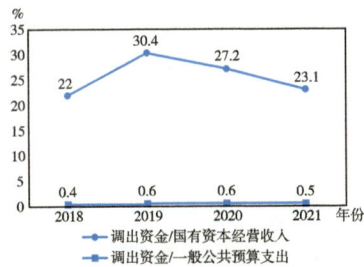

图 9-30 2018-2021年上海市国有资本经营预算中调出资金相关指标

9.1.5 上海市社会保险基金收入情况

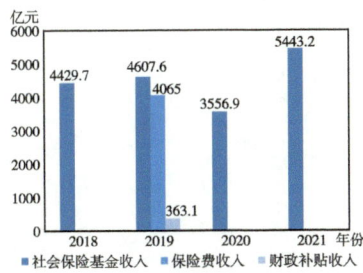

图 9-31 2018-2021年上海市社会保险基金收入

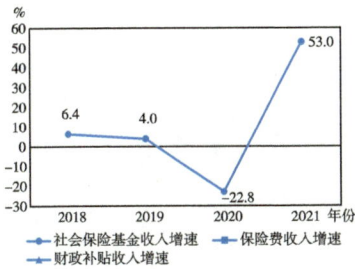

图 9-32 2018-2021年上海市社会保险基金收入增速

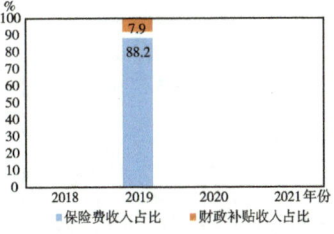

图 9-33 2018-2021年上海市保险费收入、财政补贴收入占社会保险基金收入的比重

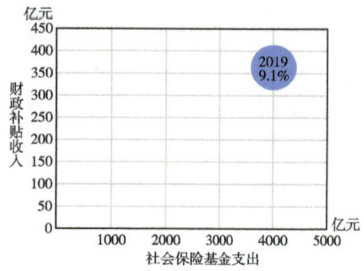

图9-34 2018-2021年上海市社会保险基金支出对财政补贴的依赖度

9.1.6 上海市债务情况

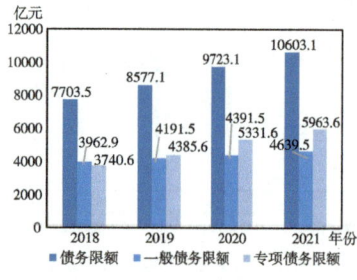

图9-35 2018-2021年上海市债务限额

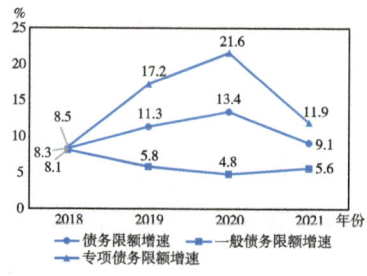

图9-36 2018-2021年上海市债务限额增速

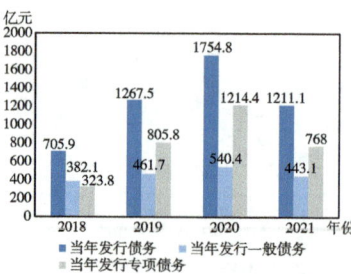

图9-37 2018-2021年上海市当年发行债务

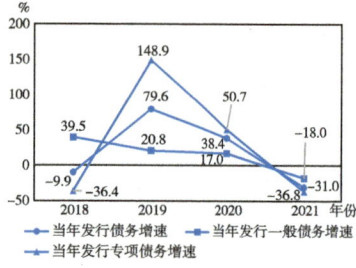

图9-38 2018-2021年上海市当年发行债务增速

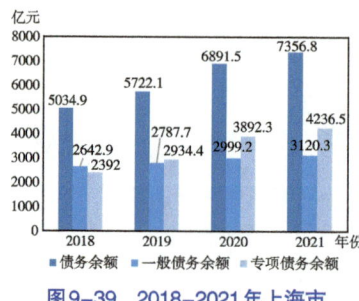

图9-39 2018-2021年上海市债务余额

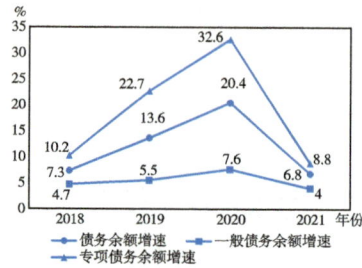

图9-40 2018-2021年上海市债务余额增速

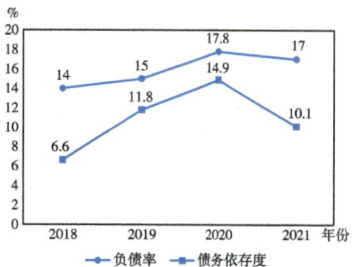

图9-41 2018-2021年上海市负债率和债务依存度

9.1.7 上海市市本级一般公共预算收入情况

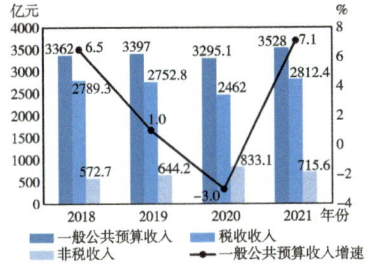

图9-42 2018-2021年上海市市本级一般公共预算收入及增速

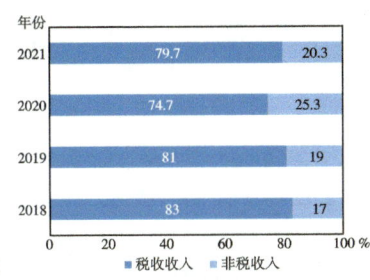

图9-43 2018-2021年上海市市本级一般公共预算收入结构

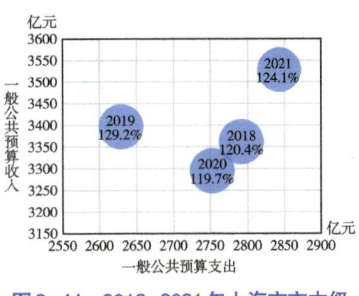

图9-44 2018-2021年上海市市本级财政自给率

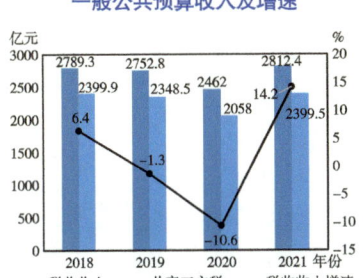

图9-45 2018-2021年上海市市本级税收收入及增速

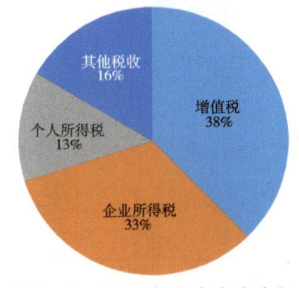

图9-46 2020年上海市市本级税收收入结构

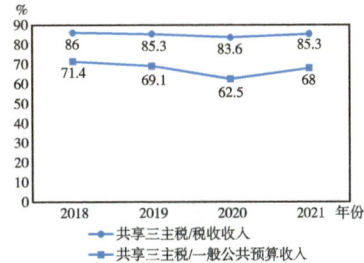

图9-47 2018-2021年上海市市本级共享三主税占税收收入及一般公共预算收入的比重

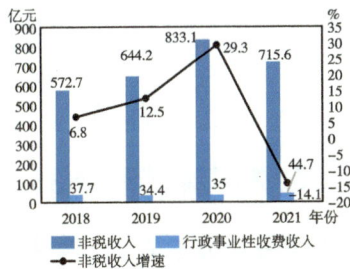

图9-48 2018-2021年上海市市本级非税收入及增速

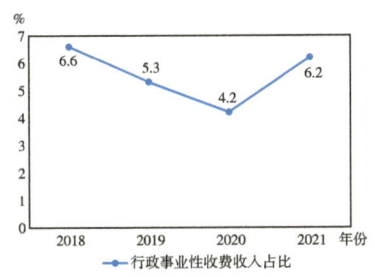

图9-49 2018-2021年上海市市本级非税收入中各主要收入占比

9.2 上海市浦东新区政府收入主要特征分析

9.2.1 上海市浦东新区经济社会发展情况

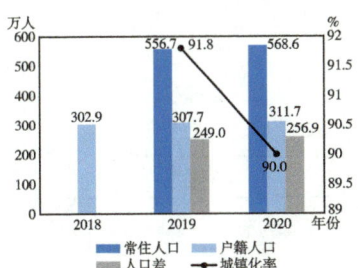

图9-50 2018-2020年上海市浦东新区人口状况

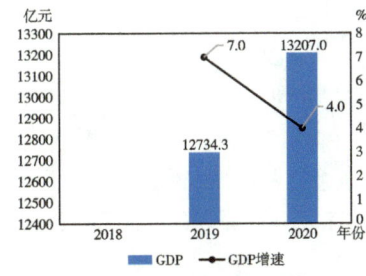

图9-51 2018-2020年上海市浦东新区GDP及增速

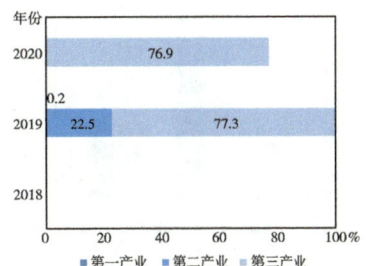

图9-52 2018-2020年上海市浦东新区三次产业结构

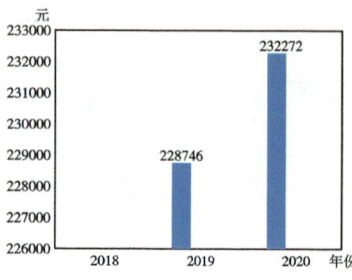

图9-53　2018-2020年上海市浦东新区人均GDP

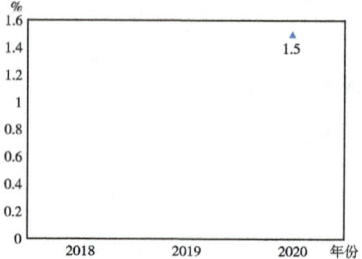

图9-54　2018-2020年上海市浦东新区人均GDP现价增速

9.2.2　上海市浦东新区政府收入总体情况

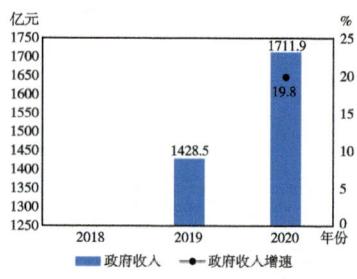

图9-55　2018-2020年上海市浦东新区政府收入及增速

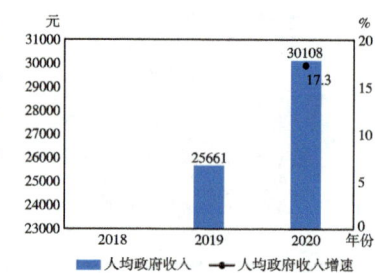

图9-56　2018-2020年上海市浦东新区人均政府收入及增速

9.2.3　上海市浦东新区一般公共预算收入情况

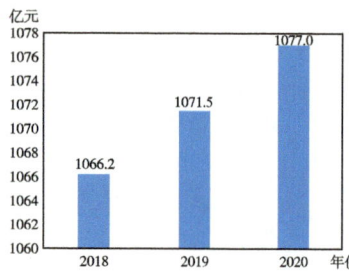

图9-57　2018-2020年上海市浦东新区一般公共预算收入

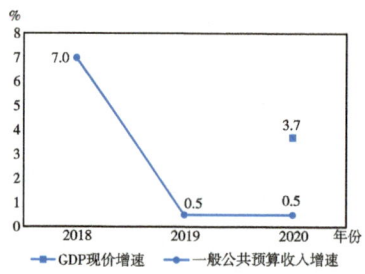

图9-58　2018-2020年上海市浦东新区一般公共预算收入增速

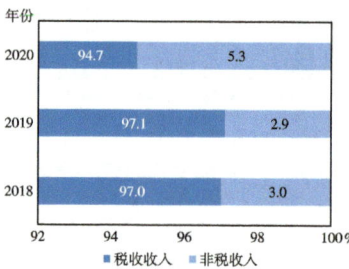

图9-59　2018-2020年上海市浦东新区一般公共预算收入结构

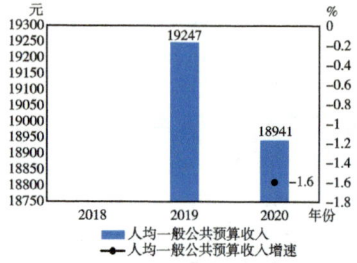

图9-60　2018-2020年上海市浦东新区人均一般公共预算收入及增速

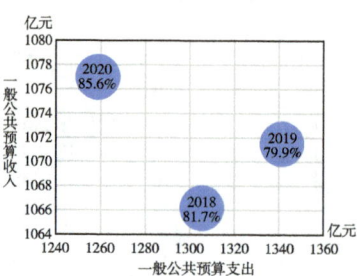

图9-61　2018-2020年上海市浦东新区财政自给率

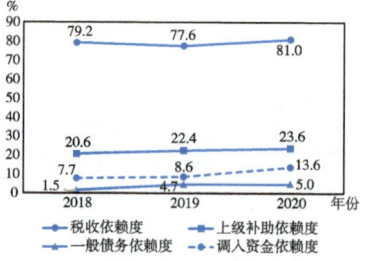

图9-62　2018-2020年上海市浦东新区一般公共预算支出对各类收入的依赖度

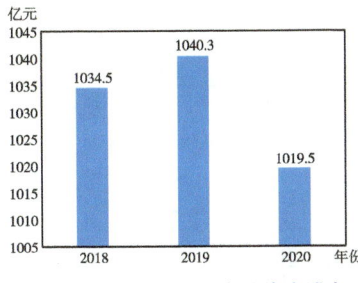

图9-63 2018—2020年上海市浦东新区税收收入

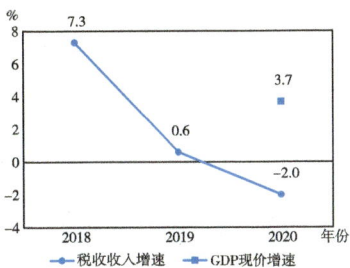

图9-64 2018—2020年上海市浦东新区税收收入增速

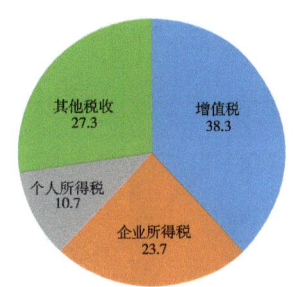

图9-65 2020年上海市浦东新区税收收入结构

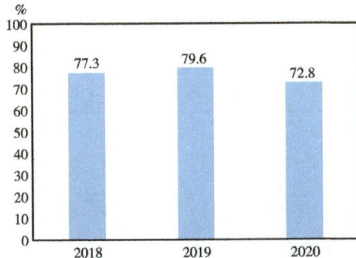

图9-66 2018—2020年上海市浦东新区共享三主税占税收收入的比重

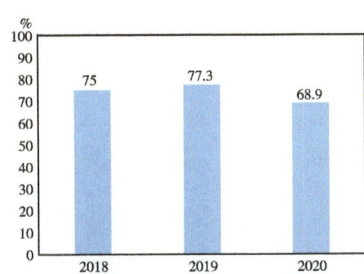

图9-67 2018—2020年上海市浦东新区共享三主税占一般公共预算收入的比重

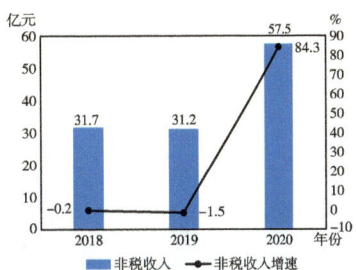

图9-68 2018—2020年上海市浦东新区非税收入及增速

9.2.4 上海市浦东新区政府性基金收入与国有资本经营收入情况

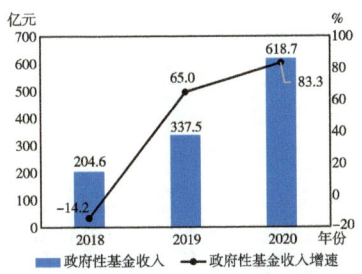

图9-69 2018—2020年上海市浦东新区政府性基金收入及增速

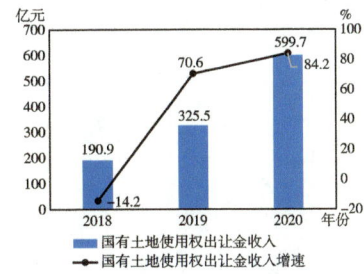

图9-70 2018—2020年上海市浦东新区国有土地使用权出让金收入及增速

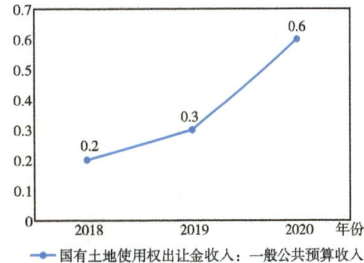

图9-71 2018—2020年上海市浦东新区国有土地使用权出让金收入与一般公共预算收入对比关系

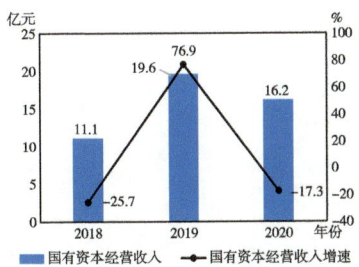

图9-72 2018—2020年上海市浦东新区国有资本经营收入及增速

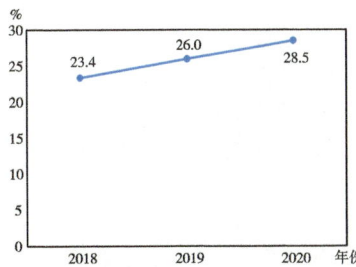

图9-73 2018—2020年上海市浦东新区调出资金与国有资本经营收入对比关系

9.2.5 上海市浦东新区债务情况

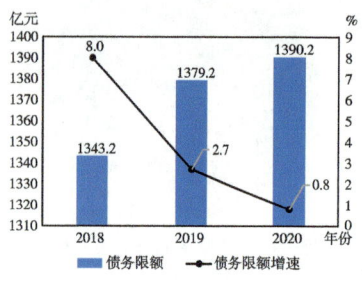

图9-74 2018-2020年上海市浦东新区债务限额及增速

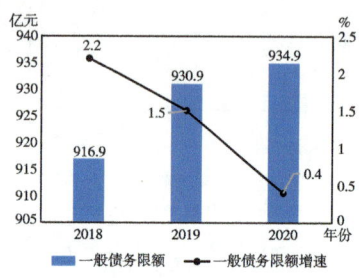

图9-75 2018-2020年上海市浦东新区一般债务限额及增速

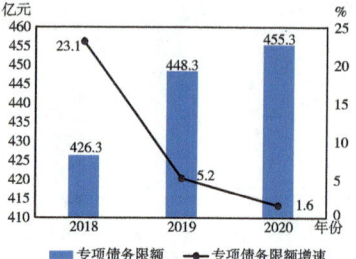

图9-76 2018-2020年上海市浦东新区专项债务限额及增速

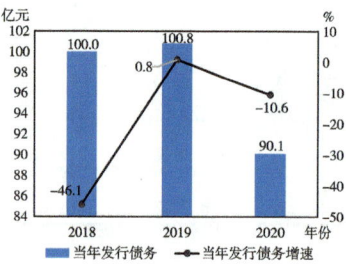

图9-77 2018-2020年上海市浦东新区当年发行债务及增速

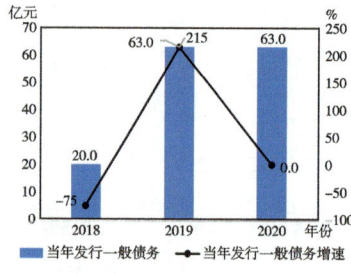

图9-78 2018-2020年上海市浦东新区当年发行一般债务及增速

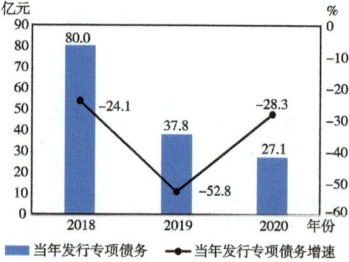

图9-79 2018-2020年上海市浦东新区当年发行专项债务及增速

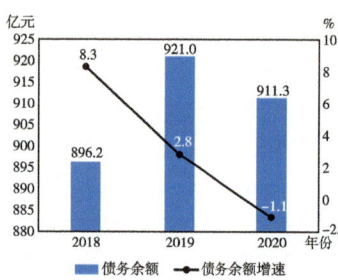

图9-80 2018-2020年上海市浦东新区债务余额及增速

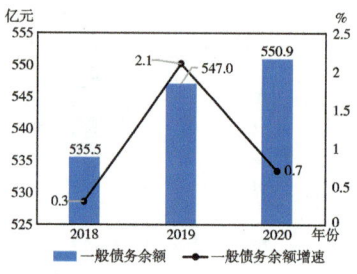

图9-81 2018-2020年上海市浦东新区一般债务余额及增速

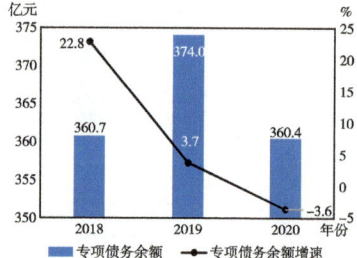

图9-82 2018-2020年上海市浦东新区专项债务余额及增速

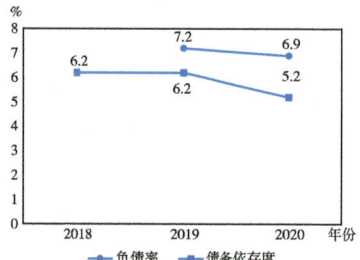

图9-83 2018-2020年上海市浦东新区负债率和债务依存度

10 江苏省

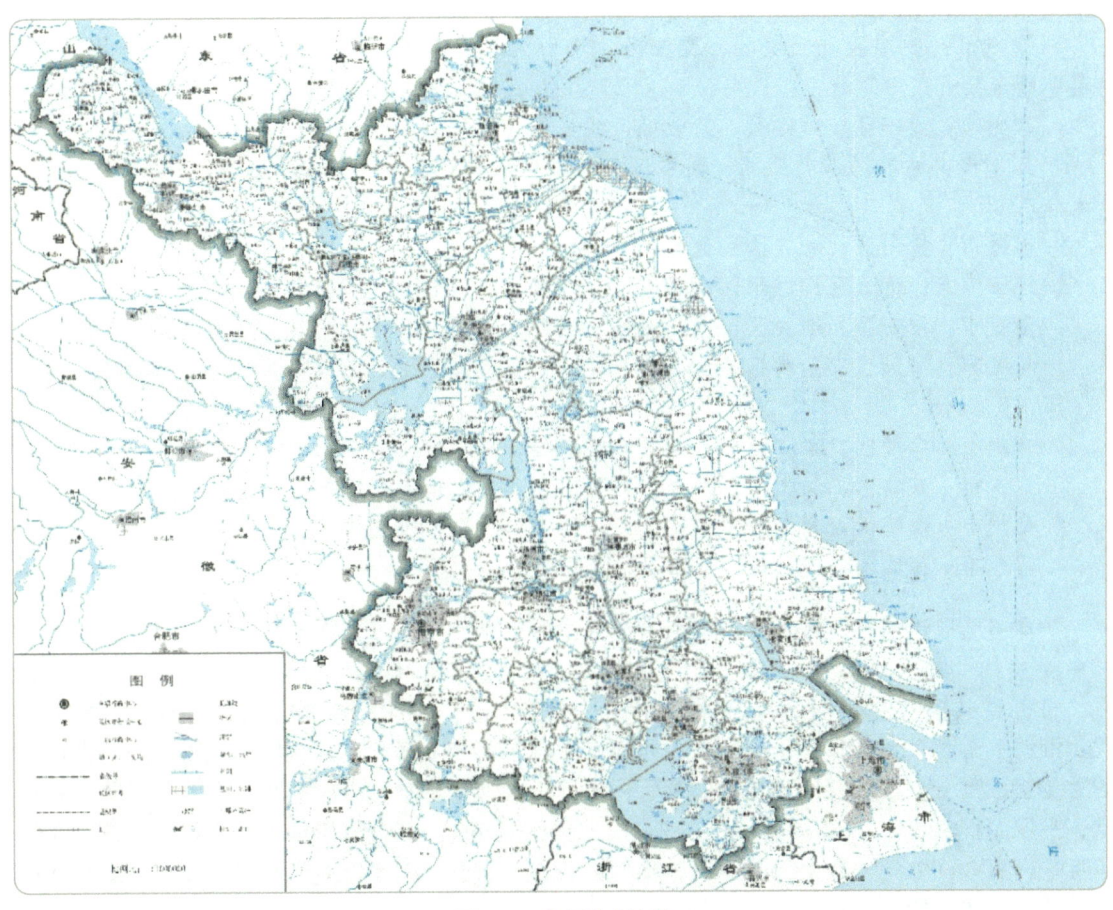

图　2020年江苏省地图

资料来源：自然资源部的标准地图服务系统网站。
注：审图号为苏S（2020）022号。

本章执笔人：沈一凡　审校：陈莹莹

专栏10-1 2021年江苏省行政区划

南京市：玄武区、秦淮区、建邺区、鼓楼区、浦口区、栖霞区、雨花台区、江宁区、六合区、溧水区、高淳区

无锡市：梁溪区、锡山区、惠山区、滨湖区、新吴区、江阴市、宜兴市

徐州市：鼓楼区、云龙区、贾汪区、泉山区、铜山区、新沂市、邳州市、丰县、沛县、睢宁县

常州市：天宁区、钟楼区、新北区、武进区、金坛区、溧阳市

苏州市：姑苏区、虎丘区、吴中区、相城区、吴江区、常熟市、张家港市、昆山市、太仓市

南通市：崇川区、海门区、通州区、如东县、启东市、如皋市、海安市

连云港市：连云区、海州区、赣榆区、东海县、灌云县、灌南县

淮安市：淮安区、淮阴区、清江浦区、洪泽区、涟水县、盱眙县、金湖县

盐城市：亭湖区、盐都区、大丰区、射阳县、阜宁县、滨海县、响水县、建湖县、东台市

扬州市：广陵区、邗江区、江都区、宝应县、高邮市、仪征市

镇江市：京口区、润州区、丹徒区、丹阳市、扬中市、句容市

泰州市：海陵区、高港区、姜堰区、靖江市、泰兴市、兴化市

宿迁市：宿城区、宿豫区、沭阳县、泗阳县、泗洪县

本书选取江宁区、邳州市、张家港市、昆山市以及仪征市为样本县。

江苏省共辖13个地级市，市辖55个、县级市21个、县19个（详见专栏10-1）；地处长江、淮河下游，东濒黄海，北接山东，西连安徽，东南与上海和浙江接壤，是长江三角洲地区的重要组成部分。江苏总面积为10.72万平方公里，地形多样，包含平原、山地和丘陵三种类型，平原面积86.9%，丘陵占比11.54%，山地占比1.56%。江苏省跨江滨海，湖泊众多，是全国唯一拥有大江大湖大海大河的省份，水域面积占16.9%。江苏省战略新兴产业和高新技术产业发达，2020年数字经济规模超4万亿元。

2021年江苏省经济总量处于全国前列，第三产业占比低于全国。 2021年末，江苏省常住人口8505.4万人，常住人口城镇化率为73.9%（高于全国水平9.2个百分点）。2021年江苏GDP达到11.6万亿元，排全国第2名，仅次于广东，略高于山东、浙江；增速8.6%，比2020年上升4.9个百分点，高于全国0.5个百分点，排全国第5名；人均GDP为137039元（折21242美元），排全国第3名。从产业结构看，第一、第二、第三产业占比分别为4.1%、44.5%（高于全国5.1个百分点）和51.4%（低于全国1.9个百分点）。从居民可支配收入看，2021年城镇与农村居民人均可支配收入分别为57743元和26791元，呈上升态势，分别为全国平均水平的121.8%和141.5%。

2021年江苏省一般公共预算收入全国排前列，省市县中县级政府收入占比最高。 2021年江苏省一般公共预算收入10015.2亿元，排全国第2名，增速10.6%，人均一般公共预算收入

为11775元，排全国第5名。其中，近四年江苏省税收收入占一般公共预算收入的总体略有下降，2021年为81.6%。非税收入占比偏低。从纵向收入分配看，2020年省本级、市本级、县一般公共预算收入占比分别为1.4%、10%和88.6%。

2021年江苏省财政自给率较高，今年较去年有所提高。 2021年江苏财政自给率为68.7%，较2019年上升2.5个百分点。一般公共预算支出为14585.9亿元。

2021年江苏省四本预算合计中政府性基金预算收入占比最高。 2021年江苏省四本预算加总的政府收入31128亿元，其中一般公共预算收入、政府性基金预算收入、国有资本经营预算收入和社会保险基金预算收入分别占比32.2%、43.8%、1.1%和22.9%。2021年江苏省社保基金预算收入7132.3亿元。

江苏省内各地市经济社会发展和财政发展不均衡，优势主要集中于苏南地区。 苏州是2020年江苏省政府收入规模唯一超5000亿元的城市，为5420.3亿元。其次是南京，为4721.7亿元。此外，有三个城市政府收入规模超过2000亿元，而其他城市政府收入规模在千亿元左右。2020年苏州市一般公共预算收入2303亿元，除排名第二的南京和第三的无锡实现超过1000亿元的一般公共预算收入外，其他各市均低于650亿元，收入较为集中且城市间差异较大，一般公共预算收入的城市首位度指数为1.4，且苏州市是收入最低的宿迁市的10.4倍。总体而言，江苏省各城市财政自给率较高，2020年均在37%以上，苏南城市多在90%左右，其中苏州的财政自给率最高，为101.7%，是自给率最低的宿迁的2.7倍。政府性基金收入主要构成是国有土地使用权出让收入，各地差距较大，收入规模最大的南京市（2030.8亿元）为规模最小的连云港市（190.7亿元）的10.6倍。江苏省县域经济发达，全国第一县昆山市2020年一般公共预算收入达到428亿元。

10.1 江苏省政府收入主要特征分析

10.1.1 江苏省经济社会基本情况

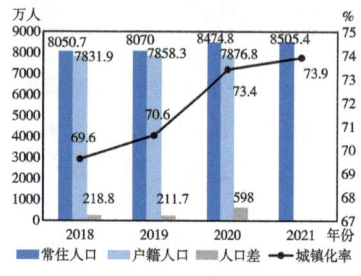

图10-1 2018-2021年江苏省人口状况

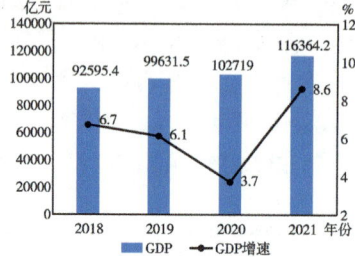

图10-2 2018-2021年江苏省GDP及增速

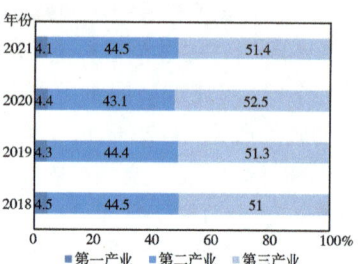

图10-3 2018-2021年江苏省三次产业结构

图10-4 2018-2021年江苏省人均GDP和人均可支配收入

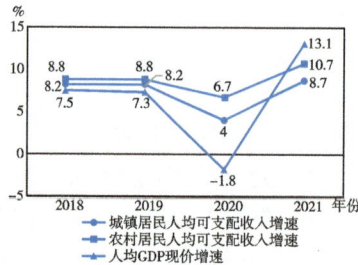

图10-5 2018-2021年江苏省人均GDP现价增速和人均可支配收入增速

10.1.2 江苏省政府收入总体情况

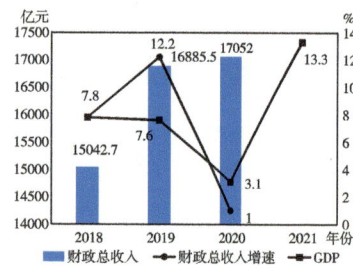

图10-6 2018-2021年江苏省财政总收入及增速

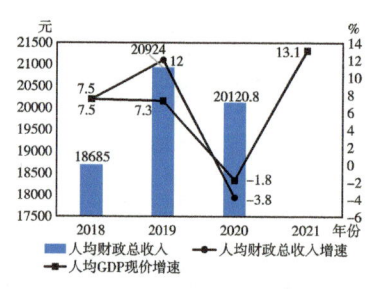

图10-7 2018-2021年江苏省人均财政总收入及增速

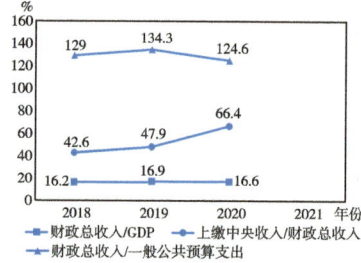

图10-8 2018-2021年财政总收入相关指标

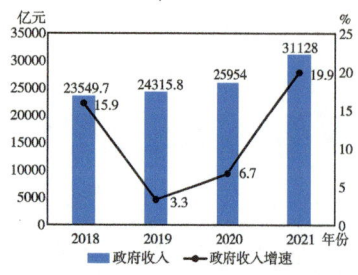

图10-9 2018-2021年江苏省政府收入及增速

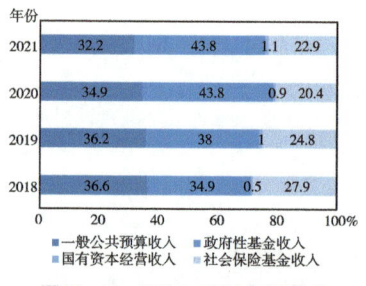

图10-10 2018-2021年江苏省政府收入结构

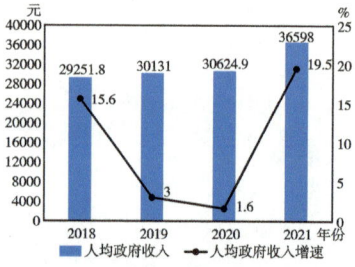

图10-11 2018-2021年江苏省人均政府收入及增速

10.1.3 江苏省一般公共预算收入情况

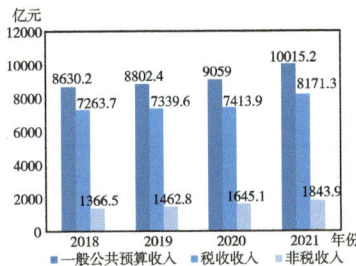

图10-12 2018—2021年江苏省一般公共预算收入

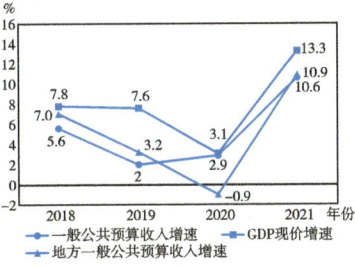

图10-13 2018—2021年江苏省一般公共预算收入增速

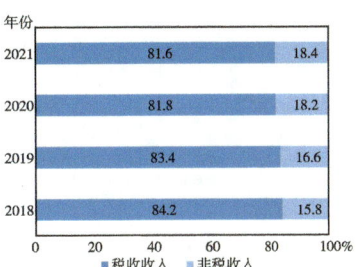

图10-14 2018—2021年江苏省一般公共预算收入结构

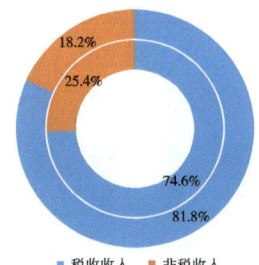

图10-15 2020年一般公共预算收入结构对比（内环为地方，外环为江苏省）

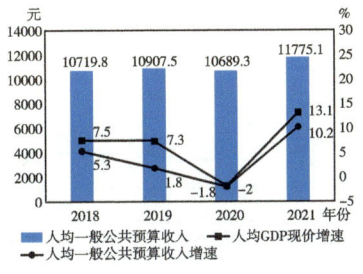

图10-16 2018—2021年江苏省人均一般公共预算收入及增速

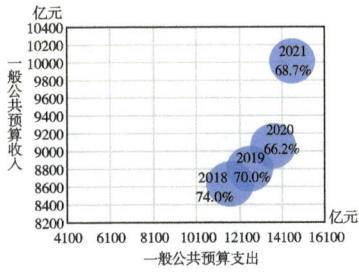

图10-17 2018—2021年江苏省财政自给率

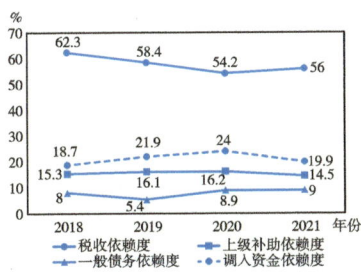

图10-18 2018—2021年江苏省一般公共预算支出对各类收入的依赖度

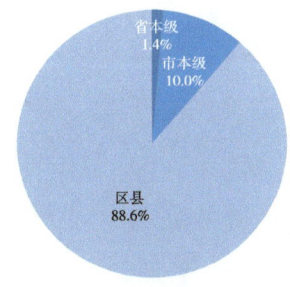

图10-19 2020年江苏省市县三级政府一般公共预算收入分布

图10-20 2018—2021年江苏省税收收入

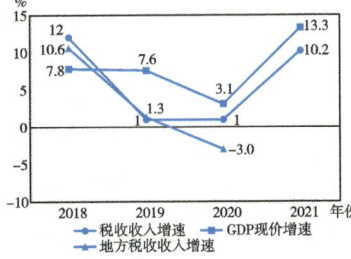

图10-21 2018—2021年江苏省税收收入增速

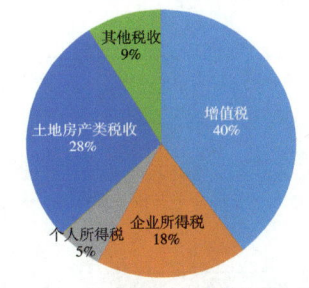

图10-22 2020年江苏省税收收入结构

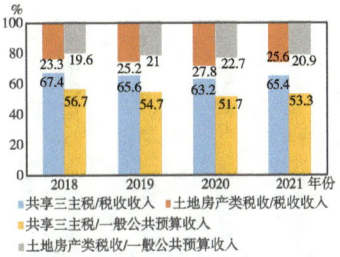

图10-23 2018—2021年江苏省共享三主税、土地房产类税收占税收收入及一般公共预算收入的比重

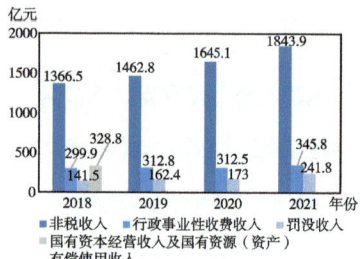

图10-24 2018-2021年江苏省非税收入

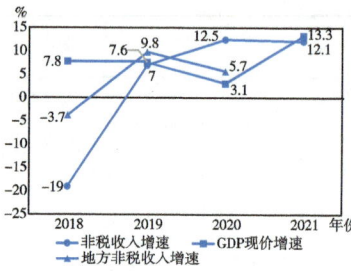

图10-25 2018-2021年江苏省非税收入增速

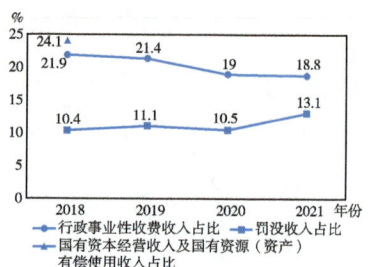

图10-26 2018-2021年江苏省非税收入中各主要收入占比

10.1.4 江苏省政府性基金和国有资本经营收入情况

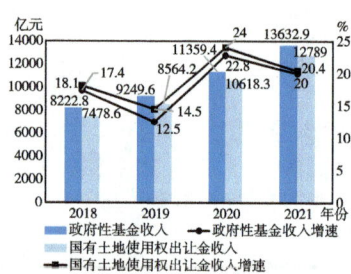

图10-27 2018-2021年江苏省政府性基金收入及增速

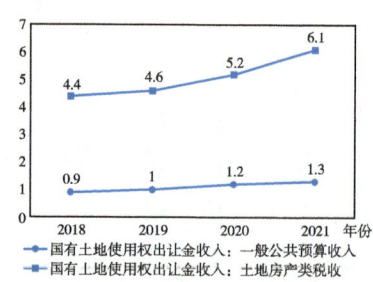

图10-28 2018-2021年江苏省国有土地使用权出让金收入与一般公共预算收入对比关系

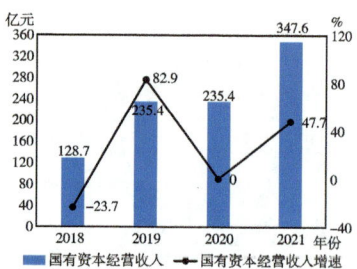

图10-29 2018-2021年江苏省国有资本经营收入及增速

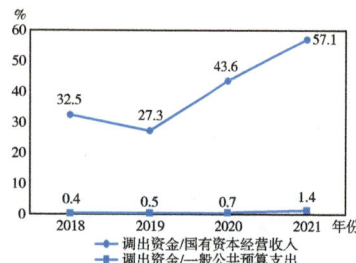

图10-30 2018-2021年江苏省国有资本经营预算中调出资金相关指标

10.1.5 江苏省社会保险基金收入情况

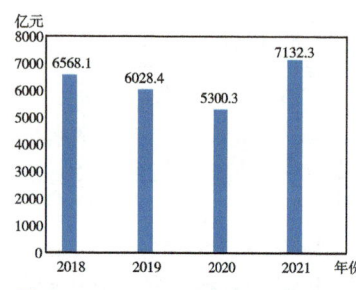

图10-31 2018-2021年江苏省社会保险基金收入

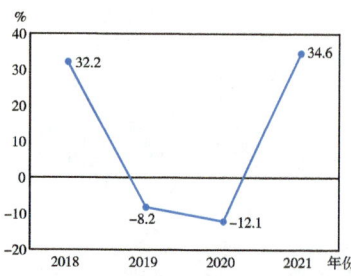

图10-32 2018-2021年江苏省社会保险基金收入增速

10.1.6 江苏省债务情况

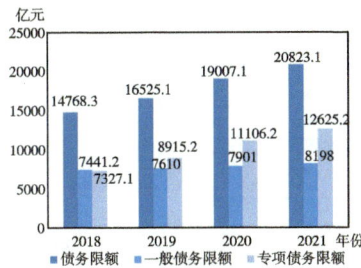

图 10-33　2018-2021年江苏省债务限额

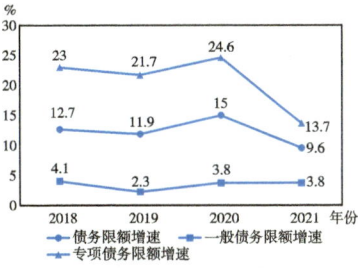

图 10-34　2018-2021年江苏省债务限额增速

图 10-35　2018-2021年江苏省当年发行债务

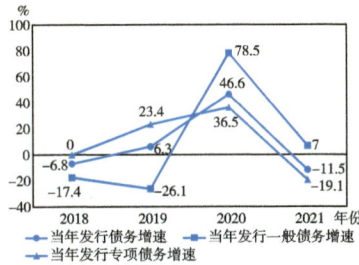

图 10-36　2018-2021年江苏省当年发行债务增速

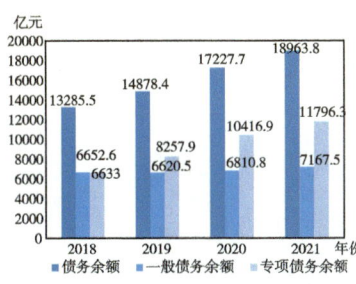

图 10-37　2018-2021年江苏省债务余额

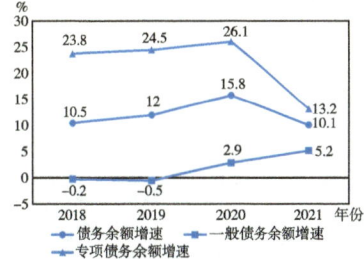

图 10-38　2018-2021年江苏省债务余额增速

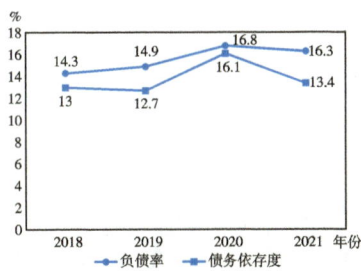

图 10-39　2018-2021年江苏省负债率和债务依存度

10.1.7 江苏省省本级一般公共预算收入情况

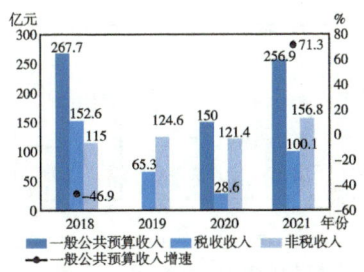

图 10-40　2018-2021年江苏省省本级一般公共预算收入及增速

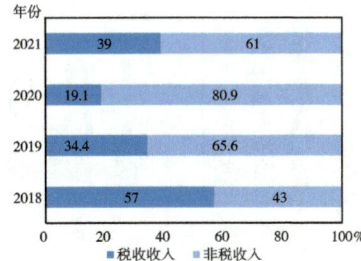

图 10-41　2018-2021年江苏省省本级一般公共预算收入结构

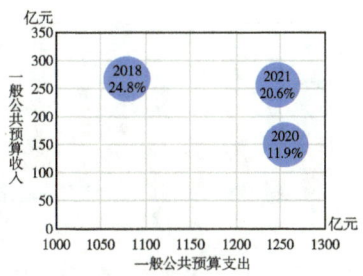

图 10-42　2018-2021年江苏省省本级财政自给率

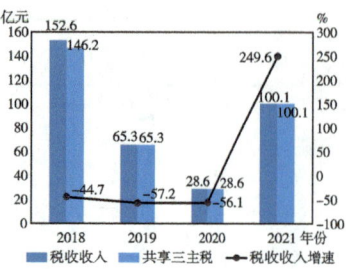

图10-43 2018-2021年江苏省省本级税收收入及增速

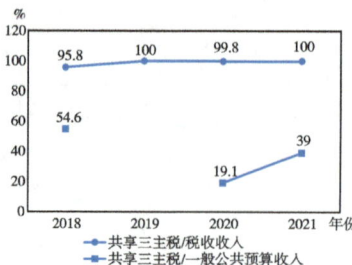

图10-44 2018-2021年江苏省省本级共享三主税占税收收入及一般公共预算收入的比重

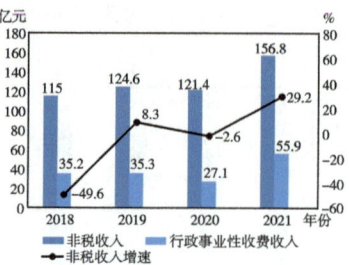

图10-45 2018-2021年江苏省省本级非税收入及增速

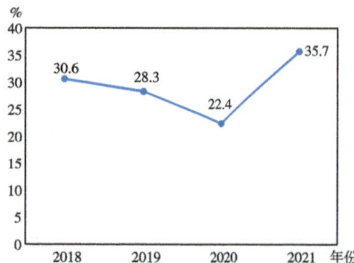

图10-46 2018-2021年江苏省省本级非税收入中各主要收入占比

10.2 江苏省各市政府收入主要特征分析

10.2.1 江苏省各市经济社会发展情况

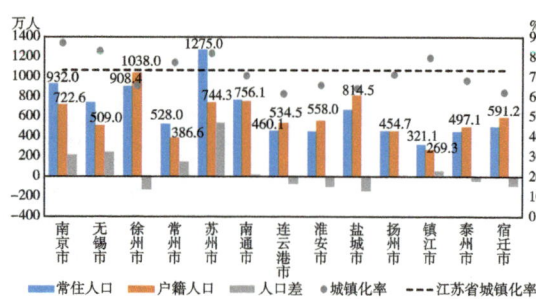

图10-47 2020年江苏省各市人口状况

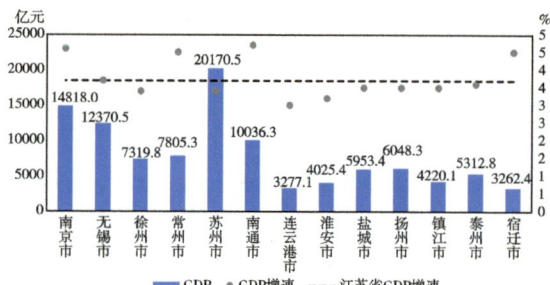

图10-48 2020年江苏省各市GDP及增速

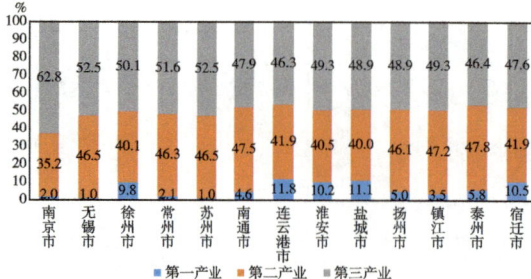

图10-49 2020年江苏省各市三次产业结构

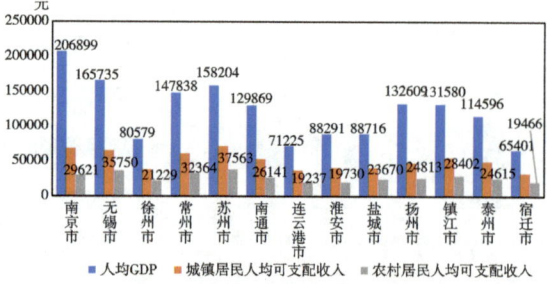

图10-50 2020年江苏省各市人均GDP和人均可支配收入

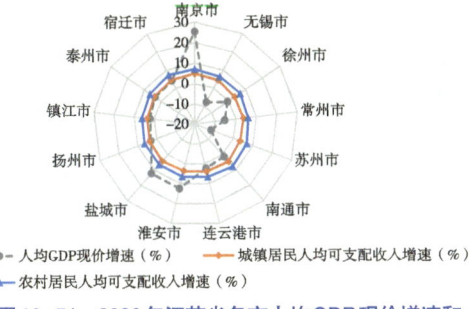

图10-51 2020年江苏省各市人均GDP现价增速和人均可支配收入增速

10.2.2 江苏省各市政府收入总体情况

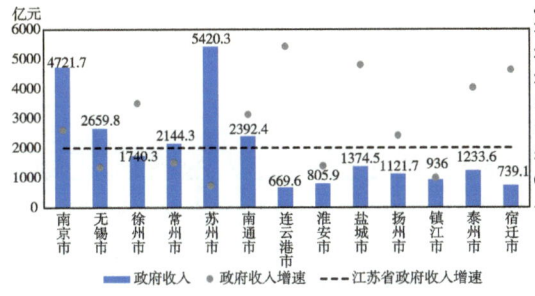

图10-52 2020年江苏省各市政府收入及增速

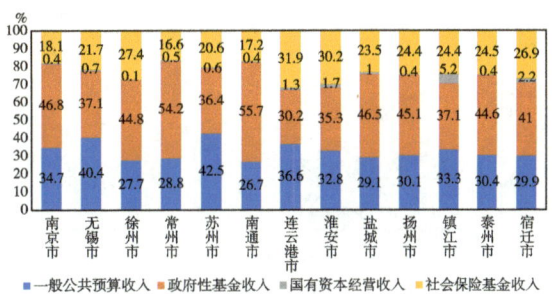

图10-53 2020年江苏省各市政府收入结构

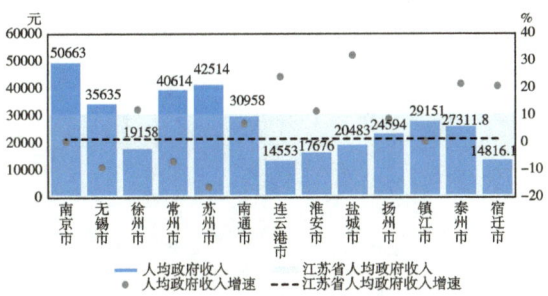

图10-54 2020年江苏省各市人均政府收入及增速

10.2.3 江苏省各市一般公共预算收入情况

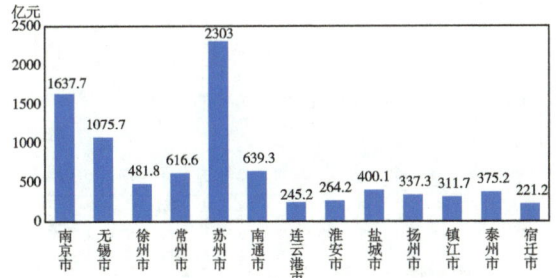

图10-55 2020年江苏省各市一般公共预算收入

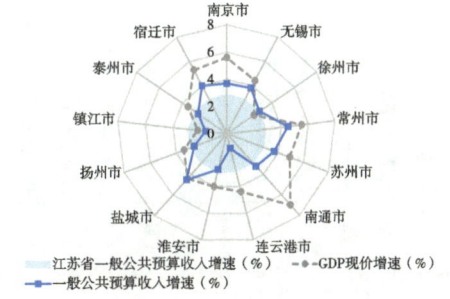

图10-56 2020年江苏省各市一般公共预算收入增速

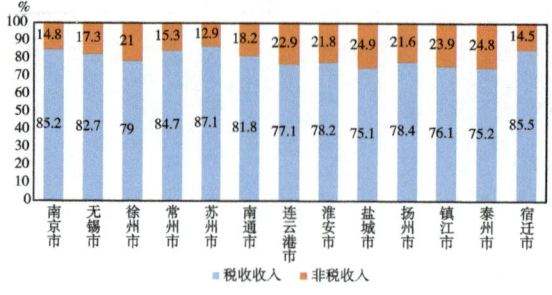

图10-57 2020年江苏省各市一般公共预算收入结构

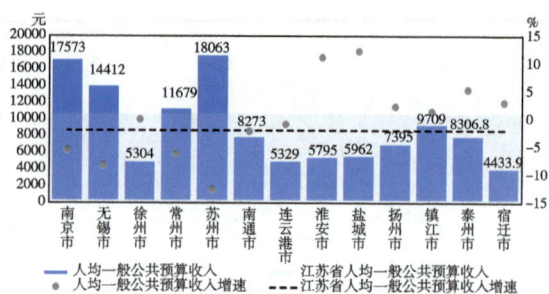

图10-58 2020年江苏省各市人均一般公共预算收入及增速

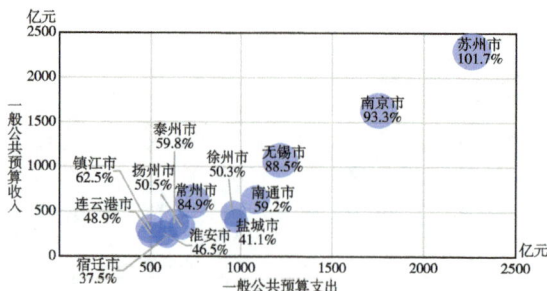

图10-59 2020年江苏省各市财政自给率

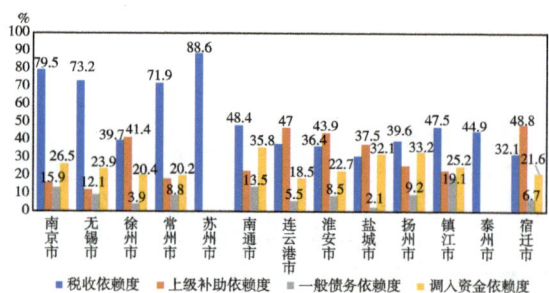

图10-60 2020年江苏省各市一般公共预算支出对各类收入的依赖度

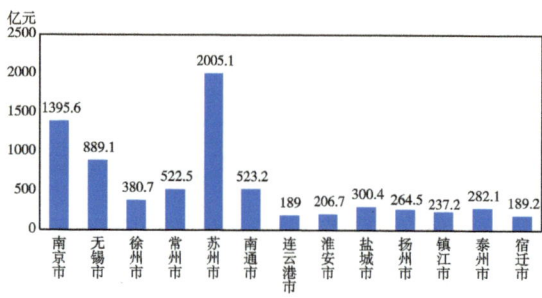

图10-61 2020年江苏省各市税收收入

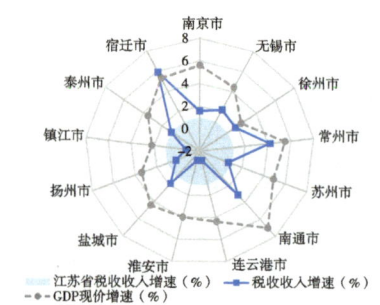

图10-62 2020年江苏省各市税收收入增速

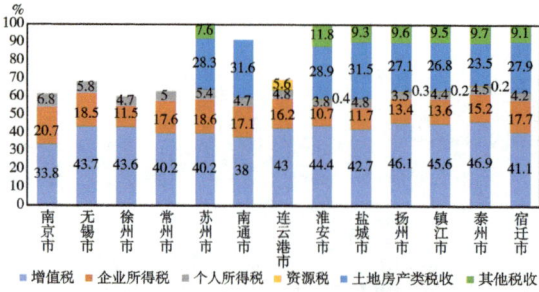

图10-63 2020年江苏省各市税收收入结构

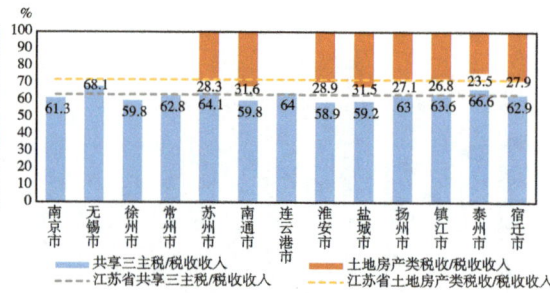

图10-64 2020年江苏省各市共享三主税、土地房产类税收占税收收入的比重

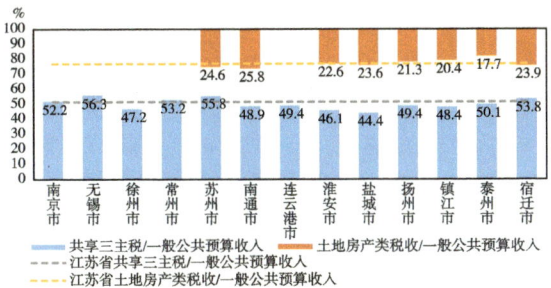

图10-65 2020年江苏省各市共享三主税、土地房产类税收占一般公共预算收入的比重

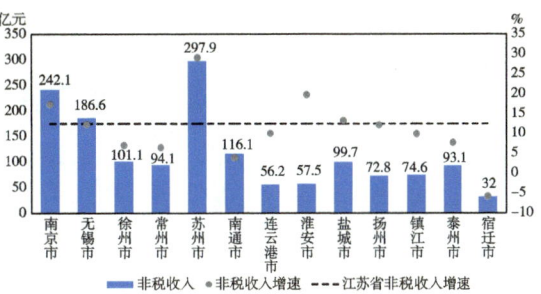

图10-66 2020年江苏省各市非税收入及增速

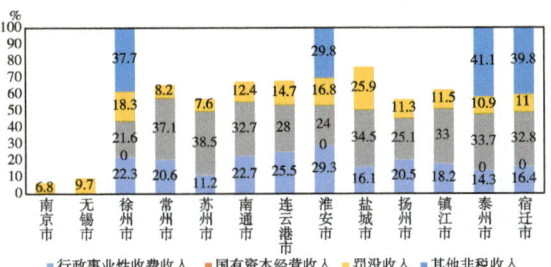

图10-67 2020年江苏省各市非税收入结构

10.2.4 江苏省各市政府性基金收入与国有资本经营收入情况

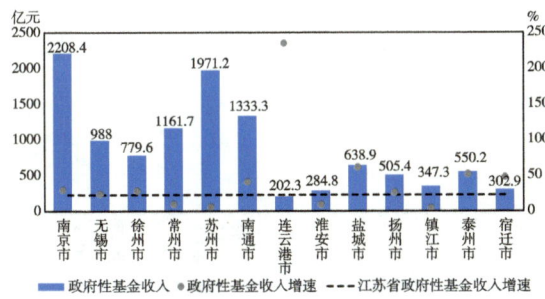

图10-68 2020年江苏省各市政府性基金收入及增速

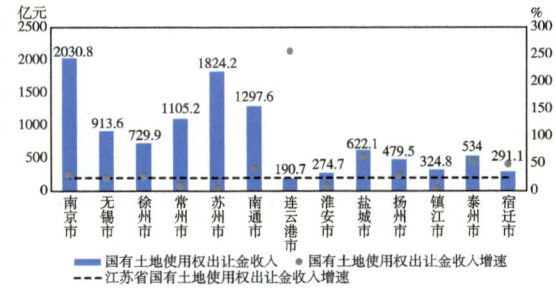

图10-69 2020年江苏省各市国有土地使用权出让金收入及增速

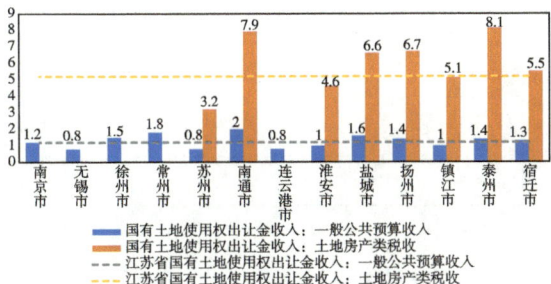

图10-70 2020年江苏省各市国有土地使用权出让金收入与一般公共预算收入对比关系

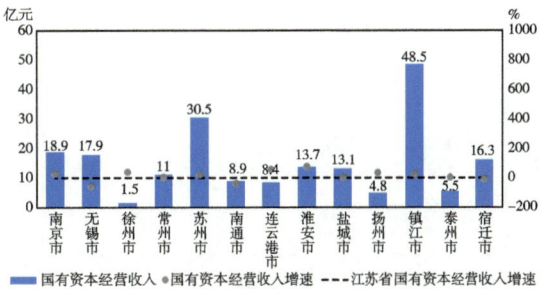

图10-71 2020年江苏省各市国有资本经营收入及增速

387

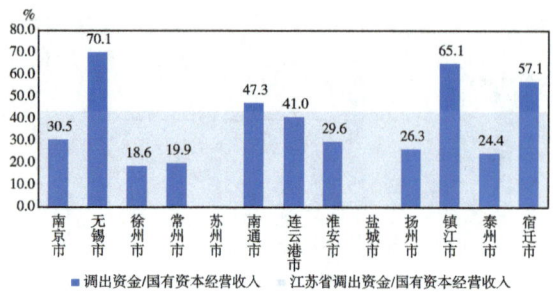

图10-72　2020年江苏省各市调出资金与国有资本经营收入对比关系

10.2.5　江苏省各市社会保险基金收入情况

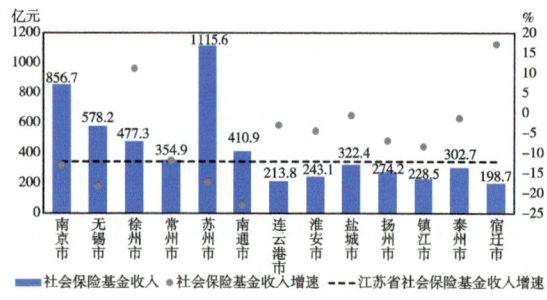

图10-73　2020年江苏省各市社会保险基金收入及增速

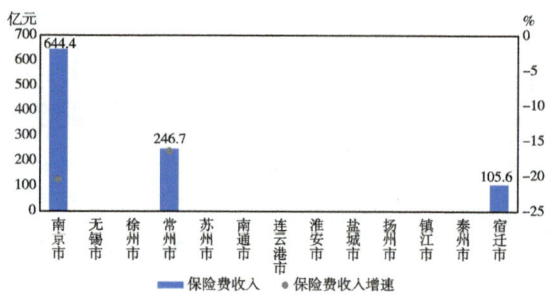

图10-74　2020年江苏省各市保险费收入及增速

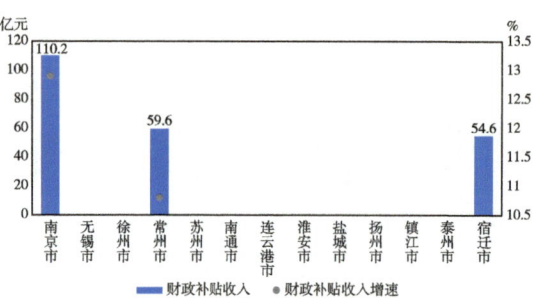

图10-75　2020年江苏省各市财政补贴收入及增速

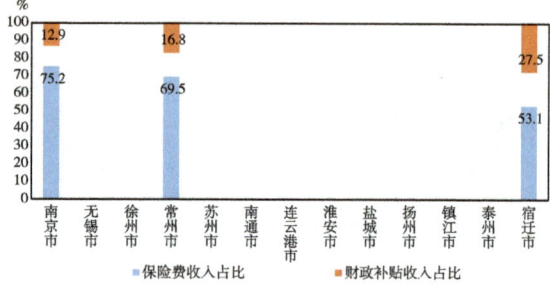

图10-76　2020年江苏省各市保险费收入、财政补贴收入占社会保险基金收入的比重

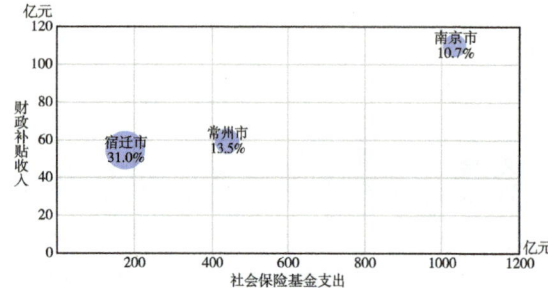

图10-77　2020年江苏省各市社会保险基金支出对财政补贴的依赖度

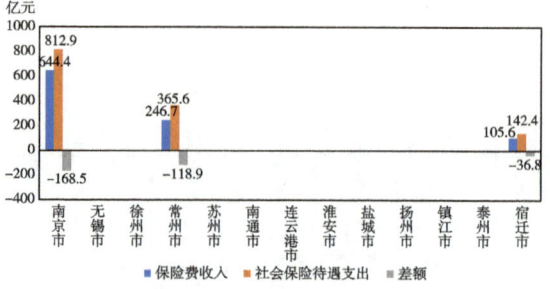

图10-78　2020年江苏省各市保险费收入、社会保险待遇支出及差额

10.2.6 江苏省各市债务情况

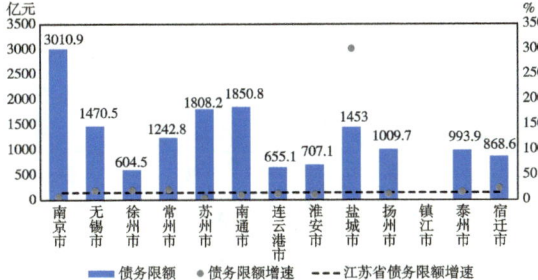

图10-79　2020年江苏省各市债务限额及增速

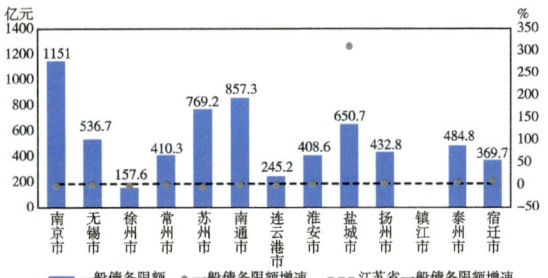

图10-80　2020年江苏省各市一般债务限额及增速

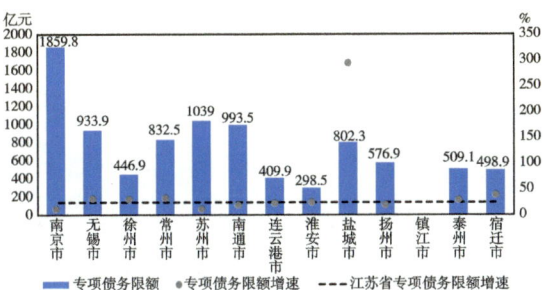

图10-81　2020年江苏省各市专项债务限额及增速

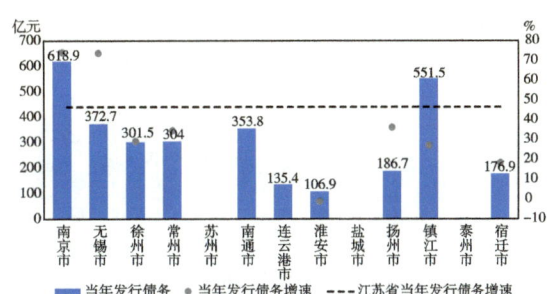

图10-82　2020年江苏省各市当年发行债务及增速

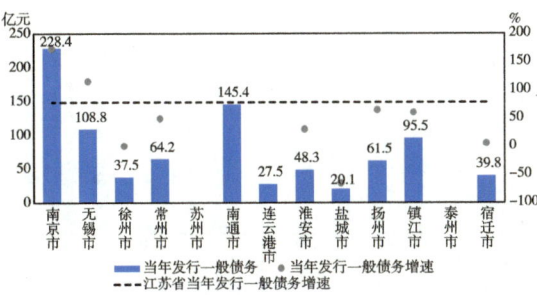

图10-83　2020年江苏省各市当年发行一般债务及增速

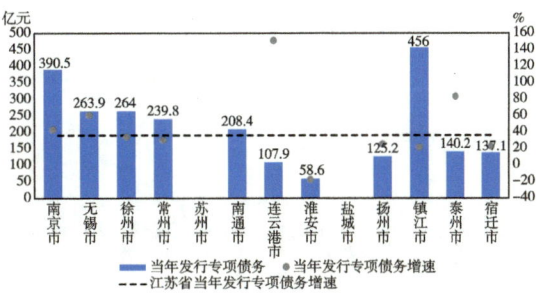

图10-84　2020年江苏省各市当年发行专项债务及增速

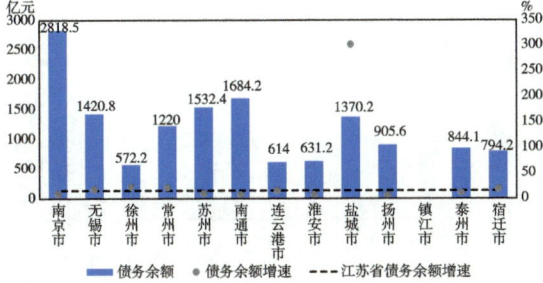

图10-85　2020年江苏省各市债务余额及增速

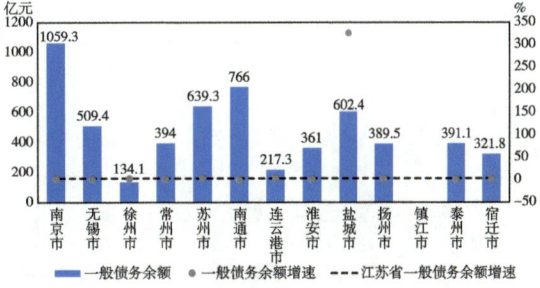

图10-86　2020年江苏省各市一般债务余额及增速

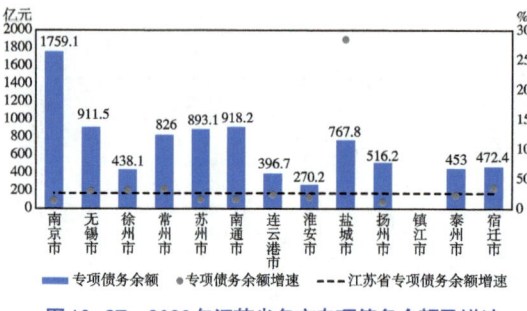

图10-87　2020年江苏省各市专项债务余额及增速　　图10-88　2020年江苏省各市负债率和债务依存度

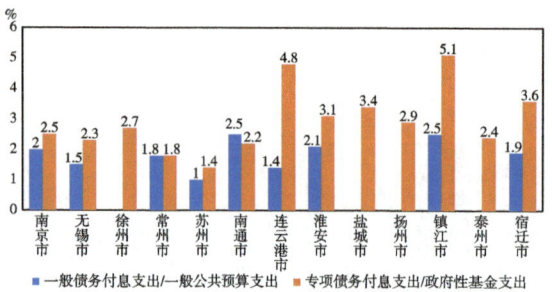

图10-89　2020年江苏省各市债务付息支出相关指标

10.2.7　江苏省各市市本级一般公共预算收入情况

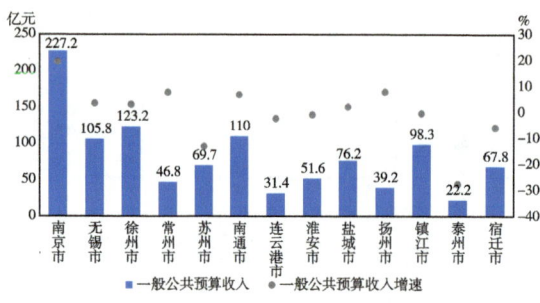

图10-90　2020年江苏省各市市本级一般公共
预算收入及增速　　图10-91　2020年江苏省各市市本级一般公共预算收入结构

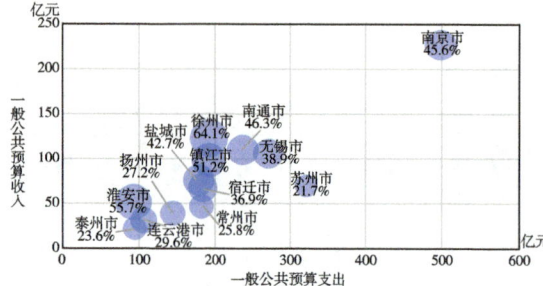

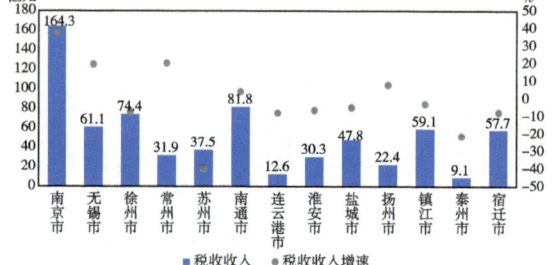

图10-92　2020年江苏省各市市本级财政自给率　　图10-93　2020年江苏省各市市本级税收收入及增速

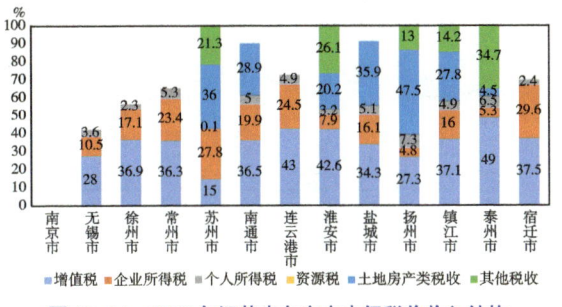

图10-94 2020年江苏省各市市本级税收入结构

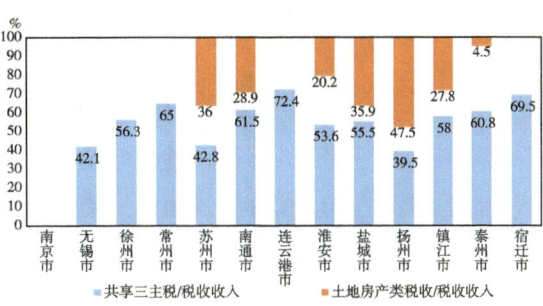

图10-95 2020年江苏省各市市本级共享三主税、土地房产类税收占税收收入的比重

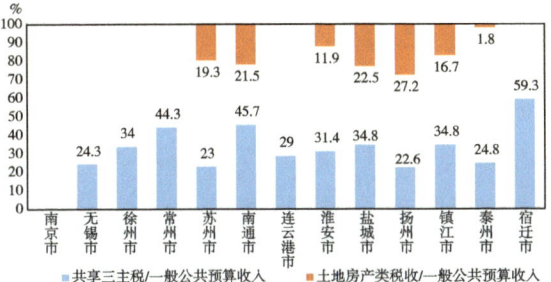

图10-96 2020年江苏省各市市本级共享三主税、土地房产类税收占一般公共预算收入的比重

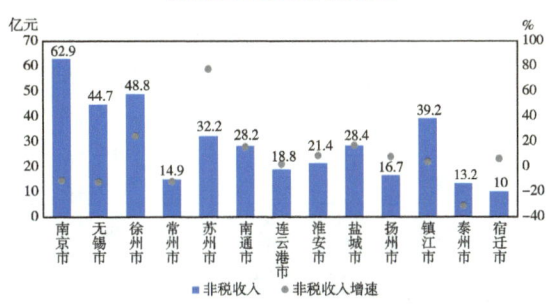

图10-97 2020年江苏省各市市本级非税收入及增速

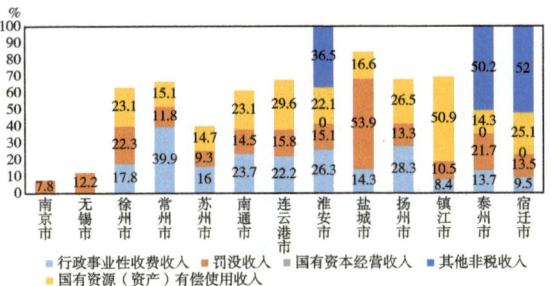

图10-98 2020年江苏省各市市本级非税收入结构

10.3 江苏省样本县政府收入主要特征分析

10.3.1 江苏省样本县经济社会发展情况

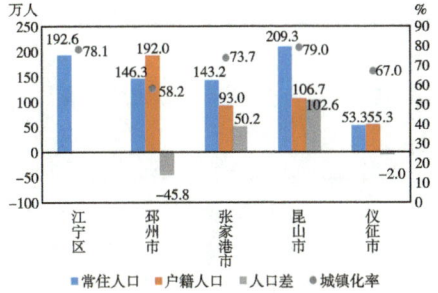

图10-99 2020年江苏省样本县人口状况

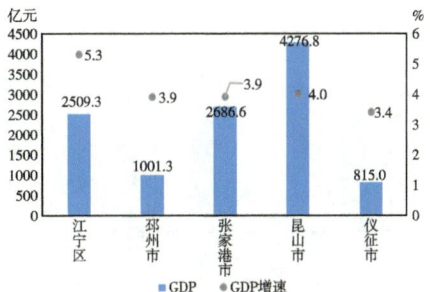

图10-100 2020年江苏省样本县GDP及增速

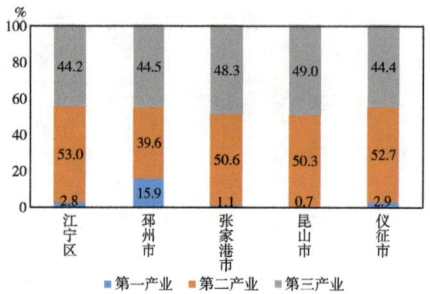

图10-101 2020年江苏省样本县三次产业结构

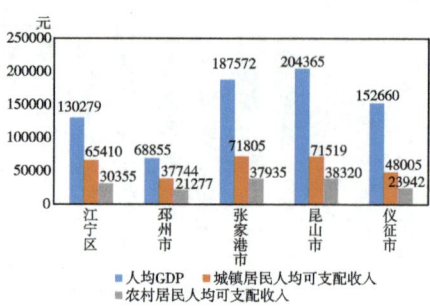

图10-102 2020年江苏省样本县人均GDP和人均可支配收入

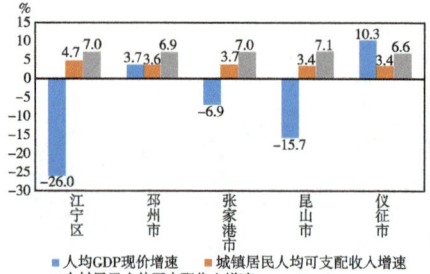

图10-103 2020年江苏省样本县人均GDP现价增速和人均可支配收入增速

10.3.2 江苏省样本县政府收入总体情况

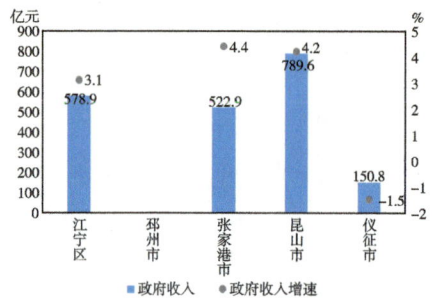

图10-104 2020年江苏省样本县政府收入及增速

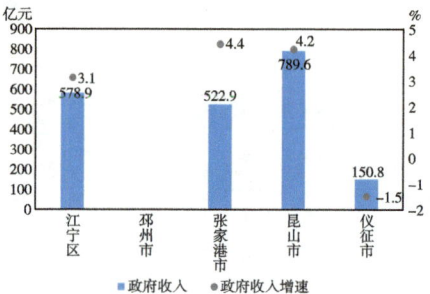

图10-105 2020年江苏省样本县人均政府收入及增速

10.3.3 江苏省样本县一般公共预算收入情况

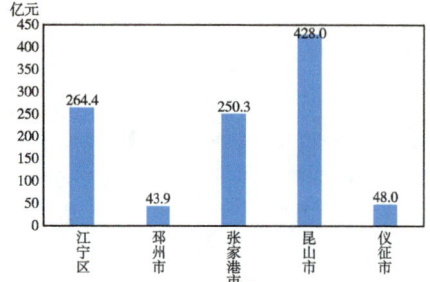

图10-106 2020年江苏省样本县一般公共预算收入

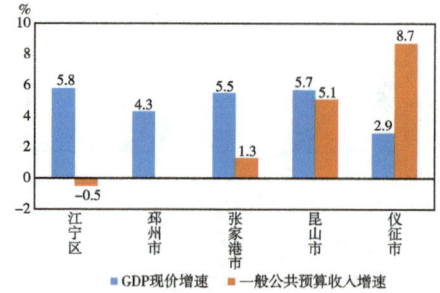

图10-107 2020年江苏省样本县一般公共预算收入增速

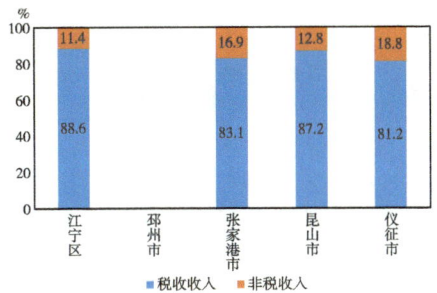

图10-108　2020年江苏省样本县一般公共预算收入结构

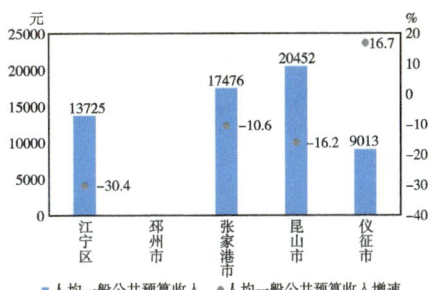

图10-109　2020年江苏省样本县人均一般公共预算收入及增速

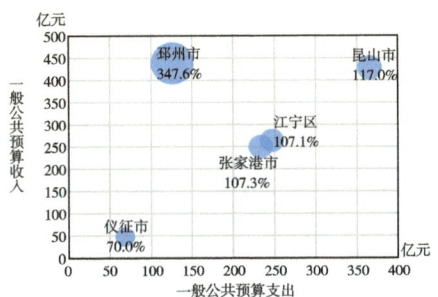

图10-110　2020年江苏省样本县财政自给率

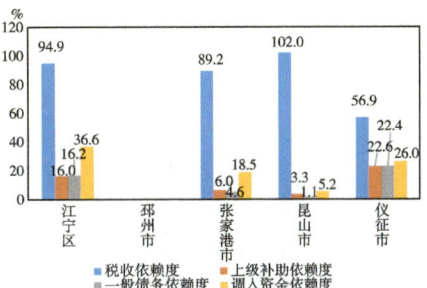

图10-111　2020年江苏省样本县一般公共预算支出对各类收入的依赖度

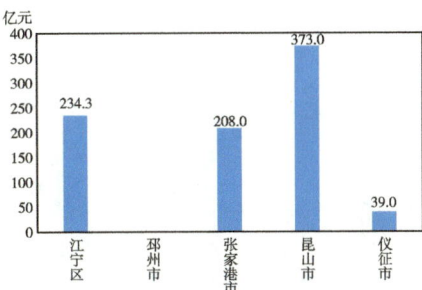

图10-112　2020年江苏省样本县税收收入

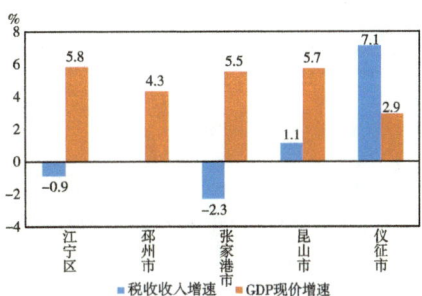

图10-113　2020年江苏省样本县税收收入增速

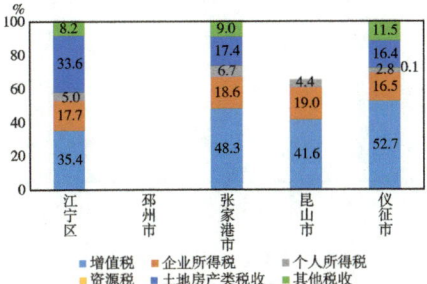

图10-114　2020年江苏省样本县税收收入结构

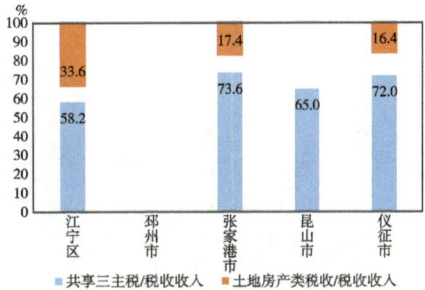

图10-115　2020年江苏省样本县共享三主税、土地房产类税收占税收收入的比重

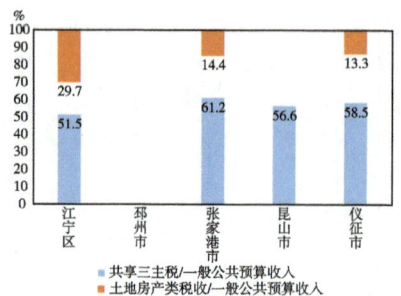

图10-116 2020年江苏省样本县共享三主税、土地房产类税收占一般公共预算收入的比重

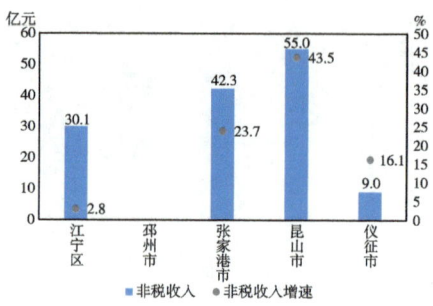

图10-117 2020年江苏省样本县非税收入及增速

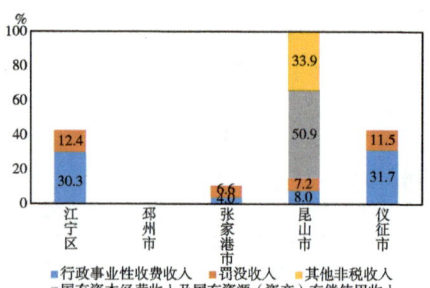

图10-118 2020年江苏省样本县非税收入结构

10.3.4 江苏省样本县政府性基金收入与国有资本经营收入情况

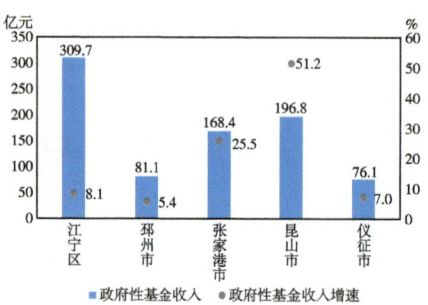

图10-119 2020年江苏省样本县政府性基金收入及增速

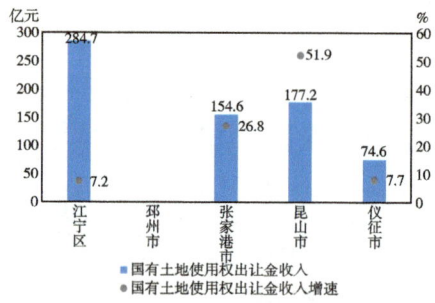

图10-120 2020年江苏省样本县国有土地使用权出让金收入及增速

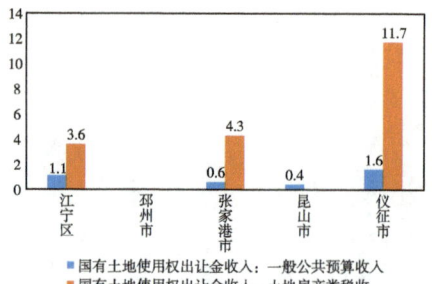

图10-121 2020年江苏省样本县国有土地使用权出让金收入与一般公共预算收入对比关系

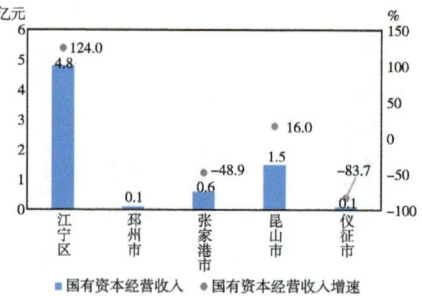

图10-122 2020年江苏省样本县国有资本经营收入及增速

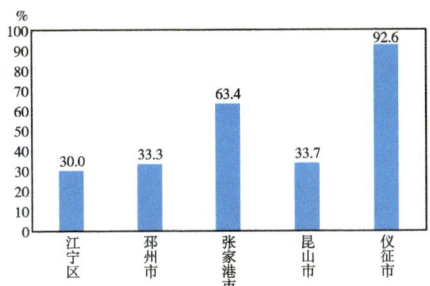

图10-123 2020年江苏省样本县调出资金与国有资本经营收入对比关系

10.3.5 江苏省样本县社会保险基金收入情况

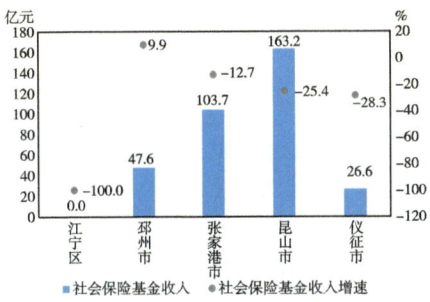

图10-124 2020年江苏省样本县社会保险基金收入及增速

10.3.6 江苏省样本县债务情况

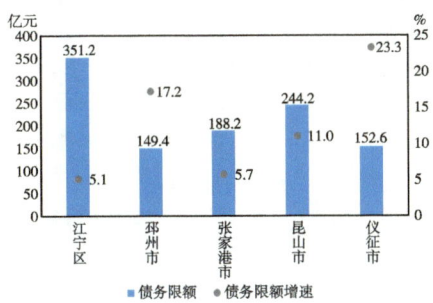

图10-125 2020年江苏省样本县债务限额及增速

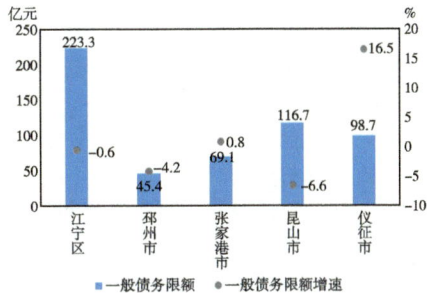

图10-126 2020年江苏省样本县一般债务限额及增速

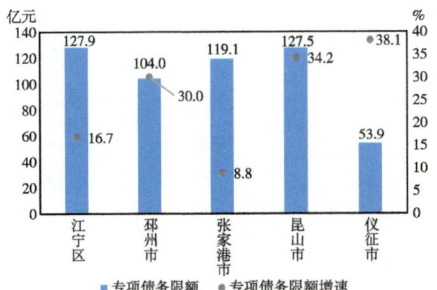

图10-127 2020年江苏省样本县专项债务限额及增速

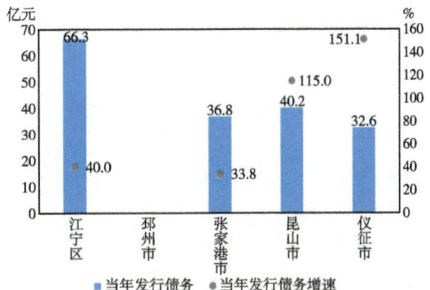

图10-128 2020年江苏省样本县当年发行债务及增速

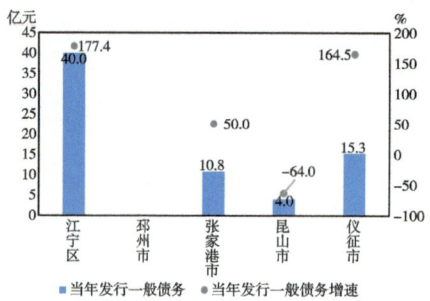

图10-129 2020年江苏省样本县当年发行一般债务及增速

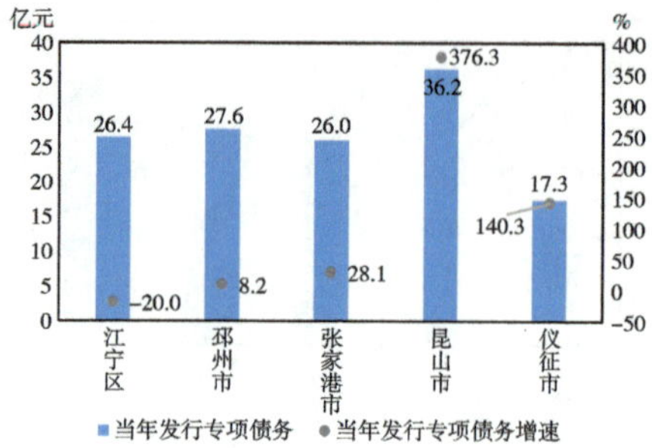

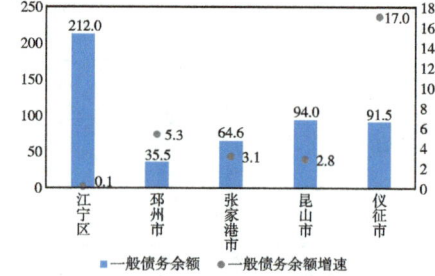

图10-130 2020年江苏省样本县当年发行专项债务及增速

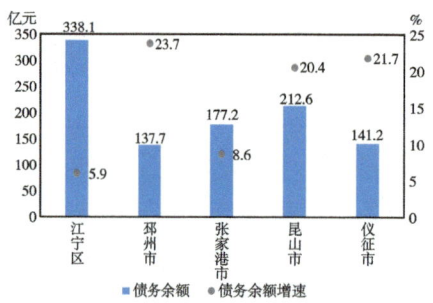

图10-131 2020年江苏省样本县债务余额及增速

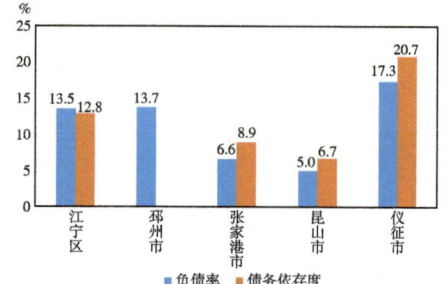

图10-132 2020年江苏省样本县一般债务余额及增速

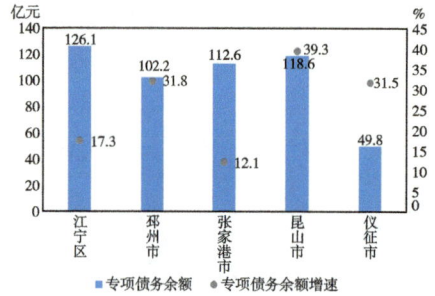

图10-133 2020年江苏省样本县专项债务余额及增速

图10-134 2020年江苏省样本县负债率和债务依存度

11 浙江省

图 2020年浙江省地图

资料来源：自然资源部的标准地图服务系统网站。
注：审图号为浙S（2020）17号。

本章执笔人：凤欣　审校：侯海波

专栏11-1 2021浙江省行政区划

杭州市：上城区、拱墅区、西湖区、**滨江区**、余杭区、临平区、钱塘区、萧山区、富阳区、临安区、建德市、桐庐县、淳安县芜湖市：镜湖区、弋江区、鸠江区、湾沚区、繁昌区、无为市、南陵县

宁波市：海曙区、江北区、北仑区、镇海区、鄞州区、奉化区、余姚市、**慈溪市**、象山县、宁海县

温州市：鹿城区、龙湾区、瓯海区、洞头区、瑞安市、乐清市、龙港市、永嘉县、平阳县、苍南县、文成县、泰顺县

绍兴市：**越城区**、柯桥区、上虞区、诸暨市、嵊州市、新昌县

湖州市：吴兴区、南浔区、德清县、长兴县、安吉县

嘉兴市：南湖区、秀洲区、海宁市、平湖市、桐乡市、嘉善县、海盐县

金华市：婺城区、金东区、兰溪市、东阳市、永康市、义乌市、武义县、浦江县、磐安县

衢州市：柯城区、衢江区、江山市、常山县、开化县、龙游县

台州市：椒江区、黄岩区、路桥区、临海市、温岭市、玉环市、三门县、天台县、仙居县

丽水市：莲都区、**龙泉市**、青田县、缙云县、遂昌县、松阳县、云和县、庆元县、景宁畲族自治县

舟山市：定海区、普陀区、岱山县、嵊泗县

本书选取滨江区、慈溪市、越城区以及龙泉市为样本县。

浙江省共辖11个地级市，市辖区37个、县级市20个、县32个（详见专栏11-1）；地处东南沿海、长江三角洲南翼，位于长江三角洲地区，地跨地跨钱塘江、瓯江、灵江、苕溪、甬江、飞云江、鳌江、曹娥江八大水系，由平原、丘陵、盆地、山地、岛屿构成。浙江总面积为10.55万平方千米，其中山地和丘陵占74.63%，平地占20.32%，河流和湖泊占5.05%，耕地面积仅208.17万公顷。浙江除了拥有国内高产综合性农业区，数字经济、民营经济也是其经济发展的最大亮点。

2021年浙江省经济总量位于全国第四，第三产业占比高于全国，城镇化率亦高于全国。 2021年末，浙江省常住人口6540万人，常住人口城镇化率为72.7%。2021年浙江GDP达到7.4万亿元，增速为8.5%，比2020年提高4.9个百分点，高于全国0.4个百分点；人均GDP为112409.8元（折约17424.6美元）。从产业结构看，第一、第二、第三产业占比分别为3.3%、40.8%和55.9%。从居民可支配收入看，2021年城镇与农村居民人均可支配收入分别为68487元和35247元，呈上升态势，分别为全国平均水平的1.4倍和1.86倍。

2021年浙江省一般公共预算收入位于全国前列，非税收入占比低，省市县中县级政府收入占比最高。 2021年浙江省一般公共预算收入8262.6亿元，增速14%，人均一般公共预算收入为12633.9元。其中，近四年浙江省税收收入占一般公共预算收入持平，2020年约为85%。

非税收入为13.6%，占比低，2021年政府产权性收入规模占非税收入比重达25%。从纵向收入分配看，2020年省本级、市本级、县一般公共预算收入占比分别为4.1%、14.1%和81.8%。

2021年浙江省财政自给率较高，高于2019年、2020年，低于2018年。 2018—2021年浙江财政自给率分别为76.5%、70.1%、71.9%和75%。

2021年浙江省四本预算合计中政府性基金预算收入占比最高。 2021年浙江省四本预算加总的政府收入25923.2亿元，其中一般公共预算收入、政府性基金预算收入、国有资本经营预算收入和社会保险基金预算收入分别占比31.9%、44.9%、0.5%和22.7%。其中，2021年浙江省社保基金预算收入5888.3亿元。

浙江省内各地市经济社会发展和财政发展不均衡，优势主要集中于杭州和宁波。 杭州市和宁波市是2020年浙江省政府收入规模超4000亿元的城市，而其他城市政府收入规模都在3000亿元以下。2020年省会杭州市一般公共预算收入2093.4亿元，宁波实现1510.8亿元，温州为602亿元，其他各市均低于600亿元。除衢州市、丽水市外，2020年浙江省内各市财政自给率均在50%及以上。2020年，杭州市财政自给率为101.1%，宁波市和绍兴市分别为86.7%和81.5%，自给率较高；而衢州市和丽水市的自给率均在30%左右；其他市自给率则分布在50%到80%之间。财政自给率最高的杭州是自给率最低的丽水的3.7倍。政府性基金收入主要构成是国有土地使用权出让收入，各地差距较大，收入规模最大的杭州市（3501.9亿元）为规模最小的衢州市（272.8亿元）的12.8倍。

11.1 浙江省政府收入主要特征分析

11.1.1 浙江省经济社会基本情况

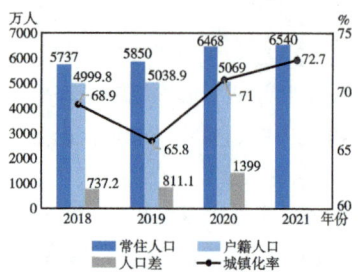

图11-1 2018—2021年浙江省人口状况

图11-2 2018—2021年浙江省GDP及增速

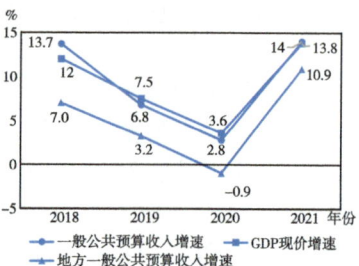

图11-3 2018—2021年浙江省三次产业结构

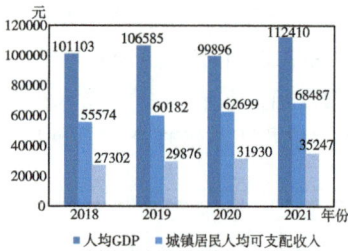

图11-4 2018—2021年浙江省人均GDP和人均可支配收入

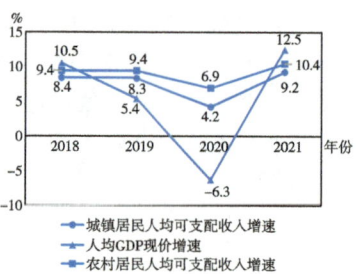

图11-5 2018—2021年浙江省人均GDP现价增速和人均可支配收入增速

11.1.2 浙江省政府收入总体情况

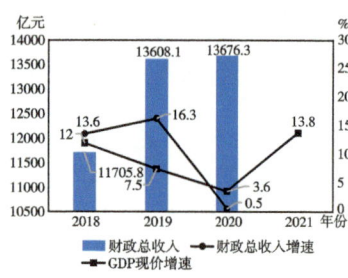

图11-6 2018—2021年浙江省财政总收入及增速

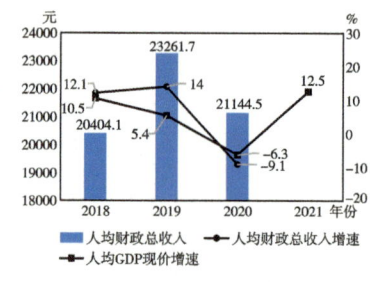

图11-7 2018—2021年浙江省人均财政总收入及增速

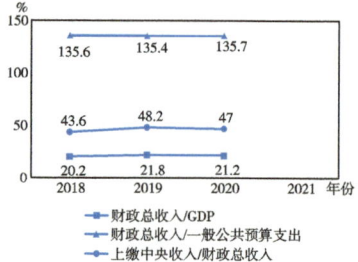

图11-8 2018—2021年财政总收入相关指标

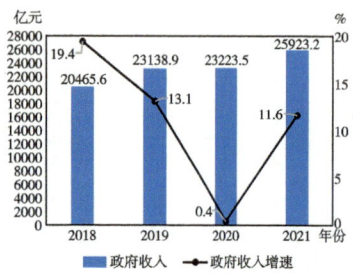

图11-9 2018—2021年浙江省政府收入及增速

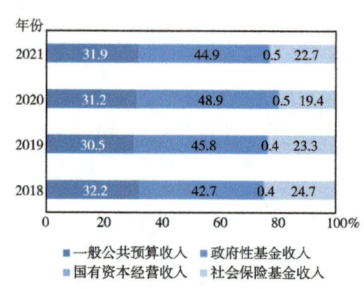

图11-10 2018—2021年浙江省政府收入结构

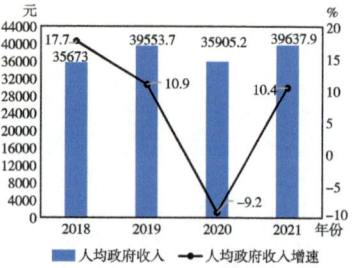

图11-11 2018—2021年浙江省人均政府收入及增速

11.1.3 浙江省一般公共预算收入情况

图11-12 2018-2021年浙江省一般公共预算收入

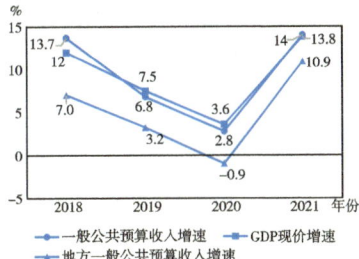

图11-13 2018-2021年浙江省一般公共预算收入增速

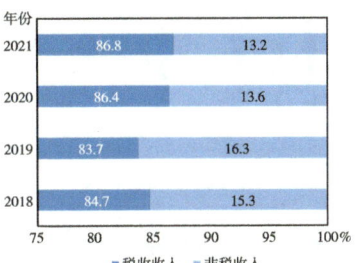

图11-14 2018-2021年浙江省一般公共预算收入结构

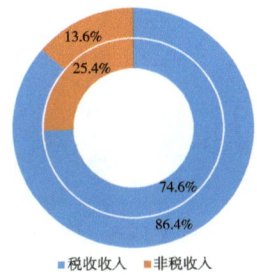

图11-15 2020年一般公共预算收入结构对比（内环为地方，外环为浙江省）

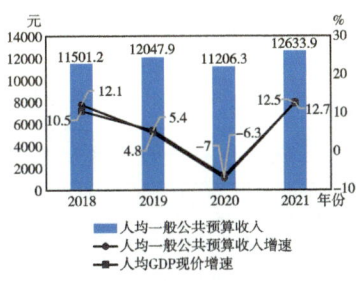

图11-16 2018-2021年浙江省人均一般公共预算收入及增速

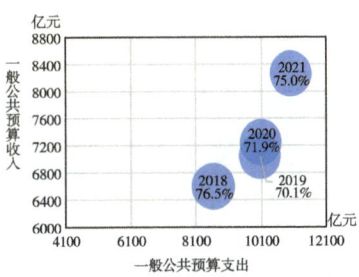

图11-17 2018-2021年浙江省财政自给率

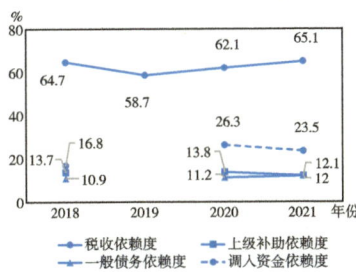

图11-18 2018-2021年浙江省一般公共预算支出对各类收入的依赖度

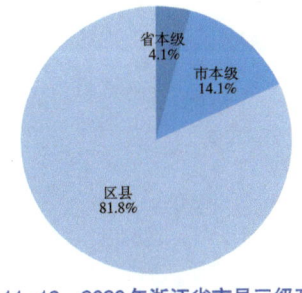

图11-19 2020年浙江省市县三级政府一般公共预算收入分布

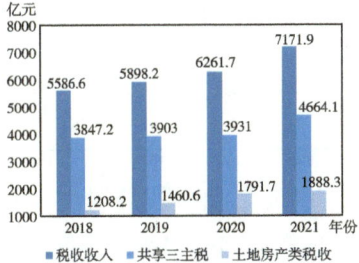

图11-20 2018-2021年浙江省税收收入

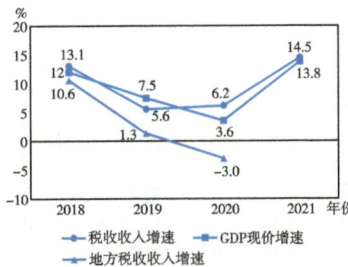

图11-21 2018-2021年浙江省税收收入增速

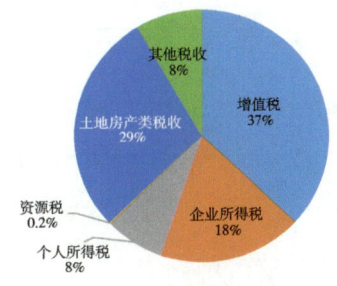

图11-22 2020年浙江省税收收入结构

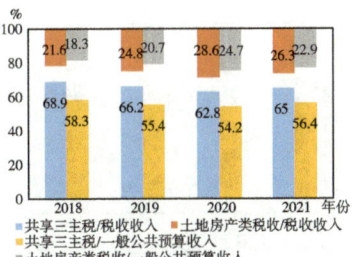

图11-23 2018-2021年浙江省共享三主税、土地房产类税收占税收收入及一般公共预算收入的比重

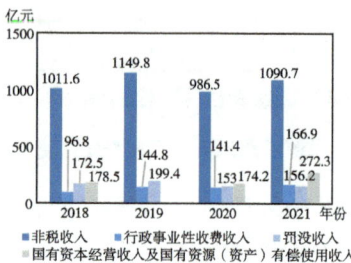

图11-24 2018—2021年浙江省非税收入

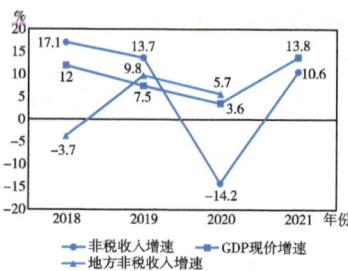

图11-25 2018—2021年浙江省非税收入增速

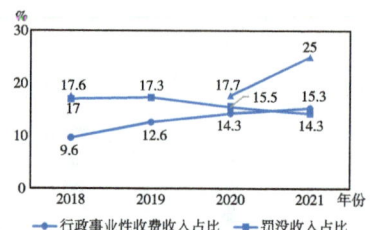

图11-26 2018—2021年浙江省非税收入中各主要收入占比

11.1.4 浙江省政府性基金和国有资本经营收入情况

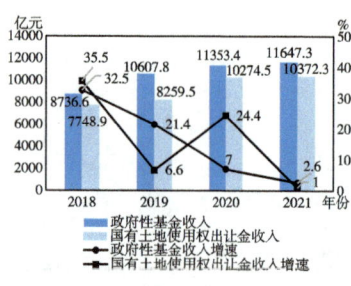

图11-27 2018—2021年浙江省政府性基金收入及增速

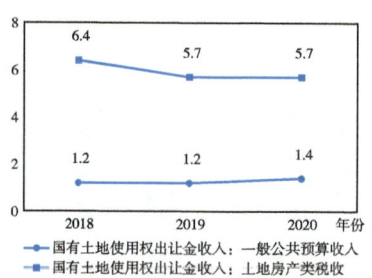

图11-28 2018—2021年浙江省国有土地使用权出让金收入与一般公共预算收入对比关系

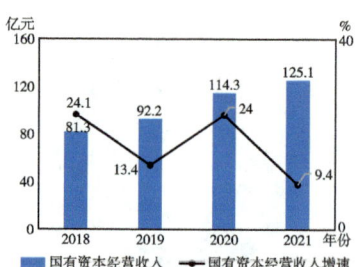

图11-29 2018—2021年浙江省国有资本经营收入及增速

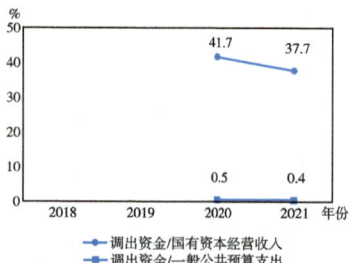

图11-30 2018—2021年浙江省国有资本经营预算中调出资金相关指标

11.1.5 浙江省社会保险基金收入情况

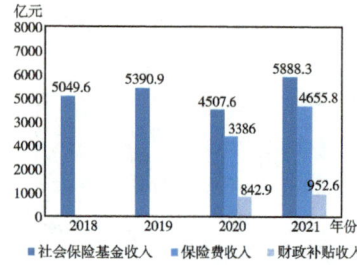

图11-31 2018—2021年浙江省社会保险基金收入

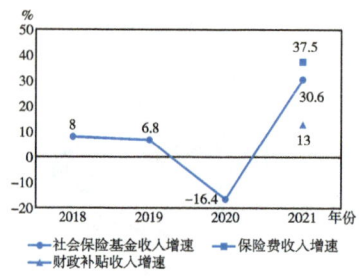

图11-32 2018—2021年浙江省社会保险基金收入增速

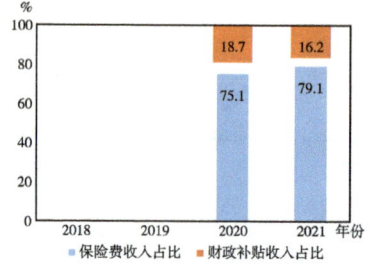

图11-33 2018—2021年浙江省保险费收入、财政补贴收入占社会保险基金收入的比重

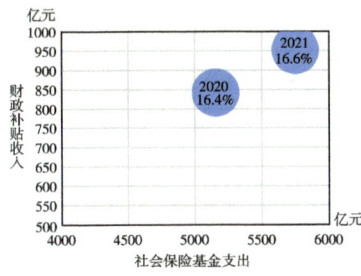

图 11-34　2018-2021年浙江省社会保险基金支出对财政补贴的依赖度

图 11-35　2018-2021年浙江省保险费收入、社会保险待遇支出及差额

11.1.6　浙江省债务情况

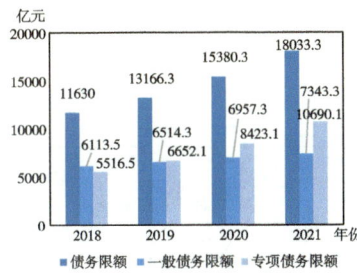

图 11-36　2018-2021年浙江省债务限额

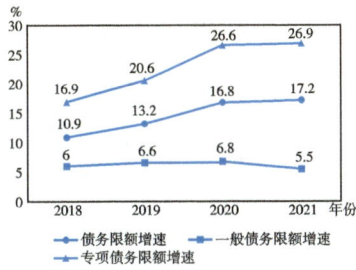

图 11-37　2018-2021年浙江省债务限额增速

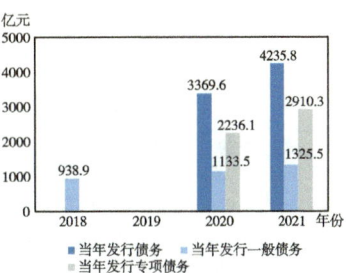

图 11-38　2018-2021年浙江省当年发行债务

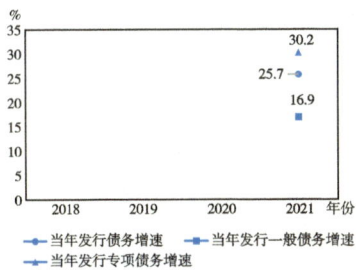

图 11-39　2018-2021年浙江省当年发行债务增速

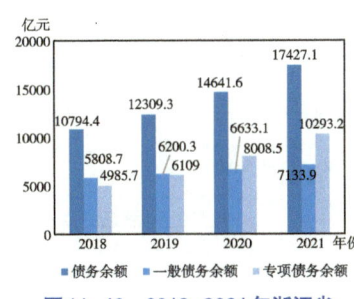

图 11-40　2018-2021年浙江省债务余额

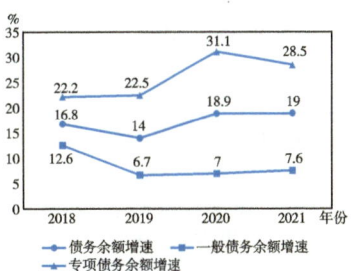

图 11-41　2018-2021年浙江省债务余额增速

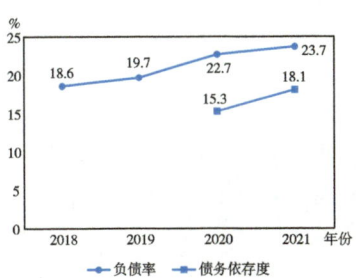

图 11-42　2018-2021年浙江省负债率和债务依存度

11.1.7 浙江省省本级一般公共预算收入情况

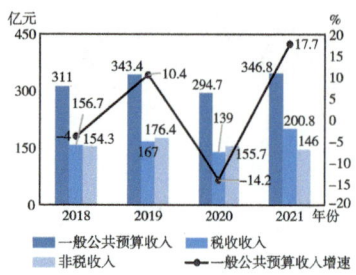

图11-43 2018-2021年浙江省省本级一般公共预算收入及增速

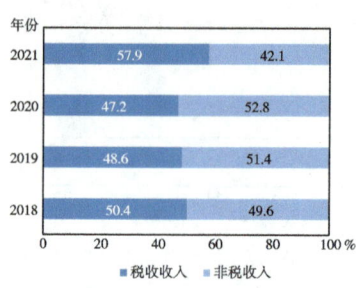

图11-44 2018-2021年浙江省省本级一般公共预算收入结构

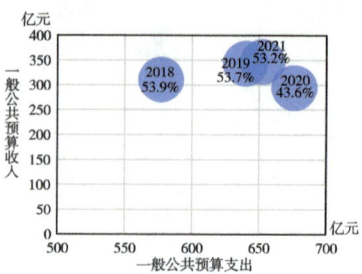

图11-45 2018-2021年浙江省省本级财政自给率

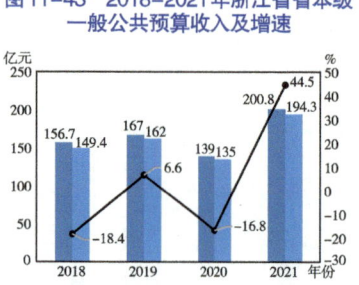

图11-46 2018-2021年浙江省省本级税收收入及增速

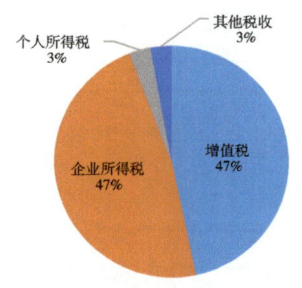

图11-47 2020年浙江省省本级税收收入结构

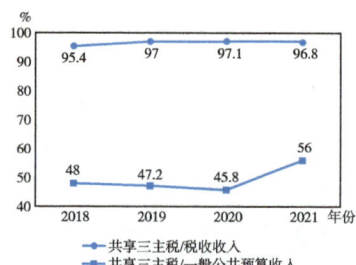

图11-48 2018-2021年浙江省省本级共享三主税占税收收入及一般公共预算收入的比重

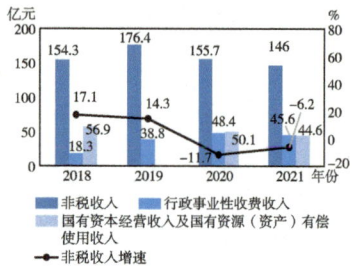

图11-49 2018-2021年浙江省省本级非税收入及增速

图11-50 2018-2021年浙江省省本级非税收入中各主要收入占比

11.2 浙江省各市政府收入主要特征分析

11.2.1 浙江省各市经济社会发展情况

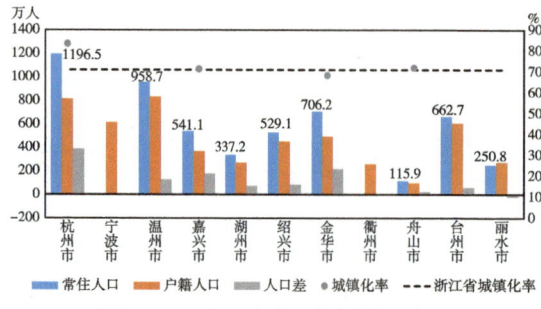

图11-51 2020年浙江省各市人口状况

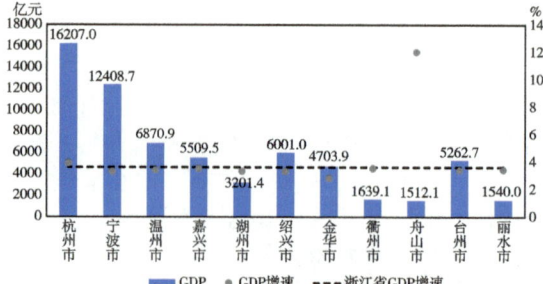

图11-52 2020年浙江省各市GDP及增速

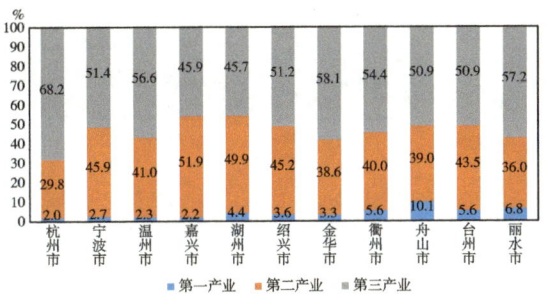

图 11-53　2020年浙江省各市三次产业结构

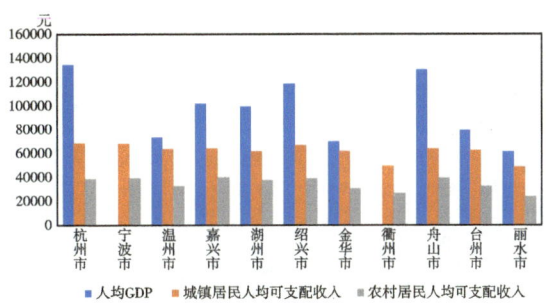

图 11-54　2020年浙江省各市人均GDP和人均可支配收入

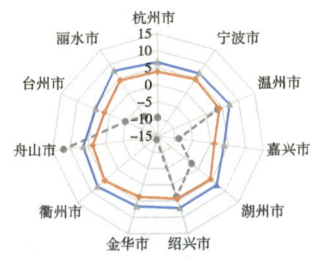

图 11-55　2020年浙江省各市人均GDP现价增速和人均可支配收入增速

11.2.2　浙江省各市政府收入总体情况

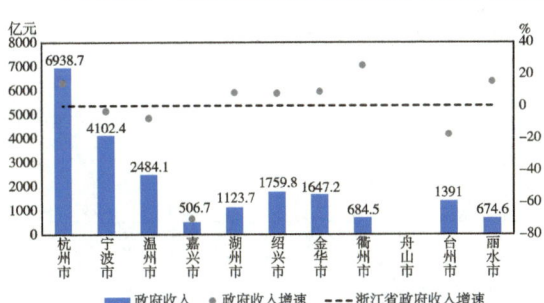

图 11-56　2020年浙江省各市政府收入及增速

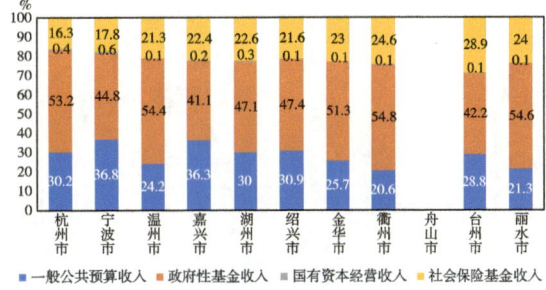

图 11-57　2020年浙江省各市政府收入结构

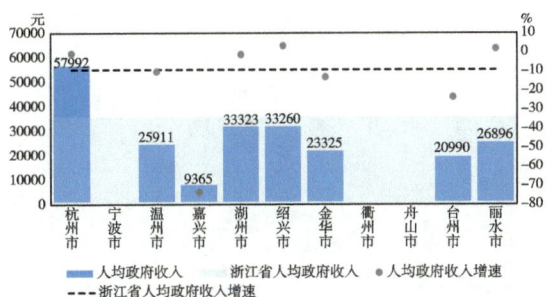

图 11-58　2020年浙江省各市人均政府收入及增速

11.2.3 浙江省各市一般公共预算收入情况

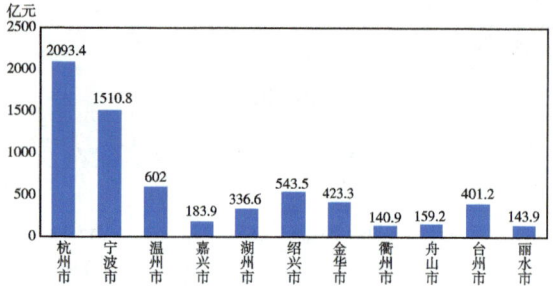

图 11-59　2020年浙江省各市一般公共预算收入

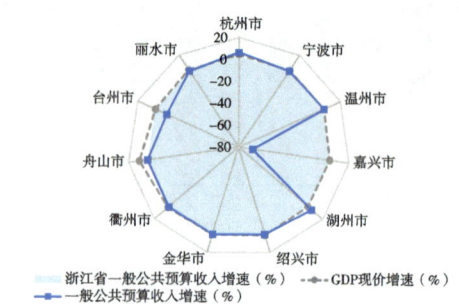

图 11-60　2020年浙江省各市一般公共预算收入增速

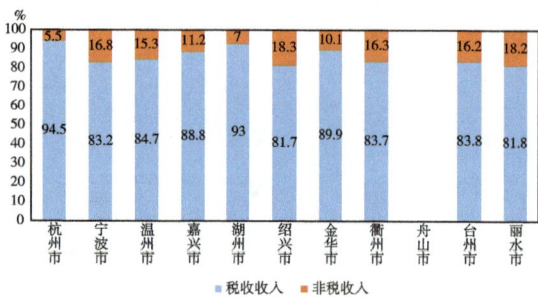

图 11-61　2020年浙江省各市一般公共预算收入结构

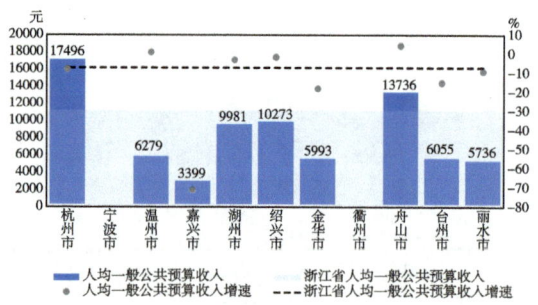

图 11-62　2020年浙江省各市人均一般公共预算收入及增速

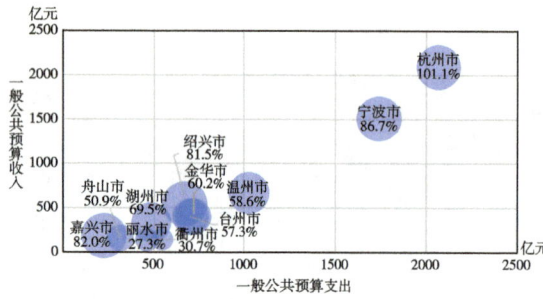

图 11-63　2020年浙江省各市财政自给率

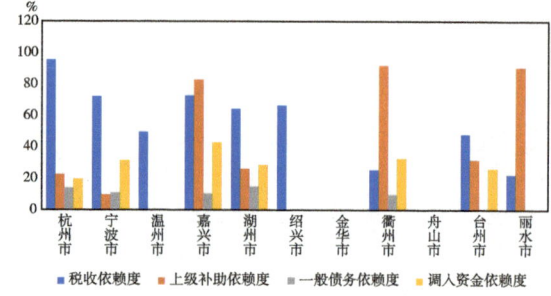

图 11-64　2020年浙江省各市一般公共预算支出对各类收入的依赖度

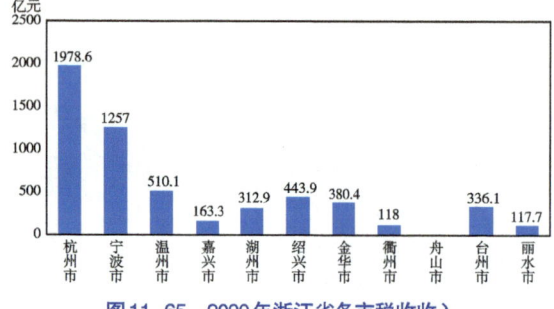

图 11-65　2020年浙江省各市税收收入

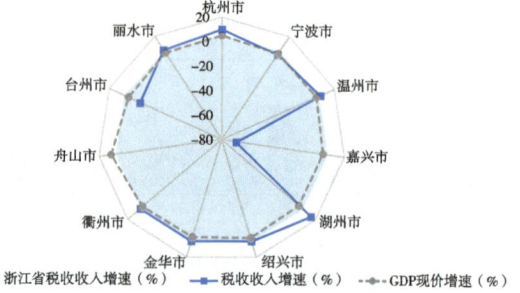

图 11-66　2020年浙江省各市税收收入增速

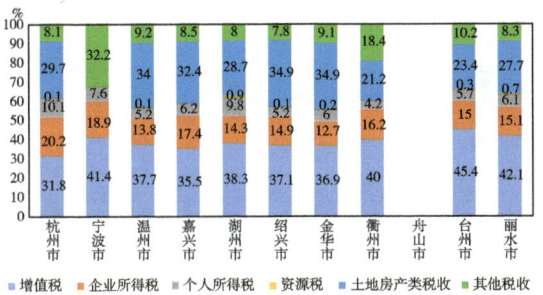

图11-67　2020年浙江省各市税收收入结构

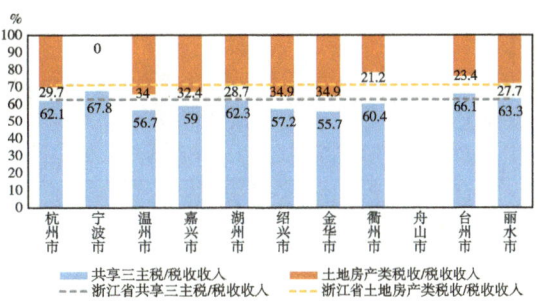

图11-68　2020年浙江省各市共享三主税、土地房产类税收占税收收入的比重

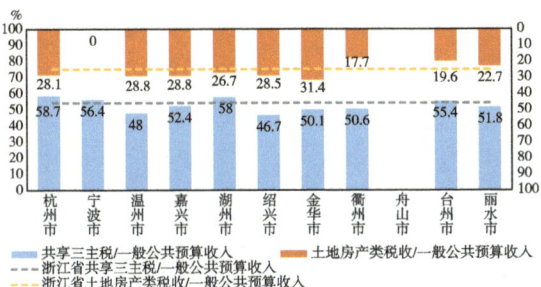

图11-69　2020年浙江省各市共享三主税、土地房产类税收占一般公共预算收入的比重

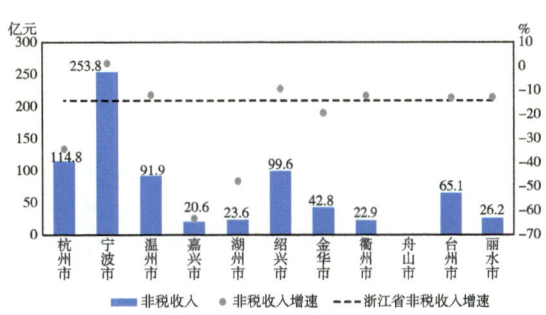

图11-70　2020年浙江省各市非税收入及增速

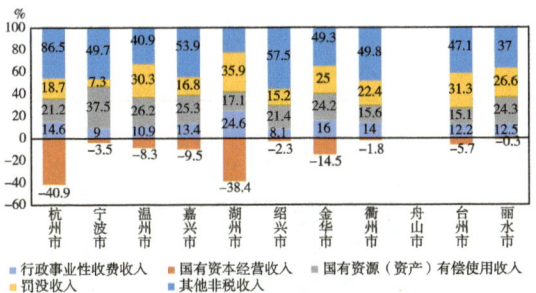

图11-71　2020年浙江省各市非税收入结构

11.2.4　浙江省各市政府性基金收入与国有资本经营收入情况

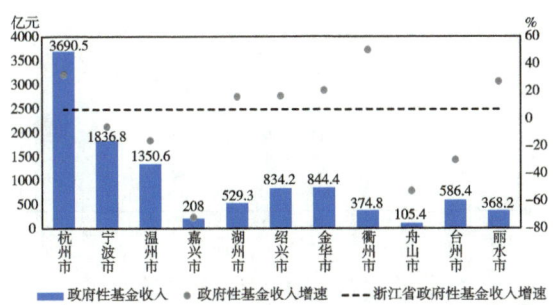

图11-72　2020年浙江省各市政府性基金收入及增速

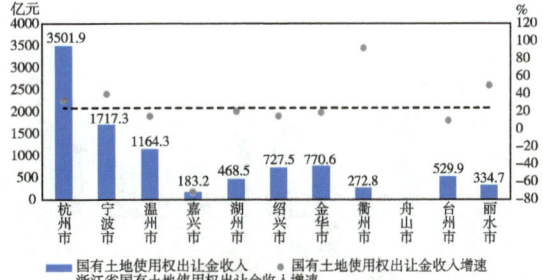

图11-73　2020年浙江省各市国有土地使用权出让金收入及增速

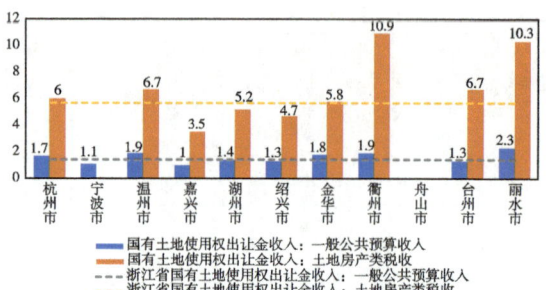

图11-74 2020年浙江省各市国有土地使用权出让金收入与一般公共预算收入对比关系

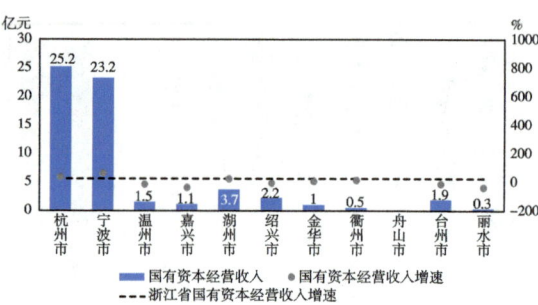

图11-75 2020年浙江省各市国有资本经营收入及增速

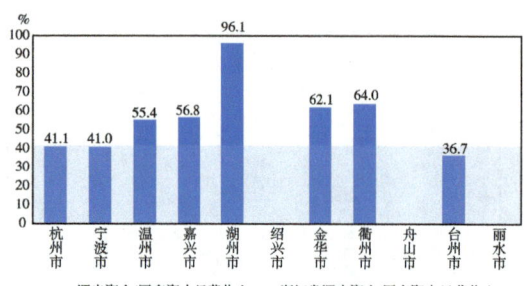

图11-76 2020年浙江省各市调出资金与国有资本经营收入对比关系

11.2.5 浙江省各市社会保险基金收入情况

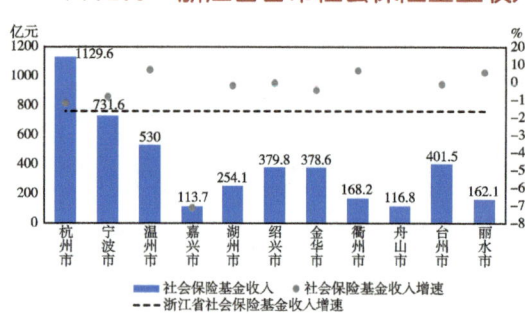

图11-77 2020年浙江省各市社会保险基金收入及增速

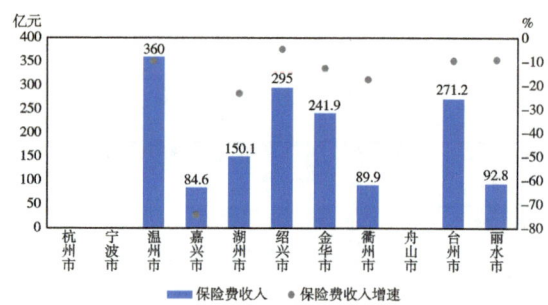

图11-78 2020年浙江省各市保险费收入及增速

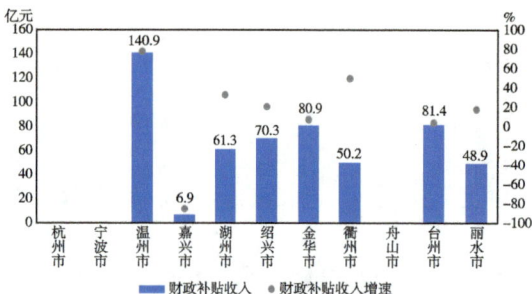

图11-79 2020年浙江省各市财政补贴收入及增速

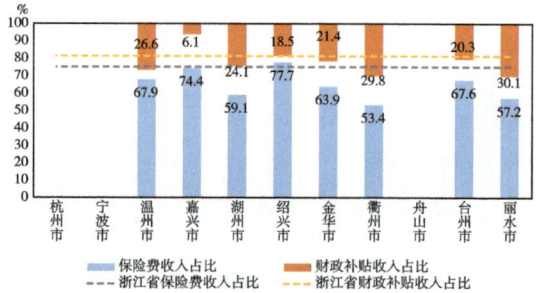

图11-80 2020年浙江省各市保险费收入、财政补贴收入占社会保险基金收入的比重

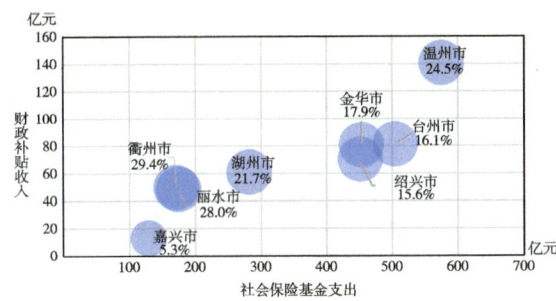

图11-81　2020年浙江省各市社会保险基金支出对财政补贴的依赖度

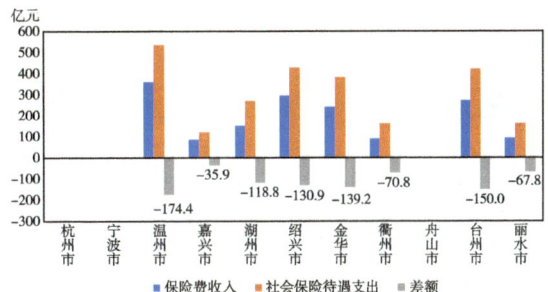

图11-82　2020年浙江省各市保险费收入、社会保险待遇支出及差额

11.2.6　浙江省各市债务情况

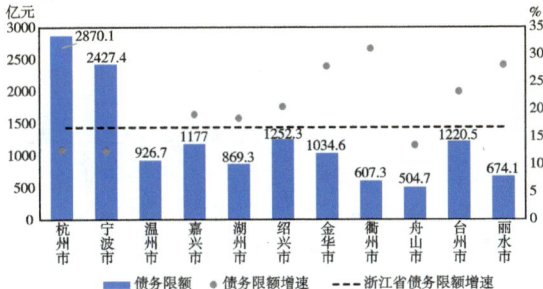

图11-83　2020年浙江省各市债务限额及增速

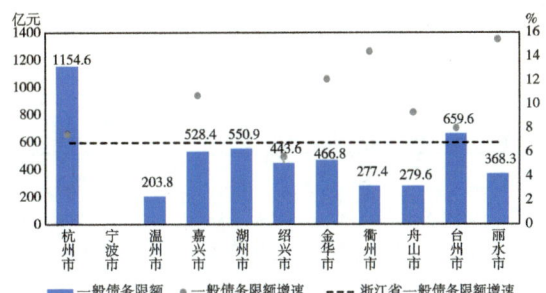

图11-84　2020年浙江省各市一般债务限额及增速

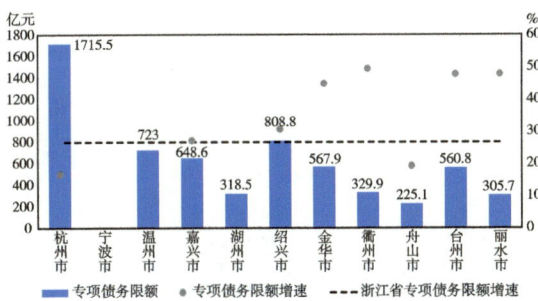

图11-85　2020年浙江省各市专项债务限额及增速

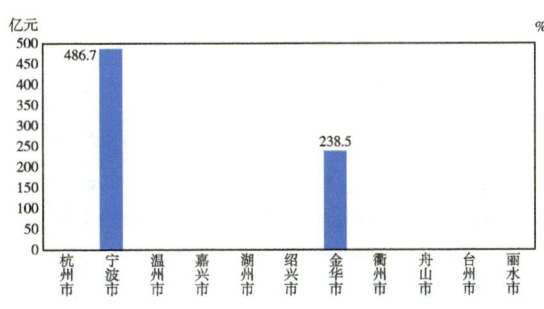

图11-86　2020年浙江省各市当年发行债务及增速

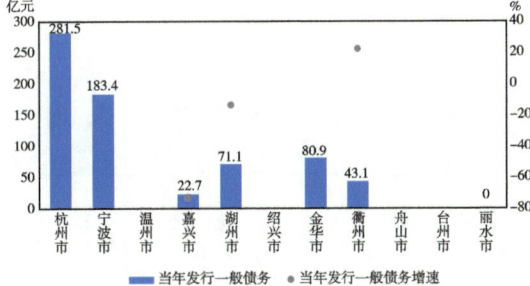

图11-87　2020年浙江省各市当年发行一般债务及增速

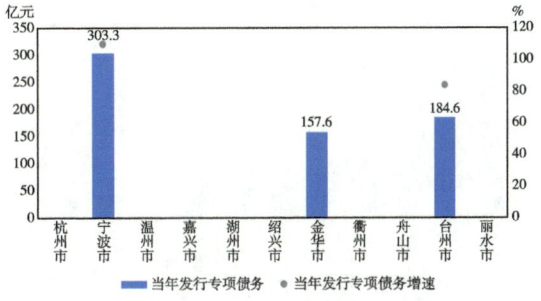

图11-88　2020年浙江省各市当年发行专项债务及增速

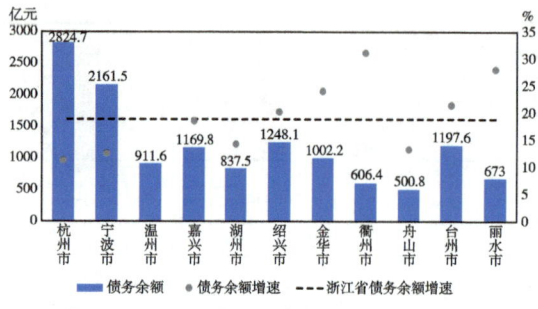

图11-89　2020年浙江省各市债务余额及增速

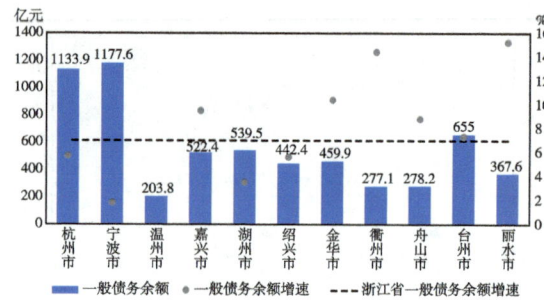

图11-90　2020年浙江省各市一般债务余额及增速

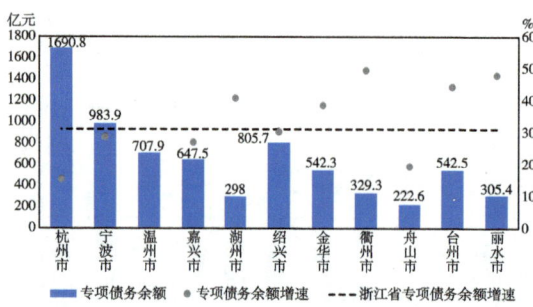

图11-91　2020年浙江省各市专项债务余额及增速

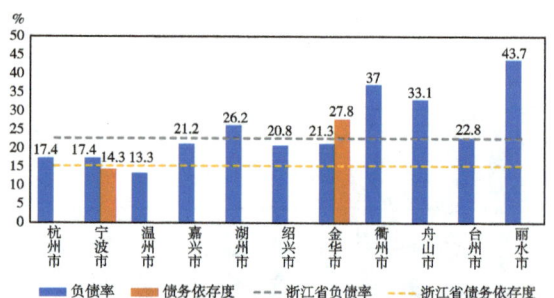

图11-92　2020年浙江省各市负债率和债务依存度

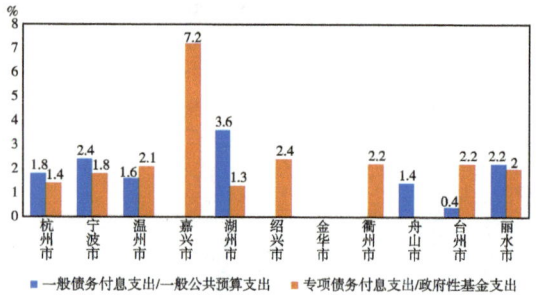

图11-93　2020年浙江省各市债务付息支出相关指标

11.2.7　浙江省各市市本级一般公共预算收入情况

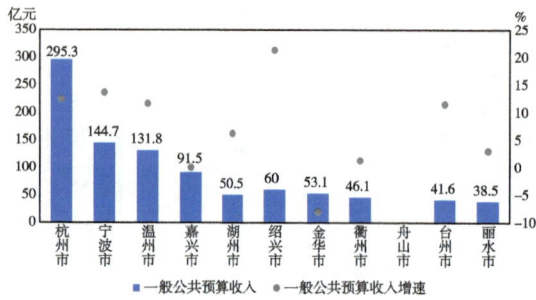

图11-94　2020年浙江省各市市本级一般公共预算收入及增速

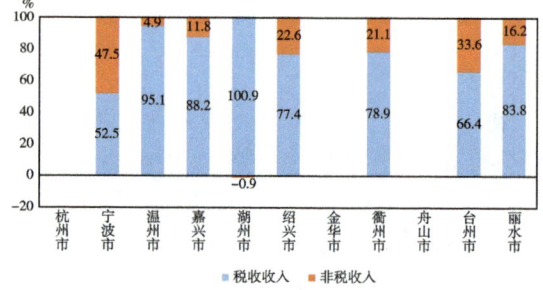

图11-95　2020年浙江省各市市本级一般公共预算收入结构

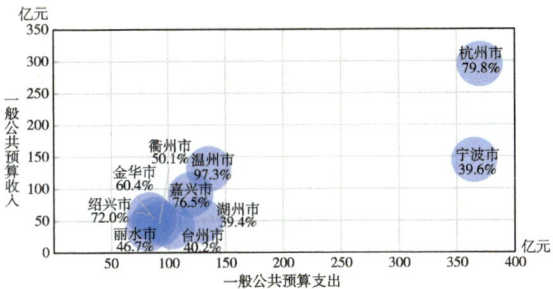

图 11-96　2020 年浙江省各市市本级财政自给率

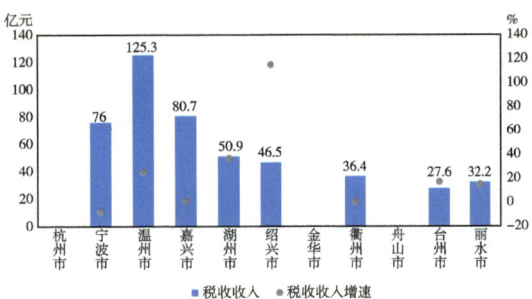

图 11-97　2020 年浙江省各市市本级税收收入及增速

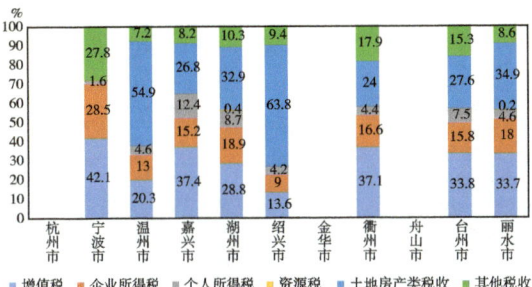

图 11-98　2020 年浙江省各市市本级税收收入结构

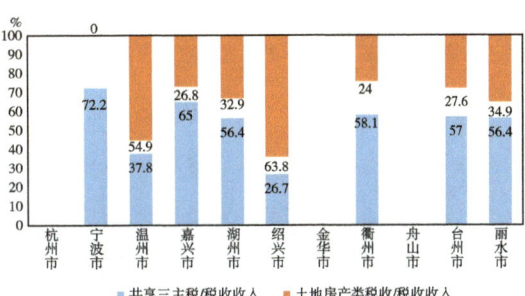

图 11-99　2020 年浙江省各市市本级共享三主税、土地房产类税收占税收收入的比重

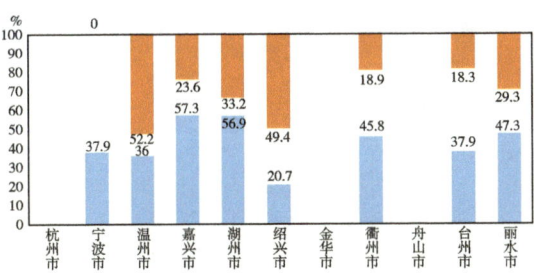

图 11-100　2020 年浙江省各市市本级共享三主税、土地房产类税收占一般公共预算收入的比重

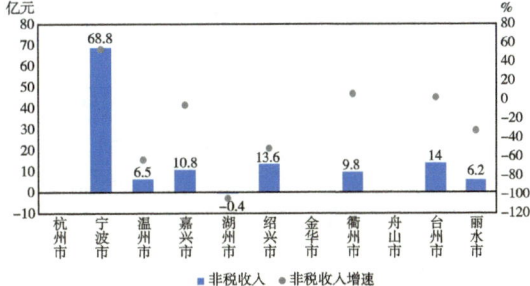

图 11-101　2020 年浙江省各市市本级非税收入及增速

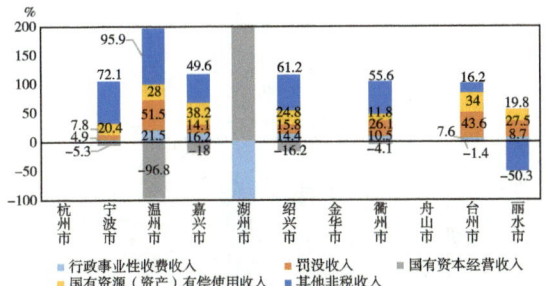

图 11-102　2020 年浙江省各市市本级非税收入结构

注：湖州市行政事业性收费收入占比为 –209.5%，罚没收入占比为 –480.1%，国有资本经营收入占比为 1956.1%，国有资源（资产）有偿使用收入占比为 –369.5%，其他非税收入占比为 –797%。

11.3 浙江省样本县政府收入主要特征分析

11.3.1 浙江省样本县经济社会发展情况

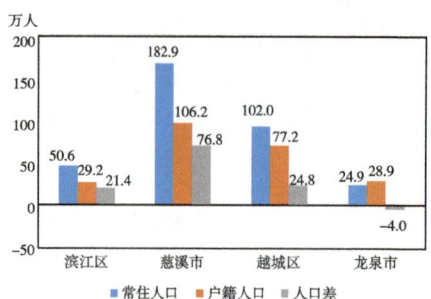

图11-103 2020年浙江省样本县人口状况

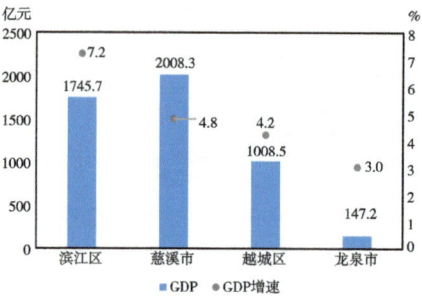

图11-104 2020年浙江省样本县GDP及增速

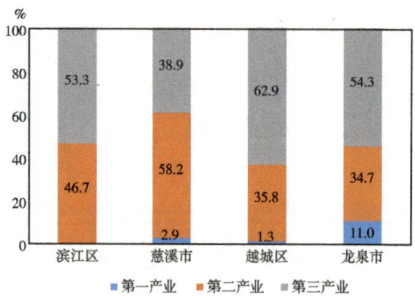

图11-105 2020年浙江省样本县三次产业结构

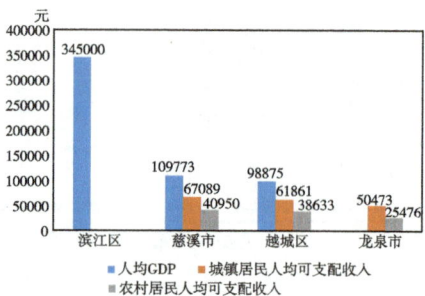

图11-106 2020年浙江省样本县人均GDP和人均可支配收入

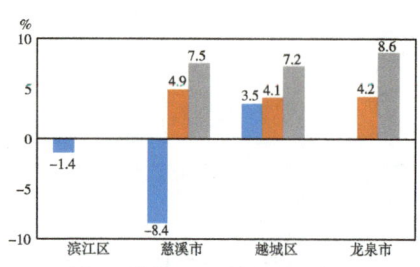

图11-107 2020年浙江省样本县人均GDP现价增速和人均可支配收入增速

11.3.2 浙江省样本县政府收入总体情况

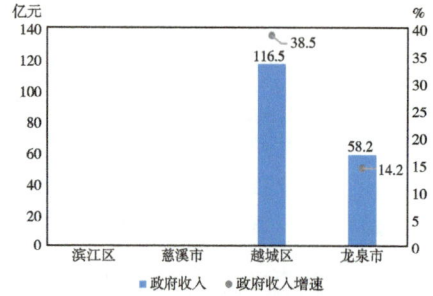

图11-108 2020年浙江省样本县政府收入及增速

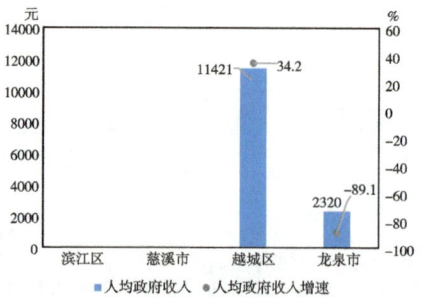

图11-109 2020年浙江省样本县人均政府收入及增速

11.3.3 浙江省样本县一般公共预算收入情况

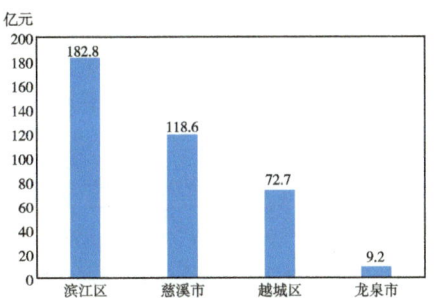

图11-110 2020年浙江省样本县一般公共预算收入

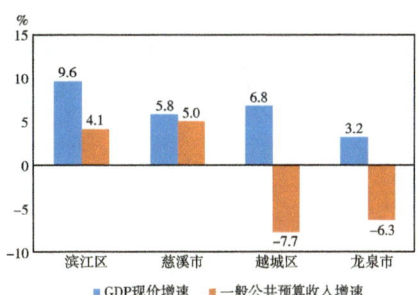

图11-111 2020年浙江省样本县一般公共预算收入增速

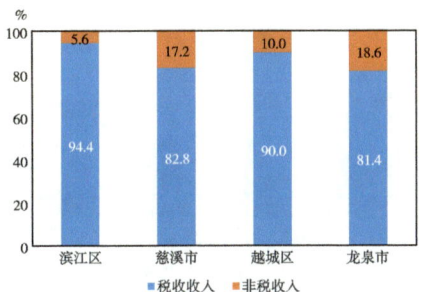

图11-112 2020年浙江省样本县一般公共预算收入结构

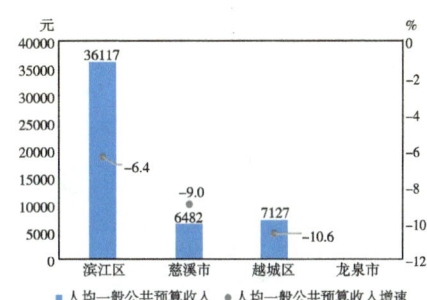

图11-113 2020年浙江省样本县人均一般公共预算收入及增速

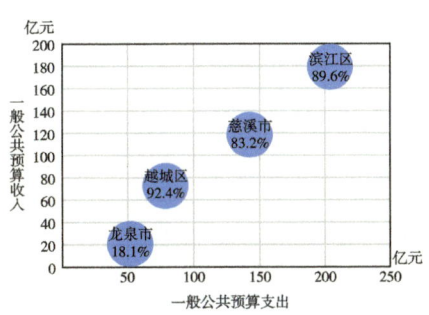

图11-114 2020年浙江省样本县财政自给率

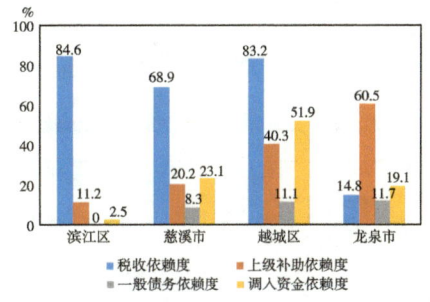

图11-115 2020年浙江省样本县一般公共预算支出对各类收入的依赖度

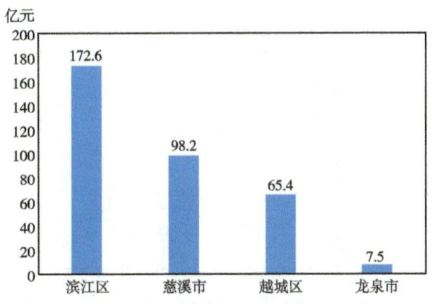

图11-116 2020年浙江省样本县税收收入

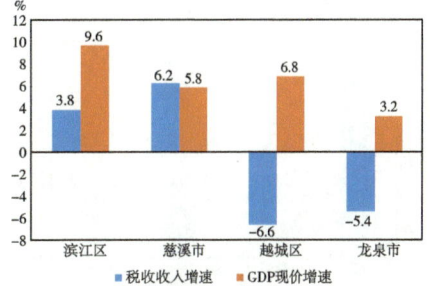

图11-117 2020年浙江省样本县税收收入增速

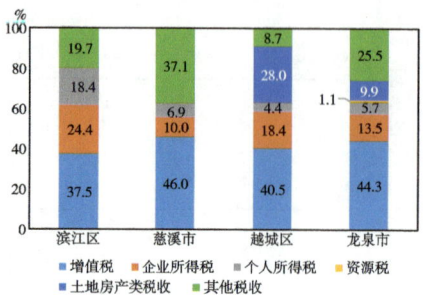

图 11-118　2020年浙江省样本县税收收入结构

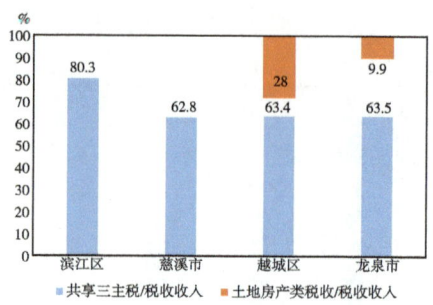

图 11-119　2020年浙江省样本县共享三主税、土地房产类税收占税收收入的比重

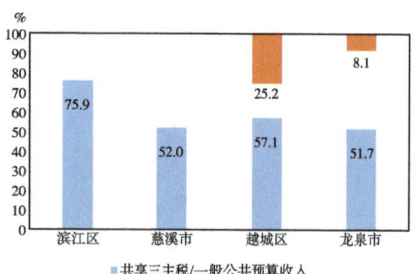

图 11-120　2020年浙江省样本县共享三主税、土地房产类税收占一般公共预算收入的比重

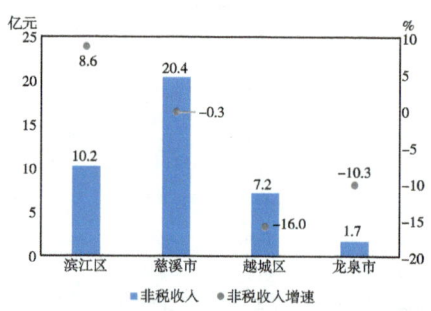

图 11-121　2020年浙江省样本县非税收入及增速

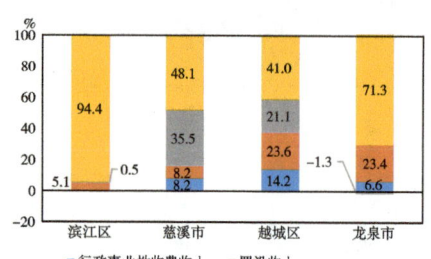

图 11-122　2020年浙江省样本县非税收入结构

11.3.4　浙江省样本县政府性基金收入与国有资本经营收入情况

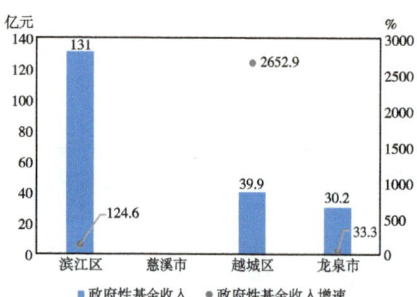

图 11-123　2020年浙江省样本县政府性基金收入及增速

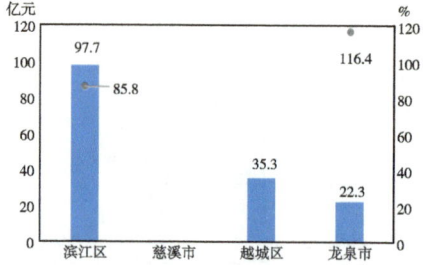

图 11-124　2020年浙江省样本县国有土地使用权出让金收入及增速

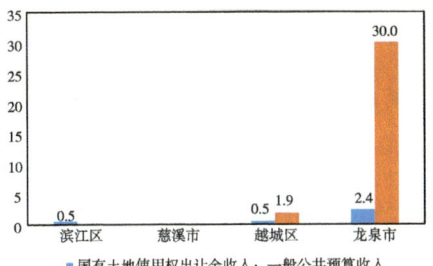

图 11-125　2020年浙江省样本县国有土地使用权出让金收入与一般公共预算收入对比关系

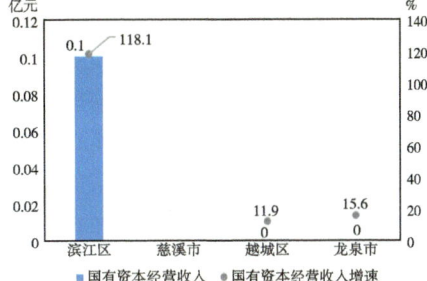

图 11-126　2020年浙江省样本县国有资本经营收入及增速

图 11-127　2020年浙江省样本县调出资金与国有资本经营收入对比关系

11.3.5　浙江省样本县社会保险基金收入情况

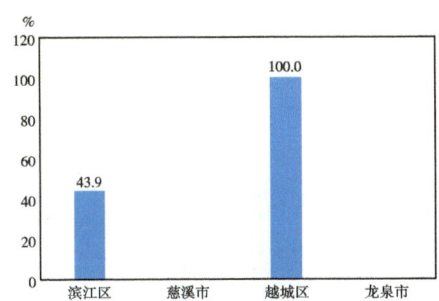

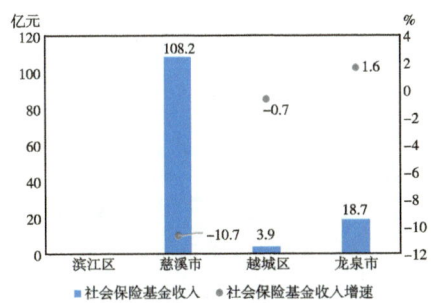

图 11-128　2020年浙江省样本县社会保险基金收入及增速

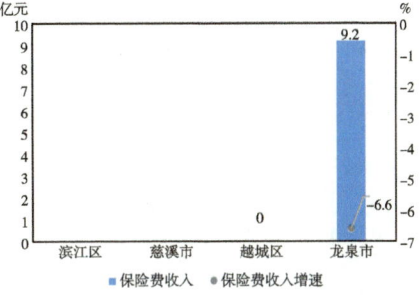

图 11-129　2020年浙江省样本县保险费收入及增速

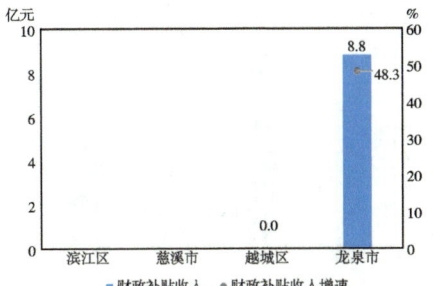

图 11-130　2020年浙江省样本县财政补贴收入及增速

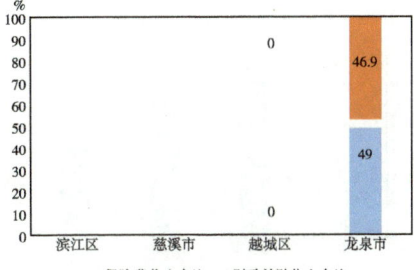

图 11-131　2020年浙江省样本县保险费收入、财政补贴收入占社会保险基金收入的比重

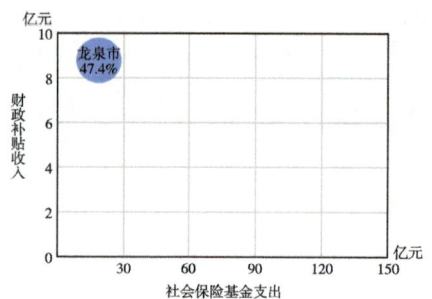

图11-132　2020年浙江省样本县社会保险基金支出对财政补贴的依赖度

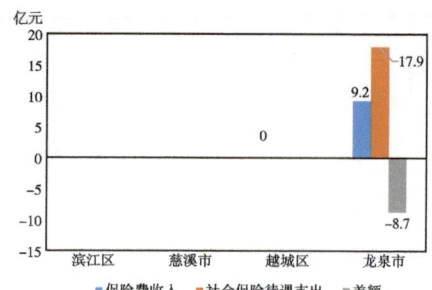

图11-133　2020年浙江省样本县保险费收入、社会保险待遇支出及差额

11.3.6　浙江省样本县债务情况

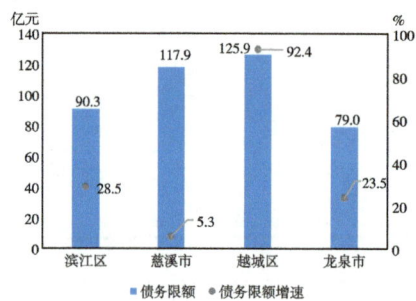

图11-134　2020年浙江省样本县债务限额及增速

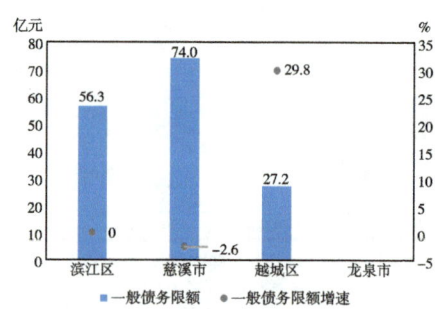

图11-135　2020年浙江省样本县一般债务限额及增速

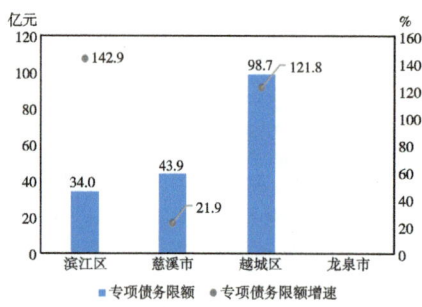

图11-136　2020年浙江省样本县专项债务限额及增速

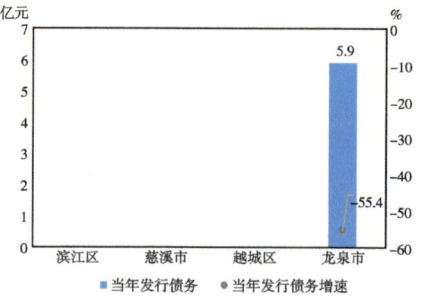

图11-137　2020年浙江省样本县当年发行债务及增速

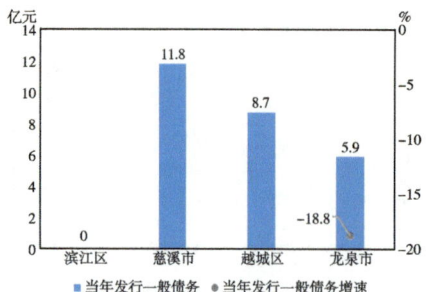

图11-138　2020年浙江省样本县当年发行一般债务及增速

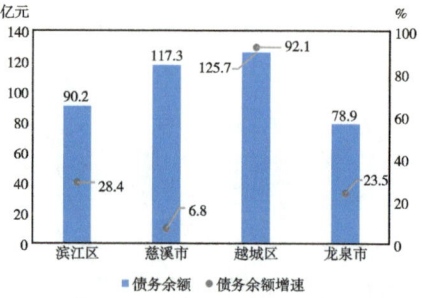

图11-139　2020年浙江省样本县债务余额及增速

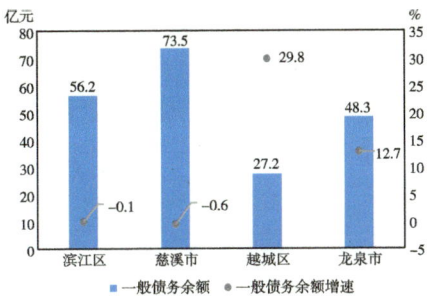

图11-140 2020年浙江省样本县一般债务余额及增速

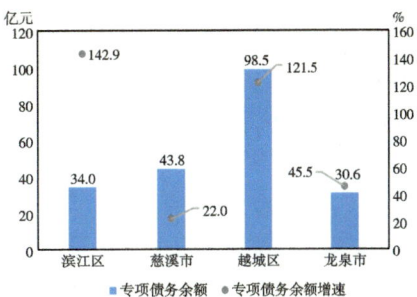

图11-141 2020年浙江省样本县专项债务余额及增速

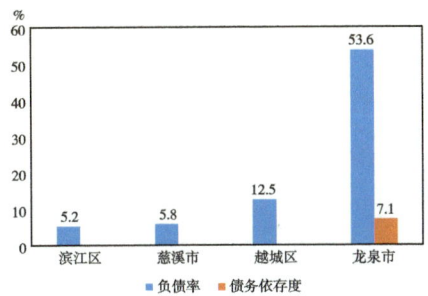

图11-142 2020年浙江省样本县负债率和债务依存度

12 安徽省

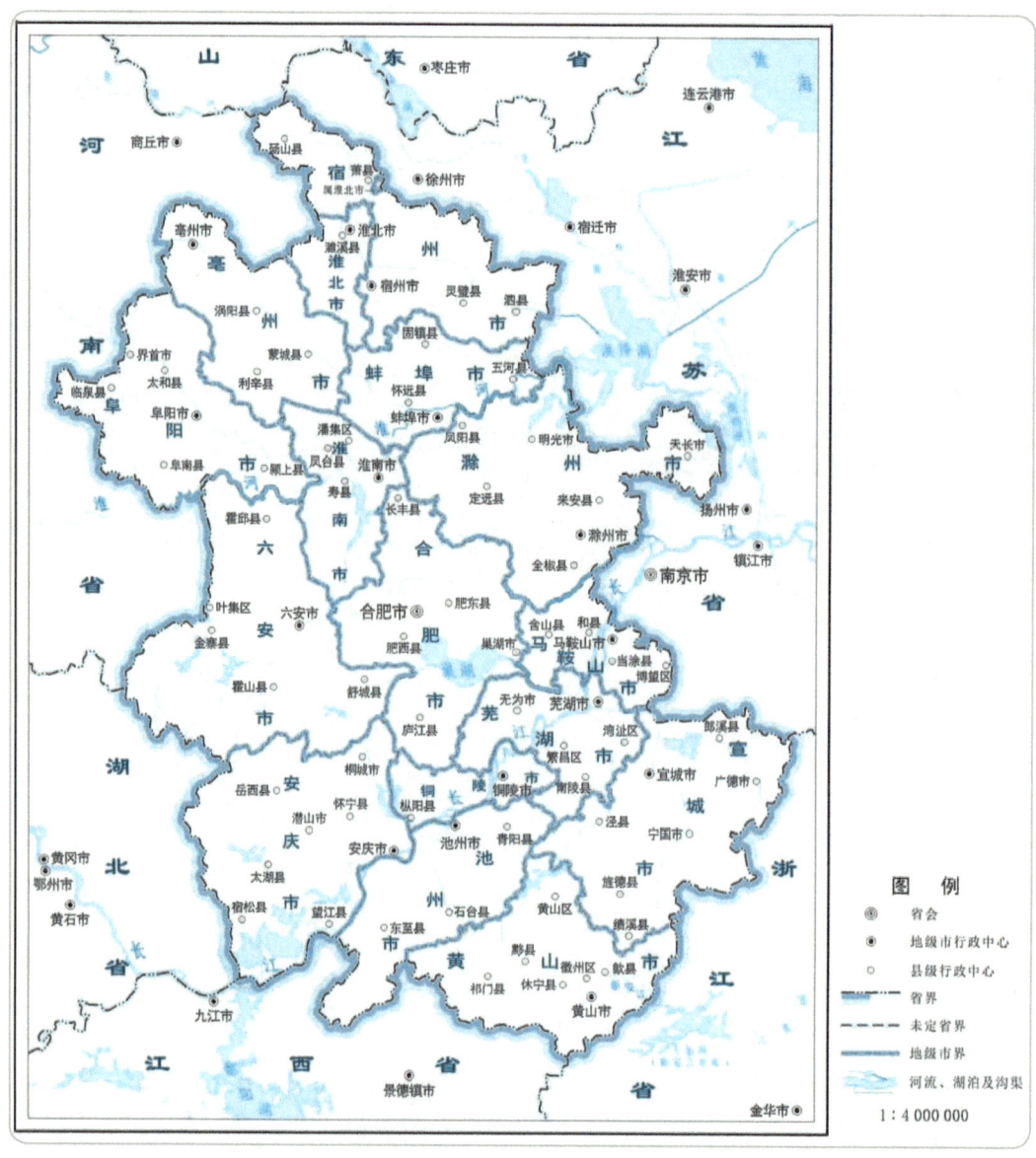

图 2020年安徽省地图

资料来源：自然资源部的标准地图服务系统网站。
注：审图号为皖S（2020）8号。

本章执笔人：郭宝棋 审校：陈莹莹

> **专栏12-1　2021年安徽省行政区划**
>
> 　　合肥市：瑶海区、庐阳区、蜀山区、包河区、巢湖市、**肥东县**、肥西县、长丰县、庐江县
> 　　芜湖市：镜湖区、弋江区、鸠江区、湾沚区、繁昌区、无为市、南陵县
> 　　蚌埠市：龙子湖区、蚌山区、禹会区、淮上区、五河县、固镇县、怀远县
> 　　淮南市：大通区、田家庵区、谢家集区、八公山区、潘集区、凤台县、**寿县**
> 　　马鞍山市：花山区、雨山区、博望区、含山县、和县、当涂县
> 　　淮北市：相山区、杜集区、烈山区、濉溪县
> 　　铜陵市：铜官区、郊区、义安区、枞阳县
> 　　安庆市：迎江区、大观区、宜秀区、桐城市、潜山市、怀宁县、**太湖县**、宿松县、望江县、岳西县
> 　　黄山市：屯溪区、黄山区、徽州区、歙县、休宁县、黟县、**祁门县**
> 　　阜阳市：颍州区、颍泉区、颍东区、界首市、颍上县、临泉县、阜南县、太和县
> 　　宿州市：埇桥区、萧县、砀山县、灵璧县、泗县
> 　　滁州市：琅琊区、南谯区、天长市、明光市、全椒县、来安县、凤阳县、定远县
> 　　六安市：金安区、裕安区、叶集区、霍邱县、霍山县、金寨县、舒城县
> 　　宣城市：宣州区、广德市、宁国市、郎溪县、泾县、绩溪县、旌德县
> 　　池州市：贵池区、青阳县、石台县、**东至县**
> 　　亳州市：谯城区、蒙城县、涡阳县、利辛县
>
> **本书选取肥东县、寿县、太湖县、祁门县以及东至县为样本县。**

　　安徽省共辖16个地级市、市辖区45个、县级市9个、县50个（详见专栏12-1）；地处长江、淮河中下游，为长江三角洲腹地，地跨长江、淮河、新安江三大流域，全省分为淮北平原、江淮丘陵、皖南山区三大自然区域。安徽总面积为14.01万平方公里，地形多样，平原、山区、丘陵和湖沼洼地面积分别占31.3%（包括5.8%的圩区）、31.2%、29.5%和8.0%。安徽是我国重要的农产品生产、能源和原材料加工制造业基地。

　　2021年安徽省经济总量处于全国中等，第三产业占比低于全国，人口整体净流出，城镇化率亦低于全国。 2021年末，安徽省常住人口6113.0万人，常住人口城镇化率为59.4%（低于全国水平5.3个百分点）。2021年安徽GDP达到4.3万亿，排全国第11名，次于湖南、上海，略高于北京、河北；增速8.3%，比2020年上升4.4个百分点，高于全国0.2个百分点，排全国第9名；人均GDP为70321元（折10900.5美元），排全国第13名。从产业结构看，第一、第二、第三产业占比分别为7.8%、41.0%（高于全国1.6个百分点）和51.2%（低于全国2.1个百分点）。从居民可支配收入看，2021年城镇与农村居民人均可支配收入分别为43009元和18368元，呈上升态势，分别为全国平均水平的90.7%和97.0%。

　　2021年安徽省一般公共预算收入全国排中等，非税收入占比高，省市县中县级政府收入占比最高。 2021年安徽省一般公共预算收入3498.2亿元，排全国第10名，增速8.8%，人均一

般公共预算收入为5723元，排全国第17名。其中，近四年安徽省税收收入占一般公共预算收入的总体略有下降，2021年为68.3%，低于全国平均水平17.0个百分点。非税收入占比偏高，其中2021年政府产权性收入规模占非税收入比高达42.7%。从纵向收入分配看，2020年省本级、市本级、县一般公共预算收入占比分别为8%、29%和64%。

2021年安徽省财政自给率有所回升。 2021年安徽财政自给率为46.1%，较2020年提高3.1个百分点。

2021年安徽省四本预算合计中政府性基金预算收入占比最高，一般公共预算收入位居第二。 2021年安徽省四本预算加总的政府收入10059.0亿元，其中一般公共预算收入、政府性基金预算收入、国有资本经营预算收入和社会保险基金预算收入分别占比34.8%、35.0%、1.0%和29.2%。2021年安徽省社保基金预算收入2941.0亿元。

安徽省内各地市经济社会发展和财政发展不均衡，优势主要集中于省会合肥市。 合肥市是2020年安徽省政府收入规模唯一超1500亿元的城市，而其他城市政府收入规模都在1000亿元以下。2020年合肥市一般公共预算收入762.9亿元，除排名第二的芜湖实现331.4亿元的一般公共预算收入外，其他各市均低于200亿元，收入较为集中且城市间差异较大，一般公共预算收入的城市首位度指数为2.3，且合肥市是收入最低的池州市的11倍。安徽省内各市财政自给率差异明显。2020年，芜湖、合肥、马鞍山三市财政自给率分别为68.2%、65.5%和64.0%，自给率较高；而阜阳、安庆、宿州和六安4市自给率均低于30%；其他市自给率则分布在30%到55%之间。财政自给率最低的六安仅为26.3%，最高自给率的芜湖是六安的2.6倍。政府性基金收入主要构成是国有土地使用权出让收入，各地差距较大，收入规模最大的合肥市（576亿元）为规模最小的池州市（44亿元）的13.1倍。

12.1 安徽省政府收入主要特征分析

12.1.1 安徽省经济社会基本情况

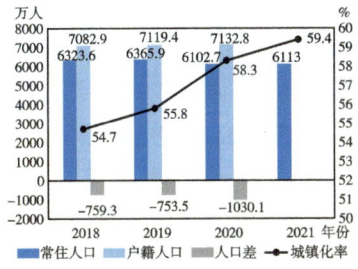

图12-1 2018—2021年安徽省人口状况

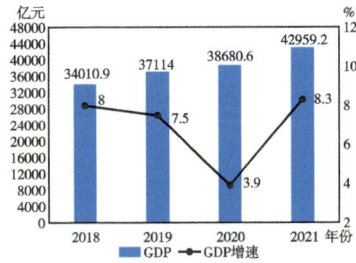

图12-2 2018—2021年安徽省GDP及增速

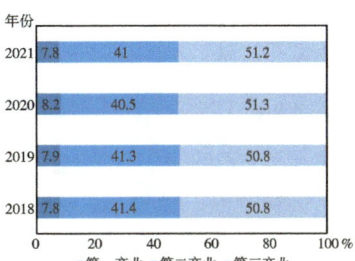

图12-3 2018—2021年安徽省三次产业结构

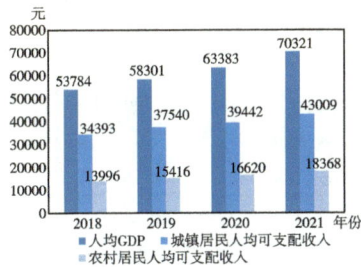

图12-4 2018—2021年安徽省人均GDP和人均可支配收入

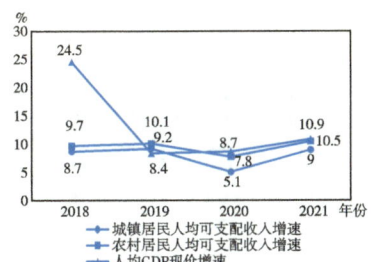

图12-5 2018—2021年安徽省人均GDP现价增速和人均可支配收入增速

12.1.2 安徽省政府收入总体情况

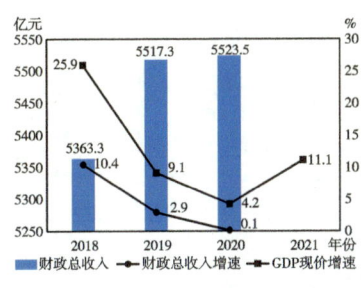

图12-6 2018—2021年安徽省财政收入及增速

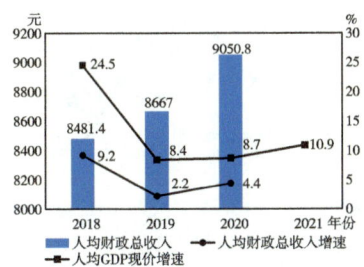

图12-7 2018—2021年安徽省人均财政总收入及增速

图12-8 2018—2021年安徽省财政总收入相关指标

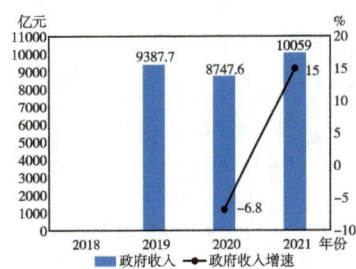

图12-9 2018—2021年安徽省政府收入及增速

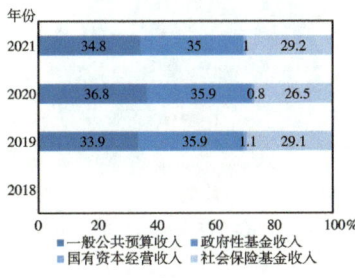

图12-10 2018—2021年安徽省政府收入结构

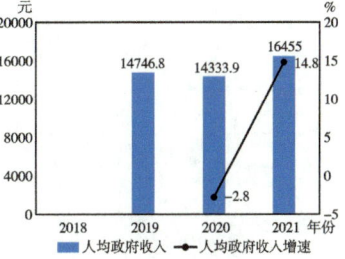

图12-11 2018—2021年安徽省人均政府收入及增速

12.1.3 安徽省一般公共预算收入情况

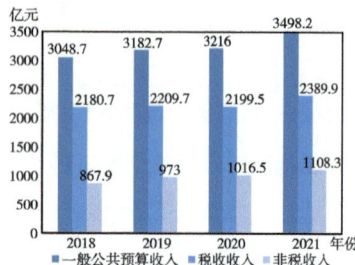

图12-12 2018—2021年安徽省一般公共预算收入

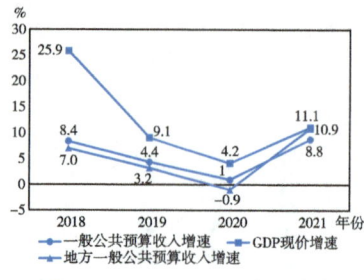

图12-13 2018—2021年安徽省一般公共预算收入增速

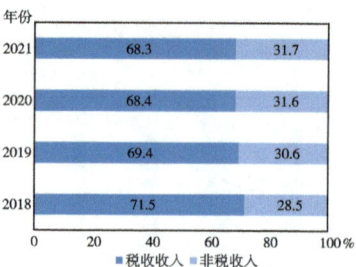

图12-14 2018—2021年安徽省一般公共预算收入结构

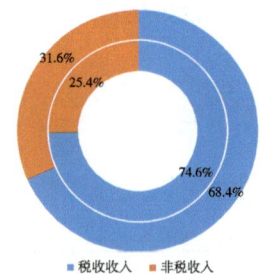

图12-15 2020年一般公共预算收入结构对比（内环为地方，外环为安徽省）

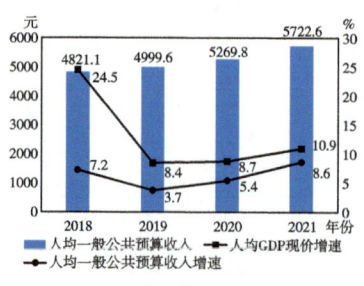

图12-16 2018—2021年安徽省人均一般公共预算收入及增速

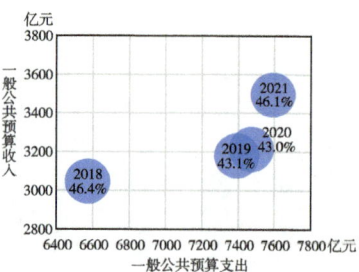

图12-17 2018—2021年安徽省财政自给率

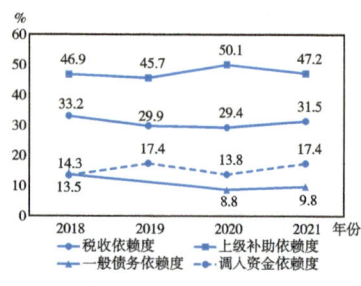

图12-18 2018—2021年安徽省一般公共预算支出对各类收入的依赖度

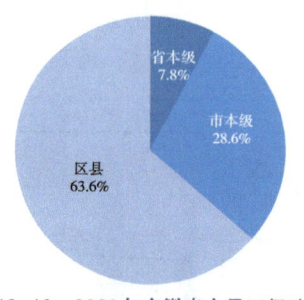

图12-19 2020年安徽省市县三级政府一般公共预算收入分布

图12-20 2018—2021年安徽省税收收入

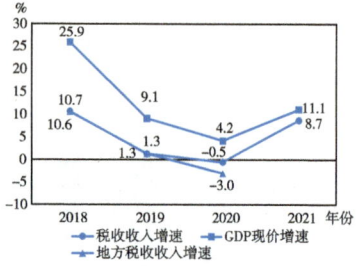

图12-21 2018—2021年安徽省税收收入增速

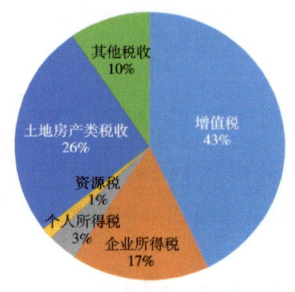

图12-22 2020年安徽省税收收入结构

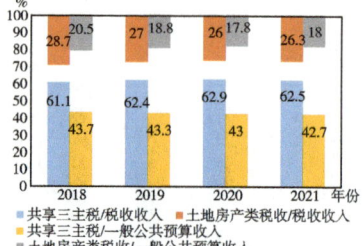

图12-23 2018—2021年安徽省共享三主税、土地房产类税收占税收收入及一般公共预算收入的比重

图12-24　2018-2021年安徽省非税收入

图12-25　2018-2021年安徽省非税收入增速

图12-26　2018-2021年安徽省非税收入中各主要收入占比

12.1.4　安徽省政府性基金和国有资本经营收入情况

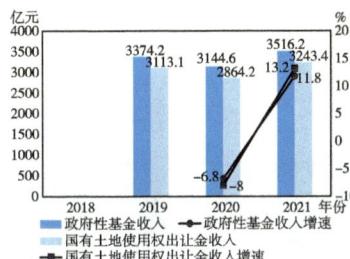

图12-27　2018-2021年安徽省政府性基金收入及增速

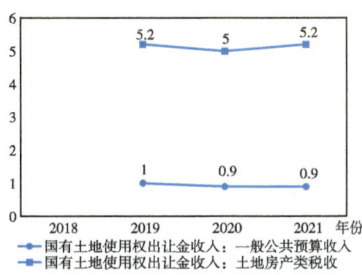

图12-28　2018-2021年安徽省国有土地使用权出让金收入与一般公共预算收入对比关系

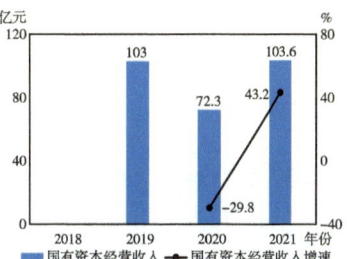

图12-29　2018-2021年安徽省国有资本经营收入及增速

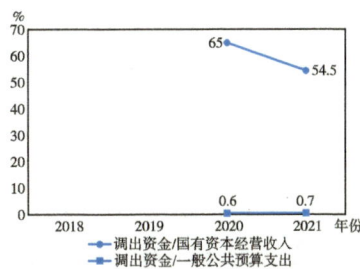

图12-30　2018-2021年安徽省国有资本经营预算中调出资金相关指标

12.1.5　安徽省社会保险基金收入情况

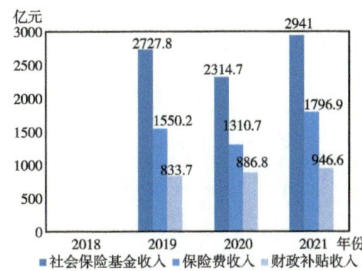

图12-31　2018-2021年安徽省社会保险基金收入

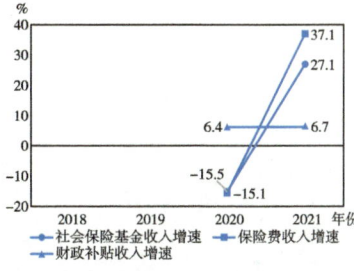

图12-32　2018-2021年安徽省社会保险基金收入增速

图12-33　2018-2021年安徽省保险费收入、财政补贴收入占社会保险基金收入的比重

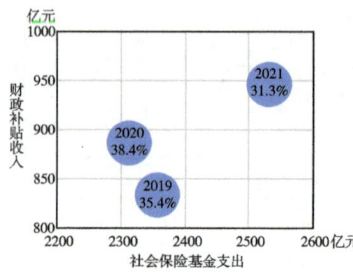

图12-34　2018—2021年安徽省社会保险基金支出对财政补贴的依赖度

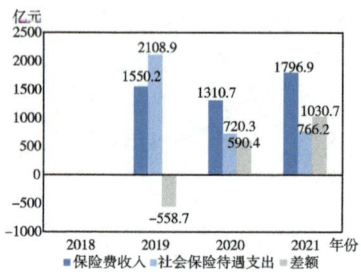

图12-35　2018—2021年安徽省保险费收入、社会保险待遇支出及差额

12.1.6　安徽省债务情况

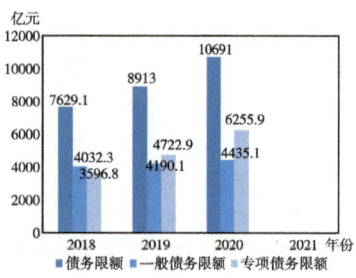

图12-36　2018—2021年安徽省债务限额

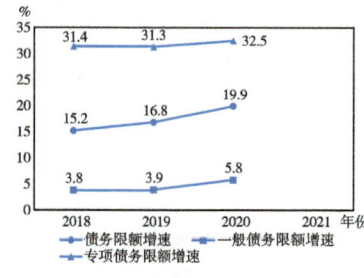

图12-37　2018—2021年安徽省债务限额增速

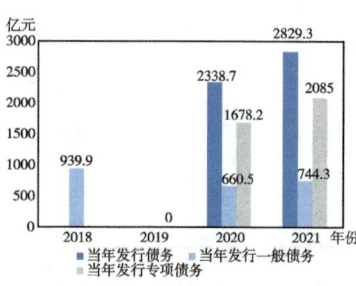

图12-38　2018—2021年安徽省当年发行债务

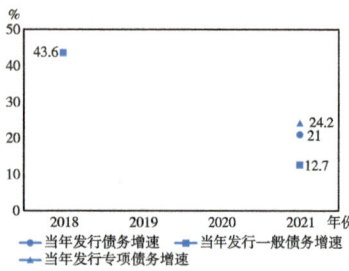

图12-39　2018—2021年安徽省当年发行债务增速

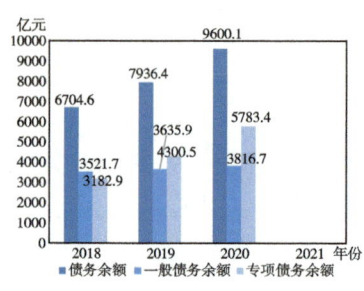

图12-40　2018—2021年安徽省债务余额

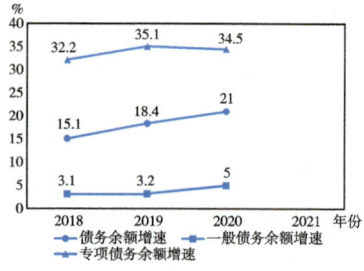

图12-41　2018—2021年安徽省债务余额增速

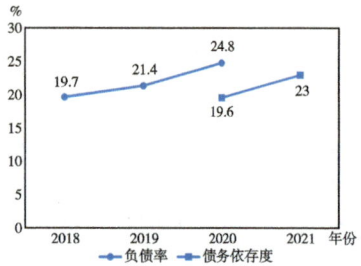

图12-42　2018—2021年安徽省负债率和债务依存度

12.1.7 安徽省省本级一般公共预算收入情况

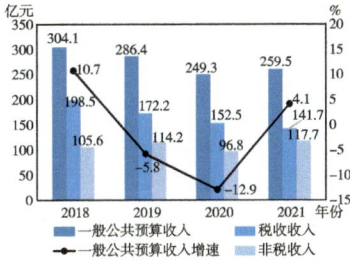

图12-43　2018—2021年安徽省省本级一般公共预算收入及增速

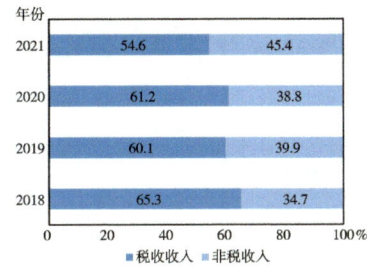

图12-44　2018—2021年安徽省省本级一般公共预算收入结构

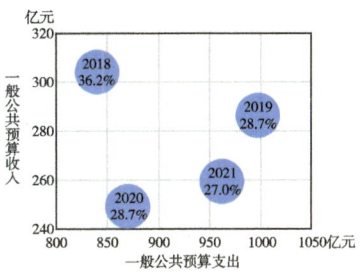

图12-45　2018—2021年安徽省省本级财政自给率

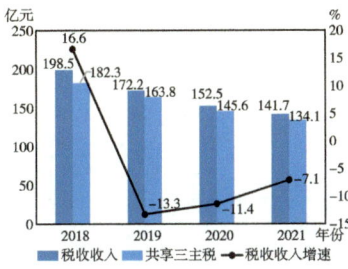

图12-46　2018—2021年安徽省省本级税收收入及增速

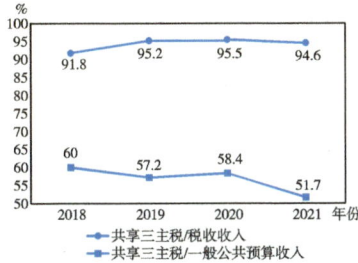

图12-47　2018—2021年安徽省省本级共享三主税占税收收入及一般公共预算收入的比重

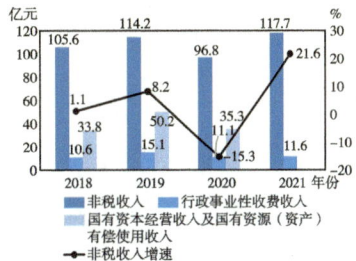

图12-48　2018—2021年安徽省省本级非税收入及增速

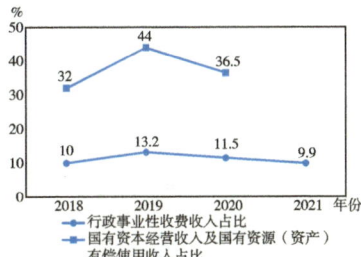

图12-49　2018—2021年安徽省省本级非税收入中各主要收入占比

12.2　安徽省各市政府收入主要特征分析

12.2.1　安徽省各市经济社会发展情况

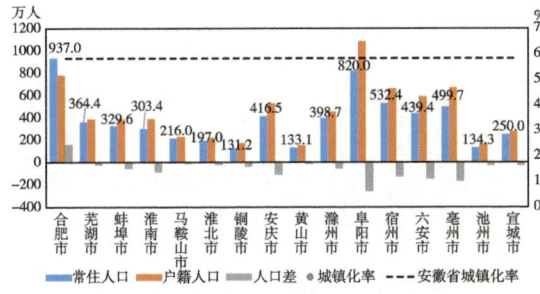

图12-50　2020年安徽省各市人口状况

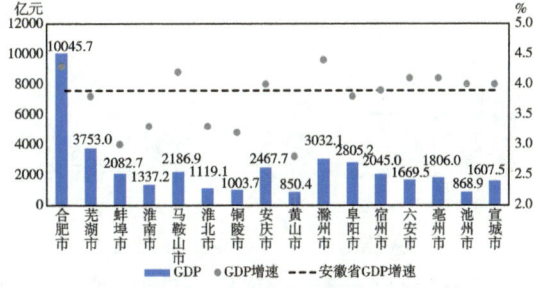

图12-51　2020年安徽省各市GDP及增速

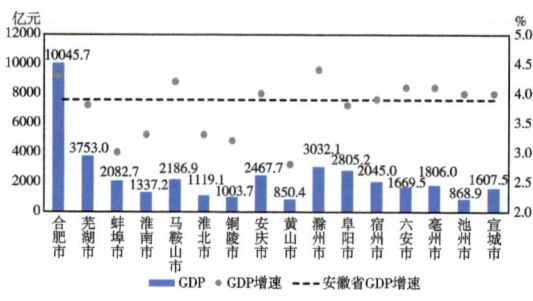

图12-52　2020年安徽省各市三次产业结构

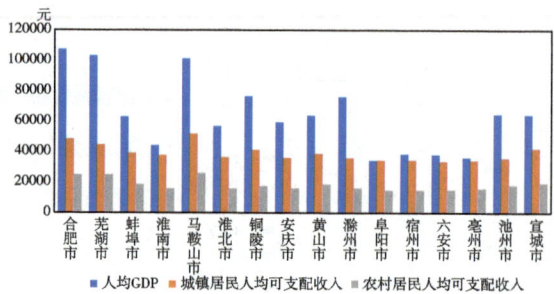

图12-53　2020年安徽省各市人均GDP和人均可支配收入

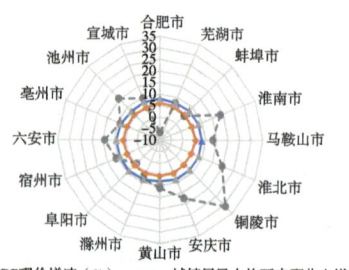

图12-54　2020年安徽省各市人均GDP现价增速和人均可支配收入增速

12.2.2　安徽省各市政府收入总体情况

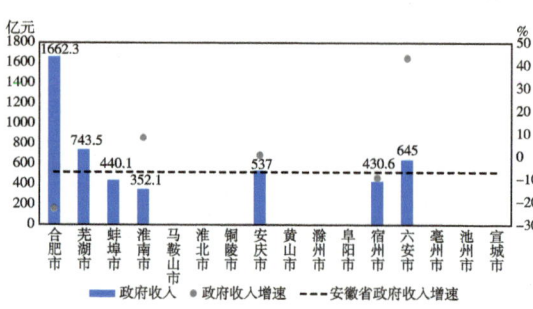

图12-55　2020年安徽省各市政府收入及增速

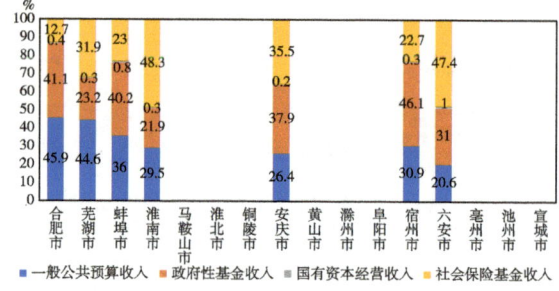

图12-56　2020年安徽省各市政府收入结构

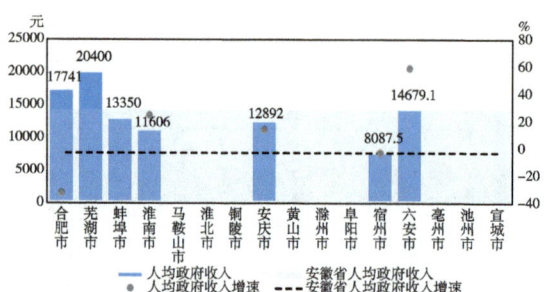

图12-57　2020年安徽省各市人均政府收入及增速

12.2.3 安徽省各市一般公共预算收入情况

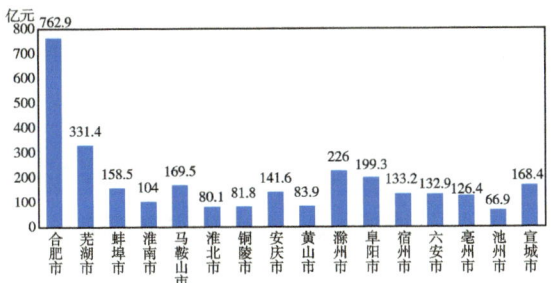

图12-58　2020年安徽省各市一般公共预算收入

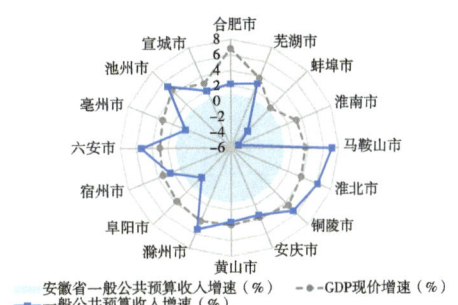

图12-59　2020年安徽省各市一般公共预算收入增速

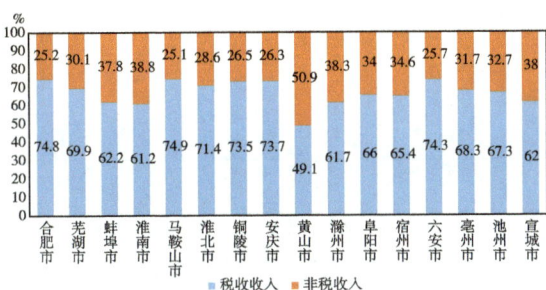

图12-60　2020年安徽省各市一般公共预算收入结构

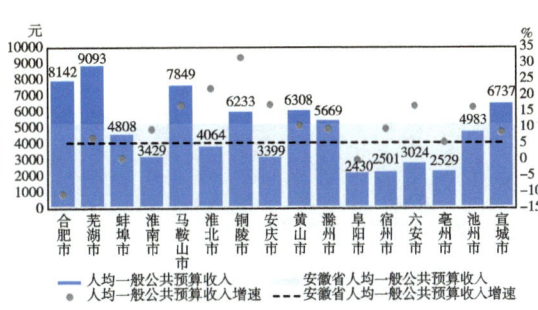

图12-61　2020年安徽省各市人均一般公共预算收入及增速

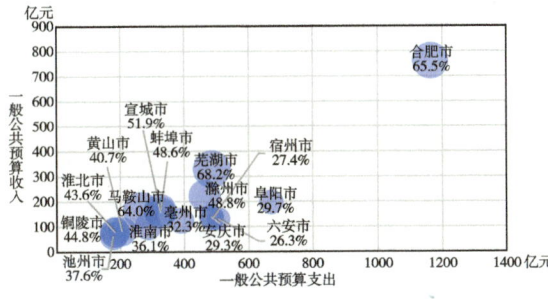

图12-62　2020年安徽省各市财政自给率

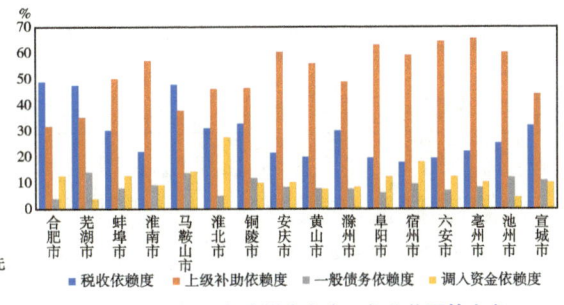

图12-63　2020年安徽省各市一般公共预算支出对各类收入的依赖度

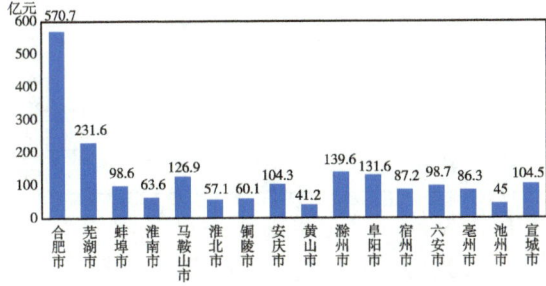

图12-64　2020年安徽省各市税收收入

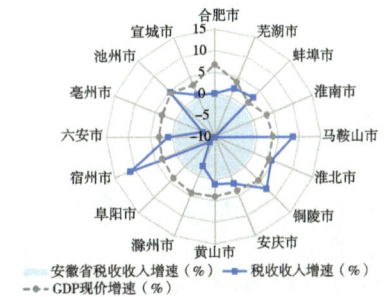

图12-65　2020年安徽省各市税收收入增速

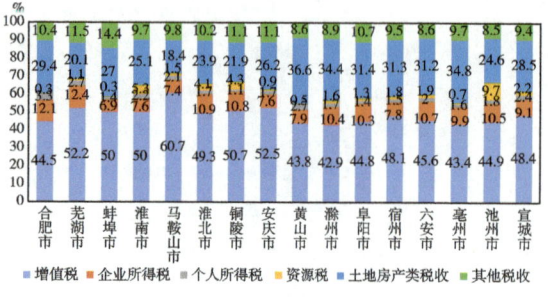

图12-66 2020年安徽省各市税收收入结构

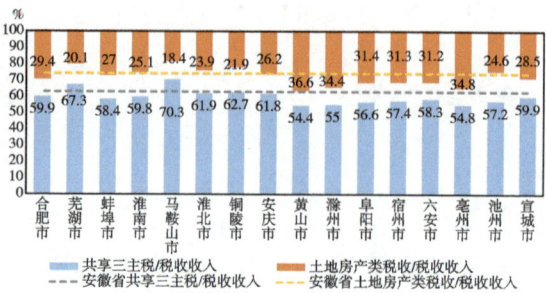

图12-67 2020年安徽省各市共享三主税、土地房产类税收占税收收入的比重

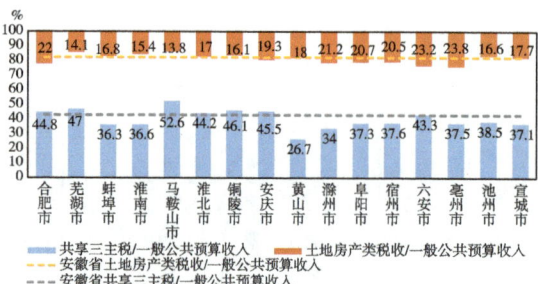

图12-68 2020年安徽省各市共享三主税、土地房产类税收占一般公共预算收入的比重

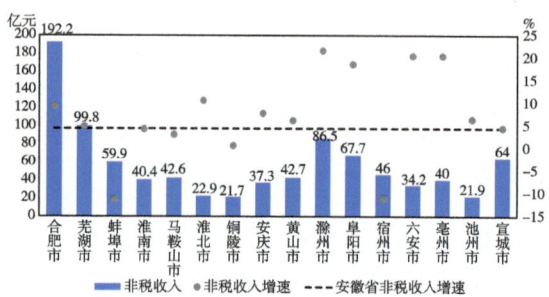

图12-69 2020年安徽省各市非税收入及增速

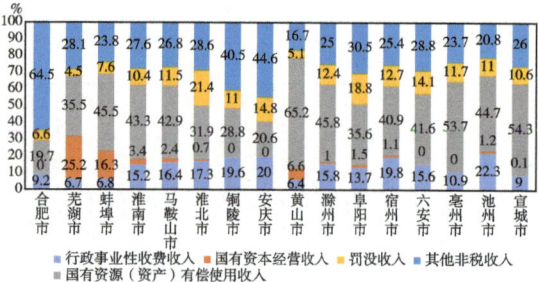

图12-70 2020年安徽省各市非税收入结构

12.2.4 安徽省各市政府性基金收入与国有资本经营收入情况

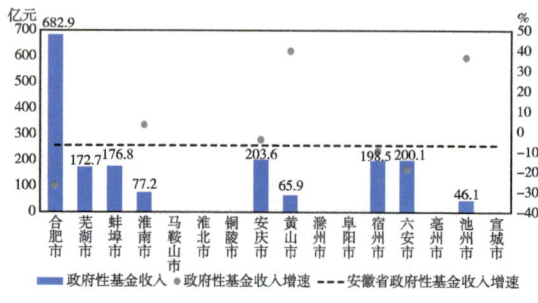

图12-71 2020年安徽省各市政府性基金收入及增速

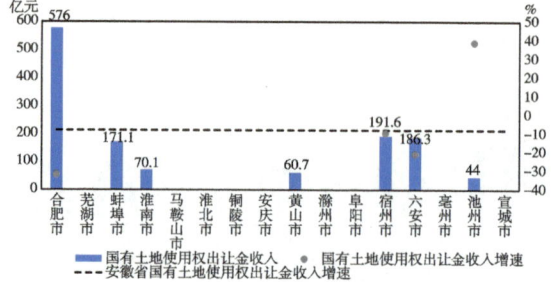

图12-72 2020年安徽省各市国有土地使用权出让金收入及增速

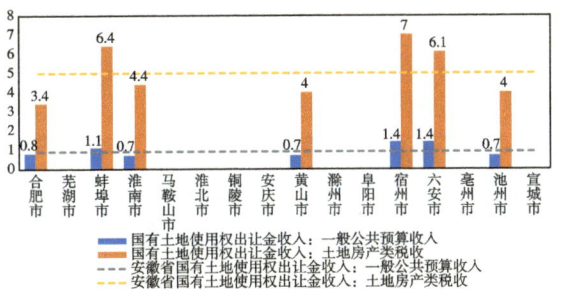

图12-73 2020年安徽省各市国有土地使用权出让金收入与一般公共预算收入对比关系

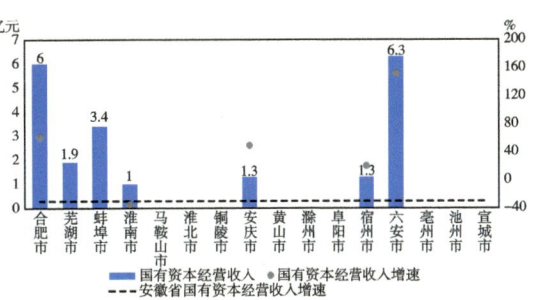

图12-74 2020年安徽省各市国有资本经营收入及增速

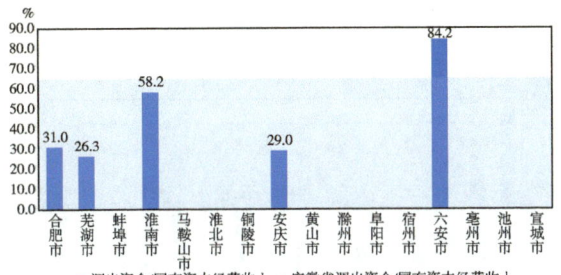

图12-75 2020年安徽省各市调出资金与国有资本经营收入对比关系

12.2.5 安徽省各市社会保险基金收入情况

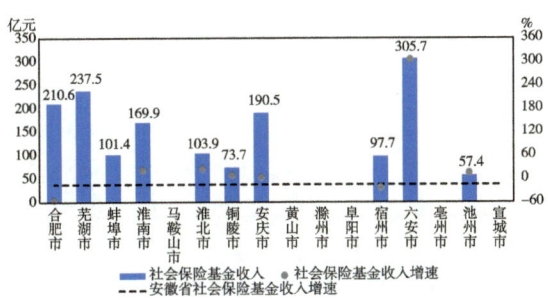

图12-76 2020年安徽省各市社会保险基金收入及增速

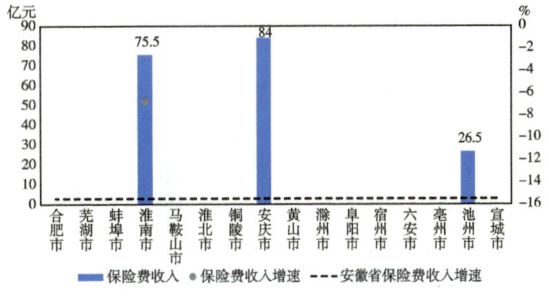

图12-77 2020年安徽省各市保险费收入及增速

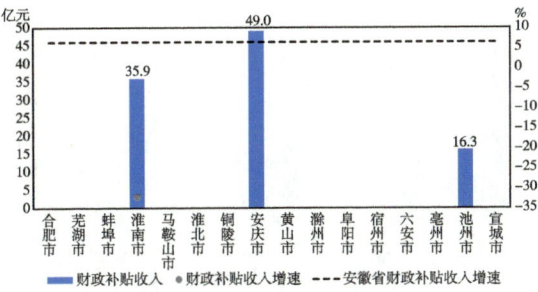

图12-78 2020年安徽省各市财政补贴收入及增速

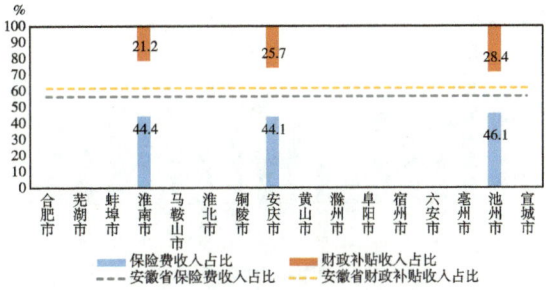

图12-79 2020年安徽省各市保险费收入、财政补贴收入占社会保险基金收入的比重

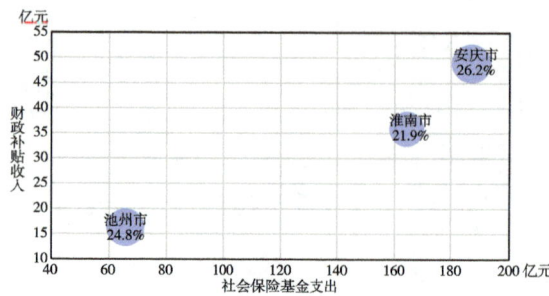

图 12-80　2020 年安徽省各市社会保险基金支出对财政补贴的依赖度

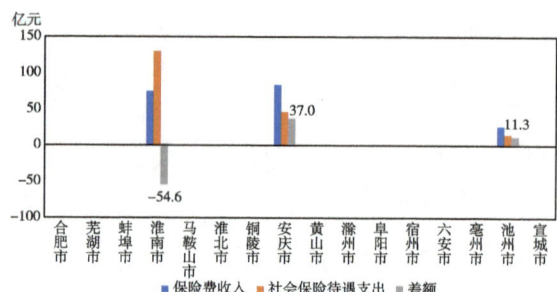

图 12-81　2020 年安徽省各市保险费收入、社会保险待遇支出及差额

12.2.6　安徽省各市债务情况

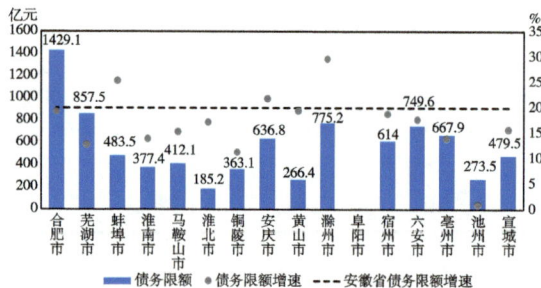

图 12-82　2020 年安徽省各市债务限额及增速

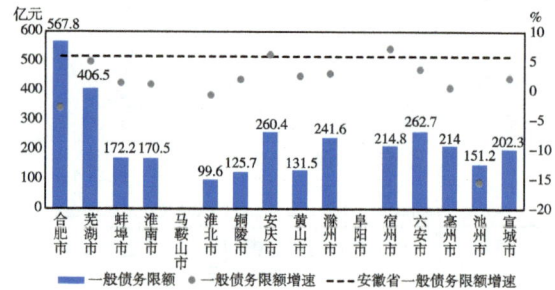

图 12-83　2020 年安徽省各市一般债务限额及增速

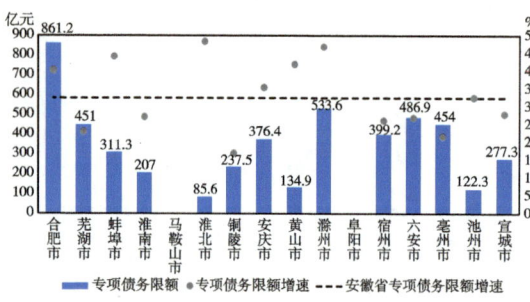

图 12-84　2020 年安徽省各市专项债务限额及增速

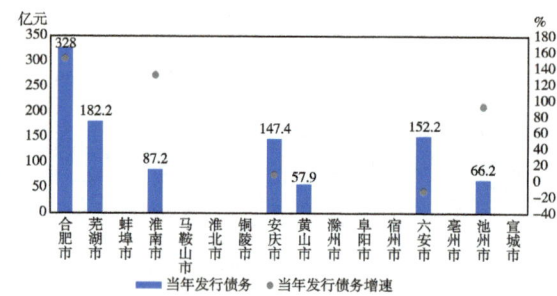

图 12-85　2020 年安徽省各市当年发行债务及增速

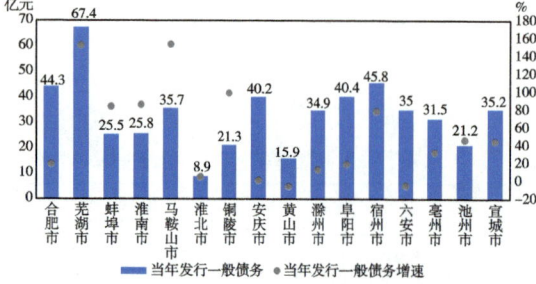

图 12-86　2020 年安徽省各市当年发行一般债务及增速

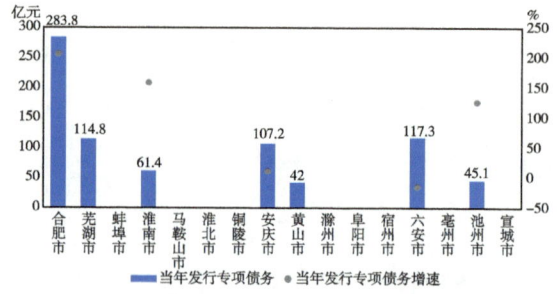

图 12-87　2020 年安徽省各市当年发行专项债务及增速

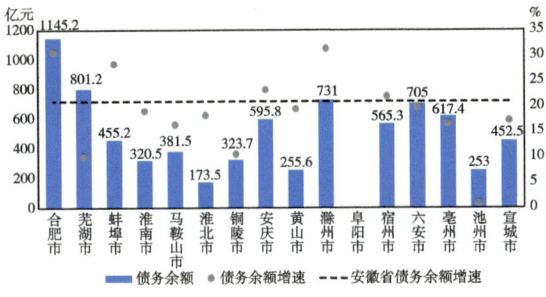

图12-88 2020年安徽省各市债务余额及增速

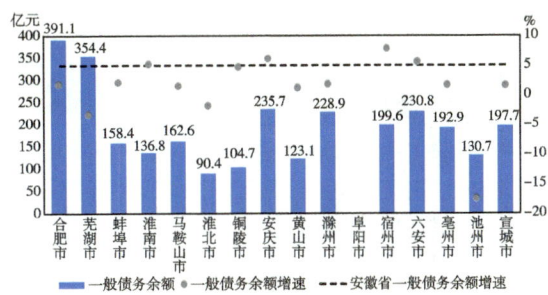

图12-89 2020年安徽省各市一般债务余额及增速

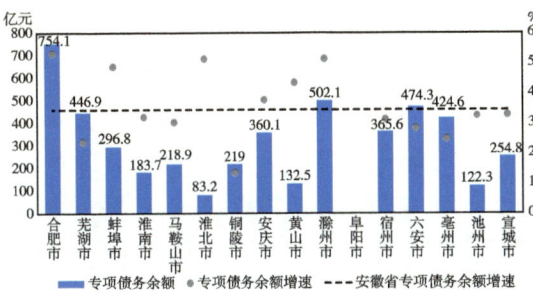

图12-90 2020年安徽省各市专项债务余额及增速

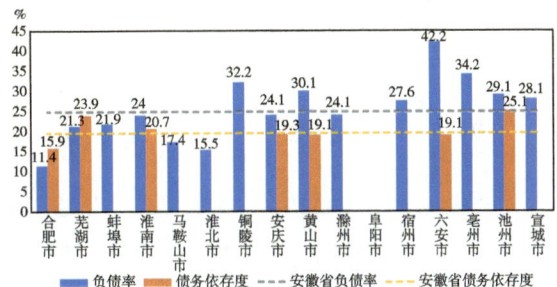

图12-91 2020年安徽省各市负债率和债务依存度

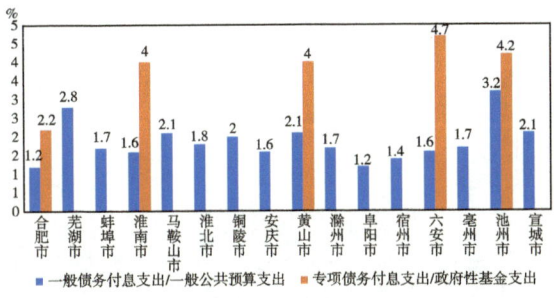

图12-92 2020年安徽省各市债务付息支出相关指标

12.2.7 安徽省各市市本级一般公共预算收入情况

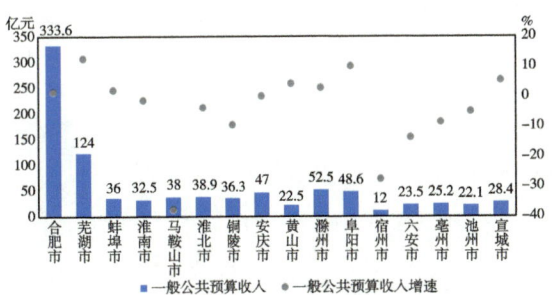

图12-93 2020年安徽省各市市本级一般公共预算收入及增速

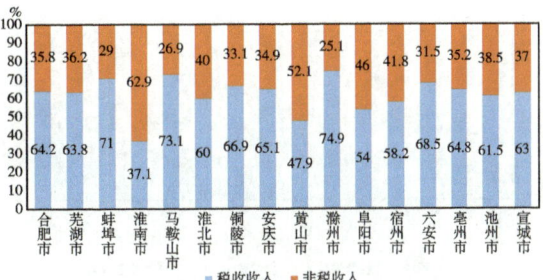

图12-94 2020年安徽省各市市本级一般公共预算收入结构

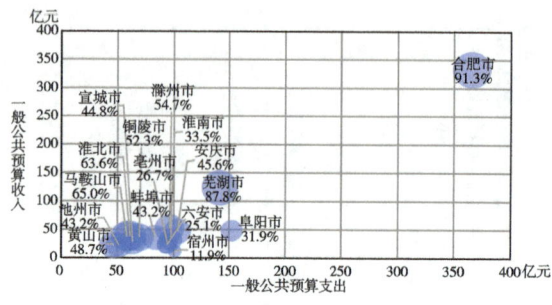

图 12-95　2020 年安徽省各市市本级财政自给率

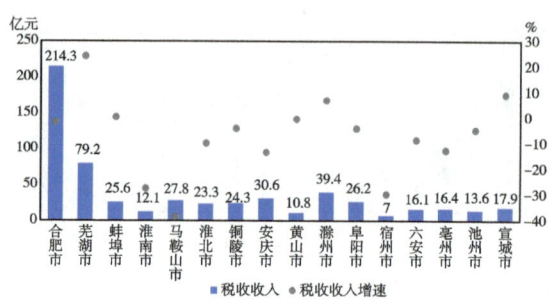

图 12-96　2020 年安徽省各市市本级税收收入及增速

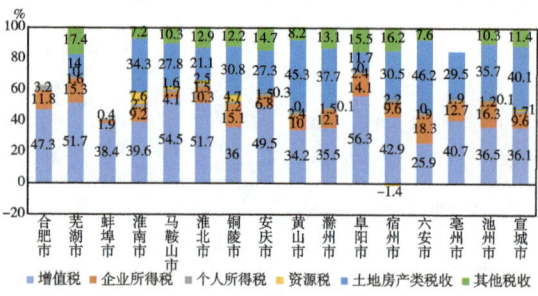

图 12-97　2020 年安徽省各市市本级税收收入结构

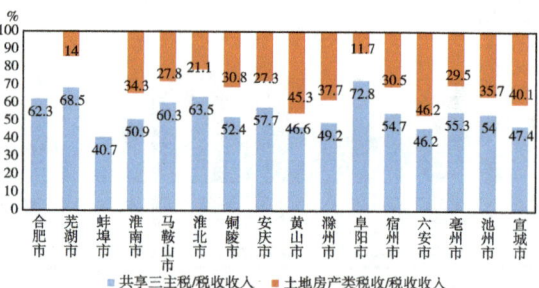

图 12-98　2020 年安徽省各市市本级共享三主税、
土地房产类税收占税收收入的比重

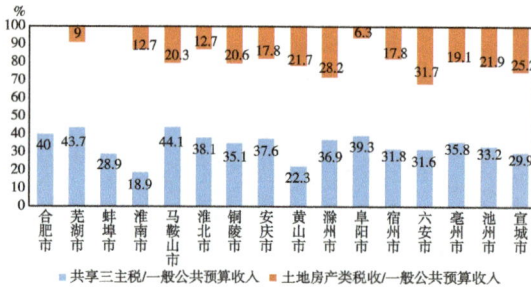

图 12-99　2020 年安徽省各市市本级共享三主税、土地房产
类税收占一般公共预算收入的比重

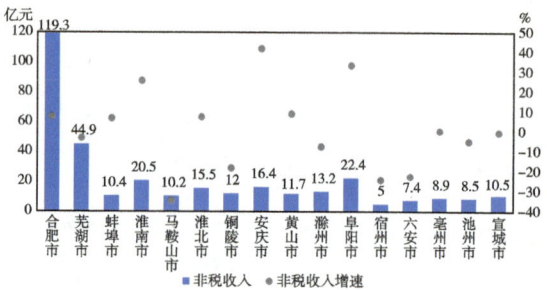

图 12-100　2020 年安徽省各市市本级非税收入及增速

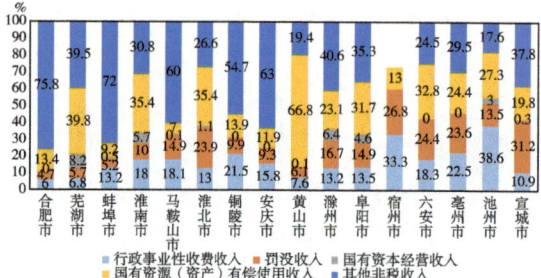

图 12-101　2020 年安徽省各市市本级非税收入结构

12.3 安徽省样本县政府收入主要特征分析

12.3.1 安徽省样本县经济社会发展情况

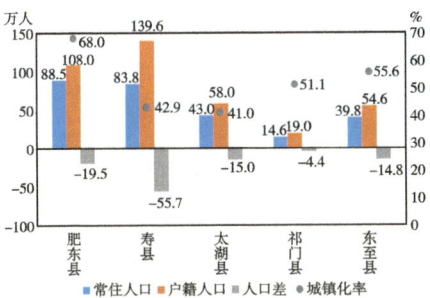

图12-102　2020年安徽省样本县人口状况

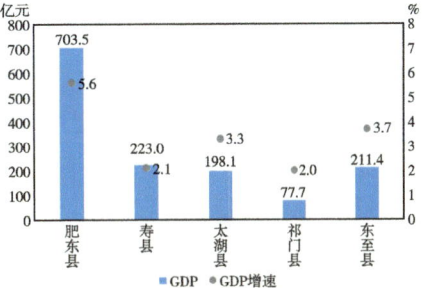

图12-103　2020年安徽省样本县GDP及增速

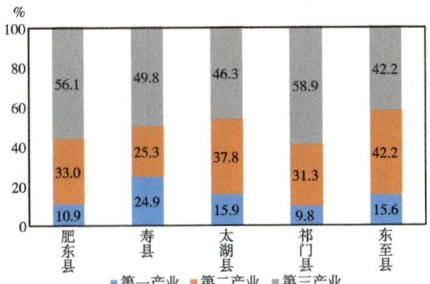

图12-104　2020年安徽省样本县三次产业结构

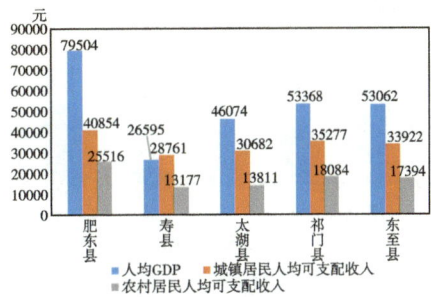

图12-105　2020年安徽省样本县人均GDP和人均可支配收入

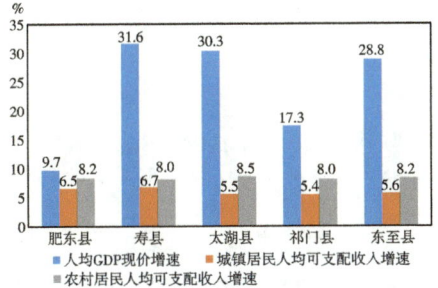

图12-106　2020年安徽省样本县人均GDP现价增速和人均可支配收入增速

12.3.2 安徽省样本县政府收入总体情况

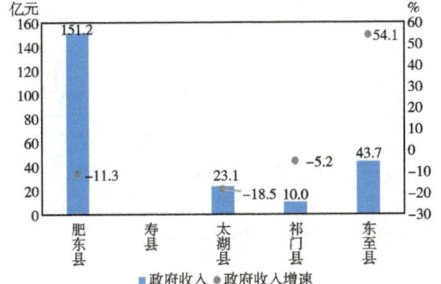

图12-107　2020年安徽省样本县政府收入及增速

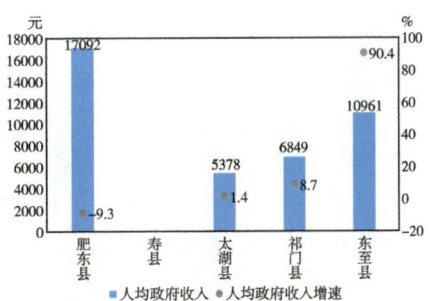

图12-108　2020年安徽省样本县人均政府收入及增速

12.3.3 安徽省样本县一般公共预算收入情况

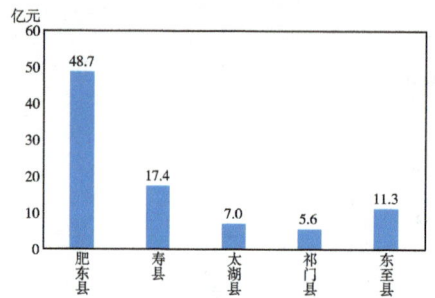

图12-109 2020年安徽省样本县一般公共预算收入

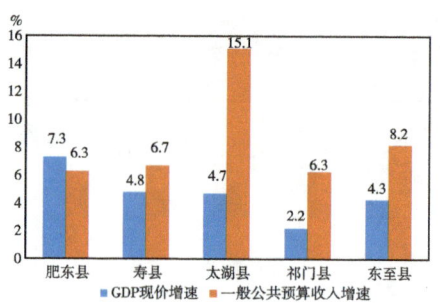

图12-110 2020年安徽省样本县一般公共预算收入增速

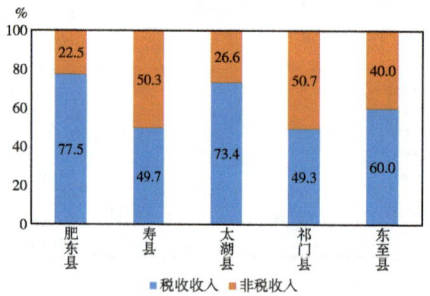

图12-111 2020年安徽省样本县一般公共预算收入结构

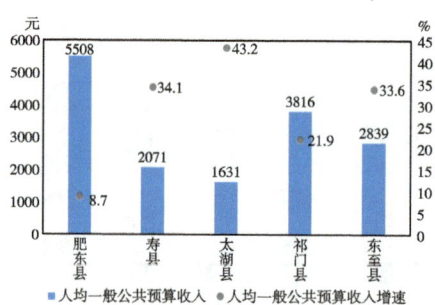

图12-112 2020年安徽省样本县人均一般公共预算收入及增速

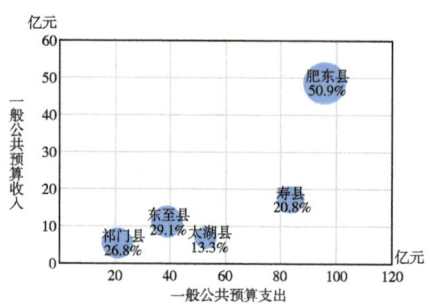

图12-113 2020年安徽省样本县财政自给率

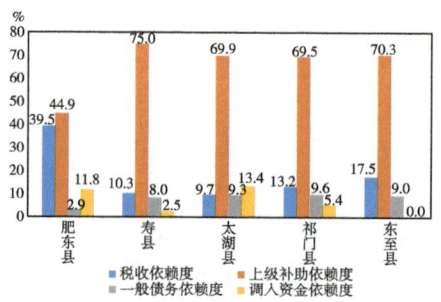

图12-114 2020年安徽省样本县一般公共预算支出对各类收入的依赖度

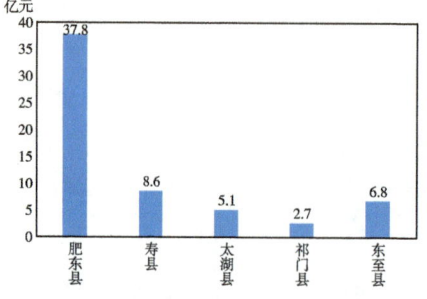

图12-115 2020年安徽省样本县税收收入

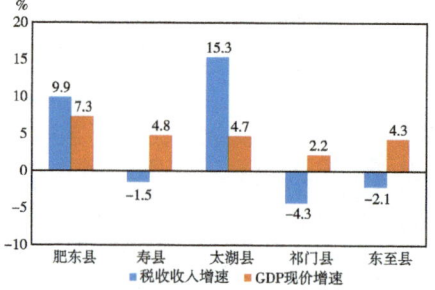

图12-116 2020年安徽省样本县税收收入增速

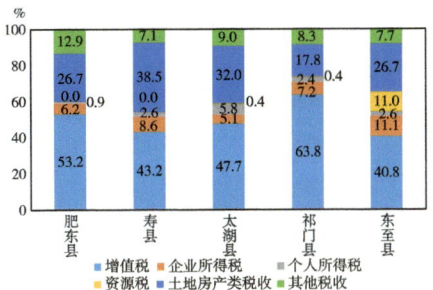

图12-117 2020年安徽省样本县税收入结构

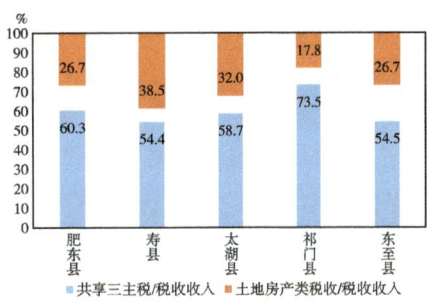

图12-118 2020年安徽省样本县共享三主税、土地房产类税收占税收收入的比重

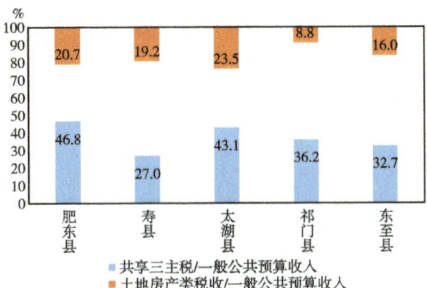

图12-119 2020年安徽省样本县共享三主税、土地房产类税收占一般公共预算收入的比重

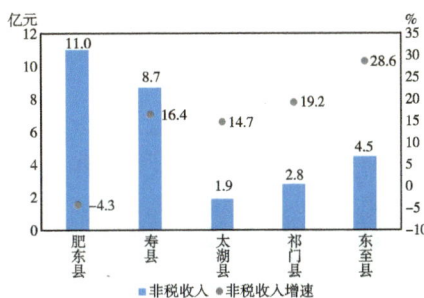

图12-120 2020年安徽省样本县非税收入及增速

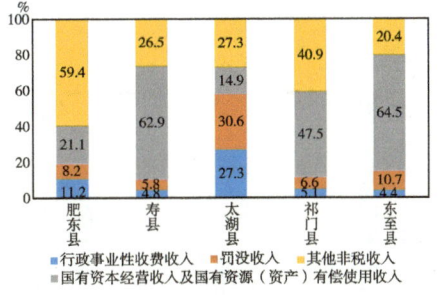

图12-121 2020年安徽省样本县非税收入结构

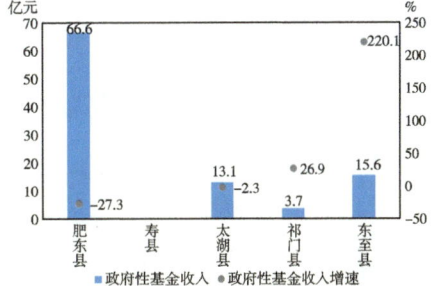

12.3.4 安徽省样本县政府性基金收入与国有资本经营收入情况

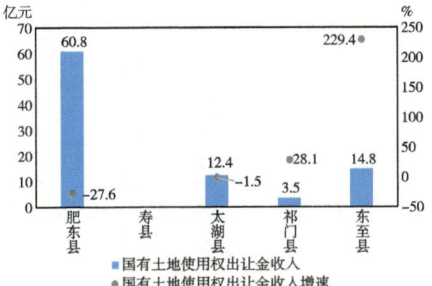

图12-122 2020年安徽省样本县政府性基金收入及增速

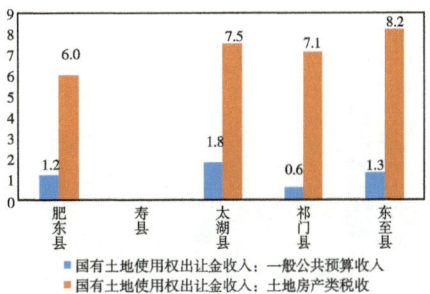

图12-123 2020年安徽省样本县国有土地使用权出让金收入及增速

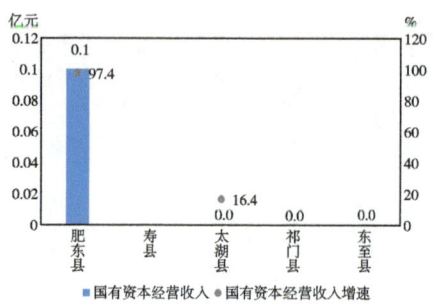

图12-124　2020年安徽省样本县国有土地使用权出让金收入与一般公共预算收入对比关系

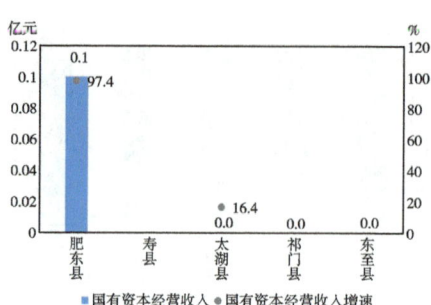

图12-125　2020年安徽省样本县国有资本经营收入及增速

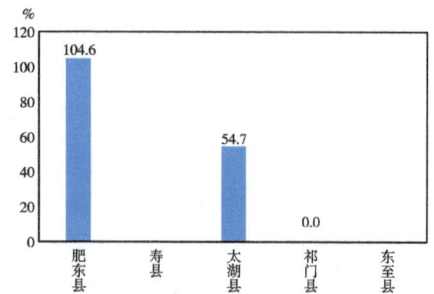

图12-126　2020年安徽省样本县调出资金与国有资本经营收入对比关系

12.3.5　安徽省样本县社会保险基金收入情况

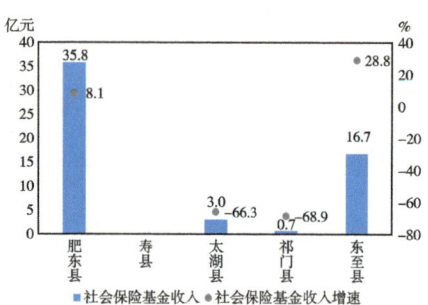

图12-127　2020年安徽省样本县社会保险基金收入及增速

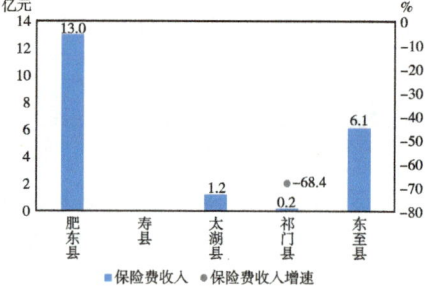

图12-128　2020年安徽省样本县保险费收入及增速

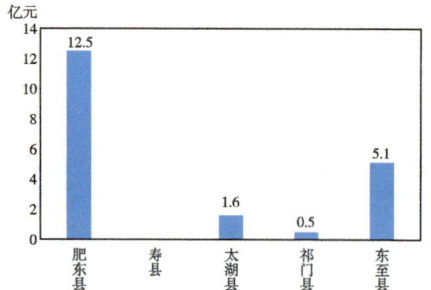

图12-129　2020年安徽省样本县财政补贴收入及增速

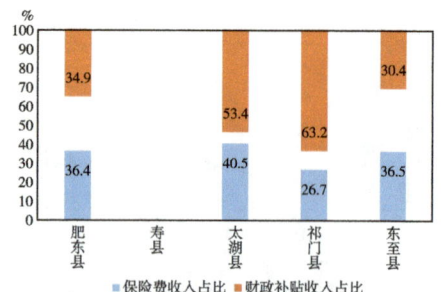

图12-130　2020年安徽省样本县保险费收入、财政补贴收入占社会保险基金收入的比重

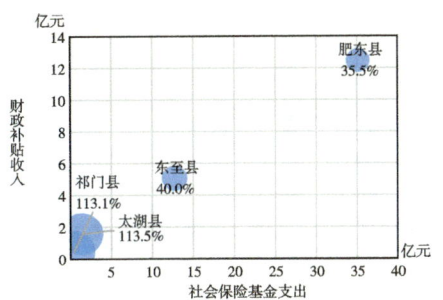

图12-131　2020年安徽省样本县社会保险基金支出对财政补贴的依赖度

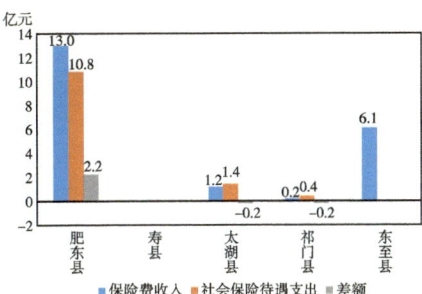

图12-132　2020年安徽省样本县保险费收入、社会保险待遇支出及差额

12.3.6　安徽省样本县债务情况

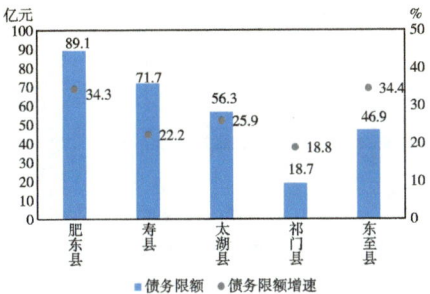

图12-133　2020年安徽省样本县债务限额及增速

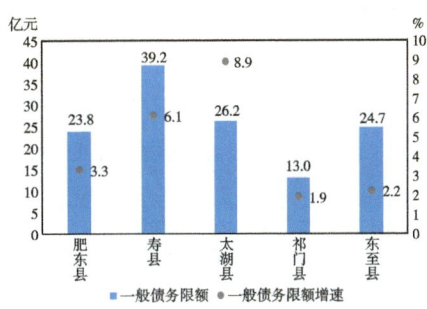

图12-134　2020年安徽省样本县一般债务限额及增速

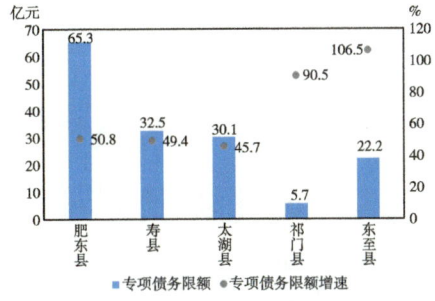

图12-135　2020年安徽省样本县专项债务限额及增速

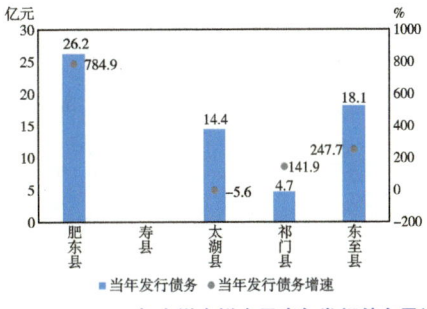

图12-136　2020年安徽省样本县当年发行债务及增速

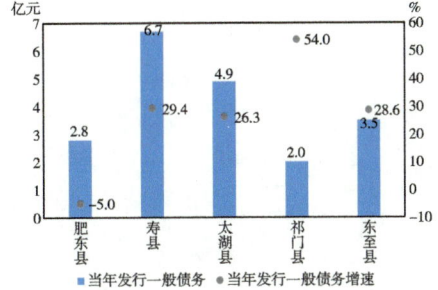

图12-137　2020年安徽省样本县当年发行一般债务及增速

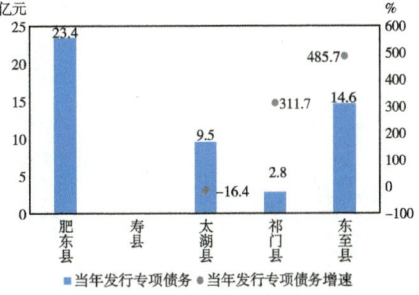

图12-138　2020年安徽省样本县当年发行专项债务及增速

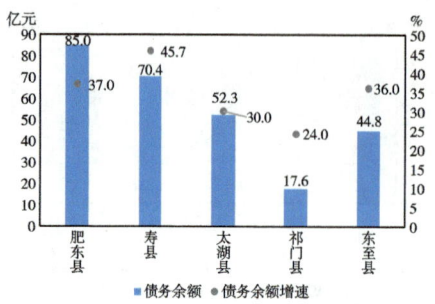

图12-139 2020年安徽省样本县债务余额及增速

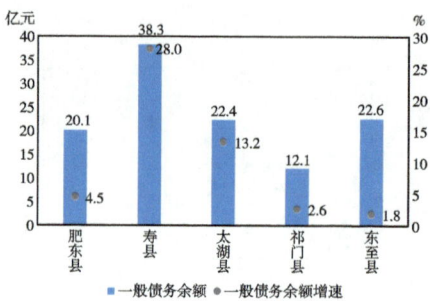

图12-140 2020年安徽省样本县一般债务余额及增速

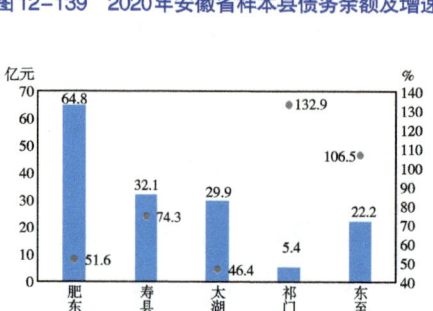

图12-141 2020年安徽省样本县专项债务余额及增速

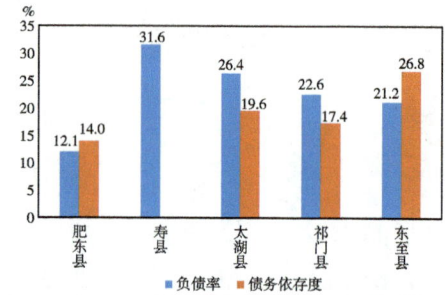

图12-142 2020年安徽省样本县负债率和债务依存度

13 福建省

图　2021年福建省地图

资料来源：自然资源部的标准地图服务系统网站。
注：审图号为闽S（2021）13号。

本章执笔人：肖璐璇　审校：侯海波

专栏13-1　2021年福建省行政区划

福州市：鼓楼区、台江区、仓山区、马尾区、长乐区、晋安区、福清市、闽侯县、闽清县、连江县、罗源县、永泰县、平潭县

厦门市：思明区、海沧区、湖里区、集美区、同安区、翔安区

莆田市：城厢区、涵江区、荔城区、秀屿区、仙游县

三明市：三元区、沙县区、永安市、明溪县、清流县、宁化县、大田县、尤溪县、将乐县、泰宁县、建宁县

泉州市：丰泽区、鲤城区、洛江区、泉港区、石狮市、晋江市、南安市、惠安县、安溪县、永春县、德化县、金门县

漳州市：芗城区、龙文区、龙海区、长泰区、云霄县、漳浦县、东山县、南靖县、平和县、华安县、诏安县

南平市：建阳区、延平区、邵武市、建瓯市、武夷山市、顺昌县、浦城县、光泽县、松溪县、政和县

龙岩市：新罗区、永定区、漳平市、长汀县、上杭县、武平县、连城县

宁德市：蕉城区、福安市、福鼎市、霞浦县、古田县、屏南县、寿宁县、周宁县、柘荣县

本书选取平潭县、同安区、丰泽区以及松溪县为样本县。

福建省共辖9个地级市（厦门市为副省级市），市辖区31个、县级市11个、县42个（详见专栏13-1）。福建省地处东南沿海，地跨闽江、晋江、九龙江汀江四大水系，全省分为间东沿海丘陵、闽西山地和沿海丘陵地区三大自然区域。福建全省陆域面积12.4万平方千米，海域面积13.6万平方千米，境内峰岭耸峙，丘陵连绵，河谷、盆地穿插其间，山地、丘陵占全省总面积的80%以上，素有"八山一水一分田"之称。福建是中国大陆重要的出海口，也是中国与世界交往的重要窗口和基地。

2021年福建省经济总量处于全国偏上水平，第三产业占比低于全国，城镇化率高于全国。 2021年末，福建省常住人口4187万人，常住人口城镇化率为69.7%（高于全国水平4.98个百分点）。2021年福建GDP达到4.8万亿元，排全国第8名，次于四川、湖北，略高于湖南、上海；增速8%，比2020年上升4.7个百分点，低于全国0.1个百分点，排全国第15名；人均GDP为116939元（折17489.34美元），排全国第4名。从产业结构看，第一、第二、第三产业占比分别为5.9%、46.8%（高于全国7.4个百分点）和47.3%（低于全国6个百分点）。从居民可支配收入看，2021年城镇与农村居民人均可支配收入分别为51140元和23229元，呈上升态势，分别为全国平均水平的107.9%和122.7%。

2021年福建省一般公共预算收入全国排靠前位置，共享三主税（增值税、企业所得税、个人所得税）收入占比高，省市县中区县级政府收入占比最高。 2021年福建省一般公共预算收入3383.4亿元，排全国第11名，增速为9.9%，人均一般公共预算收入为8081元，排全国第10位。从纵向收入分配看，2020年省本级、市本级、县一般公共预算收入占比分别为9.0%、

29.9%和61.1%。

近四年福建省财政自给率较为稳定，均在60%左右，一般公共预算支出呈逐年上升趋势，21年有所停滞。 2021年福建财政自给率为64.9%，较2020年上升5.9个百分点。2021年福建省的一般公共预算支出为5210.92亿元。

2021年福建省四本预算合计中一般公共预算收入占比最高。 2021年福建省四本预算加总的政府收入8977.7亿元，其中一般公共预算收入、政府性基金预算收入、国有资本经营预算收入和社会保险基金预算收入分别占比37.7%、37.2%、1.2%和23.8%。2021年福建省社保基金预算收入2139.8亿元，增速较去年上升7.7%。

福建省内各地市经济社会发展和财政发展不均衡，优势主要集中于福州市、厦门市。 厦门市和福州市是2021年福建省政府收入规模超1000亿元的城市，而其他城市政府收入规模都在1000亿元以下。2021年厦门市一般公共预算收入783.9亿元，除排名第二的福州市实现675.6亿元的一般公共预算收入外，其他各市的一般公共预算收入均低于500亿元，收入较为集中，除厦门、福州、泉州外，其他城市间差异不大，一般公共预算收入的城市首位度指数为1.93。福建省内各市财政自给率差异较明显。2020年，厦门、福州、泉州、莆田四市财政自给率分别为80.2%、71.0%、63.5%和57.4%，自给率较高；而南平和三明自给率均在30%左右；其他市自给率则分布在40%到50%之间。财政自给率最低的南平为29.4%，最高自给率的厦门是是南平的2.73倍。政府性基金收入主要构成是国有土地使用权出让收入（厦门市数据缺失），各地差距较大，收入规模最大的福州市（1261.8亿元）为规模最小的南平市（107.9亿元）的11.7倍。

13.1 福建省政府收入主要特征分析

13.1.1 福建省经济社会基本情况

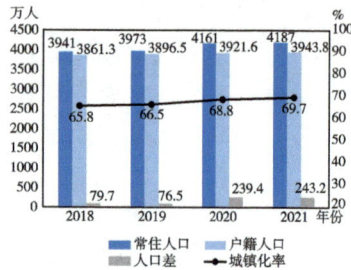

图13-1 2018—2021年福建省人口状况

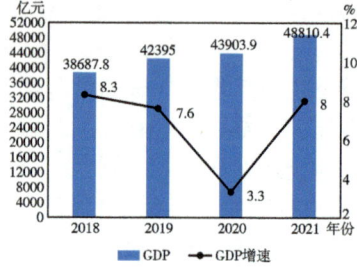

图13-2 2018—2021年福建省GDP及增速

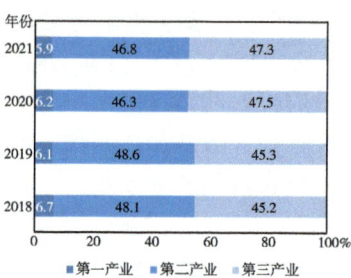

图13-3 2018—2021年福建省三次产业结构

图13-4 2018—2021年福建省人均GDP和人均可支配收入

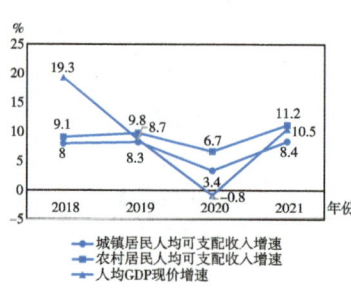

图13-5 2018—2021年福建省人均GDP现价增速和人均可支配收入增速

13.1.2 福建省政府收入总体情况

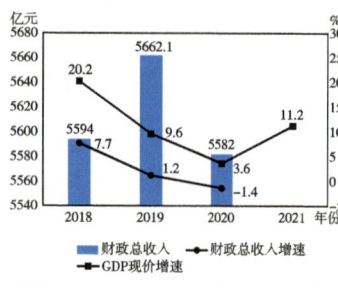

图13-6 2018—2021年福建省财政总收入及增速

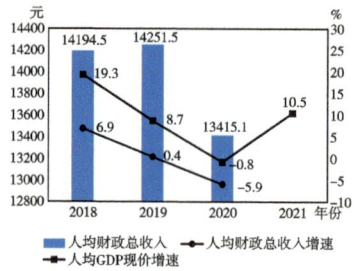

图13-7 2018—2021年福建省人均财政总收入及增速

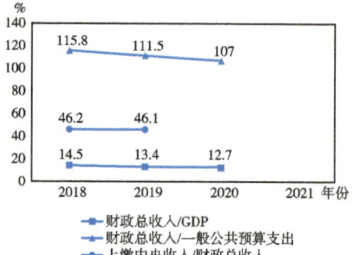

图13-8 2018—2021年财政总收入相关指标

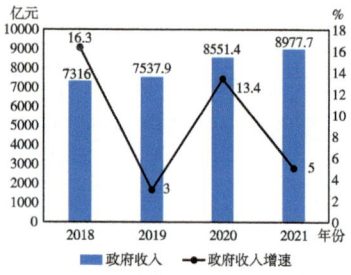

图13-9 2018—2021年福建省政府收入及增速

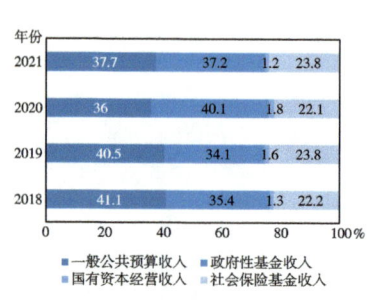

图13-10 2018—2021年福建省政府收入结构

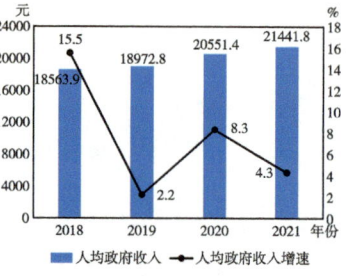

图13-11 2018—2021年福建省人均政府收入及增速

13.1.3 福建省一般公共预算收入情况

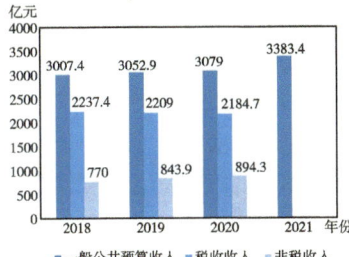

图13-12 2018-2021年福建省一般公共预算收入

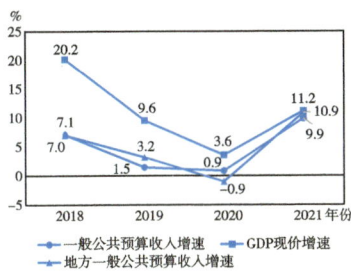

图13-13 2018-2021年福建省一般公共预算收入增速

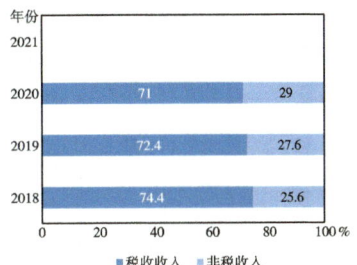

图13-14 2018-2021年福建省一般公共预算收入结构

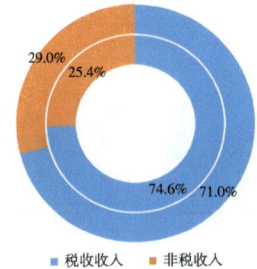

图13-15 2020年一般公共预算收入结构对比（内环为地方，外环为福建省）

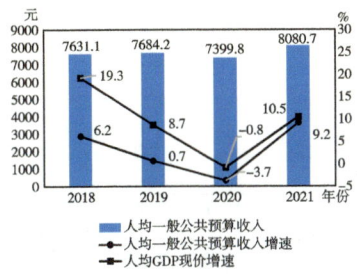

图13-16 2018-2021年福建省人均一般公共预算收入及增速

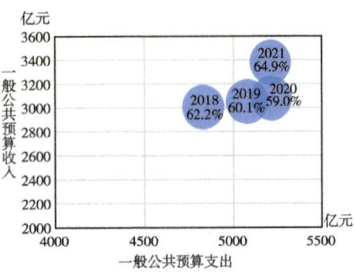

图13-17 2018-2021年福建省财政自给率

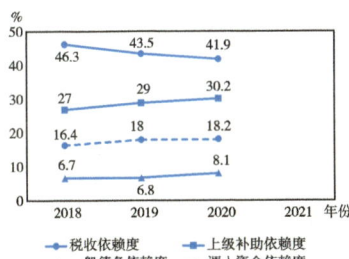

图13-18 2018-2021年福建省一般公共预算支出对各类收入的依赖度

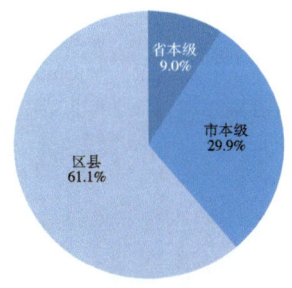

图13-19 2020年福建省市县三级政府一般公共预算收入分布

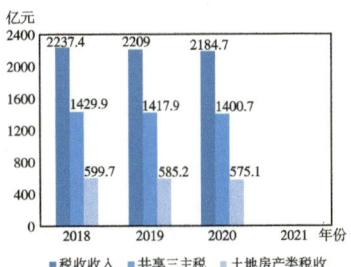

图13-20 2018-2021年福建省税收收入

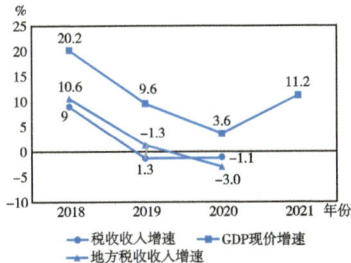

图13-21 2018-2021年福建省税收收入增速

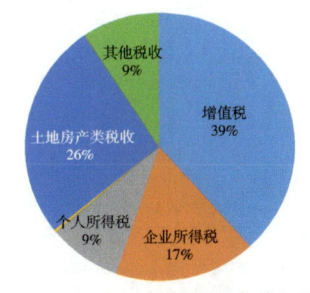

图13-22 2020年福建省税收收入结构

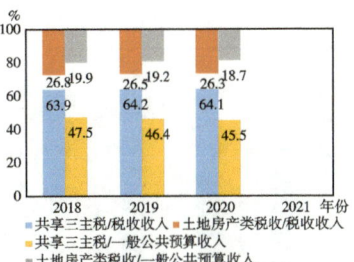

图13-23 2018-2021年福建省共享三主税、土地房产类税收占税收收入及一般公共预算收入的比重

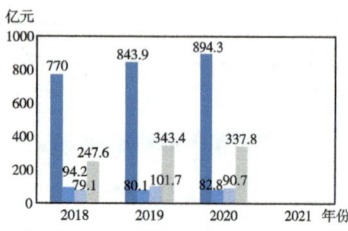

图13-24 2018-2021年福建省非税收入

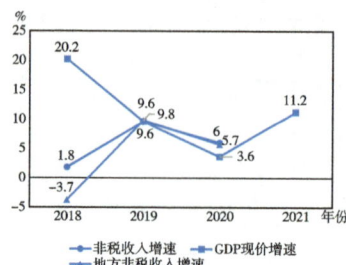

图13-25 2018-2021年福建省非税收入增速

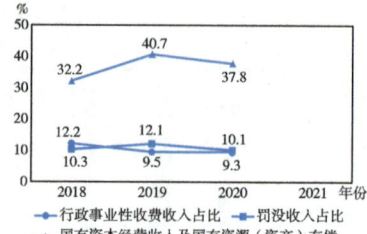

图13-26 2018-2021年福建省非税收入中各主要收入占比

13.1.4 福建省政府性基金和国有资本经营收入情况

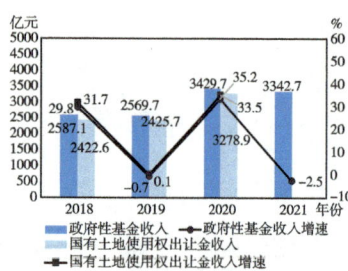

图13-27 2018-2021年福建省政府性基金收入及增速

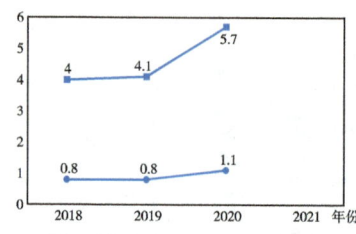

图13-28 2018-2021年福建省国有土地使用权出让金收入与一般公共预算收入对比关系

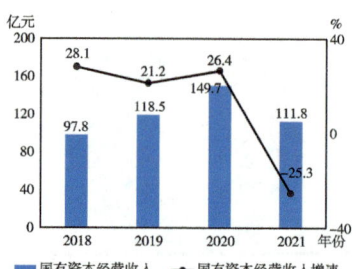

图13-29 2018-2021年福建省国有资本经营收入及增速

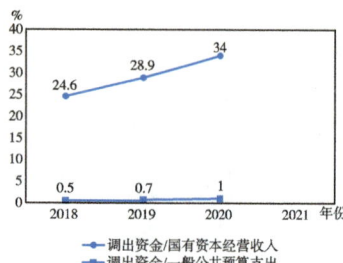

图13-30 2018-2021年福建省国有资本经营预算中调出资金相关指标

13.1.5 福建省社会保险基金收入情况

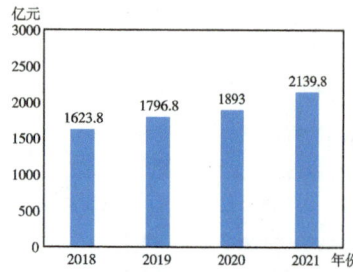

图13-31 2018-2021年福建省社会保险基金收入

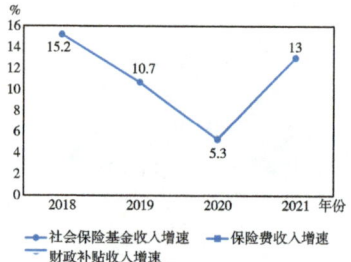

图13-32 2018-2021年福建省社会保险基金收入增速

13.1.6 福建省债务情况

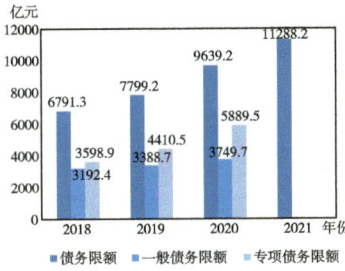

图13-33 2018—2021年福建省债务限额

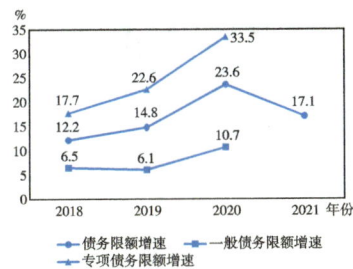

图13-34 2018—2021年福建省债务限额增速

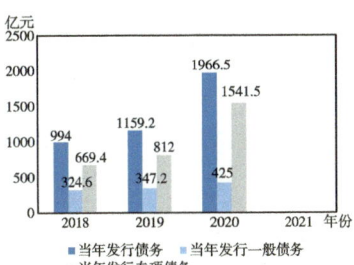

图13-35 2018—2021年福建省当年发行债务

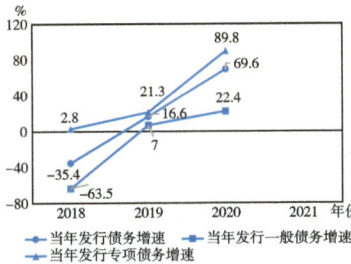

图13-36 2018—2021年福建省当年发行债务增速

图13-37 2018—2021年福建省债务余额

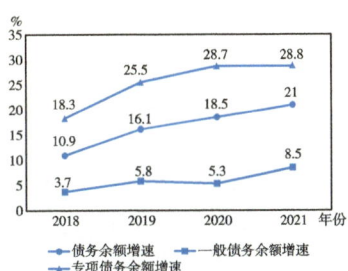

图13-38 2018—2021年福建省债务余额增速

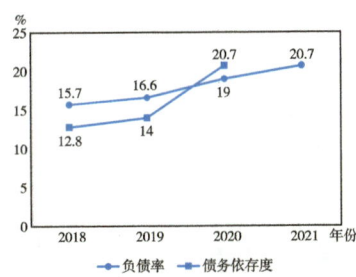

图13-39 2018—2021年福建省负债率和债务依存度

13.1.7 福建省省本级一般公共预算收入情况

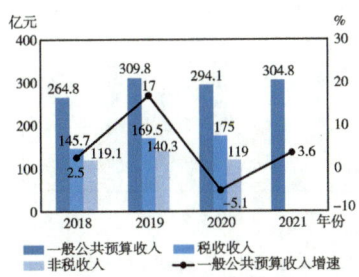

图13-40 2018—2021年福建省省本级一般公共预算收入及增速

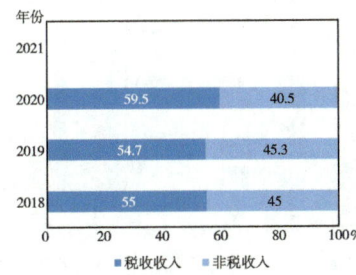

图13-41 2018—2021年福建省省本级一般公共预算收入结构

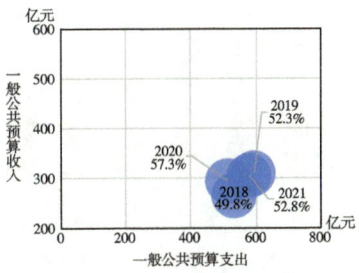

图13-42 2018—2021年福建省省本级财政自给率

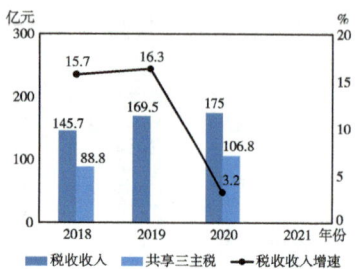
图13-43 2018—2021年福建省省本级税收收入及增速

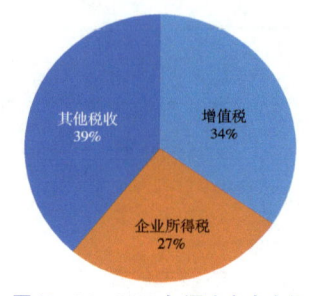
图13-44 2020年福建省省本级税收收入结构

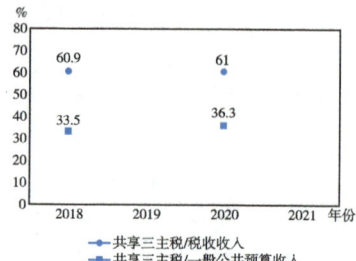
图13-45 2018—2021年福建省省本级共享三主税占税收收入及一般公共预算收入的比重

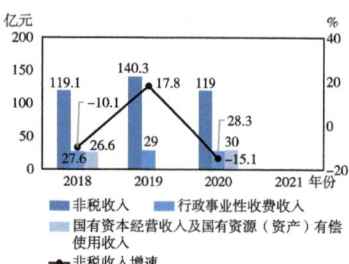
图13-46 2018—2021年福建省省本级非税收入及增速

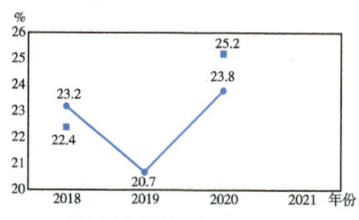
图13-47 2018—2021年福建省省本级非税收入中各主要收入占比

13.2 福建省各市政府收入主要特征分析

13.2.1 福建省各市经济社会发展情况

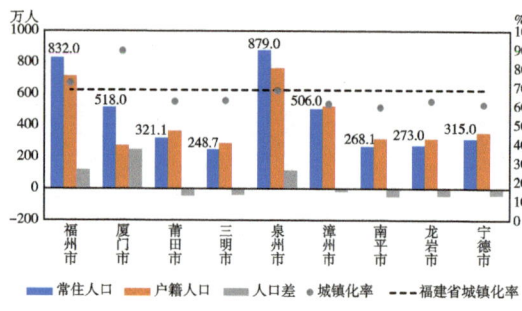
图13-48 2020年福建省各市人口状况

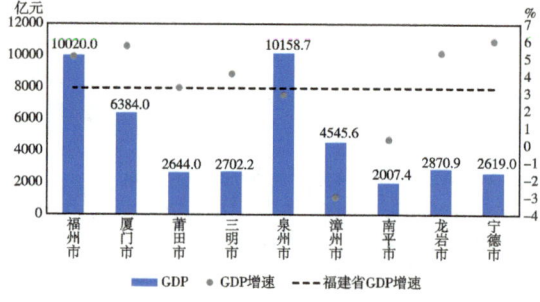
图13-49 2020年福建省各市GDP及增速

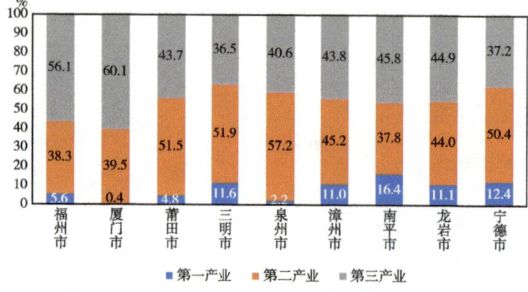
图13-50 2020年福建省各市三次产业结构

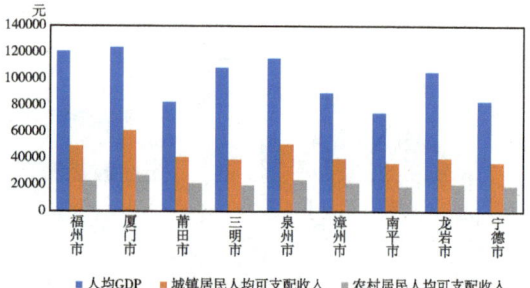
图13-51 2020年福建省各市人均GDP和人均可支配收入

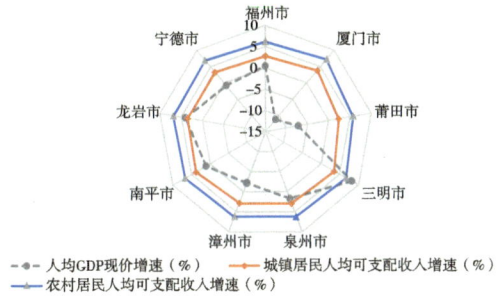

图13-52　2020年福建省各市人均GDP现价增速和人均可支配收入增速

13.2.2　福建省各市政府收入总体情况

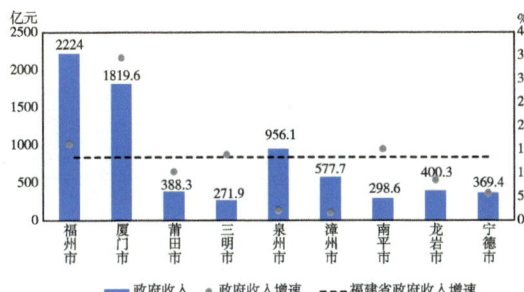

图13-53　2020年福建省各市政府收入及增速

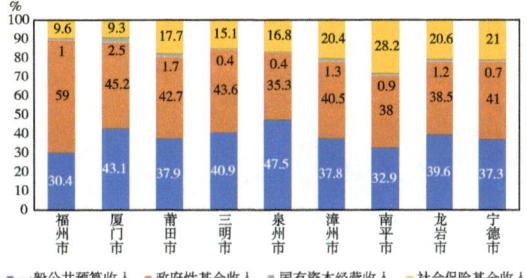

图13-54　2020年福建省各市政府收入结构

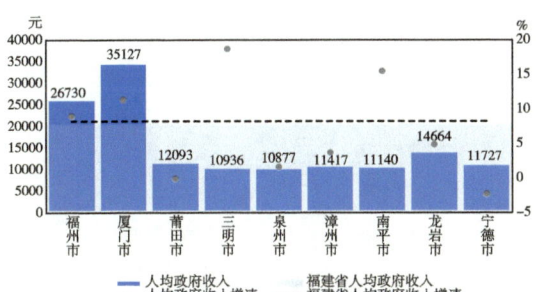

图13-55　2020年福建省各市人均政府收入及增速

13.2.3　福建省各市一般公共预算收入情况

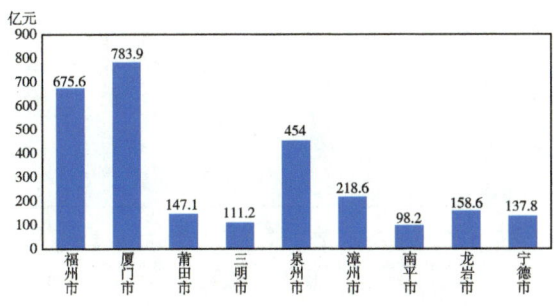

图13-56　2020年福建省各市一般公共预算收入

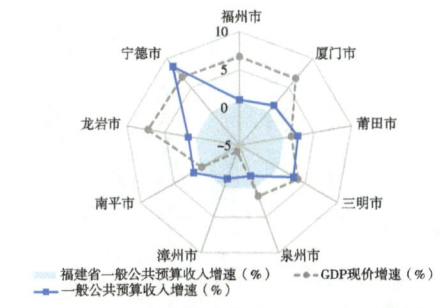

图13-57　2020年福建省各市一般公共预算收入增速

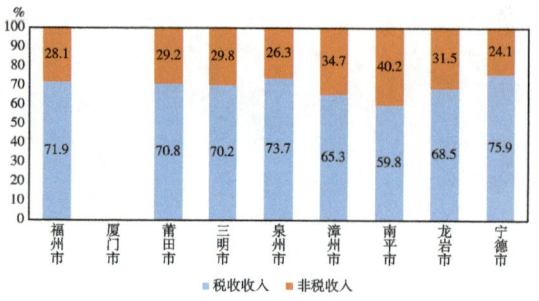

图13-58　2020年福建省各市一般公共预算收入结构

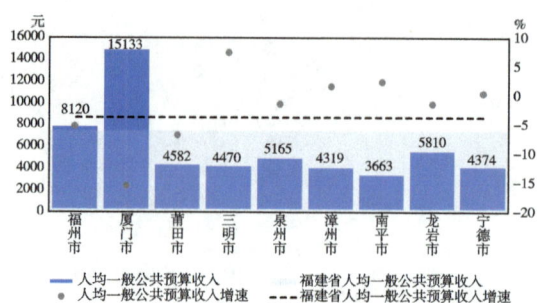

图13-59　2020年福建省各市人均一般公共预算收入及增速

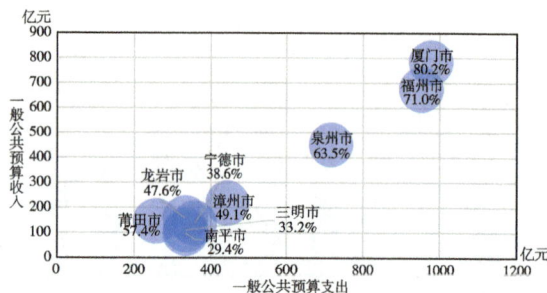

图13-60　2020年福建省各市财政自给率

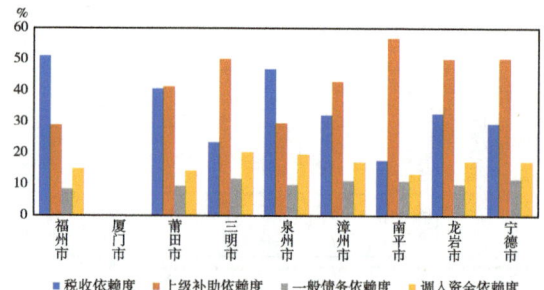

图13-61　2020年福建省各市一般公共预算支出对各类收入的依赖度

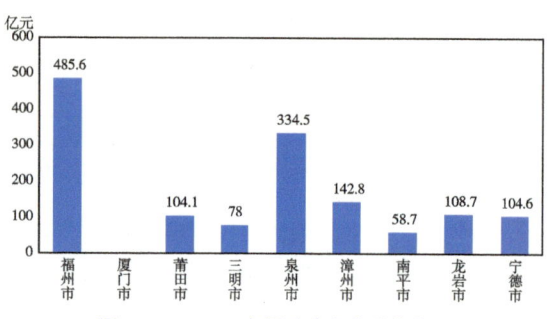

图13-62　2020年福建省各市税收收入

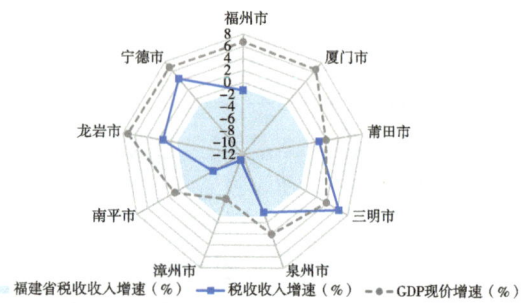

图13-63　2020年福建省各市税收收入增速

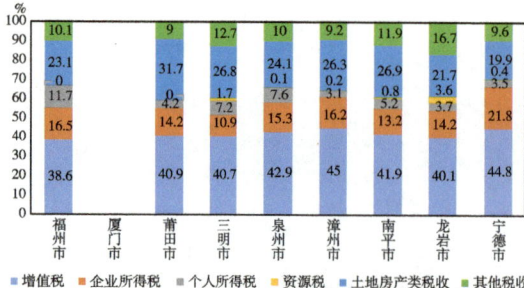

图13-64　2020年福建省各市税收收入结构

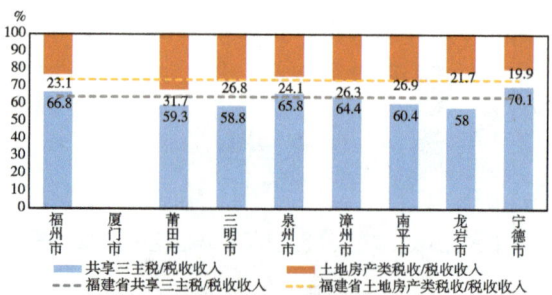

图13-65　2020年福建省各市共享三主税、土地房产类税收占税收收入的比重

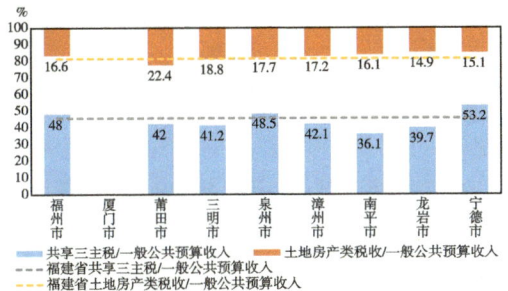

图13-66 2020年福建省各市共享三主税、土地房产类税收占一般公共预算收入的比重

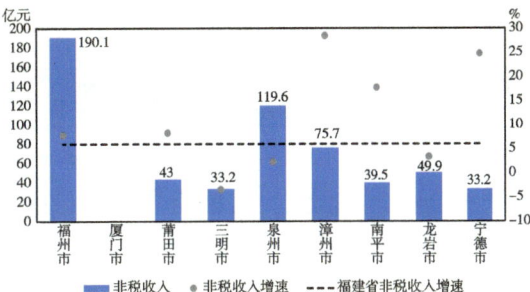

图13-67 2020年福建省各市非税收入及增速

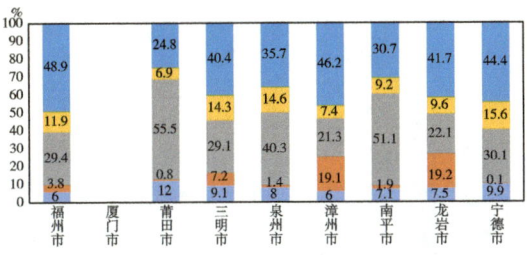

图13-68 2020年福建省各市非税收入结构

13.2.4 福建省各市政府性基金收入与国有资本经营收入情况

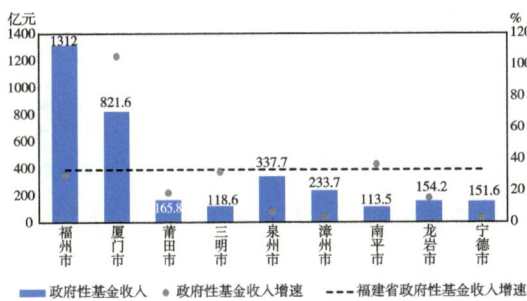

图13-69 2020年福建省各市政府性基金收入及增速

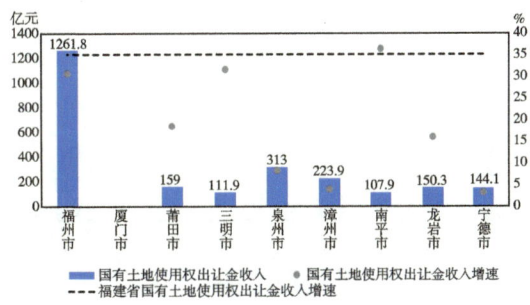

图13-70 2020年福建省各市国有土地使用权出让金收入及增速

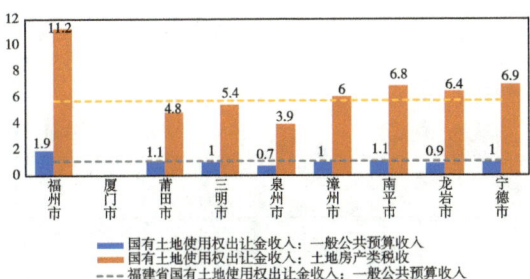

图13-71 2020年福建省各市国有土地使用权出让金收入与一般公共预算收入对比关系

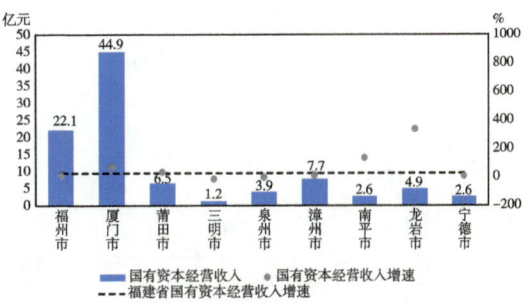

图13-72 2020年福建省各市国有资本经营收入及增速

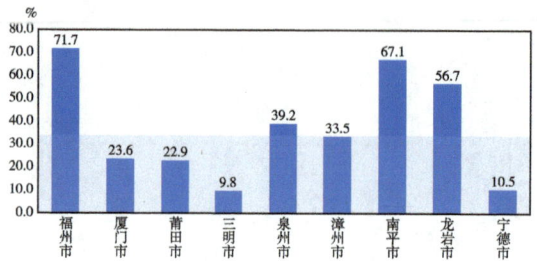

图13-73　2020年福建省各市调出资金与国有资本经营收入对比关系

13.2.5　福建省各市社会保险基金收入情况

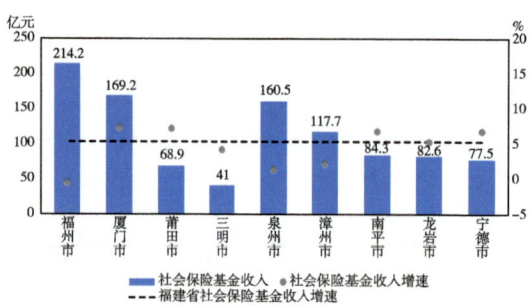

图13-74　2020年福建省各市社会保险基金收入及增速

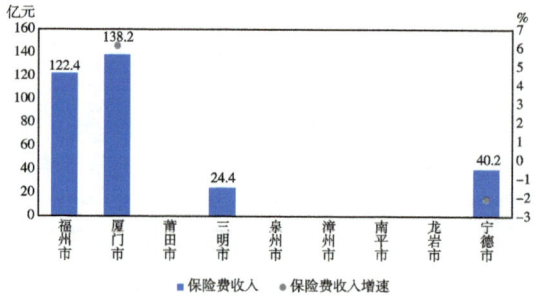

图13-75　2020年福建省各市保险费收入及增速

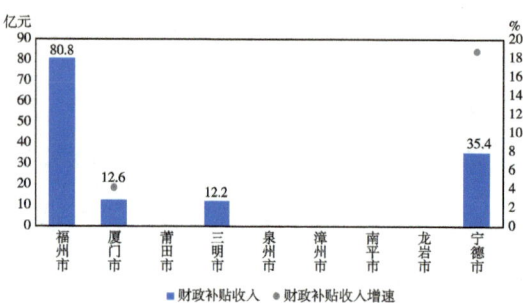

图13-76　2020年福建省各市财政补贴收入及增速

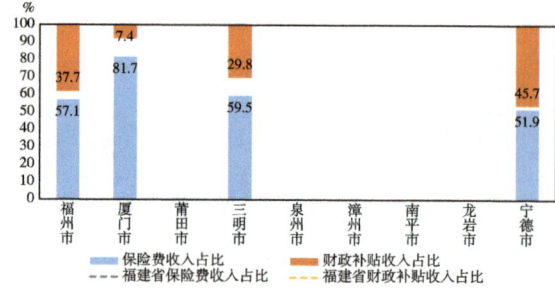

图13-77　2020年福建省各市保险费收入、财政补贴收入占社会保险基金收入的比重

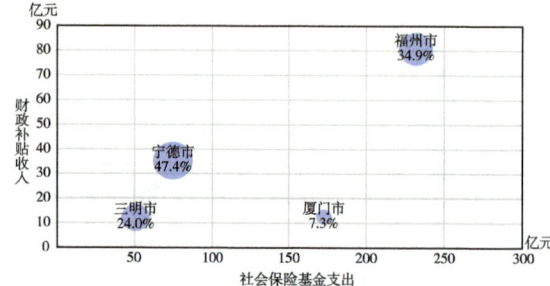

图13-78　2020年福建省各市社会保险基金支出对财政补贴的依赖度

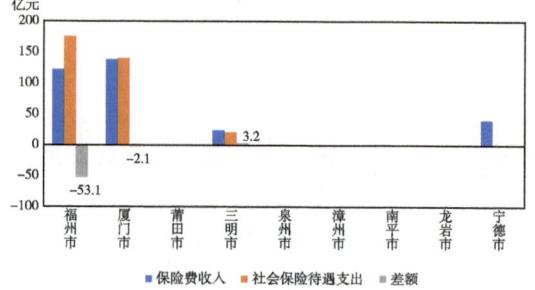

图13-79　2020年福建省各市保险费收入、社会保险待遇支出及差额

13.2.6 福建省各市债务情况

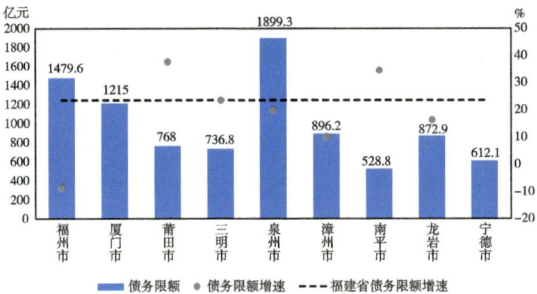

图13-80 2020年福建省各市债务限额及增速

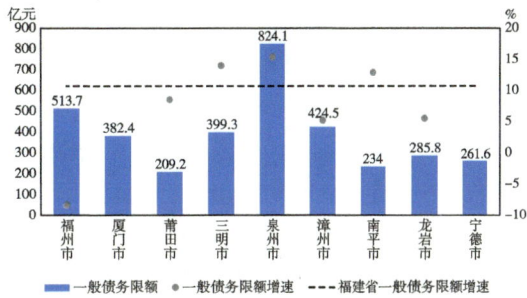

图13-81 2020年福建省各市一般债务限额及增速

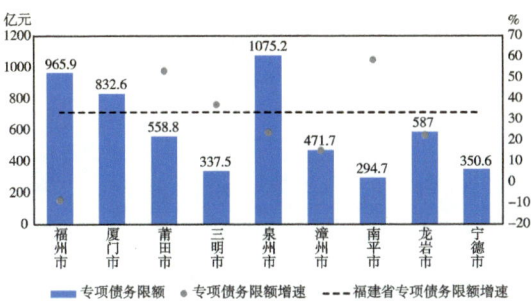

图13-82 2020年福建省各市专项债务限额及增速

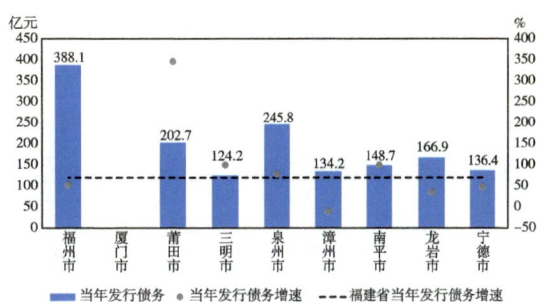

图13-83 2020年福建省各市当年发行债务及增速

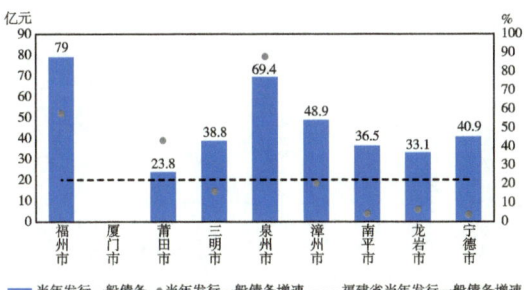

图13-84 2020年福建省各市当年发行一般债务及增速

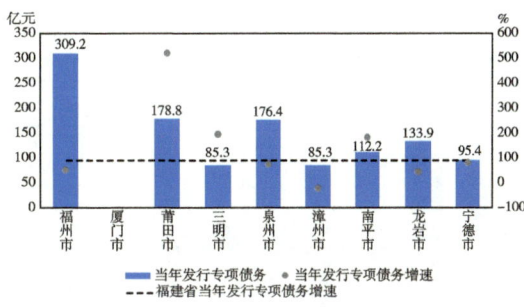

图13-85 2020年福建省各市当年发行专项债务及增速

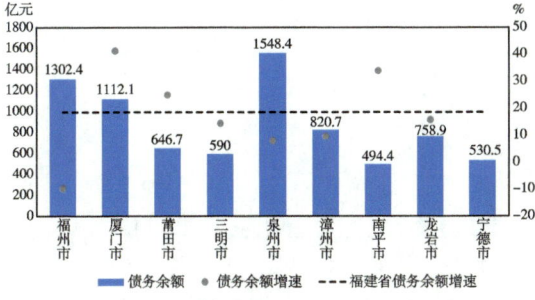

图13-86 2020年福建省各市债务余额及增速

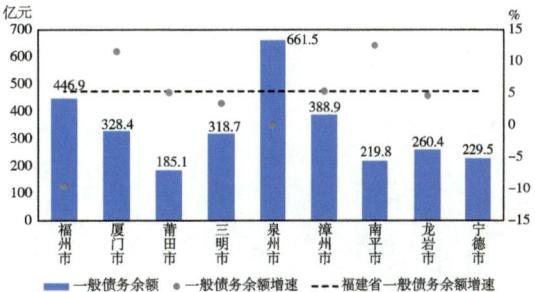

图13-87 2020年福建省各市一般债务余额及增速

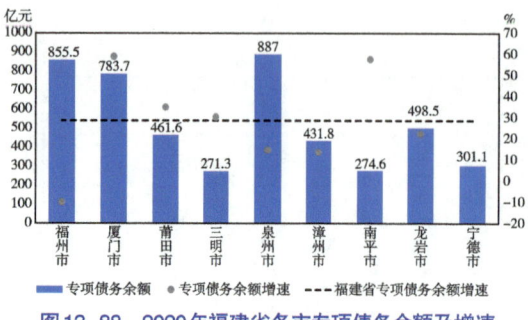

图13-88 2020年福建省各市专项债务余额及增速

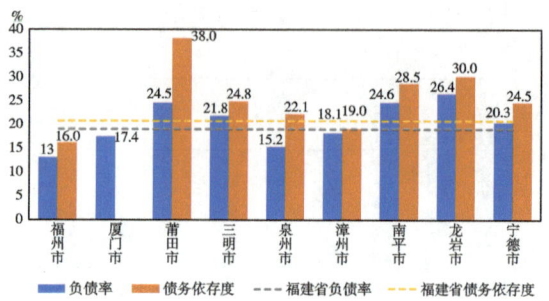

图13-89 2020年福建省各市负债率和债务依存度

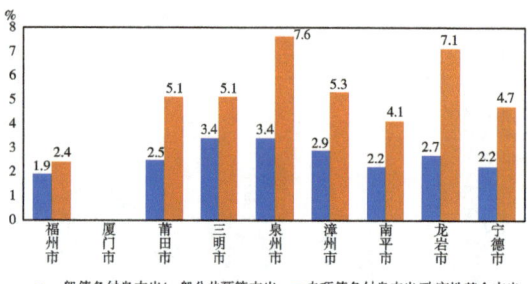

图13-90 2020年福建省各市债务付息支出相关指标

13.2.7 福建省各市市本级一般公共预算收入情况

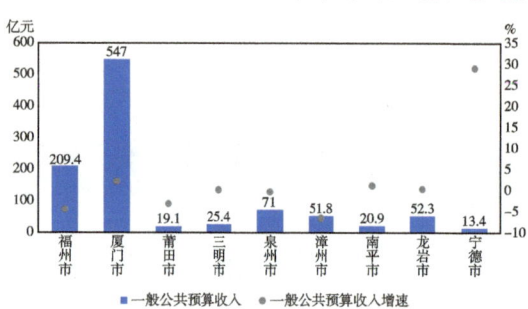

图13-91 2020年福建省各市市本级一般公共预算收入及增速

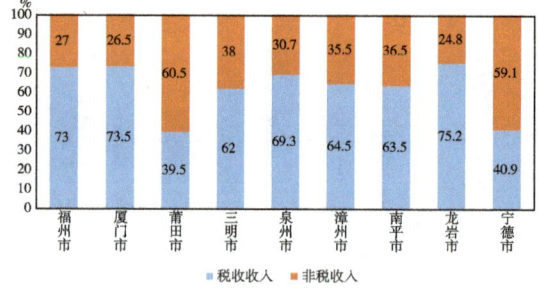

图13-92 2020年福建省各市市本级一般公共预算收入结构

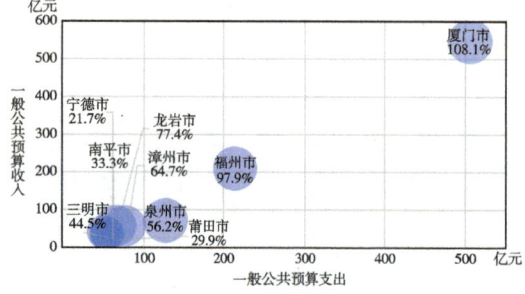

图13-93 2020年福建省各市市本级财政自给率

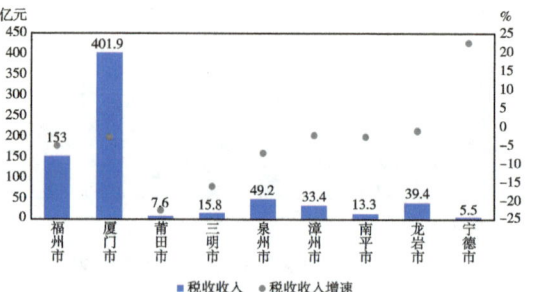

图13-94 2020年福建省各市市本级税收收入及增速

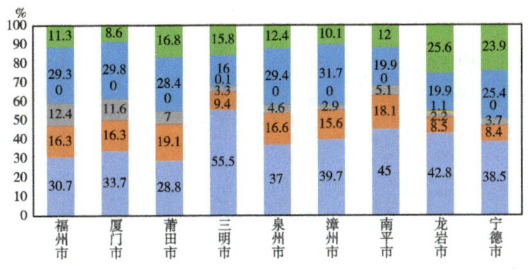

图13-95 2020年福建省各市市本级税收收入结构

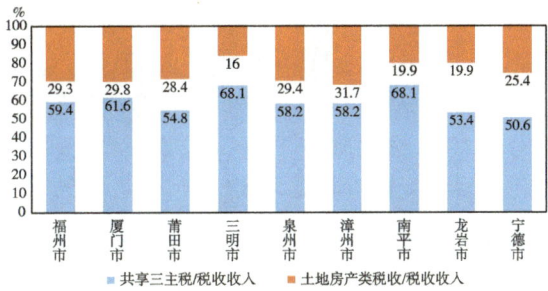

图13-96 2020年福建省各市市本级共享三主税、土地房产类税收占税收收入的比重

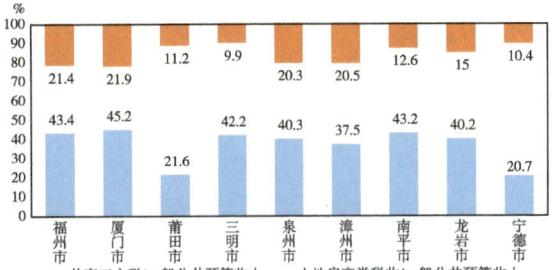

图13-97 2020年福建省各市市本级共享三主税、土地房产类税收占一般公共预算收入的比重

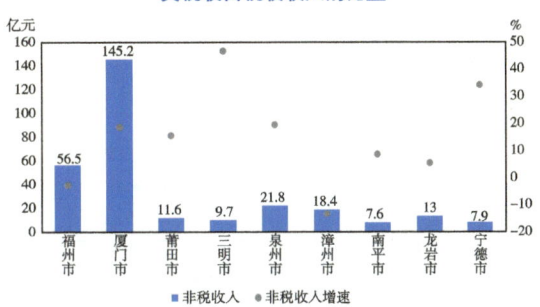

图13-98 2020年福建省各市市本级非税收入及增速

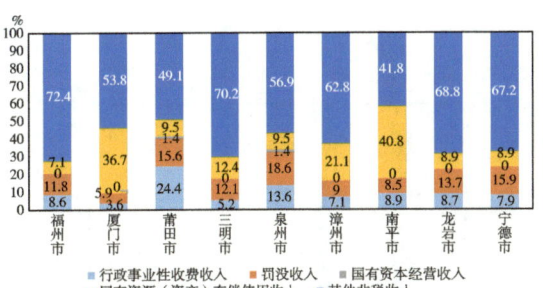

图13-99 2020年福建省各市市本级非税收入结构

13.3 福建省样本县政府收入主要特征分析

13.3.1 福建省样本县经济社会发展情况

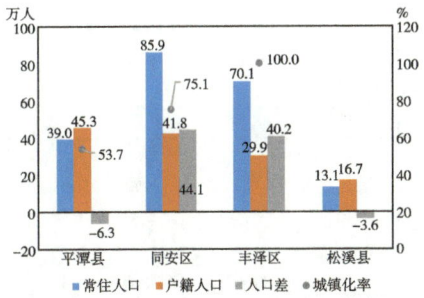

图13-100 2020年福建省样本县人口状况

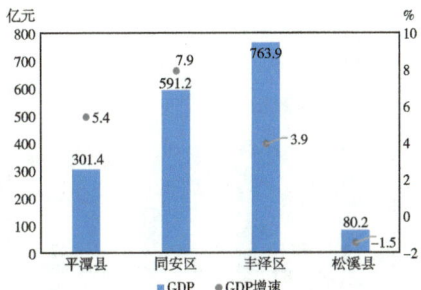

图13-101 2020年福建省样本县GDP及增速

453

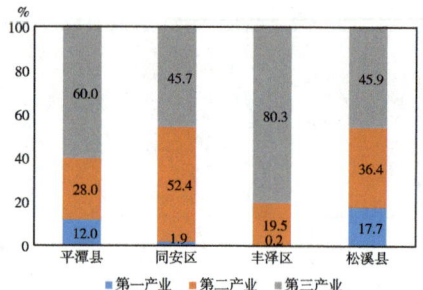

图13-102　2020年福建省样本县三次产业结构

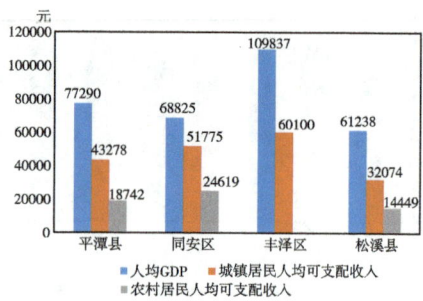

图13-103　2020年福建省样本县人均GDP和人均可支配收入

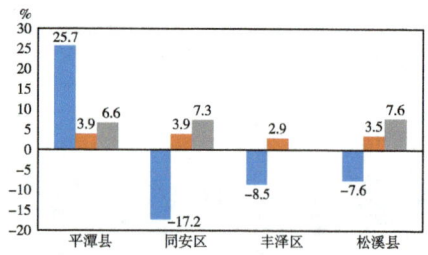

图13-104　2020年福建省样本县人均GDP现价增速和人均可支配收入增速

13.3.2　福建省样本县政府收入总体情况

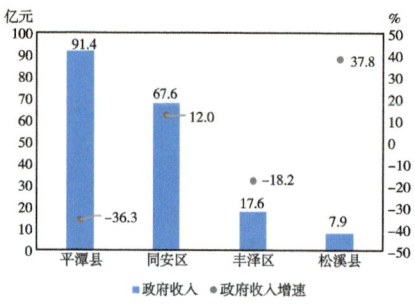

图13-105　2020年福建省样本县政府收入及增速

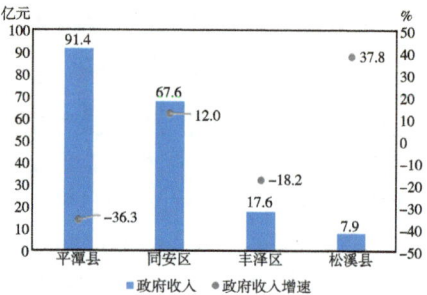

图13-106　2020年福建省样本县人均政府收入及增速

13.3.3　福建省样本县一般公共预算收入情况

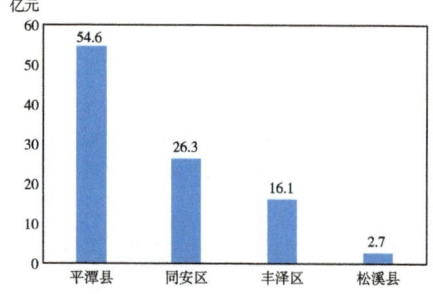

图13-107　2020年福建省样本县一般公共预算收入

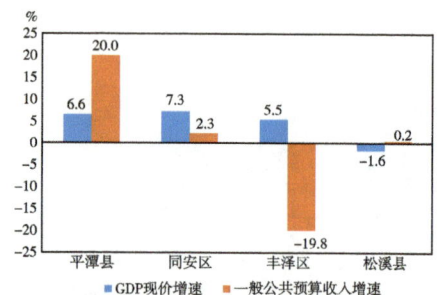

图13-108　2020年福建省样本县一般公共预算收入增速

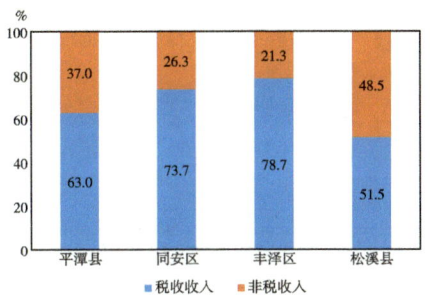

图13-109　2020年福建省样本县一般公共预算收入结构

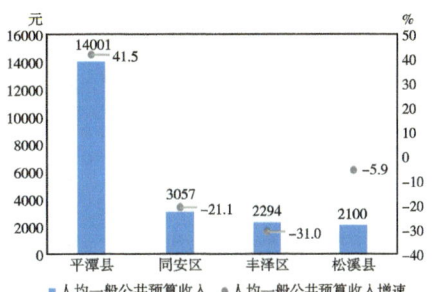

图13-110　2020年福建省样本县人均一般公共预算收入及增速

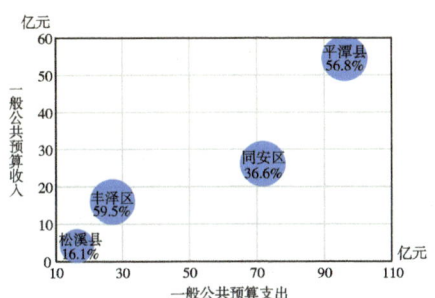

图13-111　2020年福建省样本县财政自给率

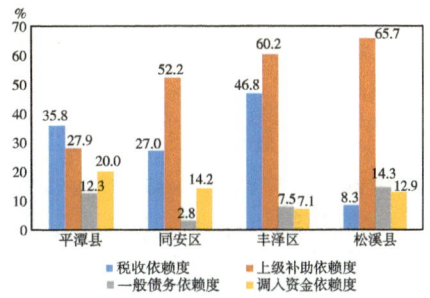

图13-112　2020年福建省样本县一般公共预算支出对各类收入的依赖度

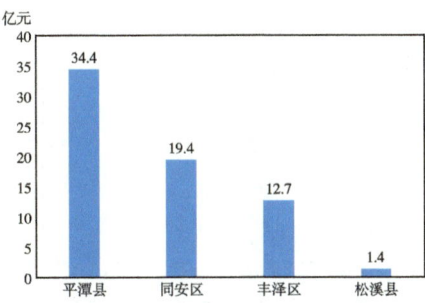

图13-113　2020年福建省样本县税收收入

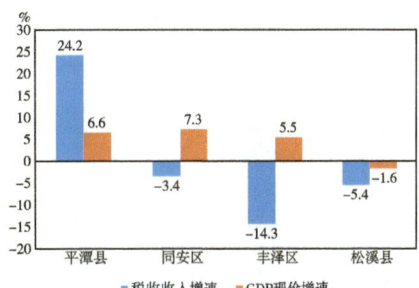

图13-114　2020年福建省样本县税收收入增速

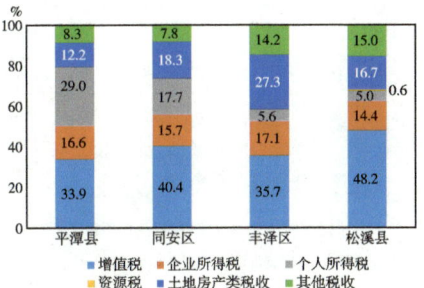

图13-115　2020年福建省样本县税收收入结构

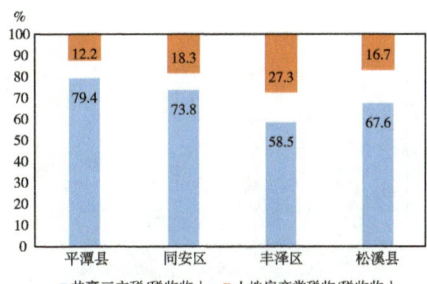

图13-116　2020年福建省样本县共享三主税、土地房产类税收占税收收入的比重

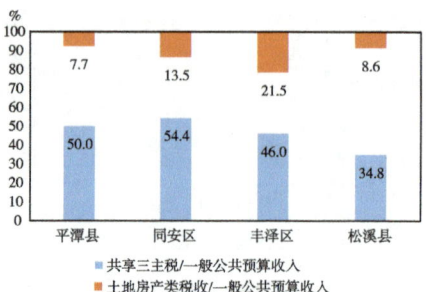

图13-117　2020年福建省样本县共享三主税、土地房产类税收占一般公共预算收入的比重

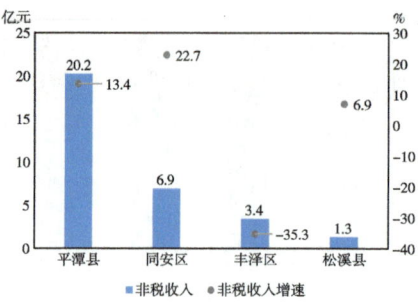

图13-118　2020年福建省样本县非税收入及增速

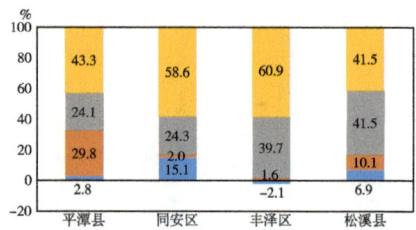

图13-119　2020年福建省样本县非税收入结构

13.3.4　福建省样本县政府性基金收入与国有资本经营收入情况

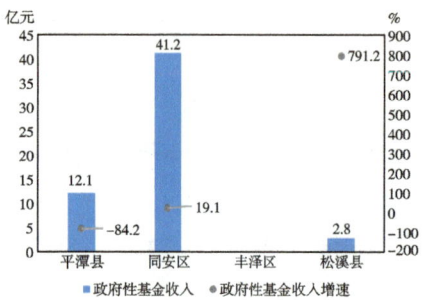

图13-120　2020年福建省样本县政府性基金收入及增速

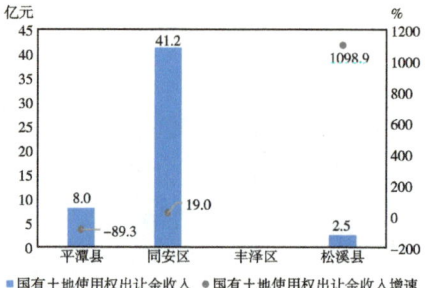

图13-121　2020年福建省样本县国有土地使用权出让金收入及增速

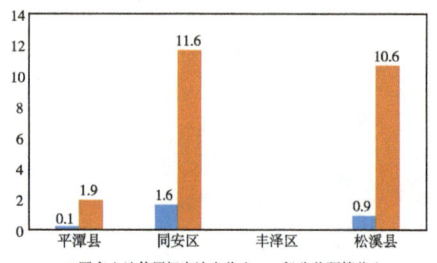

图13-122　2020年福建省样本县国有土地使用权出让金收入与一般公共预算收入对比关系

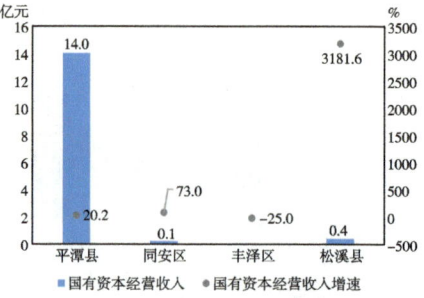

图13-123　2020年福建省样本县国有资本经营收入及增速

456

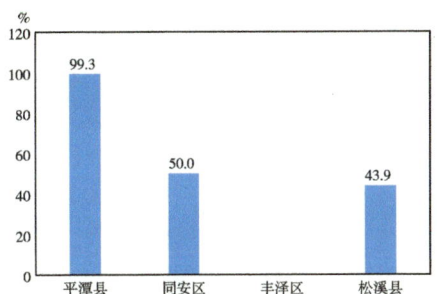

图 13-124　2020年福建省样本县调出资金与国有资本经营收入对比关系

13.3.5　福建省样本县社会保险基金收入情况

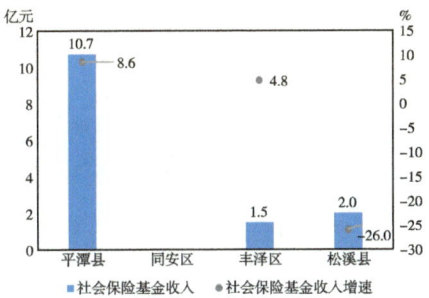

图 13-125　2020年福建省样本县社会保险基金收入及增速

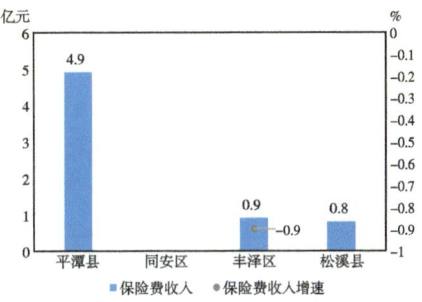

图 13-126　2020年福建省样本县保险费收入及增速

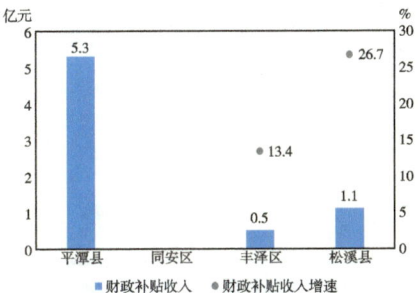

图 13-127　2020年福建省样本县财政补贴收入及增速

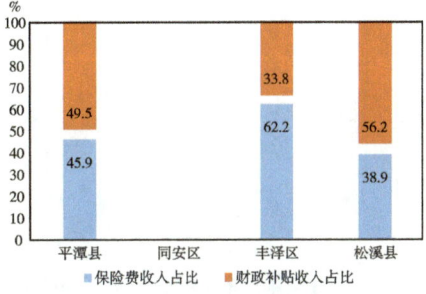

图 13-128　2020年福建省样本县保险费收入、财政补贴收入占社会保险基金收入的比重

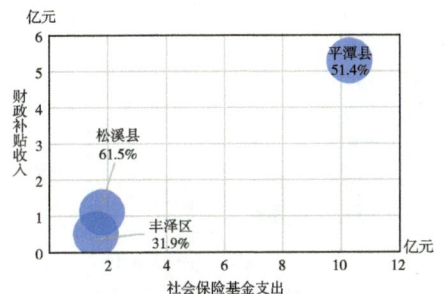

图 13-129　2020年福建省样本县社会保险基金支出对财政补贴的依赖度

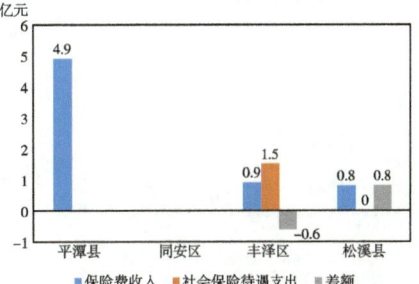

图 13-130　2020年福建省样本县保险费收入、社会保险待遇支出及差额

13.3.6 福建省样本县债务情况

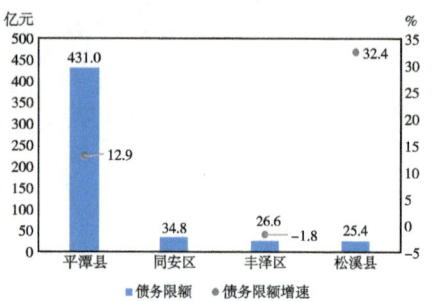

图 13-131　2020 年福建省样本县债务限额及增速

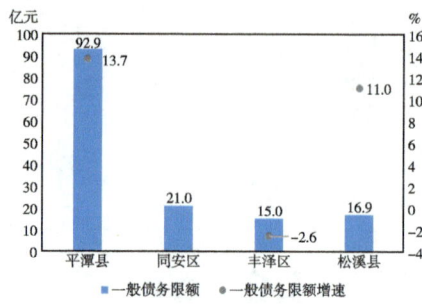

图 13-132　2020 年福建省样本县一般债务限额及增速

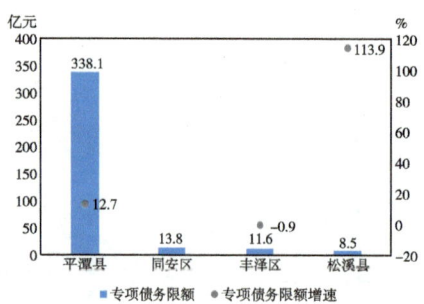

图 13-133　2020 年福建省样本县专项债务限额及增速

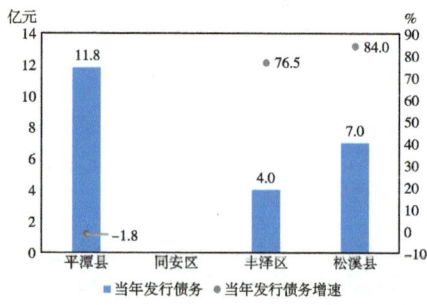

图 13-134　2020 年福建省样本县当年发行债务及增速

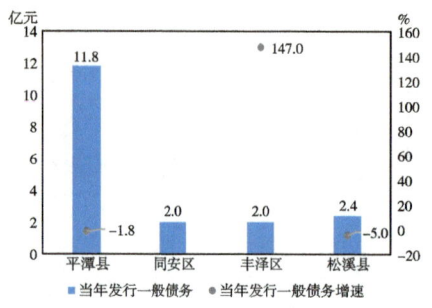

图 13-135　2020 年福建省样本县当年发行一般债务及增速

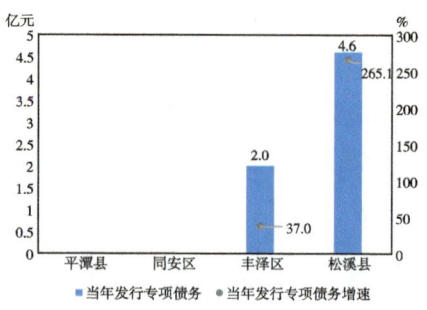

图 13-136　2020 年福建省样本县当年发行专项债务及增速

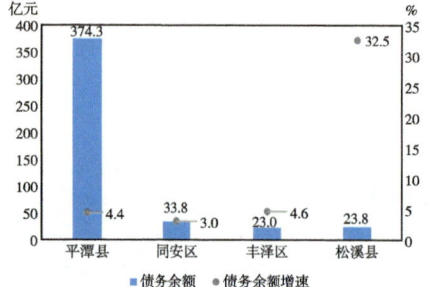

图 13-137　2020 年福建省样本县债务余额及增速

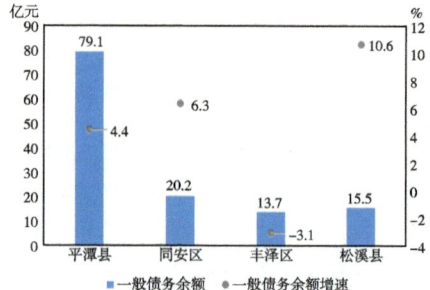

图 13-138　2020 年福建省样本县一般债务余额及增速

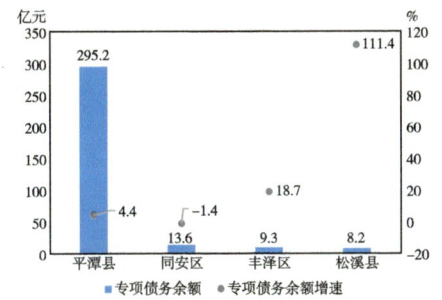

图13-139 2020年福建省样本县专项债务余额及增速

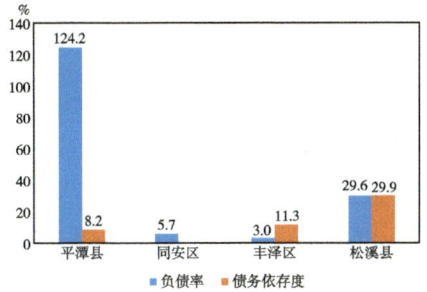

图13-140 2020年福建省样本县负债率和债务依存度

14 江西省

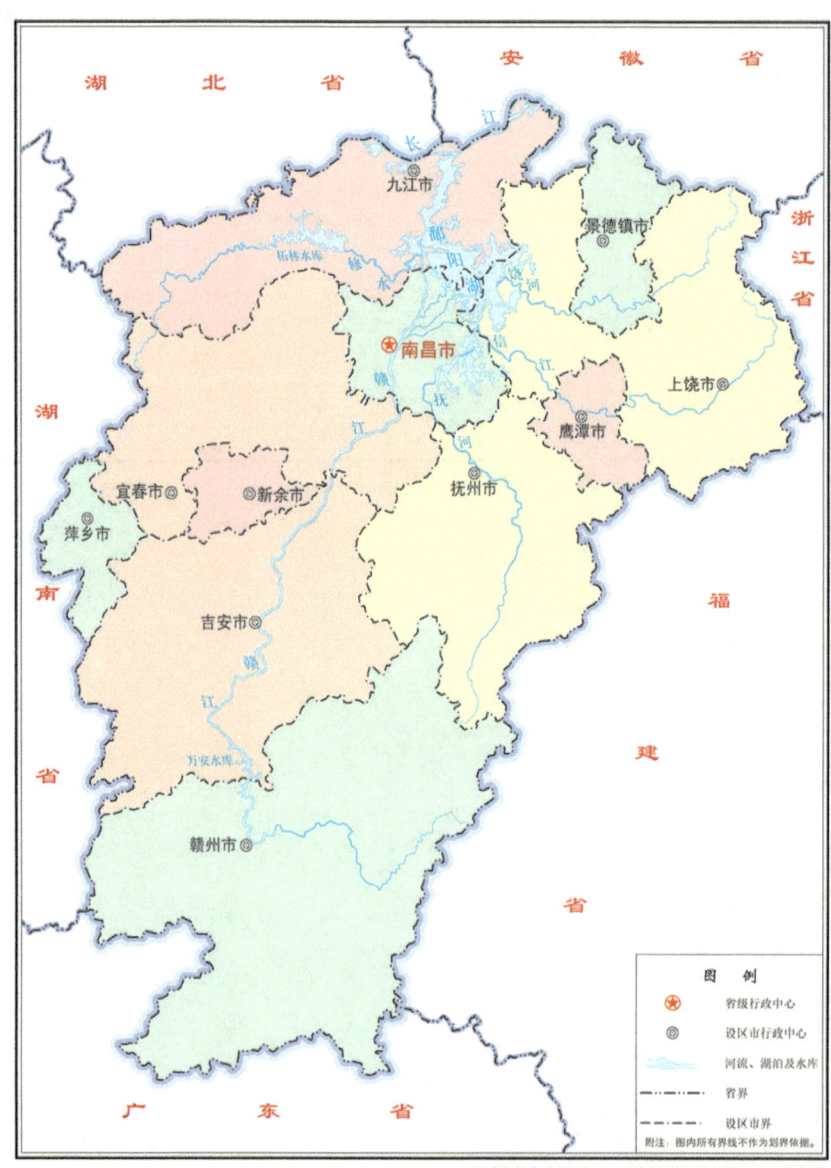

图 2022年江西省地图

资料来源：自然资源部的标准地图服务系统网站。
注：审图号为赣S（2022）056号。

本章执笔人：唐福雨 审校：谢恺

专栏14-1　2021年江西省行政区划

南昌市：东湖区、**西湖区**、青云谱区、青山湖区、新建区、红谷滩区、南昌县、安义县、进贤县

景德镇市：昌江区、珠山区、乐平市、浮梁县

萍乡市：安源区、**湘东区**、莲花县、上栗县、芦溪县

九江市：濂溪区、浔阳区、柴桑区、瑞昌市、共青城市、庐山市、武宁县、修水县、永修县、德安县、都昌县、湖口县、彭泽县

新余市：渝水区、分宜县

鹰潭市：月湖区、余江区、**贵溪市**

赣州市：章贡区、南康区、赣县区、**瑞金市**、龙南市、信丰县、大余县、上犹县、崇义县、安远县、定南县、全南县、宁都县、于都县、兴国县、会昌县、寻乌县、石城县

吉安市：吉州区、青原区、井冈山市、吉安县、吉水县、峡江县、新干县、永丰县、泰和县、遂川县、万安县、安福县、永新县

宜春市：袁州区、丰城市、樟树市、**高安市**、奉新县、万载县、上高县、宜丰县、靖安县、铜鼓县

抚州市：临川区、东乡区、南城县、黎川县、南丰县、崇仁县、乐安县、宜黄县、金溪县、资溪县、广昌县

上饶市：信州区、广丰区、广信区、德兴市、玉山县、铅山县、横峰县、弋阳县、余干县、鄱阳县、万年县、婺源县

本书选取西湖区、湘东区、贵溪市、瑞金市和高安市为样本县。

江西省因公元733年唐玄宗设江南西道而得名，又因省内最大河流赣江而简称为"赣"。江西地处中国东南偏中部长江中下游南岸，古称"吴头楚尾，粤户闽庭"，乃"形胜之区"，东邻浙江、福建，南连广东，西靠湖南，北毗湖北、安徽而共接长江。全省以山地、丘陵为主，地处中亚热带，季风气候显著，四季变化分明。截至2021年底，江西省总人口4517余万，辖11个设区市、12个县级市、61个县、27个市辖区。全省共有55个民族，其中汉族人口占99%以上，少数民族中人口较多的有畲族、苗族、回族、壮族、满族等。江西省矿产资源富饶、河网密集、产业齐备，江西景德镇的瓷器更是以"白如玉、明如镜、薄如纸、声如磬"的特色闻名中外。

2021年江西省经济总量保持在全国中等水平，第二产业比重有所增加，常住人口持续下降。人口数据方面，2021年江西省常住人口为4517.4万人（2020年为4518.9万人），常住人口有所下降；2021年常住人口城镇化率（为61.5%）较去年（60.4%）显著提高，但略低于全国平均水平（64.72%）。经济发展方面，2021年江西省GDP为2.96万亿元，位居全国中位，次于北京、陕西，优于重庆、辽宁；2021年江西GDP增速8.8%，高于全国平均水平（8.1%），位列全国第四。产业结构方面，第一、第二、第三产业占比分别为7.9%、44.5%（全国平均水平39.4%）和47.6%（全国平均水平53.3%），可见2021年江西省工业发展迅速。居民可支配收入

方面，2021年江西城镇居民人均可支配收入为41684元，同比增速8.1%；农村居民人均可支配收入为18684元，同比增速10.0%。

2021年江西省一般公共预算收入的全国排名与去年持平，一般公共预算支出增长缓慢，财政自给率明显提高。一般公共预算收入方面，2021年江西省一般公共预算收入2812.3亿元，排名与去年持平（全国第15名），收入增速为12.2%；人均一般公共预算收入为6225元，排全国第16名。其中，税收收入为1929.4亿元，税收收入占一般公共预算收入的比重较2020年（67.9%）略微提高，2021年为68.6%（全国水平为85.3%）。一般公共预算支出方面，2021年江西省一般公共预算支出6778.5亿元，增速为1.7%。财政自给率方面，2021年江西省财政自给率为41.5%，是三年内第一次突破40%。

2021年江西省四本预算收入占总政府收入的比重浮动不大，政府性基金预算收入下降显著，社保基金预算收入明显提高。2021年江西省四本预算中加总的政府收入8226.7亿元，增速为7.8%。其中一般公共预算收入、政府性基金预算收入、国有资本经营预算收入和社会保险基金预算收入分别占比34.2%、36.1%、1.2%和28.5%。2021年江西省政府性基金收入为2971.8亿元，增速为-4.2%；社保基金预算收入为2345.7亿元，增速为20.1%。

2020年江西省各地市经济社会发展和财政收支不均衡现象依旧存在，省会南昌在各项指标中都领先其他地市，城市间差距显著，呈现明显的梯型分布。经济发展方面，南昌市、赣州市、九江市继续位列前三，GDP分别为5745.5亿元、3645.2亿元、3240.5亿元，其余城市GDP均在3000亿元以下；同时，南昌市、鹰潭市、新余市分别以91843、85136、83271元的人均GDP领先于其他市。政府收入方面，2020年仅南昌市超过千亿元大关，实现1255.1亿元；鹰潭市、上饶市政府收入增速超过江西省级政府收入水平，实现较快增长。一般公共预算收入方面，南昌市以483.9亿元位列第一梯队；九江市、赣州市、宜春市、上饶市均为200多亿元，位列第二梯队；吉安市、抚州市、萍乡市、景德镇市位列第三梯队（100亿—200亿元）；鹰潭市、新余市排名最后，一般公共预算均低于100亿元；各地市间呈明显的梯队分布，一般公共预算收入的城市首位度指数为1.69。财政自给率方面，2020年南昌市依旧远超其他城市，以57.7%位列第一；其余城市自给率均低于50%，其中抚州位列最后，财政自给率仅为26.1%。在政府性基金收入方面，南昌市以626.0亿元位列第一，其次是上饶市（439.3亿元）；鹰潭市和新余市政府性基金收入增长最快，增速分别为216.8%、169.0%。

14.1 江西省政府收入主要特征分析

14.1.1 江西省经济社会基本情况

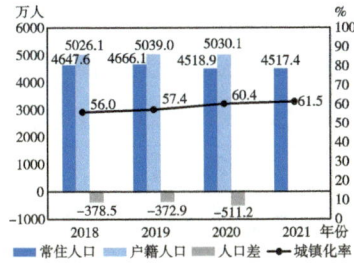

图14-1 2018—2021年江西省人口状况

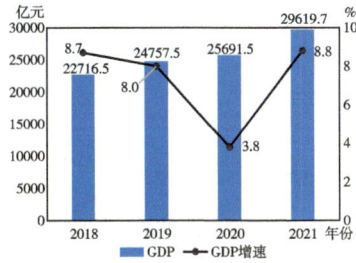

图14-2 2018—2021年江西省GDP及增速

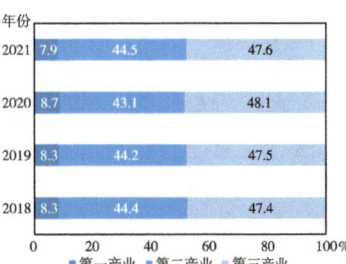

图14-3 2018—2021年江西省三次产业结构

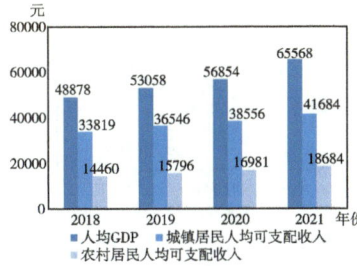

图14-4 2018—2021年江西省人均GDP和人均可支配收入

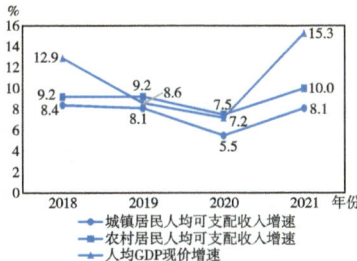

图14-5 2018—2021年江西省人均GDP现价增速和人均可支配收入增速

14.1.2 江西省政府收入总体情况

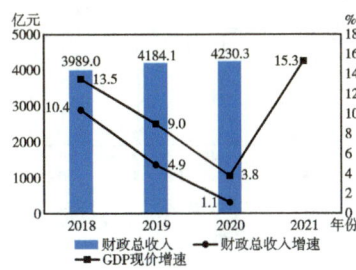

图14-6 2018—2021年江西省财政总收入及增速

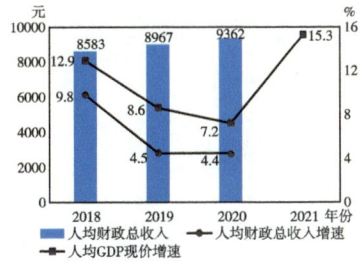

图14-7 2018—2021年江西省人均财政总收入及增速

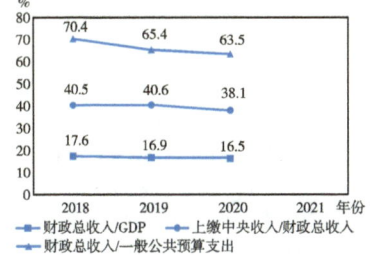

图14-8 2018—2021年江西省财政总收入相关指标

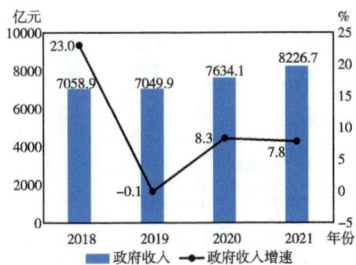

图14-9 2018—2021年江西省政府收入及增速

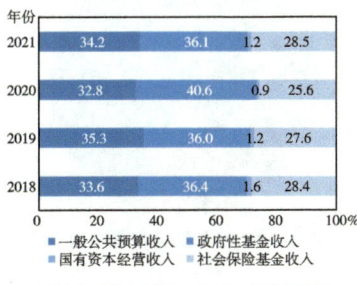

图14-10 2018—2021年江西省政府收入结构

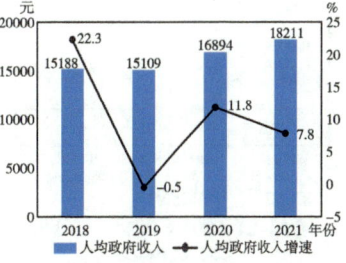

图14-11 2018—2021年江西省人均政府收入及增速

14.1.3 江西省一般公共预算收入情况

图14-12　2018—2021年江西省一般公共预算收入

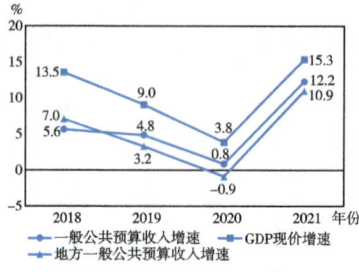

图14-13　2018—2021年江西省一般公共预算收入增速

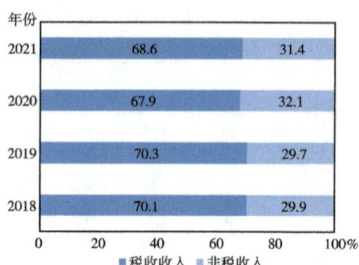

图14-14　2018—2021年江西省一般公共预算收入结构

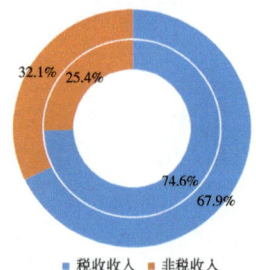

图14-15　2020年一般公共预算收入结构对比（内环为地方，外环为江西省）

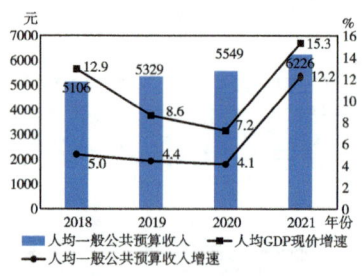

图14-16　2018—2021年江西省人均一般公共预算收入及增速

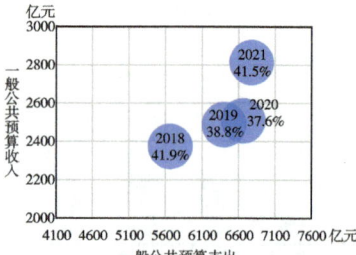

图14-17　2018—2021年江西省财政自给率

图14-18　2018—2021年江西省一般公共预算支出对各类收入的依赖度

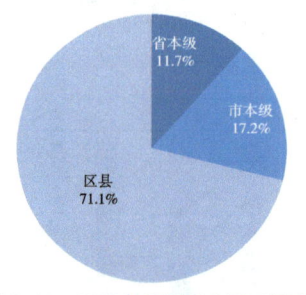

图14-19　2020年江西省市县三级政府一般公共预算收入分布

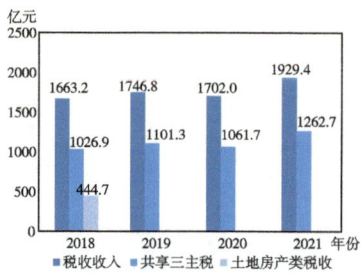

图14-20　2018—2021年江西省税收收入

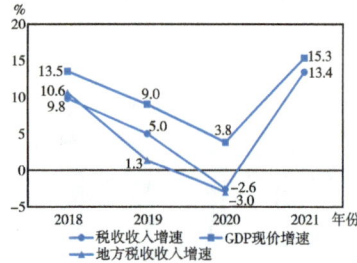

图14-21　2018—2021年江西省税收收入增速

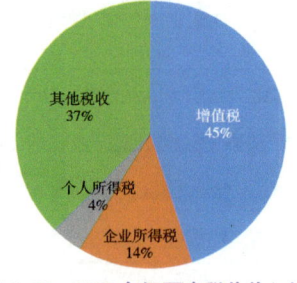

图14-22　2020年江西省税收收入结构

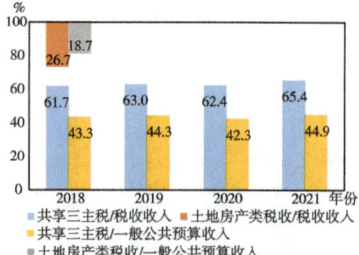

图14-23　2018—2021年江西省共享三主税、土地房产类税收占税收收入及一般公共预算收入的比重

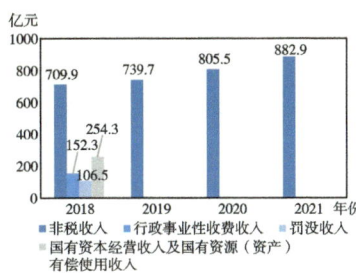
图14-24 2018-2021年江西省非税收入

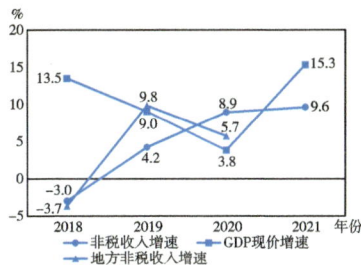
图14-25 2018-2021年江西省非税收入增速

图14-26 2018-2021年江西省非税收入中各主要收入占比

14.1.4 江西省政府性基金和国有资本经营收入情况

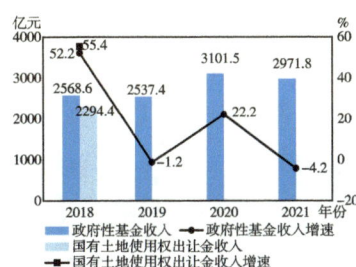
图14-27 2018-2021年江西省政府性基金收入及增速

图14-28 2018-2021年江西省国有土地使用权出让金收入与一般公共预算收入对比关系

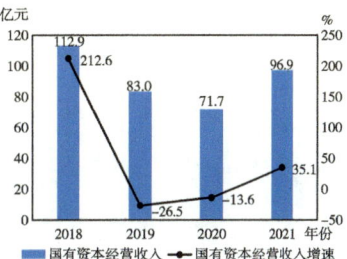
图14-29 2018-2021年江西省国有资本经营收入及增速

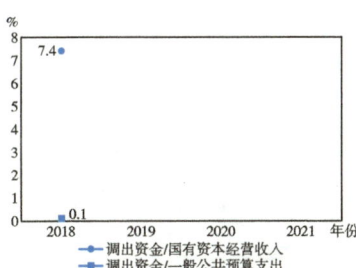
图14-30 2018-2021年江西省国有资本经营预算中调出资金相关指标

14.1.5 江西省社会保险基金收入情况

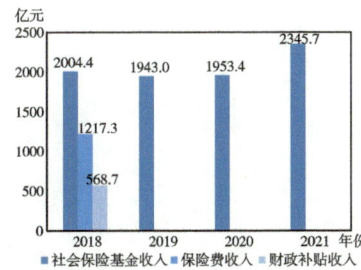
图14-31 2018-2021年江西省社会保险基金收入

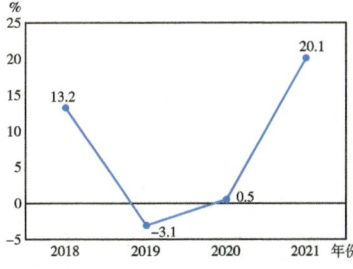
图14-32 2018-2021年江西省社会保险基金收入增速

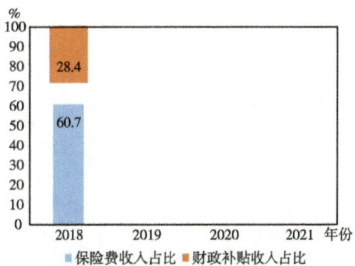
图14-33 2018-2021年江西省保险费收入、财政补贴收入占社会保险基金收入的比重

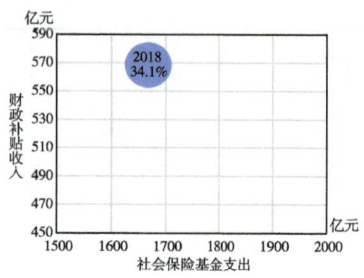

图14-34 2018-2021年江西省社会保险基金支出对财政补贴的依赖度

图14-35 2018-2021年江西省保险费收入

14.1.6 江西省债务情况

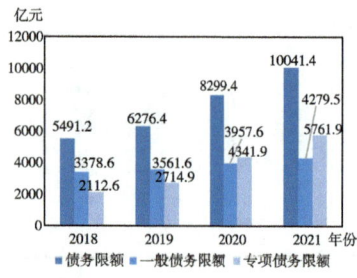

图14-36 2018-2021年江西省债务限额

图14-37 2018-2021年江西省债务限额增速

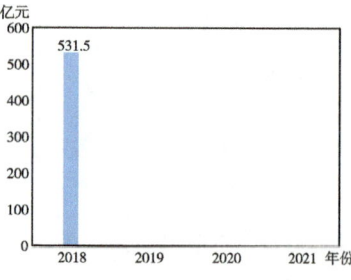

图14-38 2018-2021年江西省当年发行一般债务

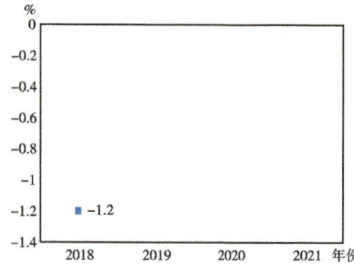

图14-39 2018-2021年江西省当年发行一般债务增速

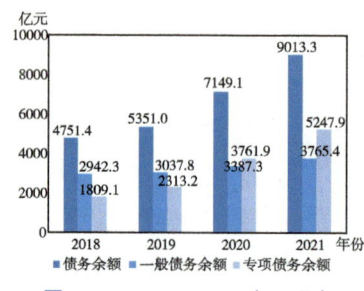

图14-40 2018-2021年江西省债务余额

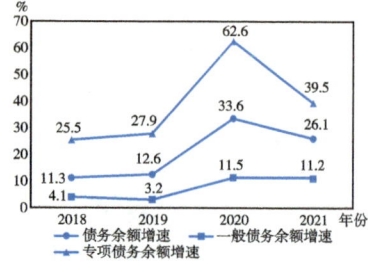

图14-41 2018-2021年江西省债务余额增速

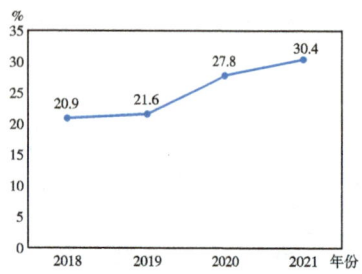

图14-42 2018-2021年江西省负债率

14.1.7 江西省省本级一般公共预算收入情况

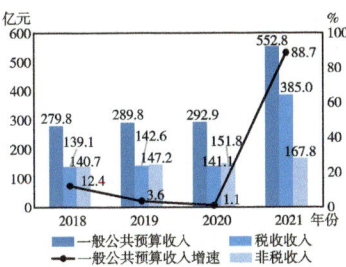

图14-43 2018-2021年江西省省本级一般公共预算收入及增速

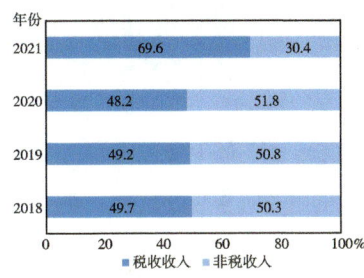

图14-44 2018-2021年江西省省本级一般公共预算收入结构

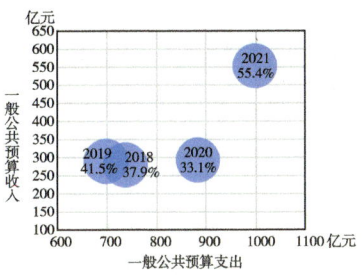

图14-45 2018-2021年江西省省本级财政自给率

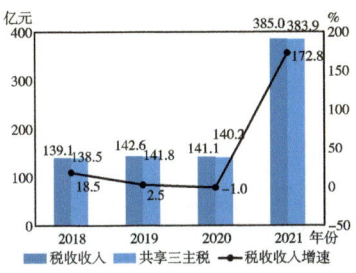

图14-46 2018-2021年江西省省本级税收收入及增速

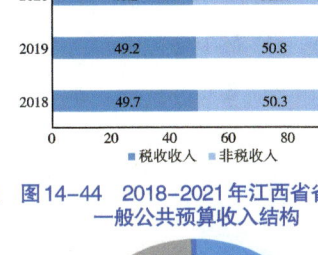

图14-47 2020年江西省省本级税收收入结构

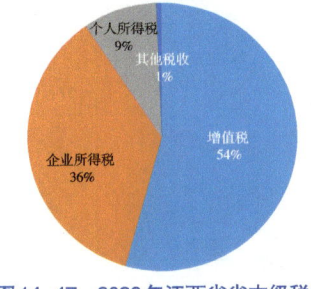

图14-48 2018-2021年江西省省本级共享三主税占税收收入及一般公共预算收入的比重

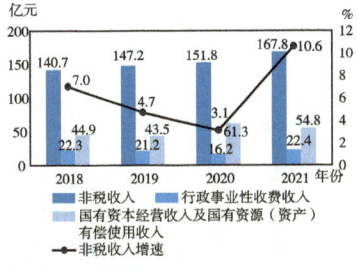

图14-49 2018-2021年江西省省本级非税收入及增速

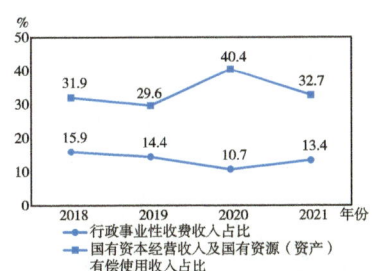

图14-50 2018-2021年江西省省本级非税收入中各主要收入占比

14.2 江西省各市政府收入主要特征分析

14.2.1 江西省各市经济社会发展情况

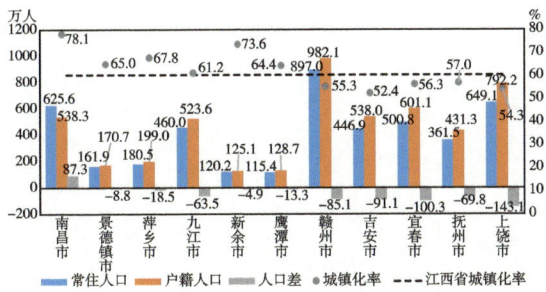

图14-51 2020年江西省各市人口状况

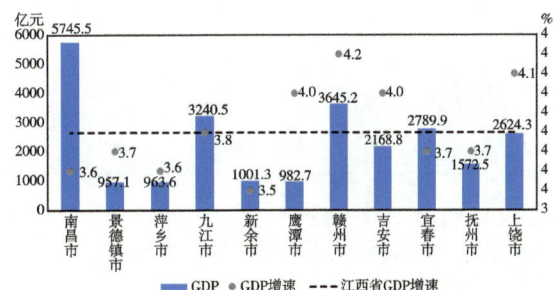

图14-52 2020年江西省各市GDP及增速

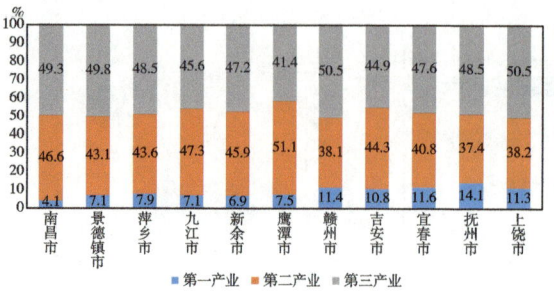

图14-53　2020年江西省各市三次产业结构

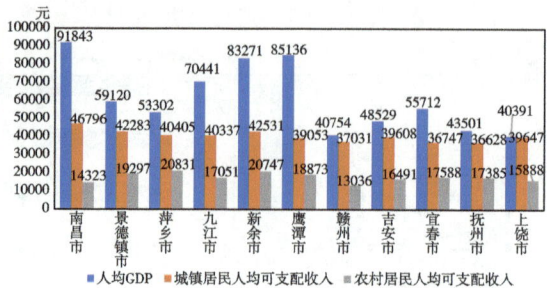

图14-54　2020年江西省各市人均GDP和人均可支配收入

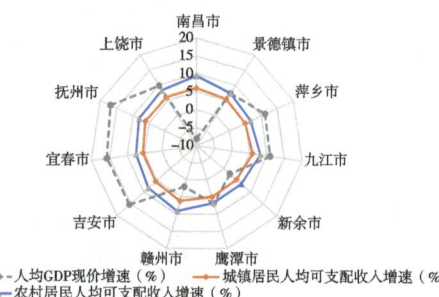

图14-55　2020年江西省各市人均GDP现价增速和人均可支配收入增速

14.2.2　江西省各市政府收入总体情况

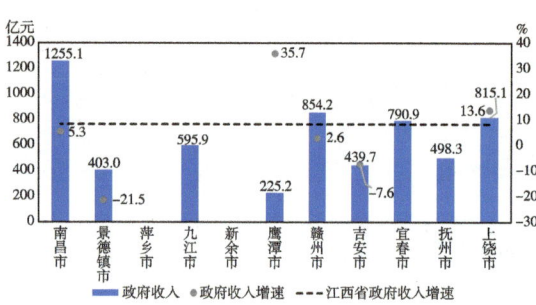

图14-56　2020年江西省各市政府收入及增速

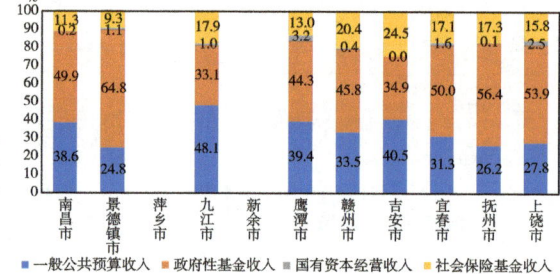

图14-57　2020年江西省各市政府收入结构

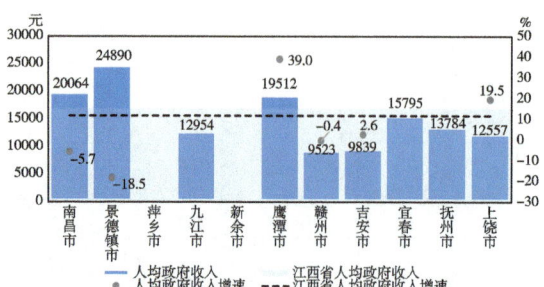

图14-58　2020年江西省各市人均政府收入及增速

14.2.3 江西省各市一般公共预算收入情况

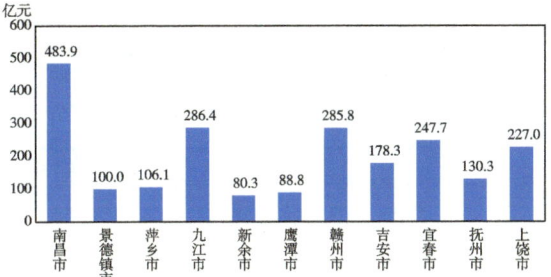

图14-59 2020年江西省各市一般公共预算收入

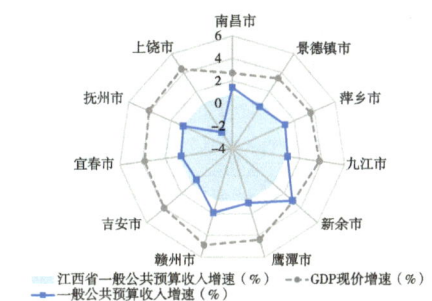

图14-60 2020年江西省各市一般公共预算收入增速

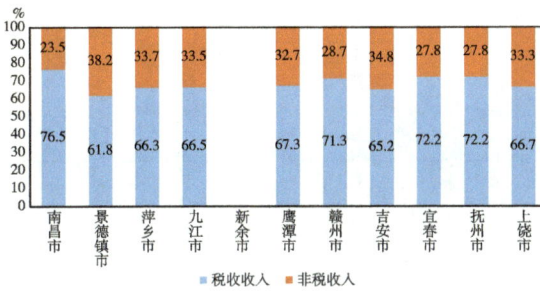

图14-61 2020年江西省各市一般公共预算收入结构

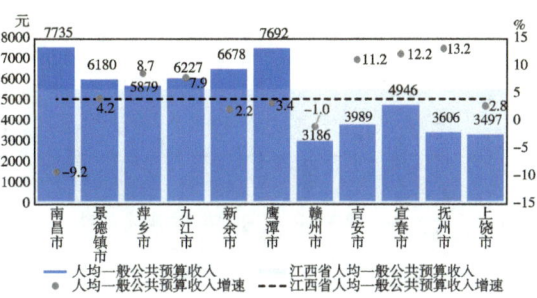

图14-62 2020年江西省各市人均一般公共预算收入及增速

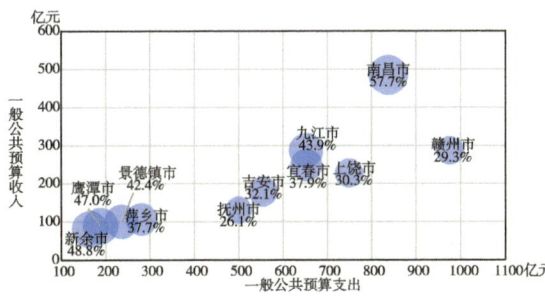

图14-63 2020年江西省各市财政自给率

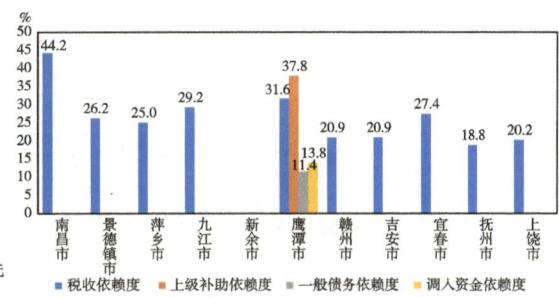

图14-64 2020年江西省各市一般公共预算支出对各类收入的依赖度

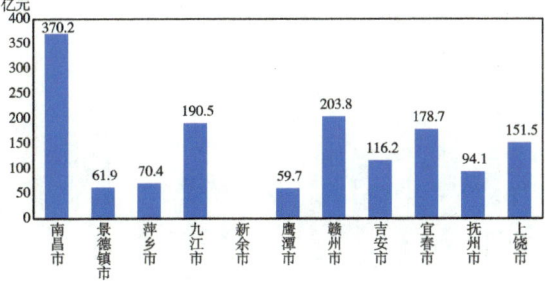

图14-65 2020年江西省各市税收收入

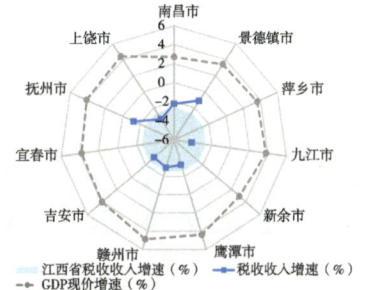

图14-66 2020年江西省各市税收收入增速

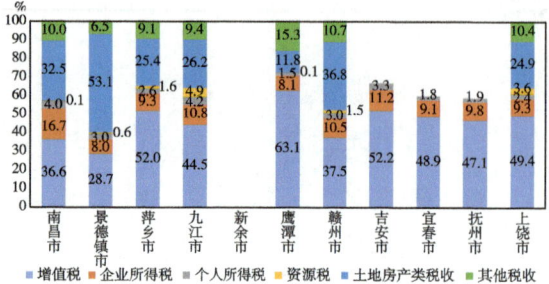

图 14-67 2020年江西省各市税收收入结构

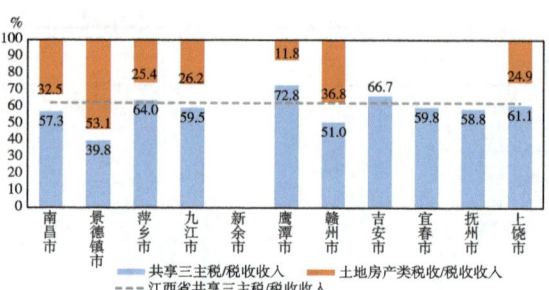

图 14-68 2020年江西省各市共享三主税、土地房产类税收占税收收入的比重

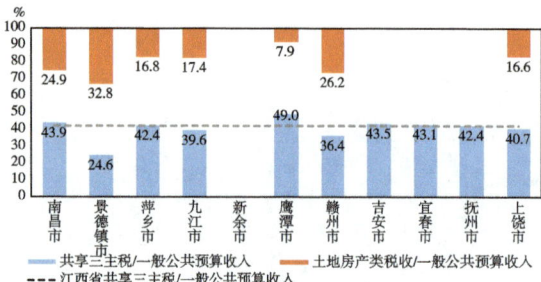

图 14-69 2020年江西省各市共享三主税、土地房产类税收占一般公共预算收入的比重

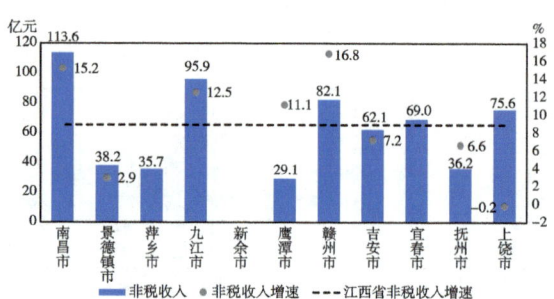

图 14-70 2020年江西省各市非税收入及增速

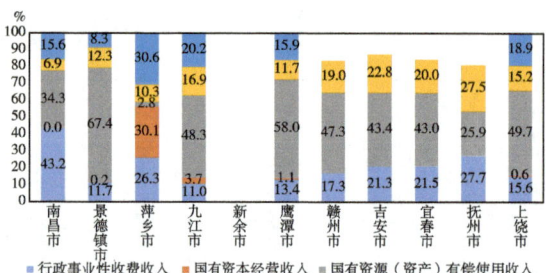

图 14-71 2020年江西省各市非税收入结构

14.2.4 江西省各市政府性基金收入与国有资本经营收入情况

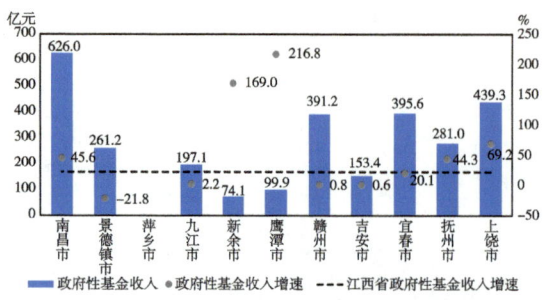

图 14-72 2020年江西省各市政府性基金收入及增速

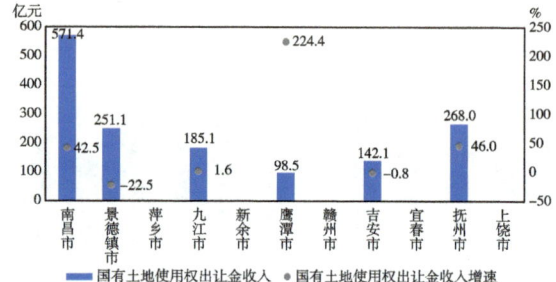

图 14-73 2020年江西省各市国有土地使用权出让金收入及增速

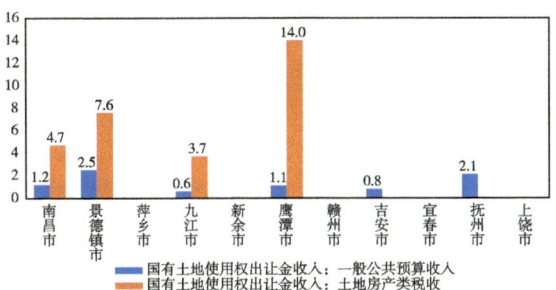

图 14-74　2020年江西省各市国有土地使用权出让金收入与一般公共预算收入对比关系

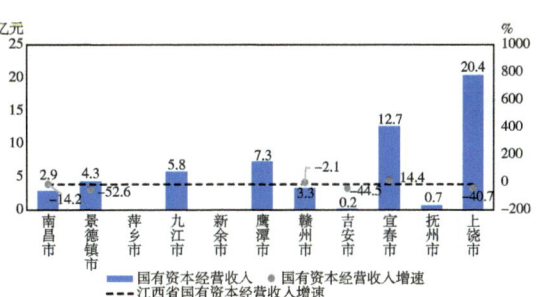

图 14-75　2020年江西省各市国有资本经营收入及增速

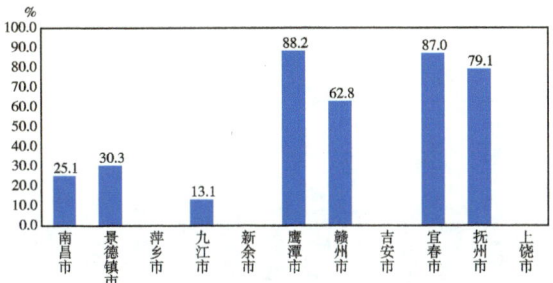

图 14-76　2020年江西省各市调出资金与国有资本经营收入对比关系

14.2.5　江西省各市社会保险基金收入情况

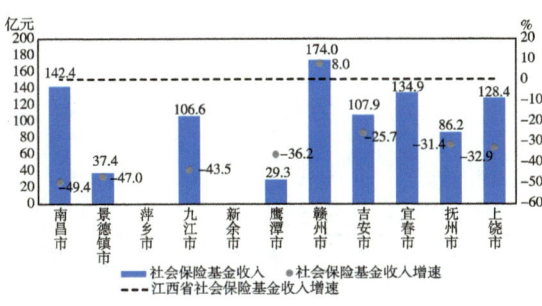

图 14-77　2020年江西省各市社会保险基金收入及增速

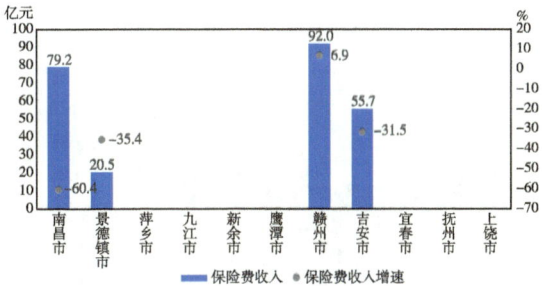

图 14-78　2020年江西省各市保险费收入及增速

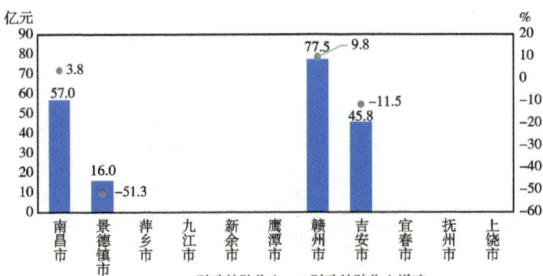

图 14-79　2020年江西省各市财政补贴收入及增速

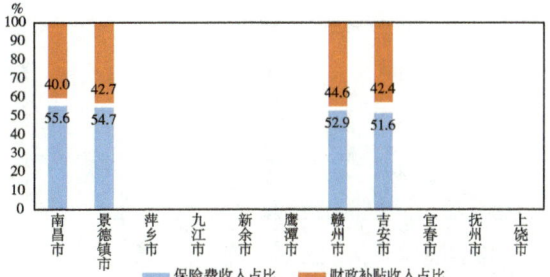

图 14-80　2020年江西省各市保险费收入、财政补贴收入占社会保险基金收入的比重

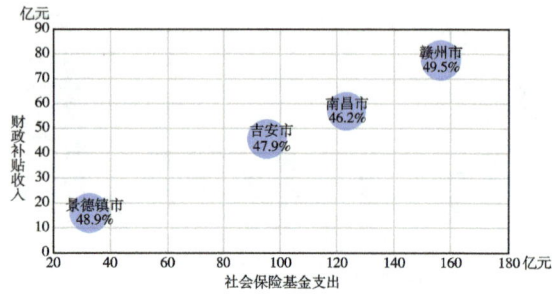

图14-81 2020年江西省各市社会保险基金支出对财政补贴的依赖度

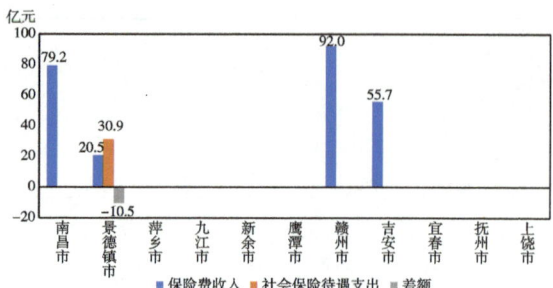

图14-82 2020年江西省各市保险费收入、社会保险待遇支出及差额

14.2.6 江西省各市债务情况

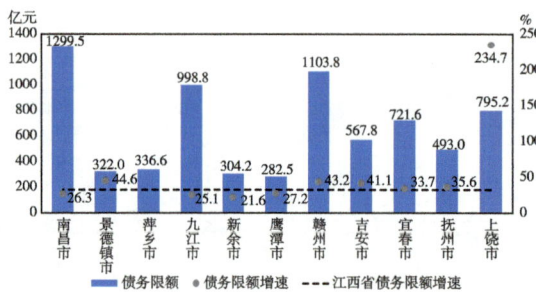

图14-83 2020年江西省各市债务限额及增速

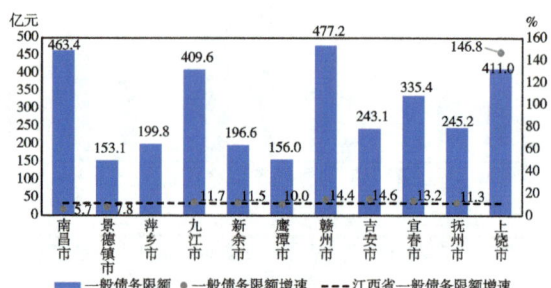

图14-84 2020年江西省各市一般债务限额及增速

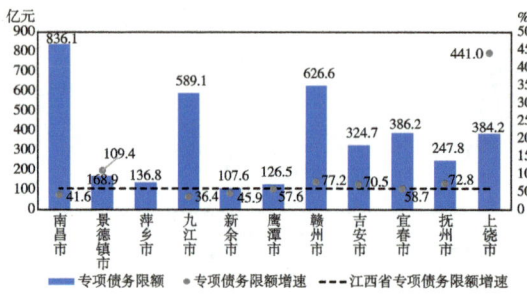

图14-85 2020年江西省各市专项债务限额及增速

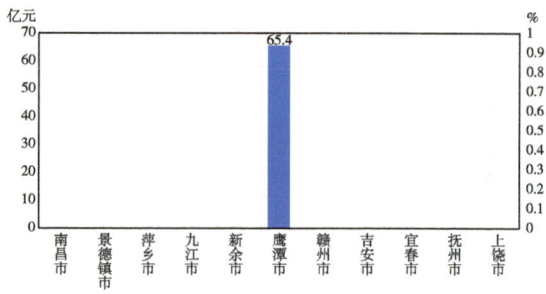

图14-86 2020年江西省各市当年发行债务

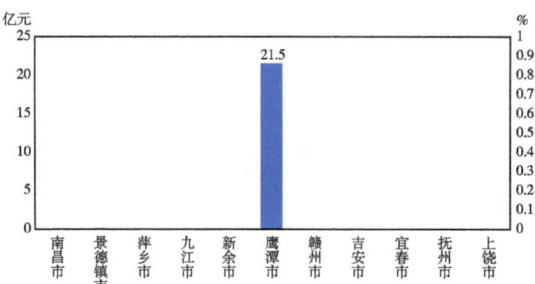

图14-87 2020年江西省各市当年发行一般债务

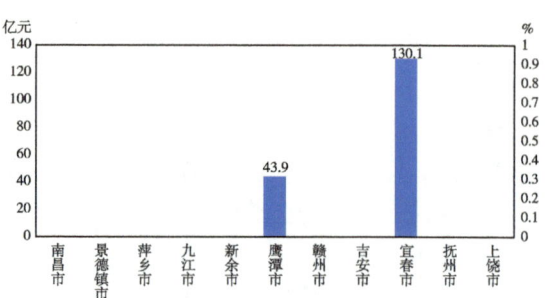

图14-88 2020年江西省各市当年发行专项债务

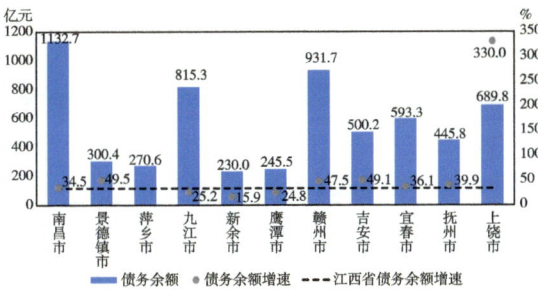

图 14-89 2020年江西省各市债务余额及增速

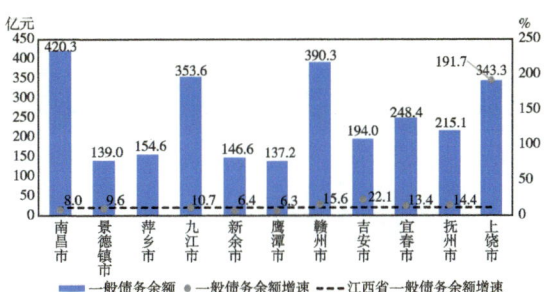

图 14-90 2020年江西省各市一般债务余额及增速

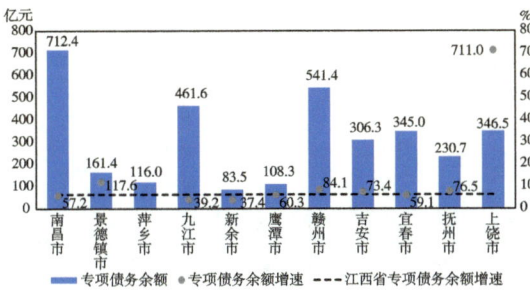

图 14-91 2020年江西省各市专项债务余额及增速

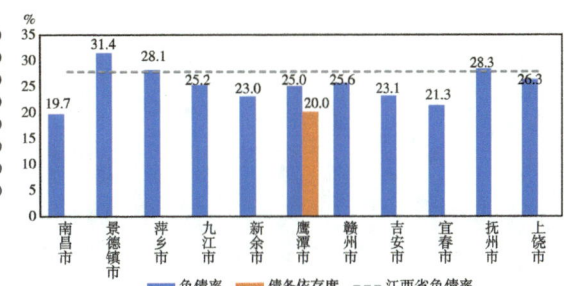

图 14-92 2020年江西省各市负债率和债务依存度

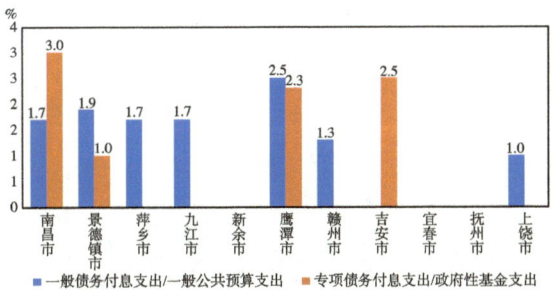

图 14-93 2020年江西省各市债务付息支出相关指标

14.2.7 江西省各市市本级一般公共预算收入情况

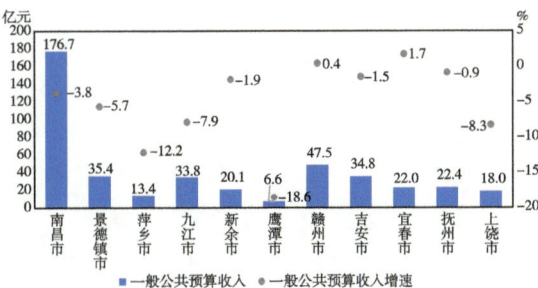

图 14-94 2020年江西省各市市本级一般公共预算收入及增速

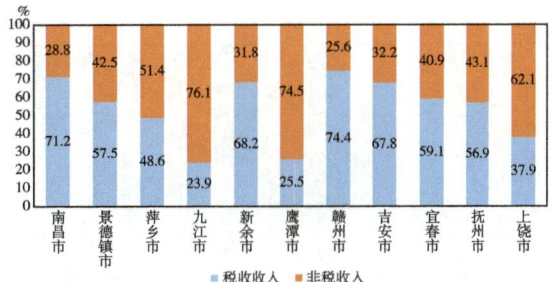

图 14-95 2020年江西省各市市本级一般公共预算收入结构

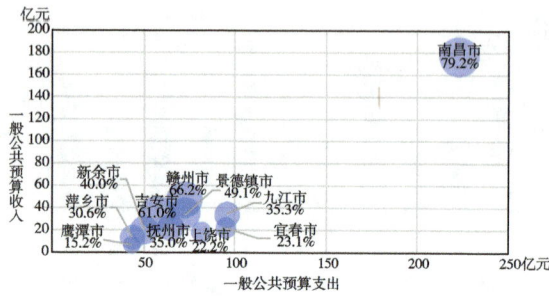

图14-96 2020年江西省各市市本级财政自给率

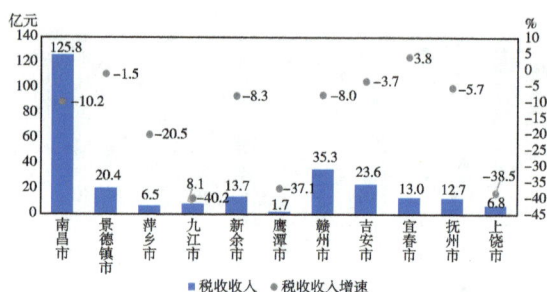

图14-97 2020年江西省各市市本级税收收入及增速

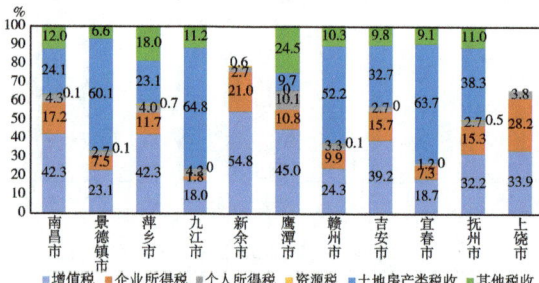

图14-98 2020年江西省各市市本级税收收入结构

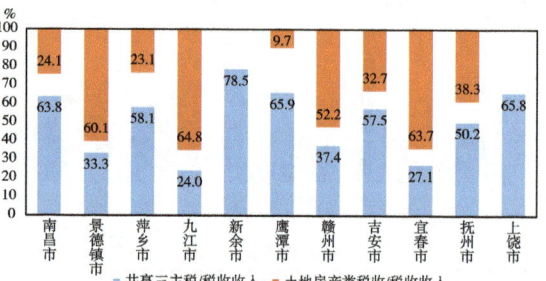

图14-99 2020年江西省各市市本级共享三主税、土地房产类税收占税收收入的比重

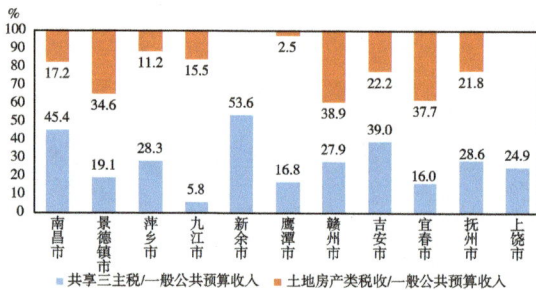

图14-100 2020年江西省各市市本级共享三主税、土地房产类税收占一般公共预算收入的比重

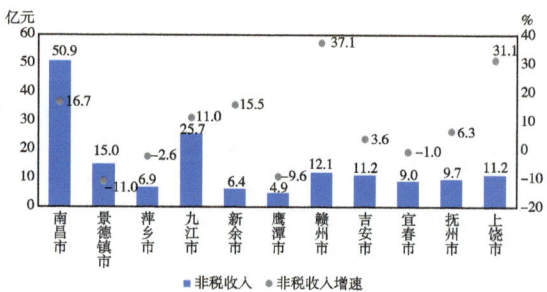

图14-101 2020年江西省各市市本级非税收入及增速

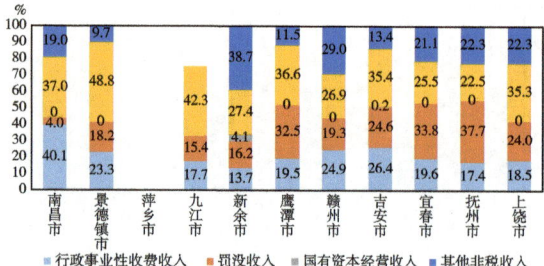

图14-102 2020年江西省各市市本级非税收入结构

14.3 江西省样本县政府收入主要特征分析

14.3.1 江西省样本县经济社会发展情况

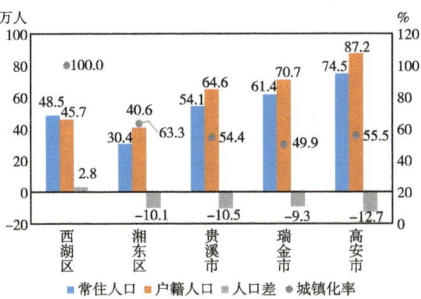

图14-103　2020年江西省样本县人口状况

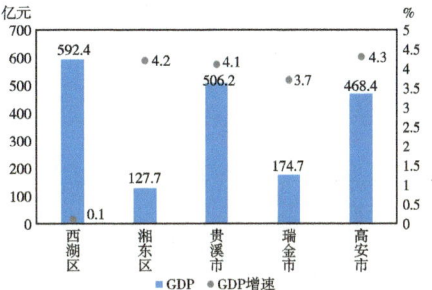

图14-104　2020年江西省样本县GDP及增速

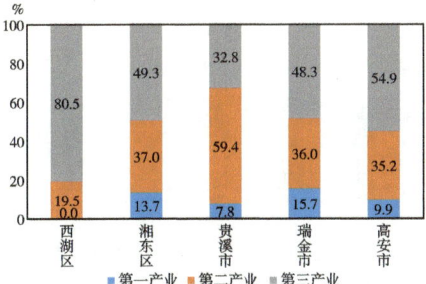

图14-105　2020年江西省样本县三次产业结构

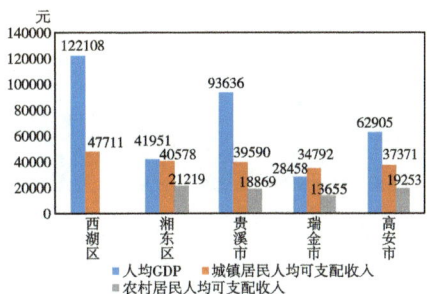

图14-106　2020年江西省样本县人均GDP和人均可支配收入

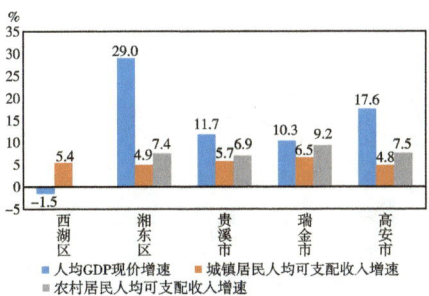

图14-107　2020年江西省样本县人均GDP现价增速和人均可支配收入增速

14.3.2 江西省样本县政府收入总体情况

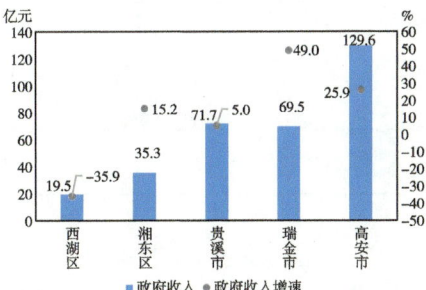

图14-108　2020年江西省样本县政府收入及增速

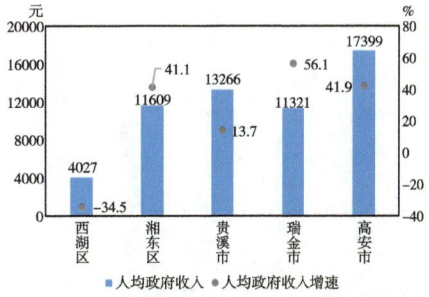

图14-109　2020年江西省样本县人均政府收入及增速

14.3.3 江西省样本县一般公共预算收入情况

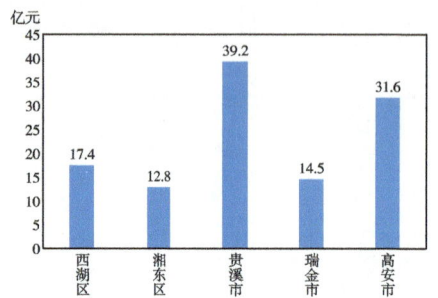

图14-110 2020年江西省样本县一般公共预算收入

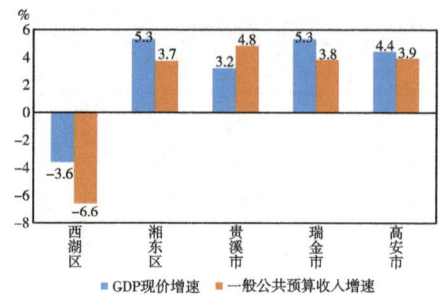

图14-111 2020年江西省样本县一般公共预算收入增速

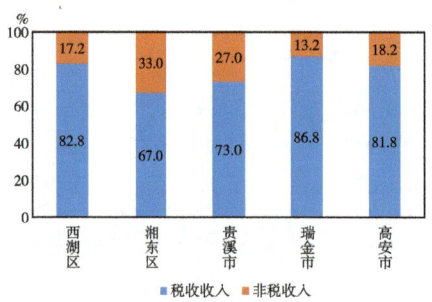

图14-112 2020年江西省样本县一般公共预算收入结构

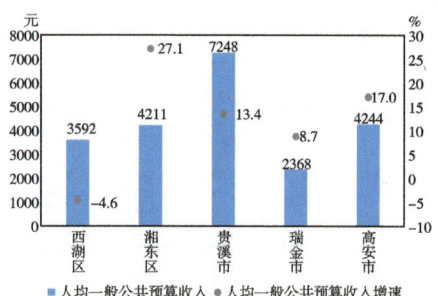

图14-113 2020年江西省样本县人均一般公共预算收入及增速

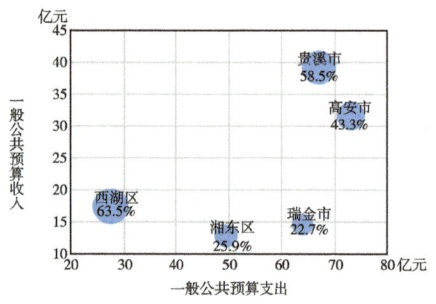

图14-114 2020年江西省样本县财政自给率

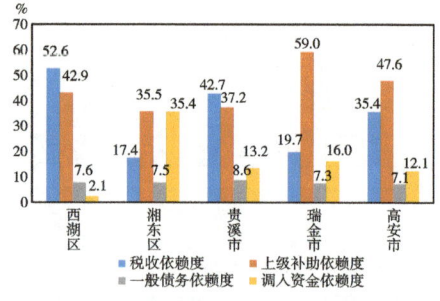

图14-115 2020年江西省样本县一般公共预算支出对各类收入的依赖度

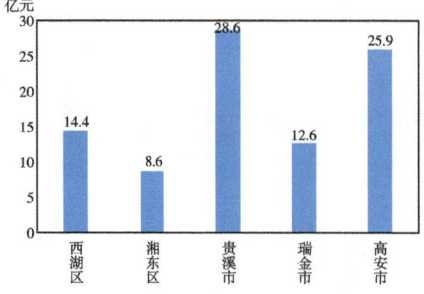

图14-116 2020年江西省样本县税收收入

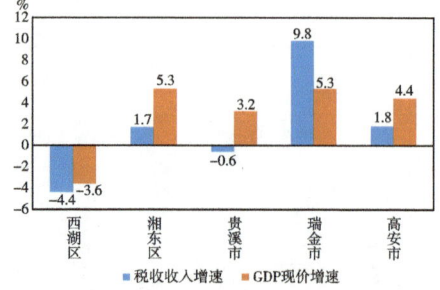

图14-117 2020年江西省样本县税收收入增速

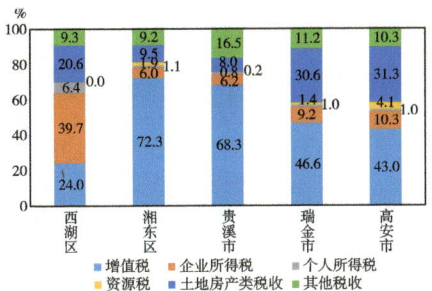

图14-118　2020年江西省样本县税收收入结构

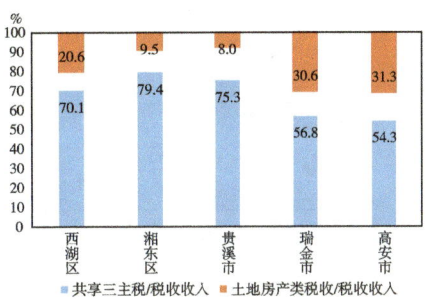

图14-119　2020年江西省样本县共享三主税、土地房产类税收占税收收入的比重

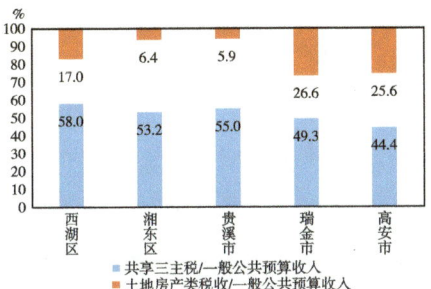

图14-120　2020年江西省样本县共享三主税、土地房产类税收占一般公共预算收入的比重

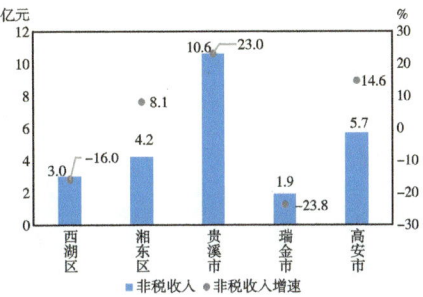

图14-121　2020年江西省样本县非税收入及增速

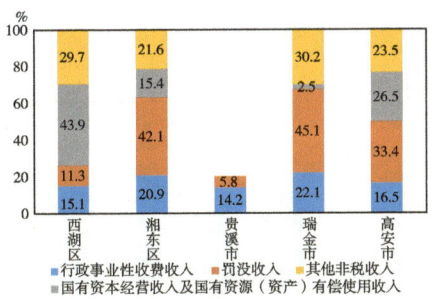

图14-122　2020年江西省样本县非税收入结构

14.3.4　江西省样本县政府性基金收入与国有资本经营收入情况

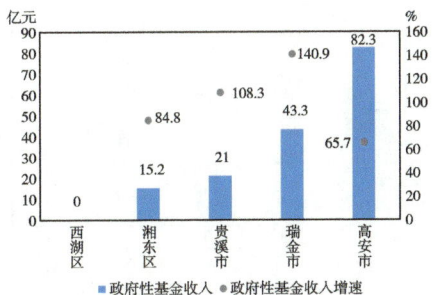

图14-123　2020年江西省样本县政府性基金收入及增速

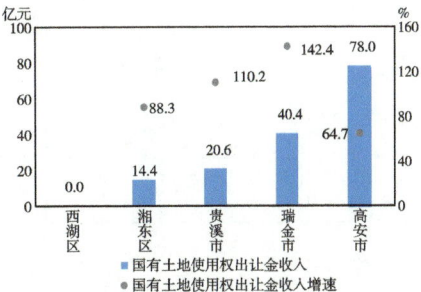

图14-124　2020年江西省样本县国有土地使用权出让金收入及增速

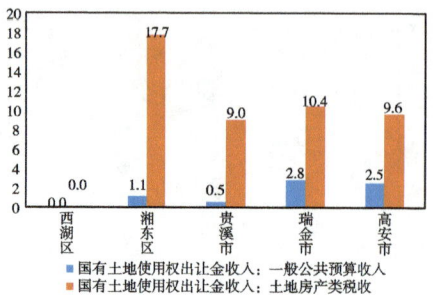

图14-125 2020年江西省样本县国有土地使用权出让金收入与一般公共预算收入对比关系

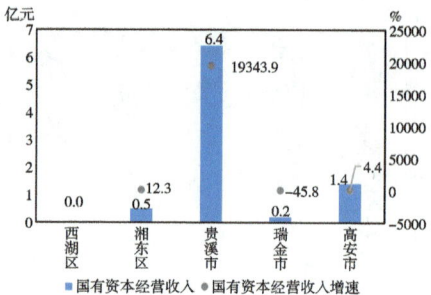

图14-126 2020年江西省样本县国有资本经营收入及增速

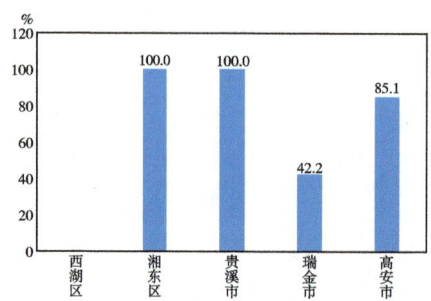

图14-127 2020年江西省样本县调出资金与国有资本经营收入对比关系

14.3.5 江西省样本县社会保险基金收入情况

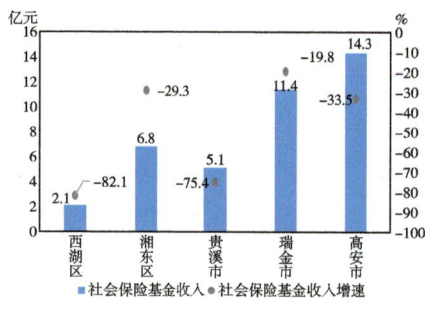

图14-128 2020年江西省样本县社会保险基金收入及增速

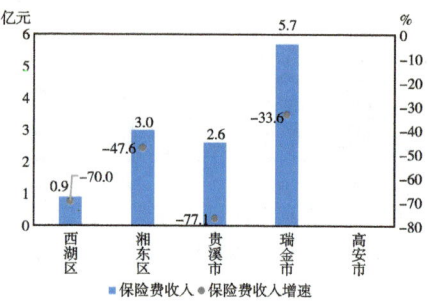

图14-129 2020年江西省样本县保险费收入及增速

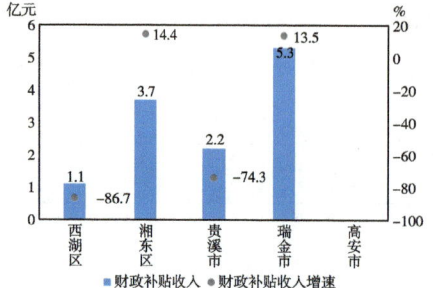

图14-130 2020年江西省样本县财政补贴收入及增速

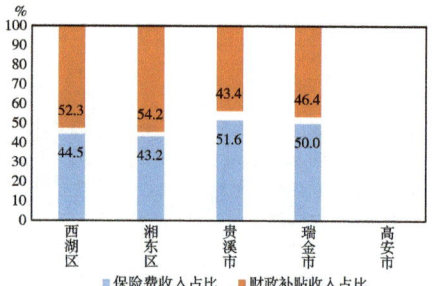

图14-131 2020年江西省样本县保险费收入、财政补贴收入占社会保险基金收入的比重

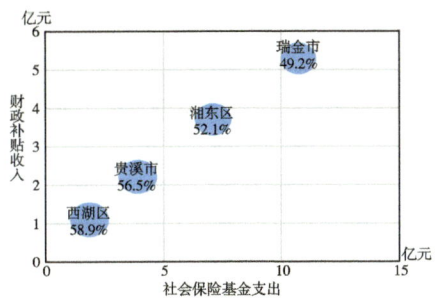

图14-132 2020年江西省样本县社会保险基金支出对财政补贴的依赖度

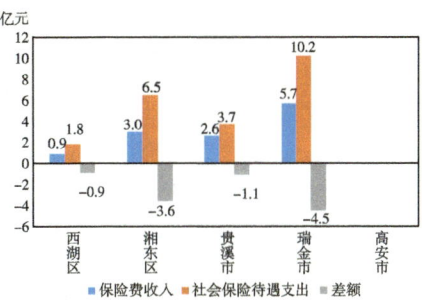

图14-133 2020年江西省样本县保险费收入、社会保险待遇支出及差额

14.3.6 江西省样本县债务情况

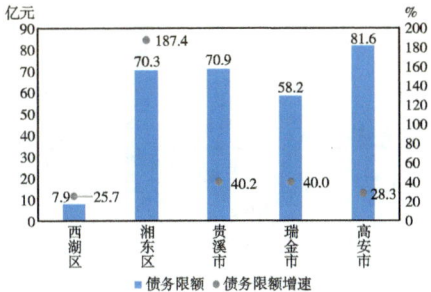

图14-134 2020年江西省样本县债务限额及增速

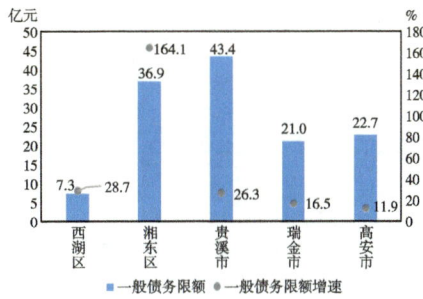

图14-135 2020年江西省样本县一般债务限额及增速

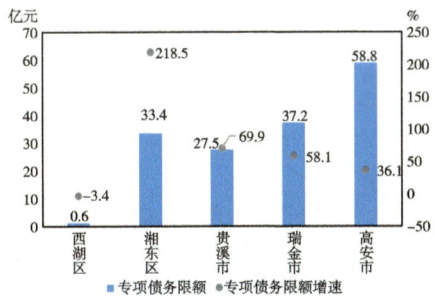

图14-136 2020年江西省样本县专项债务限额及增速

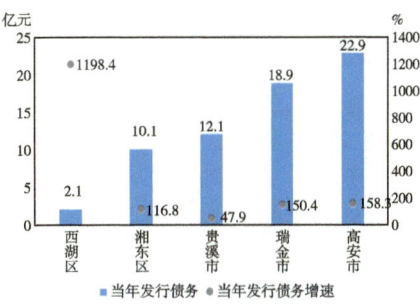

图14-137 2020年江西省样本县当年发行债务及增速

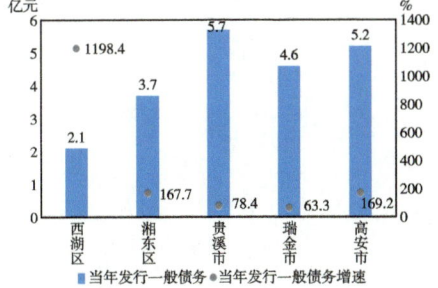

图14-138 2020年江西省样本县当年发行一般债务及增速

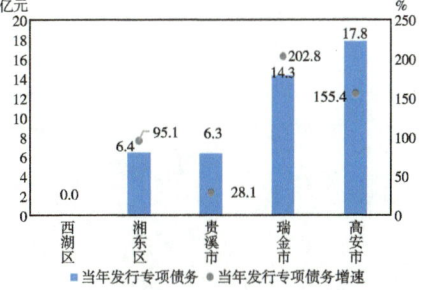

图14-139 2020年江西省样本县当年发行专项债务及增速

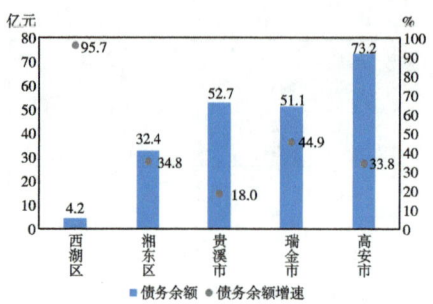

图14-140 2020年江西省样本县债务余额及增速

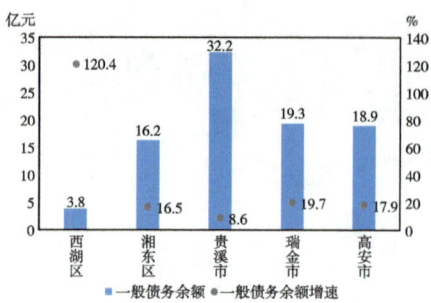

图14-141 2020年江西省样本县一般债务余额及增速

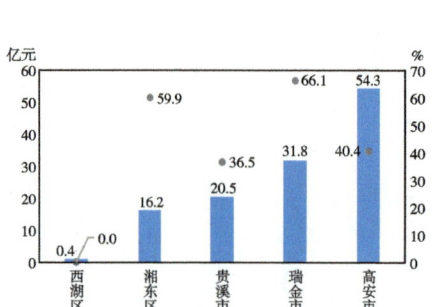

图14-142 2020年江西省样本县专项债务余额及增速

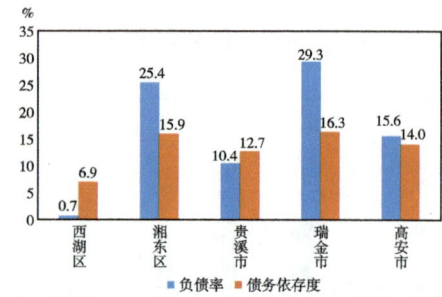

图14-143 2020年江西省样本县负债率和债务依存度

15 山东省

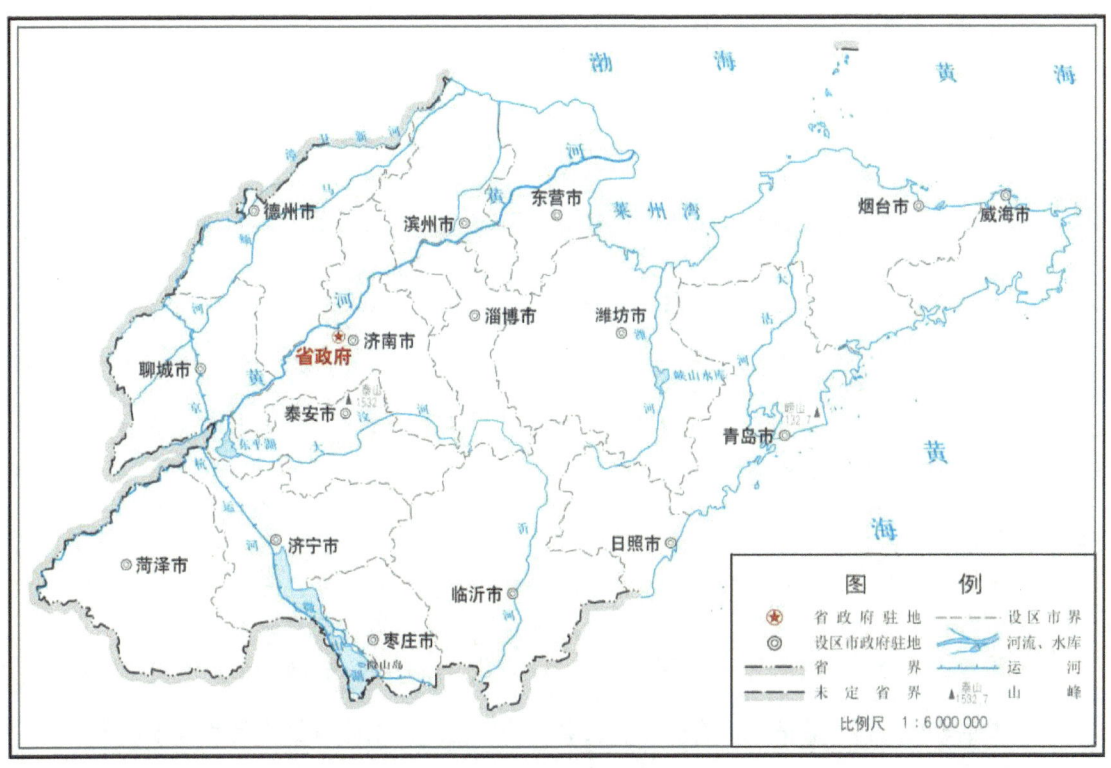

图　2020年山东省地图

资料来源：自然资源部的标准地图服务系统网站。
注：审图号为鲁SG（2020）019号。

本章执笔人：陈莹莹　审校：孙家希

> **专栏15-1　2021年山东省行政区划**
>
> 　　济南市：历下区、市中区、槐荫区、天桥区、历城区、长清区、章丘区、济阳区、莱芜区、钢城区、平阴县、商河县
> 　　青岛市：市南区、市北区、黄岛区、崂山区、李沧区、城阳区、即墨区、胶州市、平度市、莱西市
> 　　淄博市：淄川区、张店区、博山区、临淄区、周村区、桓台县、高青县、沂源县
> 　　枣庄市：市中区、薛城区、峄城区、台儿庄区、山亭区、滕州市
> 　　东营市：东营区、河口区、垦利区、利津县、广饶县
> 　　烟台市：芝罘区、福山区、牟平区、莱山区、蓬莱区、龙口市、莱阳市、莱州市、招远市、栖霞市、海阳市
> 　　潍坊市：潍城区、寒亭区、坊子区、奎文区、青州市、诸城市、寿光市、安丘市、高密市、昌邑市、临朐县、昌乐县
> 　　济宁市：任城区、兖州区、曲阜市、邹城市、微山县、鱼台县、金乡县、嘉祥县、汶上县、泗水县、梁山县
> 　　泰安市：泰山区、岱岳区、新泰市、肥城市、宁阳县、东平县
> 　　威海市：环翠区、文登区、荣成市、乳山市
> 　　日照市：东港区、岚山区、五莲县、莒县
> 　　临沂市：兰山区、罗庄区、河东区、沂南县、郯城县、沂水县、兰陵县、费县、平邑县、莒南县、蒙阴县、临沭县
> 　　德州市：德城区、陵城区、乐陵市、禹城市、宁津县、庆云县、临邑县、齐河县、平原县、夏津县、武城县
> 　　聊城市：东昌府区、茌平区、临清市、阳谷县、莘县、东阿县、冠县、高唐县
> 　　滨州市：滨城区、沾化区、邹平市、惠民县、阳信县、无棣县、博兴县
> 　　菏泽市：牡丹区、定陶区、曹县、单县、成武县、巨野县、郓城县、鄄城县、东明县
>
> **本书选取博山区、临淄区、青州市、莒县、德城区、滨城区以及沾化区为样本县。**

　　山东省共辖16个设区的市，市辖区58个、县级市26个、县52个（详见专栏15-1）。全省陆域面积15.58万平方公里，海洋面积15.96万平方公里。境内地貌复杂，大体可分为平原、台地、丘陵、山地等基本地貌类型，复杂的地貌是山东省各地发展不均衡的原因之一。总体上看，山东省有着良好的发展基础，经济发展、财政收入等在全国处于中等水平之上，区域发展差异大，发展不平衡。

　　2021年山东省经济总量位列全国第三名，第三产业占比略低于全国，城镇化率略低于全国。2021年末，山东省常住人口10170万人，位列全国第2名，常住人口城镇化率为63.9%（低于全国0.8个百分点）。2021年山东GDP达到8.3万亿元，排全国第3名，次于广东和江苏，略高于浙江；增速8.3%，比2020年上升4.7个百分点，高于全国0.2个百分点，排全国第8名；人均GDP为81706元（折12665美元），排全国第11名。从产业结构看，第一、第二、第三产业

占比分别为7.3%、39.9%（高于全国平均水平0.5个百分点）、52.8%（低于全国平均水平0.5个百分点）。从居民可支配收入看，2021年城镇与农村居民人均可支配收入分别为47066元和20794元，与全国城镇和农村居民人均可支配收入水平相近；城镇与农村居民人均可支配收入呈上升态势，分别为全国平均水平的99.3%和109.8%。

2021年山东省一般公共预算收入在全国位列第5，税收收入占比高，省市县中县级财政收入占比最高。 2021年山东省一般公共预算收入7284.5亿元，排全国第5名，增速11%。人均一般公共预算收入为7163元，排全国第11名。2021年山东省税收收入占一般公共预算收入的比重为75.2%，较2020年上升2.7，与全国平均水平持平。从纵向收入分配看，2020年省本级、市本级、县一般公共预算收入占比分别为2.8%、11.1%和86.1%。

2021年山东省财政自给率较高。 2021年山东省一般公共预算支出为11709亿元，财政自给率为62.2%，较2020年上升3.8个百分点。

2021年山东省四本预算中政府性基金收入占比最高，社保对财政补贴的依赖度较高。 2021年山东省四本预算加总的政府收入为21982.9亿元，增速为14.8%，较2020年上升12.2个百分点，其中一般公共预算收入、政府性基金收入、国有资本经营收入和社会保险基金收入分别占比33.1%、36.3%、0.7%和29.8%。2021年山东省社会保险基金预算收入为6558.2亿元，其中社会保险缴费收入为4434.3亿元，增速为40.9%；财政补贴收入为11255.8亿元，占社会保险基金收入比重为19.1%，社保对财政依赖度达到19.2%。

山东省内各市经济社会发展和财政发展不均衡，优势主要集中于青岛市、济南市。 青岛市是2020年山东省政府收入最多的城市，达到2830.3亿元，济南市2020年政府收入规模为2040.7亿元，而其他城市政府收入规模分布在400亿—1700亿元区间。2020年青岛市一般公共预算收入1253.9亿元，济南市一般公共预算收入906.1亿元，其他各市大多低于600亿元，城市间差异较大，一般公共预算收入的城市首位度指数为1.4，比如青岛市是收入最低的枣庄市的8.9倍。山东省内各市财政自给率差异明显，2020年自给率较高的城市是东营市，青岛市、烟台市、潍坊市、威海市、济南市，分别达到80.1%、79.1%、72.2%、72.1%和70.3%；财政自给率最低的是菏泽市仅为37.7%，最高自给率的东营是菏泽的2.1倍。

15.1 山东省政府收入主要特征分析

15.1.1 山东省经济社会基本情况

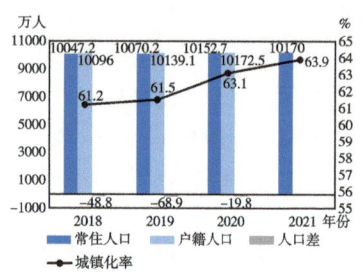

图15-1 2018—2021年山东省人口状况

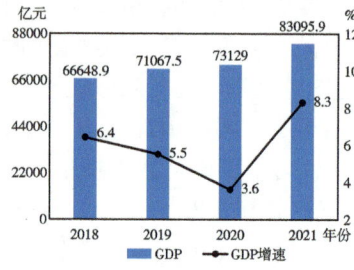

图15-2 2018—2021年山东省GDP及增速

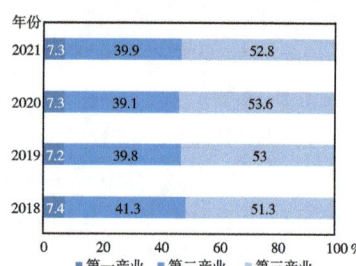

图15-3 2018—2021年山东省三次产业结构

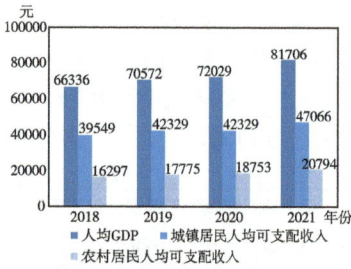

图15-4 2018—2021年山东省人均GDP和人均可支配收入

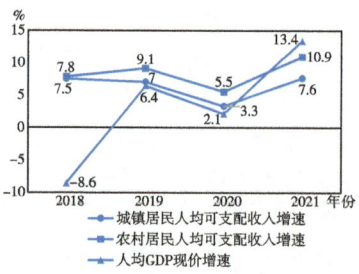

图15-5 2018—2021年山东省人均GDP现价增速和人均可支配收入增速

15.1.2 山东省政府收入总体情况

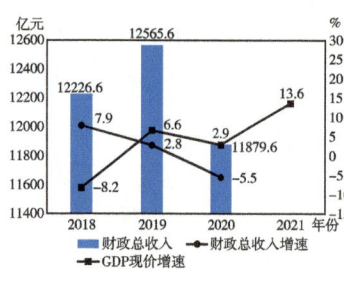

图15-6 2018—2021年山东省财政总收入及增速

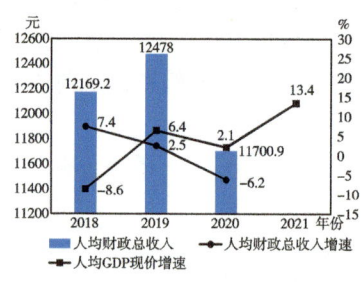

图15-7 2018—2021年山东省人均财政总收入及增速

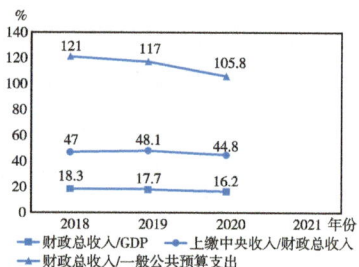

图15-8 2018—2021年山东省财政总收入相关指标

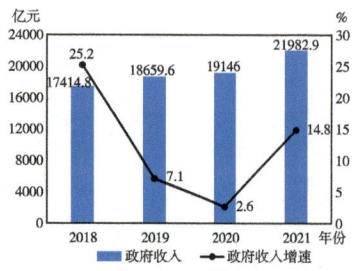

图15-9 2018—2021年山东省政府收入及增速

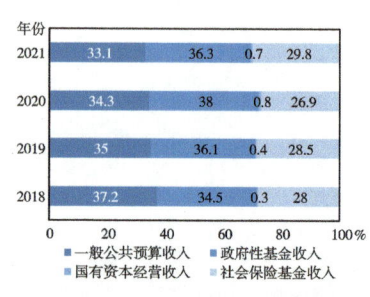

图15-10 2018—2021年山东省政府收入结构

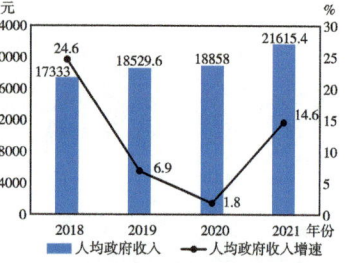

图15-11 2018—2021年山东省人均政府收入及增速

15.1.3 山东省一般公共预算收入情况

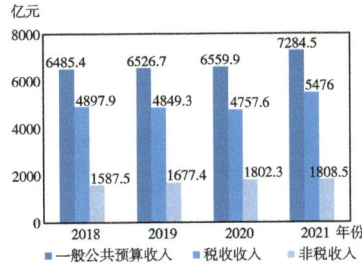

图 15-12　2018—2021年山东省一般公共预算收入

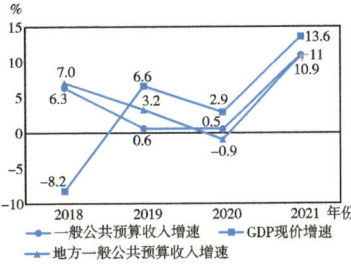

图 15-13　2018—2021年山东省一般公共预算收入增速

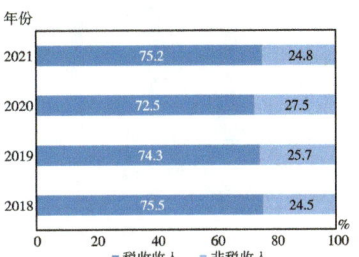

图 15-14　2018—2021年山东省一般公共预算收入结构

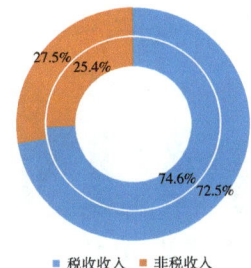

图 15-15　2020年一般公共预算收入结构对比（内环为地方，外环为山东省）

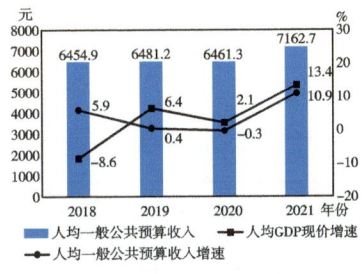

图 15-16　2018—2021年山东省人均一般公共预算收入及增速

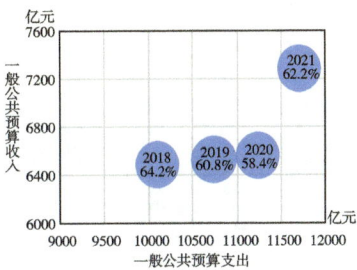

图 15-17　2018—2021年山东省财政自给率

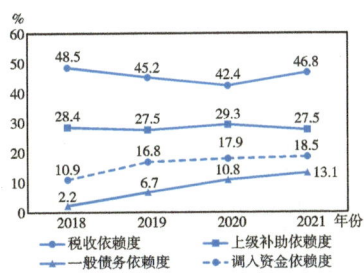

图 15-18　2018—2021年山东省一般公共预算支出对各类收入的依赖度

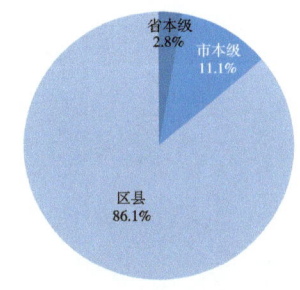

图 15-19　2020年山东省市县三级政府一般公共预算收入分布

图 15-20　2018—2021年山东省税收收入

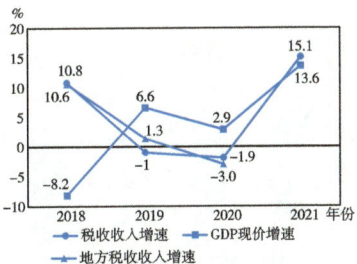

图 15-21　2018—2021年山东省税收收入增速

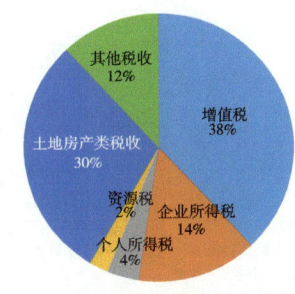

图 15-22　2020年山东省税收收入结构

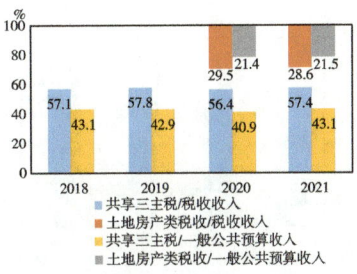

图 15-23　2018—2021年山东省共享三主税、土地房产类税收占税收收入及一般公共预算收入的比重

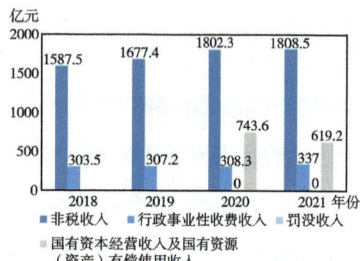

图15-24　2018—2021年山东省非税收入

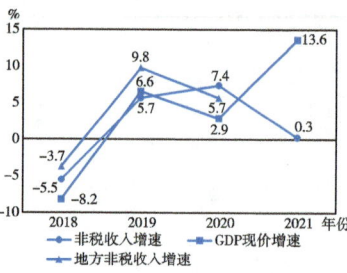

图15-25　2018—2021年山东省非税收入增速

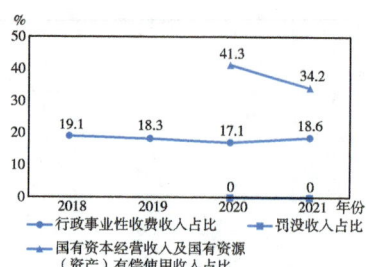

图15-26　2018—2021年山东省非税收入中各主要收入占比

15.1.4　山东省政府性基金和国有资本经营收入情况

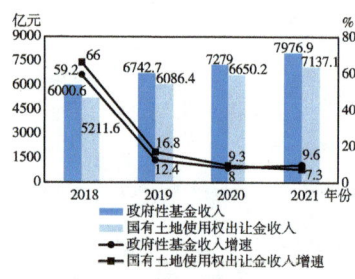

图15-27　2018—2021年山东省政府性基金收入及增速

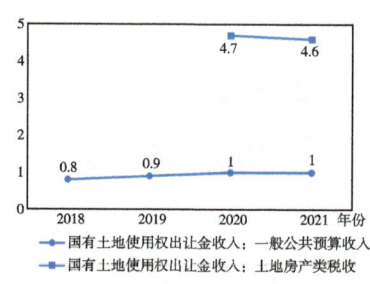

图15-28　2018—2021年山东省国有土地使用权出让金收入与一般公共预算收入对比关系

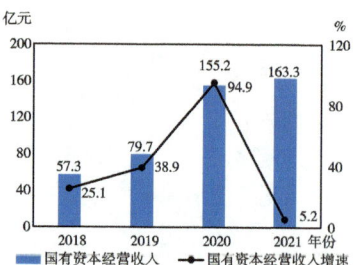

图15-29　2018—2021年山东省国有资本经营收入及增速

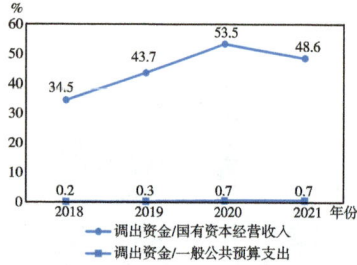

图15-30　2018—2021年山东省国有资本经营预算中调出资金相关指标

15.1.5　山东省社会保险基金收入情况

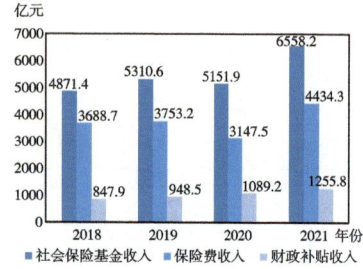

图15-31　2018—2021年山东省社会保险基金收入

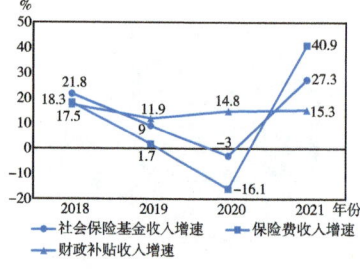

图15-32　2018—2021年山东省社会保险基金收入增速

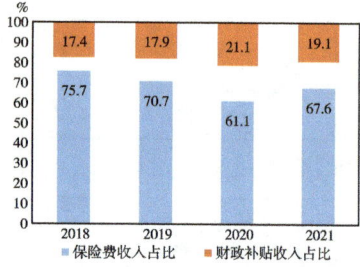

图15-33　2018—2021年山东省保险费收入、财政补贴收入占社会保险基金收入的比重

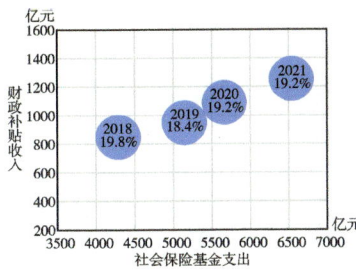

图15-34 2018-2021年山东省社会保险基金支出对财政补贴的依赖度

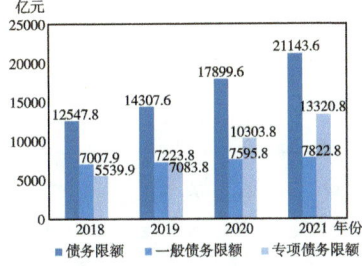

图15-35 2018-2021年山东省保险费收入、社会保险待遇支出及差额

15.1.6 山东省债务情况

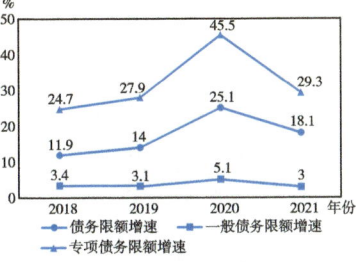

图15-36 2018-2021年山东省债务限额

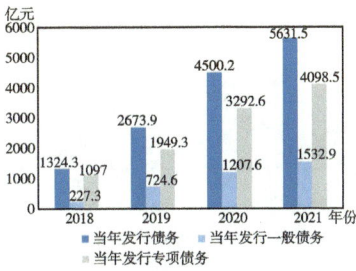

图15-37 2018-2021年山东省债务限额增速

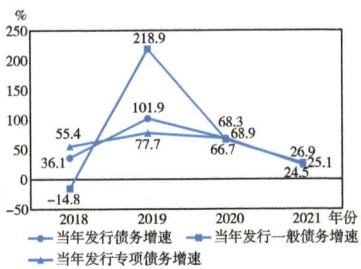

图15-38 2018-2021年山东省当年发行债务

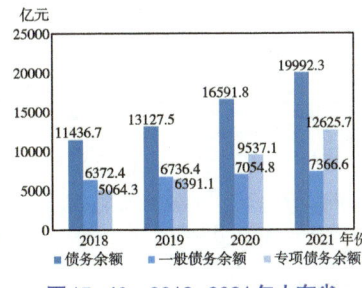

图15-39 2018-2021年山东省当年发行债务增速

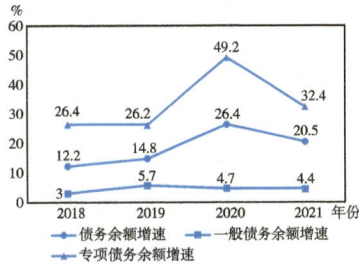

图15-40 2018-2021年山东省债务余额

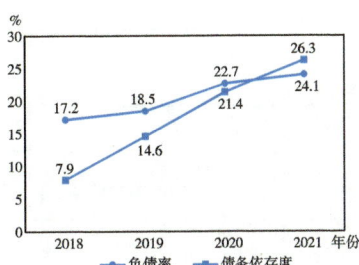

图15-41 2018-2021年山东省债务余额增速

图15-42 2018-2021年山东省负债率和债务依存度

15.1.7 山东省省本级一般公共预算收入情况

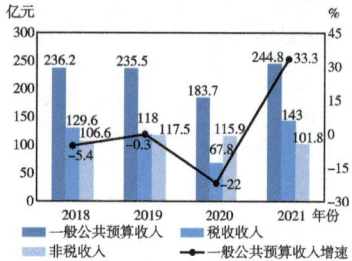

图15-43 2018-2021年山东省省本级一般公共预算收入及增速

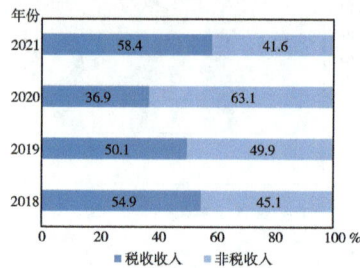

图15-44 2018-2021年山东省省本级一般公共预算收入结构

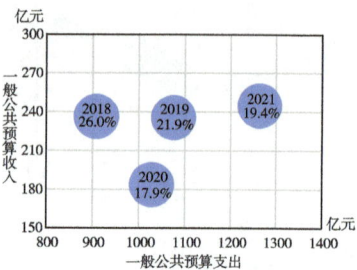

图15-45 2018-2021年山东省省本级财政自给率

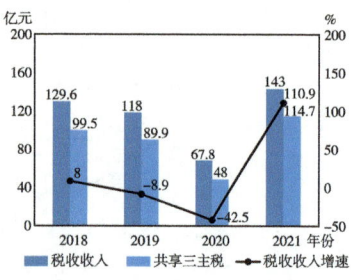

图15-46 2018-2021年山东省省本级税收收入及增速

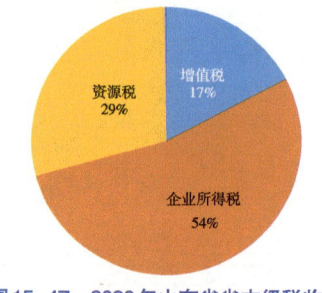

图15-47 2020年山东省省本级税收收入结构

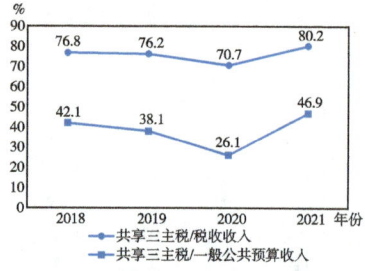

图15-48 2018-2021年山东省省本级共享三主税占税收收入及一般公共预算收入的比重

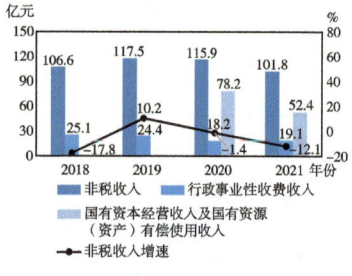

图15-49 2018-2021年山东省省本级非税收入及增速

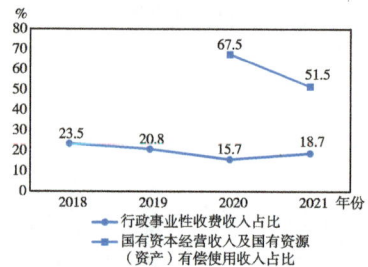

图15-50 2018-2021年山东省省本级非税收入中各主要收入占比

15.2 山东省各市政府收入主要特征分析

15.2.1 山东省各市经济社会发展情况

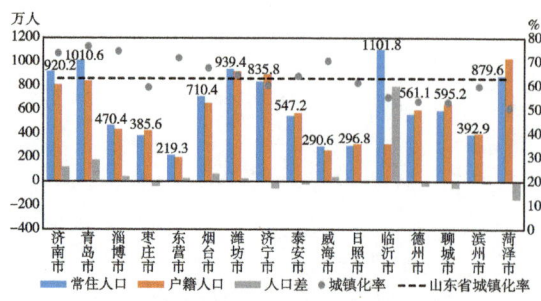

图15-51 2020年山东省各市人口状况

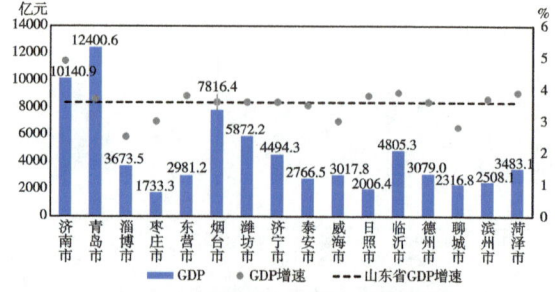

图15-52 2020年山东省各市GDP及增速

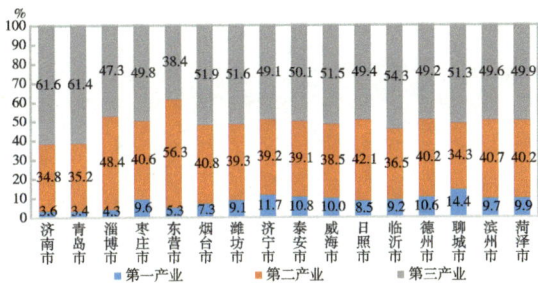

图 15-53 2020年山东省各市三次产业结构

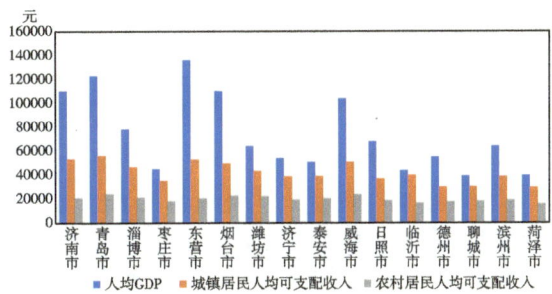

图 15-54 2020年山东省各市人均GDP和人均可支配收入

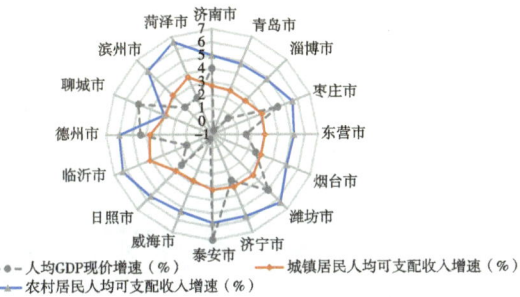

图 15-55 2020年山东省各市人均GDP现价增速和人均可支配收入增速

15.2.2 山东省各市政府收入总体情况

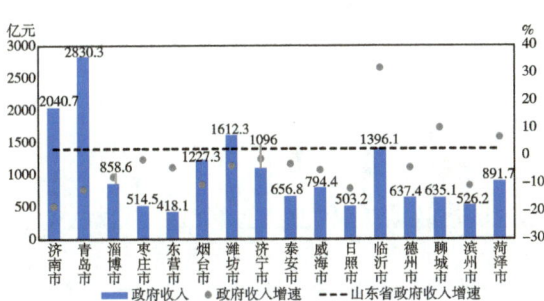

图 15-56 2020年山东省各市政府收入及增速

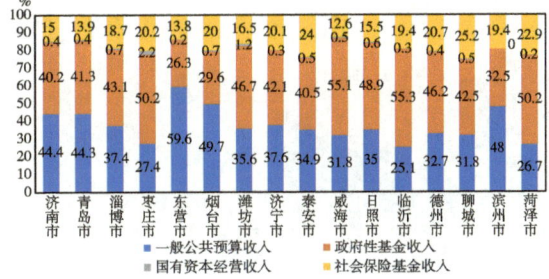

图 15-57 2020年山东省各市政府收入结构

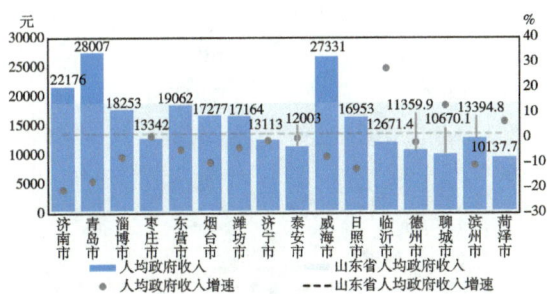

图 15-58 2020年山东省各市人均政府收入及增速

15.2.3 山东省各市一般公共预算收入情况

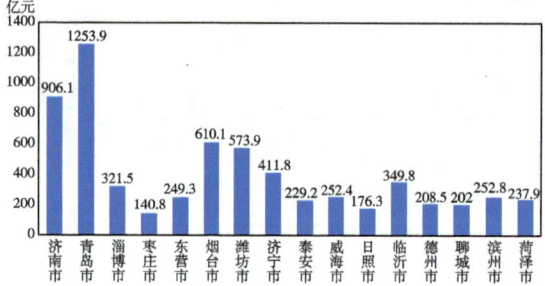

图15-59 2020年山东省各市一般公共预算收入

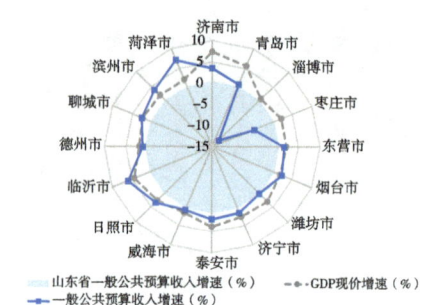

图15-60 2020年山东省各市一般公共预算收入增速

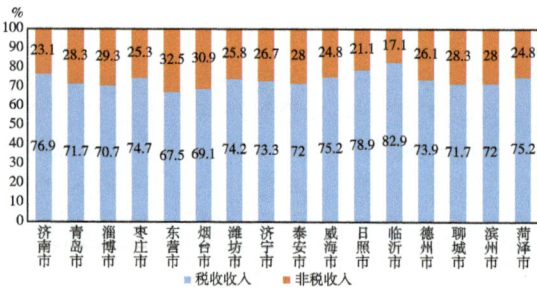

图15-61 2020年山东省各市一般公共预算收入结构

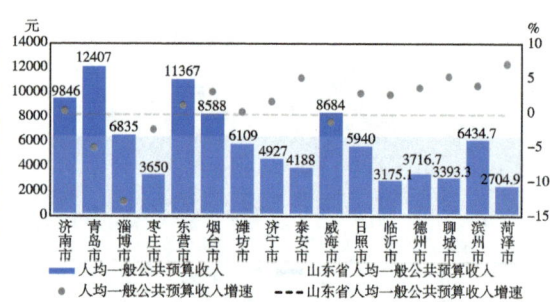

图15-62 2020年山东省各市人均一般公共预算收入及增速

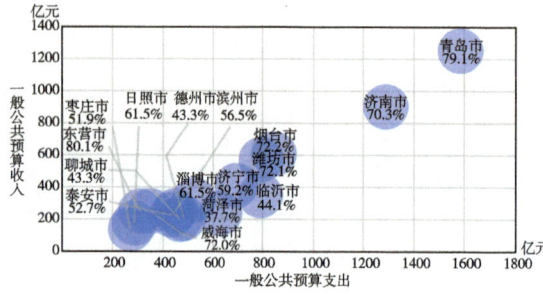

图15-63 2020年山东省各市财政自给率

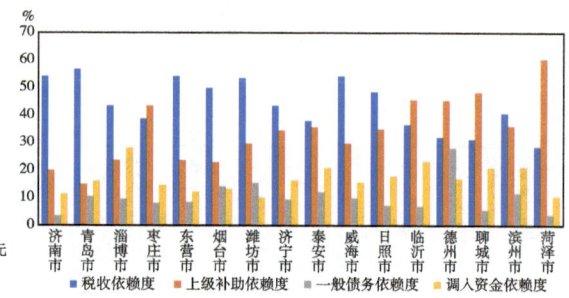

图15-64 2020年山东省各市一般公共预算支出对各类收入的依赖度

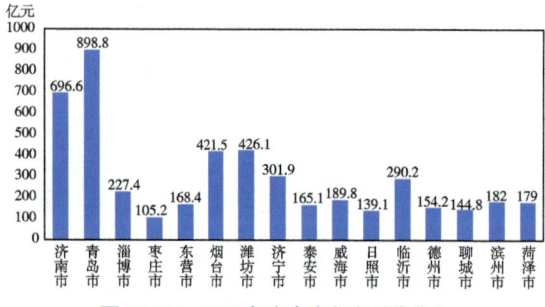

图15-65 2020年山东省各市税收收入

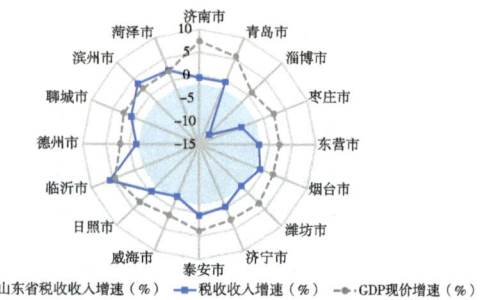

图15-66 2020年山东省各市税收收入增速

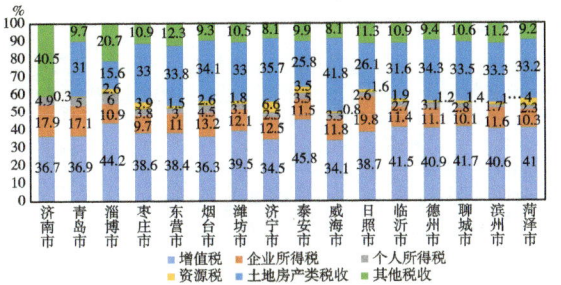

图 15-67　2020年山东省各市税收收入结构

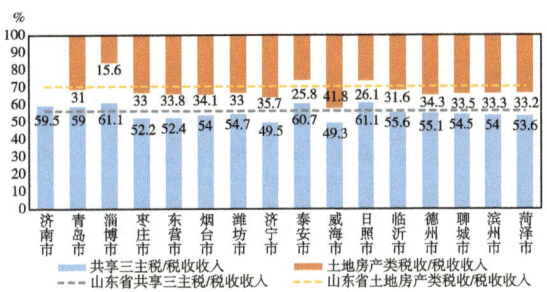

图 15-68　2020年山东省各市共享三主税、土地房产类税收占税收收入的比重

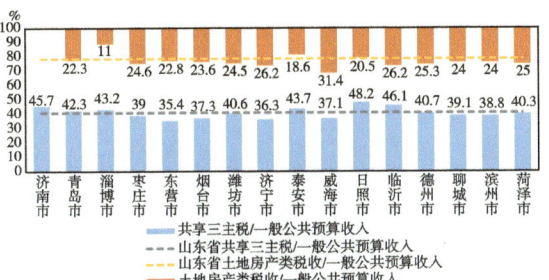

图 15-69　2020年山东省各市共享三主税、土地房产类税收占一般公共预算收入的比重

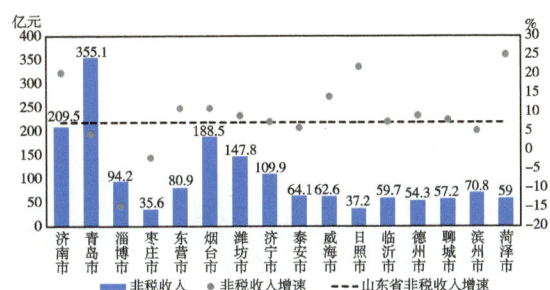

图 15-70　2020年山东省各市非税收入及增速

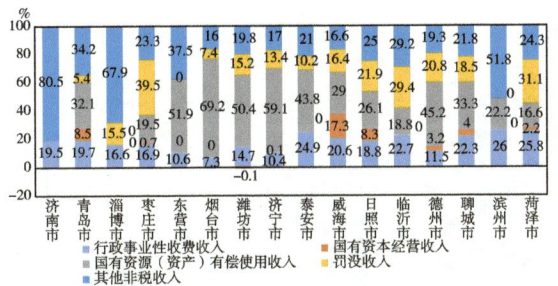

图 15-71　2020年山东省各市非税收入结构

15.2.4　山东省各市政府性基金收入与国有资本经营收入情况

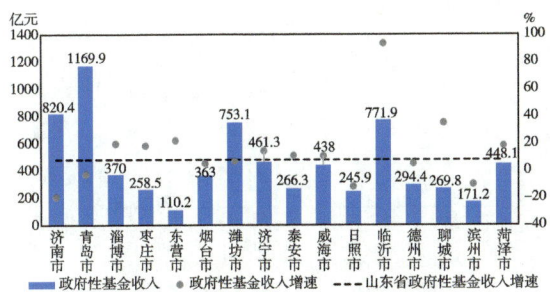

图 15-72　2020年山东省各市政府性基金收入及增速

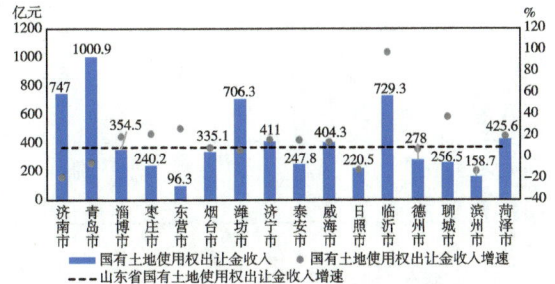

图 15-73　2020年山东省各市国有土地使用权出让金收入及增速

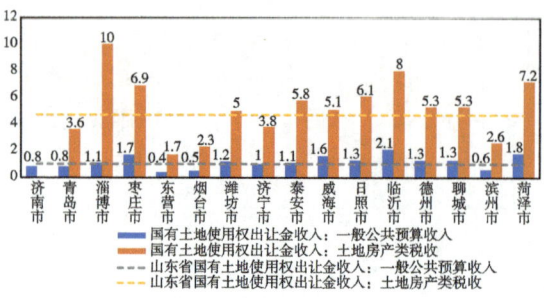

图15-74 2020年山东省各市国有土地使用权出让金收入与一般公共预算收入对比关系

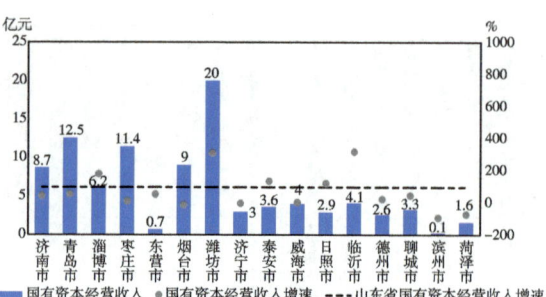

图15-75 2020年山东省各市国有资本经营收入及增速

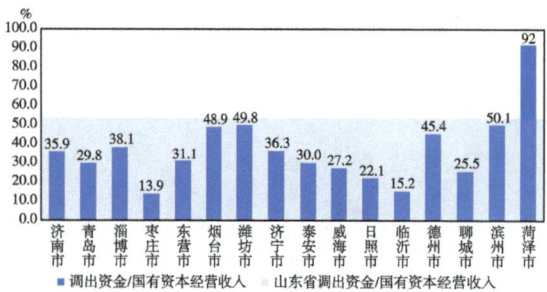

图15-76 2020年山东省各市调出资金与国有资本经营收入对比关系

15.2.5 山东省各市社会保险基金收入情况

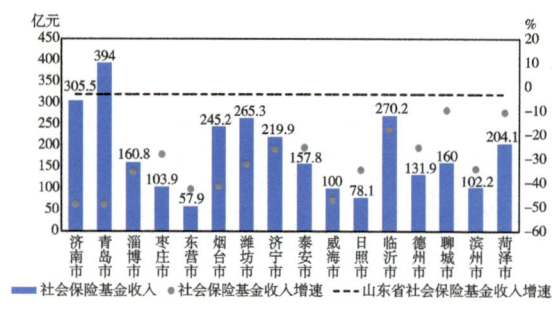

图15-77 2020年山东省各市社会保险基金收入及增速

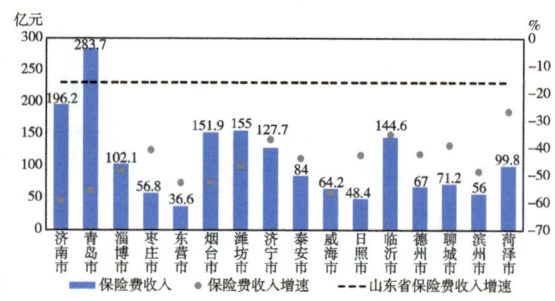

图15-78 2020年山东省各市保险费收入及增速

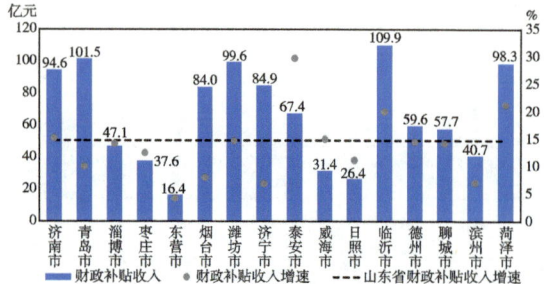

图15-79 2020年山东省各市财政补贴收入及增速

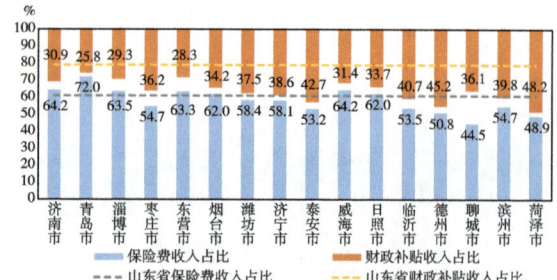

图15-80 2020年山东省各市保险费收入、财政补贴收入占社会保险基金收入的比重

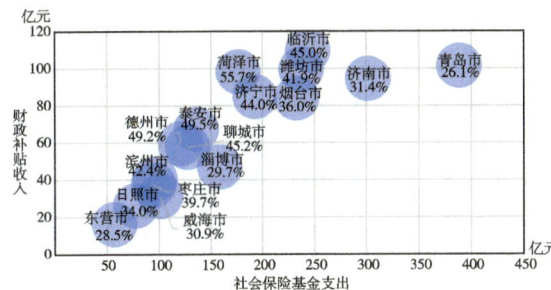

图 15-81　2020年山东省各市社会保险基金支出对财政补贴的依赖度

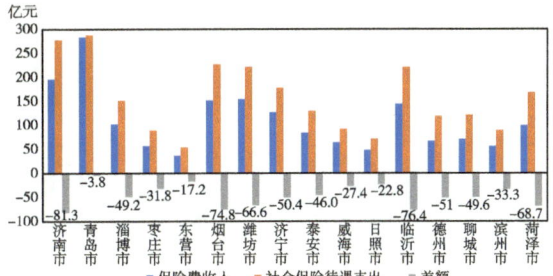

图 15-82　2020年山东省各市保险费收入、社会保险待遇支出及差额

15.2.6　山东省各市债务情况

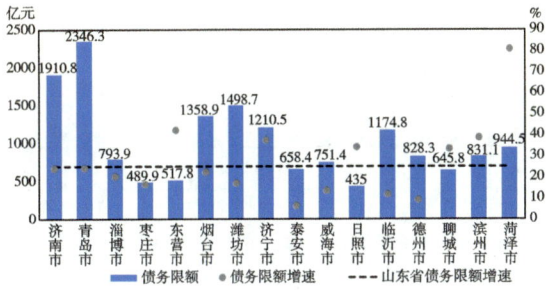

图 15-83　2020年山东省各市债务限额及增速

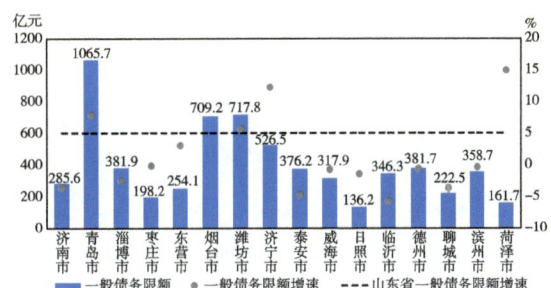

图 15-84　2020年山东省各市一般债务限额及增速

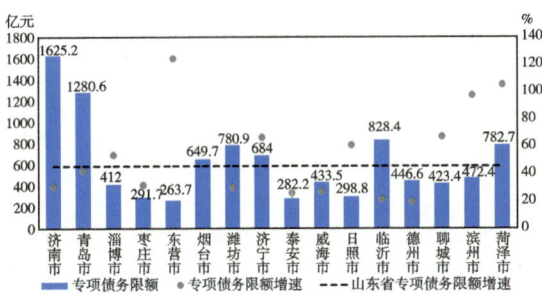

图 15-85　2020年山东省各市专项债务限额及增速

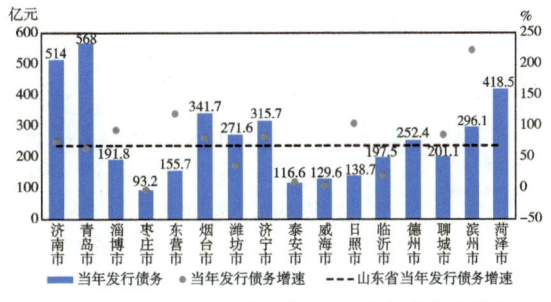

图 15-86　2020年山东省各市当年发行债务及增速

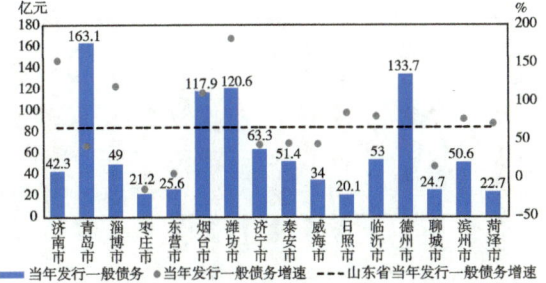

图 15-87　2020年山东省各市当年发行一般债务及增速

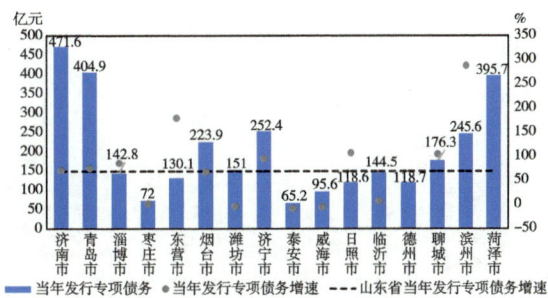

图 15-88　2020年山东省各市当年发行专项债务及增速

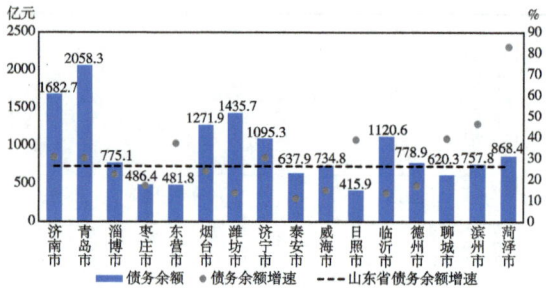

图15-89 2020年山东省各市债务余额及增速

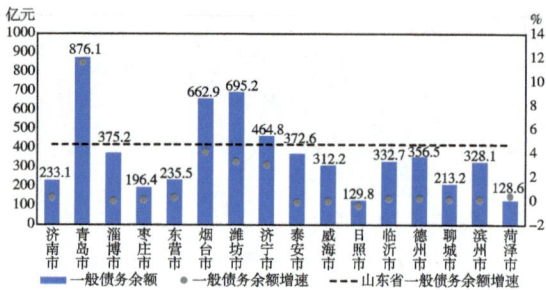

图15-90 2020年山东省各市一般债务余额及增速

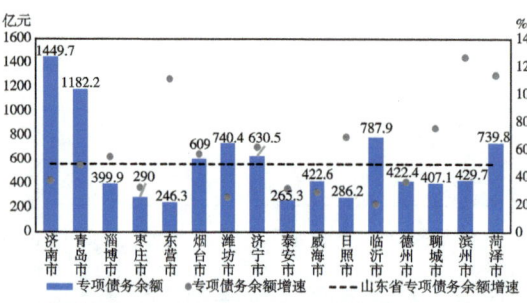

图15-91 2020年山东省各市专项债务余额及增速

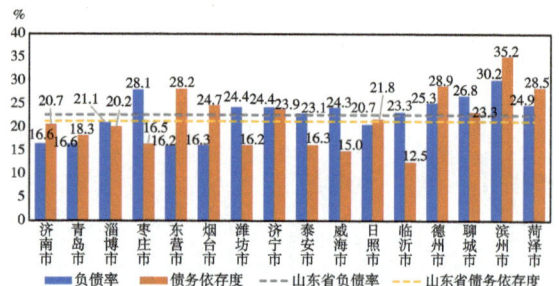

图15-92 2020年山东省各市负债率和债务依存度

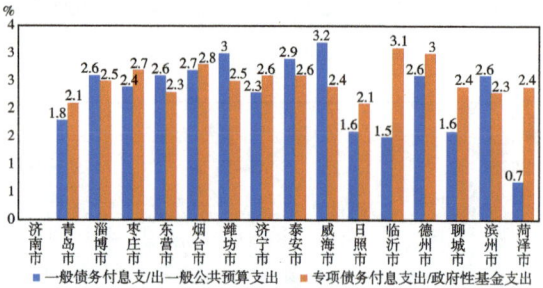

图15-93 2020年山东省各市债务付息支出相关指标

15.2.7 山东省各市市本级一般公共预算收入情况

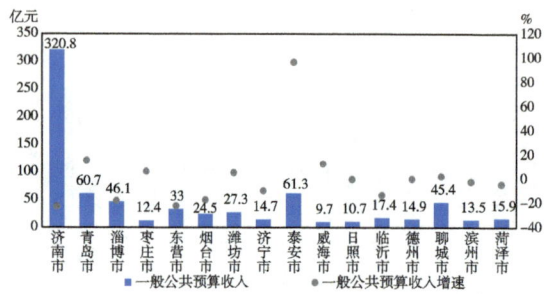

图15-94 2020年山东省各市市本级一般公共预算收入及增速

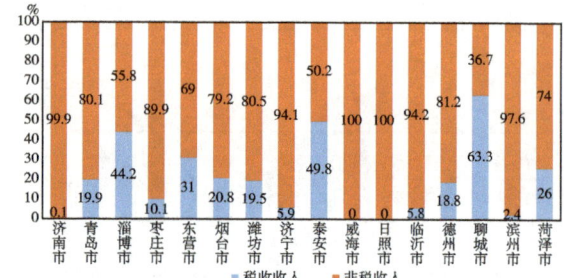

图15-95 2020年山东省各市市本级一般公共预算收入结构

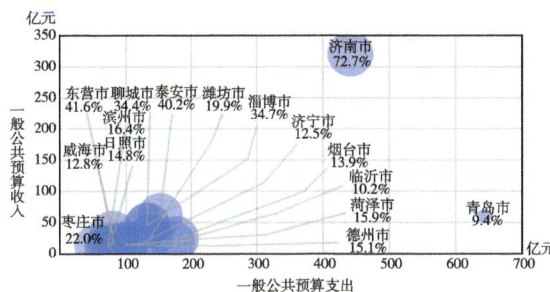

图15-96 2020年山东省各市市本级财政自给率

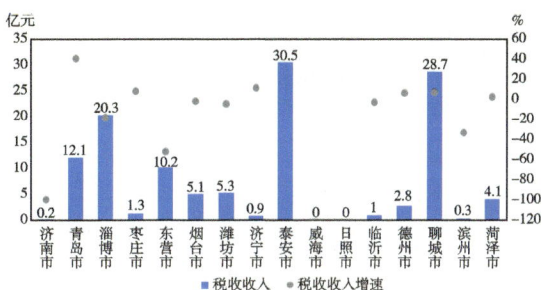

图15-97 2020年山东省各市市本级税收收入及增速

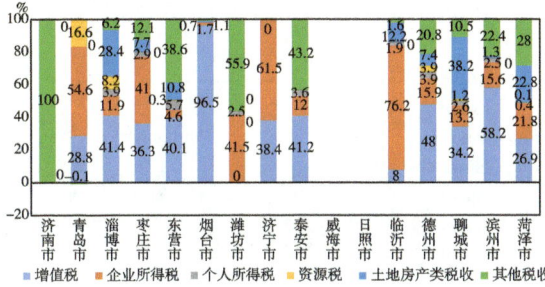

图15-98 2020年山东省各市市本级税收收入结构

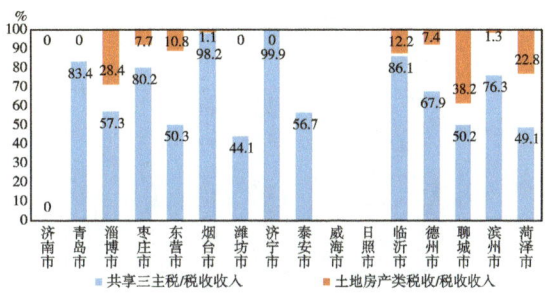

图15-99 2020年山东省各市市本级共享三主税、土地房产类税收占税收收入的比重

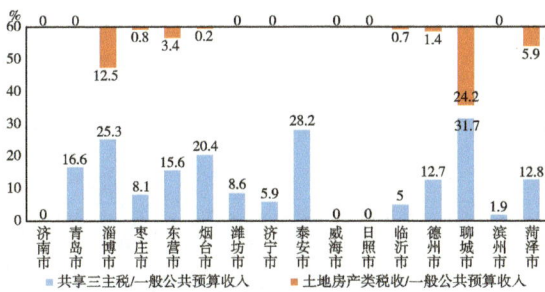

图15-100 2020年山东省各市市本级共享三主税、土地房产类税收占一般公共预算收入的比重

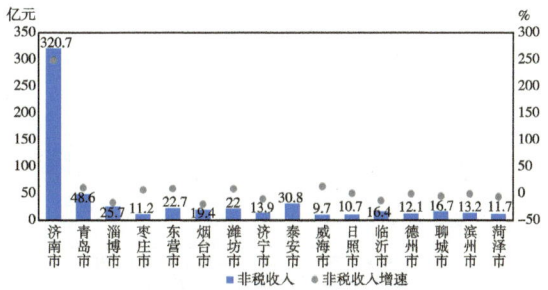

图15-101 2020年山东省各市市本级非税收入及增速

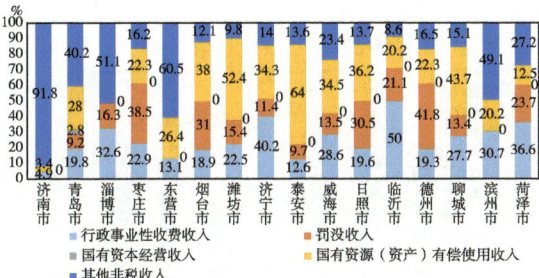

图15-102 2020年山东省各市市本级非税收入结构

15.3 山东省样本县政府收入主要特征分析

15.3.1 山东省样本县经济社会发展情况

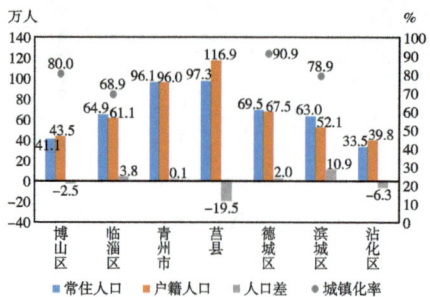

图 15-103　2020 年山东省样本县人口状况

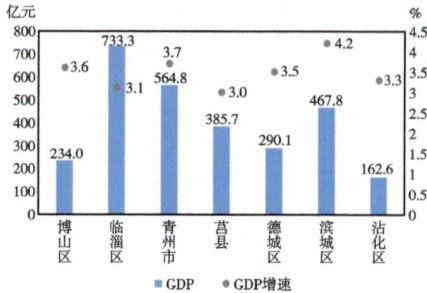

图 15-104　2020 年山东省样本县 GDP 及增速

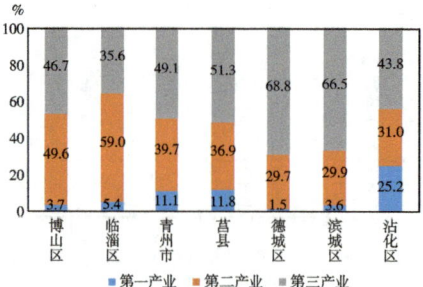

图 15-105　2020 年山东省样本县三次产业结构

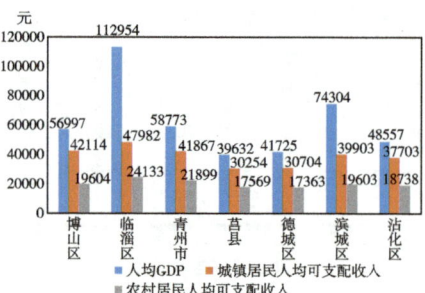

图 15-106　2020 年山东省样本县人均 GDP 和人均可支配收入

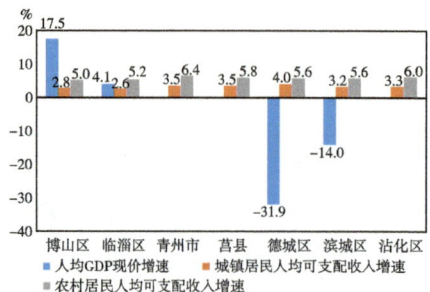

图 15-107　2020 年山东省样本县人均 GDP 现价增速和人均可支配收入增速

15.3.2 山东省样本县政府收入总体情况

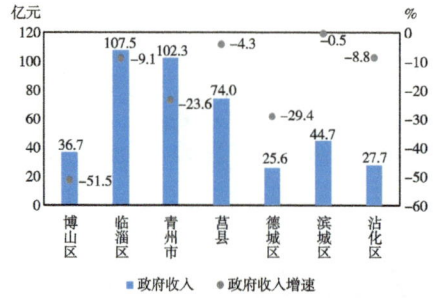

图 15-108　2020 年山东省样本县政府收入及增速

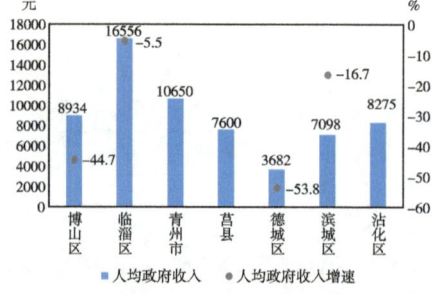

图 15-109　2020 年山东省样本县人均政府收入及增速

15.3.3　山东省样本县一般公共预算收入情况

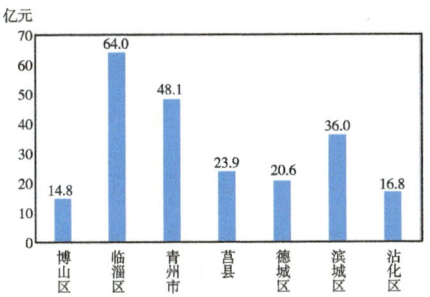

图15-110　2020年山东省样本县一般公共预算收入

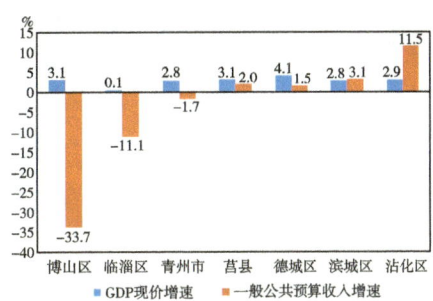

图15-111　2020年山东省样本县一般公共预算收入增速

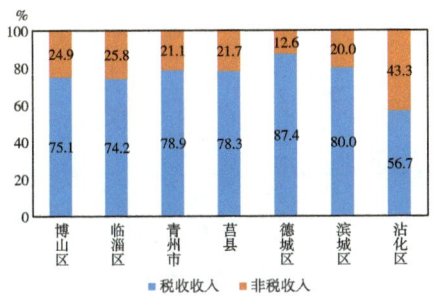

图15-112　2020年山东省样本县一般公共预算收入结构

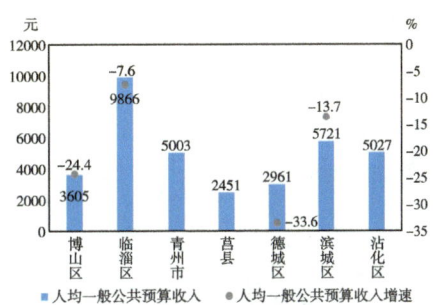

图15-113　2020年山东省样本县人均一般公共预算收入及增速

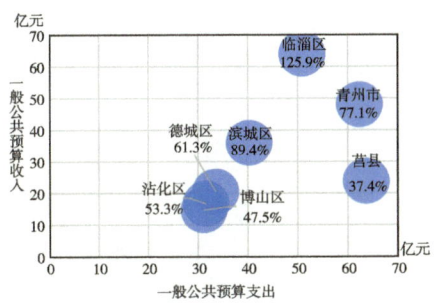

图15-114　2020年山东省样本县财政自给率

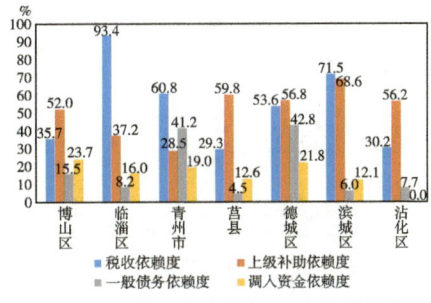

图15-115　2020年山东省样本县一般公共预算支出对各类收入的依赖度

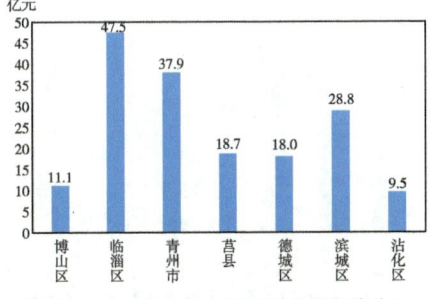

图15-116　2020年山东省样本县税收收入

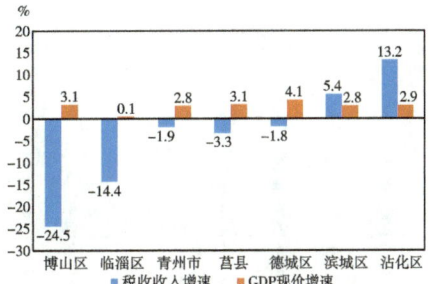

图15-117　2020年山东省样本县税收收入增速

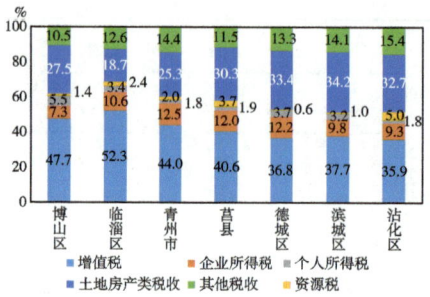

图 15-118 2020年山东省样本县税收收入结构

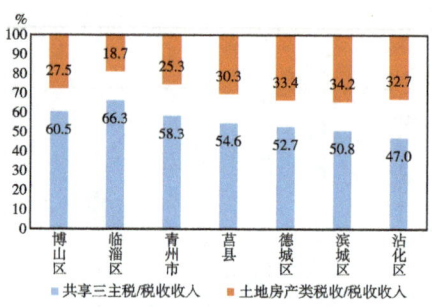

图 15-119 2020年山东省样本县共享三主税、土地房产类税收占税收收入的比重

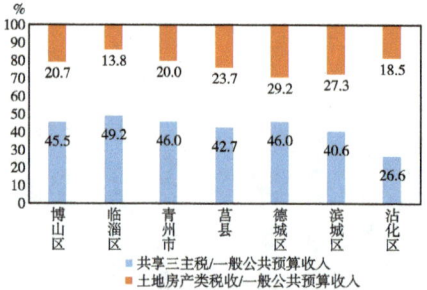

图 15-120 2020年山东省样本县共享三主税、土地房产类税收占一般公共预算收入的比重

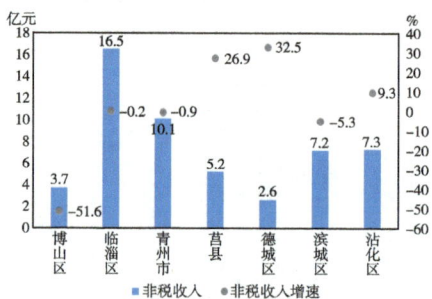

图 15-121 2020年山东省样本县非税收入及增速

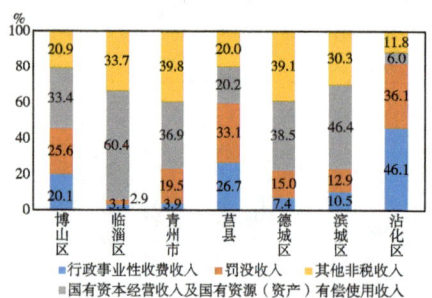

图 15-122 2020年山东省样本县非税收入结构

15.3.4　山东省样本县政府性基金收入与国有资本经营收入情况

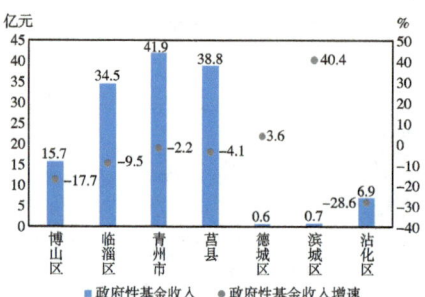

图 15-123 2020年山东省样本县政府性基金收入及增速

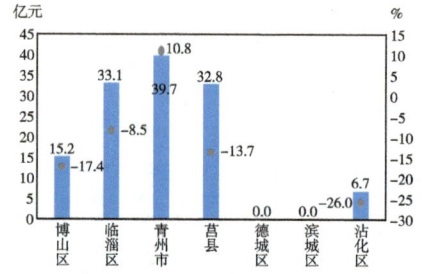

图 15-124 2020年山东省样本县国有土地使用权出让金收入及增速

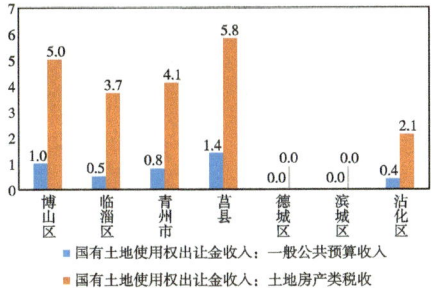

图15-125　2020年山东省样本县国有土地使用权出让金收入与一般公共预算收入对比关系

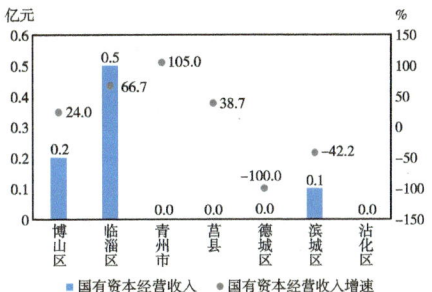

图15-126　2020年山东省样本县国有资本经营收入及增速

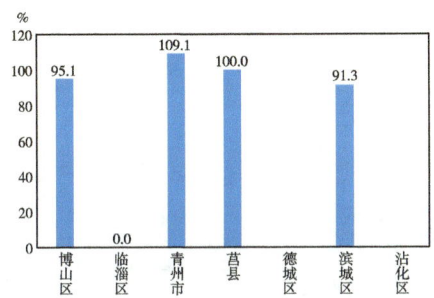

图15-127　2020年山东省样本县调出资金与国有资本经营收入对比关系

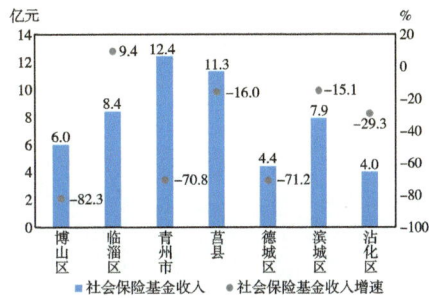

图15-128　2020年山东省样本县社会保险基金收入及增速

15.3.5　山东省样本县社会保险基金收入情况

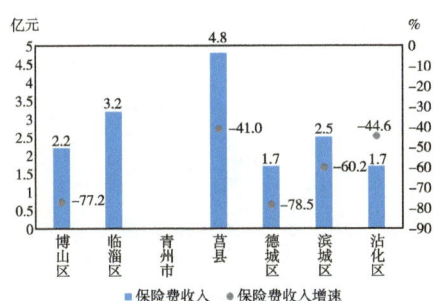

图15-129　2020年山东省样本县保险费收入及增速

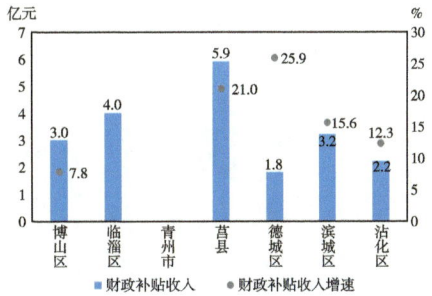

图15-130　2020年山东省样本县财政补贴收入及增速

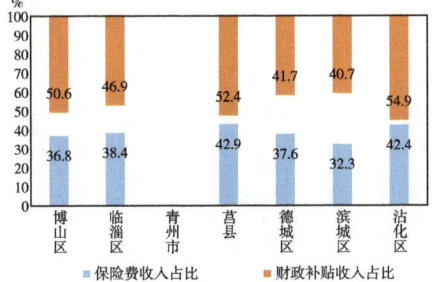

图15-131　2020年山东省样本县保险费收入、财政补贴收入占社会保险基金收入的比重

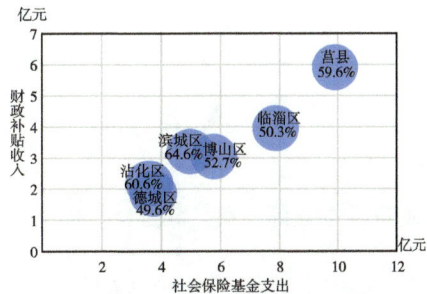

图15-132　2020年山东省样本县社会保险基金支出对财政补贴的依赖度

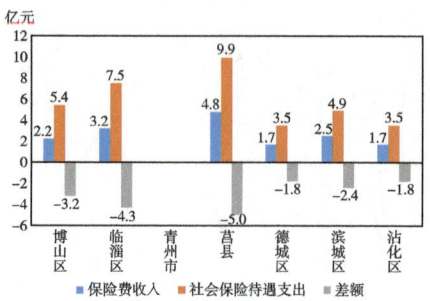

图15-133　2020年山东省样本县保险费收入、社会保险待遇支出及差额

15.3.6　山东省样本县债务情况

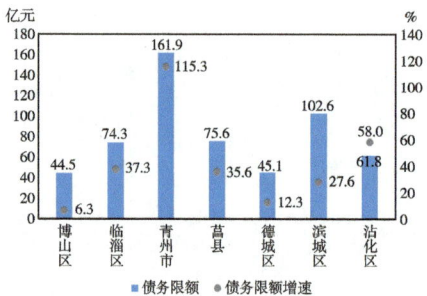

图15-134　2020年山东省样本县债务限额及增速

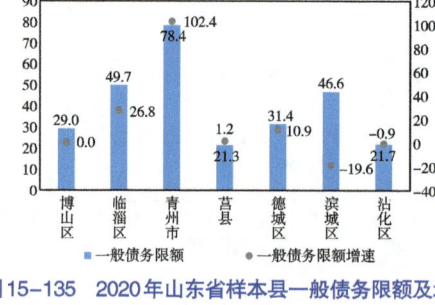

图15-135　2020年山东省样本县一般债务限额及增速

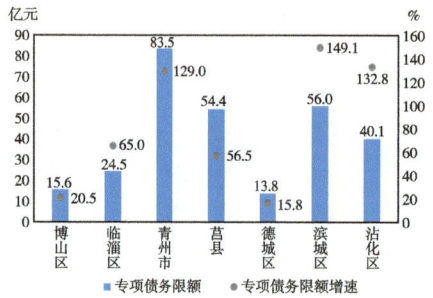

图15-136　2020年山东省样本县专项债务限额及增速

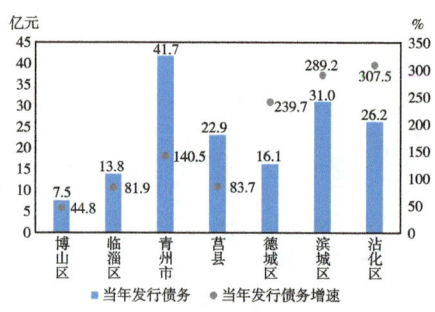

图15-137　2020年山东省样本县当年发行债务及增速

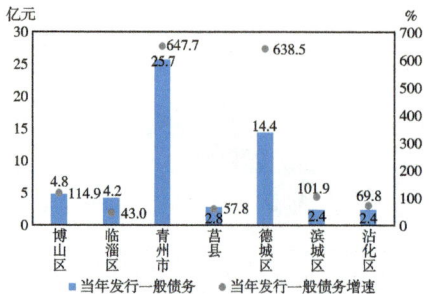

图15-138　2020年山东省样本县当年发行一般债务及增速

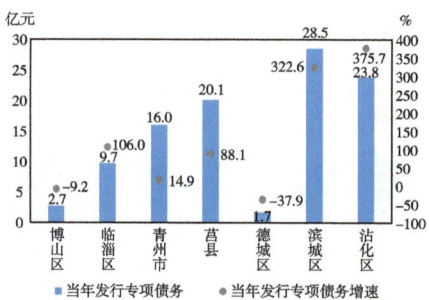

图15-139　2020年山东省样本县当年发行专项债务及增速

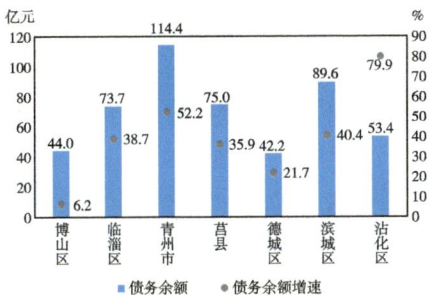

图15-140　2020年山东省样本县债务余额及增速

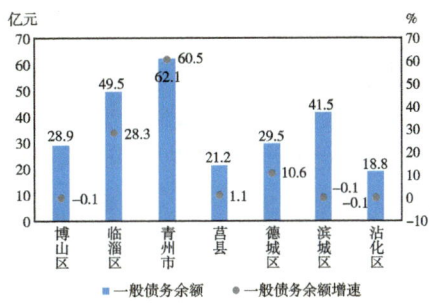

图15-141　2020年山东省样本县一般债务余额及增速

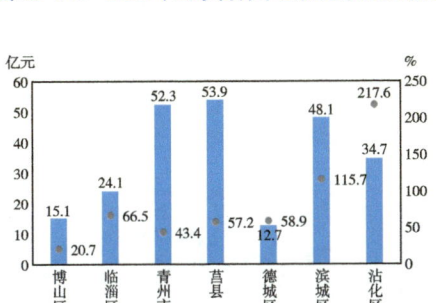

图15-142　2020年山东省样本县专项债务余额及增速

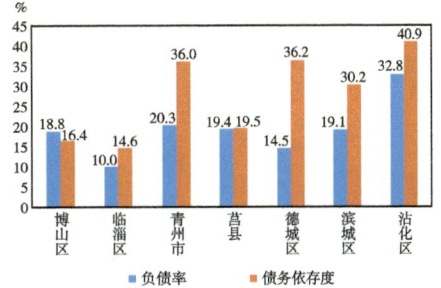

图15-143　2020年山东省样本县负债率和债务依存度

16 河南省

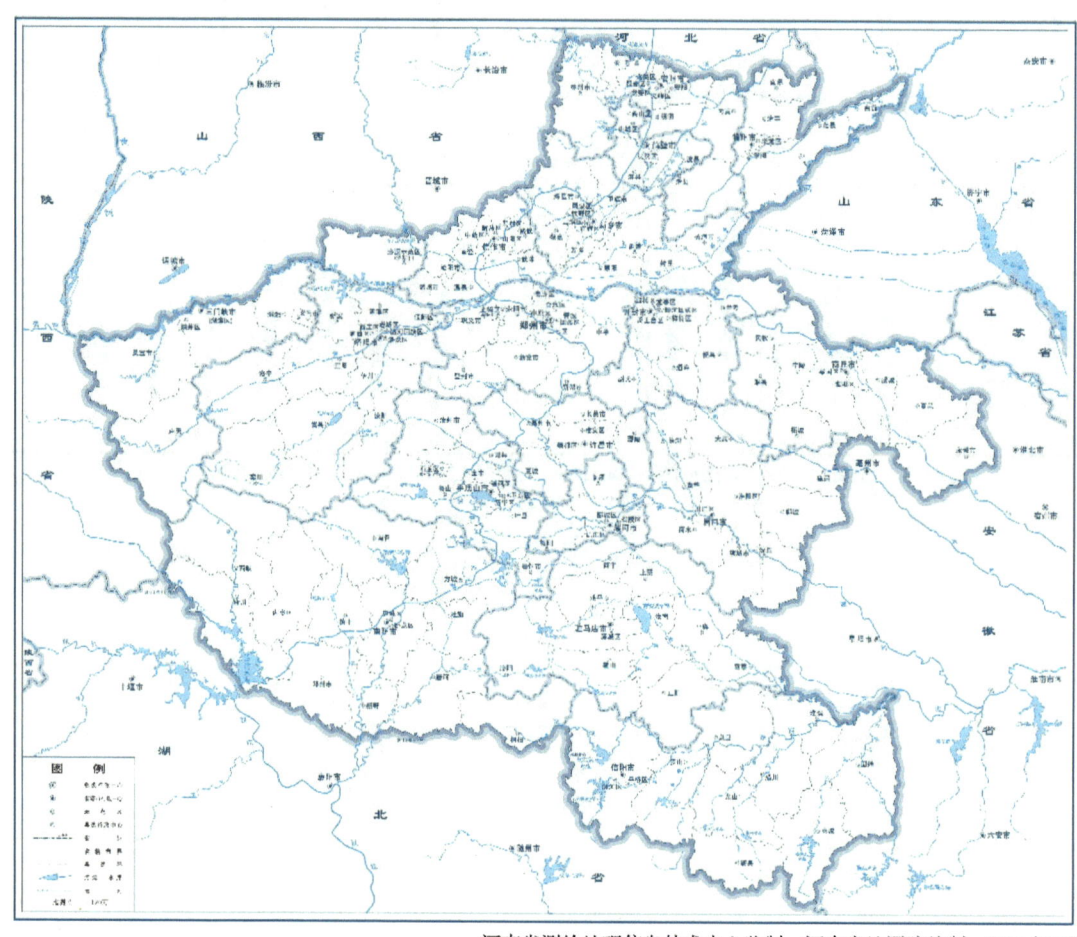

河南省测绘地理信息技术中心监制　河南省地图院编制，2021年7月
图　2021年河南省地图

资料来源：自然资源部的标准地图服务系统网站。
注：审图号为豫S（2021）017号。

本章执笔人：谢恺　审校：梁季

专栏16-1　2021年河南省行政区划

郑州市：中原区、二七区、管城回族区、金水区、上街区、惠济区、中牟县、巩义市、荥阳市、新密市、**新郑市**、登封市

开封市：龙亭区、顺河回族区、鼓楼区、禹王台区、祥符区、杞县、通许县、尉氏县、兰考县

洛阳市：老城区、**西工区**、瀍河回族区、涧西区、洛龙区、孟津县、新安县、栾川县、嵩县、汝阳县、宜阳县、洛宁县、伊川县、偃师市

平顶山市：新华区、卫东区、石龙区、湛河区、宝丰县、叶县、**鲁山县**、郏县、舞钢市、汝州市

安阳市：文峰区、北关区、殷都区、龙安区、安阳县、汤阴县、滑县、内黄县、林州市

鹤壁市：鹤山区、山城区、淇滨区、浚县、淇县

新乡市：红旗区、卫滨区、凤泉区、牧野区、新乡县、获嘉县、原阳县、延津县、封丘县、长垣市、卫辉市、辉县市

焦作市：解放区、中站区、马村区、山阳区、修武县、博爱县、武陟县、温县、沁阳市、孟州市

濮阳市：华龙区、清丰县、南乐县、范县、台前县、濮阳县

许昌市：魏都区、建安区、鄢陵县、襄城县、禹州市、长葛市

漯河市：源汇区、郾城区、召陵区、舞阳县、临颍县

三门峡市：湖滨区、陕州区、**渑池县**、卢氏县、义马市、灵宝市

南阳市：宛城区、卧龙区、南召县、方城县、西峡县、镇平县、内乡县、淅川县、社旗县、唐河县、新野县、桐柏县、**邓州市**

商丘市：梁园区、睢阳区、**民权县**、睢县、宁陵县、柘城县、虞城县、夏邑县、永城市

信阳市：浉河区、平桥区、罗山县、光山县、新县、商城县、**固始县**、潢川县、淮滨县、息县

周口市：川汇区、淮阳区、扶沟县、西华县、商水县、沈丘县、郸城县、太康县、鹿邑县、项城市

驻马店市：驿城区、西平县、上蔡县、平舆县、正阳县、确山县、泌阳县、汝南县、遂平县、新蔡县

济源市：天坛街道、沁园街道、北海街道、济水街道、玉泉街道、五龙口镇、克井镇、邵原镇、坡头镇、轵城镇、承留镇、大峪镇、梨林镇、思礼镇、王屋镇、下冶镇

本书选取新郑市、西工区、鲁山县、渑池县、邓州市、民权县、固始县以及济源市为样本县。

河南省共辖17个地级市，54个市辖区，21个县级市，82个县，53个市辖区，1791个乡镇，663个街道办事处（详见专栏16-1）。全省总面积16.7万平方公里，占全国总面积的1.7%。地势西高东低，北、西、南三面太行山、伏牛山、桐柏山、大别山沿省界呈半环形分布，中东部为黄淮海冲积平原，西南部为南阳盆地。平原盆地、山地丘陵分别占总面积的55.7%、44.3%。河南是我国农产品主产区和重要的矿产资源大省，是我国人口大省、劳动力资源丰富，区位优越、有"九州腹地、十省通衢"之称，是全国重要的综合交通枢纽和人流、物流、信息流中心。

2021年河南省经济总量居全国前列，第二产业占比居全国第八，第三产业占比低于全国，常住人口减少，城镇化率低于全国。常住人口城镇化率为56.5%，低于全国水平8.2个百分点，年末常住人口9883万人。2020年GDP达到5.9万亿元，排全国第5名，次于山东、浙江，高于四川、湖北；增速6.3%，比2020年上升5.2个百分点，低于全国1.8个百分点，排全国第26名；人均GDP为59585元（折9236.3美元），排全国第21名。从产业结构看，第一、第二、第三产业占比分别为9.5%（低于全国2.2个百分点）、41.3%（低于全国1.9个百分点）和49.1%（高于全国4.2个百分点）。从居民可支配收入看，2021年城镇与农村居民人均可支配收入分别为37095元和17533元，呈上升态势，分别为全国平均水平的78.2%和92.6%。

2021年河南省一般公共预算收入居全国前部，省市县中县级政府收入占比最高。全省一般公共预算收入4347.4亿元，排全国第8名，人均一般公共预算收入为4399元，排全国第25名。从纵向收入分配看，2019年省本级、市本级、县一般公共预算收入占比分别为4.4%、22.8%和72.8%。

2021年河南省财政自给率偏低，在近三年逐年提升，地区财政总收入小于一般公共预算支出。2021年全省财政自给率为41.7%，较2020年上升1.5个百分点。2021年全省组织的地区财政总收入为6611.2亿元，增速为5.5%；一般公共预算支出为10419.9亿元，高于地区财政总收入规模。

2021年河南省四本预算合计中一般公共预算收入占比最高。2021年全省四本预算加总的政府收入12047.4亿元（增速为5.0%），其中一般公共预算收入、政府性基金预算收入、国有资本经营预算收入和社会保险基金预算收入分别占比36.1%、28.0%、0.3%和35.6%。

河南省内各地市经济社会发展和财政发展不均衡，优势主要集中于省会郑州。2020年郑州市一般公共预算收入1259.2亿元位居第一，洛阳市和南阳市分别以383.9亿元和202.1亿元位居第二和第三，其他各市均低于200亿元，收入较为集中且城市间差异较大，一般公共预算收入的城市首位度指数为3.3，且郑州市是收入最低的鹤壁市的17.7倍。河南省内各市财政自给率差异明显，2020年郑州和洛阳两市财政自给率分别为73.2%和55.7%，自给率较高；而濮阳（29.0%）、驻马店（27.2%）、南阳（27.1%）、周口（21.5%）和信阳（19.9%）五市自给率均不足30%；其他市自给率则分布在30%到50%之间。财政自给率最高的郑州是财政自给率最低的信阳的3.7倍。政府性基金预算收入主要构成是国有土地使用权出让收入，各地差距较大，收入规模最大的郑州市（946.8亿元）为规模最小的三门峡市（36.2亿元）的26.2倍。

16.1 河南省政府收入主要特征分析

16.1.1 河南省经济社会基本情况

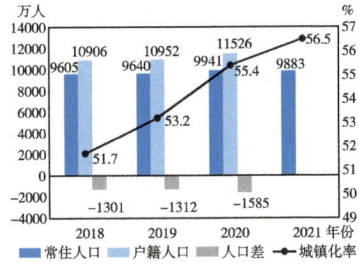

图16-1 2018-2021年河南省人口状况

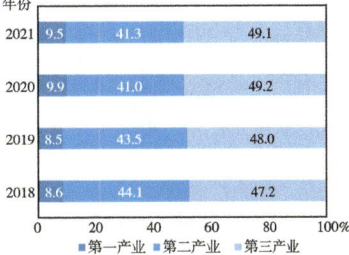

图16-2 2018-2021年河南省GDP及增速

图16-3 2018-2021年河南省三次产业结构

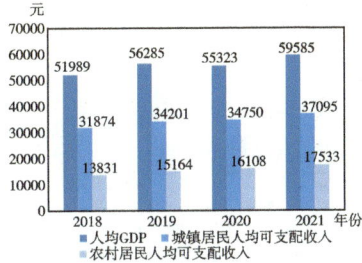

图16-4 2018-2021年河南省人均GDP和人均可支配收入

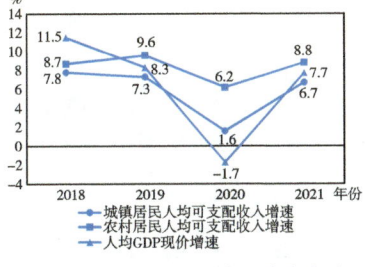

图16-5 2018-2021年河南省人均GDP现价增速和人均可支配收入增速

16.1.2 河南省政府收入总体情况

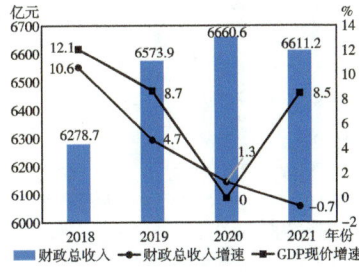

图16-6 2018-2021年河南省财政总收入及增速

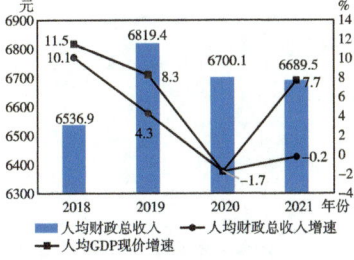

图16-7 2018-2021年河南省人均财政总收入及增速

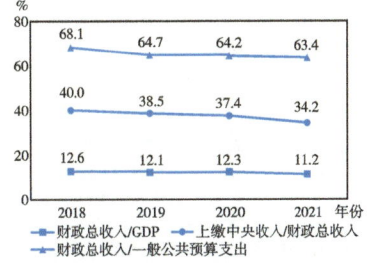

图16-8 2018-2021年河南省财政总收入相关指标

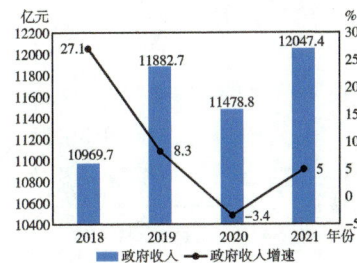

图16-9 2018-2021年河南省政府收入及增速

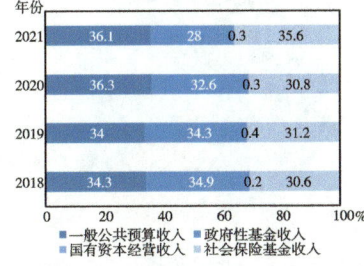

图16-10 2018-2021年河南省政府收入结构

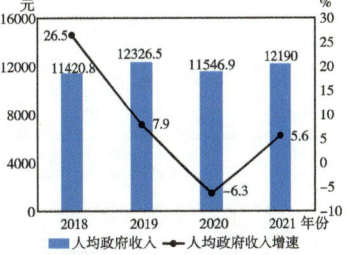

图16-11 2018-2021年河南省人均政府收入及增速

16.1.3 河南省一般公共预算收入情况

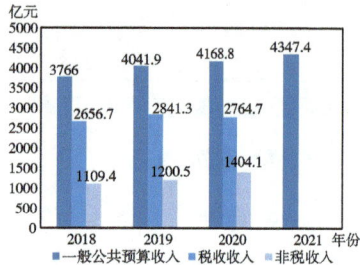

图16-12 2018—2021年河南省一般公共预算收入

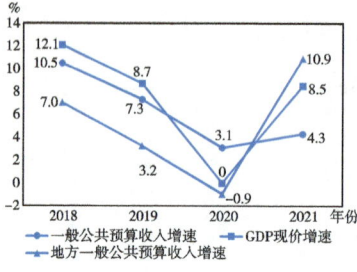

图16-13 2018—2021年河南省一般公共预算收入增速

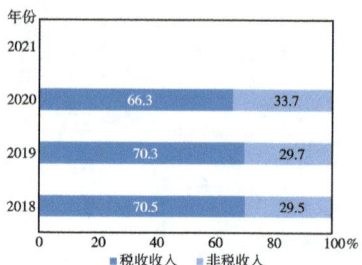

图16-14 2018—2021年河南省一般公共预算收入结构

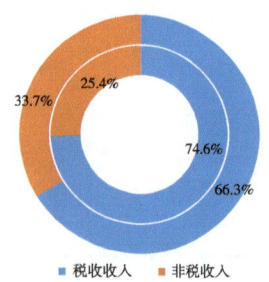

图16-15 2020年一般公共预算收入结构对比（内环为地方，外环为河南省）

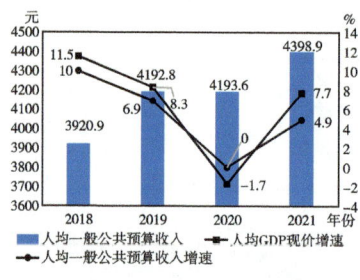

图16-16 2018—2021年河南省人均一般公共预算收入及增速

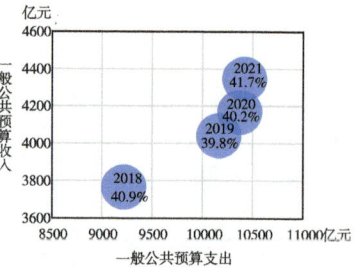

图16-17 2018—2021年河南省财政自给率

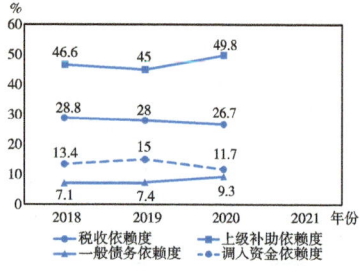

图16-18 2018—2021年河南省一般公共预算支出对各类收入的依赖度

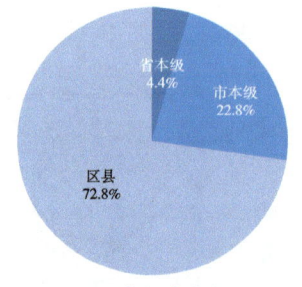

图16-19 2020年河南省市县三级政府一般公共预算收入分布

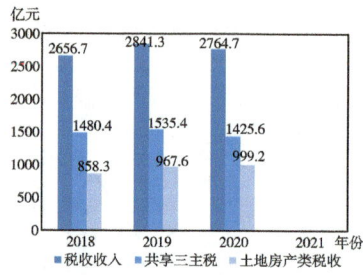

图16-20 2018—2021年河南省税收收入

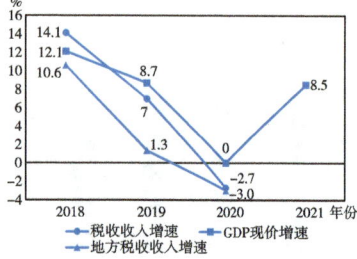

图16-21 2018—2021年河南省税收收入增速

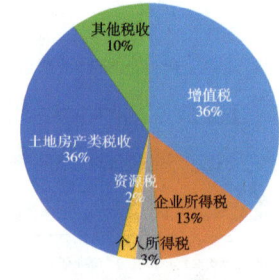

图16-22 2020年河南省税收收入结构

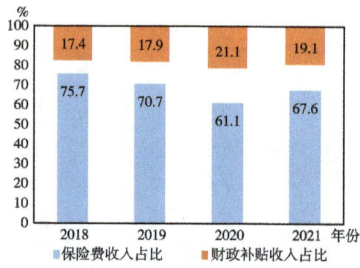

图16-23 2018—2021年河南省共享三主税、土地房产类税收占税收收入及一般公共预算收入的比重

图 16-24　2018—2021 年河南省非税收入

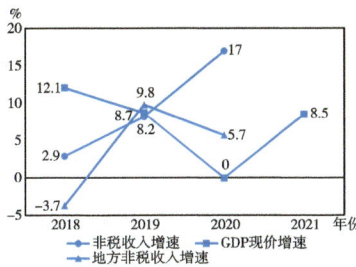

图 16-25　2018—2021 年河南省非税收入增速

图 16-26　2018—2021 年河南省非税收入中各主要收入占比

16.1.4　河南省政府性基金和国有资本经营收入情况

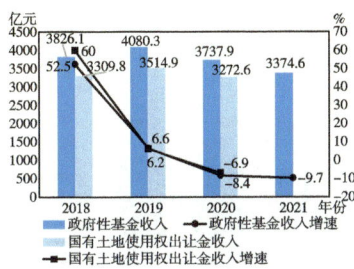

图 16-27　2018—2021 年河南省政府性基金收入及增速

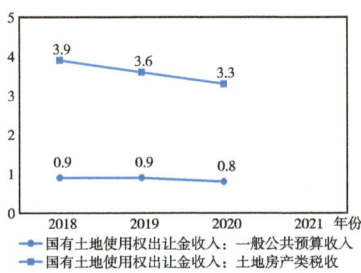

图 16-28　2018—2021 年河南省国有土地使用权出让金收入与一般公共预算收入对比关系

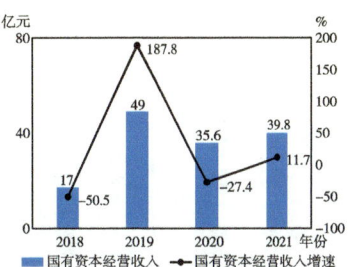

图 16-29　2018—2021 年河南省国有资本经营收入及增速

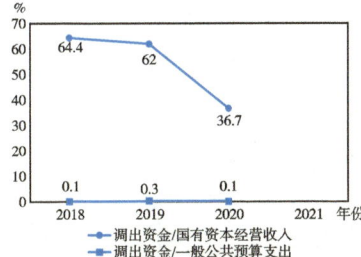

图 16-30　2018—2021 年河南省国有资本经营预算中调出资金相关指标

16.1.5　河南省社会保险基金收入情况

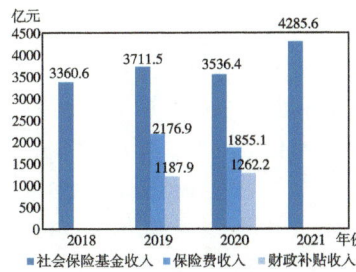

图 16-31　2018—2021 年河南省社会保险基金收入

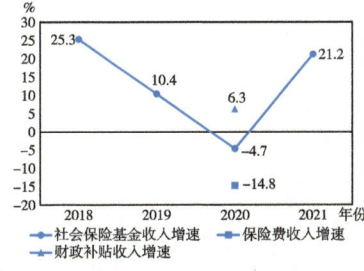

图 16-32　2018—2021 年河南省社会保险基金收入增速

图 16-33　2018—2021 年河南省保险费收入、财政补贴收入占社会保险基金收入的比重

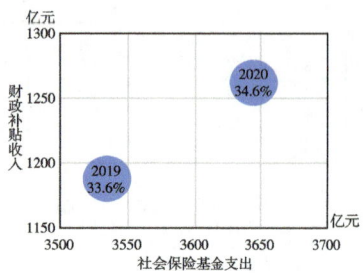

图16-34 2018-2021年河南省社会保险基金支出对财政补贴的依赖度

16.1.6 河南省债务情况

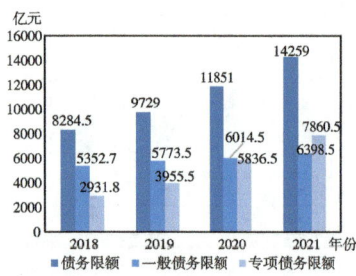

图16-35 2018-2021年河南省债务限额

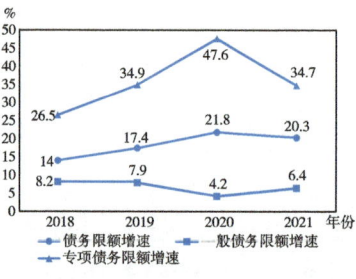

图16-36 2018-2021年河南省债务限额增速

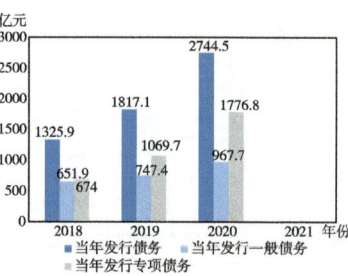

图16-37 2018-2021年河南省当年发行债务

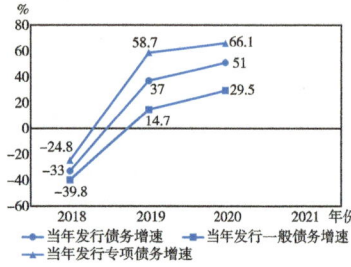

图16-38 2018-2021年河南省当年发行债务增速

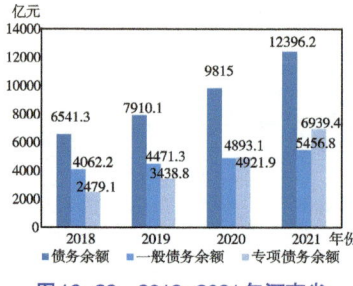

图16-39 2018-2021年河南省债务余额

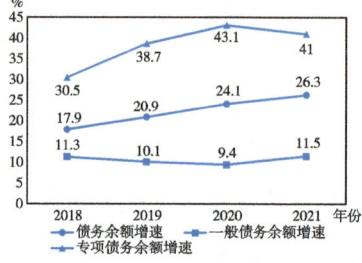

图16-40 2018-2021年河南省债务余额增速

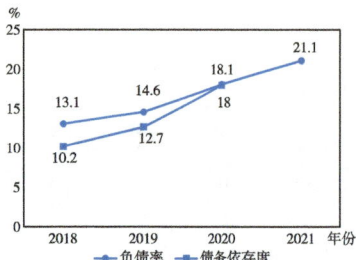

图16-41 2018-2021年河南省负债率和债务依存度

16.1.7 河南省省本级一般公共预算收入情况

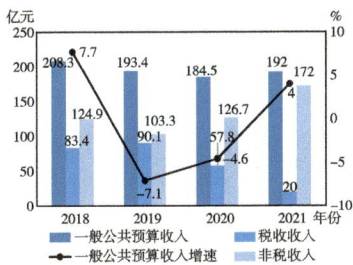

图16-42 2018-2021年河南省省本级一般公共预算收入及增速

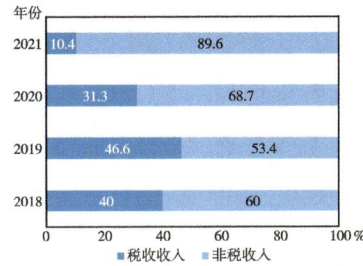

图16-43 2018-2021年河南省省本级一般公共预算收入结构

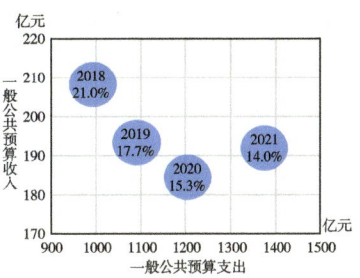

图16-44 2018-2021年河南省省本级财政自给率

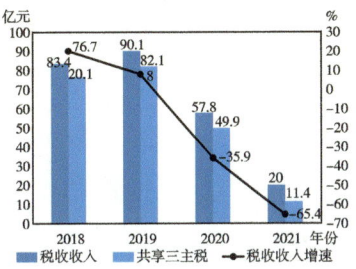

图16-45 2018-2021年河南省省本级税收收入及增速

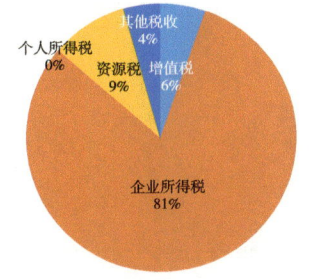

图16-46 2020年河南省省本级税收收入结构

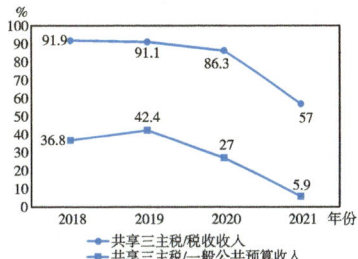

图16-47 2018-2021年河南省省本级共享三主税占税收收入及一般公共预算收入的比重

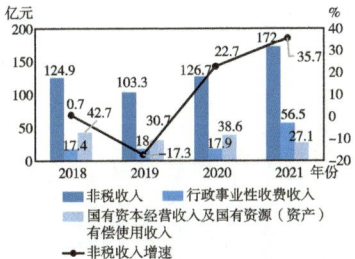

图16-48 2018-2021年河南省省本级非税收入及增速

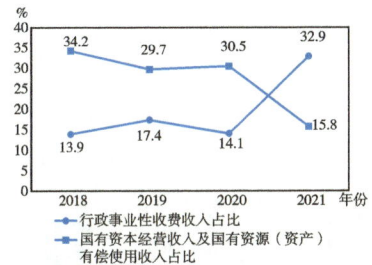

图16-49 2018-2021年河南省省本级非税收入中各主要收入占比

16.2 河南省各市政府收入主要特征分析

16.2.1 河南省各市经济社会发展情况

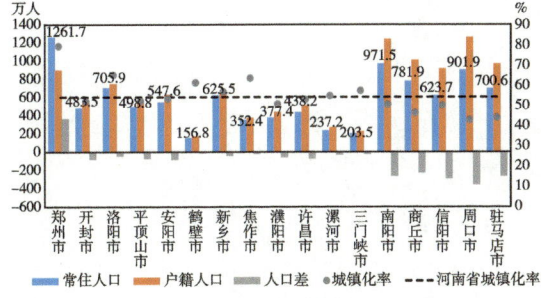

图16-50 2020年河南省各市人口状况

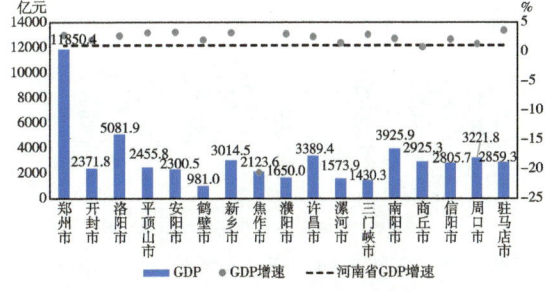

图16-51 2020年河南省各市GDP及增速

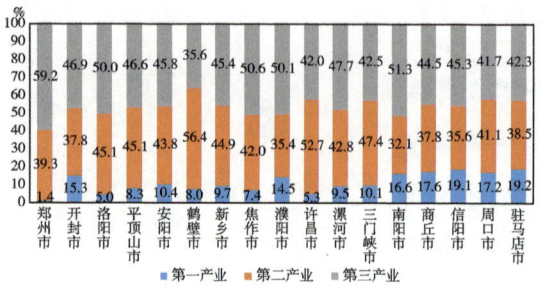

图16-52　2020年河南省各市三次产业结构

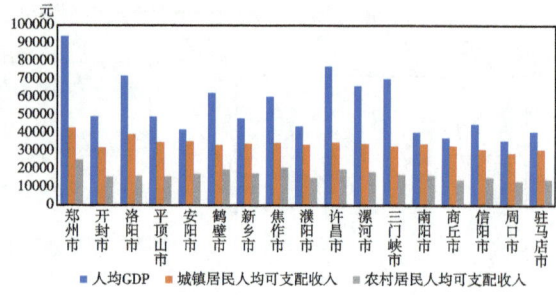

图16-53　2020年河南省各市人均GDP和人均可支配收入

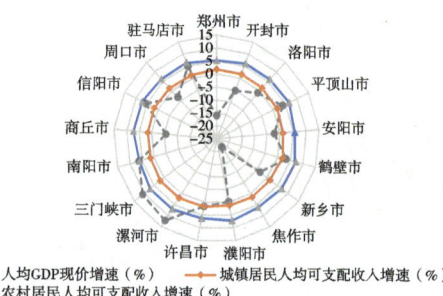

图16-54　2020年河南省各市人均GDP现价增速和人均可支配收入增速

16.2.2　河南省各市政府收入总体情况

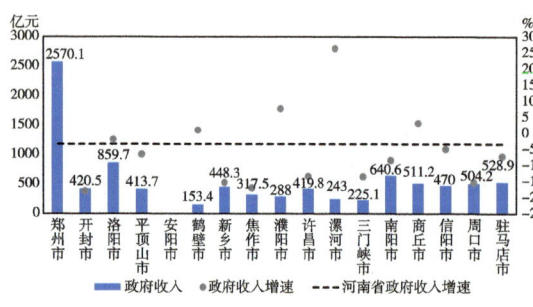

图16-55　2020年河南省各市政府收入及增速

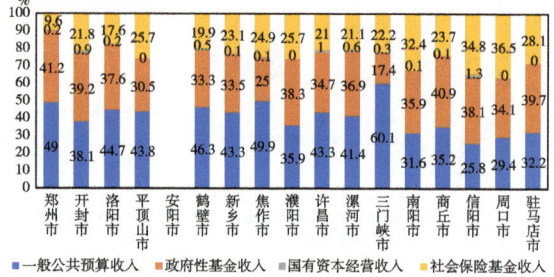

图16-56　2020年河南省各市政府收入结构

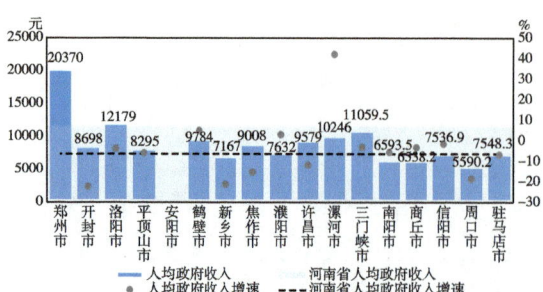

图16-57　2020年河南省各市人均政府收入及增速

16.2.3 河南省各市一般公共预算收入情况

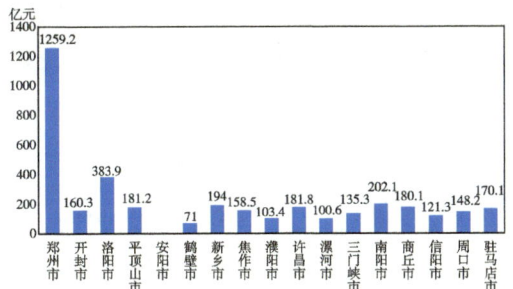

图16-58 2020年河南省各市一般公共预算收入

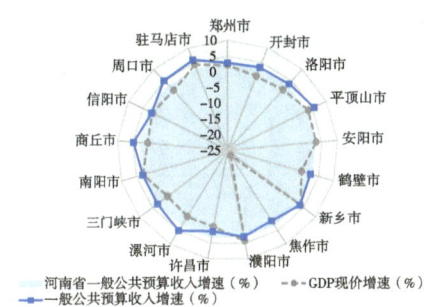

图16-59 2020年河南省各市一般公共预算收入增速

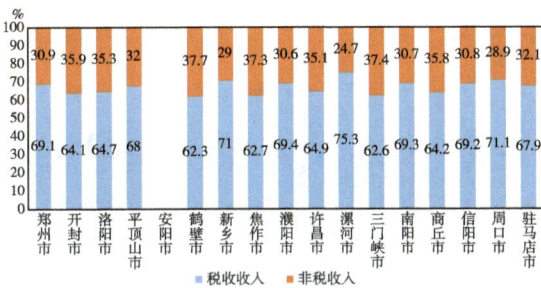

图16-60 2020年河南省各市一般公共预算收入结构

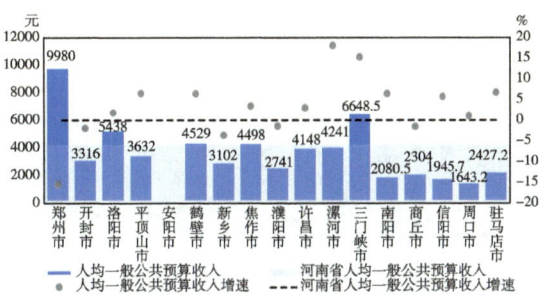

图16-61 2020年河南省各市人均一般公共预算收入及增速

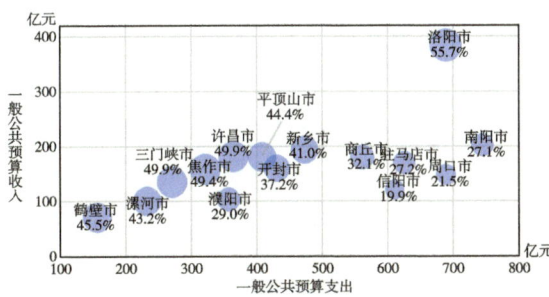

图16-62 2020年河南省各市财政自给率

注：2020年郑州市一般公共预算收入1259.2亿元，一般公共预算支出1720.2亿元，财政自给率73.2%。因版面限制，未在图中列出。

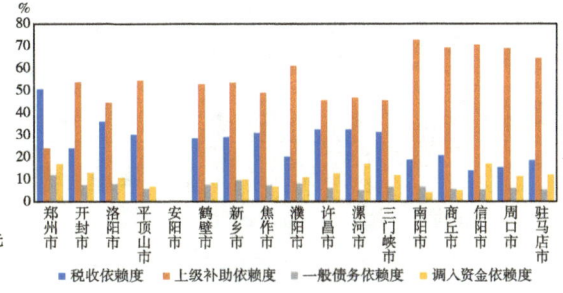

图16-63 2020年河南省各市一般公共预算支出对各类收入的依赖度

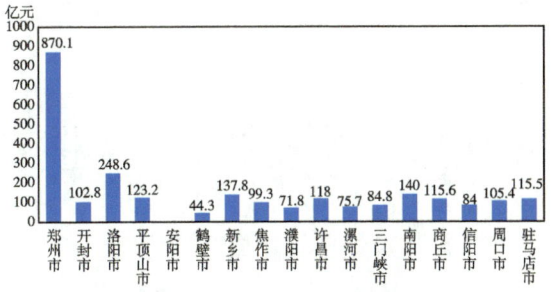

图16-64 2020年河南省各市税收收入

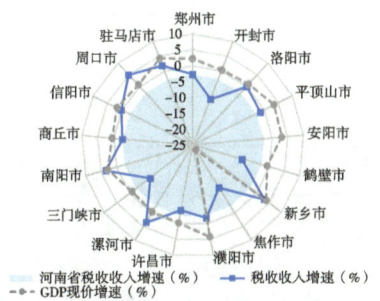

图16-65 2020年河南省各市税收收入增速

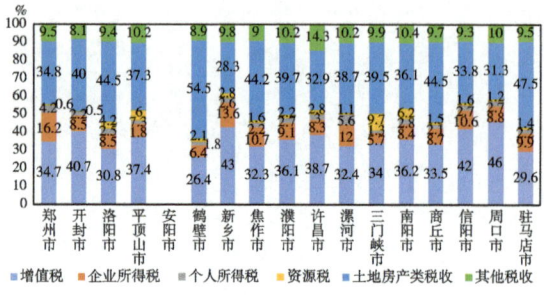

图16-66　2020年河南省各市税收入结构

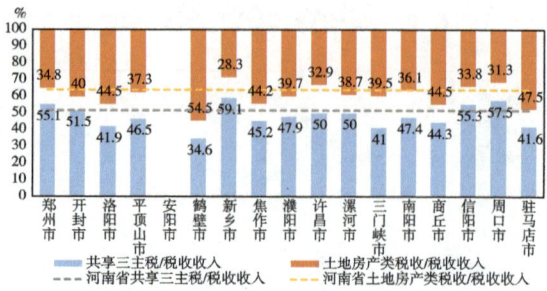

图16-67　2020年河南省各市共享三主税、土地房产类税收占税收收入的比重

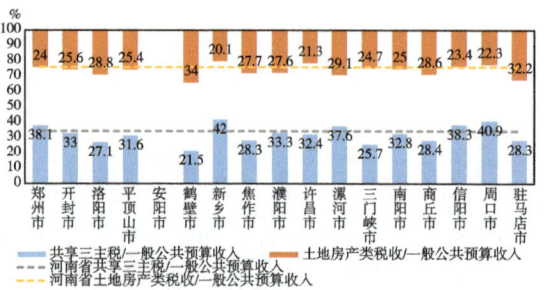

图16-68　2020年河南省各市共享三主税、土地房产类税收占一般公共预算收入的比重

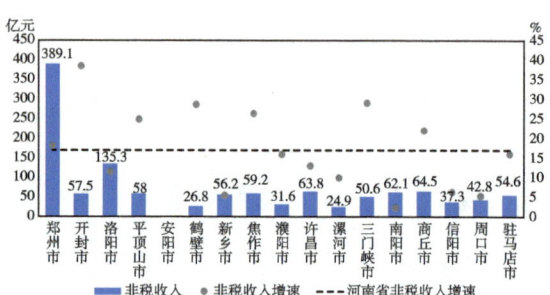

图16-69　2020年河南省各市非税收入及增速

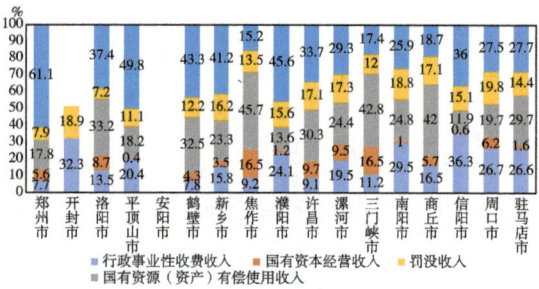

图16-70　2020年河南省各市非税收入结构

16.2.4　河南省各市政府性基金收入与国有资本经营收入情况

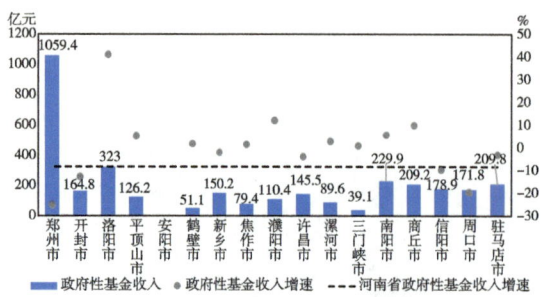

图16-71　2020年河南省各市政府性基金收入及增速

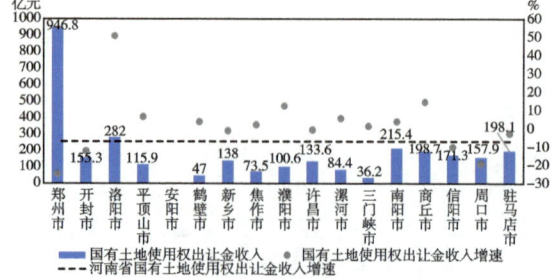

图16-72　2020年河南省各市国有土地使用权出让金收入及增速

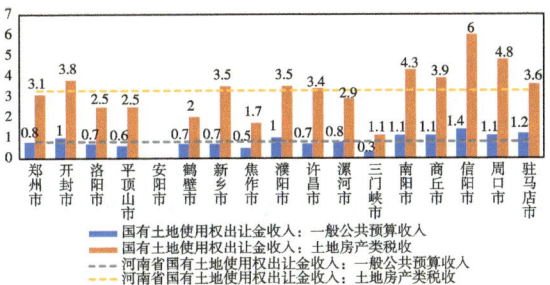

图16-73 2020年河南省各市国有土地使用权出让金收入与一般公共预算收入对比关系

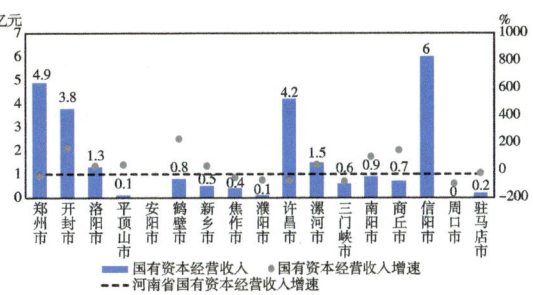

图16-74 2020年河南省各市国有资本经营收入及增速

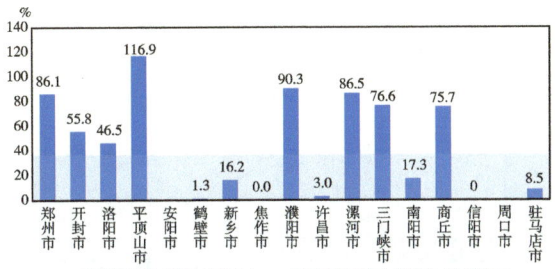

图16-75 2020年河南省各市调出资金与国有资本经营收入对比关系

16.2.5 河南省各市社会保险基金收入情况

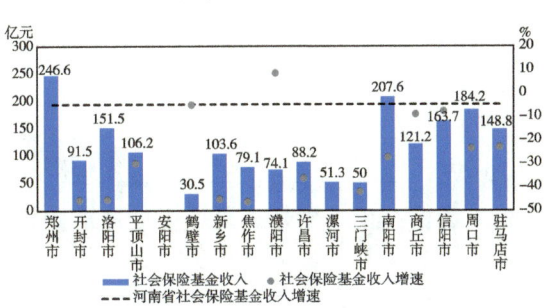

图16-76 2020年河南省各市社会保险基金收入及增速

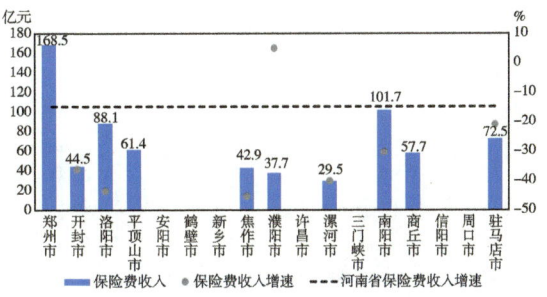

图16-77 2020年河南省各市保险费收入及增速

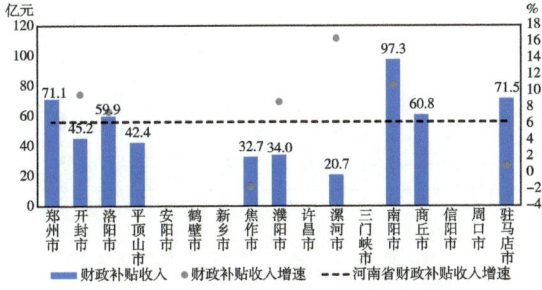

图16-78 2020年河南省各市财政补贴收入及增速

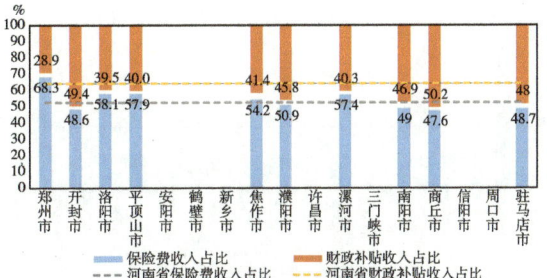

图16-79 2020年河南省各市保险费收入、财政补贴收入占社会保险基金收入的比重

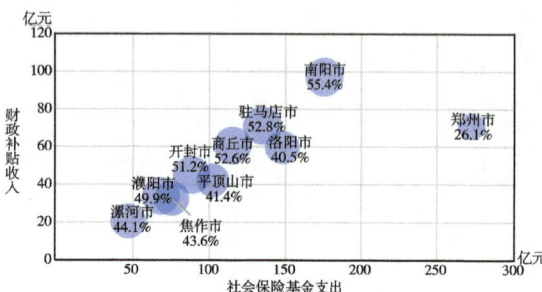

图16-80 2020年河南省各市社会保险基金支出对财政补贴的依赖度

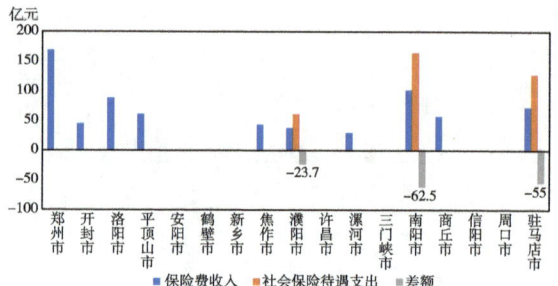

图16-81 2020年河南省各市保险费收入、社会保险待遇支出及差额

16.2.6 河南省各市债务情况

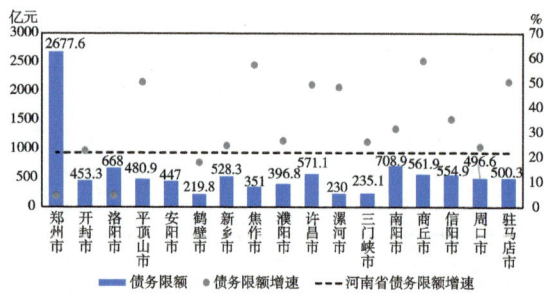

图16-82 2020年河南省各市债务限额及增速

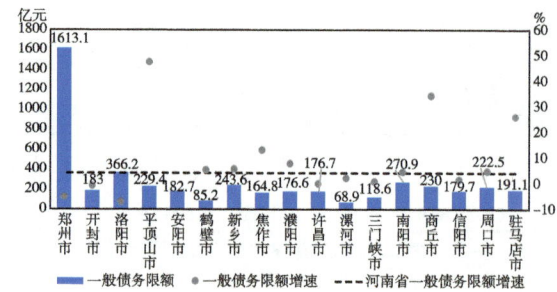

图16-83 2020年河南省各市一般债务限额及增速

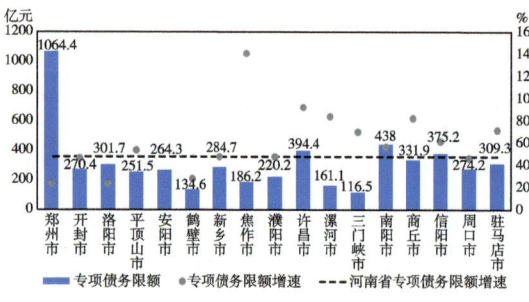

图16-84 2020年河南省各市专项债务限额及增速

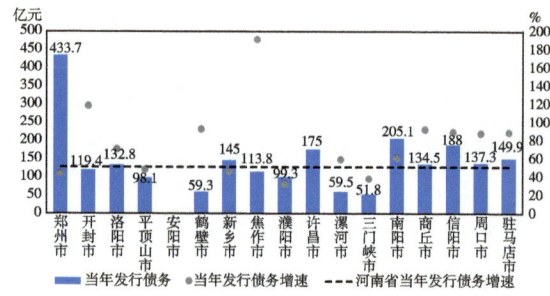

图16-85 2020年河南省各市当年发行债务及增速

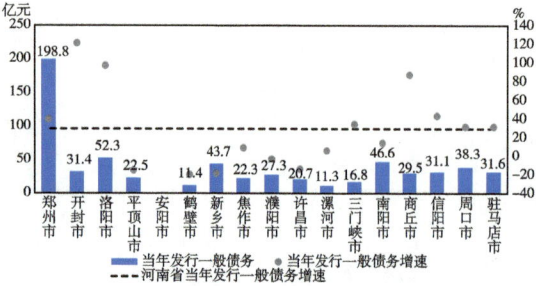

图16-86 2020年河南省各市当年发行一般债务及增速

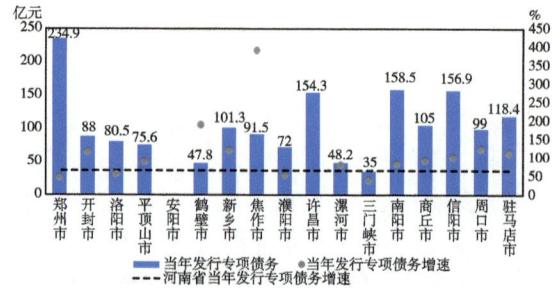

图16-87 2020年河南省各市当年发行专项债务及增速

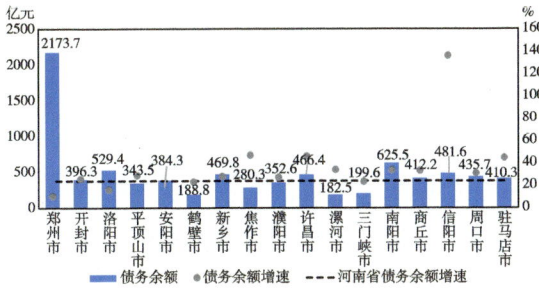

图16-88　2020年河南省各市债务余额及增速

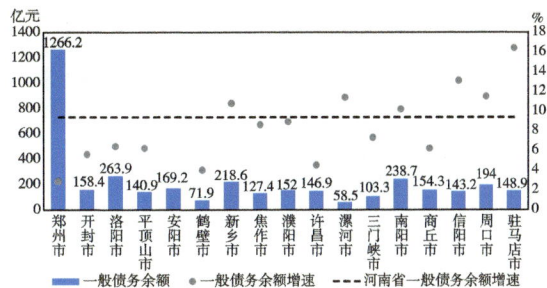

图16-89　2020年河南省各市一般债务余额及增速

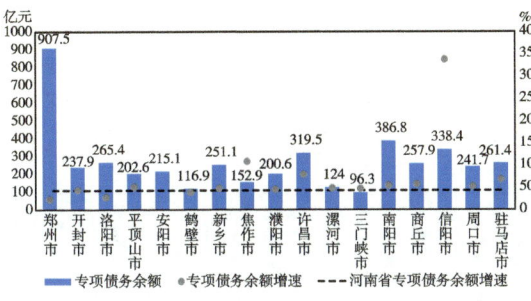

图16-90　2020年河南省各市专项债务余额及增速

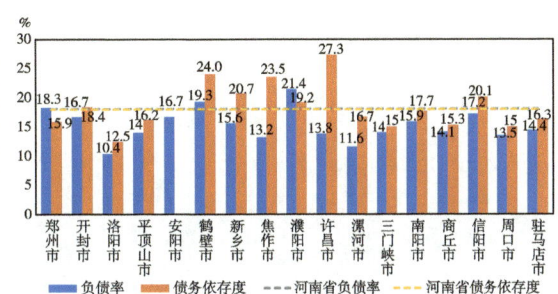

图16-91　2020年河南省各市负债率和债务依存度

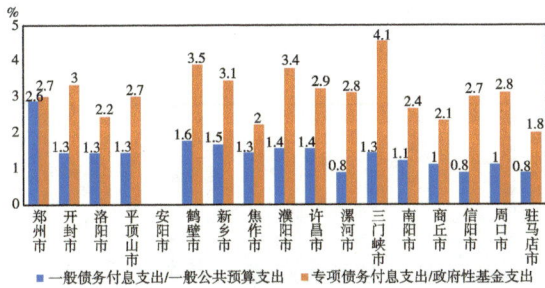

图16-92　2020年河南省各市债务付息支出相关指标

16.2.7　河南省各市市本级一般公共预算收入情况

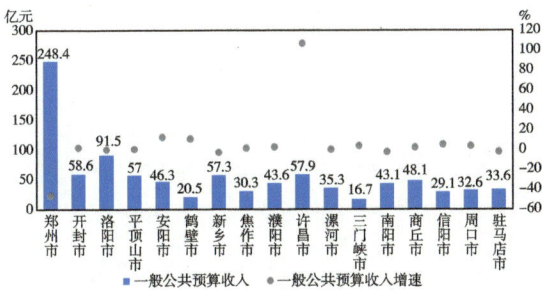

图16-93　2020年河南省各市市本级一般公共预算收入及增速

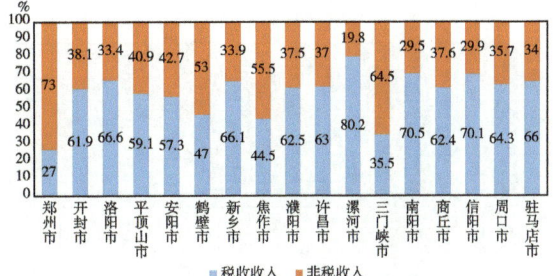

图16-94　2020年河南省各市市本级一般公共预算收入结构

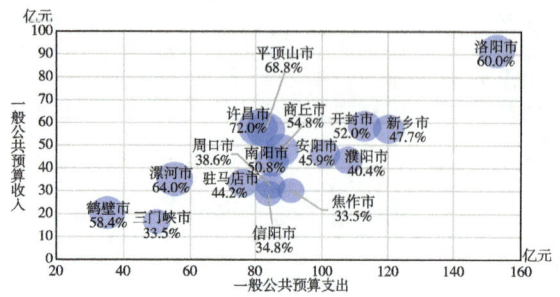

图16-95　2020年河南省各市市本级财政自给率

注：2020年郑州市本级一般公共预算收入248.4亿元，一般公共预算支出603.7亿元，财政自给率41.2%。因版面限制，未在图中列出。

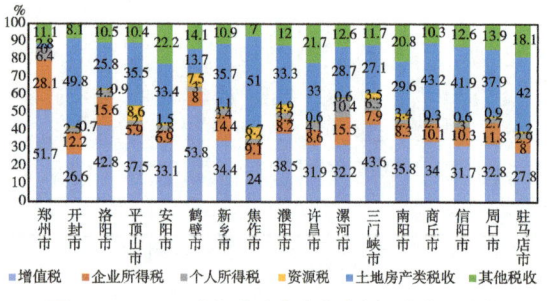

图16-96　2020年河南省各市市本级税收收入及增速

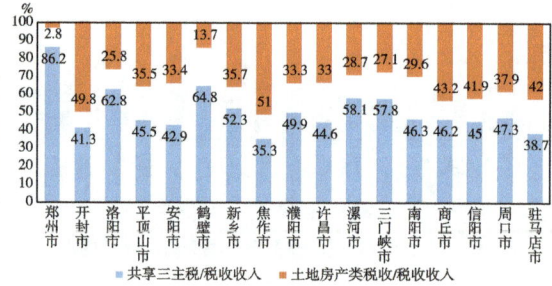

图16-97　2020年河南省各市市本级税收收入结构

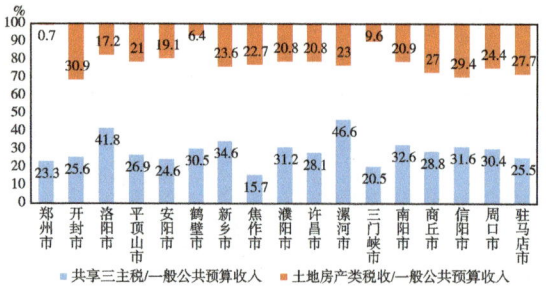

图16-98　2020年河南省各市市本级共享三主税、土地房产类税收占税收收入的比重

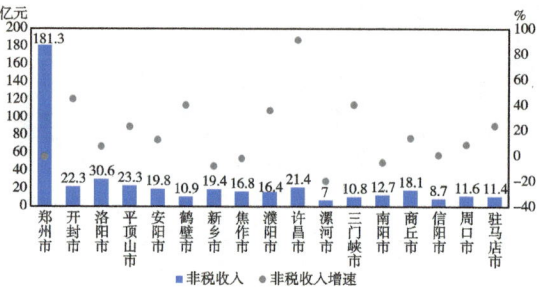

图16-99　2020年河南省各市市本级共享三主税、土地房产类税收占一般公共预算收入的比重

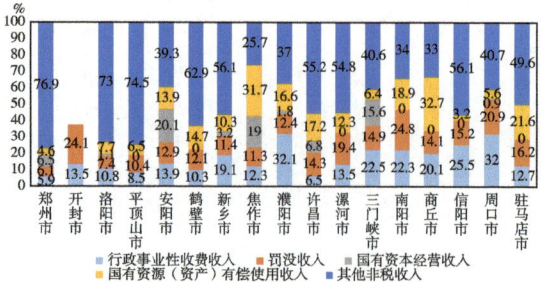

图16-100　2020年河南省各市市本级非税收入及增速

图16-101　2020年河南省各市市本级非税收入结构

16.3 河南省样本县政府收入主要特征分析

16.3.1 河南省样本县经济社会发展情况

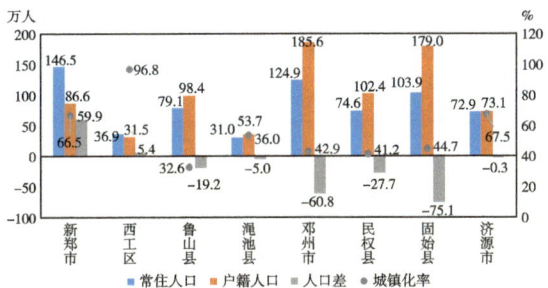

图16-102　2020年河南省样本县人口状况

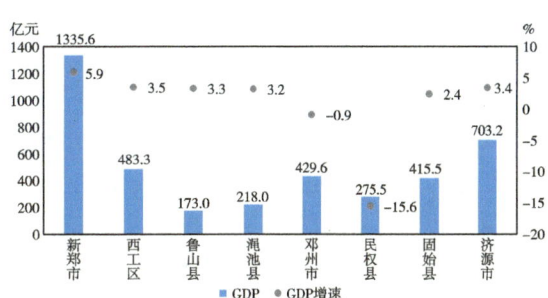

图16-103　2020年河南省样本县GDP及增速

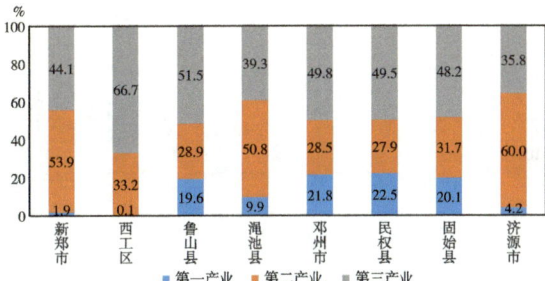

图16-104　2020年河南省样本县三次产业结构

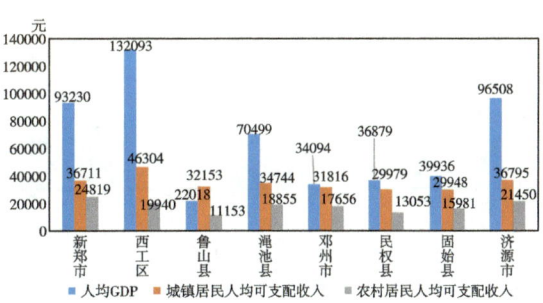

图16-105　2020年河南省样本县人均GDP和人均可支配收入

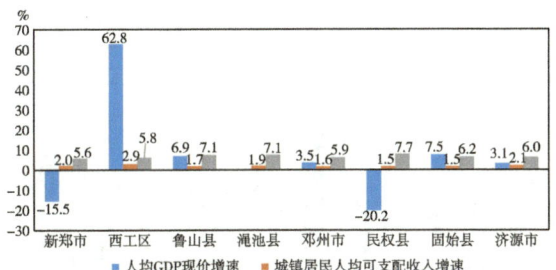

图16-106　2020年河南省样本县人均GDP现价增速和人均可支配收入增速

16.3.2 河南省样本县政府收入总体情况

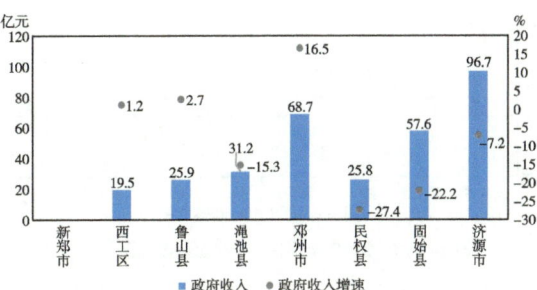

图16-107　2020年河南省样本县政府收入及增速

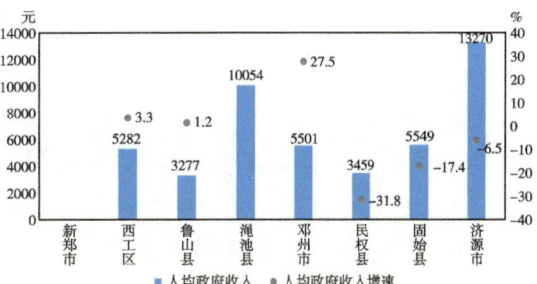

图16-108　2020年河南省样本县人均政府收入及增速

16.3.3 河南省样本县一般公共预算收入情况

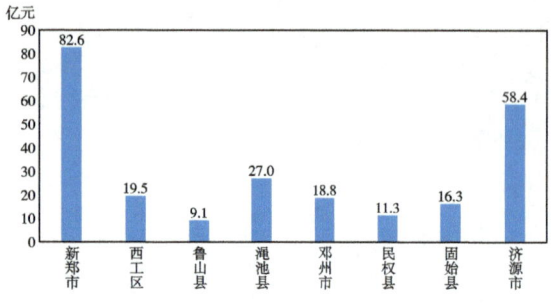

图16-109 2020年河南省样本县一般公共预算收入

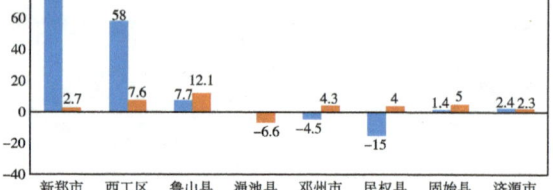

图16-110 2020年河南省样本县一般公共预算收入增速

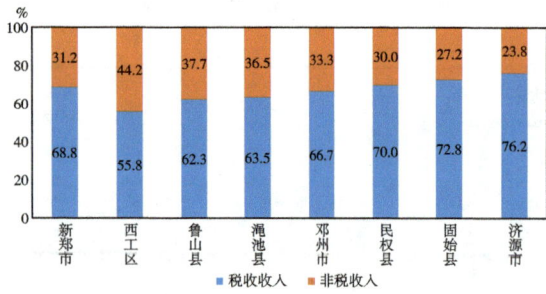

图16-111 2020年河南省样本县一般公共预算收入结构

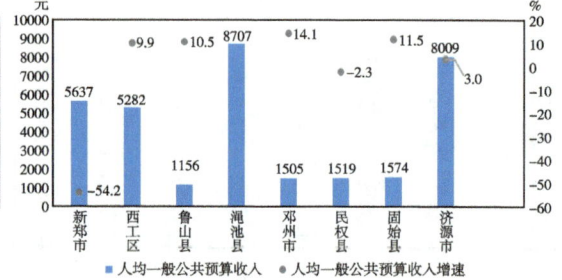

图16-112 2020年河南省样本县人均一般公共预算收入及增速

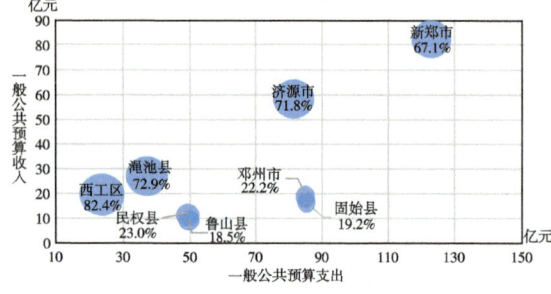

图16-113 2020年河南省样本县财政自给率

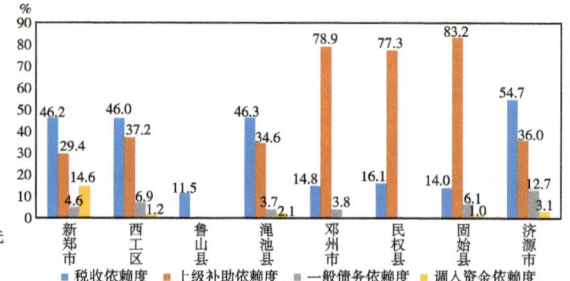

图16-114 2020年河南省样本县一般公共预算支出对各类收入的依赖度

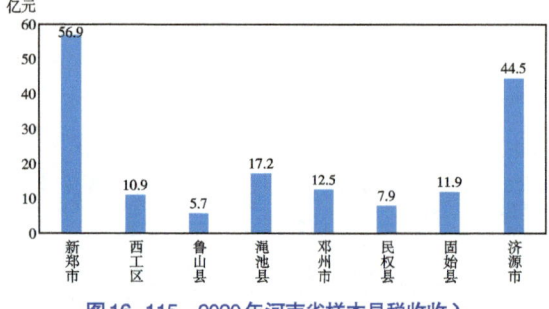

图16-115 2020年河南省样本县税收收入

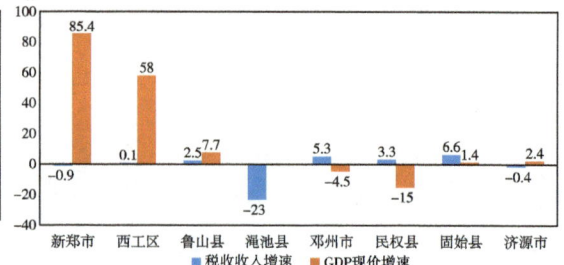

图16-116 2020年河南省样本县税收收入增速

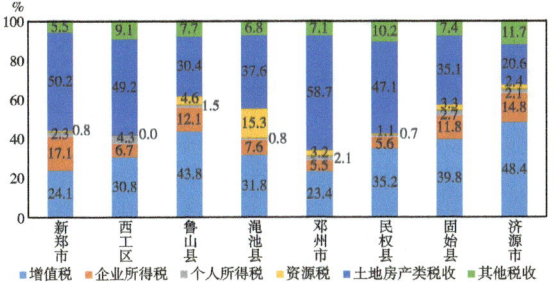

图16-117 2020年河南省样本县税收收入结构

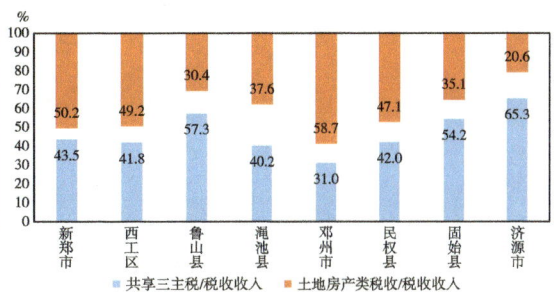

图16-118 2020年河南省样本县共享三主税、土地房产类税收占税收收入的比重

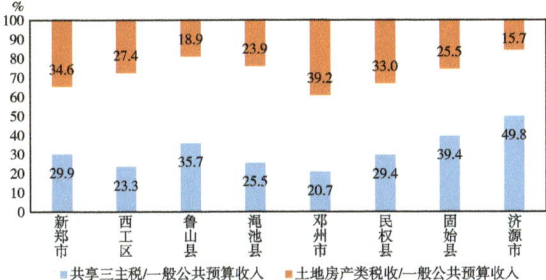

图16-119 2020年河南省样本县共享三主税、土地房产类税收占一般公共预算收入的比重

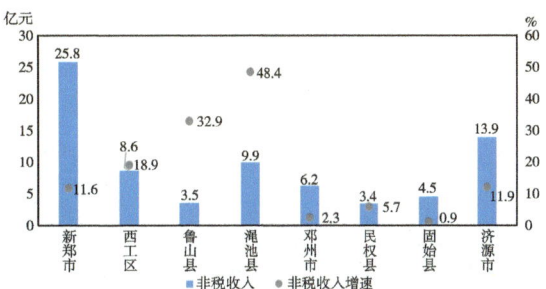

图16-120 2020年河南省样本县非税收入及增速

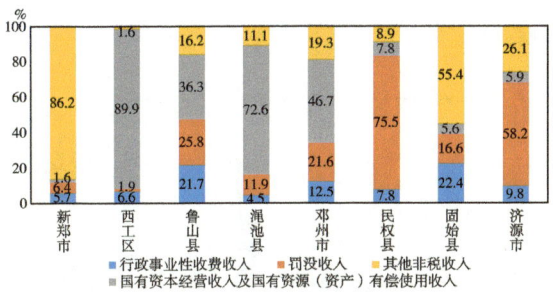

图16-121 2020年河南省样本县非税收入结构

16.3.4 河南省样本县政府性基金收入与国有资本经营收入情况

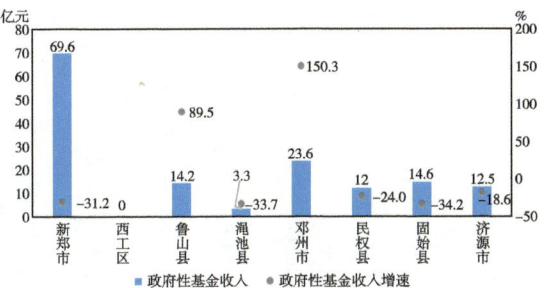

图16-122 2020年河南省样本县政府性基金收入及增速

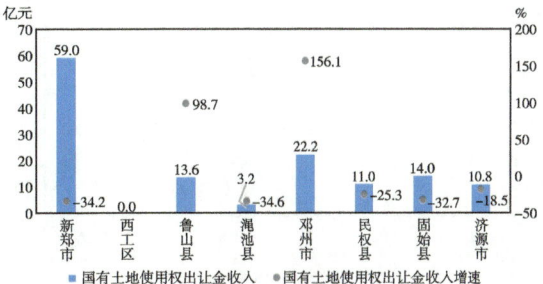

图16-123 2020年河南省样本县国有土地使用权出让金收入及增速

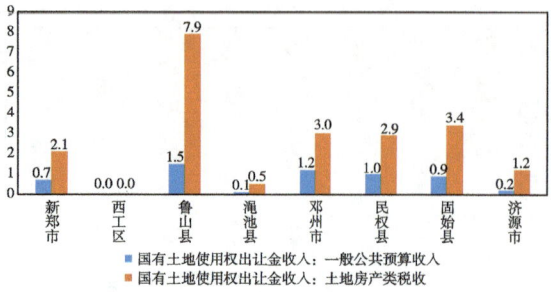

图16-124 2020年河南省样本县国有土地使用权出让金收入与一般公共预算收入对比关系

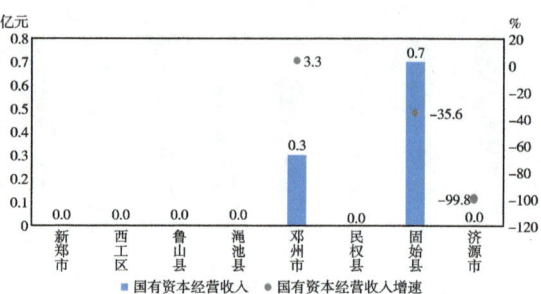

图16-125 2020年河南省样本县国有资本经营收入及增速

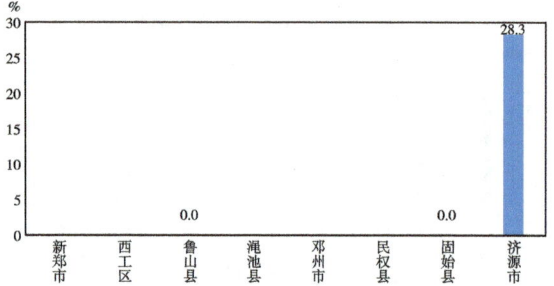

图16-126 2020年河南省样本县调出资金与国有资本经营收入对比关系

16.3.5 河南省样本县社会保险基金收入情况

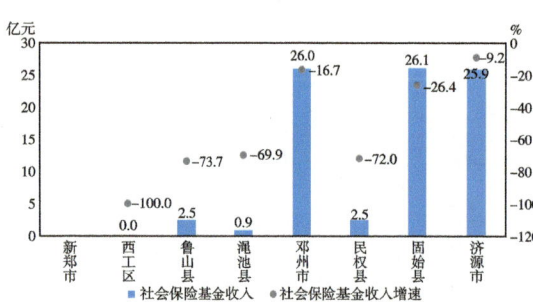

图16-127 2020年河南省样本县社会保险基金收入及增速

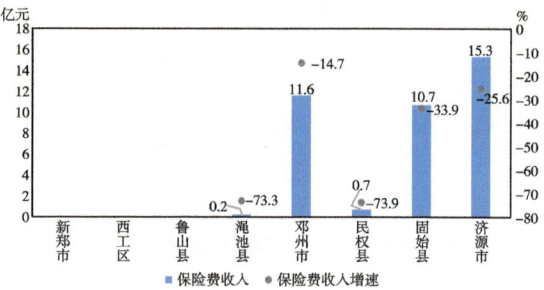

图16-128 2020年河南省样本县保险费收入及增速

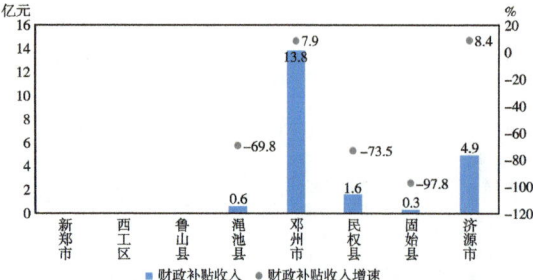

图16-129 2020年河南省样本县财政补贴收入及增速

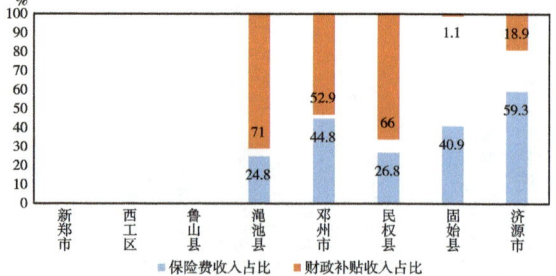

图16-130 2020年河南省样本县保险费收入、财政补贴收入占社会保险基金收入的比重

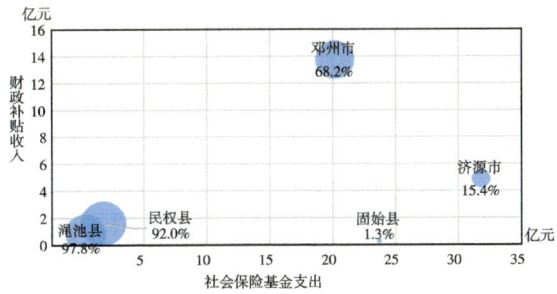

图 16-131　2020年河南省样本县社会保险基金支出对财政补贴的依赖度

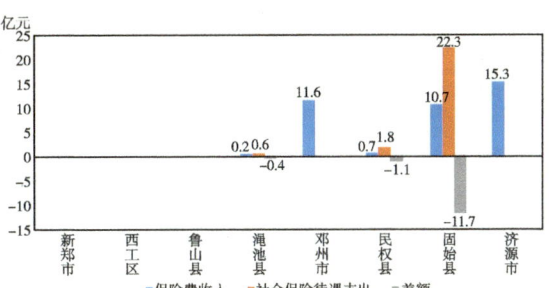

图 16-132　2020年河南省样本县保险费收入、社会保险待遇支出及差额

16.3.6　河南省样本县债务情况

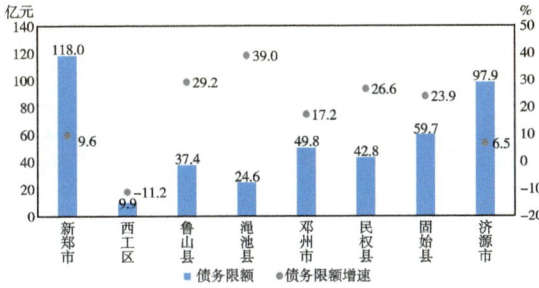

图 16-133　2020年河南省样本县债务限额及增速

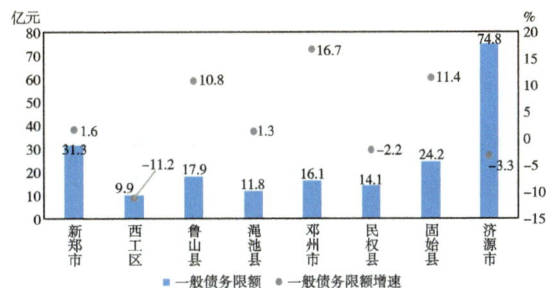

图 16-134　2020年河南省样本县一般债务限额及增速

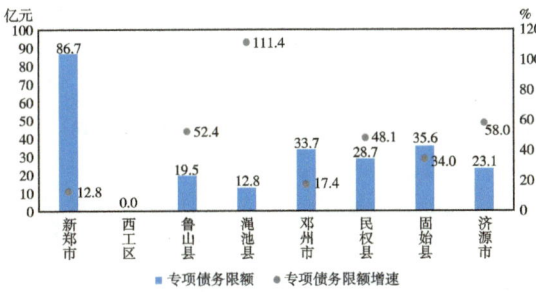

图 16-135　2020年河南省样本县专项债务限额及增速

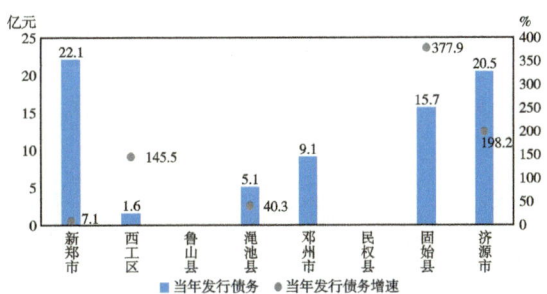

图 16-136　2020年河南省样本县当年发行债务及增速

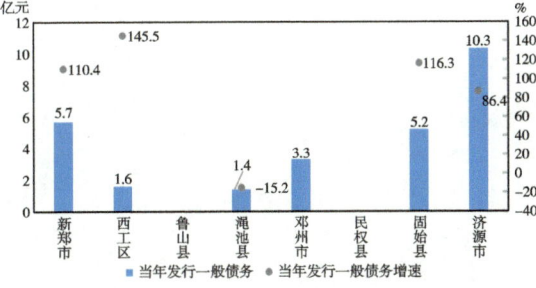

图 16-137　2020年河南省样本县当年发行一般债务及增速

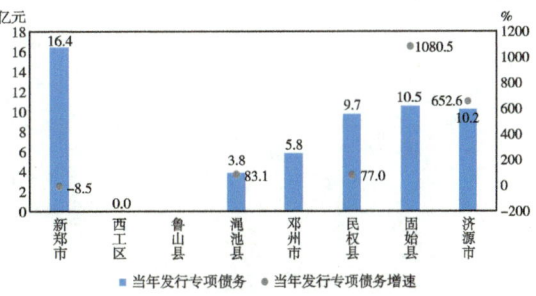

图 16-138　2020年河南省样本县当年发行专项债务及增速

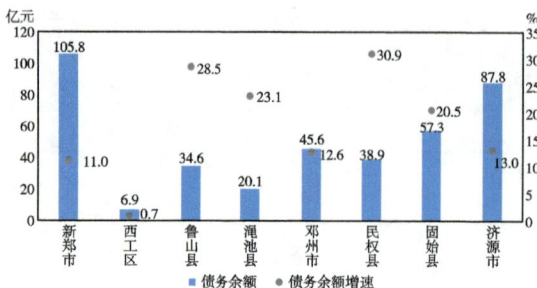

图16-139 2020年河南省样本县债务余额及增速

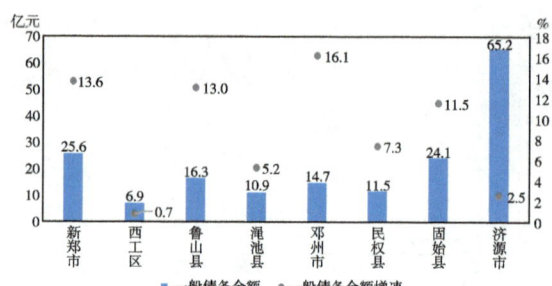

图16-140 2020年河南省样本县一般债务余额及增速

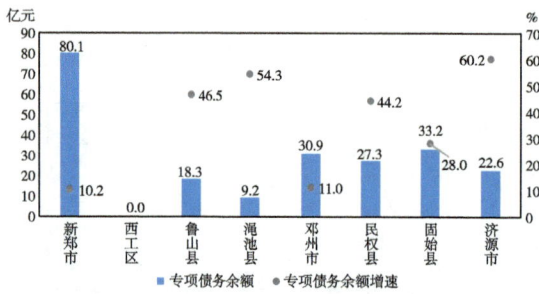

图16-141 2020年河南省样本县专项债务余额及增速

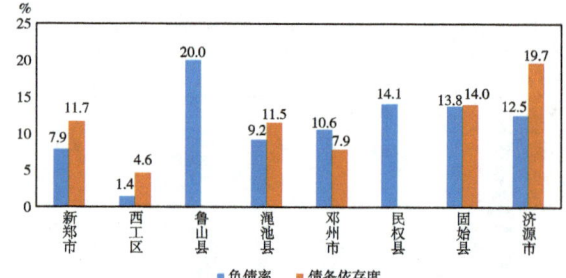

图16-142 2020年河南省样本县负债率和债务依存度

17 湖北省

图 2022年湖北省地图

资料来源：自然资源部的标准地图服务系统网站。
注：审图号为鄂S（2022）005号。

本章执笔人：龙斯玮　审校：刘昶

专栏17-1　2021湖北省行政区划

武汉市：江岸区、江汉区、硚口区、汉阳区、武昌区、青山区、洪山区、东西湖区、汉南区、蔡甸区、江夏区、黄陂区、新洲区

黄石市：黄石港区、西塞山区、下陆区、铁山区、阳新县、**大冶市**

十堰市：茅箭区、张湾区、郧阳区、郧西县、竹山县、竹溪县、**房县**、丹江口市

宜昌市：西陵区、伍家岗区、点军区、猇亭区、**夷陵区**、远安县、兴山县、秭归县、长阳土家族自治县、五峰土家族自治县、宜都市、当阳市、枝江市

襄阳市：襄城区、樊城区、襄州区、南漳县、谷城县、**保康县**、老河口市、枣阳市、宜城市

鄂州市：梁子湖区、华容区、鄂城区

荆门市：东宝区、掇刀区、沙洋县、钟祥市、京山市

孝感市：孝南区、孝昌县、大悟县、云梦县、应城市、安陆市、汉川市

荆州市：沙市区、荆州区、公安县、江陵县、石首市、洪湖市、松滋市、监利市

黄冈市：黄州区、团风县、红安县、罗田县、英山县、浠水县、蕲春县、黄梅县、麻城市、武穴市

咸宁市：咸安区、嘉鱼县、通城县、崇阳县、通山县、赤壁市

随州市：曾都区、随县、广水市

恩施土家族苗族自治州：恩施市、利川市、建始县、巴东县、宣恩县、咸丰县、来凤县、鹤峰县

省直辖县级行政单位：仙桃市、**潜江市**、天门市、神农架林区

本书选取大冶市、房县、夷陵区、保康县、潜江市为样本县。

湖北省位于中国的中部，简称鄂。地跨北纬29°01′53″~33°6′47″、东经108°21′42″~116°07′50″。东邻安徽，南接江西、湖南，西连重庆，西北与陕西接壤，北与河南毗邻。东西长约740千米，南北宽约470千米。最东端是黄梅县，最西端是利川市，最南端是来凤县，最北端是郧西县。截至2020年末，湖北省共辖1个副省级城市、11个地级市、1个自治州、4个省直辖县级行政单位，共有市辖区39个、26个县级市、35个县、2个自治县、1个林区（详见专栏17-1）。全省地势大致为东、西、北三面环山，中间低平，略呈向南敞开的不完整盆地。全省总面积18.59万平方千米，占全国总面积的1.94%，在全省总面积中，山地占56%，丘陵占24%，平原湖区占20%。总体上看，湖北的经济发展、财政收入等在全国处于中等靠前的位置，区域差异大，发展不均衡。

2021年湖北省经济总量处于全国前十，第三产业占比低于全国，城镇化率与全国水平基本持平。 2021年末，湖北省常住人口5830万人，常住人口城镇化率为64.1%（低于全国水平0.6个百分点）。2021年湖北GDP达到5万亿元，排全国第7名，次于四川，高于福建；受基数效应等影响GDP增速12.9%，为全国最高增速；人均GDP为86416元（13395美元），排全国第9名。从产业结构看，第一、第二、第三产业占比分别为9.3%、37.9%（低于全国1.5个百分点）

和52.8%（低于全国0.5个百分点）。从居民可支配收入看，2021年城镇与农村居民人均可支配收入分别为40278元和18259元，较2020年有所下降，分别为全国平均水平85.0%和96.5%。

2021年湖北省一般公共预算收入全国排名处于中上游水平，省市（州）县中县级财政收入占比最高。 2021年湖北省一般公共预算收入3283.3亿元、增速30.7%，规模位居全国第12名，人均一般公共预算收入为5632元，排全国第19名。其中，近三年湖北省税收收入占一般公共预算收入的比重呈上升态势，2021年为78%，低于全国平均水平7.3个百分点。非税收入占比高，其中2021年政府产权性收入规模占非税收入比为24%。从纵向收入分配看，省本级、市（州）本级、县一般公共预算收入占比分别为5.2%、21.3%和73.5%。

2021年湖北省财政自给率偏低，地区财政总收入小于一般公共预算支出。 湖北财政自给率低于50%，2021年为41.4%，与疫情前水平基本持平。2021年湖北省组织的地区财政总收入为5745.2亿元，增速为25.4%，其中上缴中央收入占比42.9%；湖北省一般公共预算支出为7937亿元，高于地区财政总收入规模。

2021年湖北省四本预算的一般公共预算占比较上一年上升，而政府性基金预算占比小幅下降，社会保险基金对财政补贴的依赖度较高。 2021年湖北省四本预算加总的政府收入11006亿元，增速为23.7%，其中一般公共预算收入、政府性基金预算收入、国有资本经营预算收入和社会保险基金预算收入分别占比29.8%、35.7%、0.8%和33.7%。2021年湖北省社会保险缴费收入为2278.4亿元，增速为23.4%；财政补贴收入规模为1370.7亿元，社会保险基金对财政依赖度达到38.8%。

湖北省内各市州经济社会发展和财政发展不均衡，优势主要集中于省会武汉。 2020年武汉市一般公共预算收入1230.3亿元，其他各地除了襄阳市（160亿元）外均低于150亿元，收入较为集中且城市间差异较大，一般公共预算收入的城市首位度指数为7.7，且武汉市是收入最低的随州市（35.9亿元）的34.3倍。除武汉市外，2020年湖北省各市州财政自给率均低于50%，其中仅鄂州市和黄石市财政自给率超过30%（分别为38.0%和30.8%）。财政自给率最高的城市为武汉，达到51.1%，最低的为恩施州，仅为12.3%，前者是后者的4.2倍。政府性基金收入主要构成是国有土地使用权出让收入，各地差距较大，在有数据可查的地区中，收入规模最大的武汉市（1424.6亿元）为规模最小的随州市（15.9亿元）的89.6倍。

17.1 湖北省政府收入主要特征分析

17.1.1 湖北省经济社会基本情况

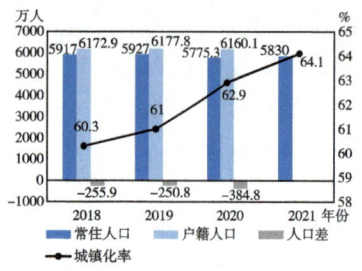

图17-1 2018—2021年湖北省
人口状况

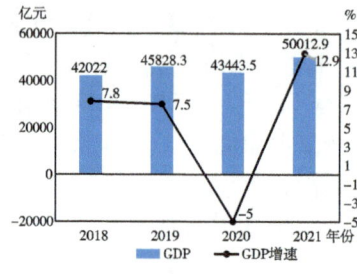

图17-2 2018—2021年湖北省
GDP及增速

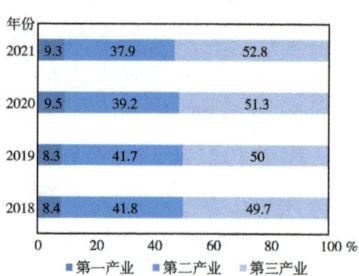

图17-3 2018—2021年湖北省
三次产业结构

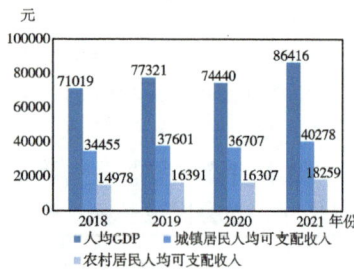

图17-4 2018—2021年湖北省人均
GDP和人均可支配收入

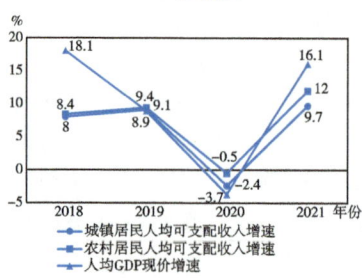

图17-5 2018—2021年湖北省人均
GDP现价增速和人均可支配收入增速
注：2019年人均GDP现价增速8.9%，
城镇居民人均可支配收入增速9.1%，农
村居民人均可支配收入9.4%。

17.1.2 湖北省政府收入总体情况

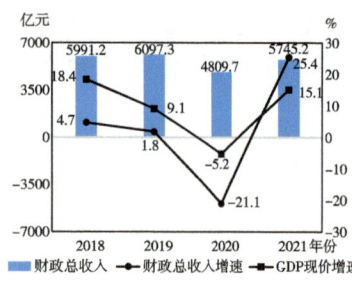

图17-6 2018—2021年湖北省财政
总收入及增速

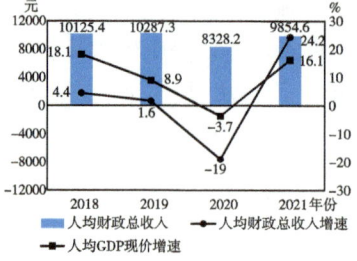

图17-7 2018—2021年湖北省人均
财政总收入及增速

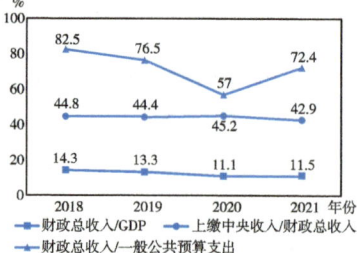

图17-8 2018—2021年湖北省财政
总收入相关指标

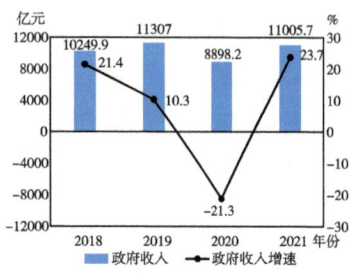

图17-9 2018—2021年湖北省政府
收入及增速

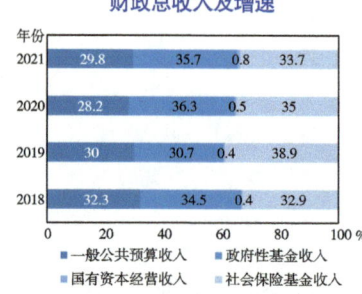

图17-10 2018—2021年湖北省政府
收入结构

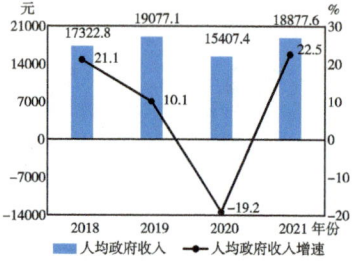

图17-11 2018—2021年湖北省人均
政府收入及增速

17.1.3 湖北省一般公共预算收入情况

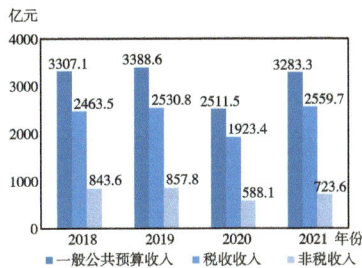

图17-12 2018-2021年湖北省一般公共预算收入

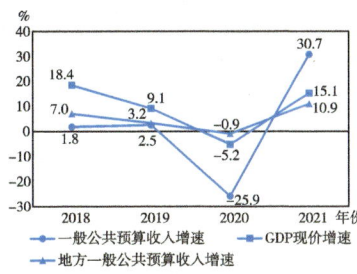

图17-13 2018-2021年湖北省一般公共预算收入增速

注：2019年湖北省一般公共预算收入增速2.5%，地方一般公共预算收入增速3.2%。

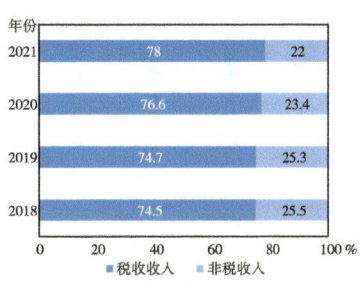

图17-14 2018-2021年湖北省一般公共预算收入结构

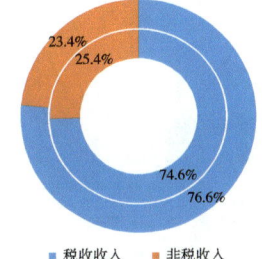

图17-15 2020年一般公共预算收入结构对比（内环为地方，外环为湖北省）

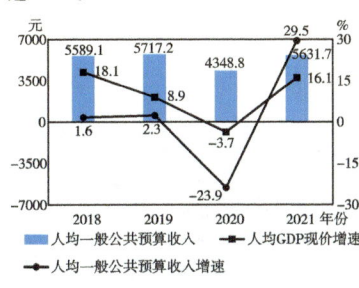

图17-16 2018-2021年湖北省人均一般公共预算收入及增速

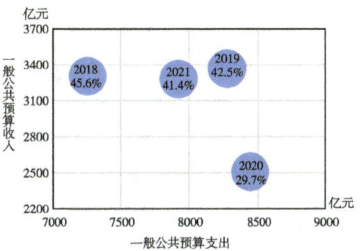

图17-17 2018-2021年湖北省财政自给率

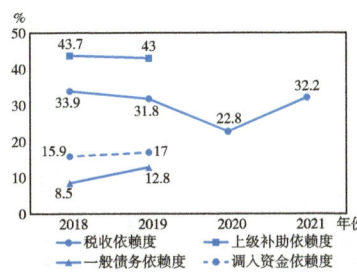

图17-18 2018-2021年湖北省一般公共预算支出对各类收入的依赖度

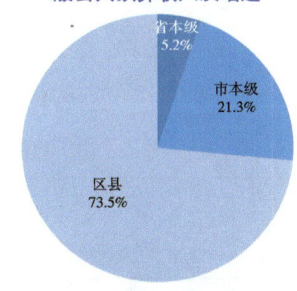

图17-19 2020年湖北省市县三级政府一般公共预算收入分布

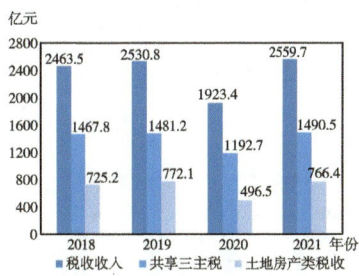

图17-20 2018-2021年湖北省税收收入

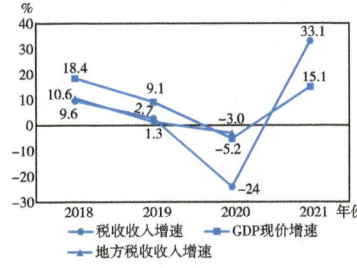

图17-21 2018-2021年湖北省税收收入增速

注：2018年湖北省税收收入增速为9.6%，地方税收收入增速为10.6%；2019年税收收入增速为2.7%，地方税收收入为1.3%。

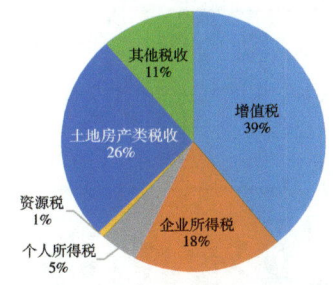

图17-22 2020年湖北省税收收入结构

图17-23 2018-2021年湖北省共享三主税、土地房产类税收占税收收入及一般公共预算收入的比重

图17-24 2018-2021年湖北省非税收入

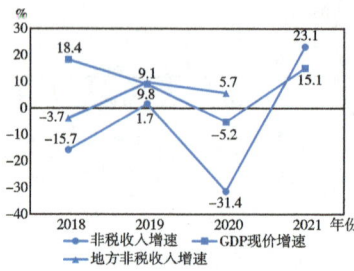

图17-25 2018-2021年湖北省非税收入增速

注：2019年湖北省GDP现价增速为9.1%，地方非税收入增速为9.8%。

图17-26 2018-2021年湖北省非税收入中各主要收入占比

17.1.4 湖北省政府性基金和国有资本经营收入情况

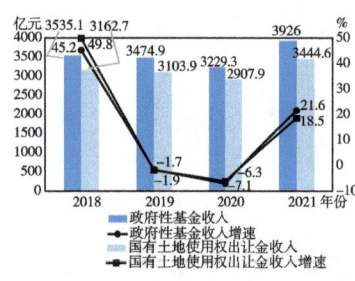

图17-27 2018-2021年湖北省政府性基金收入及增速

注：2019年湖北省政府性基金收入增速为-1.7%，国有土地使用权出让金收入增速为-1.9%；2020年湖北省政府性基金收入增速为-7.1%，国有土地使用权出让金收入增速为-6.3%。

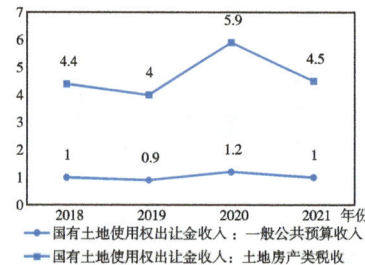

图17-28 2018-2021年湖北省国有土地使用权出让金收入与一般公共预算收入对比关系

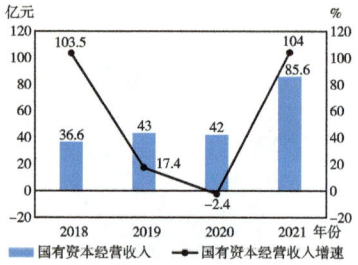

图17-29 2018-2021年湖北省国有资本经营收入及增速

17.1.5 湖北省社会保险基金收入情况

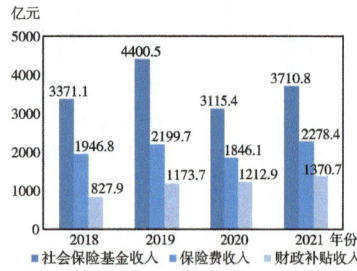

图17-30 2018-2021年湖北省社会保险基金收入

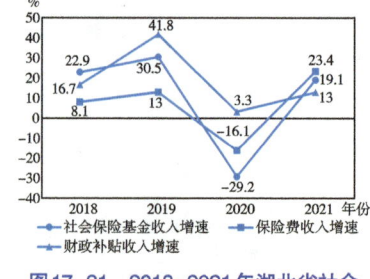

图17-31 2018-2021年湖北省社会保险基金收入增速

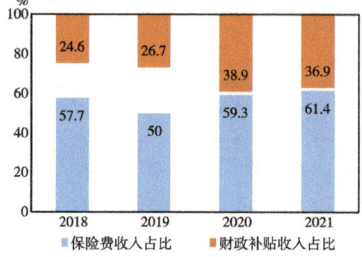

图17-32 2018-2021年湖北省保险费收入、财政补贴收入占社会保险基金收入的比重

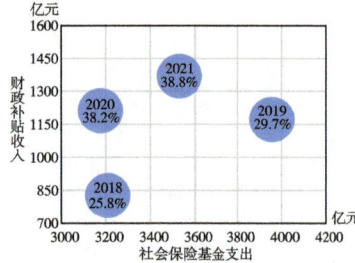

图17-33 2018-2021年湖北省社会保险基金支出对财政补贴的依赖度

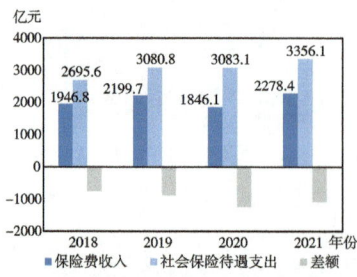

图17-34 2018-2021年湖北省保险费收入、社会保险待遇支出及差额

17.1.6 湖北省债务情况

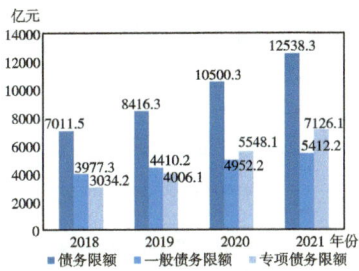

图17-35　2018-2021年湖北省债务限额

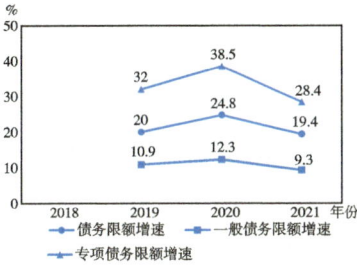

图17-36　2018-2021年湖北省债务限额增速

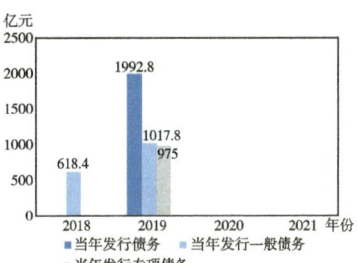

图17-37　2018-2021年湖北省当年发行债务

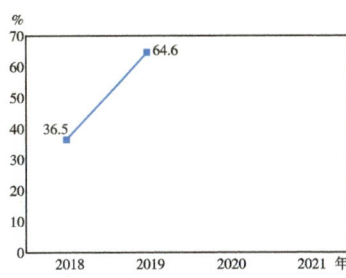

图17-38　2018-2021年湖北省当年发行一般债务增速

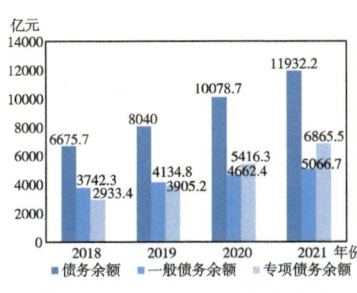

图17-39　2018-2021年湖北省债务余额

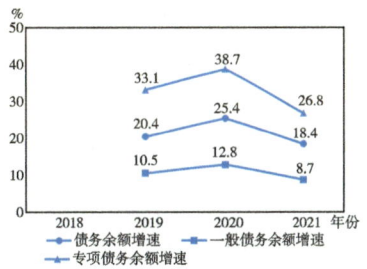

图17-40　2018-2021年湖北省债务余额增速

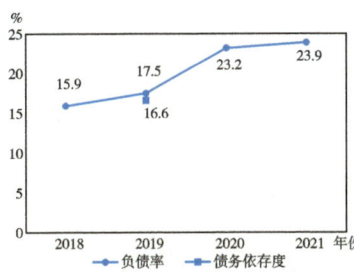

图17-41　2018-2021年湖北省负债率和债务依存度

17.1.7 湖北省省本级一般公共预算收入情况

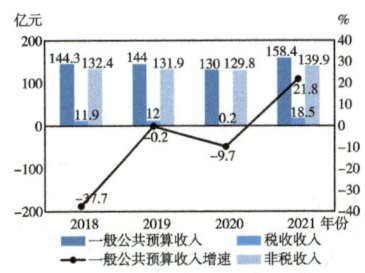

图17-42　2018-2021年湖北省省本级一般公共预算收入及增速

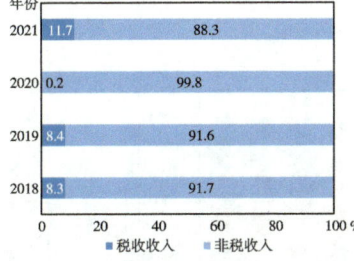

图17-43　2018-2021年湖北省省本级一般公共预算收入结构

注：2020年湖北省省本级税收收入为2113万元，其中增值税因省级垫付增值税留抵退税决算数为-111642万元。

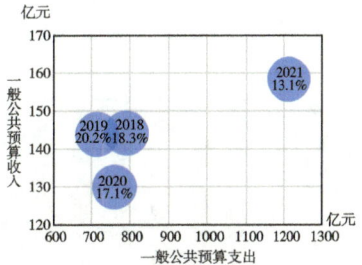

图17-44　2018-2021年湖北省省本级财政自给率

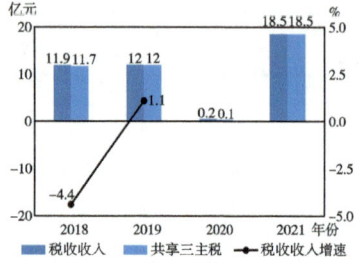

图17-45 2018-2021年湖北省省本级
税收收入及增速
注：图中未包含2020年和2021年湖北省省本级税收收入增速数据。其中：2020年湖北省省本级税收收入增速为-98.2%，2021年为8643.1%

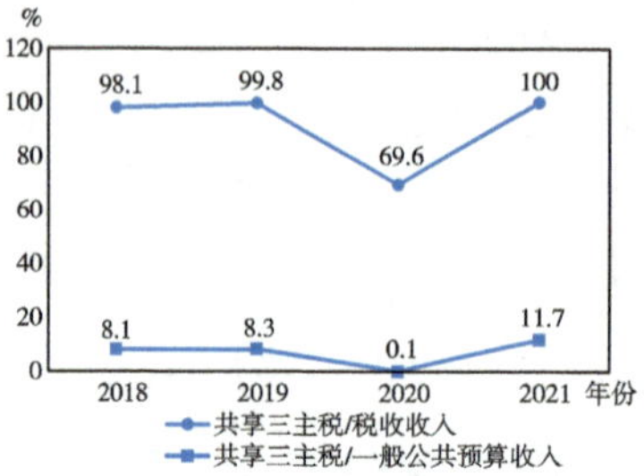

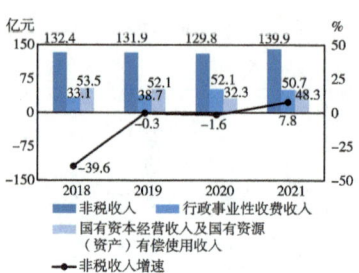

图17-46 2018-2021年湖北省省本级
共享三主税占税收收入及一般公共
预算收入的比重

图17-47 2018-2021年湖北省省本级
非税收入及增速

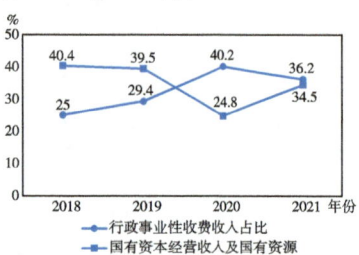

图17-48 2018-2021年湖北省省本级
非税收入中各主要收入占比

17.2 湖北省各市政府收入主要特征分析

17.2.1 湖北省各市经济社会发展情况

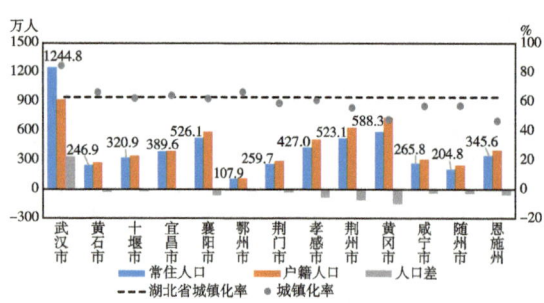

图17-49 2020年湖北省各市人口状况

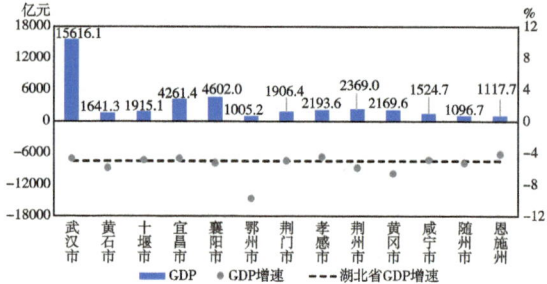

图17-50 2020年湖北省各市GDP及增速

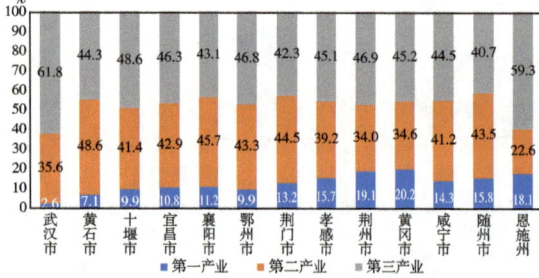

图17-51 2020年湖北省各市三次产业结构

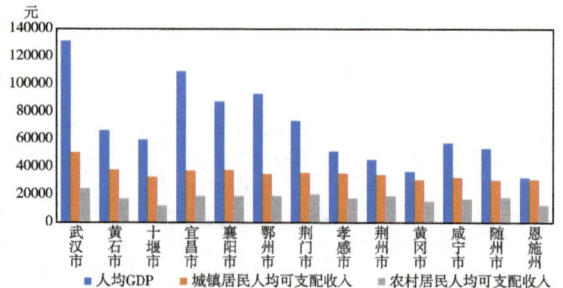

图17-52 2020年湖北省各市人均GDP和人均可支配收入

17 地区篇·湖北省

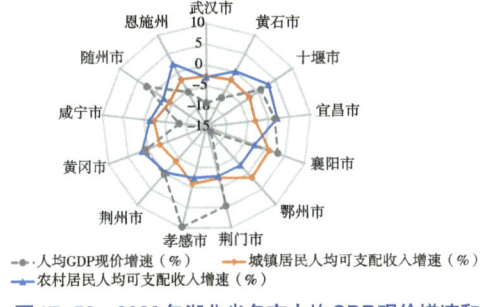

图17-53 2020年湖北省各市人均GDP现价增速和人均可支配收入增速

17.2.2 湖北省各市政府收入总体情况

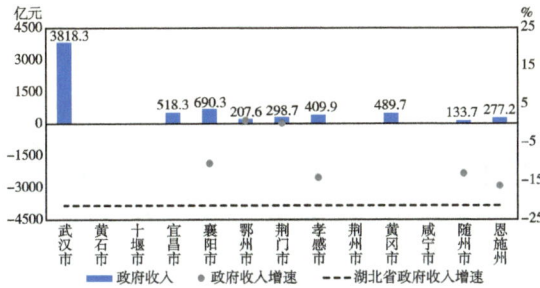

图17-54 2020年湖北省各市政府收入及增速

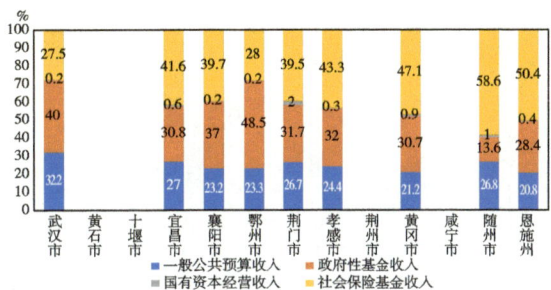

图17-55 2020年湖北省各市政府收入结构

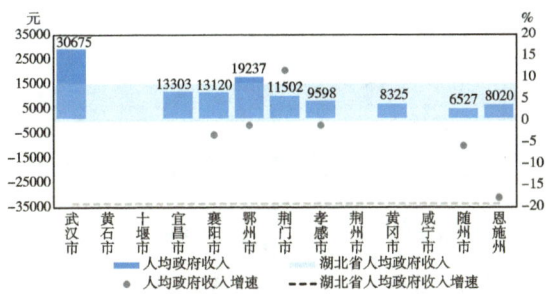

图17-56 2020年湖北省各市人均政府收入及增速

17.2.3 湖北省各市一般公共预算收入情况

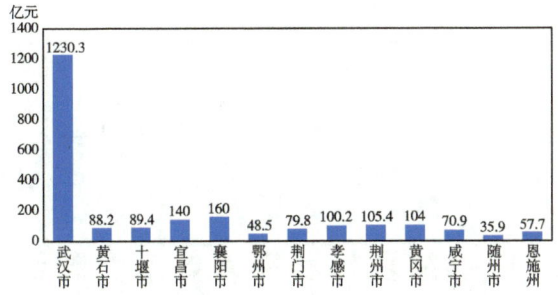

图17-57 2020年湖北省各市一般公共预算收入

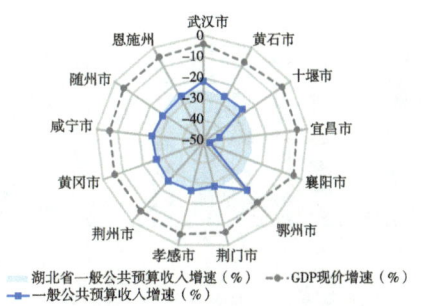

图17-58 2020年湖北省各市一般公共预算收入增速

531

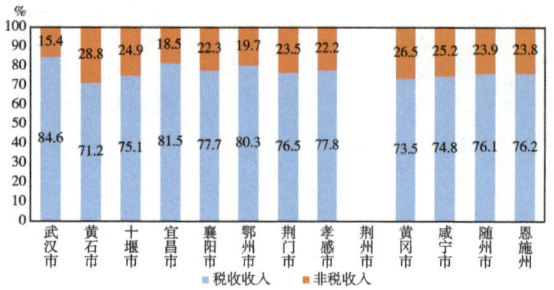

图17-59 2020年湖北省各市一般公共预算收入结构

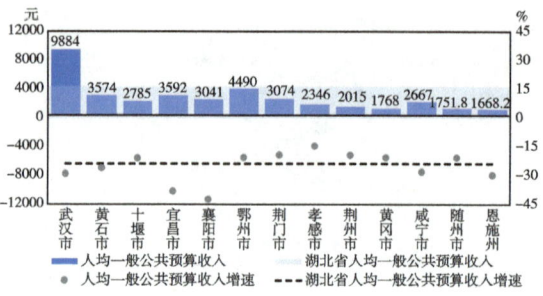

图17-60 2020年湖北省各市人均一般公共预算收入及增速

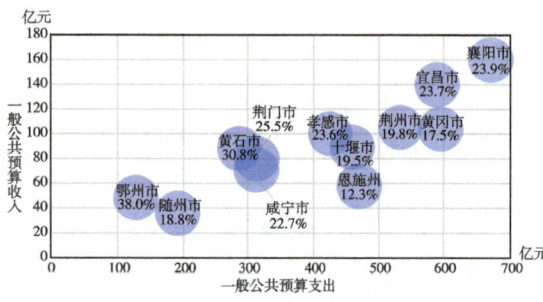

图17-61 2020年湖北省各市财政自给率

注：图中未包含武汉市数据；2020年武汉市一般公共预算支出2407.811亿元，一般公共预算收入1230.290亿元，财政自给率51.1%。

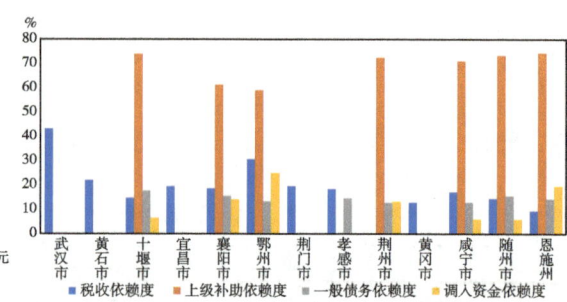

图17-62 2020年湖北省各市一般公共预算支出对各类收入的依赖度

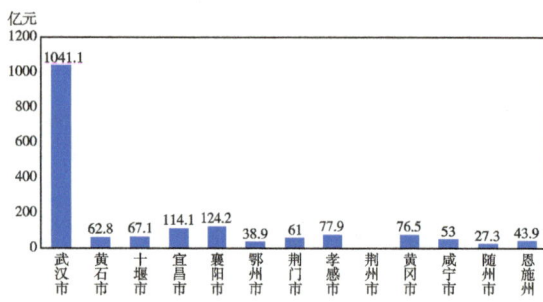

图17-63 2020年湖北省各市税收收入

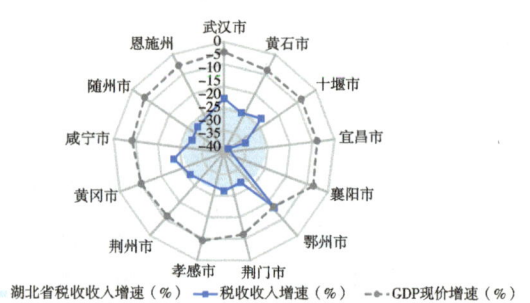

图17-64 2020年湖北省各市税收收入增速

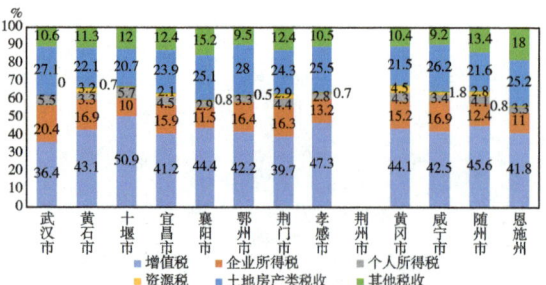

图17-65 2020年湖北省各市税收收入结构

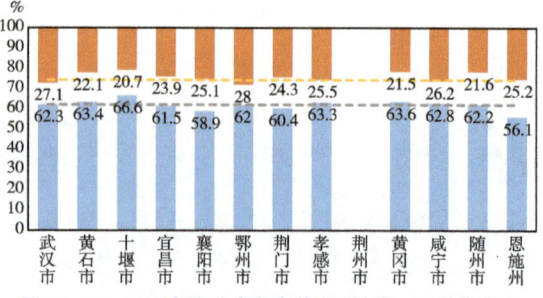

图17-66 2020年湖北省各市共享三主税、土地房产类税收占税收收入的比重

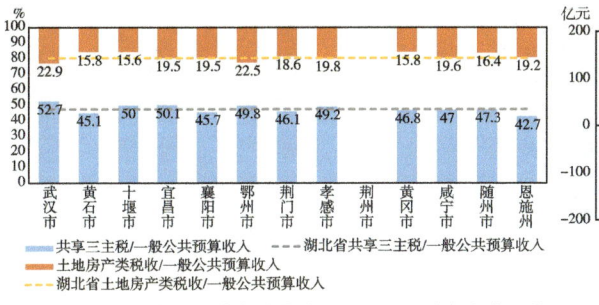

图17-67 2020年湖北省各市共享三主税、土地房产类税收占一般公共预算收入的比重

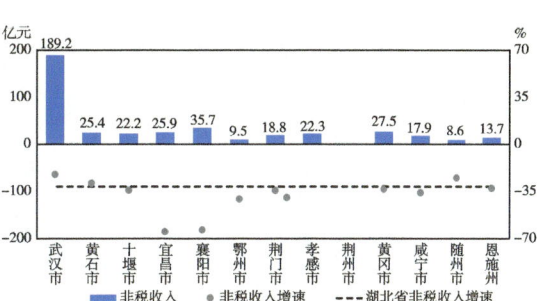

图17-68 2020年湖北省各市非税收入及增速

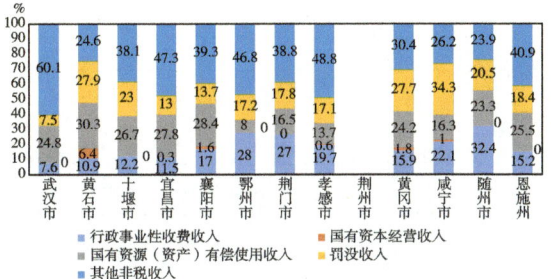

图17-69 2020年湖北省各市非税收入结构

17.2.4 湖北省各市政府性基金收入与国有资本经营收入情况

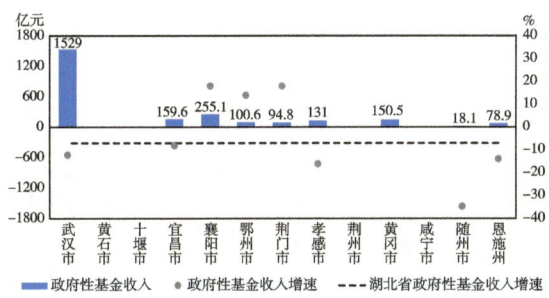

图17-70 2020年湖北省各市政府性基金收入及增速

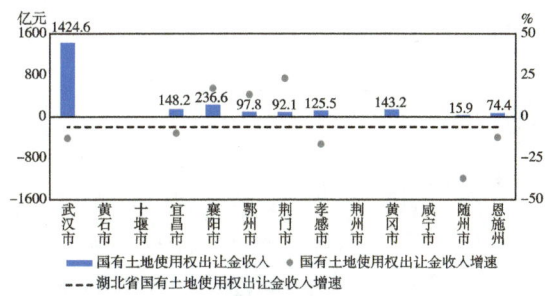

图17-71 2020年湖北省各市国有土地使用权出让金收入及增速

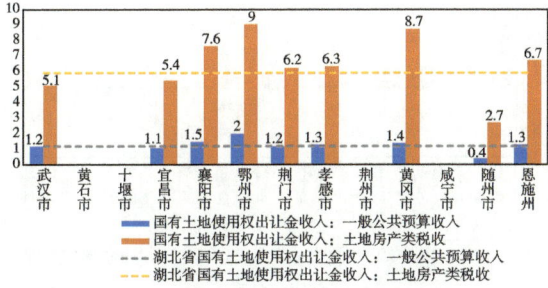

图17-72 2020年湖北省各市国有土地使用权出让金收入与一般公共预算收入对比关系

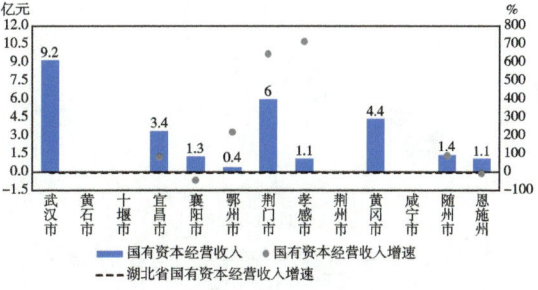

图17-73 2020年湖北省各市国有资本经营收入及增速

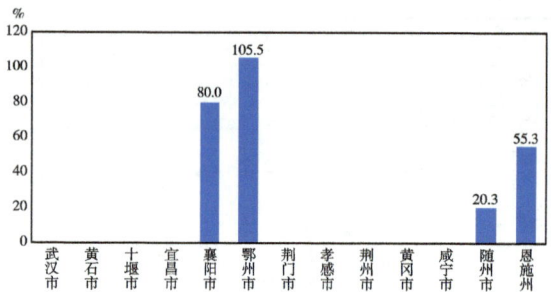

图17-74 2020年湖北省各市调出资金与国有资本经营收入对比关系

17.2.5 湖北省各市社会保险基金收入情况

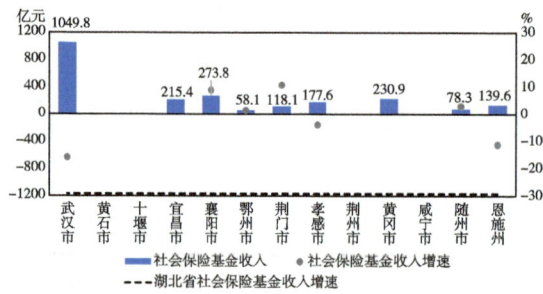

图17-75 2020年湖北省各市社会保险基金收入及增速

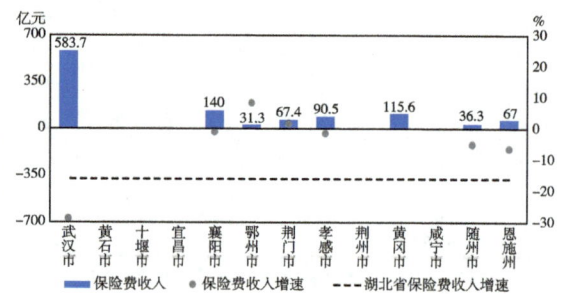

图17-76 2020年湖北省各市保险费收入及增速

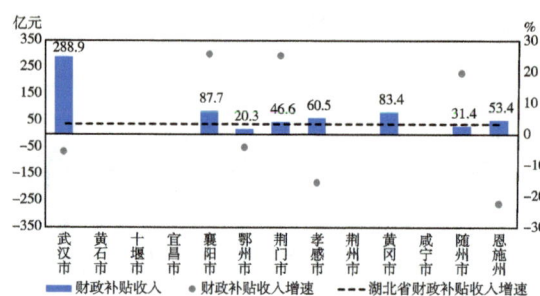

图17-77 2020年湖北省各市财政补贴收入及增速

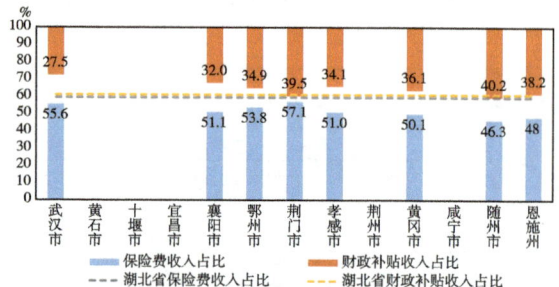

图17-78 2020年湖北省各市保险费收入、财政补贴收入占社会保险基金收入的比重

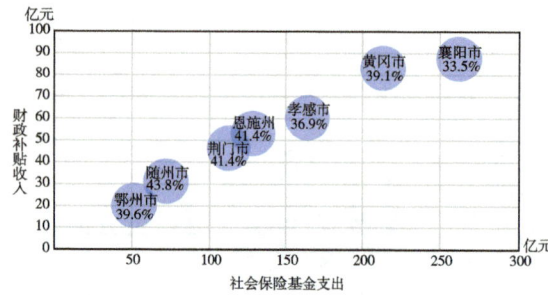

图17-79 2020年湖北省各市社会保险基金支出对财政补贴的依赖度

注：图中未包含武汉市数据：2020武汉市社会保险基金支出1073.655亿元，财政补贴收入288.900亿元，社会保险基金预算对财政补贴的依赖度26.9%。

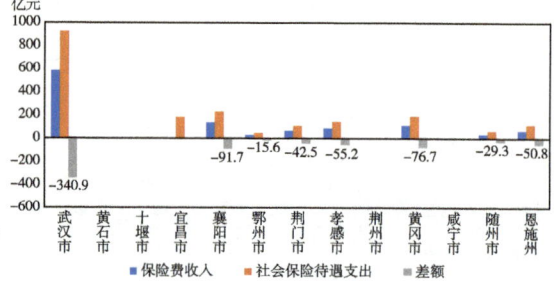

图17-80 2020年湖北省各市保险费收入、社会保险待遇支出及差额

17.2.6 湖北省各市债务情况

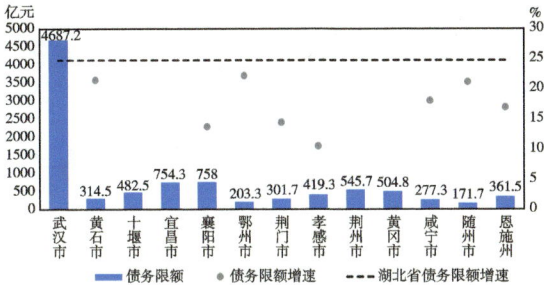

图17-81 2020年湖北省各市债务限额及增速

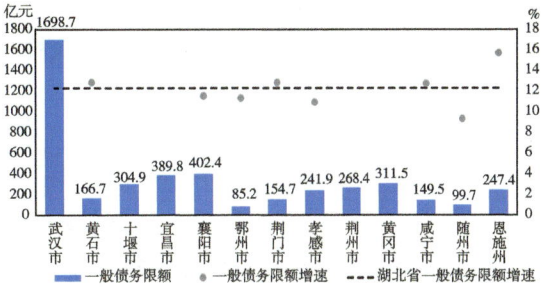

图17-82 2020年湖北省各市一般债务限额及增速

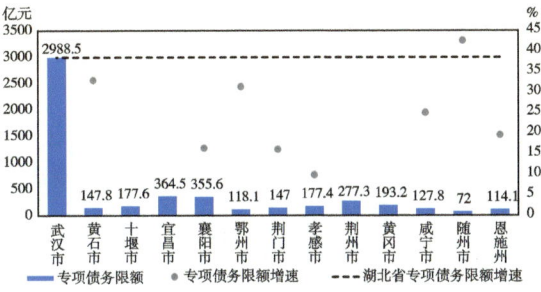

图17-83 2020年湖北省各市专项债务限额及增速

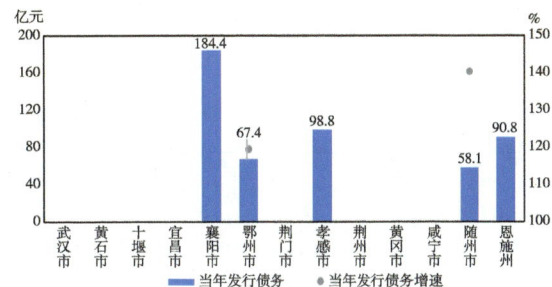

图17-84 2020年湖北省各市当年发行债务及增速

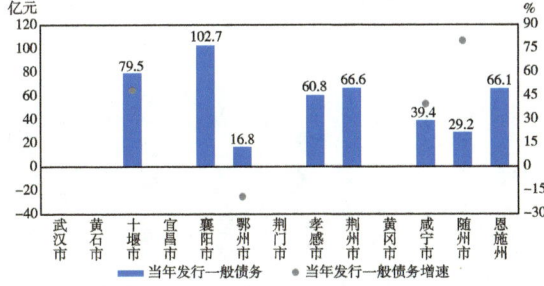

图17-85 2020年湖北省各市当年发行一般债务及增速

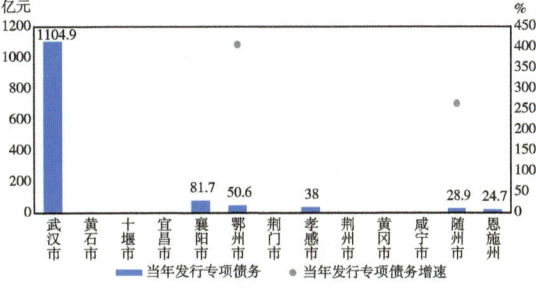

图17-86 2020年湖北省各市当年发行专项债务及增速

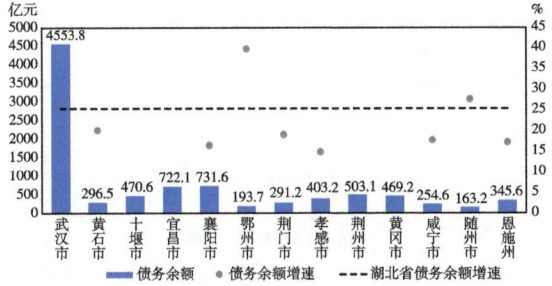

图17-87 2020年湖北省各市债务余额及增速

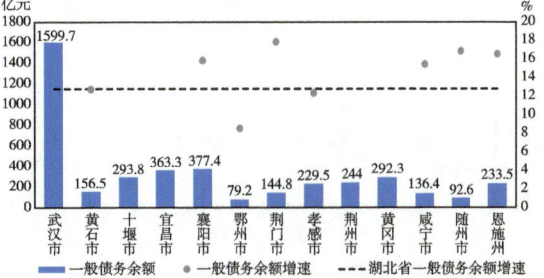

图17-88 2020年湖北省各市一般债务余额及增速

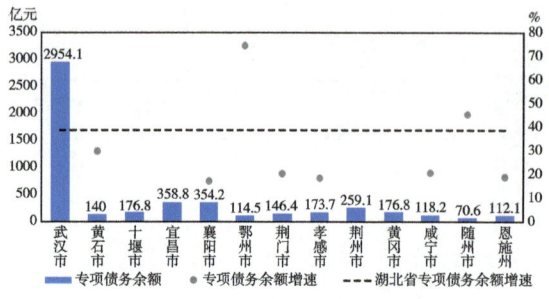

图17-89 2020年湖北省各市专项债务余额及增速

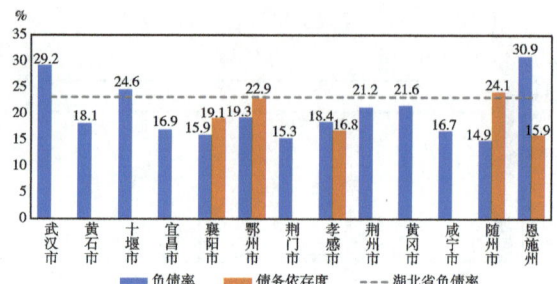

图17-90 2020年湖北省各市负债率和债务依存度

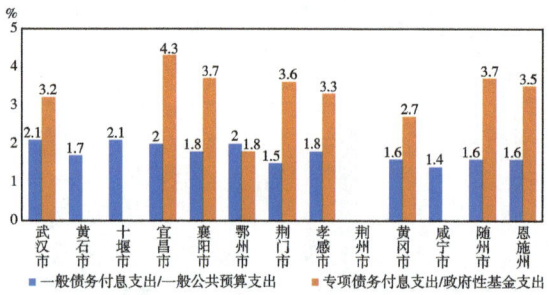

图17-91 2020年湖北省各市债务付息支出相关指标

17.2.7 湖北省各市市本级一般公共预算收入情况

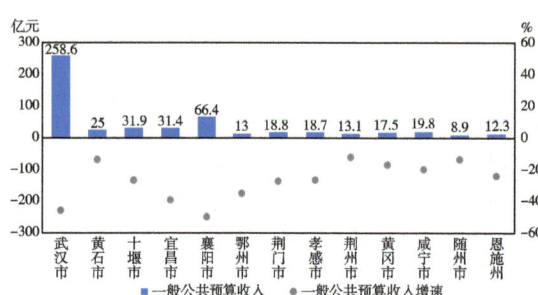

图17-92 2020年湖北省各市市本级一般公共预算收入及增速

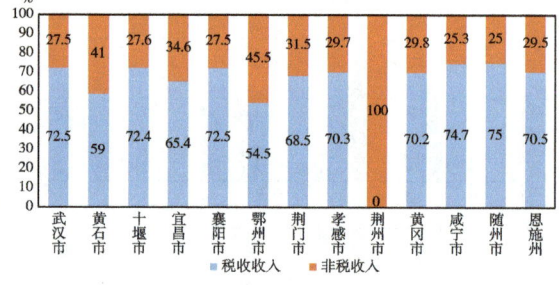

图17-93 2020年湖北省各市市本级一般公共预算收入结构

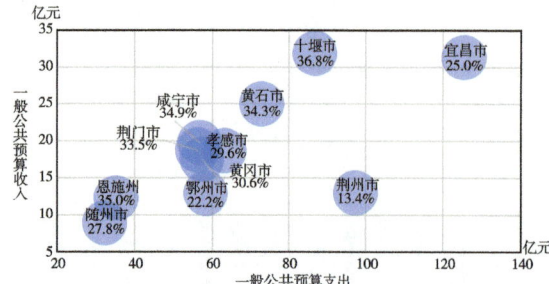

图17-94 2020年湖北省各市市本级财政自给率

注：图中未包含武汉市和襄阳市数据。其中：2020年武汉市市本级一般公共预算支出1012.504亿元，一般公共预算收入258.644亿元，财政自给率25.5%；襄阳市市本级一般公共预算支出221.789亿元，一般公共预算收入66.429亿元，财政自给率30.0%。

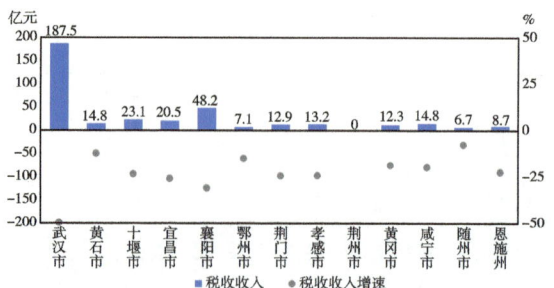

图17-95 2020年湖北省各市市本级税收收入及增速

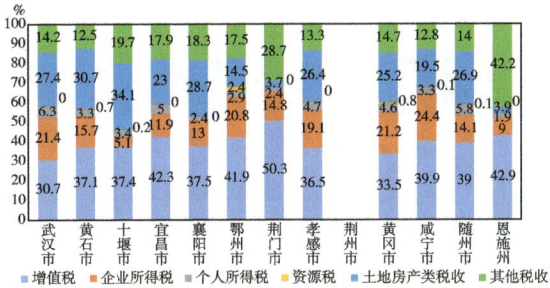

图17-96　2020年湖北省各市市本级税收入结构

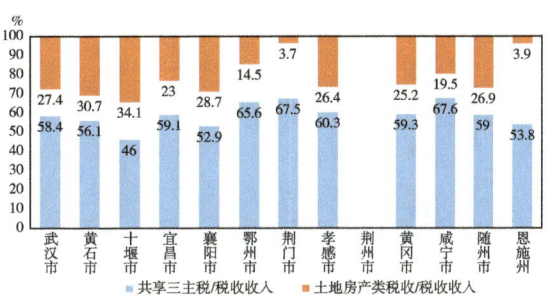

图17-97　2020年湖北省各市市本级共享三主税、土地房产类税收占税收收入的比重

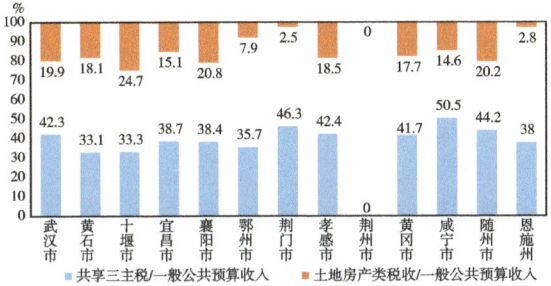

图17-98　2020年湖北省各市市本级共享三主税、土地房产类税收占一般公共预算收入的比重

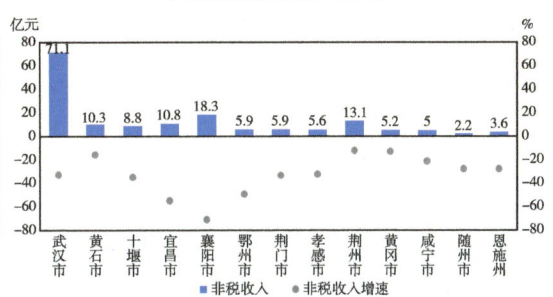

图17-99　2020年湖北省各市市本级非税收入及增速

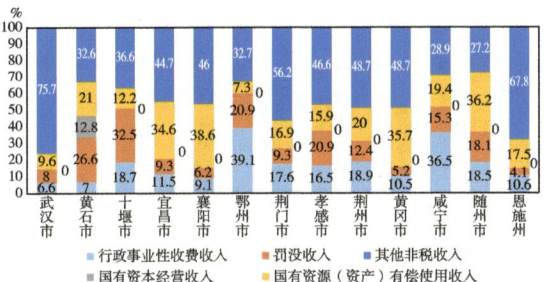

图17-100　2020年湖北省各市市本级非税收入结构

17.3　湖北省样本县政府收入主要特征分析

17.3.1　湖北省样本县经济社会发展情况

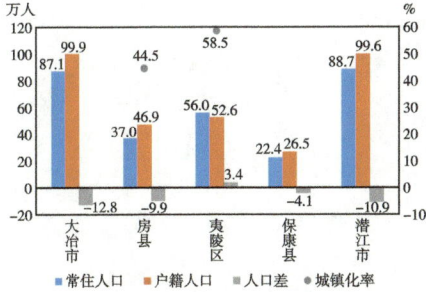

图17-101　2020年湖北省样本县人口状况

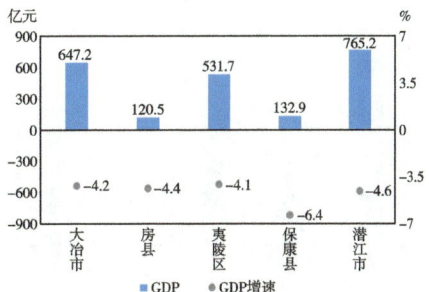

图17-102　2020年湖北省样本县GDP及增速

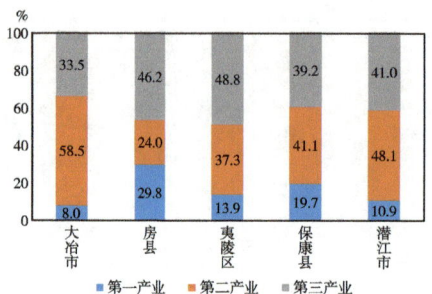

图17-103　2020年湖北省样本县三次产业结构

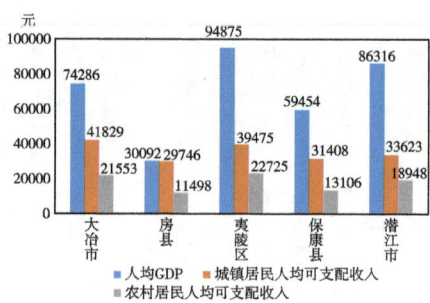

图17-104　2020年湖北省样本县人均GDP和人均可支配收入

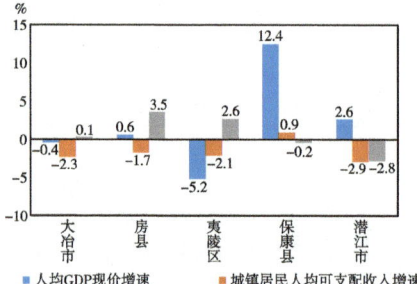

图17-105　2020年湖北省样本县人均GDP现价增速和人均可支配收入增速

17.3.2　湖北省样本县政府收入总体情况

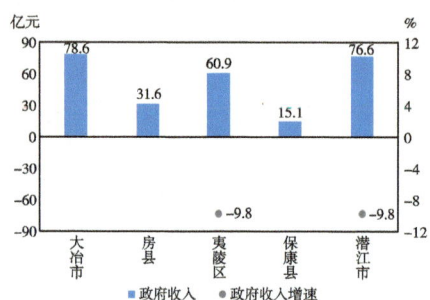

图17-106　2020年湖北省样本县政府收入及增速

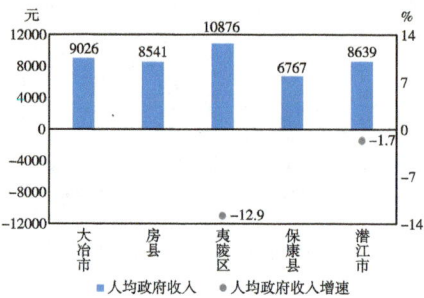

图17-107　2020年湖北省样本县人均政府收入及增速

17.3.3　湖北省样本县一般公共预算收入情况

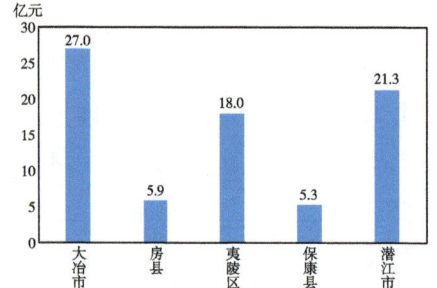

图17-108　2020年湖北省样本县一般公共预算收入

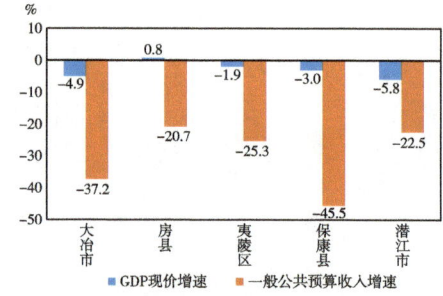

图17-109　2020年湖北省样本县一般公共预算收入增速

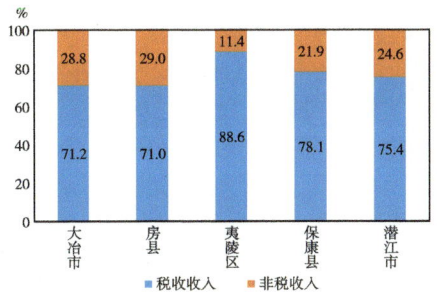

图 17-110 2020 年湖北省样本县一般公共预算收入结构

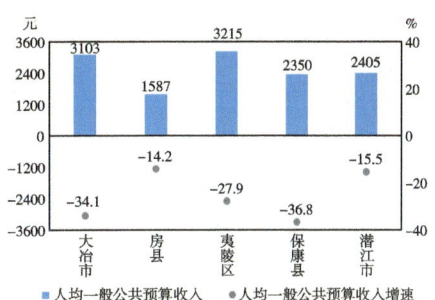

图 17-111 2020 年湖北省样本县人均一般公共预算收入及增速

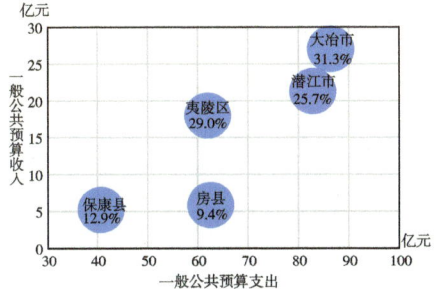

图 17-112 2020 年湖北省样本县财政自给率

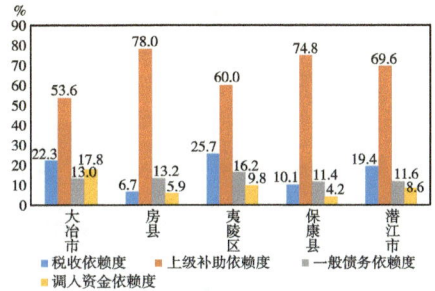

图 17-113 2020 年湖北省样本县一般公共预算支出对各类收入的依赖度

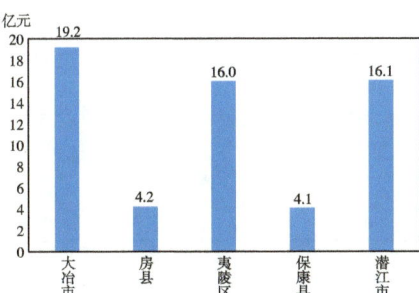

图 17-114 2020 年湖北省样本县税收收入

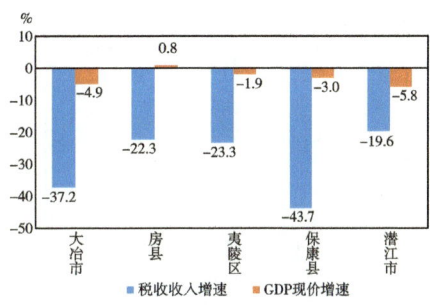

图 17-115 2020 年湖北省样本县税收收入增速

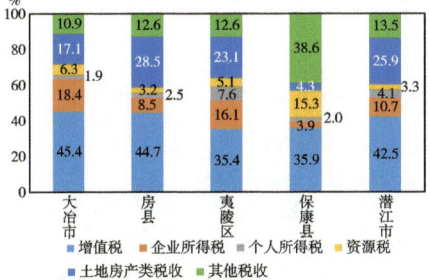

图 17-116 2020 年湖北省样本县税收收入结构

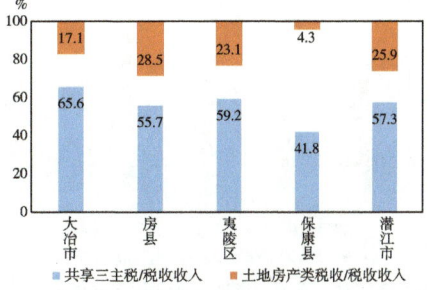

图 17-117 2020 年湖北省样本县共享三主税、土地房产类税收占税收收入的比重

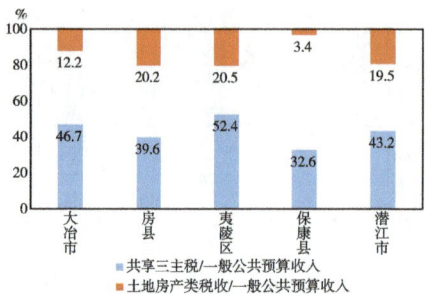

图17-118 2020年湖北省样本县共享三主税、土地房产类税收占一般公共预算收入的比重

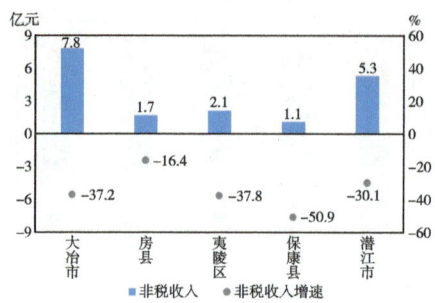

图17-119 2020年湖北省样本县非税收入及增速

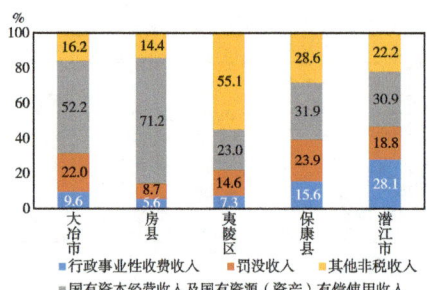

图17-120 2020年湖北省样本县非税收入结构

17.3.4 湖北省样本县政府性基金收入与国有资本经营收入情况

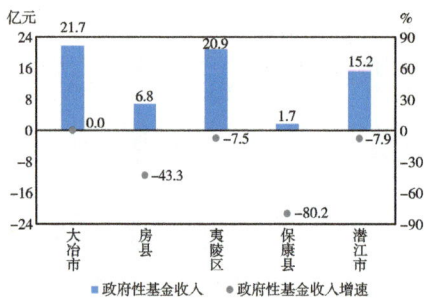

图17-121 2020年湖北省样本县政府性基金收入及增速

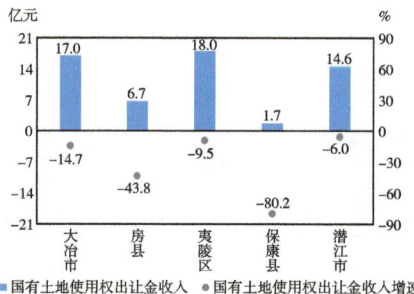

图17-122 2020年湖北省样本县国有土地使用权出让金收入及增速

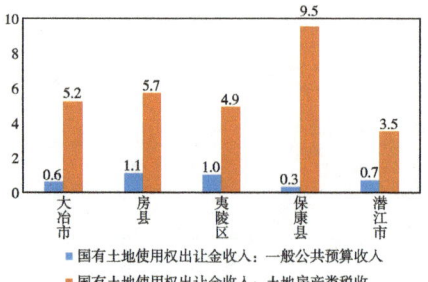

图17-123 2020年湖北省样本县国有土地使用权出让金收入与一般公共预算收入对比关系

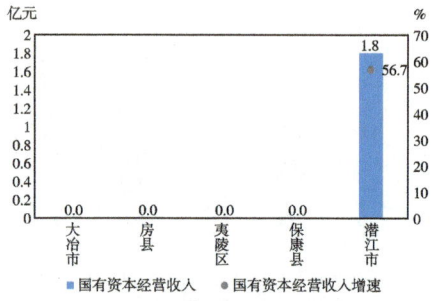

图17-124 2020年湖北省样本县国有资本经营收入及增速

17.3.5 湖北省样本县社会保险基金收入情况

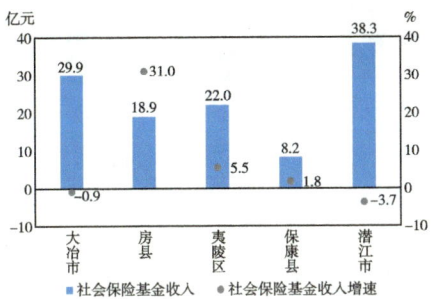

图17-125　2020年湖北省样本县社会保险基金收入及增速

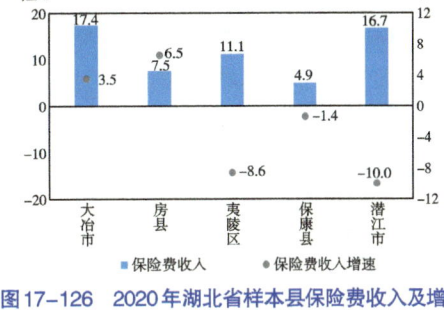

图17-126　2020年湖北省样本县保险费收入及增速

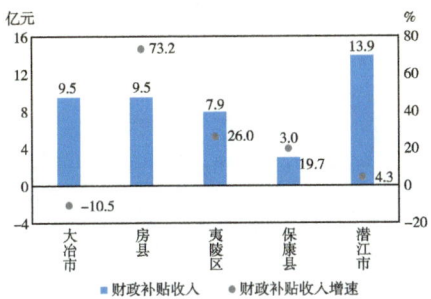

图17-127　2020年湖北省样本县财政补贴收入及增速

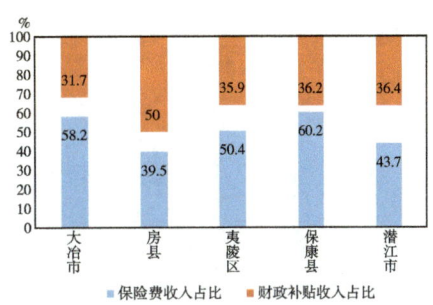

图17-128　2020年湖北省样本县保险费收入、财政补贴收入占社会保险基金收入的比重

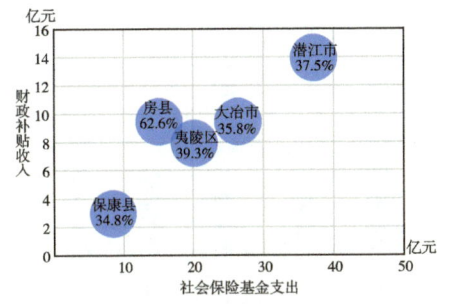

图17-129　2020年湖北省样本县社会保险基金支出对财政补贴的依赖度

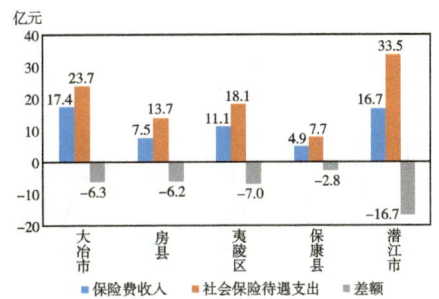

图17-130　2020年湖北省样本县保险费收入、社会保险待遇支出及差额

17.3.6 湖北省样本县债务情况

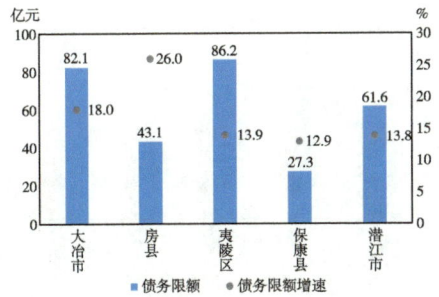

图17-131　2020年湖北省样本县债务限额及增速

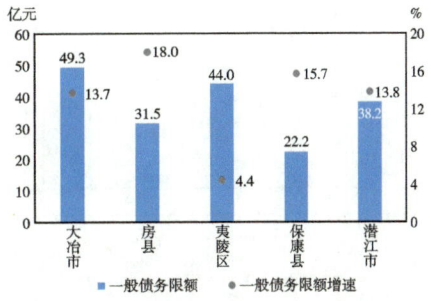

图17-132　2020年湖北省样本县一般债务限额及增速

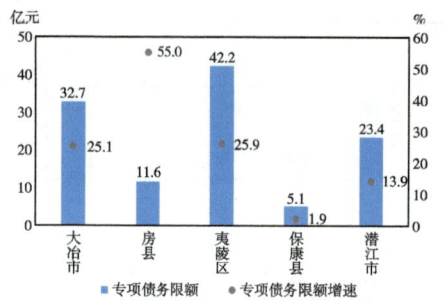
图 17-133 2020年湖北省样本县专项债务限额及增速

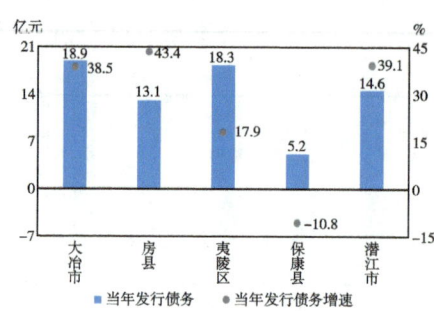
图 17-134 2020年湖北省样本县当年发行债务及增速

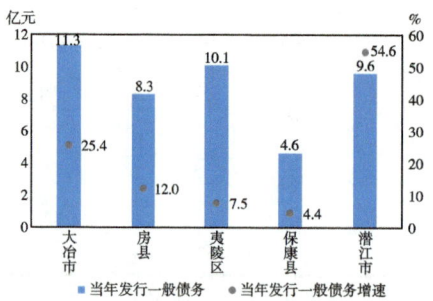
图 17-135 2020年湖北省样本县当年发行一般债务及增速

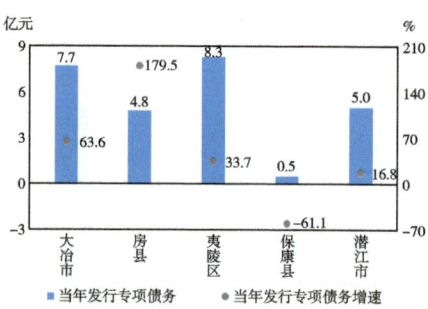
图 17-136 2020年湖北省样本县当年发行专项债务及增速

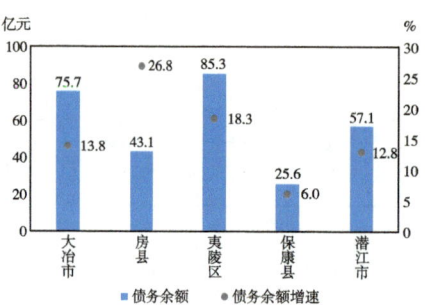
图 17-137 2020年湖北省样本县债务余额及增速

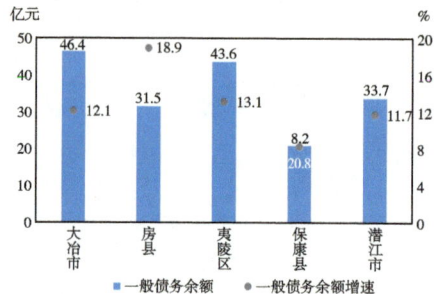
图 17-138 2020年湖北省样本县一般债务余额及增速

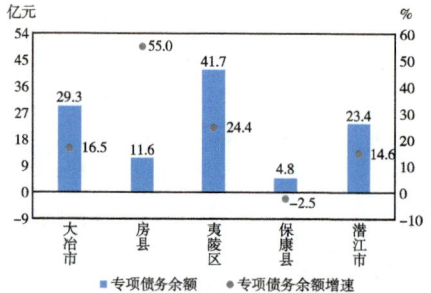
图 17-139 2020年湖北省样本县专项债务余额及增速

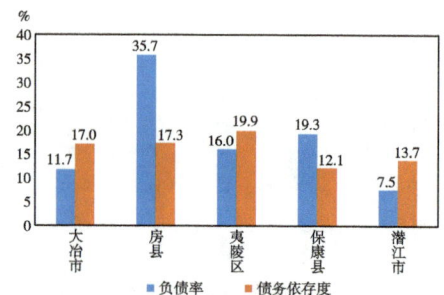
图 17-140 2020年湖北省样本县负债率和债务依存度

18 湖南省

图 2022年湖南省地图

资料来源：自然资源部的标准地图服务系统网站。
注：审图号为湘S（2022）034号。

本章执笔人：肖璐璇　审校：侯海波

专栏18-1 2021年湖南省行政区划

长沙市：芙蓉区、天心区、**岳麓区**、开福区、雨花区、望城区、长沙县、**浏阳市**、宁乡市

株洲市：荷塘区、石峰区、芦淞区、天元区、渌口区、醴陵市、**攸县**、茶陵县、炎陵县

湘潭市：雨湖区、岳塘区、湘乡市、韶山市、湘潭县

衡阳市：珠晖区、雁峰区、石鼓区、蒸湘区、南岳区、耒阳市、常宁市、**衡阳县**、衡南县、衡山县、衡东县、祁东县

邵阳市：双清区、大祥区、北塔区、武冈市、**邵东市**、新邵县、邵阳县、隆回县、洞口县、新宁县、绥宁县、城步苗族自治县

岳阳市：岳阳楼区、云溪区、君山区、汨罗市、临湘市、岳阳县、平江县、湘阴县、**华容县**

常德市：武陵区、鼎城区、津市市、安乡县、汉寿县、澧县、临澧县、桃源县、石门县

张家界市：永定区、武陵源区、慈利县、桑植县

益阳市：资阳区、赫山区、沅江市、南县、桃江县、安化县

郴州市：北湖区、苏仙区、资兴市、桂阳县、永兴县、宜章县、嘉禾县、临武县、汝城县、桂东县、安仁县

永州市：零陵区、冷水滩区、东安县、道县、宁远县、江永县、江华瑶族自治县、蓝山县、新田县、双牌县、祁阳县

怀化市：鹤城区、洪江市、中方县、沅陵县、辰溪县、溆浦县、麻阳苗族自治县、会同县、新晃侗族自治县、芷江侗族自治县、靖州苗族侗族自治县、通道侗族自治县

娄底市：娄星区、冷水江市、涟源市、双峰县、新化县

湘西自治州：吉首市、泸溪县、凤凰县、花垣县、保靖县、古丈县、永顺县、龙山县

本书选取岳麓区、浏阳市、攸县、衡阳县、邵东市以及华容县为样本县。

湖南省共辖14个地级行政区，包括13个地级市和1个自治州，市辖区36个、县级市19个、县60个、自治县7个（详见专栏18-1）；湖南省地处长江中游，省境绝大部分在洞庭湖以南，湘江贯穿省境南北，属于云贵高原向江南丘陵和南岭山脉向江汉平原过渡的地带，东、南、西三面环山，中部丘岗起伏，北部湖盆平原展开，沃野千里，是朝东北开口的不对称马蹄形地形。省内地貌类型多样，有半高山、低山、丘陵、岗地、盆地和平原，可划分为湘西北山原山地区、湘西山地区、湘南丘山区、湘东山丘区、湘中丘陵区、湘北平原区六个地貌区。多样的地质地貌条件孕育了湖南省诸多的自然资源，如森林和湿地等植物资源、多样的动物资源、丰富的土地资源和水资源，此外，湖南省也是著名的"有色金属之乡"和"非金属矿之乡"。依靠这些丰富的自然资源，湖南省是我国重要的粮食生产基地，自古便有"湖广熟，天下足"的谚语，湖南省也是重要的重工业生产基地。

2021年湖南省经济总量处于全国偏上水平，第三产业占比低于全国，城镇化率低于全国水平。 2021年末，湖南省常住人口6622万人，常住人口城镇化率为59.7%（低于全国水平5.02个百分点）。2021年湖南省GDP达到4.6万亿元，排全国第9名，次于湖北、福建，高于上海、安徽；增速7.7%，比2020年提高了3.9%，比全国低0.4个百分点，排全国第16名；人均GDP为69440元（10385.41美元），排全国第14名。从产业结构看，第一、第二、第三产业占比分别为9.4%（高于全国2.1个百分点）、39.3%（低于全国0.1个百分点）和51.3%（低于全国2个百分点）。从居民可支配收入看，2021年城镇与农村居民人均可支配收入分别为44866元和18295元，呈上升态势，分别为全国平均水平的94.6%和96.6%。

2021年湖南省一般公共预算收入全国排名居于中上，非税收入占比高，省市县中区县级政府收入占比最高。 2021年湖南省一般公共预算收入3250.7亿元，排全国第13名，增速为8%。人均一般公共预算收入为4909元，排全国第23名。其中，近四年湖南省税收收入占一般公共算收入基本稳定，2021年为69.1%，低于全国平均水平16.2个百分点。非税收入占比偏高，其中2021年国有资本经营收入及国有资源（资产）有偿使用收入规模占非税收入比达27.7%。从纵向收入分配看，2020年省本级、市本级、县一般公共预算收入占比分别为11.5%、30.1%和58.4%。

2021年湖南省财政自给率偏低，2021年有所回升。 2021年湖南财政自给率为38.9%，较2020年上升3.1个百分点。2021年湖南省一般公共预算支出为8364.8亿元，较上一年呈下降趋势。

2021年湖南省四本预算合计中政府性基金预算收入占比最高，社保对财政补贴的依度较高。 2021年湖南省四本预算加总的政府收入10450.2亿元，其中一般公共预算收入、政府性基金预算收入、国有资本经营预算收入和社会保险基金预算收入分别占比31.1%、36.4%、1.3%和31.2%。2021年湖南省社保基金预算收入3259.9亿元，其中社会保险缴费收入为1593.3亿元，财政补贴收入规模为1053.9亿元。社保支出对财政依赖度达到32.5%。

湖南省内各地市经济社会发展和财政发展不均衡，优势主要集中于省会长沙。 长沙市是2021年湖南省政府收入规模唯一超2000亿元的城市，而其他城市政府收入规模都在1000亿元以下。2021年长沙市一般公共预算收入1100.1亿元，除排名第二的株洲实现204.6亿元的一般公共预算收入外，其他各市均低于200亿元，一般公共预算收入的城市首位度指数为6.6，且长沙市是收入最低的张家界市的34.3倍。湖南省除长沙市以外，其他各市财政自给率都低于50%。2020年，长沙市财政自给率为73.3%，自给率较高；常德市、郴州市、湘潭市、株洲市和衡阳市财政自给率在30%至40%之间；其他市自给率低于在30%。财政自给率最低的张家界市仅为16.2%，最高自给率的长沙市是张家界市的4.4倍。政府性基金收入主要构成是国有土地使用权出让收入，各地差距较大，收入规模最大的长沙市（1043.6亿元）为规模最小的湘西州（60.6亿元）的17.2倍。

18.1 湖南省政府收入主要特征分析

18.1.1 湖南省经济社会基本情况

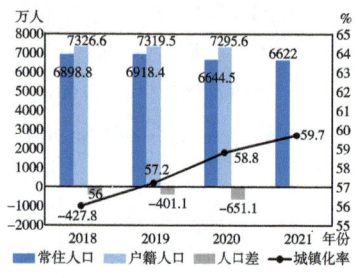

图18-1 2018-2021年湖南省人口状况

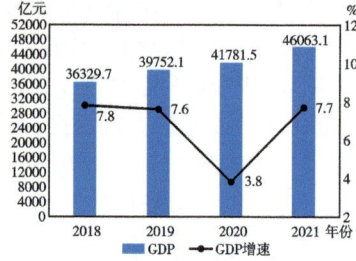

图18-2 2018-2021年湖南省GDP及增速

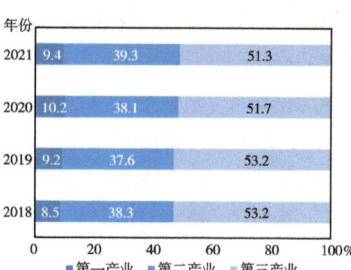

图18-3 2018-2021年湖南省三次产业结构

图18-4 2018-2021年湖南省人均GDP和人均可支配收入

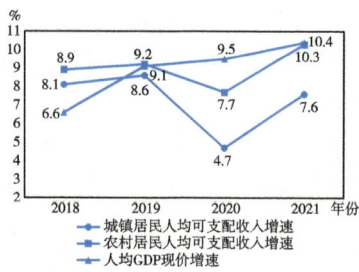

图18-5 2018-2021年湖南省人均GDP现价增速和人均可支配收入增速

18.1.2 湖南省政府收入总体情况

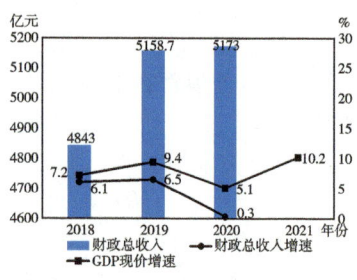

图18-6 2018-2021年湖南省财政总收入及增速

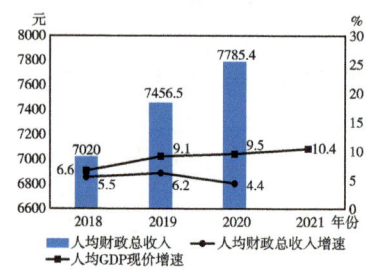

图18-7 2018-2021年湖南省人均财政总收入及增速

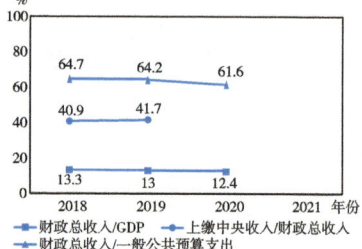

图18-8 2018-2021年财政总收入相关指标

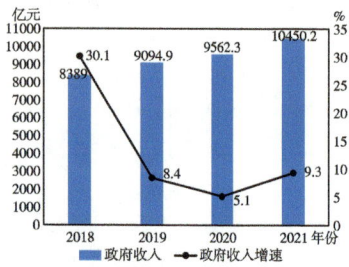

图18-9 2018-2021年湖南省政府收入及增速

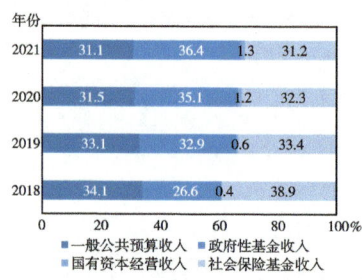

图18-10 2018-2021年湖南省政府收入结构

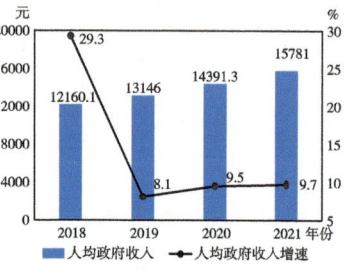

图18-11 2018-2021年湖南省人均政府收入及增速

18.1.3 湖南省一般公共预算收入情况

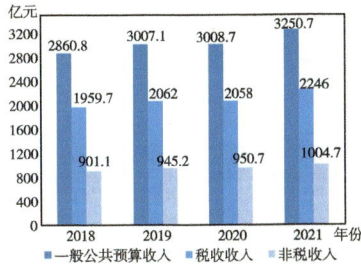

图 18-12　2018-2021年湖南省一般公共预算收入

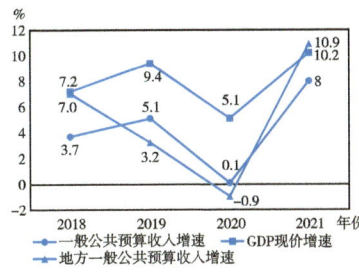

图 18-13　2018-2021年湖南省一般公共预算收入增速

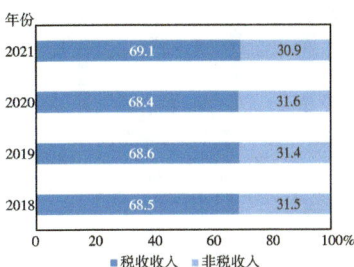

图 18-14　2018-2021年湖南省一般公共预算收入结构

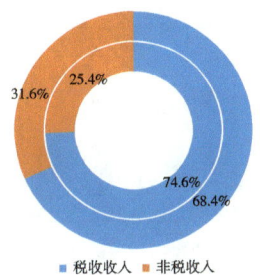

图 18-15　2020年一般公共预算收入结构对比（内环为地方，外环为湖南省）

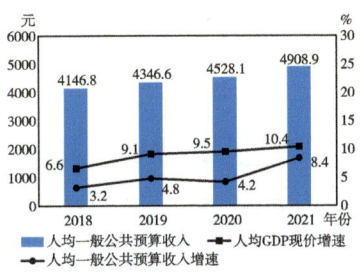

图 18-16　2018-2021年湖南省人均一般公共预算收入及增速

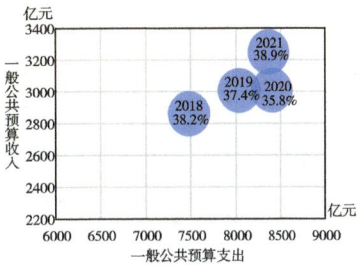

图 18-17　2018-2021年湖南省财政自给率

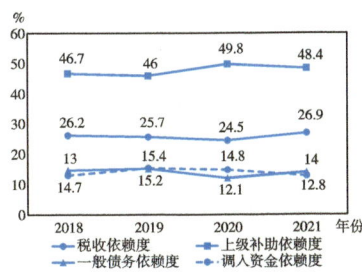

图 18-18　2018-2021年湖南省一般公共预算支出对各类收入的依赖度

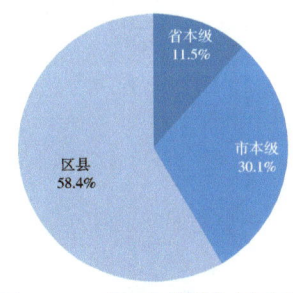

图 18-19　2020年湖南省市县三级政府一般公共预算收入分布

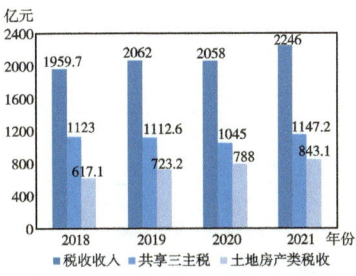

图 18-20　2018-2021年湖南省税收收入

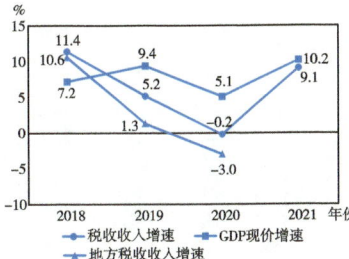

图 18-21　2018-2021年湖南省税收收入增速

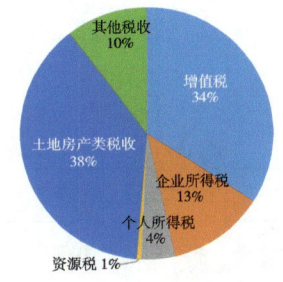

图 18-22　2020年湖南省税收收入结构

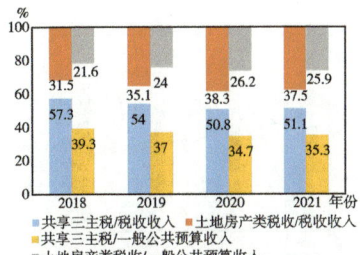

图 18-23　2018-2021年湖南省共享三主税、土地房产类税收占税收收入及一般公共预算收入的比重

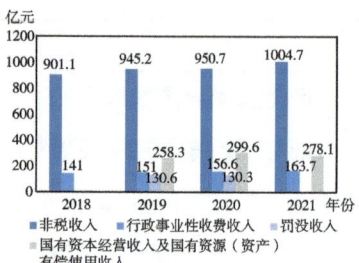

图18-24 2018—2021年湖南省非税收入

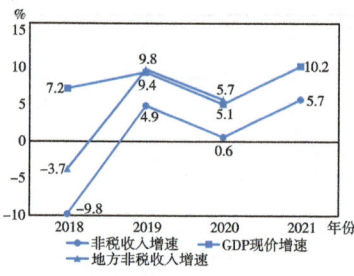

图18-25 2018—2021年湖南省非税收入增速

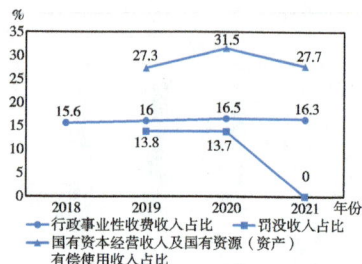

图18-26 2018—2021年湖南省非税收入中各主要收入占比

18.1.4 湖南省政府性基金和国有资本经营收入情况

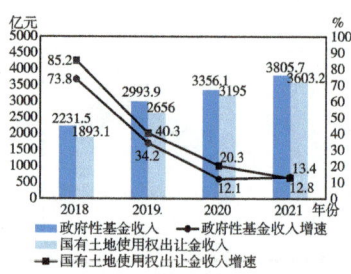

图18-27 2018—2021年湖南省政府性基金收入及增速

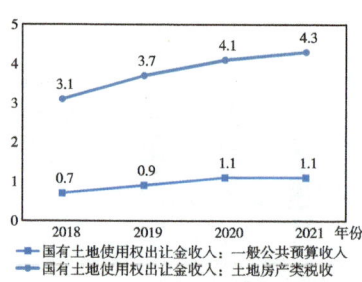

图18-28 2018—2021年湖南省国有土地使用权出让金收入与一般公共预算收入对比关系

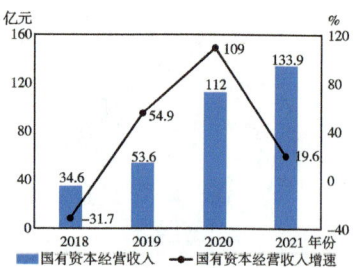

图18-29 2018—2021年湖南省国有资本经营收入及增速

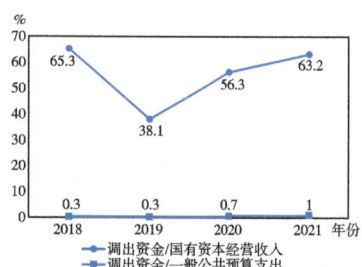

图18-30 2018—2021年湖南省国有资本经营预算中调出资金相关指标

18.1.5 湖南省社会保险基金收入情况

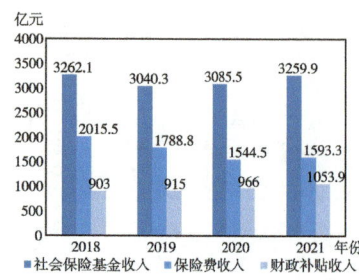

图18-31 2018—2021年湖南省社会保险基金收入

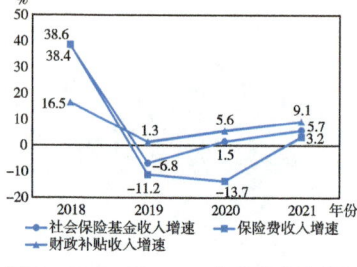

图18-32 2018—2021年湖南省社会保险基金收入增速

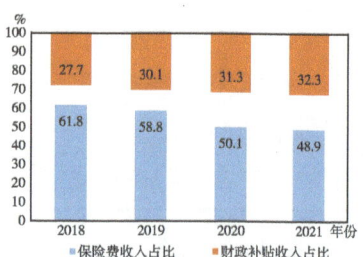

图18-33 2018—2021年湖南省保险费收入、财政补贴收入占社会保险基金收入的比重

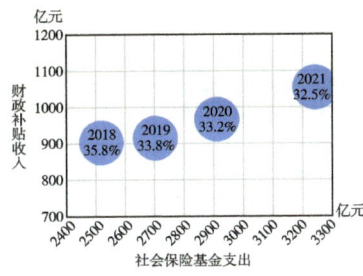

图 18-34　2018—2021年湖南省社会保险基金支出对财政补贴的依赖度

图 18-35　2018—2021年湖南省保险费收入、社会保险待遇支出及差额

18.1.6　湖南省债务情况

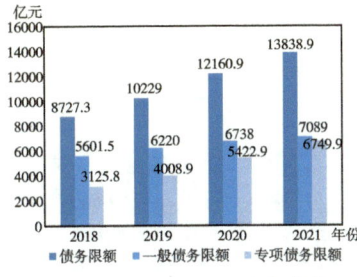

图 18-36　2018—2021年湖南省债务限额

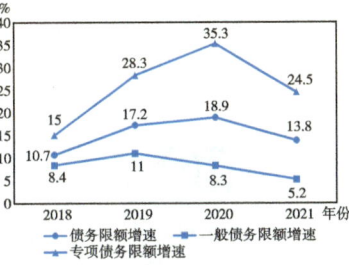

图 18-37　2018—2021年湖南省债务限额增速

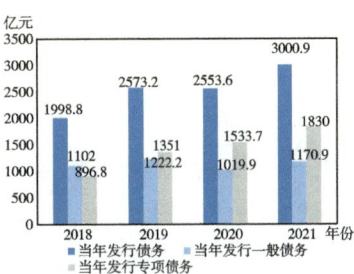

图 18-38　2018—2021年湖南省当年发行债务

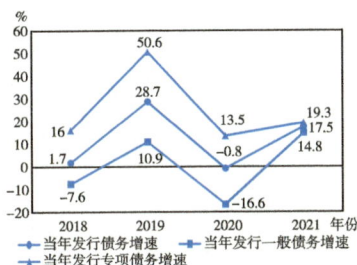

图 18-39　2018—2021年湖南省当年发行债务增速

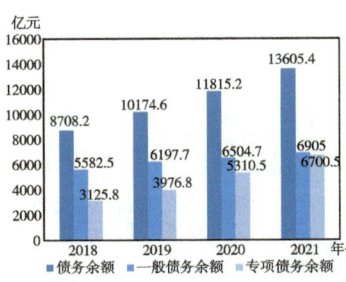

图 18-40　2018—2021年湖南省债务余额

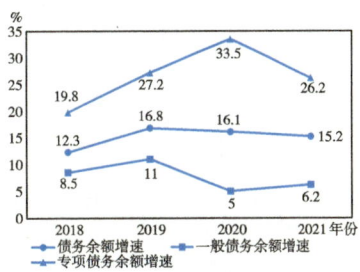

图 18-41　2018—2021年湖南省债务余额增速

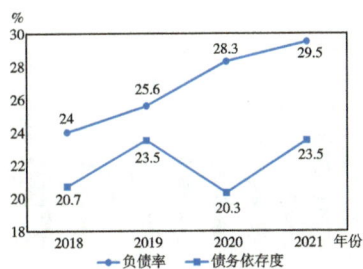

图 18-42　2018—2021年湖南省负债率和债务依存度

18.1.7 湖南省省本级一般公共预算收入情况

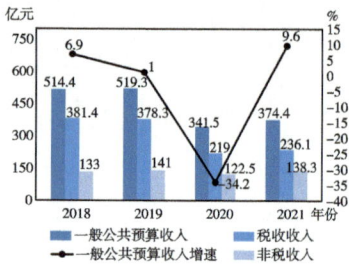

图18-43 2018—2021年湖南省省本级一般公共预算收入及增速

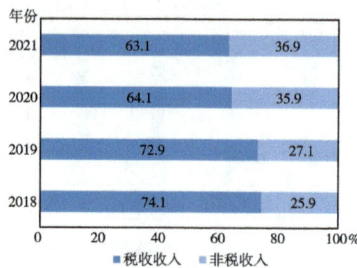

图18-44 2018—2021年湖南省省本级一般公共预算收入结构

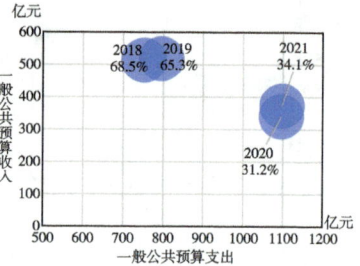

图18-45 2018—2021年湖南省省本级财政自给率

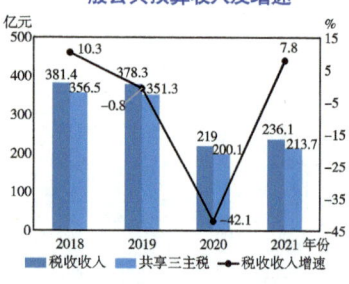

图18-46 2018—2021年湖南省省本级税收收入及增速

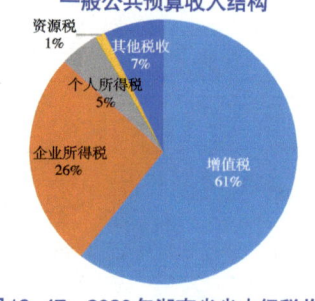

图18-47 2020年湖南省省本级税收收入结构

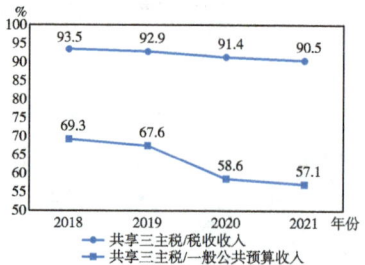

图18-48 2018—2021年湖南省省本级共享三主税占税收收入及一般公共预算收入的比重

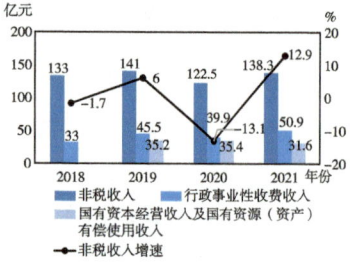

图18-49 2018—2021年湖南省省本级非税收入及增速

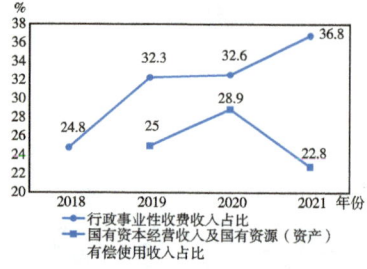

图18-50 2018—2021年湖南省省本级非税收入中各主要收入占比

18.2 湖南省各市政府收入主要特征分析

18.2.1 湖南省各市经济社会发展情况

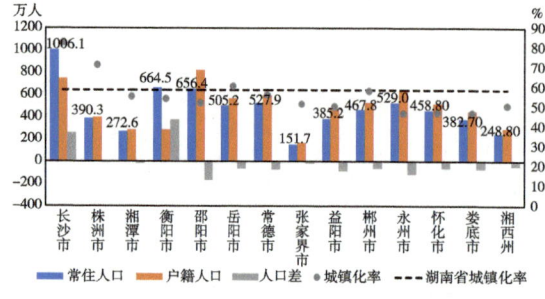

图18-51 2020年湖南省各市人口状况

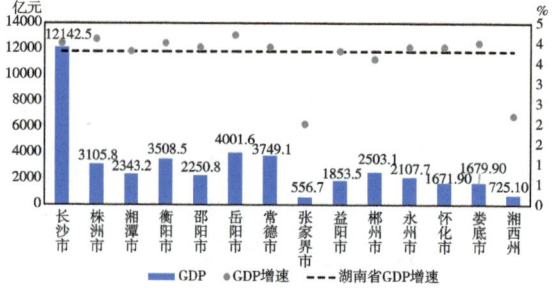

图18-52 2020年湖南省各市GDP及增速

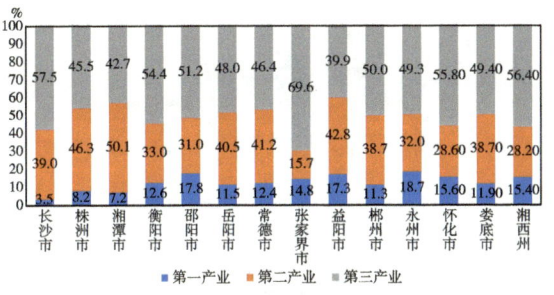

图18-53 2020年湖南省各市三次产业结构

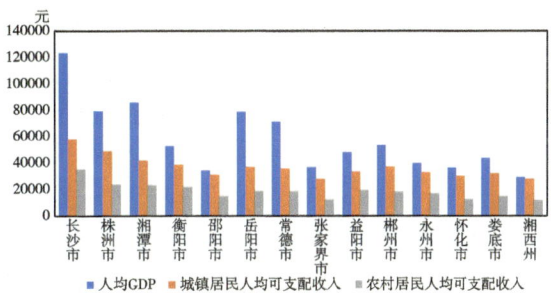

图18-54 2020年湖南省各市人均GDP和人均可支配收入

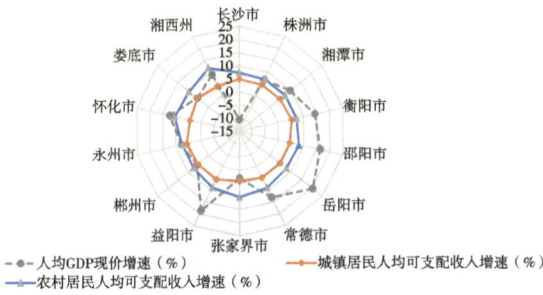

图18-55 2020年湖南省各市人均GDP现价增速和人均可支配收入增速

18.2.2 湖南省各市政府收入总体情况

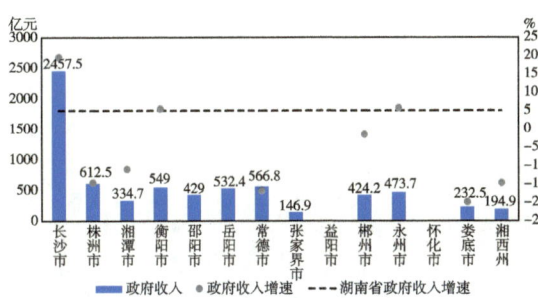

图18-56 2020年湖南省各市政府收入及增速

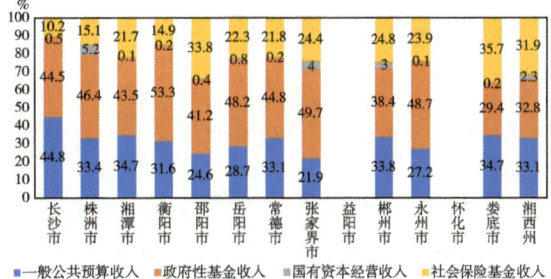

图18-57 2020年湖南省各市政府收入结构

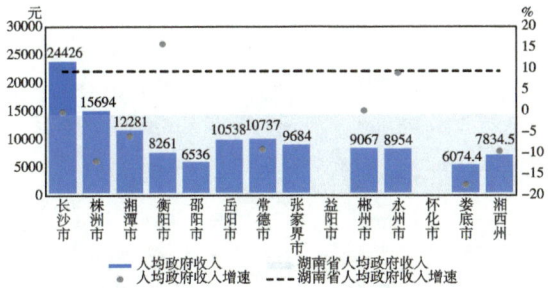

图18-58 2020年湖南省各市人均政府收入及增速

551

18.2.3 湖南省各市一般公共预算收入情况

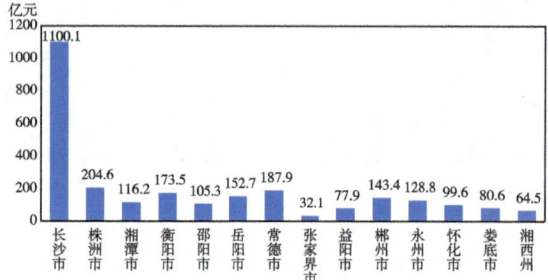

图18-59 2020年湖南省各市一般公共预算收入

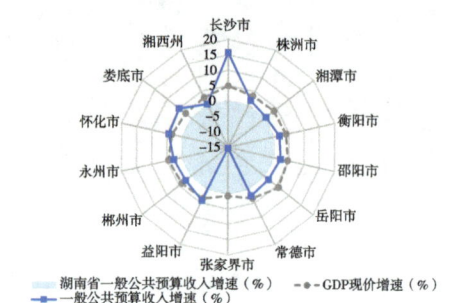

图18-60 2020年湖南省各市一般公共预算收入增速

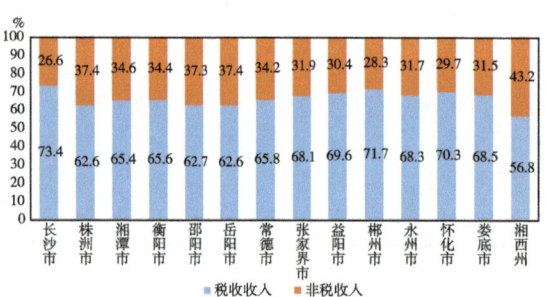

图18-61 2020年湖南省各市一般公共预算收入结构

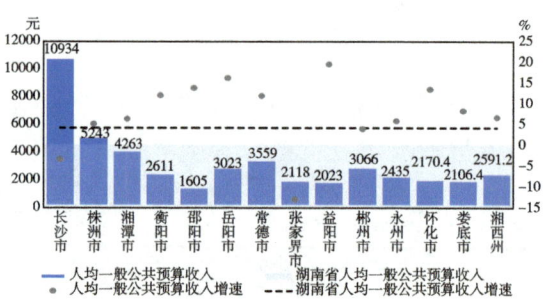

图18-62 2020年湖南省各市人均一般公共预算收入及增速

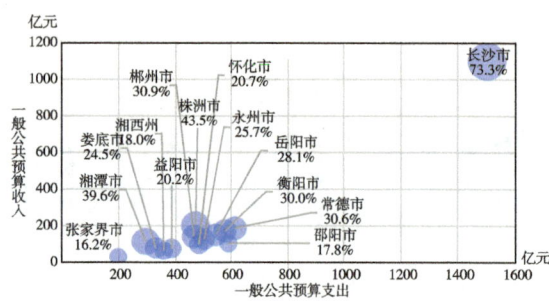

图18-63 2020年湖南省各市财政自给率

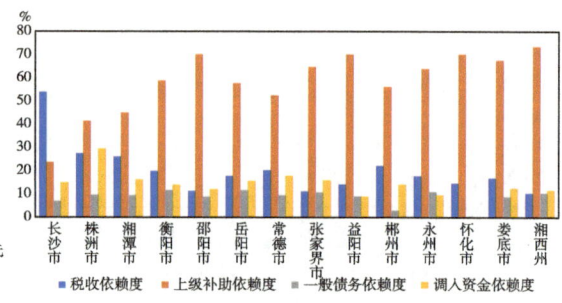

图18-64 2020年湖南省各市一般公共预算支出对各类收入的依赖度

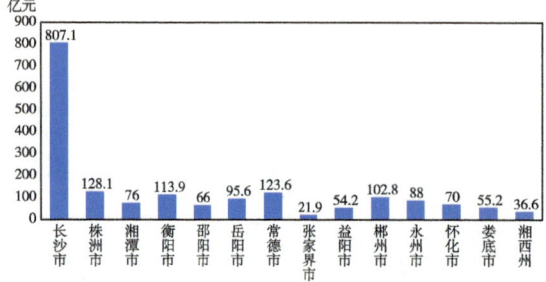

图18-65 2020年湖南省各市税收收入

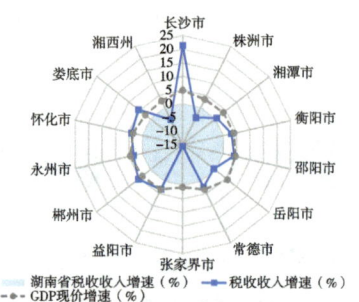

图18-66 2020年湖南省各市税收收入增速

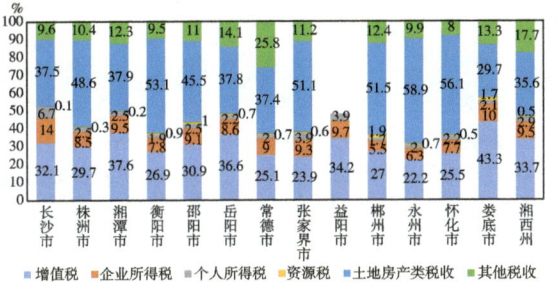

图18-67　2020年湖南省各市税收收入结构

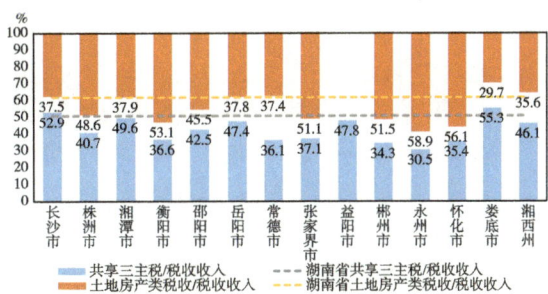

图18-68　2020年湖南省各市共享三主税、土地房产类税收占税收收入的比重

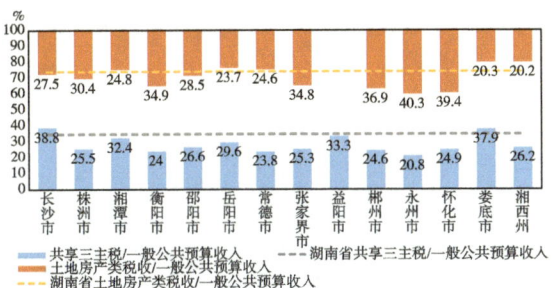

图18-69　2020年湖南省各市共享三主税、土地房产类税收占一般公共预算收入的比重

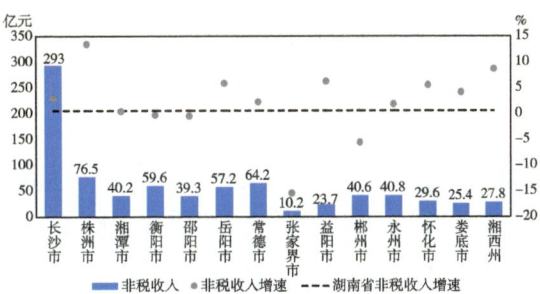

图18-70　2020年湖南省各市非税收入及增速

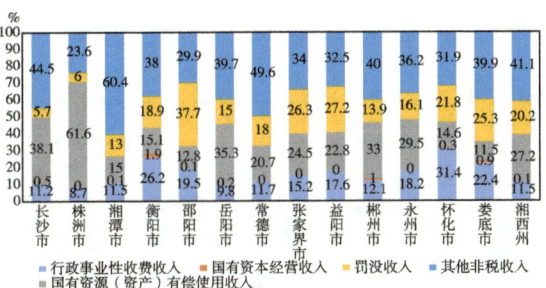

图18-71　2020年湖南省各市非税收入结构

18.2.4　湖南省各市政府性基金收入与国有资本经营收入情况

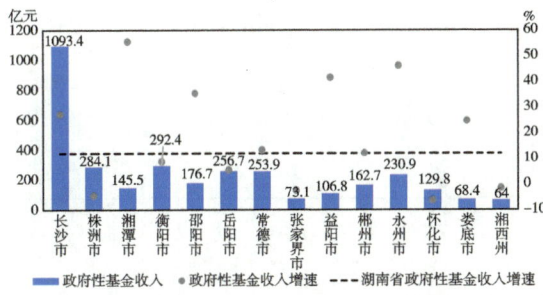

图18-72　2020年湖南省各市政府性基金收入及增速

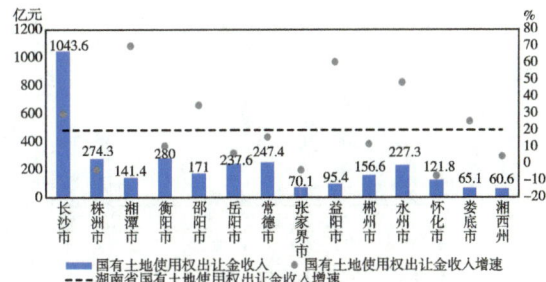

图18-73　2020年湖南省各市国有土地使用权出让金收入及增速

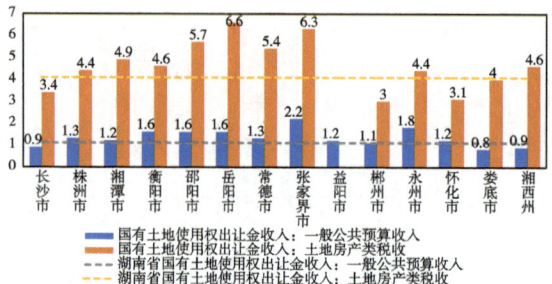

图18-74 2020年湖南省各市国有土地使用权出让金收入与一般公共预算收入对比关系

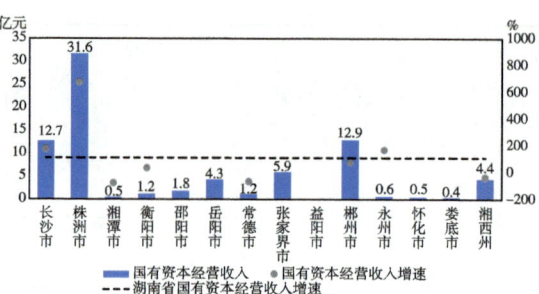

图18-75 2020年湖南省各市国有资本经营收入及增速

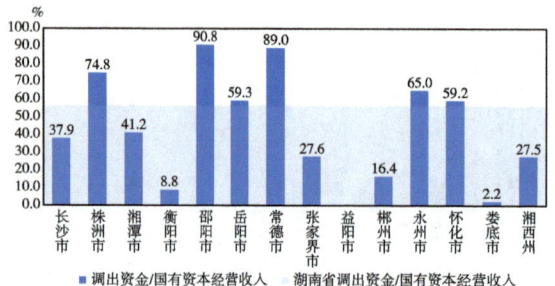

图18-76 2020年湖南省各市调出资金与国有资本经营收入对比关系

18.2.5 湖南省各市社会保险基金收入情况

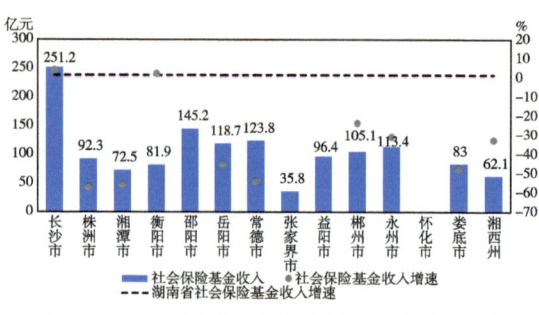

图18-77 2020年湖南省各市社会保险基金收入及增速

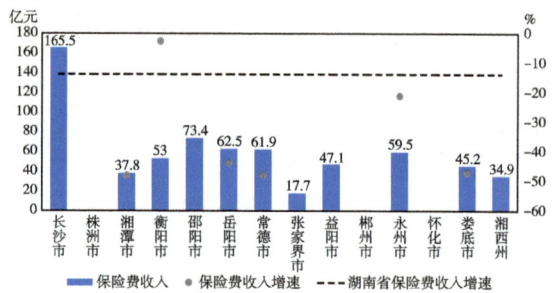

图18-78 2020年湖南省各市保险费收入及增速

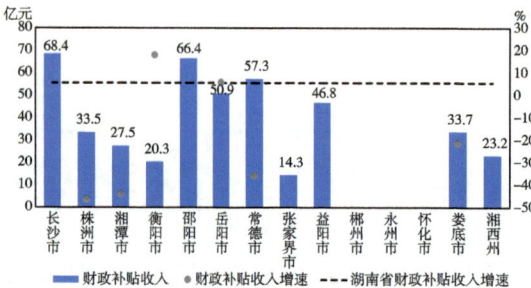

图18-79 2020年湖南省各市财政补贴收入及增速

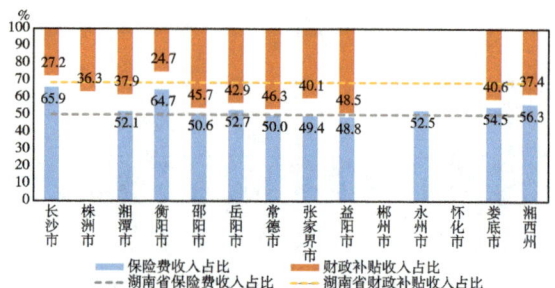

图18-80 2020年湖南省各市保险费收入、财政补贴收入占社会保险基金收入的比重

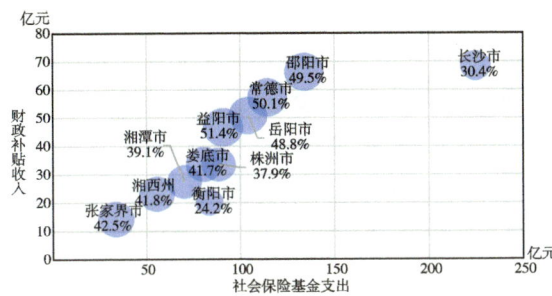

图18-81 2020年湖南省各市社会保险基金支出对财政补贴的依赖度

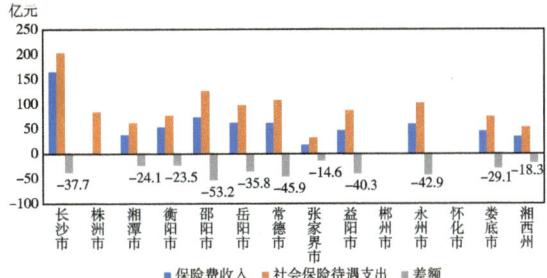

图18-82 2020年湖南省各市保险费收入、社会保险待遇支出及差额

18.2.6 湖南省各市债务情况

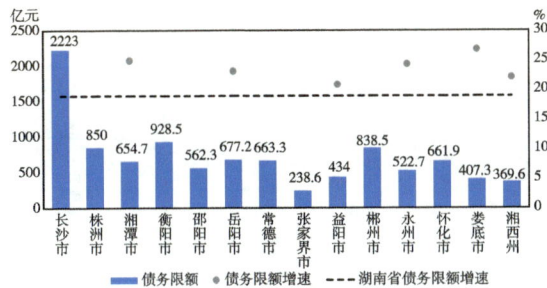

图18-83 2020年湖南省各市债务限额及增速

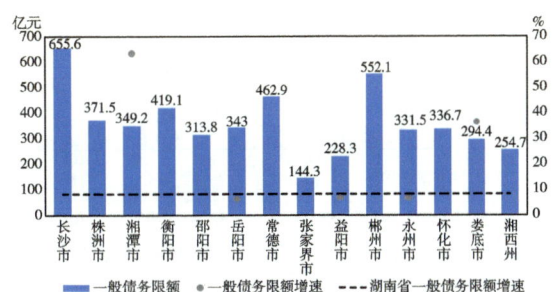

图18-84 2020年湖南省各市一般债务限额及增速

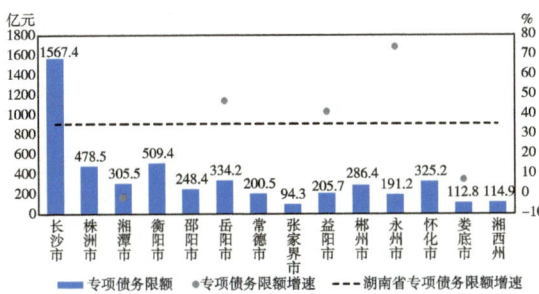

图18-85 2020年湖南省各市专项债务限额及增速

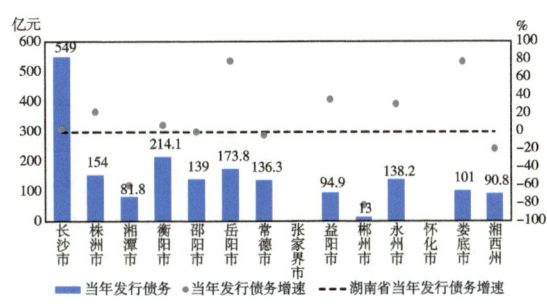

图18-86 2020年湖南省各市当年发行债务及增速

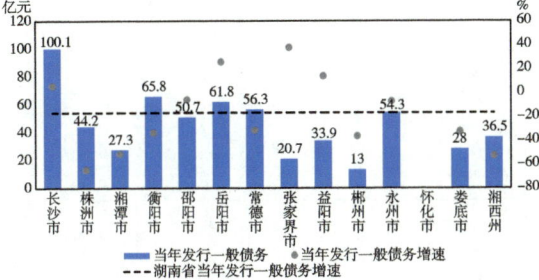

图18-87 2020年湖南省各市当年发行一般债务及增速

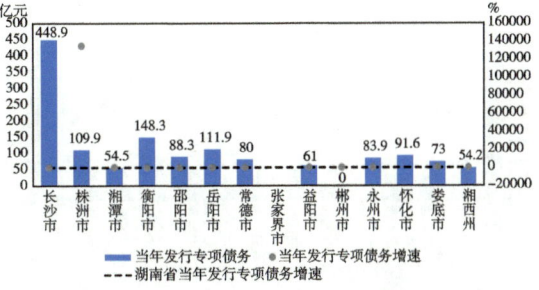

图18-88 2020年湖南省各市当年发行专项债务及增速

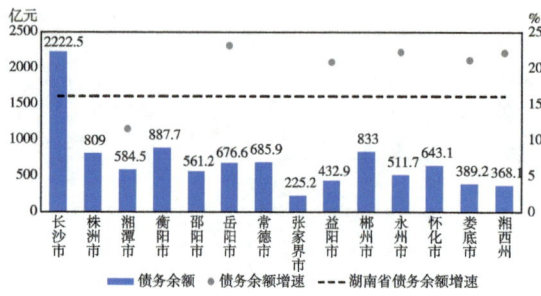

图18-89　2020年湖南省各市债务余额及增速

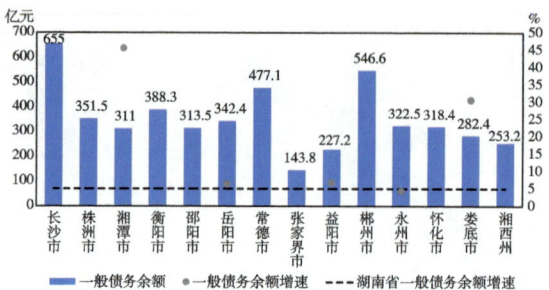

图18-90　2020年湖南省各市一般债务余额及增速

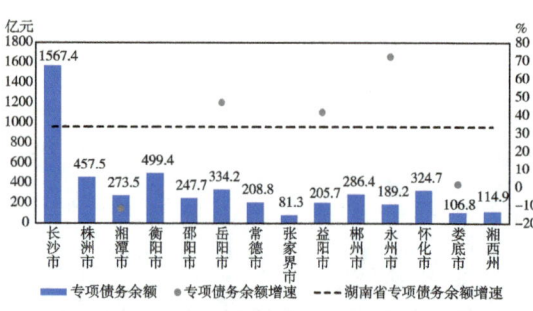

图18-91　2020年湖南省各市专项债务余额及增速

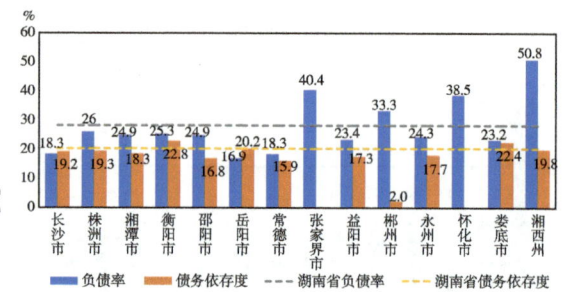

图18-92　2020年湖南省各市负债率和债务依存度

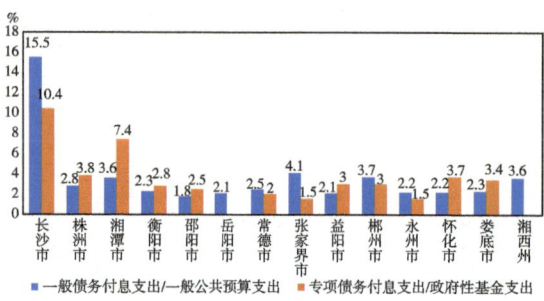

图18-93　2020年湖南省各市债务付息支出相关指标

18.2.7　湖南省各市市本级一般公共预算收入情况

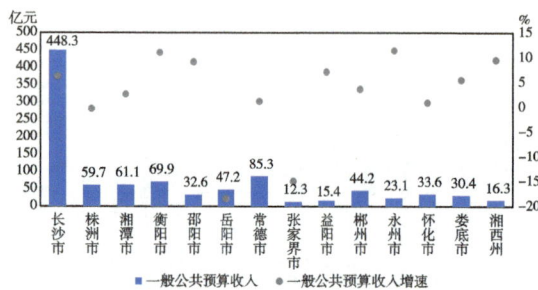

图18-94　2020年湖南省各市市本级一般公共预算收入及增速

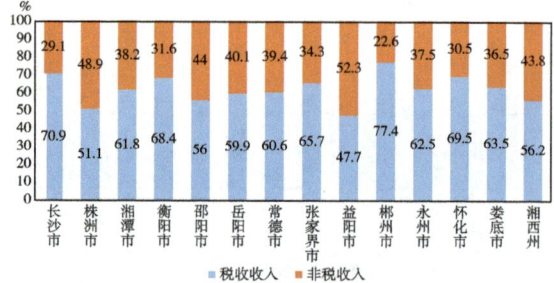

图18-95　2020年湖南省各市市本级一般公共预算收入结构

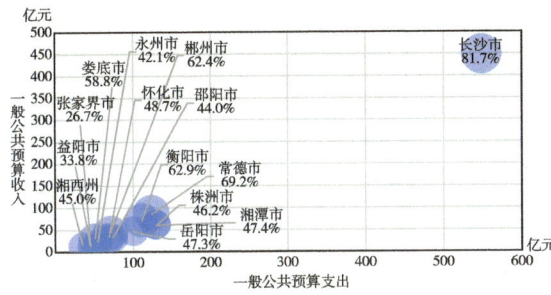

图18-96 2020年湖南省各市市本级财政自给率

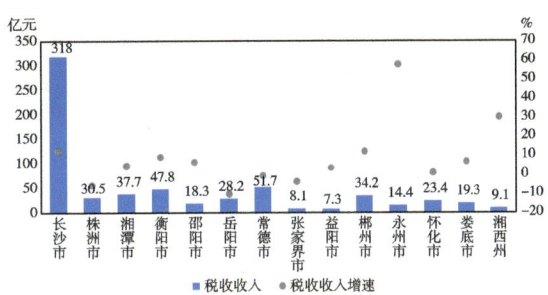

图18-97 2020年湖南省各市市本级税收收入及增速

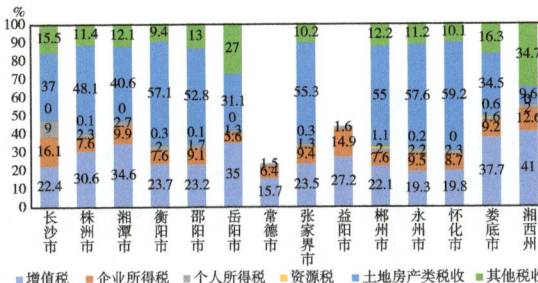

图18-98 2020年湖南省各市市本级税收收入结构

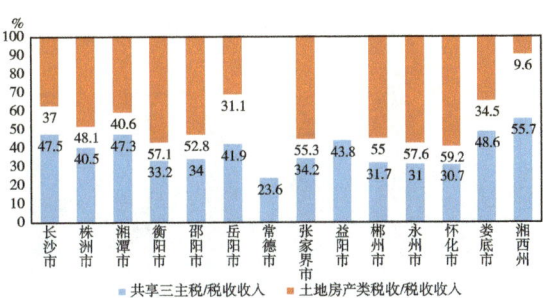

图18-99 2020年湖南省各市市本级共享三主税、土地房产类税占税收收入的比重

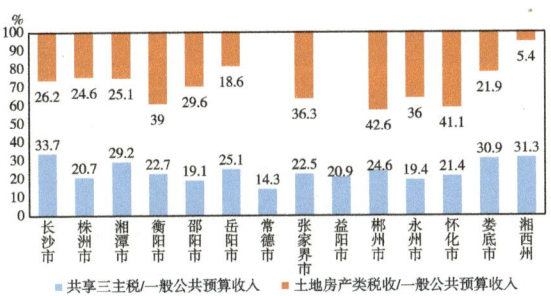

图18-100 2020年湖南省各市市本级共享三主税、土地房产类税收占一般公共预算收入的比重

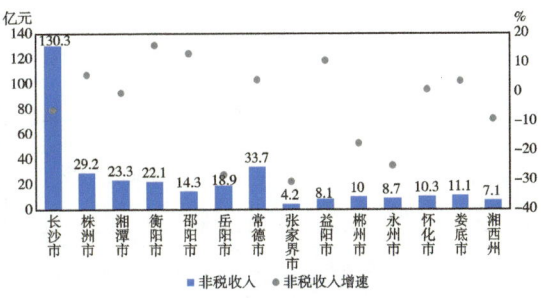

图18-101 2020年湖南省各市市本级非税收入及增速

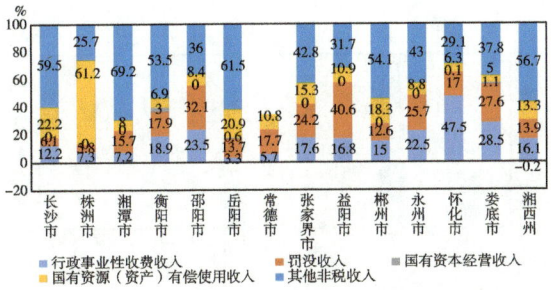

图18-102 2020年湖南省各市市本级非税收入结构

18.3 湖南省样本县政府收入主要特征分析

18.3.1 湖南省样本县经济社会发展情况

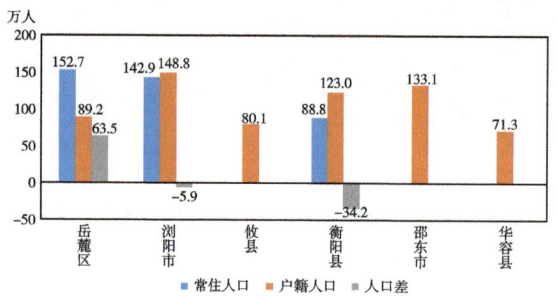

图18-103 2020年湖南省样本县人口状况

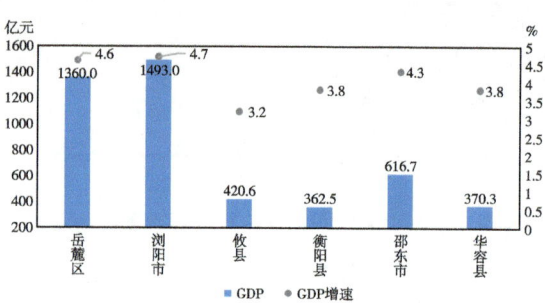

图18-104 2020年湖南省样本县GDP及增速

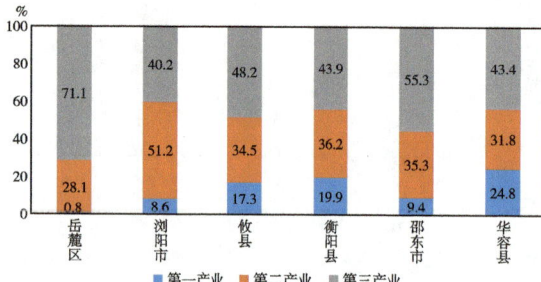

图18-105 2020年湖南省样本县三次产业结构

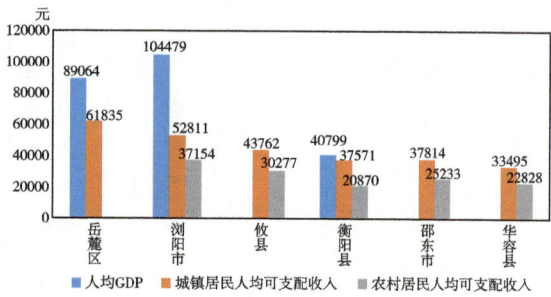

图18-106 2020年湖南省样本县人均GDP和人均可支配收入

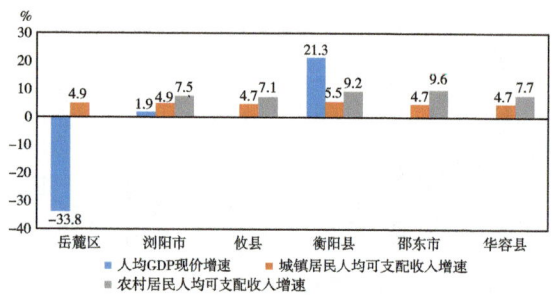

图18-107 2020年湖南省样本县人均GDP现价增速和人均可支配收入增速

18.3.2 湖南省样本县政府收入总体情况

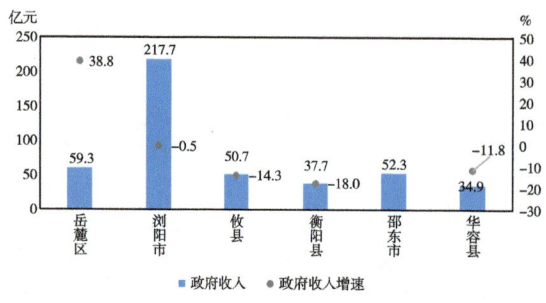

图18-108 2020年湖南省样本县政府收入及增速

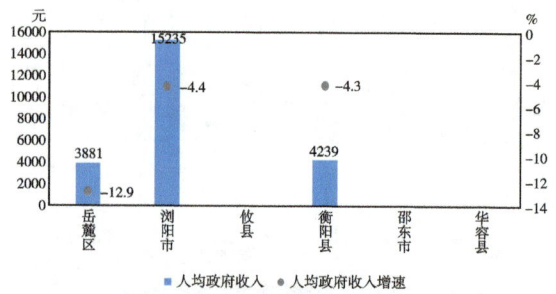

图18-109 2020年湖南省样本县人均政府收入及增速

18.3.3 湖南省样本县一般公共预算收入情况

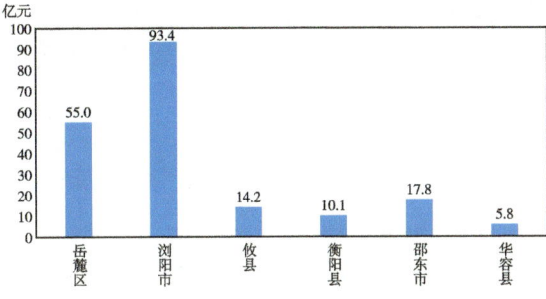

图18-110 2020年湖南省样本县一般公共预算收入

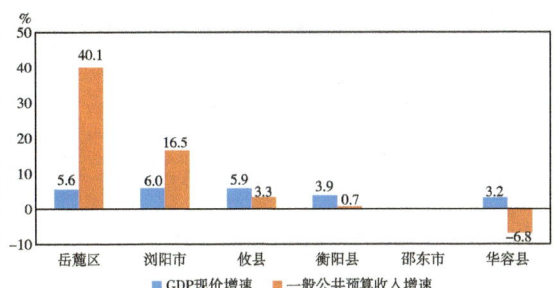

图18-111 2020年湖南省样本县一般公共预算收入增速

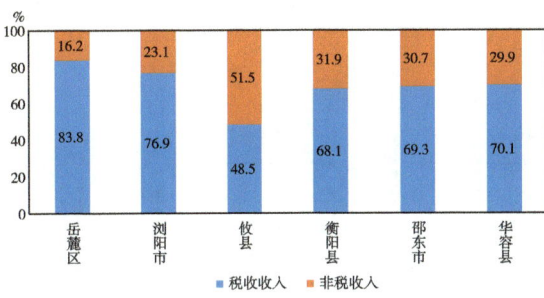

图18-112 2020年湖南省样本县一般公共预算收入结构

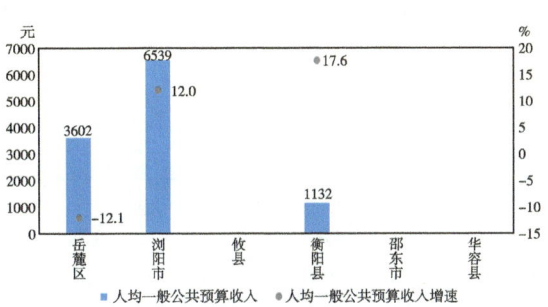

图18-113 2020年湖南省样本县人均一般公共预算收入及增速

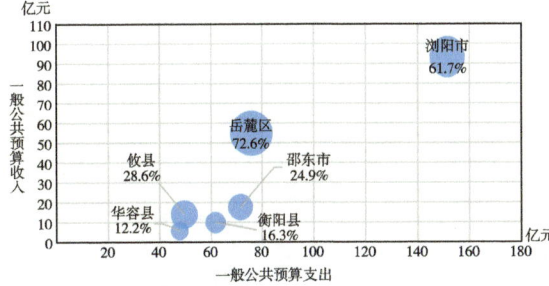

图18-114 2020年湖南省样本县财政自给率

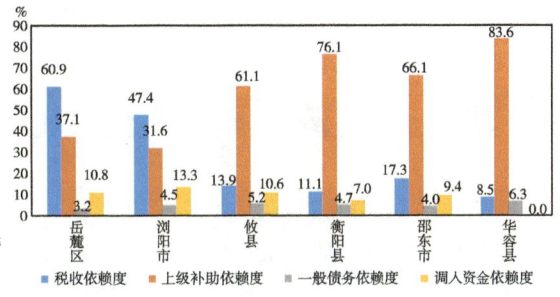

图18-115 2020年湖南省样本县一般公共预算支出对各类收入的依赖度

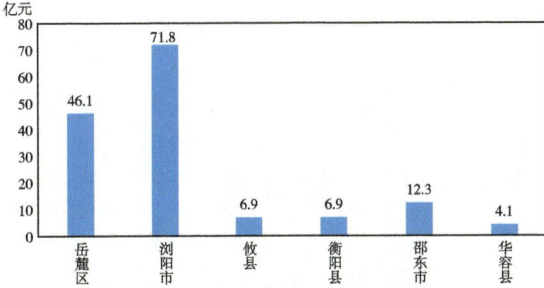

图18-116 2020年湖南省样本县税收收入

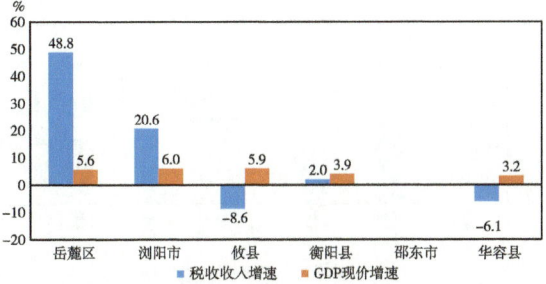

图18-117 2020年湖南省样本县税收收入增速

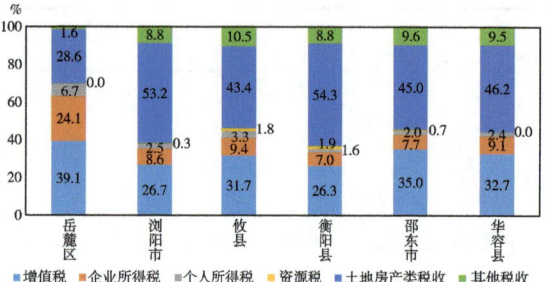

图18-118　2020年湖南省样本县税收收入结构

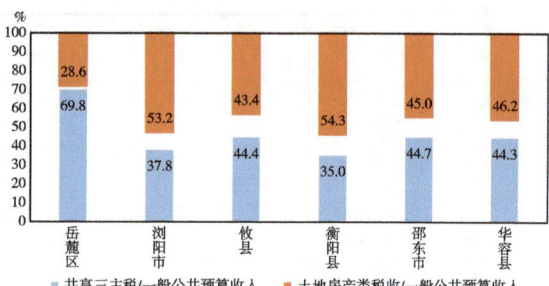

图18-119　2020年湖南省样本县共享三主税、土地房产类税收占税收收入的比重

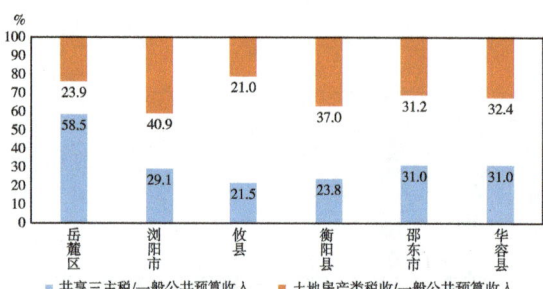

图18-120　2020年湖南省样本县共享三主税、土地房产类税收占一般公共预算收入的比重

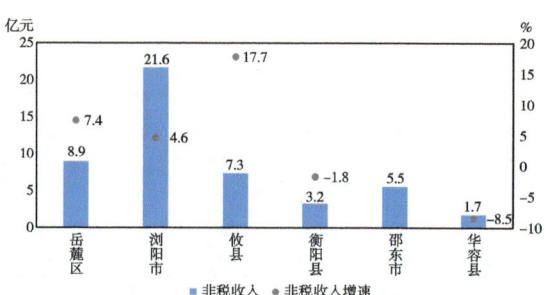

图18-121　2020年湖南省样本县非税收入及增速

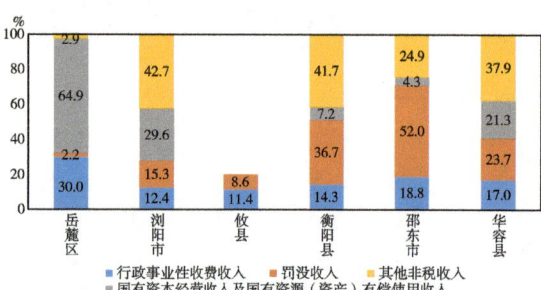

图18-122　2020年湖南省样本县非税收入结构

18.3.4　湖南省样本县政府性基金收入与国有资本经营收入情况

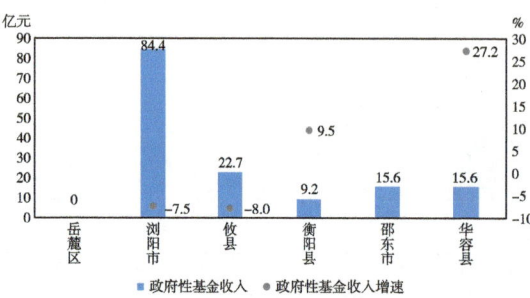

图18-123　2020年湖南省样本县政府性基金收入及增速

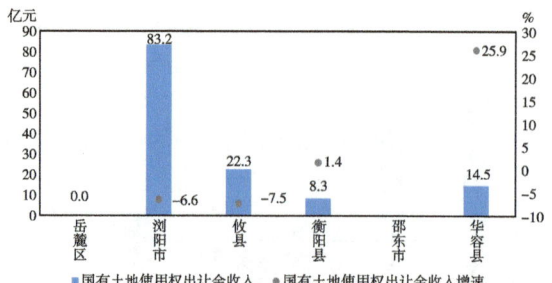

图18-124　2020年湖南省样本县国有土地使用权出让金收入及增速

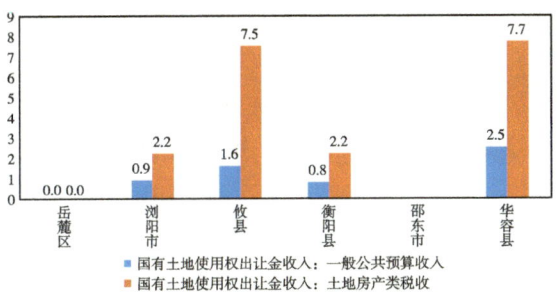

图18-125 2020年湖南省样本县国有土地使用权出让金收入与一般公共预算收入对比关系

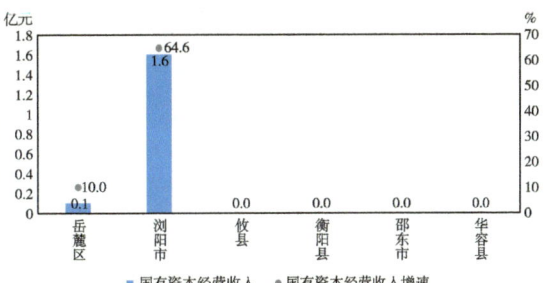

图18-126 2020年湖南省样本县国有资本经营收入及增速

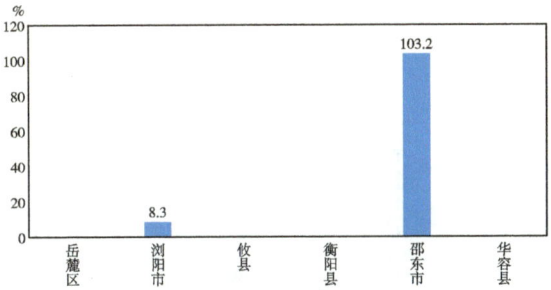

图18-127 2020年湖南省样本县调出资金与国有资本经营收入对比关系

18.3.5 湖南省样本县社会保险基金收入情况

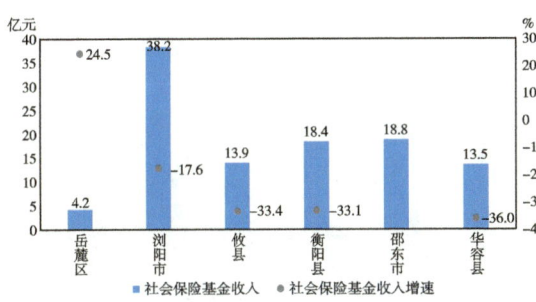

图18-128 2020年湖南省样本县社会保险基金收入及增速

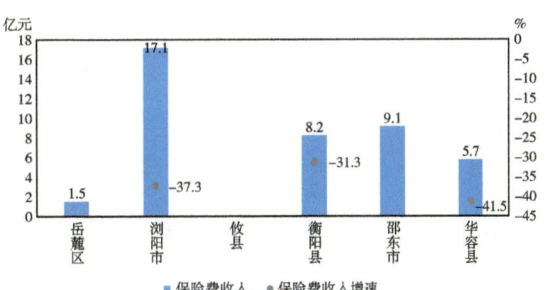

图18-129 2020年湖南省样本县保险费收入及增速

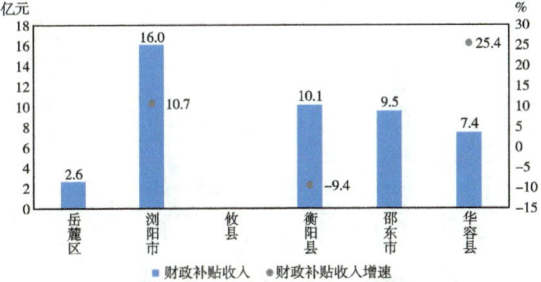

图18-130 2020年湖南省样本县财政补贴收入及增速

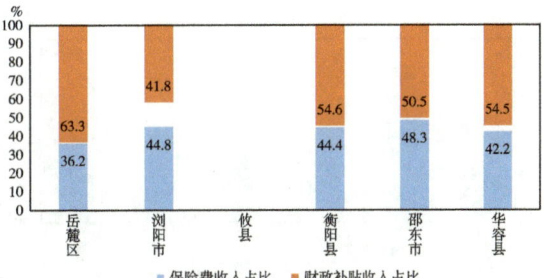

图18-131 2020年湖南省样本县保险费收入、财政补贴收入占社会保险基金收入的比重

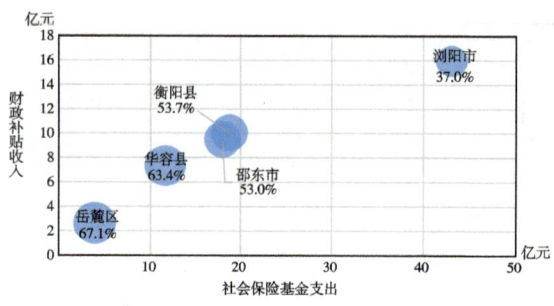

图18-132 2020年湖南省样本县社会保险基金支出对财政补贴的依赖度

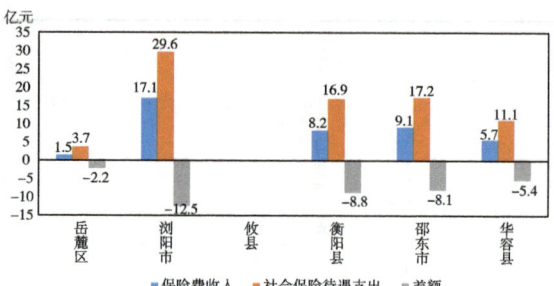

图18-133 2020年湖南省样本县保险费收入、社会保险待遇支出及差额

18.3.6 湖南省样本县债务情况

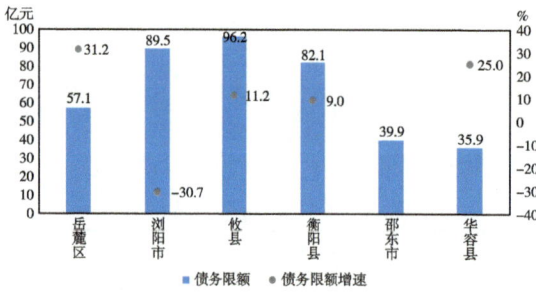

图18-134 2020年湖南省样本县债务限额及增速

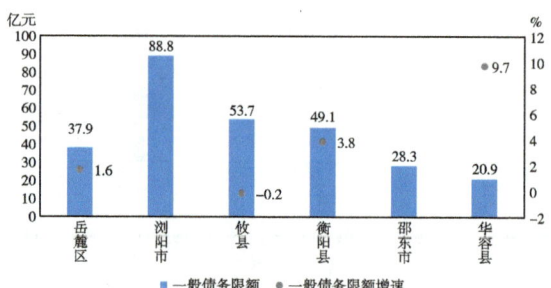

图18-135 2020年湖南省样本县一般债务限额及增速

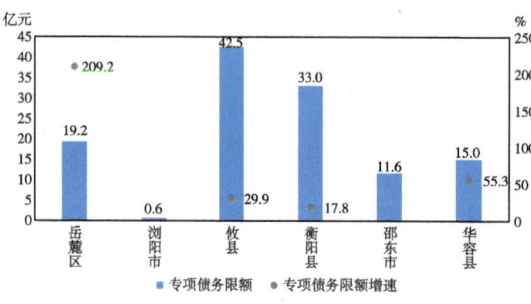

图18-136 2020年湖南省样本县专项债务限额及增速

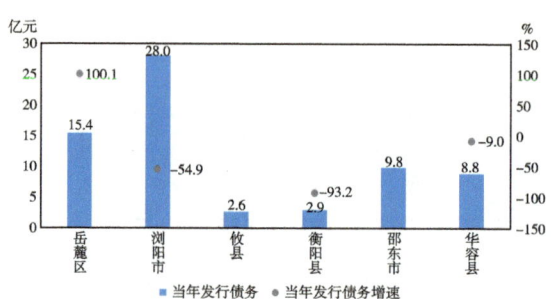

图18-137 2020年湖南省样本县当年发行债务及增速

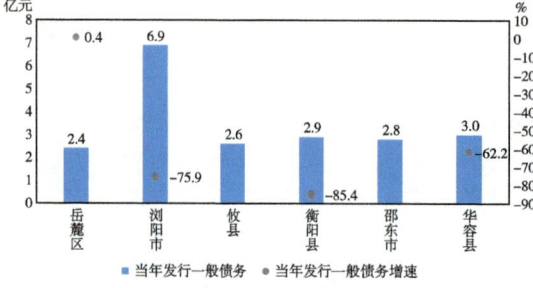

图18-138 2020年湖南省样本县当年发行一般债务及增速

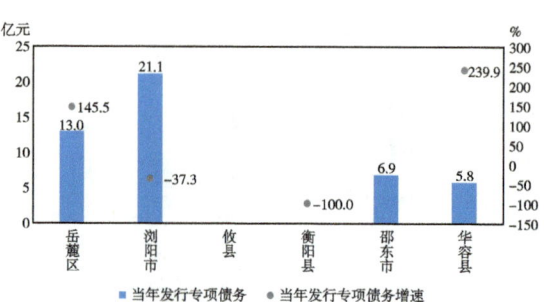

图18-139 2020年湖南省样本县当年发行专项债务及增速

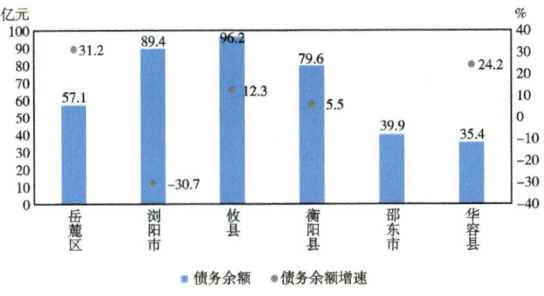

图18-140 2020年湖南省样本县债务余额及增速

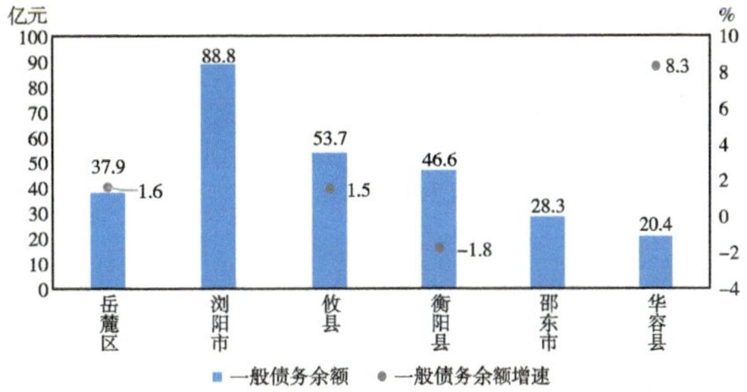

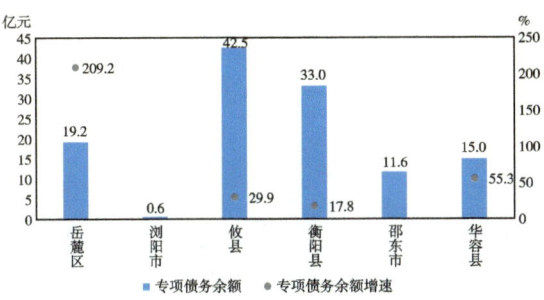

图18-142 2020年湖南省样本县专项债务余额及增速

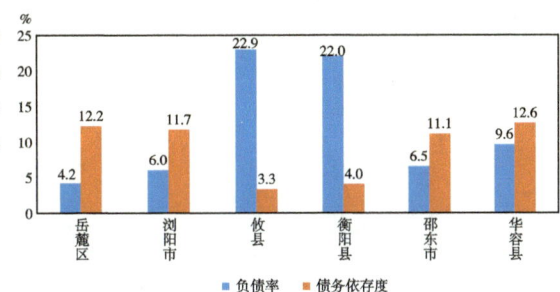

图18-141 2020年湖南省样本县一般债务余额及增速

图18-143 2020年湖南省样本县负债率和债务依存度

19 广东省

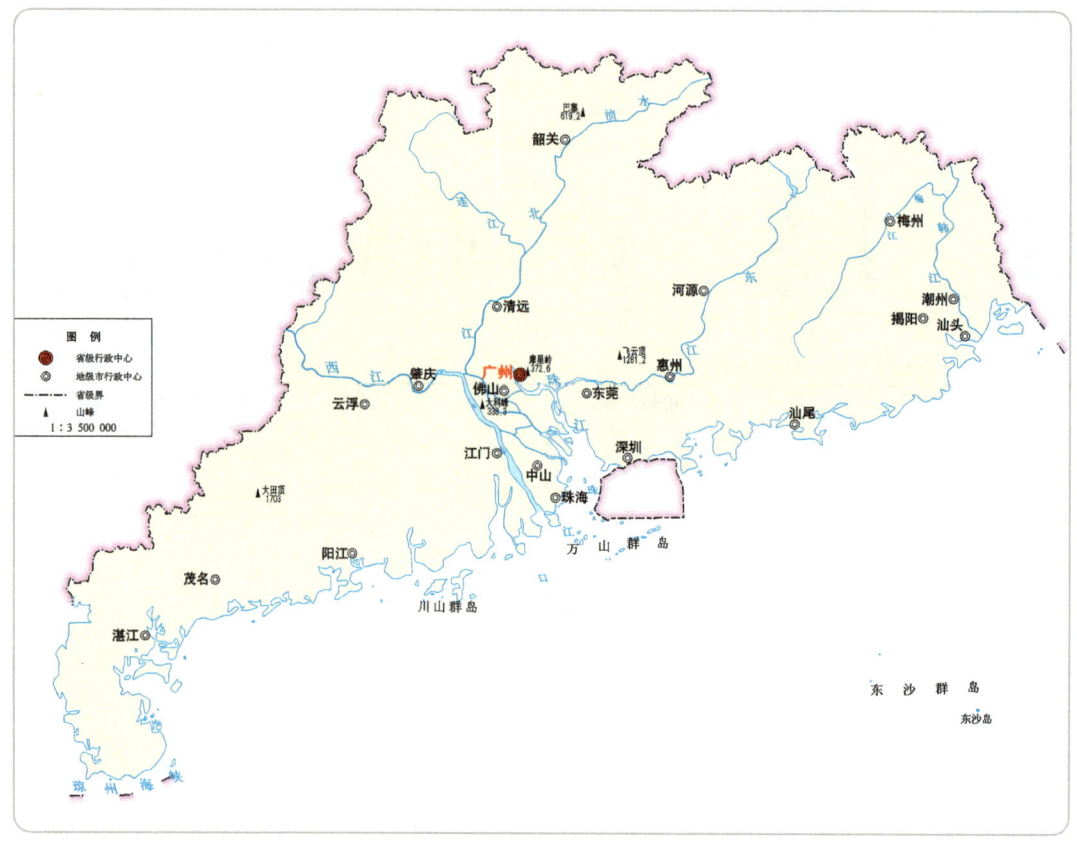

图 2021年广东省地图

资料来源：自然资源部的标准地图服务系统网站。
注：审图号为粤S（2019）064号。

本章执笔人：侯海波　审校：刘昶

专栏19-1　2021年广东省行政区划

广州市：荔湾区、越秀区、海珠区、天河区、**白云区**、黄埔区、番禺区、花都区、南沙区、从化区、增城区

韶关市：**武江区**、浈江区、曲江区、始兴县、仁化县、翁源县、乳源瑶族自治县、新丰县、乐昌市、南雄市

深圳市：罗湖区、福田区、南山区、宝安区、龙岗区、盐田区、龙华区、坪山区、光明区

珠海市：香洲区、斗门区、金湾区

汕头市：龙湖区、金平区、濠江区、潮阳区、潮南区、澄海区、南澳县

佛山市：禅城区、南海区、顺德区、三水区、高明区

江门市：蓬江区、**江海区**、新会区、台山市、开平市、鹤山市、恩平市

湛江市：赤坎区、霞山区、坡头区、麻章区、遂溪县、徐闻县、廉江市、雷州市、吴川市

茂名市：茂南区、电白区、高州市、化州市、信宜市

肇庆市：端州区、鼎湖区、高要区、广宁县、怀集县、封开县、德庆县、四会市

惠州市：惠城区、惠阳区、博罗县、**惠东县**、龙门县

梅州市：梅江区、梅县区、大埔县、丰顺县、五华县、平远县、蕉岭县、兴宁市

汕尾市：城区、海丰县、陆河县、陆丰市

河源市：源城区、紫金县、龙川县、连平县、和平县、东源县

阳江市：江城区、阳东区、阳西县、阳春市

清远市：清城区、清新区、**佛冈县**、阳山县、连山壮族瑶族自治县、连南瑶族自治县、英德市、连州市

东莞市

中山市

潮州市：湘桥区、潮安区、**饶平县**

揭阳市：榕城区、揭东区、揭西县、惠来县、普宁市

云浮市：云城区、云安区、新兴县、郁南县、罗定市

本书选取白云区、武江区、江海区、惠东县、佛冈县以及饶平县为样本县。

广东省共辖21个地级市、65个市辖区、20个县级市、34个县、3个自治县（详见专栏19-1）；广东省地处中国大陆最南部。东邻福建，北接江西、湖南，西接广西，南邻南海，珠江口东西两侧分别与香港、澳门特别行政区接壤，西南部雷州半岛隔琼州海峡与海南省相望；广东省地貌类型复杂多样，有山地、丘陵、台地和平原，其面积分别占全省土地总面积的33.7%、24.9%、14.2%和21.7%，河流和湖泊等只占全省土地总面积的5.5%；地势总体北高南低，北部多为山地和高丘陵，南部则为平原和台地，平原以珠江三角洲平原面积最大。广东省作为我国改革开放的前沿阵地，在经济规模、人口规模、产业布局与发展都走在全国前列。

2021年广东省经济总量处于全国第一，第三产业比重高于全国，人口整体净流入，城镇化水平也高于全国。 自1989年起，广东国内生产总值连续居全国第一位，成为中国第一经济大省，2021年广东实现地区生产总值124369.7亿元，比上年增长8%，经济总量占全国的10.9%，人均GDP为98285元（折15234美元），已达到中上等收入国家水平以及中等发达国家水平。其中，第一产业增加值5003.7亿元，增长7.9%，对地区生产总值增长的贡献率为4.2%；第二产业增加值50219.19亿元，增长8.7%，对地区生产总值增长的贡献率为43.0%；第三产业增加值69146.82亿元，增长7.5%，对地区生产总值增长的贡献率为52.8%。三次产业结构比重为4.0：40.4：55.6，其中第二产业和第三产业增加值比重分别高于全国1和2.4个百分点。2021年，常住人口约12684万人，常住人口城镇化率为74.6%（高于全国水平9.9个百分点）。从居民可支配收入看，2021年城镇与农村居民人均可支配收入分别为54854元和22306元，呈上升态势，分别为全国平均水平的1.16倍和1.18倍。

2021年广东省一般公共预算收入全国排名第一，非税收入高于全国平均水平，省市县中省本级政府收入占比较低。 2021年广东省一般公共预算收入14103.4亿元，增长9.1%，人均一般公共预算收入11119元，全名排名第6位。2021年广东省税收收入占一般公共预算收入的比重为76.5%，与2020年一致，低于全国平均水平8.8个百分点。非税收入占比偏高，其中2021年政府产权性收入规模占非税收入比高达36.4%。从纵向收入分配看，2021年省本级、市本级、区县一般公共预算收入占比分别为25.6%、41.3%和33.1%。

2021年广东省财政自给率较高，且高于2018年、2019年和2020年。 2018年至2021年，广东省财政自给率分别为76.9%、73.1%、73.9%和77.4%。

2021年广东省四本预算合计中一般公共预算收入占比最高，社会保险基金对财政补贴的依赖度较低。 2021年广东省四本预算加总的政府收入为32038.1亿元，其中一般公共预算收入、政府性基金预算收入、国有资本经营预算收入和社会保险基金预算收入分别占比44%、26.5%、1%和28.5%。2021年广东省社会保险基金收入9116.3亿元，其中社会保险缴费收入为7328.4亿元，财政补贴收入规模为958.6亿元，社保支出对财政依赖度达到13.2%。

广东省内各地市社会经济发展和财政发展存在一定程度的不均衡，经济优势区域主要集中于粤港澳大湾区附近。 2021年政府收入过2000亿元的城市分别为深圳市（5872.3亿元）、广州市（5116.5亿元）、东莞市（2185.6亿元）和佛山市（2124.9亿元）。2020年，深圳市一般公共预算收入3857.5亿元，广州市为1714亿元，佛山市为753.6亿元，东莞市为694.8亿元，其他城市均低于500亿元，高收入集中在粤港澳大湾区附近的城市，城市间差异较大，一般公共预算收入的城市首位度指数为2.25，且深圳市是收入最低的汕尾市的83.9倍。广东省内各市财政自给率差异明显，2020年财政自给率高于50%的分别为东莞市（157.7%）、深圳市（92.3%）、中山市（76.6%）、佛山市（75.1%）、惠州市（64.7%）、江门市（59.7%）、广州市（59%）、珠海市（56%），而排在后3名的城市分别是揭阳市（19.8%）、梅州市（18.6%）、汕尾市（17.3%）。政府性基金收入主要构成是国有土地使用权出让收入，除肇庆市、河源市、清远市和潮州市数据不可得以外，各地差距较大，收入规模最大的广州市（2507.3亿元）为规模最小的阳江市（21.7亿元）的115.5倍。

19.1 广东省政府收入主要特征分析

19.1.1 广东省经济社会基本情况

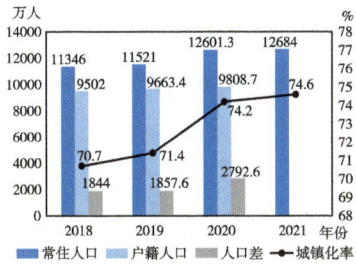

图19-1 2018-2021年广东省人口状况

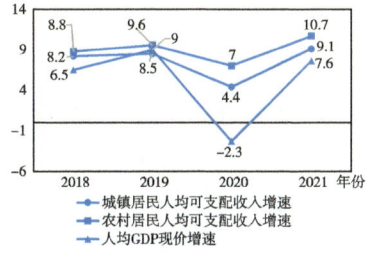

图19-2 2018-2021年广东省GDP及增速

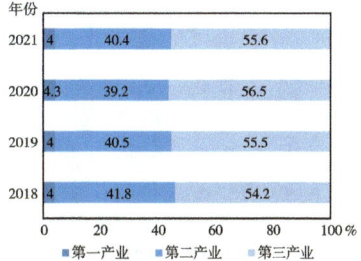

图19-3 2018-2021年广东省三次产业结构

图19-4 2018-2021年广东省人均GDP和人均可支配收入

图19-5 2018-2021年广东省人均GDP现价增速和人均可支配收入增速

19.1.2 广东省政府收入总体情况

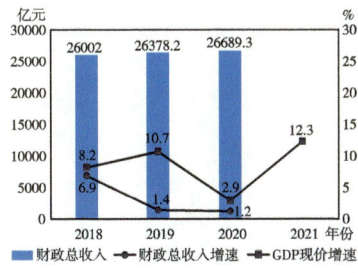

图19-6 2018-2021年广东省财政总收入及增速

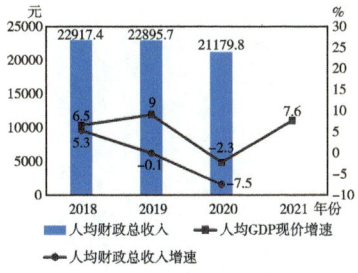

图19-7 2018-2021年广东省人均财政总收入及增速

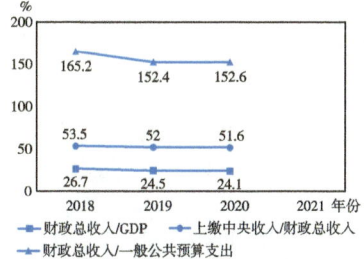

图19-8 2018-2021年财政总收入相关指标

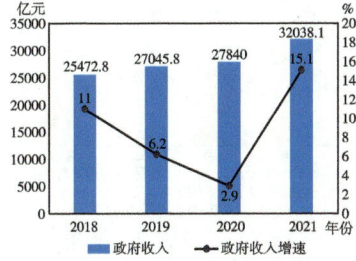

图19-9 2018-2021年广东省政府收入及增速

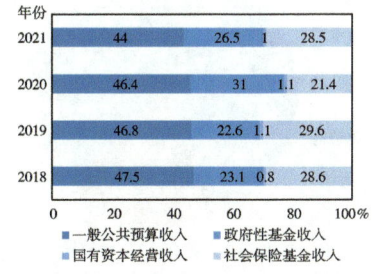

图19-10 2018-2021年广东省政府收入结构

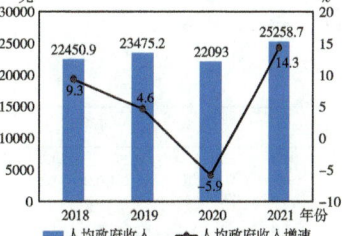

图19-11 2018-2021年广东省人均政府收入及增速

19.1.3 广东省一般公共预算收入情况

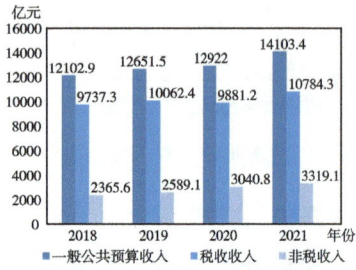

图19-12 2018-2021年广东省一般公共预算收入

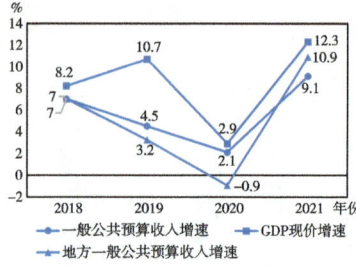

图19-13 2018-2021年广东省一般公共预算收入增速

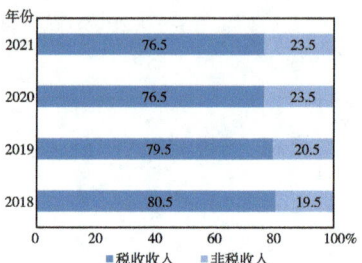

图19-14 2018-2021年广东省一般公共预算收入结构

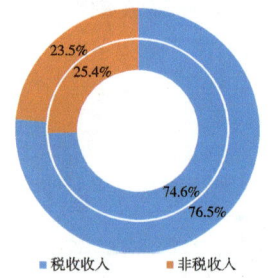

图19-15 2020年一般公共预算收入结构对比（内环为地方，外环为广东省）

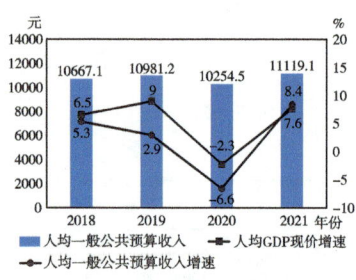

图19-16 2018-2021年广东省人均一般公共预算收入及增速

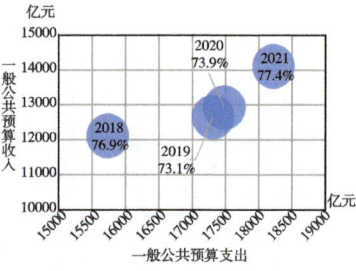

图19-17 2018-2021年广东省财政自给率

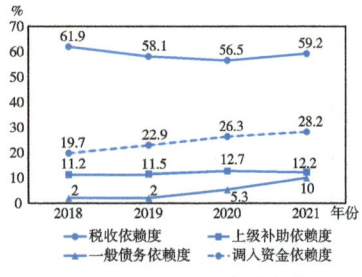

图19-18 2018-2021年广东省一般公共预算支出对各类收入的依赖度

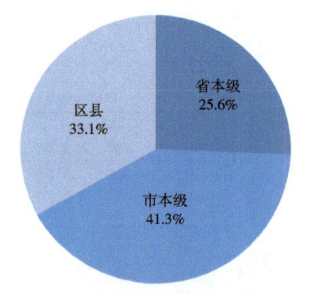

图19-19 2020年广东省市县三级政府一般公共预算收入分布

图19-20 2018-2021年广东省税收收入

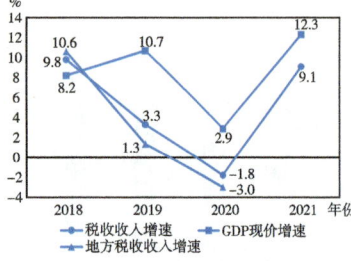

图19-21 2018-2021年广东省税收收入增速

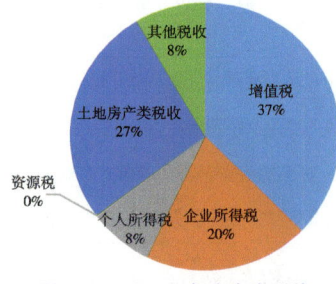

图19-22 2020年广东省税收收入结构

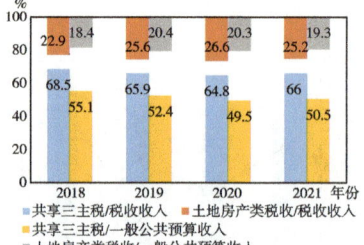

图19-23 2018-2021年广东省共享三主税、土地房产类税收占税收收入及一般公共预算收入的比重

图 19-24　2018—2021 年广东省非税收入

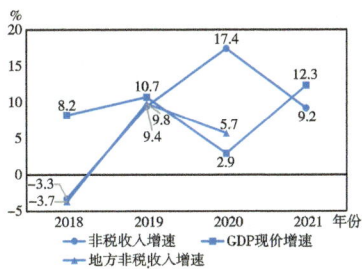

图 19-25　2018—2021 年广东省非税收入增速

图 19-26　2018—2021 年广东省非税收入中各主要收入占比

19.1.4　广东省政府性基金和国有资本经营收入情况

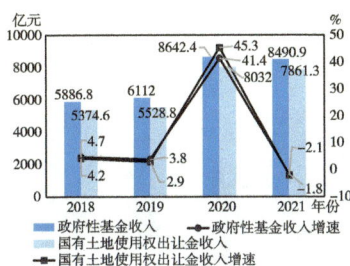

图 19-27　2018—2021 年广东省政府性基金收入及增速

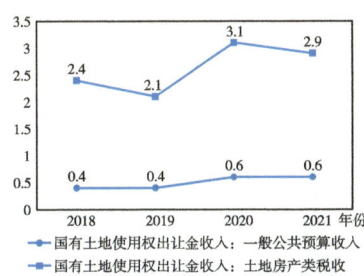

图 19-28　2018—2021 年广东省国有土地使用权出让金收入与一般公共预算收入对比关系

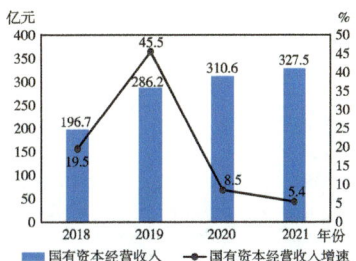

图 19-29　2018—2021 年广东省国有资本经营收入及增速

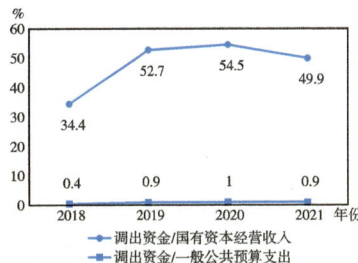

图 19-30　2018—2021 年广东省国有资本经营预算中调出资金相关指标

19.1.5　广东省社会保险基金收入情况

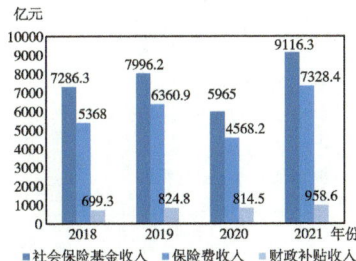

图 19-31　2018—2021 年广东省社会保险基金收入

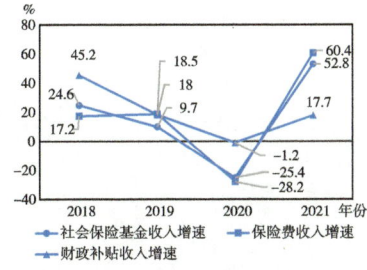

图 19-32　2018—2021 年广东省社会保险基金收入增速

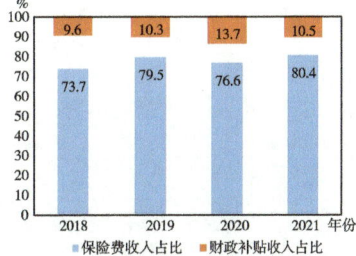

图 19-33　2018—2021 年广东省保险费收入、财政补贴收入占社会保险基金收入的比重

569

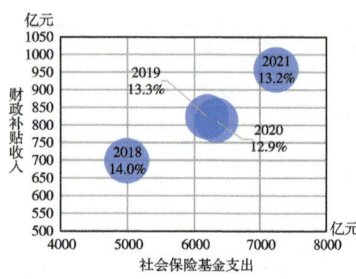

图19-34　2018-2021年广东省社会保险基金支出对财政补贴的依赖度

图19-35　2018-2021年广东省保险费收入、社会保险待遇支出及差额

19.1.6　广东省债务情况

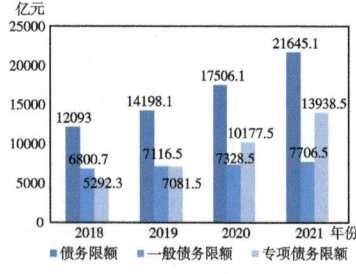

图19-36　2018-2021年广东省债务限额

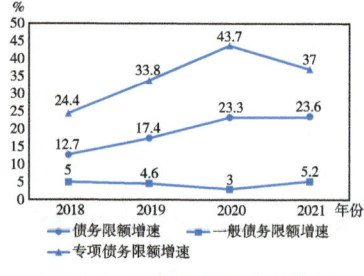

图19-37　2018-2021年广东省债务限额增速

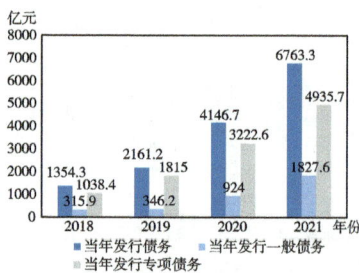

图19-38　2018-2021年广东省当年发行债务

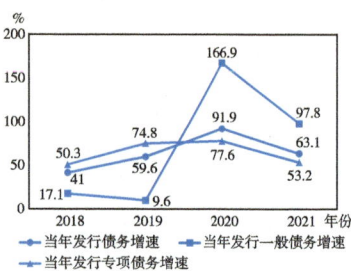

图19-39　2018-2021年广东省当年发行债务增速

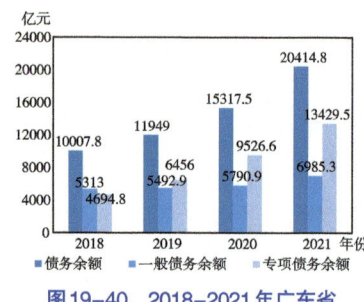

图19-40　2018-2021年广东省债务余额

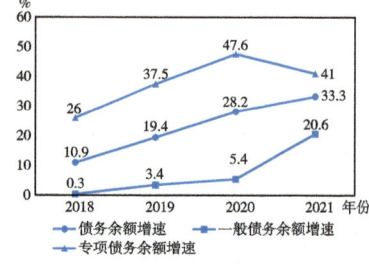

图19-41　2018-2021年广东省债务余额增速

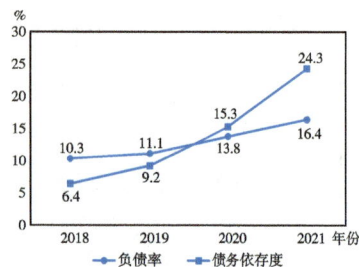

图19-42　2018-2021年广东省负债率和债务依存度

19.1.7 广东省省本级一般公共预算收入情况

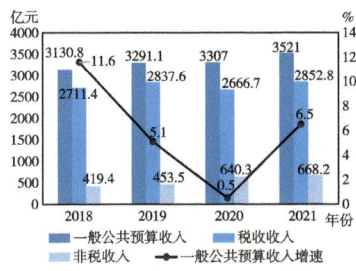

图19-43 2018-2021年广东省省本级一般公共预算收入及增速

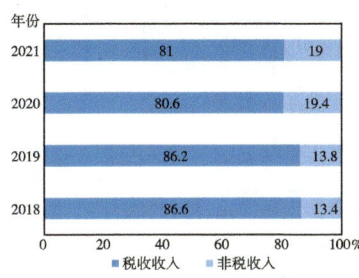

图19-44 2018-2021年广东省省本级一般公共预算收入结构

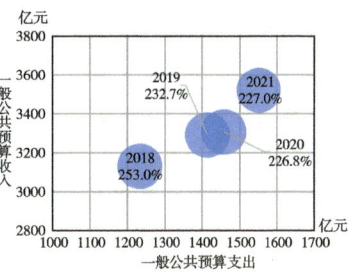

图19-45 2018-2021年广东省省本级财政自给率

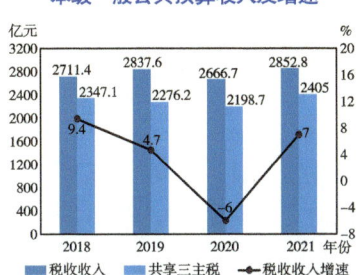

图19-46 2018-2021年广东省省本级税收收入及增速

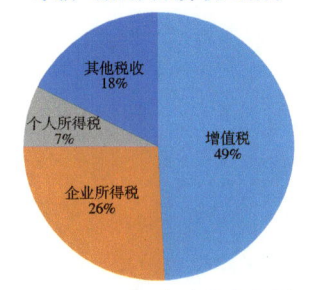

图19-47 2020年广东省省本级税收收入结构

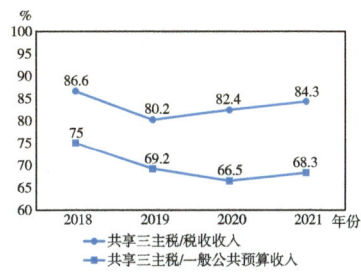

图19-48 2018-2021年广东省省本级共享三主税占税收收入及一般公共预算收入的比重

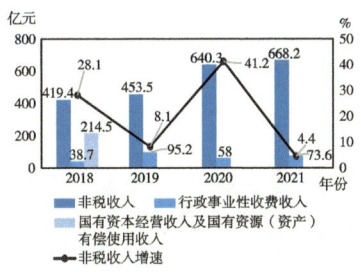

图19-49 2018-2021年广东省省本级非税收入及增速

图19-50 2018-2021年广东省省本级非税收入中各主要收入占比

19.2 广东省各市政府收入主要特征分析

19.2.1 广东省各市经济社会发展情况

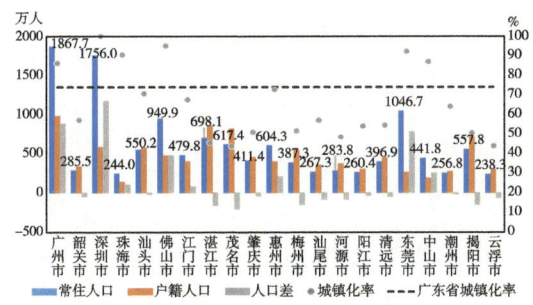

图19-51 2020年广东省各市人口状况

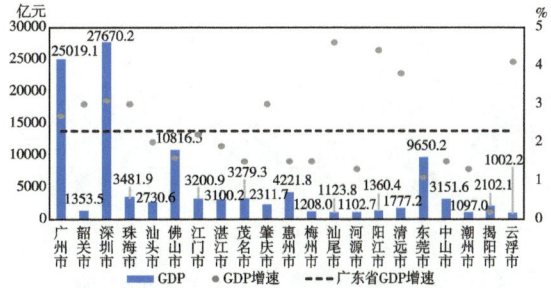

图19-52 2020年广东省各市GDP及增速

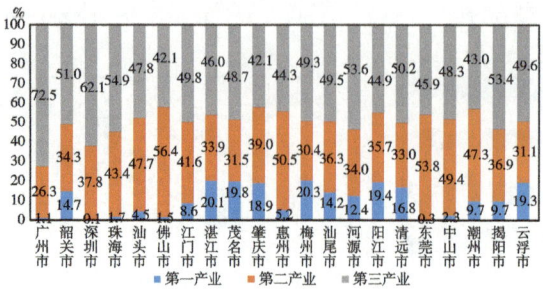

图19-53 2020年广东省各市三次产业结构

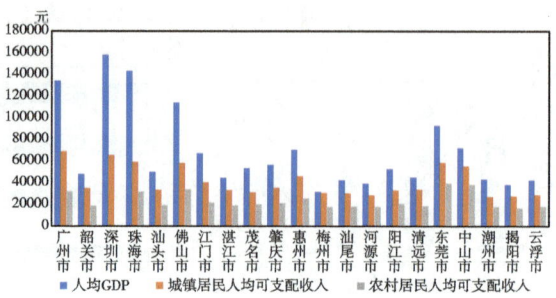

图19-54 2020年广东省各市人均GDP和人均可支配收入

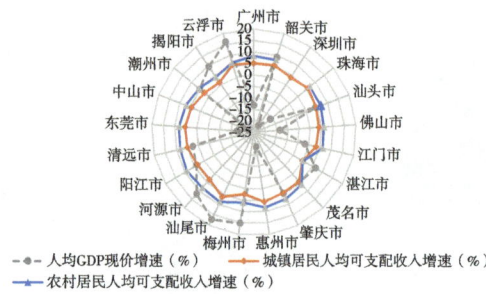

图19-55 2020年广东省各市人均GDP现价增速和人均可支配收入增速

19.2.2 广东省各市政府收入总体情况

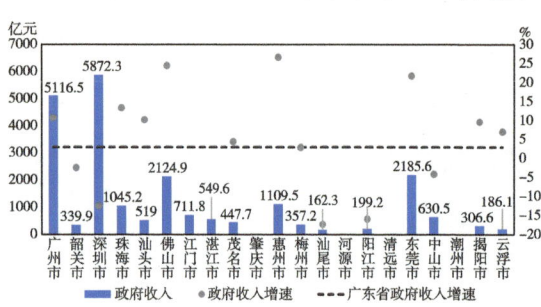

图19-56 2020年广东省各市政府收入及增速

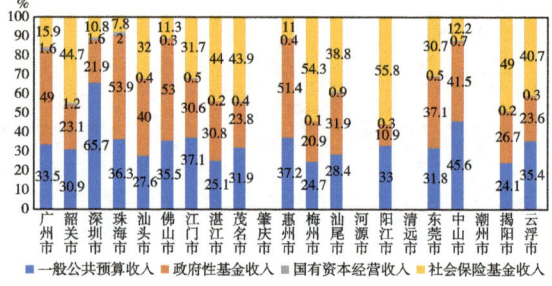

图19-57 2020年广东省各市政府收入结构

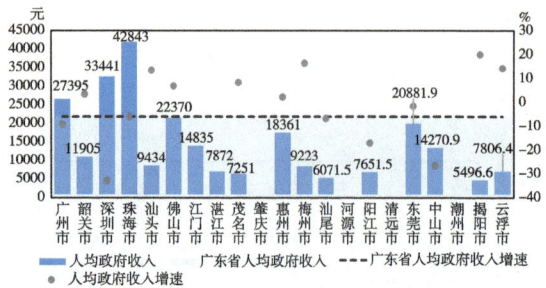

图19-58 2020年广东省各市人均政府收入及增速

19.2.3 广东省各市一般公共预算收入情况

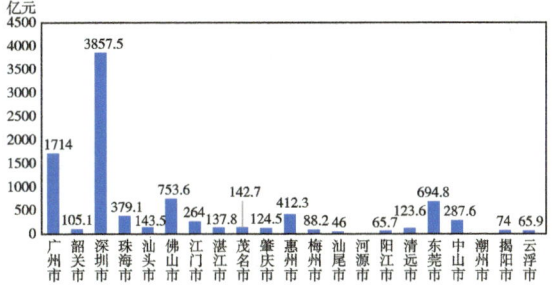

图 19-59 2020年广东省各市一般公共预算收入

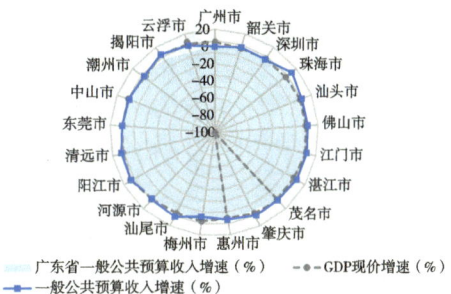

图 19-60 2020年广东省各市一般公共预算收入增速

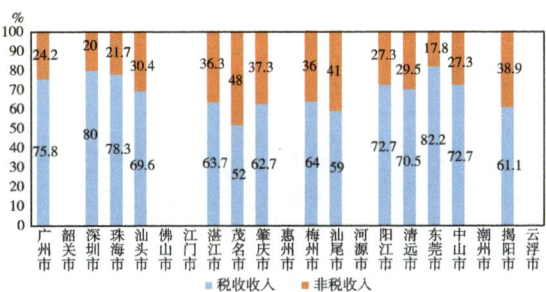

图 19-61 2020年广东省各市一般公共预算收入结构

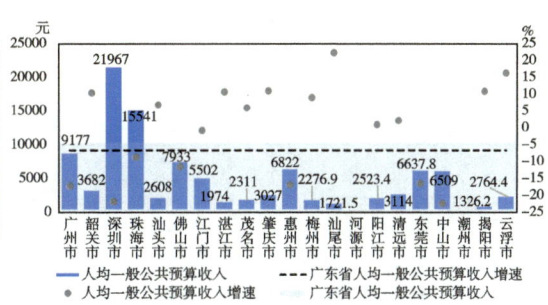

图 19-62 2020年广东省各市人均一般公共预算收入及增速

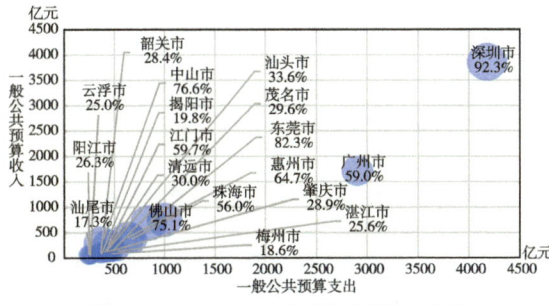

图 19-63 2020年广东省各市财政自给率

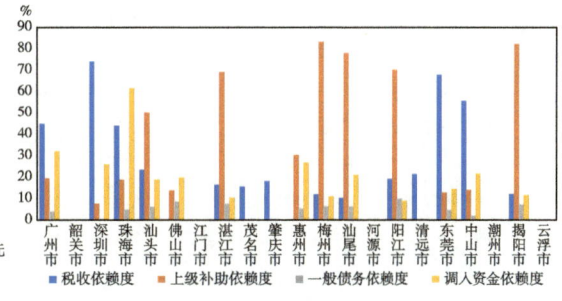

图 19-64 2020年广东省各市一般公共预算支出对各类收入的依赖度

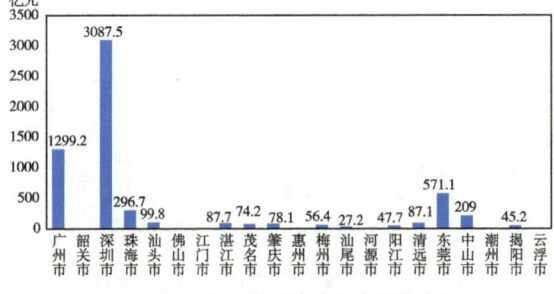

图 19-65 2020年广东省各市税收收入

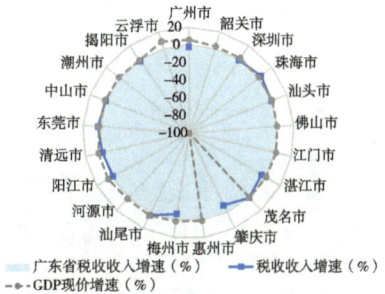

图 19-66 2020年广东省各市税收收入增速

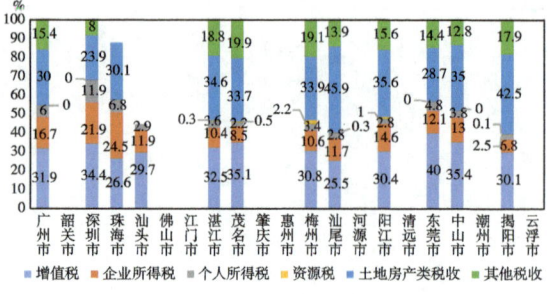

图19-67 2020年广东省各市税收收入结构

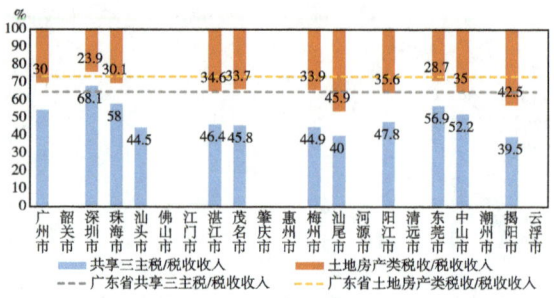

图19-68 2020年广东省各市共享三主税、土地房产类税收占税收收入的比重

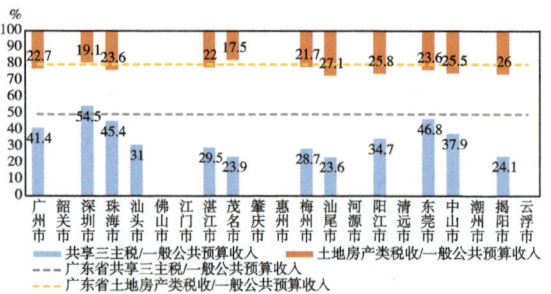

图19-69 2020年广东省各市共享三主税、土地房产类税收占一般公共预算收入的比重

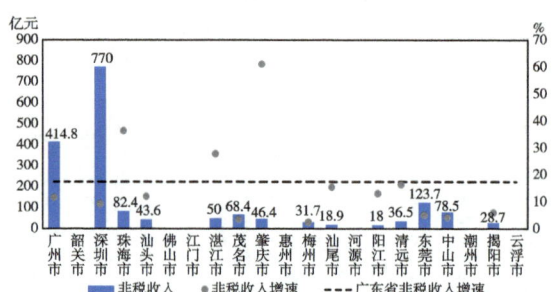

图19-70 2020年广东省各市非税收入及增速

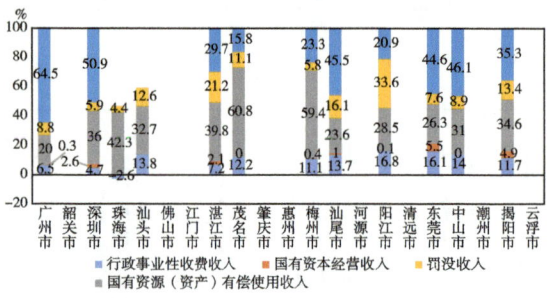

图19-71 2020年广东省各市非税收入结构

19.2.4 广东省各市政府性基金收入与国有资本经营收入情况

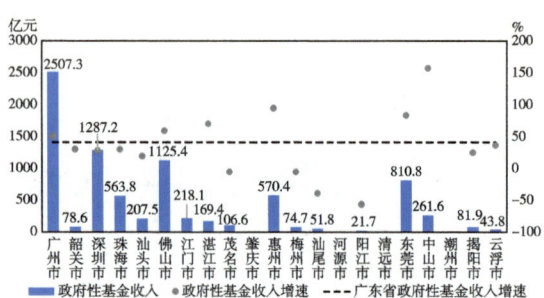

图19-72 2020年广东省各市政府性基金收入及增速

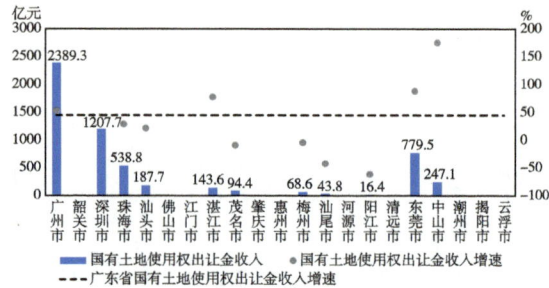

图19-73 2020年广东省各市国有土地使用权出让金收入及增速

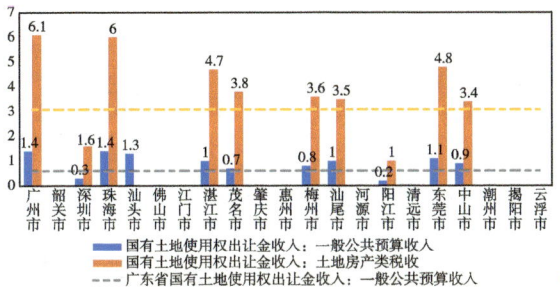

图19-74　2020年广东省各市国有土地使用权出让金收入与一般公共预算收入对比关系

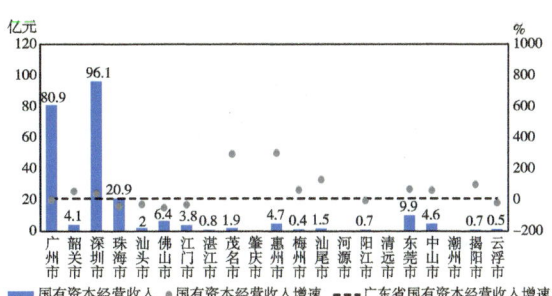

图19-75　2020年广东省各市国有资本经营收入及增速

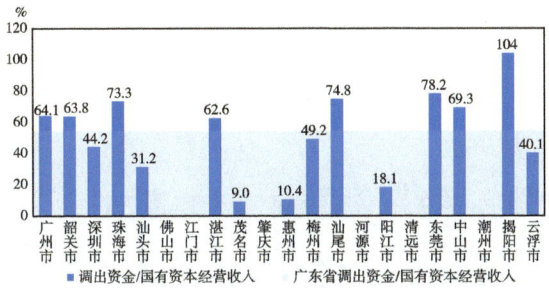

图19-76　2020年广东省各市调出资金与国有资本经营收入对比关系

19.2.5　广东省各市社会保险基金收入情况

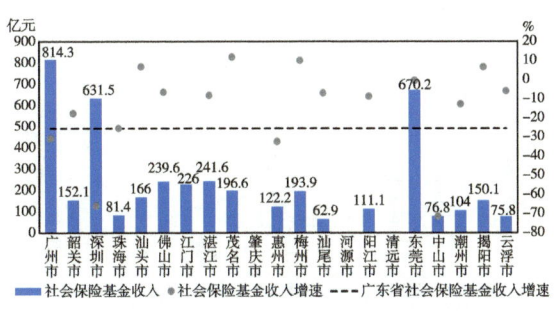

图19-77　2020年广东省各市社会保险基金收入及增速

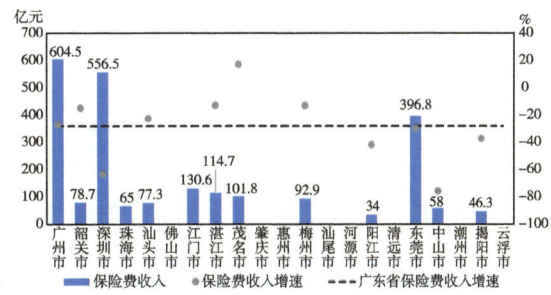

图19-78　2020年广东省各市保险费收入及增速

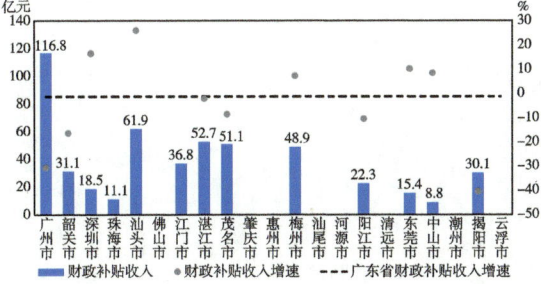

图19-79　2020年广东省各市财政补贴收入及增速

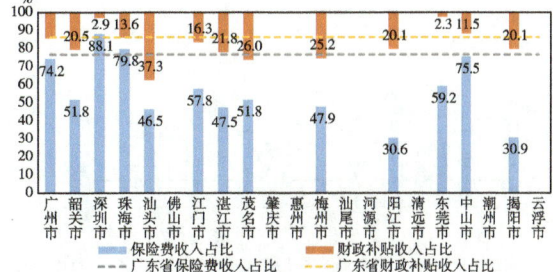

图19-80　2020年广东省各市保险费收入、财政补贴收入占社会保险基金收入的比重

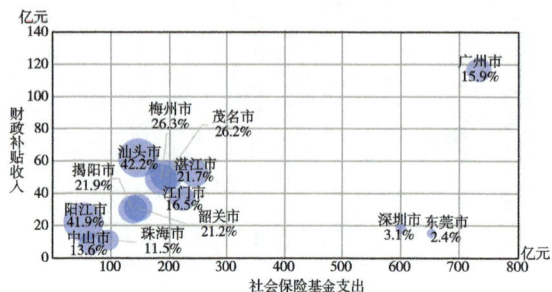

图19-81 2020年广东省各市社会保险基金支出对财政补贴的依赖度

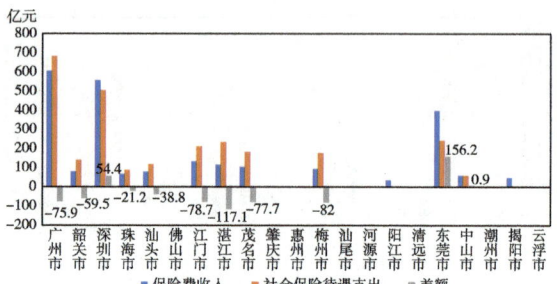

图19-82 2020年广东省各市保险费收入、社会保险待遇支出及差额

19.2.6 广东省各市债务情况

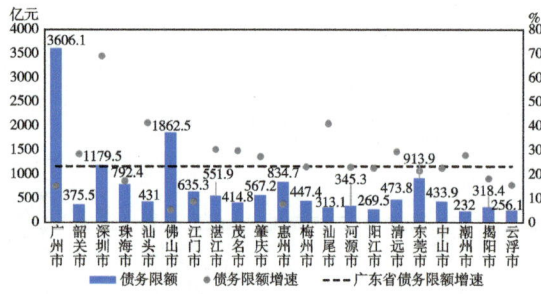

图19-83 2020年广东省各市债务限额及增速

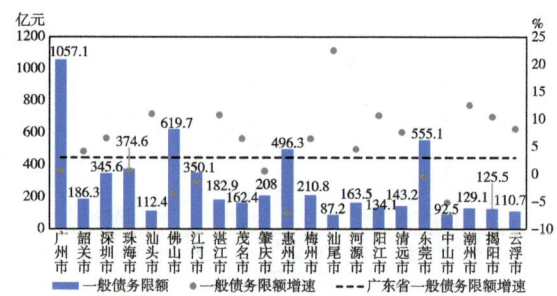

图19-84 2020年广东省各市一般债务限额及增速

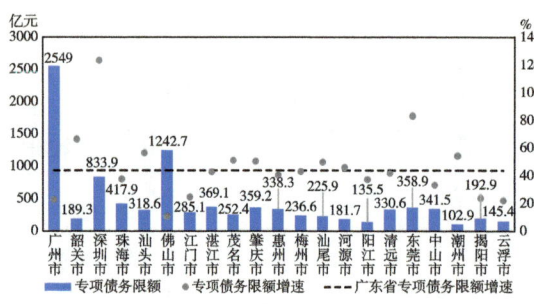

图19-85 2020年广东省各市专项债务限额及增速

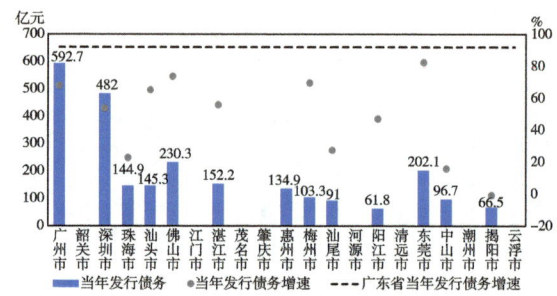

图19-86 2020年广东省各市当年发行债务及增速

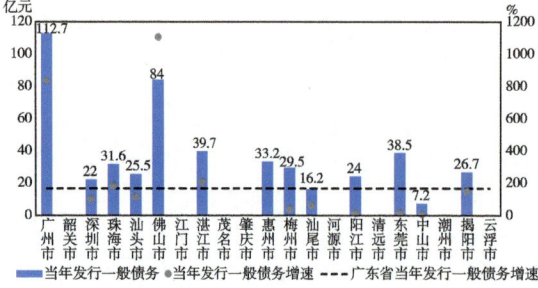

图19-87 2020年广东省各市当年发行一般债务及增速

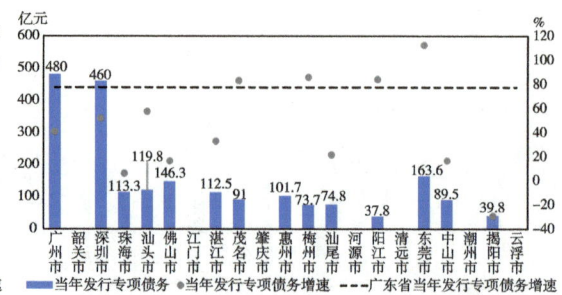

图19-88 2020年广东省各市当年发行专项债务及增速

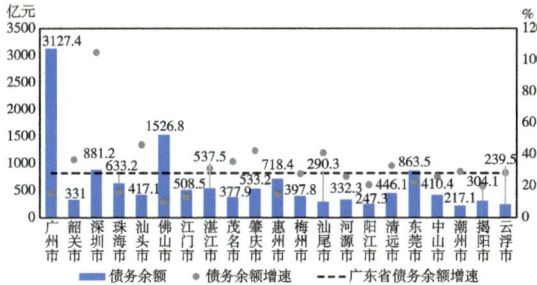

图19-89　2020年广东省各市债务余额及增速

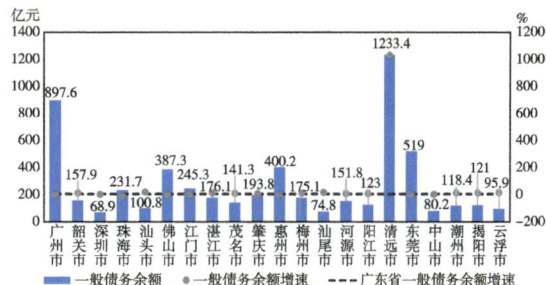

图19-90　2020年广东省各市一般债务余额及增速

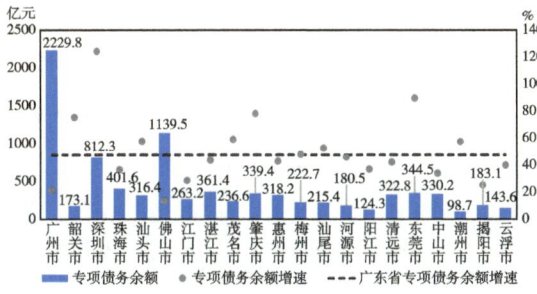

图19-91　2020年广东省各市专项债务余额及增速

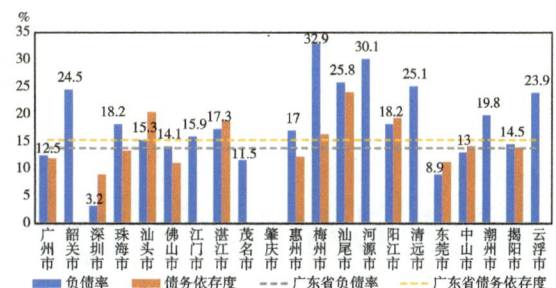

图19-92　2020年广东省各市负债率和债务依存度

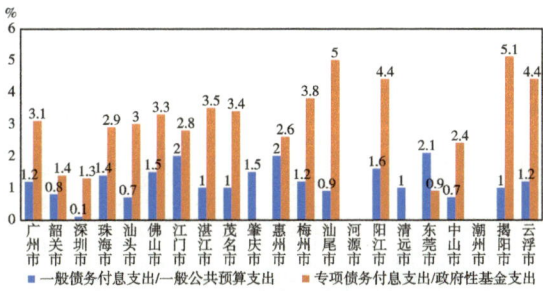

图19-93　2020年广东省各市债务付息支出相关指标

19.2.7　广东省各市市本级一般公共预算收入情况

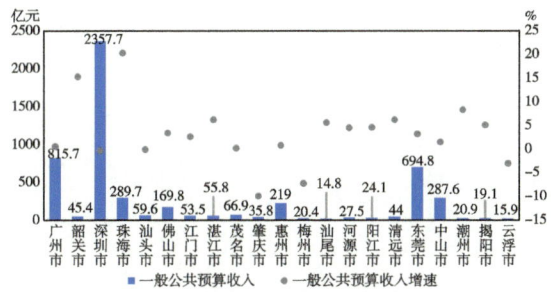

图19-94　2020年广东省各市市本级一般公共预算收入及增速

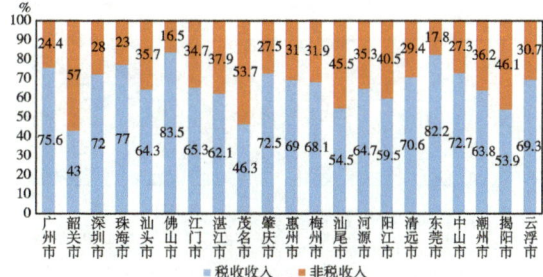

图19-95　2020年广东省各市市本级一般公共预算收入结构

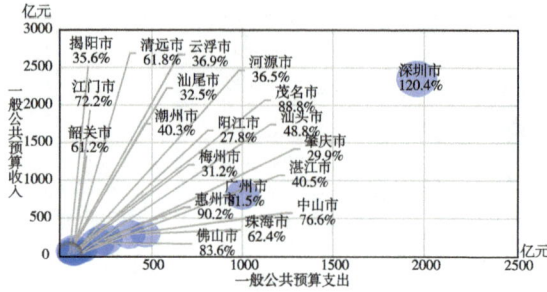

图19-96　2020年广东省各市市本级财政自给率

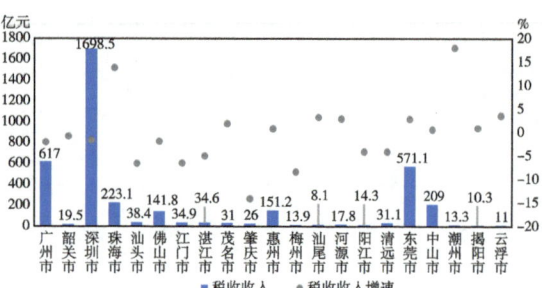

图19-97　2020年广东省各市市本级税收收入及增速

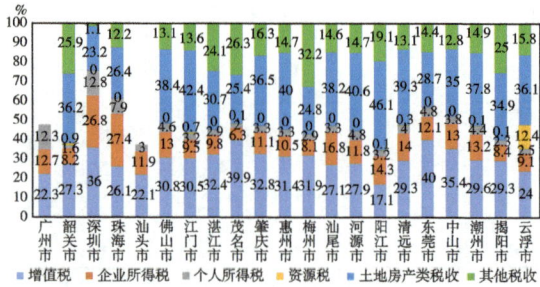

图19-98　2020年广东省各市市本级税收收入结构

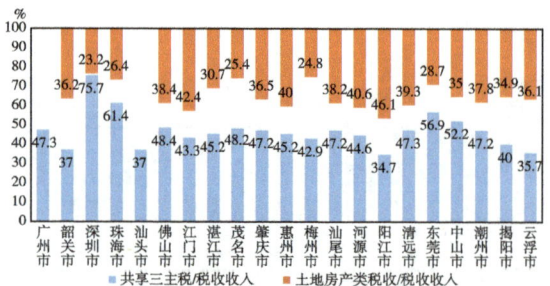

图19-99　2020年广东省各市市本级共享三主税、土地房产类税收占税收收入的比重

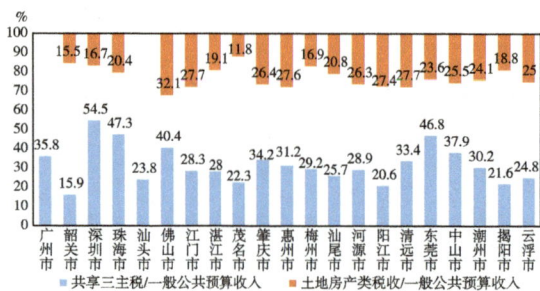

图19-100　2020年广东省各市市本级共享三主税、土地房产类税收占一般公共预算收入的比重

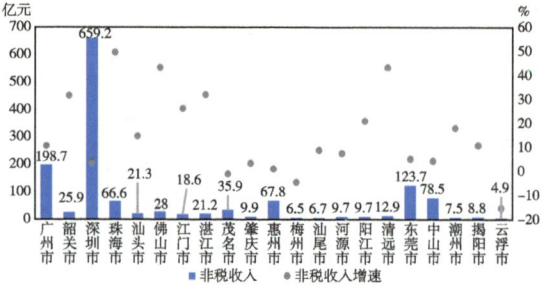

图19-101　2020年广东省各市市本级非税收入及增速

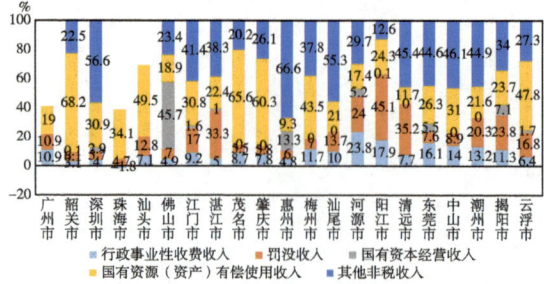

图19-102　2020年广东省各市市本级非税收入结构

19.3　广东省样本县政府收入主要特征分析

19.3.1　广东省样本县经济社会发展情况

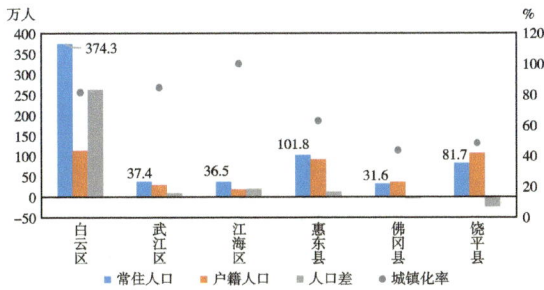

图19-103　2020年广东省样本县人口状况

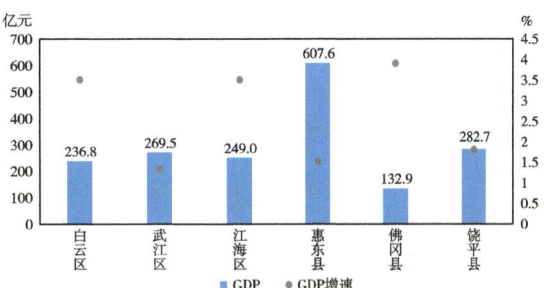

图19-104　2020年广东省样本县GDP及增速

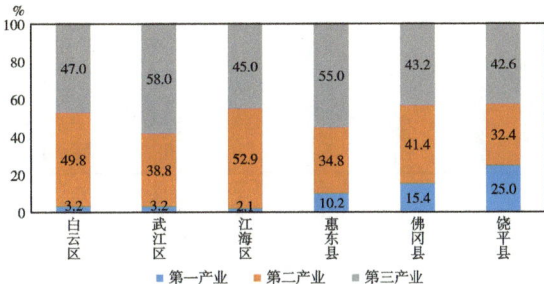

图19-105　2020年广东省样本县三次产业结构

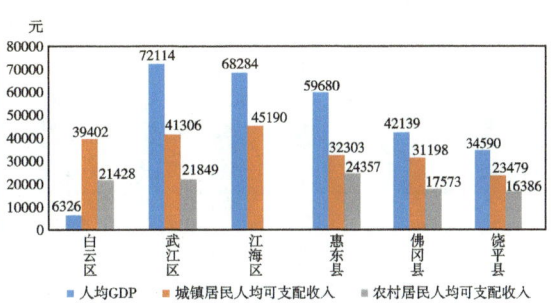

图19-106　2020年广东省样本县人均GDP和人均可支配收入

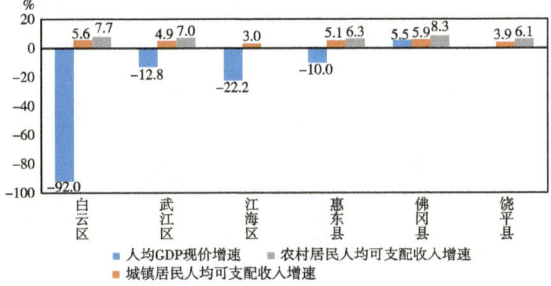

图19-107　2020年广东省样本县人均GDP现价增速和人均可支配收入增速

19.3.2　广东省样本县政府收入总体情况

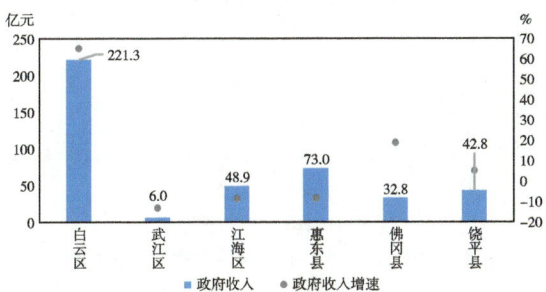

图19-108　2020年广东省样本县政府收入及增速

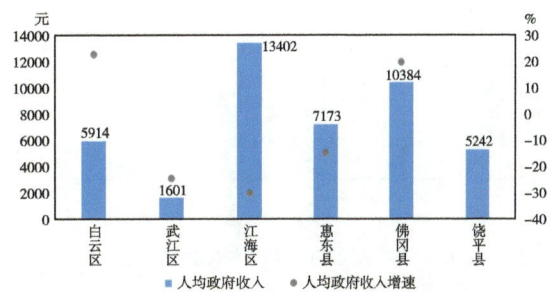

图19-109　2020年广东省样本县人均政府收入及增速

19.3.3 广东省样本县一般公共预算收入情况

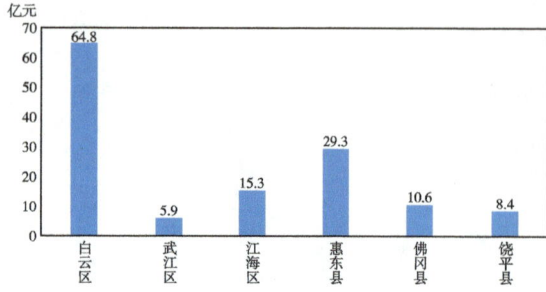

图19-110 2020年广东省样本县一般公共预算收入

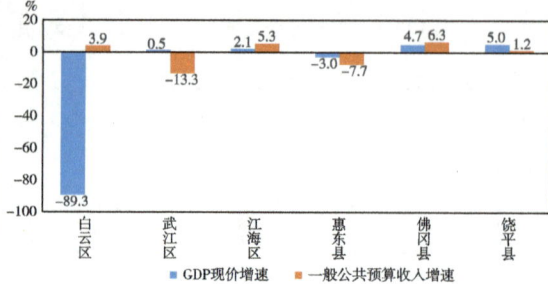

图19-111 2020年广东省样本县一般公共预算收入增速

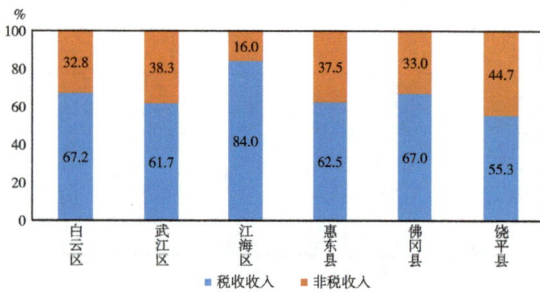

图19-112 2020年广东省样本县一般公共预算收入结构

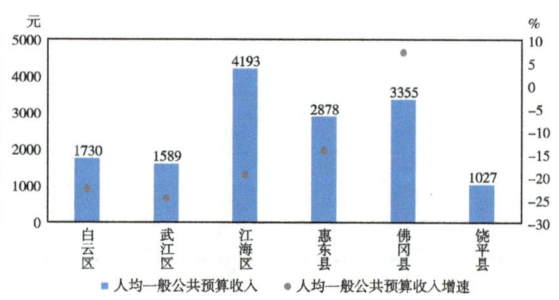

图19-113 2020年广东省样本县人均一般公共预算收入及增速

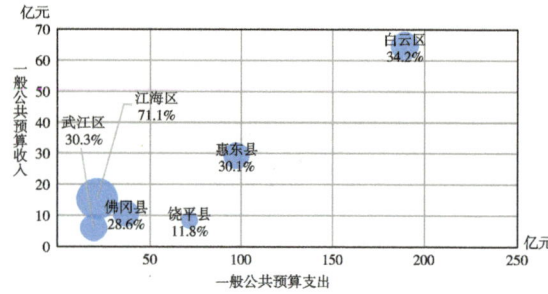

图19-114 2020年广东省样本县财政自给率

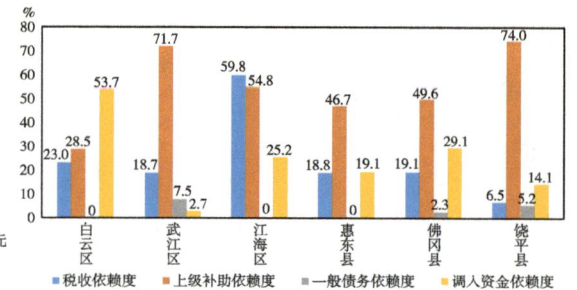

图19-115 2020年广东省样本县一般公共预算支出对各类收入的依赖度

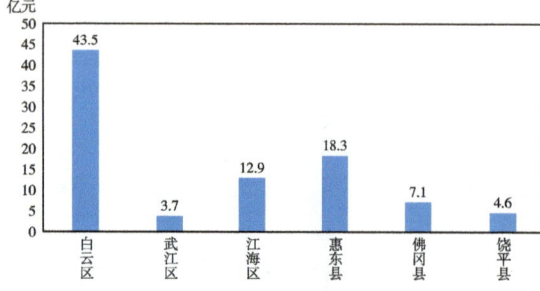

图19-116 2020年广东省样本县税收收入

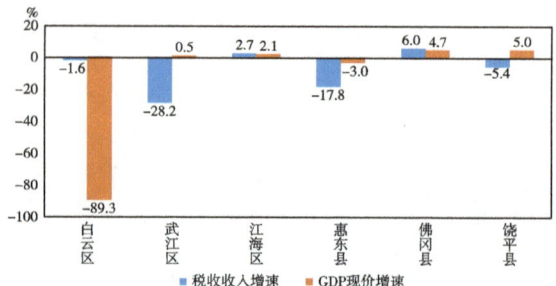

图19-117 2020年广东省样本县税收收入增速

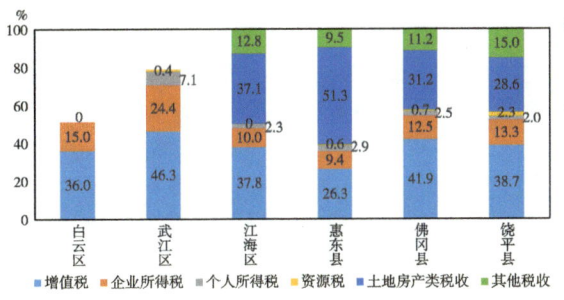

图19-118 2020年广东省样本县税收收入结构

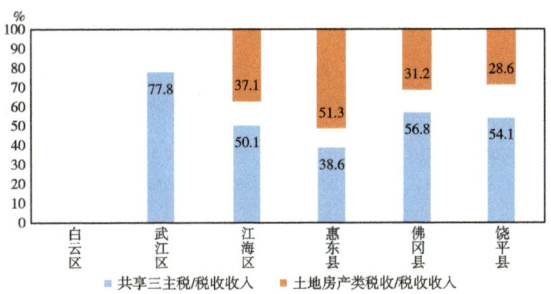

图19-119 2020年广东省样本县共享三主税、土地房产类税收占税收收入的比重

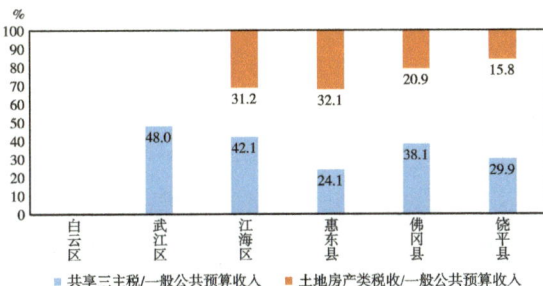

图19-120 2020年广东省样本县共享三主税、土地房产类税收占一般公共预算收入的比重

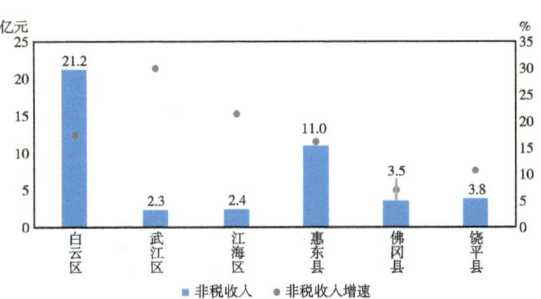

图19-121 2020年广东省样本县非税收入及增速

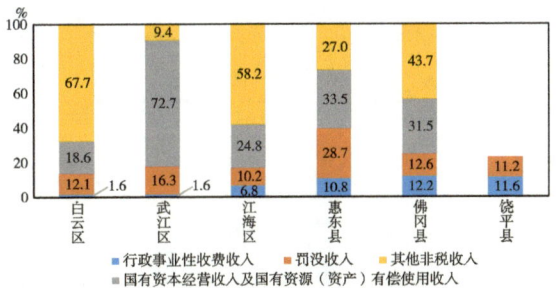

图19-122 2020年广东省样本县非税收入结构

19.3.4 广东省样本县政府性基金收入与国有资本经营收入情况

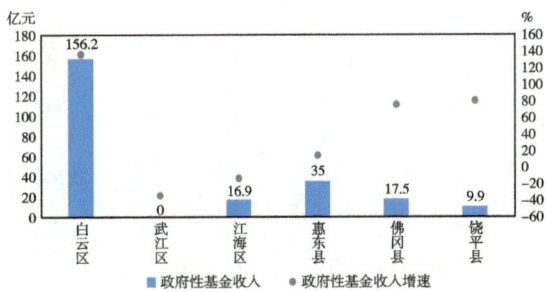

图19-123 2020年广东省样本县政府性基金收入及增速

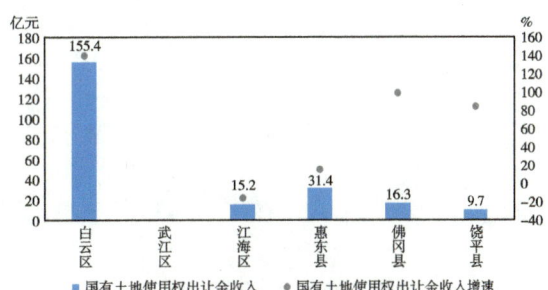

图19-124 2020年广东省样本县国有土地使用权出让金收入及增速

581

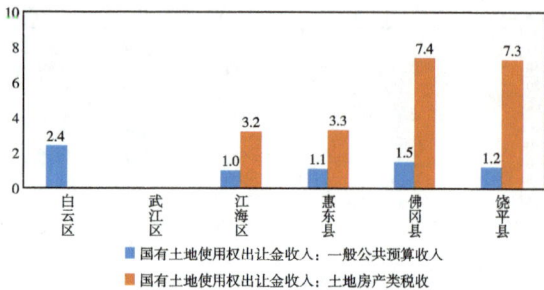

图19-125　2020年广东省样本县国有土地使用权出让金收入与一般公共预算收入对比关系

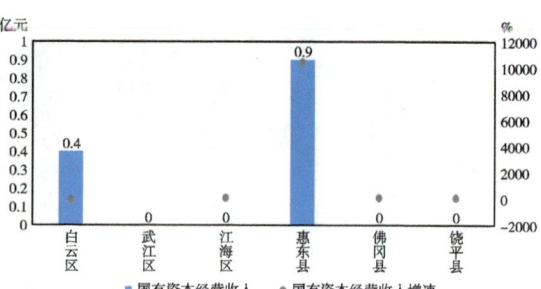

图19-126　2020年广东省样本县国有资本经营收入及增速

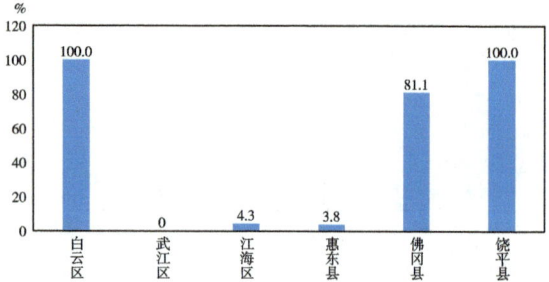

图19-127　2020年广东省样本县调出资金与国有资本经营收入对比关系

19.3.5　广东省样本县社会保险基金收入情况

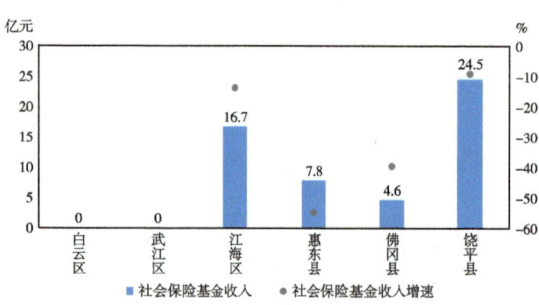

图19-128　2020年广东省样本县社会保险基金收入及增速

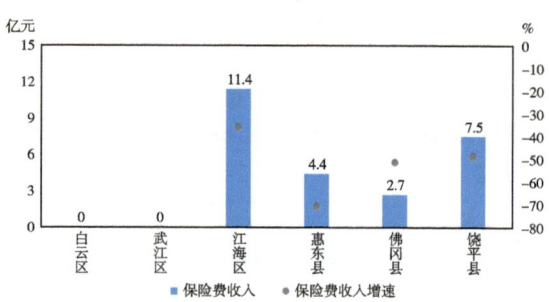

图19-129　2020年广东省样本县保险费收入及增速

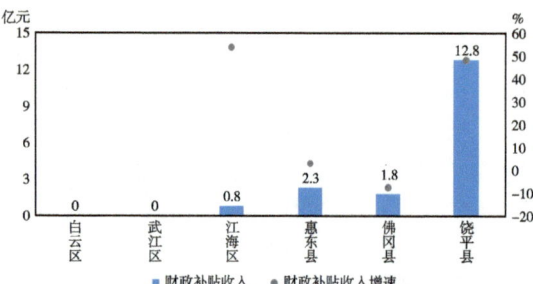

图19-130　2020年广东省样本县财政补贴收入及增速

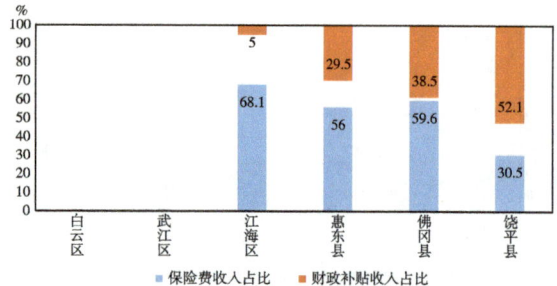

图19-131　2020年广东省样本县保险费收入、财政补贴收入占社会保险基金收入的比重

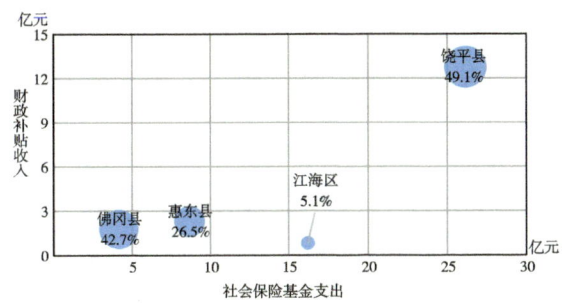

图19-132 2020年广东省样本县社会保险基金支出对财政补贴的依赖度

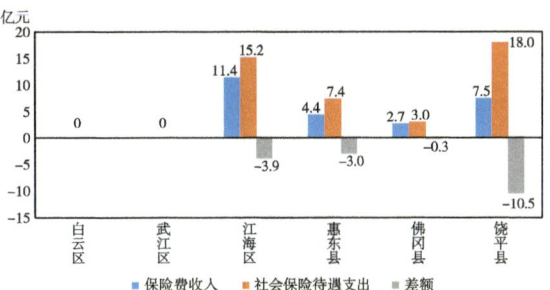

图19-133 2020年广东省样本县保险费收入、社会保险待遇支出及差额

19.3.6 广东省样本县债务情况

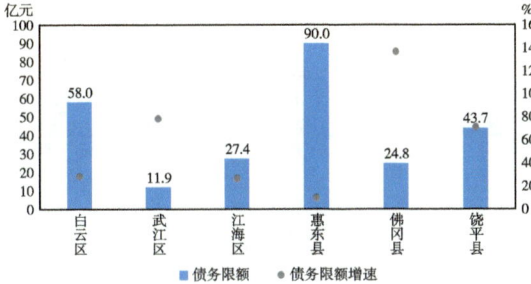

图19-134 2020年广东省样本县债务限额及增速

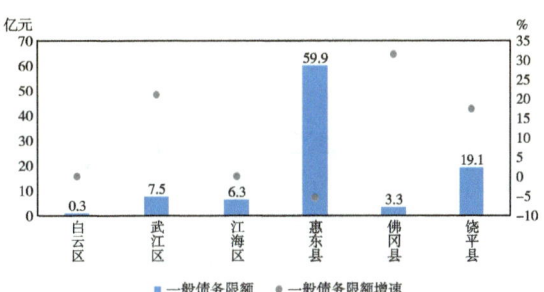

图19-135 2020年广东省样本县一般债务限额及增速

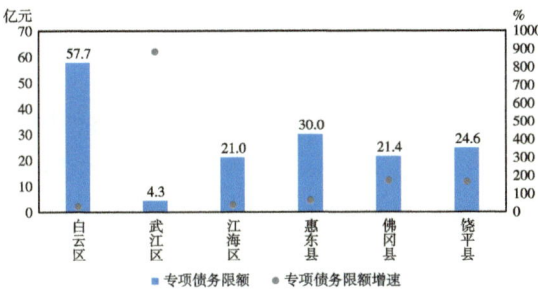

图19-136 2020年广东省样本县专项债务限额及增速

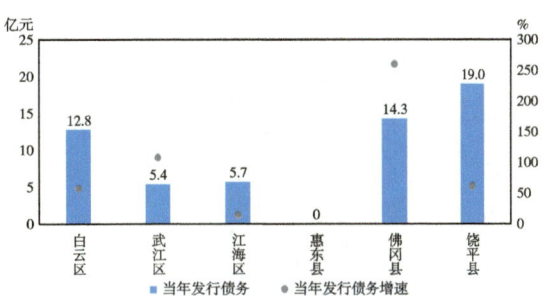

图19-137 2020年广东省样本县当年发行债务及增速

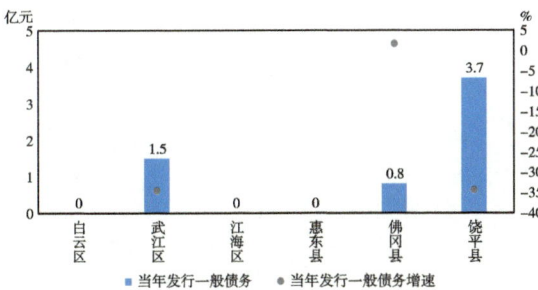

图19-138 2020年广东省样本县当年发行一般债务及增速

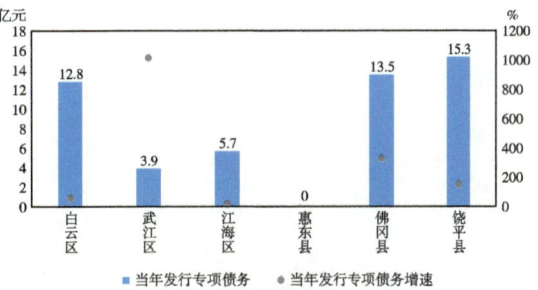

图19-139 2020年广东省样本县当年发行专项债务及增速

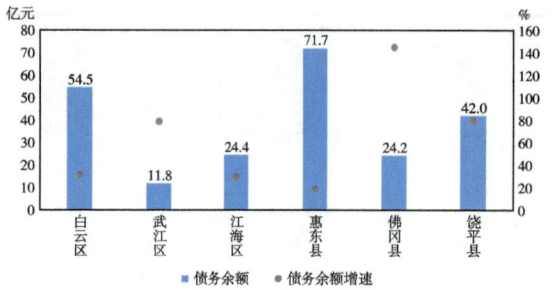

图19-140　2020年广东省样本县债务余额及增速　　　　图19-141　2020年广东省样本县一般债务余额及增速

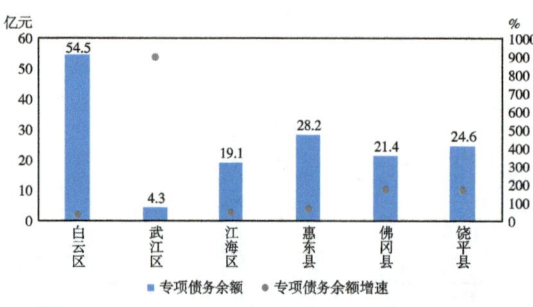

图19-142　2020年广东省样本县专项债务余额及增速

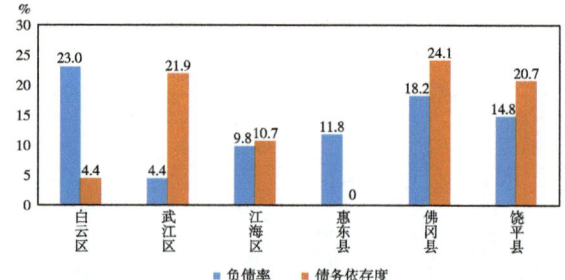

图19-143　2020年广东省样本县负债率和债务依存度

20 广西壮族自治区

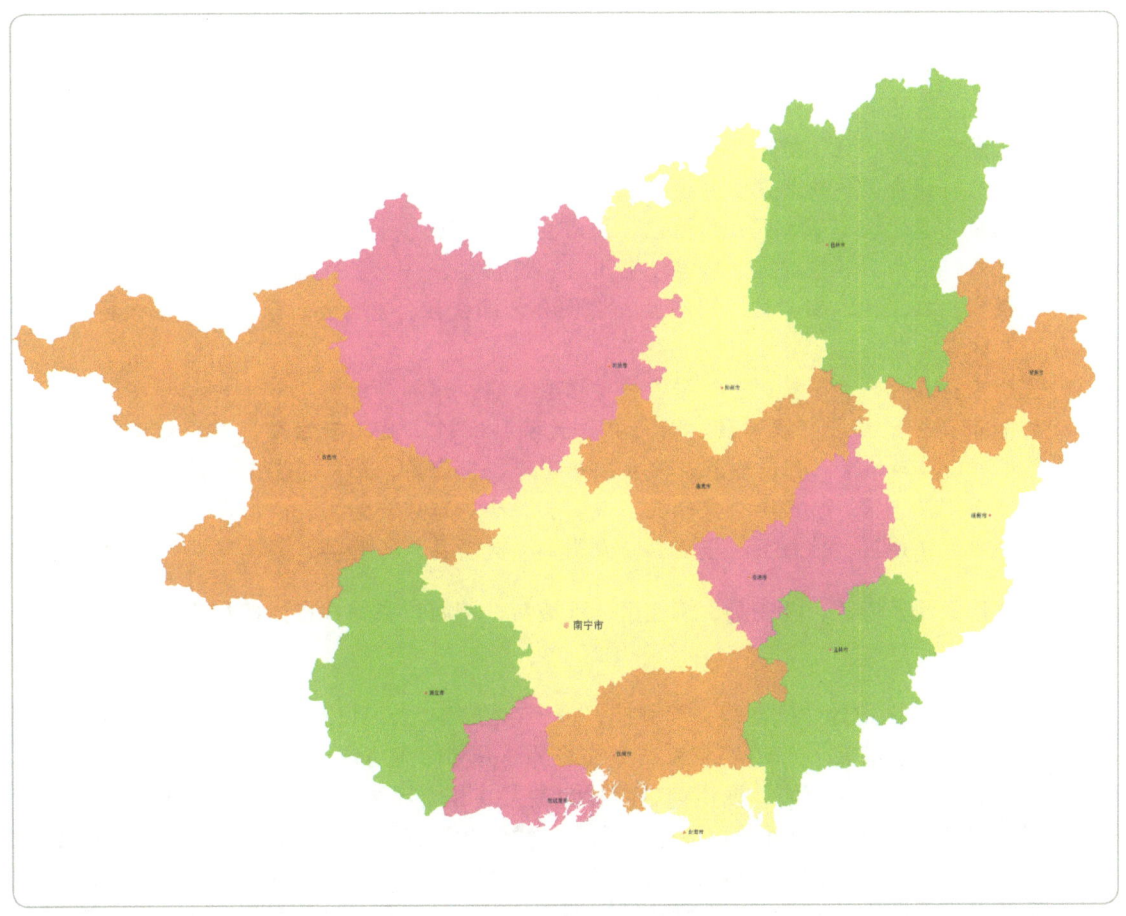

图 2017年广西壮族自治区地图

资料来源：广西标准地图服务平台。
注：审图号为桂S（2017）47号。

本章执笔人：刘昶　审校：梁季

专栏20-1　2021年广西壮族自治区行政区划

南宁市：兴宁区、青秀区、江南区、**西乡塘区**、良庆区、邕宁区、武鸣区、**隆安县**、马山县、上林县、宾阳县、横州市

柳州市：城中区、鱼峰区、柳南区、柳北区、**柳江区**、柳城县、鹿寨县、融安县、融水苗族自治县、三江侗族自治县

桂林市：秀峰区、叠彩区、象山区、七星区、雁山区、临桂区、阳朔县、灵川县、全州县、兴安县、永福县、灌阳县、龙胜各族自治县、资源县、平乐县、恭城瑶族自治县、**荔浦市**

梧州市：万秀区、长洲区、龙圩区、苍梧县、藤县、蒙山县、岑溪市

北海市：海城区、银海区、铁山港区、合浦县

防城港市：港口区、防城区、上思县、东兴市

钦州市：钦南区、钦北区、灵山县、浦北县

贵港市：港北区、港南区、覃塘区、平南县、桂平市

玉林市：玉州区、福绵区、容县、陆川县、博白县、兴业县、北流市

百色市：右江区、田阳区、田东县、德保县、那坡县、凌云县、乐业县、田林县、西林县、隆林各族自治县、**靖西市**、平果市

贺州市：八步区、平桂区、昭平县、钟山县、富川瑶族自治县

河池市：金城江区、宜州区、南丹县、天峨县、凤山县、东兰县、罗城仫佬族自治县、环江毛南族自治县、巴马瑶族自治县、都安瑶族自治县、大化瑶族自治县

来宾市：兴宾区、忻城县、象州县、武宣县、金秀瑶族自治县、合山市

崇左市：江州区、扶绥县、宁明县、龙州县、大新县、天等县、**凭祥市**

本书选取西乡塘区、隆安县、柳江区、荔浦市、靖西市和凭祥市为样本县。

广西壮族自治区地处中国南疆，简称桂，位于东经104°28′~112°04′，北纬20°54′~26°23′之间，北回归线横贯中部。东连广东省，南临北部湾并与海南省隔海相望，西与云南省毗邻，东北接湖南省，西北靠贵州省，西南与越南社会主义共和国接壤。行政区域土地面积23.76万平方千米，管辖北部湾海域面积约4万平方千米。截至2021年末，广西壮族自治区行政区划为14个设区市，10个县级市，60个县（含12个民族自治县），41个市辖区（详见专栏20-1）。地处中国地势第二台阶中的云贵高原东南边缘，两广丘陵西部。总的地势是西北高、东南低，呈西北向东南倾斜状。地貌总体由山地、丘陵、台地、平原、石山、水面6大类构成。广西矿产资源种类多、储量大，尤以铝、锡等有色金属为最，是全国10个重点有色金属产区之一。总体上看，广西的经济发展、财政收入等在全国处于靠后的位置，区域差异大，发展不均衡。

2021年广西壮族自治区经济总量处于全国中等，第三产业占比低于全国。2021年末，广西壮族自治区常住人口5037万人。2021年广西GDP达到2.47万亿元，排全国第19名，与上年持平，次于邻省云南，高于山西；增速7.5%，比2020年上升4.8个百分点，低于全国0.6

个百分点，排全国第17名；人均GDP为49206元（7627.4美元），排全国第26名。从产业结构看，第一、第二、第三产业占比分别为16.2%（高于全国8.9个百分点）、33.1%（低于全国6.3个百分点）和50.7%（低于全国2.6个百分点）。从居民可支配收入看，2021年城镇与农村居民人均可支配收入分别为38530元和16363元，呈上升态势，分别为全国平均水平的81.2%和86.4%。

2021年广西壮族自治区一般公共预算收入全国排名稍后，自治区市县中县级财政收入占比最高。 2021年广西一般公共预算收入1800.1亿元、增速4.8%，收入规模排全国第23名，人均一般公共预算收入为3574元，排全国第28名。其中，广西税收收入占一般公共预算收入的比重较2020年有所上升，2021年为66.2%，低于全国平均水平19.1个百分点。非税收入占比高，其中2021年国有资本经营收入及国有资源（资产）有偿使用收入规模占非税收入比高达40.1%。从纵向收入分配看，自治区本级、市本级、县一般公共预算收入占比分别为20.4%、37.6%和42.1%。

2021年广西壮族自治区财政自给率偏低，地区财政总收入小于一般公共预算支出。 2021年广西财政自给率为31%，较2020年下降了3个百分点。2021年广西组织的地区财政总收入为3027亿元，增速为8.1%，其中上缴中央收入占比40.5%。广西一般公共预算支出为5810.2亿元，远高于地区财政总收入规模。

2021年广西壮族自治区四本预算中社会保险基金预算占比有较大幅度上升，政府性基金预算和国有资本经营预算占比在下降。 2021年广西四本预算加总的政府收入5901.6元，增速为3.5%，其中一般公共预算收入、政府性基金预算收入、国有资本经营预算收入和社会保险基金预算收入分别占比30.5%、29.3%、1.0%和39.2%。

广西壮族自治区内各地市经济社会发展和财政发展不均衡，优势主要集中于自治区首府南宁。 2020年南宁市一般公共预算收入372.3亿元，除了柳州（173.1亿元）、桂林（111.5亿元）和玉林（101.8亿元），其他各市均低于100亿元，收入较为集中且城市间差异较大，一般公共预算收入的城市首位度指数为2.2，且南宁市是收入最低的崇左市的11倍。2020年广西各市财政自给率均低于50%。财政自给率最高的城市为南宁，为45.2%，最低的为河池市，仅为11.2%，前者是后者的4倍。政府性基金收入中占比最大的是国有土地使用权出让收入，与地理位置关系较大，收入规模最大的南宁市（619.1亿元）为规模最小的来宾市（31.4亿元）的19.7倍。

20.1 广西壮族自治区政府收入主要特征分析

20.1.1 广西壮族自治区经济社会基本情况

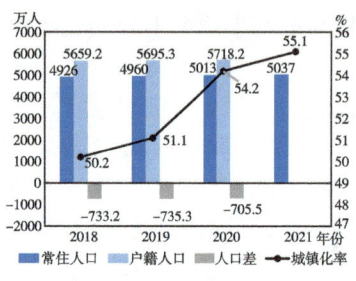

图20-1 2018-2021年广西壮族自治区人口状况

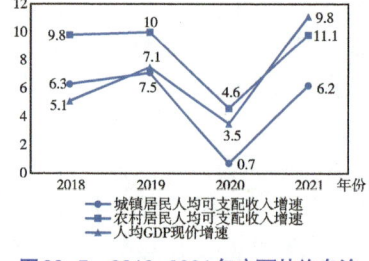

图20-2 2018-2021年广西壮族自治区GDP及增速

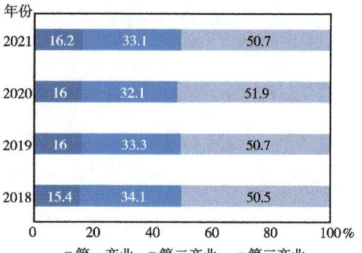

图20-3 2018-2021年广西壮族自治区三次产业结构

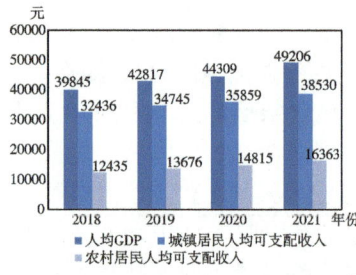

图20-4 2018-2021年广西壮族自治区人均GDP和人均可支配收入

图20-5 2018-2021年广西壮族自治区人均GDP现价增速和人均可支配收入增速

20.1.2 广西壮族自治区政府收入总体情况

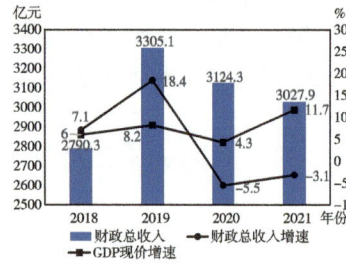

图20-6 2018-2021年广西壮族自治区财政总收入及增速

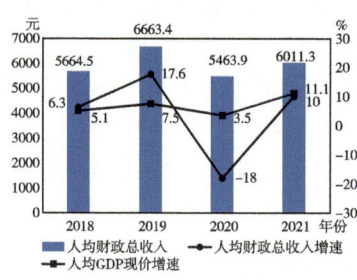

图20-7 2018-2021年广西壮族自治区人均财政总收入及增速

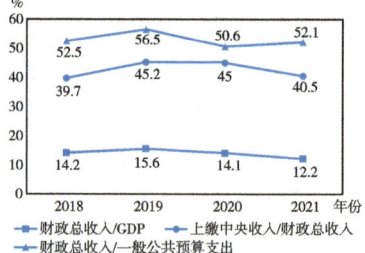

图20-8 2018-2021年广西壮族自治区财政总收入相关指标

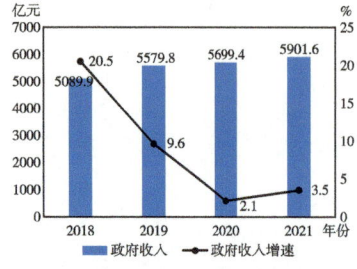

图20-9 2018-2021年广西壮族自治区政府收入及增速

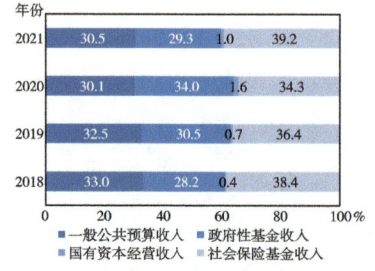

图20-10 2018-2021年广西壮族自治区政府收入结构

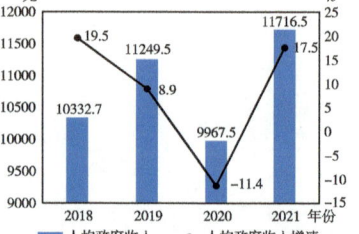

图20-11 2018-2021年广西壮族自治区人均政府收入及增速

20.1.3 广西壮族自治区一般公共预算收入情况

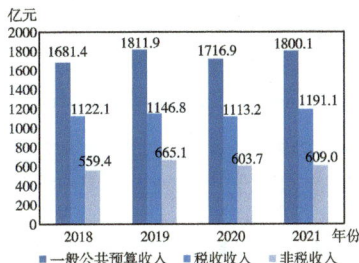

图20-12 2018-2021年广西壮族自治区一般公共预算收入

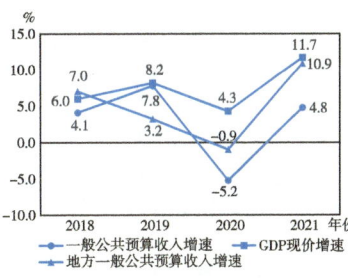

图20-13 2018-2021年广西壮族自治区一般公共预算收入增速

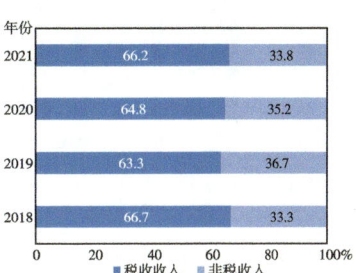

图20-14 2018-2021年广西壮族自治区一般公共预算收入结构

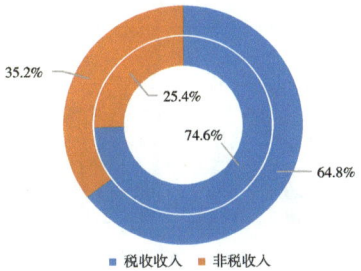

图20-15 2020年一般公共预算收入结构对比（内环为地方，外环为广西壮族自治区）

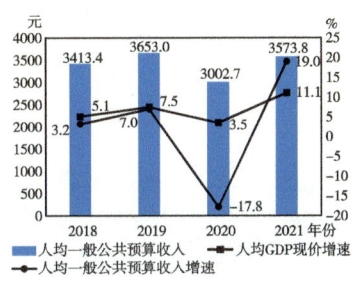

图20-16 2018-2021年广西壮族自治区人均一般公共预算收入及增速

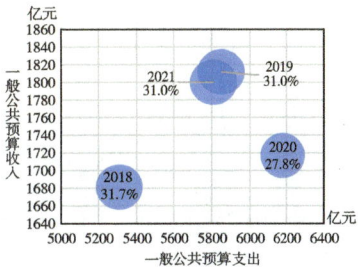

图20-17 2018-2021年广西壮族自治区财政自给率

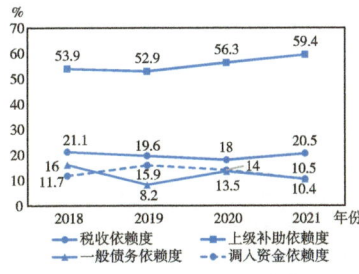

图20-18 2018-2021年广西壮族自治区一般公共预算支出对各类收入的依赖度

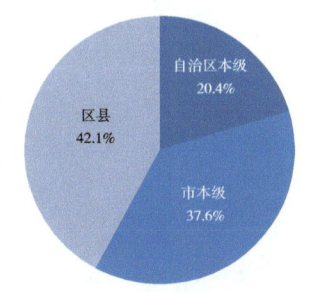

图20-19 2020年广西壮族自治区区市县三级政府一般公共预算收入分布

图20-20 2018-2021年广西壮族自治区税收收入

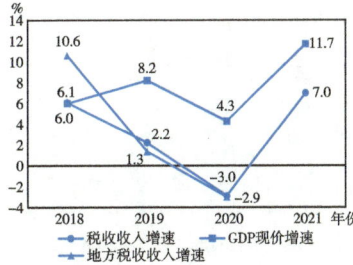

图20-21 2018-2021年广西壮族自治区税收收入增速

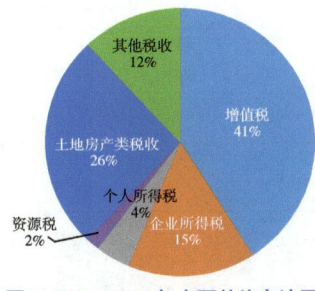

图20-22 2020年广西壮族自治区税收收入结构

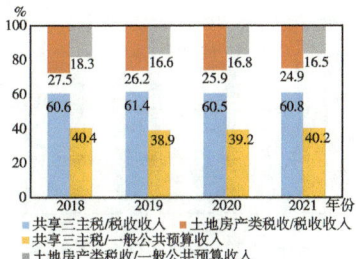

图20-23 2018-2021年广西壮族自治区共享三主税、土地房产类税收占税收收入及一般公共预算收入的比重

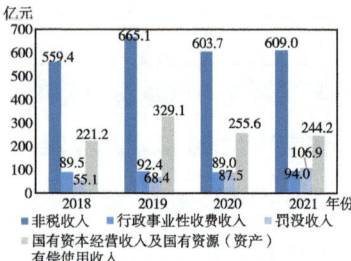

图20-24 2018—2021年广西壮族自治区非税收入

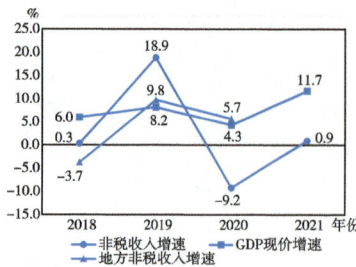

图20-25 2018—2021年广西壮族自治区非税收入增速

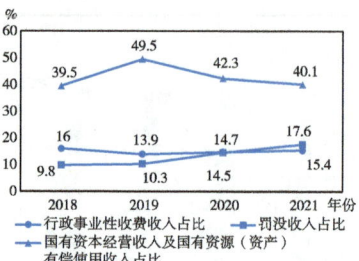

图20-26 2018—2021年广西壮族自治区非税收入中各主要收入占比

20.1.4 广西壮族自治区政府性基金和国有资本经营收入情况

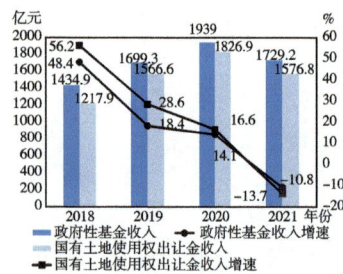

图20-27 2018—2021年广西壮族自治区政府性基金收入及增速

图20-28 2018—2021年广西壮族自治区国有土地使用权出让金收入与一般公共预算收入对比关系

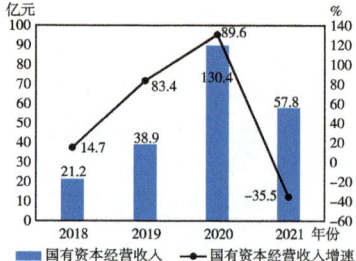

图20-29 2018—2021年广西壮族自治区国有资本经营收入及增速

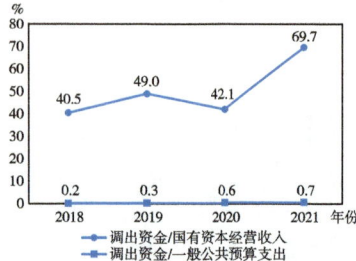

图20-30 2018—2021年广西壮族自治区国有资本经营预算中调出资金相关指标

20.1.5 广西壮族自治区社会保险基金收入情况

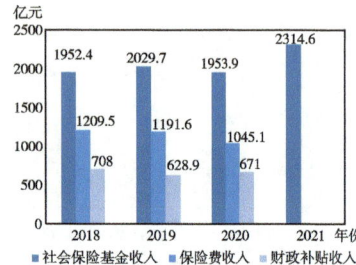

图20-31 2018—2021年广西壮族自治区社会保险基金收入

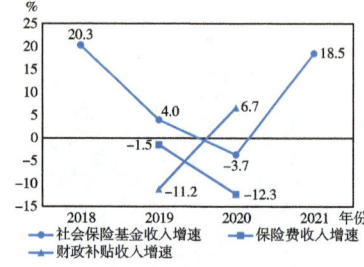

图20-32 2018—2021年广西壮族自治区社会保险基金收入增速

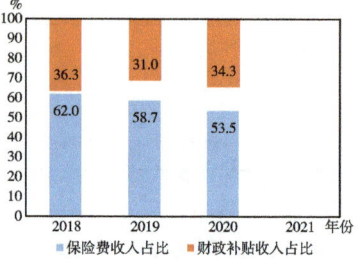

图20-33 2018—2021年广西壮族自治区保险费收入、财政补贴收入占社会保险基金收入的比重

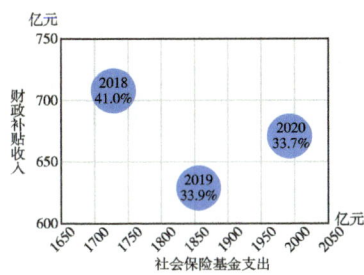

图20-34 2018-2021年广西壮族自治区社会保险基金支出对财政补贴的依赖度

图20-35 2018-2021年广西壮族自治区保险费收入、社会保险待遇支出及差额

20.1.6 广西壮族自治区债务情况

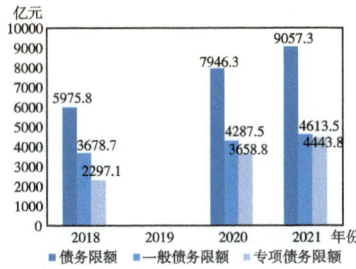

图20-36 2018-2021年广西壮族自治区债务限额

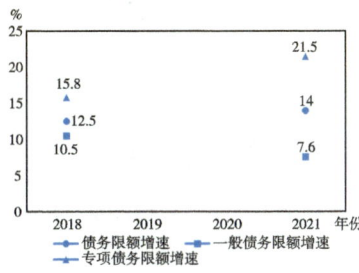

图20-37 2018-2021年广西壮族自治区债务限额增速

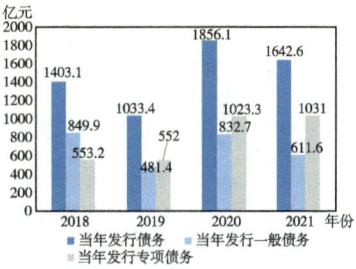

图20-38 2018-2021年广西壮族自治区当年发行债务

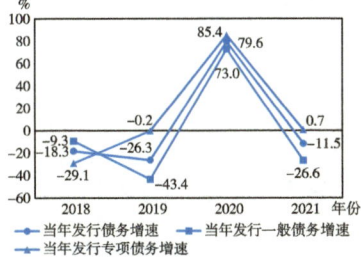

图20-39 2018-2021年广西壮族自治区当年发行债务增速

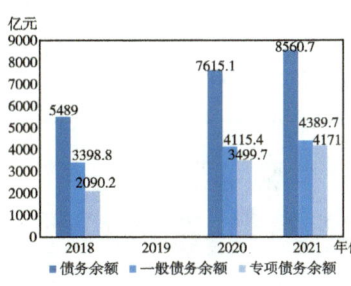

图20-40 2018-2021年广西壮族自治区债务余额

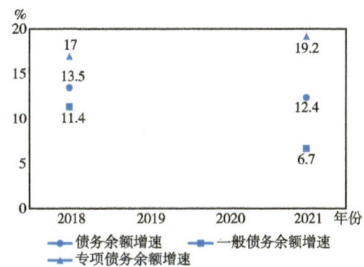

图20-41 2018-2021年广西壮族自治区债务余额增速

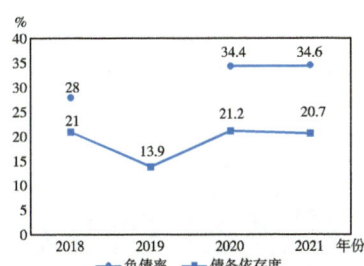

图20-42 2018-2021年广西壮族自治区负债率和债务依存度

20.1.7 广西壮族自治区区本级一般公共预算收入情况

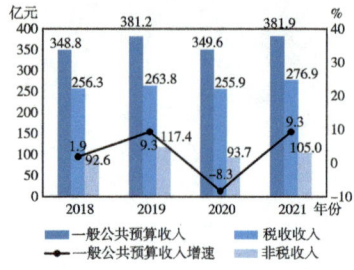

图20-43 2018-2021年广西壮族自治区区本级一般公共预算收入及增速

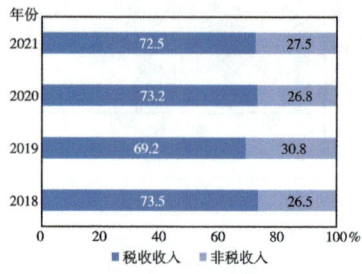

图20-44 2018-2021年广西壮族自治区区本级一般公共预算收入结构

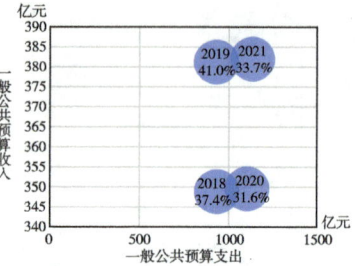

图20-45 2018-2021年广西壮族自治区区本级财政自给率

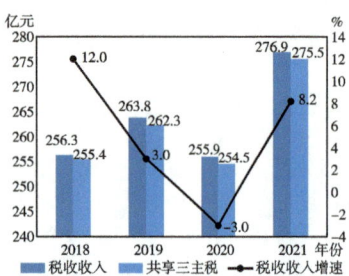

图20-46 2018-2021年广西壮族自治区区本级税收收入及增速

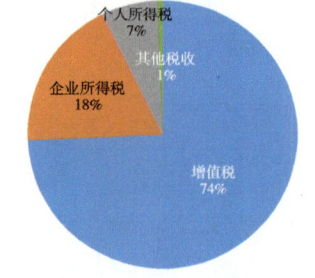

图20-47 2020年广西壮族自治区区本级税收收入结构

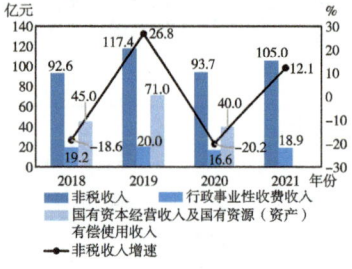

图20-48 2018-2021年广西壮族自治区区本级共享三主税占税收收入及一般公共预算收入的比重

图20-49 2018-2021年广西壮族自治区区本级非税收入及增速

图20-50 2018-2021年广西壮族自治区区本级非税收入中各主要收入占比

20.2 广西壮族自治区各市政府收入主要特征分析

20.2.1 广西壮族自治区各市经济社会发展情况

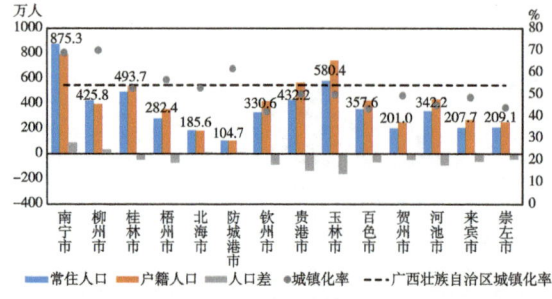

图20-51 2020年广西壮族自治区各市人口状况

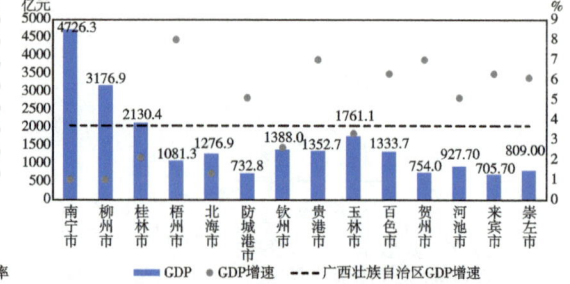

图20-52 2020年广西壮族自治区各市GDP及增速

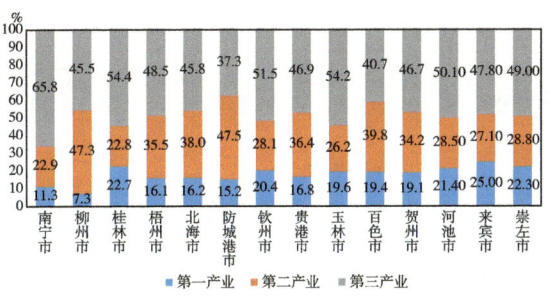

图20-53　2020年广西壮族自治区各市三次产业结构

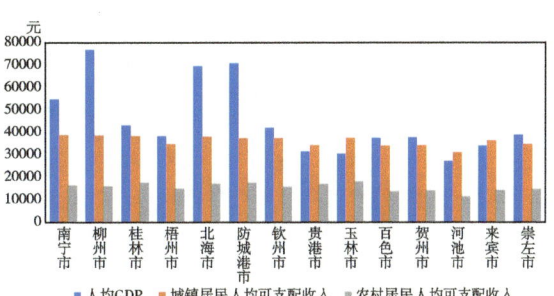

图20-54　2020年广西壮族自治区各市人均GDP和人均可支配收入

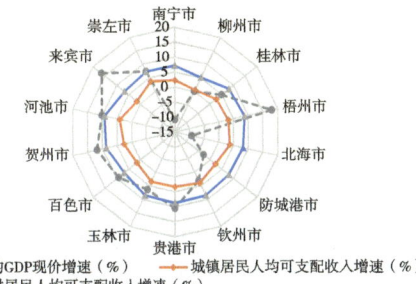

图20-55　2020年广西壮族自治区各市人均GDP现价增速和人均可支配收入增速

20.2.2　广西壮族自治区各市一般公共预算收入情况

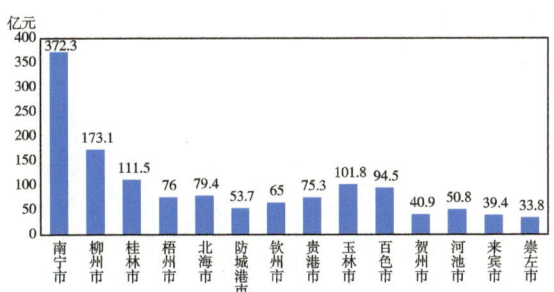

图20-56　2020年广西壮族自治区各市一般公共预算收入

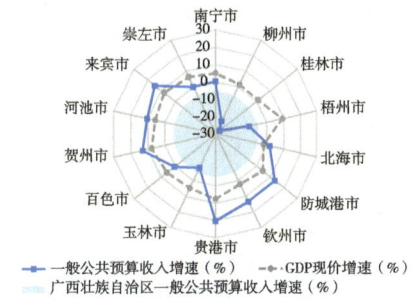

图20-57　2020年广西壮族自治区各市一般公共预算收入增速

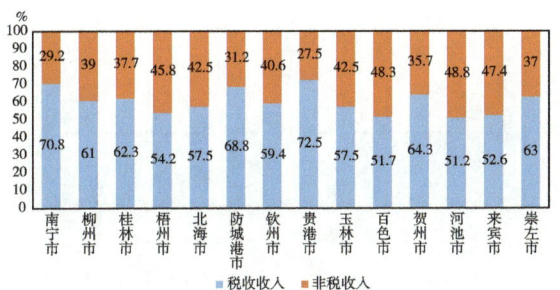

图20-58　2020年广西壮族自治区各市一般公共预算收入结构

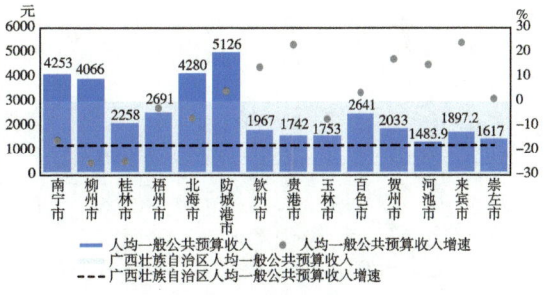

图20-59　2020年广西壮族自治区各市人均一般公共预算收入及增速

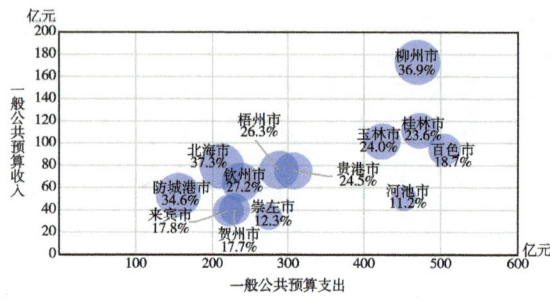

图20-60　2020年广西壮族自治区各市财政自给率
注：2020年南宁市财政自给率为45.2%。

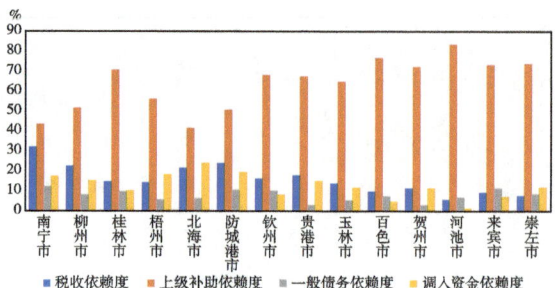

图20-61　2020年广西壮族自治区各市一般公共预算支出对各类收入的依赖度

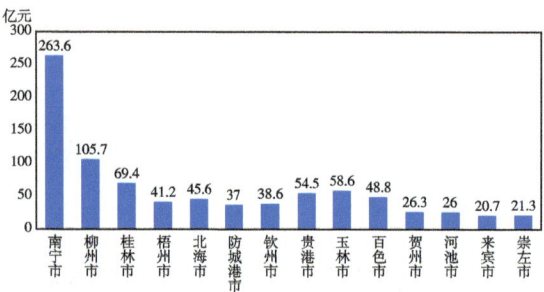

图20-62　2020年广西壮族自治区各市税收收入

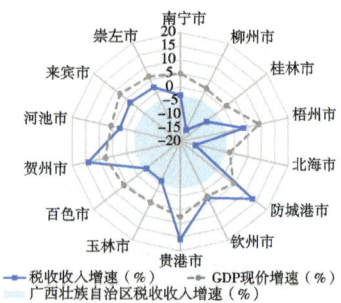

图20-63　2020年广西壮族自治区各市税收收入增速

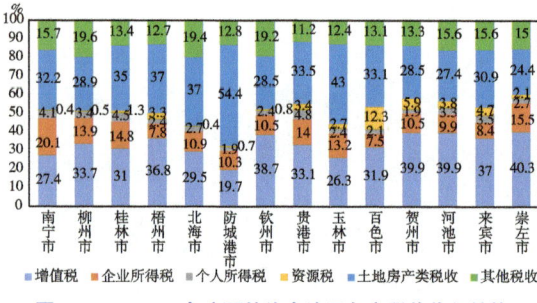

图20-64　2020年广西壮族自治区各市税收收入结构

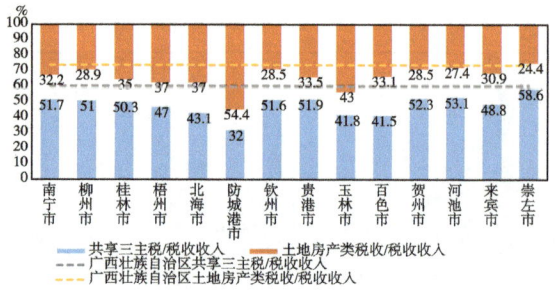

图20-65　2020年广西壮族自治区各市共享三主税、土地房产类税收占税收收入的比重

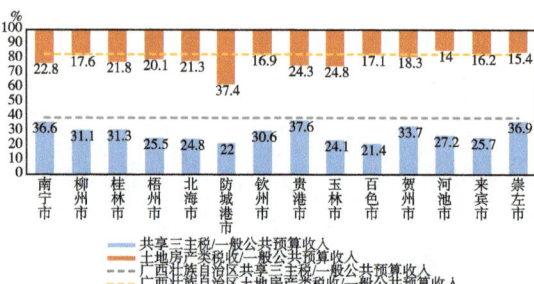

图20-66　2020年广西壮族自治区各市共享三主税、土地房产类税收占一般公共预算收入的比重

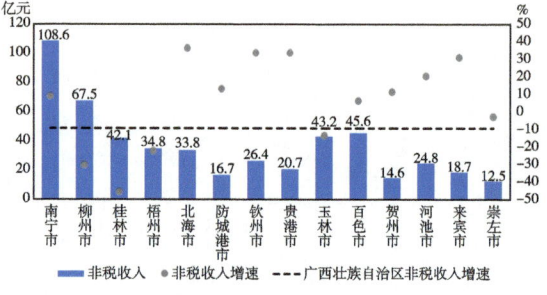

图20-67　2020年广西壮族自治区各市非税收入及增速

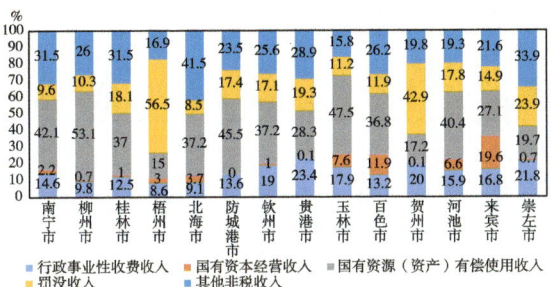

图20-68 2020年广西壮族自治区各市非税收入结构

20.2.3 广西壮族自治区各市政府性基金收入情况

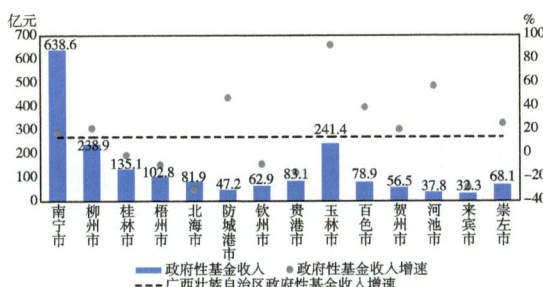

图20-69 2020年广西壮族自治区各市政府性基金收入及增速

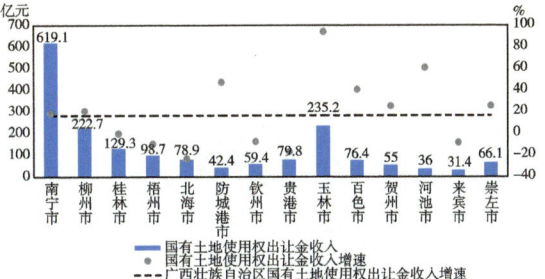

图20-70 2020年广西壮族自治区各市国有土地使用权出让金收入及增速

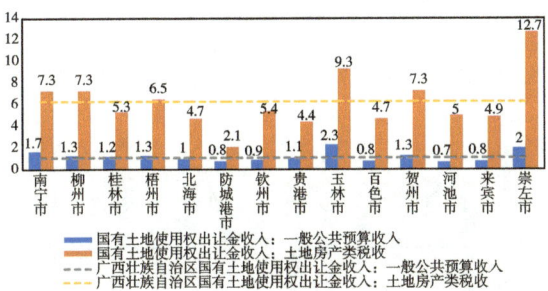

图20-71 2020年广西壮族自治区各市国有土地使用权出让金收入与一般公共预算收入对比关系

20.2.4 广西壮族自治区各市债务情况

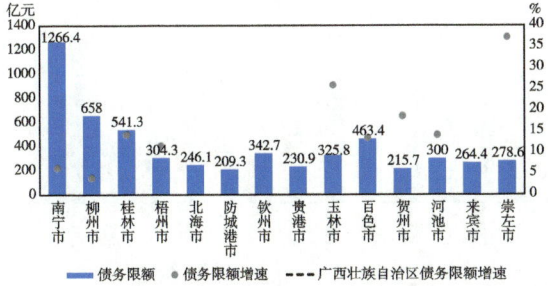

图20-72 2020年广西壮族自治区各市债务限额及增速

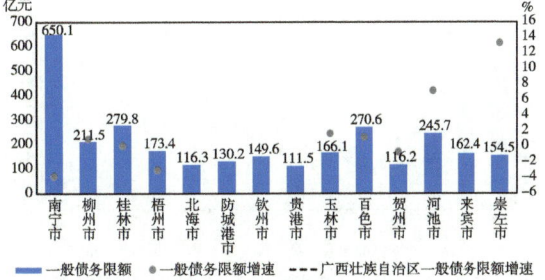

图20-73 2020年广西壮族自治区各市一般债务限额及增速

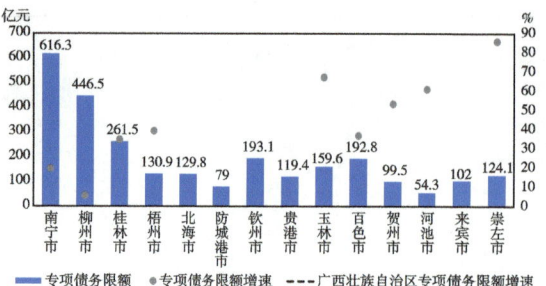

图20-74 2020年广西壮族自治区各市专项债务限额及增速

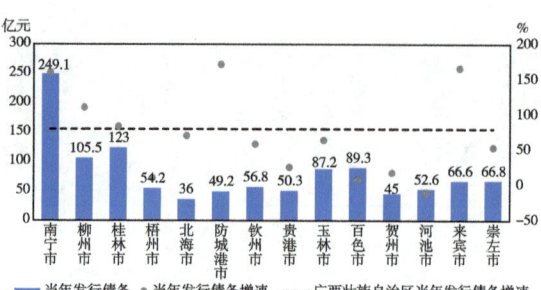

图20-75 2020年广西壮族自治区各市当年发行债务及增速

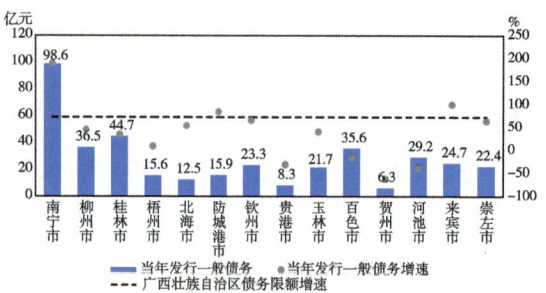

图20-76 2020年广西壮族自治区各市当年发行一般债务及增速

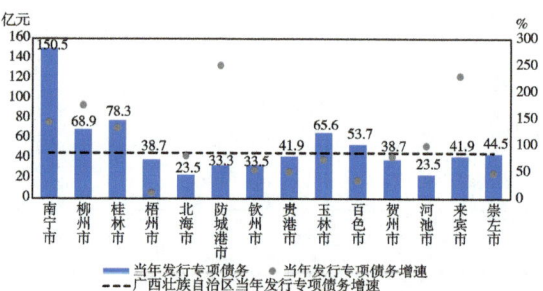

图20-77 2020年广西壮族自治区各市当年发行专项债务及增速

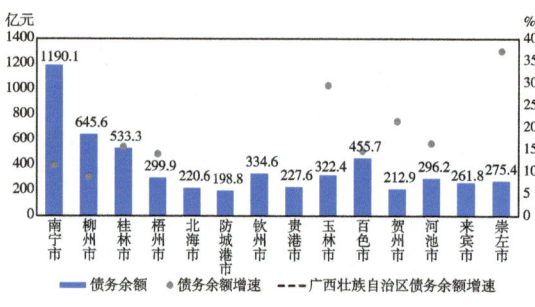

图20-78 2020年广西壮族自治区各市债务余额及增速

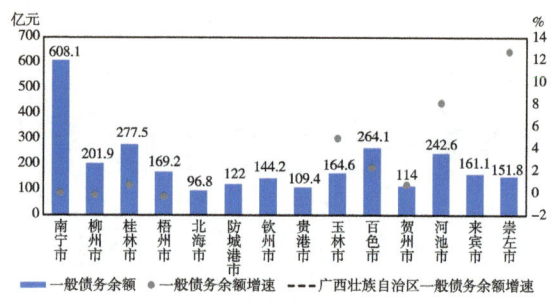

图20-79 2020年广西壮族自治区各市一般债务余额及增速

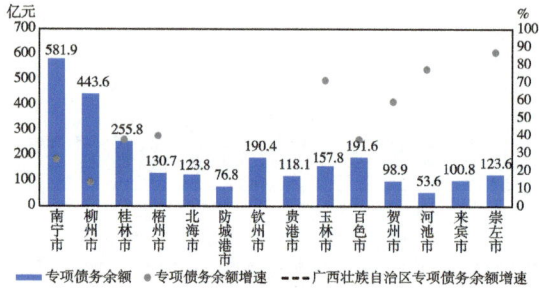

图20-80 2020年广西壮族自治区各市专项债务余额及增速

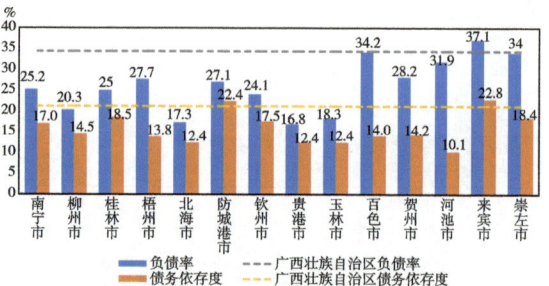

图20-81 2020年广西壮族自治区各市负债率和债务依存度

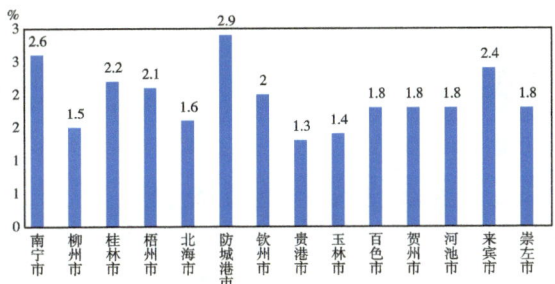

图20-82 2020年广西壮族自治区各市一般债务付息支出占一般公共预算支出比重

20.2.5 广西壮族自治区各市市本级一般公共预算收入情况

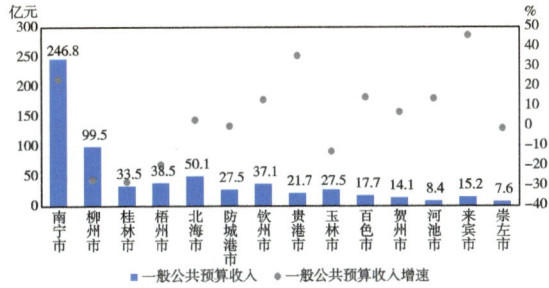

图20-83 2020年广西壮族自治区各市市本级一般公共预算收入及增速

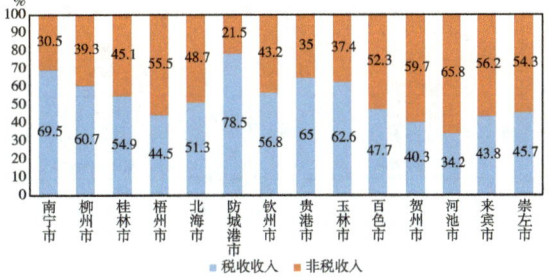

图20-84 2020年广西壮族自治区各市市本级一般公共预算收入结构

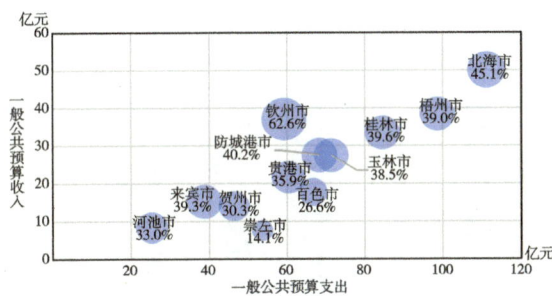

图20-85 2020年广西壮族自治区各市市本级财政自给率

注：2020年南宁市市本级财政自给率为72.5%；柳州市市本级财政自给率为55.8%。

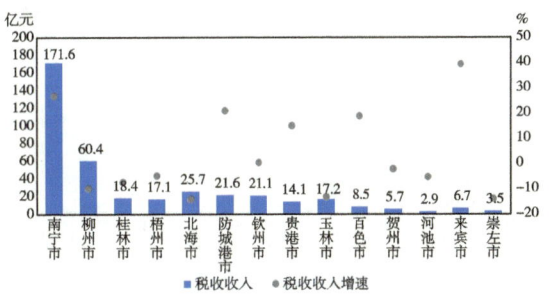

图20-86 2020年广西壮族自治区各市市本级税收收入及增速

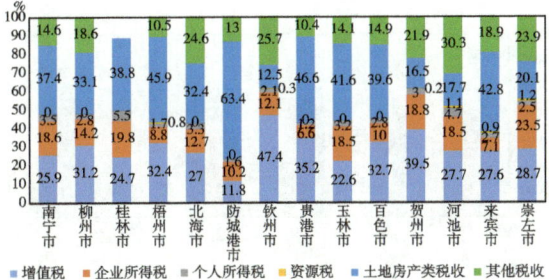

图20-87 2020年广西壮族自治区各市市本级税收收入结构

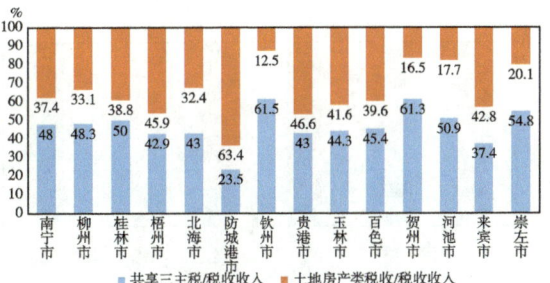

图20-88 2020年广西壮族自治区各市市本级共享三主税、土地房产类税收占税收收入的比重

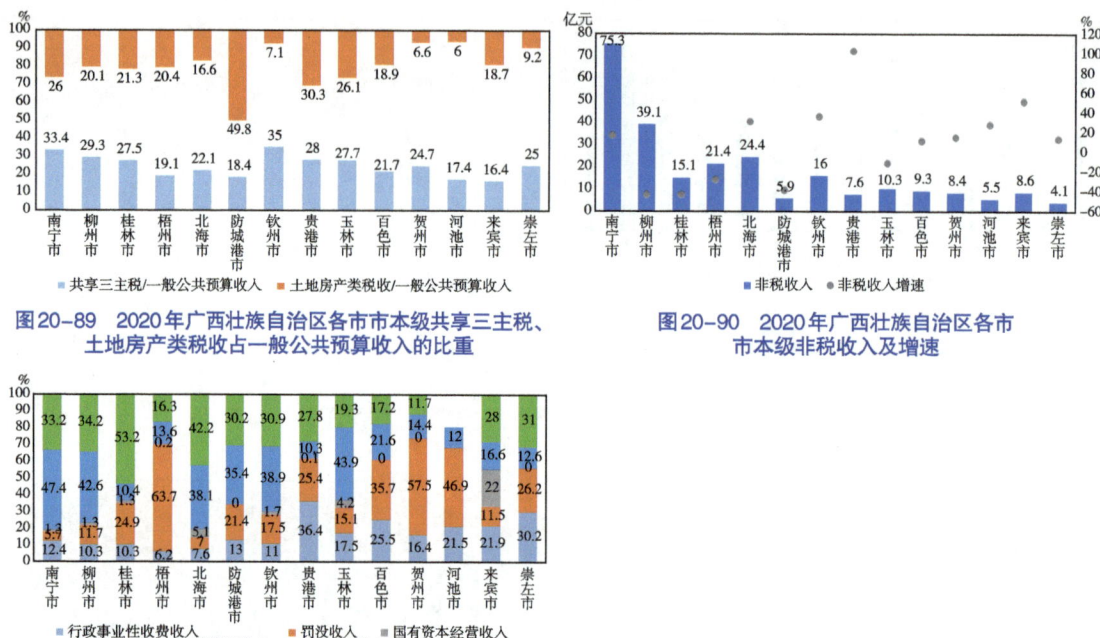

图20-89 2020年广西壮族自治区各市市本级共享三主税、土地房产类税收占一般公共预算收入的比重

图20-90 2020年广西壮族自治区各市市本级非税收入及增速

图20-91 2020年广西壮族自治区各市市本级非税收入结构

20.3 广西壮族自治区样本县政府收入主要特征分析

20.3.1 广西壮族自治区样本县经济社会发展情况

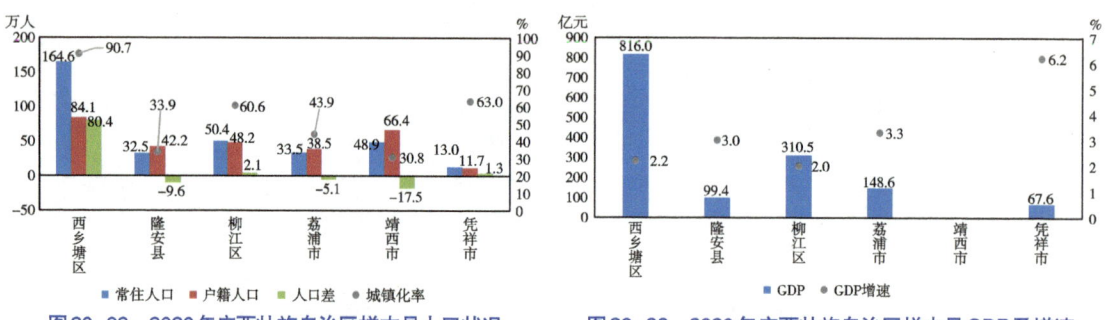

图20-92 2020年广西壮族自治区样本县人口状况

图20-93 2020年广西壮族自治区样本县GDP及增速

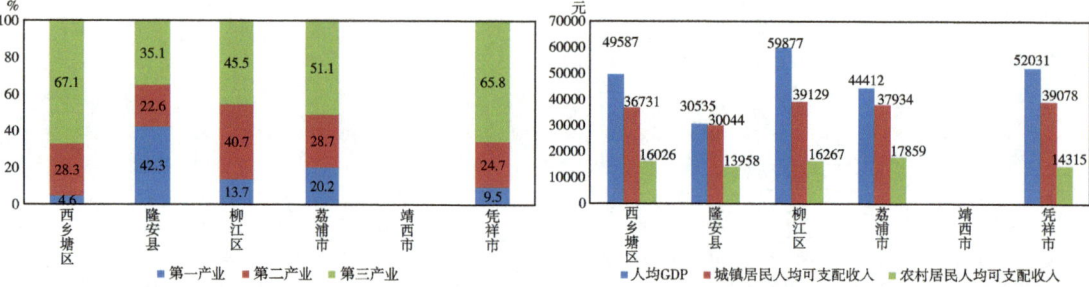

图20-94 2020年广西壮族自治区样本县三次产业结构

图20-95 2020年广西壮族自治区样本县人均GDP和人均可支配收入

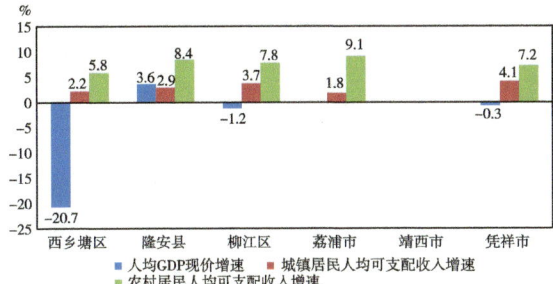

图20-96 2020年广西壮族自治区样本县人均GDP现价增速和人均可支配收入增速

20.3.2 广西壮族自治区样本县政府收入总体情况

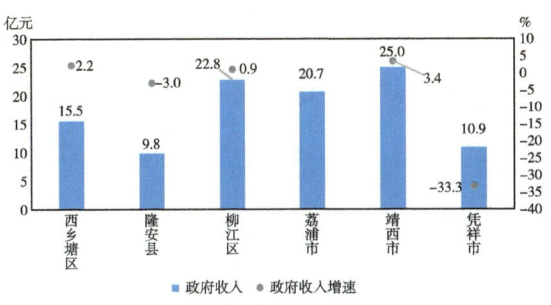

图20-97 2020年广西壮族自治区样本县政府收入及增速

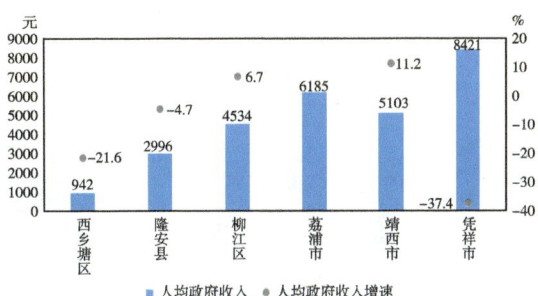

图20-98 2020年广西壮族自治区样本县人均政府收入及增速

20.3.3 广西壮族自治区样本县一般公共预算收入情况

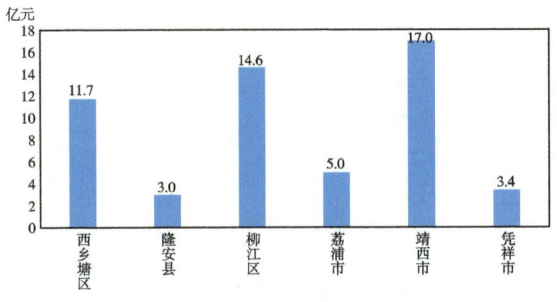

图20-99 2020年广西壮族自治区样本县一般公共预算收入

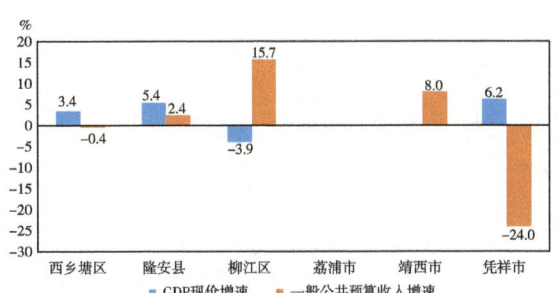

图20-100 2020年广西壮族自治区样本县一般公共预算收入增速

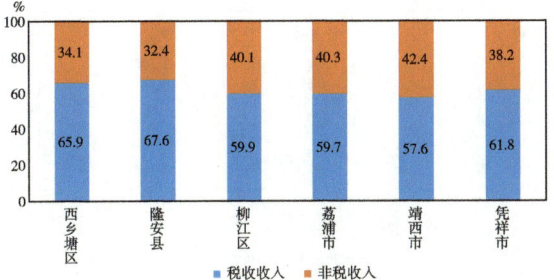

图20-101 2020年广西壮族自治区样本县一般公共预算收入结构

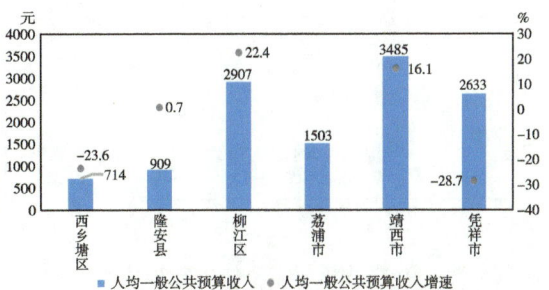

图20-102 2020年广西壮族自治区样本县人均一般公共预算收入及增速

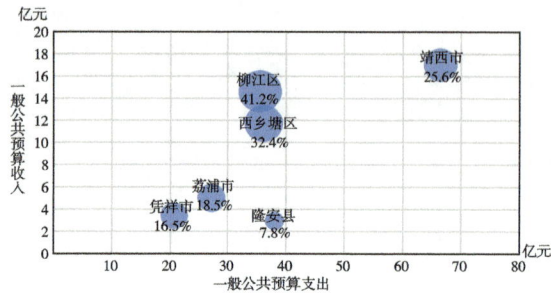

图20-103　2020年广西壮族自治区样本县财政自给率

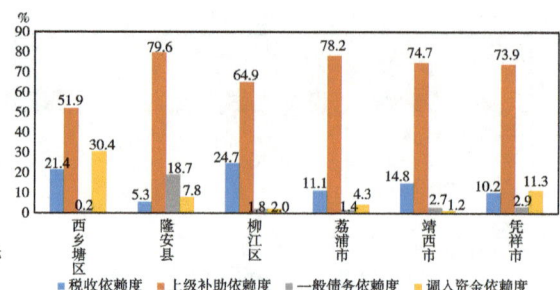

图20-104　2020年广西壮族自治区样本县一般公共预算支出对各类收入的依赖度

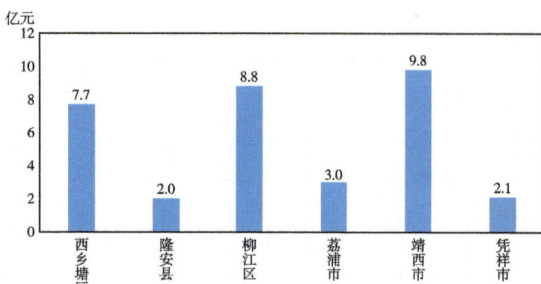

图20-105　2020年广西壮族自治区样本县税收收入

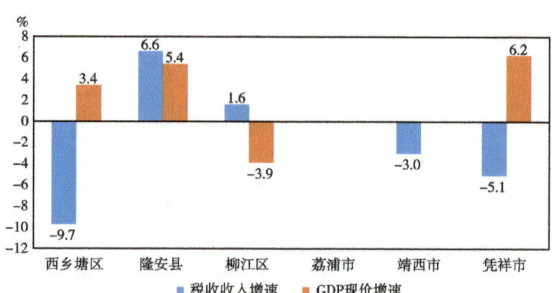

图20-106　2020年广西壮族自治区样本县税收收入增速

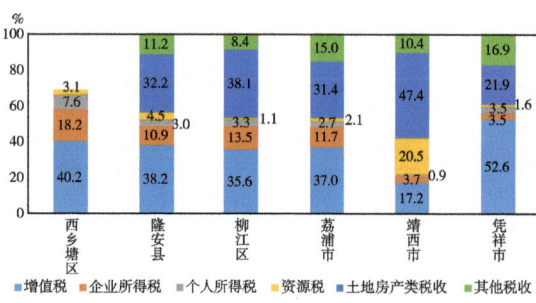

图20-107　2020年广西壮族自治区样本县税收收入结构

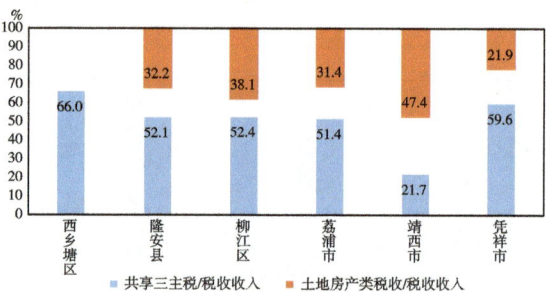

图20-108　2020年广西壮族自治区样本县共享三主税、土地房产类税收占税收收入的比重

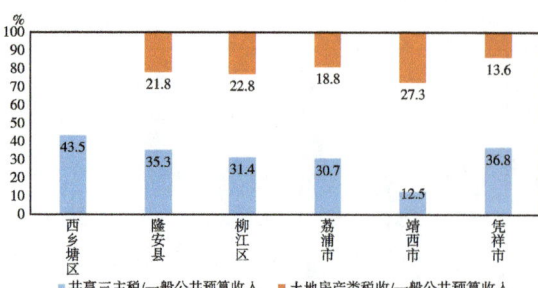

图20-109　2020年广西壮族自治区样本县共享三主税、土地房产类税收占一般公共预算收入的比重

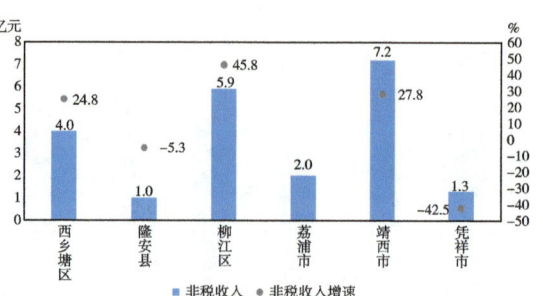

图20-110　2020年广西壮族自治区样本县非税收入及增速

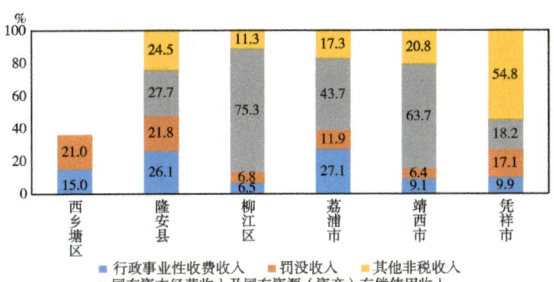

图20-111　2020年广西壮族自治区样本县非税收入结构

20.3.4　广西壮族自治区样本县政府性基金收入与国有资本经营收入情况

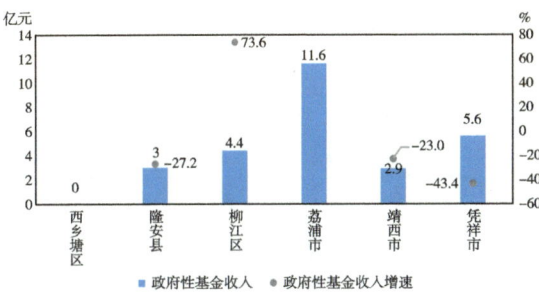

图20-112　2020年广西壮族自治区样本县政府性
　　　　　基金收入及增速

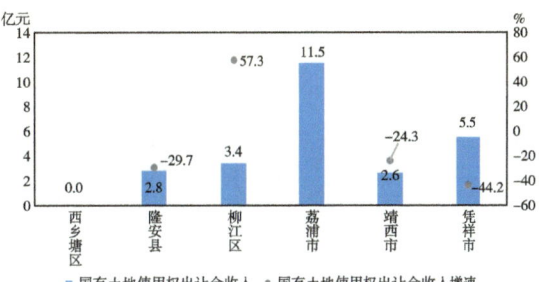

图20-113　2020年广西壮族自治区样本县国有土地
　　　　　使用权出让金收入及增速

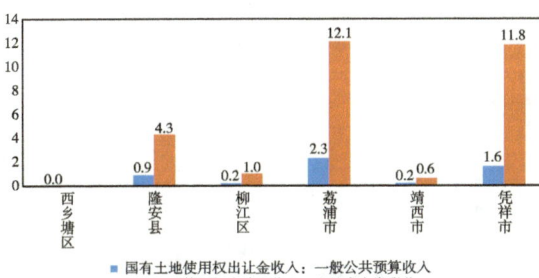

图20-114　2020年广西壮族自治区样本县国有土地使用权
　　　　　出让金收入与一般公共预算收入对比关系

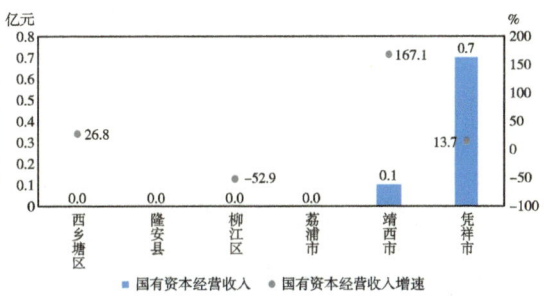

图20-115　2020年广西壮族自治区样本县国有资本
　　　　　经营收入及增速

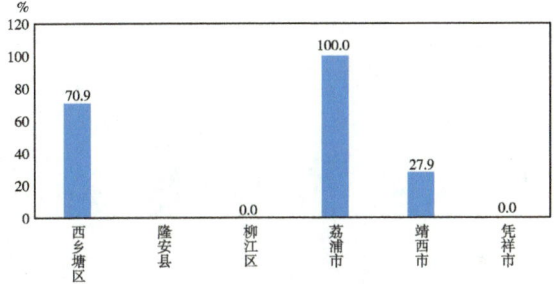

图20-116　2020年广西壮族自治区样本县调出资金与
　　　　　国有资本经营收入对比关系

20.3.5 广西壮族自治区样本县社会保险基金收入情况

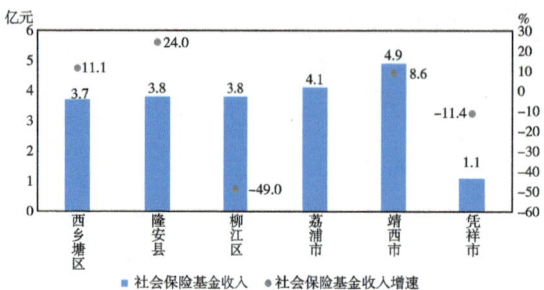

图20-117 2020年广西壮族自治区样本县社会保险基金收入及增速

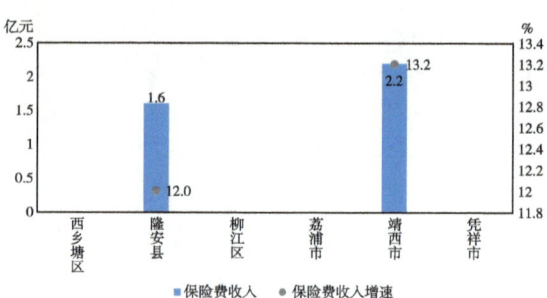

图20-118 2020年广西壮族自治区样本县保险费收入及增速

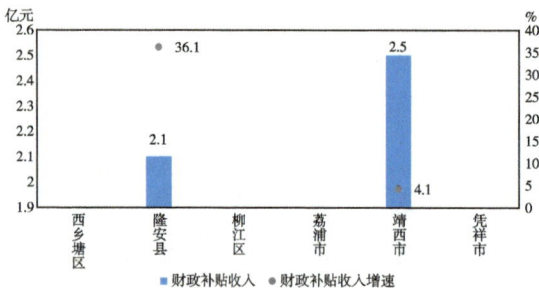

图20-119 2020年广西壮族自治区样本县财政补贴收入及增速

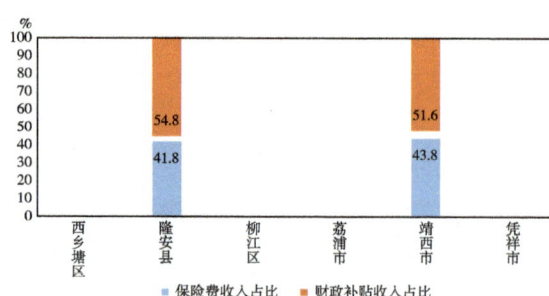

图20-120 2020年广西壮族自治区样本县保险费收入、财政补贴收入占社会保险基金收入的比重

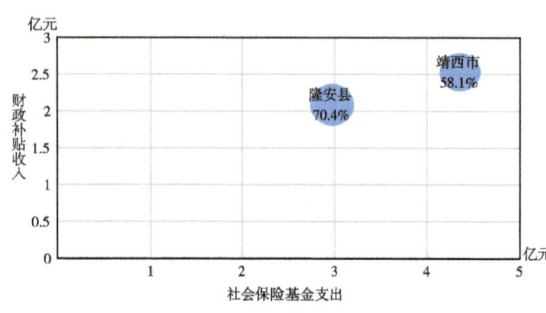

图20-121 2020年广西壮族自治区样本县社会保险基金支出对财政补贴的依赖度

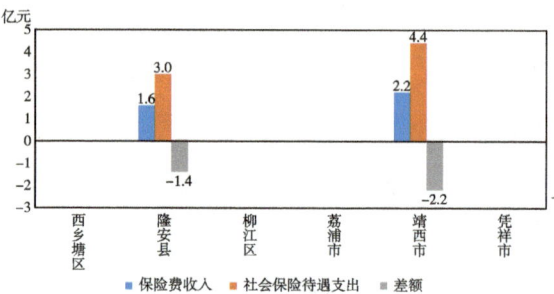

图20-122 2020年广西壮族自治区样本县保险费收入、社会保险待遇支出及差额

20.3.6 广西壮族自治区样本县债务情况

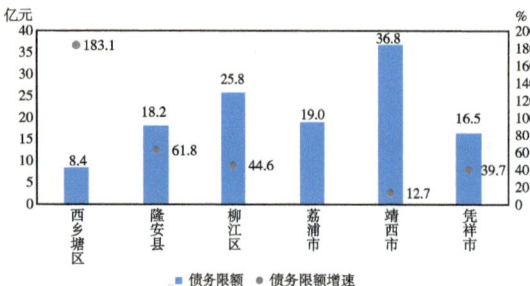

图20-123 2020年广西壮族自治区样本县债务限额及增速

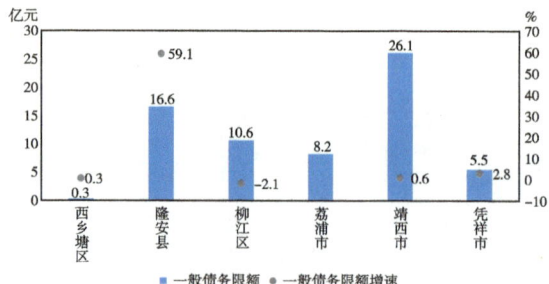

图20-124 2020年广西壮族自治区样本县一般债务限额及增速

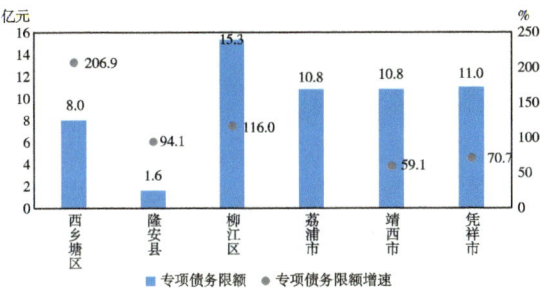

图20-125　2020年广西壮族自治区样本县专项债务限额及增速

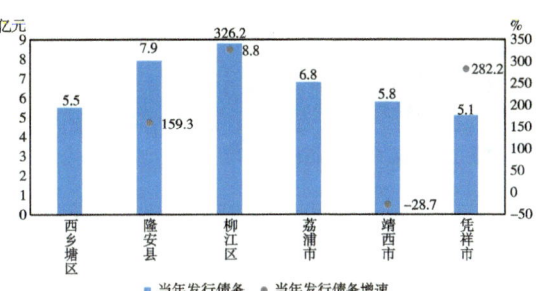

图20-126　2020年广西壮族自治区样本县当年发行债务及增速

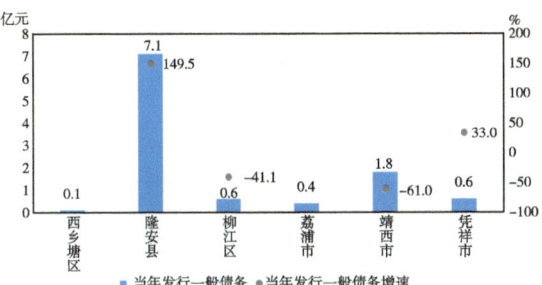

图20-127　2020年广西壮族自治区样本县当年发行一般债务及增速

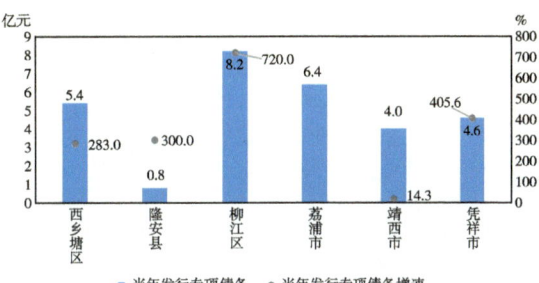

图20-128　2020年广西壮族自治区样本县当年发行专项债务及增速

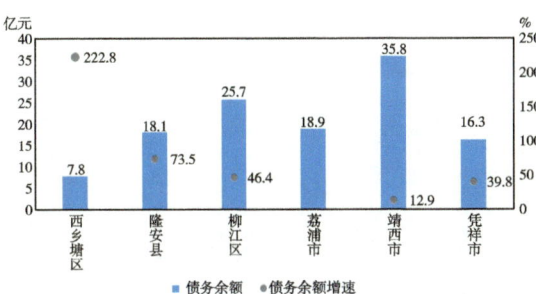

图20-129　2020年广西壮族自治区样本县债务余额及增速

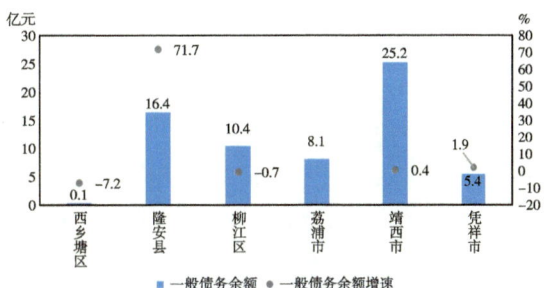

图20-130　2020年广西壮族自治区样本县一般债务余额及增速

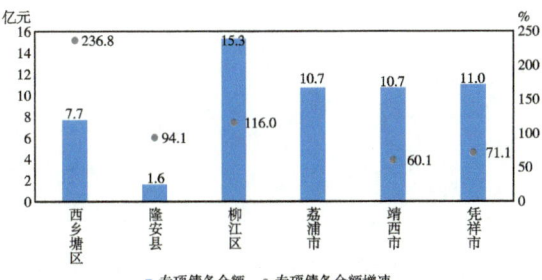

图20-131　2020年广西壮族自治区样本县专项债务余额及增速

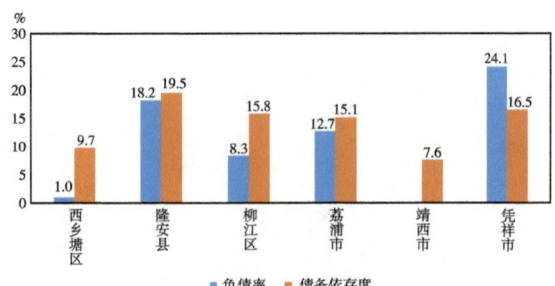

图20-132　2020年广西壮族自治区样本县负债率和债务依存度

21 海南省

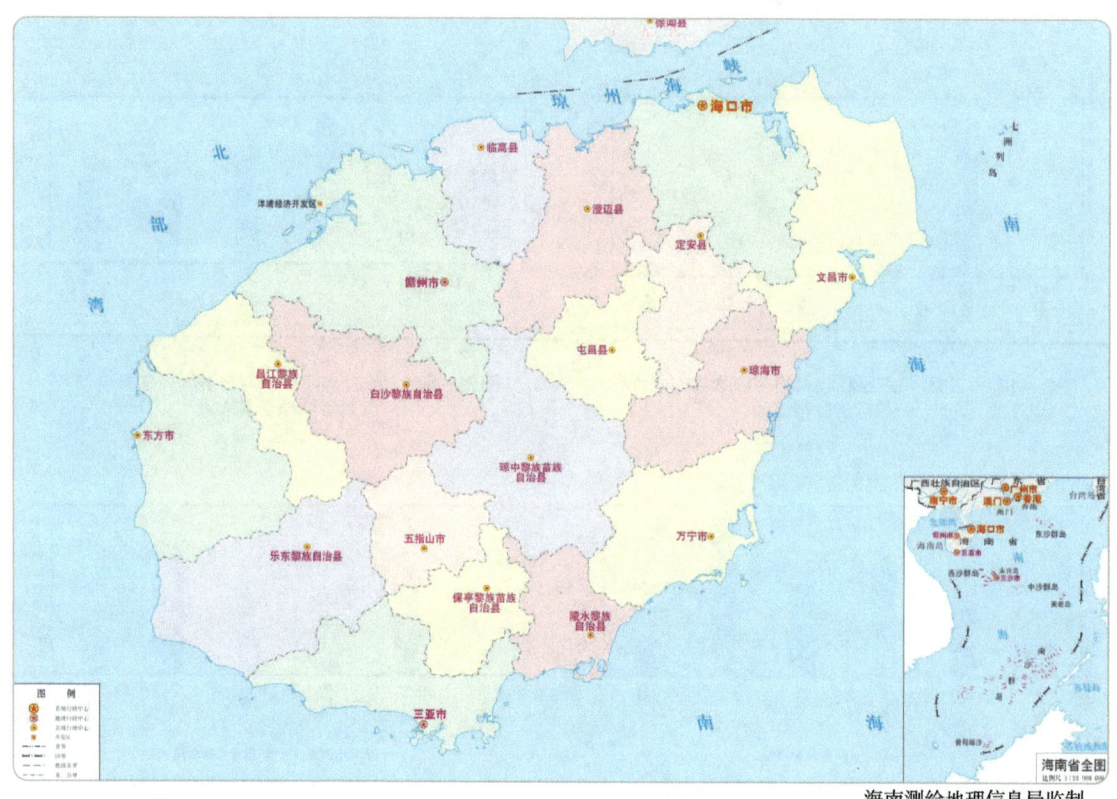

图 2021年海南省地图

资料来源：自然资源部的标准地图服务系统网站。
注：审图号为琼S（2021）114号。

本章执笔人：谢恺　审校：梁季

专栏21-1 2021年海南省行政区划

海口市：秀英区、龙华区、琼山区、美兰区
三亚市：海棠区、吉阳区、天涯区、崖州区
三沙市：西沙区、南沙区
儋州市
省直辖县级行政区：五指山市、**琼海市**、文昌市、万宁市、东方市、定安县、屯昌县、澄迈县、临高县、白沙黎族自治县、昌江黎族自治县、乐东黎族自治县、陵水黎族自治县、保亭黎族苗族自治县、琼中黎族苗族自治县

本书选取琼海市为样本县。

海南省共辖4个地级市，10个市辖区、5个县级市、4个县、6个自治县，218个乡镇（含街道办事处）（详见专栏21-1）；位于中国最南端，北以琼州海峡与广东省划界，西隔北部湾与越南相对，东面和南面在南海中与菲律宾、文莱、印度尼西亚和马来西亚为邻。全省行政区域包括海南岛、西沙群岛、中沙群岛、南沙群岛的岛礁及其海域，是全国面积最大的省。全省陆地（主要包括海南岛和西沙、中沙、南沙群岛）总面积3.5万平方公里，海域面积约200万平方公里。海南是全国最大的"热带宝地"，土地总面积351.9万公顷，占全国热带土地面积的42.5%，旅游、药材、水产资源丰富。

2021年海南省经济总量处于全国后部，增速加快，第三产业占比较高，居全国第三位，常住人口增加，城镇化率略低于全国。常住人口城镇化率为61.0%，低于全国水平3.7个百分点，年末常住人口1020.5万人。GDP达6475亿元，排全国第27名，次于黑龙江、甘肃，略高于宁夏、青海；增速11.2%，比2020年上升7.7个百分点，高于全国3.1个百分点，排全国第2名；人均GDP为63454元（折9836.0美元），排全国第19名。从产业结构看，第一、第二、第三产业占比分别为19.4%（高于全国12.1个百分点）、19.1%（低于全国20.3个百分点）和61.5%（高于全国8.2个百分点）。从居民可支配收入看，城镇与农村居民人均可支配收入分别为40213元和18076元，呈上升态势，分别为全国平均水平的84.8%和95.5%。

2021年海南省一般公共预算收入处于全国后部，省市县中县级政府收入占比最高。全省一般公共预算收入921.2亿元，排全国第28名，人均一般公共预算收入为9027元，排全国第8名。从纵向收入分配看，2020年省本级、市本级、县一般公共预算收入占比分别为35.4%、27.9%和36.6%。

2021年海南省财政自给率高于前三年，地区财政总收入小于一般公共预算支出。2021年全省财政自给率为46.5%，较2020年上升5.1个百分点。2021年全省组织的地区财政总收入为1649.3亿元，增速为22.1%，一般公共预算支出为1982.8亿元，高于地区财政总收入规模。

2021年海南省四本预算合计中一般公共预算收入占比最高。2021年全省四本预算加总的政府收入1990.8亿元，其中一般公共预算收入、政府性基金预算收入、国有资本经营预算收入和社会保险基金预算收入分别占比46.3%、19.8%、0.2%和33.7%。

海南省内各地市经济社会发展和财政发展不均衡，优势主要集中于省会海口。2020年海

口市政府收入为574.9亿元，分别是三亚市和儋州市的2.1倍和6.4倍。2020年海口市一般公共预算收入186.1亿元，高于三亚市（110.4亿元），远高于儋州市（22.0亿元），城市间有较大差异，一般公共预算收入的城市首位度指数为1.7，且海口市是收入最低的儋州市的8.5倍。海南省内各市财政自给率差异明显。2020年，海口市和三亚市财政自给率分别为60.6%和55.3%，自给率较高，而儋州市自给率为24.6%，财政自给率最高的海口是财政自给率最低的儋州的2.5倍。政府性基金预算收入主要构成是国有土地使用权出让收入，各地差距较大，收入规模最大的海口市（253.3亿元）为规模最小的儋州市（16.4亿元）的15.4倍。

21.1 海南省政府收入主要特征分析

21.1.1 海南省经济社会基本情况

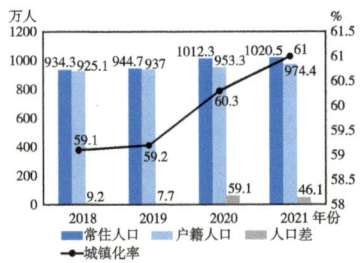

图21-1 2018—2021年海南省人口状况

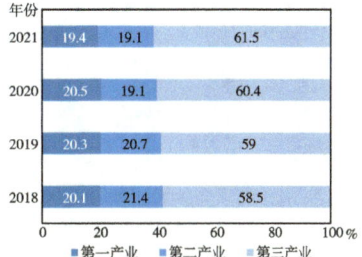

图21-2 2018—2021年海南省GDP及增速

图21-3 2018—2021年海南省三次产业结构

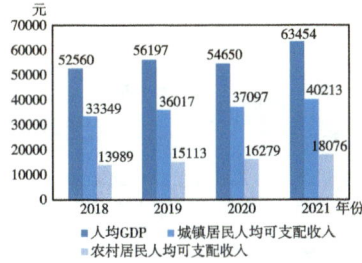

图21-4 2018—2021年海南省人均GDP和人均可支配收入

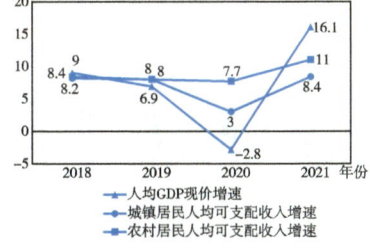

图21-5 2018—2021年海南省人均GDP现价增速和人均可支配收入增速

21.1.2 海南省政府收入总体情况

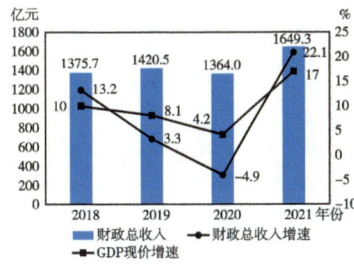

图21-6 2018—2021年海南省财政总收入及增速

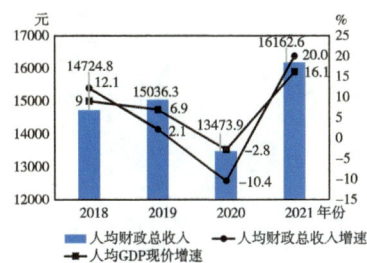

图21-7 2018—2021年海南省人均财政总收入及增速

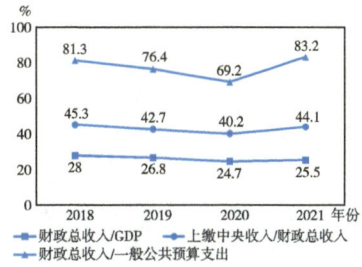

图21-8 2018—2021年海南省财政总收入相关指标

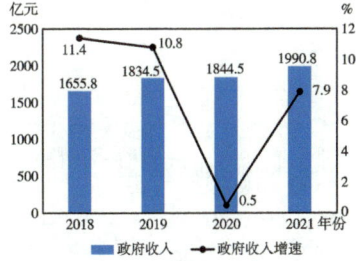

图21-9 2018—2021年海南省政府收入及增速

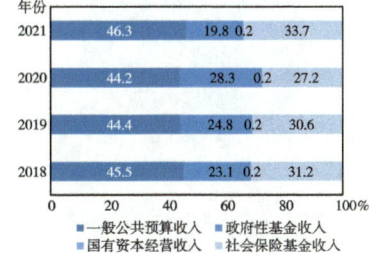

图21-10 2018—2021年海南省政府收入结构

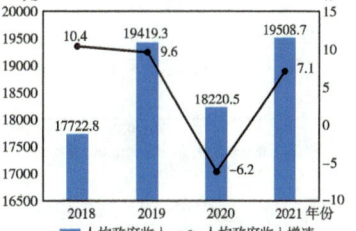

图21-11 2018—2021年海南省人均政府收入及增速

21.1.3 海南省一般公共预算收入情况

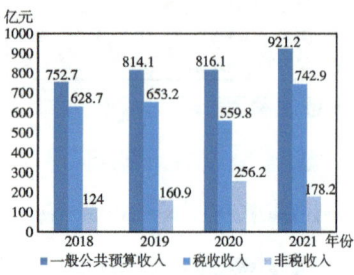

图21-12 2018—2021年海南省一般公共预算收入

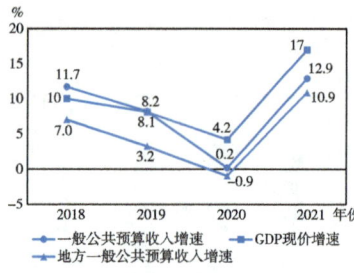

图21-13 2018—2021年海南省一般公共预算收入增速

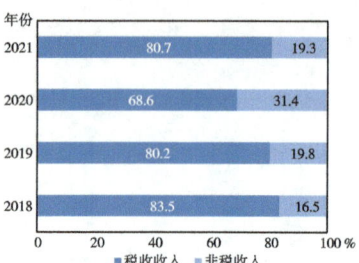

图21-14 2018—2021年海南省一般公共预算收入结构

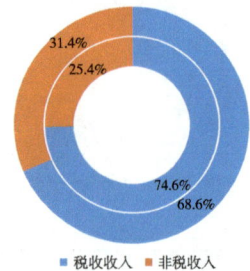

图21-15 2020年一般公共预算收入结构对比（内环为地方，外环为海南省）

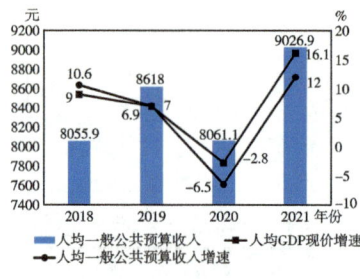

图21-16 2018—2021年海南省人均一般公共预算收入及增速

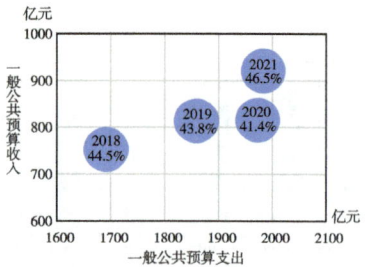

图21-17 2018—2021年海南省财政自给率

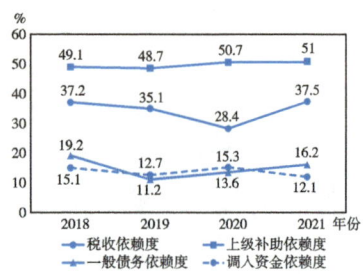

图21-18 2018—2021年海南省一般公共预算支出对各类收入的依赖度

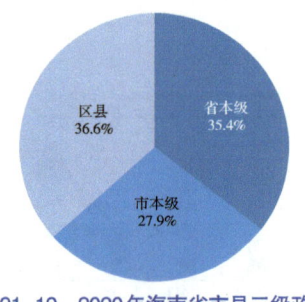

图21-19 2020年海南省市县三级政府一般公共预算收入分布

图21-20 2018—2021年海南省税收收入

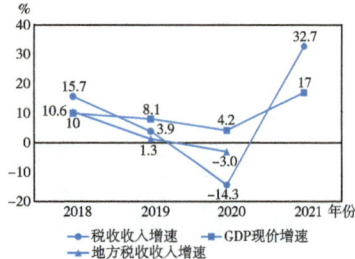

图21-21 2018—2021年海南省税收收入增速

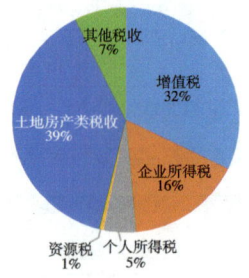

图21-22 2020年海南省税收收入结构

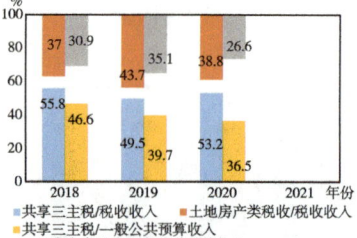

图21-23 2018—2021年海南省共享三主税、土地房产类税收占税收收入及一般公共预算收入的比重

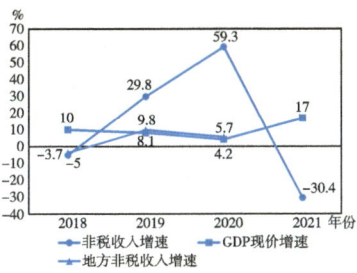
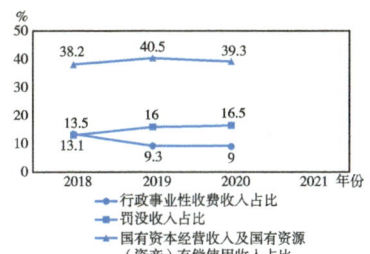

图21-24　2018-2021年海南省非税收入

图21-25　2018-2021年海南省非税收入增速

图21-26　2018-2021年海南省非税收入中各主要收入占比

21.1.4　海南省政府性基金和国有资本经营收入情况

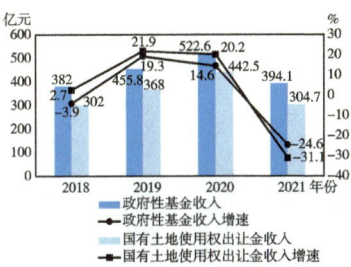
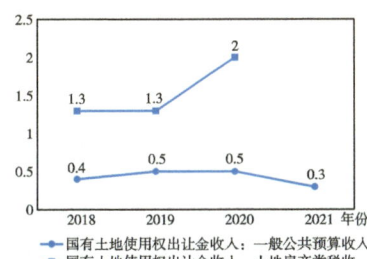
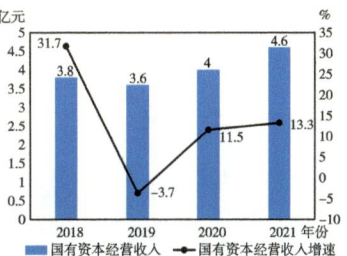

图21-27　2018-2021年海南省政府性基金收入及增速

图21-28　2018-2021年海南省国有土地使用权出让金收入与一般公共预算收入对比关系

图21-29　2018-2021年海南省国有资本经营收入及增速

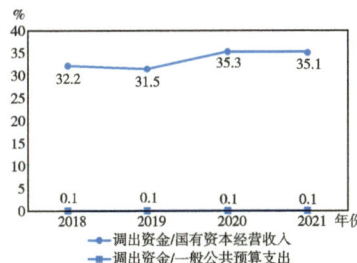

图21-30　2018-2021年海南省国有资本经营预算中调出资金相关指标

21.1.5　海南省社会保险基金收入情况

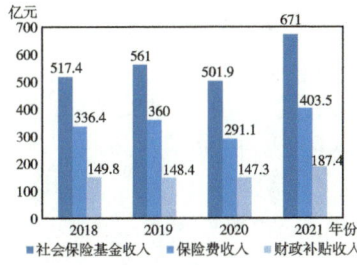
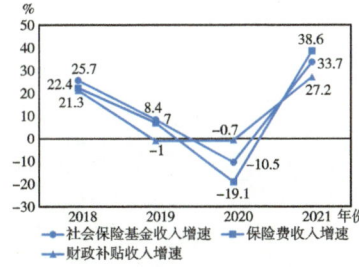
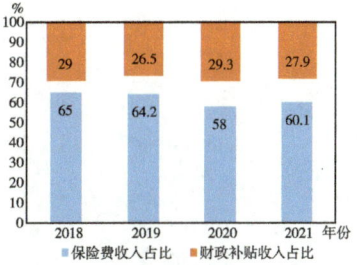

图21-31　2018-2021年海南省社会保险基金收入

图21-32　2018-2021年海南省社会保险基金收入增速

图21-33　2018-2021年海南省保险费收入、财政补贴收入占社会保险基金收入的比重

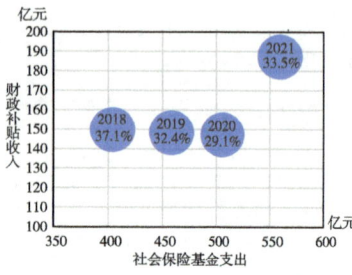

图21-34 2018-2021年海南省社会保险基金支出对财政补贴的依赖度

图21-35 2018-2021年海南省保险费收入、社会保险待遇支出及差额

21.1.6 海南省债务情况

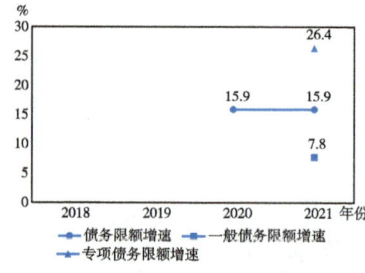

图21-36 2018-2021年海南省债务限额

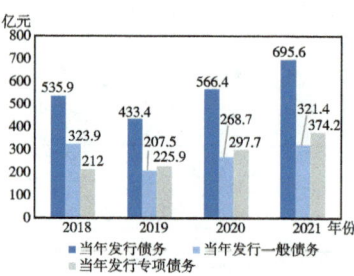

图21-37 2018-2021年海南省债务限额增速

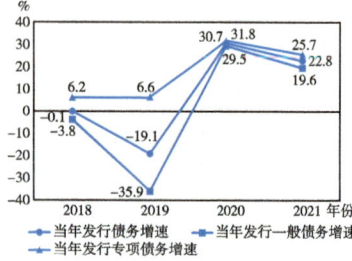

图21-38 2018-2021年海南省当年发行债务

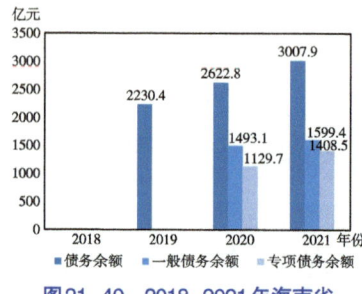

图21-39 2018-2021年海南省当年发行债务增速

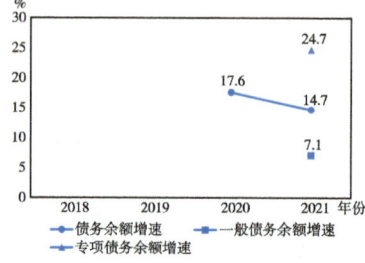

图21-40 2018-2021年海南省债务余额

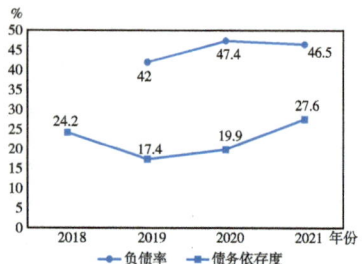

图21-41 2018-2021年海南省债务余额增速

图21-42 2018-2021年海南省负债率和债务依存度

21.1.7 海南省省本级一般公共预算收入情况

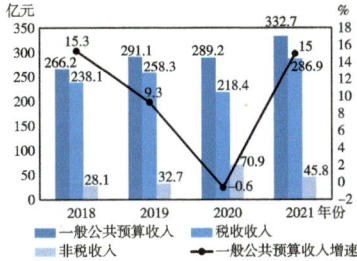

图21-43　2018—2021年海南省省本级一般公共预算收入及增速

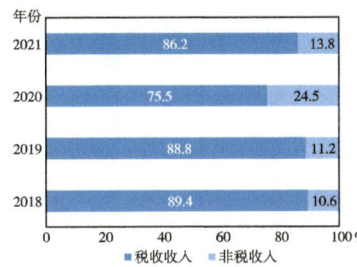

图21-44　2018—2021年海南省省本级一般公共预算收入结构

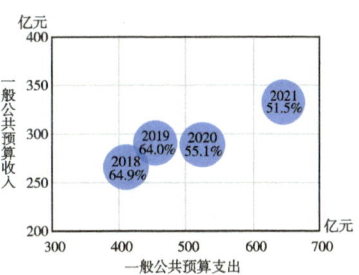

图21-45　2018—2021年海南省本级财政自给率

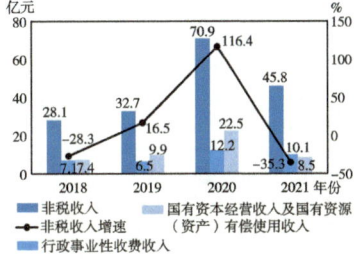

图21-46　2018—2021年海南省省本级税收收入及增速

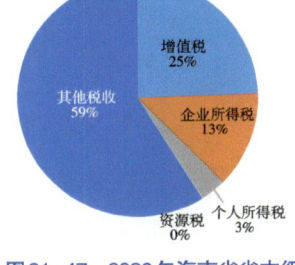

图21-47　2020年海南省省本级税收收入结构

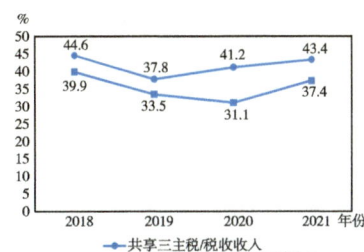

图21-48　2018—2021年海南省省本级共享三主税占税收收入及一般公共预算收入的比重

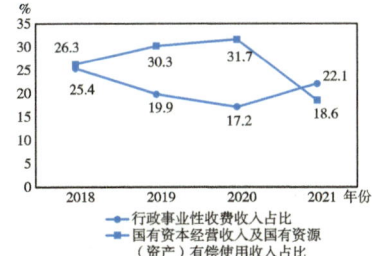

图21-49　2018—2021年海南省省本级非税收入及增速

图21-50　2018—2021年海南省省本级非税收入中各主要收入占比

21.2　海南省各市政府收入主要特征分析

21.2.1　海南省各市经济社会发展情况

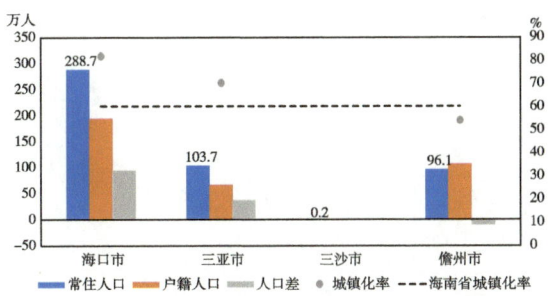

图21-51　2020年海南省各市人口状况

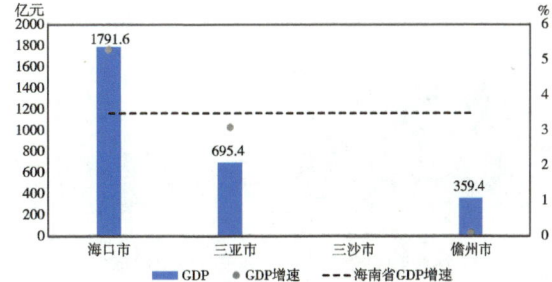

图21-52　2020年海南省各市GDP及增速

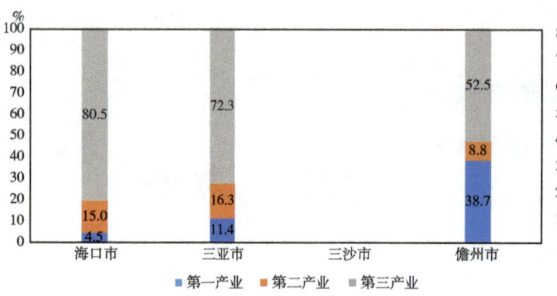

图21-53　2020年海南省各市三次产业结构

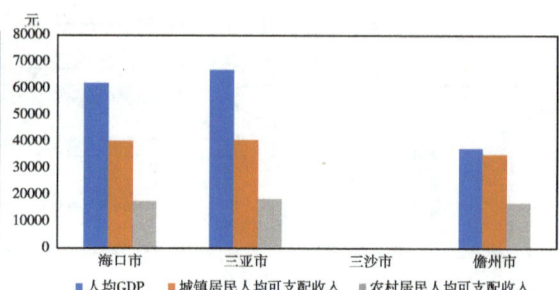

图21-54　2020年海南省各市人均GDP和人均可支配收入

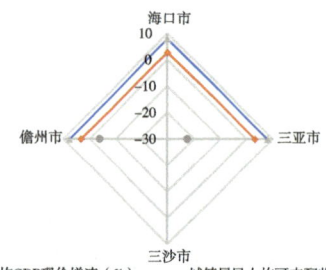

图21-55　2020年海南省各市人均GDP现价增速和人均可支配收入增速

21.2.2　海南省各市政府收入总体情况

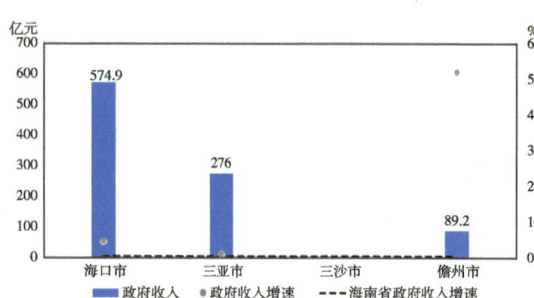

图21-56　2020年海南省各市政府收入及增速

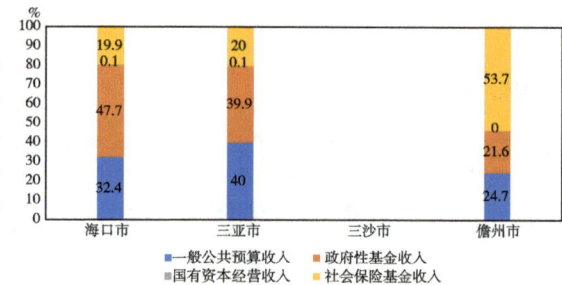

图21-57　2020年海南省各市政府收入结构

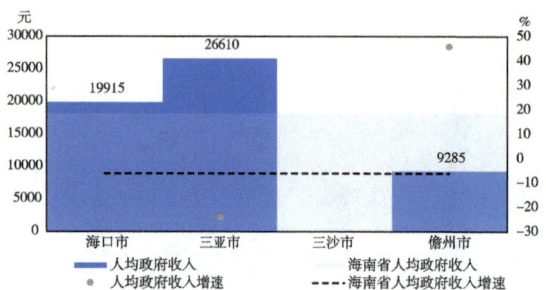

图21-58　2020年海南省各市人均政府收入及增速

21.2.3 海南省各市一般公共预算收入情况

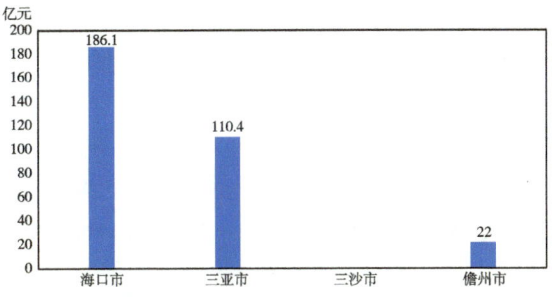

图21-59 2020年海南省各市一般公共预算收入

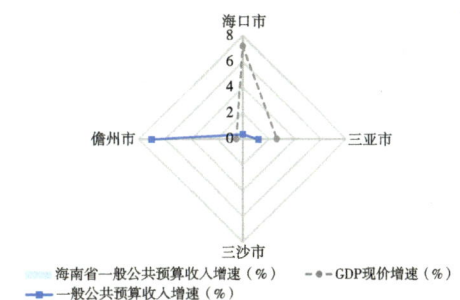

图21-60 2020年海南省各市一般公共预算收入增速

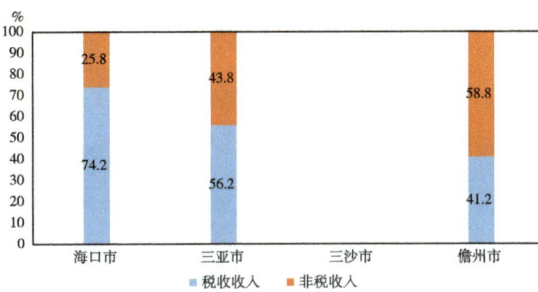

图21-61 2020年海南省各市一般公共预算收入结构

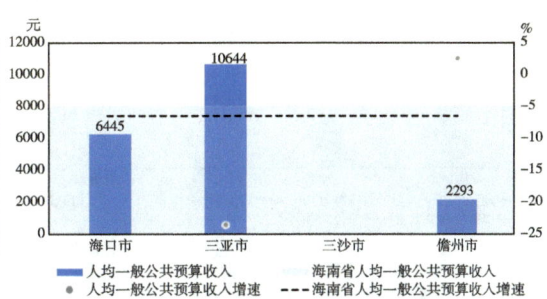

图21-62 2020年海南省各市人均一般公共预算收入及增速

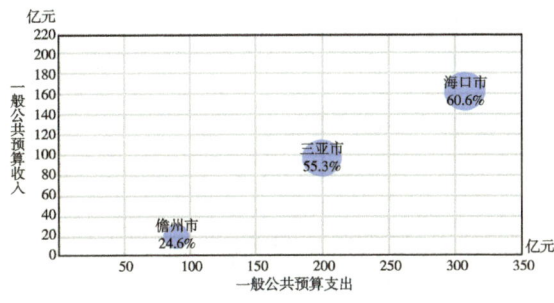

图21-63 2020年海南省各市财政自给率

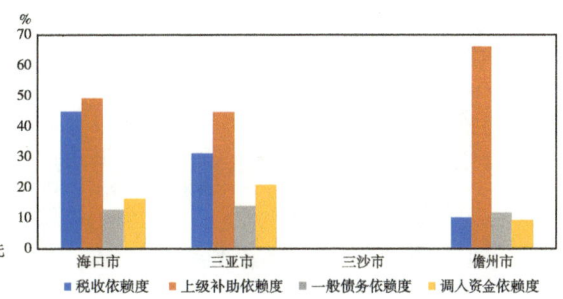

图21-64 2020年海南省各市一般公共预算支出对各类收入的依赖度

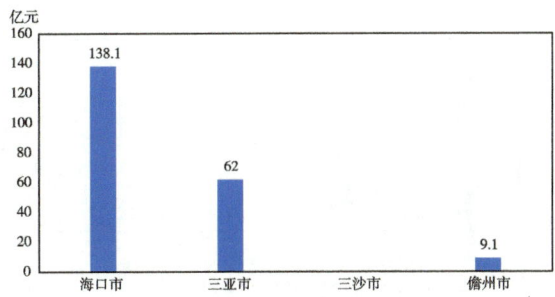

图21-65 2020年海南省各市税收收入

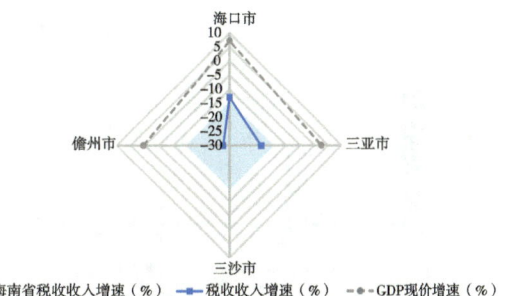

图21-66 2020年海南省各市税收收入增速

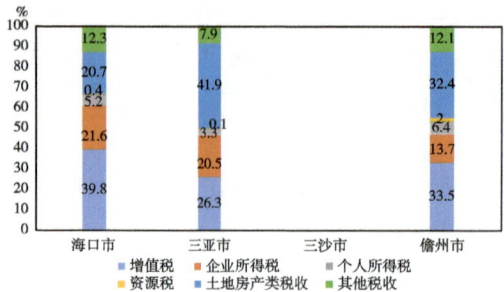

图21-67 2020年海南省各市税收入结构

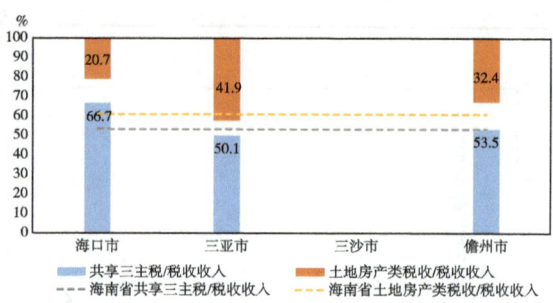

图21-68 2020年海南省各市共享三主税、
土地房产类税收占税收收入的比重

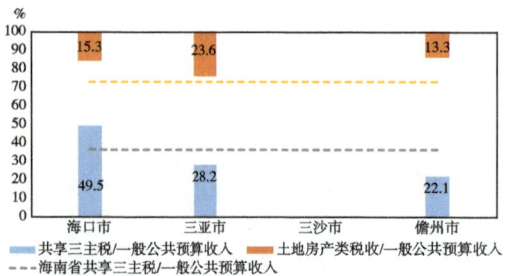

图21-69 2020年海南省各市共享三主税、土地房产类
税收占一般公共预算收入的比重

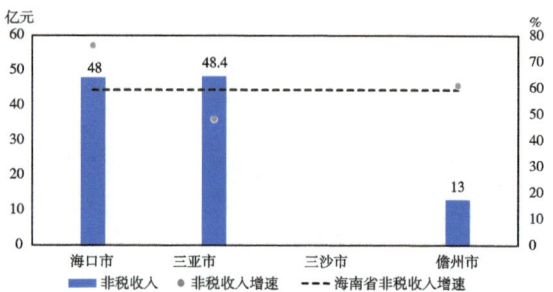

图21-70 2020年海南省各市非税收入及增速

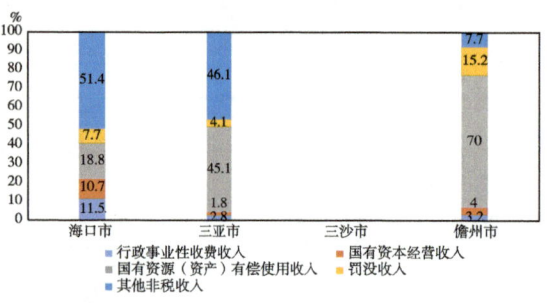

图21-71 2020年海南省各市非税收入结构

21.2.4 海南省各市政府性基金收入与国有资本经营收入情况

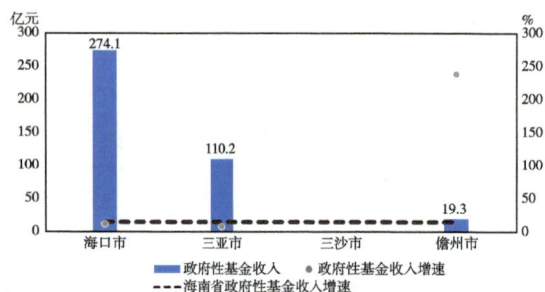

图21-72 2020年海南省各市政府性基金收入及增速

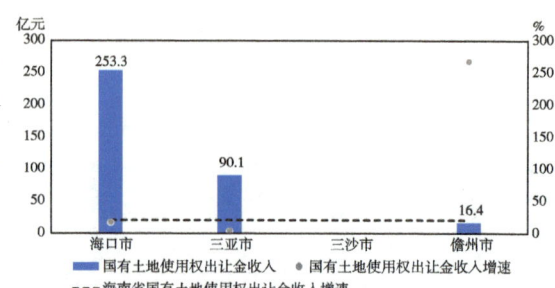

图21-73 2020年海南省各市国有土地使用权
出让金收入及增速

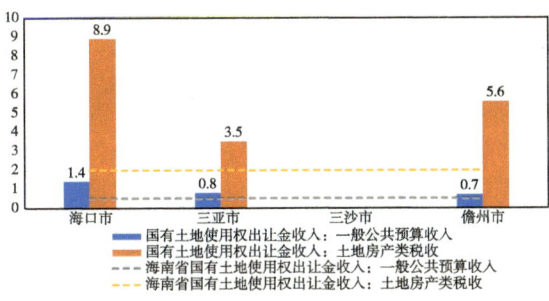

图21-74 2020年海南省各市国有土地使用权出让金收入与一般公共预算收入对比关系

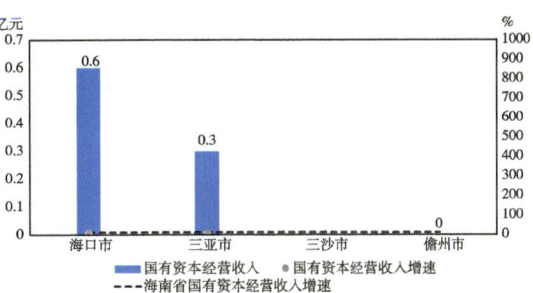

图21-75 2020年海南省各市国有资本经营收入及增速

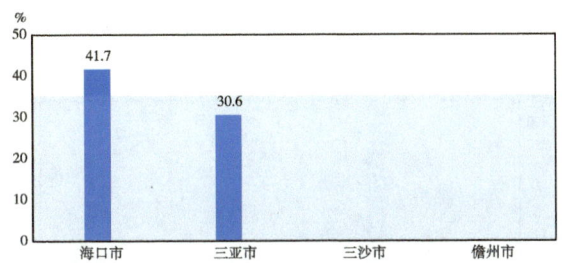

图21-76 2020年海南省各市调出资金与国有资本经营收入对比关系

21.2.5 海南省各市社会保险基金收入情况

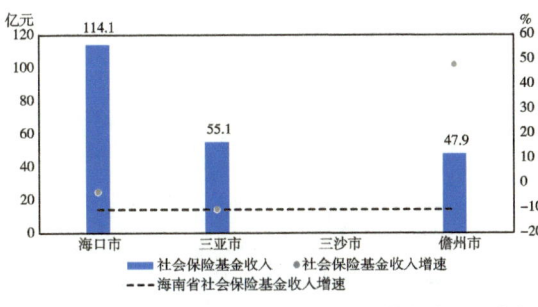

图21-77 2020年海南省各市社会保险基金收入及增速

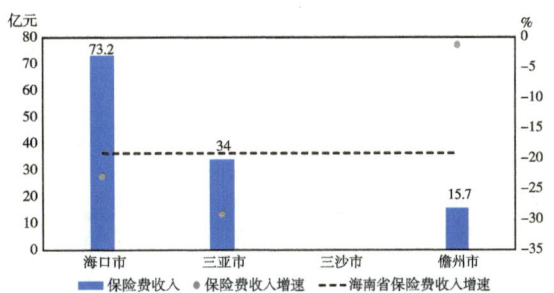

图21-78 2020年海南省各市保险费收入及增速

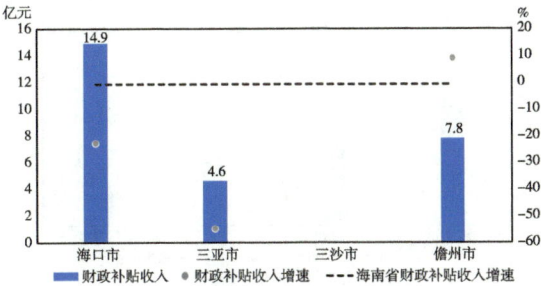

图21-79 2020年海南省各市财政补贴收入及增速

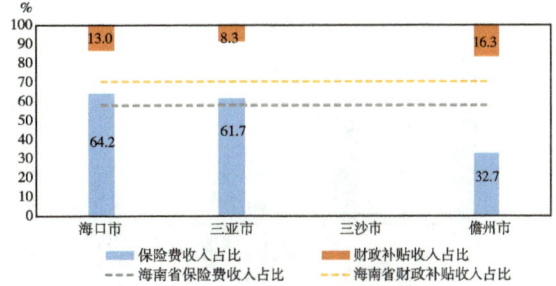

图21-80 2020年海南省各市保险费收入、财政补贴收入占社会保险基金收入的比重

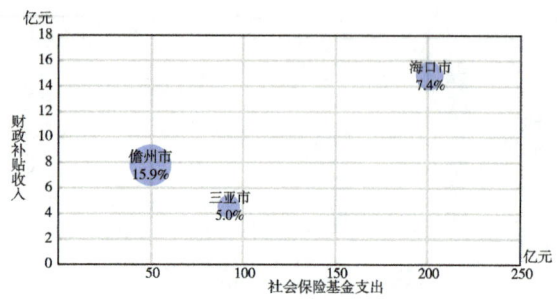

图21-81 2020年海南省各市社会保险基金支出对财政补贴的依赖度

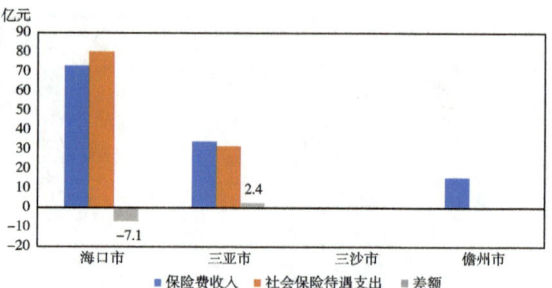

图21-82 2020年海南省各市保险费收入、社会保险待遇支出及差额

21.2.6 海南省各市债务情况

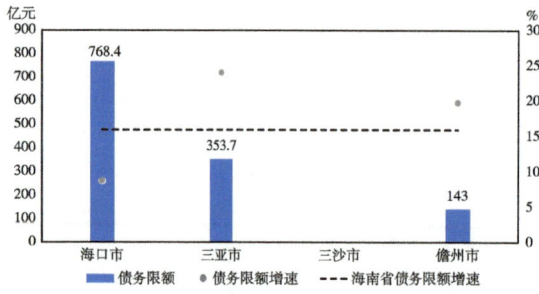

图21-83 2020年海南省各市债务限额及增速

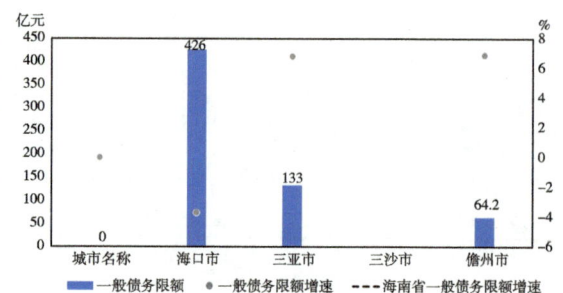

图21-84 2020年海南省各市一般债务限额及增速

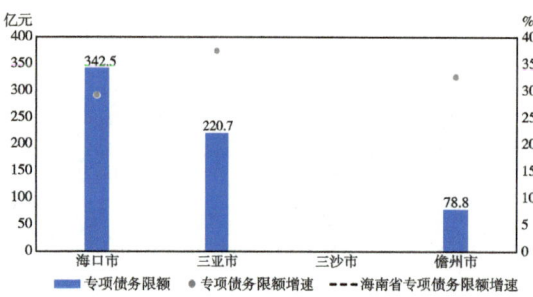

图21-85 2020年海南省各市专项债务限额及增速

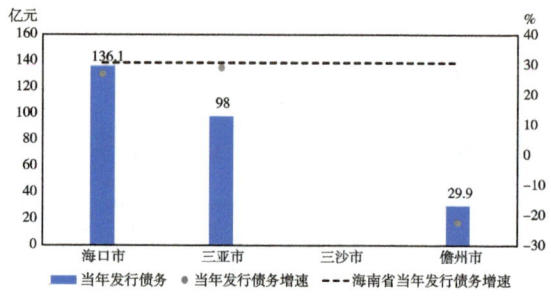

图21-86 2020年海南省各市当年发行债务及增速

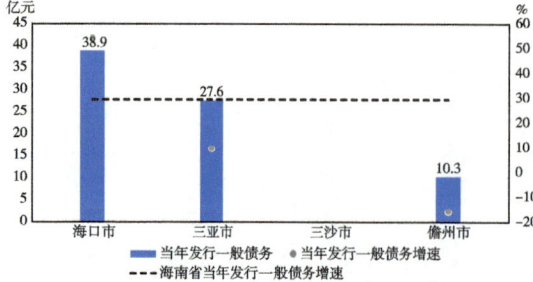

图21-87 2020年海南省各市当年发行一般债务及增速

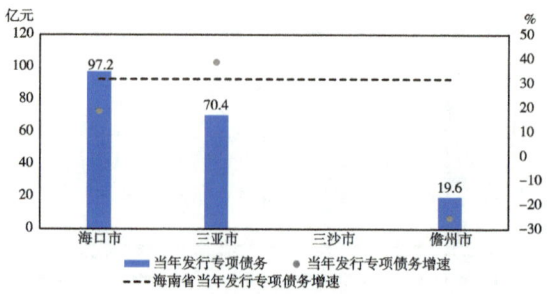

图21-88 2020年海南省各市当年发行专项债务及增速

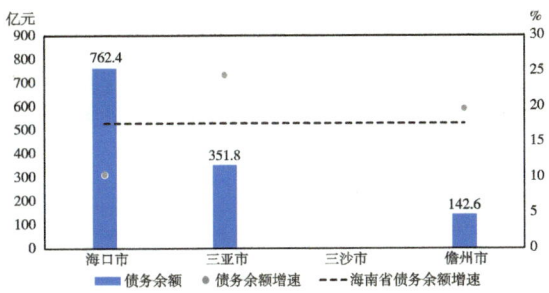

图21-89　2020年海南省各市债务余额及增速

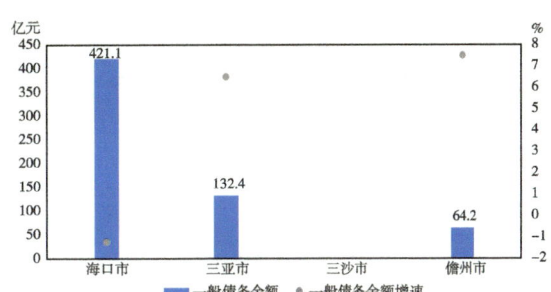

图21-90　2020年海南省各市一般债务余额及增速

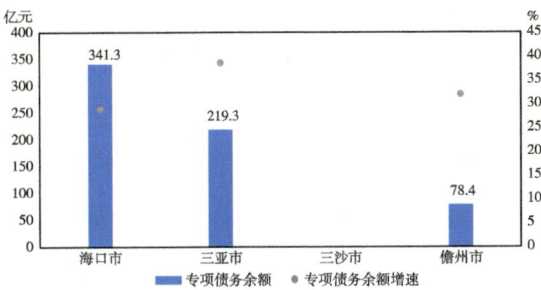

图21-91　2020年海南省各市专项债务余额及增速

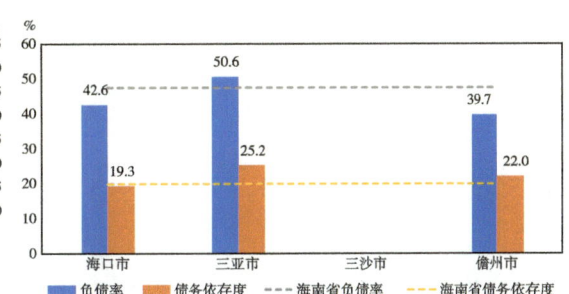

图21-92　2020年海南省各市负债率和债务依存度

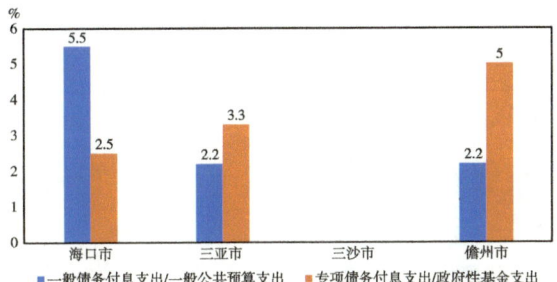

图21-93　2020年海南省各市债务付息支出相关指标

21.2.7　海南省各市市本级一般公共预算收入情况

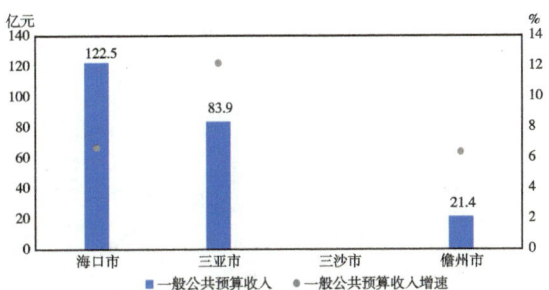

图21-94　2020年海南省各市市本级一般公共预算收入及增速

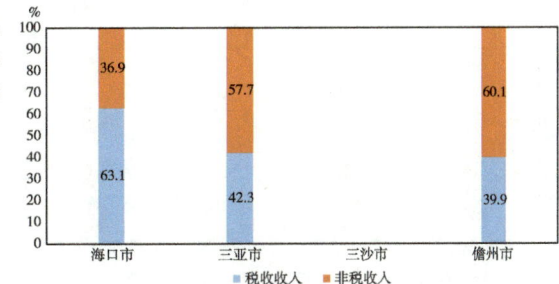

图21-95　2020年海南省各市市本级一般公共预算收入结构

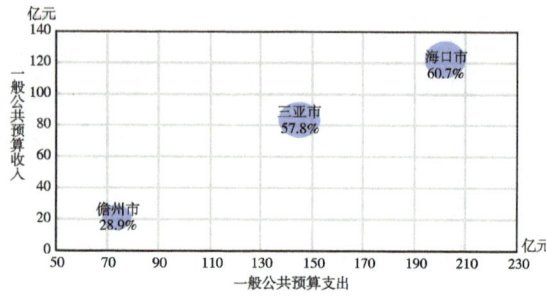

图21-96 2020年海南省各市市本级财政自给率

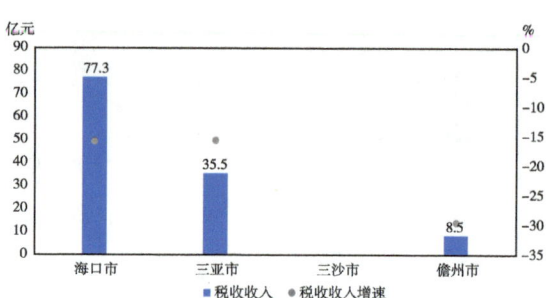

图21-97 2020年海南省各市市本级税收收入及增速

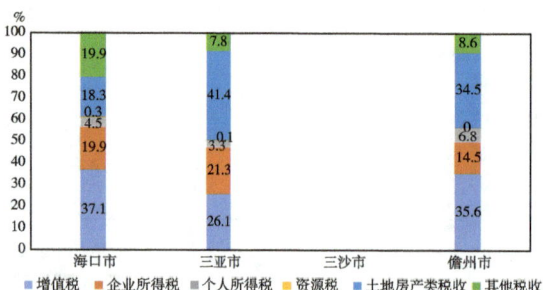

图21-98 2020年海南省各市市本级税收收入结构

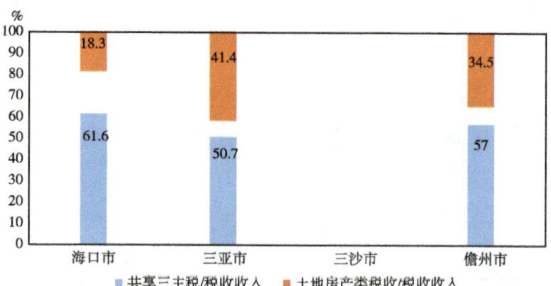

图21-99 2020年海南省各市市本级共享三主税、土地房产类税收占税收收入的比重

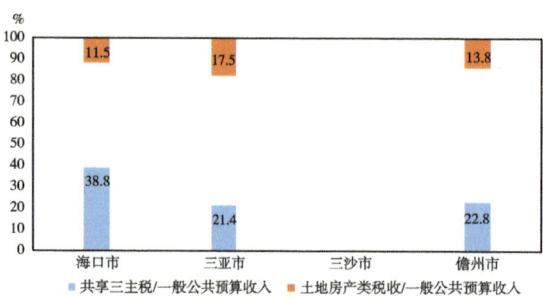

图21-100 2020年海南省各市市本级共享三主税、土地房产类税收占一般公共预算收入的比重

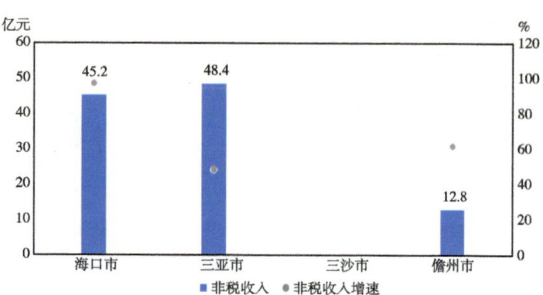

图21-101 2020年海南省各市市本级非税收入及增速

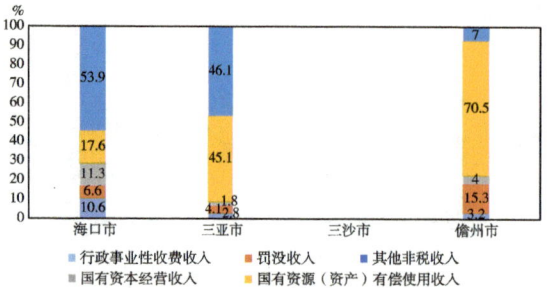

图21-102 2020年海南省各市市本级非税收入结构

21.3 海南省样本县政府收入主要特征分析

21.3.1 海南省样本县经济社会发展情况

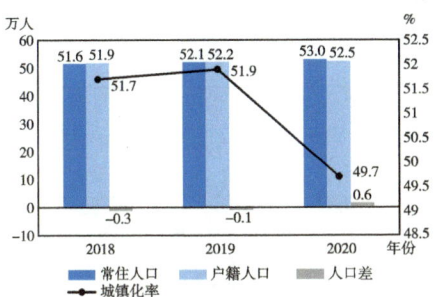

图21-103　2018-2020年海南省样本县人口状况

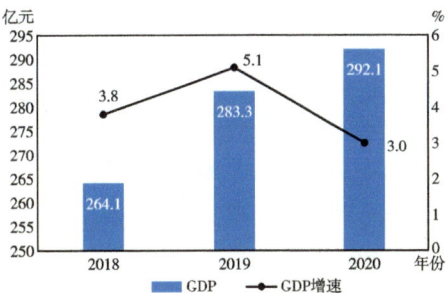

图21-104　2018-2020年海南省样本县GDP及增速

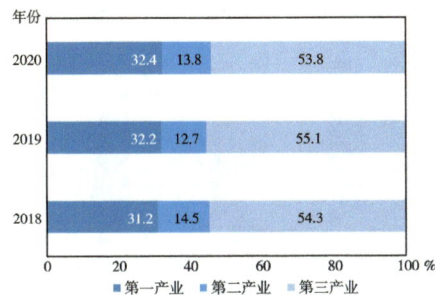

图21-105　2018-2020年海南省样本县三次产业结构

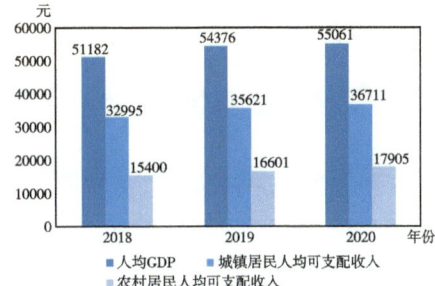

图21-106　2018-2020年海南省样本县人均GDP和人均可支配收入

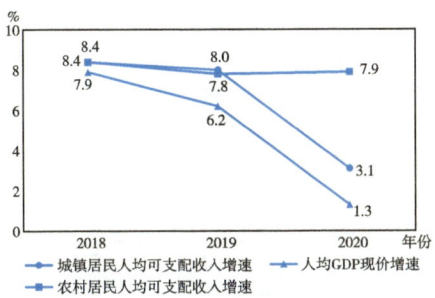

图21-107　2018-2020年海南省样本县人均GDP现价增速和人均可支配收入增速

21.3.2 海南省样本县政府收入总体情况

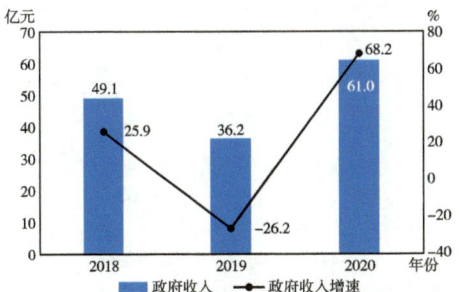

图21-108　2018-2020年海南省样本县政府收入及增速

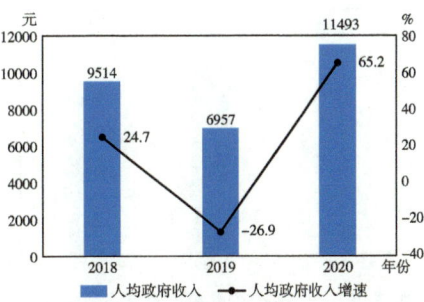

图21-109　2018-2020年海南省样本县人均政府收入及增速

21.3.3 海南省样本县一般公共预算收入情况

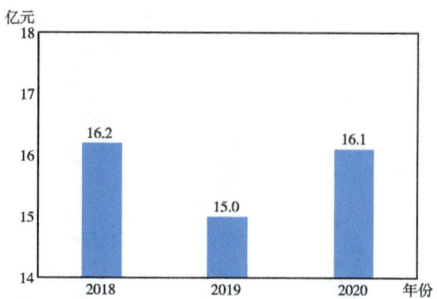

图21-110 2018-2020年海南省样本县一般公共预算收入

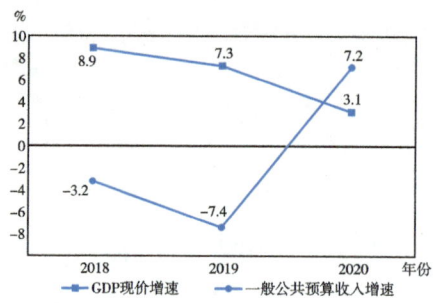

图21-111 2018-2020年海南省样本县一般公共预算收入增速

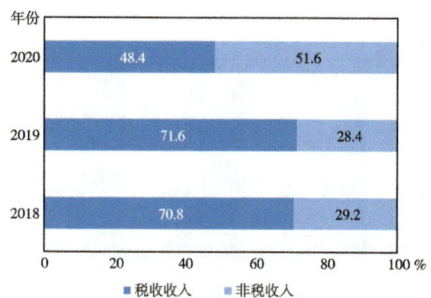

图21-112 2018-2020年海南省样本县一般公共预算收入结构

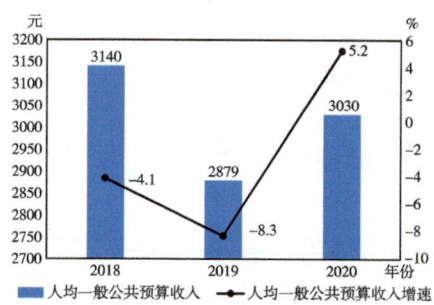

图21-113 2018-2020年海南省样本县人均一般公共预算收入及增速

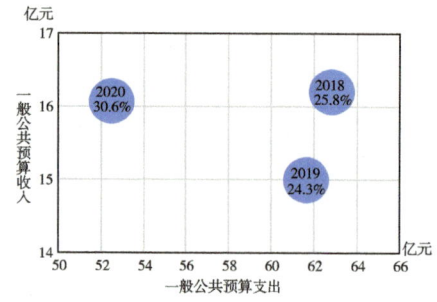

图21-114 2018-2020年海南省样本县财政自给率

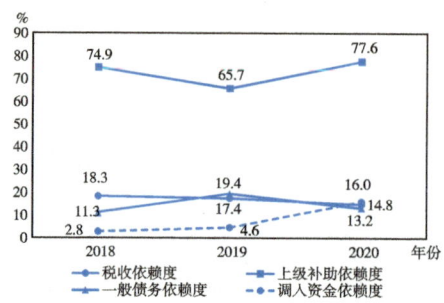

图21-115 2018-2020年海南省样本县一般公共预算支出对各类收入的依赖度

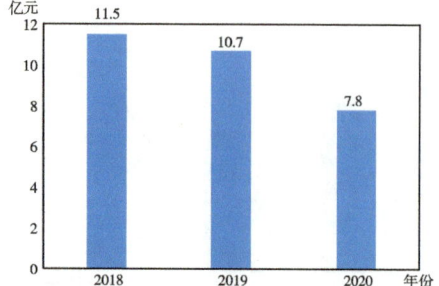

图21-116 2018-2020年海南省样本县税收收入

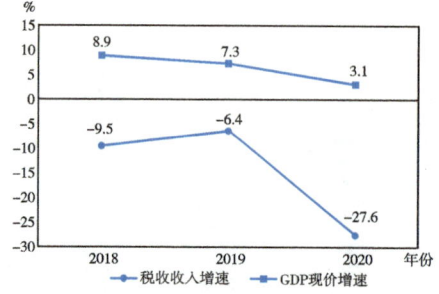

图21-117 2018-2020年海南省样本县税收收入增速

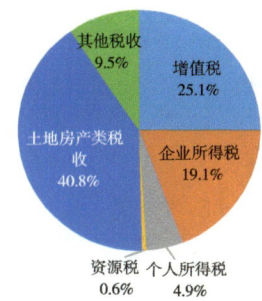

图21-118 2020年海南省样本县税收收入结构

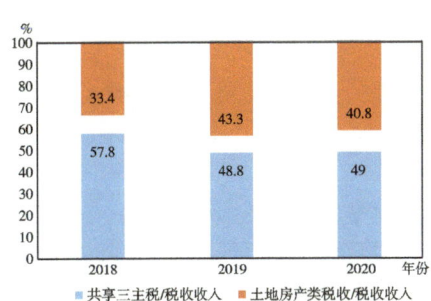

图21-119 2018—2020年海南省样本县共享三主税、土地房产类税收占税收收入的比重

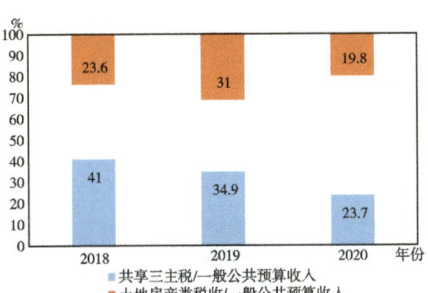

图21-120 2018—2020年海南省样本县共享三主税、土地房产类税收占一般公共预算收入的比重

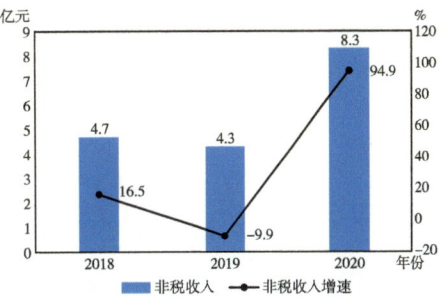

图21-121 2018—2020年海南省样本县非税收入及增速

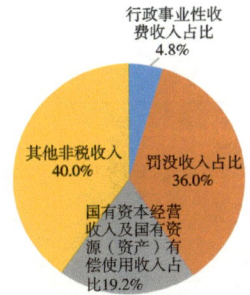

图21-122 2020年海南省样本县非税收入结构

21.3.4 海南省样本县政府性基金收入与国有资本经营收入情况

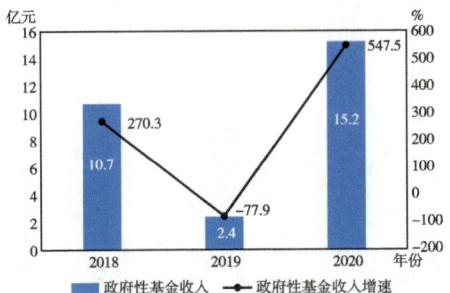

图21-123 2018—2020年海南省样本县政府性基金收入及增速

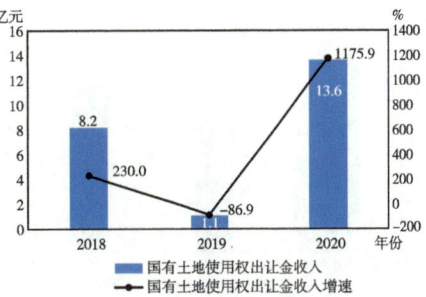

图21-124 2018—2020年海南省样本县国有土地使用权出让金收入及增速

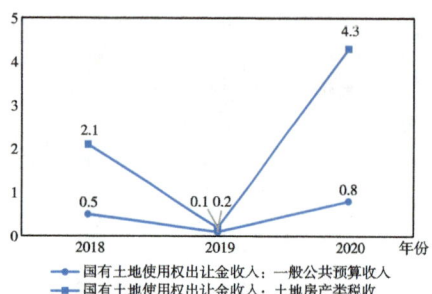

图21-125 2018-2020年海南省样本县国有土地使用权出让金收入与一般公共预算收入对比关系

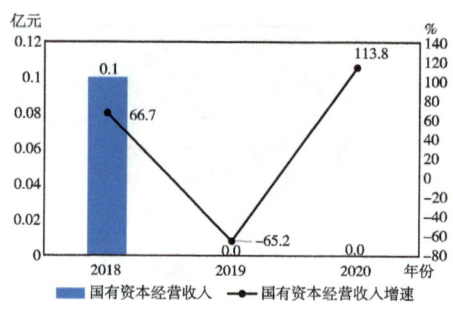

图21-126 2018-2020年海南省样本县国有资本经营收入及增速

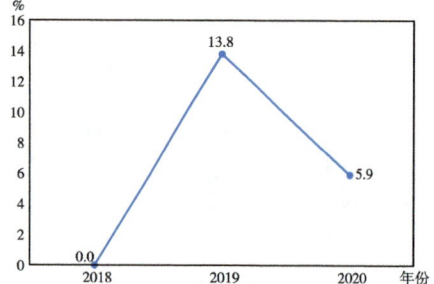

图21-127 2018-2020年海南省样本县调出资金与国有资本经营收入对比关系

21.3.5 海南省样本县社会保险基金收入情况

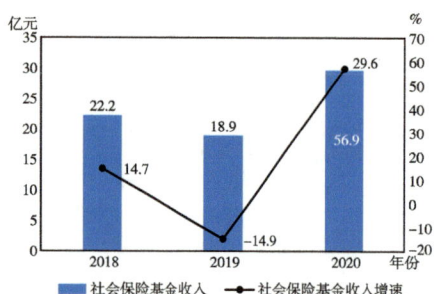

图21-128 2018-2020年海南省样本县社会保险基金收入及增速

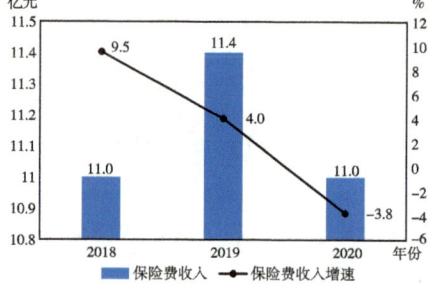

图21-129 2018-2020年海南省样本县保险费收入及增速

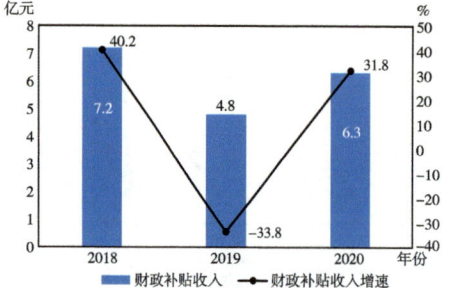

图21-130 2018-2020年海南省样本县财政补贴收入及增速

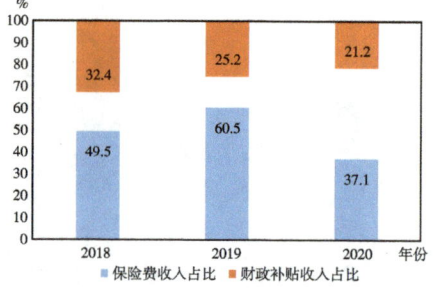

图21-131 2018-2020年海南省样本县保险费收入、财政补贴收入占社会保险基金收入的比重

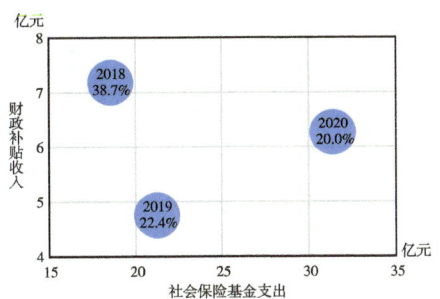

图21-132 2018-2020年海南省样本县社会保险基金支出对财政补贴的依赖度

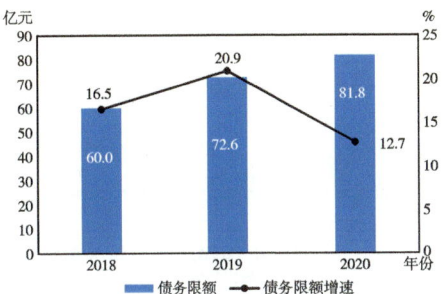

图21-133 2018-2020年海南省样本县保险费收入、社会保险待遇支出及差额

21.3.6 海南省样本县债务情况

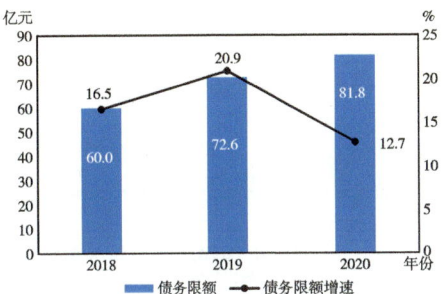

图21-134 2018-2020年海南省样本县债务限额及增速

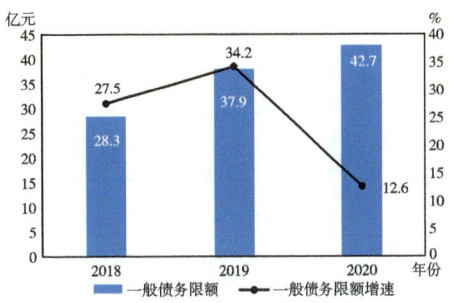

图21-135 2018-2020年海南省样本县一般债务限额及增速

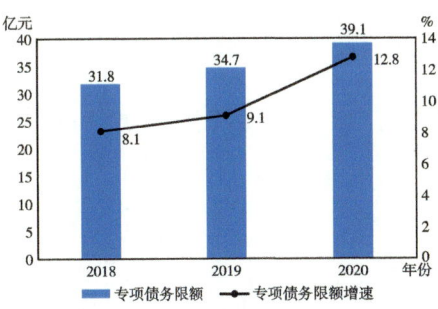

图21-136 2018-2020年海南省样本县专项债务限额及增速

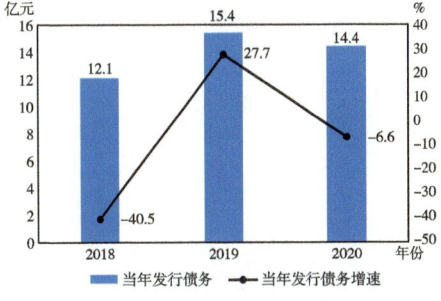

图21-137 2018-2020年海南省样本县当年发行债务及增速

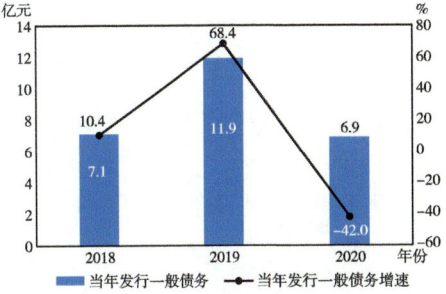

图21-138 2018-2020年海南省样本县当年发行一般债务及增速

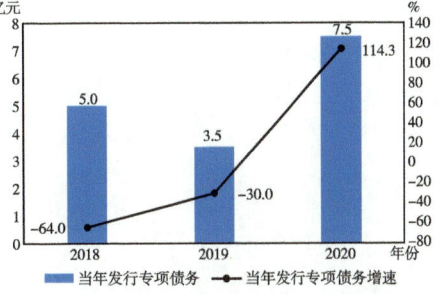

图21-139 2018-2020年海南省样本县当年发行专项债务及增速

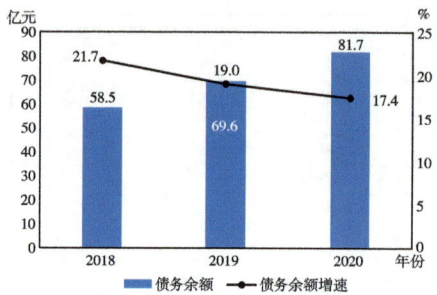

图21-140　2018-2020年海南省样本县债务余额及增速

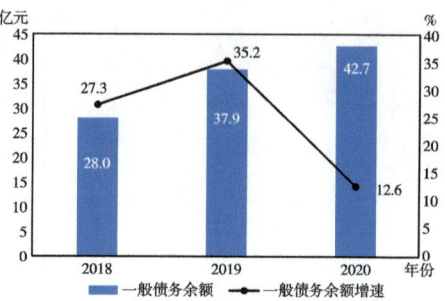

图21-141　2018-2020年海南省样本县一般债务余额及增速

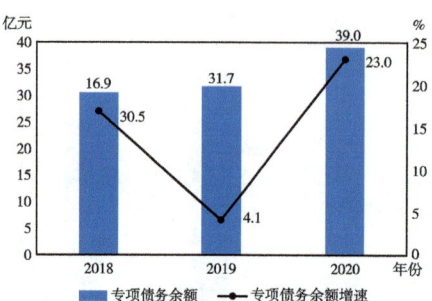

图21-142　2018-2020年海南省样本县专项债务余额及增速

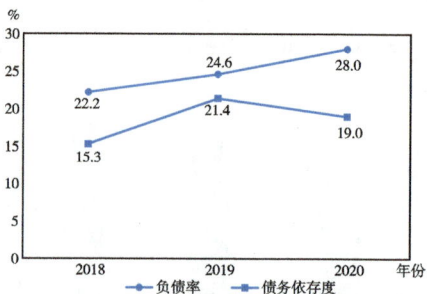

图21-143　2018-2020年海南省样本县负债率和债务依存度

22 重庆市

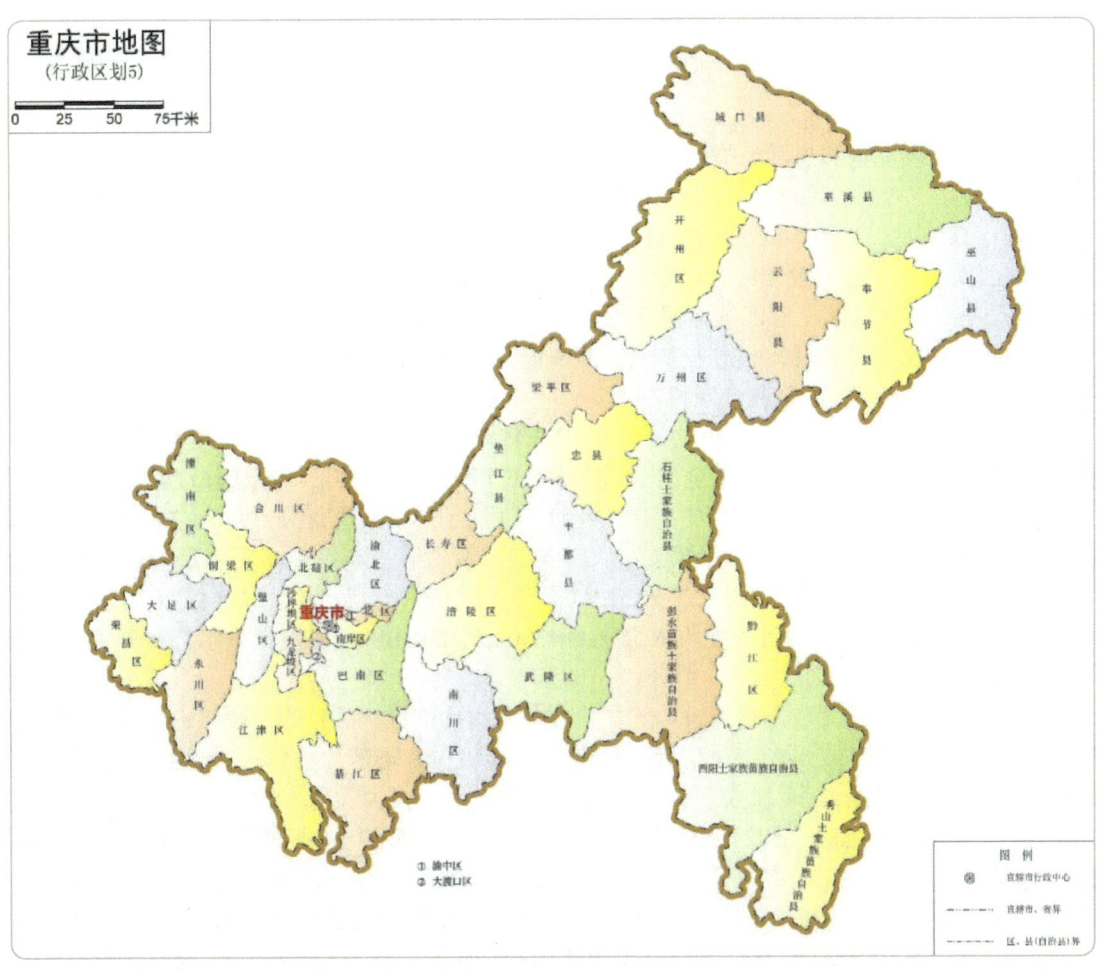

图 2020年重庆市地图

资料来源：自然资源部的标准地图服务系统网站。
注：审图号为渝S（2020）071号。

执笔人：肖璐璇、凤欣 审校：侯海波

专栏22-1　2021年重庆市行政区划

渝中区、万州区、涪陵区、大渡口区、江北区、沙坪坝区、九龙坡区、南岸区、北碚区、綦江区、大足区、渝北区、巴南区、黔江区、长寿区、江津区、合川区、永川区、南川区、璧山区、铜梁区、潼南区、荣昌区、开州区、梁平区、武隆区

城口县、丰都县、垫江县、忠县、云阳县、奉节县、巫山县、巫溪县

石柱土家族自治县、秀山土家族苗族自治县、酉阳土家族苗族自治县、彭水苗族土家族自治县

本书选取渝北区和忠县为样本县。

重庆市辖26区、8县、4自治县（详见专栏22-1）；重庆市总面积约8.2万平方千米，地处中国内陆西南部、长江上游地区，地貌以丘陵、山地为主，其中山地占76%；长江横贯全境，流程691公里，与嘉陵江、乌江等河流交汇。重庆市是我国重要的中心城市之一、长江上游地区经济中心、国家重要的现代制造业基地、西南地区综合交通枢纽。

2021年重庆市经济总量在全国排在中等水平，第三产业占比与全国水平持平，人口整体处于净流出，城镇化率高于全国平均水平。 2021年末，重庆市常住人口规模为3212.4万人，常住人口城镇化率为70.3%（高于全国平均水平5.6个百分点）。2021年重庆市GDP达到2.8万亿元，全国排名第16位，增速8.3%，比上年增速下上升了4.4个百分点；人均GDP为86832元（折12929.3美元），全国排名第8位。从产业结构看，第一、第二、第三产业占比分别为6.9%、40.1%（高于全国0.7个百分点）和53%（低于全国0.3个百分点）。从居民可支配收入看，2021年城镇与农村居民人均可支配收入分别为43502元和18100元，呈上升态势，分别为全国平均水平的91.8%和95.6%。

重庆市一般公共预算收入全国排中等，税收收入占比偏低，区县政府收入占比较高。 2020年重庆市一般公共预算收入2285.4亿元，排名全国第19位，增速为9.1%，人均一般公共预算收入为7114元，排名全国第12位。其中，近四年重庆市税收收入占一般公共预算收入的比重总体上呈先增后降的趋势，2021年的占比为67.5%，比全国平均水平低17.8个百分点。从纵向收入分配看，2020年重庆市本级和区县一般公共预算收入占比分别为34.9%和65.1%。

2021年重庆市财政自给率偏低且在近四年总体呈先降后升的趋势。 2021年，重庆市财政自给率为47.3%，2020年为42.8%，2019年为44.0%，2018年为49.9%，财政自给率先降后升的趋势比较明显。同时，2018年至2020年，重庆市对税收收入的依赖度从35.3%下降至29.2%，2021年再略回升至31.9%。

2021年重庆市四本预算合计中社会保险基金预算收入占比最高，社会保险基金对财政补贴收入的依赖度较高。 2021年重庆市四本预算加总的政府收入为7293.6亿元，其中一般公共预算收入、政府性基金预算收入、国有资本经营预算收入和社会保险基金预算收入分别占比31.3%、32.3%、1.4%和34.9%。2020年重庆市社保基金预算收入1936.5亿元，其中社会保险缴费收入为1153.5亿元，财政补贴收入规模为681亿元。其中，2020年，财政补贴收入占社会保险基金收入的比重为35.2%，财政补贴对社会保险基金支出的比重为35.2%。

22.1 重庆市政府收入主要特征分析

22.1.1 重庆市经济社会基本情况

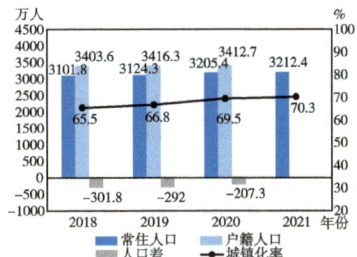

图22-1 2018-2021年重庆市人口状况

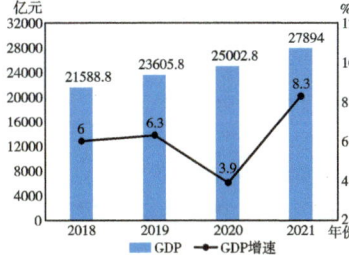

图22-2 2018-2021年重庆市GDP及增速

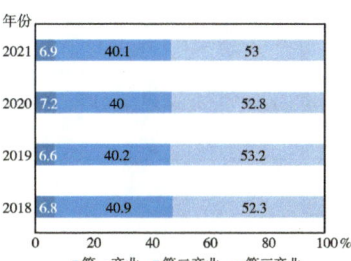

图22-3 2018-2021年重庆市三次产业结构

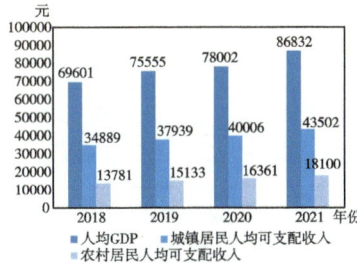

图22-4 2018-2021年重庆市人均GDP和人均可支配收入

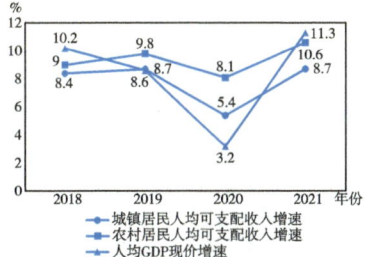

图22-5 2018-2021年重庆市人均GDP现价增速和人均可支配收入增速

22.1.2 重庆市政府收入总体情况

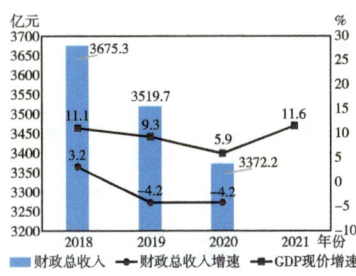

图22-6 2018-2021年重庆市财政总收入及增速

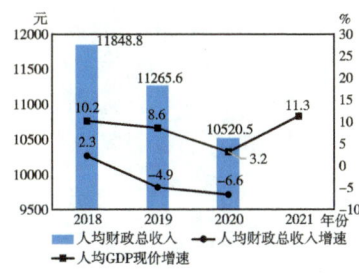

图22-7 2018-2021年重庆市人均财政总收入及增速

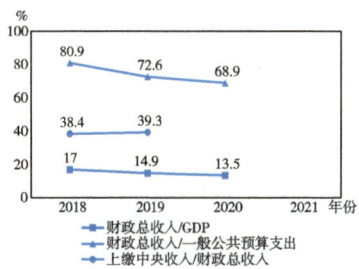

图22-8 2018-2021年财政总收入相关指标

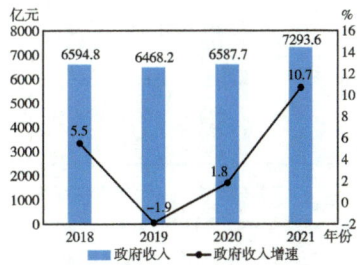

图22-9 2018-2021年重庆市政府收入及增速

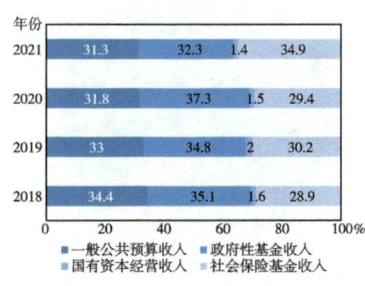

图22-10 2018-2021年重庆市政府收入结构

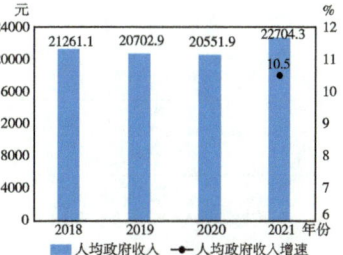

图22-11 2018-2021年重庆市人均政府收入及增速

22.1.3 重庆市一般公共预算收入情况

图22-12 2018—2021年重庆市一般公共预算收入

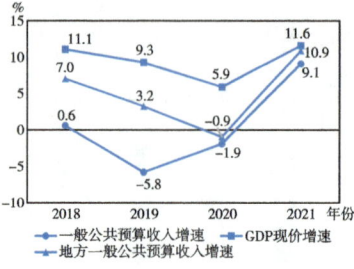

图22-13 2018—2021年重庆市一般公共预算收入增速

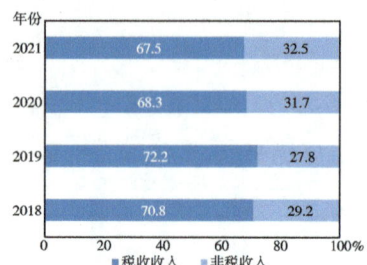

图22-14 2018—2021年重庆市一般公共预算收入结构

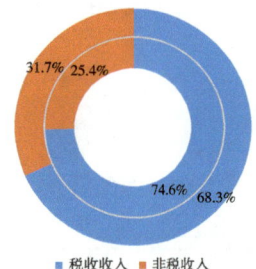

图22-15 2020年一般公共预算收入结构对比（内环为地方，外环为重庆市）

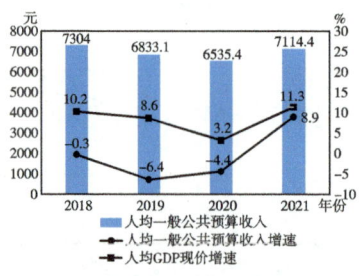

图22-16 2018—2021年重庆市人均一般公共预算收入及增速

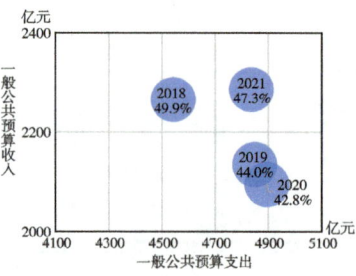

图22-17 2018—2021年重庆市财政自给率

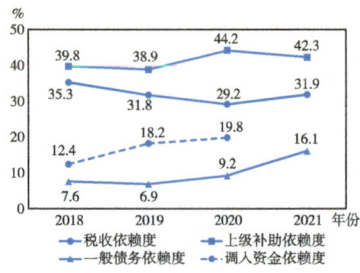

图22-18 2018—2021年重庆市一般公共预算支出对各类收入的依赖度

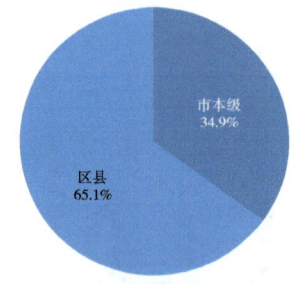

图22-19 2020年重庆市市县二级政府一般公共预算收入分布

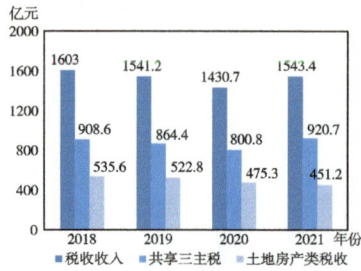

图22-20 2018—2021年重庆市税收收入

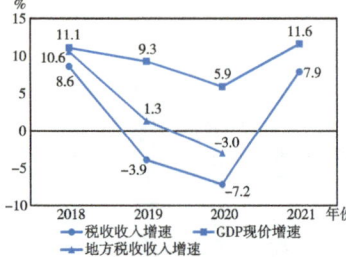

图22-21 2018—2021年重庆市税收收入增速

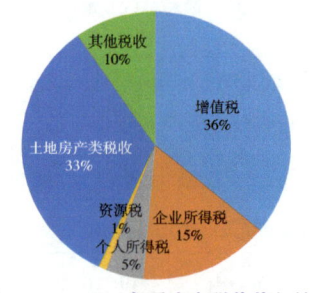

图22-22 2020年重庆市税收收入结构

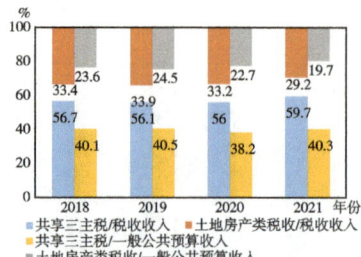

图22-23 2018—2021年重庆市共享三主税、土地房产类税收占税收收入及一般公共预算收入的比重

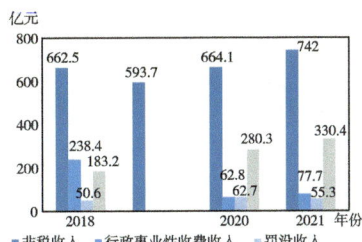

图22-24 2018—2021年重庆市非税收入

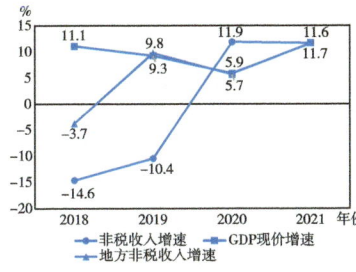

图22-25 2018—2021年重庆市非税收入增速

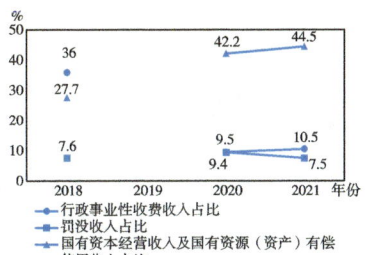

图22-26 2018—2021年重庆市非税收入中各主要收入占比

22.1.4 重庆市政府性基金和国有资本经营收入情况

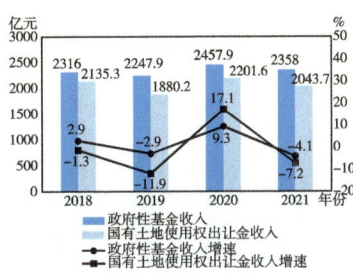

图22-27 2018—2021年重庆市政府性基金收入及增速

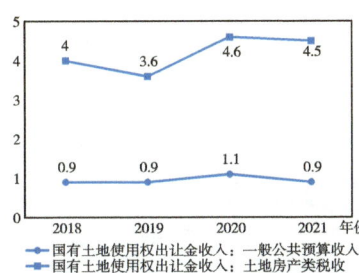

图22-28 2018—2021年重庆市国有土地使用权出让金收入与一般公共预算收入对比关系

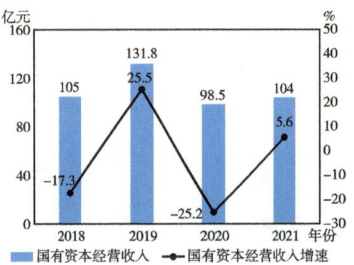

图22-29 2018—2021年重庆市国有资本经营收入及增速

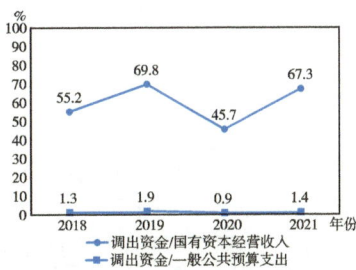

图22-30 2018—2021年重庆市国有资本经营预算中调出资金相关指标

22.1.5 重庆市社会保险基金收入情况

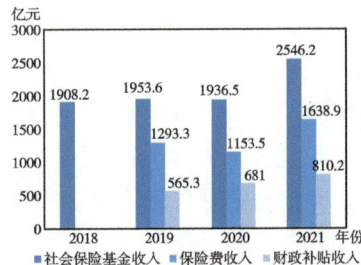

图22-31 2018—2021年重庆市社会保险基金收入

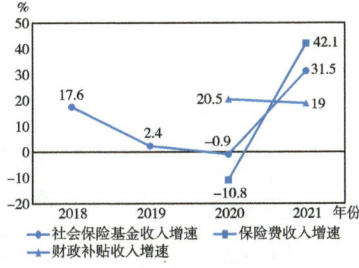

图22-32 2018—2021年重庆市社会保险基金收入增速

图22-33 2018—2021年重庆市保险费收入、财政补贴收入占社会保险基金收入的比重

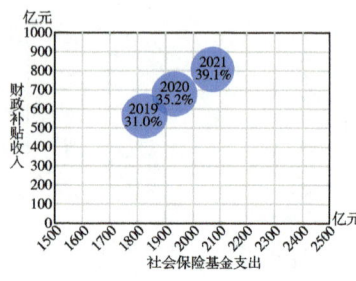

图22-34 2018-2021年重庆市社会保险基金支出对财政补贴的依赖度

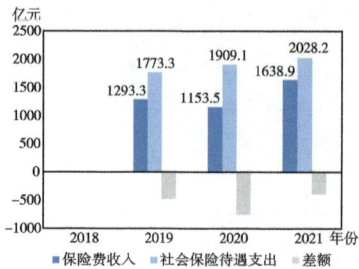

图22-35 2018-2021年重庆市保险费收入、社会保险待遇支出及差额

22.1.6 重庆市债务情况

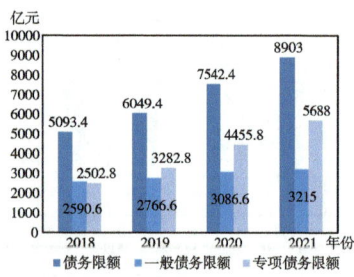

图22-36 2018-2021年重庆市债务限额

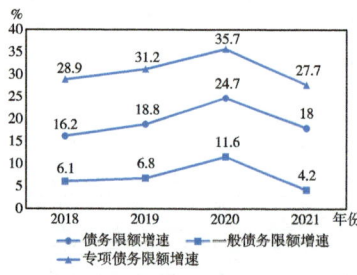

图22-37 2018-2021年重庆市债务限额增速

图22-38 2018-2021年重庆市当年发行债务

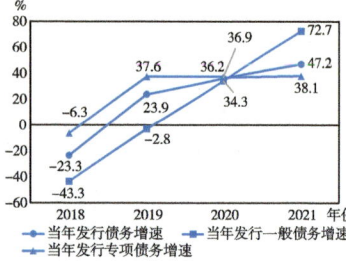

图22-39 2018-2021年重庆市当年发行债务增速

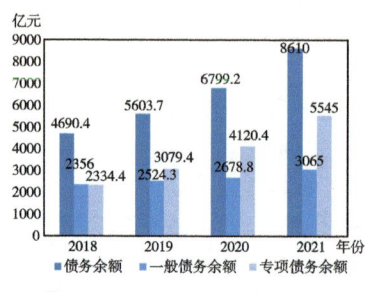

图22-40 2018-2021年重庆市债务余额

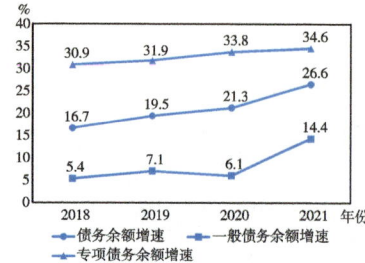

图22-41 2018-2021年重庆市债务余额增速

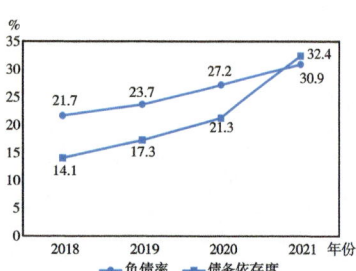

图22-42 2018-2021年重庆市负债率和债务依存度

22.1.7 重庆市市本级一般公共预算收入情况

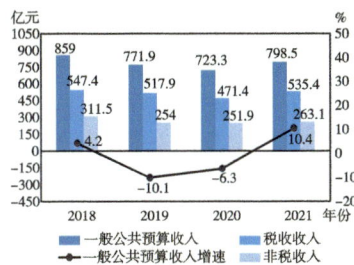

图22-43 2018-2021年重庆市市本级一般公共预算收入及增速

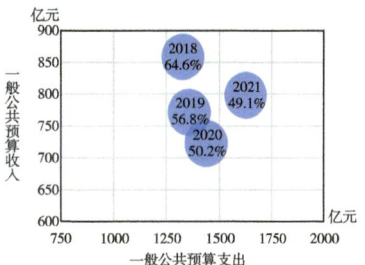

图22-44 2018-2021年重庆市市本级一般公共预算收入结构

图22-45 2018-2021年重庆市市本级财政自给率

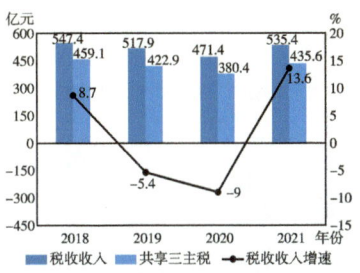

图22-46 2018-2021年重庆市市本级税收收入及增速

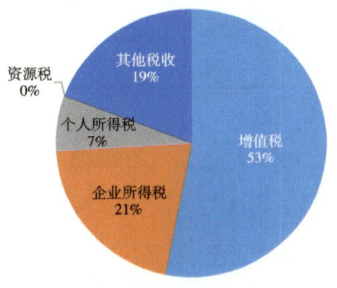

图22-47 2020年重庆市市本级税收收入结构

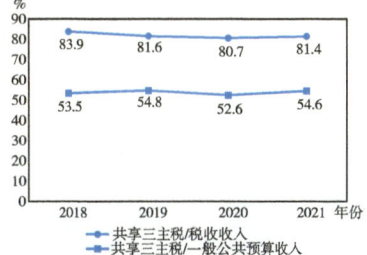

图22-48 2018-2021年重庆市市本级共享三主税占税收收入及一般公共预算收入的比重

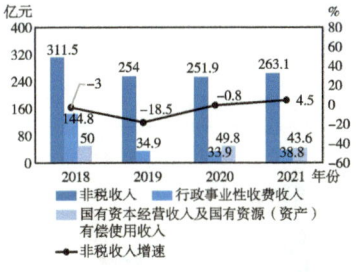

图22-49 2018-2021年重庆市市本级非税收入及增速

图22-50 2018-2021年重庆市市本级非税收入中各主要收入占比

22.2 重庆市样本县政府收入主要特征分析

22.2.1 重庆市样本县经济社会发展情况

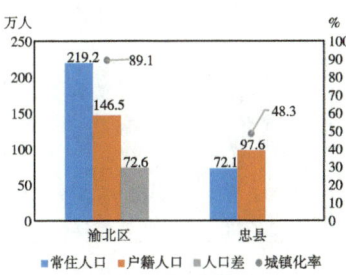

图22-51 2020年重庆市样本县人口状况

图22-52 2020年重庆市样本县GDP及增速

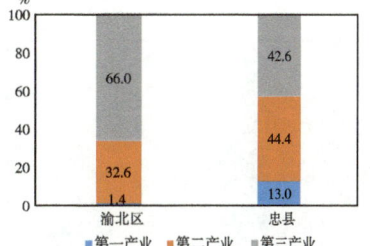

图22-53 2020年重庆市样本县三次产业结构

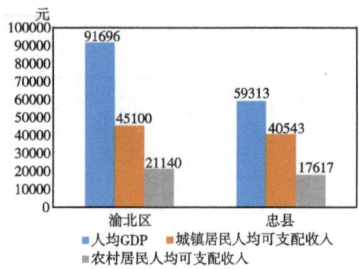
图22-54　2020年重庆市样本县人均GDP和人均可支配收入

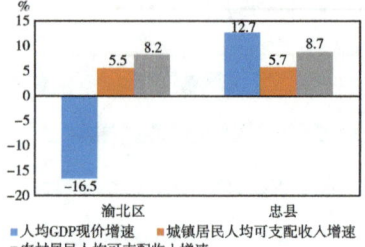
图22-55　2020年重庆市样本县人均GDP现价增速和人均可支配收入增速

22.2.2　重庆市样本县一般公共预算收入情况

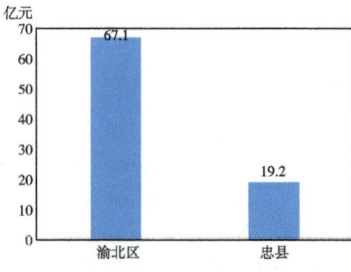
图22-56　2020年重庆市样本县一般公共预算收入

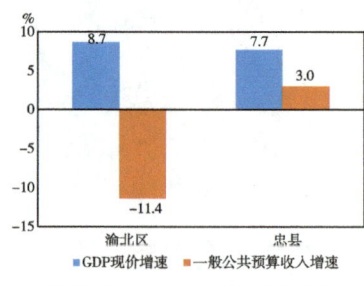
图22-57　2020年重庆市样本县一般公共预算收入增速

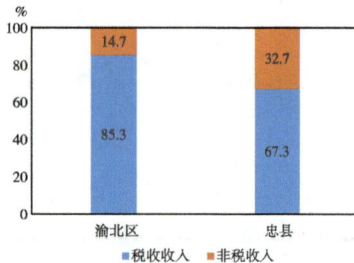
图22-58　2020年重庆市样本县一般公共预算收入结构

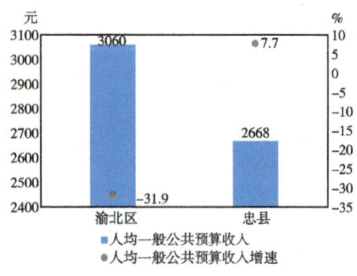
图22-59　2020年重庆市样本县人均一般公共预算收入及增速

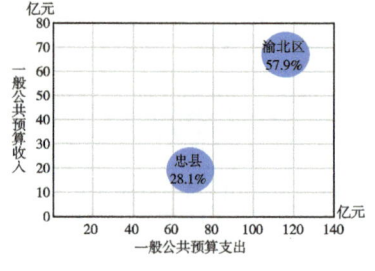
图22-60　2020年重庆市样本县财政自给率

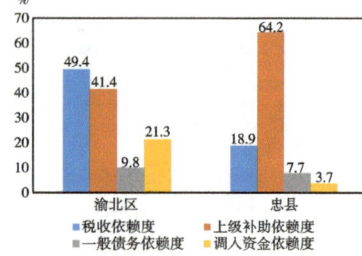
图22-61　2020年重庆市样本县一般公共预算支出对各类收入的依赖度

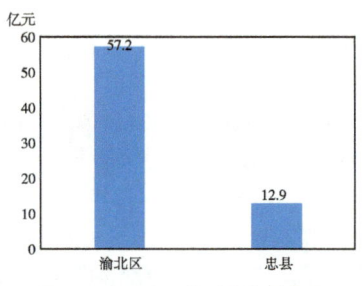
图22-62　2020年重庆市样本县税收收入

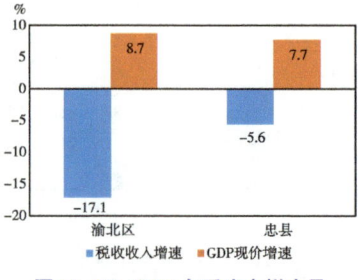
图22-63　2020年重庆市样本县税收收入增速

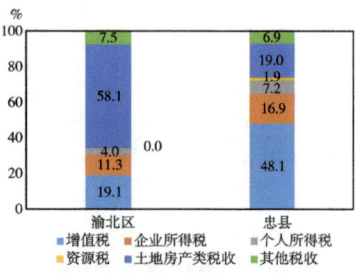
图22-64　2020年重庆市样本县税收收入结构

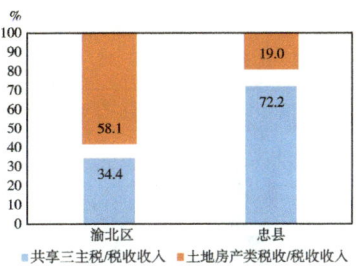

图22-65　2020年重庆市样本县共享三主税、土地房产类税收占税收收入的比重

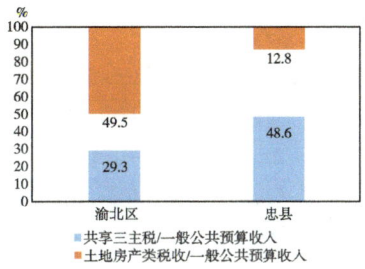

图22-66　2020年重庆市样本县共享三主税、土地房产类税收占一般公共预算收入的比重

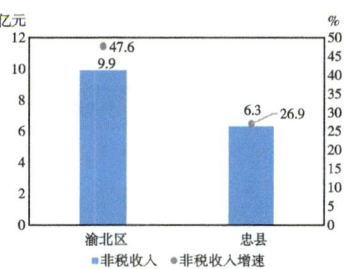

图22-67　2020年重庆市样本县非税收入及增速

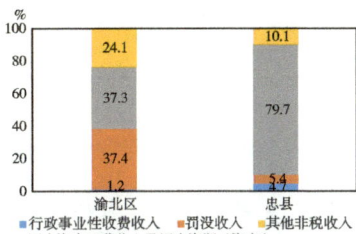

图22-68　2020年重庆市样本县非税收入结构

22.2.3　重庆市样本县政府性基金收入与国有资本经营收入情况

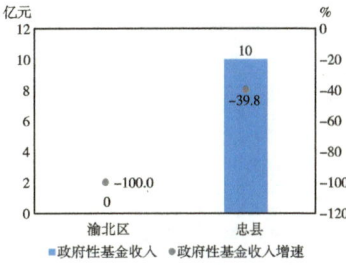

图22-69　2020年重庆市样本县政府性基金收入及增速

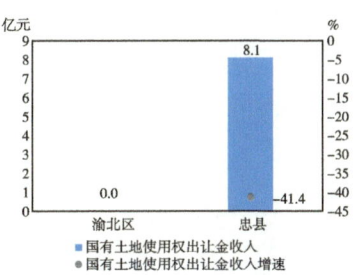

图22-70　2020年重庆市样本县国有土地使用权出让金收入及增速

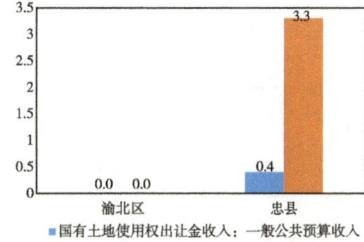

图22-71　2020年重庆市样本县国有土地使用权出让金收入与一般公共预算收入对比关系

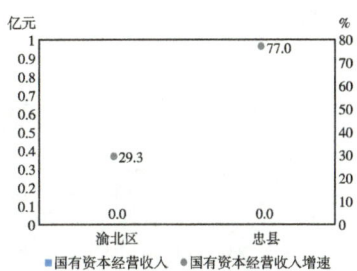

图22-72　2020年重庆市样本县国有资本经营收入及增速

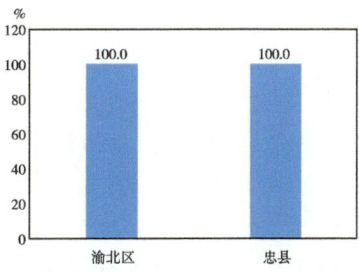

图22-73　2020年重庆市样本县调出资金与国有资本经营收入对比关系

22.2.4 重庆市样本县债务情况

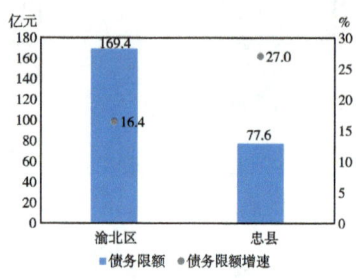

图22-74　2020年重庆市样本县
债务限额及增速

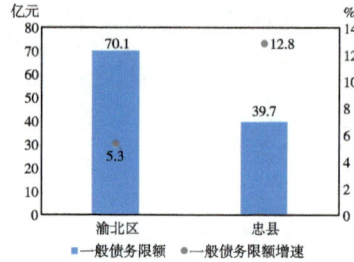

图22-75　2020年重庆市样本县
一般债务限额及增速

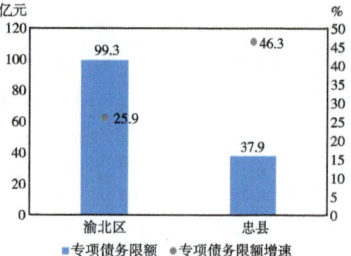

图22-76　2020年重庆市样本县
专项债务限额及增速

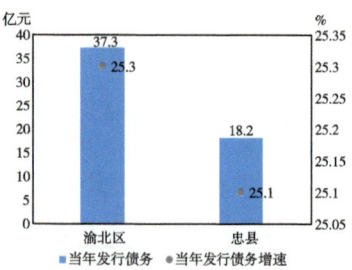

图22-77　2020年重庆市样本县
当年发行债务及增速

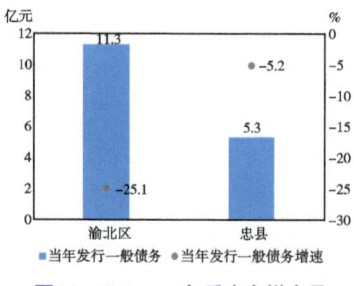

图22-78　2020年重庆市样本县
当年发行一般债务及增速

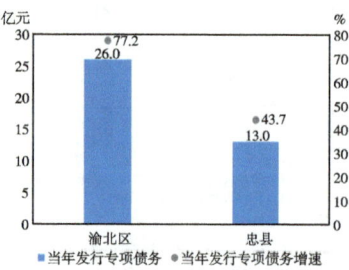

图22-79　2020年重庆市样本县
当年发行专项债务及增速

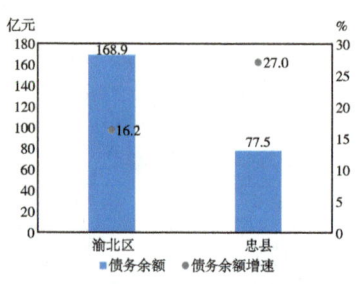

图22-80　2020年重庆市样本县
债务余额及增速

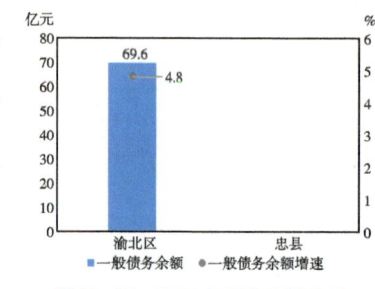

图22-81　2020年重庆市样本县
一般债务余额及增速

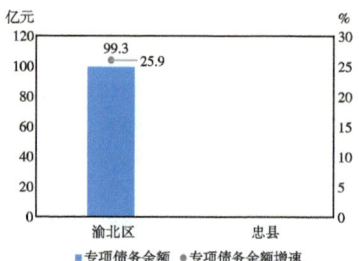

图22-82　2020年重庆市样本县
专项债务余额及增速

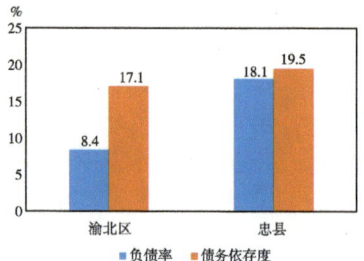

图22-83　2020年重庆市样本县
负债率和债务依存度

23 四川省

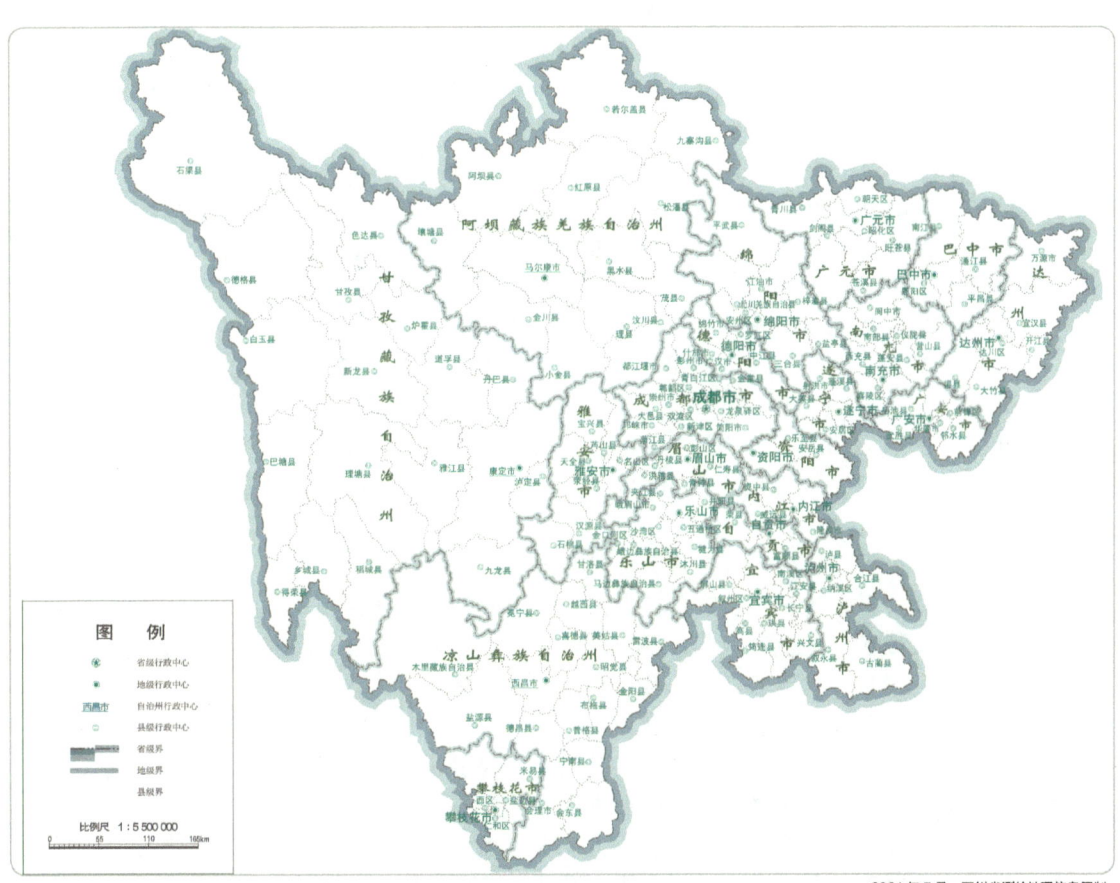

图 2021年四川省地图

2021年7月 四川省测绘地理信息局制

资料来源：自然资源部的标准地图服务系统网站。
注：审图号为图川审（2021）00059号。

本章执笔人：陈彦廷 审校：孙家希

专栏23-1　2021年四川省行政区划

成都市：锦江区、青羊区、金牛区、武侯区、成华区、龙泉驿区、青白江区、新都区、温江区、双流区、郫都区、新津区、金堂县、大邑县、蒲江县、都江堰市、彭州市、邛崃市、崇州市、简阳市

自贡市：自流井区、贡井区、大安区、沿滩区、荣县、富顺县

攀枝花市：东区、西区、仁和区、米易县、盐边县

泸州市：江阳区、纳溪区、龙马潭区、泸县、合江县、叙永县、古蔺县

德阳市：旌阳区、罗江区、中江县、广汉市、什邡市、绵竹市

绵阳市：涪城区、游仙区、安州区、三台县、盐亭县、梓潼县、北川羌族自治县、平武县、江油市

广元市：利州区、昭化区、朝天区、旺苍县、青川县、剑阁县、苍溪县

遂宁市：船山区、安居区、蓬溪县、大英县、射洪市

内江市：市中区、东兴区、威远县、资中县、隆昌市

乐山市：市中区、沙湾区、五通桥区、金口河区、犍为县、井研县、夹江县、沐川县、峨边彝族自治县、马边彝族自治县、峨眉山市

南充市：顺庆区、高坪区、嘉陵区、南部县、营山县、蓬安县、仪陇县、西充县、阆中市

眉山市：东坡区、彭山区、仁寿县、洪雅县、丹棱县、青神县

宜宾市：翠屏区、南溪区、叙州区、江安县、长宁县、高县、珙县、筠连县、兴文县、屏山县

广安市：广安区、前锋区、岳池县、武胜县、邻水县、华蓥市

达州市：通川区、达川区、宣汉县、开江县、大竹县、渠县、万源市

雅安市：雨城区、名山区、荥经县、汉源县、石棉县、天全县、芦山县、宝兴县

巴中市：巴州区、恩阳区、通江县、南江县、平昌县

资阳市：雁江区、安岳县、乐至县

阿坝州：马尔康市、汶川县、理县、茂县、松潘县、九寨沟县、金川县、小金县、黑水县、壤塘县、阿坝县、若尔盖县、红原县

甘孜州：康定市、泸定县、丹巴县、九龙县、雅江县、道孚县、炉霍县、甘孜县、新龙县、德格县、白玉县、石渠县、色达县、理塘县、巴塘县、乡城县、稻城县、得荣县

凉山州：西昌市、木里藏族自治县、盐源县、德昌县、会理市、会东县、宁南县、普格县、布拖县、金阳县、昭觉县、喜德县、冕宁县、越西县、甘洛县、美姑县、雷波县

本书选取龙泉驿区、盐亭县、苍溪县、大英县、东坡区、叙州区、宣汉县、康定市以及会理市为样本县。

四川省简称川或蜀，位于中国西南部，地处长江上游，素有"天府之国"的美誉。全省面积48.6万平方公里，辖21个市（州）、183个县（市、区），与重庆、贵州、云南、西藏、青

海、甘肃和陕西等7省（自治区、直辖市）接壤，有全国最大的彝族聚居区、第二大藏族聚居区和唯一的羌族聚居区。

2021年四川省经济总量处于全国前列，第三产业占比低于全国，人口整体净流出，城镇化率亦低于全国。 2021年末，四川省常住人口8372万人，常住人口城镇化率为57.8%（低于全国水平6.92个百分点）。2021年四川省GDP达到5.4万亿元，排全国第6名，次于广东、江苏、山东、浙江和河南，高于湖北和福建；增速8.2%，比2020年上升4.4个百分点，高于全国0.1个百分点，排全国第11名；人均GDP为64323元（折9973.8美元），排全国第18名。从产业结构看，第一、第二、第三产业占比分别为10.5%、37%（低于全国2.4个百分点）和52.5%（低于全国0.8个百分点）。从居民可支配收入看，2021年城镇与农村居民人均可支配收入分别为41444元和17575元，呈上升态势，分别为全国平均水平的87.4%和92.8%。

2021年四川省一般公共预算收入全国排名靠前，税收收入占比中等，省市县中县级政府收入占比最高。 2021年四川省一般公共预算收入4773.3亿元，排全国第7名，增速12.1%。人均一般公共预算收入为5701元，排全国第18名。其中，近三年四川省税收收入占一般公共预算收入的比例总体略有下降，2021年为69.9%，低于全国平均水平15.4个百分点。非税收入占比中等，其中2020年政府产权性收入规模占非税收入比高达42.6%。从纵向收入分配看，2020年省本级、市本级、县一般公共预算收入占比分别为19.1%、17.4%和63.5%。

2021年四川省财政自给率有所提升。 2021年四川省财政自给率为42.6%，较2019、2020年分别上升了3.3%和4.6%。

2021年四川省四本预算合计中一般公共预算占比最高，社保对财政补贴的依赖度较高。 2021年四川省四本预算加总的政府收入15257.4亿元，其中一般公共预算收入、政府性基金预算收入、国有资本经营预算收入和社会保险基金预算收入分别占比31.3%、32.4%、0.8%和35.4%。2021年四川省社保基金收入5404.9亿元，其中社会保险缴费收入为3679.8亿元；财政补贴收入规模为1567.6亿元，社保支出对财政依赖度达到29%。

四川省内各地市经济社会发展和财政发展不均衡，优势主要集中于省会成都。 成都市是2020年四川省政府收入规模唯一超4000亿元的城市，而其他城市政府收入规模都等于或低于300亿元。2020年成都市一般公共预算收入1520.4亿元，排名第二的宜宾实现200亿元的一般公共预算收入，其他各市均低于200亿元，收入较为集中且城市间差异较大，一般公共预算收入的城市首位度指数为7.6，且成都市是收入最低的阿坝州的53倍。四川省内各市财政自给率差异明显。2020年，成都市财政自给率为70.4%、自给率较高；而眉山市、攀枝花市、德阳市的财政自给率介于40%到45%之间；乐山市、泸州市、宜宾市和绵阳市的财政自给率介于30%到40%之间；广元市、巴中市、甘孜州和阿坝州的财政自给率低于20%；其他市自给率则分布在20%到30%之间。财政自给率最低的阿坝州仅为7.8%，最高自给率的成都市是是阿坝州的9倍。政府性基金收入主要构成是国有土地使用权出让收入，各地差距较大，收入规模最大的成都市（1891.4亿元）为规模最小的阿坝州（8.8亿元）的214.9倍。

23.1 四川省政府收入主要特征分析

23.1.1 四川省经济社会基本情况

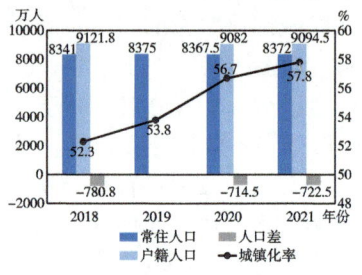

图23-1 2018—2021年四川省人口状况

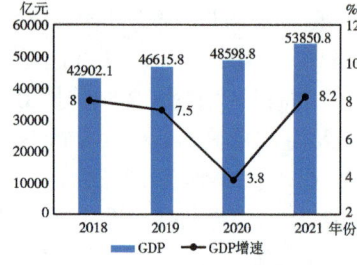

图23-2 2018—2021年四川省GDP及增速

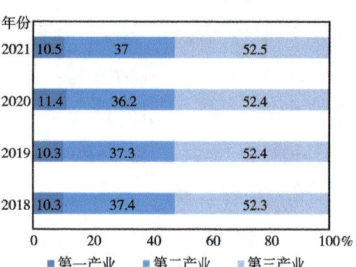

图23-3 2018—2021年四川省三次产业结构

图23-4 2018—2021年四川省人均GDP和人均可支配收入

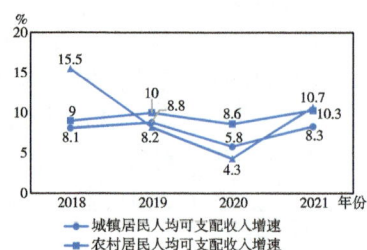

图23-5 2018—2021年四川省人均GDP现价增速和人均可支配收入增速

23.1.2 四川省政府收入总体情况

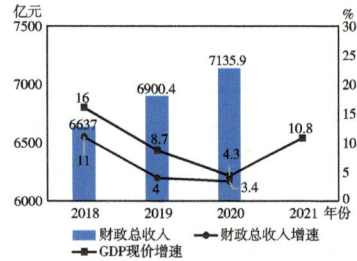

图23-6 2018—2021年四川省财政总收入及增速

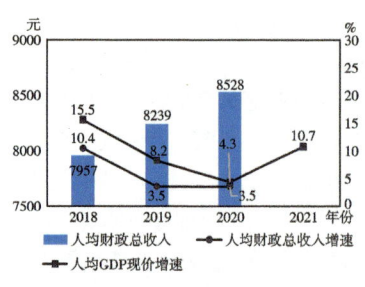

图23-7 2018—2021年四川省人均财政总收入及增速

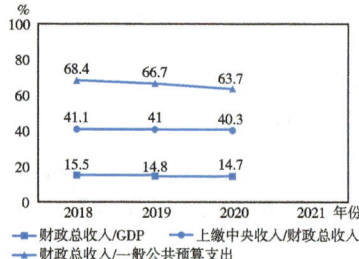

图23-8 2018—2021年四川省财政总收入相关指标

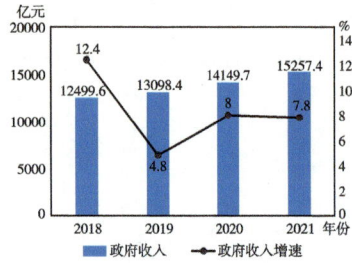

图23-9 2018—2021年四川省政府收入及增速

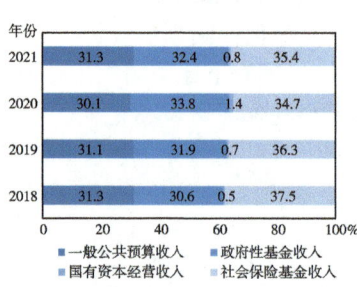

图23-10 2018—2021年四川省政府收入结构

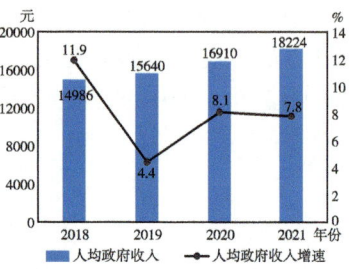

图23-11 2018—2021年四川省人均政府收入及增速

23.1.3 四川省一般公共预算收入情况

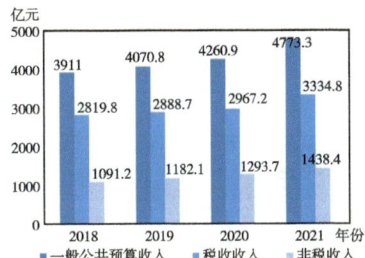

图 23-12　2018-2021 年四川省一般公共预算收入

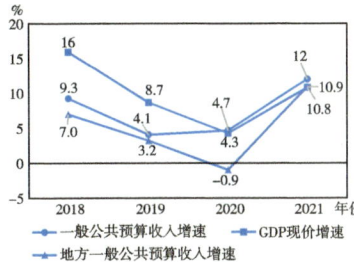

图 23-13　2018-2021 年四川省一般公共预算收入增速

注：2020年GDP现价增速为4.3%，四川省一般公共预算增速为4.7%；2021年四川省一般公共预算收入增速为12%，GDP现价增速为10.8%，地方一般公共预算收入增速为10.9%。

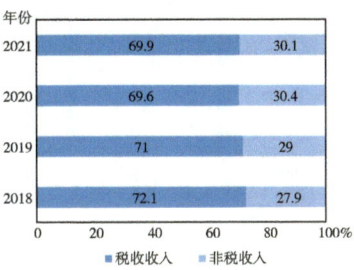

图 23-14　2018-2021 年四川省一般公共预算收入结构

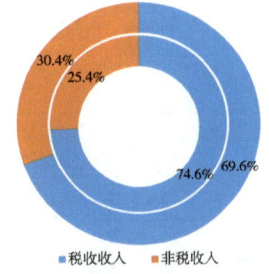

图 23-15　2020 年一般公共预算收入结构对比（内环为地方，外环为四川省）

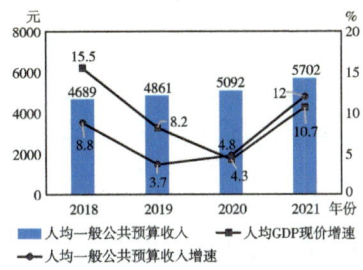

图 23-16　2018-2021 年四川省人均一般公共预算收入及增速

注：2020年人均一般公共预算税收增速为4.8%；人均GDP现价增速为4.3%。

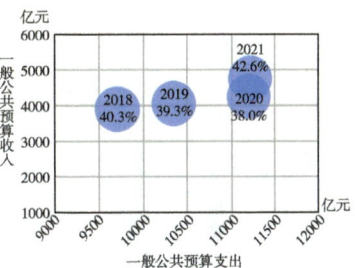

图 23-17　2018-2021 年四川省财政自给率

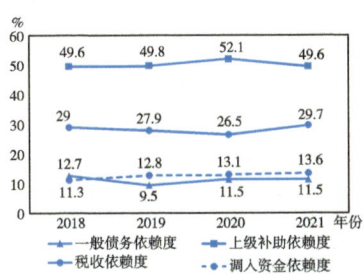

图 23-18　2018-2021 年四川省一般公共预算支出对各类收入的依赖度

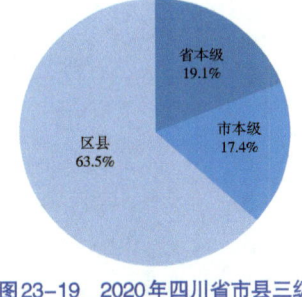

图 23-19　2020 年四川省市县三级政府一般公共预算收入分布

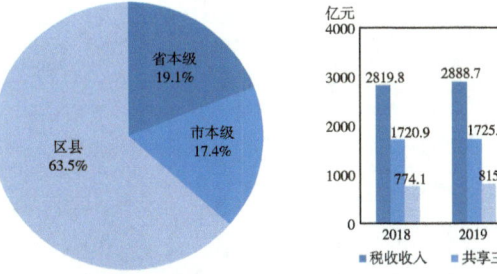

图 23-20　2018-2021 年四川省税收收入

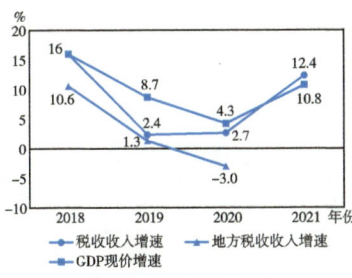

图 23-21　2018-2021 年四川省税收收入增速

注：2018年GDP现价增速和四川省税收收入增速均为16%。

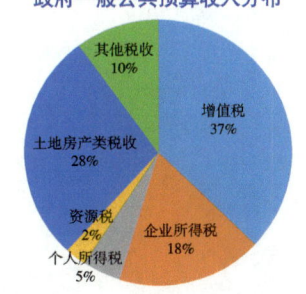

图 23-22　2020 年四川省税收收入结构

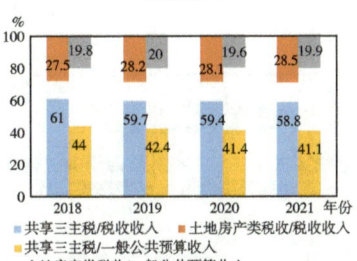

图 23-23　2018-2021 年四川省共享三主税、土地房产类税收占税收收入及一般公共预算收入的比重

图23-24 2018—2021年四川省
非税收入

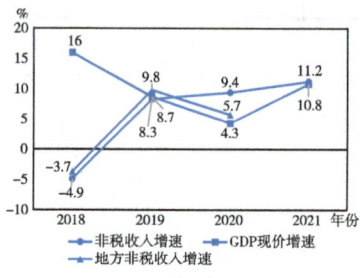

图23-25 2018—2021年四川省
非税收入增速

注：2019年四川省非税收入增速为8.3%，GDP现价增速为8.7%，地方非税收入增速为9.8%；2021年四川省非税收入增速为11.2%，GDP现价增速为10.8%。

图23-26 2018—2021年四川省非税收入中各主要收入占比

注：2021四川省年行政事业性收费收入占比与罚没收入占比均为13%。

23.1.4 四川省政府性基金和国有资本经营收入情况

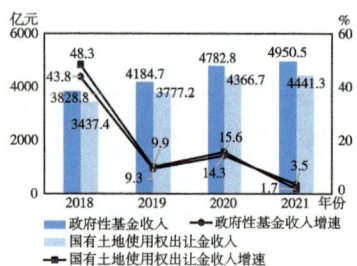

图23-27 2018—2021年四川省政府性基金收入及增速

注：2019年四川省政府性基金收入增速为9.3%，国有土地使用权出让金收入增速为9.9%；2020年四川省政府性基金收入增速为14.3%，国有土地使用权出让金收入增速为15.6%。

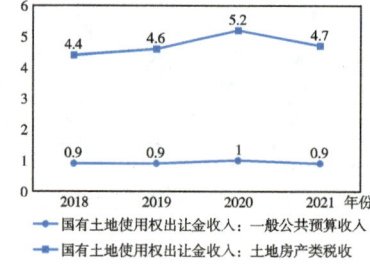

图23-28 2018—2021年四川省国有土地使用权出让金收入与一般公共预算收入对比关系

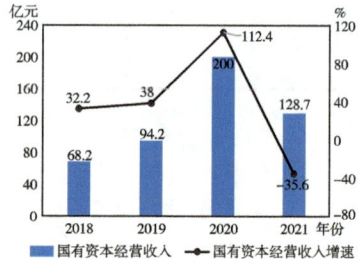

图23-29 2018—2021年四川省国有资本经营收入及增速

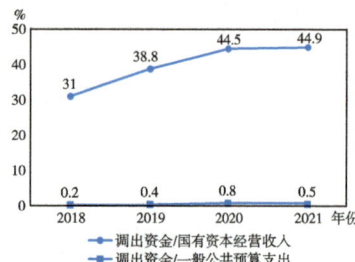

图23-30 2018—2021年四川省国有资本经营预算中调出资金相关指标

23.1.5 四川省社会保险基金收入情况

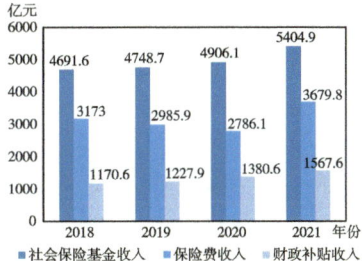

图23-31 2018—2021年四川省社会保险基金收入

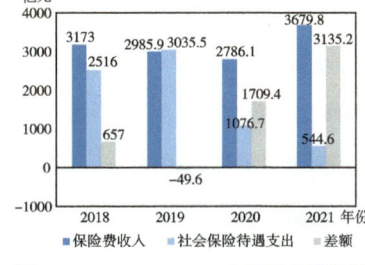

图23-32 2018—2021年四川省社会保险基金收入增速

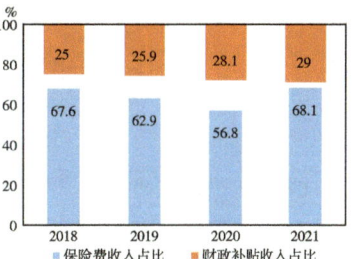

图23-33 2018—2021年四川省保险费收入、财政补贴收入占社会保险基金收入的比重

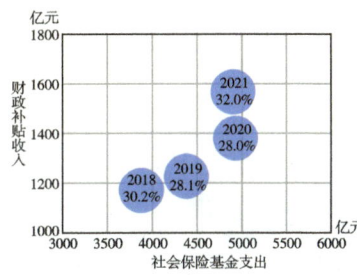

图23-34 2018—2021年四川省社会保险基金支出对财政补贴的依赖度

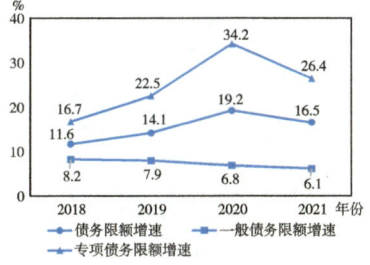

图23-35 2018—2021年四川省保险费收入、社会保险待遇支出及差额

23.1.6 四川省债务情况

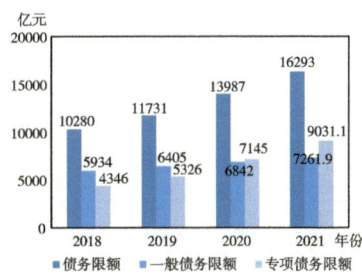

图23-36 2018—2021年四川省债务限额

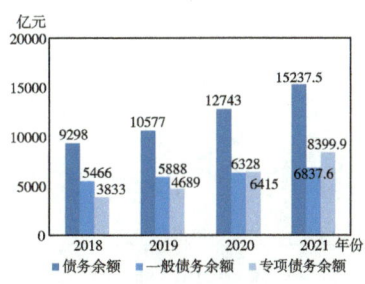

图23-37 2018—2021年四川省债务限额增速

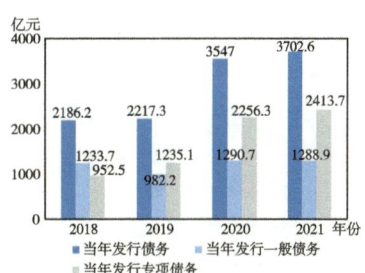

图23-38 2018—2021年四川省当年发行债务

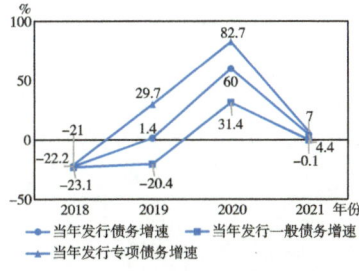

图23-39 2018—2021年四川省当年发行债务增速

注：2018年四川省当年发行债务增速为-22.2%，当年发行一般债务增速为-23.1%，当年发行专项债务增速为-21%；2021年上述数据分别为4.4%、-0.1%和7%。

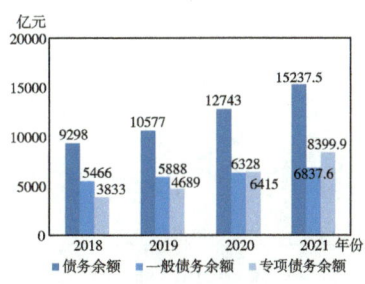

图23-40 2018—2021年四川省债务余额

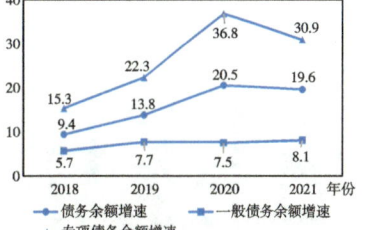

图23-41 2018—2021年四川省债务余额增速

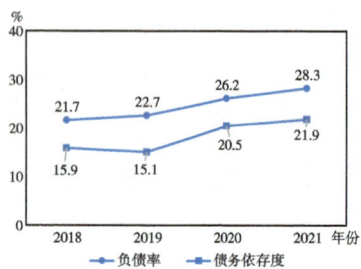

图23-42 2018-2021年四川省
负债率和债务依存度

23.1.7 四川省省本级一般公共预算收入情况

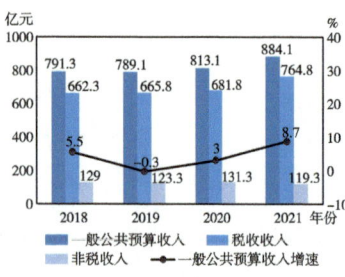

图23-43 2018-2021年四川省
省本级一般公共预算收入及增速

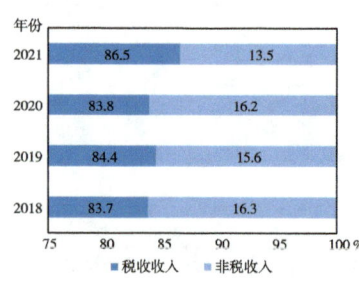

图23-44 2018-2021年四川省
省本级一般公共预算收入结构

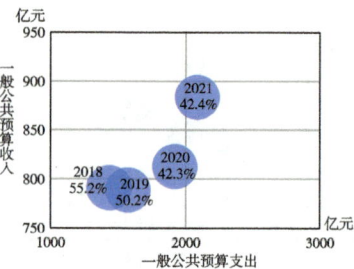

图23-45 2018-2021年四川省
省本级财政自给率

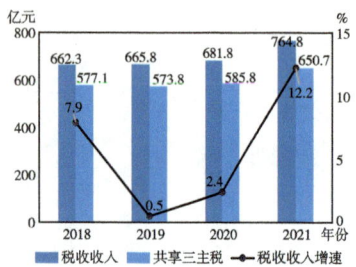

图23-46 2018-2021年四川省省本级
税收收入及增速

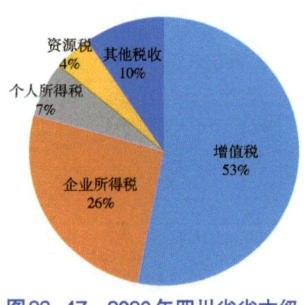

图23-47 2020年四川省省本级
税收收入结构

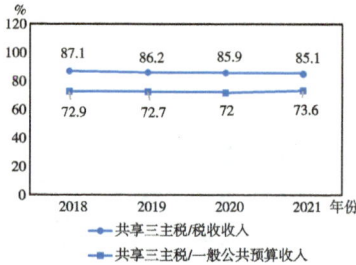

图23-48 2018-2021年四川省省本级
共享三主税占税收收入及一般公共
预算收入的比重

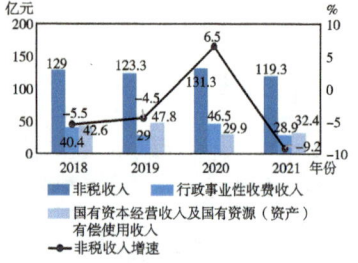

图23-49 2018-2021年四川省省本级
非税收入及增速

图23-50 2018-2021年四川省省本级
非税收入中各主要收入占比

23.2 四川省各市政府收入主要特征分析

23.2.1 四川省各市经济社会发展情况

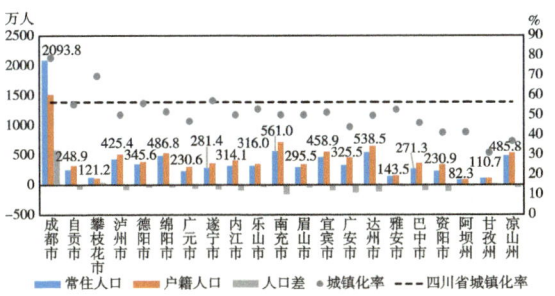

图23-51 2020年四川省各市人口状况

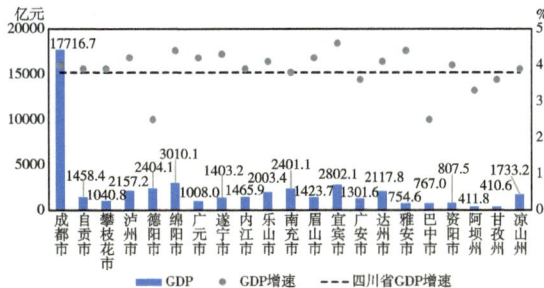

图23-52 2020年四川省各市GDP及增速

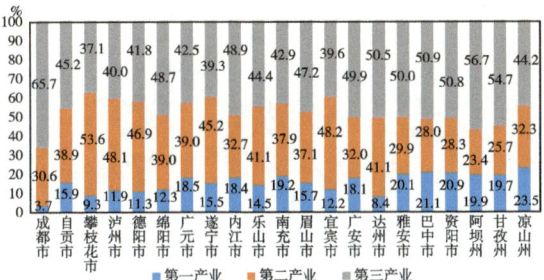

图23-53 2020年四川省各市三次产业结构

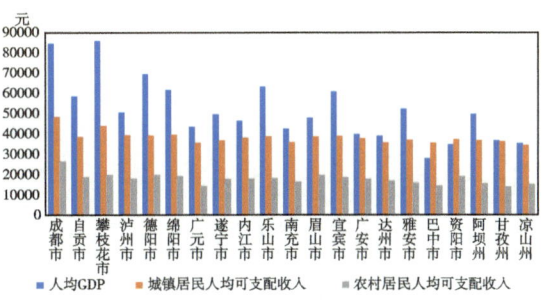

图23-54 2020年四川省各市人均GDP和人均可支配收入

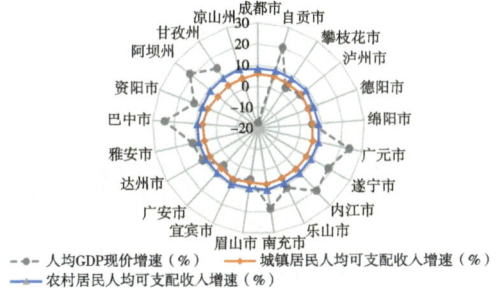

图23-55 2020年四川省各市人均GDP现价增速和人均可支配收入增速

23.2.2 四川省各市政府收入总体情况

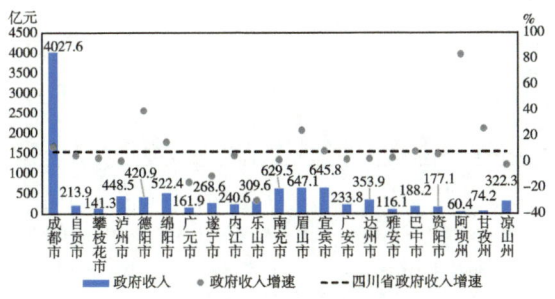

图23-56 2020年四川省各市政府收入及增速

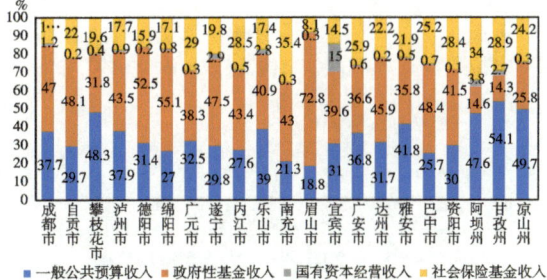

图23-57 2020年四川省各市政府收入结构

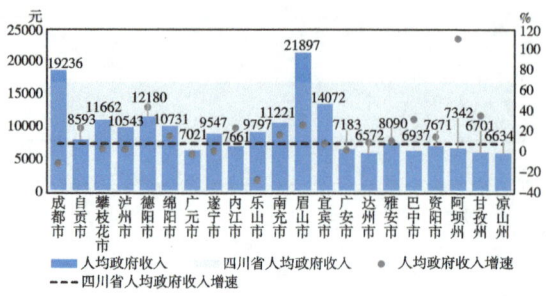

图23-58 2020年四川省各市人均政府收入及增速

23.2.3 四川省各市一般公共预算收入情况

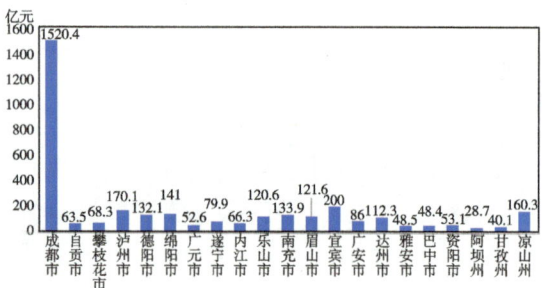

图23-59 2020年四川省各市一般公共预算收入

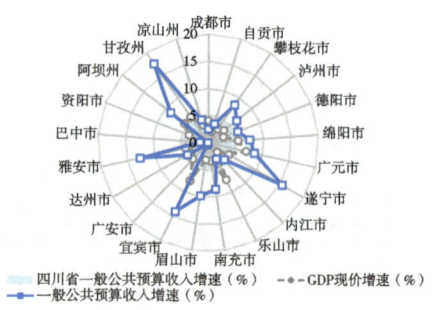

图23-60 2020年四川省各市一般公共预算收入增速

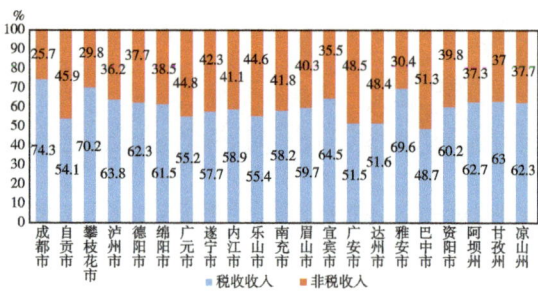

图23-61 2020年四川省各市一般公共预算收入结构

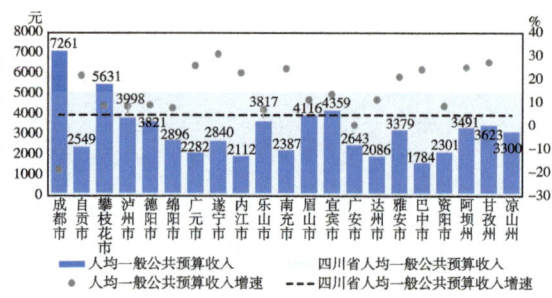

图23-62 2020年四川省各市人均一般公共预算收入及增速

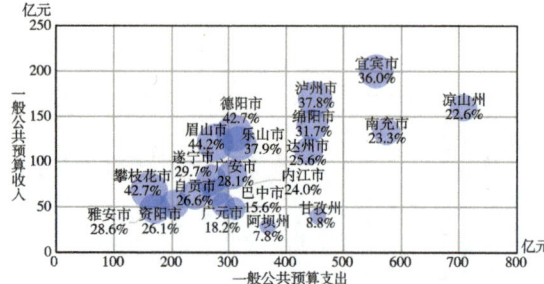

图23-63 2020年四川省各市财政自给率

注：2021年成都市一般公共预算收入为1520.4亿元，一般公共预算支出为2159.5亿元，财政自给率为70.4%。

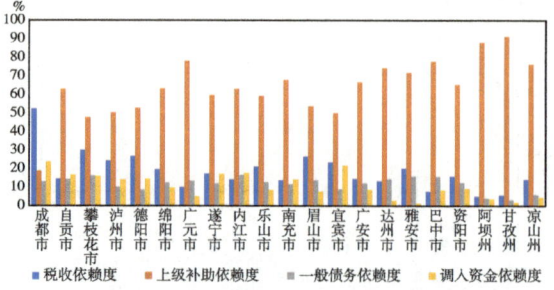

图23-64 2020年四川省各市一般公共预算支出对各类收入的依赖度

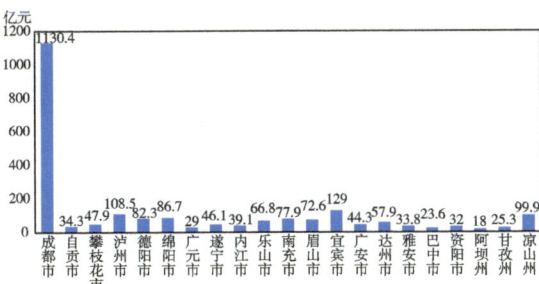

图23-65　2020年四川省各市税收收入

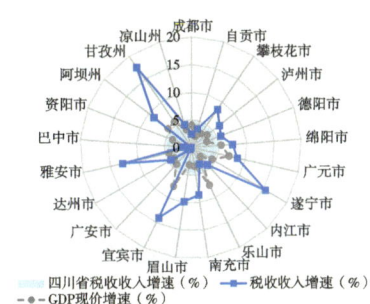

图23-66　2020年四川省各市税收收入增速

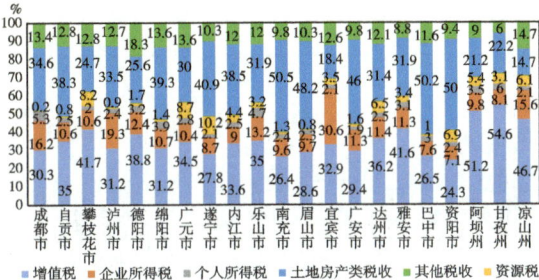

图23-67　2020年四川省各市税收收入结构

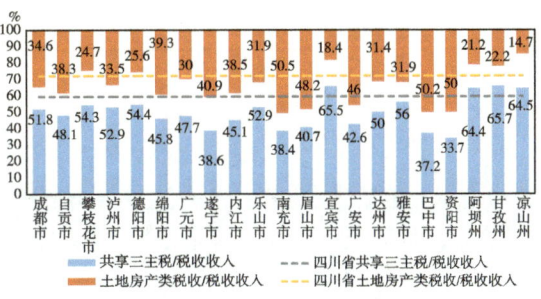

图23-68　2020年四川省各市共享三主税、土地房产类税收占税收收入的比重

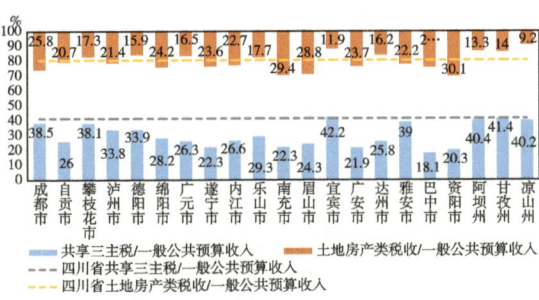

图23-69　2020年四川省各市共享三主税、土地房产类税收占一般公共预算收入的比重

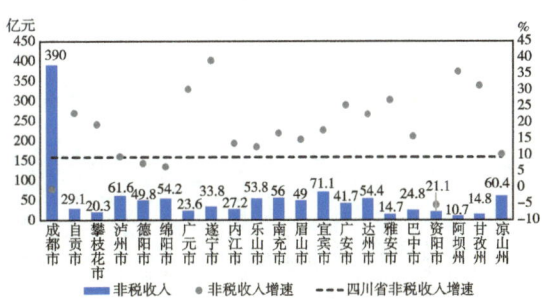

图23-70　2020年四川省各市非税收入及增速

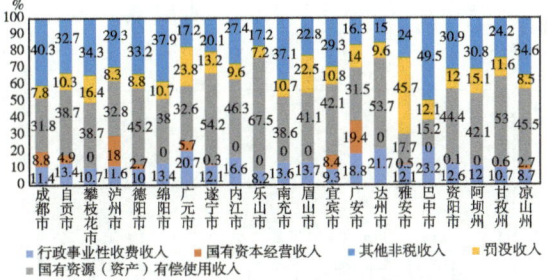

图23-71　2020年四川省各市非税收入结构

23.2.4 四川省各市政府性基金收入与国有资本经营收入情况

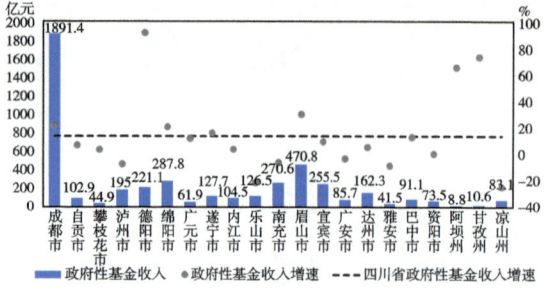

图23-72　2020年四川省各市政府性基金收入及增速

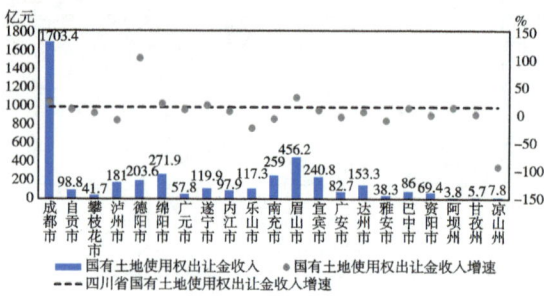

图23-73　2020年四川省各市国有土地使用权出让金收入及增速

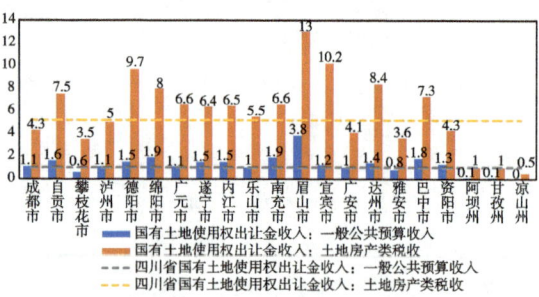

图23-74　2020年四川省各市国有土地使用权出让金收入与一般公共预算收入对比关系

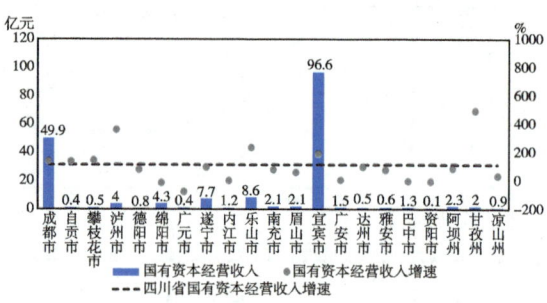

图23-75　2020年四川省各市国有资本经营收入及增速

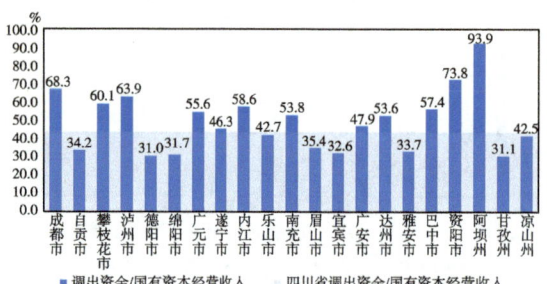

图23-76　2020年四川省各市调出资金与国有资本经营收入对比关系

23.2.5 四川省各市社会保险基金收入情况

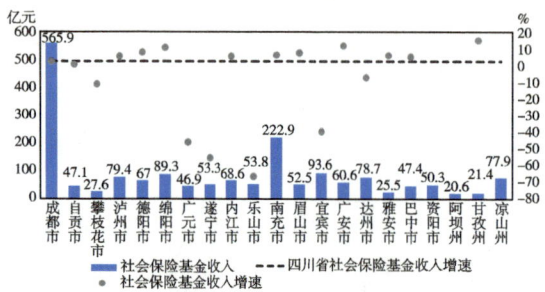

图23-77　2020年四川省各市社会保险基金收入及增速

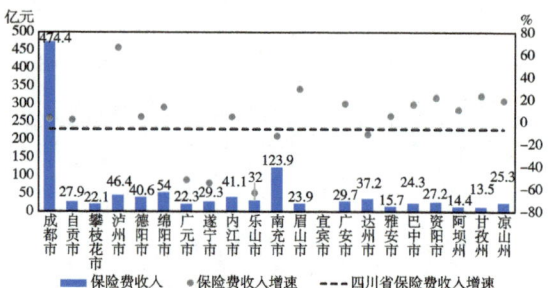

图23-78　2020年四川省各市保险费收入及增速

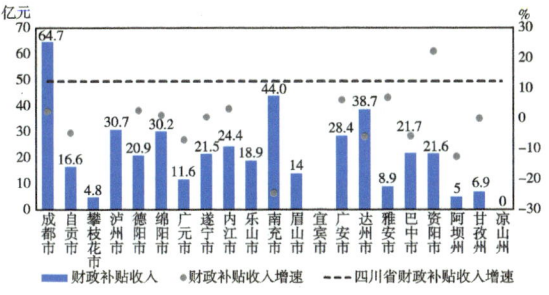

图23-79 2020年四川省各市财政补贴收入及增速

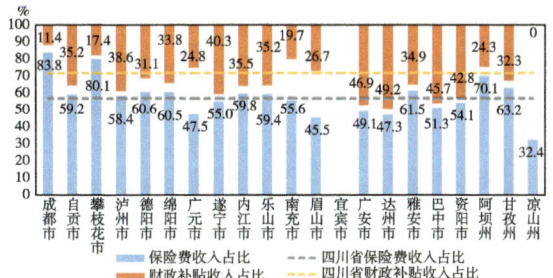

图23-80 2020年四川省各市保险费收入、财政补贴收入占社会保险基金收入的比重

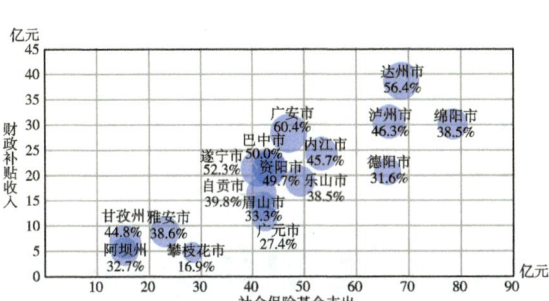

图23-81 2020年四川省各市社会保险基金支出对财政补贴的依赖度

注：2020年成都市财政补贴收入为64.7亿元，社会保险基金支出为489.3亿元，社会保险基金支出对财政补贴的依赖度为13.2%；南充市的上述三个值分别为44亿元、228.3亿元和19.3%亿元。

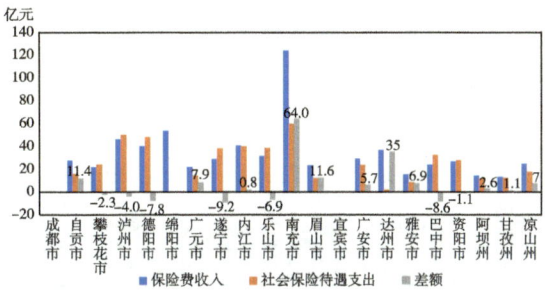

图23-82 2020年四川省各市保险费收入、社会保险待遇支出及差额

注：2020年成都市保险费收入为474.4亿元，社会保险待遇支出为316.7亿元，差额为157.7亿元。

23.2.6 四川省各市债务情况

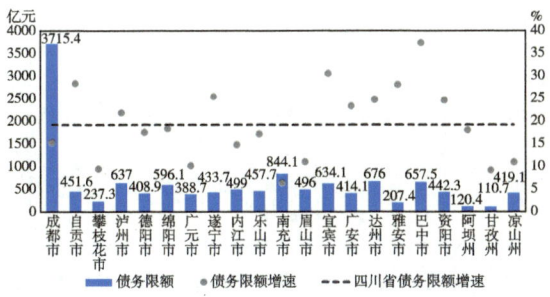

图23-83 2020年四川省各市债务限额及增速

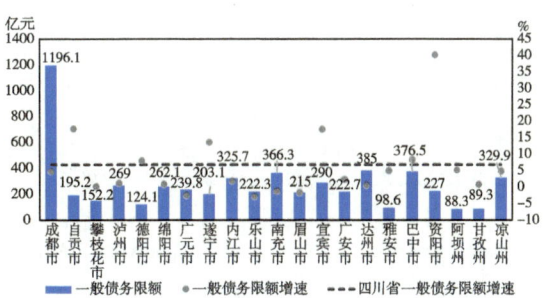

图23-84 2020年四川省各市一般债务限额及增速

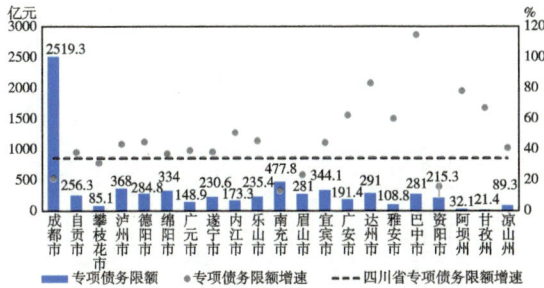

图23-85 2020年四川省各市专项债务限额及增速

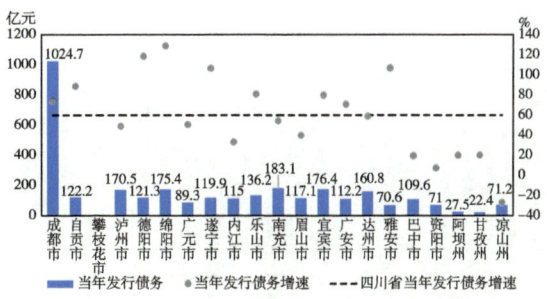

图23-86 2020年四川省各市当年发行债务及增速

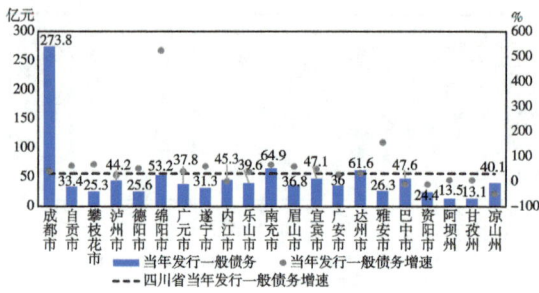

图23-87　2020年四川省各市当年发行一般债务及增速

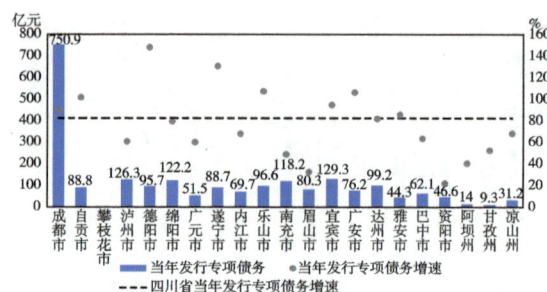

图23-88　2020年四川省各市当年发行专项债务及增速

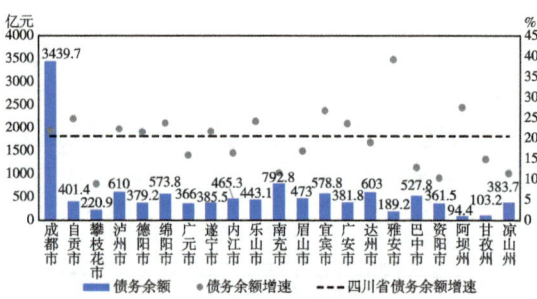

图23-89　2020年四川省各市债务余额及增速

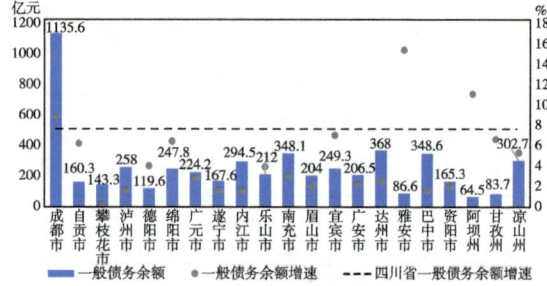

图23-90　2020年四川省各市一般债务余额及增速

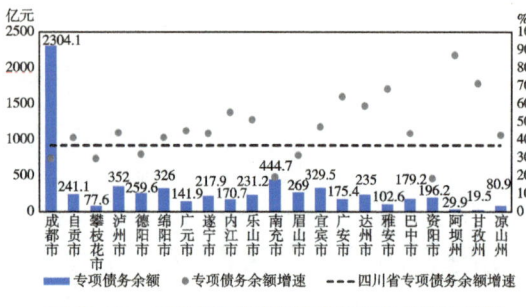

图23-91　2020年四川省各市专项债务余额及增速

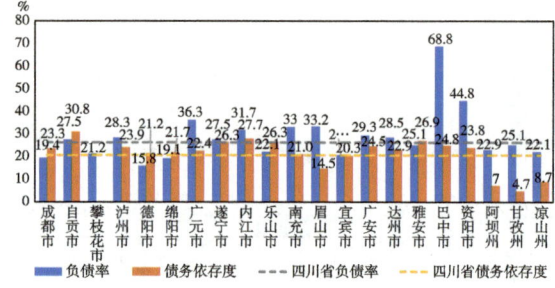

图23-92　2020年四川省各市负债率和债务依存度

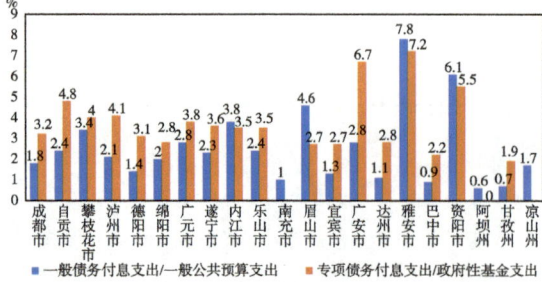

图23-93　2020年四川省各市债务付息支出相关指标

23.2.7 四川省各市市本级一般公共预算收入情况

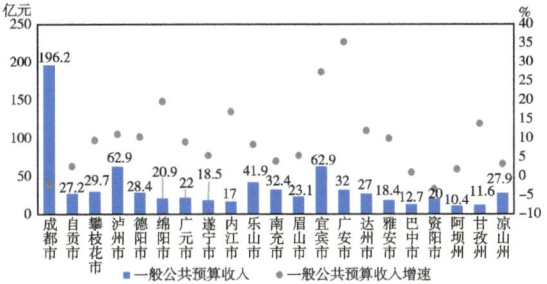

图23-94 2020年四川省各市市本级一般公共预算收入及增速

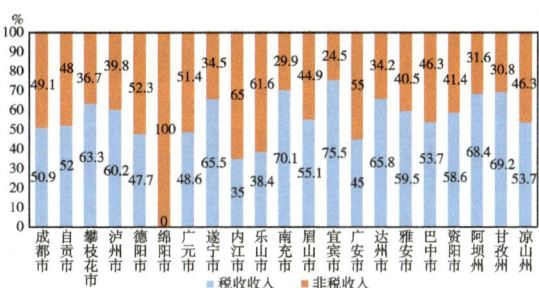

图23-95 2020年四川省各市市本级一般公共预算收入结构

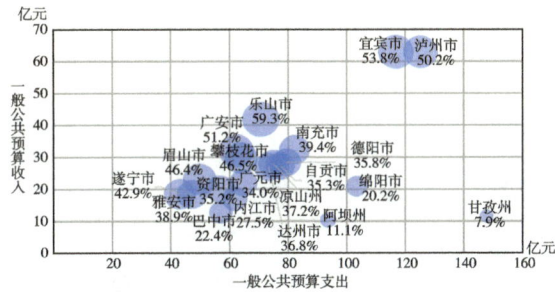

图23-96 2020年四川省各市市本级财政自给率

注：2020年成都市市本级一般公共预算收入为196.2亿元，一般公共预算支出为452亿元，财政自给率43.4%。

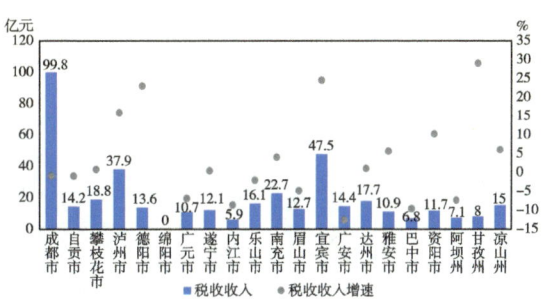

图23-97 2020年四川省各市市本级税收收入及增速

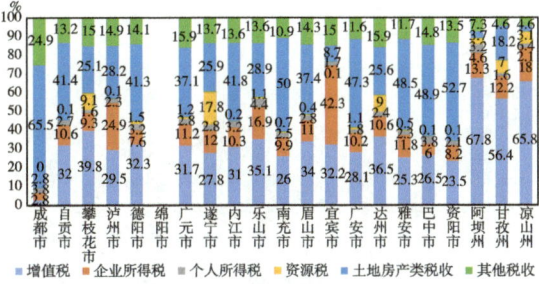

图23-98 2020年四川省各市市本级税收收入结构

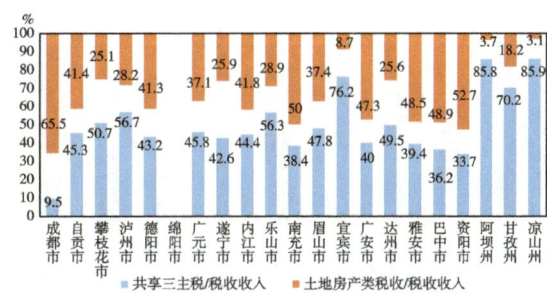

图23-99 2020年四川省各市市本级共享三主税、土地房产类税收占税收收入的比重

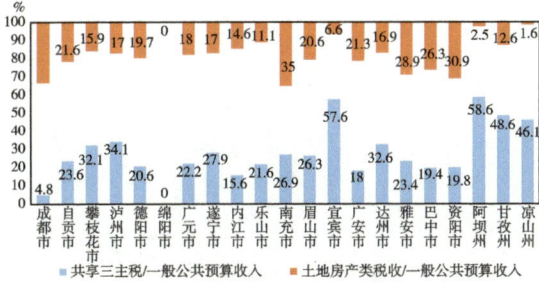

图23-100 2020年四川省各市市本级共享三主税、土地房产类税收占一般公共预算收入的比重

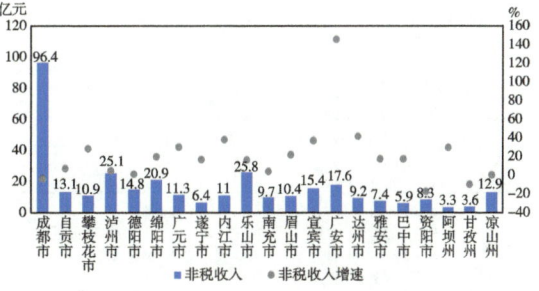

图23-101 2020年四川省各市市本级非税收入及增速

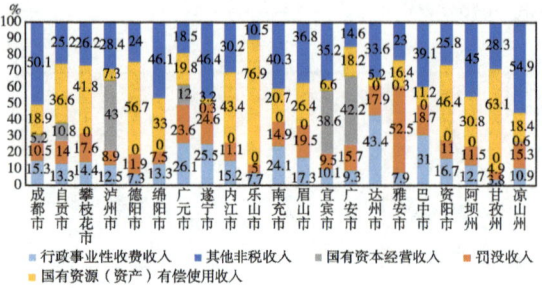

图23-102 2020年四川省各市市本级非税收入结构

23.3 四川省样本县政府收入主要特征分析

23.3.1 四川省样本县经济社会发展情况

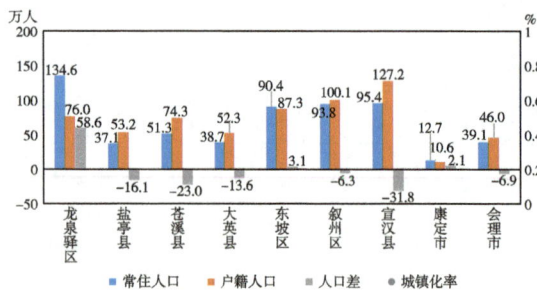

图23-103 2020年四川省样本县人口状况

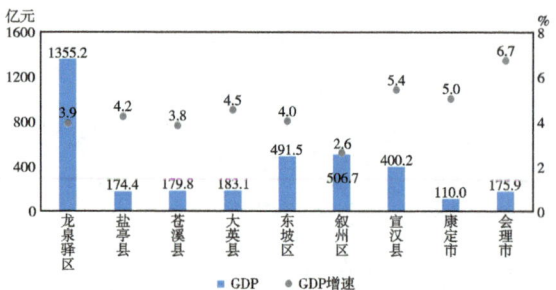

图23-104 2020年四川省样本县GDP及增速

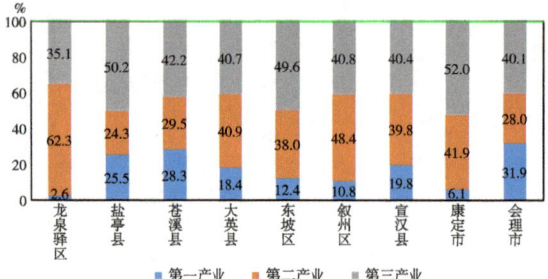

图23-105 2020年四川省样本县三次产业结构

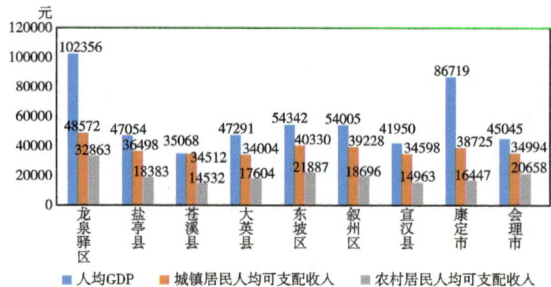

图23-106 2020年四川省样本县人均GDP和人均可支配收入

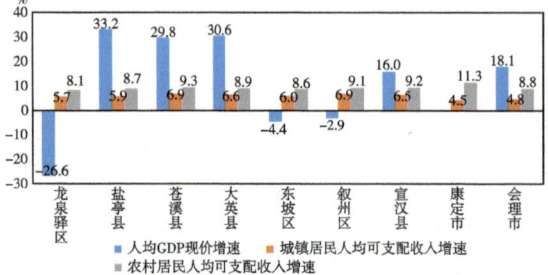

图23-107 2020年四川省样本县人均GDP现价增速和人均可支配收入增速

23.3.2 四川省样本县政府收入总体情况

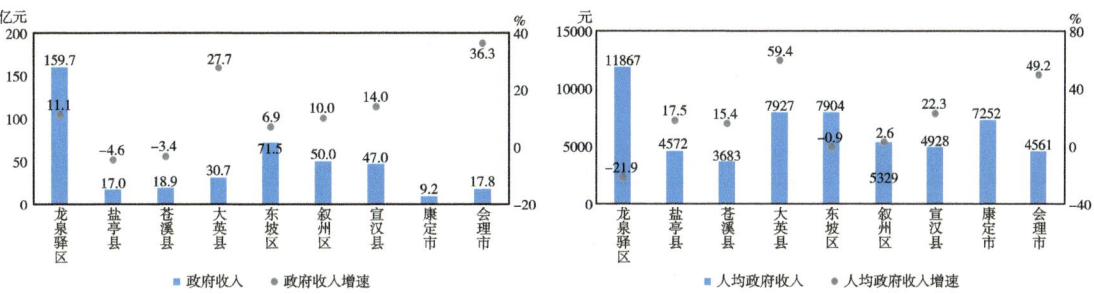

图23-108　2020年四川省样本县政府收入及增速　　　图23-109　2020年四川省样本县人均政府收入及增速

23.3.3 四川省样本县一般公共预算收入情况

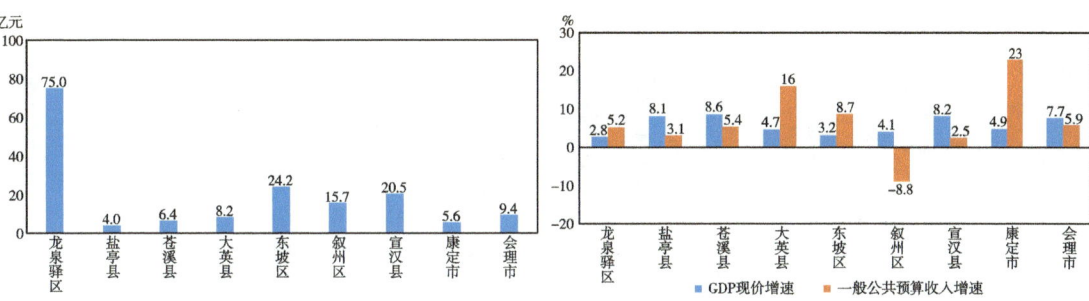

图23-110　2020年四川省样本县一般公共预算收入　　　图23-111　2020年四川省样本县一般公共预算收入增速

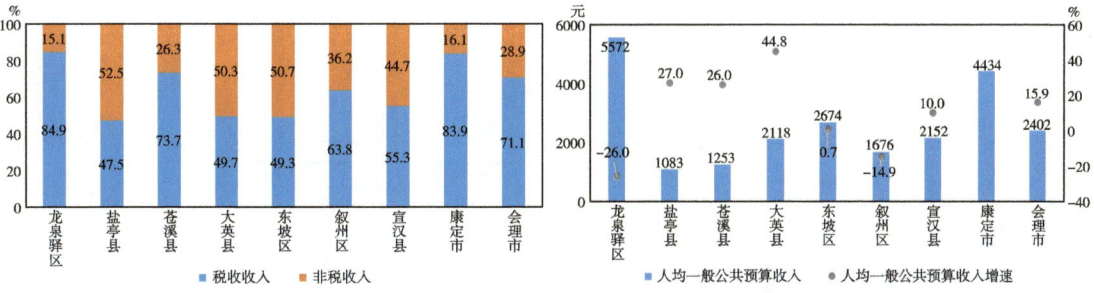

图23-112　2020年四川省样本县一般公共预算收入结构　　　图23-113　2020年四川省样本县人均一般公共预算收入及增速

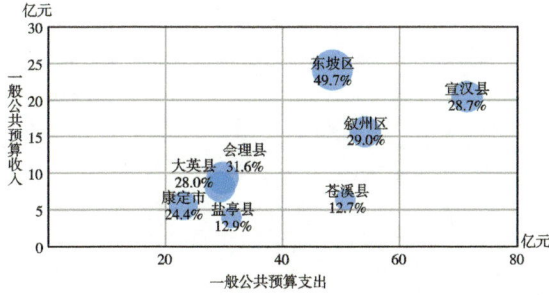

图23-114　2020年四川省样本县财政自给率

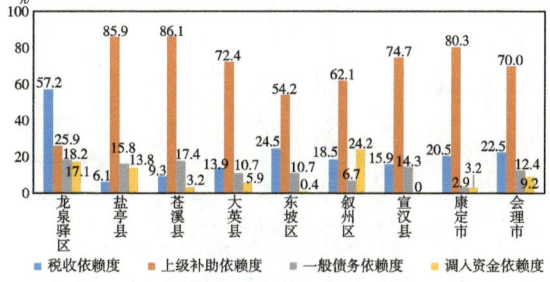

图23-115　2020年四川省样本县一般公共预算支出对各类收入的依赖度

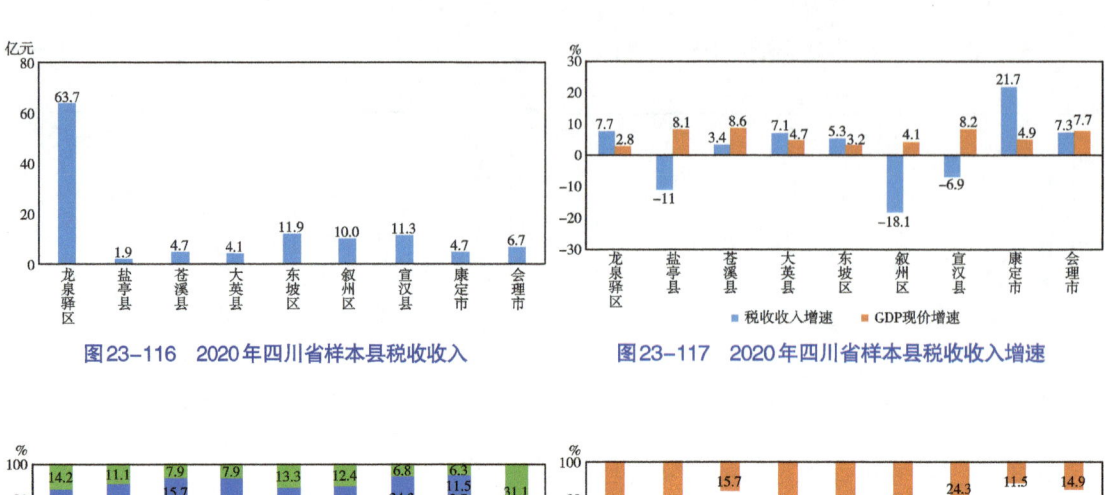

图23-116　2020年四川省样本县税收收入

图23-117　2020年四川省样本县税收收入增速

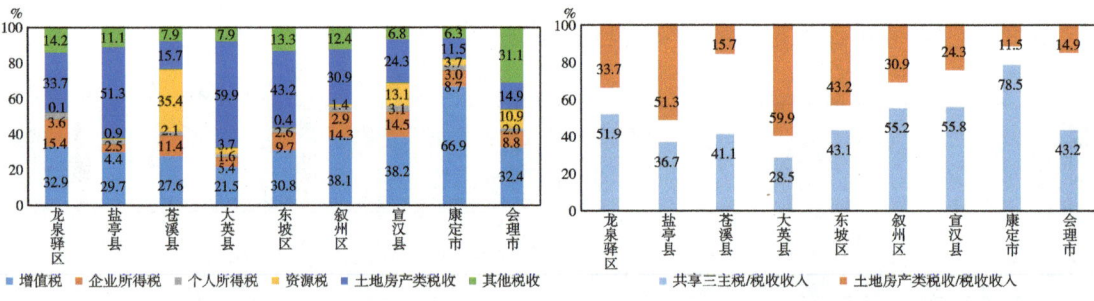

图23-118　2020年四川省样本县税收收入结构

图23-119　2020年四川省样本县共享三主税、土地房产类税收占税收收入的比重

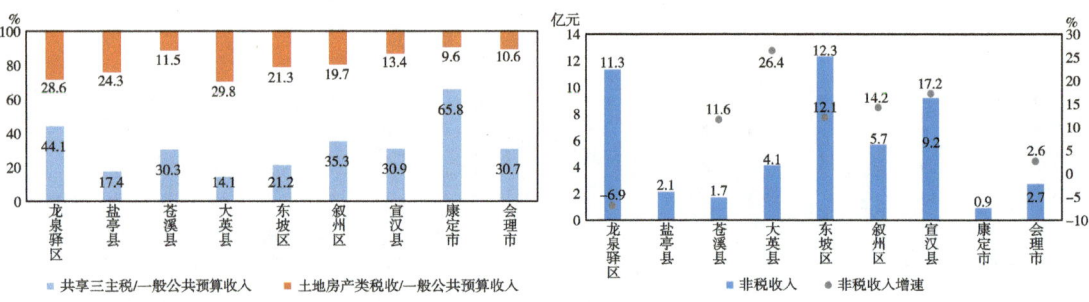

图23-120　2020年四川省样本县共享三主税、土地房产类税收占一般公共预算收入的比重

图23-121　2020年四川省样本县非税收入及增速

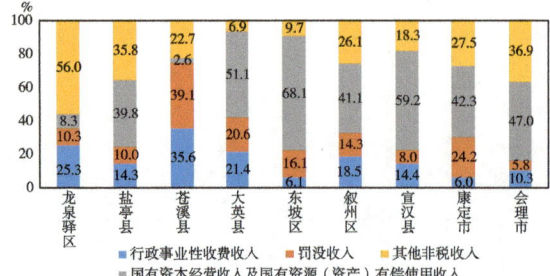

图23-122　2020年四川省样本县非税收入结构

23.3.4 四川省样本县政府性基金收入与国有资本经营收入情况

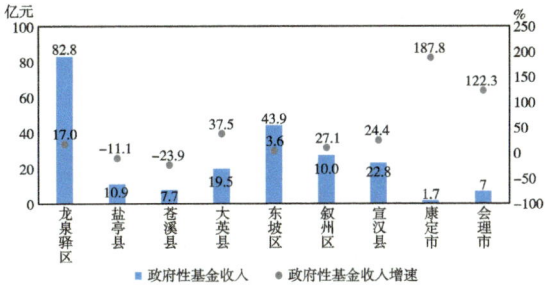

图23-123 2020年四川省样本县政府性基金收入及增速

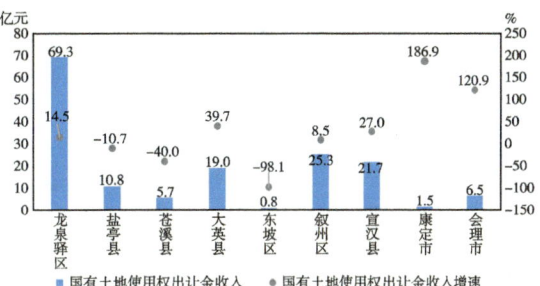

图23-124 2020年四川省样本县国有土地使用权出让金收入及增速

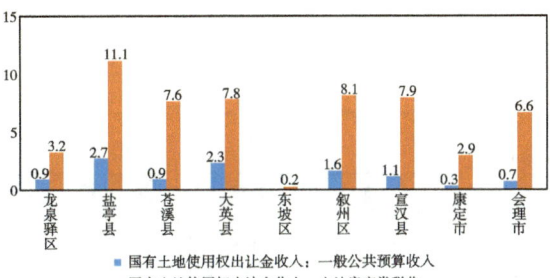

图23-125 2020年四川省样本县国有土地使用权出让金收入与一般公共预算收入对比关系

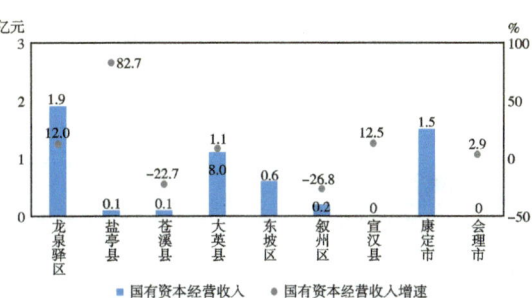

图23-126 2020年四川省样本县国有资本经营收入及增速

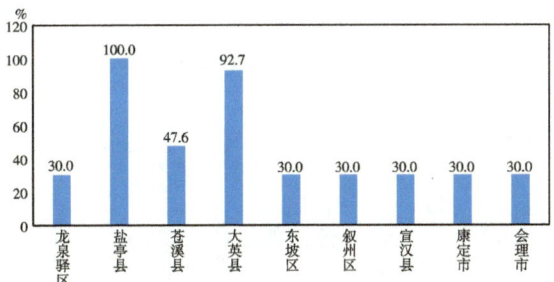

图23-127 2020年四川省样本县调出资金与国有资本经营收入对比关系

23.3.5 四川省样本县社会保险基金收入情况

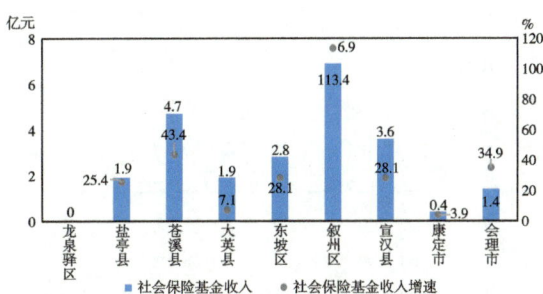

图23-128 2020年四川省样本县社会保险基金收入及增速

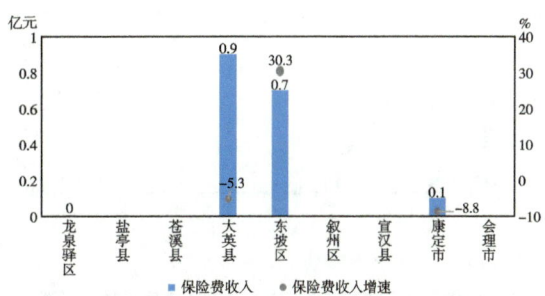

图23-129 2020年四川省样本县保险费收入及增速

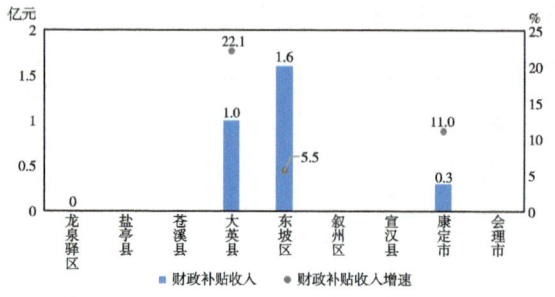

图23-130　2020年四川省样本县财政补贴收入及增速

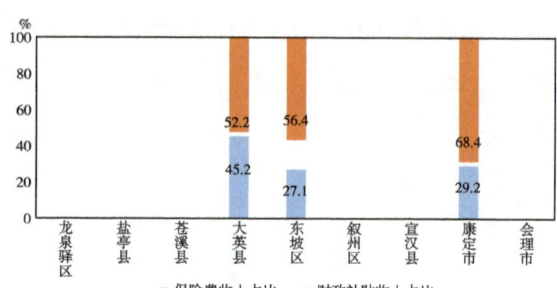

图23-131　2020年四川省样本县保险费收入、财政补贴收入占社会保险基金收入的比重

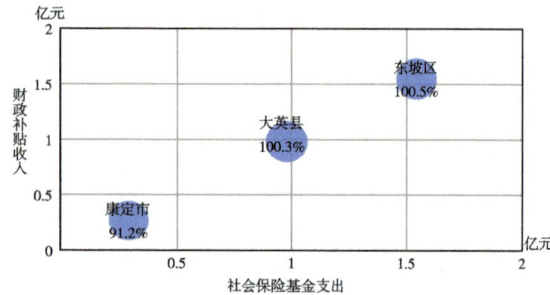

图23-132　2020年四川省样本县社会保险基金支出对财政补贴的依赖度

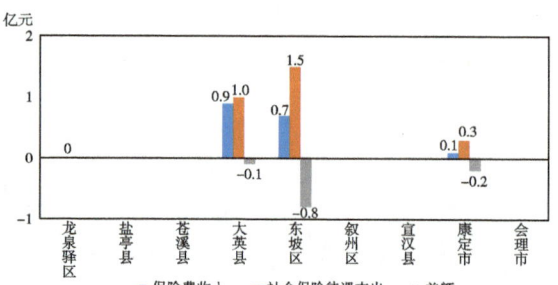

图23-133　2020年四川省样本县保险费收入、社会保险待遇支出及差额

23.3.6　四川省样本县债务情况

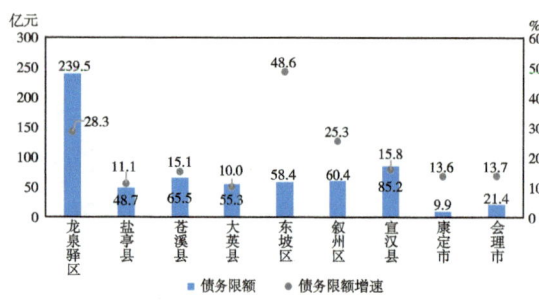

图23-134　2020年四川省样本县债务限额及增速

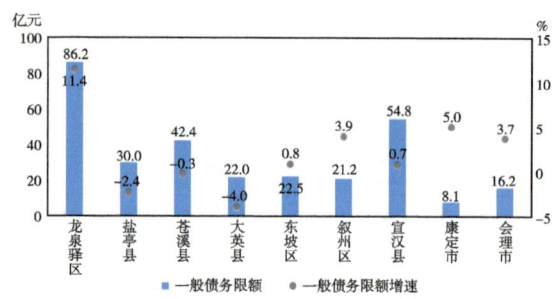

图23-135　2020年四川省样本县一般债务限额及增速

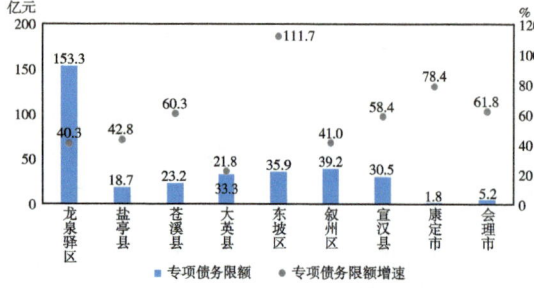

图23-136　2020年四川省样本县专项债务限额及增速

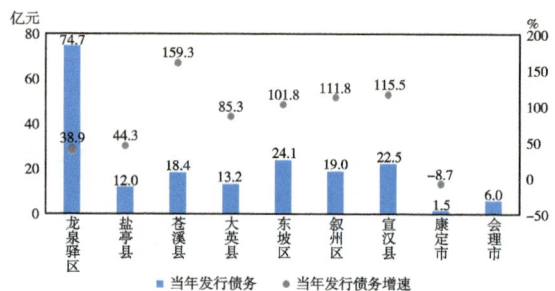

图23-137　2020年四川省样本县当年发行债务及增速

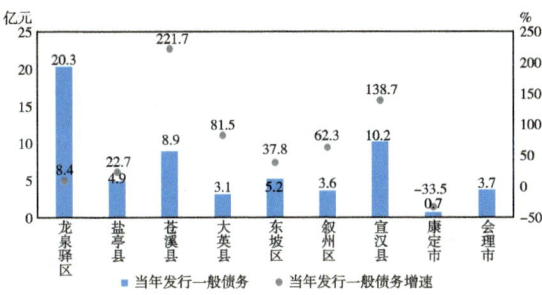

图23-138　2020年四川省样本县当年发行一般债务及增速

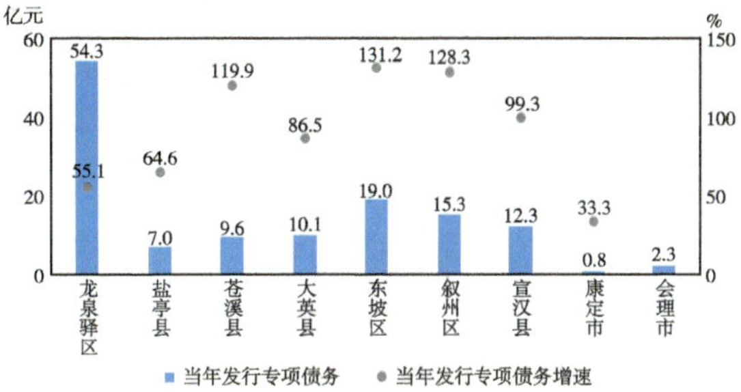

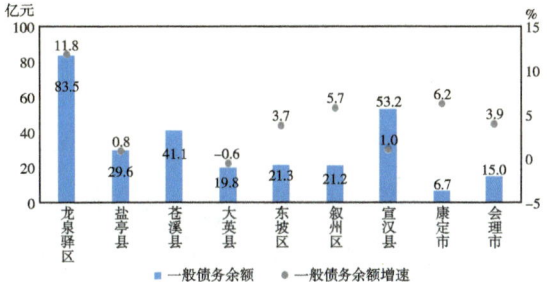

图23-139　2020年四川省样本县当年发行专项债务及增速

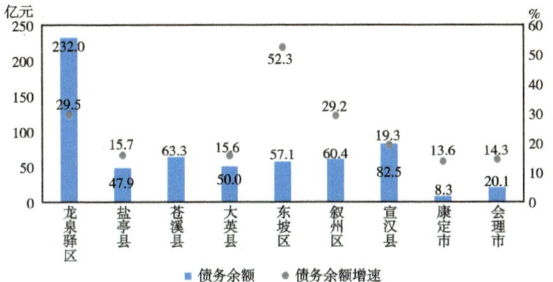

图23-140　2020年四川省样本县债务余额及增速

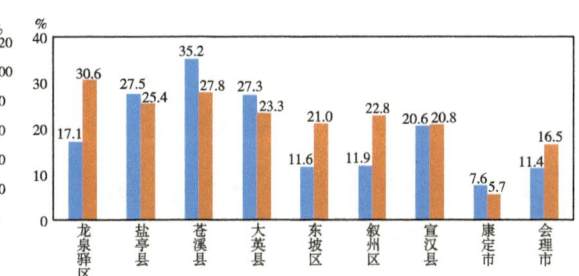

图23-141　2020年四川省样本县一般债务余额及增速

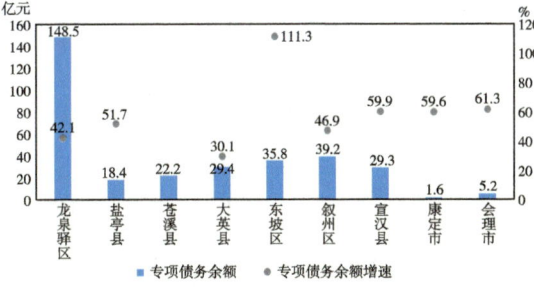

图23-142　2020年四川省样本县专项债务余额及增速

图23-143　2020年四川省样本县负债率和债务依存度

24 贵州省

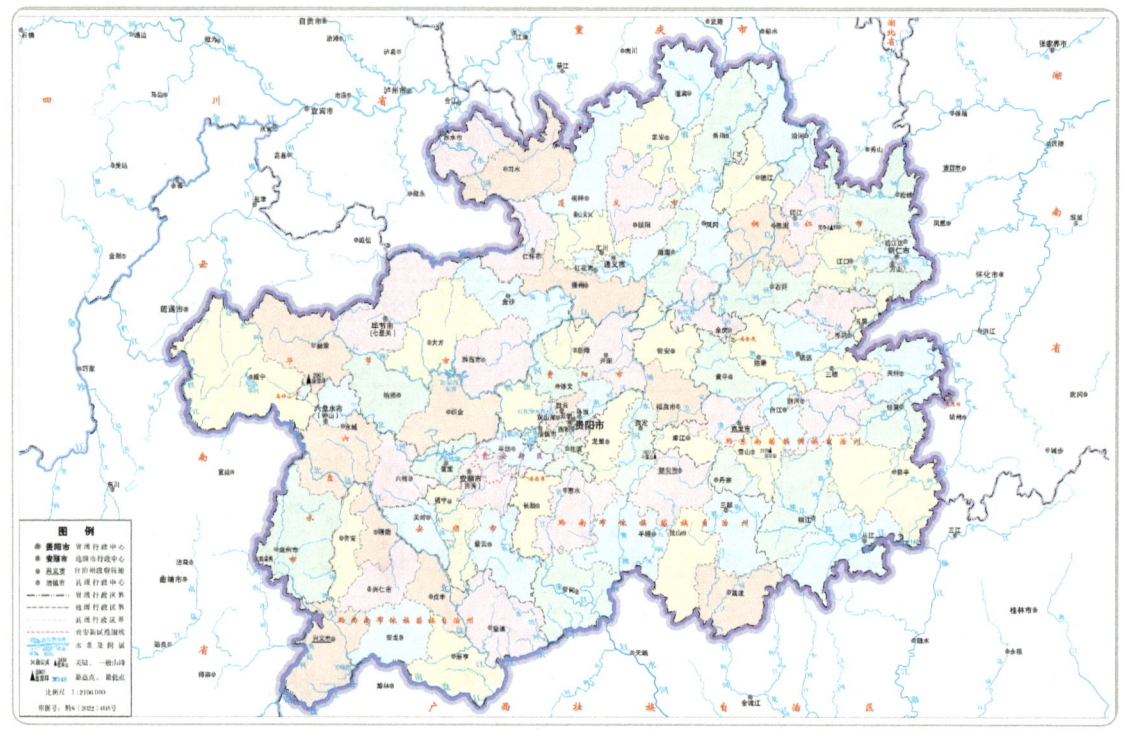

图　2022年贵州省地图

资料来源：贵州省自然资源厅网站。
注：审图号为黔S（2022）005号。

本章执笔人：唐福雨　审校：谢恺

专栏24-1 2021年贵州省行政区划

贵阳市：**南明区**、**云岩区**、花溪区、乌当区、白云区、观山湖区、**清镇市**、开阳县、息烽县、修文县

六盘水市：钟山区、六枝特区、盘州市、水城区

遵义市：红花岗区、汇川区、播州区、赤水市、仁怀市、桐梓县、绥阳县、正安县、凤冈县、湄潭县、余庆县、习水县、道真仡佬族苗族自治县、务川仡佬族苗族自治县

安顺市：西秀区、平坝区、普定县、关岭布依族苗族自治县、紫云苗族布依族自治县、镇宁布依族苗族自治县

毕节市：七星关区、大方县、黔西市、金沙县、织金县、纳雍县、赫章县、威宁彝族回族苗族自治县

铜仁市：碧江区、**万山区**、江口县、石阡县、思南县、德江县、沿河土家族自治县、松桃苗族自治县、玉屏侗族自治县、印江土家族苗族自治县

黔西南布依族苗族自治州：兴义市、兴仁市、普安县、晴隆县、安龙县、望谟县、贞丰县、册亨县

黔东南苗族侗族自治州：凯里市、黄平县、施秉县、三穗县、镇远县、岑巩县、天柱县、锦屏县、剑河县、台江县、黎平县、榕江县、从江县、雷山县、麻江县、丹寨县

黔南布依族苗族自治州：都匀市、福泉市、荔波县、贵定县、瓮安县、平塘县、罗甸县、长顺县、龙里县、惠水县、独山县、三都水族自治县

本书选取南明区、云岩区、清镇市、万山区为样本县。

贵州省简称"黔"或"贵"，位于中国西南的东南部，东毗湖南、南邻广西、西连云南、北接四川和重庆，是一个山川秀丽、气候宜人、民族众多、资源富集、发展潜力巨大的省份。全省东西长约595千米，南北相距约509千米，总面积为17万平方千米，占全国国土面积的1.8%。截至2022年3月，贵州省共有9个地级行政区、88个县级行政区。贵州植被丰富多样、河流数量众多、地理环境独特，是全国唯一没有平原支撑的省份，境内山脉众多、重峦叠峰、绵延纵横。

2021年贵州省城镇化率显著提高，经济总量仍排名全国中等偏后，居民人均可支配收入略微提高。人口数据方面，2021年贵州省常住人口为3852万人，城镇化率为54.3%，但低于全国平均水平（64.72%）。经济发展方面，2021年贵州GDP为1.9万亿元（增速8.1%），排名全国中等偏后，次于山西、内蒙古，高于新疆、天津；贵州人均GDP为50808元（折7875美元），低于全国平均水平（80976元），处于全国中等偏下水平。产业结构方面，第一、第二、第三产业占比分别为13.9%、35.7%（全国平均水平为39.4%）、50.4%（全国平均水平为53.3%）。居民可支配收入方面，2021年城镇与农村居民人均可支配收入分别为39211元和12856元，较上年均有所提高，分别为全国平均水平的82.7%、67.9%。

2021年贵州财政总收入增长较快，一般公共预算收入水平在全国的排名与去年持平，财政自给率有所提高。2021年贵州省财政总收入为3416.5亿元，增速为10.8%，收入水平较去

年显著提升。2021年全省一般公共预算收入为1969.5亿元，在全国的排名与去年持平（全国第22名）；人均一般公共预算收入为5113元，远低于全国水平（14338元）；其中，税收收入为1177.1亿元，占一般公共预算收入的比重为59.8%，远低于全国平均水平（85.3%）。2021年贵州一般公共预算支出为5590.1亿元，高于地区财政总收入规模。财政自给率为35.2%，继续保持增长态势，较2020年增加了4.1个百分点。

2021年贵州省四本预算收入占总政府收入的比重浮动不大，土地出让金收入占政府性基金收入比重持续下降。 2021年贵州省四本预算加总的政府收入为6116亿元，其中一般公共预算、政府性基金预算收入、国有资本经营预算收入和社会保险基金预算收入分别占比32.2%、38.9%、3.2%和25.6%。2021年贵州省政府性基金收入为2380.7亿元，增速为16.3%，增速持续放缓，其中土地使用权出让收入占政府性基金收入比重为88.5%，近三年内该比重持续下降。2021年社会保险基金收入为1568.5亿元，较去年有所提高。

2020年贵州省内各地市经济社会指标差异显著，贵阳与遵义两市在各方面指标上继续领跑，黔南州和毕节市在各项收入规模上表现突出。 经济发展方面，2020年各市GDP分化明显，GDP排名靠前的是贵阳市和遵义市，分别为4311.6亿元、3720.1亿元，毕节市与黔南州位列其后；同时，贵阳和遵义分别以72246元和56334元的人均GDP领跑其余地市。政府收入方面，仅有贵阳市突破千亿元大关，实现1196.8亿元，遵义市、毕节市和黔南州分别以796.9、448.9和442.2亿元位列其后，其余城市均低于400亿元；贵阳市、黔南州、遵义市的人均政府收入位列前三。一般公共预算收入方面，2020年各地市中，贵阳市（398.1亿元）排名第一，遵义市（258.7亿元）和毕节市（132亿元）位列其后；一般公共预算收入的城市首位度指数为1.54，较去年（1.64）有所降低。财政自给率方面，贵阳市（58.7%）、遵义市（34.2%）和六盘水市（33.6%）排名前三，黔西南州、黔南州和安顺市的财政自给率均超20%，毕节市、铜仁市、黔东南州的财政自给率在10%—20%之间。在政府性基金收入方面，规模最大的依旧是贵阳市（630.1亿元）和遵义市（369.3亿元），其余城市均低于300亿元；2020年贵阳市、黔东南州、黔南州政府性基金收入增长较快，增速均高于省级政府性基金收入增速。

24.1 贵州省政府收入主要特征分析

24.1.1 贵州省经济社会基本情况

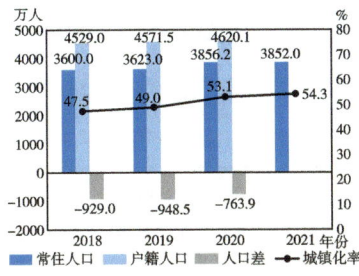

图24-1 2018-2021年贵州省人口状况

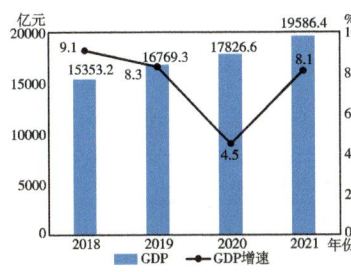

图24-2 2018-2021年贵州省GDP及增速

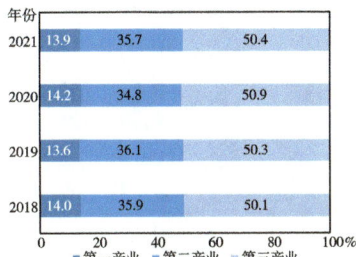

图24-3 2018-2021年贵州省三次产业结构

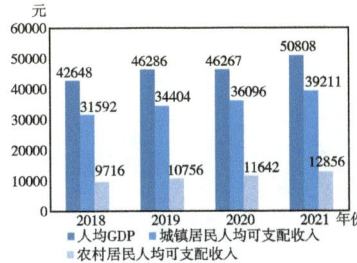

图24-4 2018-2021年贵州省人均GDP和人均可支配收入

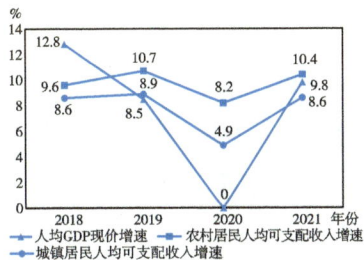

图24-5 2018-2021年贵州省人均GDP现价增速和人均可支配收入增速

24.1.2 贵州省政府收入总体情况

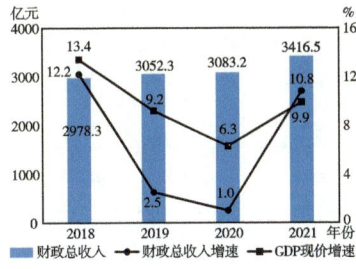

图24-6 2018-2021年贵州省财政总收入及增速

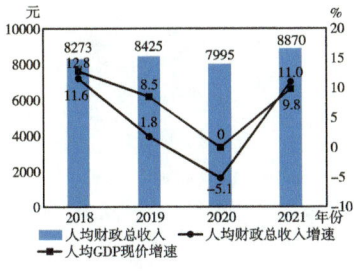

图24-7 2018-2021年贵州省人均财政总收入及增速

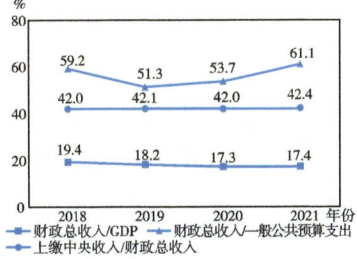

图24-8 2018-2021年贵州省财政总收入相关指标

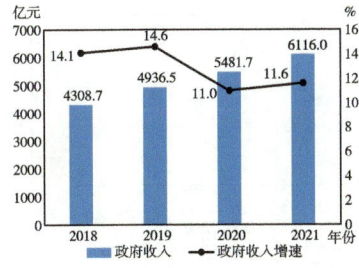

图24-9 2018-2021年贵州省政府收入及增速

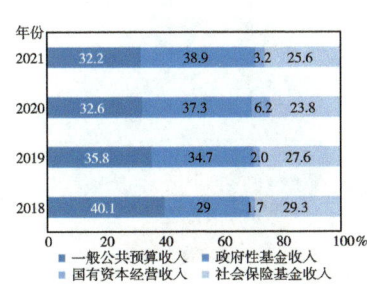

图24-10 2018-2021年贵州省政府收入结构

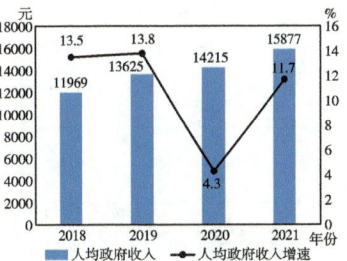

图24-11 2018-2021年贵州省人均政府收入及增速

24.1.3 贵州省一般公共预算收入情况

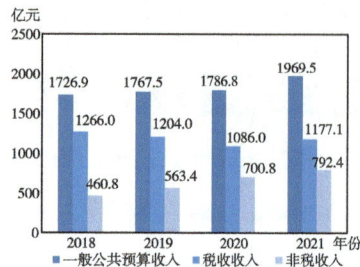

图 24-12 2018—2021年贵州省一般公共预算收入

图 24-13 2018—2021年贵州省一般公共预算收入增速

注：2021年一般公共预算收入增速为10.2%；GDP现价增速为9.9%；地方一般公共预算收入增速为10.9%。

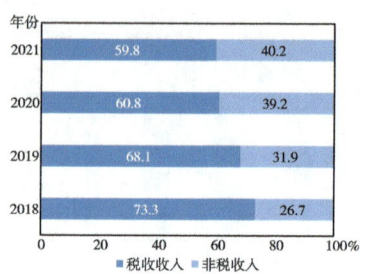

图 24-14 2018—2021年贵州省一般公共预算收入结构

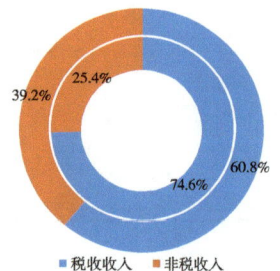

图 24-15 2020年一般公共预算收入结构对比（内环为地方，外环为贵州省）

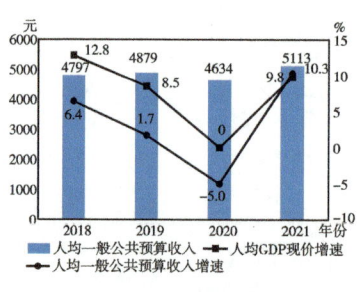

图 24-16 2018—2021年贵州省人均一般公共预算收入及增速

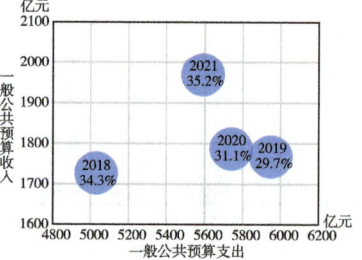

图 24-17 2018—2021年贵州省财政自给率

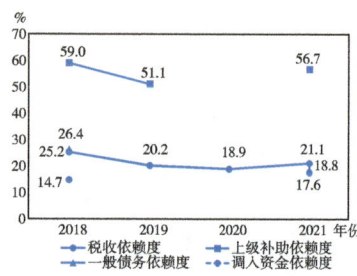

图 24-18 2018—2021年贵州省一般公共预算支出对各类收入的依赖度

注：2018年税收依赖度为25.2%；2021年一般债务依存度为18.8%，调入资金依赖度为17.6%。

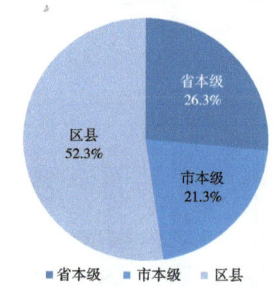

图 24-19 2020年贵州省市县三级政府一般公共预算收入分布

图 24-20 2018—2021年贵州省税收收入

图 24-21 2018—2021年贵州省税收收入增速

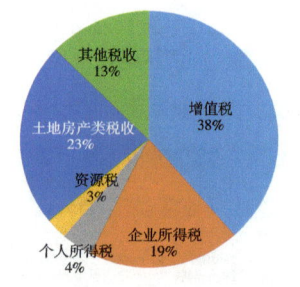

图 24-22 2020年贵州省税收收入结构

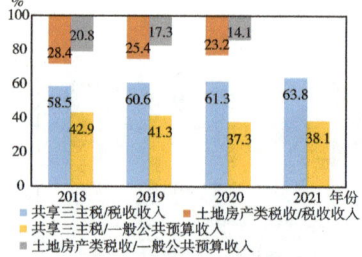

图 24-23 2018—2021年贵州省共享三主税、土地房产类税收占税收收入及一般公共预算收入的比重

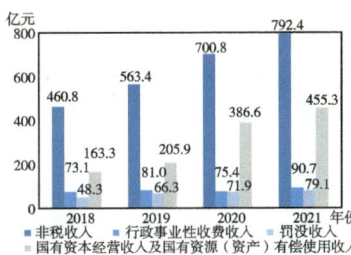

图24-24 2018-2021年贵州省非税收入

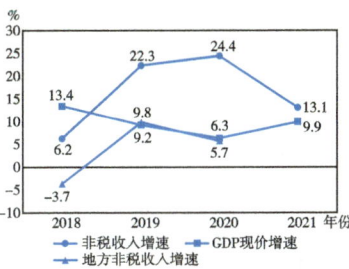

图24-25 2018-2021年贵州省非税收入增速

图24-26 2018-2021年贵州省非税收入中各主要收入占比

24.1.4 贵州省政府性基金和国有资本经营收入情况

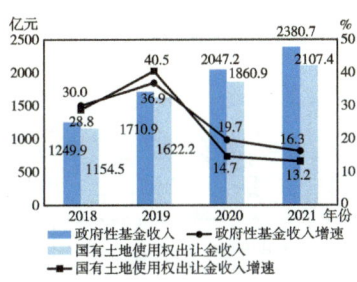

图24-27 2018-2021年贵州省政府性基金收入及增速

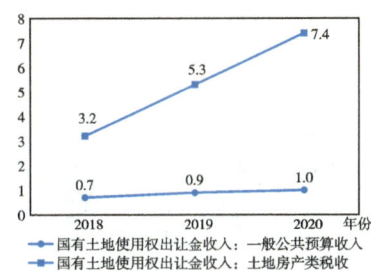

图24-28 2018-2021年贵州省国有土地使用权出让金收入与一般公共预算收入对比关系

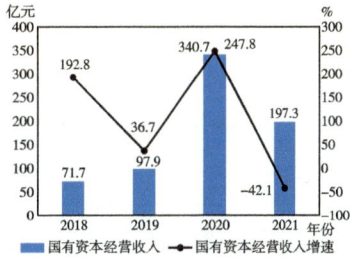

图24-29 2018-2021年贵州省国有资本经营收入及增速

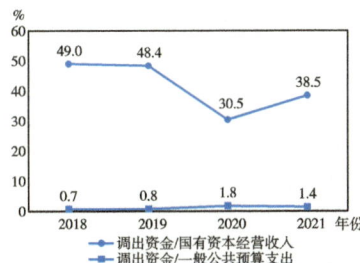

图24-30 2018-2021年贵州省国有资本经营预算中调出资金相关指标

24.1.5 贵州省社会保险基金收入情况

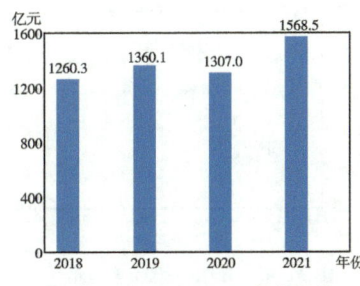

图24-31 2018-2021年贵州省社会保险基金收入

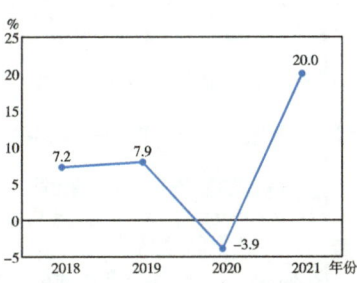

图24-32 2018-2021年贵州省社会保险基金收入增速

24.1.6 贵州省债务情况

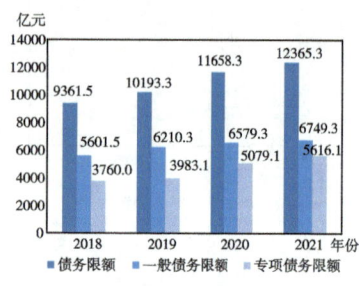

图24-33　2018—2021年贵州省债务限额

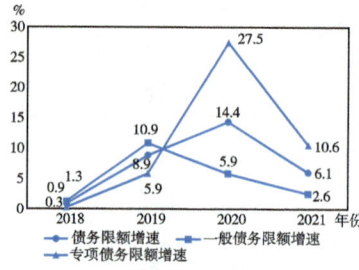

图24-34　2018—2021年贵州省债务限额增速
注：2018年债务限额增速为0.9%，一般债务限额增速为1.3%。

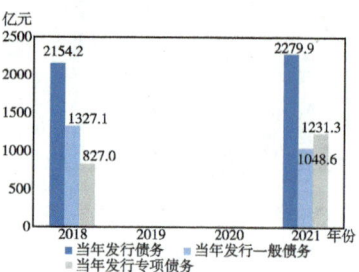

图24-35　2018—2021年贵州省当年发行债务

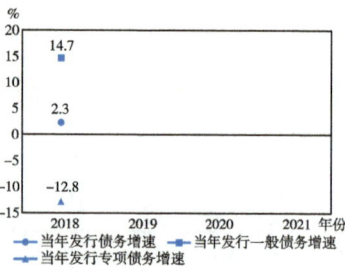

图24-36　2018—2021年贵州省当年发行债务增速

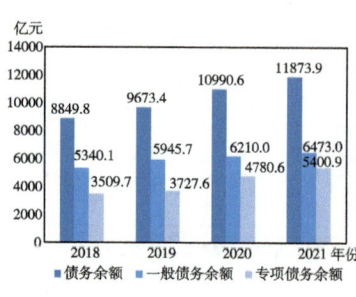

图24-37　2018—2021年贵州省债务余额

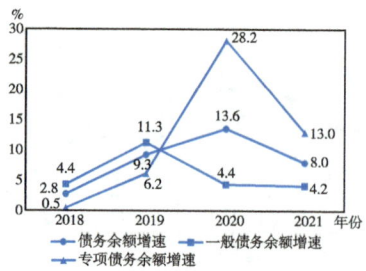

图24-38　2018—2021年贵州省债务余额增速

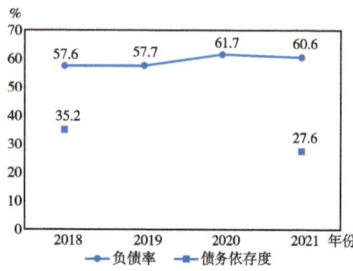

图24-39　2018—2021年贵州省负债率和债务依存度

24.1.7　贵州省省本级一般公共预算收入情况

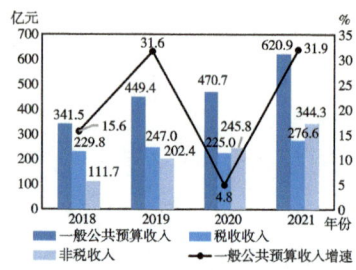

图24-40　2018—2021年贵州省省本级一般公共预算收入及增速

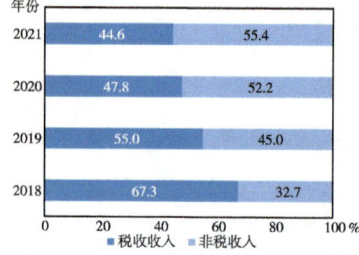

图24-41　2018—2021年贵州省省本级一般公共预算收入结构

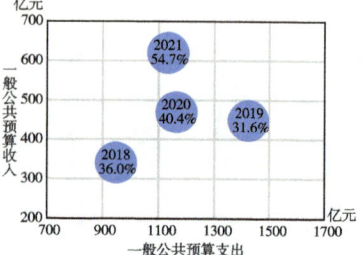

图24-42　2018—2021年贵州省省本级财政自给率

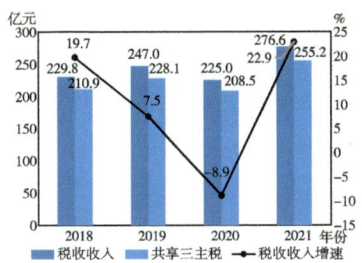
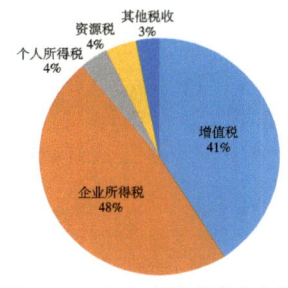
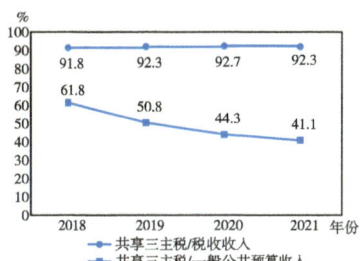

图24-43　2018-2021年贵州省省本级税收收入及增速

图24-44　2020年贵州省省本级税收收入结构

图24-45　2018-2021年贵州省省本级共享三主税占税收收入及一般公共预算收入的比重

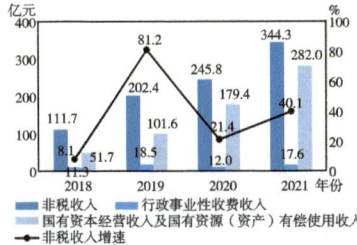
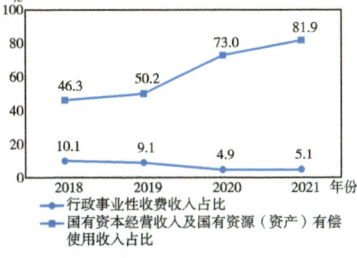

图24-46　2018-2021年贵州省省本级非税收入及增速

图24-47　2018-2021年贵州省省本级非税收入中各主要收入占比

24.2　贵州省各市政府收入主要特征分析

24.2.1　贵州省各市经济社会发展情况

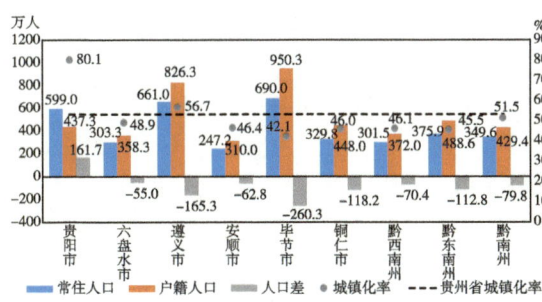

图24-48　2020年贵州省各市人口状况

图24-49　2020年贵州省各市GDP及增速

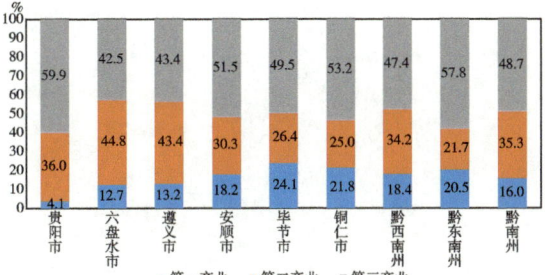
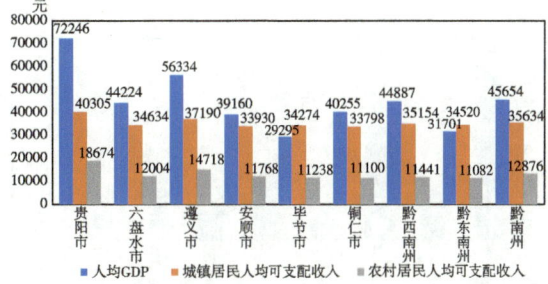

图24-50　2020年贵州省各市三次产业结构

图24-51　2020年贵州省各市人均GDP和人均可支配收入

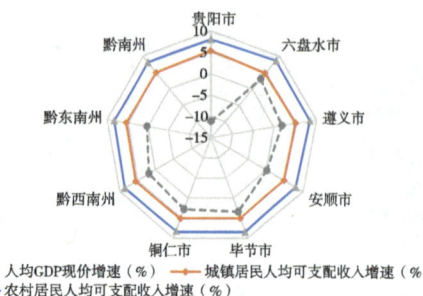

图 24-52　2020 年贵州省各市人均GDP现价增速和人均可支配收入增速

24.2.2　贵州省各市政府收入总体情况

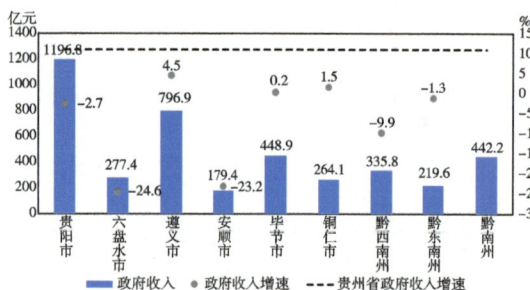

图 24-53　2020 年贵州省各市政府收入及增速

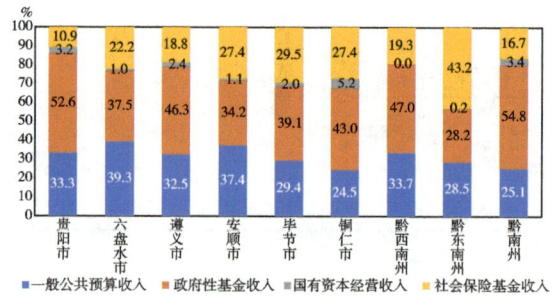

图 24-54　2020 年贵州省各市政府收入结构

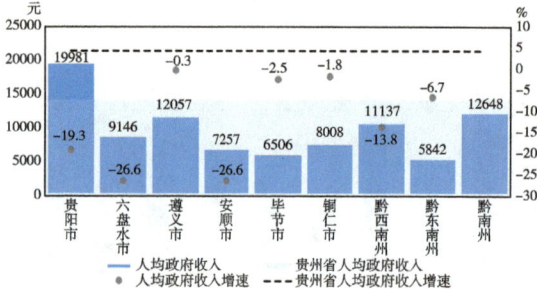

图 24-55　2020 年贵州省各市人均政府收入及增速

24.2.3　贵州省各市一般公共预算收入情况

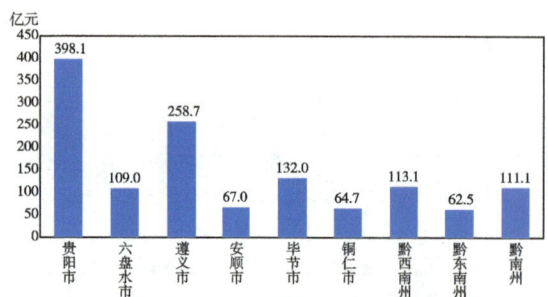

图 24-56　2020 年贵州省各市一般公共预算收入

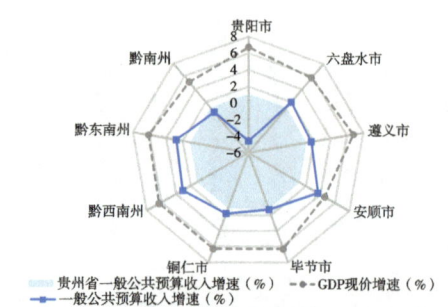

图 24-57　2020 年贵州省各市一般公共预算收入增速

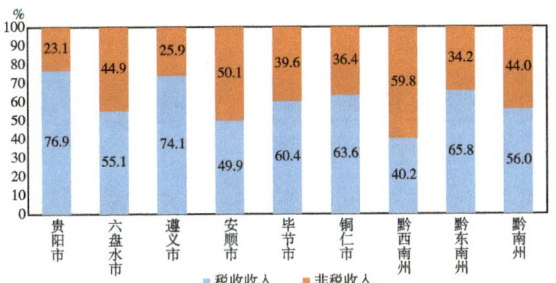

图24-58 2020年贵州省各市一般公共预算收入结构

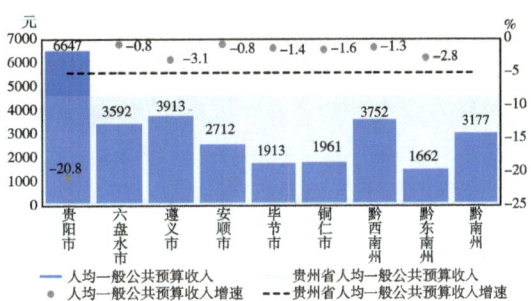

图24-59 2020年贵州省各市人均一般公共预算收入及增速

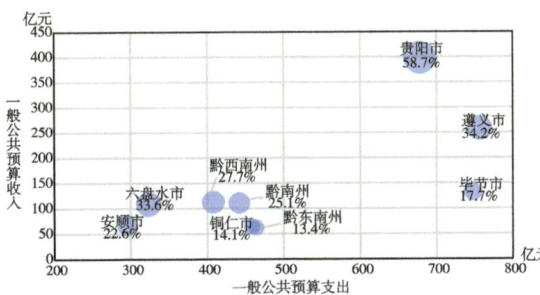

图24-60 2020年贵州省各市财政自给率

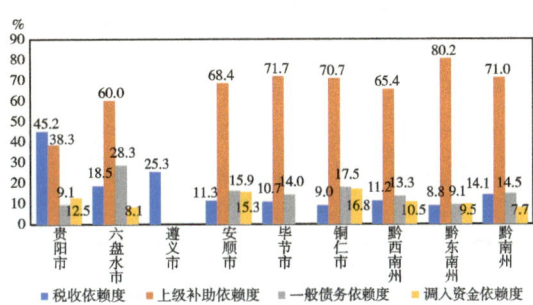

图24-61 2020年贵州省各市一般公共预算支出对各类收入的依赖度

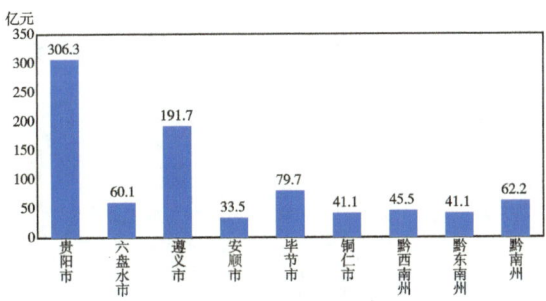

图24-62 2020年贵州省各市税收收入

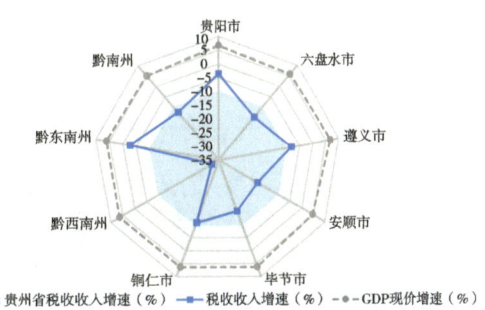

图24-63 2020年贵州省各市税收收入增速

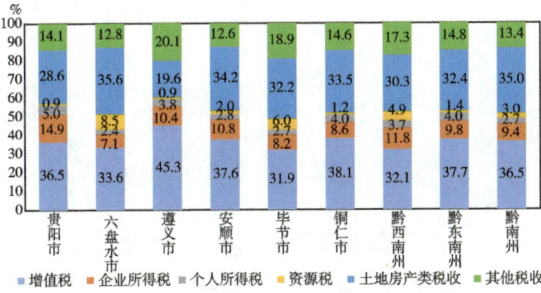

图24-64 2020年贵州省各市税收收入结构

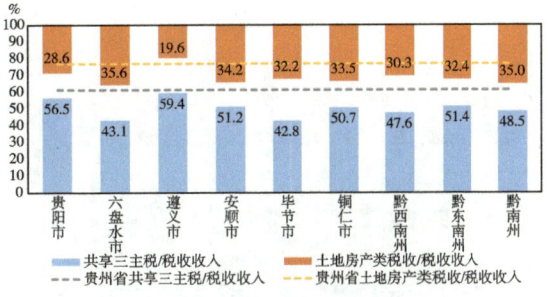

图24-65 2020年贵州省各市共享三主税、土地房产类税收占税收收入的比重

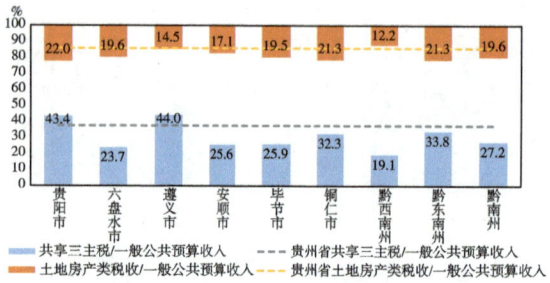

图24-66 2020年贵州省各市共享三主税、土地房产类税收占一般公共预算收入的比重

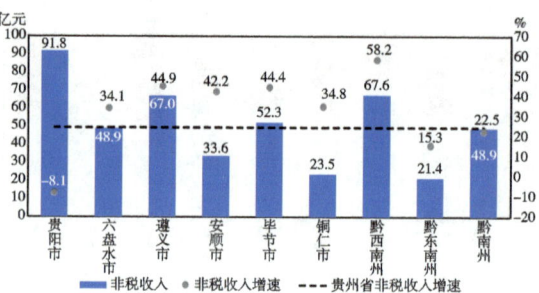

图24-67 2020年贵州省各市非税收入及增速

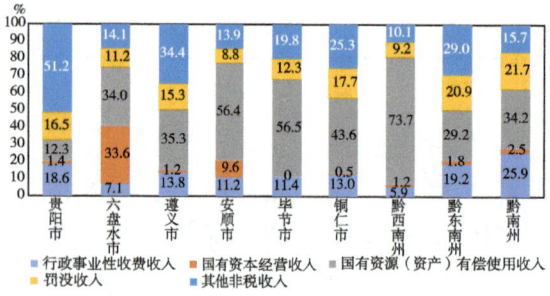

图24-68 2020年贵州省各市非税收入结构

24.2.4　贵州省各市政府性基金收入与国有资本经营收入情况

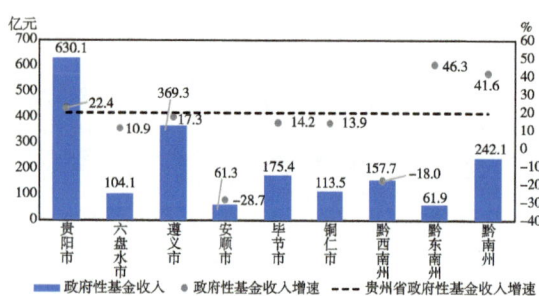

图24-69 2020年贵州省各市政府性基金收入及增速

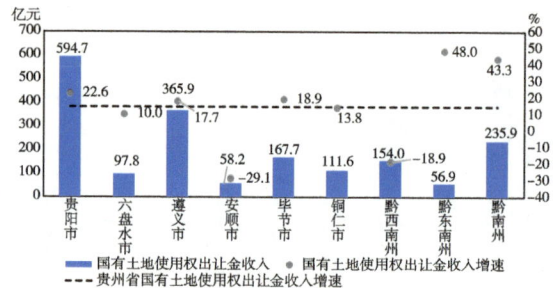

图24-70 2020年贵州省各市国有土地使用权出让金收入及增速

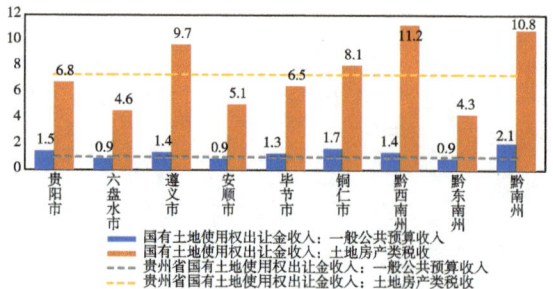

图24-71 2020年贵州省各市国有土地使用权出让金收入与一般公共预算收入对比关系

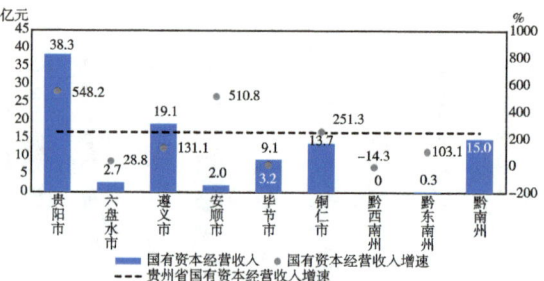

图24-72 2020年贵州省各市国有资本经营收入及增速

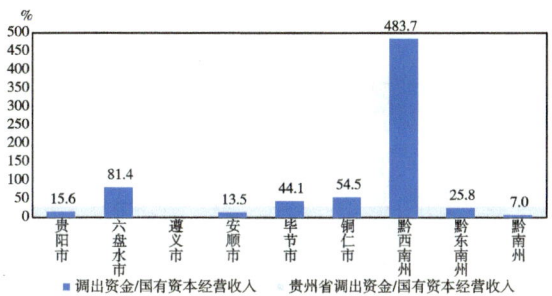

图24-73 2020年贵州省各市调出资金与国有
资本经营收入对比关系

24.2.5 贵州省各市社会保险基金收入情况

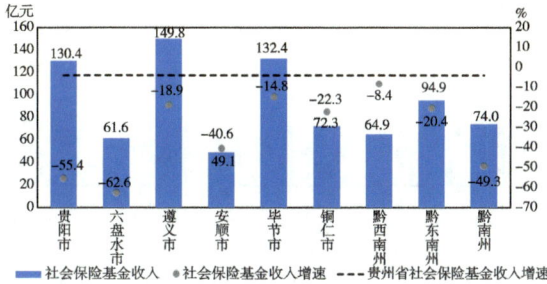

图24-74 2020年贵州省各市社会保险基金收入及增速

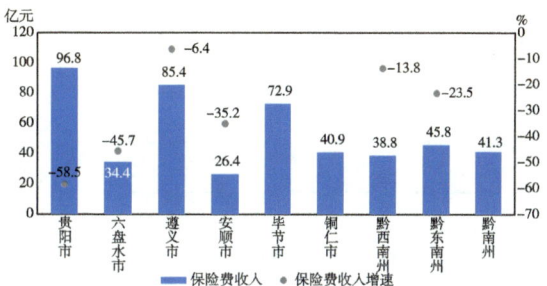

图24-75 2020年贵州省各市保险费收入及增速

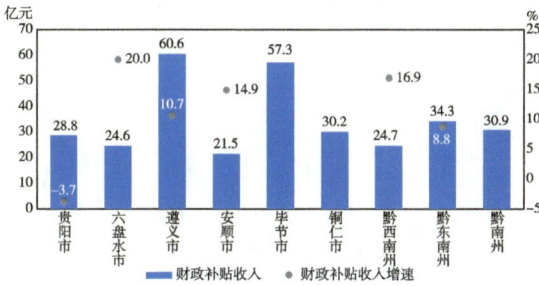

图24-76 2020年贵州省各市财政补贴收入及增速

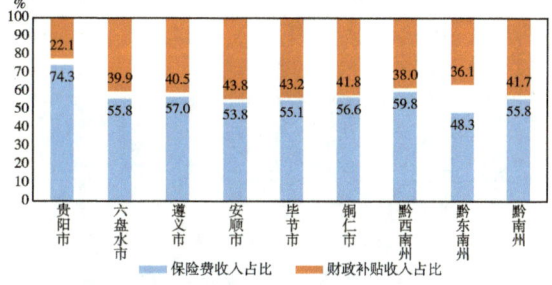

图24-77 2020年贵州省各市保险费收入、财政补贴
收入占社会保险基金收入的比重

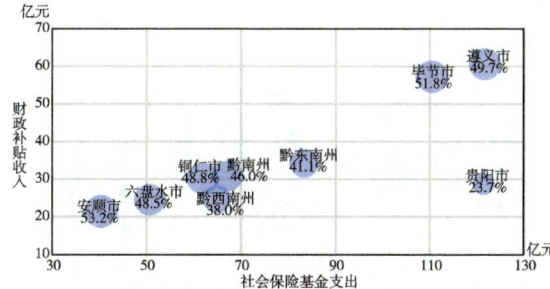

图24-78 2020年贵州省各市社会保险基金支出对
财政补贴的依赖度

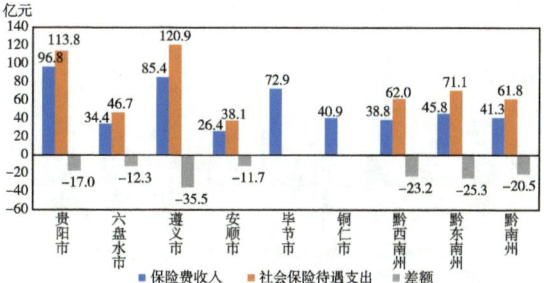

图24-79 2020年贵州省各市保险费收入、社会保险
待遇支出及差额

24.2.6 贵州省各市债务情况

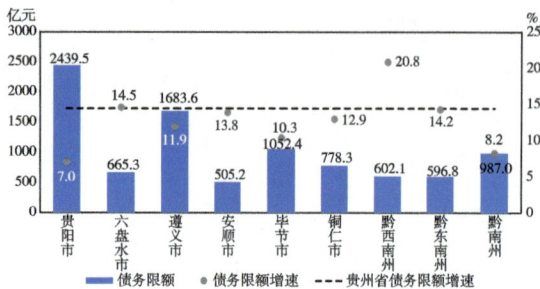

图 24-80 2020 年贵州省各市债务限额及增速

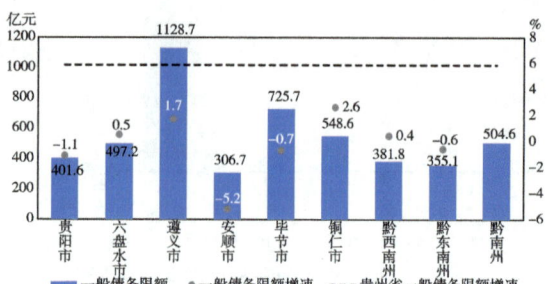

图 24-81 2020 年贵州省各市一般债务限额及增速

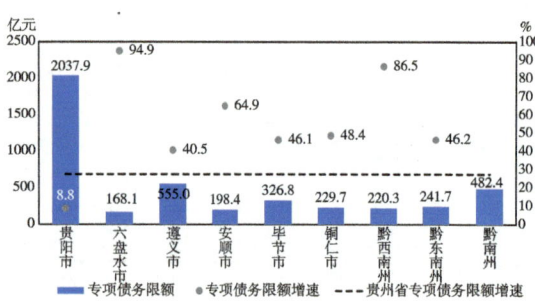

图 24-82 2020 年贵州省各市专项债务限额及增速

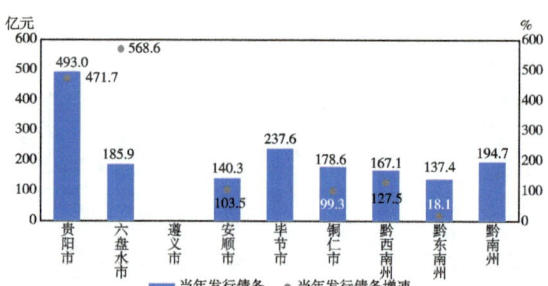

图 24-83 2020 年贵州省各市当年发行债务及增速

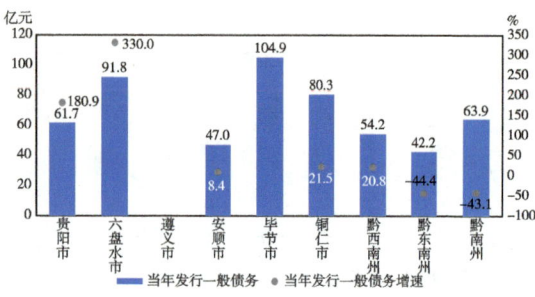

图 24-84 2020 年贵州省各市当年发行一般债务及增速

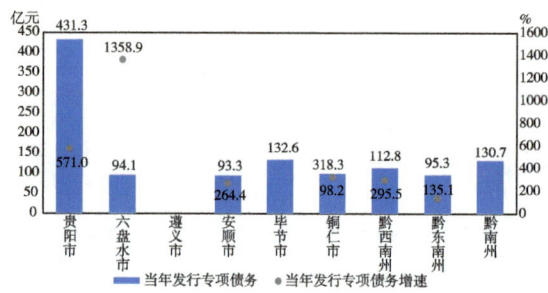

图 24-85 2020 年贵州省各市当年发行专项债务及增速

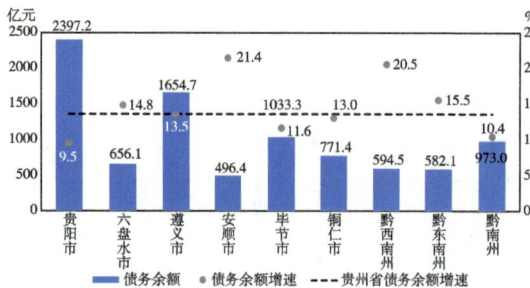

图 24-86 2020 年贵州省各市债务余额及增速

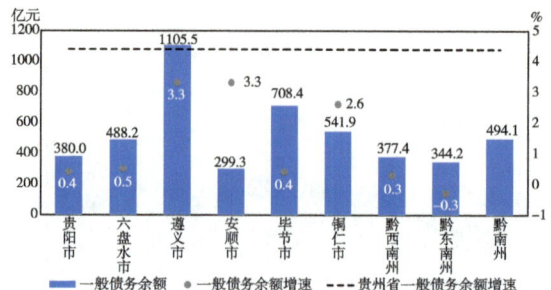

图 24-87 2020 年贵州省各市一般债务余额及增速

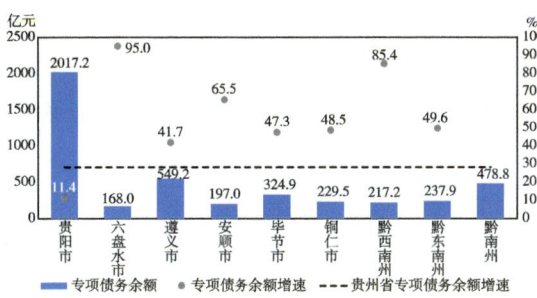

图24-88　2020年贵州省各市专项债务余额及增速

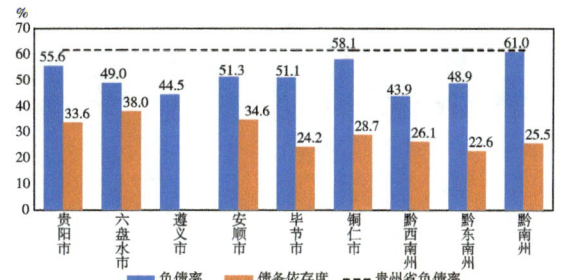

图24-89　2020年贵州省各市负债率和债务依存度

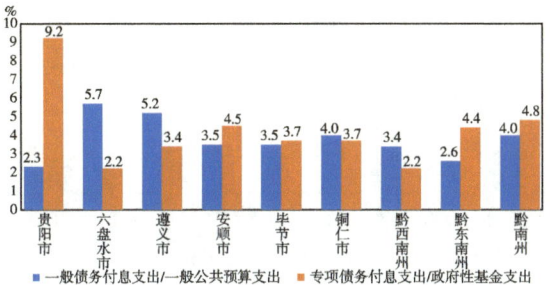

图24-90　2020年贵州省各市债务付息支出相关指标

24.2.7　贵州省各市市本级一般公共预算收入情况

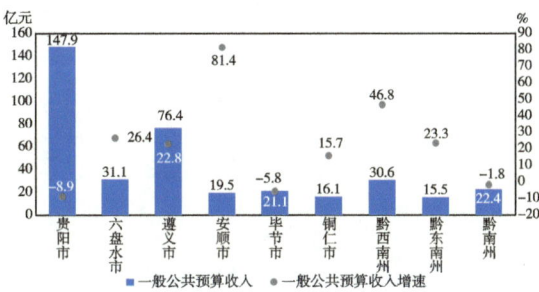

图24-91　2020年贵州省各市市本级一般公共预算收入及增速

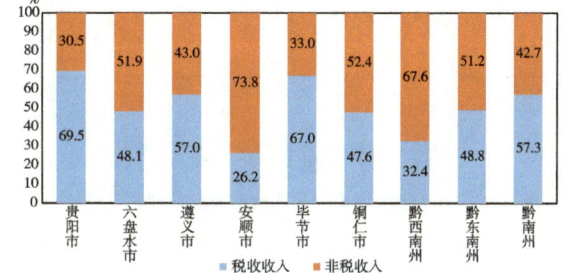

图24-92　2020年贵州省各市市本级一般公共预算收入结构

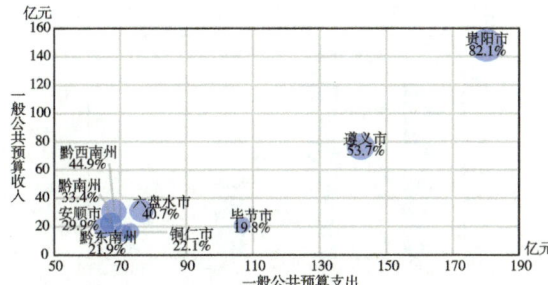

图24-93　2020年贵州省各市市本级财政自给率

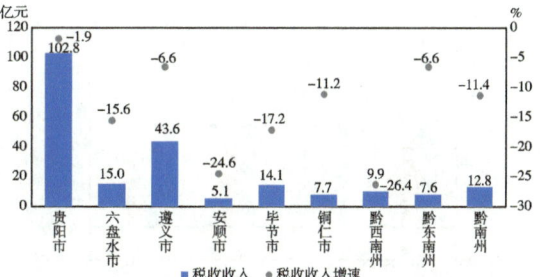

图24-94　2020年贵州省各市市本级税收收入及增速

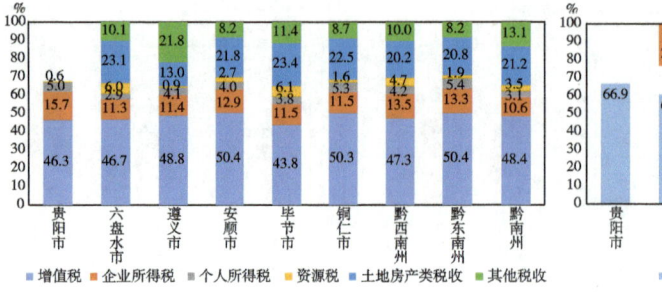

图 24-95　2020 年贵州省各市市本级税收收入结构

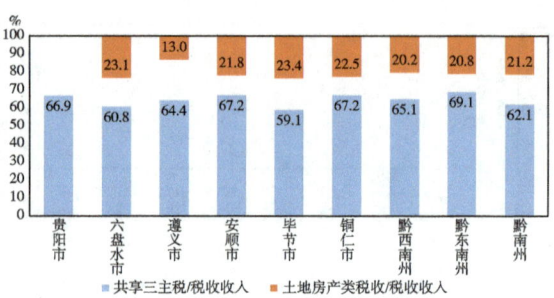

图 24-96　2020 年贵州省各市市本级共享三主税、土地房产类税收占税收收入的比重

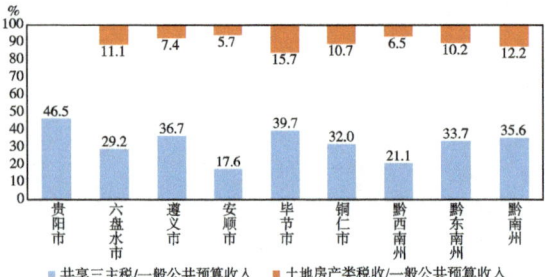

图 24-97　2020 年贵州省各市市本级共享三主税、土地房产类税收占一般公共预算收入的比重

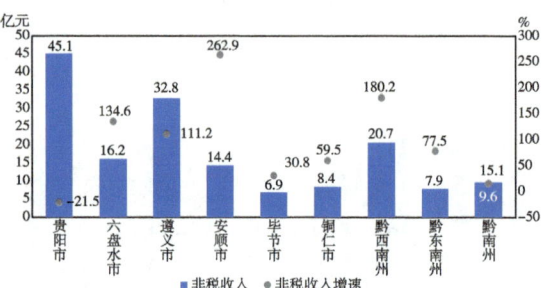

图 24-98　2020 年贵州省各市市本级非税收入及增速

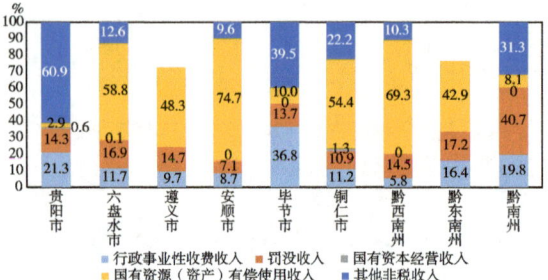

图 24-99　2020 年贵州省各市市本级非税收入结构

24.3　贵州省样本县政府收入主要特征分析

24.3.1　贵州省样本县经济社会发展情况

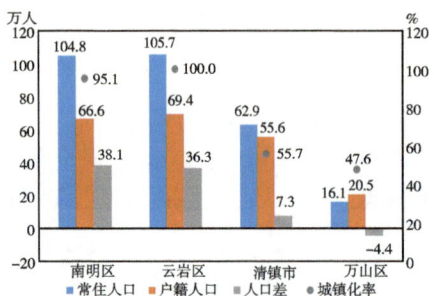

图 24-100　2020 年贵州省样本县人口状况

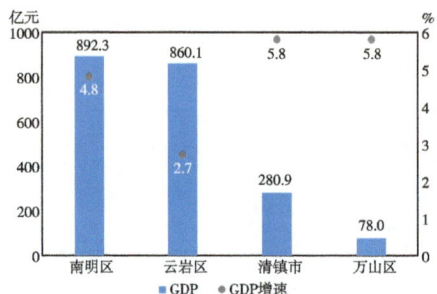

图 24-101　2020 年贵州省样本县 GDP 及增速

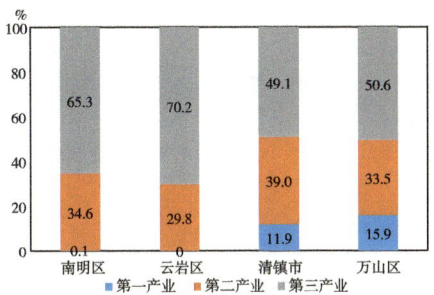

图24-102　2020年贵州省样本县三次产业结构

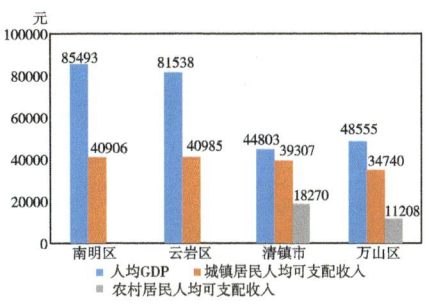

图24-103　2020年贵州省样本县人均GDP和人均可支配收入

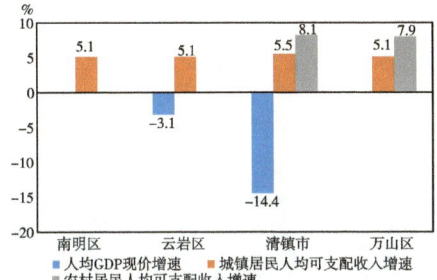

图24-104　2020年贵州省样本县人均GDP现价增速和人均可支配收入增速

24.3.2　贵州省样本县政府收入总体情况

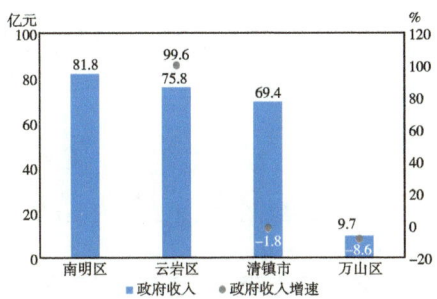

图24-105　2020年贵州省样本县政府收入及增速

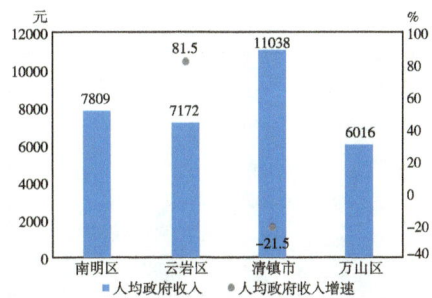

图24-106　2020年贵州省样本县人均政府收入及增速

24.3.3　贵州省样本县一般公共预算收入情况

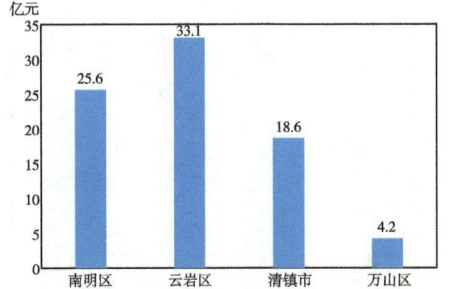

图24-107　2020年贵州省样本县一般公共预算收入

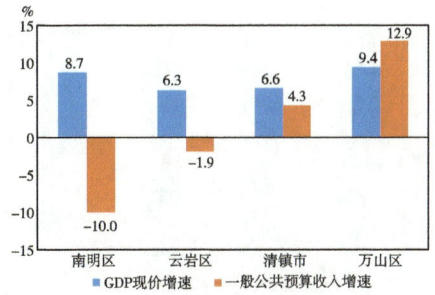

图24-108　2020年贵州省样本县一般公共预算收入增速

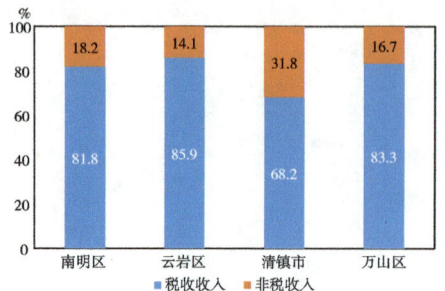

图24-109 2020年贵州省样本县一般公共预算收入结构

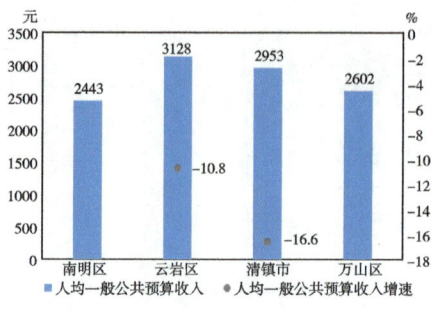

图24-110 2020年贵州省样本县人均一般公共预算收入及增速

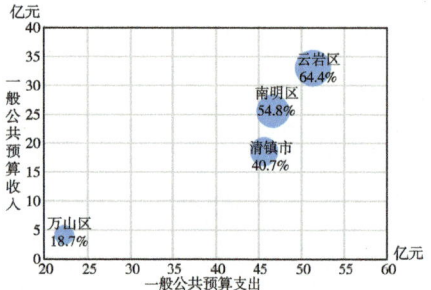

图24-111 2020年贵州省样本县财政自给率

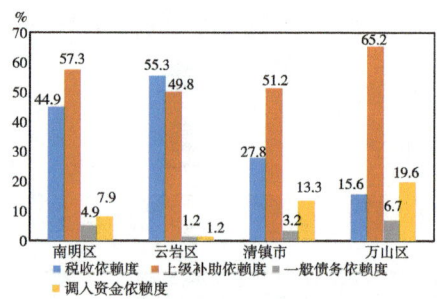

图24-112 2020年贵州省样本县一般公共预算支出对各类收入的依赖度

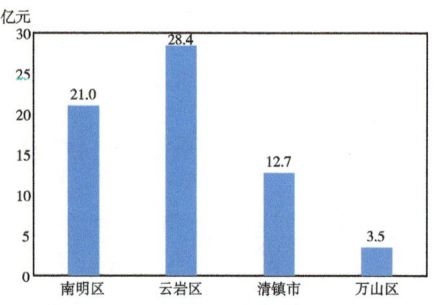

图24-113 2020年贵州省样本县税收收入

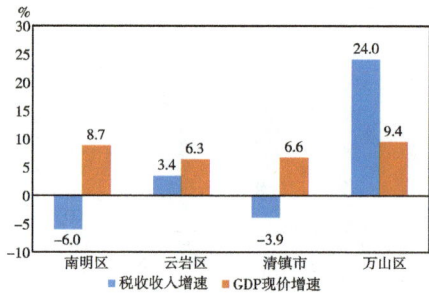

图24-114 2020年贵州省样本县税收收入增速

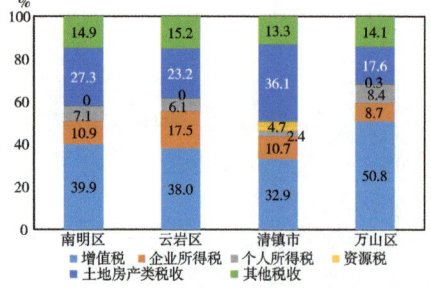

图24-115 2020年贵州省样本县税收收入结构

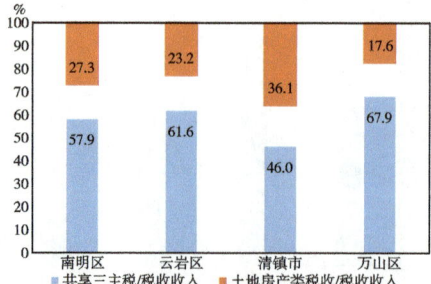

图24-116 2020年贵州省样本县共享三主税、土地房产类税收占税收收入的比重

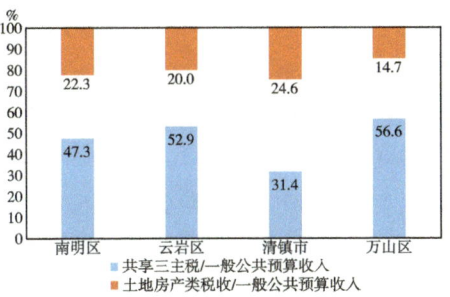

图24-117　2020年贵州省样本县共享三主税、土地房产类税收占一般公共预算收入的比重

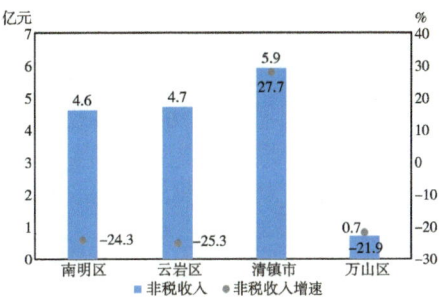

图24-118　2020年贵州省样本县非税收入及增速

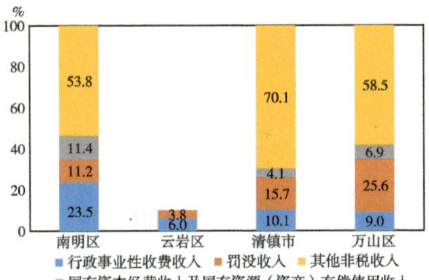

图24-119　2020年贵州省样本县非税收入结构

24.3.4　贵州省样本县政府性基金收入与国有资本经营收入情况

图24-120　2020年贵州省样本县政府性基金收入及增速

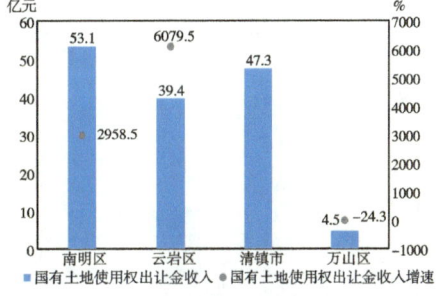

图24-121　2020年贵州省样本县国有土地使用权出让金收入及增速

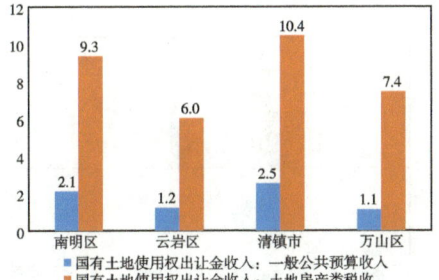

图24-122　2020年贵州省样本县国有土地使用权出让金收入与一般公共预算收入对比关系

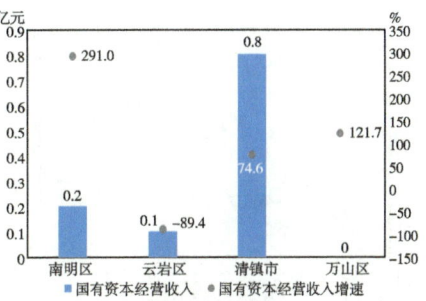

图24-123　2020年贵州省样本县国有资本经营收入及增速

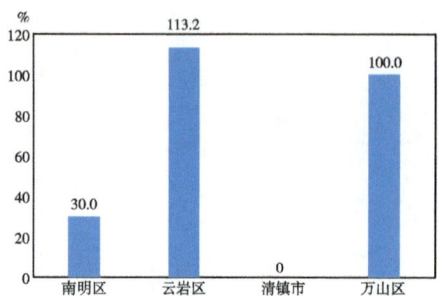

图24-124 2020年贵州省样本县调出资金与国有资本经营收入对比关系

24.3.5 贵州省样本县社会保险基金收入情况

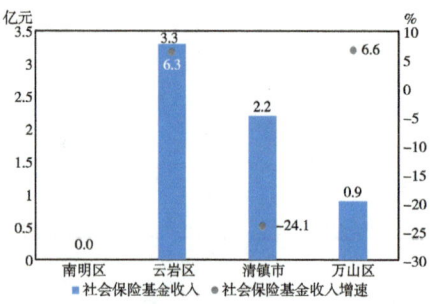

图24-125 2020年贵州省样本县社会保险基金收入及增速

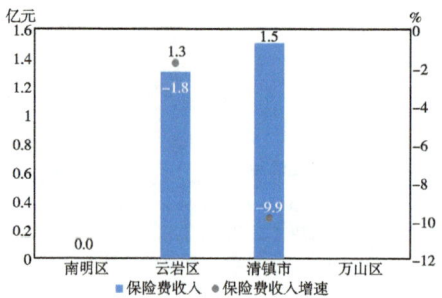

图24-126 2020年贵州省样本县保险费收入及增速

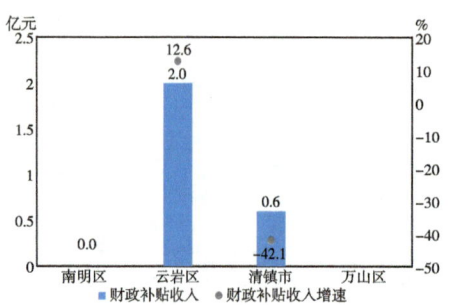

图24-127 2020年贵州省样本县财政补贴收入及增速

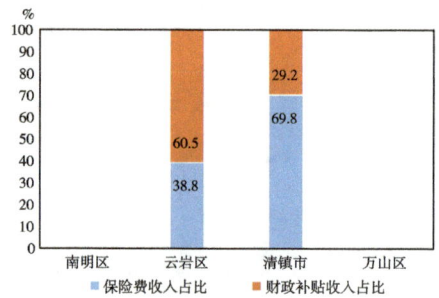

图24-128 2020年贵州省样本县保险费收入、财政补贴收入占社会保险基金收入的比重

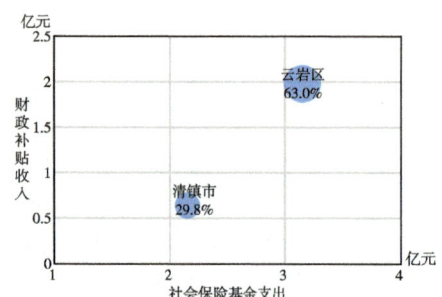

图24-129 2020年贵州省样本县社会保险基金支出对财政补贴的依赖度

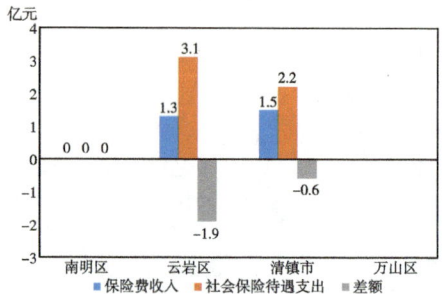

图24-130 2020年贵州省样本县保险费收入、社会保险待遇支出及差额

24.3.6 贵州省样本县债务情况

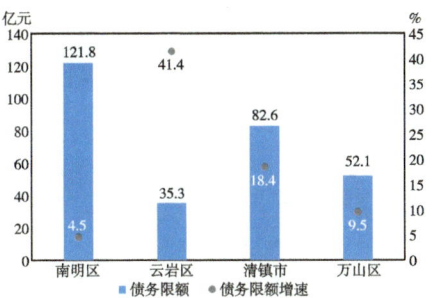

图24-131 2020年贵州省样本县债务限额及增速

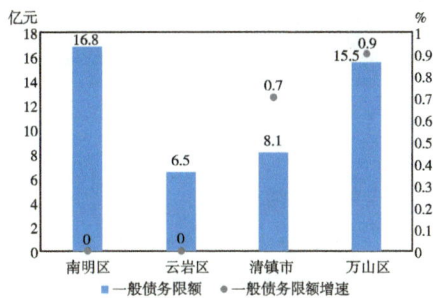

图24-132 2020年贵州省样本县一般债务限额及增速

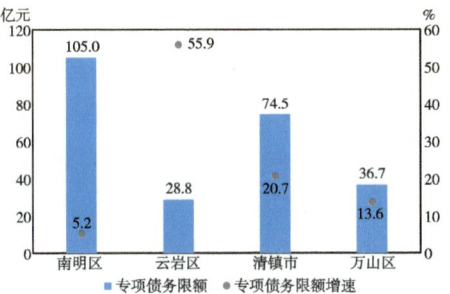

图24-133 2020年贵州省样本县专项债务限额及增速

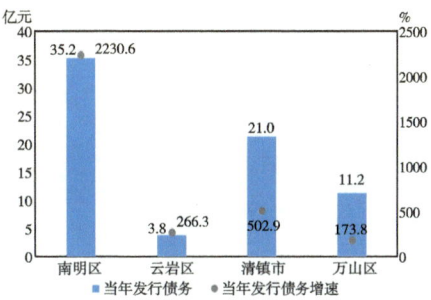

图24-134 2020年贵州省样本县当年发行债务及增速

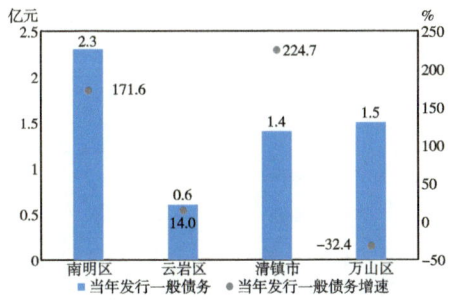

图24-135 2020年贵州省样本县当年发行一般债务及增速

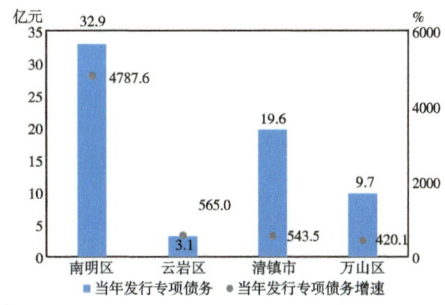

图24-136 2020年贵州省样本县当年发行专项债务及增速

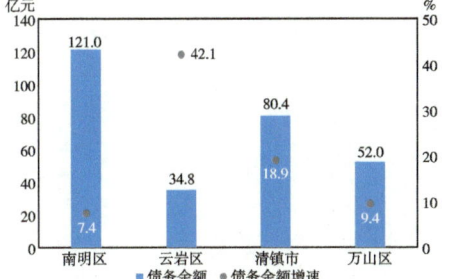

图24-137 2020年贵州省样本县债务余额及增速

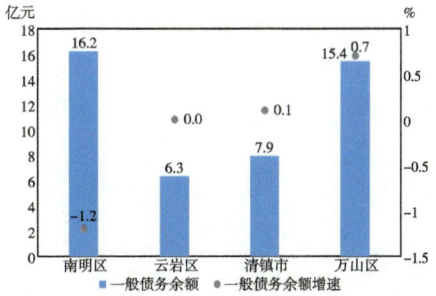

图24-138 2020年贵州省样本县一般债务余额及增速

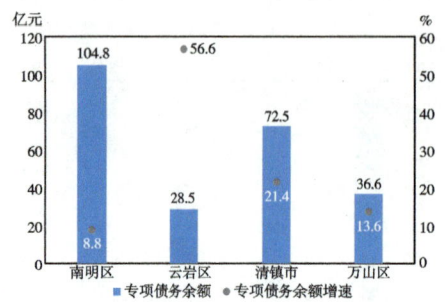
图24-139 2020年贵州省样本县专项债务余额及增速

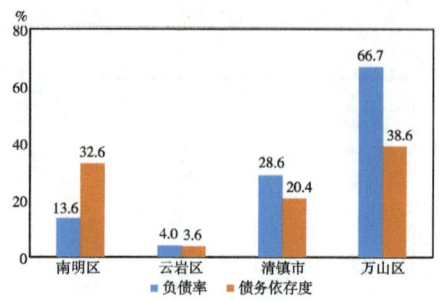
图24-140 2020年贵州省样本县负债率和债务依存度

25 云南省

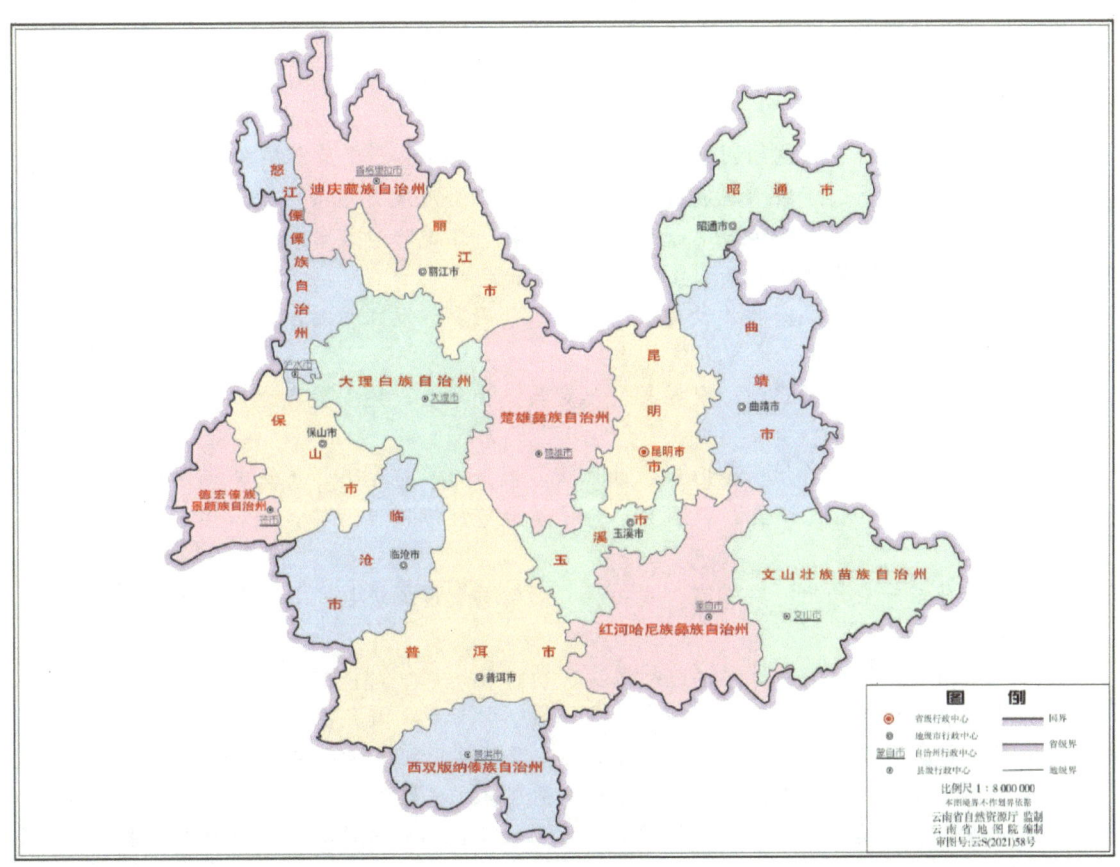

图 2021年云南省地图

资料来源：云南省地理信息公共服务平台。
注：审图号为云S（2021）58号。

本章执笔人：吕慧 审校：刘昶

专栏25-1　2021年云南省行政区划

昆明市：五华区、盘龙区、官渡区、西山区、东川区、呈贡区、晋宁区、富民县、**宜良县**、石林彝族自治县、嵩明县、禄劝彝族苗族自治县、寻甸回族彝族自治县、安宁市

曲靖市：麒麟区、沾益区、马龙区、陆良县、师宗县、罗平县、富源县、会泽县、宣威市

玉溪市：**红塔区**、江川区、通海县、华宁县、易门县、峨山彝族自治县、新平彝族傣族自治县、元江哈尼族彝族傣族自治县、澄江市

保山市：隆阳区、施甸县、龙陵县、昌宁县、腾冲市

昭通市：昭阳区、鲁甸县、巧家县、盐津县、大关县、永善县、绥江县、镇雄县、彝良县、威信县、水富市

丽江市：古城区、玉龙纳西族自治县、永胜县、华坪县、宁蒗彝族自治县、

普洱市：思茅区、宁洱哈尼族彝族自治县、墨江哈尼族自治县、景东彝族自治县、景谷傣族彝族自治县、镇沅彝族哈尼族拉祜族自治县、江城哈尼族彝族自治县、孟连傣族拉祜族佤族自治县、澜沧拉祜族自治县、西盟佤族自治县

临沧市：临翔区、凤庆县、云县、永德县、镇康县、双江拉祜族佤族布朗族傣族自治县、耿马傣族佤族自治县、沧源佤族自治县

楚雄彝族自治州：**楚雄市**、双柏县、牟定县、南华县、姚安县、大姚县、永仁县、元谋县、武定县、禄丰市

红河哈尼族彝族自治州：个旧市、开远市、蒙自市、**弥勒市**、屏边苗族自治县、建水县、石屏县、泸西县、元阳县、红河县、金平苗族瑶族傣族自治县、绿春县、河口瑶族自治县

文山壮族苗族自治州：**文山市**、砚山县、西畴县、麻栗坡县、马关县、丘北县、广南县、富宁县

西双版纳傣族自治州：景洪市、勐海县、勐腊县

大理白族自治州：大理市、漾濞彝族自治县、祥云县、宾川县、弥渡县、南涧彝族自治县、巍山彝族回族自治县、永平县、云龙县、洱源县、剑川县、鹤庆县

德宏傣族景颇族自治州：瑞丽市、芒市、梁河县、盈江县、陇川县

怒江傈僳族自治州：泸水市、福贡县、贡山独龙族怒族自治县、兰坪白族普米族自治县

迪庆藏族自治州：香格里拉市、德钦县、维西傈僳族自治县

本书选取宜良县、红塔区、楚雄市、弥勒市、文山市为样本县。

云南省下辖16个州（市），共有129个县（市、区），其中包括17个市辖区、18个县级市、65个县和29个民族自治县（详见专栏25-1）。云南地处中国西南边陲，是全国边境线最长的省份之一，有8个州（市）的25个边境县分别与缅甸、老挝和越南接壤。全省国土总面积39.41万平方千米，地势西北高、东南低，自北向南呈阶梯状下降。云南矿产资源丰富，尤以有色金

属及磷矿著称，被誉为"有色金属王国"。云南能源资源丰富，水能、煤炭资源储量较大，开发条件优越。

2021年云南省经济总量处于全国中等，第三产业占比低于全国，城镇化率亦低于全国。 2021年末，云南省常住人口4690万人，常住人口城镇化率为51%（低于全国水平13.7个百分点）。2021年云南省GDP达到2.7万亿元，排全国第18位，次于重庆和辽宁，略高于广西和山西；增速7.3%，比2020年（4%）增加3.3个百分点，低于全国0.8个百分点；人均GDP为57686元（折8941.9美元），排全国第22位。从产业结构看，第一、第二、第三产业占比分别为14.3%、35.3%（低于全国4.1个百分点）和50.4%（低于全国2.9个百分点）。从居民可支配收入看，2021年城镇与农村居民人均可支配收入分别为40905元和14197元，呈上升态势，分别为全国平均水平的86.3%和75%。

2021年云南省一般公共预算收入居全国中等，省市县三级政府中县级政府收入占比最高。 2021年云南省一般公共预算收入2278.2亿元，排全国第20位，增速7.6%；人均一般公共预算收入为4858元，排全国第24位。2018—2020年云南省税收收入占一般公共预算收入比重整体略有下降，2020年为68.6%，低于全国平均水平（84.4%）15.8个百分点。非税收入中，2020年政府产权性收入规模占非税收入的比重达29.2%。从纵向收入分配看，2020年省本级、市本级、县一般公共预算收入占比分别为17%、23.1%和59.9%。

2020年云南省财政自给率偏低，地区财政总收入小于一般公共预算支出。 2020年云南财政自给率为30.4%，较2019年（30.6%）下降0.2个百分点。2019年云南省组织的地区财政总收入为4185.2亿元，增速为7.5%，一般公共预算支出为6770.1亿元，高于地区财政总收入规模。

2020年云南省四本预算中一般公共预算收入占比最高，社保对财政补贴的依赖度较高。 2020年云南省四本预算加总的政府收入为5589.6亿元，其中一般公共预算收入、政府性基金预算收入、国有资本经营预算收入和社会保险基金预算收入分别占比37.9%、27.9%、1.2%和33.1%。2020年云南省社会保险基金收入1849亿元，其中保险费收入为1057.9亿元；财政补贴收入规模为492.6亿元，社保支出对财政补贴的依赖度达到32.5%。

2020年云南省内各市州经济社会发展和财政发展不均衡，优势主要集中于省会昆明。 昆明市是2020年云南省政府收入规模唯一超1500亿元的城市，其他城市政府收入规模都在1000亿元以下。2020年昆明市一般公共预算收入650.5亿元，其后依次为曲靖市（155亿元）、红河州（151.2亿元）、玉溪市（134.5亿元）和大理州（108.5亿元），其他各地收入均低于100亿元，收入较为集中且城市间差异较大，一般公共预算收入的城市首位度指数为4.2，且昆明市是收入最低的迪庆州（15亿元）的43.4倍。云南省内各市州财政自给率差异明显。2020年，昆明市、玉溪市、楚雄州的财政自给率分别为74.3%、44.6%、30.7%，自给率较高；而大理州、红河州、曲靖市、丽江市、保山市、德宏州和西双版纳州7地自给率在20%—30%。财政自给率最低的怒江州为9.2%，最高的昆明市是其8.1倍。政府性基金收入主要构成是国有土地使用权出让金收入，云南省各地差距较大，收入规模最大的昆明市（680.3亿元）为规模最小的迪庆州（3.5亿元）的194.4倍。

25.1 云南省政府收入主要特征分析

25.1.1 云南省经济社会基本情况

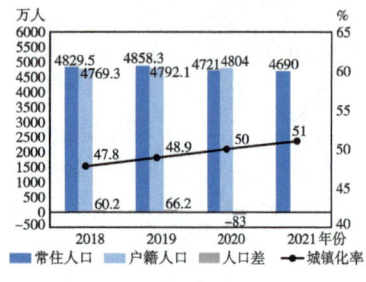

图25-1　2018-2021年云南省人口状况

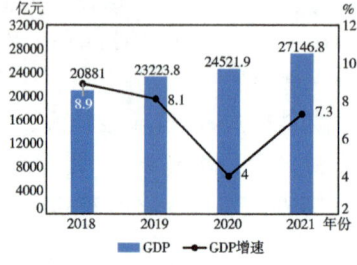

图25-2　2018-2021年云南省GDP及增速

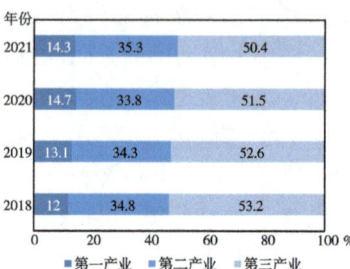

图25-3　2018-2021年云南省三次产业结构

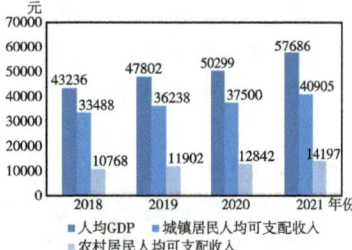

图25-4　2018-2021年云南省人均GDP和人均可支配收入

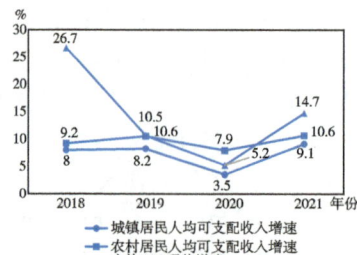

图25-5　2018-2021年云南省人均GDP现价增速和人均可支配收入增速

25.1.2 云南省政府收入总体情况

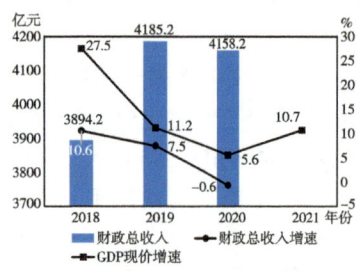

图25-6　2018-2021年云南省财政总收入及增速

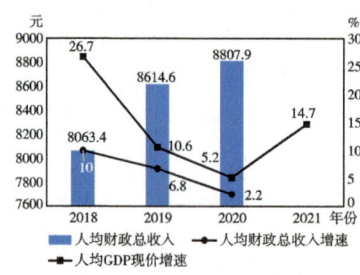

图25-7　2018-2021年云南省人均财政总收入及增速

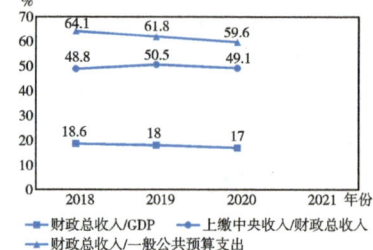

图25-8　2018-2021年云南省财政总收入相关指标

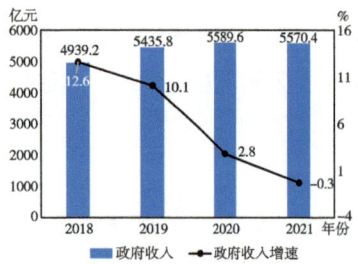

图25-9　2018-2021年云南省政府收入及增速

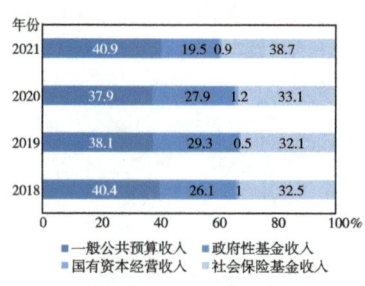

图25-10　2018-2021年云南省政府收入结构

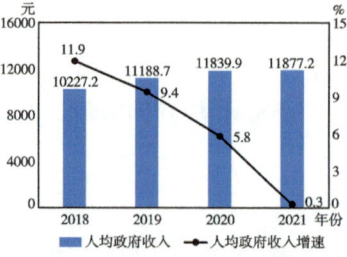

图25-11　2018-2021年云南省人均政府收入及增速

25.1.3 云南省一般公共预算收入情况

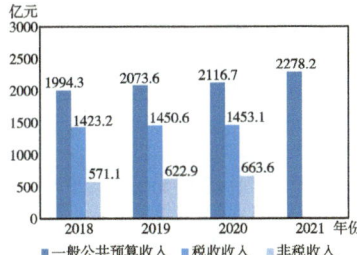

图25-12　2018-2021年云南省一般公共预算收入

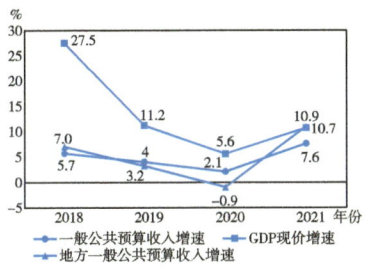

图25-13　2018-2021年云南省一般公共预算收入增速

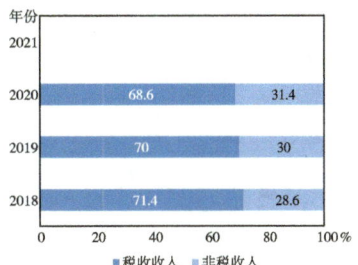

图25-14　2018-2021年云南省一般公共预算收入结构

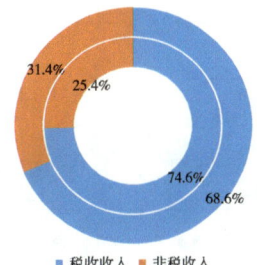

图25-15　2020年一般公共预算收入结构对比（内环为地方，外环为云南省）

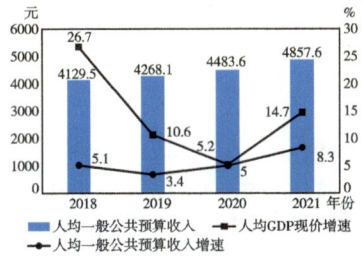

图25-16　2018-2021年云南省人均一般公共预算收入及增速

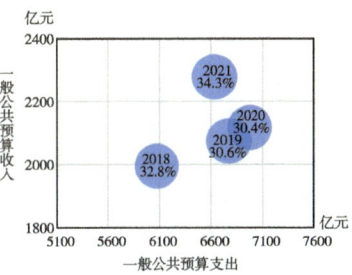

图25-17　2018-2021年云南省财政自给率

图25-18　2018-2021年云南省一般公共预算支出对各类收入的依赖度

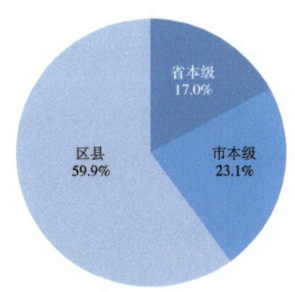

图25-19　2020年云南省市县三级政府一般公共预算收入分布

图25-20　2018-2021年云南省税收收入

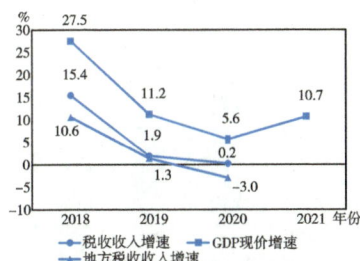

图25-21　2018-2021年云南省税收收入增速

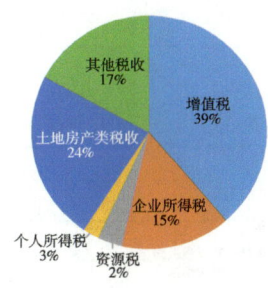

图25-22　2020年云南省税收收入结构

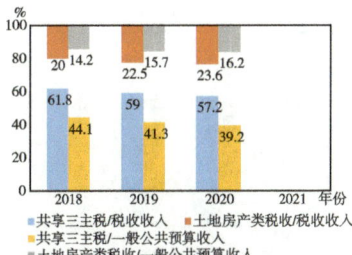

图25-23　2018-2021年云南省共享三主税、土地房产类税收占税收收入及一般公共预算收入的比重

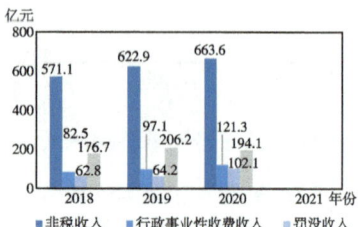
图25-24 2018-2021年云南省非税收入

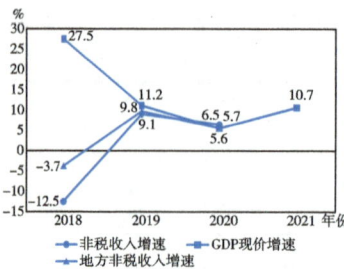
图25-25 2018-2021年云南省非税收入增速

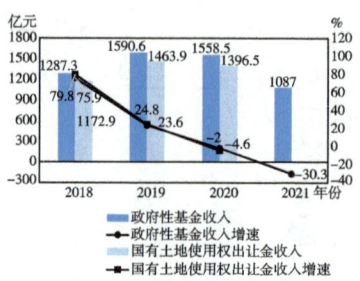
图25-26 2018-2021年云南省非税收入中各主要收入占比

25.1.4 云南省政府性基金和国有资本经营收入情况

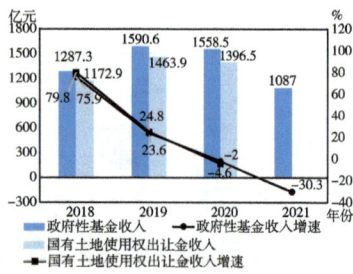
图25-27 2018-2021年云南省政府性基金收入及增速

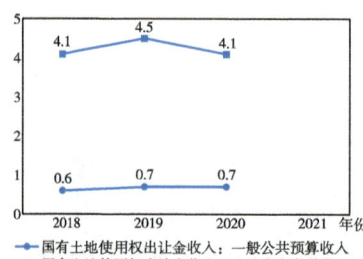
图25-28 2018-2021年云南省国有土地使用权出让金收入与一般公共预算收入对比关系

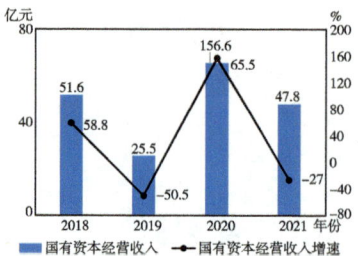
图25-29 2018-2021年云南省国有资本经营收入及增速

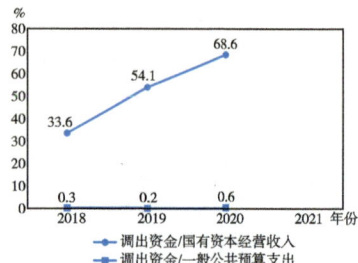
图25-30 2018-2021年云南省国有资本经营预算中调出资金相关指标

25.1.5 云南省社会保险基金收入情况

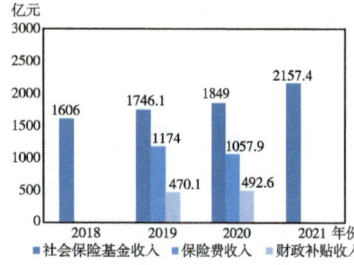
图25-31 2018-2021年云南省社会保险基金收入

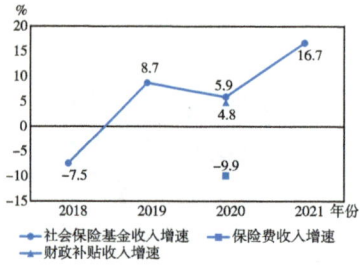
图25-32 2018-2021年云南省社会保险基金收入增速

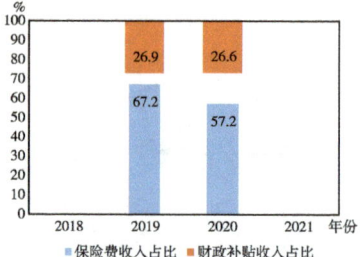
图25-33 2018-2021年云南省保险费收入、财政补贴收入占社会保险基金收入的比重

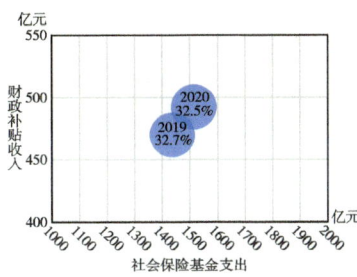

图 25-34 2018-2021年云南省社会保险基金支出对财政补贴的依赖度

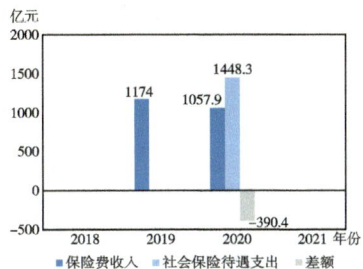

图 25-35 2018-2021年云南省保险费收入、社会保险待遇支出及差额

25.1.6 云南省债务情况

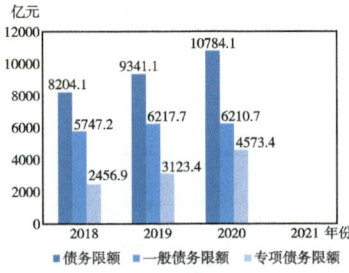

图 25-36 2018-2021年云南省债务限额

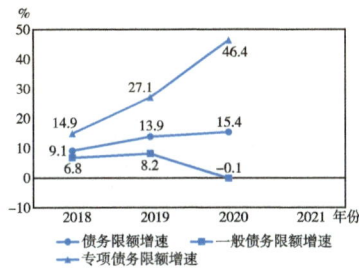

图 25-37 2018-2021年云南省债务限额增速

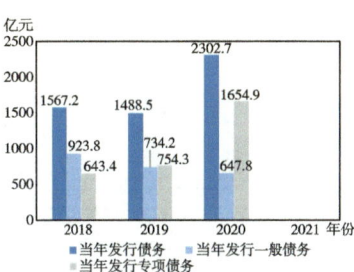

图 25-38 2018-2021年云南省当年发行债务

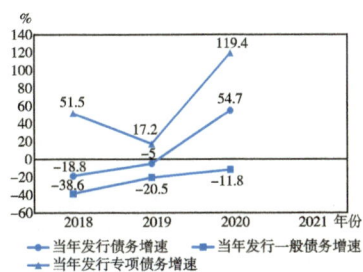

图 25-39 2018-2021年云南省当年发行债务增速

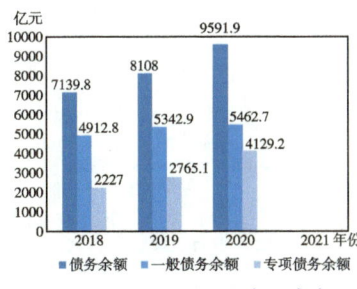

图 25-40 2018-2021年云南省债务余额

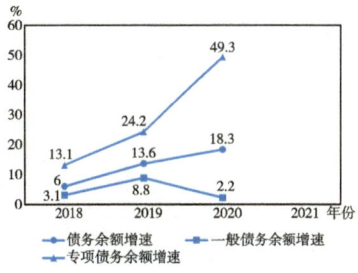

图 25-41 2018-2021年云南省债务余额增速

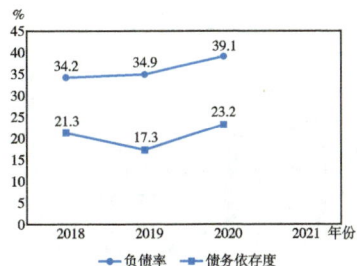

图 25-42 2018-2021年云南省负债率和债务依存度

25.1.7 云南省省本级一般公共预算收入情况

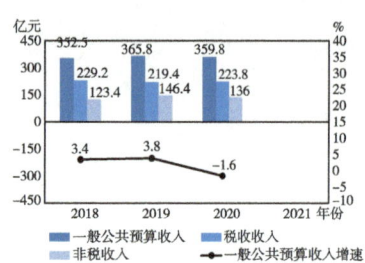

图25-43 2018-2021年云南省省本级一般公共预算收入及增速

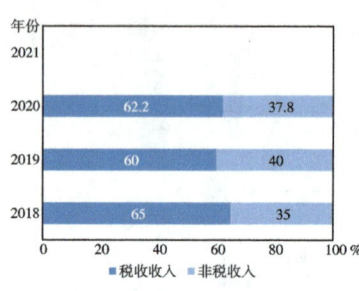

图25-44 2018-2021年云南省省本级一般公共预算收入结构

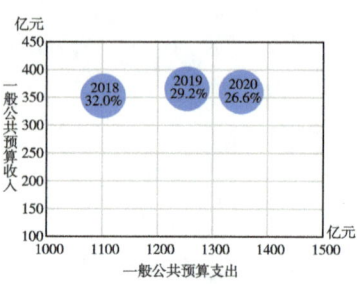

图25-45 2018-2021年云南省省本级财政自给率

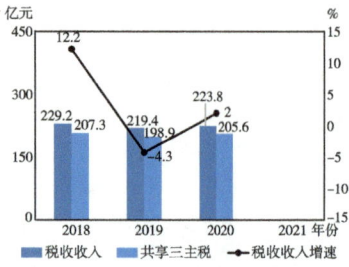

图25-46 2018-2021年云南省省本级税收收入及增速

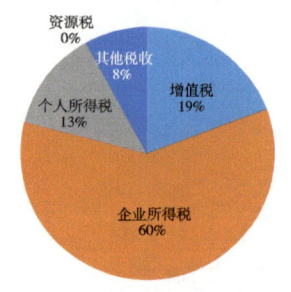

图25-47 2020年云南省省本级税收收入结构

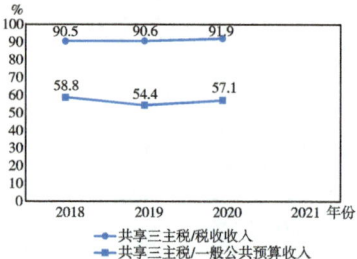

图25-48 2018-2021年云南省省本级共享三主税占税收收入及一般公共预算收入的比重

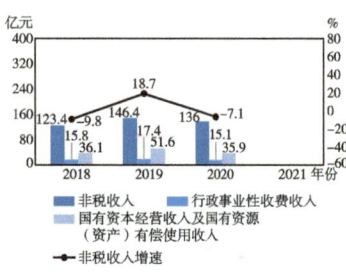

图25-49 2018-2021年云南省省本级非税收入及增速

图25-50 2018-2021年云南省省本级非税收入中各主要收入占比

25.2 云南省各市政府收入主要特征分析

25.2.1 云南省各市经济社会发展情况

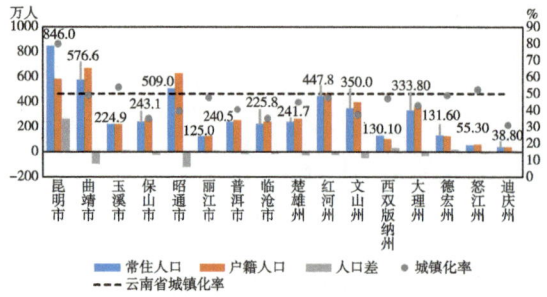

图25-51 2020年云南省各市人口状况

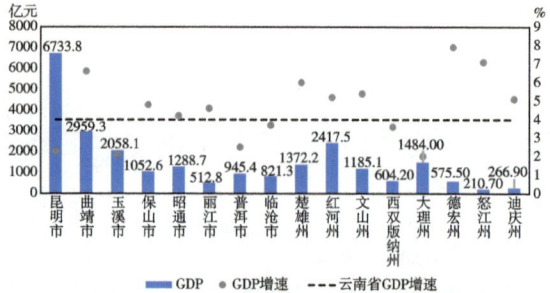

图25-52 2020年云南省各市GDP及增速

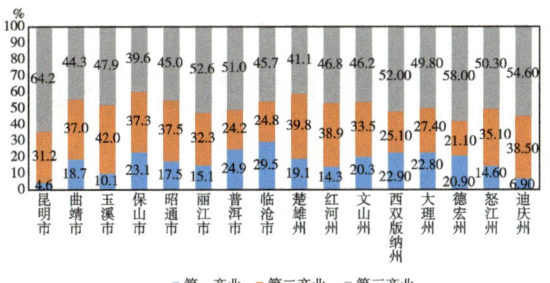

图25-53　2020年云南省各市三次产业结构

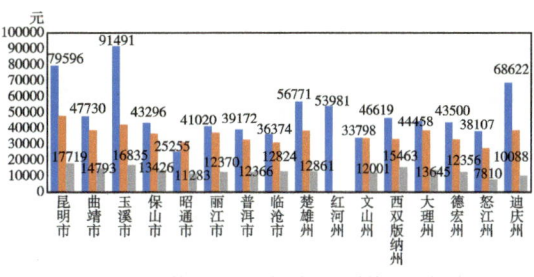

图25-54　2020年云南省各市人均GDP和人均可支配收入

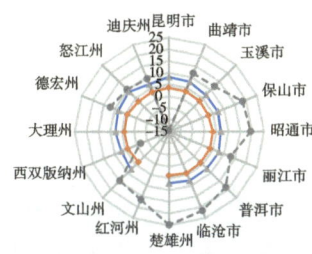

图25-55　2020年云南省各市人均GDP现价增速和人均可支配收入增速

25.2.2　云南省各市政府收入总体情况

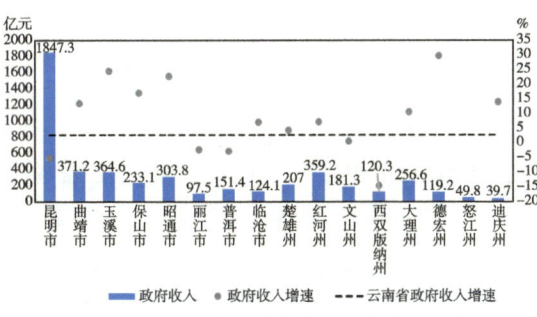

图25-56　2020年云南省各市政府收入及增速

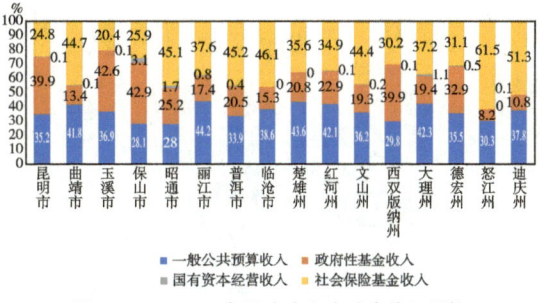

图25-57　2020年云南省各市政府收入结构

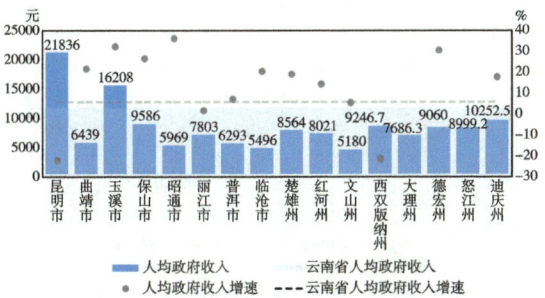

图25-58　2020年云南省各市人均政府收入及增速

25.2.3 云南省各市一般公共预算收入情况

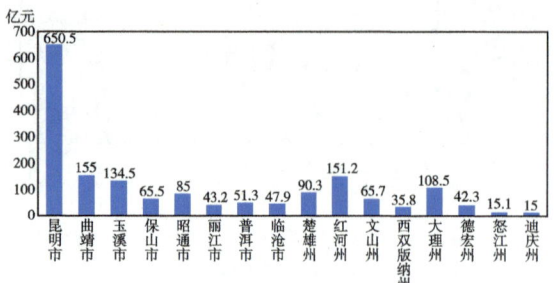

图25-59　2020年云南省各市一般公共预算收入

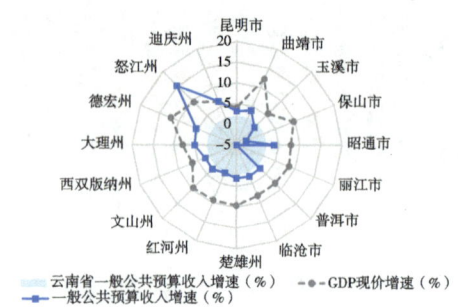

图25-60　2020年云南省各市一般公共预算收入增速

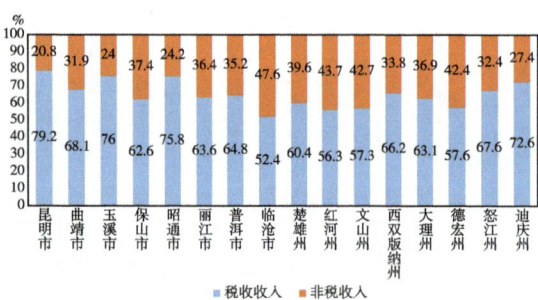

图25-61　2020年云南省各市一般公共预算收入结构

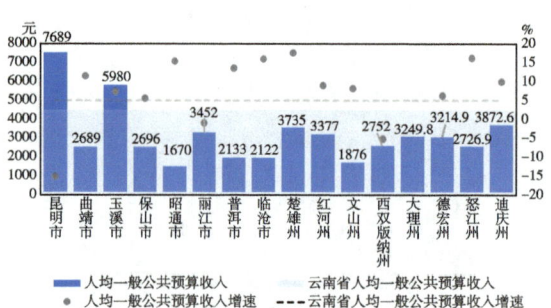

图25-62　2020年云南省各市人均一般公共预算收入及增速

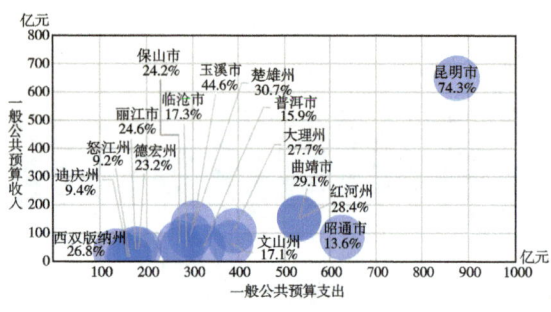

图25-63　2020年云南省各市财政自给率

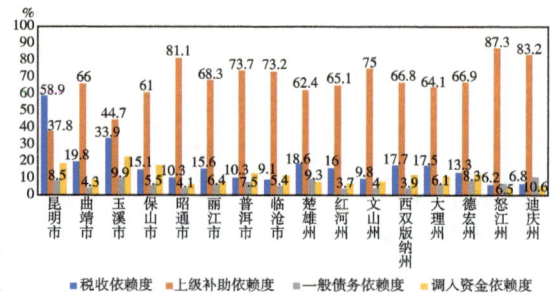

图25-64　2020年云南省各市一般公共预算支出对各类收入的依赖度

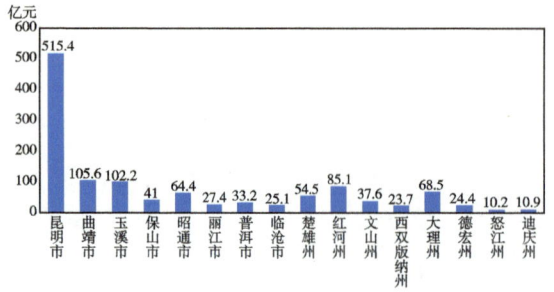

图25-65　2020年云南省各市税收收入

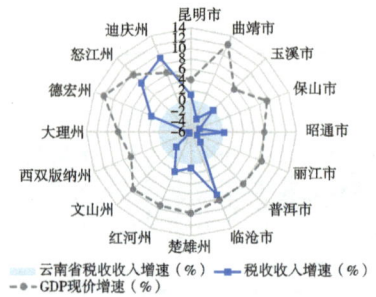

图25-66　2020年云南省各市税收收入增速

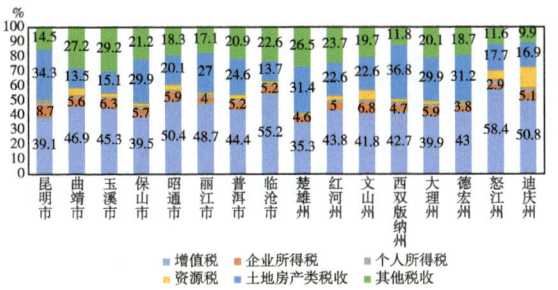

图 25-67　2020 年云南省各市税收入结构

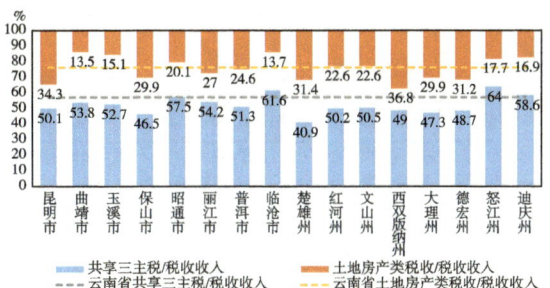

图 25-68　2020 年云南省各市共享三主税、土地房产类税收占税收收入的比重

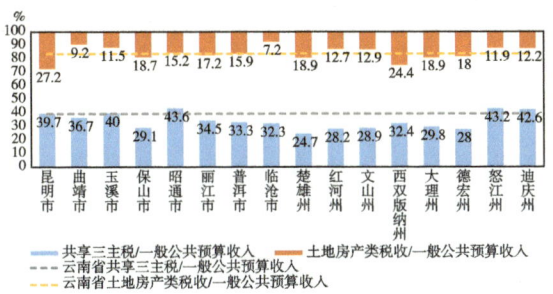

图 25-69　2020 年云南省各市共享三主税、土地房产类税收占一般公共预算收入的比重

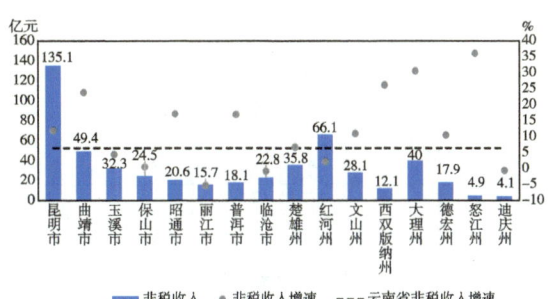

图 25-70　2020 年云南省各市非税收入及增速

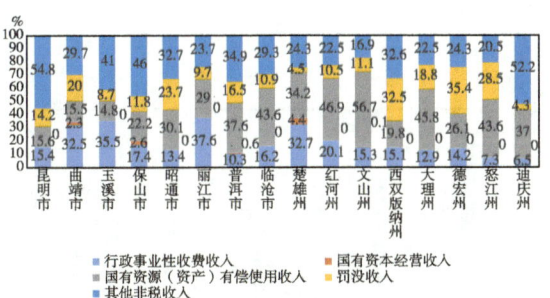

图 25-71　2020 年云南省各市非税收入结构

25.2.4　云南省各市政府性基金收入与国有资本经营收入情况

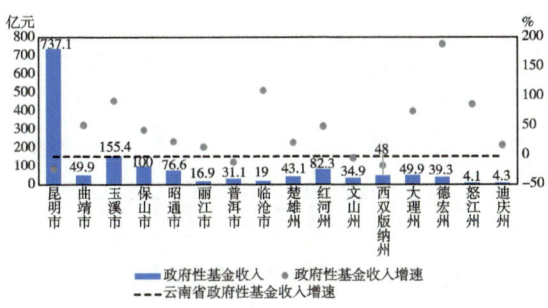

图 25-72　2020 年云南省各市政府性基金收入及增速

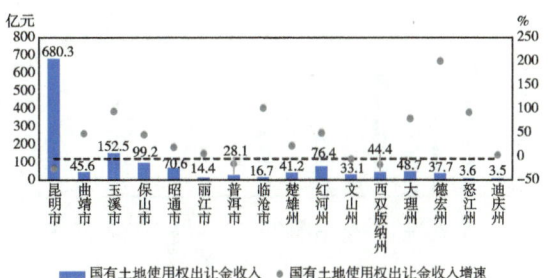

图 25-73　2020 年云南省各市国有土地使用权出让金收入及增速

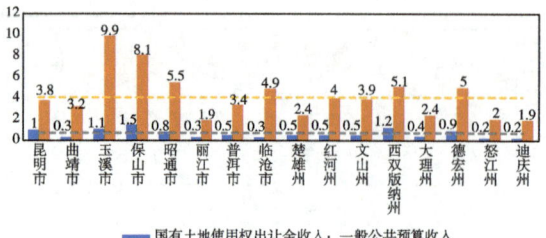

图25-74 2020年云南省各市国有土地使用权出让金收入与一般公共预算收入对比关系

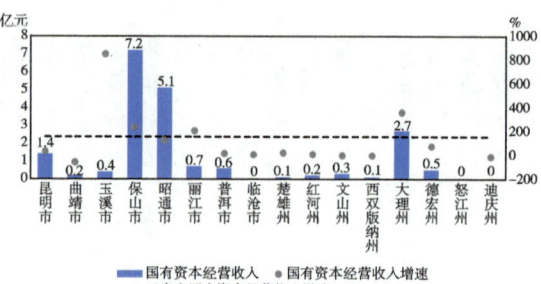

图25-75 2020年云南省各市国有资本经营收入及增速

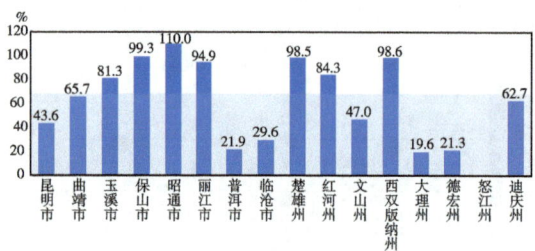

图25-76 2020年云南省各市调出资金与国有资本经营收入对比关系

25.2.5 云南省各市社会保险基金收入情况

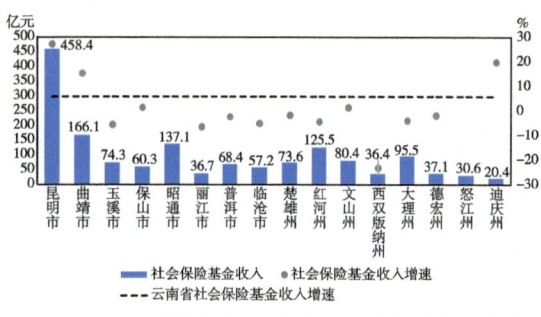

图25-77 2020年云南省各市社会保险基金收入及增速

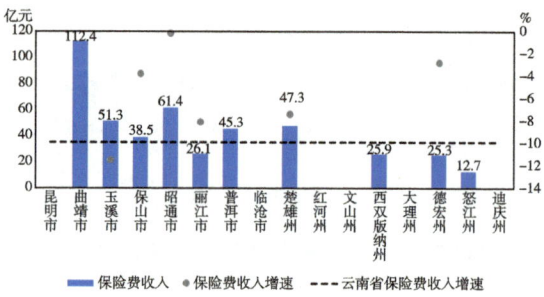

图25-78 2020年云南省各市保险费收入及增速

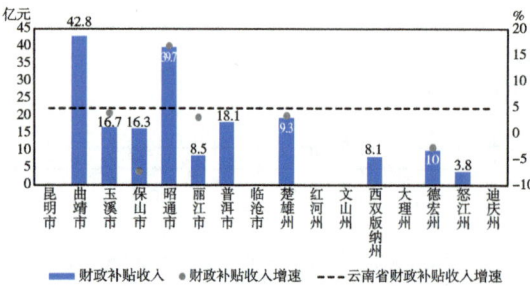

图25-79 2020年云南省各市财政补贴收入及增速

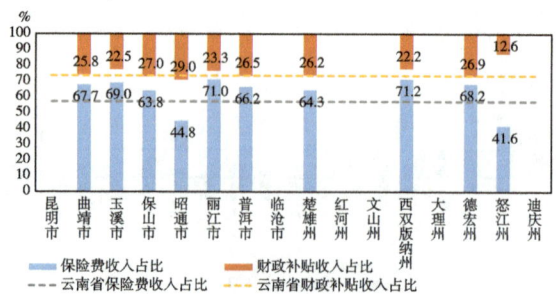

图25-80 2020年云南省各市保险费收入、财政补贴收入占社会保险基金收入的比重

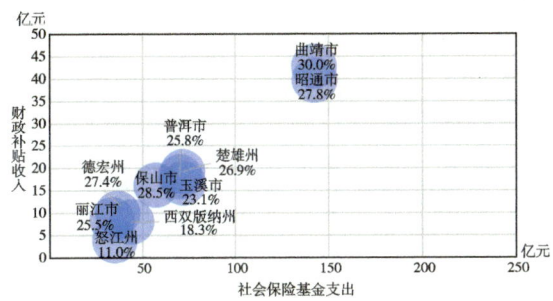

图25-81 2020年云南省各市社会保险基金支出对财政补贴的依赖度

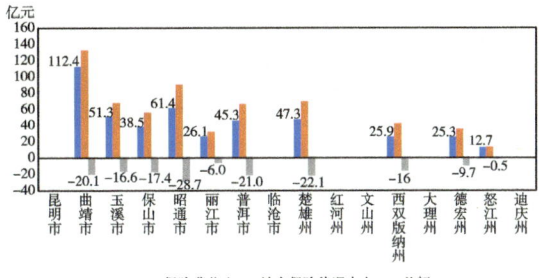

图25-82 2020年云南省各市保险费收入、社会保险待遇支出及差额

25.2.6 云南省各市债务情况

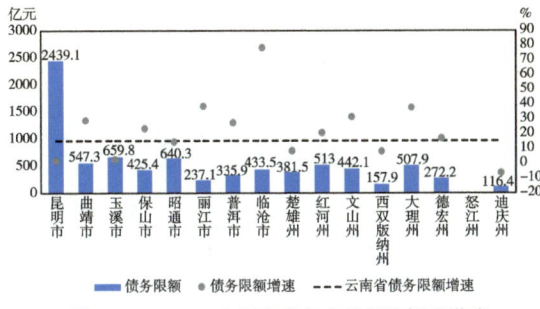

图25-83 2020年云南省各市债务限额及增速

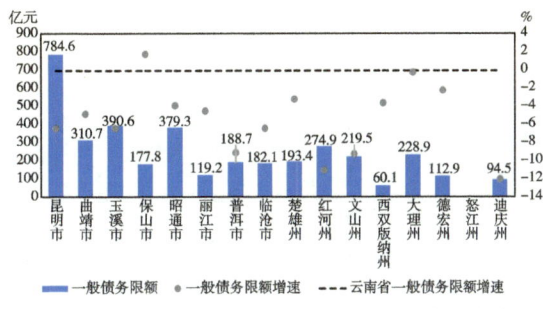

图25-84 2020年云南省各市一般债务限额及增速

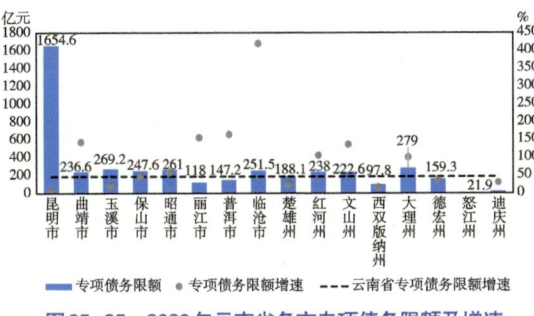

图25-85 2020年云南省各市专项债务限额及增速

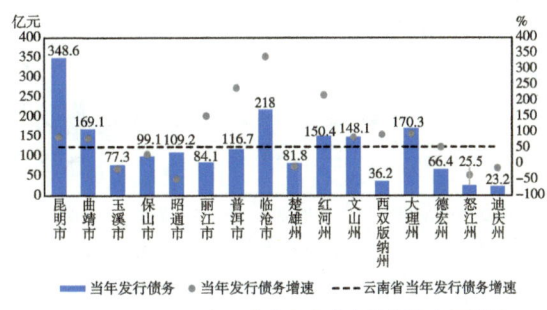

图25-86 2020年云南省各市当年发行债务及增速

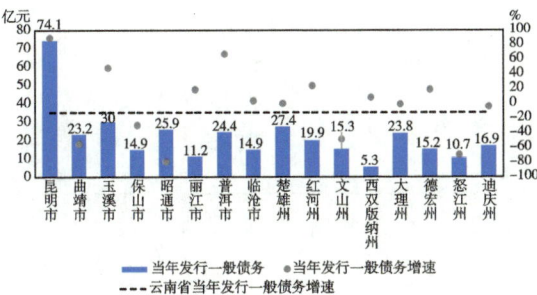

图25-87 2020年云南省各市当年发行一般债务及增速

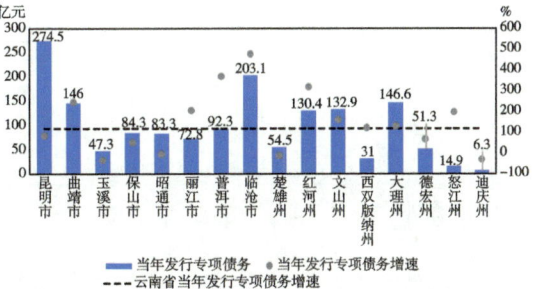

图25-88 2020年云南省各市当年发行专项债务及增速

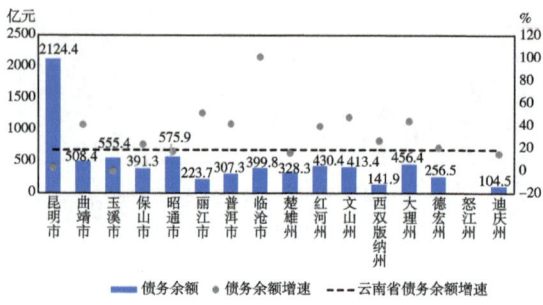

图25-89　2020年云南省各市债务余额及增速

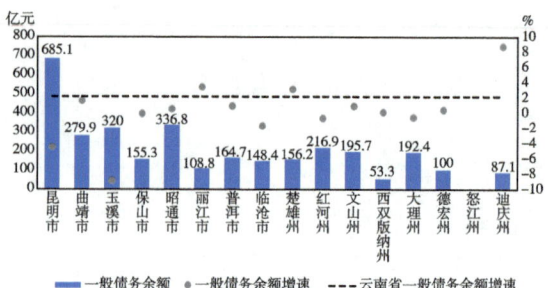

图25-90　2020年云南省各市一般债务余额及增速

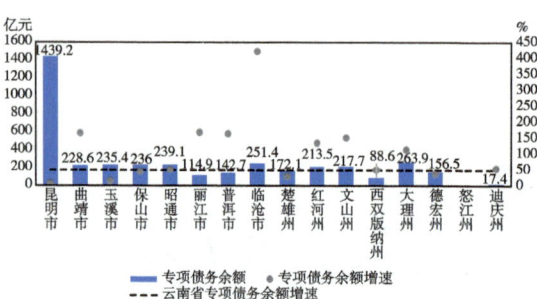

图25-91　2020年云南省各市专项债务余额及增速

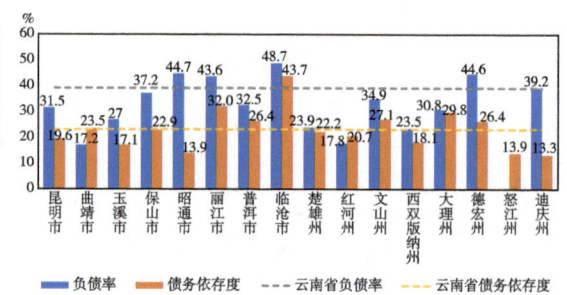

图25-92　2020年云南省各市负债率和债务依存度

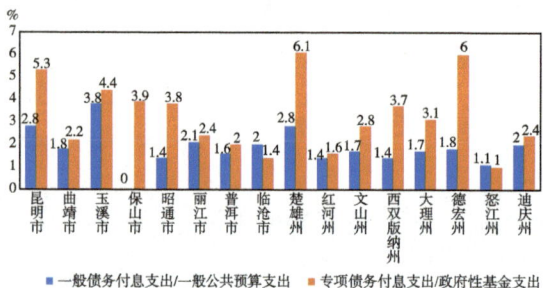

图25-93　2020年云南省各市债务付息支出相关指标

25.2.7　云南省各市市本级一般公共预算收入情况

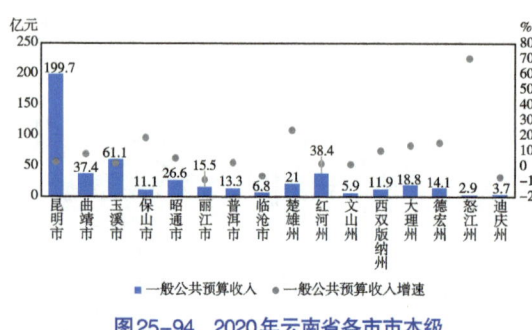

图25-94　2020年云南省各市市本级
一般公共预算收入及增速

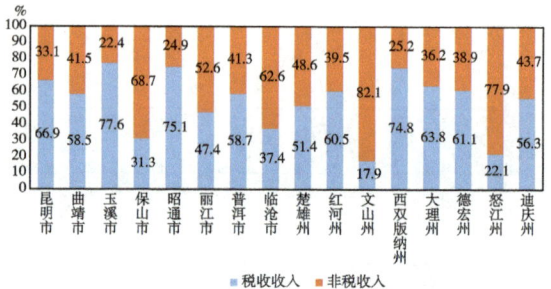

图25-95　2020年云南省各市市本级
一般公共预算收入结构

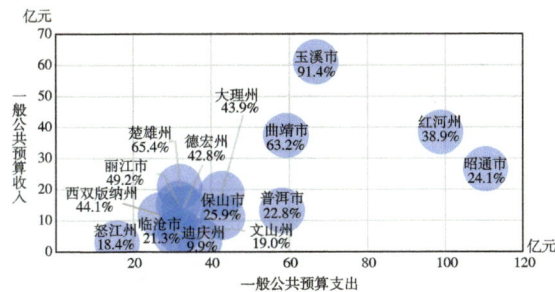

图25-96 2020年云南省各市市本级财政自给率
注：昆明市市本级财政自给率为90.7%。

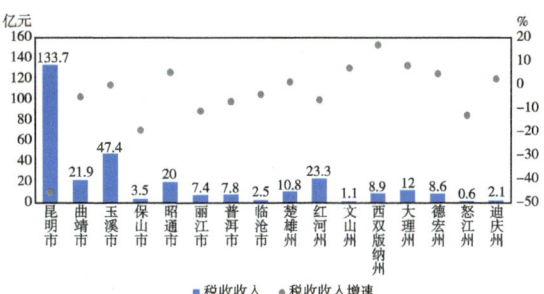

图25-97 2020年云南省各市市本级税收收入及增速

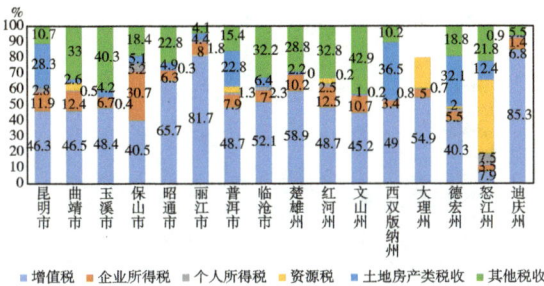

图25-98 2020年云南省各市市本级税收收入结构

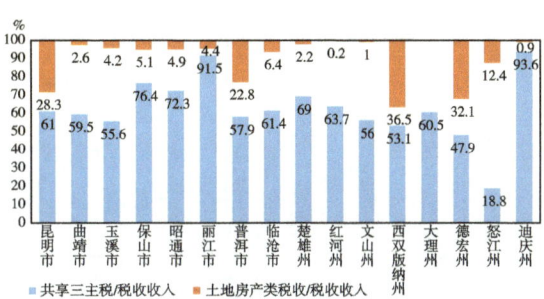

图25-99 2020年云南省各市市本级共享三主税、土地房产类税收占税收收入的比重

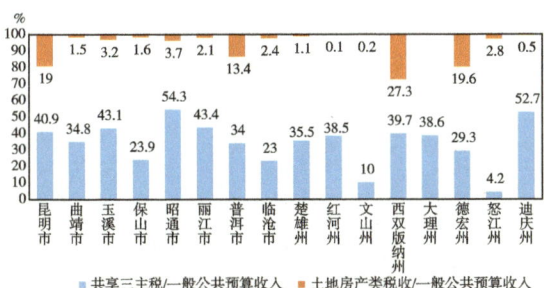

图25-100 2020年云南省各市市本级共享三主税、土地房产类税收占一般公共预算收入的比重

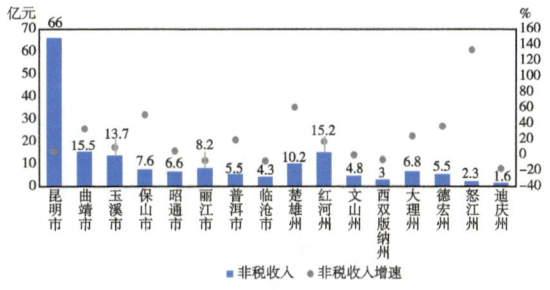

图25-101 2020年云南省各市市本级非税收入及增速

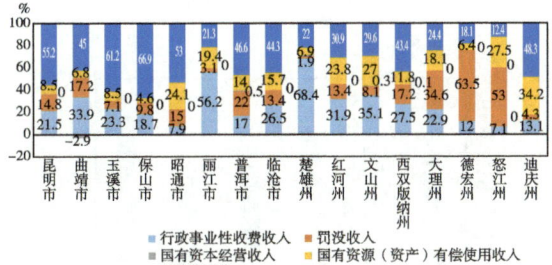

图25-102 2020年云南省各市市本级非税收入结构

25.3 云南省样本县政府收入主要特征分析

25.3.1 云南省样本县经济社会发展情况

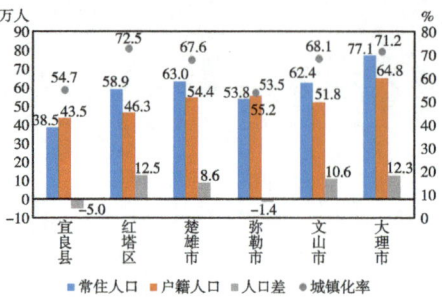

图25-103 2020年云南省样本县人口状况

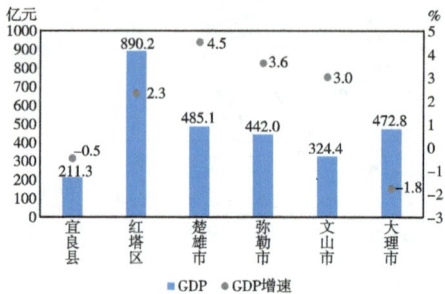

图25-104 2020年云南省样本县GDP及增速

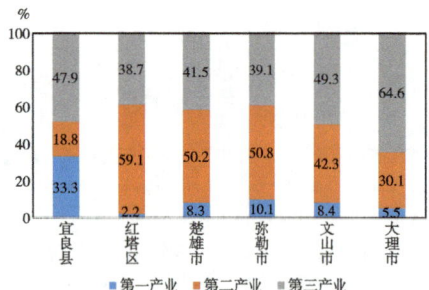

图25-105 2020年云南省样本县三次产业结构

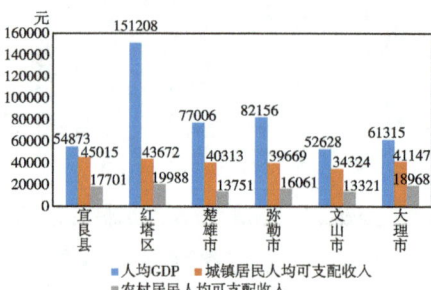

图25-106 2020年云南省样本县人均GDP和人均可支配收入

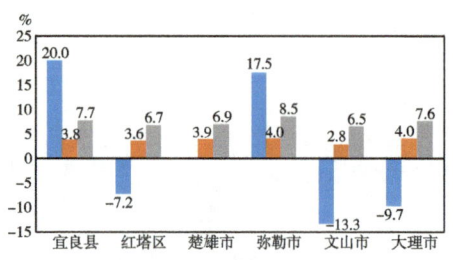

图25-107 2020年云南省样本县人均GDP现价增速和人均可支配收入增速

25.3.2 云南省样本县政府收入总体情况

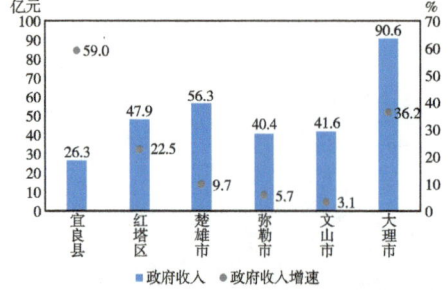

图25-108 2020年云南省样本县政府收入及增速

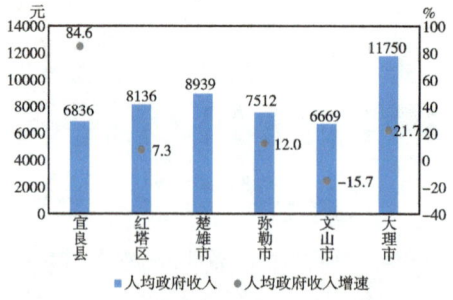

图25-109 2020年云南省样本县人均政府收入及增速

25.3.3 云南省样本县一般公共预算收入情况

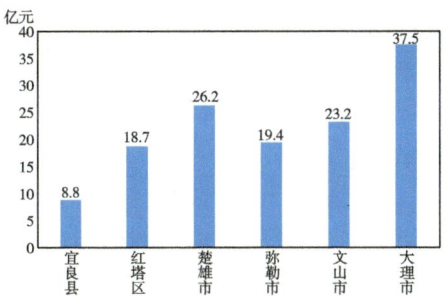

图25-110　2020年云南省样本县一般公共预算收入

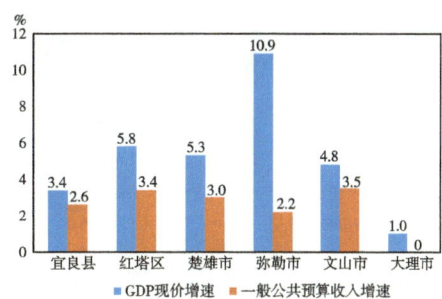

图25-111　2020年云南省样本县一般公共预算收入增速

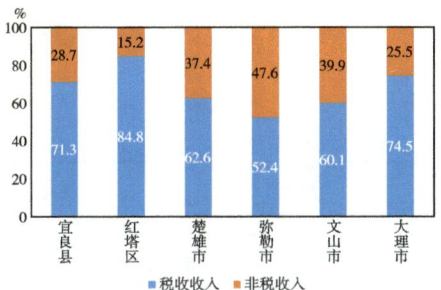

图25-112　2020年云南省样本县一般公共预算收入结构

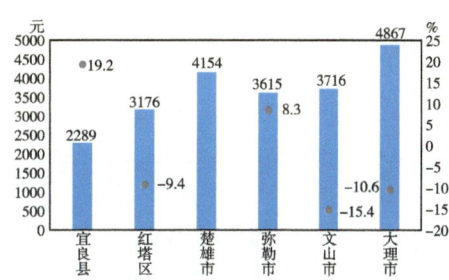

图25-113　2020年云南省样本县人均一般公共预算收入及增速

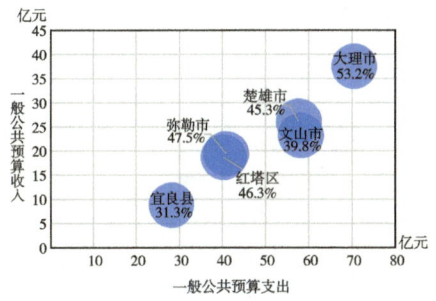

图25-114　2020年云南省样本县财政自给率

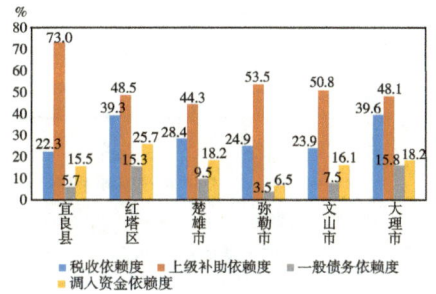

图25-115　2020年云南省样本县一般公共预算支出对各类收入的依赖度

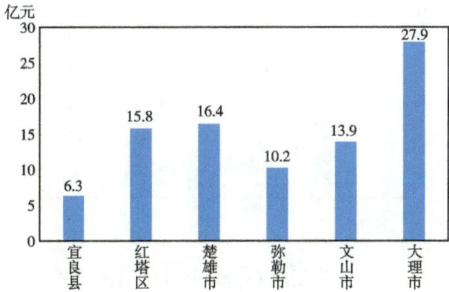

图25-116　2020年云南省样本县税收收入

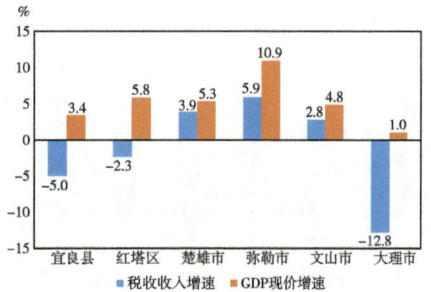

图25-117　2020年云南省样本县税收收入增速

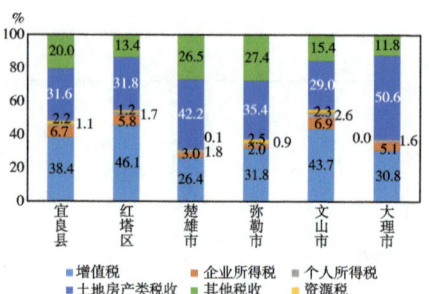

图 25-118 2020年云南省样本县税收收入结构

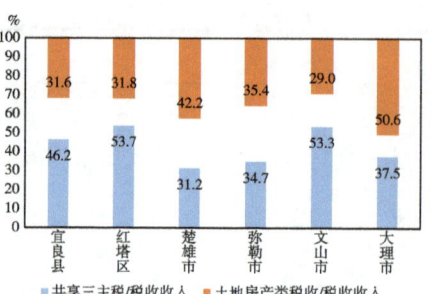

图 25-119 2020年云南省样本县共享三主税、土地房产类税收占税收收入的比重

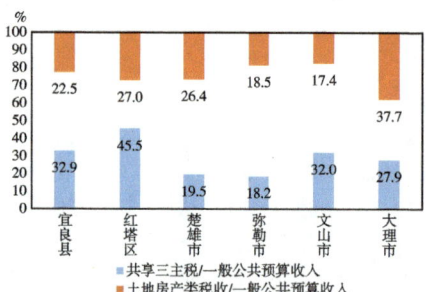

图 25-120 2020年云南省样本县共享三主税、土地房产类税收占一般公共预算收入的比重

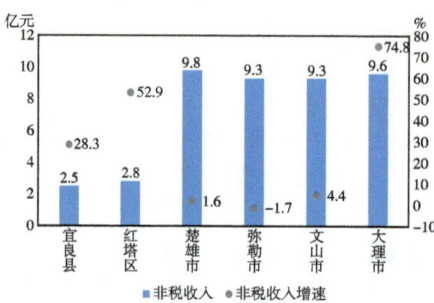

图 25-121 2020年云南省样本县非税收入及增速

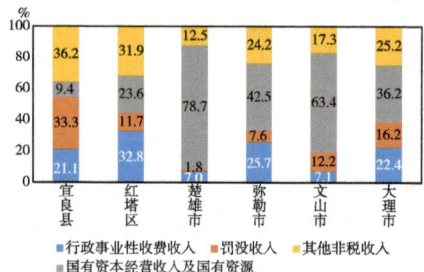

图 25-122 2020年云南省样本县非税收入结构

25.3.4　云南省样本县政府性基金收入与国有资本经营收入情况

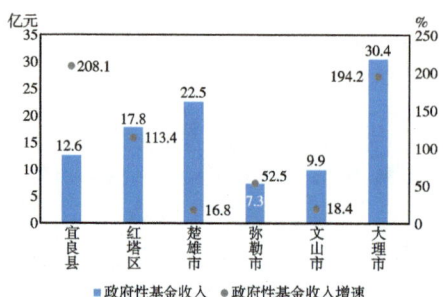

图 25-123 2020年云南省样本县政府性基金收入及增速

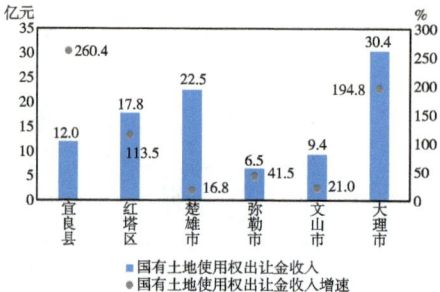

图 25-124 2020年云南省样本县国有土地使用权出让金收入及增速

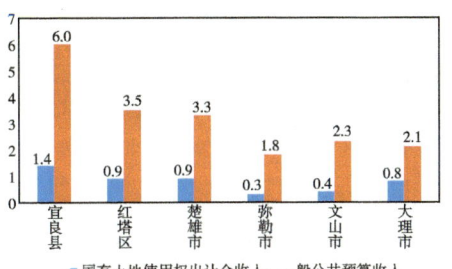

图25-125　2020年云南省样本县国有土地使用权出让金收入与一般公共预算收入对比关系

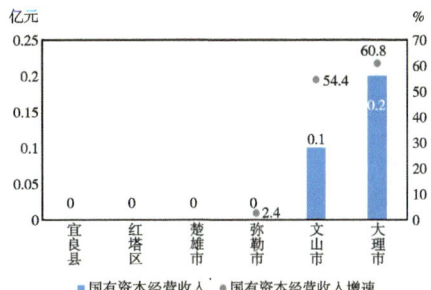

图25-126　2020年云南省样本县国有资本经营收入及增速

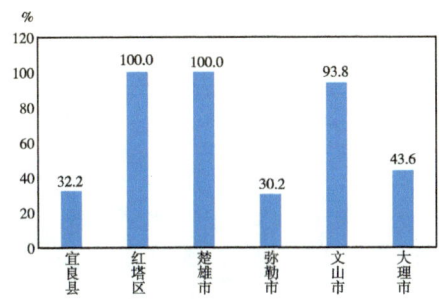

图25-127　2020年云南省样本县调出资金与国有资本经营收入对比关系

25.3.5　云南省样本县社会保险基金收入情况

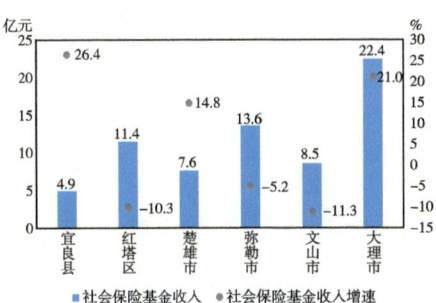

图25-128　2020年云南省样本县社会保险基金收入及增速

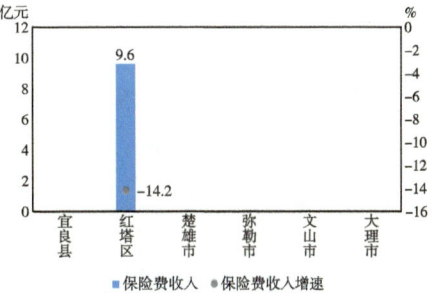

图25-129　2020年云南省样本县保险费收入及增速

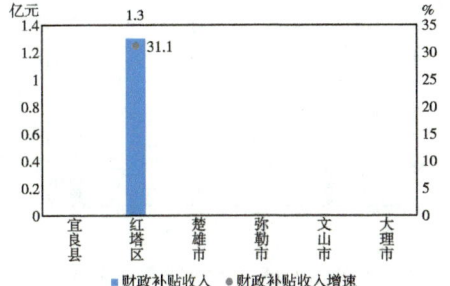

图25-130　2020年云南省样本县财政补贴收入及增速

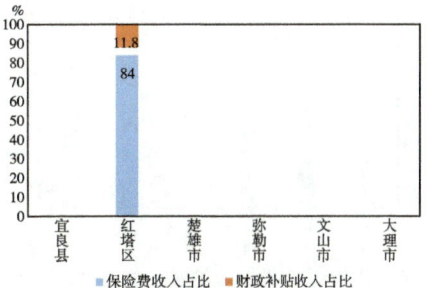

图25-131　2020年云南省样本县保险费收入、财政补贴收入占社会保险基金收入的比重

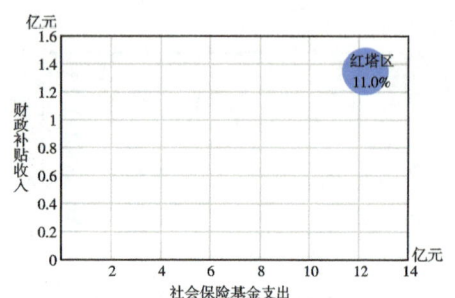

图25-132 2020年云南省样本县社会保险基金支出对财政补贴的依赖度

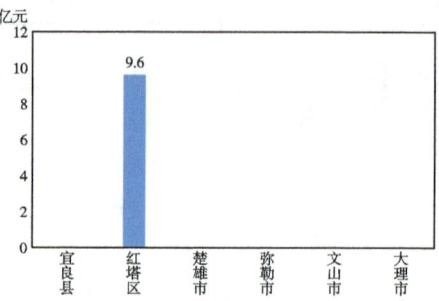

图25-133 2020年云南省样本县保险费收入

25.3.6 云南省样本县债务情况

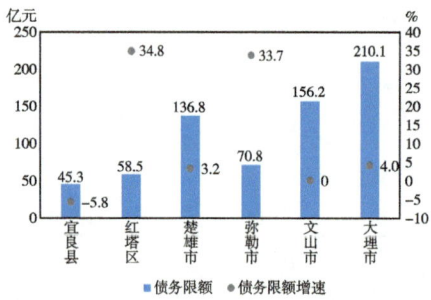

图25-134 2020年云南省样本县债务限额及增速

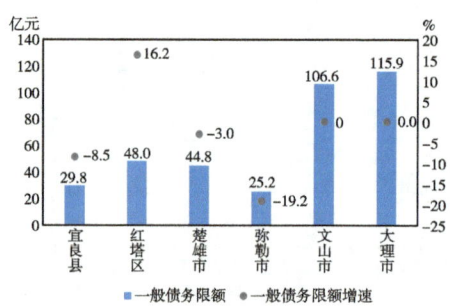

图25-135 2020年云南省样本县一般债务限额及增速

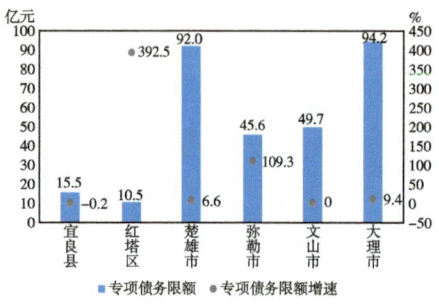

图25-136 2020年云南省样本县专项债务限额及增速

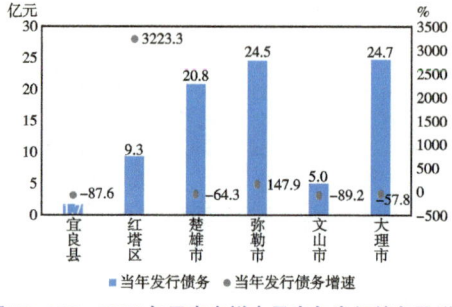

图25-137 2020年云南省样本县当年发行债务及增速

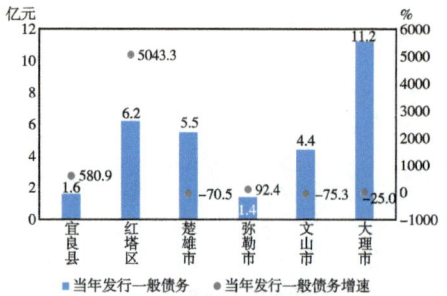

图25-138 2020年云南省样本县当年发行一般债务及增速

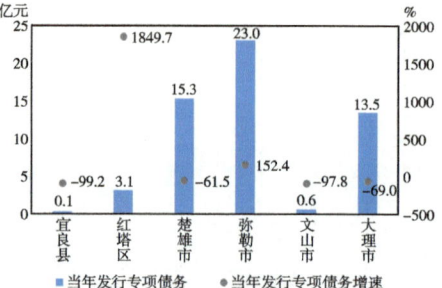

图25-139 2020年云南省样本县当年发行专项债务及增速

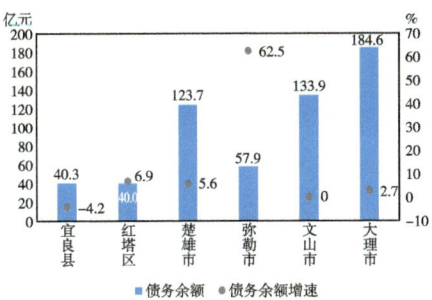

图25-140　2020年云南省样本县债务余额及增速

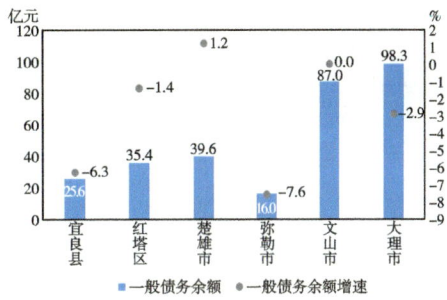

图25-141　2020年云南省样本县一般债务余额及增速

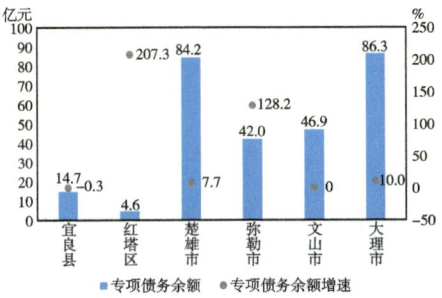

图25-142　2020年云南省样本县专项债务余额及增速

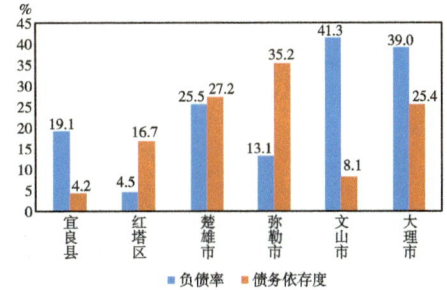

图25-143　2020年云南省样本县负债率和债务依存度

26 西藏自治区

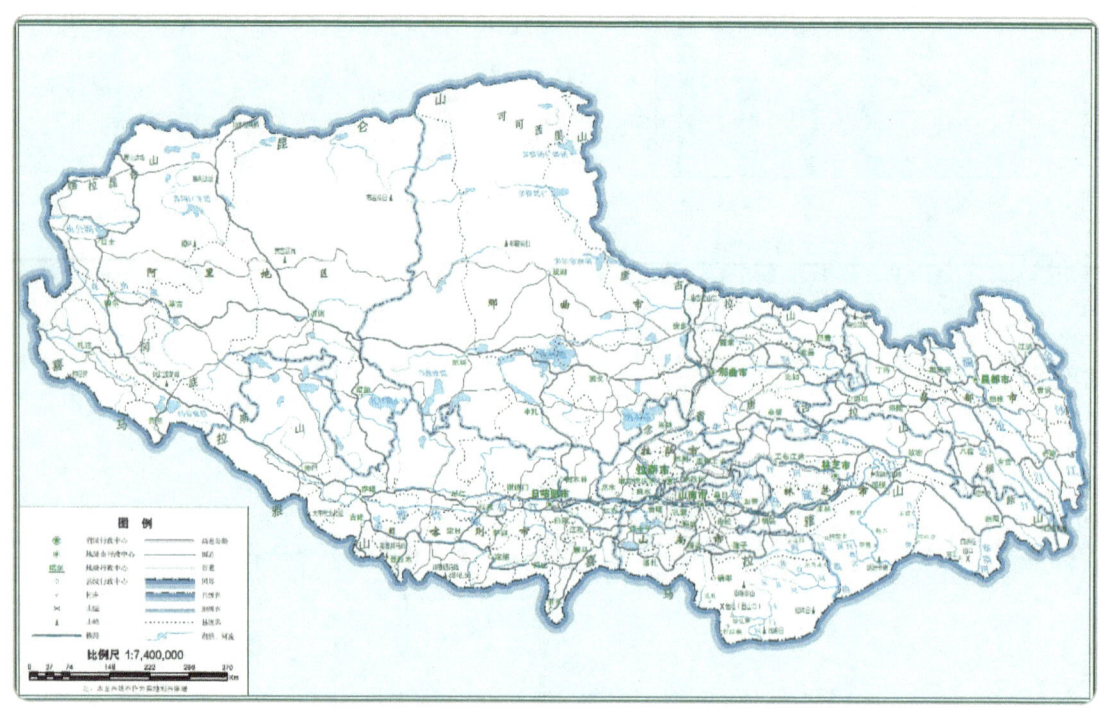

图 2022年西藏自治区地图

资料来源：自然资源部的标准地图服务系统网站。
注：审图号为藏S（2022）004号。

本章执笔人：陈少波 审校：谢恺

专栏26-1 2021年西藏自治区行政区划

拉萨市：城关区、**堆龙德庆区**、达孜区、林周县、当雄县、尼木县、曲水县、墨竹工卡县

日喀则市：桑珠孜区、南木林县、江孜县、**定日县**、**萨迦县**、拉孜县、昂仁县、谢通门县、白朗县、仁布县、康马县、定结县、仲巴县、亚东县、吉隆县、聂拉木县、萨嘎县、岗巴县

昌都市：卡若区、江达县、贡觉县、类乌齐县、丁青县、察雅县、八宿县、左贡县、芒康县、洛隆县、边坝县

林芝市：巴宜区、工布江达县、朗县、米林县、**察隅县**、波密县、墨脱县

山南市：乃东区、琼结县、扎囊县、贡嘎县、浪卡子县、洛扎县、措美县、错那县、隆子县、曲松县、加查县、桑日县

那曲市：色尼区、安多县、聂荣县、比如县、嘉黎县、索县、巴青县、申扎县、班戈县、尼玛县、双湖县

阿里地区：普兰县、札达县、噶尔县、日土县、改则县、革吉县、措勤县

本书选取堆龙德庆区、定日县、萨迦县以及察隅县为样本县。

西藏自治区共辖6个地级市及1个地区，8个市辖区、66个县（详见专栏26-1）；位于青藏高原的西南部，国境线长达3842公里，是中国西南边陲的重要门户，战略位置十分重要。面积122.8万平方公里，约占中国总面积的1/8，仅次于新疆，全区各类天然草场面积有8300万公顷，占全区土地面积的67%，约占中国天然草场面积的26%。西藏自治区是中国人口最少，密度最小的省区。

2021年西藏自治区经济总量处于全国末位，第三产业占比高于全国。2020年人口整体净流入，且城镇化率远低于全国平均水平。2020年常住人口城镇化率为35.7%（低于全国水平28.2个百分点），2020年末常住人口364.8万人。2021年GDP超过0.2万亿元，排全国第31名；增速为6.7%，比2020年下降1.1个百分点，低于全国1.4个百分点，排全国第22名。从产业结构看，第一、第二、第三产业占比分别为7.9%、36.4%（低于全国3个百分点）和55.7%（高于全国2.4个百分点）。从居民可支配收入看，2021年城镇与农村居民人均可支配收入分别为46503元和16935元，呈上升态势，分别为全国平均水平的98.1%和89.5%。

2021年西藏自治区一般公共预算收入全国排末位。2021年全自治区一般公共预算收入213亿元，排全国第31名，增速为-3.6%。2020年税收收入占比为64.8%，非税收入占比较高，政府产权性收入规模占非税收入比重为23.5%。

2021年西藏自治区财政自给率极低且近三年基本未变。2021年全自治区财政自给率为10.3%，较2020年上升0.3个百分点。

2021年西藏自治区四本预算合计中社会保险基金收入占比最高，社保支出对财政补贴的依赖度较低。2021年全自治区四本预算加总的政府收入523亿元，其中一般公共预算收入、政府性基金预算收入、国有资本经营预算收入和社会保险基金预算收入分别占比40.7%、8.8%、

1.6%和48.8%。2021年全自治区社保基金预算收入255.4亿元，其中社会保险缴费收入为196.9亿元。

西藏自治区内各地市经济社会发展和财政发展不均衡，优势主要集中于省会拉萨。拉萨市是2020年西藏自治区政府收入规模唯一接近200亿元的城市，而其他城市政府收入规模都在100亿元以下。2020年拉萨市一般公共预算收入107.3亿元，其他各市均低于21亿元，收入较为集中且城市间差异较大，一般公共预算收入的城市首位度指数为5.3，且拉萨市是收入最低的阿里地区的20.6倍。自治区内各市财政自给率总体较低。2020年拉萨市自给率相对较高，为30.7%；林芝市为10.6%，其余城市均低于10%，那曲市最低（仅为3.4%）。拉萨市政府性基金预算收入为52.1亿元，其余城市不足10亿元。

26.1 西藏自治区政府收入主要特征分析

26.1.1 西藏自治区经济社会基本情况

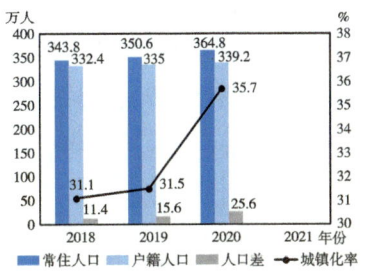

图26-1 2018-2021年西藏自治区人口状况

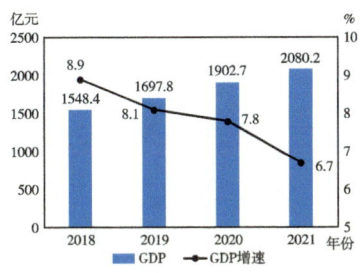

图26-2 2018-2021年西藏自治区GDP及增速

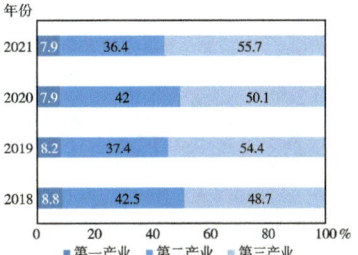

图26-3 2018-2021年西藏自治区三次产业结构

图26-4 2018-2021年西藏自治区人均GDP和人均可支配收入

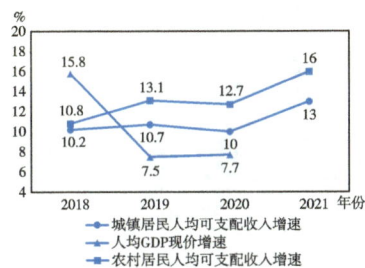

图26-5 2018-2021年西藏自治区人均GDP现价增速和人均可支配收入增速

26.1.2 西藏自治区政府收入总体情况

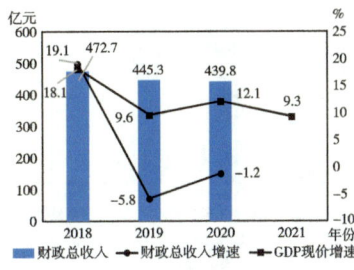

图26-6 2018-2021年西藏自治区财政总收入及增速

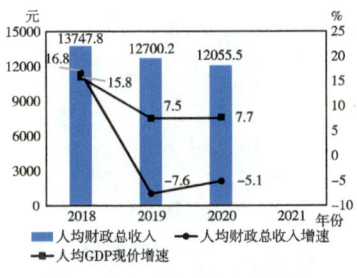

图26-7 2018-2021年西藏自治区人均财政总收入及增速

图26-8 2018-2021年西藏自治区财政总收入相关指标

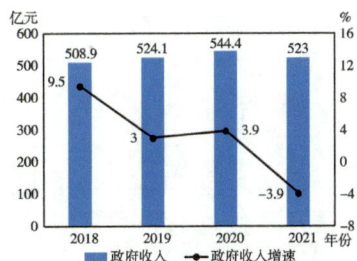

图26-9 2018-2021年西藏自治区政府收入及增速

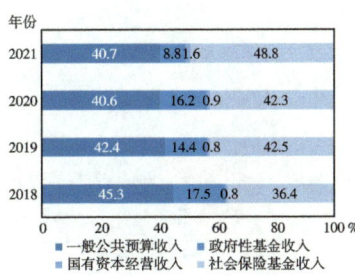

图26-10 2018-2021年西藏自治区政府收入结构

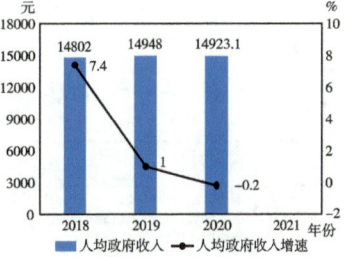

图26-11 2018-2021年西藏自治区人均政府收入及增速

26.1.3 西藏自治区一般公共预算收入情况

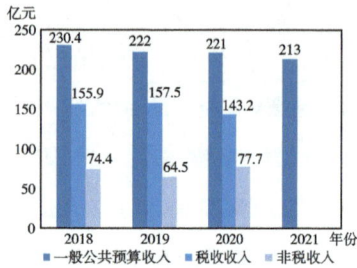

图26-12 2018-2021年西藏自治区一般公共预算收入

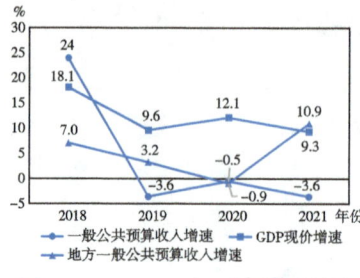

图26-13 2018-2021年西藏自治区一般公共预算收入增速

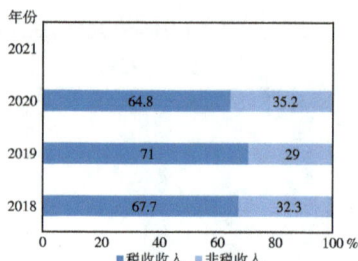

图26-14 2018-2021年西藏自治区一般公共预算收入结构

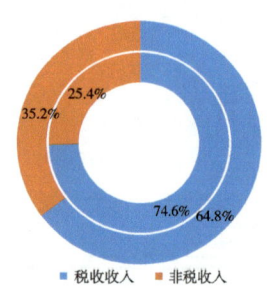

图26-15 2020年一般公共预算收入结构对比（内环为地方，外环为西藏自治区）

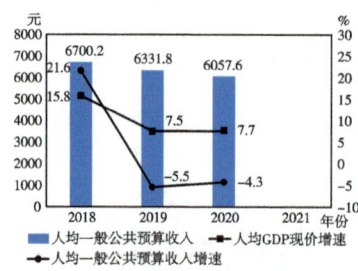

图26-16 2018-2021年西藏自治区人均一般公共预算收入及增速

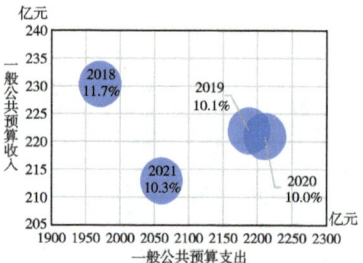

图26-17 2018-2021年西藏自治区财政自给率

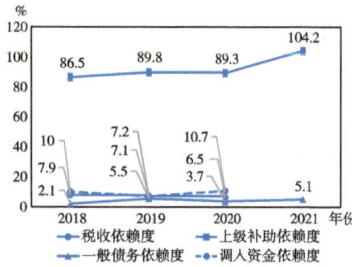

图26-18 2018-2021年西藏自治区一般公共预算支出对各类收入的依赖度

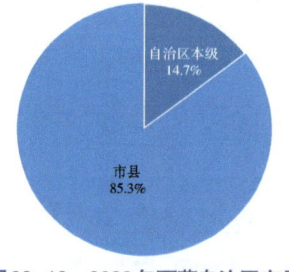

图26-19 2020年西藏自治区市县三级政府一般公共预算收入分布

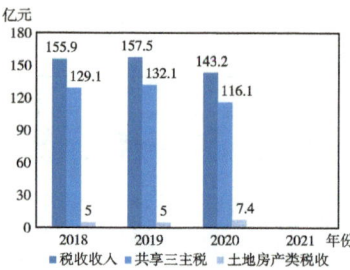

图26-20 2018-2021年西藏自治区税收收入

图26-21 2018-2021年西藏自治区税收收入增速

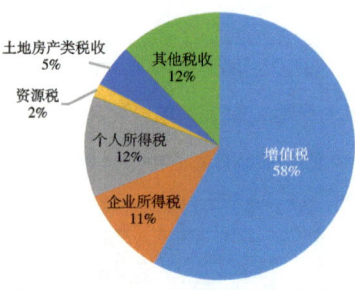

图26-22 2020年西藏自治区税收收入结构

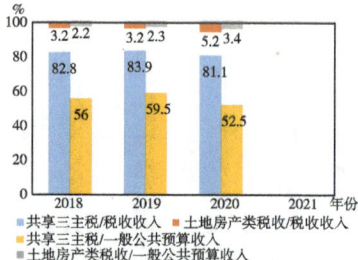

图26-23 2018-2021年西藏自治区共享三主税、土地房产类税收占税收收入及一般公共预算收入的比重

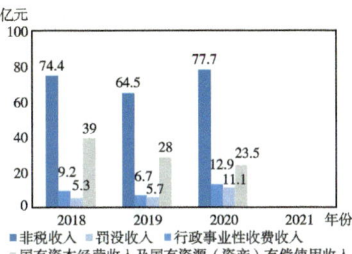

图26-24　2018-2021年西藏自治区非税收入

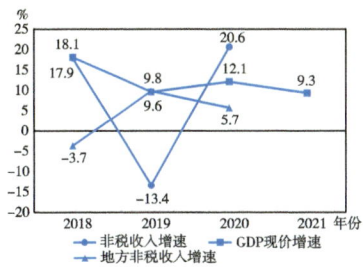

图26-25　2018-2021年西藏自治区非税收入增速

图26-26　2018-2021年西藏自治区非税收入中各主要收入占比

26.1.4　西藏自治区政府性基金和国有资本经营收入情况

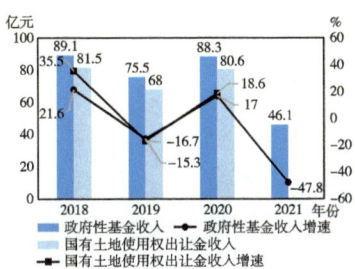

图26-27　2018-2021年西藏自治区政府性基金收入及增速

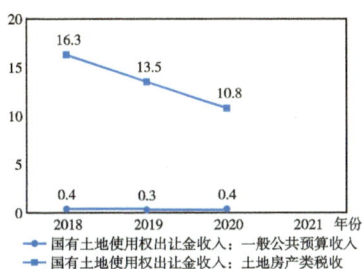

图26-28　2018-2021年西藏自治区国有土地使用权出让金收入与一般公共预算收入对比关系

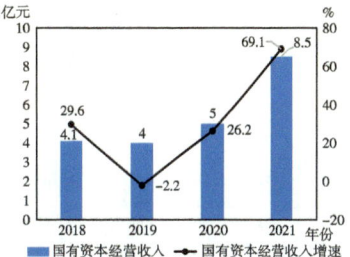

图26-29　2018-2021年西藏自治区国有资本经营收入及增速

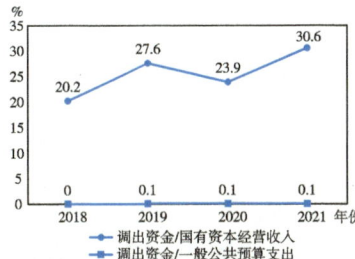

图26-30　2018-2021年西藏自治区国有资本经营预算中调出资金相关指标

26.1.5　西藏自治区社会保险基金收入情况

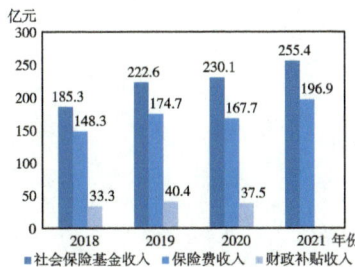

图26-31　2018-2021年西藏自治区社会保险基金收入

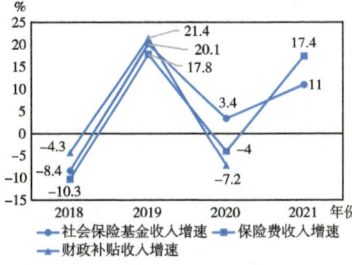

图26-32　2018-2021年西藏自治区社会保险基金收入增速

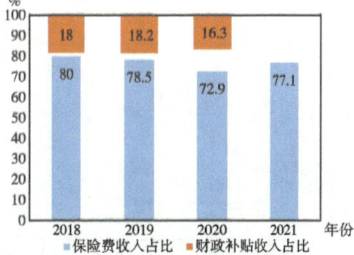

图26-33　2018-2021年西藏自治区保险费收入、财政补贴收入占社会保险基金收入的比重

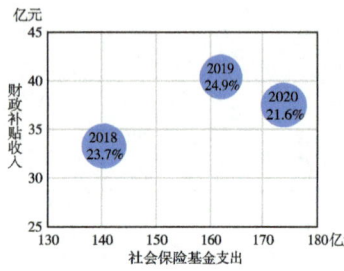

图26-34 2018—2021年西藏自治区社会保险基金支出对财政补贴的依赖度

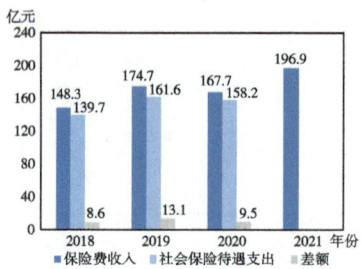

图26-35 2018—2021年西藏自治区保险费收入、社会保险待遇支出及差额

26.1.6 西藏自治区债务情况

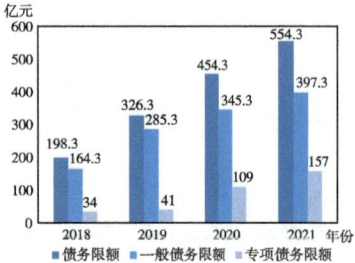

图26-36 2018—2021年西藏自治区债务限额

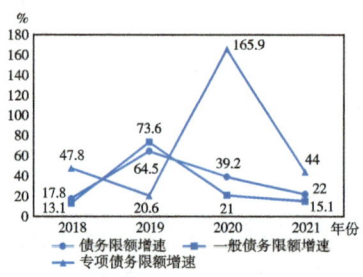

图26-37 2018—2021年西藏自治区债务限额增速

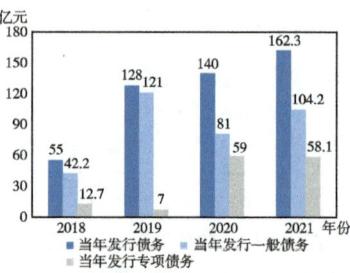

图26-38 2018—2021年西藏自治区当年发行债务

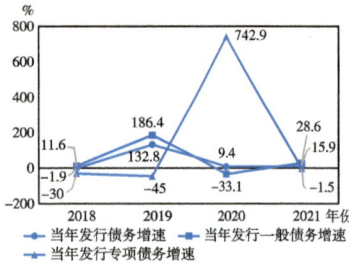

图26-39 2018—2021年西藏自治区当年发行债务增速

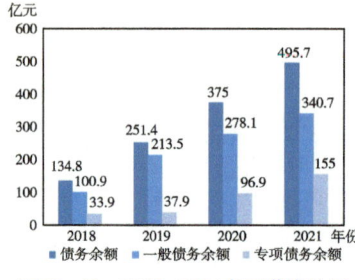

图26-40 2018—2021年西藏自治区债务余额

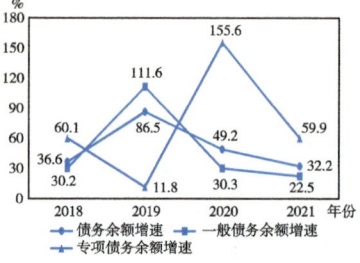

图26-41 2018—2021年西藏自治区债务余额增速

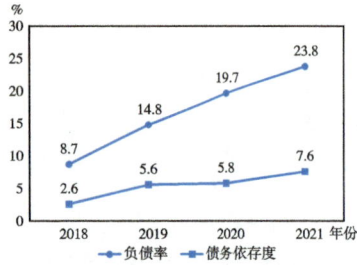

图26-42 2018—2021年西藏自治区负债率和债务依存度

26.1.7 西藏自治区区本级一般公共预算收入情况

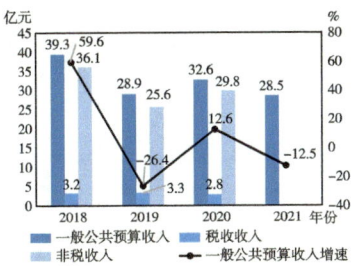

图26-43 2018-2021年西藏自治区区本级一般公共预算收入及增速

图26-44 2018-2021年西藏自治区区本级一般公共预算收入结构

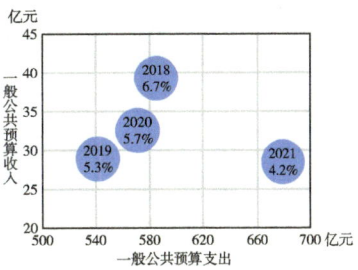

图26-45 2018-2021年西藏自治区区本级财政自给率

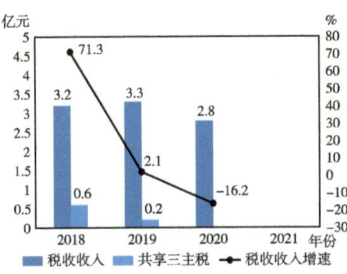

图26-46 2018-2021年西藏自治区区本级税收收入及增速

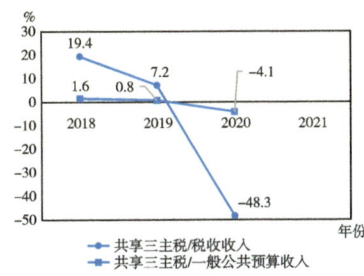

图26-47 2018-2021年西藏自治区区本级共享三主税占税收收入及一般公共预算收入的比重

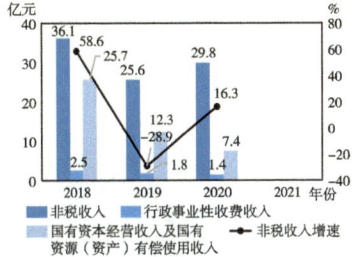

图26-48 2018-2021年西藏自治区区本级非税收入及增速

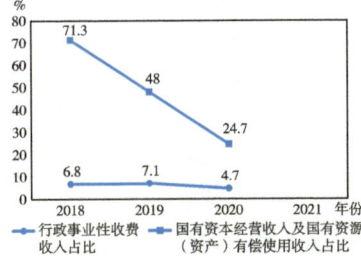

图26-49 2018-2021年西藏自治区区本级非税收入中各主要收入占比

26.2 西藏自治区各市政府收入主要特征分析

26.2.1 西藏自治区各市经济社会发展情况

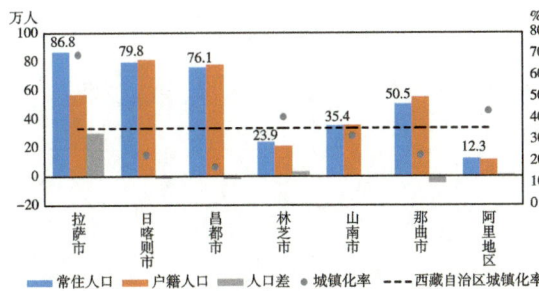

图26-50 2020年西藏自治区各市人口状况

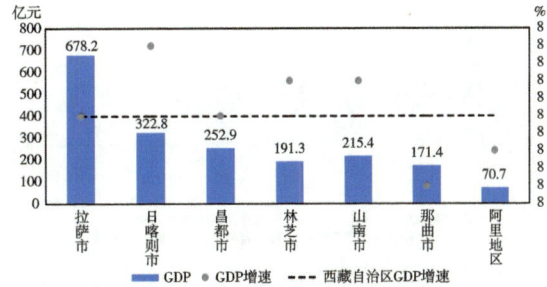

图26-51 2020年西藏自治区各市GDP及增速

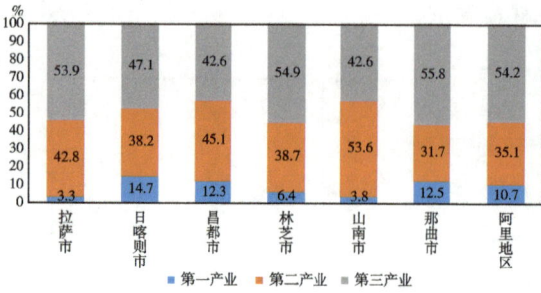

图26-52　2020年西藏自治区各市三次产业结构

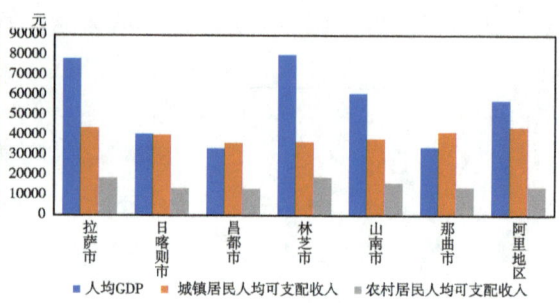

图26-53　2020年西藏自治区各市人均GDP和人均可支配收入

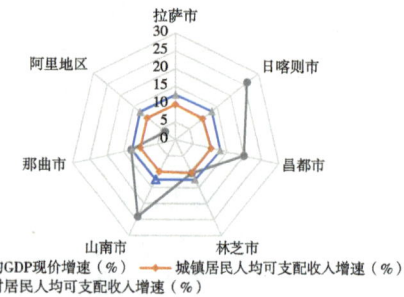

图26-54　2020年西藏自治区各市人均GDP现价增速和人均可支配收入增速

26.2.2　西藏自治区各市政府收入总体情况

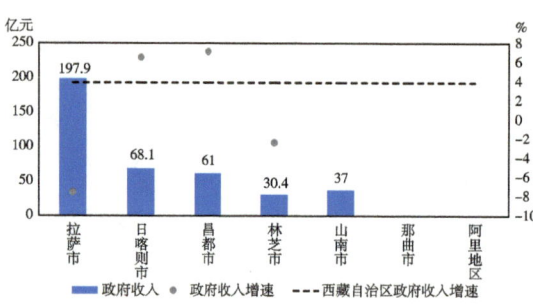

图26-55　2020年西藏自治区各市政府收入及增速

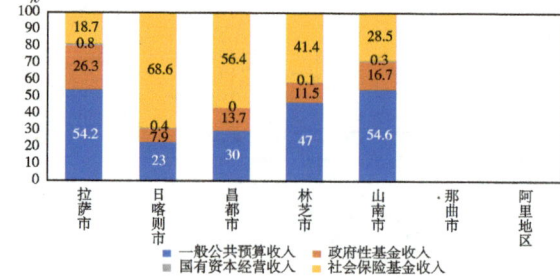

图26-56　2020年西藏自治区各市政府收入结构

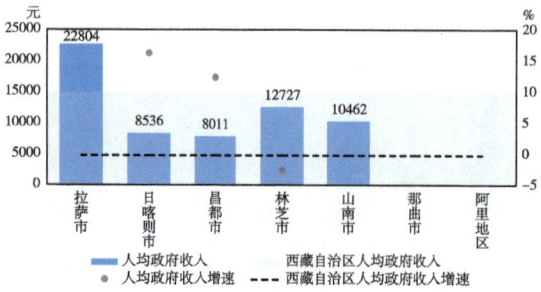

图26-57　2020年西藏自治区各市人均政府收入及增速

26.2.3 西藏自治区各市一般公共预算收入情况

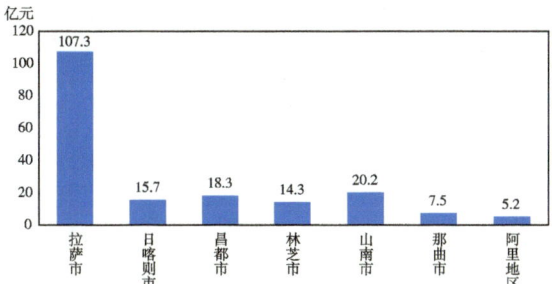

图26-58　2020年西藏自治区各市一般公共预算收入

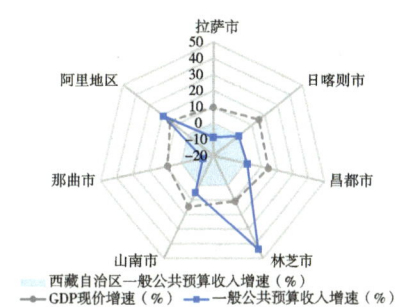

图26-59　2020年西藏自治区各市一般公共预算收入增速

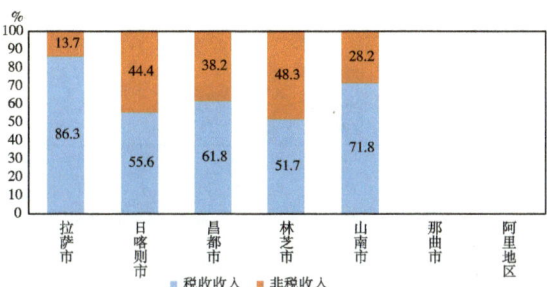

图26-60　2020年西藏自治区各市一般公共预算收入结构

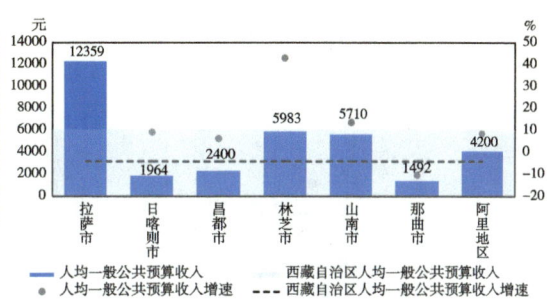

图26-61　2020年西藏自治区各市人均一般公共预算收入及增速

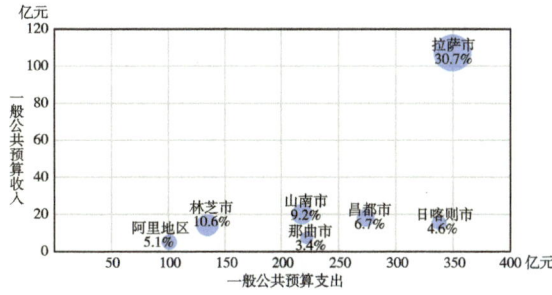

图26-62　2020年西藏自治区各市财政自给率

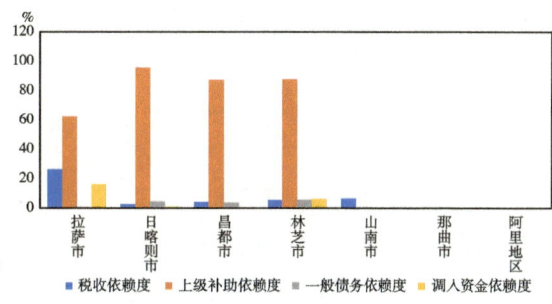

图26-63　2020年西藏自治区各市一般公共预算支出对各类收入的依赖度

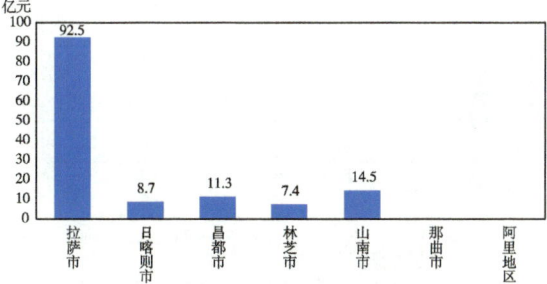

图26-64　2020年西藏自治区各市税收收入

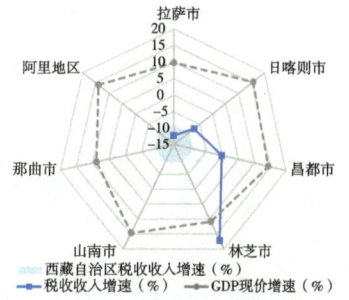

图26-65　2020年西藏自治区各市税收收入增速

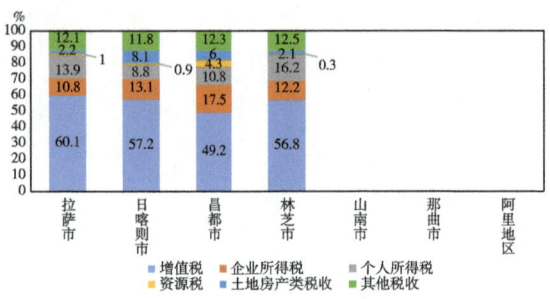

图 26-66 2020 年西藏自治区各市税收收入结构

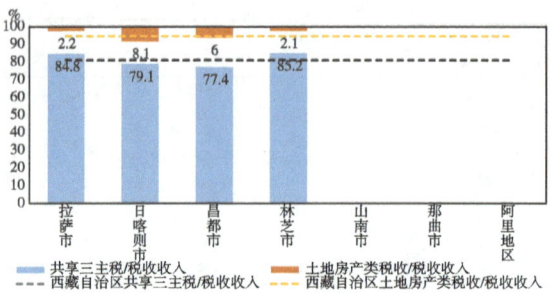

图 26-67 2020 年西藏自治区各市共享三主税、
土地房产类税收占税收收入的比重

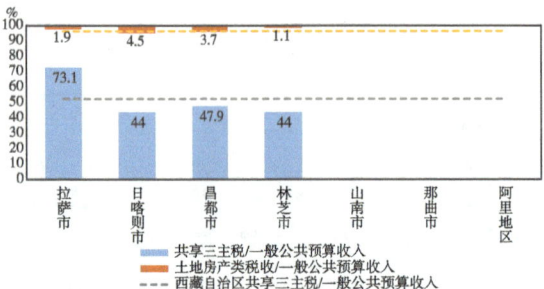

图 26-68 2020 年西藏自治区各市共享三主税、
土地房产类税收占一般公共预算收入的比重

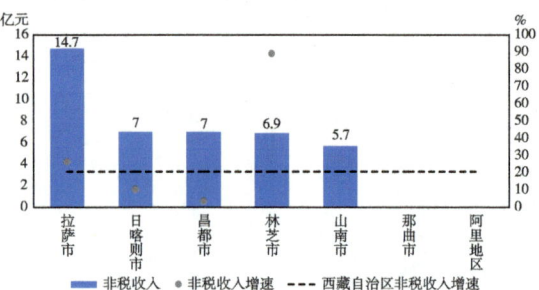

图 26-69 2020 年西藏自治区各市非税收入及增速

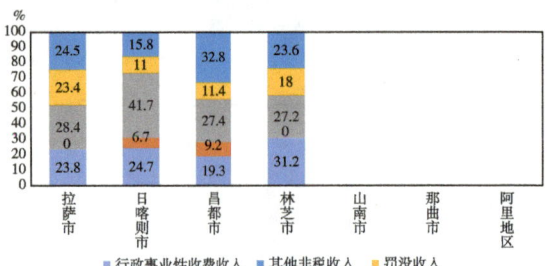

图 26-70 2020 年西藏自治区各市非税收入结构

26.2.4　西藏自治区各市政府性基金收入与国有资本经营收入情况

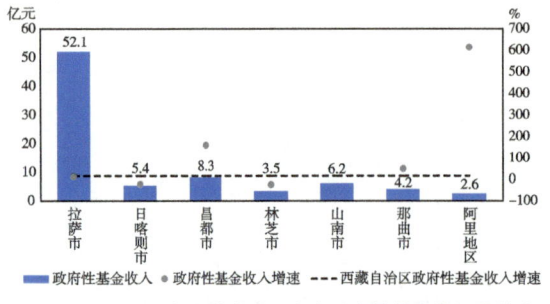

图 26-71 2020 年西藏自治区各市政府性基金收入及增速

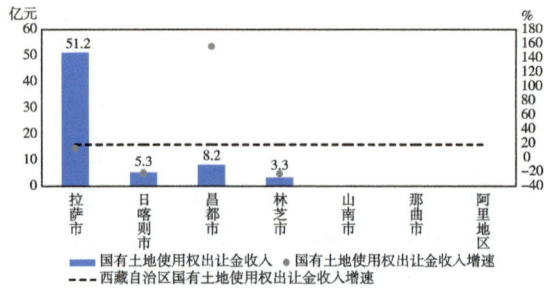

图 26-72 2020 年西藏自治区各市国有土地使用权
出让金收入及增速

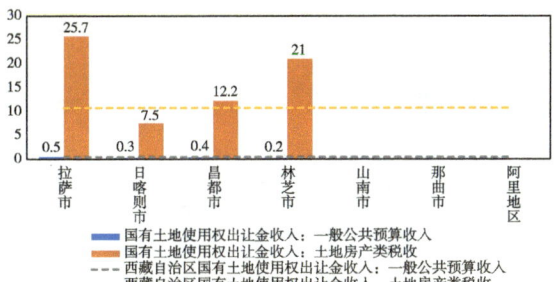

图26-73 2020年西藏自治区各市国有土地使用权出让金收入与一般公共预算收入对比关系

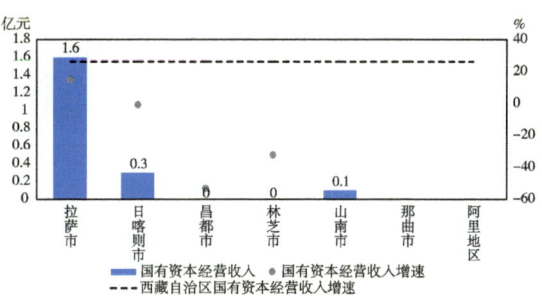

图26-74 2020年西藏自治区各市国有资本经营收入及增速

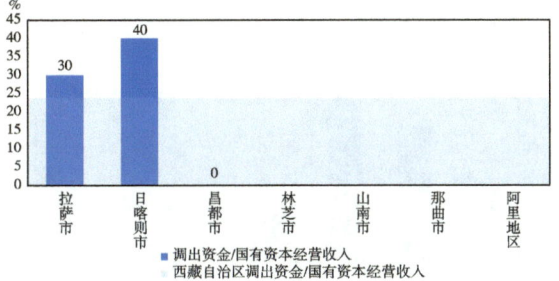

图26-75 2020年西藏自治区各市调出资金与国有资本经营收入对比关系

26.2.5 西藏自治区各市社会保险基金收入情况

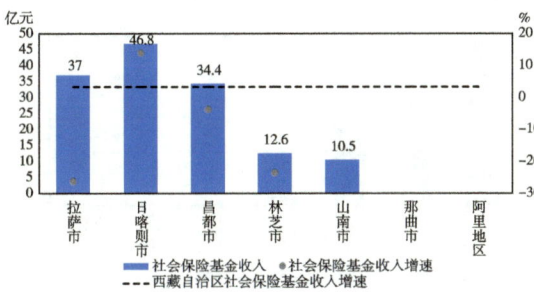

图26-76 2020年西藏自治区各市社会保险基金收入及增速

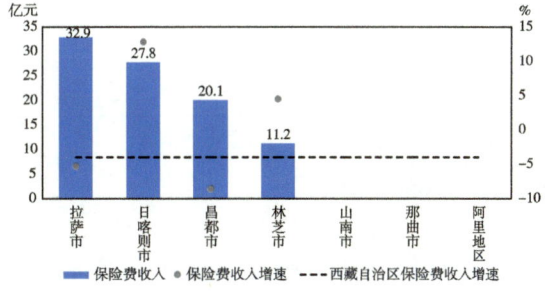

图26-77 2020年西藏自治区各市保险费收入及增速

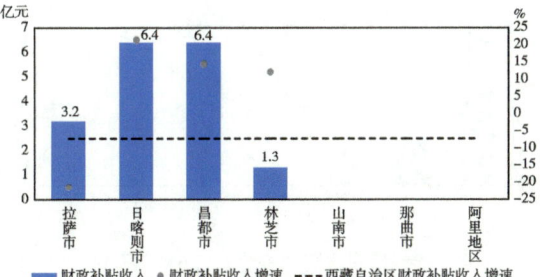

图26-78 2020年西藏自治区各市财政补贴收入及增速

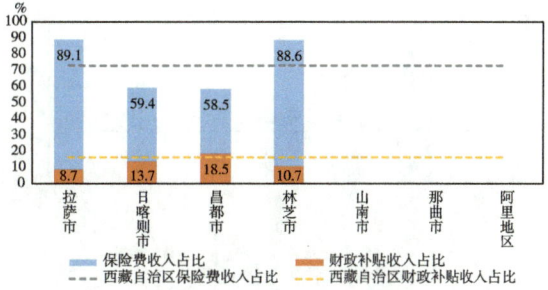

图26-79 2020年西藏自治区各市保险费收入、财政补贴收入占社会保险基金收入的比重

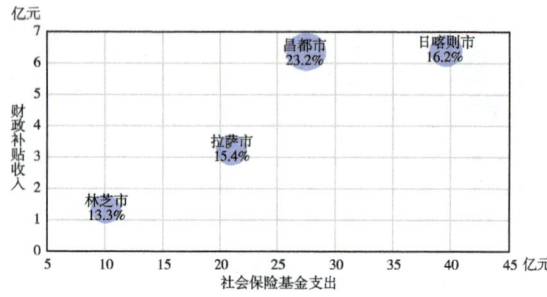

图26-80 2020年西藏自治区各市社会保险基金支出对财政补贴的依赖度

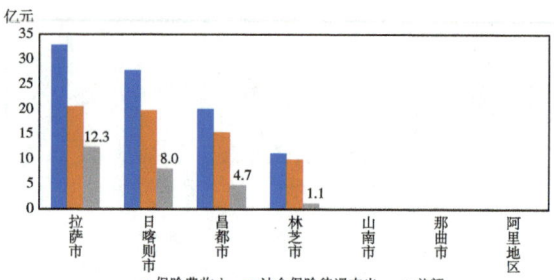

图26-81 2020年西藏自治区各市保险费收入、社会保险待遇支出及差额

26.2.6 西藏自治区各市债务情况

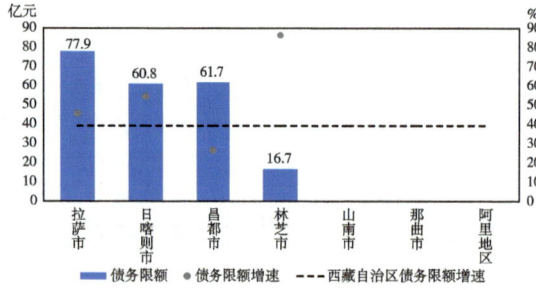

图26-82 2020年西藏自治区各市债务限额及增速

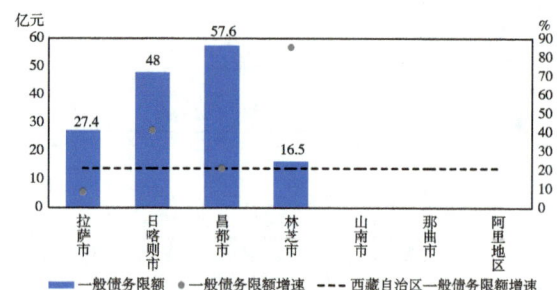

图26-83 2020年西藏自治区各市一般债务限额及增速

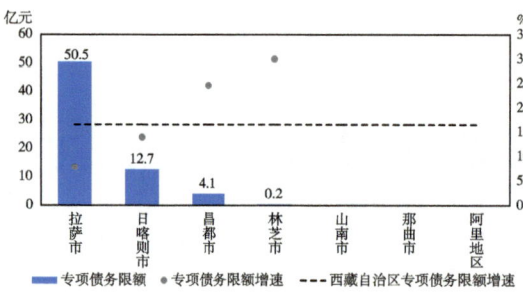

图26-84 2020年西藏自治区各市专项债务限额及增速

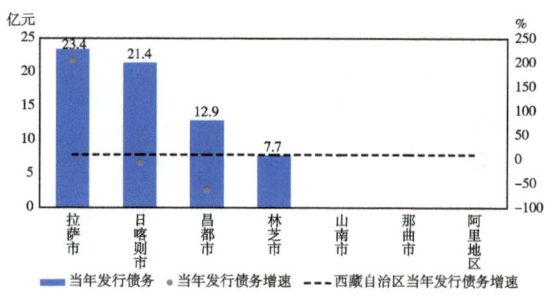

图26-85 2020年西藏自治区各市当年发行债务及增速

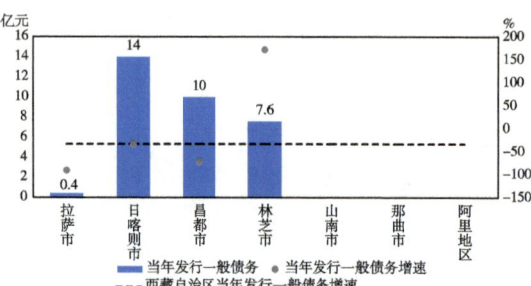

图26-86 2020年西藏自治区各市当年发行一般债务及增速

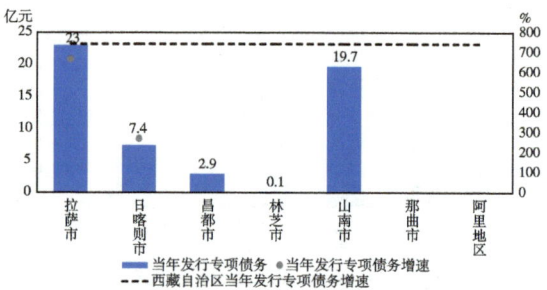

图26-87 2020年西藏自治区各市当年发行专项债务及增速

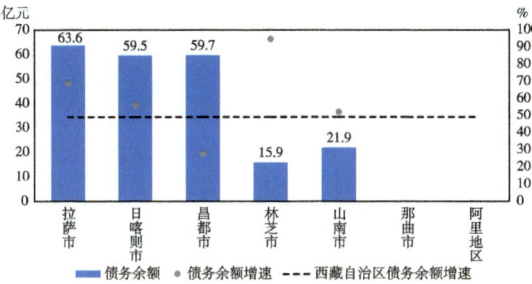

图26-88 2020年西藏自治区各市债务余额及增速

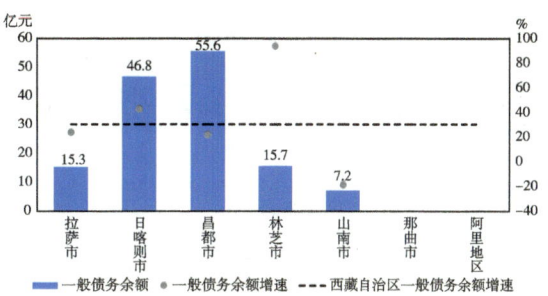

图26-89 2020年西藏自治区各市一般债务余额及增速

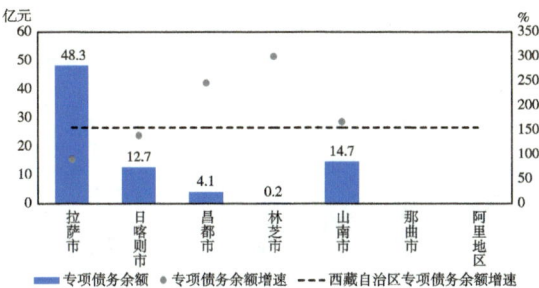

图26-90 2020年西藏自治区各市专项债务余额及增速

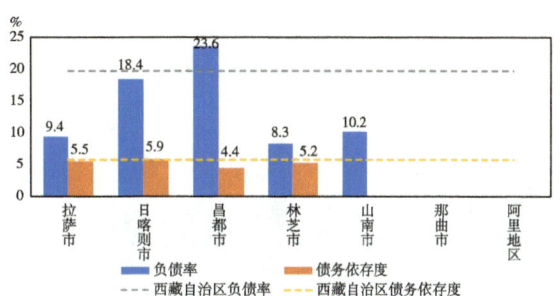

图26-91 2020年西藏自治区各市负债率和债务依存度

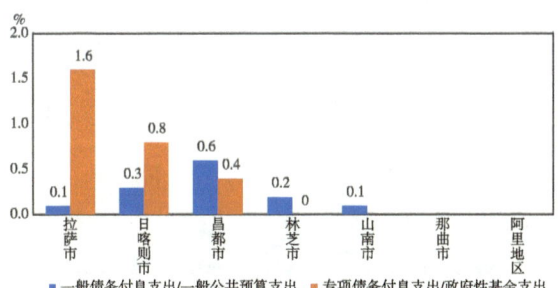

图26-92 2020年西藏自治区各市债务付息支出相关指标

26.2.7 西藏自治区各市市本级一般公共预算收入情况

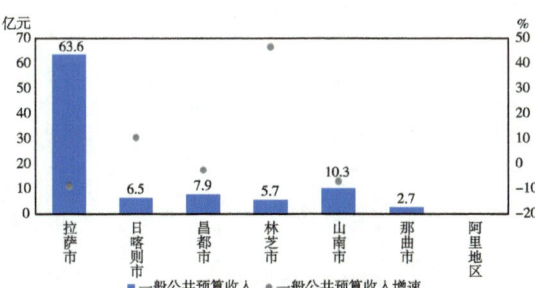

图26-93 2020年西藏自治区各市市本级一般公共预算收入及增速

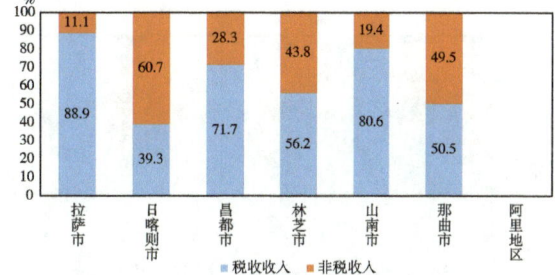

图26-94 2020年西藏自治区各市市本级一般公共预算收入结构

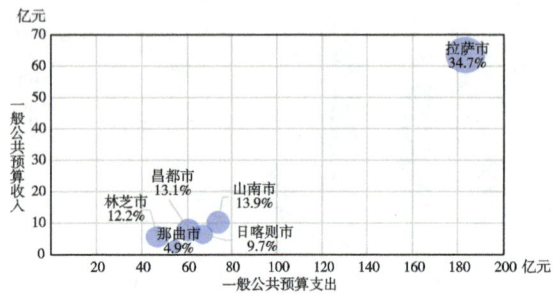

图 26-95　2020 年西藏自治区各市市本级财政自给率

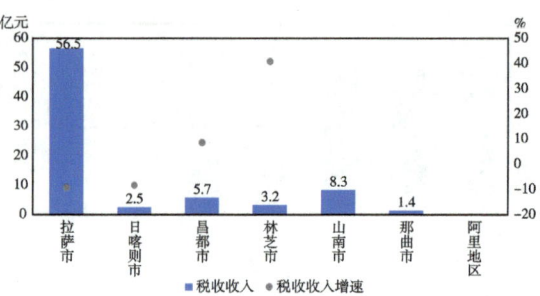

图 26-96　2020 年西藏自治区各市市本级税收收入及增速

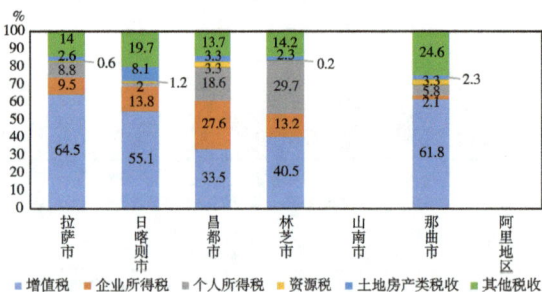

图 26-97　2020 年西藏自治区各市市本级税收收入结构

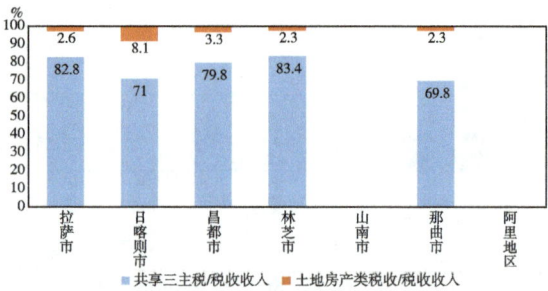

图 26-98　2020 年西藏自治区各市市本级共享三主税、土地房产类税收占税收收入的比重

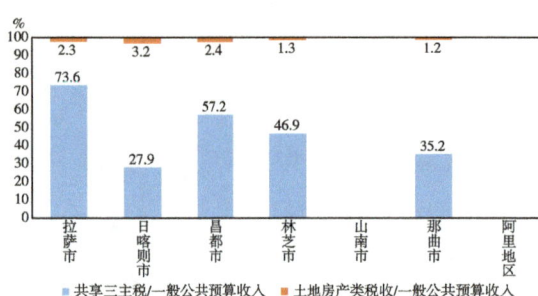

图 26-99　2020 年西藏自治区各市市本级共享三主税、土地房产类税收占一般公共预算收入的比重

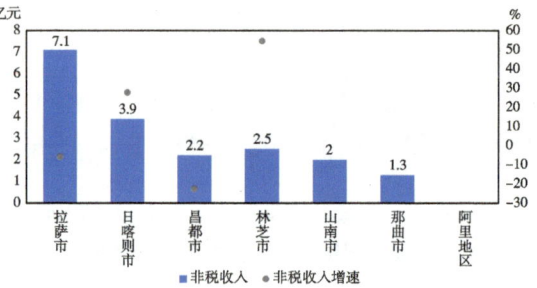

图 26-100　2020 年西藏自治区各市市本级非税收入及增速

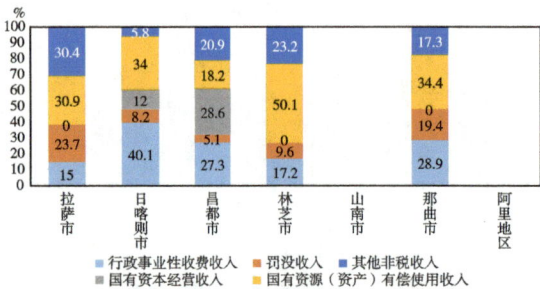

图 26-101　2020 年西藏自治区各市市本级非税收入结构

26.3 西藏自治区样本县政府收入主要特征分析

26.3.1 西藏自治区样本县经济社会发展情况

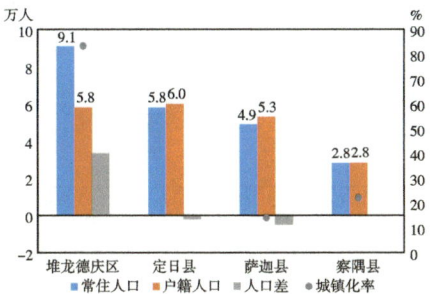

图26-102　2020年西藏自治区样本县人口状况

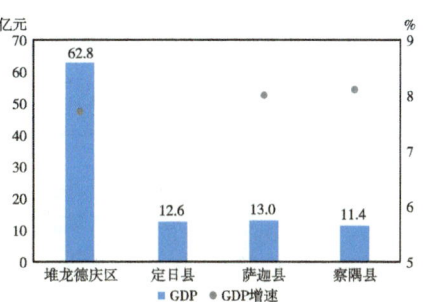

图26-103　2020年西藏自治区样本县GDP及增速

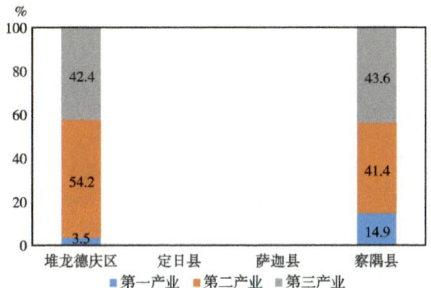

图26-104　2020年西藏自治区样本县三次产业结构

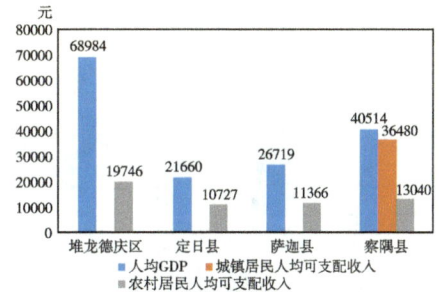

图26-105　2020年西藏自治区样本县人均GDP和人均可支配收入

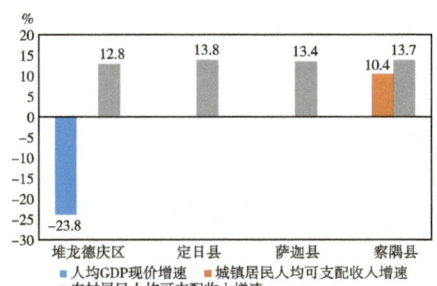

图26-106　2020年西藏自治区样本县人均GDP现价增速和人均可支配收入增速

26.3.2 西藏自治区样本县政府收入总体情况

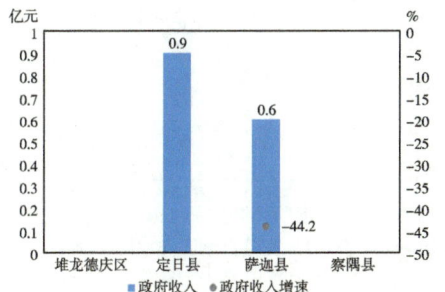

图26-107　2020年西藏自治区样本县政府收入及增速

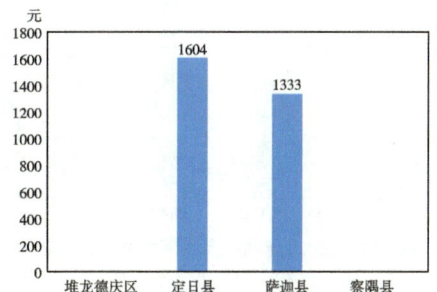

图26-108　2020年西藏自治区样本县人均政府收入

26.3.3 西藏自治区样本县一般公共预算收入情况

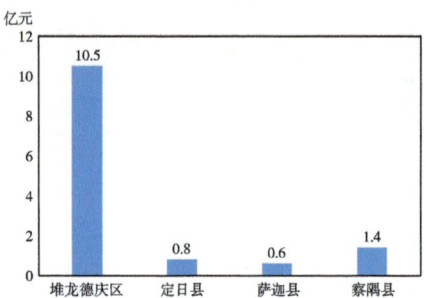

图26-109 2020年西藏自治区样本县一般公共预算收入

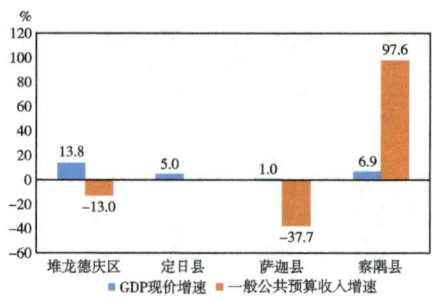

图26-110 2020年西藏自治区样本县一般公共预算收入增速

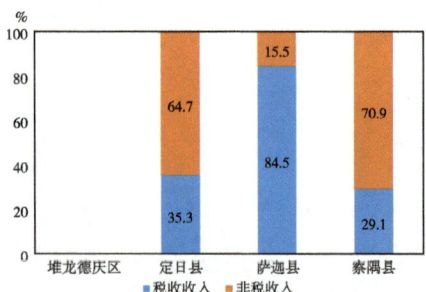

图26-111 2020年西藏自治区样本县一般公共预算收入结构

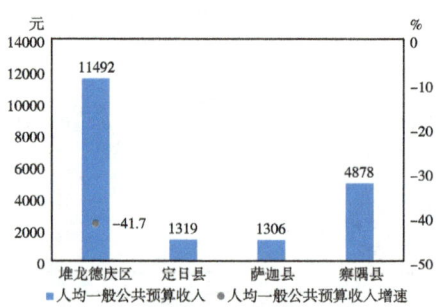

图26-112 2020年西藏自治区样本县人均一般公共预算收入及增速

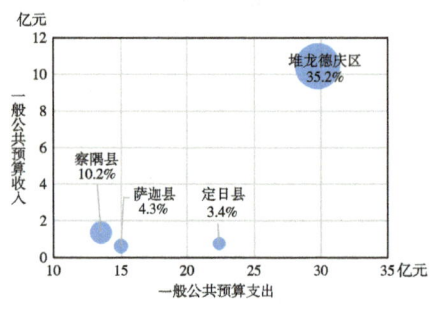

图26-113 2020年西藏自治区样本县财政自给率

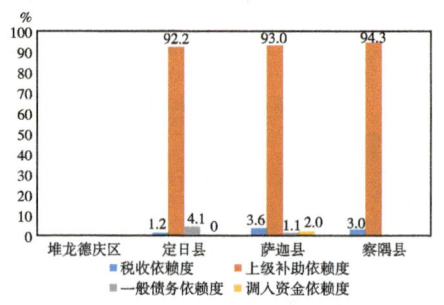

图26-114 2020年西藏自治区样本县一般公共预算支出对各类收入的依赖度

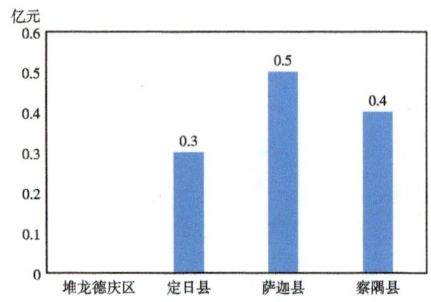

图26-115 2020年西藏自治区样本县税收收入

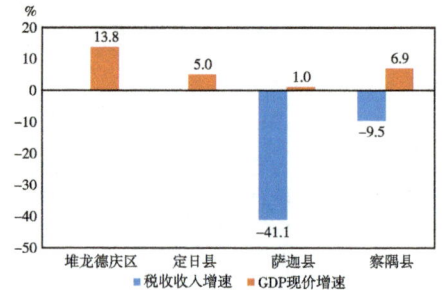

图26-116 2020年西藏自治区样本县税收收入增速

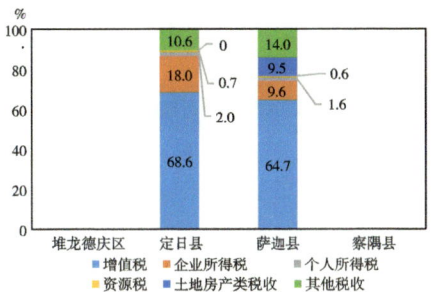

图26-117 2020年西藏自治区样本县税收收入结构

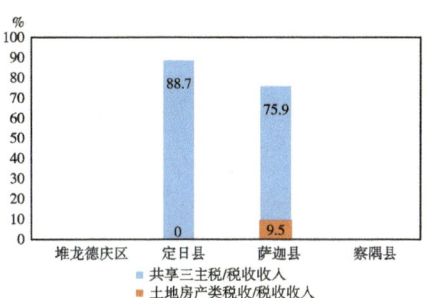

图26-118 2020年西藏自治区样本县共享三主税、土地房产类税收占税收收入的比重

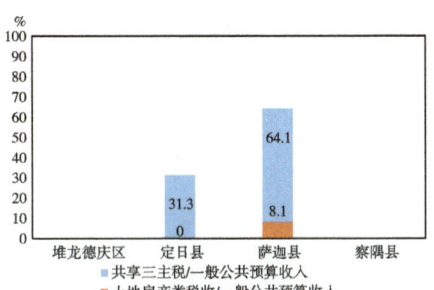

图26-119 2020年西藏自治区样本县共享三主税、土地房产类税收占一般公共预算收入的比重

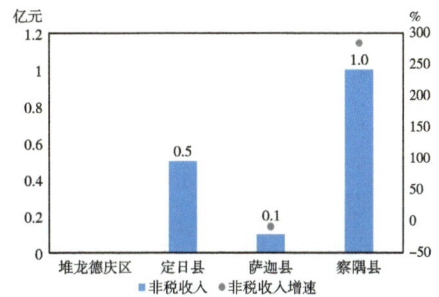

图26-120 2020年西藏自治区样本县非税收入及增速

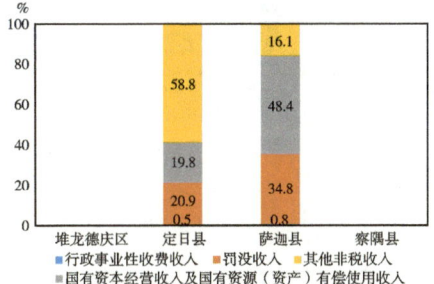

图26-121 2020年西藏自治区样本县非税收入结构

26.3.4 西藏自治区样本县政府性基金收入与国有资本经营收入情况

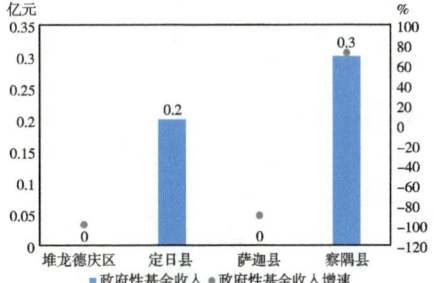

图26-122 2020年西藏自治区样本县政府性基金收入及增速

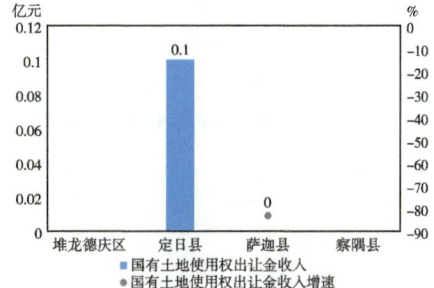

图26-123 2020年西藏自治区样本县国有土地使用权出让金收入及增速

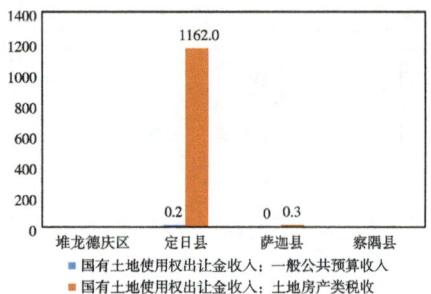

图26-124　2020年西藏自治区样本县国有土地使用权
　　　　　出让金收入与一般公共预算收入对比关系
　　注：西藏自治区各样本县均无国有资本经营收入。

26.3.5　西藏自治区样本县社会保险基金收入情况

定日县和萨迦县社会保险基金收入与支出均为0元，堆龙德庆区和察隅县未查到相关数据。

26.3.6　西藏自治区样本县债务情况

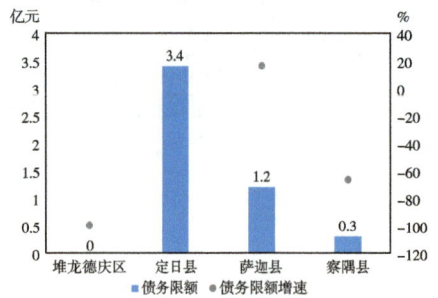

图26-125　2020年西藏自治区样本县债务限额及增速　　图26-126　2020年西藏自治区样本县当年发行债务及增速
　　注：西藏自治区各样本县债务均为一般债务，无专项债务。

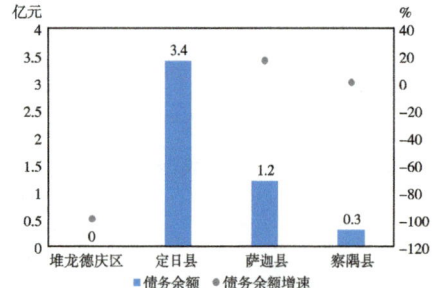
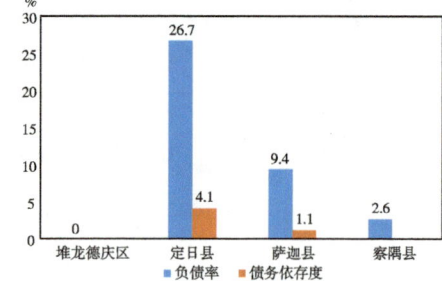

图26-127　2020年西藏自治区样本县债务余额及增速　　图26-128　2020年西藏自治区样本县负债率和债务依存度

27 陕西省

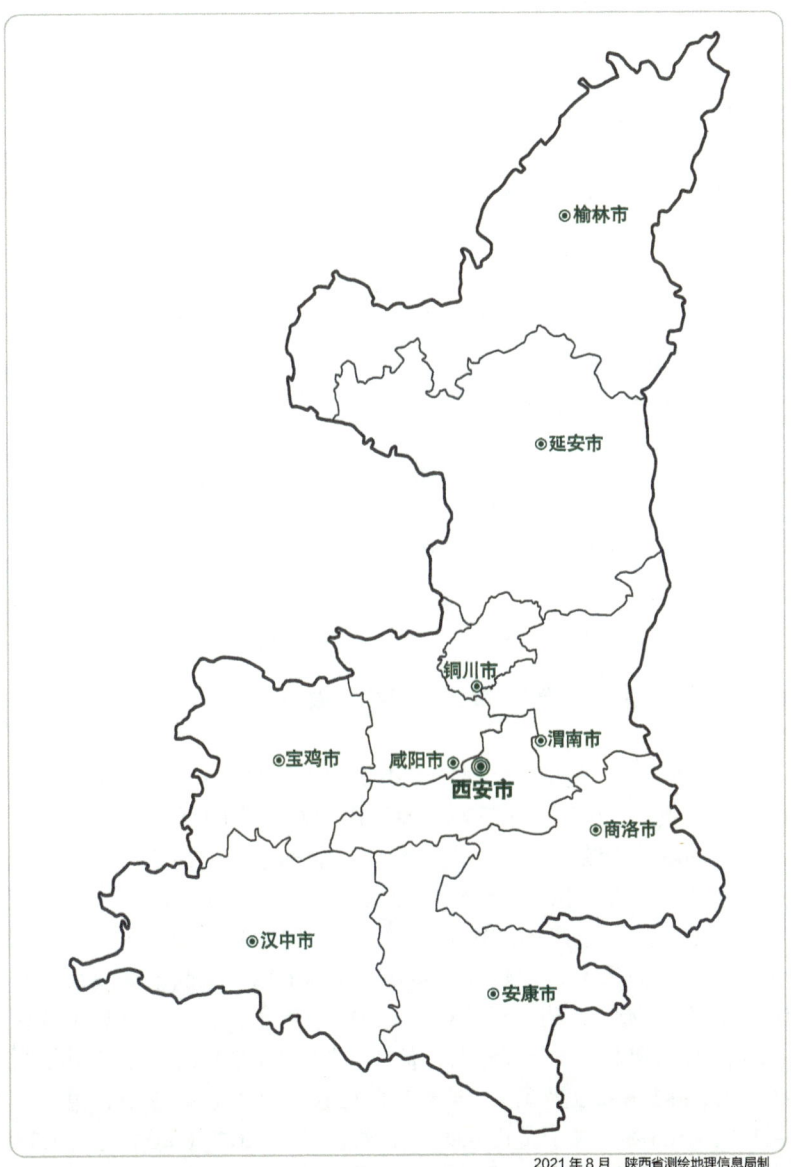

2021年8月 陕西省测绘地理信息局制

图 2021年陕西省地图

资料来源：陕西测绘地理信息局。
注：审图号为陕S（2021）023号。

本章执笔人：吕慧 审校：刘昶

专栏27-1　2021年陕西省行政区划

西安市：新城区、碑林区、莲湖区、灞桥区、未央区、**雁塔区**、阎良区、临潼区、长安区、高陵区、鄠邑区、蓝田县、周至县

铜川市：王益区、印台区、耀州区、宜君县

宝鸡市：渭滨区、金台区、陈仓区、凤翔区、**岐山县**、扶风县、眉县、陇县、千阳县、麟游县、凤县、太白县

咸阳市：秦都区、杨陵区、渭城区、三原县、泾阳县、乾县、礼泉县、永寿县、长武县、旬邑县、淳化县、武功县、兴平市、彬州市

渭南市：临渭区、华州区、潼关县、大荔县、合阳县、澄城县、蒲城县、白水县、富平县、**韩城市**、华阴市

延安市：宝塔区、安塞区、延长县、延川县、志丹县、吴起县、甘泉县、富县、**洛川县**、宜川县、黄龙县、黄陵县、子长市

汉中市：汉台区、南郑区、城固县、洋县、西乡县、勉县、宁强县、略阳县、镇巴县、留坝县、佛坪县

榆林市：**榆阳区**、横山区、府谷县、靖边县、定边县、绥德县、米脂县、佳县、吴堡县、清涧县、子洲县、神木市

安康市：汉滨区、汉阴县、石泉县、宁陕县、紫阳县、岚皋县、平利县、镇坪县、旬阳市、白河县

商洛市：商州区、洛南县、丹凤县、商南县、山阳县、镇安县、柞水县

本书选取雁塔区、岐山县、韩城市、洛川县、榆阳区为样本县。

陕西省下辖10个地级市（其中1个副省级市）、30个市辖区、6个县级市、71个县（详见专栏27-1）。辖区总面积20.56万平方千米，地势南北高、中间低，有高原、山地、平原和盆地等多种地形，北山和秦岭把陕西分为三大自然区：北部是黄土高原区，约占全省国土面积的40%；中部是关中平原区，约占24%；南部是秦巴山区，约占36%。

2021年陕西省经济总量处于全国中等，第三产业占比低于全国，城镇化率亦低于全国。 2021年陕西省常住人口3954万人，常住人口城镇化率为63.6%（低于全国水平1.12个百分点）。2021年陕西GDP达到2.9万亿元，排全国第14位，次于河北、北京，略高于江西、重庆；增速6.5%，比2020年（2.2%）提高4.3个百分点，低于全国（8.1%）1.6个百分点，排全国第25位；人均GDP为75369元（折11682.9美元），排全国第12位。从产业结构看，第一、第二、第三产业占比分别为8.1%、46.3%（高于全国6.9个百分点）和45.6%（低于全国7.7个百分点）。从居民可支配收入看，2021年城镇与农村居民人均可支配收入分别为40713元和14745元，呈上升态势，分别为全国平均水平的85.9%和77.9%。

2021年陕西省一般公共预算收入全国排中等，省市县三级政府中县级政府收入占比最高。 2021年陕西省一般公共预算收入2775.3亿元，排全国第16，增速22.9%；人均一般公共预算收入7019元，排全国第13位。近三年陕西省税收收入占一般公共预算收入的比重总体先降后

升,2021年为80.6%,低于全国平均水平(85.3%)4.7个百分点。非税收入中,政府产权性收入规模占非税收入比重达27.2%。从纵向收入分配看,2021年省本级、市本级、县一般公共预算收入占比分别为25.5%、34.9%和39.6%。

2020年陕西省财政自给率偏低,地区财政总收入小于一般公共预算支出。 2020年陕西省财政自给率为38.1%,较2019年下降1.9个百分点。2019年陕西省组织的地区财政总收入为4140亿元,增速为2.8%,一般公共预算支出为5718.5亿元,高于地区财政总收入的规模。

2021年陕西省四本预算中一般公共预算收入占比最高。 2021年陕西省四本预算加总的政府收入为7856亿元,其中一般公共预算收入、政府性基金预算、国有资本经营预算和社会保险基金预算收入分别占比35.3%、30.4%、1.6%和32.7%。

2020年陕西省内各地市经济社会发展和财政发展不均衡,优势主要集中于省会西安。 西安市是2020年陕西省政府收入规模唯一超2000亿元的城市,而其他城市政府收入规模都在1000亿元以下。2020年西安市一般公共预算收入724.1亿元,排名第二的榆林市实现收入406.2亿元,其他各市一般公共预算收入均低于200亿元,收入较为集中且城市间差异较大,一般公共预算收入的城市首位度指数为1.8,且西安市是收入最低的商洛市(20.8亿元)的34.8倍。陕西省内各市财政自给率差异明显。2020年,西安、榆林、延安三市财政自给率分别为53.7%、57.8%和35.9%,自给率较高;宝鸡、咸阳2市的自给率在20%左右;其余城市自给率则低于20%。财政自给率最低的是商洛市和安康市,仅为7.2%,最高自给率的榆林市是其8倍。政府性基金收入主要构成是国有土地使用权出让金收入,各地差距较大,收入规模最大的西安市(1082亿元)为规模最小的商洛市(17.8亿元)的60.8倍。

27.1 陕西省政府收入主要特征分析

27.1.1 陕西省经济社会基本情况

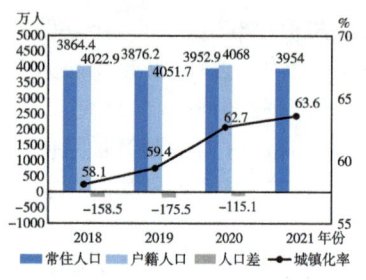

图27-1　2018—2021年陕西省
人口状况

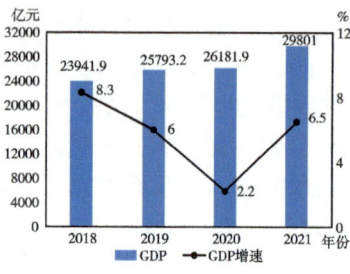

图27-2　2018—2021年陕西省
GDP及增速

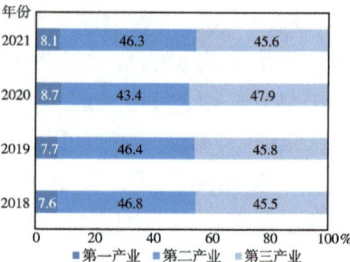

图27-3　2018—2021年陕西省
三次产业结构

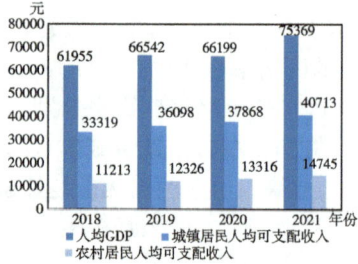

图27-4　2018—2021年陕西省人均
GDP和人均可支配收入

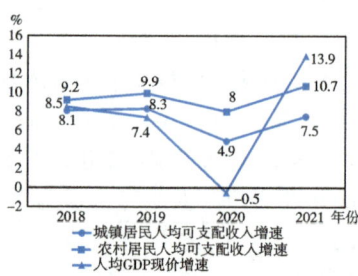

图27-5　2018—2021年陕西省人均
GDP现价增速和人均可支配收入增速

27.1.2 陕西省政府收入总体情况

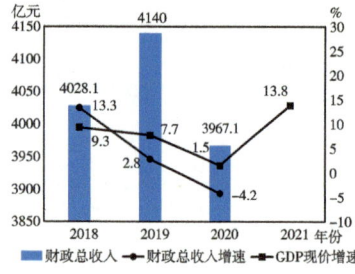

图27-6　2018—2021年陕西省财政
总收入及增速

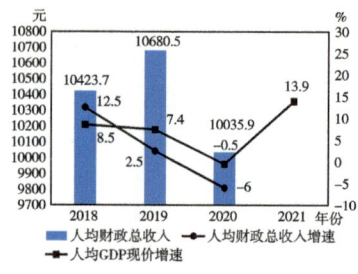

图27-7　2018—2021年陕西省人均
财政总收入及增速

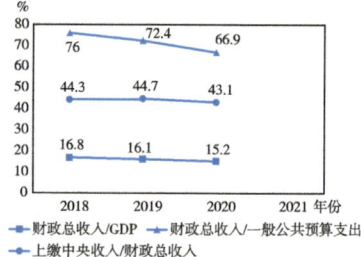

图27-8　2018—2021年陕西省财政
总收入相关指标

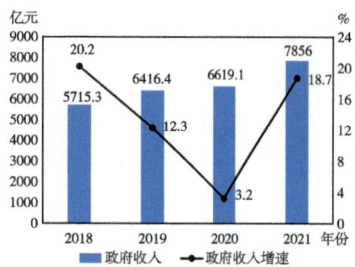

图27-9　2018—2021年陕西省
政府收入及增速

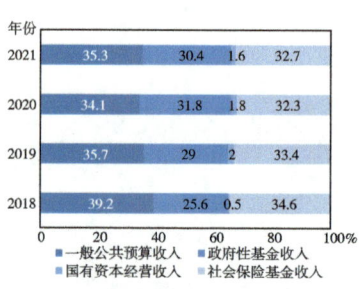

图27-10　2018—2021年陕西省
政府收入结构

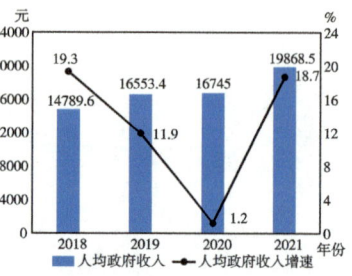

图27-11　2018—2021年陕西省
人均政府收入及增速

27.1.3 陕西省一般公共预算收入情况

图27-12 2018—2021年陕西省一般公共预算收入

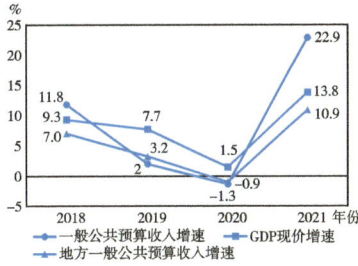

图27-13 2018—2021年陕西省一般公共预算收入增速

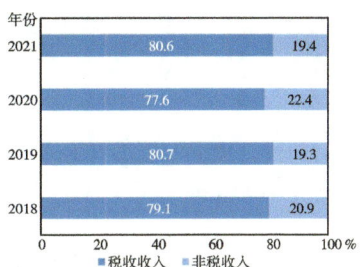

图27-14 2018—2021年陕西省一般公共预算收入结构

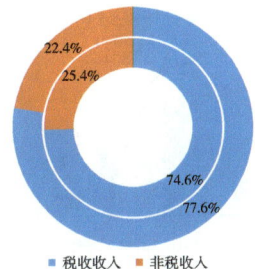

图27-15 2020年一般公共预算收入结构对比（内环为地方，外环为陕西省）

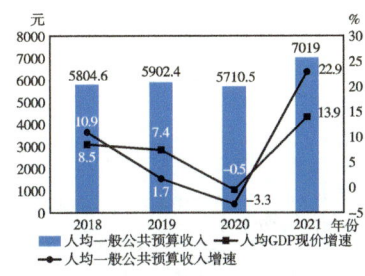

图27-16 2018—2021年陕西省人均一般公共预算收入及增速

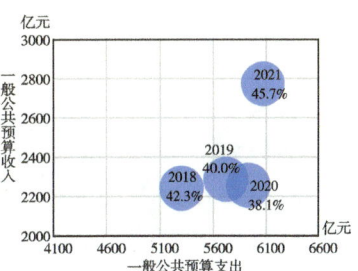

图27-17 2018—2021年陕西省财政自给率

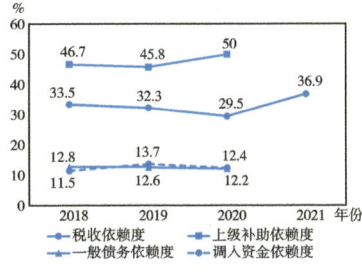

图27-18 2018—2021年陕西省一般公共预算支出对各类收入的依赖度

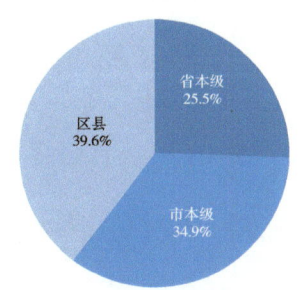

图27-19 2020年陕西省市县三级政府一般公共预算收入分布

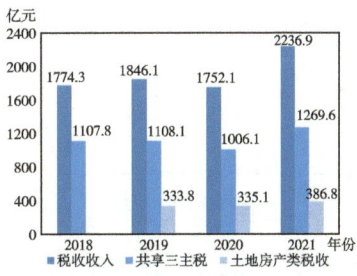

图27-20 2018—2021年陕西省税收收入

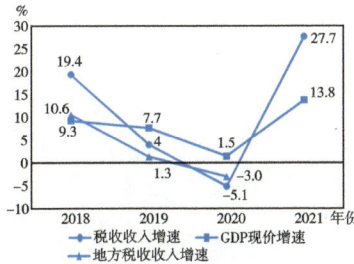

图27-21 2018—2021年陕西省税收收入增速

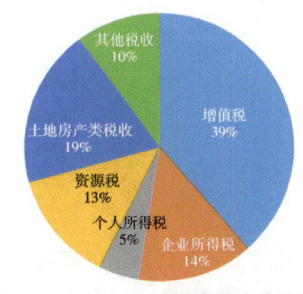

图27-22 2020年陕西省税收收入结构

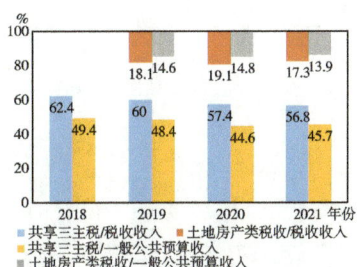

图27-23 2018—2021年陕西省共享三主税、土地房产类税收占税收收入及一般公共预算收入的比重

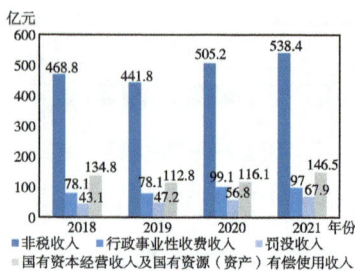

图27-24 2018—2021年陕西省非税收入

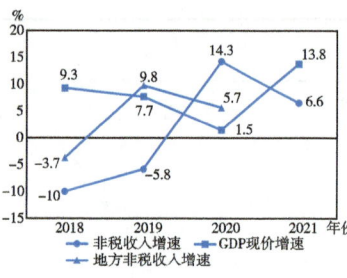

图27-25 2018—2021年陕西省非税收入增速

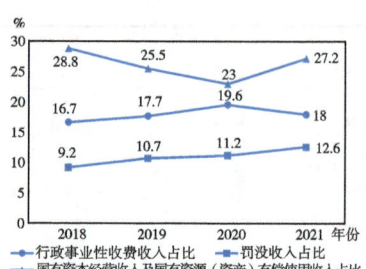

图27-26 2018—2021年陕西省非税收入中各主要收入占比

27.1.4 陕西省政府性基金和国有资本经营收入情况

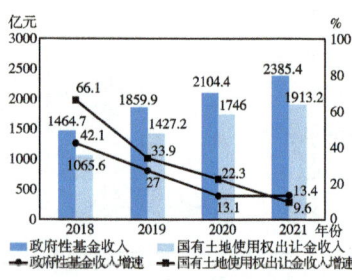

图27-27 2018—2021年陕西省政府性基金收入及增速

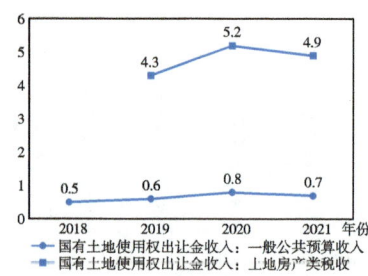

图27-28 2018—2021年陕西省国有土地使用权出让金收入与一般公共预算收入对比关系

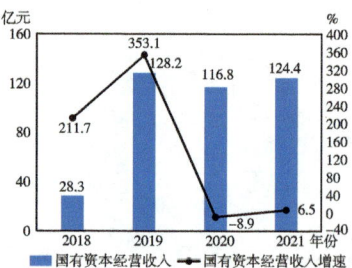

图27-29 2018—2021年陕西省国有资本经营收入及增速

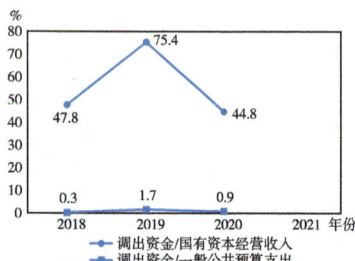

图27-30 2018—2021年陕西省国有资本经营预算中调出资金相关指标

27.1.5 陕西省社会保险基金收入情况

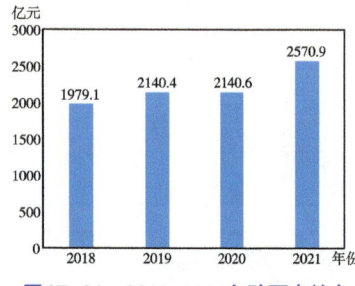

图27-31 2018—2021年陕西省社会保险基金收入

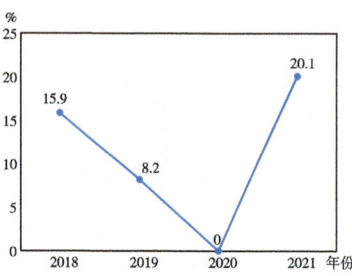

图27-32 2018—2021年陕西省社会保险基金收入增速

27.1.6 陕西省债务情况

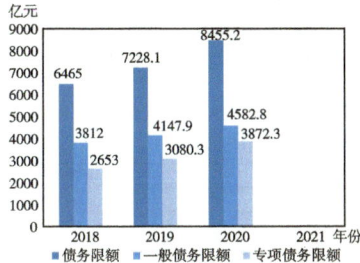

图27-33　2018-2021年陕西省债务限额

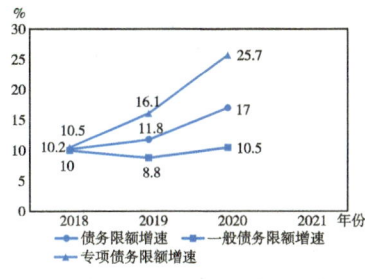

图27-34　2018-2021年陕西省债务限额增速

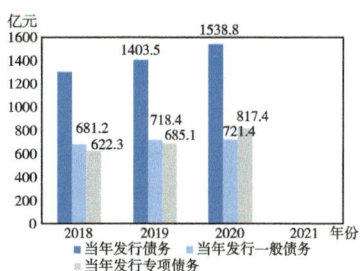

图27-35　2018-2021年陕西省当年发行债务

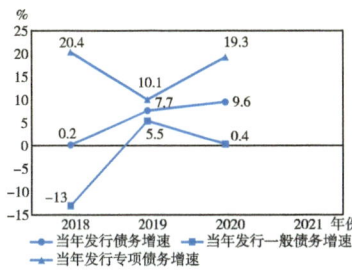

图27-36　2018-2021年陕西省当年发行债务增速

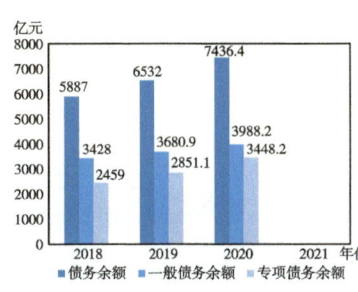

图27-37　2018-2021年陕西省债务余额

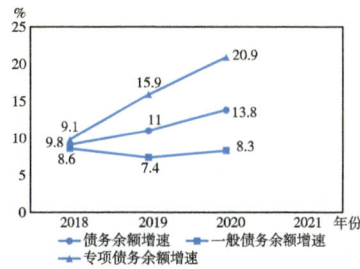

图27-38　2018-2021年陕西省债务余额增速

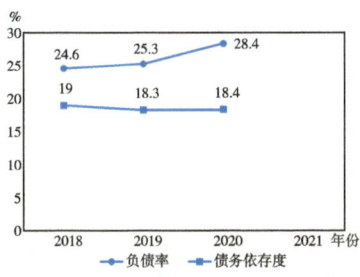

图27-39　2018-2021年陕西省负债率和债务依存度

27.1.7 陕西省省本级一般公共预算收入情况

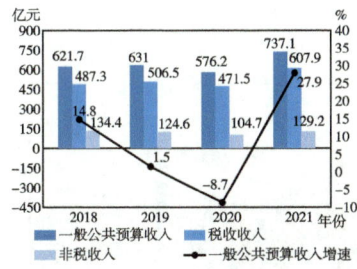

图27-40　2018-2021年陕西省省本级一般公共预算收入及增速

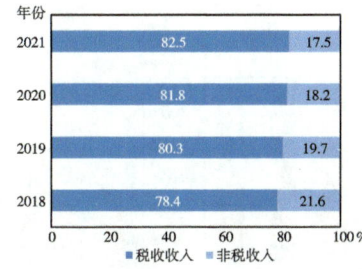

图27-41　2018-2021年陕西省省本级一般公共预算收入结构

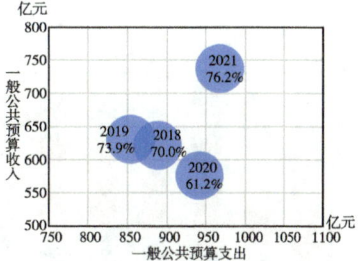

图27-42　2018-2021年陕西省省本级财政自给率

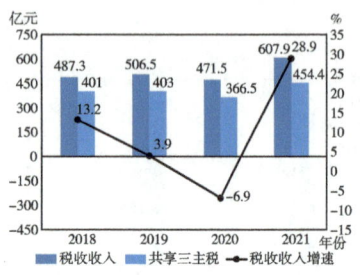
图27-43 2018—2021年陕西省省本级税收收入及增速

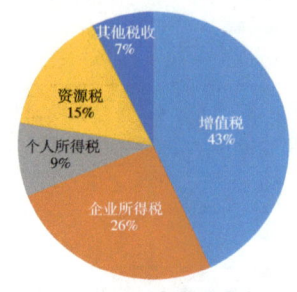
图27-44 2020年陕西省省本级税收收入结构

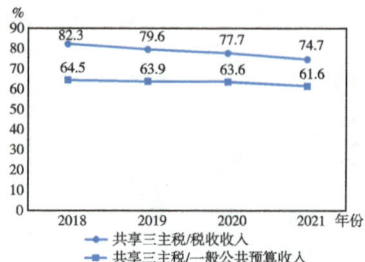
图27-45 2018—2021年陕西省省本级共享三主税占税收收入及一般公共预算收入的比重

图27-46 2018—2021年陕西省省本级非税收入及增速

图27-47 2018—2021年陕西省省本级非税收入中各主要收入占比

27.2 陕西省各市政府收入主要特征分析

27.2.1 陕西省各市经济社会发展情况

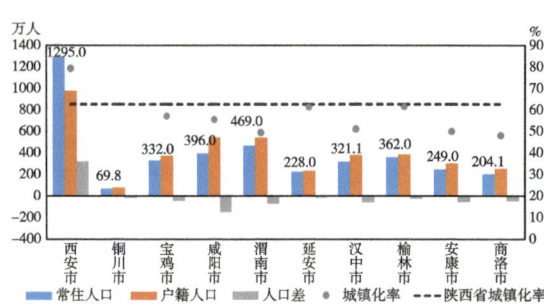
图27-48 2020年陕西省各市人口状况

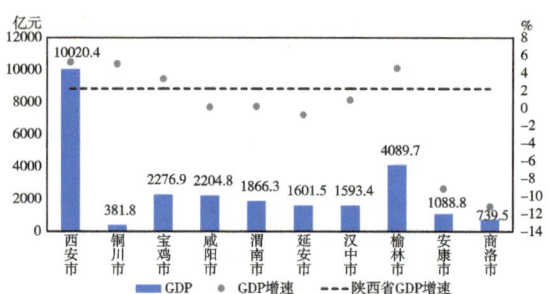
图27-49 2020年陕西省各市GDP及增速

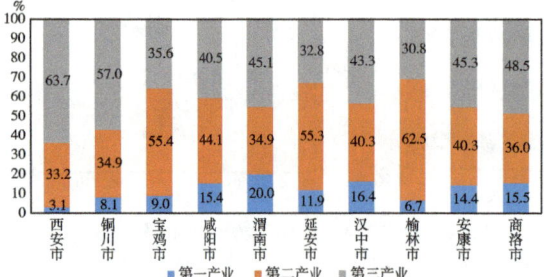
图27-50 2020年陕西省各市三次产业结构

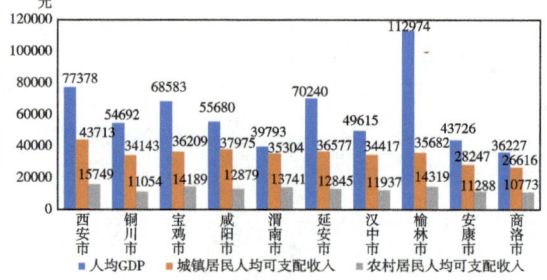
图27-51 2020年陕西省各市人均GDP和人均可支配收入

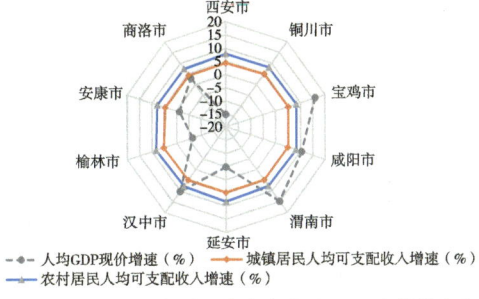

图27-52　2020年陕西省各市人均GDP现价增速和人均可支配收入增速

27.2.2　陕西省各市政府收入总体情况

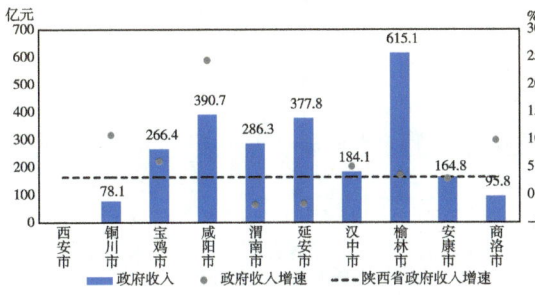

图27-53　2020年陕西省各市政府收入及增速

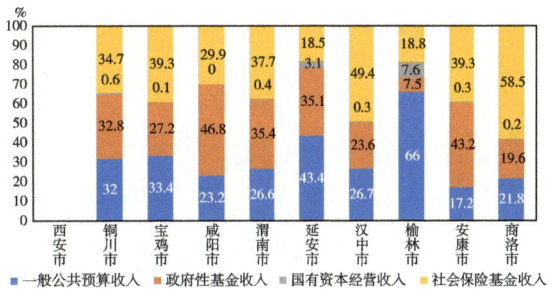

图27-54　2020年陕西省各市政府收入结构

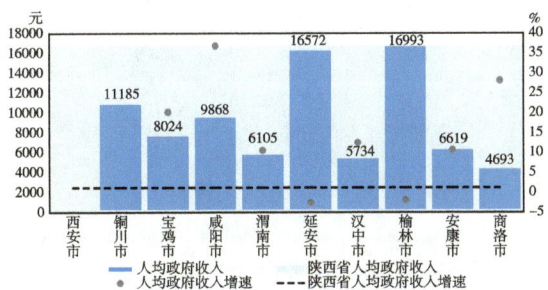

图27-55　2020年陕西省各市人均政府收入及增速

27.2.3　陕西省各市一般公共预算收入情况

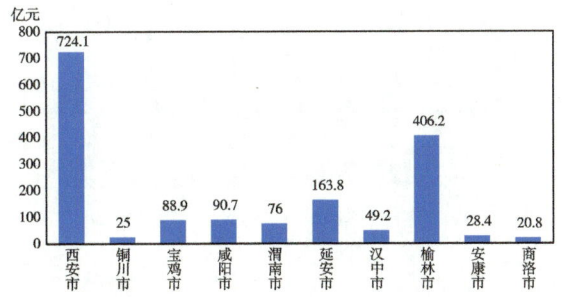

图27-56　2020年陕西省各市一般公共预算收入

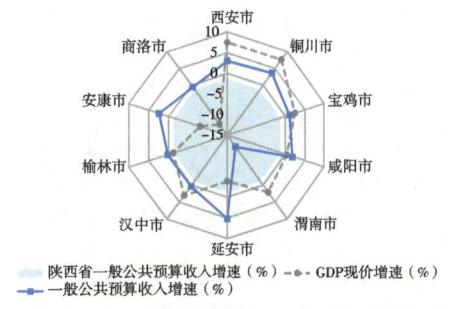

图27-57　2020年陕西省各市一般公共预算收入增速

725

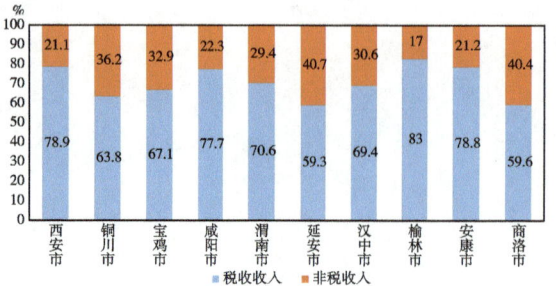

图27-58　2020年陕西省各市一般公共预算收入结构

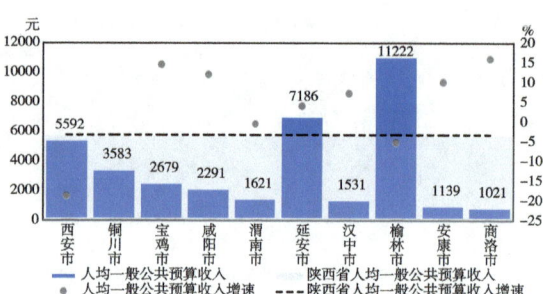

图27-59　2020年陕西省各市人均一般公共预算收入及增速

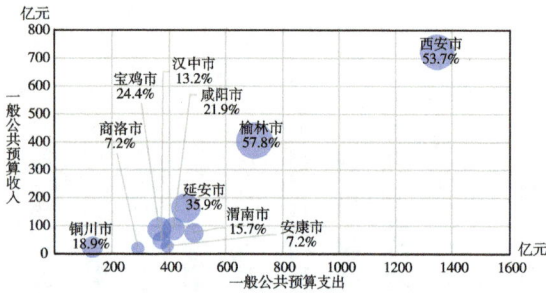

图27-60　2020年陕西省各市财政自给率

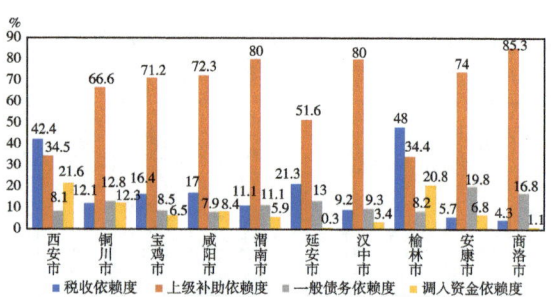

图27-61　2020年陕西省各市一般公共预算支出对各类收入的依赖度

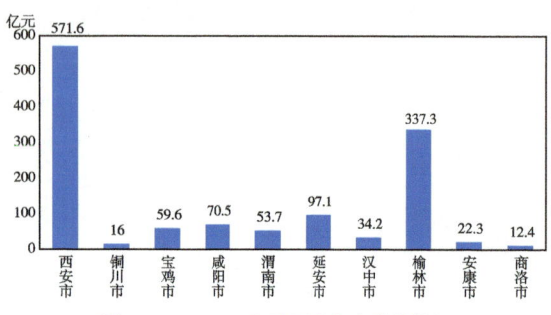

图27-62　2020年陕西省各市税收收入

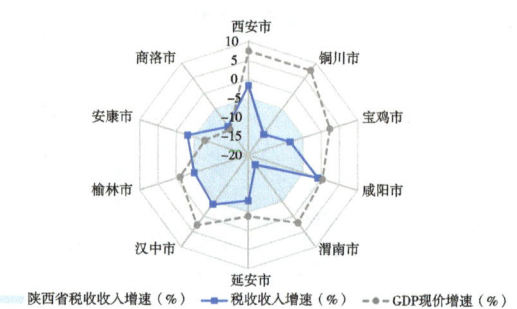

图27-63　2020年陕西省各市税收收入增速

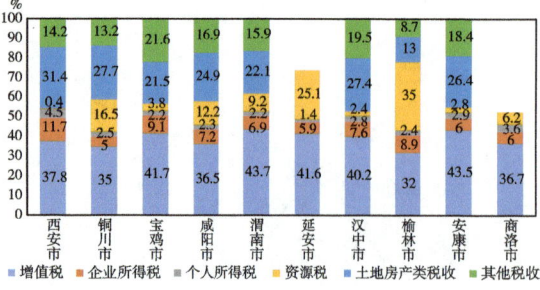

图27-64　2020年陕西省各市税收收入结构

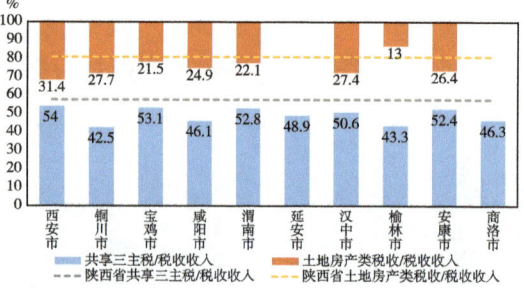

图27-65　2020年陕西省各市共享三主税、土地房产类税收占税收收入的比重

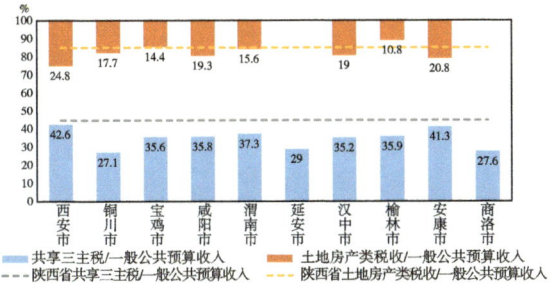

图27-66 2020年陕西省各市共享三主税、土地房产类税收占一般公共预算收入的比重

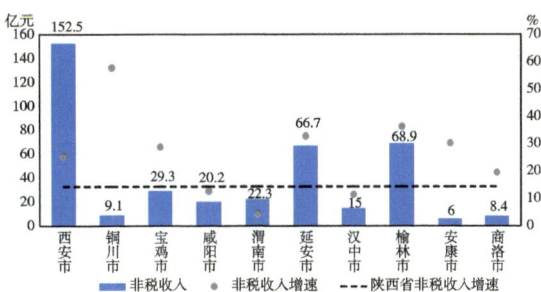

图27-67 2020年陕西省各市非税收入及增速

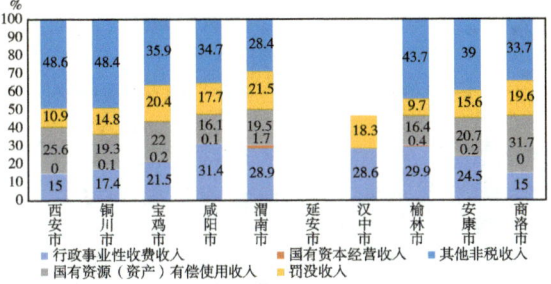

图27-68 2020年陕西省各市非税收入结构

27.2.4 陕西省各市政府性基金收入与国有资本经营收入情况

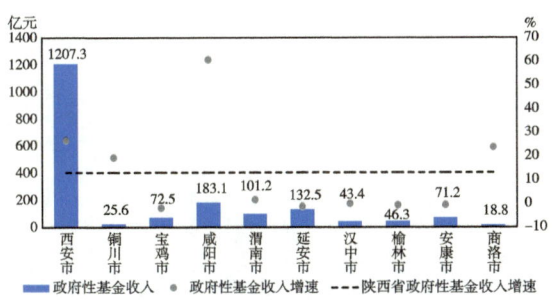

图27-69 2020年陕西省各市政府性基金收入及增速

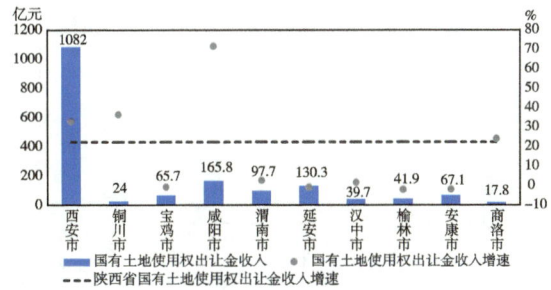

图27-70 2020年陕西省各市国有土地使用权出让金收入及增速

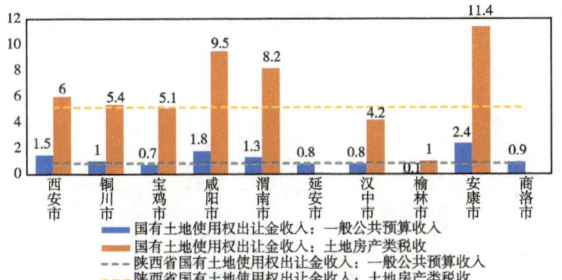

图27-71 2020年陕西省各市国有土地使用权出让金收入与一般公共预算收入对比关系

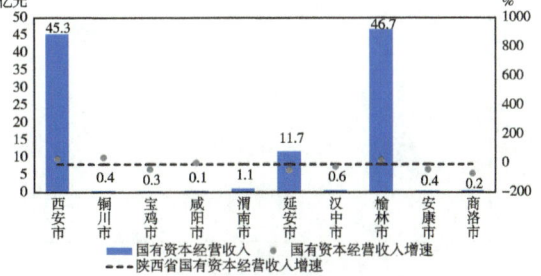

图27-72 2020年陕西省各市国有资本经营收入及增速

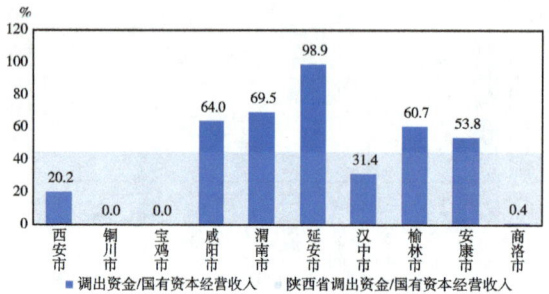

图27-73 2020年陕西省各市调出资金与国有资本经营收入对比关系

27.2.5 陕西省各市社会保险基金收入情况

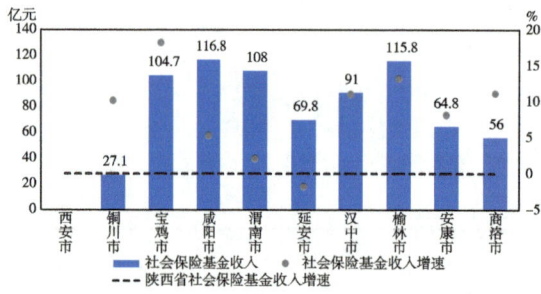

图27-74 2020年陕西省各市社会保险基金收入及增速

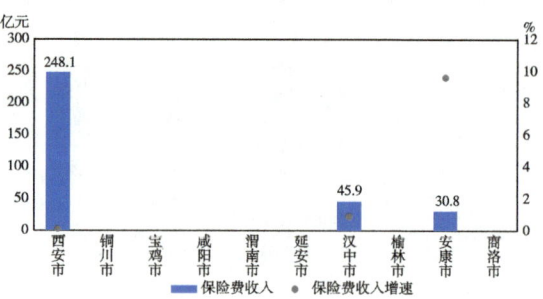

图27-75 2020年陕西省各市保险费收入及增速

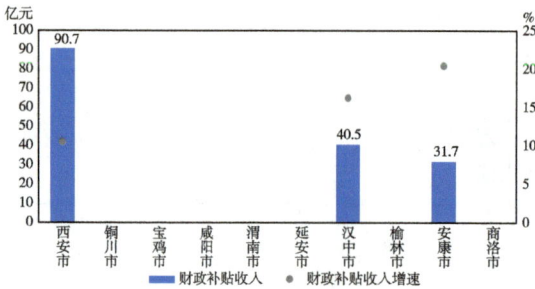

图27-76 2020年陕西省各市财政补贴收入及增速

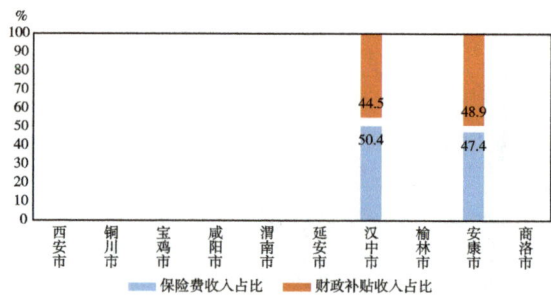

图27-77 2020年陕西省各市保险费收入、财政补贴收入占社会保险基金收入的比重

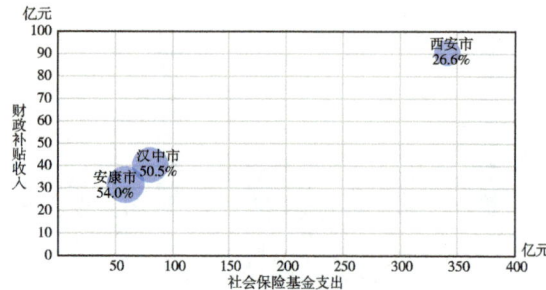

图27-78 2020年陕西省各市社会保险基金支出对财政补贴的依赖度

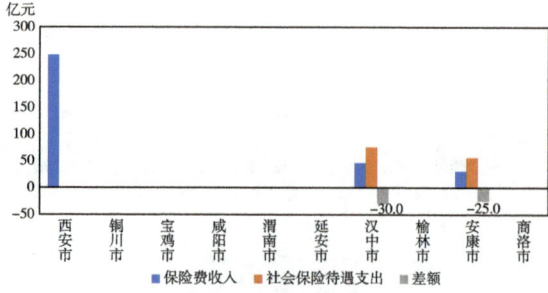

图27-79 2020年陕西省各市保险费收入、社会保险待遇支出及差额

27.2.6 陕西省各市债务情况

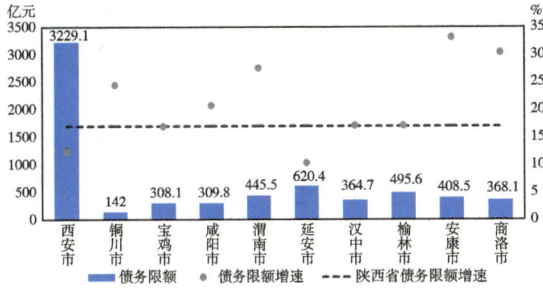

图27-80 2020年陕西省各市债务限额及增速

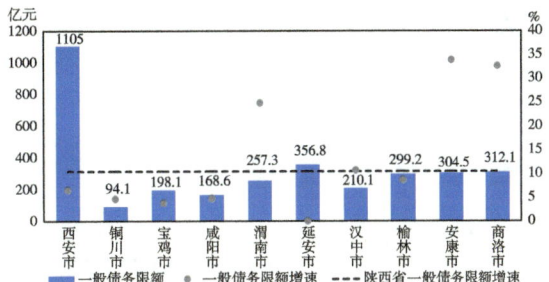

图27-81 2020年陕西省各市一般债务限额及增速

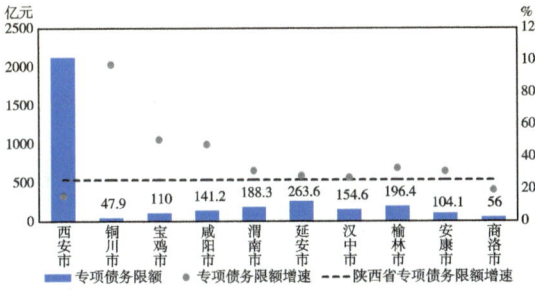

图27-82 2020年陕西省各市专项债务限额及增速

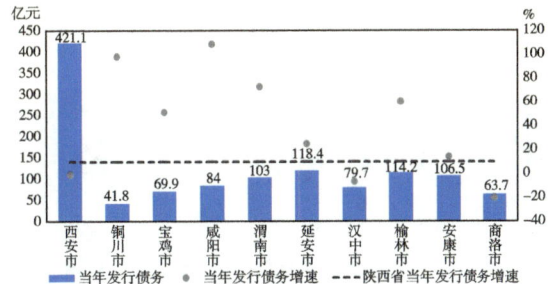

图27-83 2020年陕西省各市当年发行债务及增速

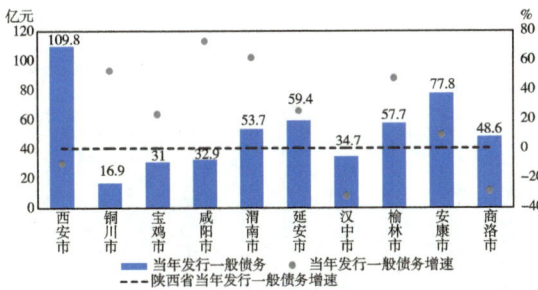

图27-84 2020年陕西省各市当年发行一般债务及增速

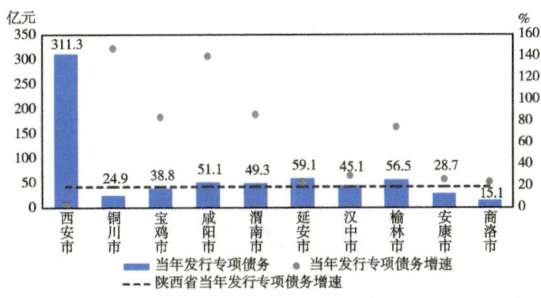

图27-85 2020年陕西省各市当年发行专项债务及增速

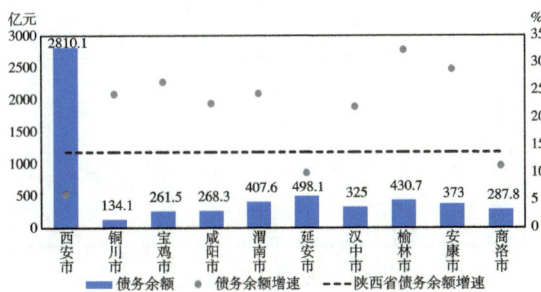

图27-86 2020年陕西省各市债务余额及增速

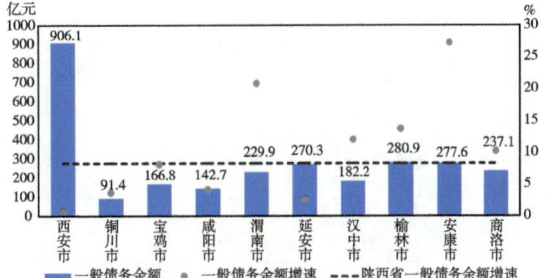

图27-87 2020年陕西省各市一般债务余额及增速

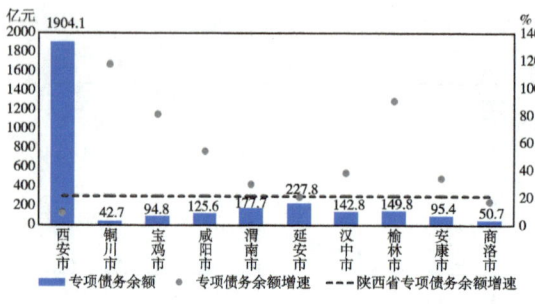

图27-88　2020年陕西省各市专项债务余额及增速

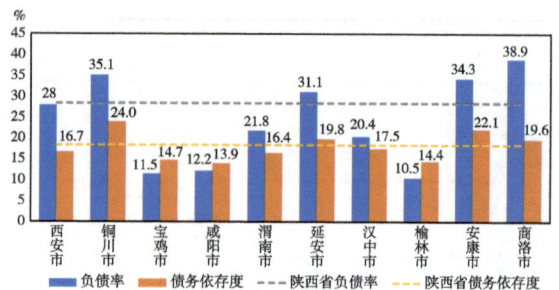

图27-89　2020年陕西省各市负债率和债务依存度

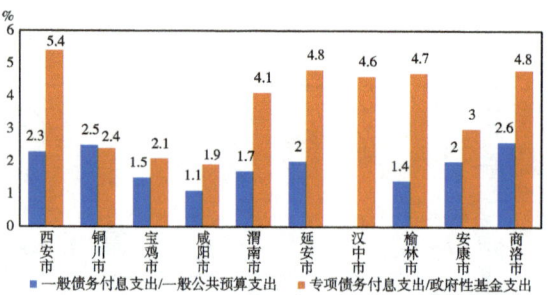

图27-90　2020年陕西省各市债务付息支出相关指标

27.2.7　陕西省各市市本级一般公共预算收入情况

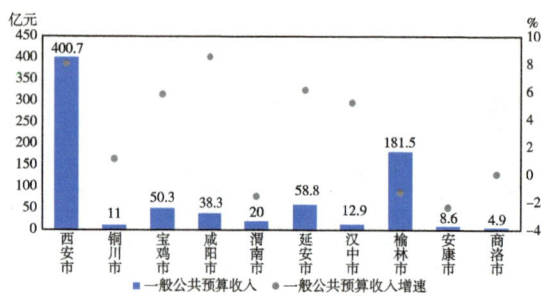

图27-91　2020年陕西省各市市本级一般公共
预算收入及增速

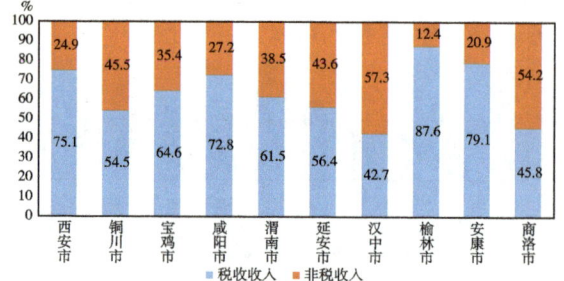

图27-92　2020年陕西省各市市本级一般公共
预算收入结构

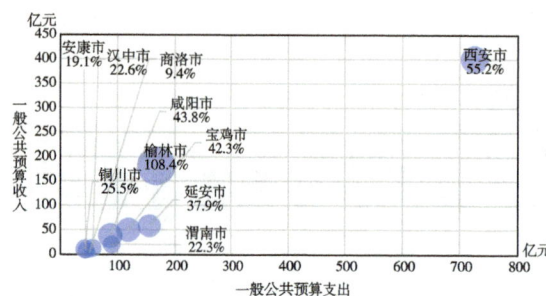

图27-93　2020年陕西省各市市本级财政自给率

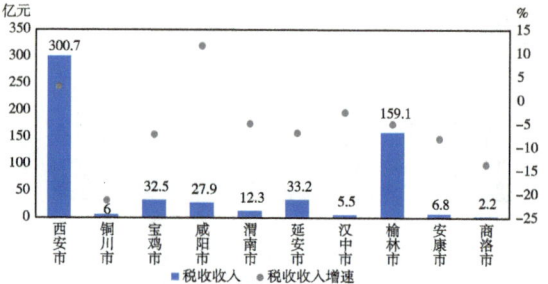

图27-94　2020年陕西省各市市本级税收收入及增速

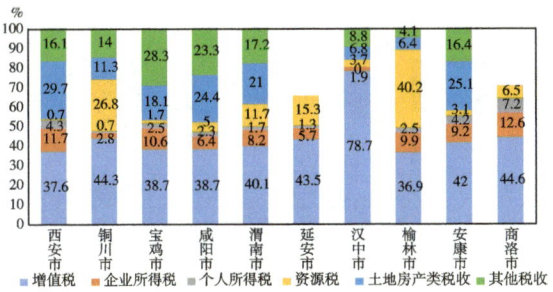

图27-95 2020年陕西省各市市本级税收入结构

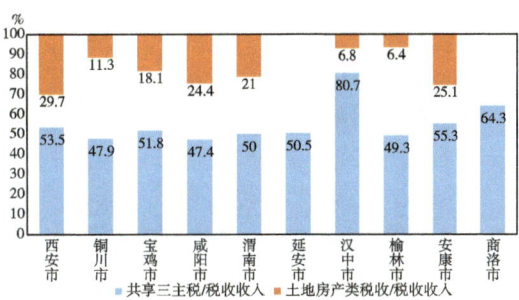

图27-96 2020年陕西省各市市本级共享三主税、土地房产类税收占税收入的比重

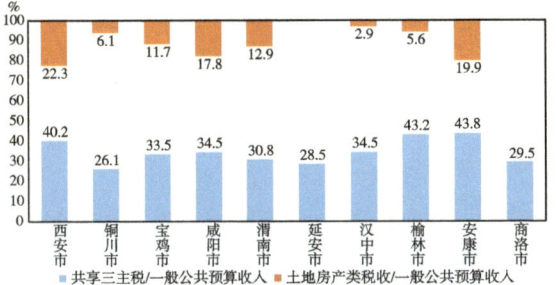

图27-97 2020年陕西省各市市本级共享三主税、土地房产类税收占一般公共预算收入的比重

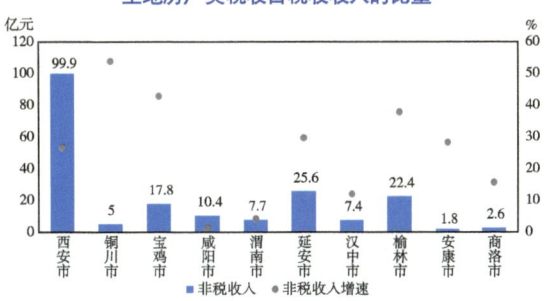

图27-98 2020年陕西省各市市本级非税收入及增速

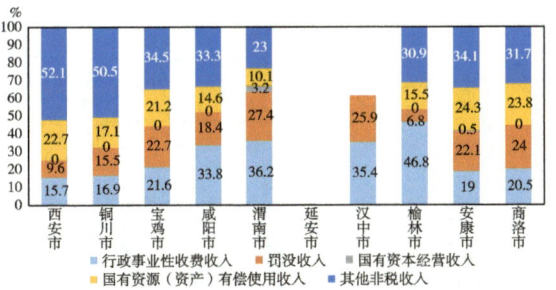

图27-99 2020年陕西省各市市本级非税收入结构

27.3 陕西省样本县政府收入主要特征分析

27.3.1 陕西省样本县经济社会发展情况

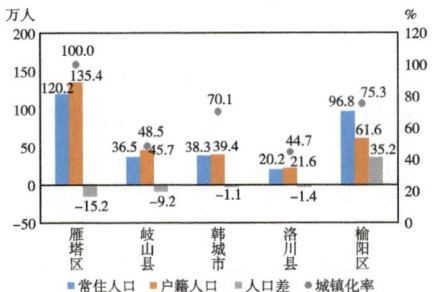

图27-100 2020年陕西省样本县人口状况

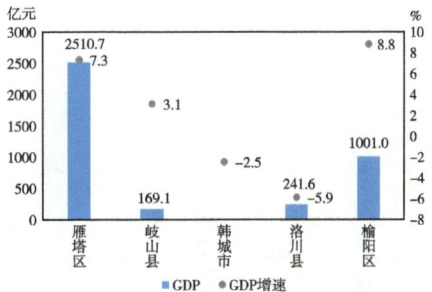

图27-101 2020年陕西省样本县GDP及增速

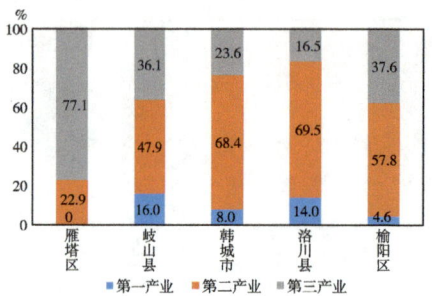

图27-102　2020年陕西省样本县三次产业结构

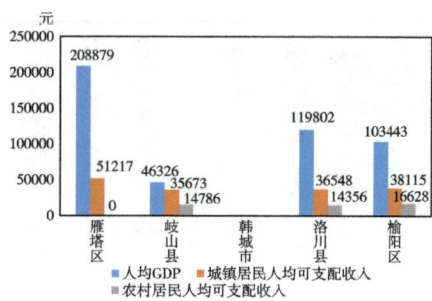

图27-103　2020年陕西省样本县人均GDP和人均可支配收入

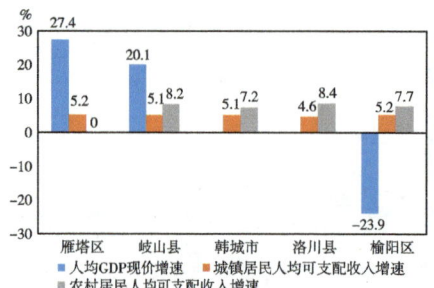

图27-104　2020年陕西省样本县人均GDP现价增速和人均可支配收入增速

27.3.2　陕西省样本县政府收入总体情况

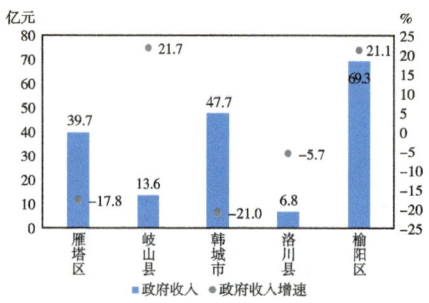

图27-105　2020年陕西省样本县政府收入及增速

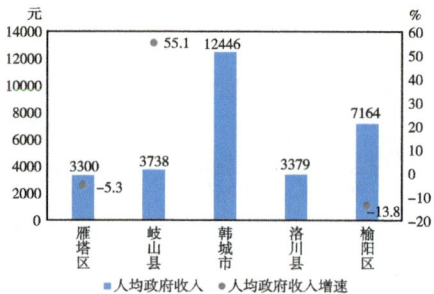

图27-106　2020年陕西省样本县人均政府收入及增速

27.3.3　陕西省样本县一般公共预算收入情况

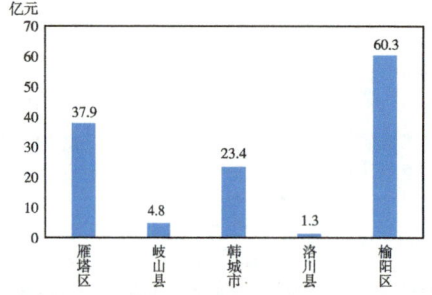

图27-107　2020年陕西省样本县一般公共预算收入

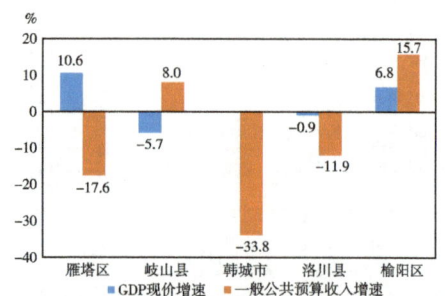

图27-108　2020年陕西省样本县一般公共预算收入增速

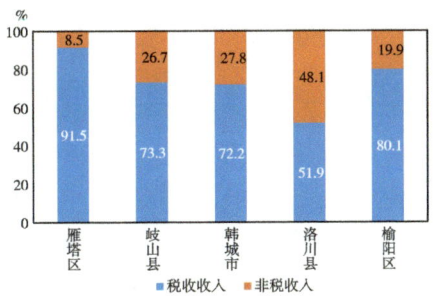

图27-109 2020年陕西省样本县一般公共预算收入结构

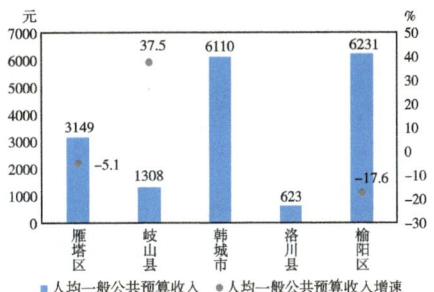

图27-110 2020年陕西省样本县人均一般公共预算收入及增速

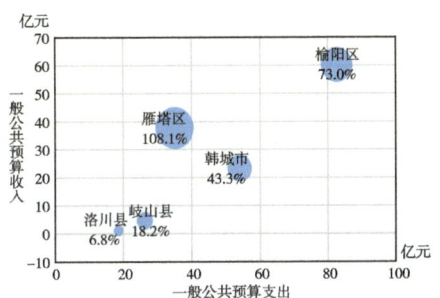

图27-111 2020年陕西省样本县财政自给率

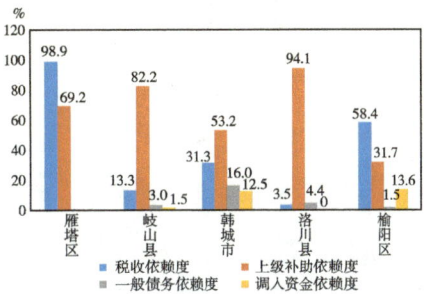

图27-112 2020年陕西省样本县一般公共预算支出对各类收入的依赖度

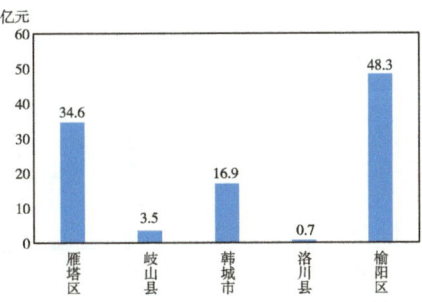

图27-113 2020年陕西省样本县税收收入

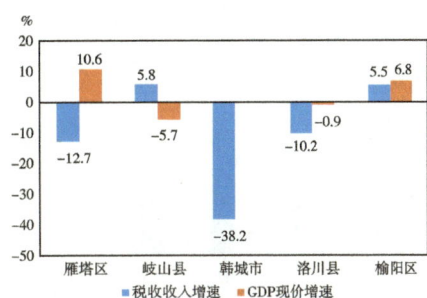

图27-114 2020年陕西省样本县税收收入增速

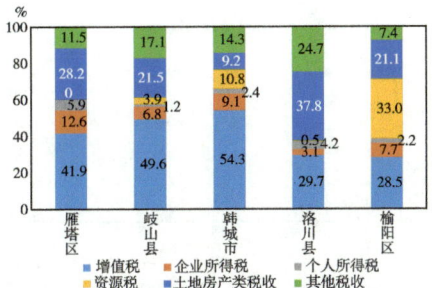

图27-115 2020年陕西省样本县税收收入结构

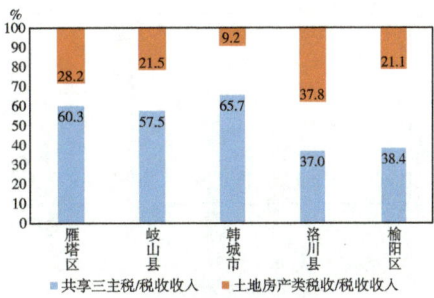

图27-116 2020年陕西省样本县共享三主税、土地房产类税收占税收收入的比重

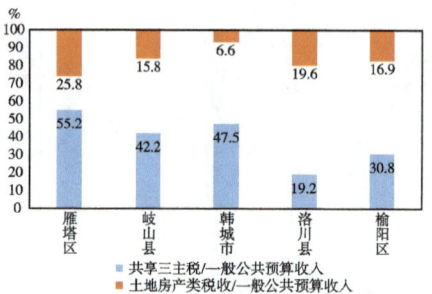

图27-117 2020年陕西省样本县共享三主税、土地房产类税收占一般公共预算收入的比重

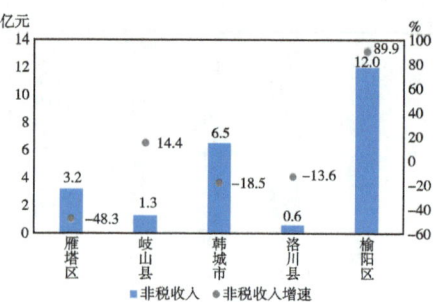

图27-118 2020年陕西省样本县非税收入及增速

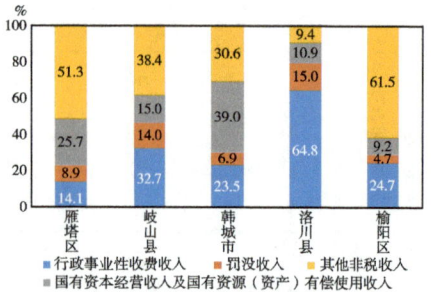

图27-119 2020年陕西省样本县非税收入结构

27.3.4 陕西省样本县政府性基金收入与国有资本经营收入情况

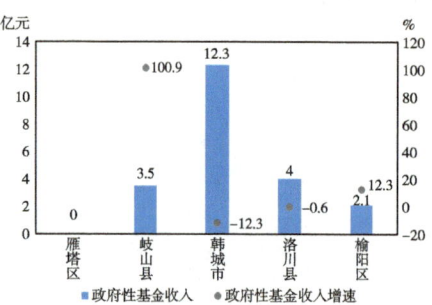

图27-120 2020年陕西省样本县政府性基金收入及增速

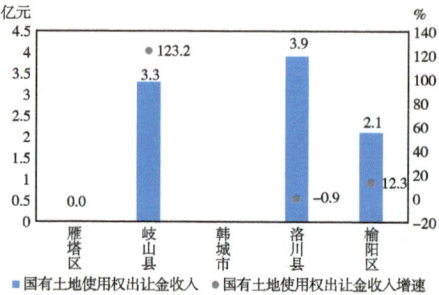

图27-121 2020年陕西省样本县国有土地使用权出让金收入及增速

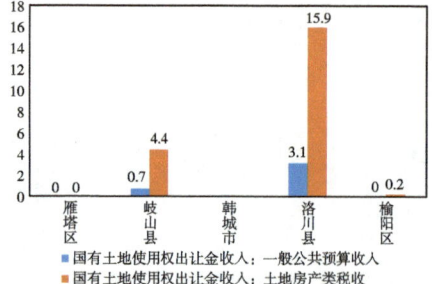

图27-122 2020年陕西省样本县国有土地使用权出让金收入与一般公共预算收入对比关系

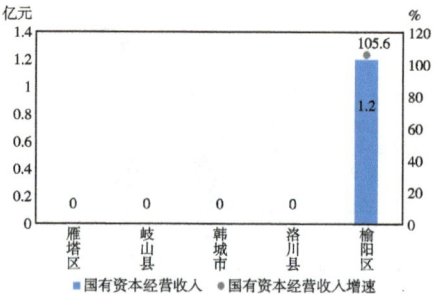

图27-123 2020年陕西省样本县国有资本经营收入及增速

27.3.5　陕西省样本县社会保险基金收入情况

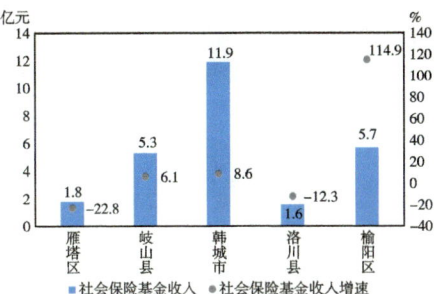

图27-124　2020年陕西省样本县社会保险基金收入及增速

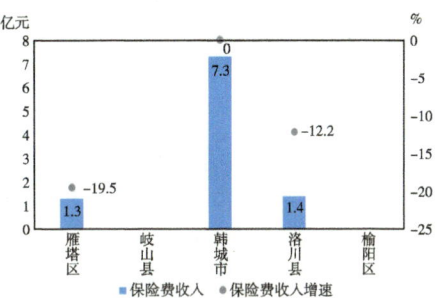

图27-125　2020年陕西省样本县保险费收入及增速

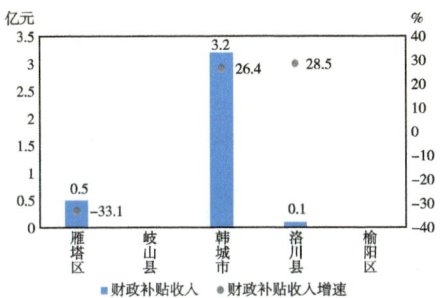

图27-126　2020年陕西省样本县财政补贴收入及增速

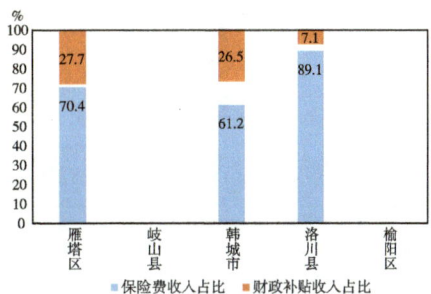

图27-127　2020年陕西省样本县保险费收入、财政补贴收入占社会保险基金收入的比重

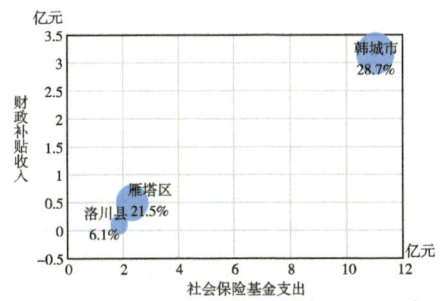

图27-128　2020年陕西省样本县社会保险基金支出对财政补贴的依赖度

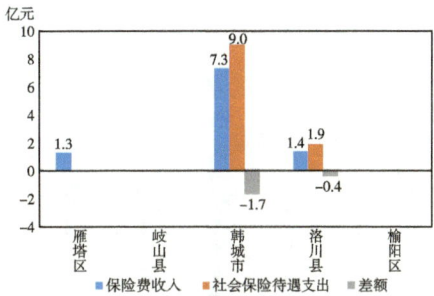

图27-129　2020年陕西省样本县保险费收入、社会保险待遇支出及差额

27.3.6　陕西省样本县债务情况

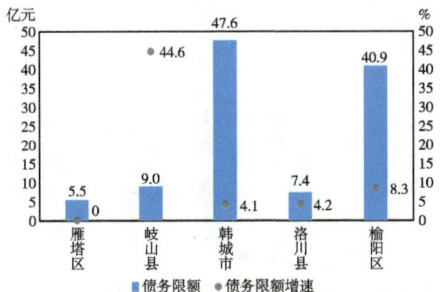

图27-130　2020年陕西省样本县债务限额及增速

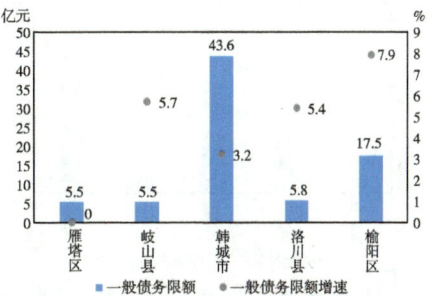

图27-131　2020年陕西省样本县一般债务限额及增速

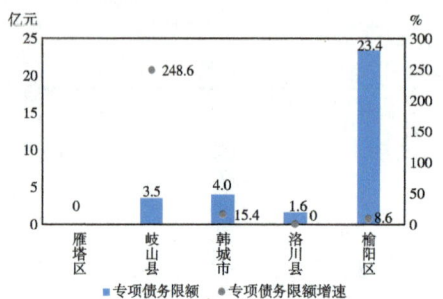

图27-132　2020年陕西省样本县专项债务限额及增速

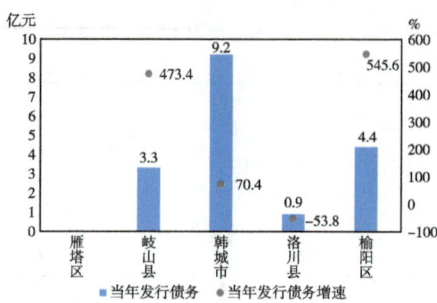

图27-133　2020年陕西省样本县当年发行债务及增速

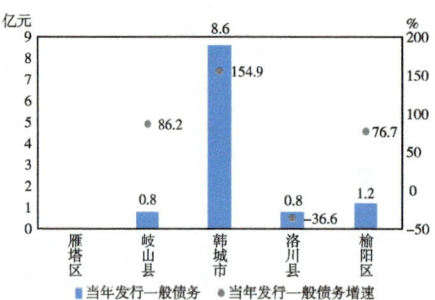

图27-134　2020年陕西省样本县当年发行一般债务及增速

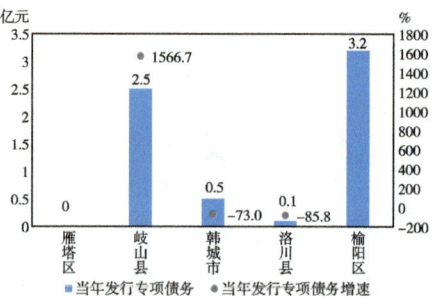

图27-135　2020年陕西省样本县当年发行专项债务及增速

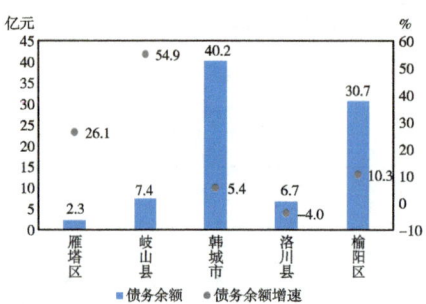

图27-136　2020年陕西省样本县债务余额及增速

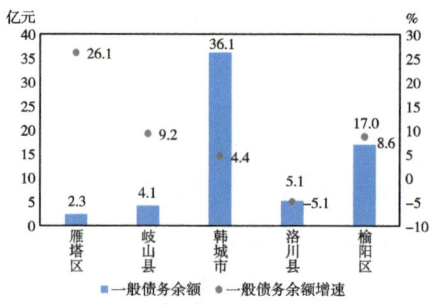

图27-137　2020年陕西省样本县一般债务余额及增速

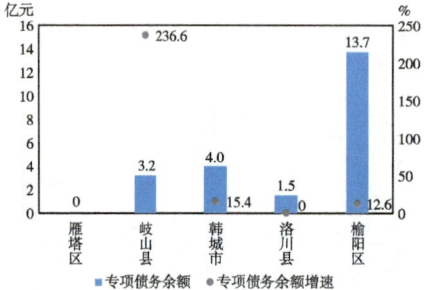

图27-138　2020年陕西省样本县专项债务余额及增速

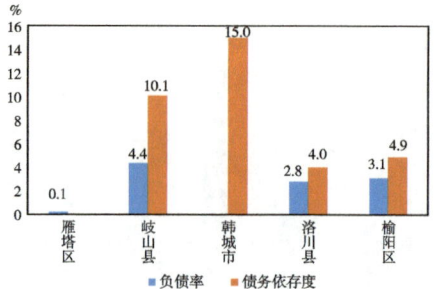

图27-139　2020年陕西省样本县负债率和债务依存度

28 甘肃省

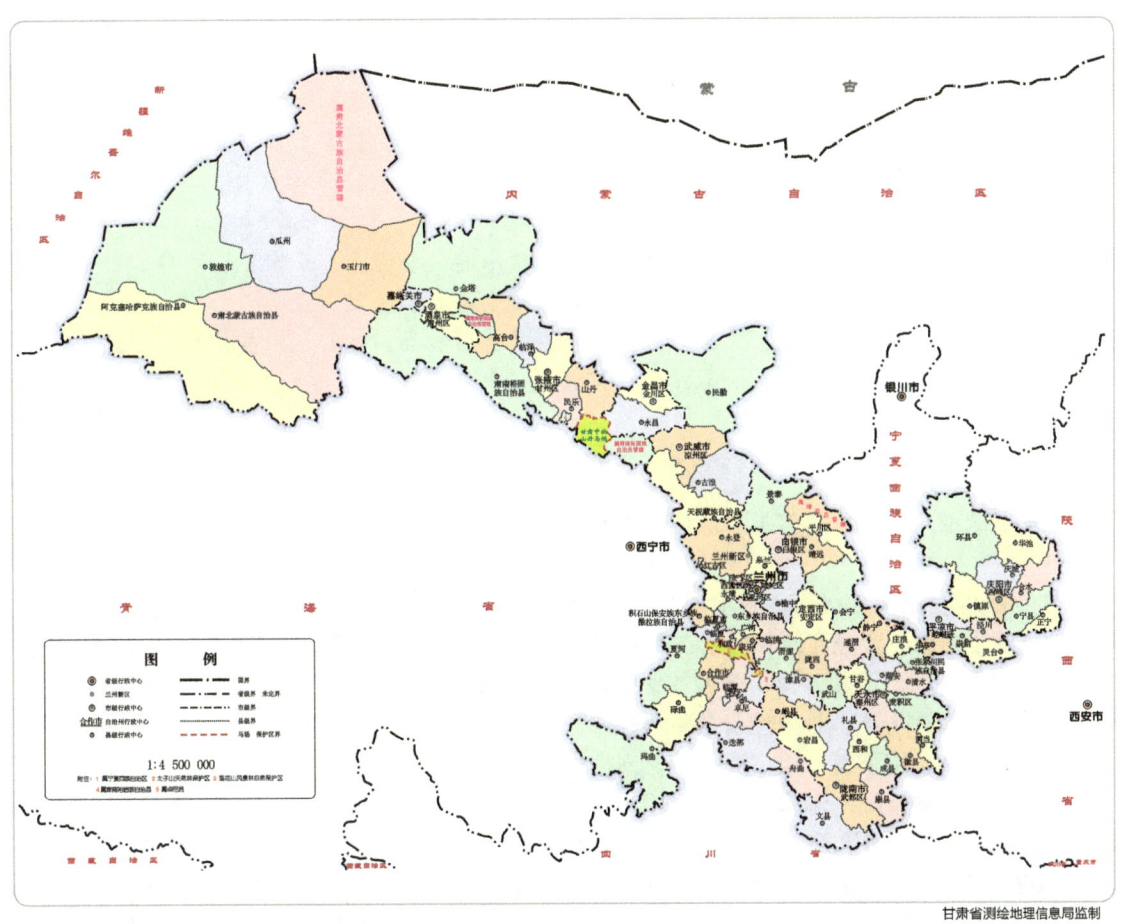

图28 2017年甘肃省地图

资料来源：自然资源部的标准地图服务系统网站。
注：审图号为甘S（2017）59号。

本章执笔人：凤欣　审校：侯海波

> **专栏28-1　2021年甘肃省行政区划**
>
> 　　兰州市：城关区、七里河区、西固区、安宁区、红古区、**永登县**、榆中县、皋兰县
> 　　嘉峪关市：不设市辖区
> 　　金昌市：金川区、永昌县
> 　　白银市：白银区、平川区、会宁县、靖远县、景泰县
> 　　天水市：秦州区、麦积区、甘谷县、武山县、秦安县、清水县、张家川回族自治县
> 　　武威市：凉州区、民勤县、古浪县、天祝藏族自治县
> 　　张掖市：甘州区、山丹县、民乐县、临泽县、高台县、肃南裕固族自治县
> 　　平凉市：崆峒区、泾川县、灵台县、**崇信县**、华亭市、庄浪县、静宁县
> 　　酒泉市：肃州区、玉门市、敦煌市、金塔县、瓜州县、肃北蒙古族自治县、阿克塞哈萨克族自治县
> 　　庆阳市：西峰区、**庆城县**、华池县、宁县、镇原县、合水县、正宁县、环县
> 　　定西市：安定区、通渭县、陇西县、渭源县、临洮县、漳县、岷县
> 　　陇南市：武都区、成县、文县、宕昌县、康县、西和县、礼县、徽县、两当县
> 　　临夏州：临夏市、**临夏县**、永靖县、广河县、和政县、康乐县、东乡族自治县、积石山保安族东乡族撒拉族自治县
> 　　甘南州：合作市、夏河县、碌曲县、玛曲县、迭部县、舟曲县、临潭县、卓尼县
>
> 　　**本书选取永登县、崇信县、庆城县以及临夏县为样本县。**

　　甘肃省共辖12个地级市，自治州2个，市辖区17个、县级市5个、县57个（详见专栏28-1）；地处黄土高原、青藏高原和内蒙古高原交汇区，位于黄河中上游。甘肃总面积为45.59万平方千米，地形狭长、地貌多样，著名的戈壁绿洲——河西走廊在省内，是甘肃的重要商品粮基地。虽然在疫情冲击下，甘肃经济总量增速高于全国平均水平，但总体来看，经济发展、财政收入等方面仍在全国下游，这主要是缺乏支撑性主导产业。

　　2021年甘肃省经济总量处于全国下游，第三产业占比低于全国。2021年甘肃GDP为10243.3亿元，排全国第27，增速6.9%，比2020年上升3个百分点，高于全国1.2个百分点；人均GDP为36038元（折约6376.7美元）。从产业结构看，第一、第二、第三产业占比分别为13.4%、33.8%和52.8%。从居民可支配收入看，2021年城镇与农村居民人均可支配收入分别为36187元和11433元，相比上年略下降，分别为全国平均水平的76%和60.4%。

　　2021年甘肃省一般公共预算收入中非税收入占比高，省市县中县级政府收入占比最高。2021年甘肃省一般公共预算收入1001.8亿元，增速14.6%，人均一般公共预算收入为4023.3元。其中，2018年至2020年甘肃省税收收入占一般公共预算收入的比重下降，2021年比重有所回升，2021年为66.6%。2021年非税收入占一般公共预算收入的35.1%，占比偏高。

　　2021年甘肃省财政自给率在连续三年下降后有所回升，一般公共预算支出较上年提高。2021年甘肃财政自给率为24%，2018年至2020年的财政自给率分别为23.1%、21.5%和19.2%。

2021年甘肃省四本预算合计中社保基金预算收入占比最高。 2021年甘肃省四本预算加总的政府收入2632.1亿元,其中一般公共预算收入、政府性基金预算收入、国有资本经营预算收入和社会保险基金预算收入分别占比34.9%、20.5%、0.5%和44.1%。2021年甘肃省社保基金预算收入1096亿元。

甘肃省内各地市经济社会发展和财政发展不均衡,优势集中于省会兰州。 兰州市是2020年甘肃省政府收入规模唯一超700亿元的城市,而其他城市政府收入规模都在300亿元以下。2020年兰州市一般公共预算收入247.1亿元,除庆阳市和天水市分别实现54.5亿元和53.9亿元的一般公共预算收入外,其他各市均低于40亿元,兰州市是一般公共预算收入最低的甘南州的约24倍。甘肃省内各市财政自给率差异明显。2020年,嘉峪关、兰州和金昌3市的财政自给率分别为62.8%、50.8%和36.8%,自给率排在全省前三,而剩下的城市自给率分布在10%到25%之间。甘南、平凉、陇南和临夏市(州)的财政自给率不足10%,最高自给率的嘉峪关是最低的甘南的13.4倍。政府性基金收入主要构成是国有土地使用权出让收入,各地差距较大,国有土地使用权出让收入规模最大的兰州市为198.2亿元。

28.1 甘肃省政府收入主要特征分析

28.1.1 甘肃省经济社会基本情况

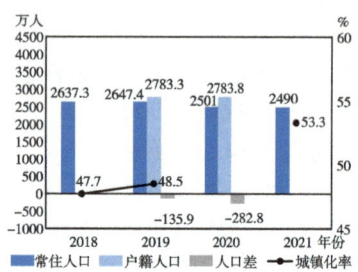

图28-1 2018-2021年甘肃省人口状况

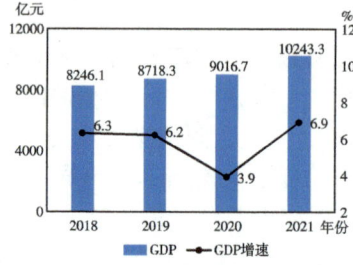

图28-2 2018-2021年甘肃省GDP及增速

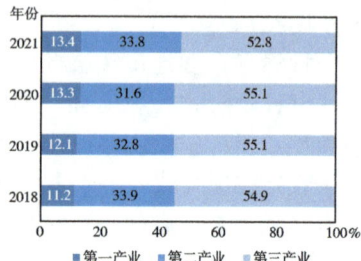

图28-3 2018-2021年甘肃省三次产业结构

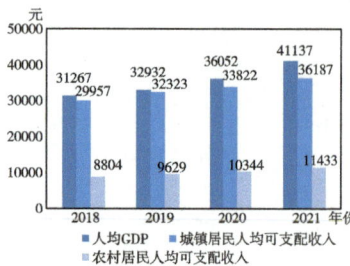

图28-4 2018-2021年甘肃省人均GDP和人均可支配收入

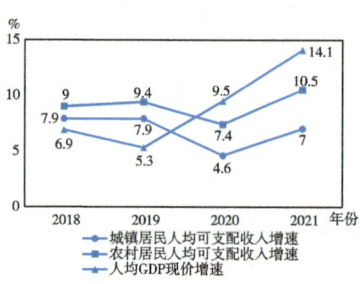

图28-5 2018-2021年甘肃省人均GDP现价增速和人均可支配收入增速

28.1.2 甘肃省政府收入总体情况

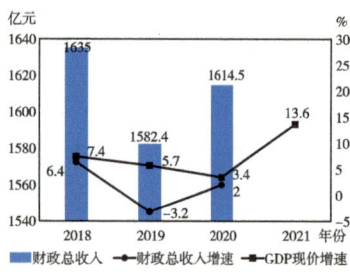

图28-6 2018-2021年甘肃省财政总收入及增速

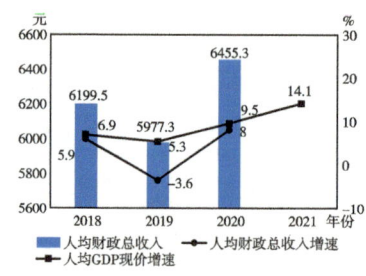

图28-7 2018-2021年甘肃省人均财政总收入及增速

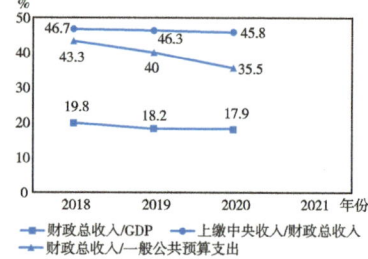

图28-8 2018-2021年财政总收入相关指标

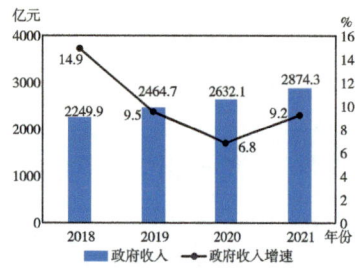

图28-9 2018-2021年甘肃省政府收入及增速

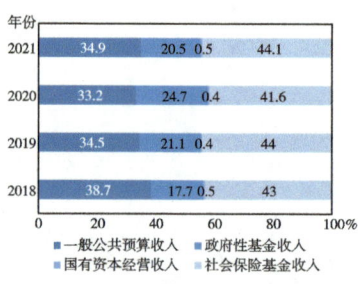

图28-10 2018-2021年甘肃省政府收入结构

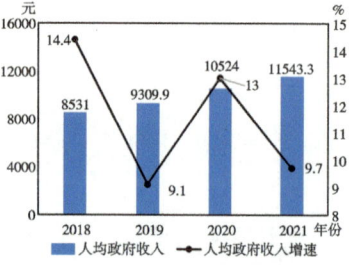

图28-11 2018-2021年甘肃省人均政府收入及增速

28.1.3 甘肃省一般公共预算收入情况

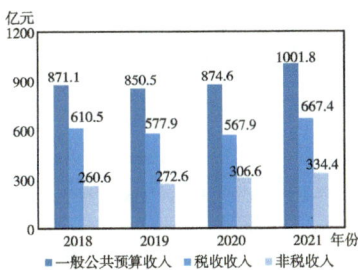

图28-12 2018—2021年甘肃省一般公共预算收入

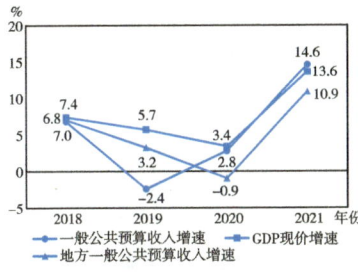

图28-13 2018—2021年甘肃省一般公共预算收入增速

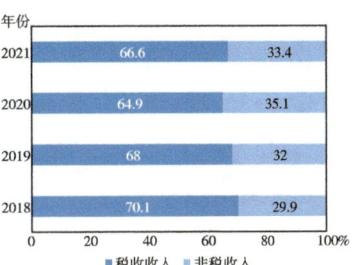

图28-14 2018—2021年甘肃省一般公共预算收入结构

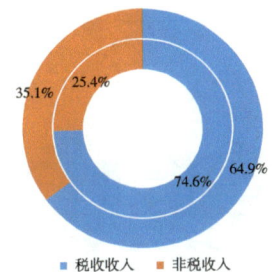

图28-15 2020年一般公共预算收入结构对比（内环为地方，外环为甘肃省）

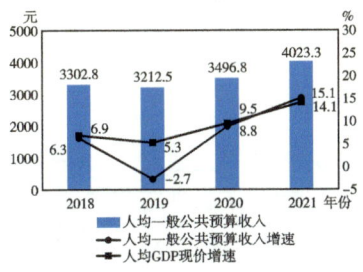

图28-16 2018—2021年甘肃省人均一般公共预算收入及增速

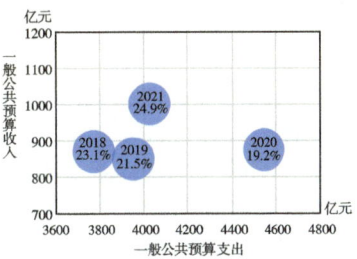

图28-17 2018—2021年甘肃省财政自给率

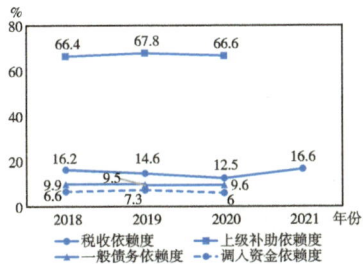

图28-18 2018—2021年甘肃省一般公共预算支出对各类收入的依赖度

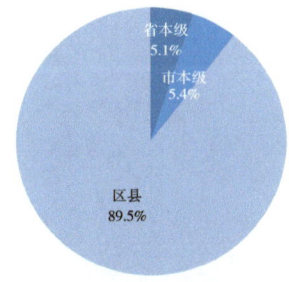

图28-19 2020年甘肃省市县三级政府一般公共预算收入分布

图28-20 2018—2021年甘肃省税收收入

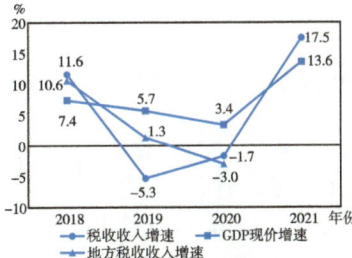

图28-21 2018—2021年甘肃省税收收入增速

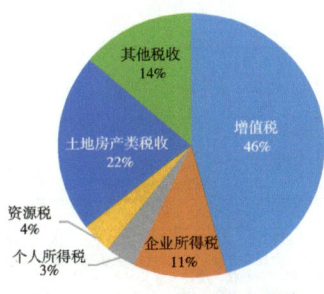

图28-22 2020年甘肃省税收收入结构

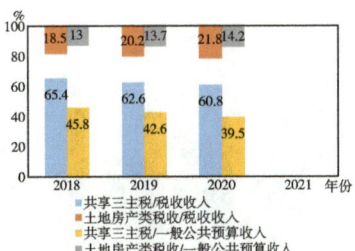

图28-23 2018—2021年甘肃省共享三主税、土地房产类税收占税收收入及一般公共预算收入的比重

图28-24 2018-2021年甘肃省非税收入

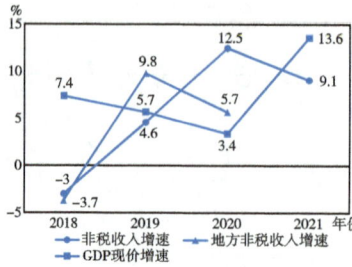

图28-25 2018-2021年甘肃省非税收入增速

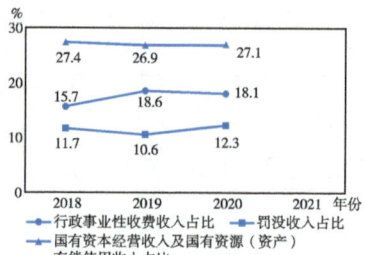

图28-26 2018-2021年甘肃省非税收入中各主要收入占比

28.1.4 甘肃省政府性基金和国有资本经营收入情况

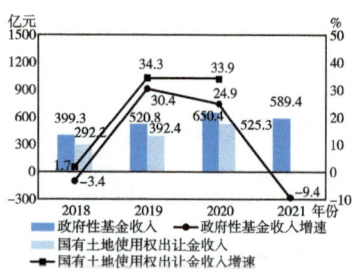

图28-27 2018-2021年甘肃省政府性基金收入及增速

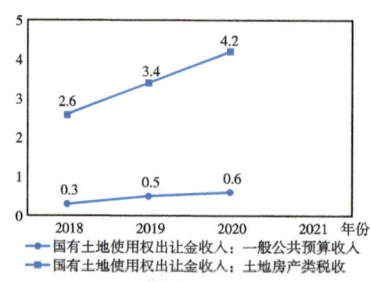

图28-28 2018-2021年甘肃省国有土地使用权出让金收入与一般公共预算收入对比关系

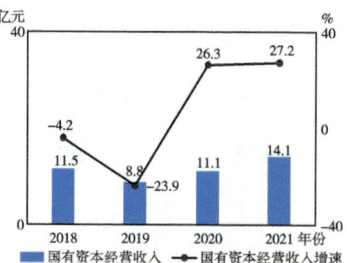

图28-29 2018-2021年甘肃省国有资本经营收入及增速

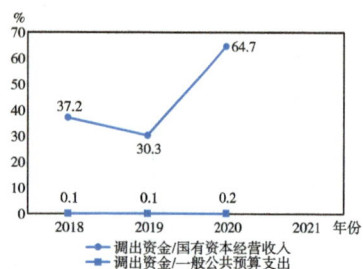

图28-30 2018-2021年甘肃省国有资本经营预算中调出资金相关指标

28.1.5 甘肃省社会保险基金收入情况

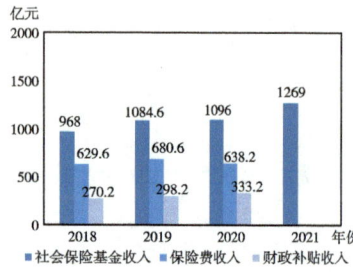

图28-31 2018-2021年甘肃省社会保险基金收入

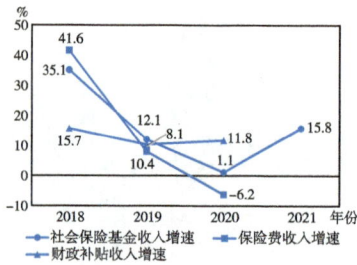

图28-32 2018-2021年甘肃省社会保险基金收入增速

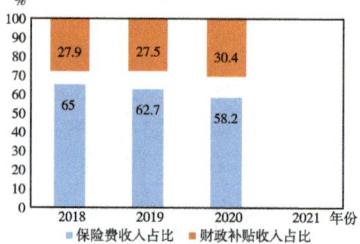

图28-33 2018-2021年甘肃省保险费收入、财政补贴收入占社会保险基金收入的比重

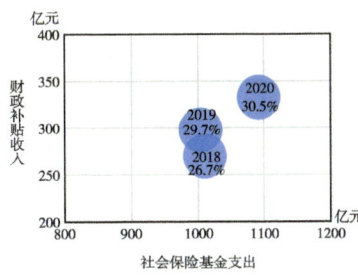

图28-34 2018-2021年甘肃省社会保险基金支出对财政补贴的依赖度

图28-35 2018-2021年甘肃省保险费收入、社会保险待遇支出及差额

28.1.6 甘肃省债务情况

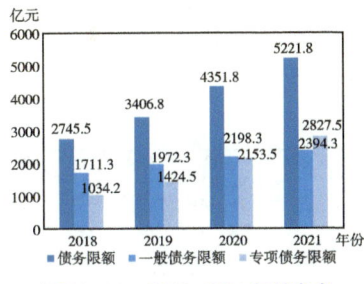

图28-36 2018-2021年甘肃省债务限额

图28-37 2018-2021年甘肃省债务限额增速

图28-38 2018-2021年甘肃省当年发行债务

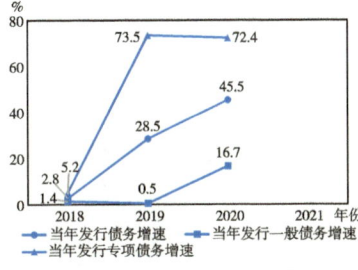

图28-39 2018-2021年甘肃省当年发行债务增速

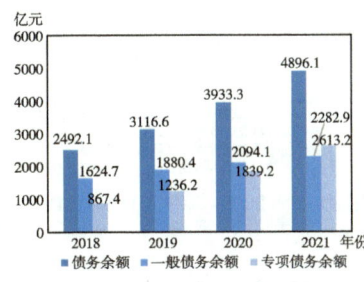

图28-40 2018-2021年甘肃省债务余额

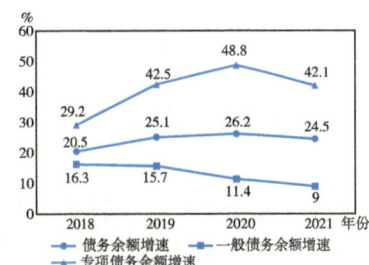

图28-41 2018-2021年甘肃省债务余额增速

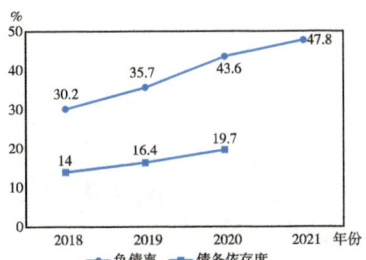

图28-42 2018-2021年甘肃省负债率和债务依存度

28.1.7 甘肃省省本级一般公共预算收入情况

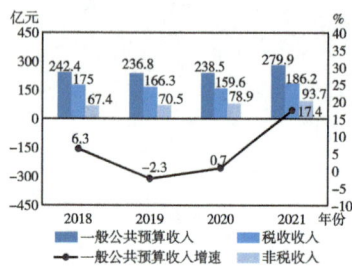

图28-43 2018—2021年甘肃省省本级一般公共预算收入及增速

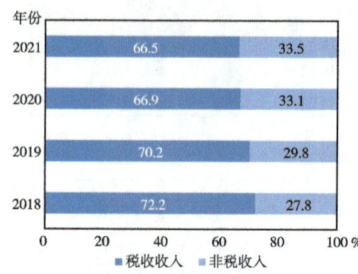

图28-44 2018—2021年甘肃省省本级一般公共预算收入结构

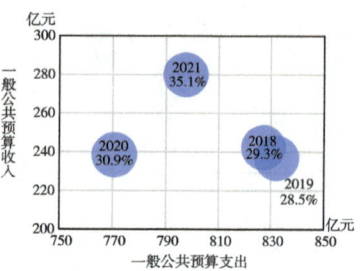

图28-45 2018—2021年甘肃省省本级财政自给率

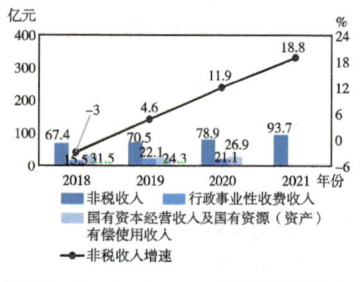

图28-46 2018—2021年甘肃省省本级税收收入及增速

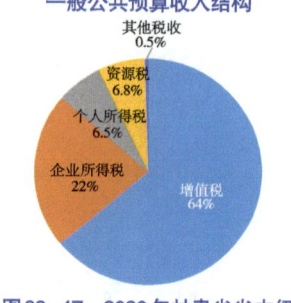

图28-47 2020年甘肃省省本级税收收入结构

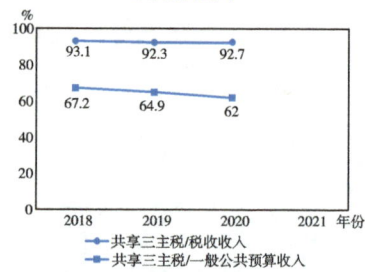

图28-48 2018—2021年甘肃省省本级共享三主税占税收收入及一般公共预算收入的比重

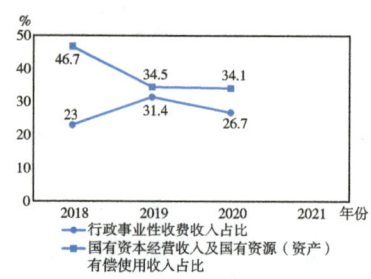

图28-49 2018—2021年甘肃省省本级非税收入及增速

图28-50 2018—2021年甘肃省省本级非税收入中各主要收入占比

28.2 甘肃省各市政府收入主要特征分析

28.2.1 甘肃省各市经济社会发展情况

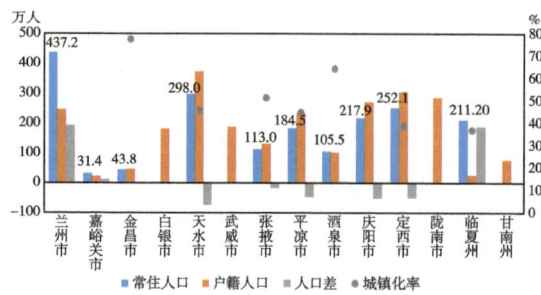

图28-51 2020年甘肃省各市人口状况

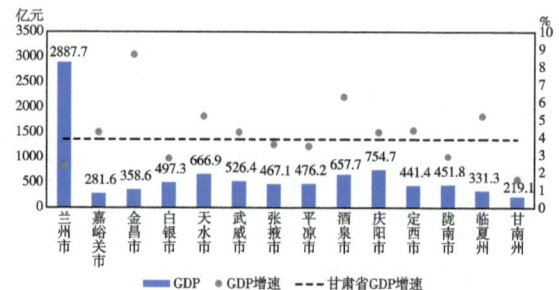

图28-52 2020年甘肃省各市GDP及增速

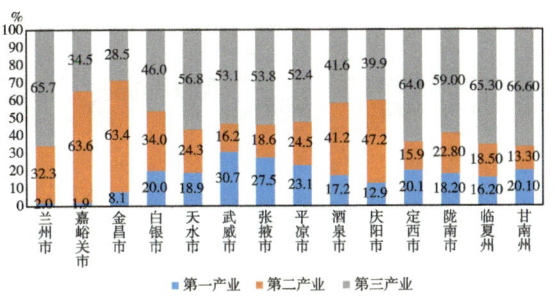

图28-53　2020年甘肃省各市三次产业结构

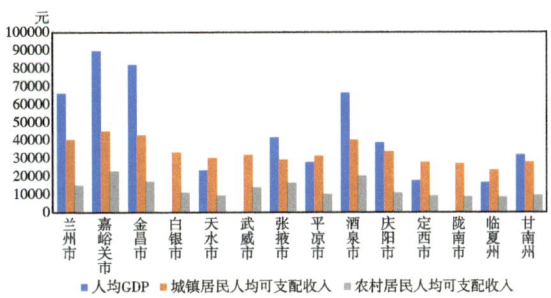

图28-54　2020年甘肃省各市人均GDP和人均可支配收入

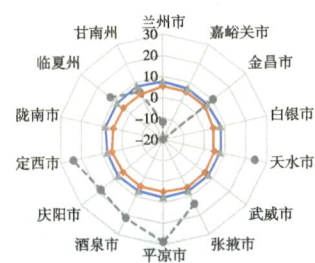

图28-55　2020年甘肃省各市人均GDP现价增速和人均可支配收入增速

28.2.2　甘肃省各市政府收入总体情况

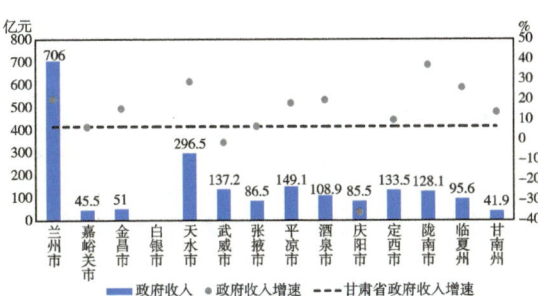

图28-56　2020年甘肃省各市政府收入及增速

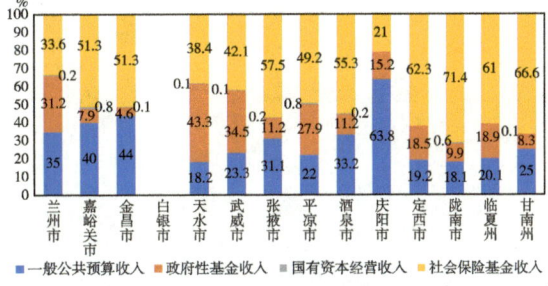

图28-57　2020年甘肃省各市政府收入结构

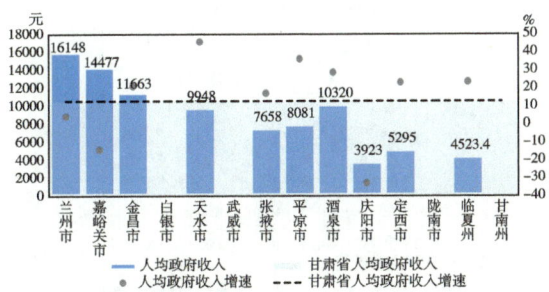

图28-58　2020年甘肃省各市人均政府收入及增速

745

28.2.3 甘肃省各市一般公共预算收入情况

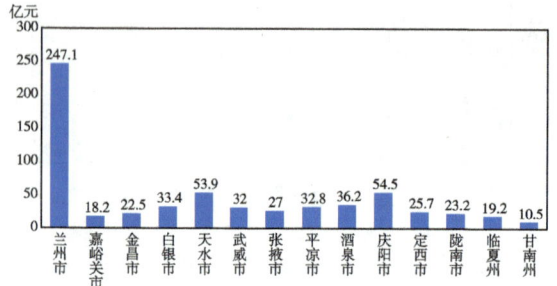

图 28-59　2020年甘肃省各市一般公共预算收入

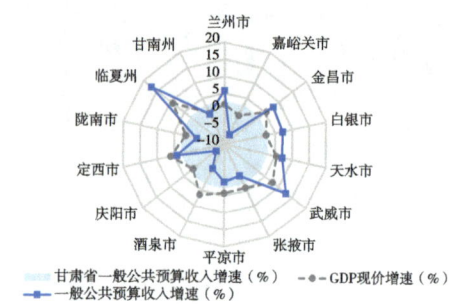

图 28-60　2020年甘肃省各市一般公共预算收入增速

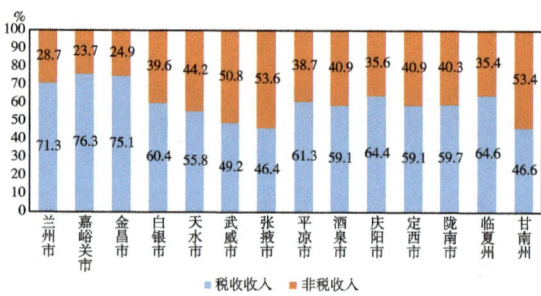

图 28-61　2020年甘肃省各市一般公共预算收入结构

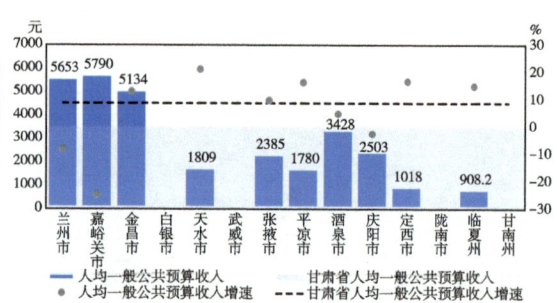

图 28-62　2020年甘肃省各市人均一般公共预算收入及增速

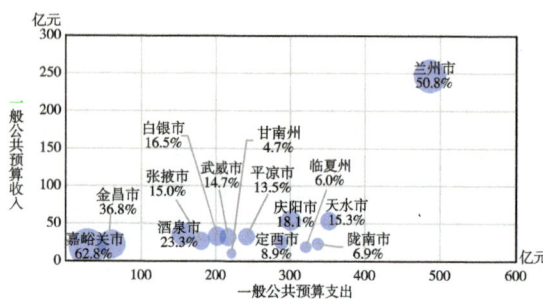

图 28-63　2020年甘肃省各市财政自给率

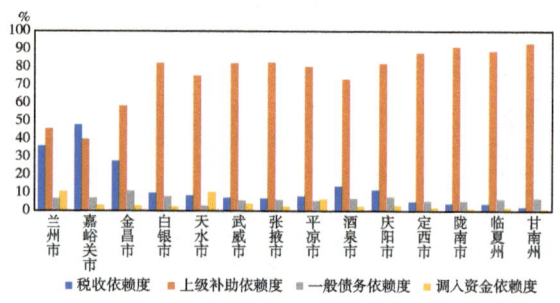

图 28-64　2020年甘肃省各市一般公共预算支出对各类收入的依赖度

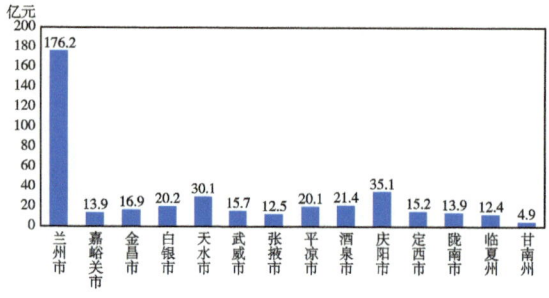

图 28-65　2020年甘肃省各市税收收入

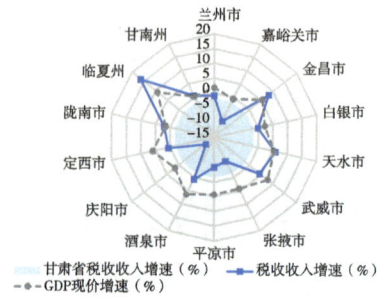

图 28-66　2020年甘肃省各市税收收入增速

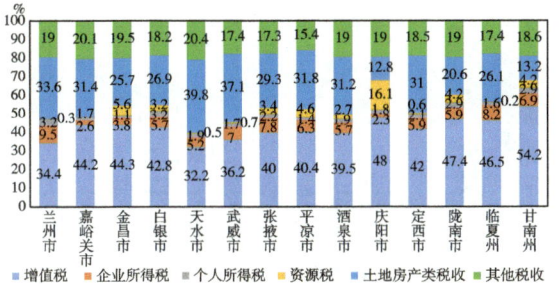

图28-67 2020年甘肃省各市税收收入结构

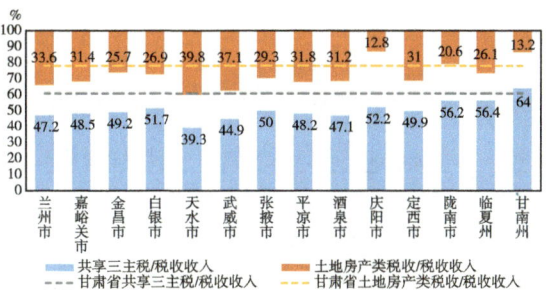

图28-68 2020年甘肃省各市共享三主税、土地房产类税收占税收收入的比重

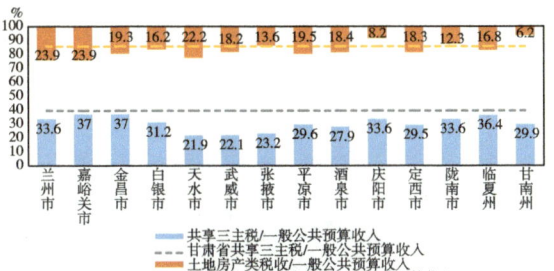

图28-69 2020年甘肃省各市共享三主税、土地房产类税收占一般公共预算收入的比重

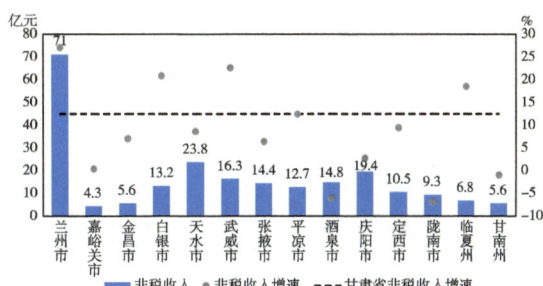

图28-70 2020年甘肃省各市非税收入及增速

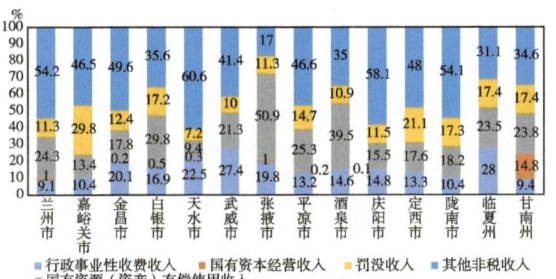

图28-71 2020年甘肃省各市非税收入结构

28.2.4 甘肃省各市政府性基金收入与国有资本经营收入情况

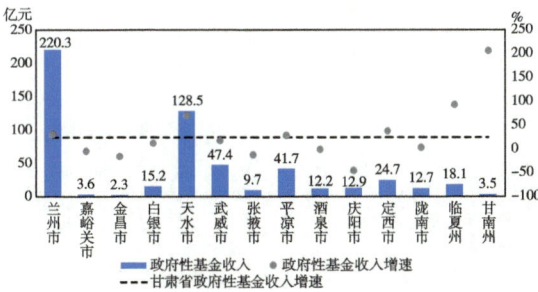

图28-72 2020年甘肃省各市政府性基金收入及增速

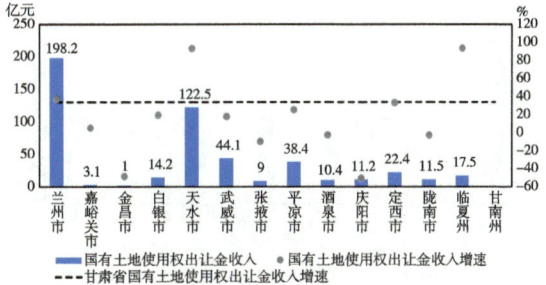

图28-73 2020年甘肃省各市国有土地使用权出让金收入及增速

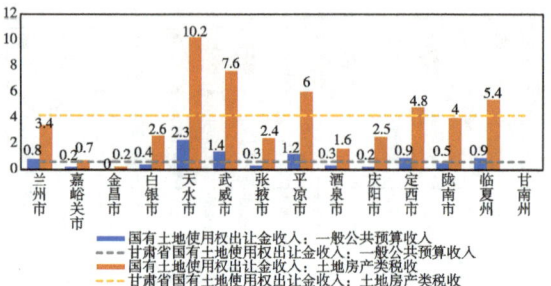

图28-74 2020年甘肃省各市国有土地使用权出让金收入与一般公共预算收入对比关系

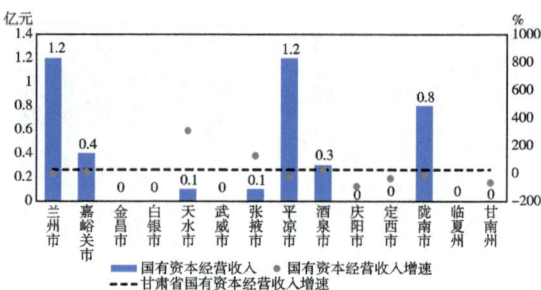

图28-75 2020年甘肃省各市国有资本经营收入及增速

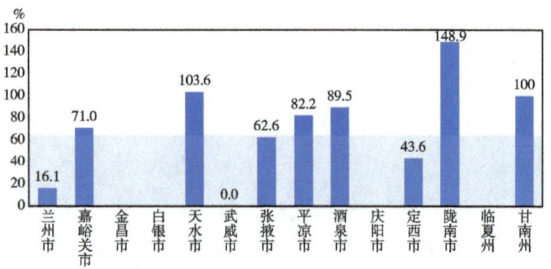

图28-76 2020年甘肃省各市调出资金与国有资本经营收入对比关系

28.2.5 甘肃省各市社会保险基金收入情况

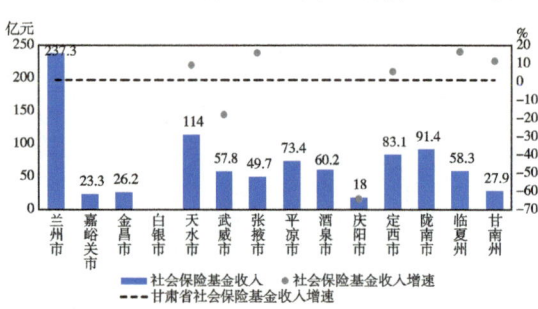

图28-77 2020年甘肃省各市社会保险基金收入及增速

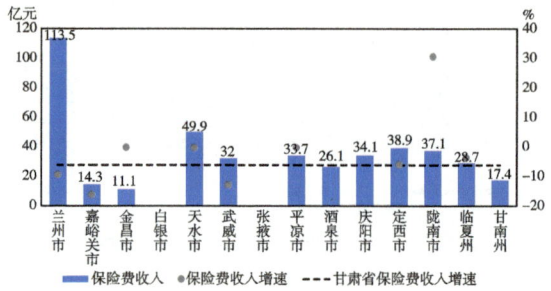

图28-78 2020年甘肃省各市保险费收入及增速

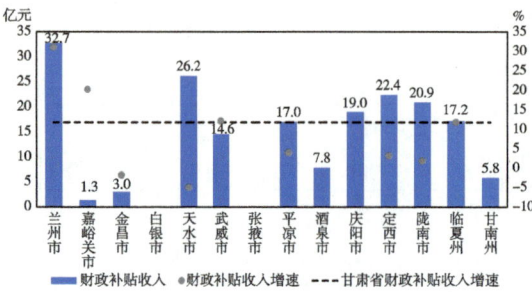

图28-79 2020年甘肃省各市财政补贴收入及增速

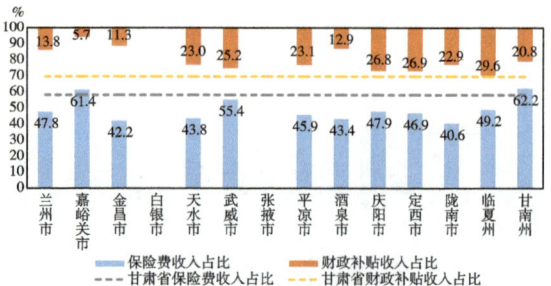

图28-80 2020年甘肃省各市保险费收入、财政补贴收入占社会保险基金收入的比重

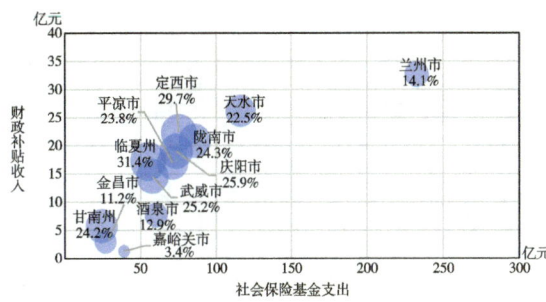

图28-81 2020年甘肃省各市社会保险基金支出对财政补贴的依赖度

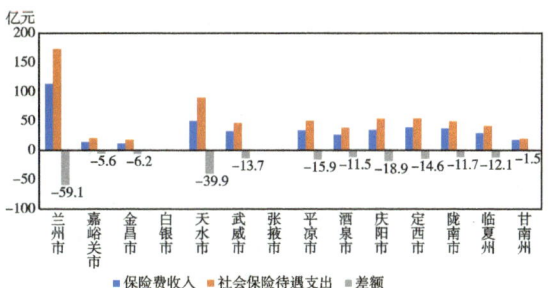

图28-82 2020年甘肃省各市保险费收入、社会保险待遇支出及差额

28.2.6 甘肃省各市债务情况

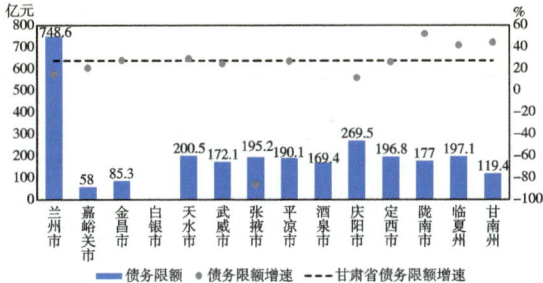

图28-83 2020年甘肃省各市债务限额及增速

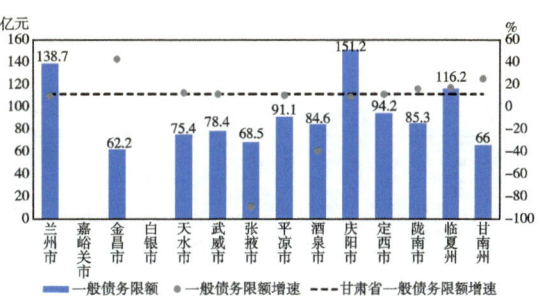

图28-84 2020年甘肃省各市一般债务限额及增速

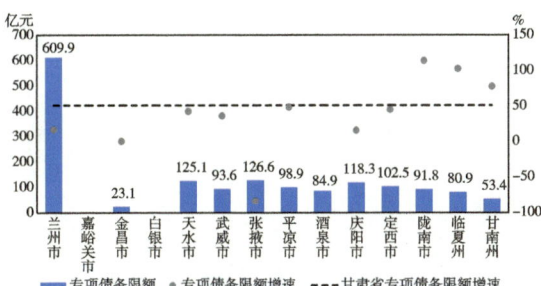

图28-85 2020年甘肃省各市专项债务限额及增速

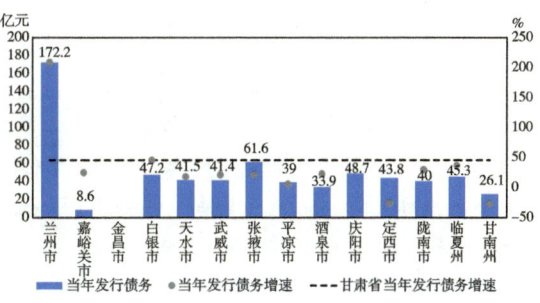

图28-86 2020年甘肃省各市当年发行债务及增速

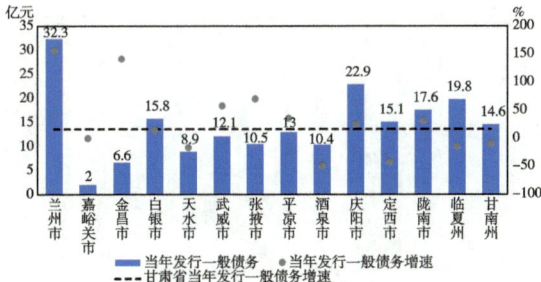

图28-87 2020年甘肃省各市当年发行一般债务及增速

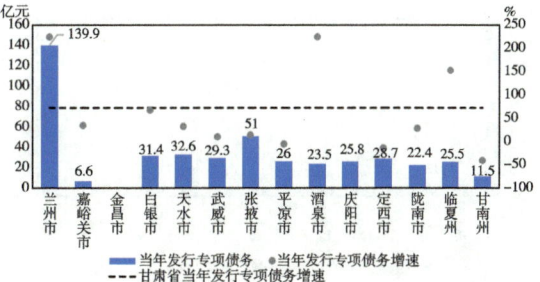

图28-88 2020年甘肃省各市当年发行专项债务及增速

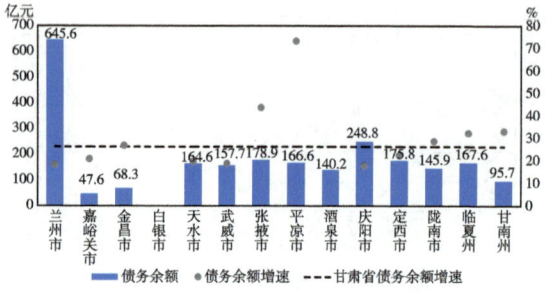

图28-89　2020年甘肃省各市债务余额及增速

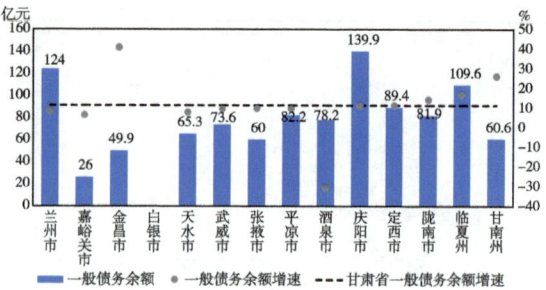

图28-90　2020年甘肃省各市一般债务余额及增速

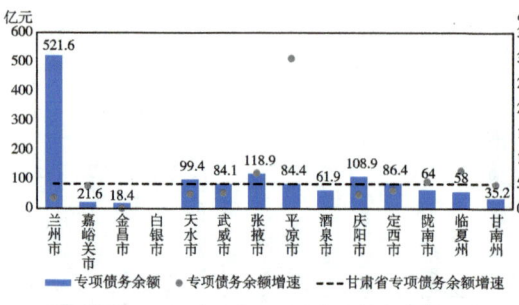

图28-91　2020年甘肃省各市专项债务余额及增速

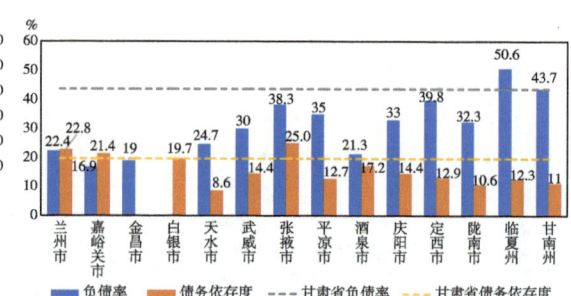

图28-92　2020年甘肃省各市负债率和债务依存度

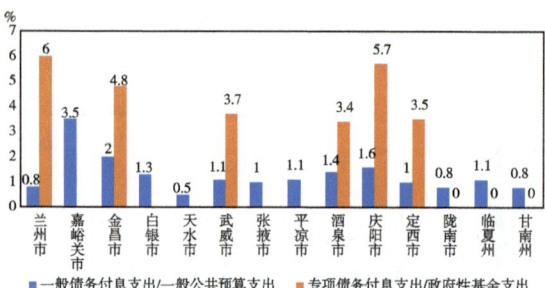

图28-93　2020年甘肃省各市债务付息支出相关指标

28.2.7　甘肃省各市市本级一般公共预算收入情况

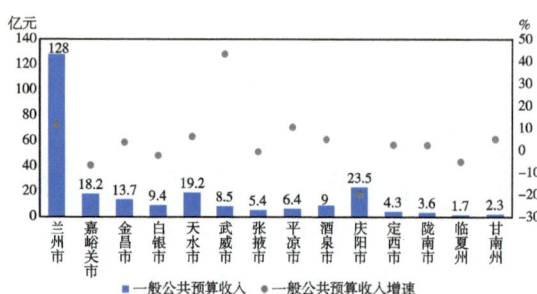

图28-94　2020年甘肃省各市市本级一般公共
预算收入及增速

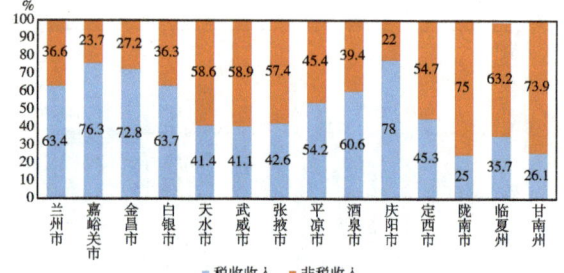

图28-95　2020年甘肃省各市市本级一般公共
预算收入结构

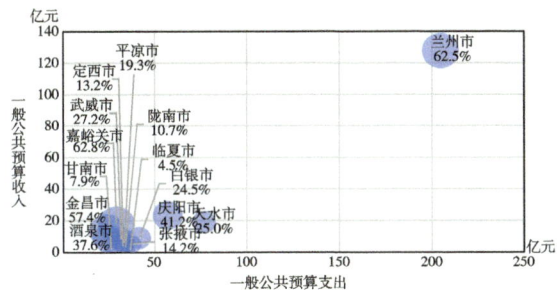

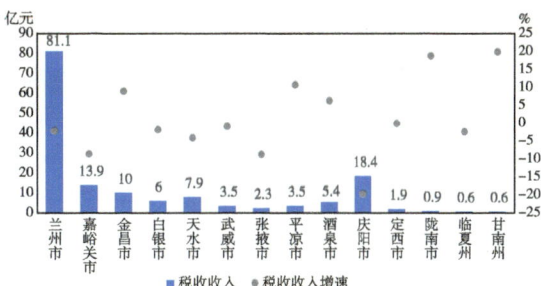

图28-96 2020年甘肃省各市市本级财政自给率

图28-97 2020年甘肃省各市市本级税收收入及增速

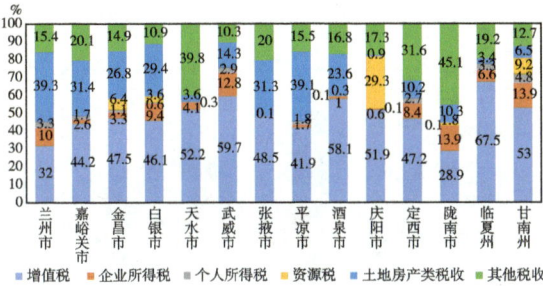

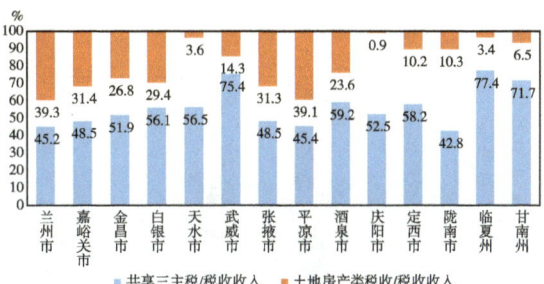

图28-98 2020年甘肃省各市市本级税收收入结构

图28-99 2020年甘肃省各市市本级共享三主税、土地房产类税收占税收收入的比重

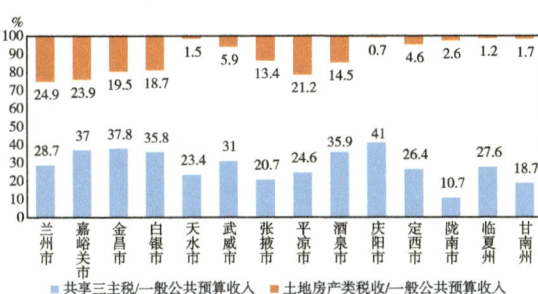

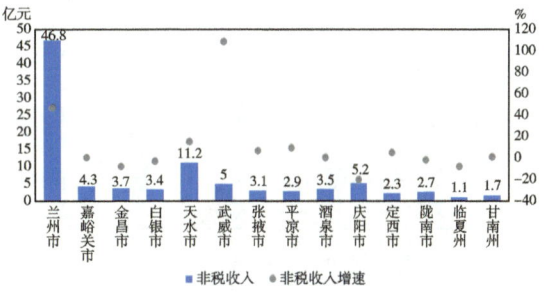

图28-100 2020年甘肃省各市市本级共享三主税、土地房产类税收占一般公共预算收入的比重

图28-101 2020年甘肃省各市市本级非税收入及增速

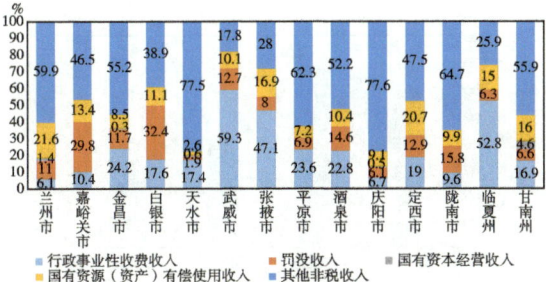

图28-102 2020年甘肃省各市市本级非税收入结构

28.3 甘肃省样本县政府收入主要特征分析

28.3.1 甘肃省样本县经济社会发展情况

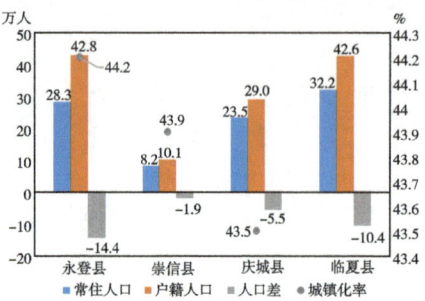

图28-103　2020年甘肃省样本县人口状况

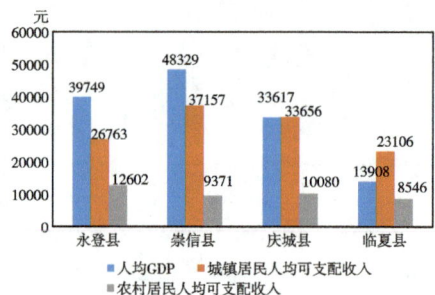

图28-104　2020年甘肃省样本县GDP及增速

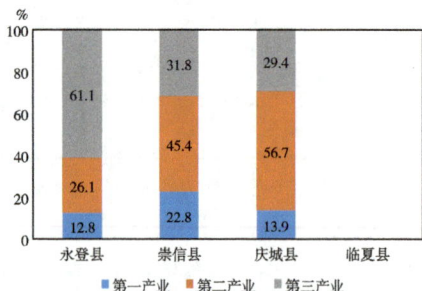

图28-105　2020年甘肃省样本县三次产业结构

图28-106　2020年甘肃省样本县人均GDP和人均可支配收入

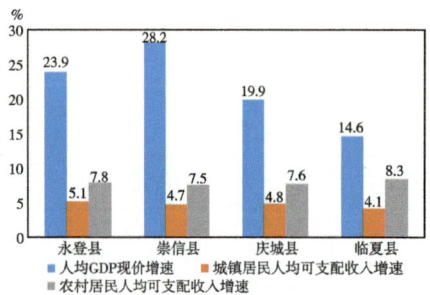

图28-107　2020年甘肃省样本县人均GDP现价增速和人均可支配收入增速

28.3.2 甘肃省样本县政府收入总体情况

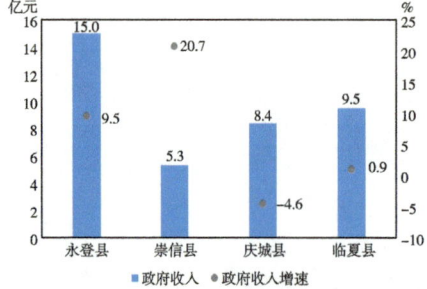

图28-108　2020年甘肃省样本县政府收入及增速

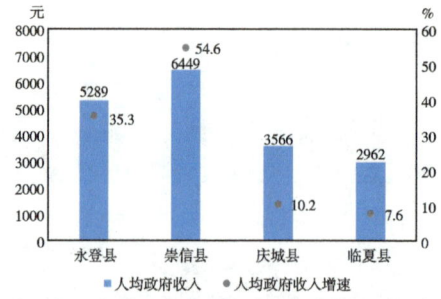

图28-109　2020年甘肃省样本县人均政府收入及增速

28.3.3 甘肃省样本县一般公共预算收入情况

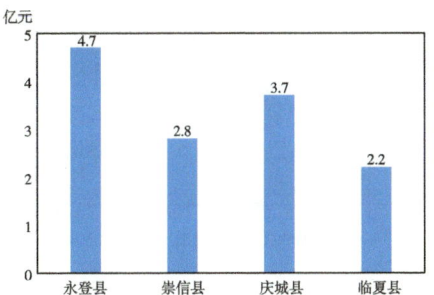

图28-110 2020年甘肃省样本县一般公共预算收入

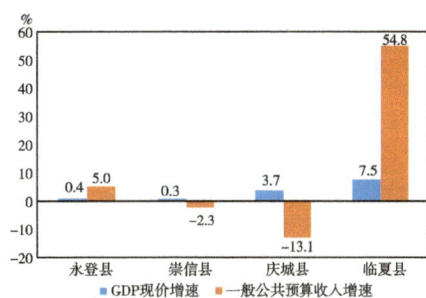

图28-111 2020年甘肃省样本县一般公共预算收入增速

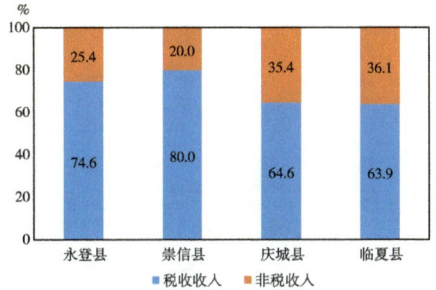

图28-112 2020年甘肃省样本县一般公共预算收入结构

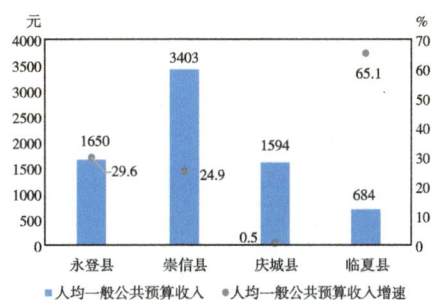

图28-113 2020年甘肃省样本县人均一般公共预算收入及增速

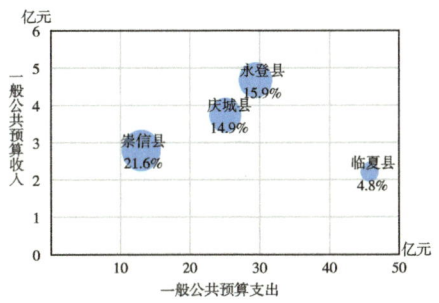

图28-114 2020年甘肃省样本县财政自给率

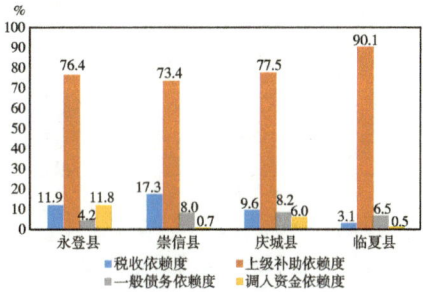

图28-115 2020年甘肃省样本县一般公共预算支出对各类收入的依赖度

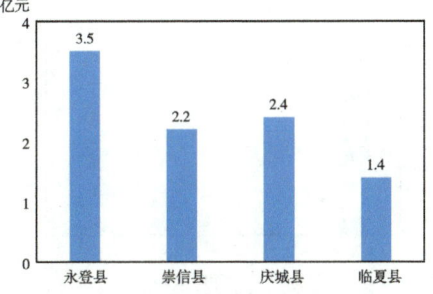

图28-116 2020年甘肃省样本县税收收入

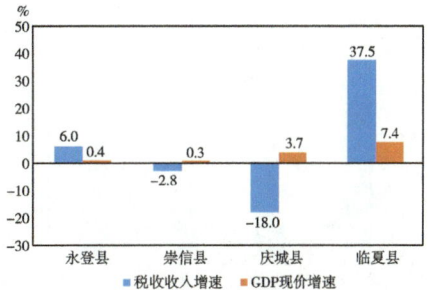

图28-117 2020年甘肃省样本县税收收入增速

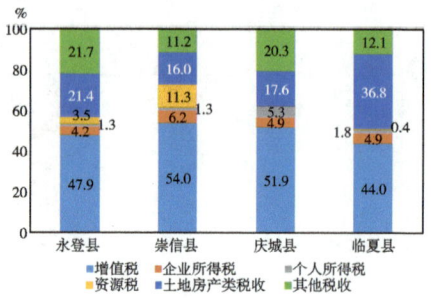

图28-118　2020年甘肃省样本县税收收入结构

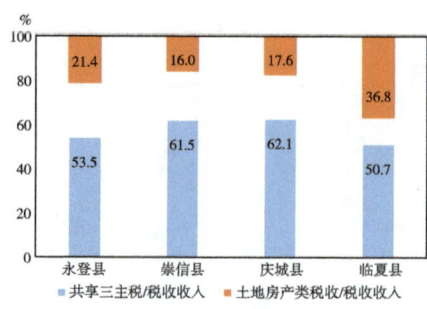

图28-119　2020年甘肃省样本县共享三主税、土地房产类税收占税收收入的比重

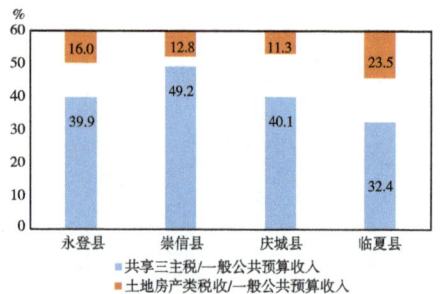

图28-120　2020年甘肃省样本县共享三主税、土地房产类税收占一般公共预算收入的比重

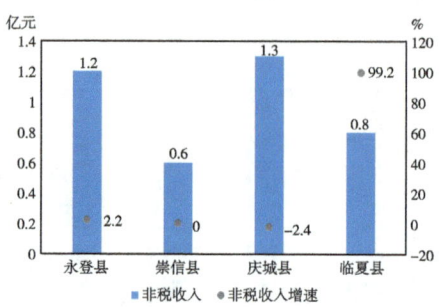

图28-121　2020年甘肃省样本县非税收入及增速

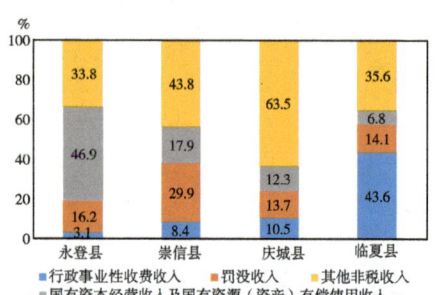

图28-122　2020年甘肃省样本县非税收入结构

28.3.4　甘肃省样本县政府性基金收入与国有资本经营收入情况

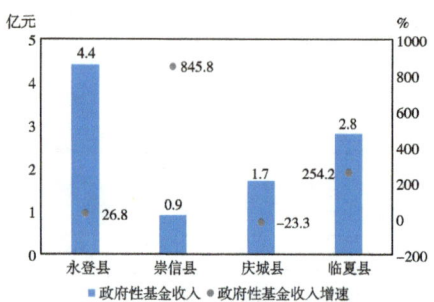

图28-123　2020年甘肃省样本县政府性基金收入及增速

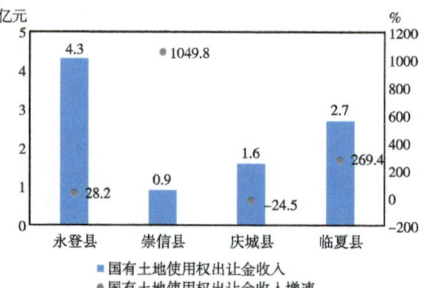

图28-124　2020年甘肃省样本县国有土地使用权出让金收入及增速

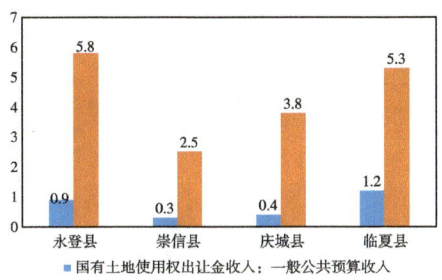

图28-125　2020年甘肃省样本县国有土地使用权出让金收入与一般公共预算收入对比关系

28.3.5　甘肃省样本县社会保险基金收入情况

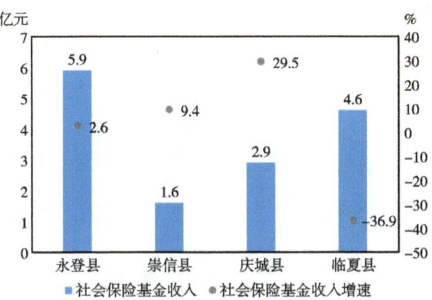

图28-126　2020年甘肃省样本县社会保险基金收入及增速

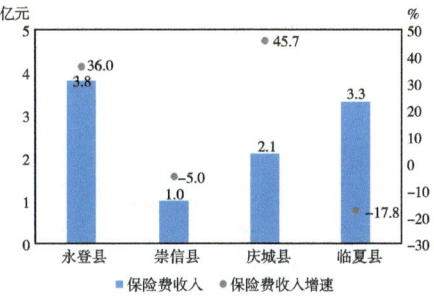

图28-127　2020年甘肃省样本县保险费收入及增速

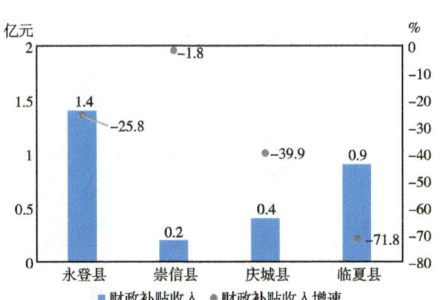

图28-128　2020年甘肃省样本县财政补贴收入及增速

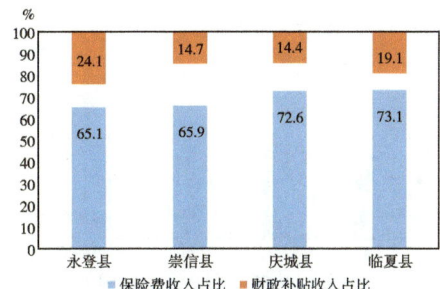

图28-129　2020年甘肃省样本县保险费收入、财政补贴收入占社会保险基金收入的比重

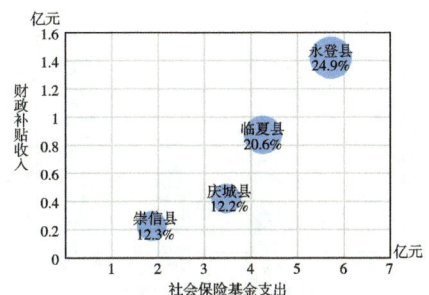

图28-130　2020年甘肃省样本县社会保险基金支出对财政补贴的依赖度

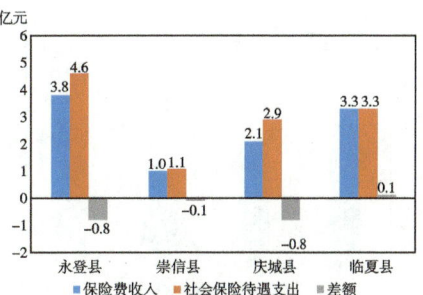

图28-131　2020年甘肃省样本县保险费收入、社会保险待遇支出及差额

28.3.6 甘肃省样本县债务情况

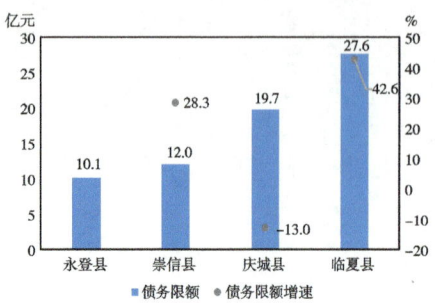

图28-132 2020年甘肃省样本县债务限额及增速

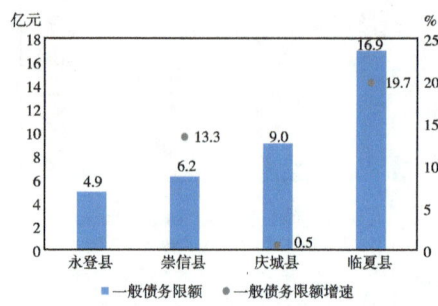

图28-133 2020年甘肃省样本县一般债务限额及增速

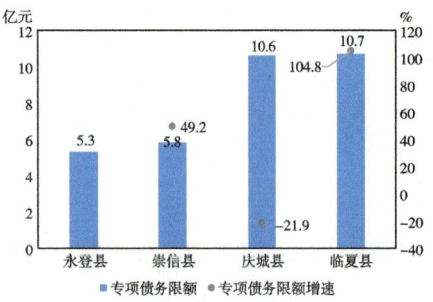

图28-134 2020年甘肃省样本县专项债务限额及增速

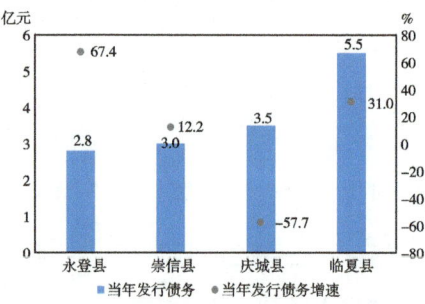

图28-135 2020年甘肃省样本县当年发行债务及增速

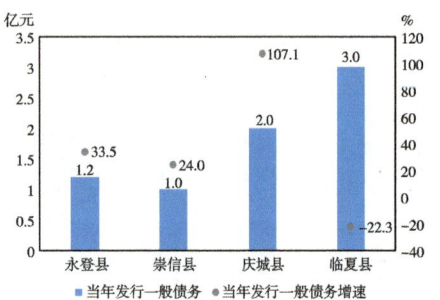

图28-136 2020年甘肃省样本县当年发行一般债务及增速

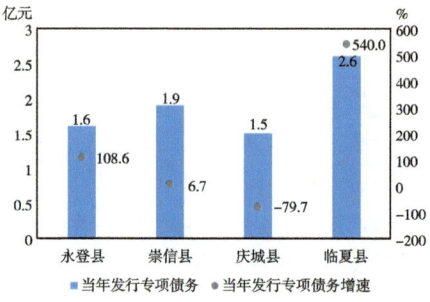

图28-137 2020年甘肃省样本县当年发行专项债务及增速

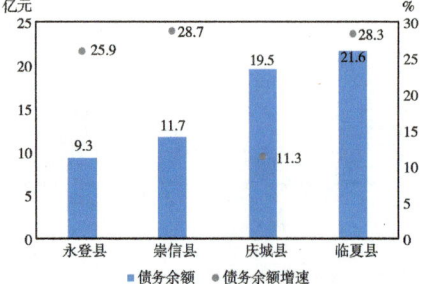

图28-138 2020年甘肃省样本县债务余额及增速

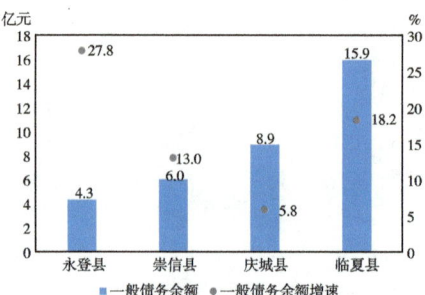

图28-139 2020年甘肃省样本县一般债务余额及增速

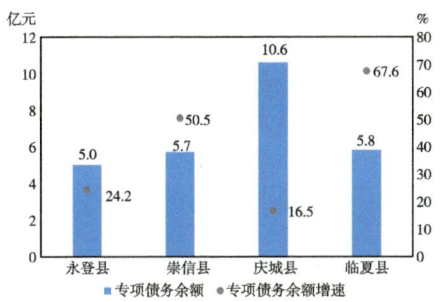

图28-140 2020年甘肃省样本县专项债务余额及增速

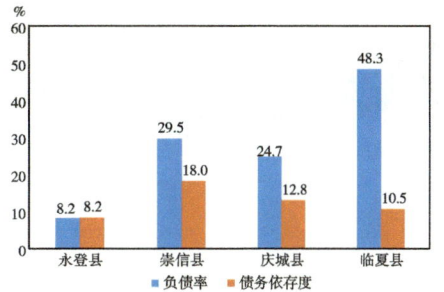

图28-141 2020年甘肃省样本县负债率和债务依存度

29 青海省

图　2018年青海省地图

资料来源：自然资源部的标准地图服务系统网站。
注：审图号为青S（2018）003号。

本章执笔人：梁季　审校：郭宝棋

> **专栏29-1　2021年青海省行政区划**
>
> 　　西宁市：城东区、**城中区**、城西区、城北区、**大通县**、湟中县、湟源县
> 　　海东市：乐都区、平安区、民和县、互助县、化隆县、循化县
> 　　海北州：门源县、祁连县、海晏县、刚察县
> 　　黄南州：同仁县、尖扎县、泽库县、河南蒙古族自治县
> 　　海南州：共和县、同德县、贵德县、兴海县、贵南县
> 　　果洛州：玛沁县、班玛县、甘德县、达日县、久治县、玛多县
> 　　玉树州：玉树市、杂多县、称多县、治多县、囊谦县、曲麻莱县
> 　　海西州：格尔木市、德令哈市、茫崖市、乌兰县、都兰县、天峻县、大柴旦行政委员会
>
> **本书选取城中区、大通县为样本县。**

　　青海省共辖2个地级市、6个自治州，市辖区6个、县级市4个、县27个、自治县7个、县级行委1个（详见专栏29-1）；青海省有藏族、回族、蒙古族、土族、撒拉族等43个少数民族。青海畜牧业用地面积大、农业耕地少、林地比重低。柴达木盆地位于青海省，因此青海省拥有丰富的矿产资源，锂、钾、镁3种矿产资源量居全国首位，其经济发展、财政收入具有依赖资源的特征。总体上看，青海省的经济发展、财政收入等在全国处于低水平，这与全省五分之四以上的地区为高原，东部多山的严峻地理环境关系密切。

　　2021年青海省经济总量处于全国末位，第三产业占比低于全国，人口整体净流入，城镇化率亦低于全国。 2021年末，青海省常住人口594.0万人，常住人口城镇化率为61.0%（低于全国水平3.7个百分点）。2021年青海GDP达到3346.6亿元，排全国第29名，仅高于西藏；增速5.7%，比2020年上升4.2个百分点，低于全国2.4个百分点，排全国第30名；人均GDP为56341元（折8733.4美元），排全国第23名。从产业结构看，第一、第二、第三产业占比分别为10.5%、39.8%（高于全国0.4个百分点）和49.7%（低于全国3.6个百分点）。从居民可支配收入看，2021年城镇与农村居民人均可支配收入分别为37745元和13604元，呈上升态势，分别为全国平均水平的79.6%和71.9%。

　　2021年青海省一般公共预算收入在全国排名较靠后，税收收入占比高，省市县中县级政府收入占比最高。 2021年青海省一般公共预算收入328.8亿元，排全国第30名，增速为10.3%，人均一般公共预算收入5535元，排全国第21名。其中，近三年青海省税收收入占一般公共预算收入总体上升，2021年为71.4%，仍低于全国平均水平13.9个百分点，非税收入占比较低。从纵向收入分配看，2020年省本级、市本级、县一般公共预算收入占比分别为11%、34%和55%。

　　2021年青海省财政自给率偏低且在近三年总体上升。 2021年青海财政自给率为16.3%，较2020年提高0.9个百分点。

　　2021年青海省四本预算合计中社会保险基金预算收入占比最高。 2021年青海省四本预算加总的政府收入991.4亿元，其中一般公共预算收入、政府性基金预算收入、国有资本经营预

算收入和社会保险基金预算收入分别占比33.2%、20.1%、0.2%和46.5%，2021年青海省社保基金预算收入461.3亿元。

青海省内各地市经济社会发展和财政发展不均衡，优势主要集中于省会西宁市。西宁市是2020年青海省政府收入规模唯一超200亿元的城市，其他城市政府收入规模都在100亿元以下。2020年西宁市一般公共预算收入133.5亿元，排名第一，其他各市均低于100亿元，收入较为集中且城市间差异较大，一般公共预算收入的城市首位度指数为1.8，西宁市是收入最低的玉树州的53倍。青海省内各市财政自给率差异明显。2020年，海西州、西宁市财政自给率较高，分别为45.8%、40.6%；海东市和海南州财政自给率分别为11.5%、10.6%；其他市自给率均低于10%。财政自给率最低的玉树州仅为2.0%，最高自给率的海西州是玉树州的23倍。政府性基金收入主要构成是国有土地使用权出让收入，各地差距较大，收入规模最大的是西宁市（105.4亿元），收入规模最小的是玉树州（0.1亿元）。

29.1 青海省政府收入主要特征分析

29.1.1 青海省经济社会基本情况

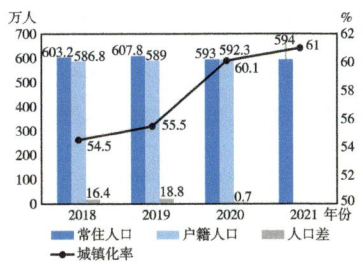

图29-1 2018—2021年青海省人口状况

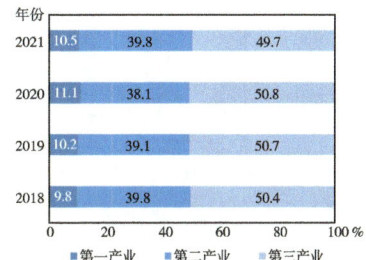

图29-2 2018—2021年青海省GDP及增速

图29-3 2018—2021年青海省三次产业结构

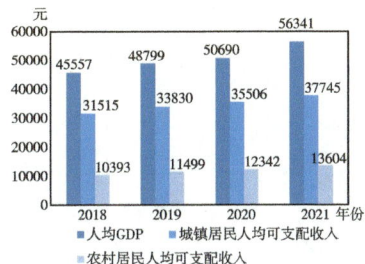

图29-4 2018—2021年青海省人均GDP和人均可支配收入

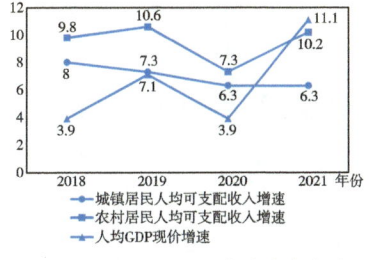

图29-5 2018—2021年青海省人均GDP现价增速和人均可支配收入增速

29.1.2 青海省政府收入总体情况

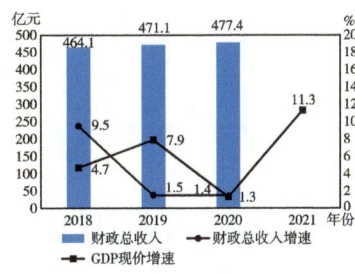

图29-6 2018—2021年青海省财政总收入及增速

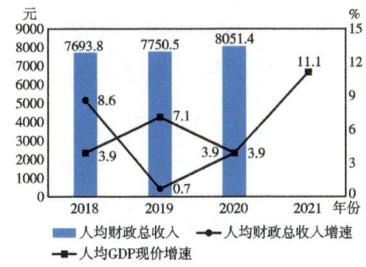

图29-7 2018—2021年青海省人均财政总收入及增速

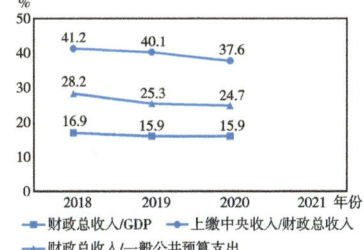

图29-8 2018—2021年青海省财政总收入相关指标

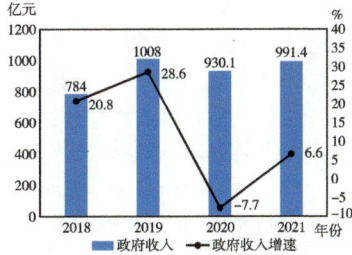

图29-9 2018—2021年青海省政府收入及增速

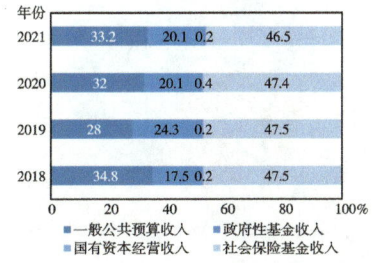

图29-10 2018—2021年青海省政府收入结构

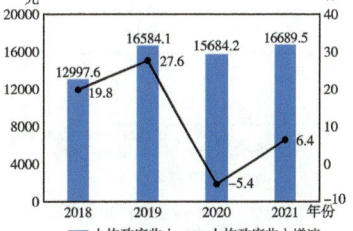

图29-11 2018—2021年青海省人均政府收入及增速

29.1.3 青海省一般公共预算收入情况

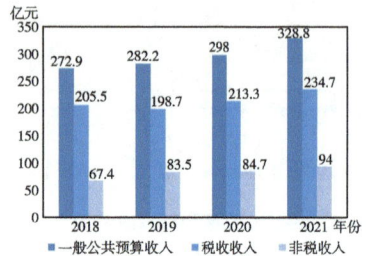

图29-12 2018-2021年青海省一般公共预算收入

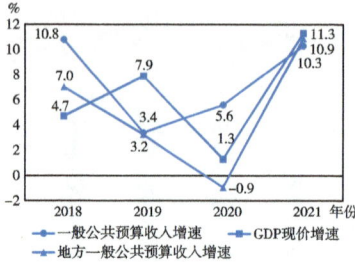

图29-13 2018-2021年青海省一般公共预算收入增速

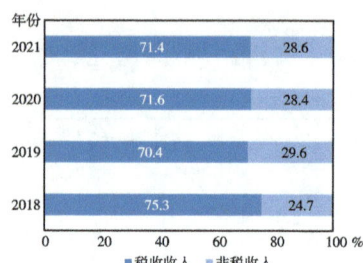

图29-14 2018-2021年青海省一般公共预算收入结构

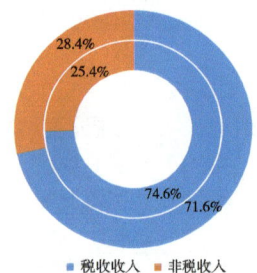

图29-15 2020年一般公共预算收入结构对比（内环为地方，外环为青海省）

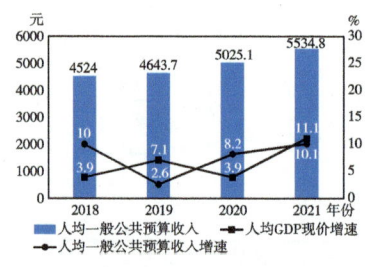

图29-16 2018-2021年青海省人均一般公共预算收入及增速

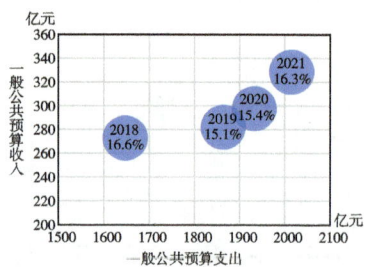

图29-17 2018-2021年青海省财政自给率

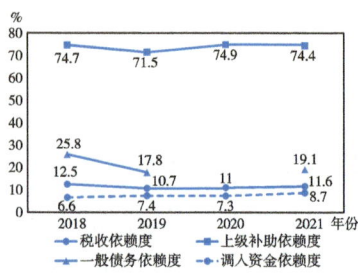

图29-18 2018-2021年青海省一般公共预算支出对各类收入的依赖度

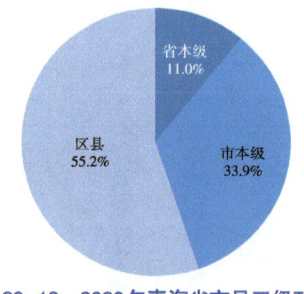

图29-19 2020年青海省市县三级政府一般公共预算收入分布

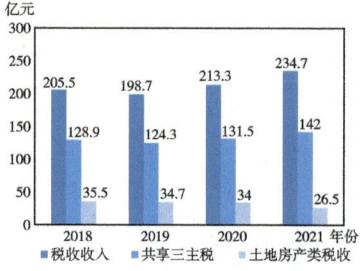

图29-20 2018-2021年青海省税收收入

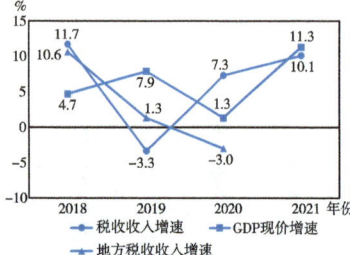

图29-21 2018-2021年青海省税收收入增速

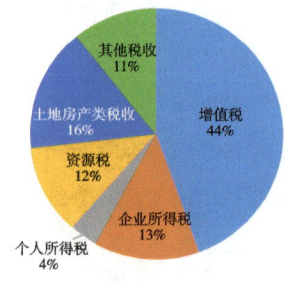

图29-22 2020年青海省税收收入结构

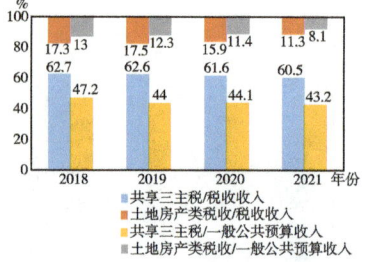

图29-23 2018-2021年青海省共享三主税、土地房产类税收占税收收入及一般公共预算收入的比重

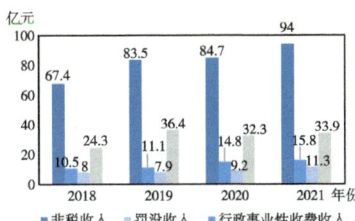

图29-24　2018-2021年青海省非税收入

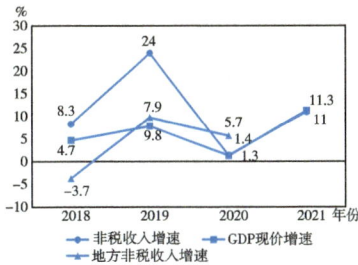

图29-25　2018-2021年青海省非税收入增速

图29-26　2018-2021年青海省非税收入中各主要收入占比

29.1.4　青海省政府性基金和国有资本经营收入情况

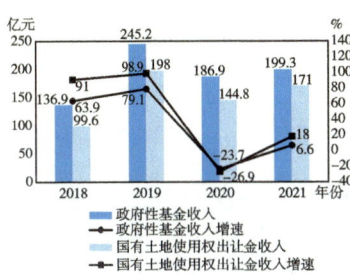

图29-27　2018-2021年青海省政府性基金收入及增速

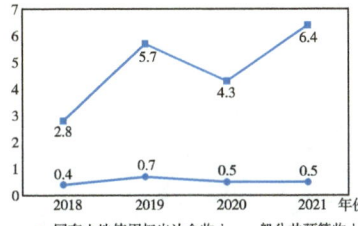

图29-28　2018-2021年青海省国有土地使用权出让金收入与一般公共预算收入对比关系

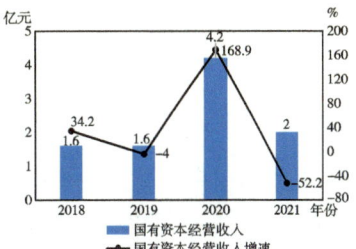

图29-29　2018-2021年青海省国有资本经营收入及增速

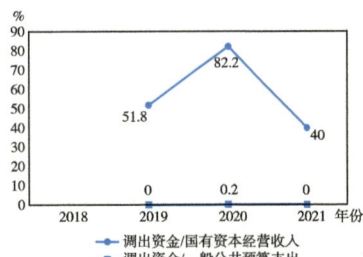

图29-30　2018-2021年青海省国有资本经营预算中调出资金相关指标

29.1.5　青海省社会保险基金收入情况

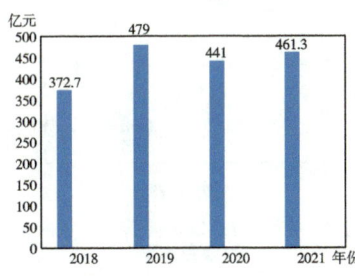

图29-31　2018-2021年青海省社会保险基金收入

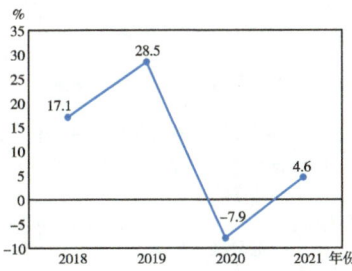

图29-32　2018-2021年青海省社会保险基金收入增速

29.1.6 青海省债务情况

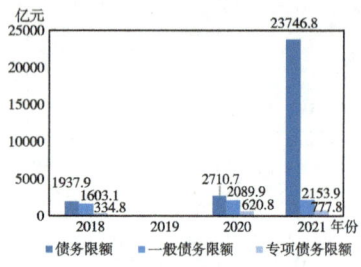

图29-33 2018—2021年青海省债务限额

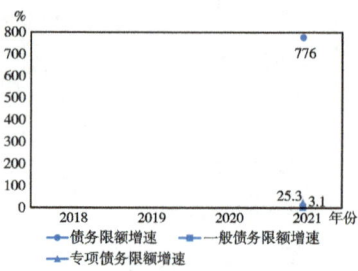

图29-34 2018—2021年青海省债务限额增速

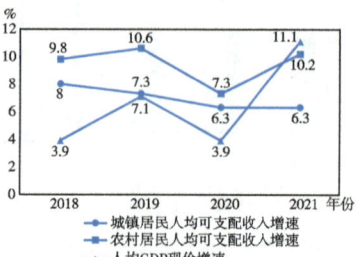

图29-35 2018—2021年青海省当年发行债务

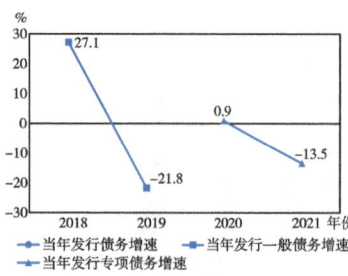

图29-36 2018—2021年青海省当年发行债务增速

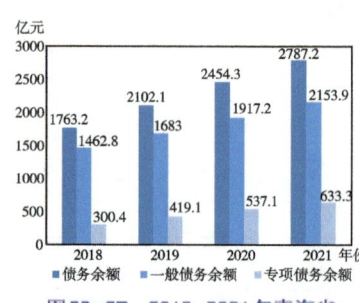

图29-37 2018—2021年青海省债务余额

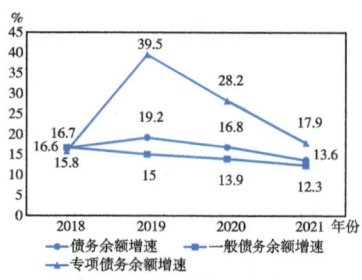

图29-38 2018—2021年青海省债务余额增速

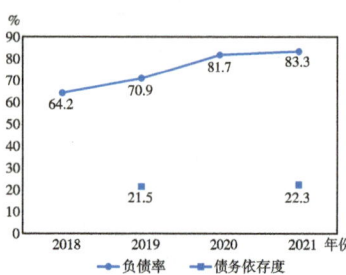

图29-39 2018—2021年青海省负债率和债务依存度

29.1.7 青海省省本级一般公共预算收入情况

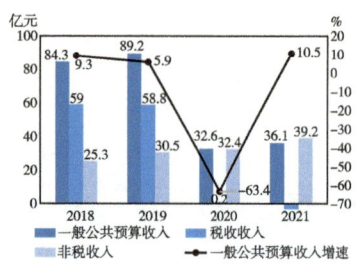

图29-40 2018—2021年青海省省本级一般公共预算收入及增速

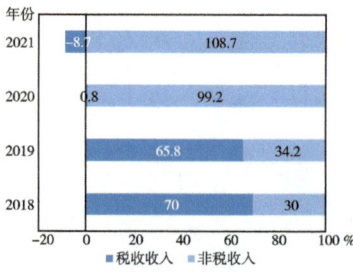

图29-41 2018—2021年青海省省本级一般公共预算收入结构

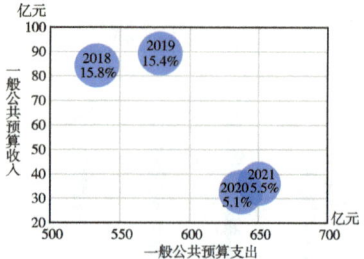

图29-42 2018—2021年青海省省本级财政自给率

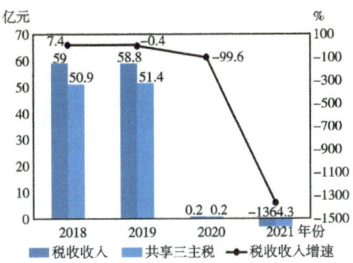

图29-43 2018—2021年青海省省本级税收收入及增速

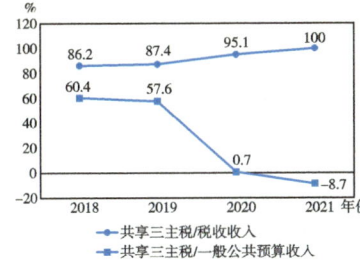

图29-44 2018—2021年青海省省本级共享三主税占税收收入及一般公共预算收入的比重

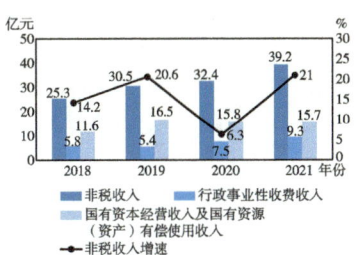

图29-45 2018—2021年青海省省本级非税收入及增速

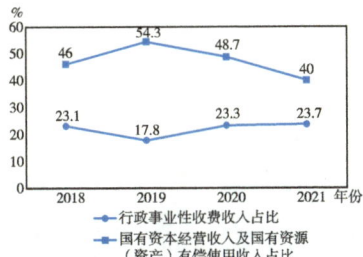

图29-46 2018—2021年青海省省本级非税收入中各主要收入占比

29.2 青海省各市政府收入主要特征分析

29.2.1 青海省各市经济社会发展情况

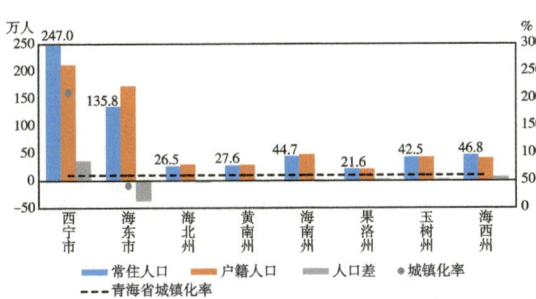

图29-47 2020年青海省各市人口状况

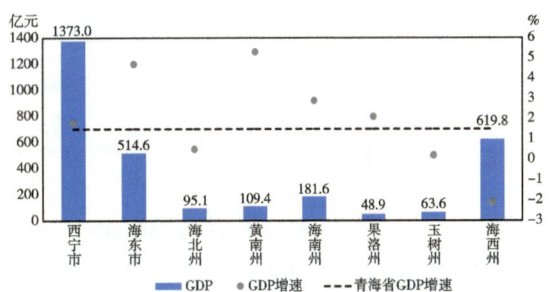

图29-48 2020年青海省各市GDP及增速

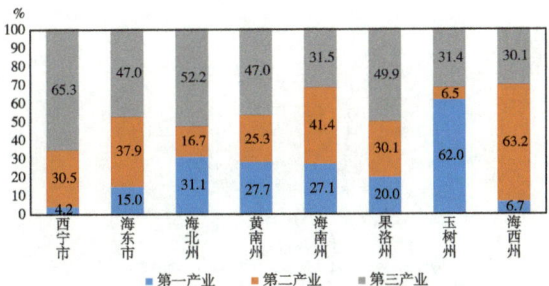

图29-49 2020年青海省各市三次产业结构

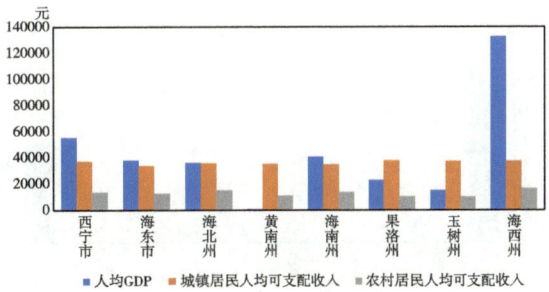

图29-50 2020年青海省各市人均GDP和人均可支配收入

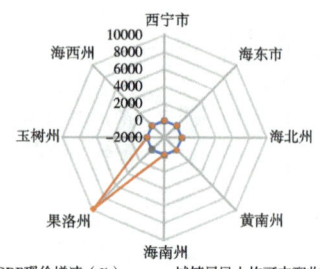

图29-51 2020年青海省各市人均GDP现价增速和人均可支配收入增速

29.2.2 青海省各市政府收入总体情况

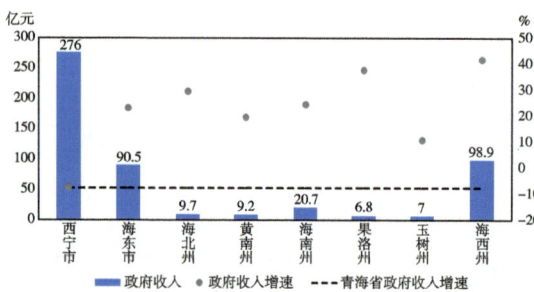

图29-52 2020年青海省各市政府收入及增速

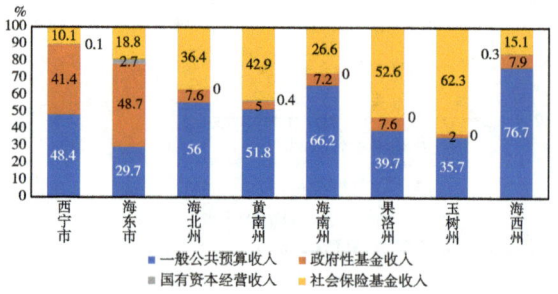

图29-53 2020年青海省各市政府收入结构

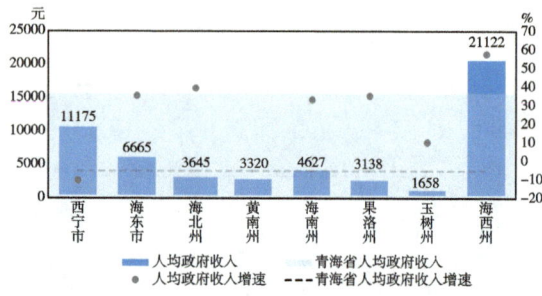

图29-54 2020年青海省各市人均政府收入及增速

29.2.3 青海省各市一般公共预算收入情况

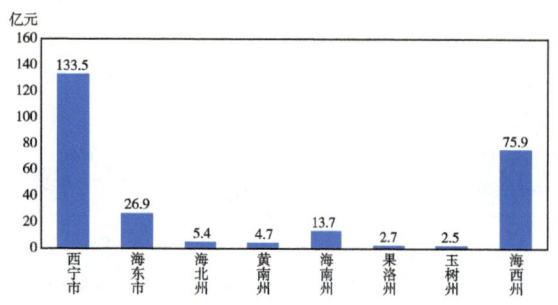

图29-55 2020年青海省各市一般公共预算收入

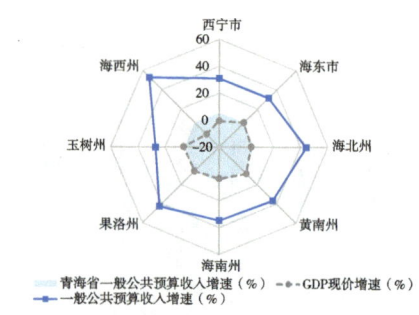

图29-56 2020年青海省各市一般公共预算收入增速

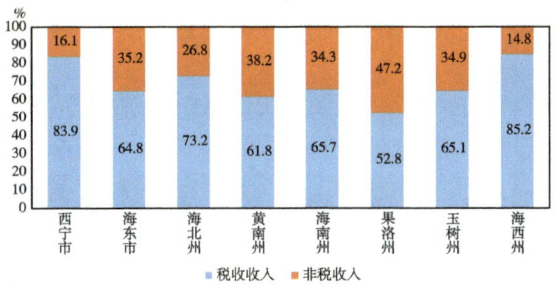

图29-57 2020年青海省各市一般公共预算收入结构

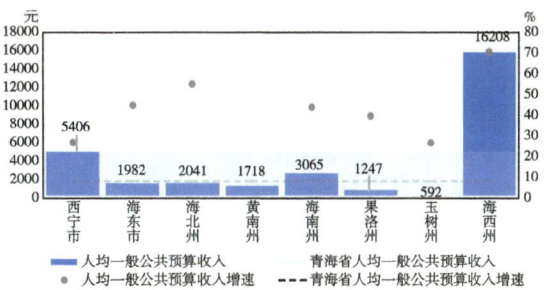

图29-58 2020年青海省各市人均一般公共预算收入及增速

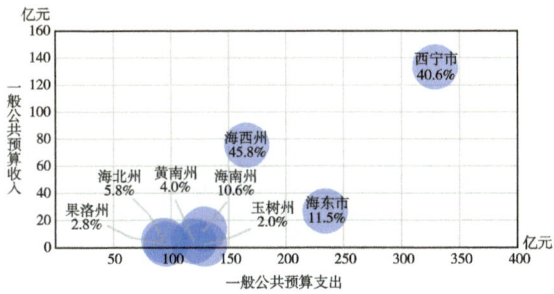

图29-59 2020年青海省各市财政自给率

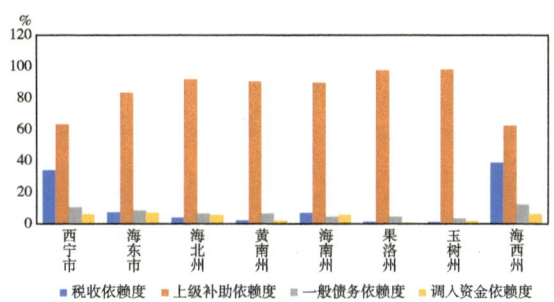

图29-60 2020年青海省各市一般公共预算支出对各类收入的依赖度

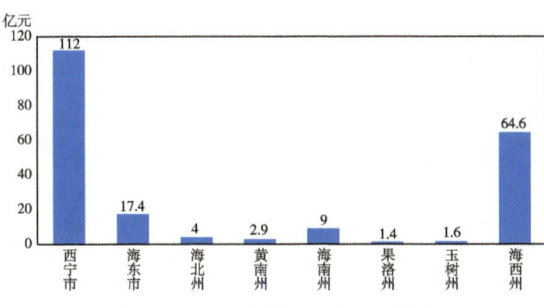

图29-61 2020年青海省各市税收收入

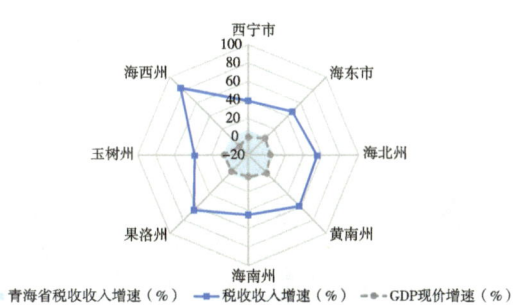

图29-62 2020年青海省各市税收收入增速

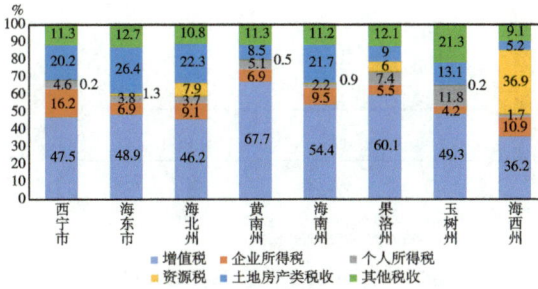

图29-63 2020年青海省各市税收收入结构

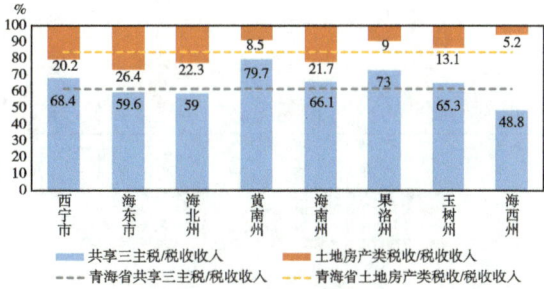

图29-64 2020年青海省各市共享三主税、土地房产类税收占税收收入的比重

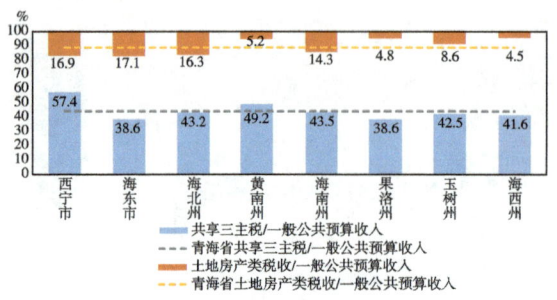

图29-65 2020年青海省各市共享三主税、土地房产类税收占一般公共预算收入的比重

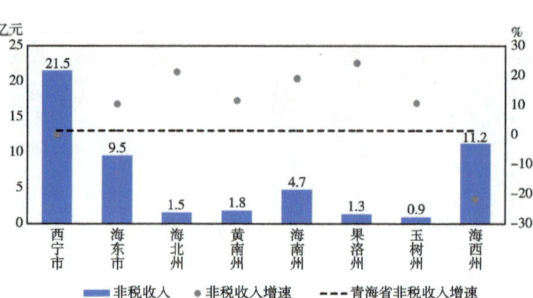

图29-66 2020年青海省各市非税收入及增速

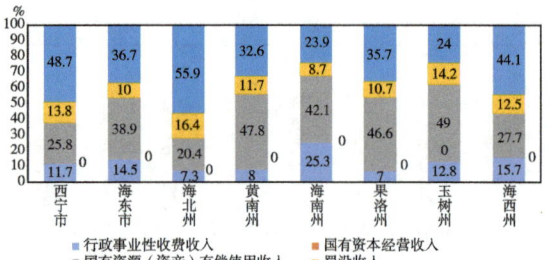

图29-67 2020年青海省各市非税收入结构

29.2.4 青海省各市政府性基金收入与国有资本经营收入情况

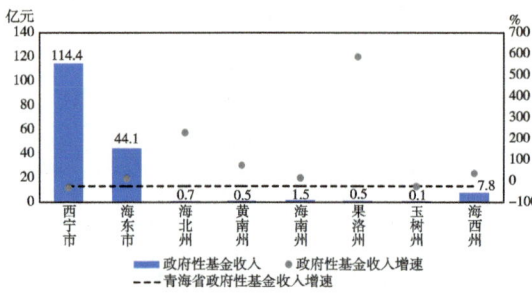

图29-68 2020年青海省各市政府性基金收入及增速

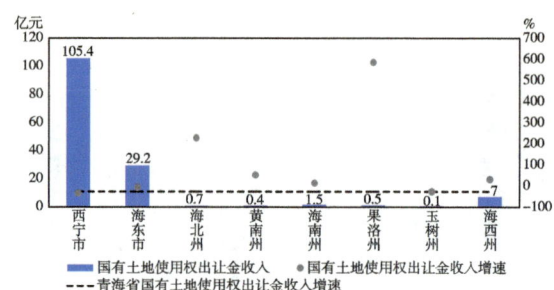

图29-69 2020年青海省各市国有土地使用权出让金收入及增速

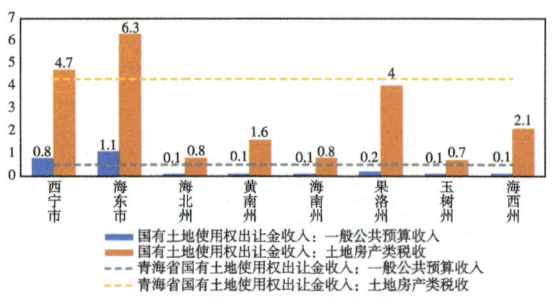

图29-70 2020年青海省各市国有土地使用权出让金收入与一般公共预算收入对比关系

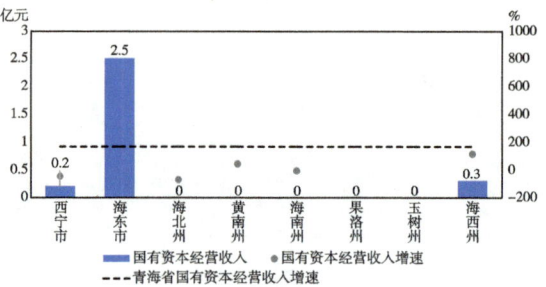

图29-71 2020年青海省各市国有资本经营收入及增速

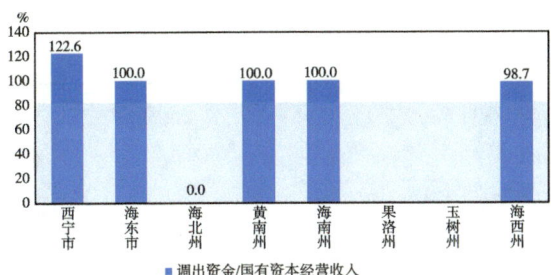

图29-72 2020年青海省各市调出资金与国有资本经营收入对比关系

29.2.5 青海省各市社会保险基金收入情况

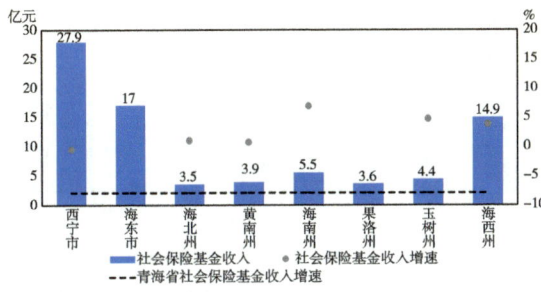

图29-73 2020年青海省各市社会保险基金收入及增速

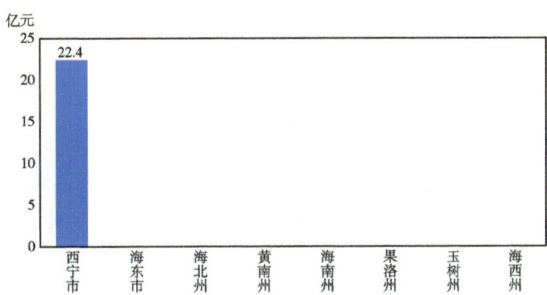

图29-74 2020年青海省各市保险费收入

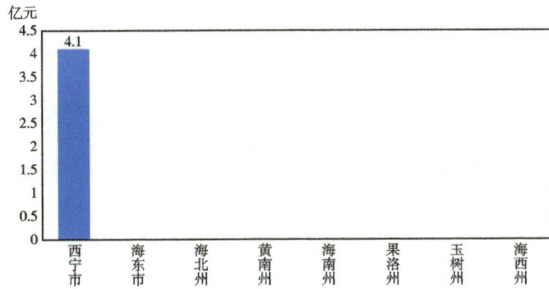

图29-75 2020年青海省各市财政补贴收入

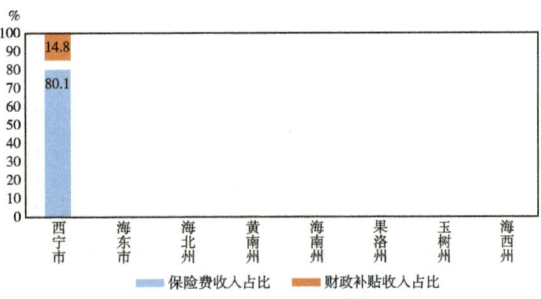

图29-76 2020年青海省各市保险费收入、财政补贴收入占社会保险基金收入的比重

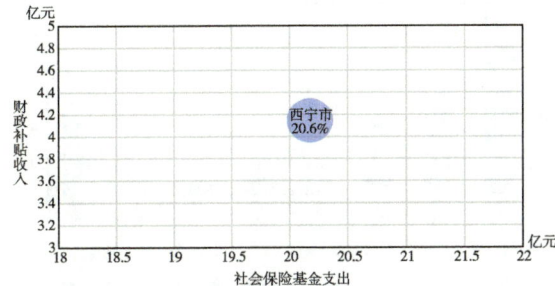

图29-77 2020年青海省各市社会保险基金支出对财政补贴的依赖度

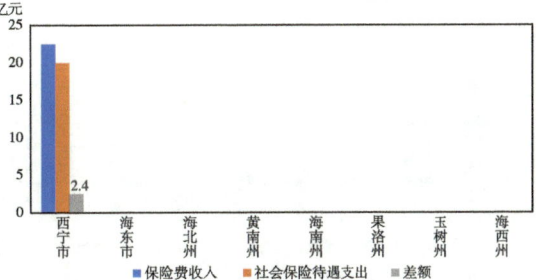

图29-78 2020年青海省各市保险费收入、社会保险待遇支出及差额

29.2.6 青海省各市债务情况

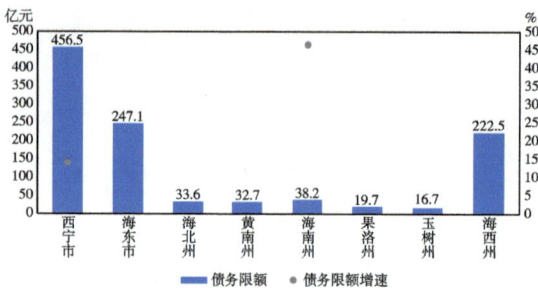

图29-79 2020年青海省各市债务限额及增速

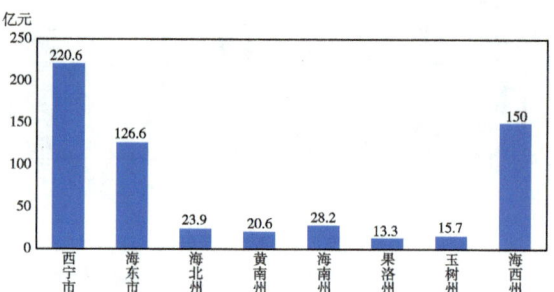

图29-80 2020年青海省各市一般债务限额

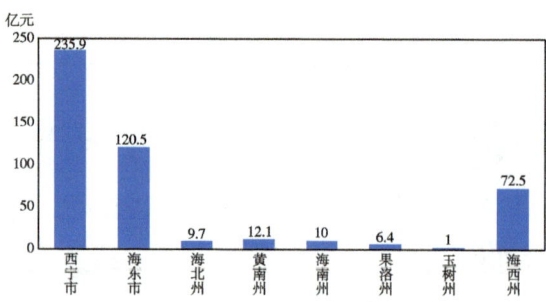

图29-81 2020年青海省各市专项债务限额

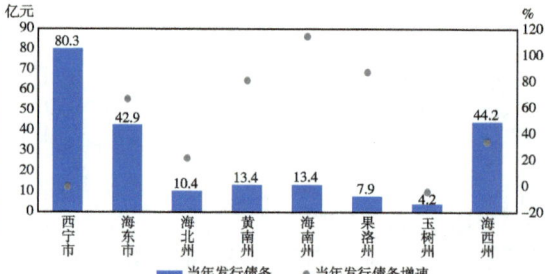

图29-82 2020年青海省各市当年发行债务及增速

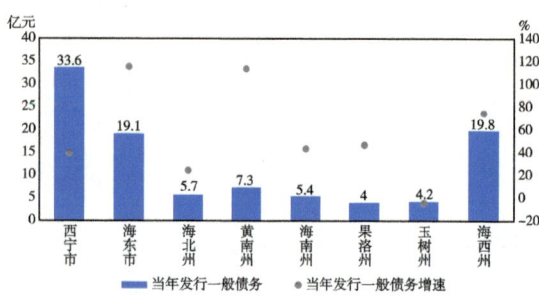

图29-83 2020年青海省各市当年发行一般债务及增速

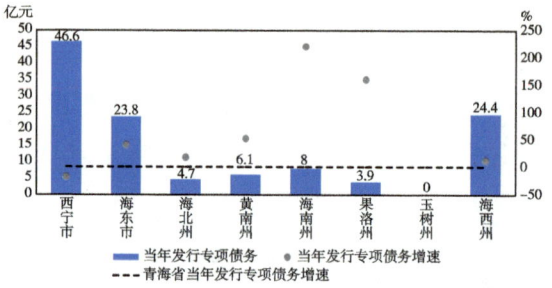

图29-84 2020年青海省各市当年发行专项债务及增速

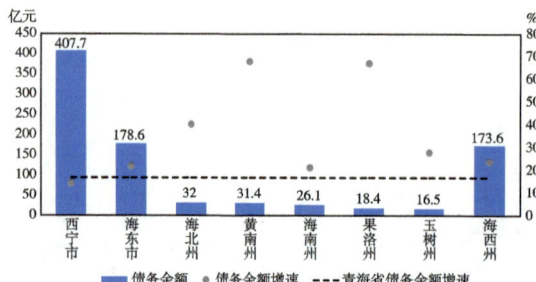

图29-85 2020年青海省各市债务余额及增速

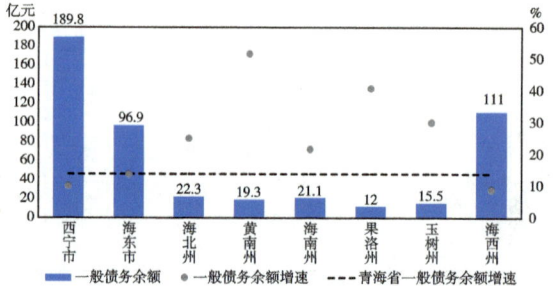

图29-86 2020年青海省各市一般债务余额及增速

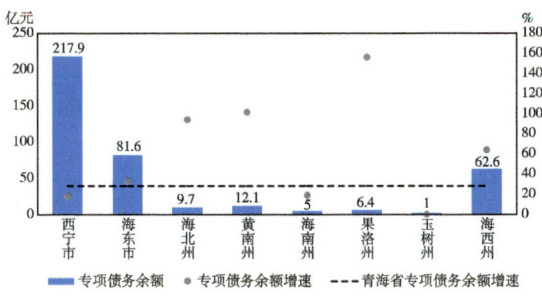

图29-87　2020年青海省各市专项债务余额及增速

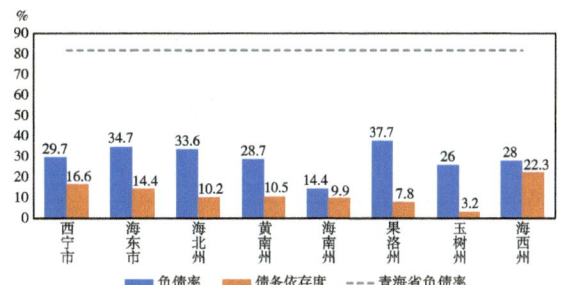

图29-88　2020年青海省各市负债率和债务依存度

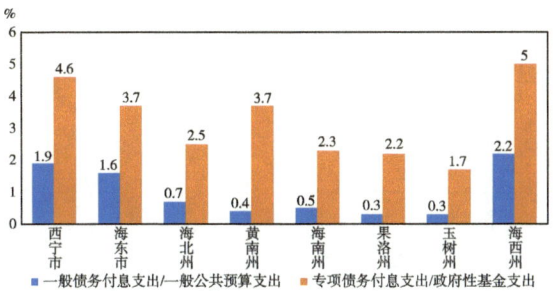

图29-89　2020年青海省各市债务付息支出相关指标

29.2.7　青海省各市市本级一般公共预算收入情况

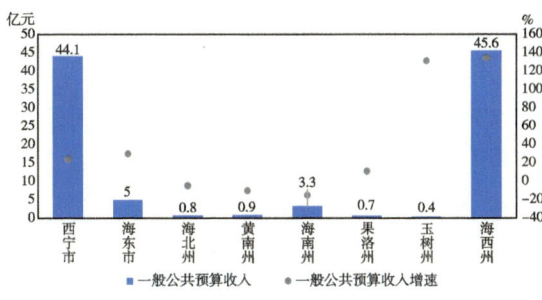

图29-90　2020年青海省各市市本级一般公共预算收入及增速

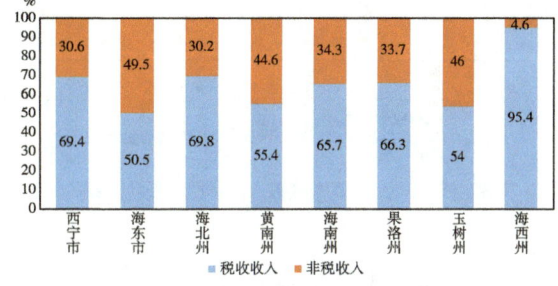

图29-91　2020年青海省各市市本级一般公共预算收入结构

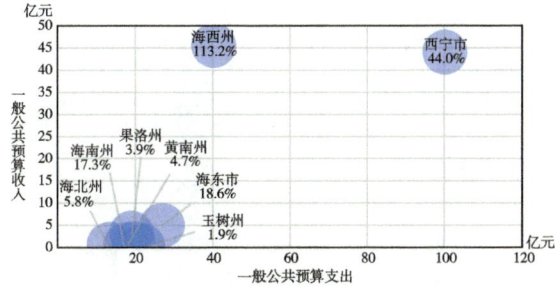

图29-92　2020年青海省各市市本级财政自给率

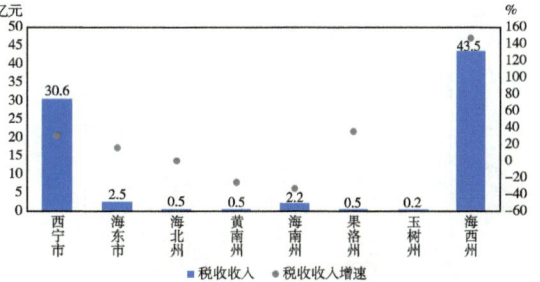

图29-93　2020年青海省各市市本级税收收入及增速

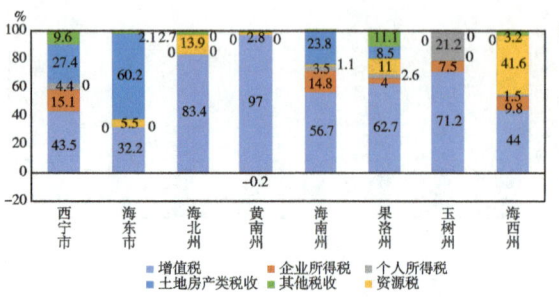

图29-94 2020年青海省各市市本级税收收入结构

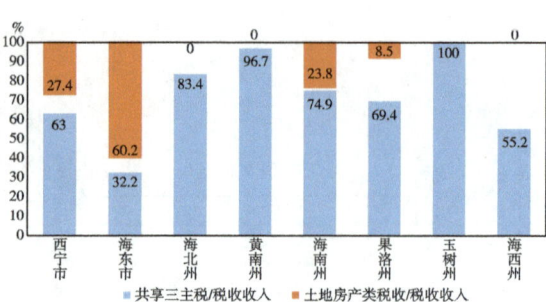

图29-95 2020年青海省各市市本级共享三主税、土地房产类税收占税收收入的比重

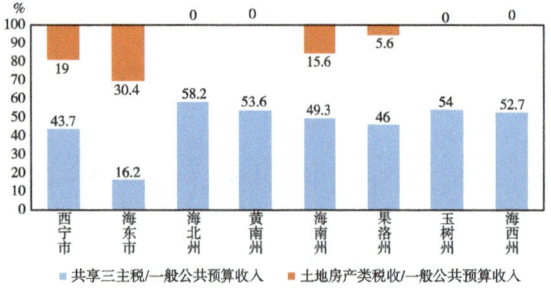

图29-96 2020年青海省各市市本级共享三主税、土地房产类税收占一般公共预算收入的比重

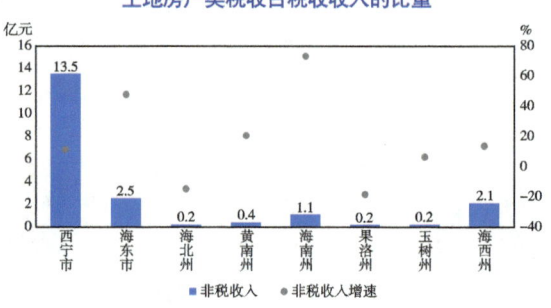

图29-97 2020年青海省各市市本级非税收入及增速

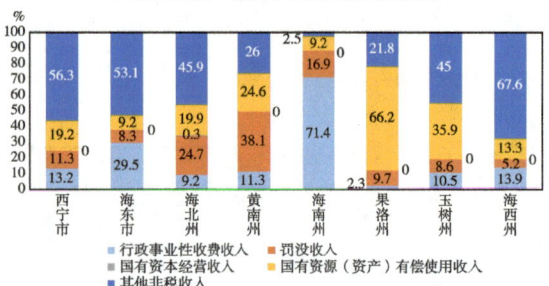

图29-98 2020年青海省各市市本级非税收入结构

29.3 青海省样本县政府收入主要特征分析

29.3.1 青海省样本县经济社会发展情况

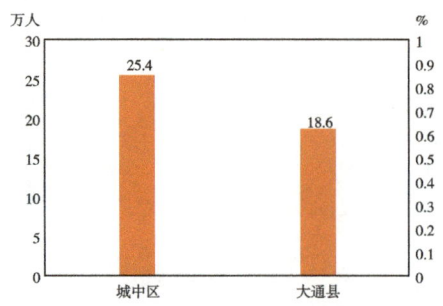

图29-99 2020年青海省样本县人口状况

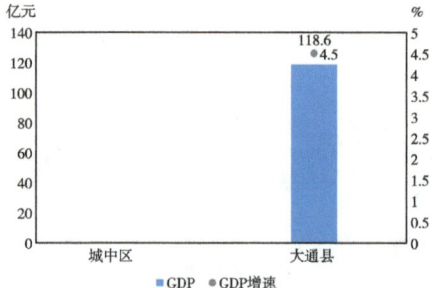

图29-100 2020年青海省样本县GDP及增速

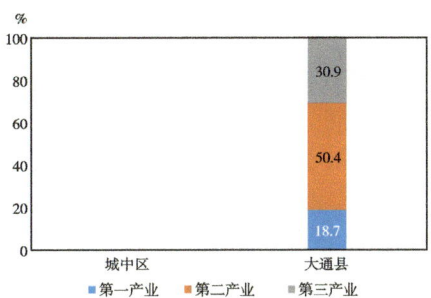

图29-101　2020年青海省样本县三次产业结构

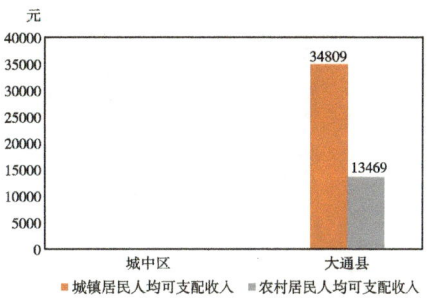

图29-102　2020年青海省样本县人均GDP和人均可支配收入

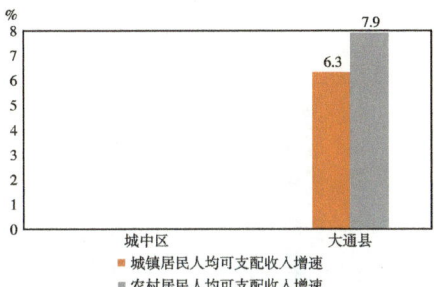

图29-103　2020年青海省样本县人均GDP现价增速和人均可支配收入增速

29.3.2　青海省样本县政府收入总体情况

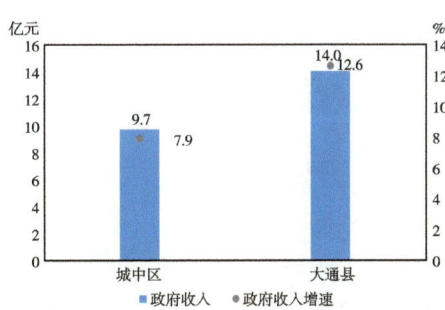

图29-104　2020年青海省样本县政府收入及增速

29.3.3　青海省样本县一般公共预算收入情况

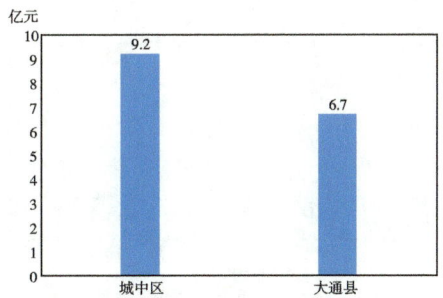

图29-105　2020年青海省样本县一般公共预算收入

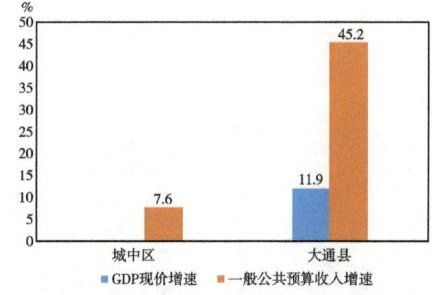

图29-106　2020年青海省样本县一般公共预算收入增速

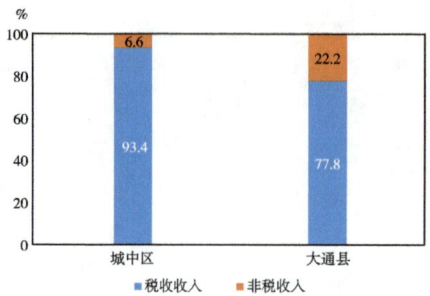

图29-107　2020年青海省样本县一般公共预算收入结构

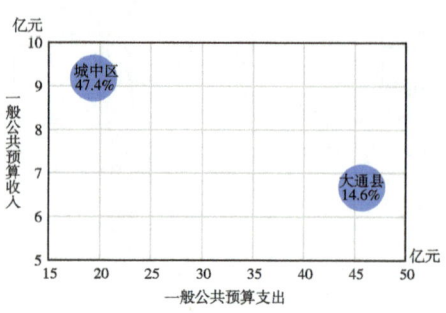

图29-108　2020年青海省样本县财政自给率

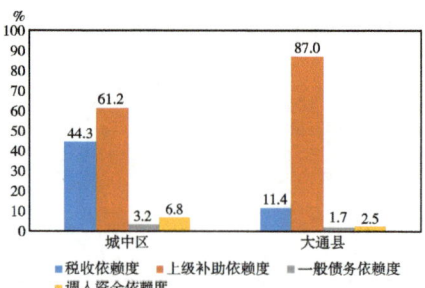

图29-109　2020年青海省样本县一般公共预算支出对各类收入的依赖度

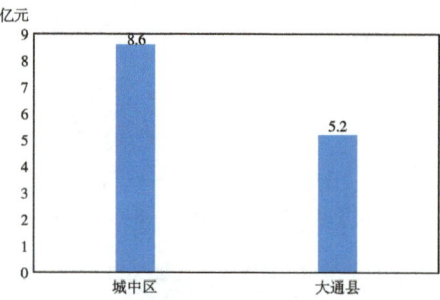

图29-110　2020年青海省样本县税收收入

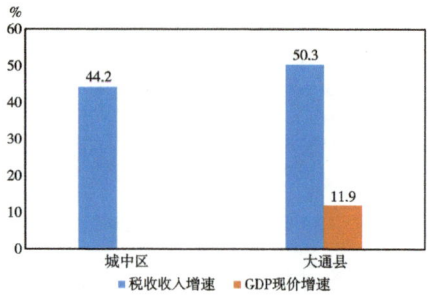

图29-111　2020年青海省样本县税收收入增速

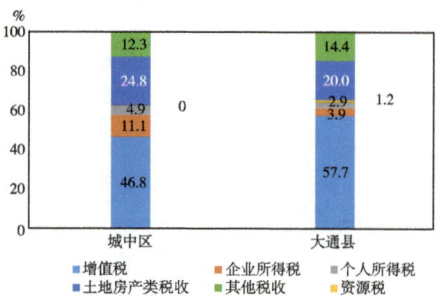

图29-112　2020年青海省样本县税收收入结构

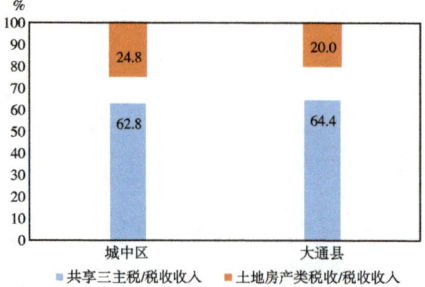

图29-113　2020年青海省样本县共享三主税、土地房产类税收占税收收入的比重

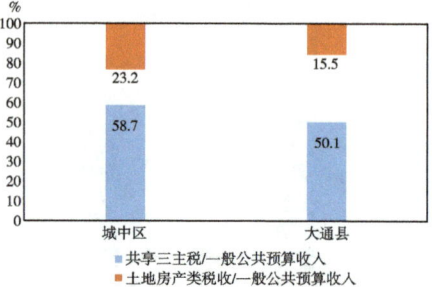

图29-114　2020年青海省样本县共享三主税、土地房产类税收占一般公共预算收入的比重

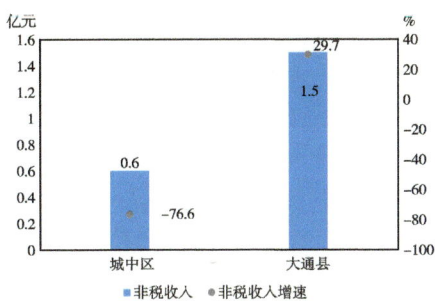

图29-115　2020年青海省样本县非税收入及增速

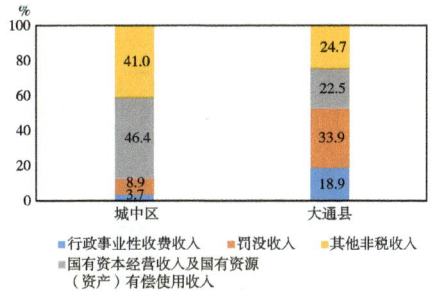

图29-116　2020年青海省样本县非税收入结构

29.3.4　青海省样本县政府性基金收入与国有资本经营收入情况

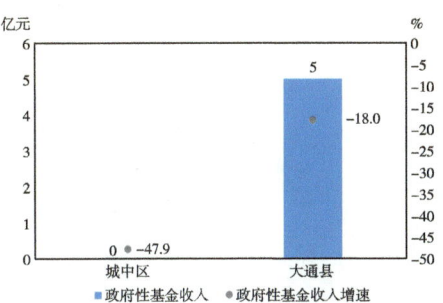

图29-117　2020年青海省样本县政府性基金收入及增速

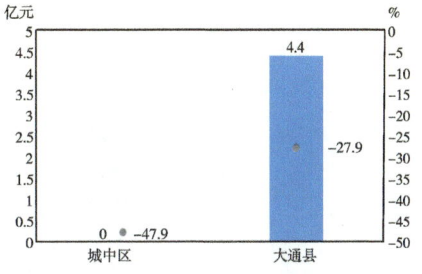

图29-118　2020年青海省样本县国有土地使用权出让金收入及增速

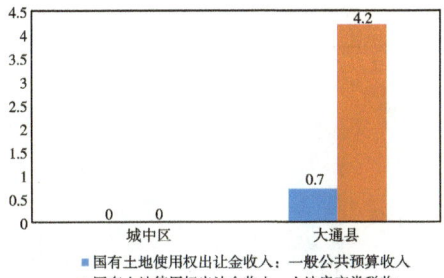

图29-119　2020年青海省样本县国有土地使用权出让金收入与一般公共预算收入对比关系

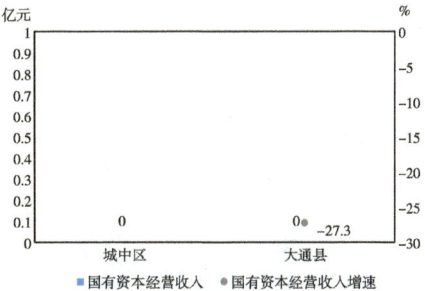

图29-120　2020年青海省样本县国有资本经营收入及增速

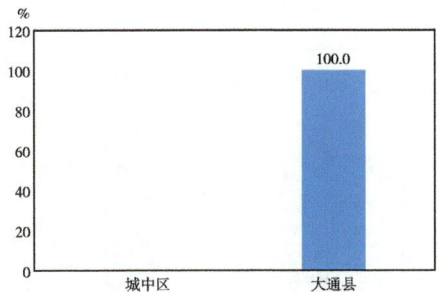

图29-121　2020年青海省样本县调出资金与国有资本经营收入对比关系

29.3.5 青海省样本县社会保险基金收入情况

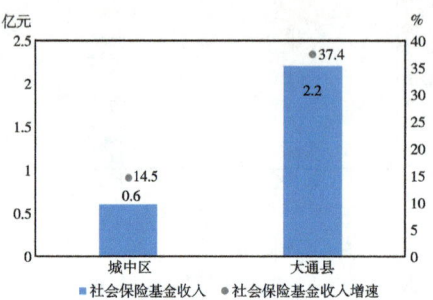

图29-122　2020年青海省样本县社会保险基金收入及增速

29.3.6 青海省样本县债务情况

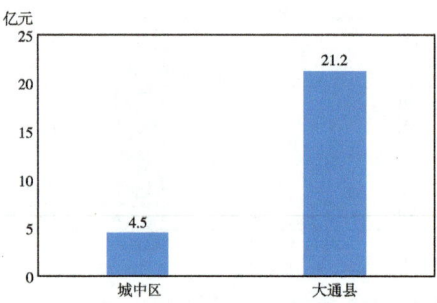

图29-123　2020年青海省样本县债务限额

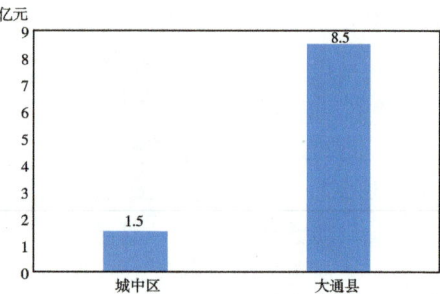

图29-124　2020年青海省样本县一般债务限额

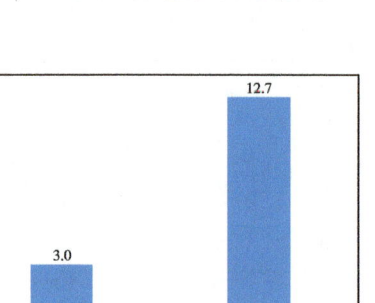

图29-125　2020年青海省样本县专项债务限额

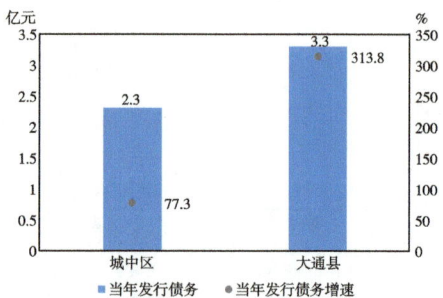

图29-126　2020年青海省样本县当年发行债务及增速

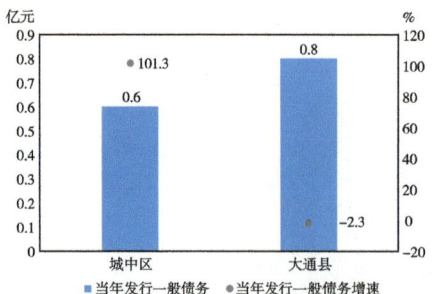

图29-127　2020年青海省样本县当年发行一般债务及增速

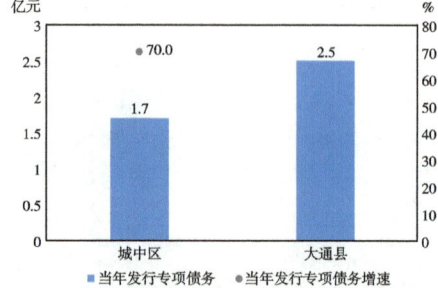

图29-128　2020年青海省样本县当年发行专项债务及增速

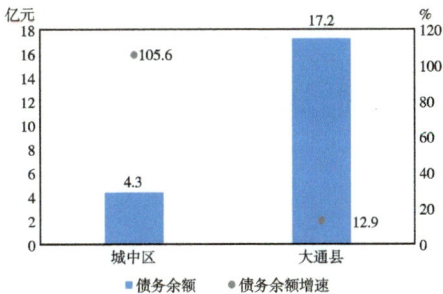

图29-129 2020年青海省样本县债务余额及增速

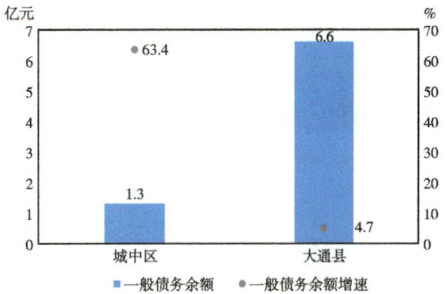

图29-130 2020年青海省样本县一般债务余额及增速

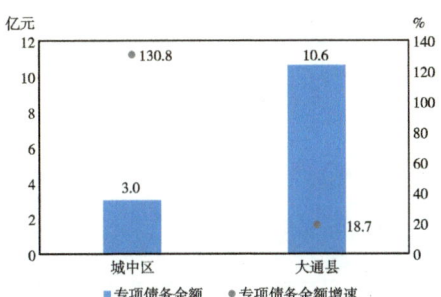

图29-131 2020年青海省样本县专项债务余额及增速

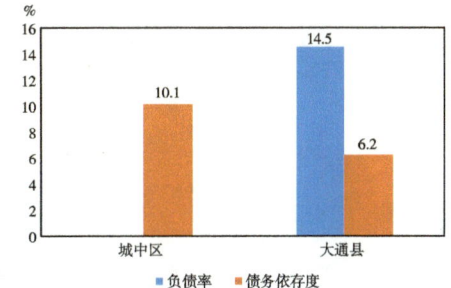

图29-132 2020年青海省样本县负债率和债务依存度

30 宁夏回族自治区

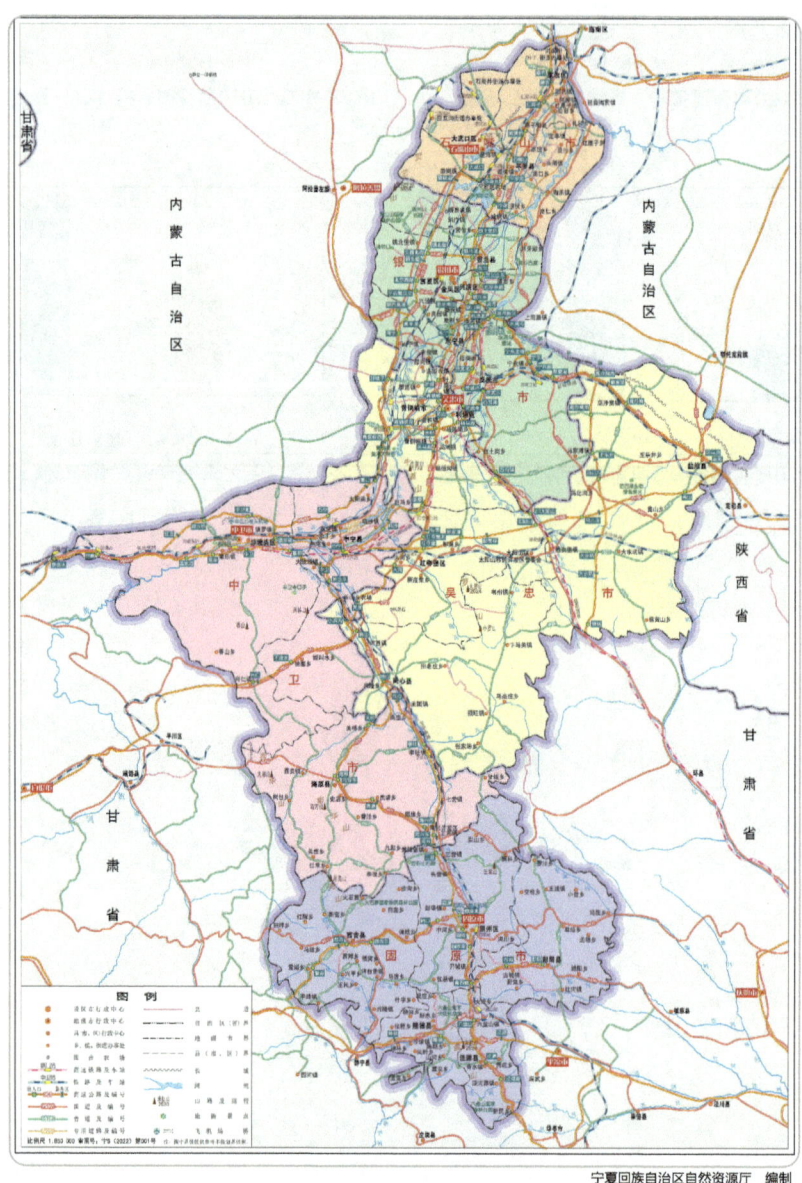

图 2022年宁夏回族自治区地图

资料来源：自然资源部的标准地图服务系统网站。
注：审图号为宁S（2022）第001号。

本章执笔人：陈莹莹　审校：孙家希

专栏30-1 2021年宁夏回族自治区行政区划

银川市：兴庆区、金凤区、西夏区、灵武市、永宁县、贺兰县
石嘴山市：大武口区、惠农区、平罗县
吴忠市：利通区、红寺堡区、**青铜峡市**、同心县、盐池县
固原市：原州区、西吉县、隆德县、泾源县、彭阳县
中卫市：沙坡头区、中宁县、海原县

本书选取青铜峡市为样本县。

宁夏回族自治区位于我国西北内陆地区，共辖5个地级市，市辖区9个、县级市2个、县11个（详见专栏30-1）；地域面积为6.64万平方公里。总体上看，宁夏的经济发展、财政收入等在全国处于较落后水平，区域差异大，发展不均衡。

2021年宁夏经济总量排名靠后，第三产业占比低于全国。 2021年宁夏GDP达到4522.3亿元，排全国第28名，高于青海、西藏；增速6.7%，比2020年上升2.8个百分点，低于全国1.4个百分点，排全国第21名；从产业结构看，第一、第二、第三产业占比分别为8.1%、44.7%（高于全国5.3个百分点）和47.2%（低于全国6.1个百分点）。从居民可支配收入看，2021年城镇与农村居民人均可支配收入分别为38291元和15337元，呈上升态势，分别为全国平均水平的80.8%和81%。

2021年宁夏回族自治区一般公共预算收入全国排名靠后，税收收入占比高，2020年区本级政府收入占比最高。 2021年宁夏一般公共预算收入460亿元，排全国第29名，增速9.7%。其中，近三年宁夏税收收入占一般公共预算收入的总体略有上升，2021年为65.4%，低于全国平均水平19.9个百分点。从纵向收入分配看，2020年区本级、市本级、县一般公共预算收入占比分别为40.4%、29%和30.6%。

2021年宁夏回族自治区财政自给率较低但较2020年有所上升。 2021年宁夏一般公共预算支出为1428.29亿元，财政自给率为32.2%，较2020年上升3.9个百分点。

2021年宁夏回族自治区四本预算中社会保险基金收入占比最高，社保对财政补贴的依赖度较高。 2021年宁夏回族自治区四本预算加总的政府收入1098.7亿元，其中一般公共预算收入、政府性基金预算收入、国有资本经营预算收入和社会保险基金预算收入分别占比41.9%、13.3%、0.2%和44.7%。2021年宁夏回族自治区社保基金预算收入491.2亿元，其中社会保险缴费收入为301.3亿元；财政补贴收入规模为129亿元，社保支出对财政依赖度达到26.1%。

宁夏回族自治区内各地市经济社会发展和财政发展不均衡，优势主要集中于省会银川。 2020年银川市一般公共预算收入为157.3亿元，其余各市均低于40亿元，收入较为集中且城市间差异较大，一般公共预算收入的城市首位度指数为4.4，且银川市是收入最低的固原市的10.8倍。宁夏回族自治区内各市财政自给率差异明显，除银川市外，2020年宁夏各市财政自给率均低于20%。财政自给率最高的城市为银川市，为47.3%，最低的为固原市，为5.7%。

30.1 宁夏回族自治区政府收入主要特征分析

30.1.1 宁夏回族自治区经济社会基本情况

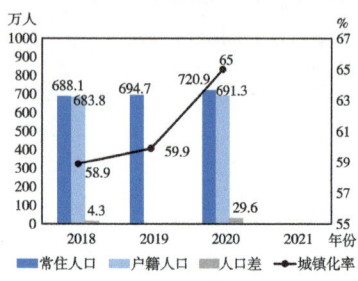

图30-1 2018—2021年宁夏回族自治区人口状况

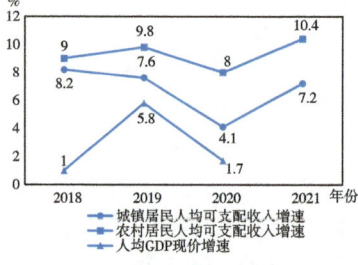

图30-2 2018—2021年宁夏回族自治区GDP及增速

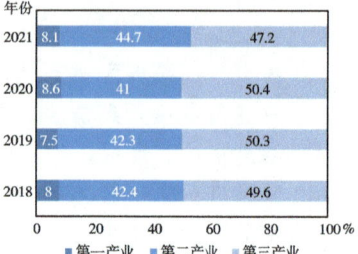

图30-3 2018—2021年宁夏回族自治区三次产业结构

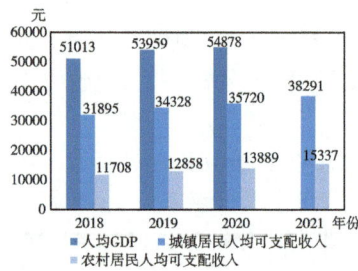

图30-4 2018—2021年宁夏回族自治区人均GDP和人均可支配收入

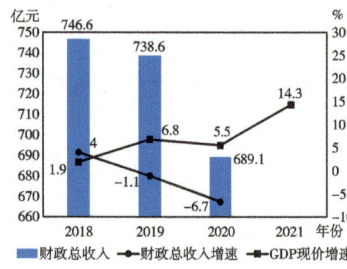

图30-5 2018—2021年宁夏回族自治区人均GDP现价增速和人均可支配收入增速

30.1.2 宁夏回族自治区政府收入总体情况

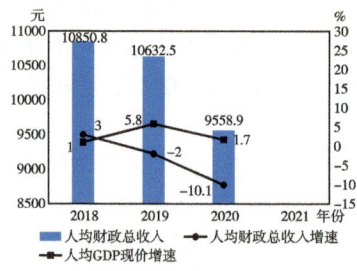

图30-6 2018—2021年宁夏回族自治区财政总收入及增速

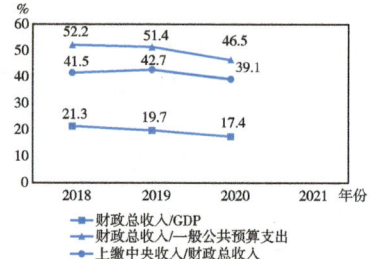

图30-7 2018—2021年宁夏回族自治区人均财政总收入及增速

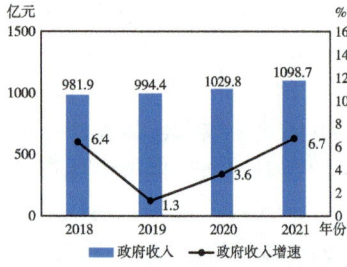

图30-8 2018—2021年宁夏回族自治区财政总收入相关指标

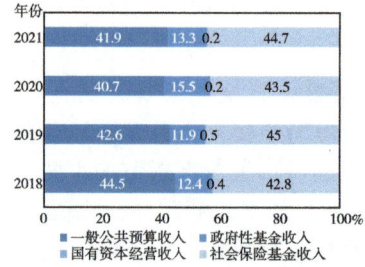

图30-9 2018—2021年宁夏回族自治区政府收入及增速

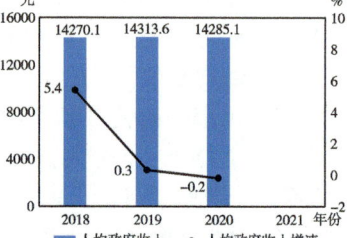

图30-10 2018—2021年宁夏回族自治区政府收入结构

图30-11 2018—2021年宁夏回族自治区人均政府收入及增速

30.1.3 宁夏回族自治区一般公共预算收入情况

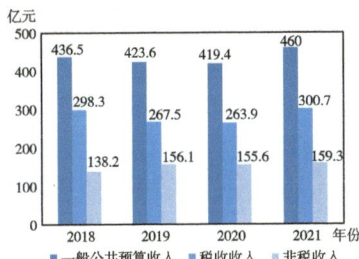

图 30-12　2018—2021年宁夏回族自治区一般公共预算收入

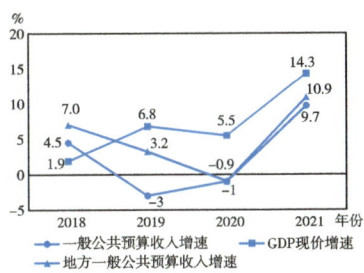

图 30-13　2018—2021年宁夏回族自治区一般公共预算收入增速

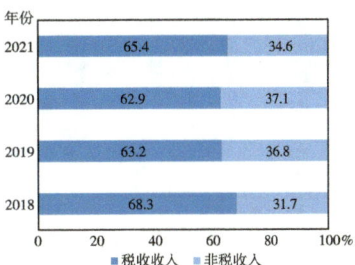

图 30-14　2018—2021年宁夏回族自治区一般公共预算收入结构

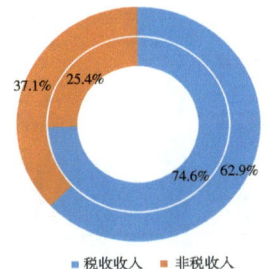

图 30-15　2020年一般公共预算收入结构对比（内环为地方，外环为宁夏回族自治区）

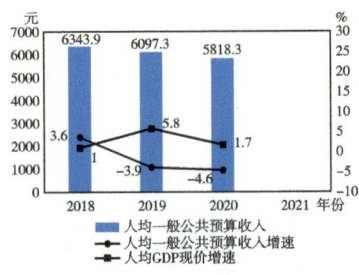

图 30-16　2018—2021年宁夏回族自治区人均一般公共预算收入及增速

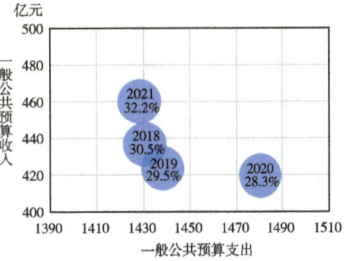

图 30-17　2018—2021年宁夏回族自治区财政自给率

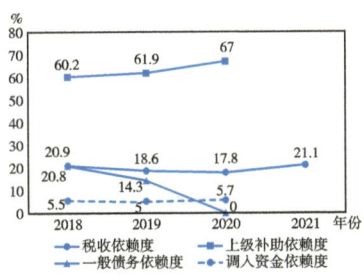

图 30-18　2018—2021年宁夏回族自治区一般公共预算支出对各类收入的依赖度

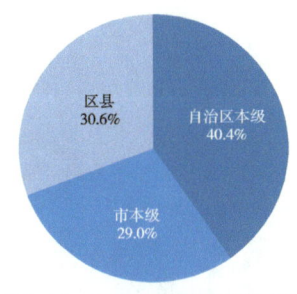

图 30-19　2020年宁夏回族自治区市县三级政府一般公共预算收入分布

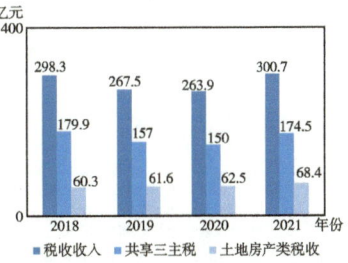

图 30-20　2018—2021年宁夏回族自治区税收收入

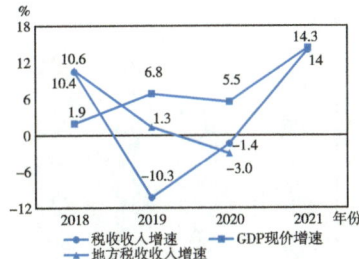

图 30-21　2018—2021年宁夏回族自治区税收收入增速

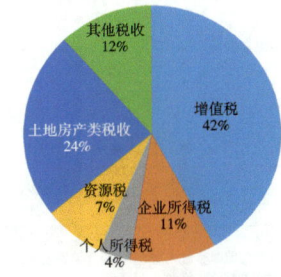

图 30-22　2020年宁夏回族自治区税收收入结构

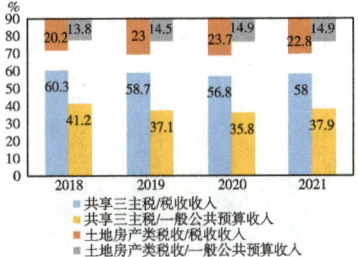

图 30-23　2018—2021年宁夏回族自治区共享三主税、土地房产类税收占税收收入及一般公共预算收入的比重

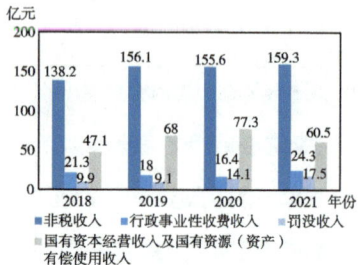

图30-24 2018-2021年宁夏回族自治区非税收入

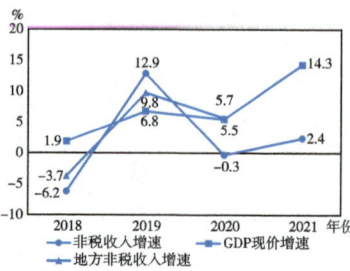

图30-25 2018-2021年宁夏回族自治区非税收入增速

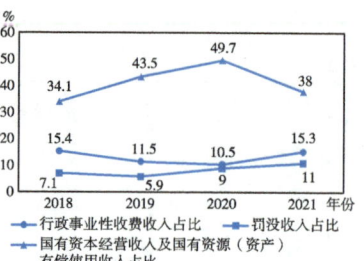

图30-26 2018-2021年宁夏回族自治区非税收入中各主要收入占比

30.1.4 宁夏回族自治区政府性基金和国有资本经营收入情况

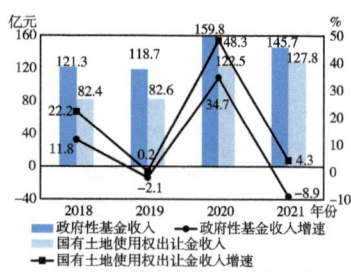

图30-27 2018-2021年宁夏回族自治区政府性基金收入及增速

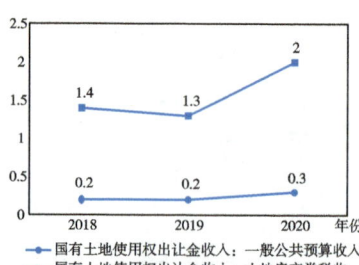

图30-28 2018-2021年宁夏回族自治区国有土地使用权出让金收入与一般公共预算收入对比关系

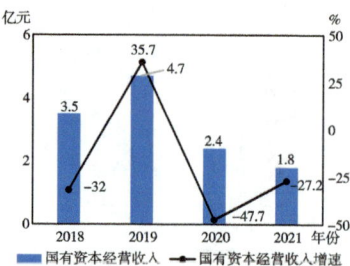

图30-29 2018-2021年宁夏回族自治区国有资本经营收入及增速

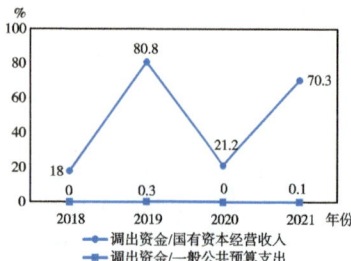

图30-30 2018-2021年宁夏回族自治区国有资本经营预算中调出资金相关指标

30.1.5 宁夏回族自治区社会保险基金收入情况

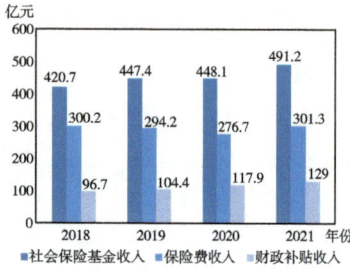

图30-31 2018-2021年宁夏回族自治区社会保险基金收入

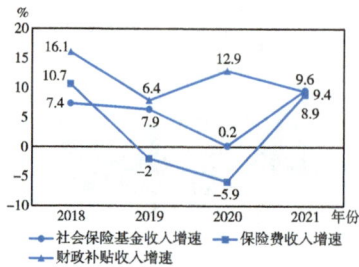

图30-32 2018-2021年宁夏回族自治区社会保险基金收入增速

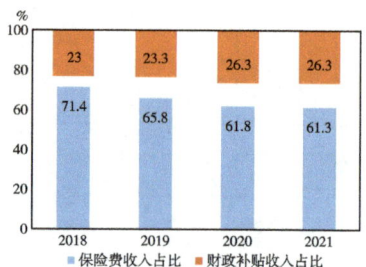

图30-33 2018-2021年宁夏回族自治区保险费收入、财政补贴收入占社会保险基金收入的比重

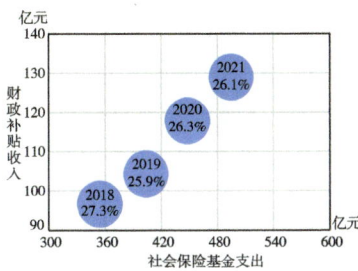

图30-34 2018-2021年宁夏回族自治区社会保险基金支出对财政补贴的依赖度

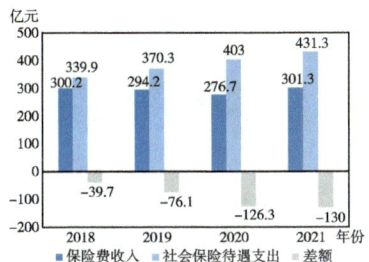

图30-35 2018-2021年宁夏回族自治区保险费收入、社会保险待遇支出及差额

30.1.6 宁夏回族自治区债务情况

图30-36 2018-2021年宁夏回族自治区债务限额

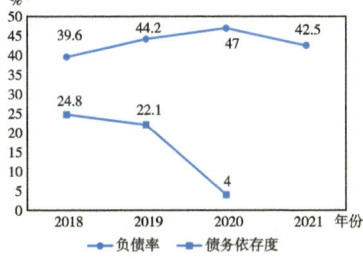

图30-37 2018-2021年宁夏回族自治区债务限额增速

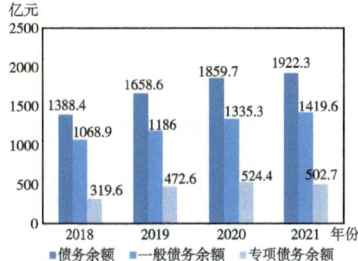

图30-38 2018-2021年宁夏回族自治区债务余额

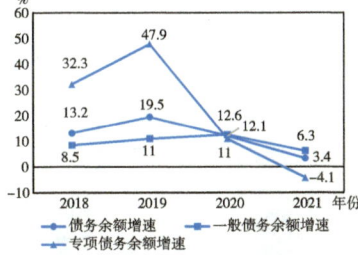

图30-39 2018-2021年宁夏回族自治区债务余额增速

图30-40 2018-2021年宁夏回族自治区负债率和债务依存度

30.1.7 宁夏回族自治区区本级一般公共预算收入情况

图30-41 2018-2021年宁夏回族自治区区本级一般公共预算收入及增速

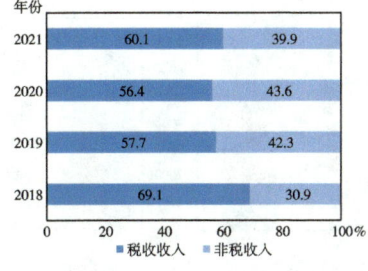

图30-42 2018-2021年宁夏回族自治区区本级一般公共预算收入结构

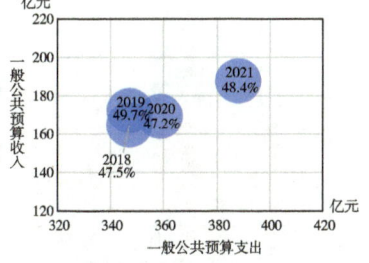

图30-43 2018-2021年宁夏回族自治区区本级财政自给率

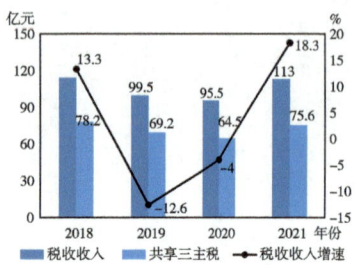
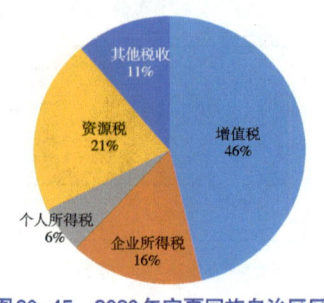
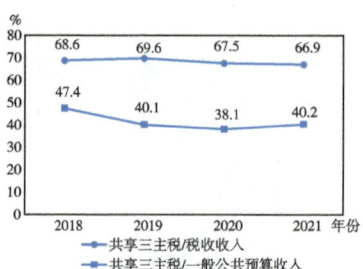

图30-44 2018-2021年宁夏回族自治区区本级税收入及增速

图30-45 2020年宁夏回族自治区本级税收收入结构

图30-46 2018-2021年宁夏回族自治区区本级共享三主税占税收入及一般公共预算收入的比重

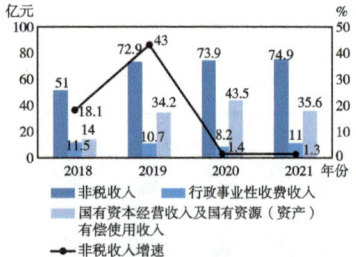
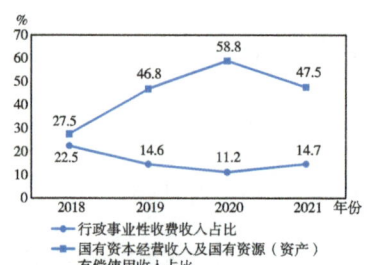

图30-47 2018-2021年宁夏回族自治区本级非税收入及增速

图30-48 2018-2021年宁夏回族自治区本级非税收入中各主要收入占比

30.2 宁夏回族自治区各市政府收入主要特征分析

30.2.1 宁夏回族自治区各市经济社会发展情况

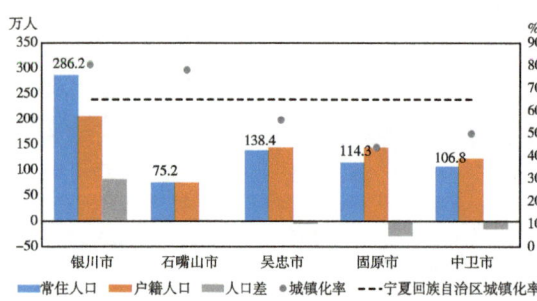
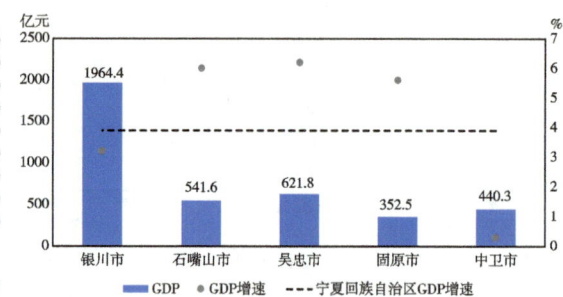

图30-49 2020年宁夏回族自治区各市人口状况

图30-50 2020年宁夏回族自治区各市GDP及增速

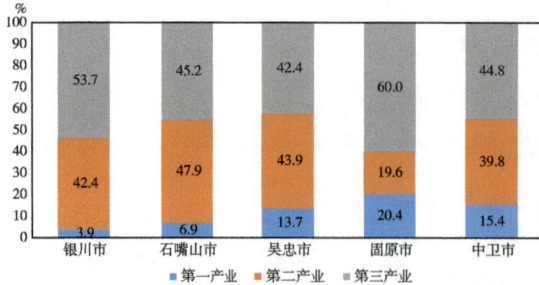
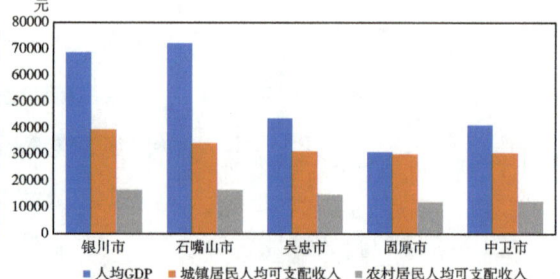

图30-51 2020年宁夏回族自治区各市三次产业结构

图30-52 2020年宁夏回族自治区各市人均GDP和人均可支配收入

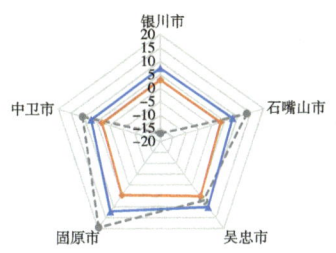

图30-53 2020年宁夏回族自治区各市人均GDP现价增速和人均可支配收入增速

30.2.2 宁夏回族自治区各市政府收入总体情况

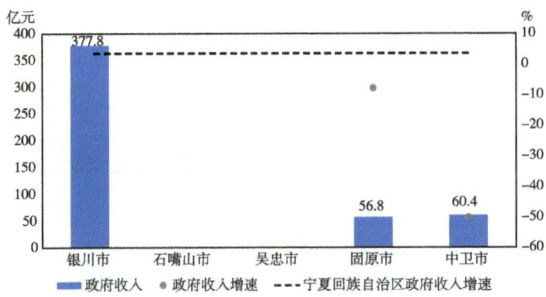

图30-54 2020年宁夏回族自治区各市政府收入及增速

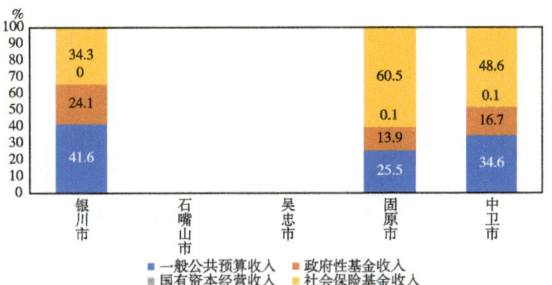

图30-55 2020年宁夏回族自治区各市政府收入结构

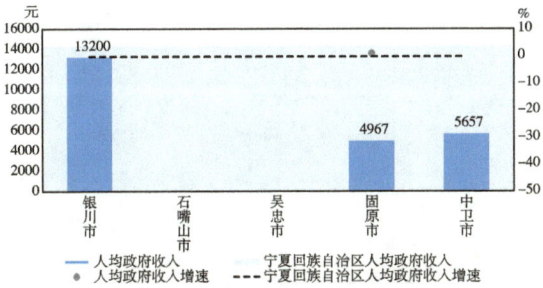

图30-56 2020年宁夏回族自治区各市人均政府收入及增速

30.2.3 宁夏回族自治区各市一般公共预算收入情况

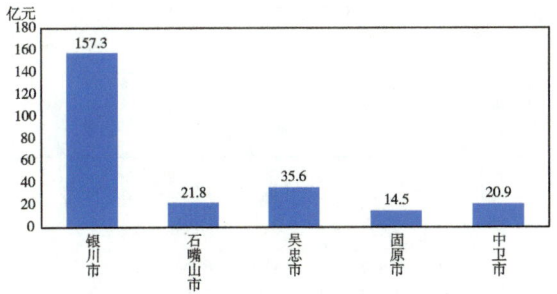

图30-57 2020年宁夏回族自治区各市一般公共预算收入

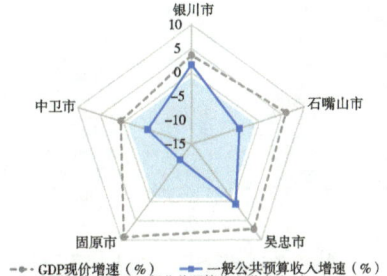

图30-58 2020年宁夏回族自治区各市一般公共预算收入增速

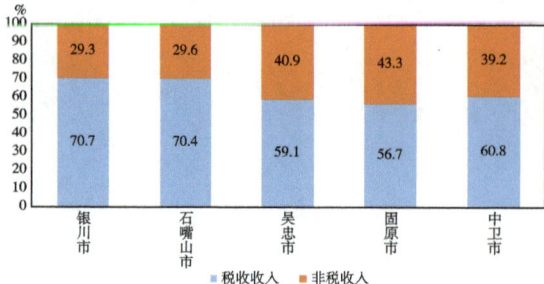

图30-59 2020年宁夏回族自治区各市一般公共预算收入结构

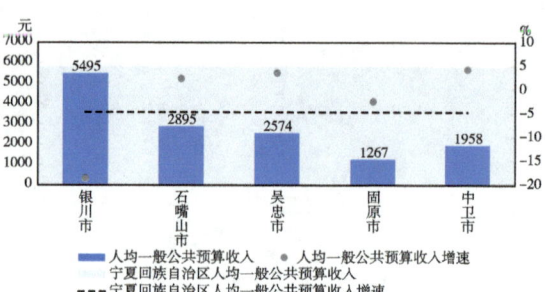

图30-60 2020年宁夏回族自治区各市人均一般公共预算收入及增速

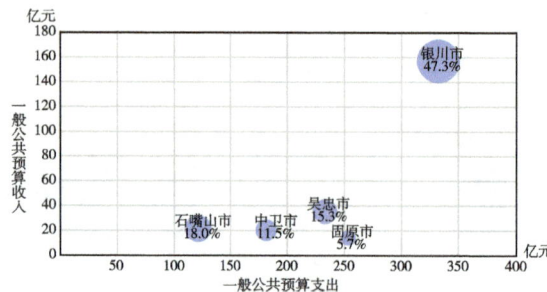

图30-61 2020年宁夏回族自治区各市财政自给率

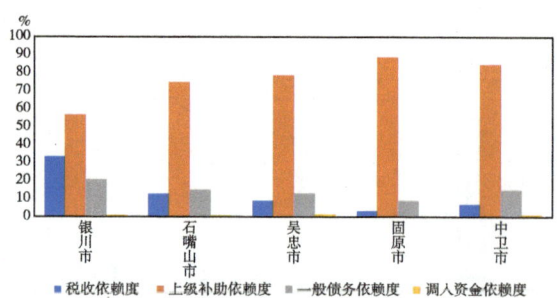

图30-62 2020年宁夏回族自治区各市一般公共预算支出对各类收入的依赖度

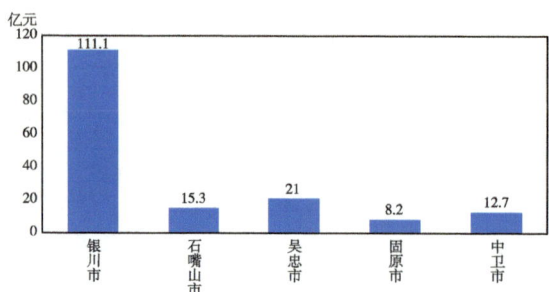

图30-63 2020年宁夏回族自治区各市税收收入

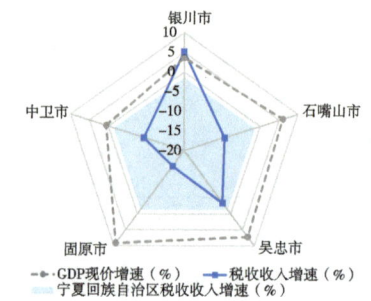

图30-64 2020年宁夏回族自治区各市税收收入增速

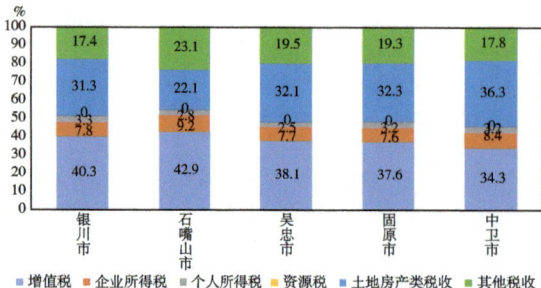

图30-65 2020年宁夏回族自治区各市税收收入结构

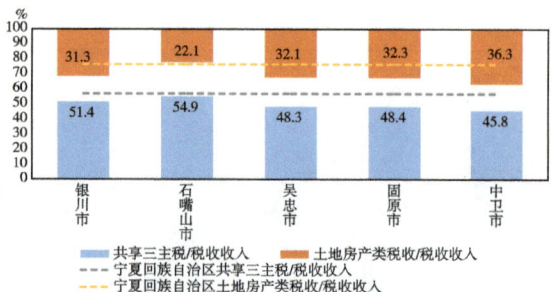

图30-66 2020年宁夏回族自治区各市共享三主税、土地房产类税收占税收收入的比重

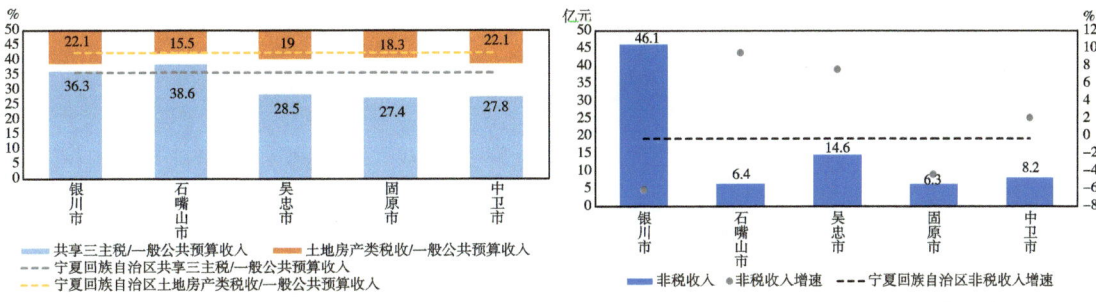

图30-67　2020年宁夏回族自治区各市共享三主税、土地房产类税收占一般公共预算收入的比重

图30-68　2020年宁夏回族自治区各市非税收入及增速

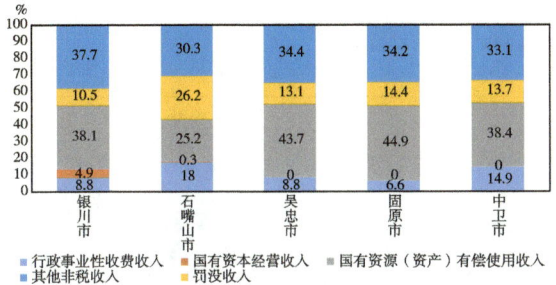

图30-69　2020年宁夏回族自治区各市非税收入结构

30.2.4　宁夏回族自治区各市政府性基金收入与国有资本经营收入情况

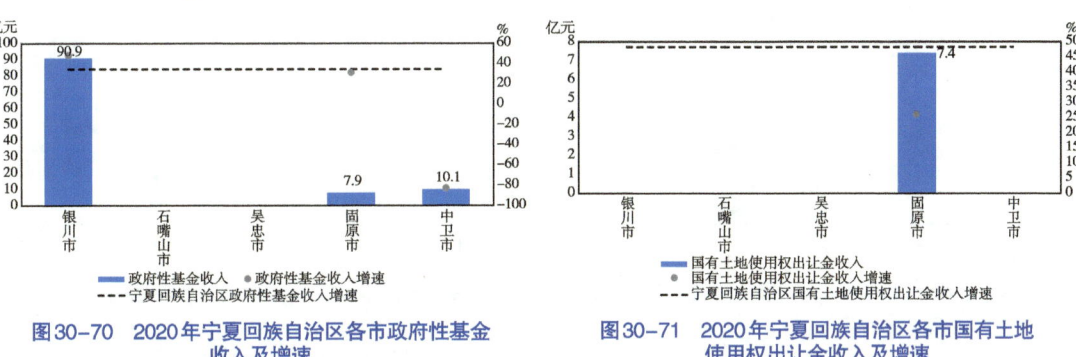

图30-70　2020年宁夏回族自治区各市政府性基金收入及增速

图30-71　2020年宁夏回族自治区各市国有土地使用权出让金收入及增速

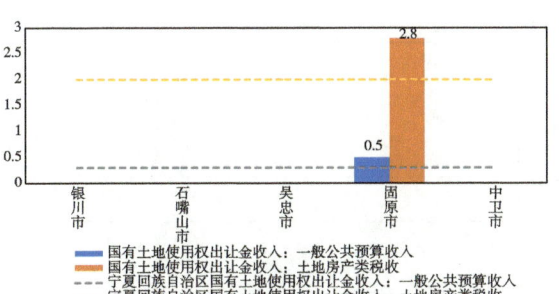

图30-72　2020年宁夏回族自治区各市国有土地使用权出让金收入与一般公共预算收入对比关系

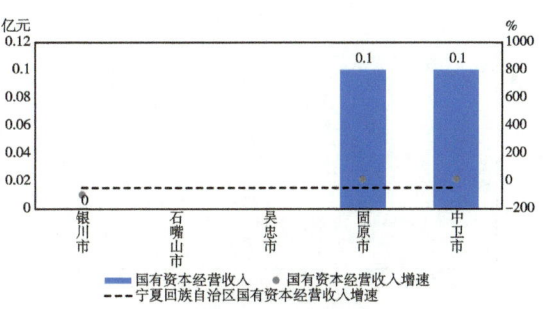

图30-73　2020年宁夏回族自治区各市国有资本经营收入及增速

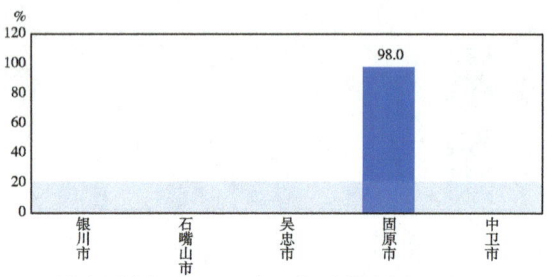

图30-74　2020年宁夏回族自治区各市调出资金与国有资本经营收入对比关系

30.2.5　宁夏回族自治区各市社会保险基金收入情况

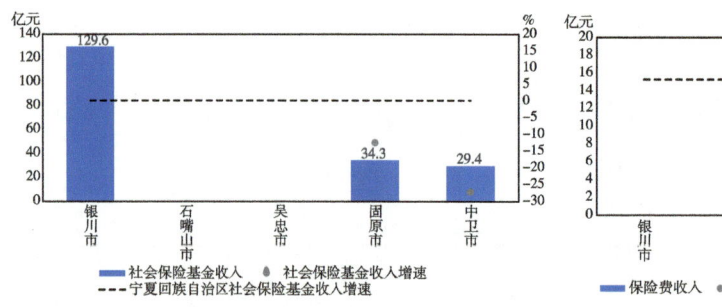

图30-75　2020年宁夏回族自治区各市社会保险基金收入及增速

图30-76　2020年宁夏回族自治区各市保险费收入及增速

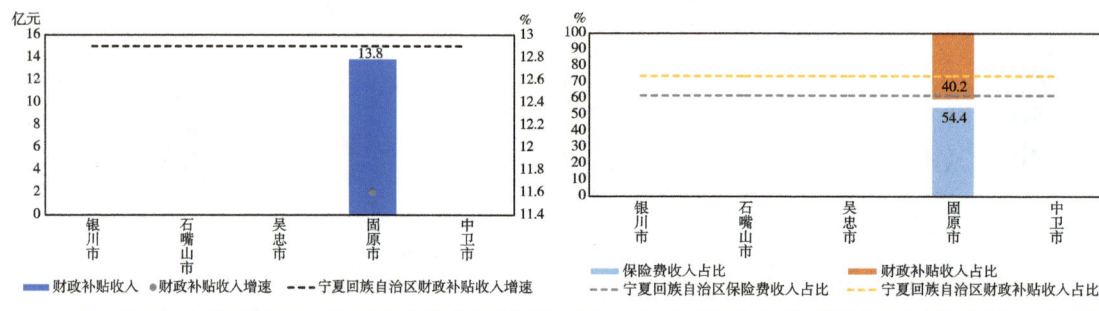

图30-77　2020年宁夏回族自治区各市财政补贴收入及增速

图30-78　2020年宁夏回族自治区各市保险费收入、财政补贴收入占社会保险基金收入的比重

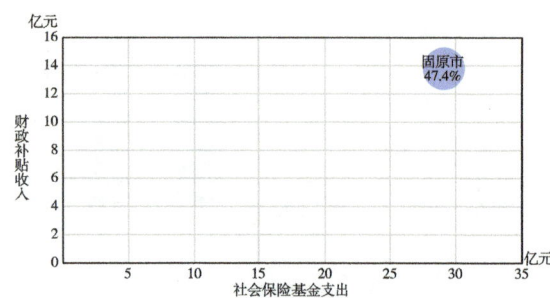

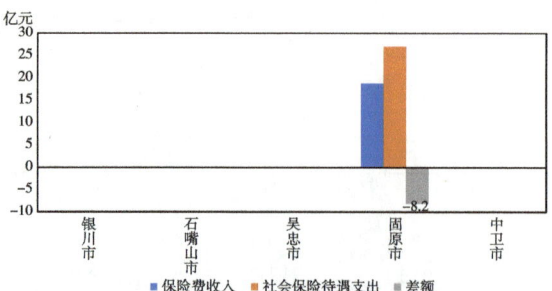

图30-79　2020年宁夏回族自治区各市社会保险基金支出对财政补贴的依赖度

图30-80　2020年宁夏回族自治区各市保险费收入、社会保险待遇支出及差额

30.2.6 宁夏回族自治区各市债务情况

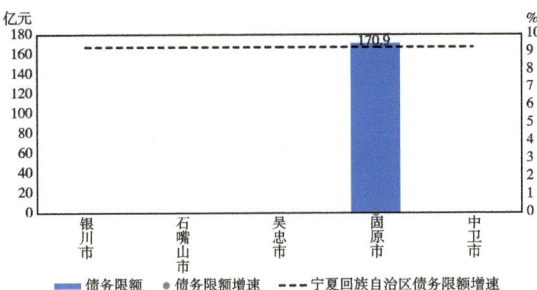

图30-81 2020年宁夏回族自治区各市债务限额及增速

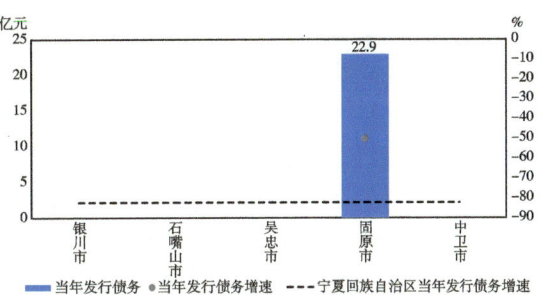

图30-82 2020年宁夏回族自治区各市当年发行债务及增速

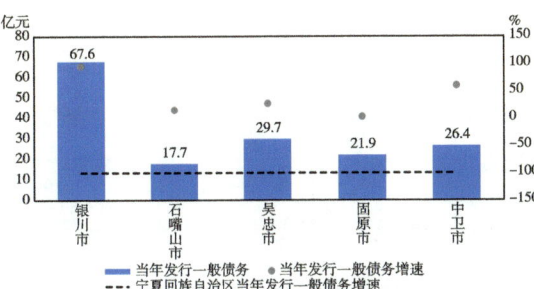

图30-83 2020年宁夏回族自治区各市当年发行一般债务及增速

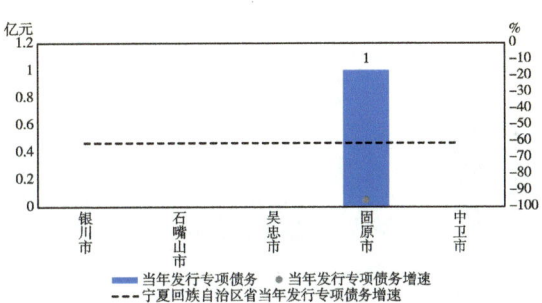

图30-84 2020年宁夏回族自治区各市当年发行专项债务及增速

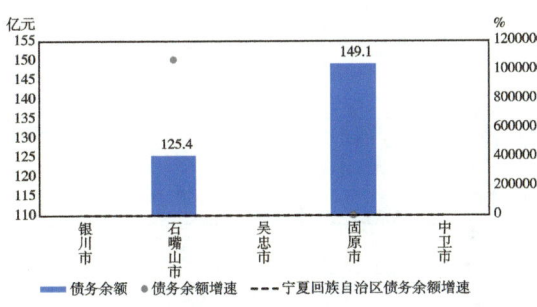

图30-85 2020年宁夏回族自治区各市债务余额及增速

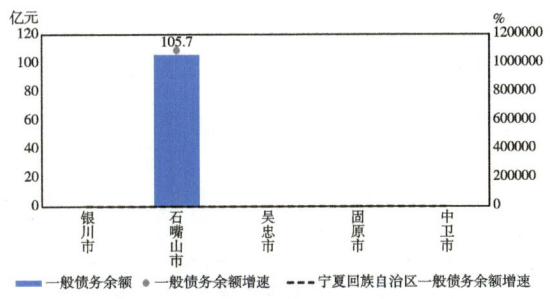

图30-86 2020年宁夏回族自治区各市一般债务余额及增速

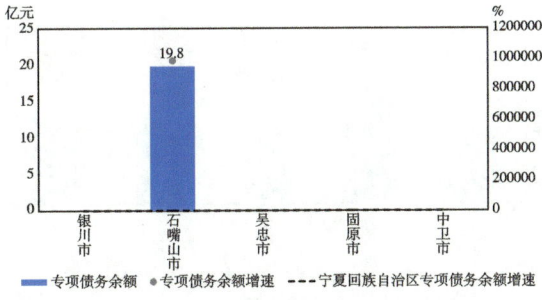

图30-87 2020年宁夏回族自治区各市专项债务余额及增速

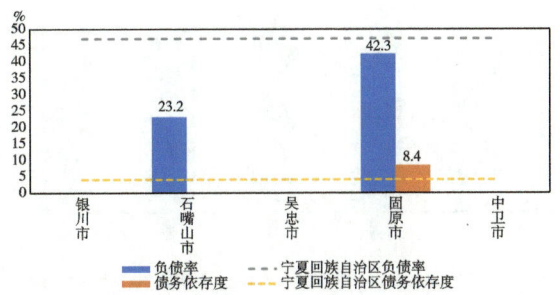

图30-88 2020年宁夏回族自治区各市负债率和债务依存度

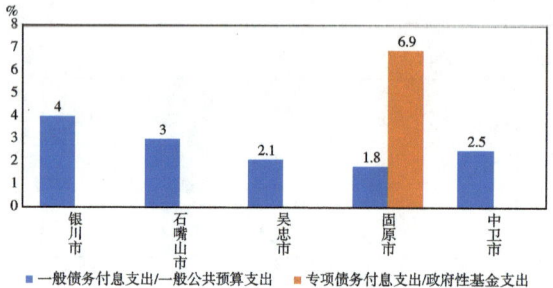

图30-89　2020年宁夏回族自治区各市债务付息支出相关指标

30.2.7　宁夏回族自治区各市市本级一般公共预算收入情况

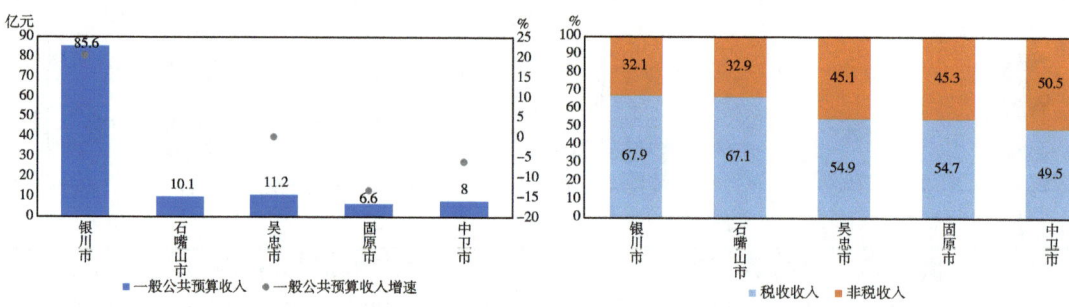

图30-90　2020年宁夏回族自治区各市市本级一般公共预算收入及增速

图30-91　2020年宁夏回族自治区各市市本级一般公共预算收入结构

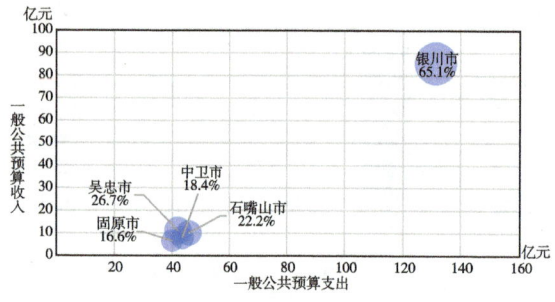

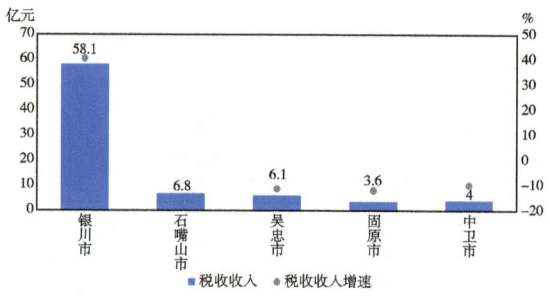

图30-92　2020年宁夏回族自治区各市市本级财政自给率

图30-93　2020年宁夏回族自治区各市市本级税收收入及增速

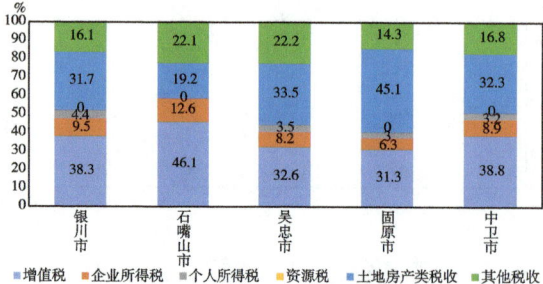

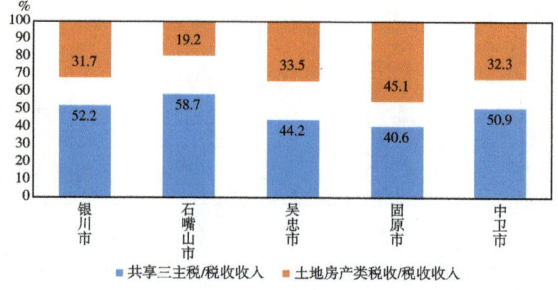

图30-94　2020年宁夏回族自治区各市市本级税收收入结构

图30-95　2020年宁夏回族自治区各市市本级共享三主税、土地房产类税收占税收收入的比重

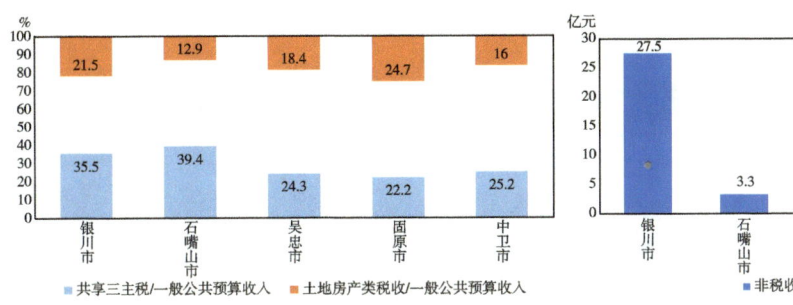

图30-96 2020年宁夏回族自治区各市市本级共享三主税、土地房产类税收占一般公共预算收入的比重

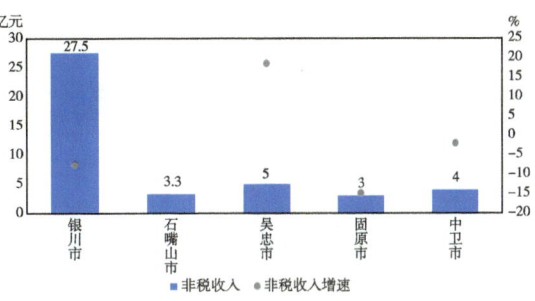

图30-97 2020年宁夏回族自治区各市市本级非税收入及增速

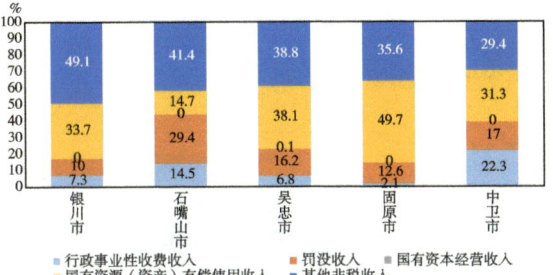

图30-98 2020年宁夏回族自治区各市市本级非税收入结构

30.3 宁夏回族自治区青铜峡市政府收入主要特征分析

30.3.1 宁夏回族自治区青铜峡市经济社会发展情况

图30-99 2018-2020年宁夏回族自治区青铜峡市人口状况

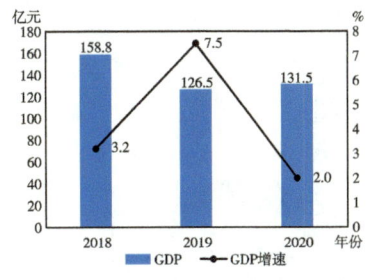

图30-100 2018-2020年宁夏回族自治区青铜峡市GDP及增速

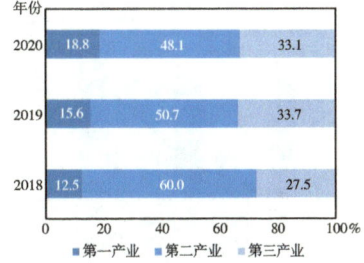

图30-101 2018-2020年宁夏回族自治区青铜峡市三次产业结构

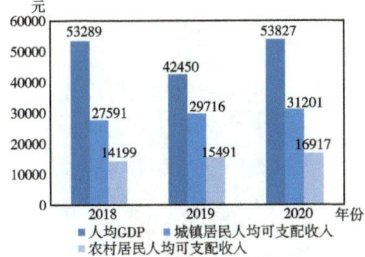

图30-102 2018-2020年宁夏回族自治区青铜峡市人均GDP和人均可支配收入

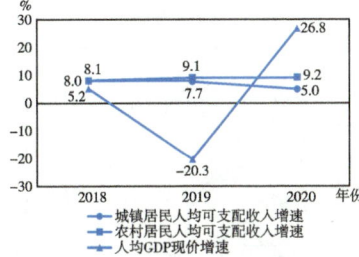

图30-103 2018-2020年宁夏回族自治区青铜峡市人均GDP现价增速和人均可支配收入增速

30.3.2 宁夏回族自治区青铜峡市政府收入总体情况

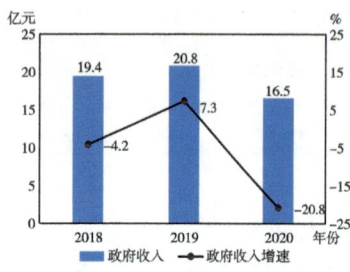

图30-104 2018-2020年宁夏回族自治区青铜峡市政府收入及增速

图30-105 2018-2020年宁夏回族自治区青铜峡市人均政府收入及增速

30.3.3 宁夏回族自治区青铜峡市一般公共预算收入情况

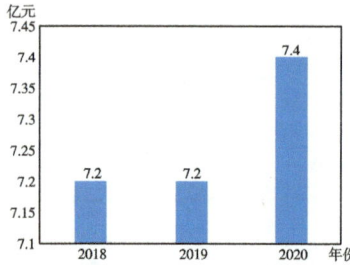
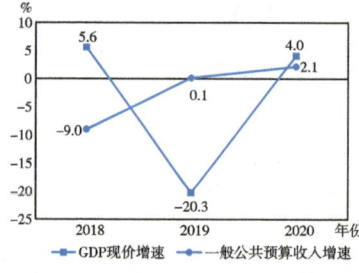
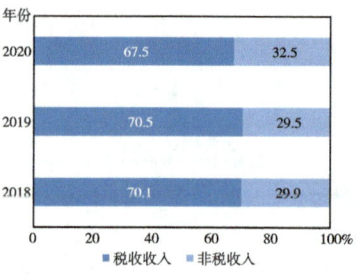

图30-106 2018-2020年宁夏回族自治区青铜峡市一般公共预算收入

图30-107 2018-2020年宁夏回族自治区青铜峡市一般公共预算收入增速

图30-108 2018-2020年宁夏回族自治区青铜峡市一般公共预算收入结构

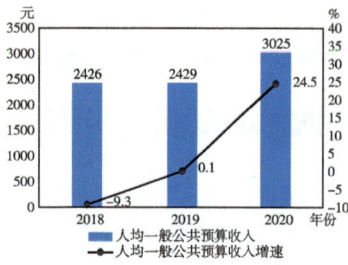
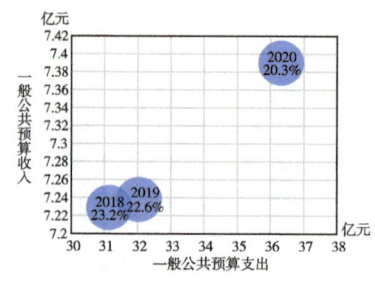
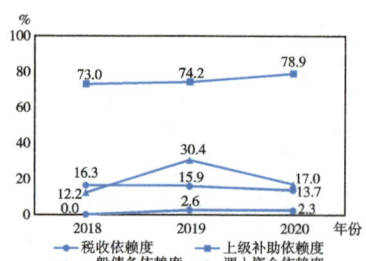

图30-109 2018-2020年宁夏回族自治区青铜峡市人均一般公共预算收入及增速

图30-110 2018-2020年宁夏回族自治区青铜峡市财政自给率

图30-111 2018-2020年宁夏回族自治区青铜峡市一般公共预算支出对各类收入的依赖度

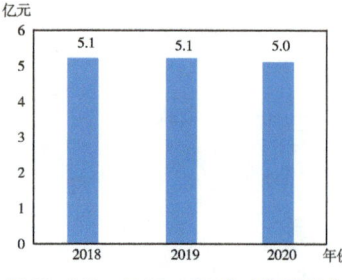
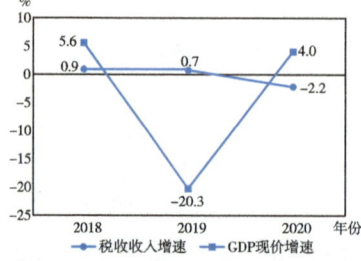
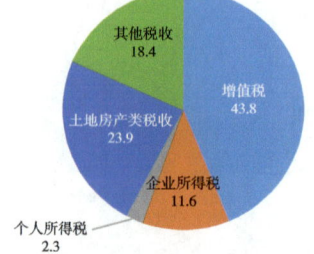

图30-112 2018-2020年宁夏回族自治区青铜峡市税收收入

图30-113 2018-2020年宁夏回族自治区青铜峡市税收收入增速

图30-114 2020年宁夏回族自治区青铜峡市税收收入结构

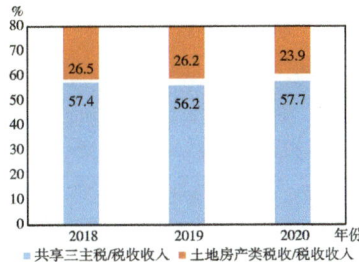

图30-115 2018-2020年宁夏回族自治区青铜峡市共享三主税、土地房产类税收占税收收入的比重

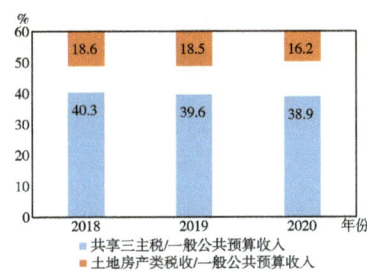

图30-116 2018-2020年宁夏回族自治区青铜峡市共享三主税、土地房产类税收占一般公共预算收入的比重

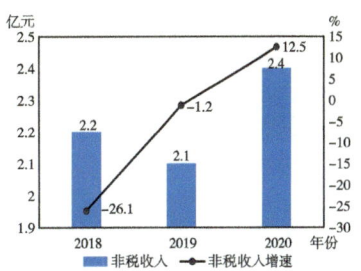

图30-117 2018-2020年宁夏回族自治区青铜峡市非税收入及增速

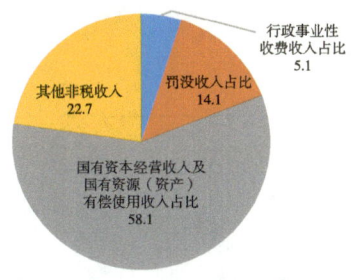

图30-118 2020年宁夏回族自治区青铜峡市非税收入结构

30.3.4 宁夏回族自治区青铜峡市政府性基金收入与国有资本经营收入情况

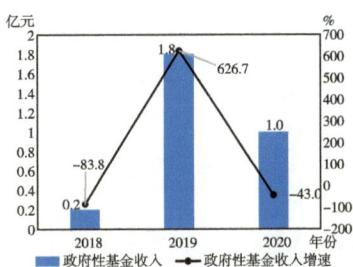

图30-119 2018-2020年宁夏回族自治区青铜峡市政府性基金收入及增速

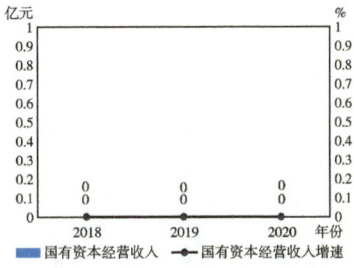

图30-120 2018-2020年宁夏回族自治区青铜峡市国有资本经营收入及增速

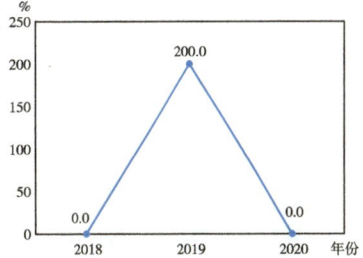

图30-121 2018-2020年宁夏回族自治区青铜峡市调出资金与国有资本经营收入对比关系

30.3.5 宁夏回族自治区青铜峡市社会保险基金收入情况

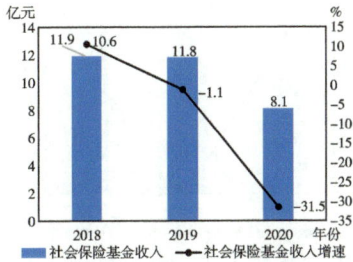

图30-122 2018-2020年宁夏回族自治区青铜峡市社会保险基金收入及增速

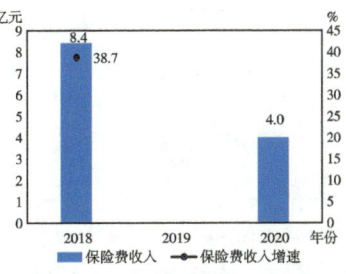

图30-123 2018-2020年宁夏回族自治区青铜峡市保险费收入及增速

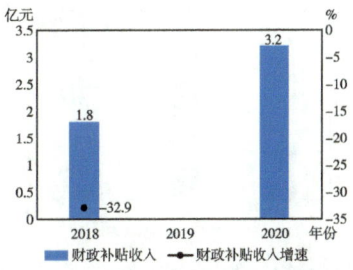

图30-124 2018-2020年宁夏回族自治区青铜峡市财政补贴收入及增速

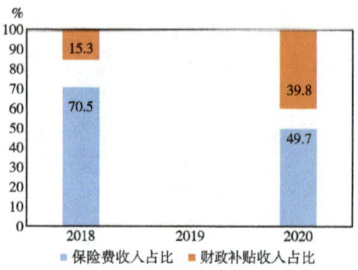
图30-125 2018-2020年宁夏回族自治区青铜峡市保险费收入、财政补贴收入占社会保险基金收入的比重

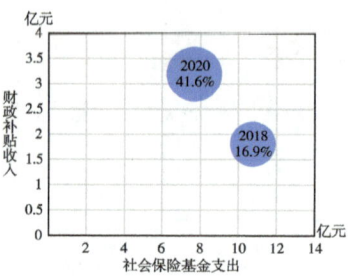
图30-126 2018-2020年宁夏回族自治区青铜峡市社会保险基金支出对财政补贴的依赖度

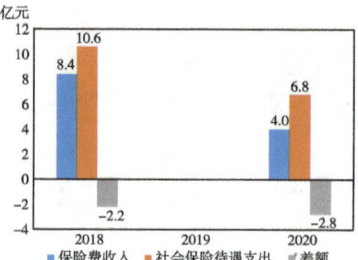
图30-127 2018-2020年宁夏回族自治区青铜峡市保险费收入、社会保险待遇支出及差额

30.3.6 宁夏回族自治区青铜峡市债务情况

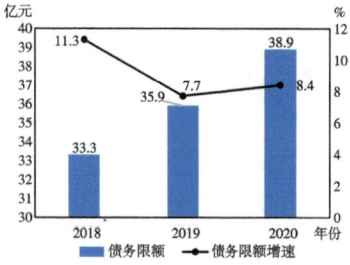
图30-128 2018-2020年宁夏回族自治区青铜峡市债务限额及增速

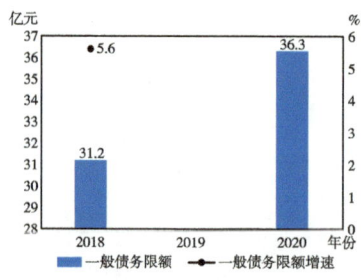
图30-129 2018-2020年宁夏回族自治区青铜峡市一般债务限额及增速

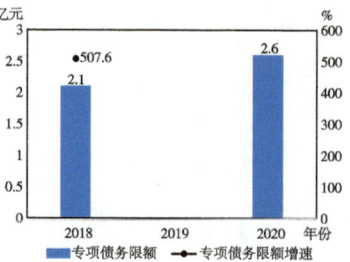
图30-130 2018-2020年宁夏回族自治区青铜峡市专项债务限额及增速

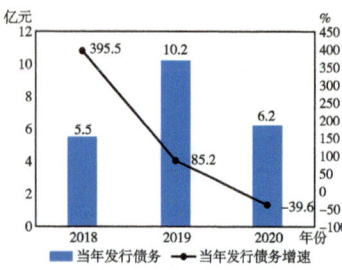
图30-131 2018-2020年宁夏回族自治区青铜峡市当年发行债务及增速

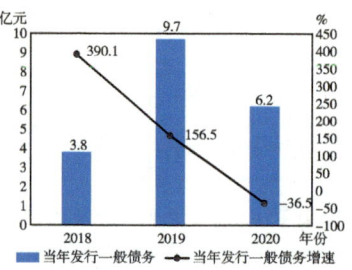
图30-132 2018-2020年宁夏回族自治区青铜峡市当年发行一般债务及增速

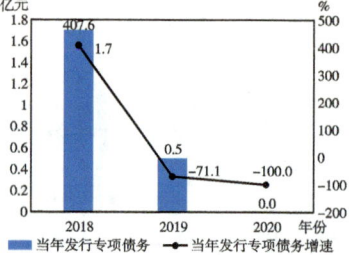
图30-133 2018-2020年宁夏回族自治区青铜峡市当年发行专项债务及增速

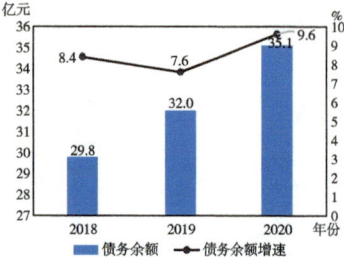
图30-134 2018-2020年宁夏回族自治区青铜峡市债务余额及增速

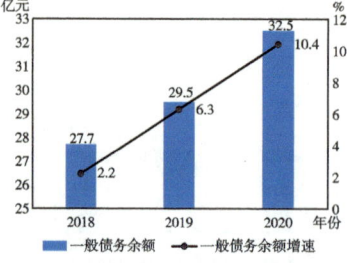
图30-135 2018-2020年宁夏回族自治区青铜峡市一般债务余额及增速

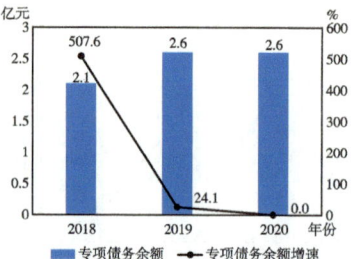
图30-136 2018-2020年宁夏回族自治区青铜峡市专项债务余额及增速

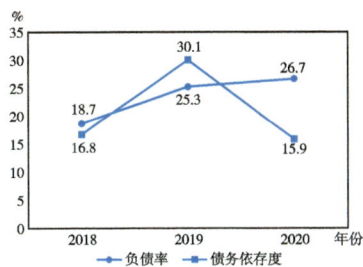

图30-137　2018-2020年宁夏回族自治区青铜峡市负债率和债务依存度

31 新疆维吾尔自治区

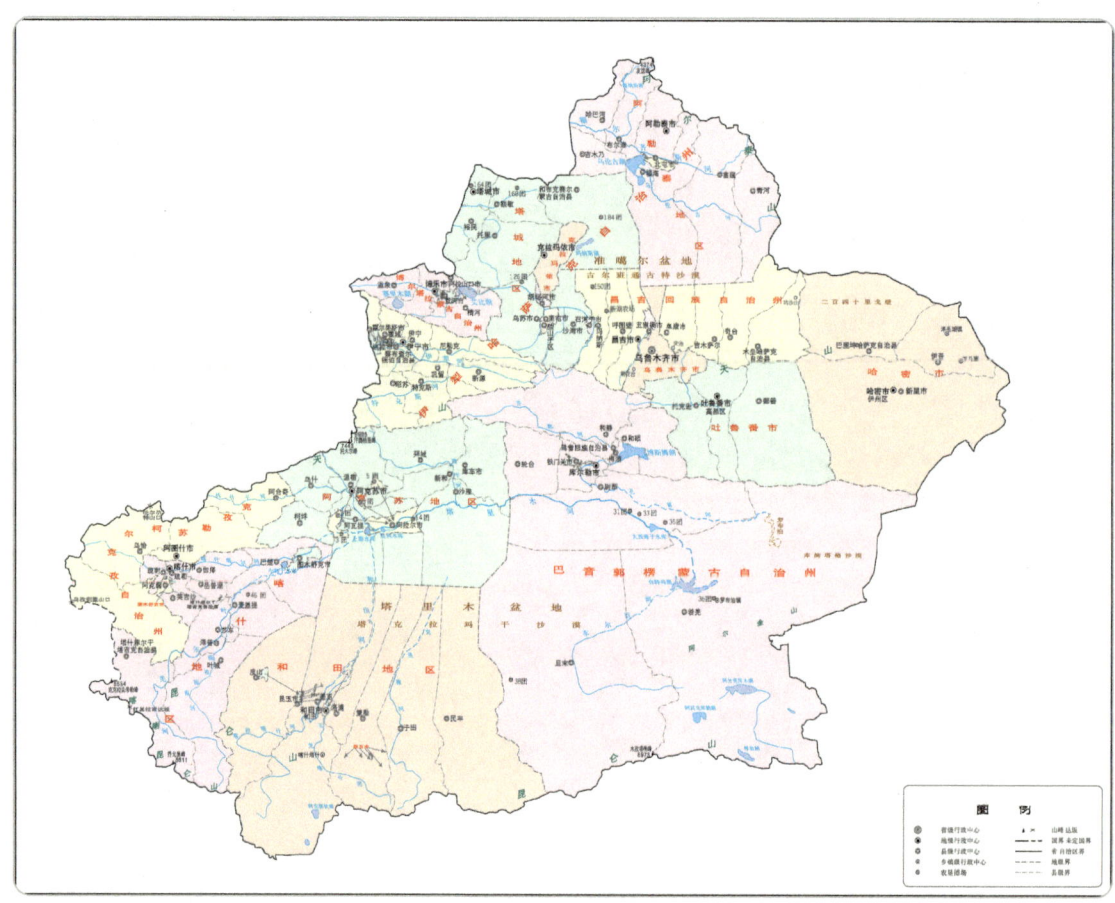

图 2021年新疆维吾尔自治区地图

资料来源：新疆维吾尔自治区地理信息公共服务平台。
注：审图号：新S（2021）047号。

本章执笔人：龙斯玮　审校：刘昶

专栏31-1　2021年新疆维吾尔自治区行政区划

乌鲁木齐市：**天山区**、沙依巴克区、高新区（新市区）、水磨沟区、经济技术开发区（头屯河区）、达坂城区、米东区、乌鲁木齐县

克拉玛依市：独山子区、克拉玛依区、白碱滩区、乌尔禾区

吐鲁番市：高昌区、鄯善县、托克逊县

哈密市：**伊州区**、巴里坤哈萨克自治县、伊吾县

昌吉回族自治州：昌吉市、阜康市、呼图壁县、玛纳斯县、奇台县、吉木萨尔县、木垒哈萨克自治县

博尔塔拉蒙古自治州：博乐市、阿拉山口市、精河县、温泉县

巴音郭楞蒙古自治州：库尔勒市、轮台县、尉犁县、若羌县、且末县、焉耆回族自治县、和静县、和硕县、博湖县

阿克苏地区：**阿克苏市**、库车县、温宿县、沙雅县、新和县、拜城县、乌什县、阿瓦提县、柯坪县

克孜勒苏柯尔克孜自治州：阿图什市、阿克陶县、阿合奇县、乌恰县

喀什地区：喀什市、疏附县、疏勒县、英吉沙县、泽普县、莎车县、叶城县、麦盖提县、岳普湖县、伽师县、巴楚县、塔什库尔干塔吉克自治县

和田地区：**和田市**、和田县、墨玉县、皮山县、洛浦县、策勒县、于田县、民丰县

伊犁哈萨克自治州*：**伊宁市**、奎屯市、霍尔果斯市、伊宁县、察布查尔锡伯自治县、霍城县、巩留县、新源县、昭苏县、特克斯县、尼勒克县

塔城地区：塔城市、乌苏市、沙湾市、额敏县、托里县、裕民县、和布克赛尔蒙古自治县

阿勒泰地区：阿勒泰市、布尔津县、富蕴县、福海县、哈巴河县、青河县、吉木乃县

自治区直辖县级市：石河子市、阿拉尔市、图木舒克市、五家渠市、北屯市、铁门关市、双河市、可克达拉市、昆玉市、胡杨河市、新星市

*：此处伊犁哈萨克自治州指伊犁州直属县（市）。

本书选取天山区、伊州区、阿克苏市、和田市、伊宁市为样本县。

新疆维吾尔自治区是一个多民族聚居地区，截至2021年底，新疆辖有14个地（州、市），包括5个自治州、5个地区和乌鲁木齐、克拉玛依、吐鲁番、哈密4个地级市；共有107个县（市、区），包括66个县、28个县级市、13个市辖区（详见专栏31-1），其中有6个自治县、34个边境县（市）。新疆生产建设兵团是自治区的重要组成部分，辖14个师、11个市[①]，嵌入式分布在新疆14个地（州、市），辖区面积约7万平方公里。新疆维吾尔自治区总面积166万平方公里、约占全国陆地总面积的1/6，东西最长2000公里、南北最宽1650公里，与蒙古等8个国

---

① 2021年2月4日，新疆维吾尔自治区政府公布：国务院批复同意设立自治区直辖县级新星市，成为新疆生产建设兵团实施"师市合一"以来成立的第11座兵团城市，也是新疆第27个县级市。

家接壤，陆地边境线长5700多公里，约占全国陆地边境线的1/4，是我国面积最大、陆地边境线最长、毗邻国家最多的省区，地形独特地貌多样，资源丰富得天独厚，是我国西北的战略屏障，是西部大开发战略的重点地区。总体上看，新疆的经济发展、财政收入等在全国排名相对靠后，区域内发展差异大。

2021年新疆维吾尔自治区经济总量处于全国中下游，第三产业占比略低于全国平均水平，较上年差距拉大，常住人口增加，城镇化率亦低于全国水平。 2021年末，新疆维吾尔自治区常住人口2589万人，常住人口城镇化率为57.3%（低于全国水平7.4个百分点）。2021年新疆GDP为1.60万亿元，排全国第23名，较2020年上升一个名次，次于内蒙古、贵州，高于天津、黑龙江；增速7.0%，较2020年上升3.6个百分点，低于全国水平1.1个百分点，排全国第19名；两年平均增长5.2%；人均GDP为61725元（折9568.0美元），排全国第20位。从产业结构看，第一、第二、第三产业占比分别为14.7%、37.4%（低于全国水平2个百分点）和47.9%（低于全国水平5.4个百分点）。从居民可支配收入看，2021年城镇与农村居民人均可支配收入分别为37642元和15575元，保持上升态势，分别为全国平均水平的79.4%和82.3%。

2021年新疆维吾尔自治区一般公共预算收入全国排名较靠后，税收收入占比高，相对上年水平有所上升，县级政府收入占比最高。 2021年新疆维吾尔自治区一般公共预算收入1618.6亿元，排名第24，与2020年持平，增速为9.6%，略低于全国平均水平10.9%。人均一般公共预算收入为6252元，排全国第15名，较上年上升一位。其中，前三年新疆维吾尔自治区税收收入占一般公共预算收入呈下滑趋势，但2021年出现明显回升为67.5%，在全国范围内排第20位，较上年上升6个名次，低于全国水平17.8个百分点。非税收入占比相对较高，其中2021年国有资本经营收入及国有资源（资产）有偿使用收入占非税收入比重达46.5%，与上一年基本持平。从纵向收入分配看，2021年自治区本级、市本级、县级一般公共预算收入占比分别为16.8%、12.6%和70.5%。

2021年新疆维吾尔自治区财政自给率偏低且近三年总体呈下降趋势，地区财政总收入远低于一般公共预算支出。 2021年新疆维吾尔自治区财政自给率为30.0%，较2020年上升3.3个百分点。2021年新疆维吾尔自治区一般公共预算支出为5401.9亿元。

2021年新疆维吾尔自治区四本预算中一般公共预算收入占比最高，但较上年略有下滑，政府性基金收入占比则有小幅提升，社保对财政补贴的依赖度逐年增加。 2021年新疆维吾尔自治区四本预算加总的政府收入3785.2亿元，其中一般公共预算收入、政府性基金预算收入、国有资本经营预算收入和社会保险基金预算收入分别占比42.8%、16.0%、0.4%和40.9%。2021年新疆维吾尔自治区社保基金预算收入1547.1亿元，其中社会保险缴费收入为1076.6亿元；财政补贴收入规模为380.2亿元，社保支出对财政依赖度达29.7%，较上年上升0.9个百分点。

新疆维吾尔自治区内各地经济社会发展和财政发展不均衡，优势主要集中于省会乌鲁木齐市。 2020年乌鲁木齐市政府收入规模为941.8亿元，其余各地皆低于300亿元，其中吐鲁番市、博尔塔拉蒙古自治州、克孜勒苏柯尔克孜自治州均未超过100亿元，阿勒泰地区则在2020年突破百亿元大关。2020年乌鲁木齐市一般公共预算收入392.6亿元，其余城市均未超过150亿元，且一半的城市一般公共预算收入低于50亿元，收入较为集中且城市间差异较大，一般公共预算收入的城市首位度指数为2.7，且收入最高的乌鲁木齐市是最低的克孜勒苏柯尔克孜自治州的24.5倍。自治区内财政自给率差异明显，乌鲁木齐市和克拉玛依市自给率较高（分别为73.1%和71.3%),其次为昌吉州(51.2%),而克孜勒苏柯尔克孜自治州、喀什地区、和田地区财政自给率则均未超过10%(分别为8.7%、7.5%和5.9%),其余大部分地区均分布在20%—45%区间内。政府性基金收入以国有土地使用权出让金收入为主,最高为乌鲁木齐市(251.5亿元),最低为克孜勒苏柯尔克孜自治州(2.1亿元),相差近120倍,此外塔城地区(9.1亿元)、吐鲁番市(8.8亿元)、博尔塔拉蒙古自治州(7.7亿元)和克拉玛依市(5.5亿元)的国有土地使用权出让金收入也均未超过10亿元。

31.1 新疆维吾尔自治区政府收入主要特征分析

31.1.1 新疆维吾尔自治区经济社会基本情况

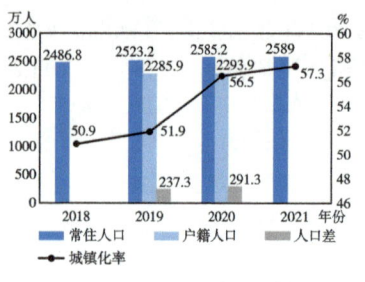

图31-1 2018-2021年新疆维吾尔自治区人口状况

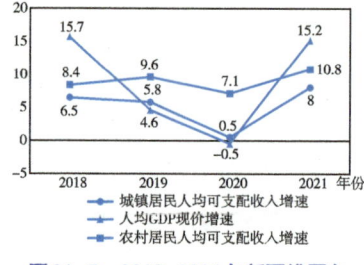

图31-2 2018-2021年新疆维吾尔自治区GDP及增速

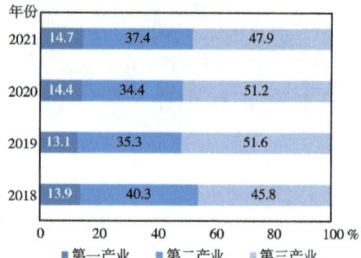

图31-3 2018-2021年新疆维吾尔自治区三次产业结构

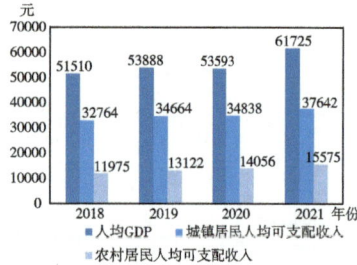

图31-4 2018-2021年新疆维吾尔自治区人均GDP和人均可支配收入

图31-5 2018-2021年新疆维吾尔自治区人均GDP现价增速和人均可支配收入增速

31.1.2 新疆维吾尔自治区政府收入总体情况

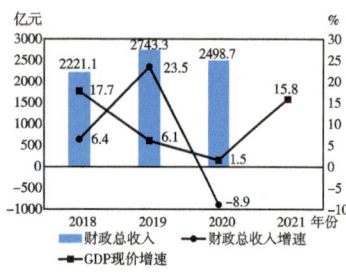

图31-6 2018-2021年新疆维吾尔自治区财政总收入及增速

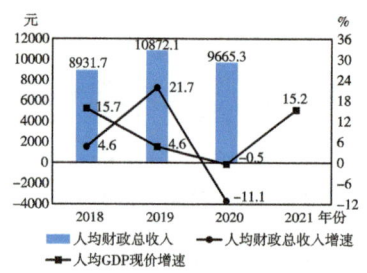

图31-7 2018-2021年新疆维吾尔自治区人均财政总收入及增速

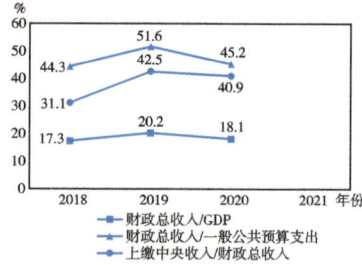

图31-8 2018-2021年新疆维吾尔自治区财政总收入相关指标

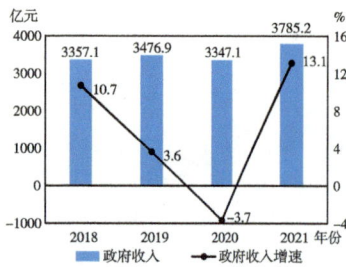

图31-9 2018-2021年新疆维吾尔自治区政府收入及增速

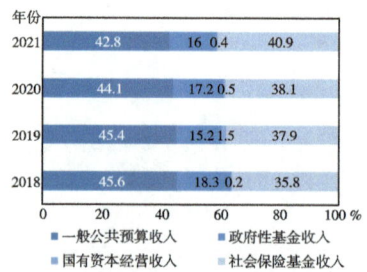

图31-10 2018-2021年新疆维吾尔自治区政府收入结构

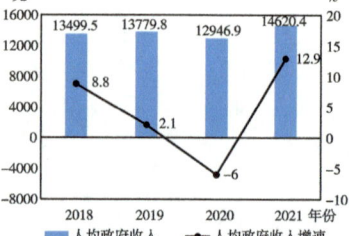

图31-11 2018-2021年新疆维吾尔自治区人均政府收入及增速

31.1.3 新疆维吾尔自治区一般公共预算收入情况

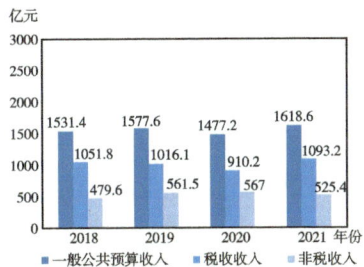

图31-12 2018—2021年新疆维吾尔自治区一般公共预算收入

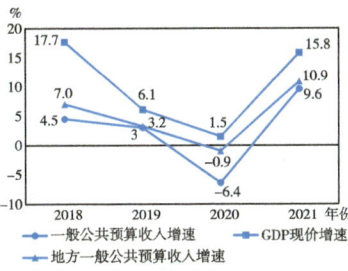

图31-13 2018—2021年新疆维吾尔自治区一般公共预算收入增速

注：2019年新疆一般公共预算增速3%，地方一般公共预算收入增速3.2%。

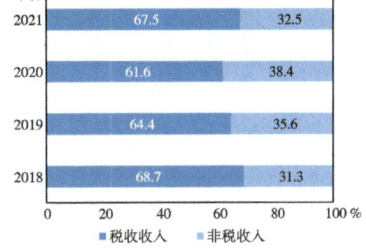

图31-14 2018—2021年新疆维吾尔自治区一般公共预算收入结构

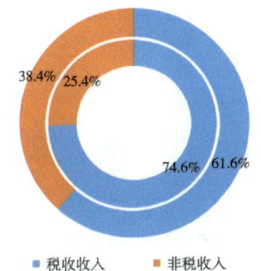

图31-15 2020年一般公共预算收入结构对比（内环为地方，外环为新疆维吾尔自治区）

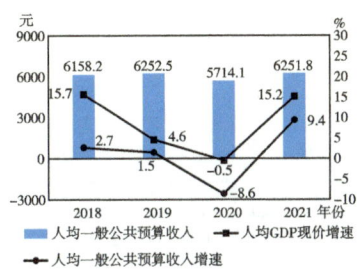

图31-16 2018—2021年新疆维吾尔自治区人均一般公共预算收入及增速

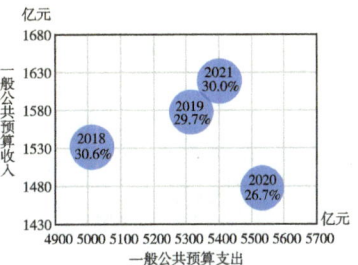

图31-17 2018—2021年新疆维吾尔自治区财政自给率

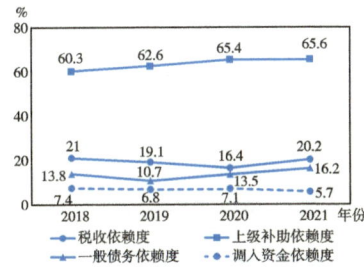

图31-18 2018—2021年新疆维吾尔自治区一般公共预算支出对各类收入的依赖度

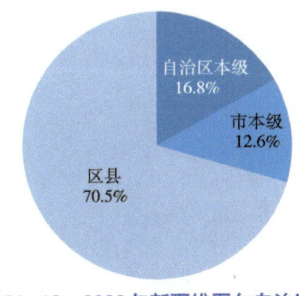

图31-19 2020年新疆维吾尔自治区市县三级政府一般公共预算收入分布

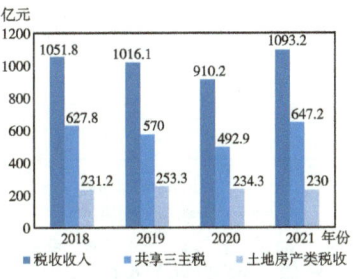

图31-20 2018—2021年新疆维吾尔自治区税收收入

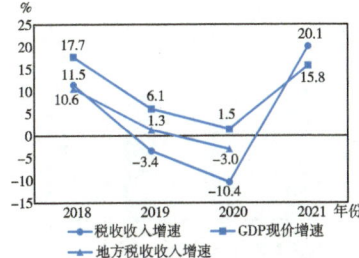

图31-21 2018—2021年新疆维吾尔自治区税收收入增速

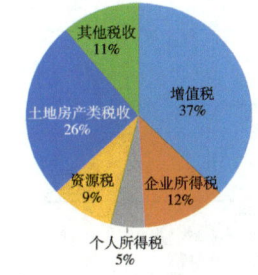

图31-22 2020年新疆维吾尔自治区税收收入结构

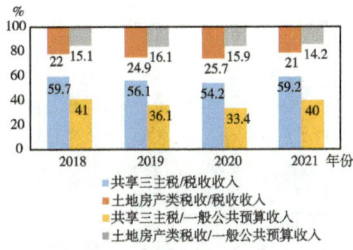

图31-23 2018—2021年新疆维吾尔自治区共享三主税、土地房产类税收占税收收入及一般公共预算收入的比重

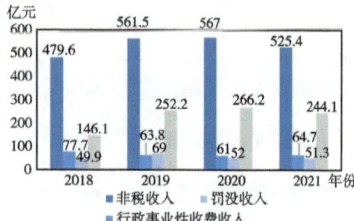
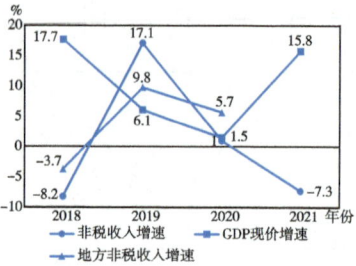
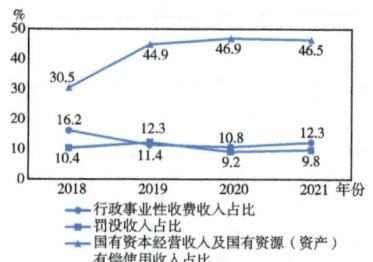

图31-24　2018-2021年新疆维吾尔自治区非税收入

图31-25　2018-2021年新疆维吾尔自治区非税收入增速

图31-26　2018-2021年新疆维吾尔自治区非税收入中各主要收入占比

31.1.4　新疆维吾尔自治区政府性基金和国有资本经营收入情况

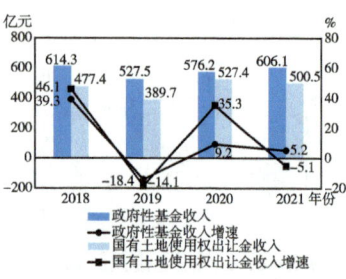
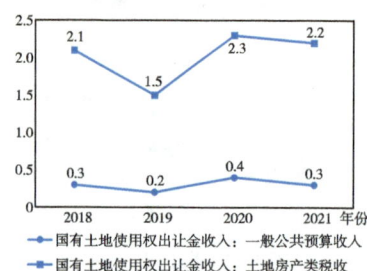
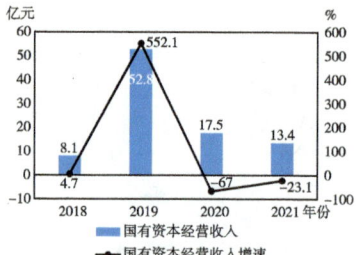

图31-27　2018-2021年新疆维吾尔自治区政府性基金收入及增速

图31-28　2018-2021年新疆维吾尔自治区国有土地使用权出让金收入与一般公共预算收入对比关系

图31-29　2018-2021年新疆维吾尔自治区国有资本经营收入及增速

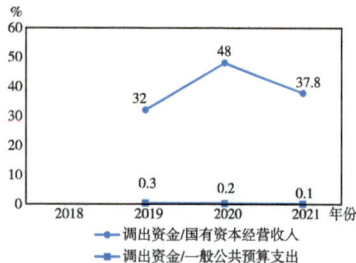

图31-30　2018-2021年新疆维吾尔自治区国有资本经营预算中调出资金相关指标

31.1.5　新疆维吾尔自治区社会保险基金收入情况

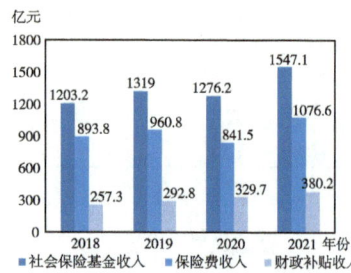
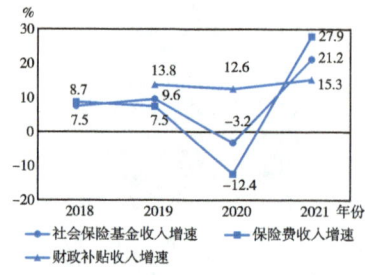
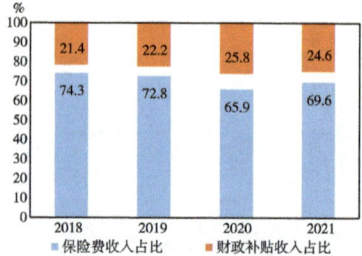

图31-31　2018-2021年新疆维吾尔自治区社会保险基金收入

图31-32　2018-2021年新疆维吾尔自治区社会保险基金收入增速

图31-33　2018-2021年新疆维吾尔自治区保险费收入、财政补贴收入占社会保险基金收入的比重

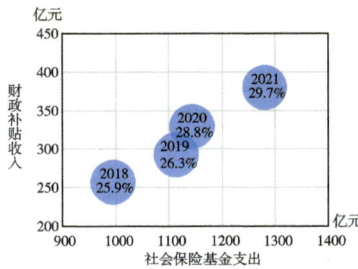

图31-34 2018-2021年新疆维吾尔自治区社会保险基金支出对财政补贴的依赖度

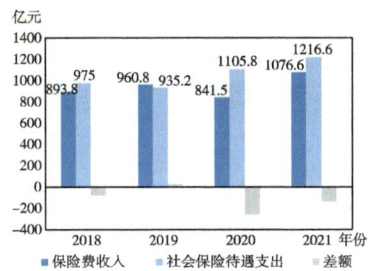

图31-35 2018-2021年新疆维吾尔自治区保险费收入、社会保险待遇支出及差额

31.1.6 新疆维吾尔自治区债务情况

图31-36 2018-2021年新疆维吾尔自治区债务限额

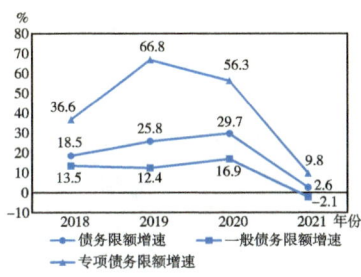

图31-37 2018-2021年新疆维吾尔自治区债务限额增速

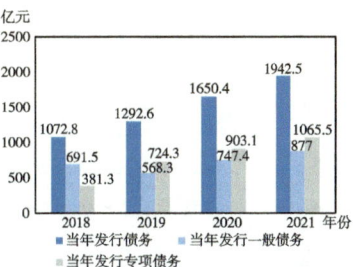

图31-38 2018-2021年新疆维吾尔自治区当年发行债务

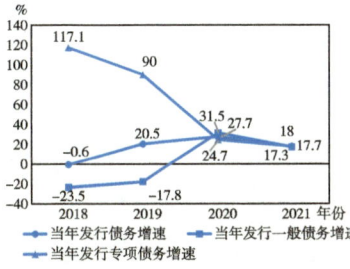

图31-39 2018-2021年新疆维吾尔自治区当年发行债务增速

注：2020年当年发行债务增速27.7%，当年发行一般债务增速31.5%，当年发行专项债务增速24.7%。2021年当年发行债务增速17.1%，当年发行一般债务增速17.3%，当年发行专项债务增速24.7%。

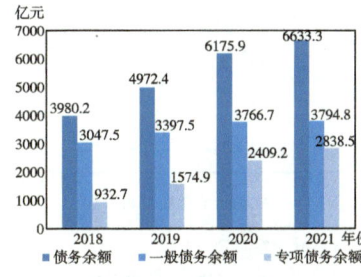

图31-40 2018-2021年新疆维吾尔自治区债务余额

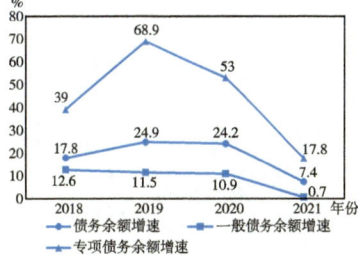

图31-41 2018-2021年新疆维吾尔自治区债务余额增速

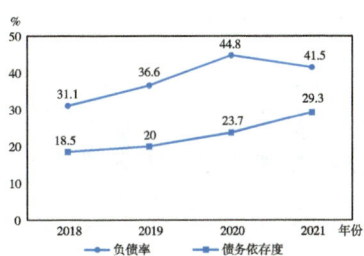

图31-42 2018-2021年新疆维吾尔自治区负债率和债务依存度

31.1.7 新疆维吾尔自治区区本级一般公共预算收入情况

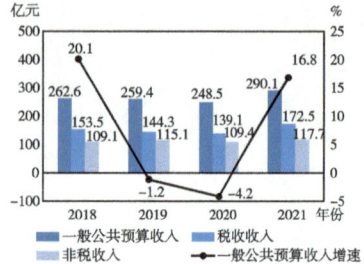

图31-43 2018-2021年新疆维吾尔自治区区本级一般公共预算收入及增速

图31-44 2018-2021年新疆维吾尔自治区区本级一般公共预算收入结构

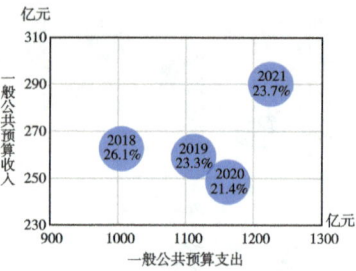

图31-45 2018-2021年新疆维吾尔自治区区本级财政自给率

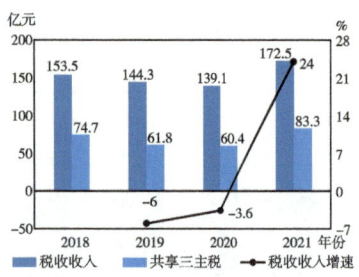

图31-46 2018-2021年新疆维吾尔自治区区本级税收收入及增速

注：图中未包含2018年省本级税收收入增速，为249.6%。

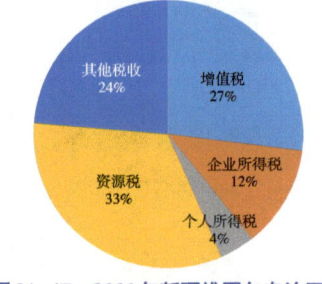

图31-47 2020年新疆维吾尔自治区本级税收收入结构

图31-48 2018-2021年新疆维吾尔自治区区本级共享三主税占税收收入及一般公共预算收入的比重

图31-49 2018-2021年新疆维吾尔自治区本级非税收入及增速

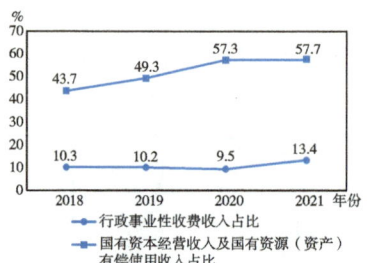

图31-50 2018-2021年新疆维吾尔自治区区本级非税收入中各主要收入占比

31.2 新疆维吾尔自治区各市政府收入主要特征分析

31.2.1 新疆维吾尔自治区各市经济社会发展情况

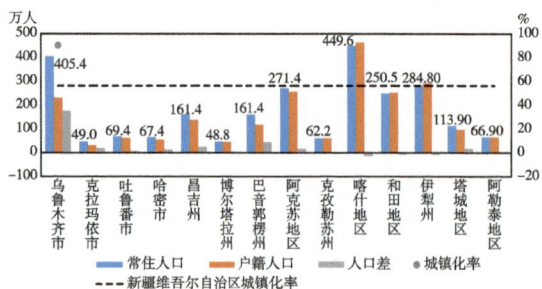

图31-51 2020年新疆维吾尔自治区各市人口状况

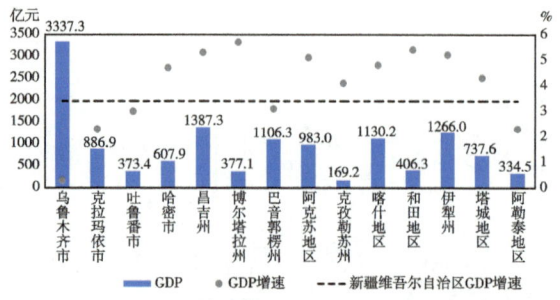

图31-52 2020年新疆维吾尔自治区各市GDP及增速

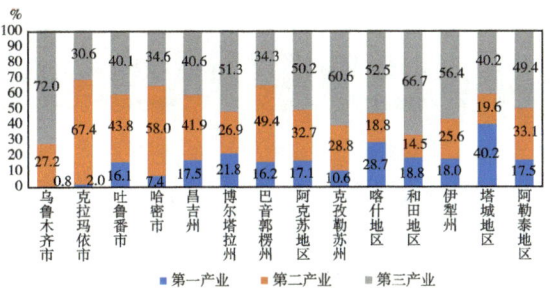

图31-53 2020年新疆维吾尔自治区各市三次产业结构

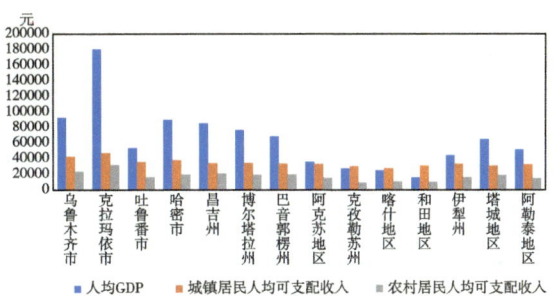

图31-54 2020年新疆维吾尔自治区各市人均GDP和人均可支配收入

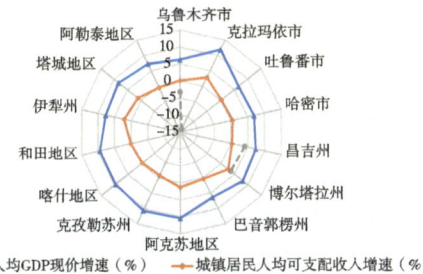

图31-55 2020年新疆维吾尔自治区各市人均GDP现价增速和人均可支配收入增速

31.2.2 新疆维吾尔自治区各市政府收入总体情况

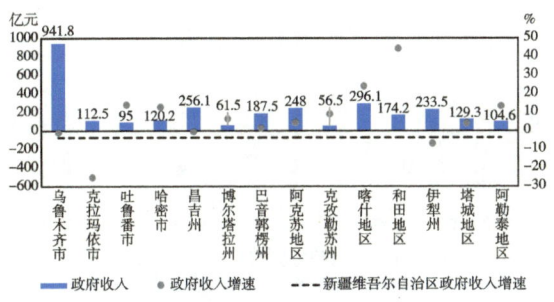

图31-56 2020年新疆维吾尔自治区各市政府收入及增速

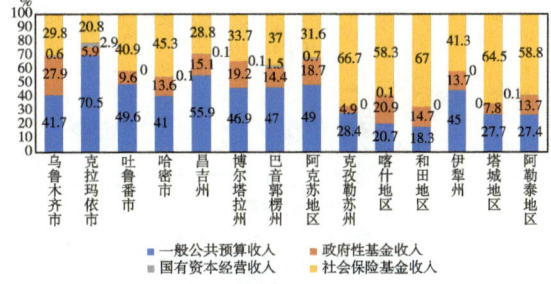

图31-57 2020年新疆维吾尔自治区各市政府收入结构

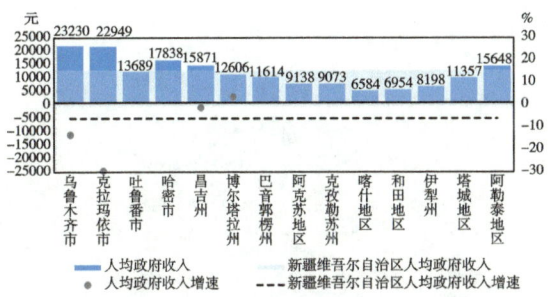

图31-58 2020年新疆维吾尔自治区各市人均政府收入及增速

31.2.3 新疆维吾尔自治区各市一般公共预算收入情况

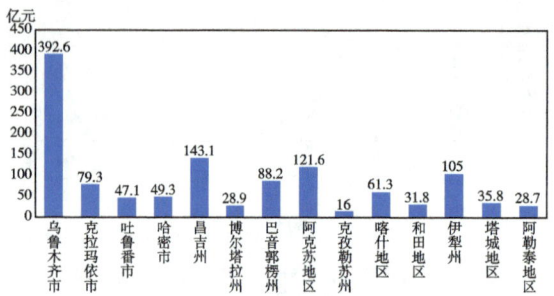

图31-59 2020年新疆维吾尔自治区各市一般公共预算收入

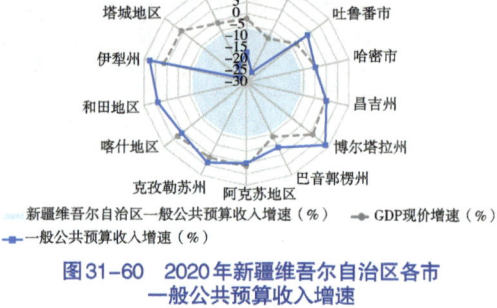

图31-60 2020年新疆维吾尔自治区各市一般公共预算收入增速

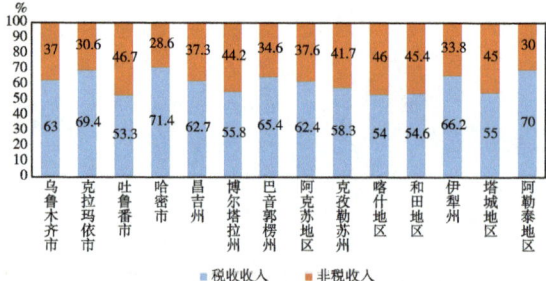

图31-61 2020年新疆维吾尔自治区各市一般公共预算收入结构

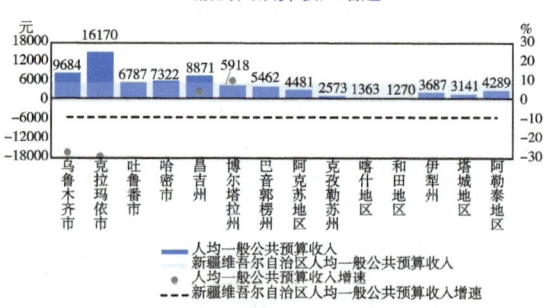

图31-62 2020年新疆维吾尔自治区各市人均一般公共预算收入及增速

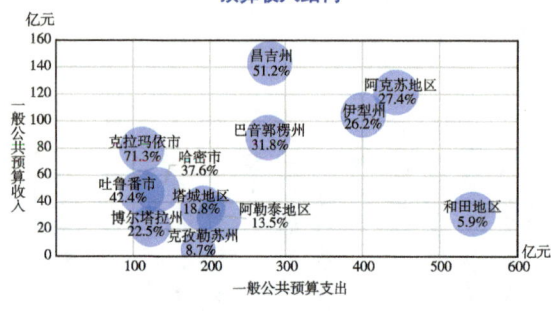

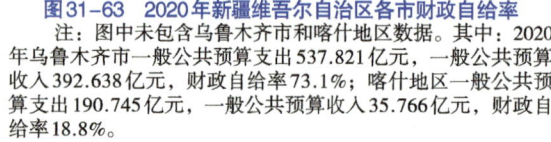

图31-63 2020年新疆维吾尔自治区各市财政自给率

注：图中未包含乌鲁木齐市和喀什地区数据。其中：2020年乌鲁木齐市一般公共预算支出537.821亿元，一般公共预算收入392.638亿元，财政自给率73.1%；喀什地区一般公共预算支出190.745亿元，一般公共预算收入35.766亿元，财政自给率18.8%。

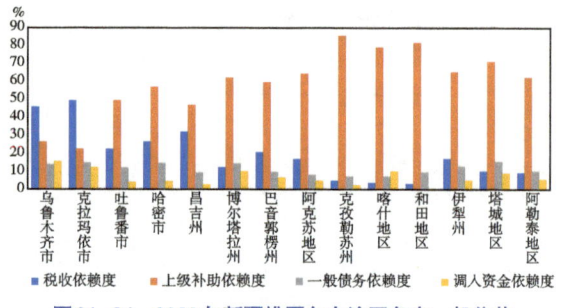

图31-64 2020年新疆维吾尔自治区各市一般公共预算支出对各类收入的依赖度

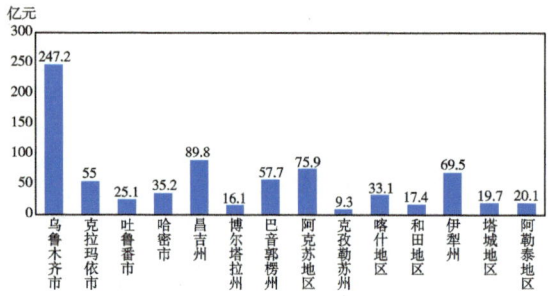

图31-65 2020年新疆维吾尔自治区各市税收收入

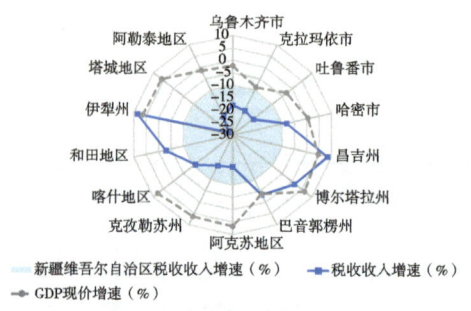

图31-66 2020年新疆维吾尔自治区各市税收收入增速

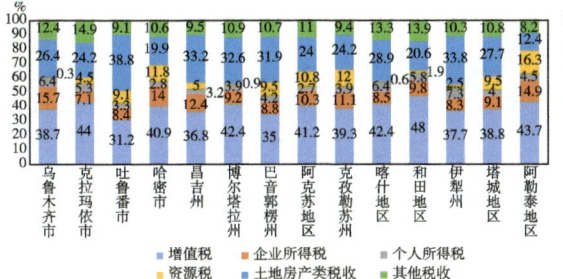

图31-67　2020年新疆维吾尔自治区各市税收收入结构

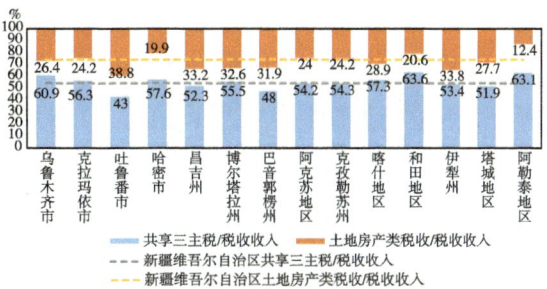

图31-68　2020年新疆维吾尔自治区各市共享三主税、土地房产类税收占税收收入的比重

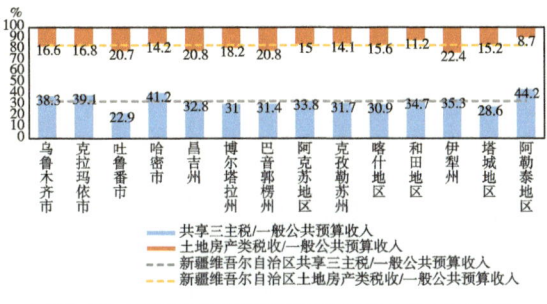

图31-69　2020年新疆维吾尔自治区各市共享三主税、土地房产类税收占一般公共预算收入的比重

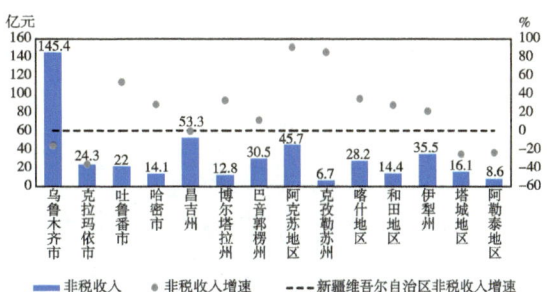

图31-70　2020年新疆维吾尔自治区各市非税收入及增速

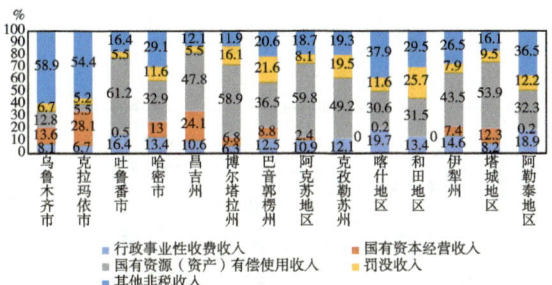

图31-71　2020年新疆维吾尔自治区各市非税收入结构

31.2.4　新疆维吾尔自治区各市政府性基金收入与国有资本经营收入情况

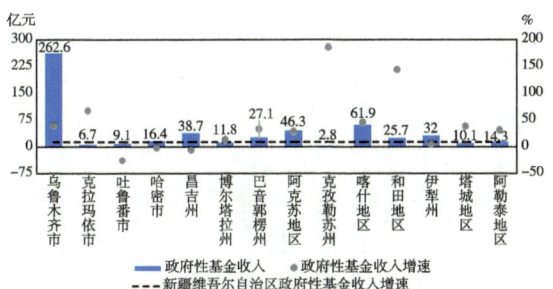

图31-72　2020年新疆维吾尔自治区各市政府性基金收入及增速

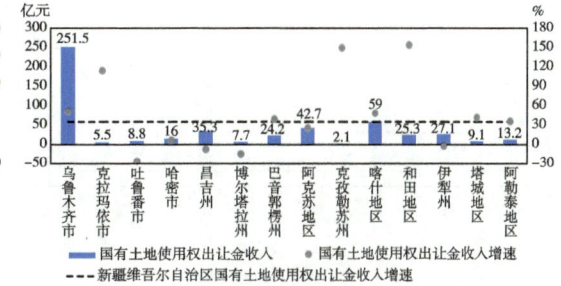

图31-73　2020年新疆维吾尔自治区各市国有土地使用权出让金收入及增速

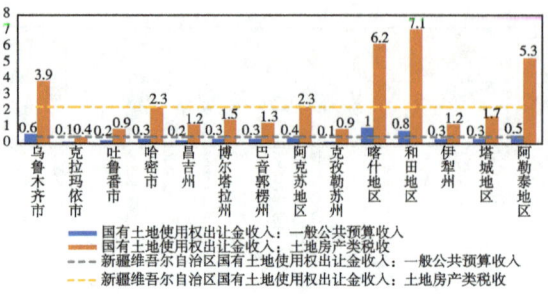

图31-74 2020年新疆维吾尔自治区各市国有土地使用权出让金收入与一般公共预算收入对比关系

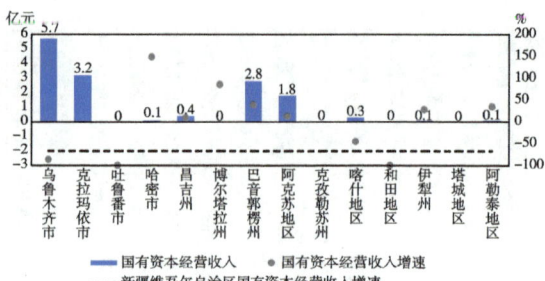

图31-75 2020年新疆维吾尔自治区各市国有资本经营收入及增速

注：克拉玛依2020年国有资本经营收入增速为1149.5%。

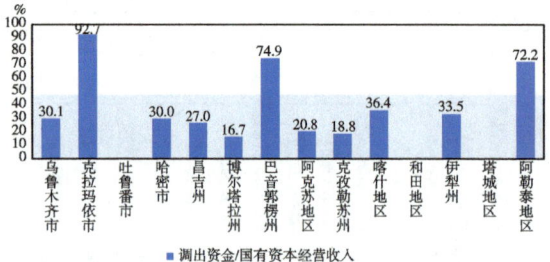

图31-76 2020年新疆维吾尔自治区各市调出资金与国有资本经营收入对比关系

31.2.5 新疆维吾尔自治区各市社会保险基金收入情况

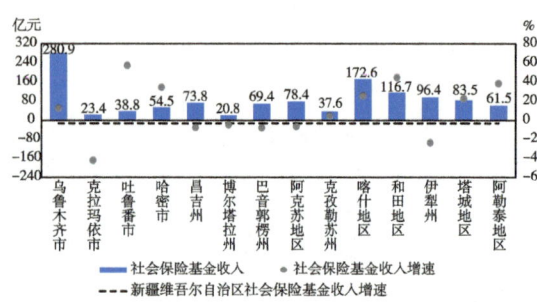

图31-77 2020年新疆维吾尔自治区各市社会保险基金收入及增速

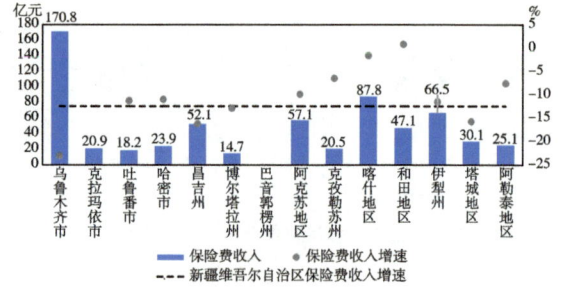

图31-78 2020年新疆维吾尔自治区各市保险费收入及增速

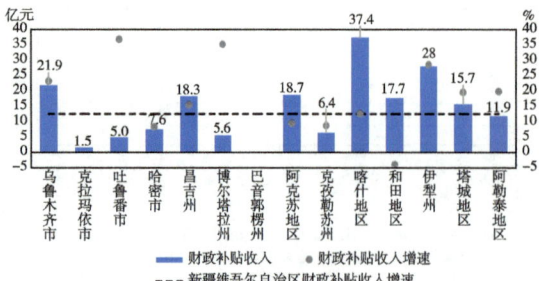

图31-79 2020年新疆维吾尔自治区各市财政补贴收入及增速

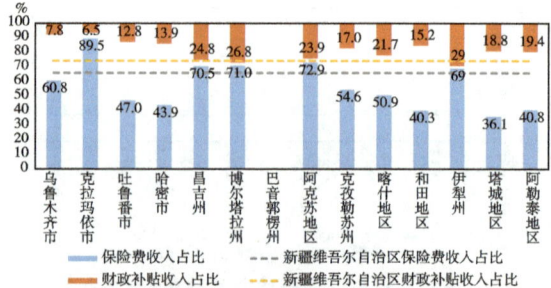

图31-80 2020年新疆维吾尔自治区各市保险费收入、财政补贴收入占社会保险基金收入的比重

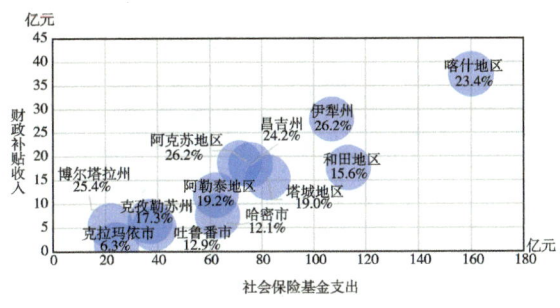

图31-81 2020年新疆维吾尔自治区各市社会保险基金支出对财政补贴的依赖度

注：图中未包含乌鲁木齐市数据：2020年乌鲁木齐市社会保险基金支出344.001亿元，财政补贴收入21.905亿元，社会保险基金预算对财政补贴的依赖度6.4%。

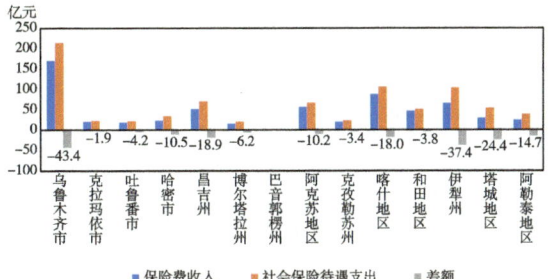

图31-82 2020年新疆维吾尔自治区各市保险费收入、社会保险待遇支出及差额

31.2.6 新疆维吾尔自治区各市债务情况

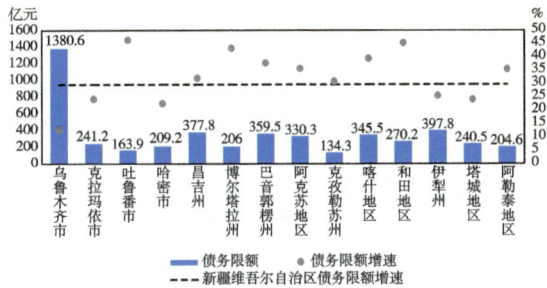

图31-83 2020年新疆维吾尔自治区各市债务限额及增速

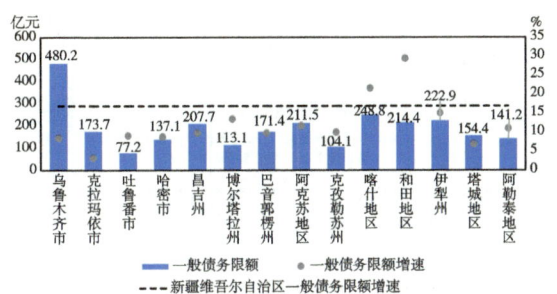

图31-84 2020年新疆维吾尔自治区各市一般债务限额及增速

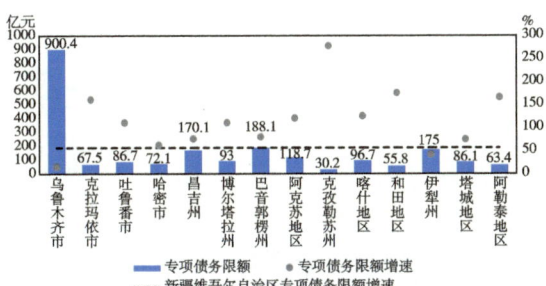

图31-85 2020年新疆维吾尔自治区各市专项债务限额及增速

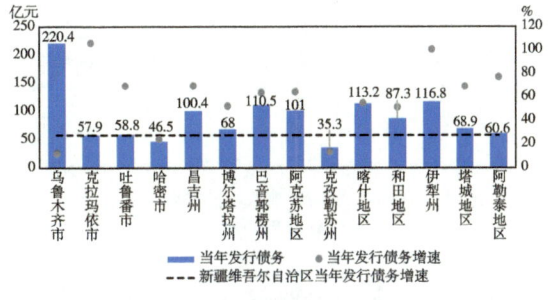

图31-86 2020年新疆维吾尔自治区各市当年发行债务及增速

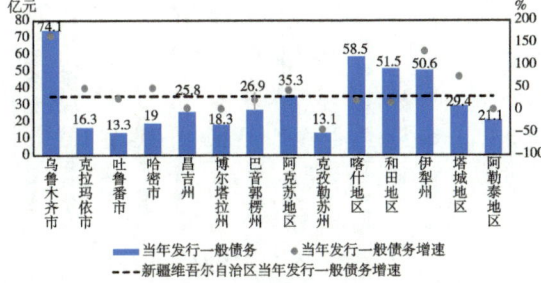

图31-87 2020年新疆维吾尔自治区各市当年发行一般债务及增速

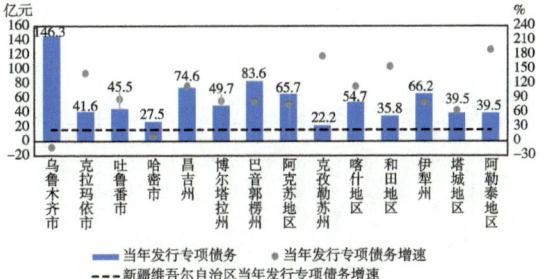

图31-88 2020年新疆维吾尔自治区各市当年发行专项债务及增速

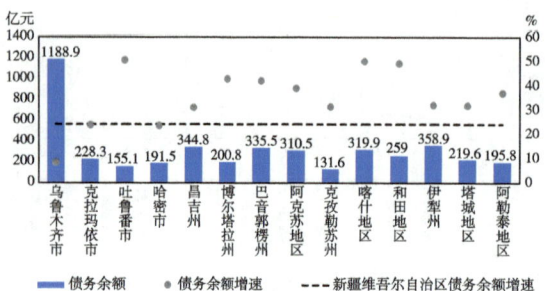

图31-89 2020年新疆维吾尔自治区各市债务余额及增速

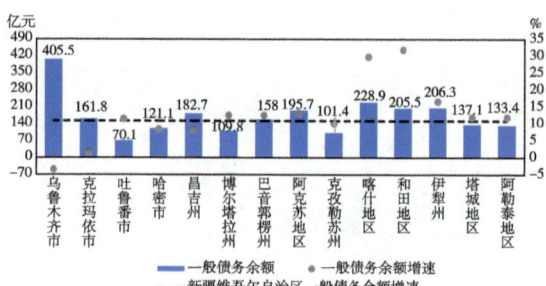

图31-90 2020年新疆维吾尔自治区各市一般债务余额及增速

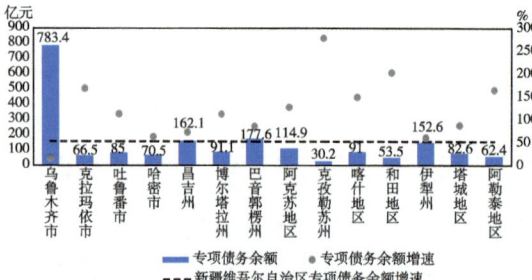

图31-91 2020年新疆维吾尔自治区各市专项债务余额及增速

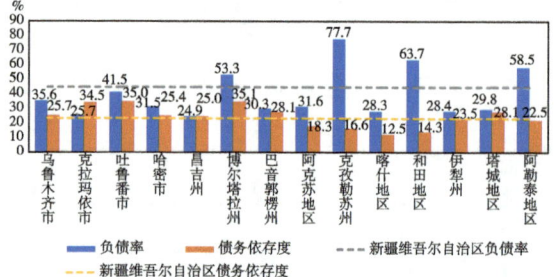

图31-92 2020年新疆维吾尔自治区各市负债率和债务依存度

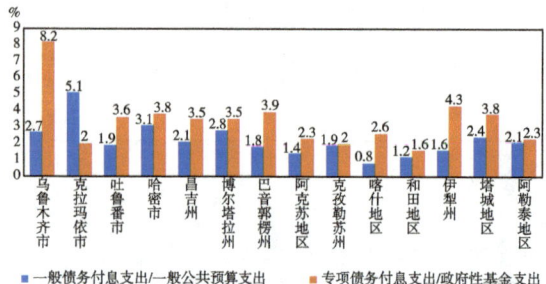

图31-93 2020年新疆维吾尔自治区各市债务付息支出相关指标

31.2.7 新疆维吾尔自治区各市市本级一般公共预算收入情况

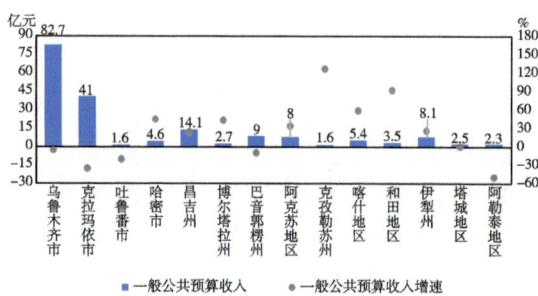

图31-94 2020年新疆维吾尔自治区各市市本级一般公共预算收入及增速

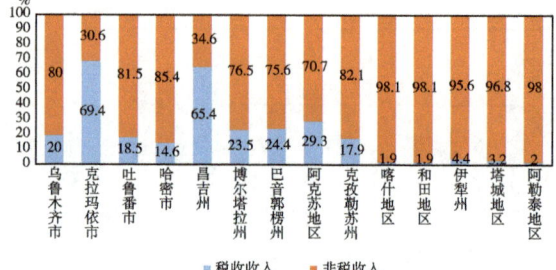

图31-95 2020年新疆维吾尔自治区各市市本级一般公共预算收入结构

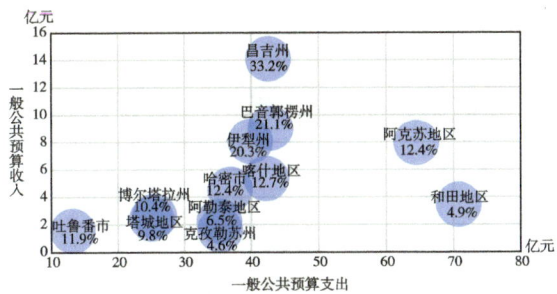

图31-96 2020年新疆维吾尔自治区各市市本级财政自给率

注：图中未包含乌鲁木齐市和克拉玛依市数据，其中：2020年乌鲁木齐市市本级一般公共预算支出263.714亿元，一般公共预算收入82.658亿元，财政自给率31.3%；克拉玛依市市本级一般公共预算支出42.742亿元，一般公共预算收入41.000亿元，财政自给率95.9%。

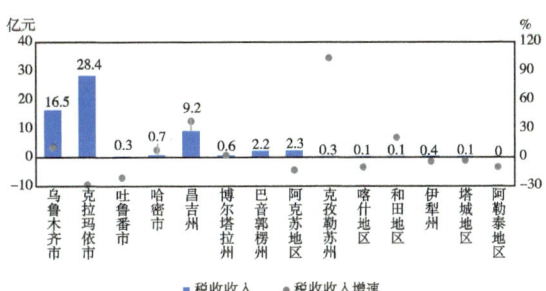

图31-97 2020年新疆维吾尔自治区各市市本级税收收入及增速

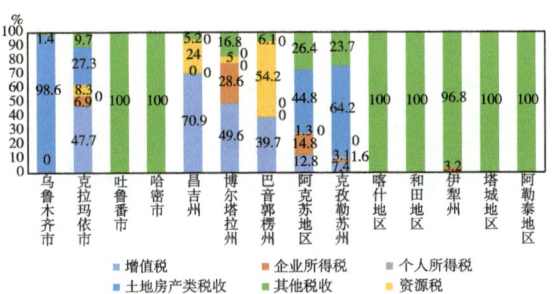

图31-98 2020年新疆维吾尔自治区各市市本级税收收入结构

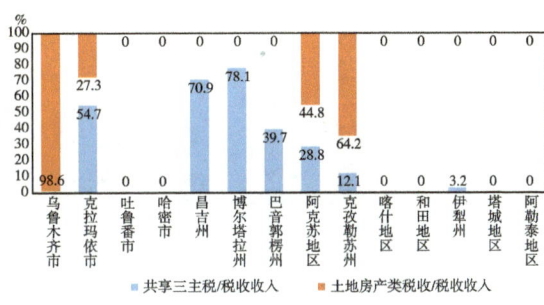

图31-99 2020年新疆维吾尔自治区各市市本级共享三主税、土地房产类税收占税收收入的比重

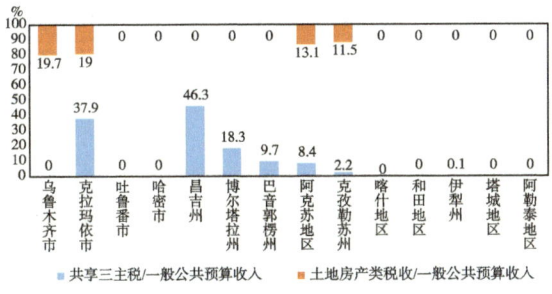

图31-100 2020年新疆维吾尔自治区各市市本级共享三主税、土地房产类税收占一般公共预算收入的比重

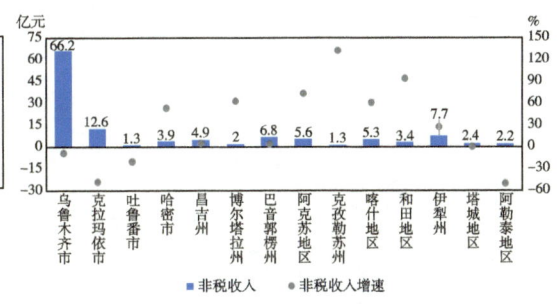

图31-101 2020年新疆维吾尔自治区各市市本级非税收入及增速

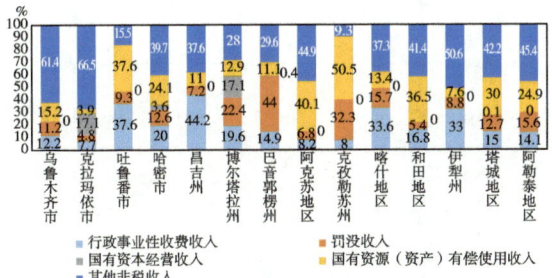

图31-102 2020年新疆维吾尔自治区各市市本级非税收入结构

31.3 新疆维吾尔自治区样本县政府收入主要特征分析

31.3.1 新疆维吾尔自治区样本县经济社会发展情况

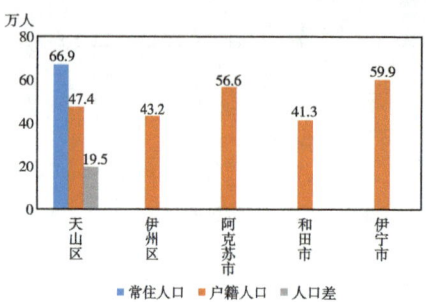

图31-103 2020年新疆维吾尔自治区样本县人口状况

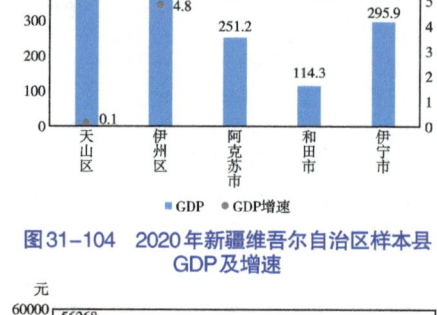

图31-104 2020年新疆维吾尔自治区样本县GDP及增速

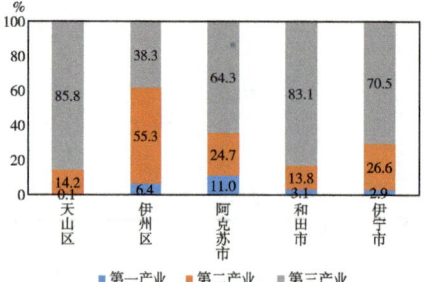

图31-105 2020年新疆维吾尔自治区样本县三次产业结构

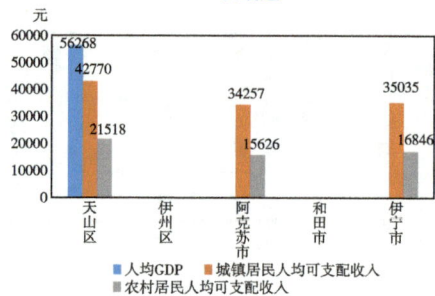

图31-106 2020年新疆维吾尔自治区样本县人均GDP和人均可支配收入

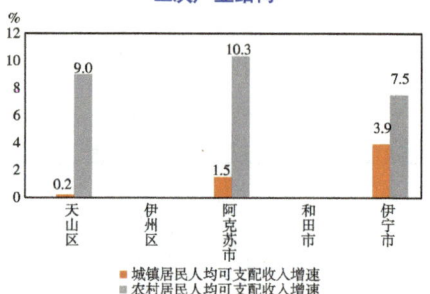

图31-107 2020年新疆维吾尔自治区样本县人均可支配收入增速

31.3.2 新疆维吾尔自治区样本县政府收入总体情况

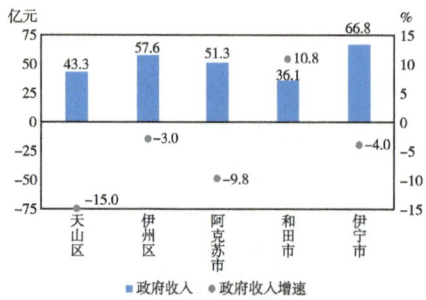

图31-108 2020年新疆维吾尔自治区样本县政府收入及增速

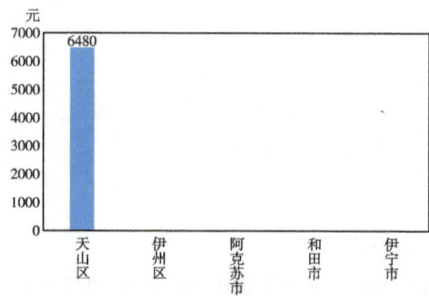

图31-109 2020年新疆维吾尔自治区样本县人均政府收入

31.3.3 新疆维吾尔自治区样本县一般公共预算收入情况

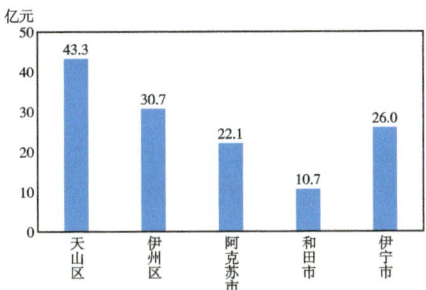

图31-110 2020年新疆维吾尔自治区样本县一般公共预算收入

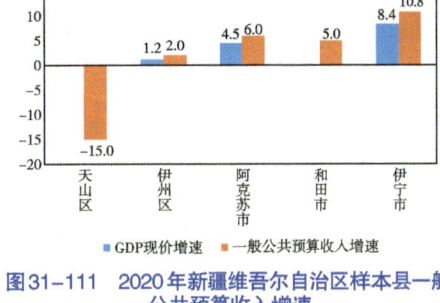

图31-111 2020年新疆维吾尔自治区样本县一般公共预算收入增速

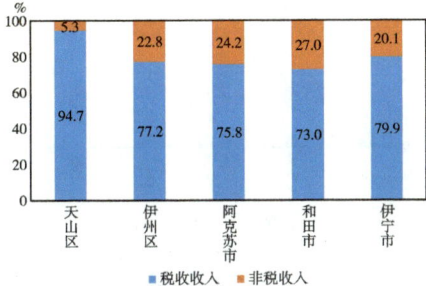

图31-112 2020年新疆维吾尔自治区样本县一般公共预算收入结构

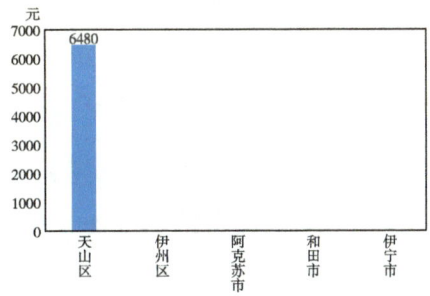

图31-113 2020年新疆维吾尔自治区样本县人均一般公共预算收入

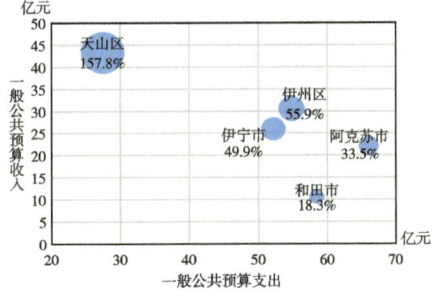

图31-114 2020年新疆维吾尔自治区样本县财政自给率

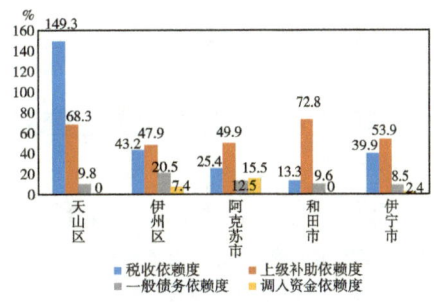

图31-115 2020年新疆维吾尔自治区样本县一般公共预算支出对各类收入的依赖度

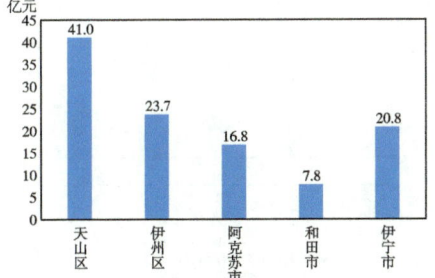

图31-116 2020年新疆维吾尔自治区样本县税收收入

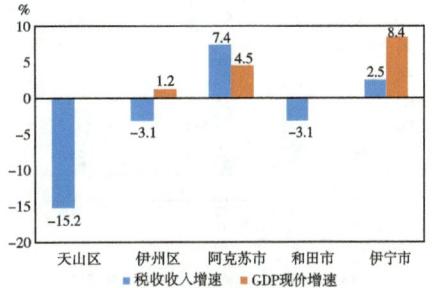

图31-117 2020年新疆维吾尔自治区样本县税收收入增速

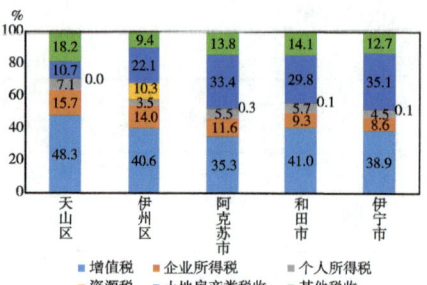

图31-118 2020年新疆维吾尔自治区样本县税收收入结构

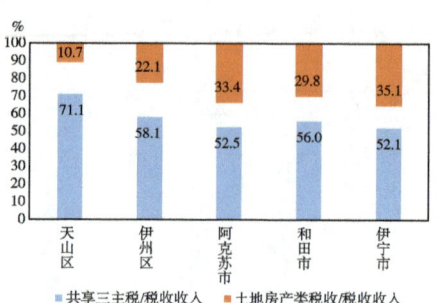

图31-119 2020年新疆维吾尔自治区样本县共享三主税、土地房产类税收占税收收入的比重

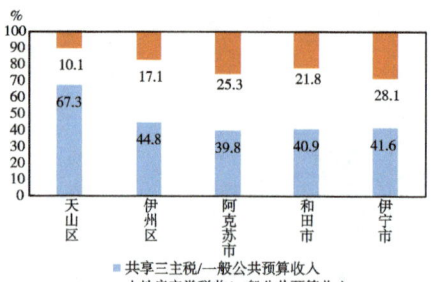

图31-120 2020年新疆维吾尔自治区样本县共享三主税、土地房产类税收占一般公共预算收入的比重

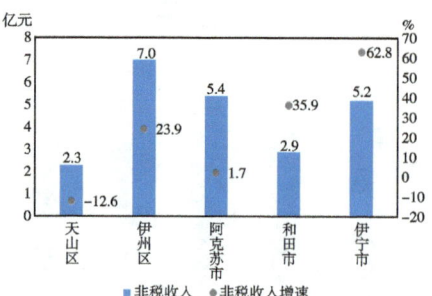

图31-121 2020年新疆维吾尔自治区样本县非税收入及增速

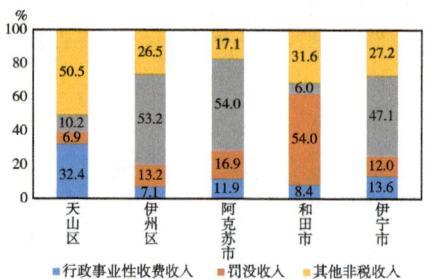

图31-122 2020年新疆维吾尔自治区样本县非税收入结构

31.3.4 新疆维吾尔自治区样本县政府性基金收入与国有资本经营收入情况

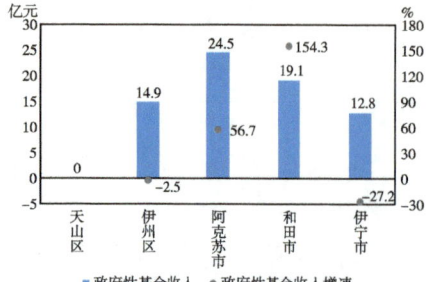

图31-123 2020年新疆维吾尔自治区样本县政府性基金收入及增速

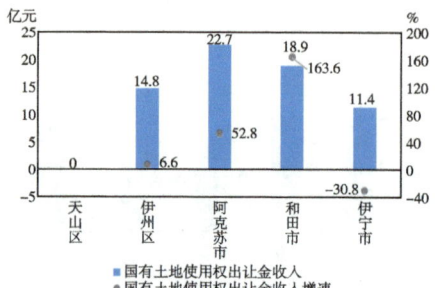

图31-124 2020年新疆维吾尔自治区样本县国有土地使用权出让金收入及增速

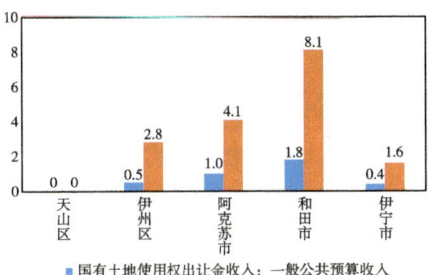

图31-125 2020年新疆维吾尔自治区样本县国有土地使用权出让金收入与一般公共预算收入对比关系

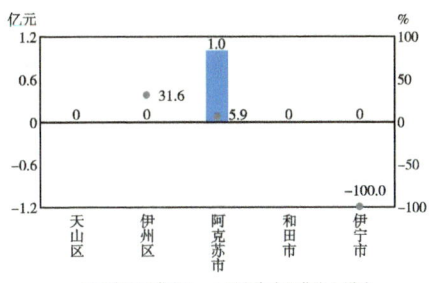

图31-126 2020年新疆维吾尔自治区样本县国有资本经营收入及增速

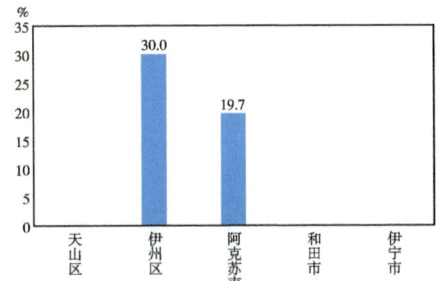

图31-127 2020年新疆维吾尔自治区样本县调出资金与国有资本经营收入对比关系

31.3.5 新疆维吾尔自治区样本县社会保险基金收入情况

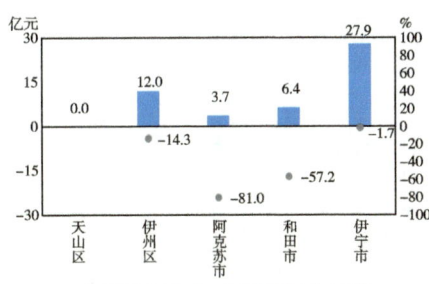

图31-128 2020年新疆维吾尔自治区样本县社会保险基金收入及增速

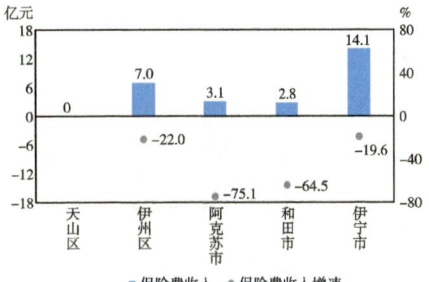

图31-129 2020年新疆维吾尔自治区样本县保险费收入及增速

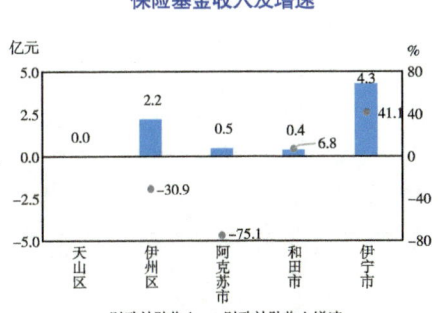

图31-130 2020年新疆维吾尔自治区样本县财政补贴收入及增速

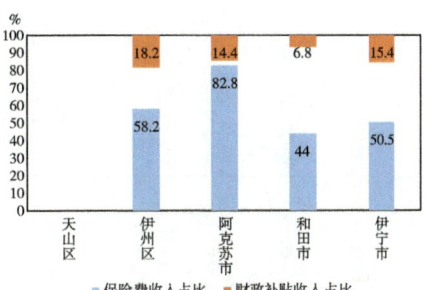

图31-131 2020年新疆维吾尔自治区样本县保险费收入、财政补贴收入占社会保险基金收入的比重

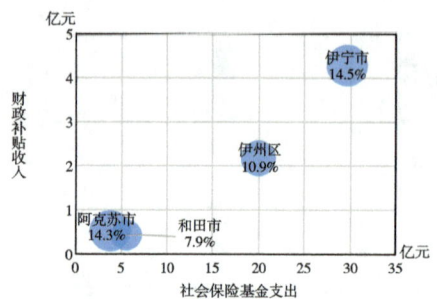

图31-132　2020年新疆维吾尔自治区样本县社会保险基金支出对财政补贴的依赖度

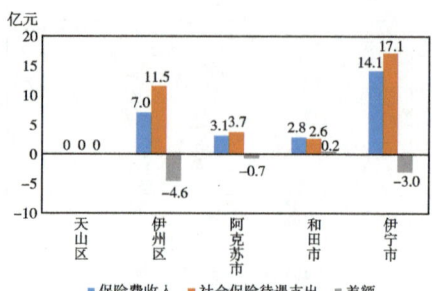

图31-133　2020年新疆维吾尔自治区样本县保险费收入、社会保险待遇支出及差额

31.3.6　新疆维吾尔自治区样本县债务情况

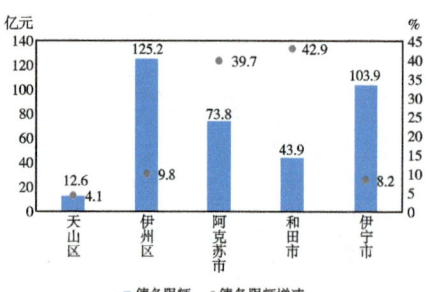

图31-134　2020年新疆维吾尔自治区样本县债务限额及增速

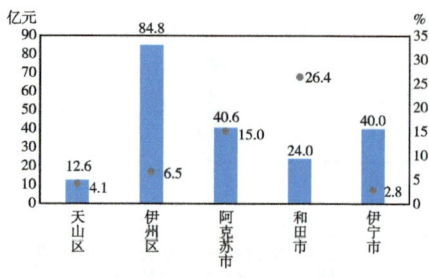

图31-135　2020年新疆维吾尔自治区样本县一般债务限额及增速

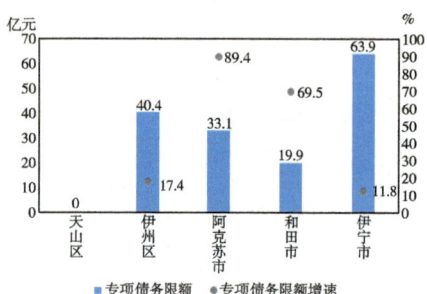

图31-136　2020年新疆维吾尔自治区样本县专项债务限额及增速

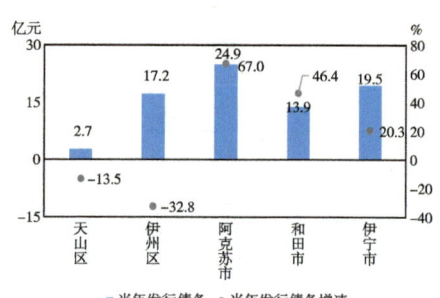

图31-137　2020年新疆维吾尔自治区样本县当年发行债务及增速

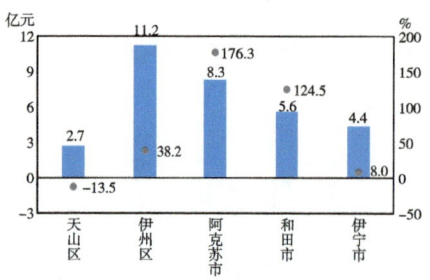

图31-138　2020年新疆维吾尔自治区样本县当年发行一般债务及增速

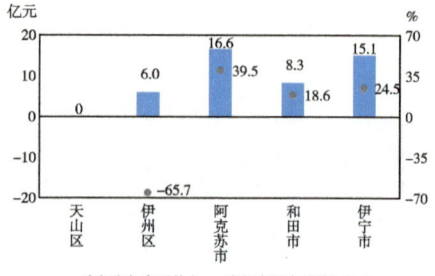

图31-139　2020年新疆维吾尔自治区样本县当年发行专项债务及增速

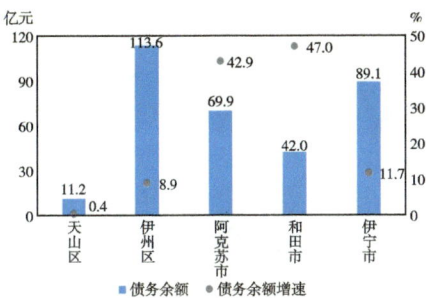

图 31-140　2020年新疆维吾尔自治区样本县债务余额及增速

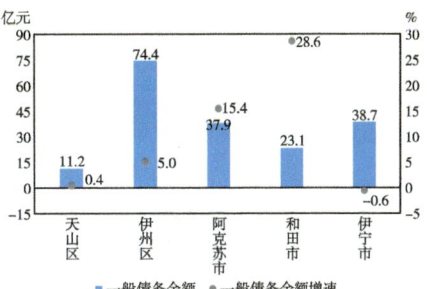

图 31-141　2020年新疆维吾尔自治区样本县一般债务余额及增速

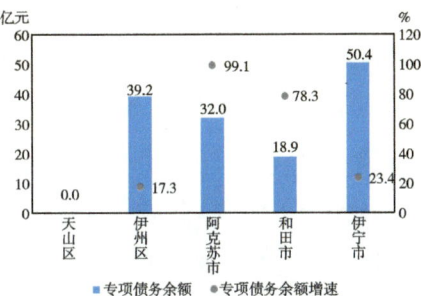

图 31-142　2020年新疆维吾尔自治区样本县专项债务余额及增速

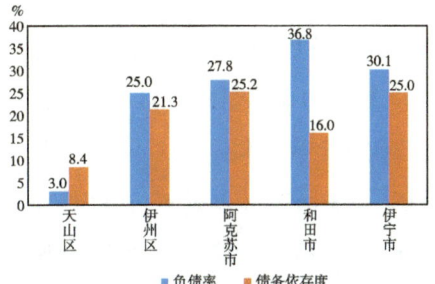

图 31-143　2020年新疆维吾尔自治区样本县负债率和债务依存度

后记
以工匠精神推进财政经济数据的整合与利用

随着我国预算公开的不断推进，全国以及各省财政数据已汇集在财政部网站或《中国财政年鉴》，但地方财政数据仍散落于各级政府网站，没有一本反映五级政府、四本预算以及债务的财政数据全貌的载体。这不仅不利于发挥社会公众监督政府的作用，也不利于地方政府比较自身在同级别政府中所处的位置以全局把握财政形势，还不利于理论工作者开展研究。

鉴于财政数据的分散性、地方财政数据的深度开发利用比较欠缺和对于研究工作的重要性，2020年中国财政科学研究院成立《中国政府收入全景图解》课题组，旨在通过全面采集数据、清晰规范建立指标，全貌完整地对我国政府收入进行全方位、多层次、多维度比较展现。

为确保数据权威性和准确性，我们汇集的数据主要来源于各地区（省、市、区县）人民政府网站、统计局网站和财政局网站，按照本地区（省、市、区县）国民经济和社会发展统计公报和统计年鉴、本地区（省、市、区县）决算草案以及预算执行报告、上级政府（全国、省、市）统计年鉴的优先顺序采集数据，慎重使用数据。政府单元的选择思路是省和地市级政府全部覆盖，区县级政府单元按经济发达程度、地域分布以及数据可获得性三原则进行抽样。

课题组成员将相当多的时间精力放在了地方财政经济数据的采集、核对、整合与分析上，数据采集历时半年以上，经过搜集数据、汇总数据、分析指标创建以及图形展现四个阶段。在搜集数据阶段，课题组又附加两次数据核验过程，力求真实准确反映地方政府财政数据信息。课题组成员对全国、省、市、县四级数据整理加工，样本量涵盖31个省（市、区）和333个地级单位以及136个区县，累计865个政府单位，覆盖经济社会指标、一般公共预算、政府性基金预算、国有资本经营预算、社会保险基金预算和债务数据，累计20万个数据节点，力求全方位、多层次、多维度展现近四年（2018—2021）中国政府收入。课题组将研究团队分为5个小组，每小组由1位老师加2—3位研究生组成，每小组全程完成所负责省份的数据采集、指标分析以及展现工作，小组长对本组全部工作负责。

本书编撰得到了多方的大力支持。中国财政科学研究院院党委高度重视，将其列为年度院重点课题。刘尚希院长亲自主持，多次听取课题进展汇报，对本书编撰的总体思路、编写原则以及后续年度设想提出要求。傅志华副院长更是默默奉献，亲力亲为，倾尽全力予以支持，对本书写作和出版提出意见和建议，帮助协调院内相关部门，督促资助经费尽快落实，反复帮助协调出版进度。课题组成员更是集思广益，精诚合作。梁季研究员对本书倾注了大量心血和精力，全程深度参与课题研究和书籍出版的各个环节，提出研究倡议，组建研究团队，谋篇布局全书框架，起草修订研究提纲，设计数据采集和分析指标模板，修改完善各章写作提纲，总撰和审核全书书稿，对接出版细节等。所有的课题组成员克服了数据采集和分析的枯燥、耗时耗力，均以最大的耐心和细致，不厌其烦地、毫无怨言地按照要求反复核对审校数据，出色地完成了工作任务。中国财政经济出版社对图表排版展现给予专业指导，用心选择封面设计团队，在经费有限的情况下力求书籍出版尽善尽美。德国歌德大学（Goethe University Frankfurt）留学的博士生许方颖对本书英文名称提出了润色建议。

2022年，课题组在前两年基础上，对数据进行了更新、对指标进行了优化、对图表进行了美化。梁季研究员带领刘昶老师、陈少波和吕慧两位同学对全书指标进行了审校；侯海波老师带领陈少波同学使用STATA编程软件，对全部数据实行自动化加工与清洗，大大提高了工作效率；谢恺老师尝试将数据采集线上化，依托此书的"中国政府财政行为数据管理系统"建设工作正在如火如荼开展；陈少波、龙斯玮和唐福雨三位同学制作了全书图表模板，引入新的展现形式；孙家希老师和郭宝棋同学在"拉长"研究链方面贡献力量；陈莹莹老师在课题管理方面给予有力支撑。

感谢中国财政科学研究院孙维老师贡献的专题报告，感谢宁夏财政政策研究中心和河北省财政科学与政策研究所的科研人员加入我们的研究团队。

本书的面世是各方努力的结果，是中国财政科学研究院研究团队的一项研究成果，更是对业界的一份贡献。

《中国政府收入全景图解（2022）》编著组